U0941135

安徽财政年鉴

(2017)

安徽省财政厅　编

全国百佳图书出版单位

时代出版传媒股份有限公司
安徽人民出版社

图书在版编目(CIP)数据

安徽财政年鉴.2017 / 安徽省财政厅编.—合肥:安徽人民出版社,2017.9

ISBN 978-7-212-09873-5

Ⅰ.①安… Ⅱ.①安… Ⅲ.①地方财政-安徽-2017-年鉴 Ⅳ.①F812.754-54

中国版本图书馆 CIP 数据核字(2017)第227597号

安徽财政年鉴(2017)

安徽省财政厅 编

出版人:徐 敏　　**责任编辑:**汪双琴

责任印制:董 亮　　**装帧设计:**熙宇文化

出版发行:时代出版传媒股份有限公司 http://www.press-mart.com

安徽人民出版社 http://www.ahpeople.com

地　址:合肥市政务文化新区翡翠路1118号出版传媒广场八楼　**邮编:**230071

电　话:0551-63533258　0551-63533292(传真)

排　版:合肥熙宇文化传媒有限公司

印　制:安徽省财政厅印刷厂

开本:710 mm×1010 mm　1/16　**内文印张:**38.75　**彩插印张:**3.75　**字数:**1150千

版次:2017年9月第1版　2017年9月第1次印刷

ISBN 978-7-212-09873-5　**定价:**260.00元

编辑说明

一、《安徽财政年鉴》是由安徽省财政厅主办，旨在及时记载全省财政发展轨迹，系统反映财政改革情况，全面展示财政精神风貌，大力弘扬财政文化的综合性文献资料年刊。

二、《安徽财政年鉴(2017)》翔实记载了2016年全省各级财政部门深入学习贯彻党的十八大和十八届三中、四中、五中、六中全会精神以及习近平总书记系列重要讲话特别是视察安徽重要讲话精神，认真贯彻落实省委省政府的决策部署和财政部的工作要求，统筹支持稳增长、促改革、调结构、惠民生、防风险，促进全省经济社会稳定健康发展的工作概况。

三、本卷采取分类编辑法，全书主体内容按篇目、栏目、条目三个层次编排。篇目排在内扉页；栏目名称通栏排；条目标题加【】，为黑体字。部分内容为文章体或资料体，未按三个层次编排。

四、本卷根据2016年全省财政工作情况，共分财经文献、全省财政工作、市县(区)财政工作、财政大事、财经规章、财经调研、财经统计、财政机构人员等8个篇目。

五、本卷主体资料时限为2016年1月1日至12月31日，部分篇目资料时间适当上溯或下延。

六、本卷力求图文并茂，用文字和图片客观记载全省财政事业改革发展情况。全书共115万字，选登340幅图片。

七、本卷在编纂过程中，受到了省财政厅党组的高度重视和精心指导，得到了财政厅各处室单位、各市县(区)财政部门的大力支持和广大联络员的积极配合，在此一并表示感谢。

八、由于时间紧迫、编纂水平有限，疏漏和不妥之处在所难免，敬请广大读者批评指正。

《安徽财政年鉴》编辑部

二〇一七年八月

《安徽财政年鉴》编辑委员会

（2017年8月）

《安徽财政年鉴》编辑部

《安徽财政年鉴》联络员

代云霄（厅办公室）
叶　翔（厅综合处）
杨玉林（厅税政条法处）
唐　兵（厅预算处）
史承非（厅国库处）
韩晓峰（厅政府债务管理办公室）
刘　恒（厅行政处）
陈　晋（厅政法处）
侯正华（厅教科文处）
江　腾（厅经济建设处）
梁晓天（厅农业处）
项军宁（厅社会保障处）
张　铭（厅企业处）
李红波（厅金融处）
孙朝松（厅国际债务处）
朱乐磊（厅农村财政管理局）
王光杰（厅会计处）
方立建（厅行政事业国有资产管理处）
谢　勇（厅国有资本经营预算处）
周　游（厅监督检查局）
侯洪玮（厅政府采购处）
杨作华（厅农村综合改革处）
谢　峰（厅民生工程办公室）
陈天然（厅人事教育处）
杨　春（厅机关党委）
胡江华（驻厅纪检组）
王亚栋（厅离退休工作处）
李志红（省信用担保集团）
陈　杰（省农业综合开发局）
徐进超（省非税收入征收管理局）
翟利超（厅国库支付中心）
田　飞（省财政信息中心）
李昌鹏（省财政投资评审中心）
李道兵（省政府采购监督管理办公室）
万　勇（省财政科学研究所）
王克法（省注册会计师管理处）
叶伐朋（省财政干部教育中心）
张家夺（省行政事业单位资产管理中心）
陈利丽（合肥市财政局）
郝朝华（淮北市财政局）
邓　昊（亳州市财政局）
侯　卫（宿州市财政局）
张永颜（蚌埠市财政局）
李京东（阜阳市财政局）
吴　波（淮南市财政局）
魏震生（滁州市财政局）
赵雪蕾（六安市财政局）
严　峰（马鞍山市财政局）
沈敦喜（芜湖市财政局）
徐胜斌（宣城市财政局）
董明辉（铜陵市财政局）
张　明（池州市财政局）
叶武乐（安庆市财政局）
徐颖玲（黄山市财政局）
赵吉安（广德县财政局）
夏序平（宿松县财政局）

省部领导指导财政工作

12月22日，省委书记李锦斌在阜阳市颍东区吴寨村调研扶贫工作，查看贫困人口建档立卡资料。吴寨村为省财政厅“双包”帮扶村

2月19日，省委副书记李国英等省领导在省人大会议中心查阅2016年省级部门预算草案

11月22日，省委常委、常务副省长吴存荣莅临省财政厅调研指导财政工作

9月30日，财政部副部长刘昆在池州市调研海绵城市建设和PPP项目开展情况

深化财政管理改革

1月8日，省财政厅召开全省财政工作视频会议，部署2016年财政工作

1月20日，省政府新闻办发布财政改革发展“十二五”和“十三五”相关情况

3月26-27日，省委组织部、省财政厅联合举办市县政府领导干部财政改革和财政政策培训班

2016年，省本级公开评审论证51个项目53亿元，以及2个部门整体预算。图为省财政厅组织的第三次公开评审论证会

进一步规范国库集中支付管理。图为11月9日，省财政厅举办全省国库集中支付业务培训班

2016年，我省对全省行政事业单位资产进行清查，并进行国有资产产权登记

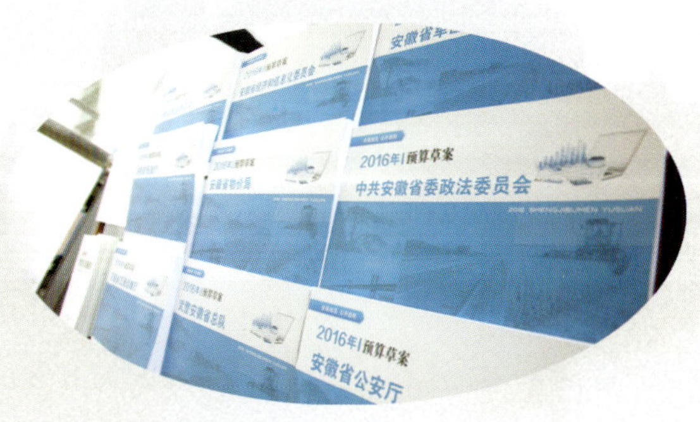

全省“两会”期间，省财政厅在会场外设立预算查询台，供代表委员查询监督

财政支持创新发展

2016 年，我省"营改增"试点平稳推开，小规模纳税人 100%实现减税。图为 5 月 20 日，省财政厅厅长罗建国在黄山市调研全面推开"营改增"试点的政策落实情况

4 月 14 日，省财政厅副厅长孟照红在庐江县调研企业创新发展情况

8 月 30 日，省财政厅开展支持"调转促"行动计划专题理论学习

4 月 21 日，中国财政科学研究院副院长白景明来省财政厅调研座谈安徽企业成本负担情况

2016 年，我省纳入财政部 PPP 综合信息平台管理公开对外发布的项目 159 个，总投资 1984 亿元。图为淮水北调淮北市级配水工程 PPP 项目

省财政厅大力支持钢铁煤炭行业化解过剩产能，认真做好职工分流安置资金保障工作。图为马钢生产线

财政支持协调发展

财政大力支持农业供给侧改革，加快我省农业现代化进程。图为省财政厅副厅长吴天宏5月24日在芜湖市调研现代农业发展情况

我省创新财政支农管理，保障涉农资金落地生根。图为省财政厅副厅长朱艾勇9月4日在宿州市埇桥区调研基层财政所建设情况

省财政加大一般转移支付力度，支持南北合作共建园区发展。图为阜阳合肥现代产业园区

省财政大力支持各地推动新型城镇化建设

基层财政所服务大厅

全省通过惠农"一卡通"累计发放财政补贴资金275.1亿元，覆盖30大类102小项

财政支持绿色发展

2016年我省安排环境保护及生态治理省级奖补资金12亿元，实施大别山水环境生态补偿机制。图为大别山区水环境生态补偿机制运行调研座谈会

2016年我省申报3个清洁发展委托贷款项目并获得批准。图为获得清洁发展委托贷款项目公司——合肥金太阳公司

截至2016年，中央、皖浙两省共安排新安江流域生态补偿资金29.3亿元，新安江流域总体水质保持为优。图为新安江山水景

2016年全省各级财政预算共安排专项资金47.5亿元支持美丽乡村建设。图为岳西县毛尖山乡板舍村有机高山蔬菜基地

财政支持合肥环巢湖地区生态修复工程建设

财政支持开放发展

我省积极争取外国政府和国际金融组织贷款，促进全省经济和社会事业发展。图为7月21日，世界银行行长金墉率世行代表团来我省考察医疗卫生改革情况

9月13日，省财政厅厅长罗建国出访波兰，访问波中合作中心

受德国柏林—勃兰登堡州银行和下萨克森担保银行邀请，安徽担保协会组织体系成员一行36人首期赴德研修

我省出台财政政策支持跨境电商产业园区建设。图为合肥跨境电子商务综合试验区

华阳河湖群湿地生态环境保护与可持续发展项目获得沙特政府贷款3000万美元

2016年，我省争取中央民航发展基金11617万元，用于合肥、安庆、黄山、九华山机场地面设施设备升级改造。图为九华山机场

财政支持共享发展

财政部门切实履行财政投入和监管责任，为全省脱贫攻坚大局提供资金保障。图为4月13日省财政厅开展“脱贫攻坚与财政精准扶贫”专题理论学习

4月14日，省财政厅副巡视员陈传文在金寨县长岭乡界岭村开展结对扶贫工作

省财政厅“双包”帮扶颍东区吴寨村，支持建成村级60KW光伏电站

实施农产品食品安全民生工程

省财政统筹资金16.5亿元，改善农村义务教育薄弱学校基本办学条件。图为改造后的六安市张店镇桎树庵小学

财政大力支持水利建设。图为繁昌县平铺镇叶家坝泄洪现场

省财政拨付1亿元养老服务体系建设资金，支持各地提高养老服务机构管理运营水平

加强财政党风廉政建设

12月17日，省财政厅召开厅直属机关党员代表大会，选举产生新一届厅直机关党委和机关纪委

9月6日，省直单位专项调研第二督导组来财政厅调研督导“两学一做”学习教育工作，省财政厅副厅长朱长才陪同检查

2月13日，驻财政厅纪检组长项中胜在黄山市黄山区调研基层财政党建工作

12月19日，省财政厅开展“学习《准则》《条例》”专题学习研讨

7月份，省财政厅领导分别深入镇村基层开展讲党课活动。图为省财政厅巡视员李友兰在寿县双桥镇讲党课

2月2日，省财政厅召开全省财政反腐倡廉建设工作视频会议，部署当前及今后一个时期全省财政反腐倡廉工作任务

合肥市

部署推进小微企业“双创示范”

省委“两学一做”督导组在市财政局开展调研督导

组织召开 2017 年市本级部门预算编制工作会议

赴社区开展爱心助学活动

干部职工积极参加义务植树活动

肥东县

包公镇岘山社区美好乡村公共服务体系奖补项目

牌坊乡牌坊村一事一议财政奖补项目

牌坊乡草庙村农村危房改造项目

桥头集镇三站社区河道整治水利工程

晚霞中的美好乡村

组织开展2016年全民文化月活动

肥西县

廉政文化省级示范点通过验收

市财政局领导检查防汛工作

2016 年财政干部培训班学员参观上海凝聚力博物馆

组织参加肥西县社会主义核心价值观演唱比赛

慰问留守儿童

开展扶贫慰问

长丰县

赴县职务犯罪警示教育基地开展警示教育

财政窗口热心服务群众

组织财政干部开展街头法制宣传

开展义务植树活动

小型水利工程提升民生工程——下塘镇陶老坝加固新建小型水闸项目

庐江县

2016年，庐江县实施省市县42项民生工程，全年累计投入民生工程资金22.09亿元，受益群众110多万人，人均受益2000多元。发放各类补贴、补助补偿资金12.92亿元，完成2652个工程类项目点建设任务。

全年开展人大代表、政协委员视察、巡视民生工程活动4次，聘请特邀和义务监督员284人，组织宣传、督查专项活动20余次

加强会商调度，全年开展各类会商调度活动10余次。图为县民生工程协调小组第二次会议

狠抓项目推进，全年完成2652个工程类项目点建设任务。图为改造一新的绣溪新村

全年开展各类民生工程宣传活动50余次，发放各类宣传材料30万份。图为"送戏进万村"文艺专场演出

2016年全县农村危房改造项目完工1480户，完工率148%

2016年全县美丽乡村建设共投资7000多万元。图为2016年建设完成的三冲美丽乡村

巢湖市

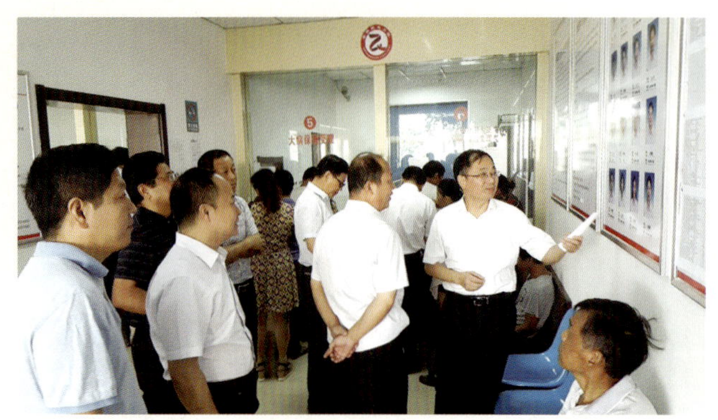

合肥市人大调研组在巢湖市调研建档立卡工作和贫困人口医疗补充保险工作

在巢合肥市人大代表调研高标准农田示范项目

市财政局组织开展警示教育，筑牢反腐倡廉防线

市财政局成立突击队坚守抗洪一线

送赔款下乡

市财政局积极组织参加“12.4”国家宪法日暨全国法制宣传日宣传活动

科技人员在农发项目现场推广科技项目

合肥蜀山区

民生工作创新——蜀山区首创“ppp”模式，三方合作建立新型社会养老模式

民生工程文艺巡演启动仪式现场

民生画册——琥珀小学的学生们举起自己喜爱的《民生幸福园》涂绘册

农村五保供养及运行维护——蜀山区“五保”老人在金色家园养老中心护理人员带领下做五行保健操

城市老旧小区改造——蜀山区半岛新村小区整治前后楼房外立面对比图

棚户区改造——蜀山区方大郢改造项目完工展示图

农村居民最低生活保障——蜀山区工作人员上门慰问低保家庭老人

农村文化建设专项补助——蜀山区送戏进万村之将军村演出现场

合肥庐阳区

区委书记徐静平实地调研三十岗乡西北片区民生工程项目建设

民生工程宣传——庐阳区杏林街道《南山南》民生版 MV

加强社会养老服务体系建设。图为社区日间照料中心为社区老人提供理疗服务

实施“文化惠民”民生工程。图为韩国留学生走进农家书屋交流民俗

实施就业扶持民生工程。图为三孝口街道专场招聘会现场

淮北市

市长黄晓武现场调度“营改增”工作

市财政局(国资局)党组书记、局长姜颖走访慰问困难群众

扎实推进“两学一做”学习教育

年初召开反腐倡廉建设暨全市财政工作会议

省人大代表、省民生工程特邀监督员参加民生工程督查

建设完成的南湖公园

实施农村饮水安全工程

亳州谯城区

2016年亳州市谯城区不断建立健全民生工作调度落实机制，加强宣传，营造氛围，落实资金，保障需求，注重管养，创新管理，着力解决事关民生的突出问题，投入资金20.4亿元，共实施32项民生工程，其中有9项工程类任务和23项资金类项目任务。

古井镇古井大道改造后实景

2016年谯城区棚户区改造工程，图为小区改造前、改造中、改造后照片对比

实施文化惠民工程——送戏下乡

宿州市

市财政局党组书记、局长韩维礼走访贫困户

市财政局开展依法行政专题培训

市人大调研组调研财政重点工作并进行评议

市直财政系统总结表彰暨党风廉政建设责任书签订仪式

组织全局干部职工到凤阳县小岗村开展“两学一做”学习教育

宿州埇桥区

区委书记王启荣调研财政工作

区长张建军察看财政帮扶林庄村贫困户产业扶贫资金使用情况

大力支持“八小”水利建设

全区 1 个图书馆、1 个文化馆、28 个乡镇文化站全部免费开放

埇桥区滨河花园廉租房公租房小区全景

加强敬老院后续管养

争取扶贫资金 56 万元在林庄村建设 47 个蔬菜大棚

灵璧县

改造后的安居小区

新建的农民文化乐园

残疾人康复中心

建成投入使用的老年公寓

新修的文科路

下楼镇付寨水厂

泗县

做好党支部换届工作

“两学一做”学习教育动员会

召开落实党风廉政建设主体责任约谈会议

庆祝中国共产党成立95周年大合唱活动

在秸秆禁烧一线开展微党课活动

参加文明县城创建志愿服务活动

萧县

财政局纪检组长杭磊参加老干部支部纪念建党95周年活动，并就支部换届举行座谈

财政局领导与新录用的职工进行廉政谈话

财政局党员志愿者在城南社区开展志愿服务活动

财政局机关党支部开展重温入党誓词等活动

"七一"前夕，组织党员赴陈官庄接受革命传统教育

组织开展"10.17"扶贫日募捐活动

砀山县

财政局支部换届选举大会

研讨制定贫困村脱贫措施和实施方案

开展“江淮普法行”宣传活动

组织参观淮海战役旧址

人人争当文明创建志愿者

元旦职工运动会拔河比赛

美好乡村奖补项目——曹庄镇梨园中心村

农村畅通工程项目——果刘路

蚌埠市

市十五届人大四次会议听取市财政局局长叶斌所作的财政预算工作汇报

市财政局领导班子赴解放军 123 医院开展“双拥”共建活动

全市财政暨民生工程工作会议召开

认真开展“讲看齐、见行动”学习讨论

赴怀远县淝南乡淝河新村开展扶贫帮困活动

财政职工积极参加公益捐书活动

参与 2016 年志愿服务提升年活动

积极开展“道德讲堂”活动

阜阳市

常务副市长陈军主持召开全市民生工程推进会

市财政局局长段相霖赴包保村马北村调研

赴马北村开展扶贫帮扶

阜阳市融资担保协会成立

农发局党支部赴吴寨村开展植树活动

开展财政、民生工程宣传活动

慰问环卫工人

界首市

到企业进行“营改增”调研

推进行政事业单位内控建设

开展“军民心连心,军事一日营”活动

财政干部到党内生活馆进行党性“体检”

参加“心中有界”廉政文艺展演

民生工程项目——胡集村农家书屋

民生工程项目——砖集镇腰庄水厂

民生工程项目——任寨乡小型水利改造提升工程

淮南市

市财政局领导做客市广播电视台政风行风热线直播节目，向听众介绍33项民生工程建设进展情况

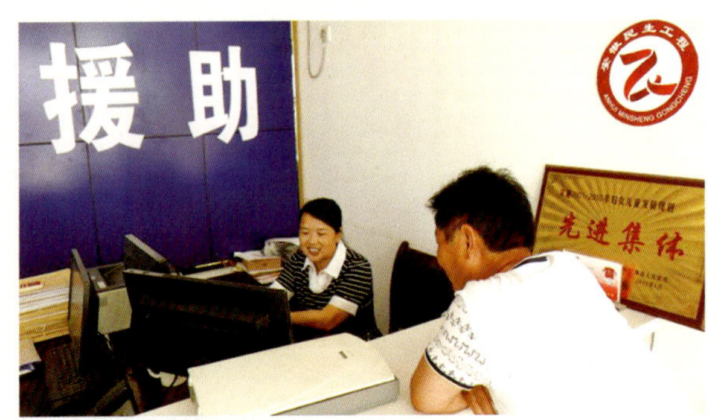

法律援助民生工程切实维护弱势人群合法利益

组织志愿者在乡村菜市场流动发放民生工程宣传单

送戏进万村活动

新建的文化体育活动场所

小型水利工程改造提升增强防洪抗旱能力

寿县堰口镇魏岗中心村新农村建设

市财政局党组成员赴大通区孔店乡河沿村开展结对扶贫工作

召开“两学一做”学习教育工作会议

召开青年干部座谈会，强化队伍建设

组织党员干部赴市廉政教育基地参观学习，接受廉政警示教育

组织党员干部赴金寨县革命老区接受革命传统教育

组织全体职工集中观看廉政文化教育片《百年何园留规训》

凤台县

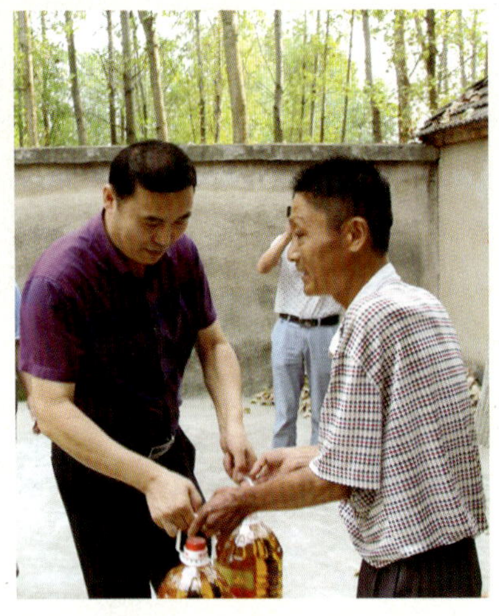

财政局领导深入古店乡北王集村扶贫帮扶点开展慰问

召开学习习近平总书记"七一"讲话座谈会

作风建设常抓不懈

开展建党95周年党章知识竞赛表彰活动

组织党员到李冲回族乡开展义务植树活动

组织党员赴金寨革命教育基地接受传统教育

淮南潘集区

开展"两学一做"
学习教育专题讨论

组织开展道德讲堂活动

开展乡镇预算会商

开展帮扶单位产业发展调研

参加帮扶单位秸秆禁烧工作

走村入户慰问贫困户

组织党员赴红色教育基地接受党性教育

天长市

召开党风廉政建设暨年度总结表彰会

开展双拥创建慰问活动

财政所人员对一事一议项目建设情况进行检查

一事一议财政奖补项目——大通镇施庄水泥路

开展关爱留守儿童志愿慰问活动

财政支持美丽乡村建设。图为汊涧镇长山村

金集镇井亭村茉莉花广场

杨村镇光华村农民新居

全椒县

一事一议财政奖补项目

支持农村饮用水设施建设

支持义务教育发展

支持农村文化事业发展

对种粮大户水稻受损情况进行核灾

东王村农业综合开发项目

六安市

全市 2017 年预算编制暨民生工程工作会

全市财政局长座谈会

全市整治滥发津贴补贴和公款私存问题工作会

市财政局(国资委)2016 年度集体廉政谈话会

市财政局(国资委)青年干部赴舒城县调研工业经济发展情况

赴金寨县槐树湾乡码头村开展扶贫慰问

举办道德讲堂

开展“万堂党课进基层”活动

马鞍山市

常务副市长周善武看望预算评审专家

市财政局局长张亚莉参加“2016 对话两会”在线访谈

市财政局领导班子深入扶贫村共商扶贫对策

开展财政资金绩效评价

财政干部深入田间地头查勘农户损失

支持现代农业发展——工厂化育秧大棚

开展“坚定理想信念 重温入党誓词”专题教育活动

大力支持发展港口经济

当涂县

公共文化场馆免费开放。图为2016年9月份落成的当涂县博物馆和图书馆

推进美丽乡村建设。图为石桥镇光华村

实施农村文化建设专项补助民生工程。图为太白镇举行民俗展演活动

开展农村危房改造。图为改造后的民居

推进小型水利工程改造提升。图为完工后的白土桥排涝站

含山县

市财政局主要负责人讲党课

开门办预算

参加县“两学一做”知识竞赛活动

聘请民生工程特邀监督员

参观马鞍山廉政教育基地

开展民生工程集中宣传日活动

财政干部积极参加抗洪抢险

和县

部署开展“两学一做”学习教育

财政干部重温入党誓词

财政干部职工积极参加无偿献血

参加建市 60 周年歌唱比赛

组织参加庆“三八”拔河比赛

举办财政系统第四届书画摄影展

芜湖市

常务副市长冯克金在市财政局调研

市财政局局长李家贵赴对口扶贫村督查调研

中国财经报社总编苗福生在芜湖考察调研

财政局机关党员参观廉政教育基地

举办主题辩论赛

南陵县

开展十八届六中全会精神宣讲

机关总支成立现场

干部职工重温入党誓词

积极参加抗洪救灾志愿服务

种植业洪涝灾害理赔款发放现场

参加迎国庆健身慢跑活动

赴泾县云岭镇接受红色教育

宁国市

部署"讲看齐、见行动"学习讨论活动

上门征求省人大代表意见

组织收看 2017 年全省预算编制工作视频会议

开展廉政教育活动

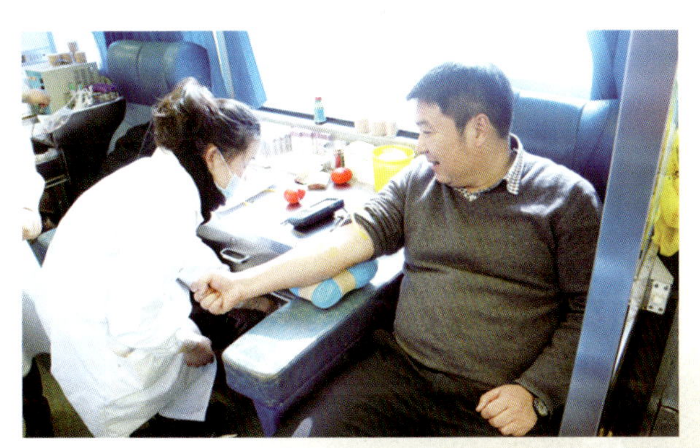

积极参加义务献血活动

开展民生工程政策宣传

泾县

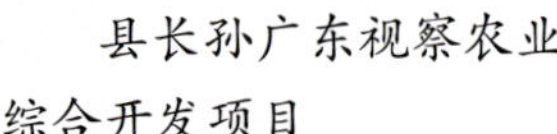

县长孙广东视察农业综合开发项目

部署年度财政工作

举办财政支农政策培训班

宣传法律援助民生工程项目

昌桥乡建成投入使用的垃圾中转站

泾川镇石山村美好乡村示范点

茂林镇农村道路畅通工程建设现场

铜陵市

市委书记李猛陪同省政协副主席李卫华巡视民生工程

召开2016年度财政专项资金新闻发布会

开展防汛救灾慰问

调研精准扶贫“双包”工作

开展2017年市级预算公开评审

组织参观渡江战役中线指挥部纪念馆，接受革命传统教育

大力实施棚户区改造

美丽乡村——枞阳县横山村

新图书馆免费开放

政策性农业保险助力农民灾后重建

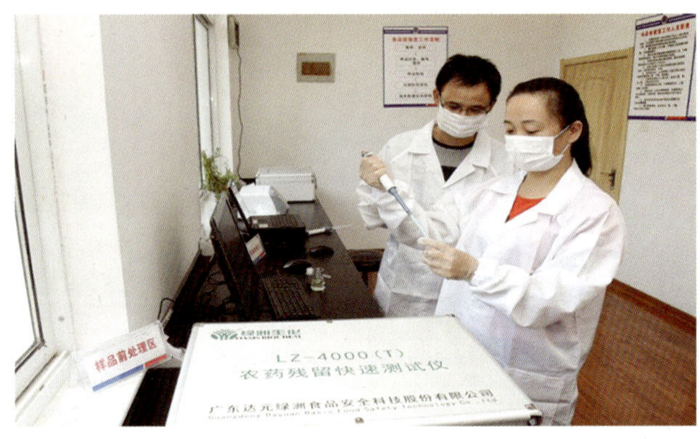

实施食品安全民生工程

推进乡镇幼儿园建设

为病险水库除险加固

池州市

常务副市长聂爱国调研民生工程

邀请财政部 PPP 中心副主任焦小平作 PPP 专题讲座

开展“坚持根本宗旨 发挥党员作用”专题研讨

部署年度财政和民生工程工作

邀请安徽好人杨世忠开展道德讲堂活动

举办国防教育讲座

举办拔河比赛

祭奠革命先烈

安庆市

市政府召开民生工程专题会议

市财政局局长何家虎在望江县指导抗洪救灾工作

举办习近平系列讲话辅导报告会

部署"两学一做"学习教育

邀请扶贫点小学生到市区参观

开展精准扶贫大走访活动

举办财政讲坛

望江县

督查调研选派干部任职村并上党课

全县农村财会人员财政支农政策培训班开班

全县政策性农业保险水灾理赔现场会召开

委员全程参与提案办理

雷池乡高标准农田建设项目

美丽乡村建设工程——凉泉乡太华村

南畈村村级公益事业一事一议财政奖补项目

潜山县

全县财政暨党风廉政建设工作会议召开

“明大势 务大局 重担当”主题演讲比赛

安徽佳明环保科技股份有限公司“新三板”挂牌仪式

财政支持易地扶贫搬迁项目——陈桥村高亭集中安置点

县级农村道路畅通工程——梅平路

光伏扶贫项目——黄柏镇大水村集体光伏电站

黄铺镇黄铺村集体经济发展试点项目——瓜蒌产业基地

歙县

县财政局召开纪念中国共产党成立95周年庆祝大会

组织党员干部开展“一心跟党走、永远在路上”主题教育活动，接受革命传统教育

召开新招录人员培训会，开展集体廉政谈话

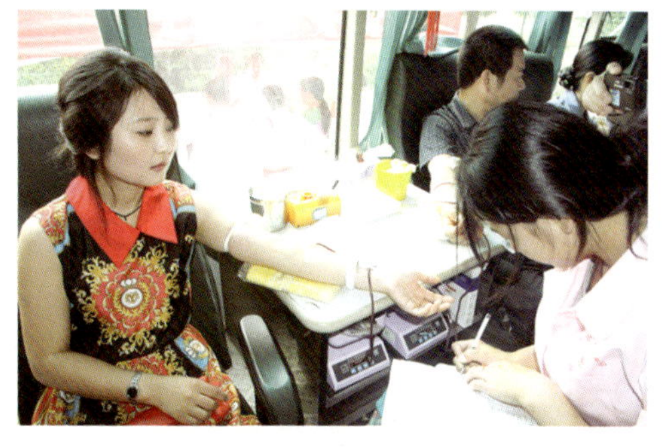

组织干部职工参加义务无偿献血活动，为树立社会新风尚做表率

组织离退休干部开展重阳节系列活动，进一步弘扬中华民族尊老爱老、敬老助老的传统美德

组织开展脱贫攻坚“万名党员干部帮万户”活动

认真组织实施美好乡村建设民生工程。图为美好乡村建设省级中心村歙县坑口乡瀹潭村

实施农村道路畅通工程民生工程，加快农村基础设施建设

黄山徽州区

开展"两学一做"学习教育

召开全区综合治税暨财税分析会

开展"万名党员进万户"扶贫活动

举办"民生杯"巾帼铁军"寻找最美瞬间"户外探访活动

组织志愿者开展保护母亲河大会战

财政支持教育事业发展。图为建成后的西溪南镇中心学校教学综合楼

推进农业综合开发产业化经营。图为徽州区600亩蔬菜基地新扩建项目

西溪南镇琶村美丽乡村建设显成效

广德县

举办预防职务犯罪专题讲座

重温入党誓词

举办财政系统“庆元旦”趣味运动会

支持贫困残疾儿童医疗康复训练

支持水利工程改造提升

推进社区居家养老

宿松县

县财政局局长李金星在千岭乡调研精准扶贫工作

县财政局召开庆祝建党95周年大会，开展党员佩戴党徽和“六个一”系列活动

九姑乡温馨老年公寓

柳坪乡农村道路畅通工程

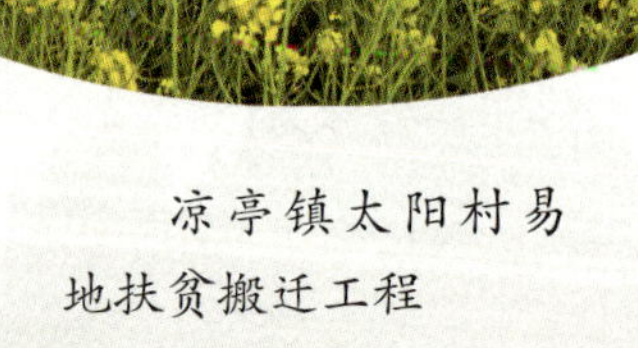

凉亭镇太阳村易地扶贫搬迁工程

目　　录

财经文献篇

省委省政府重要财经文献

省人大重要财经文献

全省财政工作重要文献

全省财政工作篇

全省财政工作综述

财政专项工作概述

处室单位工作概述

市县财政工作篇

合肥市财政工作综述

淮北市财政工作综述

亳州市财政工作综述

宿州市财政工作综述

蚌埠市财政工作综述

阜阳市财政工作综述

淮南市财政工作综述

滁州市财政工作综述

六安市财政工作综述

马鞍山市财政工作综述

芜湖市财政工作综述

宣城市财政工作综述

铜陵市财政工作综述

池州市财政工作综述

安庆市财政工作综述

黄山市财政工作综述

广德县财政工作综述

宿松县财政工作综述

财政工作大事篇

省财政厅处室单位工作大事记

市县财政部门工作大事记

财经规章篇

规范性文件

财政调研篇

财政论文及调研报告

财经统计篇

全省财经统计资料

各市县(区)财经统计资料

财政机构人员篇

省财政厅机构人员

各市财政系统机构人员

全省财政系统职工统计

财经文献篇

省委省政府重要财经文献

安徽省人民政府关于促进经济持续健康较快发展的意见

（皖政〔2016〕1号）

各市、县人民政府，省政府各部门、各直属机构：

2016年是全面建成小康社会决胜阶段的开局之年，面临的宏观环境依然复杂多变，有效需求乏力和有效供给不足并存，经济下行压力还在加大。各地各部门要深入贯彻落实党的十八大和十八届三中、四中、五中全会和习近平总书记系列重要讲话精神，深入贯彻落实中央经济工作会议和全省经济工作暨城市工作会议精神，主动适应经济发展新常态，坚持改革开放，坚持稳中求进工作总基调，坚持稳增长、调结构、惠民生、防风险，以加快调结构转方式促升级为主抓手，着力加强供给侧结构性改革，推进去产能、去库存、去杠杆、降成本、补短板，增强持续增长动力，努力保持经济持续健康较快发展。为此，提出如下意见：

一、大力促进实体经济发展

1. 加大企业帮扶力度。坚持和完善省政府负责同志联系市和精准帮扶省属企业制度，各地各有关部门要健全帮扶企业工作机制，第一时间推进党中央、国务院和省委、省政府促进经济增长的政策措施落实，依法依规帮助企业排忧解难。

2. 发挥财政资金支持效应。各级政府预算安排的涉企资金要尽快落实并拨付到企业。省级预算安排的对下级政府的一般性转移支付和专项支付，要分别在省人民代表大会批准预算后的30日内和60日内正式下达。需再分配的省直部门切块资金，6月底前全部定向落实到具体用款单位，到期未细化分配使用的，由省财政统一收回用于其他项目。建立存量资金和预算安排挂钩制度，对支出进度缓慢、盘活存量资金不力的市县和部门进行通报、约谈，并压减转移支付和部门预算额度。各级政府要停止对“僵尸企业”的财政补贴，妥善做好职工安置等工作。

3. 加强政策性融资担保体系建设。2016年，省财政继续安排11亿元资金，充实县（市、区）政策性融资担保机构国有资本金；安排20亿元通过省信用担保集团注资参股市、县（市、区）政策性担保机构，建立省级融资担保风险补偿专项基金，深入推进“4321”政银担风险分担机制，暂免收取再担保费。

4. 帮助企业降低税费、人工、用电等成本。及时全面落实“营改增”和国家支持小微企业、企业改制重组、非货币资产投资等结构性减税和普遍性降费政策，以及国家降低制度性交易、人工、社会保险费、电力、物流成本等政策，开展降低实体经济企业成本行动。建立基本公共服务和实行政府定价管理的行政审批中介服务收费清单制度，清理各种不合理收费特别是垄断性中介服务收费。2016年，土地使用税适用税额标准不作上调,符合国家调整产业结构和促进土地节约集约利用要求、纳税确有困难的企业,可申请减征或免征城镇土地使用税;支持对亩均税收贡献大的企业实行政策激励。2016 年,对已按规定按时缴纳社会保险费的暂时困难企业("僵尸企业"除外),经批准可缓缴养老、医疗、失业、工伤、生育保险费,缓缴期限暂定 6 个月,缓缴期满按规定补缴后,允许其继续申请缓缴。支持大用户开展电力直接交易,支持符合条件的园区组建售电主体直接购电。

5. 畅通金融服务实体经济渠道。2016 年,省财政继续安排 10 亿元,充实市、县(市、区)续贷过桥资金。对县域金融机构发放的符合条件的涉农增量贷款,按年度贷款增量的 2% 予以补贴。继续实施新型农村金融机构定向费用补贴、新设和引进金融机构奖励政策及企业上市(挂牌)奖励补助政策。全面开展包括"税融通"业务在内的各种银税合作活动。积极开展农村承包土地的经营权、农民住房财产权抵押贷款试点。抓住股票发行注册制改革、战略性新兴产业板设立、新三板转创业板等多重机遇,加大企业上市(挂牌)服务力度,进一步扩大直接融资,降低企业资产负债率。

6. 引导企业开拓市场。省有关部门要积极搭建重点项目建设与省内企业购销对接平台,促进省内钢铁、水泥、家电、汽车、装备制造等优质产品销售。完善煤电产销合作机制。开展皖产名优产品全国行等系列产销衔接活动。培育发展互联网企业,鼓励市、县(市、区)对本地网上年度销售额较大企业给予奖励。

7. 积极扶持农业企业发展。对受电变压器容量 315 千伏安以下的农业种养殖企业生产性用电,执行农业生产电价。对受电变压器容量 315 千伏安及以上的谷物、棉花、油料、蔬菜等农作物种植企业,以及生猪、畜禽、鱼类等养殖企业生产性用电,符合条件的执行农业生产电价。各地要将不低于新增建设用地计划和城乡建设用地增减挂钩指标总量的 2%,用于新型农业经营主体辅助配套设施建设。稳定粮食生产,加快消化过大的农产品库存量,保障农产品有效供给。

二、保持有效投资力度

8. 加强重大项目谋划储备。积极对接中央预算内投资重点支持的保障性安居工程、粮食水利、中西部铁路、科技创新、节能环保和生态建设、社会事业、贫困地区建设等领域,在继续加强原有平台建设基础上,围绕国家级合肥滨湖新区创建、淮河流域综合治理与绿色发展、皖江示范区规划展期、大黄山国家公园创建、大别山革命老区振兴发展等重大战略平台和战略性新兴产业,结合"十三五"规划编制实施,谋划一批"大、新、专"项目,充实和完善重点项目库,力争更多项目列入国家计划。今后,省级政府投资重点支持项目库内项目。继续安排部分专项资金,支持各地重大项目谋划和前期工作。

9. 加大重大项目推进力度。2016 年,新开工超亿元项目 1600 个以上,建成 600 个以上。开工建设和加快推进引江济淮、商合杭高铁、合安九高铁、高速公路新建及扩容改造、京东方 10.5 代线等一批事关全局和长远发展的重大项目。完善省、市、县负责同志联系推进重大项目制度。全面实施"四督四保"制度,对纳入"调转促""大、新、专"项目库的重点项目,实行重点督办、统筹推进、目标管理、约谈问责机制。对 2014 年、2015 年下达的投资计划中未开工且短期内不具备开工条件的项目,及时调整投资计划和资金预算;对 2013 年及以前下达且尚未执行的投资计划,按规定收回资金调整用于其他项目建设。

10. 创新投融资机制。2016 年,省财政安排 3 亿元作为资本金,支持省产业发展基金募集资金,引导重点投向"中国制造 2025""互联网 +"行动计划等示范项目。支持各地申报利用专项建设基金,充实专项建设基金三年滚动项目库。支持各地与开发性、政策性金融机构开展新一轮战略合作,推进重大水利工程、国省道干线改造、棚户区改造、老旧小区整治改造、海绵城市和地下综合管廊建设等。采取财政奖励、运营补贴、投资补贴、融资费用补贴等方式,推动在基础设施、公共服务领域广泛采用政府和社会资本合作模式(PPP)。

11. 加大招商引资力度。坚持以质量效益为中心,提高招商引资水平。鼓励各地通过实施投资引导基金和产业发展基金、社会贡献考评奖励、金融服务、招才引智、公共服务平台、综合环境保障等规范性政策措施,引导和支持境内外资本投向本地主导产业、战略性新兴产业、现代服务业等。办好新一届国际徽商大会、安徽省与全国百户知名民企加快长江经济带建设推进会等重大招商活动,巩固和扩大与央企、民企、外企合作成果,深化与"一带一路"沿线有关国家特别是德国、美国、法国、俄罗斯、新加坡等项目合作。

12. 深入推进新型城镇化。把“一尊重、五统筹”贯穿城市发展全过程,提高新时期城市工作水平。鼓励和促进有能力在城镇就业和生活的常住人口有序实现市民化,在土地承包经营权确权登记颁证基础上,落实农民户口变动与土地承包经营权、宅基地使用权、集体资产收益分配权脱钩,推进就业、住房、义务教育、医疗保险、养老保险并轨。支持开展产城融合等专项试点,推进智慧城市建设。

13. 保障重点项目用地需求。对符合条件的“调转促”和“大、新、专”项目库的重大项目,按程序从省预留的新增建设用地计划指标中安排。在沪深港交易所每新增1家上市公司,给予上市公司所在地政府奖励100亩新增建设用地计划指标。鼓励以租赁等多种有偿方式向符合条件的中小企业供应土地。研发设计、勘察、检验检测、技术推广、环境评估与监测项目可按科教用途落实用地。优先支持新建养老服务机构项目用地。对工业企业改造升级的,在不改变原有土地性质的情况下,提高容积率的可不增收土地出让价款。

三、加快推进调结构转方式促升级

14. 大力推动创新驱动发展。开展系统推进全面创新改革试验,建设有重要影响力的综合性国家科学中心和产业创新中心,鼓励各地在产学研用合作、科技成果“三权”管理、股权和分红激励、科研人员留职创业与职务发明、科技人才流动等方面先行先试。2016年,省财政继续安排专项资金,落实创新型省份“1+6+2”配套政策,加大对自主创新能力建设、科技成果转化、大型科学仪器设备资源共享共用、实验室建设、科技重大专项、科技保险试点等补助力度。

15. 加快建设战略性新兴产业集聚发展基地。2016年,省财政统筹安排30亿元,支持战略性新兴产业集聚发展基地建设。开展第一批基地考核评估和第二批基地评审认定工作。鼓励支持有条件的市集中力量建设若干个市级战略性新兴产业发展集聚区。

16. 支持企业技术改造。2016年,省财政较大幅度增加企业技术改造专项资金规模,综合运用贷款贴息、设备补助等方式,引导企业开展适应供给侧改革、消费需求和产业升级的技术改造、降本增效等。对经省级认定的首台(套)重大技术装备,按首台(套)售价的10%分别给予省内研制和使用单位补助,最高100万元。

17. 推进大众创业、万众创新。2016年,从失业保险省级调剂金中安排2亿元以上,进一步扩大个人创业担保贷款贴息范围,提高小微企业贷款贴息额度。支持打造众创、众包、众扶、众筹等支撑平台,引导高校、科研院所以及各类重点(工程)实验室、工程(技术)研究中心、工业设计中心、企业技术中心、质检中心、分析测试中心等向社会开放服务。鼓励各地在高校院所、开发园区周边等创新资源密集区建设众创空间,统筹科技资金,对新认定的省级众创空间和科技企业孵化器,省给予10万—30万元补助。

18. 强化人才支撑。依托高校、科研院所以及国家级重点实验室等机构,积极为企业搭建人才交流合作平台,加大“百人计划”“外专百人计划”实施力度。鼓励支持企业建立博士后科研工作站。鼓励青年人才来皖创新创业,所创(领)办企业属我省重点发展战略性新兴产业或具有创新商业模式的高端现代服务业的,择优给予10万—50万元创业资助。将民营企业骨干技术人员和管理人才纳入到专家遴选、荣誉表彰、高级研修和专题培训等范围。鼓励事业单位专业技术人才离岗创业。

四、注重扩大消费需求

19. 大力促进消费升级。落实带薪休假制度,促进旅游消费。大幅放宽准入,鼓励民间资本、外商投资进入养老健康领域。落实小排量汽车、新能源汽车税收优惠和购置补贴政策,对集中式新能源汽车充换电设施用电执行大工业用电价格,暂免收取基本电费。支持发展使用权短期租赁等分享经济模式,扩大电子商务、智能家居等消费。支持企业以食品、工业消费品及生产生活性服务业为重点提升品质、创新供给,引导社会资本增加中高端、多元化的教育、医疗、文化、体育、养老等服务供给。

20. 不断优化消费环境。引导发展家用轿车、家用信息设备、耐用消费品等融资租赁和消费信贷。鼓励企业开展网络促销以及参加大型展销会。省财政对省政府批准的展会给予适当补助。加大促进消费升级重点领域的政府购买力度。对新进入我省投资的世界100强和国内50强电子商务企业,实际到位注册资本金5000万元以上的,按1%给予一次性落户奖励,最高奖励200万元。

21.深化住房制度改革。支持暂时买不起房的居民特别是非户籍人口先租房,对其中难以承受市场化租房、符合条件的困难家庭给予货币化租金补贴。将公租房扩大到非户籍人口,实现公租房货币化。支持发展住房租赁市场,鼓励自然人和各类机构投资者购买库存商品房,成为租赁市场的房源提供者,形成以住房租赁为主营业务的专业化企业。支持将有稳定就业的进城务工人员和个体工商户等自由职业者纳入住房公积金缴存范围。

22.稳定房地产市场。对拥有一套住房并已结清相应购房贷款的居民家庭,为改善住房条件再次申请住房公积金贷款购买住房的,最低首付比例由30%降至20%;贷款偿还期限可延至借款人法定退休年龄后5年,最长贷款期限为30年。各地可根据当地实际,对购买普通商品住房给予一定比例补贴。支持商业银行对进城农民购买商品住房开展贷款业务,对自愿退宅进城农民购买普通商品住房,当地政府可给予一次性购房奖励或其他补助。

五、稳步扩大外贸进出口

23.支持外贸优进优出。2016年,对列入《安徽省重点鼓励进口先进技术、设备和产品目录》内,未享受国家补贴的先进技术、设备及产品进口,每美元给予0.02元以内的奖励。鼓励企业扩大出口规模,支持开展国际产品认证、专利申请和商标注册,对参加境外展会、考察境外市场、建设境外营销网络、发展跨境电子商务、建设外贸平台、开展外贸综合服务等方面给予补助。支持具备条件的市申报建设海关特殊监管区域和货物进境指定口岸。

24.提高"走出去"组织化程度。全面对接"一带一路"和长江经济带建设等国家重大战略,支持有条件的企业赴境外开展投资合作、跨国并购和承包工程。按国家规划,支持企业开展与印度尼西亚、巴西、厄瓜多尔、罗马尼亚、匈牙利等产能合作,支持以龙头企业为核心带动产业链企业"抱团出海",促进钢铁、有色、建材、汽车等优势产业和富余产能转出去。适时扩大跨国公司外汇资金集中运营试点。支持省产业发展基金与国家海外合作基金、多双边产能合作基金等对接。对承揽过亿美元的大项目给予贴息支持。

六、深化重点领域改革

25.继续深化简政放权。推广使用全省统一的投资项目在线审批监管平台,规范前置审批,推进协同放权,实行限时办结,提高项目审批监管效率。深化商事制度改革,扎实推进"三证合一、一照一码"登记制度改革,进一步放宽住所条件管制,积极开展简易注销,实现企业网上申请、网上受理、网上审核、网上发照等全程电子化。推进先照后证改革,切实履行"双告知"职责。

26.深化国资国企改革。按照"推进企业重组、推进整体上市,完善现代企业制度、完善国资管理体制,防止国有资产流失"的思路,推进国资国企改革。组织开展落实企业董事会职权、市场化选聘经营管理者、混合所有制企业员工持股等试点工作,进一步健全企业治理结构。对充分竞争领域的商业企业,以推进整体上市为主要路径,引入其他资本实现股权多元化,积极发展混合所有制经济,不设股权比例限制。积极探索采取优先股的形式实现国有资产保值增值。采取多种方式探索建立中长期激励机制。以管资本为主推进国有资产管理和监管机构职能转变。

七、保障和改善民生

27.持续加大民生投入。调整优化财政支出结构,压缩"三公"经费等一般性支出,加大民生投入保障力度,继续实施好33项民生工程。加大扶贫攻坚十大工程投入,实施农村道路畅通工程,提高义务教育公用经费、城乡居民医保等项目补助标准。

28.大力促进和稳定就业。对不裁员、少裁员的企业给予稳定就业岗位补贴,补贴金额不超过企业及职工上年度实际缴纳失业保险费总额的50%。对化解过剩产能和淘汰落后产能等政策性关闭、破产企业,从失业保险省级调剂金中给予职工安置补贴。高度关注并支持农民工返乡创业就业。2016年,对各类职业院校和技工院校组织当年毕业生在当地就业达到一定比例,并签订1年以上期限劳动合同的,经审核确认,由当地政府给予一次性补贴;对各类公共服务机构和民办职业中介机构介绍技能型人才和职业院校、技工院校、高校毕业生到省内企业就业,并签订1年以上期限劳动合同的,按每人120—250元给予就业创业补贴;劳动者参加就业技能转岗培训,给予200—1300元培训补贴;企业新录用人员并与其签订6个月以上劳动合同,进行上岗前技能培训的,由当地政府给予不低于人均300元补贴;企业开展岗位技能提升培训,按职工培训后取得国家职业资格证书的人数,分别给予相应补贴。

八、防范化解政府债务金融风险

29. 有效化解政府债务风险。完善全口径政府债务管理,实行地方政府债务规模限额管理,严格限定政府债务举借程序和资金用途,融资利率一般不得超过同期银行贷款基准利率的1.3倍。妥善处理存量债务,做好政府存量债务置换工作。扩大省级政府代理发行地方政府债券规模,降低政府融资成本。推动政府融资平台市场化转型和融资。建立地方政府性债务风险预警机制和债务风险应急处置机制,密切关注个别地区债务增长过快和隐性债务苗头,切实消除风险隐患。

30. 防范化解金融风险。规范各类融资行为,依法处置和打击非法集资。按统一部署开展互联网金融风险专项整治。支持地方各类金融机构加大不良资产核销和处置力度。落实属地管理责任和监管部门责任,加强风险监测预警,妥善处置风险案件,维护金融稳定,坚决守住不发生区域性和系统性金融风险底线。

各级领导干部要自觉把"三严三实"要求体现到推动经济持续健康较快发展上,突破惯性思维定式,打破传统路径依赖,锐意改革,大胆创新,引领我省经济迈上新台阶。要充分调动各方面积极性创造性,贯彻"三个区分"精神,勇于担当,坚持激励和约束并举,完善容错纠错机制,营造保护创新、崇尚创造、鼓励干事的良好氛围。要狠抓工作落实,明确责任主体,建立能定责、可追责的考核机制,以责促行、以责问效,坚定不移地以责任到位促进工作到位。省政府督查室要根据清单制要求加强跟踪督查,审计监督部门要加强监督问责,确保中央和省委、省政府各项决策部署落地生根。各地各有关部门贯彻落实情况要于2016年6月底前报省政府。

安徽省人民政府关于2016年实施33项民生工程的通知

(皖政〔2016〕25号)

各市、县人民政府,省政府各部门、各直属机构:

为深入贯彻落实党的十八大和十八届三中、四中、五中全会及习近平总书记系列重要讲话精神,持续做好保障和改善民生工作,省政府决定,2016年投入825.5亿元,实施33项民生工程。现就有关事项通知如下:

一、新增6项民生工程

(一)农村道路畅通工程。实施县级公路畅通、乡级公路畅通、老村级道路加宽改造、撤并建制村路面硬化和贫困村内较大自然村道路硬化工程,切实改善农村地区交通条件。

(二)重度残疾人护理补贴。评定为一级、二级且需要长期照护的重度残疾人给予护理补贴,补助残疾人因残疾产生的额外长期照护支出。

(三)城乡困难群体法律援助。对全省城乡符合法律援助条件的困难群体实施法律援助,推动法律援助事业发展。

(四)提升农村基层党建与服务经费保障。健全以财政投入为主、稳定的经费保障制度,不断提升农村基层党建和服务保障能力。

(五)农产品食品安全工程。在乡镇和社区建立农产品食品安全快速检测体系,开展农产品质量安全认证,推动解决农产品食品安全问题。

(六)城市老旧小区整治。对城市老旧小区开展老楼危楼加固改造、配套设施和环境整治提升等,有效改善人民群众居住和生活环境。

二、退出6项民生工程

农村公路危桥加固改造、广播电视"村村通"工程2项任务已完成,退出实施范围。重大传染病医疗救治、县级公立医院药品零差率补助、公共租赁住房保障、"一事一议"财政奖补4项,资金有保障,已进入常态化运行,转入部门日常工作,2016年起退出民生工程。

三、提高6项民生工程标准

(一)提高政策性农业保险补助标准。根据国家统一部署,水稻、玉米、小麦、棉花的保费财政补助标准分别由2015年每亩15.84元、12元、9.72元、16.32元提高到19.49元、13.54元、13.21元、18.91元。

(二)提高新型农村合作医疗参合补助标准。根据国家统一部署,将新农合财政补助标准由2015年每人380元提高到420元。

(三)提高城镇居民基本医疗保险参保补助标准。根据国家统一部署,将城镇居民医保财政补助标准由2015年每人380元提高到420元。

(四)提高城乡居民大病保险筹资标准。根据安徽省巩固完善城乡居民大病保险制度的实施意见，新农合大病保险人均筹资标准由2015年15元提高到30元，城镇居民大病保险人均筹资标准仍为30元。

(五)提高基本公共卫生服务补助标准。根据安徽省深化医药卫生体制综合改革试点方案，将基本公共卫生服务补助标准由2015年每人40元提高到45元。

(六)提高义务教育经费保障补助标准。根据国家统一部署，推进城乡统筹，将城市义务教育阶段学校免学杂费、公用经费补助标准由2015年小学每生264元、初中每生375元分别提高到625元、825元(均含取暖费25元)。将义务教育阶段特殊教育学校生均公用经费补助标准由2015年每生5000元提高到6000元。

四、继续实施21项民生工程

继续实施农村危房改造，农村饮水安全工程，农村居民最低生活保障，农村五保供养及运行维护，贫困残疾人救助与康复，计划生育家庭特别扶助，孤儿基本生活保障，生活无着人员社会救助，美丽乡村建设工程，小型水利工程改造提升，山区库区农村住房保险试点，就业技能及新型农民培训，就业扶持工程，城乡居民基本养老保险，城乡医疗救助，妇女儿童健康水平提升工程，社会养老服务体系建设，高校、中职和普通高中家庭经济困难学生资助，公共文化场馆开放，农村文化建设专项补助，棚户区改造等21项民生工程，对内容、结构等进行调整优化。

五、工作要求

2016年是全面建成小康社会决胜阶段的开局之年，各级各部门要按照“以人为本、统筹兼顾，量力而行、雪中送炭，突出绩效、共建共享”的原则，加快补齐民生短板，围绕扶贫工作、“三农”工作、创业就业、社会保障、教育文化、其他城乡公共服务等方面，以项目化手段、工程化措施继续大力实施民生工程，持续推进民生问题解决。

(一)强化责任落实。面对经济下行压力持续的新常态，要更加突出保障改善民生，注重解决亟需、突出重点、量力而行，抓好普惠性、基础性、兜底性民生建设。要对照民生工程目标责任书，落准落细落实各级各部门责任，形成上下贯通、层层负责的主体责任链条，健全能定责、可追责的民生工程绩效考核机制。

(二)强化精准推进。各级各地要调整优化财政支出结构，大力压缩一般性支出，不断加强民生资金保障管理，加大对特定人群特殊困难的精准帮扶。要按照部署要求，持续加强过程管控，精准发力，聚焦突破，确保既定的目标任务按序时推进、保质保量完成，确保惠民政策及时落地生根。

(三)强化问题导向。要完善绩效评价，加强督查考核，对于日常调度、审计监督、媒体曝光等发现的有关民生工程各类问题，建立任务清单，加强约谈跟踪，一项一项整改到位。把问题整改工作与加强制度建设结合起来，切实举一反三，不断完善长效机制，努力从制度层面更好地解决民生问题。

(四)强化统筹协调。要把实施民生工程与推进供给侧结构性改革结合起来，与开展脱贫攻坚结合起来，与加强美丽乡村建设结合起来，形成政策叠加和多方联动效应。加强宣传，加快民生领域基础信息大数据、新媒体、互联网平台统筹应用，推进民生工作公开、公平和公正，提升民生工程组织实施科学化和信息化水平。

(五)强化共建共享。坚持多元导向，探索建立长效管养机制，通过购买服务、股权合作等方式支持各类市场主体增加民生保障服务和产品供给。更加注重人人参与、人人尽力、人人享有，充分调动群众积极性，正确引导基本民生保障预期，不断提高民生工程影响力，切实增强人民群众的获得感、幸福感。

安徽省人民政府关于推进普惠金融发展的实施意见

(皖政〔2016〕47号)

各市、县人民政府，省政府各部门、各直属机构：

为贯彻落实《国务院关于印发推进普惠金融发展规划(2016—2020年)的通知》(国发〔2015〕74号)精神，结合我省实际，制定以下实施意见：

一、总体要求

1.指导思想。深入贯彻党的十八大和十八届三中、四中、五中全会精神，深入贯彻落实习近平总书记系列重要讲话特别是视察安徽时的重要讲话精神，坚持政府引导与市场主导相结合、完善基础金融服务与改进重点领域金融服务相结合，建立健全有利于普惠金融发展的体制机制，不断提高金融服务的覆盖率、可得性和满意度，使所有市场主体和最广大人民群众公平分享金融改革发展的成果，为加快打造创新型“三个强省”、建设美好安徽、全面建成小康社会提供有力保障。

2. 基本原则。按照“机制健全、持续发展，机会平等、惠及民生，市场主导、政府引导，防范风险、推进创新，统筹规划、因地制宜”的原则，积极探索，先行先试，以有效防范金融风险为底线，以增进民生福祉为目的，鼓励金融机构推进金融产品和服务方式创新，优先解决欠发达地区、薄弱环节和特殊群体的金融服务问题。

3. 发展目标。到2020年，建立与全面建成小康社会相适应的普惠金融服务和保障体系，有效提高金融服务可得性，明显增强人民群众对金融服务的获得感，显著提升金融服务满意度，满足人民群众日益增长的金融服务需求，特别是要让小微企业、农民、城镇低收入人群、贫困人群和残疾人、老年人等及时获取价格合理、便捷安全的金融服务。

提高金融服务覆盖率。基本实现乡乡有机构，村村有服务，乡镇一级基本实现银行物理网点和保险服务全覆盖，巩固助农取款服务村级覆盖网络，丰富惠农金融服务室功能。拓展城市社区金融服务广度和深度，显著改善城镇企业和居民金融服务的便利性。

提高金融服务可得性。大幅改善对城镇低收入人群、困难人群以及农村贫困人口、创业农民、创业大中专学生、残疾劳动者等初始创业者的金融支持，完善对特殊群体的无障碍金融服务。加大对新业态、新模式、新主体的金融支持，提高小微企业和农户贷款覆盖率，服务大众创业、万众创新取得新成效。力争小微企业贷款、皖北地区贷款、大别山区贷款等重点信贷板块贷款增速高于全省贷款平均增速，涉农贷款持续增长。提高小微企业信用保险和贷款保证保险覆盖率，力争使农业保险参保农户覆盖率提升至95%以上。

提高金融服务满意度。有效提高各类金融工具的使用效率。进一步提高小微企业和农户申贷获得率和贷款满意度。建立小微企业和农民信用信息归集系统，完善省公共信用信息共享服务平台功能。明显降低金融服务投诉率。

二、健全普惠金融机构体系

4. 充分发挥各类银行机构的作用。支持开发性政策性银行省级分行创新服务“三农”、小微企业的融资模式，积极与地方法人金融机构开展批发资金转贷合作，进一步加大对农业、农村的中长期信贷投放。鼓励农发行安徽省分行加大对农业开发、林业、水利、贫困地区公路等农村基础设施建设和农业现代化推进工程的贷款力度。充分发挥进出口银行安徽省分行支持进出口贸易、助力企业“走出去”、促进开放型经济发展作用。支持邮储银行安徽省分行稳步发展涉农、小微企业信贷，逐步扩大涉农业务范围。引导和支持大型商业银行加快县域空白网点布局，加快实现县域全覆盖，鼓励在有条件的乡镇增设具备信贷功能的分支机构。支持股份制银行加快向县域和乡镇延伸服务网点。鼓励商业银行单列小微企业和涉农信贷计划，建设小微企业金融服务专营机构。支持条件成熟的银行设立小微企业信贷子公司。（责任单位：安徽银监局、人行合肥中心支行、省农信社等，列第一位的为牵头单位，下同）

5. 深化农村合作金融机构改革。推动农村商业银行坚持立足县域、服务“三农”和小微企业的定位，建立健全现代商业银行制度，完善农村商业银行特色化公司治理结构。鼓励农村商业银行增资扩股，通过IPO、全国股转系统挂牌、资本重组等方式壮大资本实力。鼓励监管级别二级以上的农村商业银行跨区域设立分支机构。深化省农信社改革，强化服务功能。支持省农信社加快推进面向“三农”和农村商业银行的综合化金融服务平台建设，开展普惠金融、互联网金融、金融租赁、资产证券化等金融业务。争取在农业人口较多、粮食主产区及小微企业集中的市辖区设立村镇银行，加快在县域集约化发起设立村镇银行步伐，支持村镇银行在乡镇布设网点。加快组建民营银行。（责任单位：安徽银监局、省政府金融办、安徽证监局、人行合肥中心支行、省农信社等）

6. 推动徽商银行加快普惠金融体系建设。支持徽商银行探索小微企业、“三农”信贷新模式，开展渠道创新、产品创新和机制体制创新，扩大县域支行小微企业、“三农”信贷审批权。支持徽商银行在有条件的乡镇加快设立分支机构，在有条件的行政村设立惠农金融服务室，发起设立村镇银行等新型农村金融机构，构建农村互联网金融电商平台。（责任单位：省政府金融办、安徽银监局、人行合肥中心支行、徽商银行等）

7. 规范发展新型金融组织。支持发起设立主要服务小微企业和“三农”的融资租赁公司和金融租赁公司,引导金融租赁公司在中小微企业集中的地区设立分支机构,更好满足小微企业和涉农企业设备投入和技术改造融资需求。鼓励社会资本在县域发起设立融资租赁公司、金融租赁公司、典当行等机构。鼓励小额贷款公司、融资担保机构增资扩股,增强资本实力。进一步拓展小额贷款公司、融资担保机构、典当行融资渠道,加快接入征信系统。探索成立小额再贷款公司。积极探索新型农村合作金融发展的有效途径,稳妥开展农民合作社内部资金互助试点。注重建立风险损失吸收机制,加强与业务开展相适应的资本约束,规范发展农村合作金融。支持农村小额信贷组织发展,持续向农村贫困人群提供融资服务。(责任单位:省政府金融办、安徽银监局、人行合肥中心支行、省农委、省商务厅、省财政厅等)

8. 规范发展互联网金融组织。积极争取互联网基金销售、互联网保险等互联网金融业务牌照,支持省内实力雄厚的企业或集团通过收购兼并获牌机构等方式,取得互联网支付等牌照。支持省内大型企业和集团联合国内优秀团队和个人发起运营互联网金融企业,争取实现互联网金融主要业态全覆盖。支持筹建安徽省互联网金融协会,加强行业自律,促进互联网金融规范健康发展。(责任单位:人行合肥中心支行、安徽银监局、安徽证监局、安徽保监局、省政府金融办、省工商局等)

三、创新普惠金融产品和服务手段

9. 创新金融产品和服务模式。引导银行业金融机构针对小微企业、高校毕业生、农户、特殊群体以及精准扶贫对象量身开发小额贷款产品。深入实施“税融通”业务,定期统计通报业务开展情况,实行批量操作,不断扩大业务规模。支持徽商银行等符合条件的地方法人金融机构争取投贷联动融资试点。探索对社会办医、社会养老的金融支持方式。开发适合残疾人特点的金融产品。引导有条件的银行业金融机构设立无障碍银行服务网点,完善电子服务渠道,为残疾人和老年人等特殊群体提供无障碍金融服务。进一步提升省小额票据贴现中心业务承载量和服务水平。(责任单位:省政府金融办、安徽银监局、人行合肥中心支行、省财政厅、省经济和信息化委、省民政厅、省人力资源社会保障厅、省住房城乡建设厅、省地税局、省国税局、省残联、省农信社、徽商银行等)

10. 推进抵质押担保方式创新。进一步依法放宽抵质押登记限制。探索开展动产质押贷款业务,建立以互联网为基础的集中统一的自助式动产、权利抵质押登记平台。在经批准的县(市、区)稳步开展农村土地承包经营权抵押贷款、农民住房财产权抵押贷款试点。推广大型农业机械设备、运输工具、林权、水域滩涂养殖权等新型抵质押担保。鼓励农业企业为农户、新型农业经营主体提供贷款担保。积极在全省范围内建立和推广“守重企业信用增信融资”模式,开展信用增信融资。(责任单位:省政府金融办、人行合肥中心支行、安徽银监局、省农委、省林业厅、省工商局、省农信社、徽商银行等)

11. 提升金融机构科技运用水平。鼓励金融机构运用大数据、云计算等新兴信息技术,打造互联网金融服务平台,为客户提供信息、资金、产品等全方位金融服务。支持银行业金融机构成立互联网金融专营事业部或独立法人机构。引导金融机构积极发展电子支付手段,逐步构筑电子支付渠道与固定网点相互补充的业务渠道体系,大力发展电子银行业务,加大自助设备投放。支持保险机构依托互联网和移动通信技术,建立支持咨询、投保、退保、理赔、查询和投诉在线服务体系,探索通过短信、即时通讯工具等多种方式开展保全、客户回访。(责任单位:人行合肥中心支行、安徽银监局、安徽保监局、安徽证监局、省政府金融办等)

12. 发挥互联网促进普惠金融发展的有益作用。积极发展网络支付机构,服务电子商务发展,为社会提供小额快捷、便民支付服务。发挥网络借贷平台融资便捷、对象广泛的特点,引导其缓解小微企业、“三农”和各类低收入人群的融资难问题。探索发展基于互联网和大数据的股权众筹融资平台,加大对大众创业、万众创新的支持力度。发挥网络金融产品销售平台门槛低、变现快的优势,满足各类消费群体多层次的投资理财需求。(责任单位:人行合肥中心支行、安徽银监局、安徽保监局、安徽证监局、省政府金融办、省工商局等)

13. 切实降低融资成本。督促银行业金融机构规范收费、合理定价,提高金融服务收费信息透明度。发挥安徽省市场利率定价自律机制的定价协调作用,加强对金融机构存款利率的引导,抑制筹资成本不合理上升。支持各地有效发挥续贷过桥资金作用,推动银行业金融机构通过下放县域分支机构贷款审批权限、提前进行续贷审批、设立循环贷款、实行年度审核制度等措施,提高贷款审批效率,降低小微企业续贷过桥成本。(责任单位:安徽银监局、人行合肥中心支行、省政府金融办、省财政厅等)

四、着力推进多层次资本市场体系建设

14.推动企业上市(挂牌)融资。大力推动企业股份制改造,加强县域上市后备企业培育,鼓励更多的涉农企业和小微企业在主板、中小企业板、创业板和“新三板”上市(挂牌)融资。推动省区域性股权交易市场综合融资服务中心功能建设,发展壮大农业板,稳步推进科技板、文旅板试点,建立工商登记部门与省区域性股权交易市场登记制度对接机制,为企业股权质押融资提供便利。(责任单位:省政府金融办、省工商局、省发展改革委、省经济和信息化委、省农委、省科技厅、省国资委、安徽银监局、安徽证监局、省股权托管交易中心等)

15.加大股权投资力度。引导安徽产业发展基金加大对创业创新的支持力度。推动天使投资基金设立市级全覆盖,支持初创期创新期小微企业加快发展。引进培育并购投资基金、私募股权投资基金、创业投资基金。支持国元证券、华安证券发起设立股权投资与做市基金,为我省在“新三板”和省区域性股权交易市场挂牌及拟挂牌企业提供股权投资、做市和报价交易服务。支持省区域性股权交易市场搭建各类私募股权投资机构和中小微企业线上线下对接平台。(责任单位:省政府金融办、省信用担保集团、省投资集团、省发展改革委、省经济和信息化委、省科技厅、省财政厅、安徽证监局、国元证券、华安证券、省股权托管交易中心等,各市人民政府)

16.发展期货及衍生品市场。推进与期货交易所战略合作,争取我省更多农产品纳入期货交易品种范围。争取设立铜产品、小麦等大宗商品期货交割库。鼓励农产品生产经营企业进入期货市场开展套期保值业务,探索利用期货市场服务现代农业的途径和模式。(责任单位:安徽证监局、省政府金融办、省农委、徽商期货、华安期货、安粮期货等)

17.扩大债券融资规模。鼓励涉农企业、小微企业发行企业债、公司债和中小企业私募债,逐步扩大中小企业集合债券、小微企业增信集合债券、涉农企业集合票据、短期融资券等债券发行规模。(责任单位:省政府金融办、省发展改革委、省经济和信息化委、人行合肥中心支行、安徽银监局、安徽证监局、省农委、徽商银行、省农信社等)

五、拓展保险广度和深度

18.有效发挥保险保障优势。支持保险机构开发保障适度、保费低廉、保单通俗的普惠保险产品。鼓励有条件的地方加大对主要粮食作物补充保险支持力度,大力发展特色农业保险,推广设施农业、农机具、农房、制种保险等产品,推广天气指数保险试点,探索开展目标价格、收入保险试点。继续开展渔业互助保险试点,鼓励开展“保险+期货”试点。鼓励扩大生猪价格指数保险试点面,探索开展肉牛、羊、家禽保险。支持保险公司开发适合低收入人群、残疾人等特殊群体的小额人身安全保险及相关产品。继续深入开展山区库区农村住房保险试点。加大对金寨县农村保险改革创新试点支持力度,逐步在大别山连片特困地区推广“菜单式”保险服务试点。积极推进安全生产责任保险。鼓励市、县(市、区)人民政府建立小微企业信用保证保险基金,用于小微企业信用保证保险的保费补贴和贷款本金损失补偿。引导银行业金融机构对购买信用保险和贷款保证保险的小微企业给予贷款优惠政策。鼓励保险机构通过投资企业股权、基金、债权、资产支持计划等多种形式,为小微企业、涉农企业发展提供资金支持。(责任单位:安徽保监局、安徽银监局、省财政厅、省农委、省经济和信息化委、省政府金融办、省民政厅等,各市人民政府)

19.完善保险服务体系。推动成立安徽省寿险法人机构。探索推进具有资质的商业保险机构开展城乡居民基本医疗保险及各类医疗保险经办服务。完善保险基层服务体系,加强专业队伍建设,鼓励保险机构在县、乡、村设立营销服务部等分支机构。完善农业保险协办工作机制,加强乡村协保员管理,形成市、县、乡、村一体化保险服务网络。支持保险机构与基层农林技术推广机构、银行业金融机构、各类农业服务组织和农民合作社合作,促进农业技术推广、生产管理、森林保护、动物保护、防灾防损、家庭经济安全等与农业保险、涉农保险相结合。(责任单位:安徽保监局、省农委、省政府金融办、省财政厅、省民政厅、省林业厅等)

六、有效发挥融资担保作用

20.完善政策性融资担保体系。支持融资担保机构通过增资扩股、兼并重组等方式,提升担保能力。发展壮大省、市、县(市、区)三级政策性融资担保机构,建立健全以政策性融资担保为主导的融资担保行业体系。健全推进农业信贷担保工作机制,加快全省农业信贷担保体系建设,健全省市县统一的服务网络。充分发挥省级政策性担保机构的再担保功能。(责任单位:省财政厅、省政府金融办、省农委、省信用担保集团等)

21. 推广新型政银担合作模式。以省级再担保机构为平台,积极推动融资担保机构与银行业金融机构体系对接,推广"4321"新型政银担合作机制,优化政银担合作环境,建立上下贯通的政银担业务合作体系。地方法人银行业金融机构要率先规范新型政银担合作机制,严禁向企业转嫁风险,增加企业负担。加强中小企业信用担保代偿补偿资金的使用管理,进一步化解担保机构风险。(责任单位:省财政厅、省政府金融办、人行合肥中心支行、省信用担保集团、省经济和信息化委、省农委等)

七、加快普惠金融基础设施建设

22. 优化农村支付环境。鼓励银行机构和非银行支付机构在农村地区发展移动金融服务,加强网上支付、手机支付的开发和推广,完善电子支付手段。推广银行卡等非现金支付工具,加大农村地区银行卡发卡量,推广银行卡助农取款服务、农民工银行卡特色服务等银行卡便民业务。加大农村地区POS机、自动柜员机等银行卡受理机具的布放,切实改善乡村银行卡受理环境。支持农村金融服务机构和网点采取灵活、便捷的方式接入人民银行支付系统或其他专业化支付清算系统。鼓励商业银行代理农村地区金融服务机构支付结算业务。支持农村支付服务市场主体多元化发展。探索通过财政补贴、降低电信资费等方式,支持偏远、特困地区的支付服务网络建设。(责任单位:人行合肥中心支行、安徽银监局、省政府金融办、省财政厅等)

23. 提升基础金融服务水平。巩固助农取款服务村级覆盖网络,在此基础上建设具有支付、国库、征信、现金服务、维权功能的惠农金融服务室。(责任单位:人行合肥中心支行、省政府金融办、安徽银监局、省财政厅等)

24. 健全普惠金融信用信息体系。省、市、县各行业主管部门按照职责范围,建立小微企业和农民信用信息归集系统,接入地方公共信用信息交换共享平台,实现企业主个人、农户家庭等多维度信用数据可应用。司法、工商、税务、海关、环保、人力资源社会保障、住房城乡建设、质监、农业、交通运输、公用事业、计划生育等部门利用现有信息化系统,依法采集农民、城镇低收入人群和小微企业的政务信息,通过省公共信用信息共享服务平台及市、县公共信用信息交换共享平台实现互联互通。积极培育社会化征信机构,推动省征信公司尽快开业运营,构建多元化信用信息收集渠道。完善省公共信用信息共享服务平台功能,建立覆盖各类地方金融机构的普惠金融征信系统,归集全省小微企业、农民等普惠金融服务对象的信用信息,并与人民银行的企业和个人征信系统、金融机构信贷管理系统对接共享,降低普惠金融服务对象征信成本。(责任单位:省发展改革委、人行合肥中心支行、省政府金融办、省司法厅、省工商局、省国税局、省地税局、合肥海关、省环保厅、省人力资源社会保障厅、省住房城乡建设厅、省质监局、省农委、省交通运输厅、省民政厅、省卫生计生委等)

八、完善普惠金融制度规范

25. 建立健全普惠金融基本制度。持续完善"三农"金融政策,满足"三农"金融服务诉求。对土地经营权、宅基地使用权、技术专利权、设备财产使用权和场地使用权等财产权益,不断加强确权、登记、颁证、流转等方面规章制度建设。研究完善推进普惠金融工作相关制度,落实对各类新型机构的管理责任。(责任单位:省政府金融办、人行合肥中心支行、安徽银监局、省工商局、省农委等)

26. 完善各类普惠金融服务主体制度规范。认真贯彻落实国家相关普惠金融法律规范。制定出台促进互联网金融规范健康发展实施意见、促进金融租赁行业健康发展实施意见。探索规范民间借贷行为有关制度。(责任单位:省政府金融办、人行合肥中心支行、安徽银监局、安徽证监局、安徽保监局、省法制办等)

27. 健全普惠金融消费者权益保护制度。督促金融机构落实在客户权益保护方面的义务与责任。落实针对农民和城镇低收入人群的金融服务最低标准和贫困、低收入人口金融服务费用减免等政策,保障并改善特殊消费者群体金融服务权益。完善普惠金融消费者权益保护监管工作体系。(责任单位:省政府金融办、人行合肥中心支行、安徽银监局、安徽

证监局、安徽保监局等)

九、加强普惠金融教育与金融消费者权益保护

28. 加强金融知识宣传普及教育。广泛利用电视广播、书刊杂志、数字媒体等载体,多层面、广角度地开展金融基础知识宣传普及教育。针对城镇低收入人群、困难人群,以及农村贫困人口、创业农民、创业大中专学生、残疾劳动者等初始创业者,编写金融知识通俗读本,开展金融知识下基层、进农家、进校园、进园区、进社区等专项教育活动。注重培养社会公众的信用意识和契约精神。建立金融知识教育发展长效机制,推动部分大中小学积极开展金融知识普及教育,鼓励有条件的高校开设金融基础知识相关公共课。(责任单位:省政府金融办、人行合肥中心支行、安徽银监局、安徽证监局、安徽保监局、省教育厅、省新闻出版广电局等)

29. 培育公众金融风险意识。以规范金融创新业务为重点,针对投资理财、非融资担保和网络借贷平台等重点行业和领域,深入宣传金融风险防范知识,增强群众风险防范意识。督促金融机构切实承担起对社会公众宣传教育义务,重点加强信息披露和风险提示。广泛开展以"理财有风险、投资须谨慎"为主要内容的公益广告宣传,在全社会形成"收益自享、风险自担"的市场经济意识。引导金融消费者根据自身风险承受能力和金融产品风险特征理性投资与消费。(责任单位:省政府金融办、人行合肥中心支行、安徽银监局、安徽证监局、安徽保监局等)

30. 加大金融消费者权益保护力度。加强金融消费者权益保护监督检查,及时查处侵害金融消费者合法权益行为,维护金融市场有序运行。推动各金融机构担负起受理、处理金融消费纠纷的主要责任,进一步完善工作机制,改进服务质量。畅通金融机构、行业协会、监管部门、仲裁、诉讼等金融消费争议解决渠道,积极争取在我省试点开展非诉第三方纠纷解决渠道,逐步建成适合我省省情的多元化金融消费纠纷解决机制。(责任单位:人行合肥中心支行、省政府金融办、安徽银监局、安徽证监局、安徽保监局等)

十、强化政策支持和风险防控

31. 加强货币政策引导。充分运用优惠存款准备金等货币政策工具,引导金融机构更多地将信贷资源配置到小微企业、"三农"等领域。在符合宏观审慎管理要求的前提下,积极运用再贷款、再贴现等工具,引导金融机构扩大涉农、小微信贷投放,降低社会融资成本。(责任单位:人行合肥中心支行、安徽银监局等)

32. 实施差异化监管政策。督促银行业金融机构落实提升小微企业和"三农"不良贷款容忍度监管要求,完善尽职免责相关制度。银行分支机构当年小微企业贷款实际不良率未超过该行总行设置目标的,对于当年该分支机构经办小微企业贷款产生不良的从业人员,在无违反法律法规行为的前提下,可认定为已勤勉尽职地履行了职责,免除其合规责任。对小微企业信贷投放完成"三个不低于"、涉农信贷实现持续增长目标的银行业金融机构,在机构设立、业务准入等方面给予优先支持。支持徽商银行、农村商业银行等地方法人银行业金融机构发行小微企业金融债券、"三农"金融债券。加大对小微企业和"三农"贷款服务考核力度,创新核销方式,加快核销进度,用足用好核销政策。(责任单位:安徽银监局、人行合肥中心支行、安徽证监局、安徽保监局、省政府金融办、省财政厅等)

33. 强化财税政策支持。鼓励地方财政通过贴息、补贴、奖励等政策措施,激励和引导各类机构加大对小微企业、"三农"和民生尤其是精准扶贫等领域的支持力度。全面落实农户贷款税收优惠、农村金融机构定向费用补贴、县域金融机构涉农贷款增量奖励和农业保险保费补贴等政策。对成功在"新三板"和省区域性股权交易市场挂牌融资的涉农和小微企业,按照有关规定进行奖补。(责任单位:省财政厅、省国税局、省地税局、省政府金融办等)

34. 加强金融风险防控。加强金融监管协调机制建设,落实地方金融监管和风险处置责任。加大各类风险隐患排查和化解力度,及时开展重点领域金融风险专项整治,严厉打击非法集资、非法吸储、非法证券业务等违法违规金融活动,依法妥善处置金融风险事件,坚决守住不发生区域性、系统性金融风险的底线。(责任单位:省政府金融办、省公安厅、人行合肥中心支行、安徽银监局、安徽证监局、安徽保监局、省农委、省商务厅等,各市人民政府)

十一、加强组织领导

35. 建立工作推进机制。省政府金融办、安徽银监局、人行合肥中心支行牵头,省发展改革委、省教育厅、省经济和信息化委、省民政厅、省财政厅、省农委、省商务厅、省林业厅、安徽证监局、安徽保监局、省残联等部门和单位参加,建立推进普惠金融发展工作协调机制,加强人员保障和理论研究,制订促进普惠金融发展的重大政策措施,协调解决重大问题,推进规划实施和相关政策落实,切实防范金融风险。各地、各有关部门及各金融机构要按照全省统一部署,增强做好普惠金融服务工作的责任感和使命感,各司其职,协调配合,扎实推动各项工作。(责任单位:省政府金融办、安徽银监局、人行合肥中心支行、省发展改革委、省教育厅、省经济和信息化委、省民政厅、省财政厅、省农委、省商务厅、省林业厅、安徽证监局、安徽保监局、省残联等)

36. 实施专项工程。围绕普惠金融重点领域、重点人群,集合资源,积极开展金融知识专项教育工程,大力推进移动金融工程、就业创业金融服务工程、大学生助学贷款工程、金融扶贫工程等专项工程,促进普惠金融加快发展。(责任单位:安徽银监局、人行合肥中心支行、省政府金融办、省经济和信息化委、省人力资源社会保障厅、省教育厅、省民政厅、省财政厅、省农委等)

37. 加强监测评估。开展涉农贷款、大中小微企业贷款及"两权"抵押贷款等普惠金融专项调查和统计,全面掌握普惠金融服务基础数据和信息。建立推进普惠金融发展监测评估体系,定期开展普惠金融发展政策效果监测评估,及时发现问题并提出改进措施。建立普惠金融发展信息公开机制,定期发布安徽普惠金融指数和普惠金融白皮书。(责任单位:人行合肥中心支行、安徽银监局、省政府金融办等)

38. 强化督促检查。省政府金融办会同安徽银监局、人行合肥中心支行等切实做好督促检查和情况汇总工作,把推进普惠金融发展工作作为目标责任考核和政绩考核的重要内容。各地要结合本地区实际,加大普惠金融发展的推进力度,按年度对本地区普惠金融发展工作进行全面总结。(责任单位:省政府金融办、安徽银监局、人行合肥中心支行等,各市人民政府)

各市人民政府、省有关部门要结合各自实际,制定本地区、本部门实施意见。每年2月底前,将上一年度贯彻落实情况报省政府,并抄送省政府金融办、安徽银监局、人行合肥中心支行。

安徽省人民政府关于补短板增强经济社会发展动力的实施意见

皖政〔2016〕53号

各市、县人民政府,省政府各部门、各直属机构:

为深入贯彻中央经济工作会议和全省经济工作暨城市工作会议精神,全面落实习近平总书记视察安徽重要讲话精神,按照《中共安徽省委安徽省人民政府关于印发〈安徽省扎实推进供给侧结构性改革实施方案〉的通知》(皖发〔2016〕21号)要求,围绕增后劲,推进补短板,加快培育新的发展动能,现提出以下实施意见:

一、总体要求

(一)工作思路

牢固树立并贯彻落实创新、协调、绿色、开放、共享发展理念,统筹把握好当前和长远、力度和节奏、主要矛盾和次要矛盾、政府和市场的关系,坚持问题导向、精准施策,重点加强和改善薄弱环节,在创新能力提升、传统产业改造提升、战略性新兴产业培育发展、现代农业和现代服务业发展、基础设施建设、民生保障体系、生态文明建设、脱贫攻坚等领域,加大有效投资力度,强化项目支撑,优化现有生产要素配置和组合,优化现有供给结构,培育发展新产业新业态,提供新产品新服务。经过3年努力,补短板取得显著成效,用5年时间,突出短板基本补齐,发展的协调性和平衡性明显增强,为打造创新型"三个强省"、建设美好安徽、全面建成小康社会提供坚实支撑。

(二)工作目标

1. 创新发展能力进一步提升。到2020年,新增200家左右省级以上工程(技术)研究中心、重点实验室、工程实验室、企业技术中心和工业设计中心,新增50家国家级博士后科研流动站。规模以上工业企业研发机构覆盖率达40%,高新技术产业增加值占规模以上工业比重达50%。

2. 农业基础地位进一步巩固。到2020年,建成高标准农田4670万亩,农田灌溉水有效系数达0.535。主要农作物机械化水平达80%,农业科技进步贡献率达65%以上。培育省级以上育繁推一体化种业企业20家,家庭农场达10万家,农民合作社达

8万个,现代农业产业化联合体达3000个,新型职业农民达20万人。

3. 制造业竞争力进一步增强。到2020年,引导每户规模以上工业企业实施不少于一项技术改造项目,建成10个左右产值突破1000亿元的战略性新兴产业集聚发展基地。创建20个左右具有一定国际知名度的安徽品牌企业、400个以上中国驰名商标、120个省级专业商标品牌基地。

4. 服务业发展水平进一步提高。到2020年,服务业增加值达1.6万亿元,占生产总值比重明显提升,现代服务业增加值占服务业比重力争达60%,现代服务业集聚区达200家左右,国家和省级服务业品牌100个左右,初步建成功能完备、结构优化、布局合理、服务高效的现代服务业体系。

5. 基础设施支撑进一步夯实。到2020年,铁路营运里程6000公里以上,其中高铁2800公里以上;高速公路通车里程约5200公里。光纤宽带和4G网络城乡全覆盖。每个县拥有1座以上220千伏变电站,每个乡镇拥有1座35千伏及以上变电站。新增集中式充换电站500座、分散式充电桩18万个。

6. 民生保障体系进一步健全。到2020年,学前三年毛入园率达85%左右,建成80所省级示范特色中等职业学校,20所示范(骨干)高职高专院校。每千常住人口医疗卫生机构床位数达6张。新建养老床位10万张,改造床位10万张;建设城市社区养老服务设施2000个、农村社区养老服务设施1.2万个。全面实现“人脱贫、村出列、县摘帽”。

7. 生态环境质量进一步改善。到2020年,基本消除重污染天气。长江、淮河流域水质优良断面比例分别达83.3%和57.5%。设区市集中式饮用水水源水质达标率94.6%以上,建成区黑臭水体控制在10%以内。工业固体废物综合利用率和农作物秸秆综合利用率均达90%,城市生活垃圾资源化利用率达40%,城市生活污水处理率达95%以上。

二、主要任务

(一)补齐创新能力提升的短板。针对高端创新平台相对不足、企业创新能力不强、科技成果转化率不高、高层次人才短缺等问题,以系统推进全面创新改革试验为抓手,强化企业为主体、市场为导向、产学研相结合的技术创新体系,强化科研院所和高等院校科技创新基础作用,强化企业技术创新主体作用,强化创新人才队伍建设,推动科技创新、产业创新、企业创新、产品创新、市场创新。

1. 加快建设一批高端创新平台,大力推进合芜蚌综合创新示范区建设,积极争取合肥综合性国家科学中心尽快落地,推动产业创新中心建设,进一步推进国家大科学装置群建设,支持中科大等高校建设世界一流大学一流学科和研究机构,继续争取国家实验室、重大科技基础设施、重大科学装置等具有战略意义的高端平台在我省布局。

2. 加快建设一批企业为主体的创新平台,支持企业牵头、联合高校院所,建设工程(技术)研究中心、工程(重点)实验室、企业技术中心、工业设计中心等研发平台,引导发展具备独立法人资格、功能定位清晰、企业化管理的新型研发机构。

3. 建设一批产学研合作平台、协同创新中心、产业共性技术研究院、科技成果孵化基地,推动国防科技成果向民用领域转化。

4. 引进培育一批高层次创新人才,打造和培育一批优秀企业家队伍,实施“产业领军人才培育计划”“青年英才计划”“国际化人才引育行动计划”等,完善人才柔性流动机制,强化创新型科技人才、服务业高端专业人才队伍建设,支持高层次人才在皖创业。

5. 激励大众创业万众创新,大力推进“创业江淮”行动计划,积极发展众创、众包、众扶、众筹等新模式,加快建设一批高水平的双创示范基地,扶持一批双创支撑平台,新建众创空间300个以上。

(二)补齐现代农业发展的短板。针对农业基础弱、生产效率低等突出问题,以市场需求为导向,以科技和农田水利建设为支撑,以增加农民收入和实现可持续发展为目标,以深化农村土地制度改革为主线,加大对农田水利、中低产田改造、高标准农田建设、农机作业配套等能力建设支持力度,加快现代农业建设步伐,大力推进农村一二三产业融合发展,提高农业综合效益和竞争力。

1. 加快推进进一步治淮、病险水库(闸)除险加固等工程建设,加大小水库、小泵站、小水闸、中小灌区、塘坝、河沟、机电井、末级渠系等8类小型水利工程改造提升力度。

2. 实施高标准农田建设规划,强化农村基础设施,突出抓好田、土、水、路、林、电、技、管等建设,开展生态高标准农田建设试点。

3. 依托省级农业政产学研推协作联盟,强化现代农业产业技术体系建设,实施生物育种、农机装备、农产品精深加工、智能农业、生态环保等重大专项。

4. 实施现代种业建设工程和种业自主创新重大工程,加快主要粮食作物新一轮品种更新换代,建立健全农业生产质量安全控制可追溯体系。

5. 推进现代生态农业产业化示范市县、示范区、示范主体建设,支持新型农业经营主体和新型农业服务主体发展,将职业农民培育纳入教育培训发展规划。

6. 完善农村土地"三权分置"有效办法,依法推进土地经营权有序流转,引导实现多种形式的农业适度规模经营。积极推进农村土地制度改革试点。

(三)补齐制造业升级的短板。针对生产工艺水平较低、劳动力成本高企、市场竞争力弱化等突出问题,实施好《中国制造2025安徽篇》、"互联网+"行动计划,推动制造业高端化、智能化、绿色化、服务化。

1. 全面实施新一轮技术改造,综合运用贷款贴息、设备补助、税收优惠、购买服务等方式,集中实施一批工程化、产业化示范项目。

2. 实施增强制造业核心竞争力三年行动计划,重点发展高档数控机床、工业机器人、增材制造等智能制造装备,突破新型传感器、智能计量仪表等智能核心装置,鼓励机器换人。

3. 继续推进战略性新兴产业集聚发展基地建设,对接国家战略性产业发展基金,用好省产业发展基金和省战略性新兴产业集聚发展基地专项引导资金。围绕机器人、新材料、新能源汽车、高性能集成电路、量子通信、数字诊疗、新型显示、现代农业机械、通用航空、云计算、大数据、现代中药等战略性领域,加快培育壮大新兴产业和未来型产业。

4. 大力培育新产品新业态新模式,开展改善消费品供给专项行动,集中力量突破一批核心技术,打造一批具有核心竞争力的拳头产品,推广智能穿戴、智能安防等新型信息产品,加快释放新消费、创造新供给、形成新动力。

5. 强化企业标准建设和品牌建设,支持企业参与国际标准、国家标准和行业标准制定,积极开展质量品牌提升行动,培育一批标准化示范企业,打造一批国家级品牌示范企业,创建一批知名品牌。

(四)补齐现代服务业发展的短板。针对结构层次低、市场主体少、集聚程度弱等突出问题,坚持市场化、产业化、品质化、社会化方向,推动生产性服务业向专业化和价值链高端延伸、生活性服务业向精细化和高品质转变。

1. 引导社会资本创设各类服务业投资基金,大力发展研发设计、现代金融、现代物流、信息软件、节能环保、检验检测、电子商务、服务外包等生产性服务业,加快发展健康养老、文化创意、休闲旅游等生活性服务业。

2. 积极推动企业主辅分离,支持将非核心业务外包、建立独立法人实体,鼓励国内外企业总部、研发中心、运营中心、采购中心等入驻安徽。依托中心城市、工业集聚地、交通枢纽和重要景区景点,推动服务业集聚发展。打造一批特色小镇。

3. 深入推进黄山市国家服务业综合改革试点,继续开展省级服务业综合改革试点,积极申建国家新一轮服务业综合改革试点。

(五)补齐基础设施建设的短板。针对综合交通运输网络不完善、城乡基础设施较薄弱、管线管网建设不配套等突出问题,按照完善网络、扩大能力、提高水平、构筑枢纽的思路,加强有利于刺激新型消费和扩大再生产的基础设施建设,增强经济社会发展支撑保障力。

1. 全面融入国家"三大战略"、认真实施长三角城市群发展规划。加快建设网络完善、功能协调、枢纽强大的大通道,加快建设以开放口岸、海关特殊监管区、临港经济区为主体的大平台,加快建设国际接轨、区域一体、便捷高效的大通关。

2. 强化交通"补缺、提效、升级",贯通至长三角、长江中游、胶东半岛等周边地区的高速铁路通道,打通高速公路省际断头路,完善民航机场布局,实现市市通高铁、县县通高速;加强交通枢纽建设,推动各种运输方式的有机衔接,提高综合交通效率;实施合宁、合芜、合安等高速公路改扩建工程,建设皖江、皖北城际网,推进国省干线升级改造和农村道路畅通工程,加快实施长江、淮河干流和涡河、浍河、秋浦河、姑溪河、新汴河、顺安河、青通河等支流航道整治。

3. 实施配电网建设改造行动计划,完善特高压及500千伏电网主网架,加快枢纽变电站建设,构建220千伏环网结构。

4. 加强天然气干线、支线管道建设,初步形成

"三纵四横"省内干线网架。

5. 强化信息基础设施建设,支持下一代互联网、第四代移动通信网络、公共无线网络、广播电视网和物联网等建设,推进宽带网络光纤化改造和三网融合。

6. 统筹城市地下管网建设,基本完成供水管网和雨污分流改造。大力推进城市地下综合管廊建设,在城市新区、各类园区、成片开发区域的新建道路要根据功能需要,同步建设地下综合管廊。加强城市老旧小区改造,积极开展海绵城市建设。

7. 加快新能源汽车充电基础设施建设,新建住宅停车位全部建设充电设施或预留接口,新建公共建筑物停车场和社会公共停车场按不少于20%的比例配建充电桩。

(六)补齐民生保障体系的短板。针对公共服务供给不足、质量不高等问题,在教育、卫生、养老、就业、政府公共服务等领域,加大投入力度,优化资源配置,提升服务水平,增加人民群众看得见、摸得着、感受得到的获得感。

1. 大力发展学前教育,鼓励普惠性幼儿园发展,改善办园条件,提高学前教育普及程度。加快建设现代职业教育体系,强化以公共职业实训基地为重点的基础能力建设,加强培养模式创新,加大职业技能投入,深化职业教育综合改革,培育一大批高素质的技能型人才,推动"技工大省"建设。推进义务教育均等化,着力解决城镇普通中小学"大班额"问题。

2. 加强医疗卫生基础设施建设和人才队伍培养,积极推进社会办医,推动医疗、医保、医药"三医联动",提高医疗卫生服务可及性、服务质量、服务效率和群众满意度。

3. 加强城镇养老服务设施建设,盘活农村现有养老设施、撤销点学校闲置校舍和宿舍、农村闲置厂房等资源,提高养老机构服务质量,推动健康养老产业大发展;积极推广医养结合养老模式,鼓励社会力量兴办医养结合机构,选择一批医养结合项目补助支持。

4. 落实完善援助措施,通过鼓励企业吸纳、公益性岗位安置、社会政策托底等多种渠道帮助就业困难人员就业,确保零就业家庭动态"清零"。

5. 加大便民服务设施供给,创新政府管理服务方式,优化便民服务,推进"互联网+"政务服务,提高政府公共服务的能力和水平。

6. 强化精准识别、精准施策、精准帮扶、精准脱贫,建立健全长效扶贫机制和动态管理机制。加大脱贫攻坚力度,推动基础设施建设向贫困地区延伸,重点项目布局向贫困地区倾斜。

(七)补齐生态文明建设的短板。针对环境污染、能源生产消费结构不合理、资源利用效率偏低等突出问题,坚持标本兼治,筑牢皖南山区、大别山区、江淮丘陵三大生态屏障,推动资源环境与经济发展良性互动,着力打造生态文明建设的安徽样板,建设绿色江淮美好家园。

1. 加大环境治理力度,深入实施大气、水、土壤污染防治行动计划,实行联防联控和流域综合治理。采取控源截污、垃圾清理、清淤疏浚、生态修复等措施,"一河一策"治理不达标水体。实施农业面源污染综合防治,推广使用低毒、低残留农药,开展农作物病虫害绿色防控和统防统治。开展农村河道清淤疏浚,扎实推进美丽乡村建设、农村环境连片整治、农村生活垃圾3年整治专项行动、"三线三边"环境整治。

2. 加快能源生产消费转变,逐步降低煤炭等化石能源消费比重。实施清洁能源替代工程,加快发展风能、太阳能、生物质能、地热能,非化石能源消费比重提高到5.5%左右。

3. 大力发展循环经济,实施循环发展引领计划,推行企业循环式生产、产业循环式组合、园区循环式改造,推进生产系统和生活系统循环链接,再生资源主要品种回收率达80%。

4. 全面节约和高效利用资源,培育壮大节能环保产业,实施节能环保技术装备产业化、半导体照明产业化、节能环保汽车及家电产业升级壮大等重点工程。

5. 实施新一轮新安江流域横向生态补偿试点,进一步完善大别山区水环境生态补偿机制。落实生态环境损害责任终身追究制,对领导干部离任后出现重大生态环境损害并认定其需要承担责任的,实行终身追责。

三、政策措施

(一)创新体制机制。充分发挥市场配置资源的决定性作用,更好发挥政府作用,能够由市场解决的由市场解决,调动各类投资主体的积极性。放宽市场准入,鼓励和引导民间资本、社会资本、外来资本进入法律法规未明确禁止准入的行业和领域,广泛推广政府和社会资本合作(PPP)模式,破解民办教育、民办医疗、民办养老等社会事业瓶颈制约。认真落实政府责任清单、权力清单和涉企收费清单制度,规范和改进行政审批行为,推广应用全省统一的投资项目在线审批监管平台,规范前置审批,推进协同放权,实行限时办结,提高项目审批监管效率。深化商事制度改革,扎实推进"三证合一、一照一码"登记制度改革,推进先照后证,实现网上办理全程电子化。

(二)加强财税政策扶持。加大财政专项资金整合和投入力度,优先投向"短板"突出的地区、行业和领域,财政支农投入新增部分重点用于脱贫攻坚,中央、省财政一般性转移支付、涉及民生的专项转移支付,进一步向贫困地区倾斜。支持战略性新兴产业集聚发展基地所在市政府筹集资金,专项用于基地公共服务项目建设。统筹数字安徽、旅游发展等专项资金,支持推进"互联网+"、云计算、大数据等现代服务业发展。落实国家促进科技成果转化等支持创新发展政策,对高等学校、科研机构的科技人员或团队在皖转化科技成果,在取得创办企业或投入受让企业的股份和出资比例时,暂不征收个人所得税,待取得按股份、出资比例分红或转让股权、出资比例所得时依法缴纳个人所得税。高新技术企业转化科技成果,给予本企业相关技术人员的股权奖励,个人一次缴纳有困难的,可按规定分期缴纳个人所得税。落实企业研发费用加计扣除、技术转让所得税减免、高新技术企业和技术先进型服务企业所得税减免等税收扶持政策。落实国家认定企业技术中心、科技重大专项、国家中小企业公共技术服务示范平台等各项进出口税收优惠政策。

(三)强化金融支撑。畅通金融服务实体经济渠道,全面推广包括"税融通"在内的各种银税合作业务,积极开展贷款风险补偿、融资租赁等试点。拓宽银行机构抵(质)押物范围,开展商标专利等无形资产质押和收益权抵(质)押贷款业务,鼓励开展应收账款质押融资。省级产业发展基金重点支持战略性新兴产业集聚发展、产业转型升级重大项目建设,引导各地把专项建设基金与地方债结合起来,加大债券谋划和争取力度。加快推进企业上市挂牌,支持企业通过发行债券等融资。积极发展天使投资基金、创业投资基金、股权投资基金等,鼓励各类信托投资机构、金融租赁机构、信用担保机构等加大对中小微企业的支持。

(四)完善价格政策。全面深化价格改革,完善重点领域价格形成机制,充分发挥市场决定价格作用,健全政府定价制度,加强市场价格监管。全面开展收费价格清理,对于保留的政府定价项目,实行定价项目清单化,规范定价程序,加强成本监审,推进成本公开。全面落实服务业用电、用水、用气与工业同等政策。加快推进市政公用产品和服务价格改革,理顺市政公用产品和服务价格形成机制,进一步完善城市公用事业服务价格形成、调整和补偿机制,推动按行业平均成本、企业合理利润和居民承受能力确定市政公用产品和服务价格。

四、保障机制

(一)建立长效推进机制,强化组织领导。各地各部门要成立由分管负责同志任组长的领导机构,形成上下联动、协同合作、强力推进的工作体系。围绕目标和任务,制定节点计划,细化推进举措,明确落实单位,压实主体责任,强化保障措施,确保补短板各项工作高效、有序、有力开展。

(二)建立协调联动机制,推动形成合力。围绕具有全局性、基础性、战略性的补短板重大工程项目,建立定期调度机制,分领域分节点加强调度,加快重点领域和薄弱环节建设。对补短板项目规划、用地、环评和项目审批核准等实施绿色通道制度。牵头部门要履职尽责,强化统筹衔接;配合部门要各负其责,加强协作配合。

(三)建立监管评估机制,确保落实见效。加强督办、巡查、考核评估,建立常态化的组织协调、信息交流、督查监管工作制度,实施全过程监管。建立补短板投入统计和效果评估制度,探索开展第三方独立评估,充分调动各方面积极性。

安徽省人民政府关于降成本减轻实体经济企业负担的实施意见

(皖政〔2016〕54号)

各市、县人民政府,省政府各部门、各直属机构:

为深入贯彻中央经济工作会议和全省经济工作暨城市工作会议精神,全面落实习近平总书记视察安徽重要讲话精神,按照《中共安徽省委安徽省人民政府关于印发〈安徽省扎实推进供给侧结构性改革实施方案〉的通知》（皖发〔2016〕21号）要求，围绕增效益，推进降成本，促进经济持续健康较快发展，现提出以下实施意见：

一、降低制度性交易成本

1. 继续深化"放管服"改革，简政放权，激发活力，完善政府权力清单、责任清单和涉企收费清单，建立公共服务清单和中介服务清单，实行清单之外无收费。

2. 剥离依附行政机关的中介服务机构，清理和取消中介服务机构承担的行政职能，行政审批部门所属事业单位、主管的社会组织及其举办的企业不得开展与本部门行政审批相关的中介服务，需要开展的应转企改制，或与主管部门脱钩。

3. 严禁行政机关指定中介服务，打破公共服务和中介服务垄断。县以上单位公示任一许可中介服务，参与竞争的具备法定资质资格的市场主体不得少于3家，由企业自主选择。

二、降低企业人工成本

4. 落实国家阶段性下调社保费率政策，企业职工基本养老保险单位缴费费率降低至19%，失业保险单位缴费费率从1.5%下调至1%。进一步减轻符合条件的小微企业社会保险缴费负担。

5. 住房公积金缴存比例上限降低至12%，缴存基数上限降低至设区城市上一年度月平均工资的3倍。

6. 降低企业引进高科技人才成本，对企业引进科技人才年薪达50—150万元，并在我省缴纳个人所得税、工作半年以上、经推荐和公示无异议的，市、县（含市、区，下同）每年可按其年薪10%的比例奖励用人单位（150万元以上部分不予奖励），专项用于企业科技研发。奖励资金省财政承担30%。

三、降低企业税费负担

7. 全面落实固定资产加速折旧政策。按国家有关规定，对符合条件的小微企业，免征教育费附加、地方教育附加、水利建设基金、文化事业建设费和残疾人就业保障金。工业生产厂房及其配套设施免收人防工程易地建设费，厂区范围内直接为工业生产服务的其他配套设施人防工程易地建设费2016—2020年暂不征收。

8. 对上一年度未拖欠农民工工资的建筑施工民营企业，当年农民工工资保证金减按50%收取，连续两年未拖欠的减按40%收取，连续3年以上未拖欠的免缴保证金。

9. 对已认定的高新技术企业减按15%的税率征收企业所得税，并对研发费用按150%加计扣除。对已经认定的外省高新技术企业转移到我省落户的，有效期内不再重新认定，并享受高新技术企业政策。

四、降低企业财务成本

10. 大力推动企业股份制改造，增加资本金，降低负债率。鼓励有条件的企业发行中长期债券，降低财务费用。

11. 清理和规范金融机构的资金"通道"和"过桥"等环节收费，取消与贷款挂钩、没有实质性服务内容的顾问、咨询等收费项目；规范与贷款挂钩的评估、登记、审计、公证、保险等中介机构收费行为，企业自主选择中介机构，金融机构不得指定；清理取消质价不符和无实质性内容的收费项目。每半年组织开展银行业收费专项检查。

12. 大力推进"4321"政银担风险分担机制和"税融通"业务，将国有融资担保机构的贷款担保费率降低至不超过1.2%，省信用担保集团暂免收市、县担保机构的中小微企业再担保费，降低和免收费用期限暂定3年。

13. 开展企业应收账款资金占用压降行动，制定实施应收账款质押、转让融资业务管理办法，鼓励建立应收账款质押融资服务平台，支持商业银行开展应收账款质押融资业务；利用全国统一信用信息共享交换平台，完善守信联合激励和失信联合惩戒制度，对守信企业提供公共服务、市场交易和投融资等便利，对失信企业依法严格约束和限制。

五、降低企业用能用地成本

14. 从2016年1月1日起，一般工商业及其他用电类别价格每千瓦时下调4.28分；参与电力市场交易的大工业用户，直接交易电价在2015年基础上每千瓦时再降低1.87分。从2016年3月15日起，大工业与一般工商业用电价格在原有销售电价基础上，每千瓦时再降低0.143分。从2016年6月1日起，一般工商业及其他用电类别价格再降低4.272分。扩大电力用户与发电企业直接交易规模，2016年直接交易电量400亿千瓦时以上。

15. 推动大用户直供气试点，实行大用户直供气的用气价格由双方协商确定，并确保价格有所降低。

16. 大力推广合同能源管理模式，支持工商企业与专业的节能服务公司合作,签订能源管理合同,约定节能目标和节能效益分成,在前期零收费的情况下为工业企业提供节能诊断、技术改造等服务,建设绿色工厂,开发绿色低碳产品;深入实施省节能减排企业、技术、装备、项目、服务“五个一百”专项行动,鼓励企业使用高效节能产品。

17.鼓励工业企业节约集约用地,对皖北地区上一年度亩均缴纳税收5万元、其他地区缴纳8万元以上的企业,土地使用税按当地最低标准征收,市、县原定奖励等政策继续执行。奖励资金在地税部门征税后1个月内,由同级财政部门拨付到位。

六、降低企业物流成本

18.从2016年7月1日起,船闸收费在现行收费标准的基础上下调10%,降费期限暂定3年。

19.对享受我省ETC卡收费优惠的货运车辆,在现行通行费95折的基础上,再给予降低10个百分点的优惠,优惠期限暂定3年。支持全省高速公路服务区(含服务区内加油站)、物流园区(含物流园区加油站)使用安徽交通卡,并给予优惠。

20.积极推广多式联运、甩挂运输,鼓励从事车货匹配的物流信息平台类企业发展,建设物流公共信息平台,提高物流运行信息化、智能化水平;支持重大物流基地、城乡物流配送中心建设,完善全省物流综合服务网络,促进公路、铁路、水路、航空等运输方式有效衔接。

各地、各有关部门自本实施意见下发之日起1个月内制定具体实施办法,包括执行主体、执行对象、工作流程、执行时间等。省政府督查室要会同省经济和信息化、物价、财政等部门加强跟踪督查,并委托第三方进行评估,每半年公布一次评估结果。

安徽省人民政府关于去杠杆防风险促进经济社会稳定健康发展的实施意见

(皖政〔2016〕55号)

各市、县人民政府,省政府各部门、各直属机构:

为深入贯彻中央经济工作会议和全省经济工作暨城市工作会议精神,全面落实习近平总书记视察安徽重要讲话精神,按照《中共安徽省委安徽省人民政府关于印发〈安徽省扎实推进供给侧结构性改革实施方案〉的通知》(皖发〔2016〕21号)要求,围绕防风险,推进去杠杆,促进经济社会持续健康发展,现提出以下实施意见:

一、总体要求

(一)指导思想

牢固树立创新、协调、绿色、开放、共享的发展理念,全面贯彻国家加强供给侧结构性改革的决策部署,认真落实省委、省政府关于调结构转方式促升级行动计划,以疏通金融进入实体经济管道为主攻方向,以优化融资结构、降低融资成本为重点,切实提高服务实体经济能力和水平。大力发展股权融资,优化债权融资,着力扩大直接融资规模;有效管控政府债务,合理安排政府债务规模,降低债务成本;着力增强地方金融机构整体实力,提升防范和化解风险能力;切实加强金融监管,坚决遏制非法集资,严厉打击金融违法行为,确保不发生系统性区域性风险。

(二)基本原则

坚持市场主导、政府引导。充分发挥市场在资源配置中的决定性作用,凡是市场能解决的用市场办法解决;政府要制定标准、编制规划、强化监管、营造环境;推动金融资源配置优化,提升资本形成能力。

坚持区别对待、有扶有控。区分区域、行业、主体及不同类型企业和企业所处阶段、经营状况等特点,正确处理去杠杆力度节奏与可承受程度的关系,一企一策,精准发力。

坚持依法依规、积极稳妥。注重运用法治思维和法治方式,严格遵照国家法律法规和相关政策,从社会稳定大局出发,兼顾各方利益,依法保护债务相关者利益,确保不发生重大风险和风险外溢。

(三)主要目标

到2018年末,力争全省直接融资占全部融资比重、全省证券化率分别达到25%、55%以上;政府负债率和债务率低于全国平均水平,控制在警戒线以内;全省银行业金融机构杠杆率控制在合理水平,全省金融业增加值达到1850亿元,占GDP比重6.5%左右。到2020年末,力争全省直接融资占全部融资比重、全省证券化率分别达到30%、60%左右,企业资产负债率控制在合理水平,其中规模以上工业企业控制在60%左右,政府负债率和债务率控制在警戒线以内,全省金融业增加值达到2500亿元、占

GDP比重7%左右。地方法人金融机构以及小额贷款公司、融资担保公司、融资租赁公司等杠杆率保持达标,全省银行业金融机构不良贷款率低于全国平均水平,金融业务主要风险指标达到监管要求,有效防范各类财政金融风险。

二、主要任务

(一)切实降低企业杠杆率

1. 大力推进企业股份制改造。鼓励符合条件的企业进行股份制改造。支持股份制企业申请认定高新技术企业,并享受相关税收优惠政策。高新技术企业转化科技成果,给予本企业相关技术人员的股权奖励,个人一次缴纳税款有困难的,可在5年内(含)分期缴纳。

2. 扩大股权投资规模。积极运作安徽产业发展基金,确保旗下各子基金未来5年累计投入资金600亿元,带动社会投资3000亿元。2016年募集资金120亿元以上,完成投资100亿元以上。鼓励各级政府设立天使投资基金、创业投资基金等各类股权投资基金,2016年每个市要设立1支以上天使投资基金。支持大企业设立产业创投基金,为产业链上下游创业者提供资金支持。支持我省符合条件的银行业金融机构开展投贷联动试点。争取国家在我省开展股权众筹融资试点。

3. 鼓励企业进入多层次资本市场。推动符合条件的企业到沪深港交易所上市发展,支持暂未达到公开发行上市标准的各类中小微企业在“新三板”、省区域性股权交易市场挂牌,支持符合国家产业政策的各类企业在资本市场股权融资,继续执行有关上市(挂牌)奖励政策。2016年新增10家左右企业首发上市,确保新增“新三板”挂牌企业150家、争取200家,确保60家企业进入上市审核、新增60家企业辅导备案;全省直接融资预期目标3400亿元,股权融资预期目标350亿元。

4. 促进上市公司再融资和企业并购重组。支持上市公司通过配股、增发以及可转换债券、优先股等再融资方式,扩大直接融资规模。支持企业开展并购重组,鼓励国有控股上市公司依托资本市场加强资源整合,优化产业布局,提高竞争能力。推动金融机构对并购重组企业实行综合授信,进一步扩大并购贷款规模,合理确定贷款期限。对于暂时困难、未来现金流有合理市场预期的企业,通过债务重组等多种方式有效降低其债务负担和杠杆率。

5. 大力推进资产证券化。推进信贷资产证券化,支持银行通过盘活信贷存量,加大对企业信贷支持力度。鼓励开展资产支持证券业务,争取基础设施资产证券化试点,加快推进住房和汽车贷款资产证券化,探索开展绿色资产证券化。支持铁路、公路、机场、水利工程等流动性不强但可产生预期稳定现金流的资产通过证券化手段回收现金。争取符合条件的地方金融机构开展不良资产证券化试点。加快推进应收账款等企业资产证券化,盘活企业存量资产。支持符合条件的非金融企业发行资产支持票据。

6. 支持企业发行债券。鼓励企业开展标准化债权产品融资,降低融资成本。指导符合条件的企业扩大永续债发行规模,优化债务结构,降低负债水平。探索运用绿色债券、高收益债券等创新金融工具,运用多种方式引入保险资金,拓展融资渠道。支持发行城市停车场、地下综合管廊、健康与养老产业、战略性新兴产业、配电网建设改造、双创孵化等专项债券。鼓励各类政策性担保机构为中小微企业、中小法人金融机构发行债券提供担保增信,鼓励各级政府对政府平台公司采取注入资本金、有效资产等措施,提升发行债券信用等级,降低融资利率。

7. 切实发挥专项建设基金作用。抢抓国家设立专项建设基金补充重点领域项目资本金战略机遇,准确把握国家专项建设基金投向要求,深入谋划项目,着力发挥专项建设基金在促进全省产业结构调整、转型升级、国家新型城镇化试点省建设、精准扶贫脱贫等方面的引导和撬动作用。优化专项建设基金投向,支持传统产业转型升级,培育战略性新兴产业。认真组织推进国家专项建设基金项目申报和实施,强化调度和督办,全过程推进和管控项目签约、基金投放和支付使用。积极引导金融机构对专项建设基金项目跟进融资。积极推动棚改、重大水利建设项目等前期工作,支持政策性银行开展抵押补充贷款。

8. 大力开展金融(融资)租赁和房地产租赁业务。鼓励企业通过金融(融资)租赁的方式参与城乡公用事业、污水垃圾处理、环境治理、广播通信、农田水利等基础设施建设。支持金融(融资)租赁公司积极开展面向种养大户、家庭农场、农业合作社等新型农业经营主体的租赁业务。除法律、法规另有规定外,承租人采用融资租赁方式进行技术改造和设备购置,按规定与自行购买设备在资质认定、风险补偿、奖励、贴息、税收等方面享受同等待遇。承租方以融资租赁方式租入符合规定条件的环境保护、节能节水和安全生产等专用设备并实际使用,在融资租赁合同中约定租赁期届满时租赁设备所有权转移给承租方的,该专用设备投资额的10%可以从承租方当年的应纳所得税额中抵免。对开展融资租赁业务(含融资性售后回租)签订的融资租赁合同,按照其所载明的租金总额比照“借款合同”税目计税贴花。“十三五”期间,每市至少成立2家金融(融资)租赁公司。积极发展工业厂房租赁市场,充分利用存量工业厂房,支持企业租赁工业厂房或经营场所,鼓励有条件的市、县给予承租人租金补贴。鼓励机构投资者投资经营各类出租房屋,支持房地产开发企业开展房屋出租业务。

9.积极落实差别化信贷政策。积极对接国家合意贷款管理模式调整,促进金融机构扩大有效信贷投入。建立健全对地方法人金融机构的宏观审慎评估体系,充分运用再贷款、再贴现、常备借贷便利等货币政策。引导银行业金融机构调整信贷存量,优化信贷增量,对钢铁、有色、建材、煤炭等行业中产品有竞争力、有市场、有效益的优质企业继续给予信贷支持,帮助有前景的企业渡过难关,对“僵尸企业”和落后产能项目,坚决压缩退出相关贷款,将更多的信贷资源配置到战略性新兴产业、传统产业改造升级等领域,以及中小微企业、“三农”等薄弱环节。

10.合理调控国有企业资产负债水平。支持国有企业划小核算单位,聚焦优质资产和业务实行增资扩股,发展混合所有制经济。鼓励符合条件的大型国有企业成立财务公司,加强内部资金整合和使用,提高资金使用效率。合理控制国有企业债务规模,严禁开展各种形式无正常商业实质的融资性业务;严格控制国有及国有控股企业(融资担保公司除外)担保,累计担保余额不得超过其上年度经审计净资产的80%。建立国有企业债务定期报告和风险预警制度,按季度向履行出资人职责的机构报告债务、风险及管控情况。将国有及国有控股企业的负债水平、融资成本、偿债能力纳入企业负责人绩效考核评价范围。加大对各地融资平台公司举借各类债务的监管,实行统计季报制度,定期对举债的成本、期限结构、资金支付、偿债能力等进行分析,及时向“四大班子”主要负责人通报,并报上级主管部门备案。

(二)有效管控政府债务杠杆率

1.严格控制举债规模。对政府债务实行限额管理,根据债务风险、财力状况等因素确定政府债务限额,市、县政府只能在批准的限额内举借政府债务,债务余额不得超过批准的债务限额。政府负有偿还责任的国际金融组织贷款和外国政府贷款,一并纳入政府债务限额管理。

2.严格规范举债程序。举借政府债务严格落实重大事项决策制度,做到依法依规、公开透明、集体决策、终身追责。举债项目须分别列入年度一般公共预算或政府性基金预算,并报本级人大或其常委会批准。各级政府不得通过企事业单位等举借债务。除国际金融组织贷款和外国政府贷款外,政府不得为任何单位和个人的债务以任何方式提供担保,不得通过保底承诺、回购安排、明股实债等形式变相举借政府债务。

3.严格控制举债成本。完善政府债券市场化发行机制,降低政府融资成本。严格限定或有债务融资利率,融资利率一律不得超过同期银行贷款基准利率的1.3倍。

4.实行地方政府性债务全口径管理。将地方政府债务纳入预算管理,依法接受人大监督,定期向社会公开政府性债务及其项目建设情况,提高政府债务管理的透明度。加强政府或有债务监管,地方政府新发生或有债务,严格限定在依法担保的范围内。

5.创新政府融资机制。建立规范的政府债务举借融资机制,政府举债须采取发行地方政府债券方式,市、县政府举债由省政府代为发行,其中2016年发行新增政府债券470亿元左右。各级政府要合理举借外债,有效防范汇率风险。在公共服务领域积极运用政府和社会资本合作(PPP)模式,研究出台省级PPP模式奖补资金管理办法,采取后补助方式引导各地运用PPP模式。年度PPP项目需要从预算安排的,财政支出责任总额占一般公共预算支出比例不得超过10%。

6.加快政府存量债务置换。用3年左右时间实现政府存量债务置换全覆盖,其中2016年力争置换政府存量债务1000亿元以上,将短期债务置换成长期债务、高息债务置换成低息债务。优先保障当年到期债务全部置换,在与债权方协商一致的前提下,鼓励提前置换以后年度到期债务。在不突破债务限额前提下,逐步将政府或有债务按规定转化为政府债务,一并予以置换。加快置换存量债务中用于公共基础设施项目建设的政府债务,降低公共基础设施项目举债融资成本,延长偿债期限,缓解偿债压力。

7. 推进地方融资平台市场化转型。剥离政府融资平台公司政府融资职能,融资平台公司不得新增政府债务。政府对委托企业承担的公益性业务通过注入资本金、政府采购等方式依法支持,不承担偿债或担保责任;企业债务违约的,通过司法程序进行处置,阻断风险传导。依法妥善处置或有债务,对确需依法代偿或转化的或有债务,要按程序纳入预算管理或转化为政府债务;对违法违规担保的或有债务,一律依法解除担保关系;各级政府要依法依规对平台公司增加资本金,降低平台公司的负债率,利用平台公司中具有一定盈利能力的优质资产,对政府性债务进行重组盘活,通过特许经营、财政补贴等措施,转变部分政府性债务属性。

8. 加强政府存量资金统筹管理。加大一般公共预算和政府性基金预算、国有资本经营预算、债务资金的统筹力度,坚决杜绝存量资金闲置同时举债搞项目建设。按照"资金所有权、使用权不变,账户统一管理,资金统一调度"的原则,科学调度公益类事业单位沉淀资金,提高资金使用效益。按照下管一级的原则,建立市县融资平台的合作机制,在融资方式设计、资金余缺调剂等方面加强统筹谋划,努力降低融资成本,有效防止资金闲置。

9. 加强政府债务考核监督。将政府性债务管理纳入目标管理绩效考核、领导班子和领导干部综合考核。加强对政府性债务借、用、还全过程审计,将政府性债务管理纳入对市、县政府和有关部门主要负责人的经济责任审计范围,严格实行责任追究。

10. 完善政府债务风险预警机制。科学设置债务风险指标,综合评估市、县债务风险状况。对综合债务率、一般债务率和专项债务率超过100%的高风险地区,实行风险预警或风险提示。对各市本级及所属县(市、区)举债、债务资金使用、举债成本等情况进行分析评估和排名,并定期通报。省对下安排相关投资项目、分配新增政府债券额度,与各地区债务风险挂钩。

(三)防范化解地方金融风险

1. 做大做强地方金融机构。支持农村商业银行增资扩股,提高资本充足率。加快省内1家银行和1家证券公司A股上市步伐,力争农村商业银行上市(挂牌)取得突破。对地方金融机构上市(挂牌),按照《安徽省人民政府关于金融支持服务实体经济发展的意见》(皖政〔2015〕87号)规定给予奖励,鼓励通过增加自有资本降低杠杆。同时,引导杠杆偏高的金融机构适当减少风险资产或降低资产业务风险级别,加强自我约束,确保杠杆率保持达标。加快组建地方法人寿险公司。建立健全政策性融资担保公司资本金持续补充和风险补偿机制,不断增强政策性融资担保公司增信分险能力。鼓励融资担保公司、小额贷款公司、典当行、金融(融资)租赁、商业保理等机构增资扩股,提高资本实力和抗风险能力。

2. 鼓励足额提取拨备。地方法人银行业金融机构应严格按照贷款风险分类制度,足额提取拨备。鼓励地方金融机构计提超额拨备,应对经济下行压力,提高信用风险覆盖率。监管机构应加强对地方金融机构拨备覆盖率的监测和分析,及时对贷款损失准备异常变化的进行调查或现场检查。

3. 有序处置不良资产。支持金融机构加大不良资产核销处置力度,用足用好现有核销政策,加快核销进度,做到"应核尽核"。认真落实贷款损失税前扣除政策。鼓励银行业金融机构、融资担保公司等采用市场化手段,多渠道、批量化处置不良资产。鼓励开展不良信贷资产证券化。进一步发挥金融资产管理公司和地方资产管理公司在参与企业破产重组和债务处置中的作用。支持金融机构盘活抵债资产,有条件的市、县(市、区)可对金融机构因盘活抵债资产而发生的费用予以适当补助。加强宣传教育,不断提高群众金融知识水平和风险识别能力。在风险可控的前提下,按照市场化原则,妥善处理各类信托产品、私募资产管理产品等出现的兑付问题,有序打破刚性兑付。

4. 推动债务重组。鼓励各级成立融资工作指导小组,对重点企业按照"一企一策"的原则指导成立融资帮扶协调专项小组,集体研究确定债务处置措施,系统帮助企业统筹安排融资方案和还款方案。鼓励金融机构对生产经营正常、暂时资金周转困难的企业,依法规范开展债务重组,积极推广应收账款保理等贸易融资产品,妥善解决企业之间债务链条延长、债务回款滞后、回款比例降低等新的"三角债"问题。鼓励银行业金融机构与资产管理公司、股权投资基金、产业投资基金等机构合作,坚持依法合规,通过"债转股"等多种方式重组债务。对债务重组涉及的资产评估增值、债务重组收益、土地房屋权属转移等给予税收优惠。

5.切实维护金融债权。积极稳妥做好"僵尸企业"信贷退出,维护银行信贷资产安全。建立政府引导、市场化运作的金融征信体系。建立包括银行、证券、保险机构以及各类具有金融交易行为和为金融业服务的企事业机构在内的信息采集和综合统计体系,推进与省公共信用信息平台交换和共享。依托金融业统一征信平台和省公共信用信息共享服务平台,加快组建省征信公司。全面开展中小微企业和农村信用体系建设。建立健全企业和个人逃废债联合惩戒机制,定期公布恶意逃废债和"恶意脱保"的企业和个人"黑名单",依法加大惩处力度,形成强有力约束。加大金融债权案件保全、执行力度,依法保全金融机构已经设定抵押、质押的财产,加快对查封、冻结财产的处置进度。加强金融债权案件执行争议的协调力度,强化异地执行的协作和配合,提高执行效率。

6.加强各类金融业态风险管控。防范银行业金融机构过度授信、多头授信和关联授信风险,规范理财资金管理。强化证券、期货公司资产管理业务监管。加强保险公司资产配置审慎性监管。加强对股权、产权等各类交易场所的监管,完善交易制度和规则,落实监管责任。加强小额贷款公司、典当行、融资担保公司、融资租赁公司等机构的日常监管,完善信息检测系统,开展风险排查,推进分类监管评级。规范发展互联网金融各金融业态,开展互联网金融风险专项整治工作。在风险可控的前提下,按照"一项目一对策"和市场化处置原则,妥善处置各类融资信托产品、私募资产管理产品等出现的兑付问题,及时依法处置信用违约。严格按照《安徽省人民政府关于进一步做好防范和处置非法集资工作的实施意见》(皖政〔2016〕4号)要求,坚持系统治理、依法治理、综合治理、源头治理,进一步健全责任明确、上下联动、齐抓共管、配合有力的工作格局,依法打击各类金融领域违法犯罪活动,维护良好金融秩序。落实属地管理责任和监管部门责任,加强风险监测预警,妥善处理风险案件,坚决守住不发生系统性区域性金融风险底线。

三、实施步骤

(一)制订措施(2016年6月底前)

结合《安徽省人民政府关于结构性改革五围绕五推进实施方案》,摸清政府、企业、金融机构杠杆风险的总体情况,明确全省防风险去杠杆工作的总体要求,分解目标任务、落实具体责任,制订防风险去杠杆具体实施意见。

(二)组织实施(2016年7月初起)

各责任单位要认真组织实施,启动相关工作。坚持以重点突破带动面上推进,加强协作配合,创新工作举措,形成工作合力,及时解决贯彻实施中遇到的问题,推动各项工作有效实施。

(三)检查评估(每季度)

按季度对工作开展情况进行检查评估,分析形势和进展情况。每年年末对方案实施情况进行全面盘点,查摆存在的问题,找出困难和症结,提出整改措施,推动任务和责任落实。

四、保障措施

(一)加强组织领导

各责任单位要高度重视,切实加强组织领导,做到认识到位、组织到位、措施到位。各地、各责任单位要建立联系沟通机制,协调统筹推进,加强预警监测,及时通报情况,研究解决问题,做好风险处置,确保工作成效。

(二)落实工作责任

各级各部门要密切跟踪国家政策,研究制定配套工作措施,细化工作任务,抓好工作落实。各牵头单位要切实发挥牵头协调作用,主动会同有关单位推动各项工作。其他各责任单位要认真落实工作责任,积极配合做好工作。

(三)强化督促考核

由省政府金融办会同相关单位,对照防风险去杠杆全年目标任务,按照时间节点要求,加强对各项具体工作任务的督促考核,定期汇总分析全省和各市工作进度,按季进行调度,推进整体工作有序有效进行,并将汇总情况报省政府。各市政府、省各牵头单位每季度结束后要及时将工作进展情况报送省政府金融办。对违反相关规定、工作落实不力的,严格追究相关单位和责任人的责任。

安徽省人民政府关于去库存促进房地产市场稳定发展的实施意见

(皖政〔2016〕56号)

各市、县人民政府,省政府各部门、各直属机构:

为深入贯彻中央经济工作会议和全省经济工作暨城市工作会议精神,全面落实习近平总书记视察安徽重要讲话精神,按照《中共安徽省委安徽省人民政府关于印发〈安徽省扎实推进供给侧结构性改革实施方案〉的通知》(皖发〔2016〕21号)要求,围绕稳市场,推进去库存,促进房地产市场稳定发展,现提出以下实施意见:

一、总体要求

按照加快提高户籍人口城镇化率和深化住房制度改革的要求,注重解决区域性、结构性问题,实行差别化的调控政策。鼓励进城务工人员等新市民住房消费,支持居民住房刚性需求和改善性需求,有序化解房地产库存,有效控制市场潜在风险。

二、工作原则

(一)突出重点,分类指导

合肥市房地产去库存重点是非住宅商品房,同时要加强商品住房供应管理,保障供求基本平衡,保持市场稳定,控制房价过快上涨,避免大起大落。其他城市要控制房地产用地供应,提高新市民住房购租能力,加大棚户区改造货币化安置比例,有序扩大和优化住房需求。

(二)抓住关键,因城施策

突出"减、控、供、停"四字方针,把房地产用地供应管理作为去库存的关键环节,以非住宅商品房去库存为重点,统筹商品住房去库存,严控增量、消化存量。对商品住房去化周期超过2年的,要减少新增居住用地供应;去化周期少于2年但已出让开发用地较多的,也要控制好供地节奏,防止形成新的积压;商品住房需求旺盛、库存量较少的城市,要加强供应管理,加大居住用地有效供应,公开市场信息,合理引导市场预期,防止房价非理性上涨。商业办公等非住宅商品房去化周期超过48个月的,停止新出让同类性质用地。

(三)深化改革,健全机制

坚持用改革的办法推进结构调整,形成完善的政府调控和市场监管机制,为提高供给质量激发内生动力、营造外部环境。推进政策公开、程序公开、结果公开,对各类主体一视同仁,严格落实政策,接受社会监督,确保公开公平。

三、主要目标和措施

用3年左右时间,去化商品房库存2500万平方米。到2018年底,全省商品住房去化周期控制在15个月以内,各设区的市去化周期控制在18个月左右;全省商业办公等非住宅商品房去化周期控制在48个月左右,各设区的市去化周期控制在55个月左右。到2020年,实现供需基本平衡,房价基本稳定,有效控制市场潜在风险。

(一)鼓励支持新市民住房消费

1. 保障进城落户农民合法权益。进城落户农民依法取得的农村土地承包经营权、宅基地使用权、集体收益分配权(以下简称"三权")继续保持不变。坚持依法、自愿、有偿,在确权登记颁证的基础上,积极开展农村土地承包经营权流转,推进农民住房财产权抵押、担保、转让试点,提高进城落户农民的购房支付能力。进城落户农民享受与城镇居民同等的就业、社会保障政策和子女就学、升学待遇等公共服务。

2. 提升缴存人住房公积金贷款能力。支持将有稳定就业的进城务工人员、非全日制从业人员和个体工商户等自由职业者纳入住房公积金缴存范围,享有住房公积金提取、贷款等相关权益。积极拓展住房公积金贷款资金来源,推进信贷资产证券化,通过发放商业银行和住房公积金组合贷款、实行"公转商"贷款贴息等方式,努力满足住房公积金缴存人贷款需要。

3. 创新购房信贷产品。鼓励社会资本参与设立住房融资租赁公司,为购房者提供融资服务,探索以租代购、租购结合的新型住房金融模式。鼓励银行业金融机构加大对进城农民购房的信贷支持,进一步优化贷款审批流程,缩短办理时限,最低首付款比例不高于城镇居民。支持银行业金融机构根据进城农民务工经商收入和"三权"收益特点,改进还款能力审核要求,实行灵活的还款方式。有关机构在办理贷款抵押等手续时,要为进城农民购房提供一站式便捷服务。建立银行与担保机构之间的贷款风险分担机制,由购房所在地政府为进城农民购房贷款向担保机构购买担保服务。进城农民购房贷款出现不良,处置抵押物变现所得价款不足以清偿的部分,贷款银行承担70%、购房所在地政府担保机构承担

20%、省再担保机构承担10%。担保额在20万元及以下的,担保费率0.4%;超过20万元的部分,担保费率0.5%。

4. 鼓励农民进城购房落户。对退出宅基地进城购房落户的农民,由县(含市、区,下同)政府给予购房奖励。对自愿将宅基地退还给农村集体经济组织的,县政府按每亩不低于5万元给予奖励。对自愿退出宅基地,宅基地复垦为耕地或其他农用地后,由原宅基地使用者承包经营的,县政府按每亩不低于3万元给予奖励。宅基地复垦为耕地后形成的新增耕地面积纳入补充耕地指标储备库,由县政府统筹安排使用。各地要严格控制新增农村宅基地审批。

5. 扩大公共租赁住房保障范围。将已退出宅基地且在城镇无住房的进城落户农民纳入城镇公共租赁住房保障范围。

6. 支持政策性迁移群体进城购房。易地扶贫搬迁对象、纳入避险解困范围的水库移民、行蓄洪区及干流滩区迁建居民、地质灾害点避让搬迁居民自愿进城购房,享受进城农民购房同等奖励政策。各地应将属于补助到户的中央和省级补助资金全部发放到户,支持政策性迁移群体自主购房。

(二)大力推进住房保障货币化

1. 提高棚改货币化安置比例。2016年城市棚户区改造货币化安置比例原则上不低于50%,以后年度逐年提高比例。对在售商品住房去化周期超过2年的,原则上不再安排新建棚改安置住房;确需实物安置的,政府原则上不再直接组织安置房建设,公开从市场购买安置房。在售商品住房去化周期少于2年的,也应加快推行货币化安置,并大幅提高比例。积极引导城中村改造居民选择货币化安置。

2. 优化棚改居民购房服务。市、县政府要搭建棚改货币化安置服务平台,鼓励信誉好的房地产开发企业、中介服务机构、金融机构进入平台,公布房源信息和信贷产品,给予棚改居民适当降价或折扣、让利等优惠。也可通过公开竞价等方式,组织棚改居民团购住房。

3. 加强财税政策引导。省财政安排的棚改专项补助资金,要向货币化安置比例高的市、县倾斜。市、县政府对选择货币化安置并在规定时限内购买商品房的棚改居民,给予适当奖励。货币化安置补偿款按国家有关规定免征个人所得税,购买商品房享受国家规定的契税优惠政策。允许将按规定提取用于公租房建设的住房公积金增值收益用于棚改货币化安置。

4. 加大棚改货币化信贷支持。鼓励国家开发银行安徽省分行、农业发展银行安徽省分行、中国农业银行安徽省分行等金融机构优先支持棚改(含城中村改造)货币化安置项目,优化审批流程,提高专项贷款资金支付效率。市、县政府要强化棚改货币化安置项目融资基础工作,完善贷款、放款各类手续。对在售商品住房去化周期超过2年的,从严控制新开工建设棚改安置房项目贷款。

5. 加快推进公租房改革。2016年,各市、县不再新开工建设公租房,对符合公租房保障条件的家庭,主要利用存量公租房和通过发放住房租赁补贴方式进行保障。鼓励各地探索公租房资产证券化,加快推进公租房管办分离、租补分开、租售并举。

6. 提高公租房使用率。适当放宽公租房保障条件,加大分配力度,更好发挥保障作用。在应保尽保的前提下,对闲置的存量公租房,可委托专业租赁机构面向社会出租,租金收入专项用于发放公租房保障对象住房租赁补贴或归还公租房建设贷款。

(三)加强商品房供应管理

1. 加强房地产供地调控。各市、县国土资源管理部门要会同住房城乡建设(房地产)部门,按照“减、控、供、停”四字方针,根据当地商品房在售、在建、已供地可建规模等,科学编制年度房地产用地供应计划,报省国土资源厅、省住房城乡建设厅备案,作为用地供应依据。房地产供应明显偏多或在建房地产用地规模过大的市、县,国土资源、规划、建设等部门可以根据市场状况,研究制订未开发房地产用地的用途转换方案,通过调整土地用途、规划条件,引导未开发房地产用地转型利用,用于国家支持的新兴产业、养老产业、文化产业、体育产业等项目用途的开发建设,促进其他产业投资。对按照新用途或者新规划条件开发建设的项目,应重新办理相关用地手续,重新核定相应的土地价款。

2. 加强房地产开发管理。引导房地产开发企业调整营销策略,适当降低商品住房价格。通过土地出让合同约定,逐步提高预售条件,新出让房地产开发用地所建商品住房逐步过渡到现售。市、县国土资源部门要会同规划、建设、房地产等部门制定拟供地块出让方案,落实房地产开发项目建设条件意见书制度。规划部门要依据控制性详细规划,提出容积率、公共配套设施等规划条件;建设、房地产部门要依据有关规定,提出房地产开发企业资质、预售条件、房屋装修、装配式建筑技术应用等要求。加强对房地产开发用地竞买人的资格和信用审查,提高对信用等级差、闲置或囤积土地超过实际开发能力、企业或主要股东不按合同约定开发建设、项目遗留问题较多企业的竞买准入条件。

3. 推进商业办公等非住宅商品房结构调整。在符合城乡规划的前提下,鼓励开发企业将库存工业、商业地产改造为科技企业孵化器、众创空间,将库存商品房改造为商务居住复合式地产、电商用房、都市型工业地产等,允许其在缴清土地出让金后分割销售和办理产权登记。通过规划、土地、金融、税收等政策引导,鼓励将商业办公等非住宅商品房转化为开发企业自持物业,鼓励引进专业物业机构运营已建成的商业办公用房。对资金困难的在建项目,支持有实力、信誉好的房地产企业开展兼并重组。

4. 发展房屋租赁市场。加强房屋租赁市场监管,推行房屋租赁合同示范文本,明确租赁当事人的权利义务,稳定租赁关系,保障租赁当事人权益。鼓励机构投资者投资经营出租房屋,支持房地产开发企业从商品房销售向"售租并举"投资模式转变。

5. 加强房地产市场监管。加快建立覆盖全省的新建商品房和存量房交易管理系统,实现省、市、县联网。健全房地产市场信息公开机制,各地要按月公布商品房成交量、成交价格、批准预售等市场信息,按年公布常住人口数、户籍人口数、人均住房面积、存量商品住房套数及面积等信息。建立房地产企业信用体系,加强房地产开发、中介服务、物业管理行为监管。

6. 推进房地产业兼并重组。推动房地产开发、建筑施工企业战略协作,鼓励兼并、收购、重组。鼓励支持银行业金融机构与规模大、信誉好的房地产企业开展多种形式的战略合作。落实好国家和省促进企业兼并重组各项政策,省内房地产开发、物业服务等企业,可在项目所在地以分公司名义办理项目审批手续、设立银行账号、按项目独立核算、按规定在当地缴纳相关税费,可不再新设立独立法人资格的子公司。规范物业管理招投标行为,开展物业管理示范项目创建活动,扶持一批骨干物业服务企业。

7. 落实房地产税收政策。房地产开发项目土地增值税实行先预征、后清算、多退少补。税务机关应当从纳税人取得土地使用权开始,按项目分别建立档案、设置台账,做到税务管理与纳税人项目开发建设同步。各地要对普通标准住房、全装修住房土地增值税实行1.5%的低预征率;对装配式建筑和绿色建筑(普通标准住房、全装修住房除外),土地增值税预征率超过1.5%的,要在现行预征率的基础上分别下调0.2个百分点。对房地产企业经批准建设且建成后无偿移交政府部门的学校、幼儿园用地,暂不征收城镇土地使用税;对属于房地产企业的待售开发房产,未纳入自有固定资产管理且未使用、未出租的,不征收房产税。通过合并、分立、出售、置换等方式将全部或部分实物资产及其相关债权、债务以及劳动力等一并转让的行为,不属于增值税征收范围,其中涉及的不动产、土地使用权转让不征收增值税。对纳税确有困难的房地产企业,经省级税务机关依法批准后可以适当延期缴纳税款。对兼并重组的房地产企业,市、县政府应当按照不增加企业地方税收负担的原则,给予适当支持。

8. 严格落实涉企收费清单制度。全面清理规范房地产开发过程中的各类收费,重点清理与行政审批挂钩的经营性收费和中介服务类收费。落实房地产企业收费清单制度,清单之外一律不得收费。自发文之日起,县以下地区两年内暂不征收防空地下室易地建设费。取消防雷、防震等行政审批技术性服务收费。

四、组织保障

(一)强化组织领导。在省扎实推进供给侧结构性改革工作领导小组统一领导下,省住房城乡建设厅会同省国土资源厅等部门,加强统筹协调和工作指导,确保各项措施落到实处,推进全省房地产去库存工作。省有关部门要抓紧制定完善相关配套政策,指导各地做好去库存工作。

(二)压实主体责任。市、县政府是去库存工作的责任主体,主要负责同志负直接责任。8月底前,完成本地商品房供应情况专项调查统计,全面摸清现有商品房总量、商品房库存、常住人口数、户籍人口数和人均住房面积等,深入分析本地房地产库存情况、存在的主要问题,制定出台去库存具体方案和相关政策,明确目标,分解任务,落实责任。10月底前,各市、县要制定并公布"十三五"住房发展规划、商业办公用房发展规划及年度实施计划。

(三)加强督促检查。省住房城乡建设厅会同省国土资源厅等部门,按季度对各地去库存工作进展情况进行监督检查,年底全面盘点,查找存在问题,对履行去库存主体责任不力、效果不明显的市县政府,严格实行约谈问责。

(四)加强宣传引导。通过多种途径和形式,加强对供给侧结构性改革和去库存政策的解读,强化正面宣传和引导,积极回应社会关切,稳定社会预期,确保房地产市场平稳健康发展。

安徽省人民政府关于健康脱贫工程的实施意见

(皖政〔2016〕68号)

各市、县人民政府,省政府各部门、各直属机构:

为深入贯彻习近平总书记视察安徽重要讲话精神和党中央、国务院关于健康脱贫的决策部署,认真落实《中共安徽省委安徽省人民政府关于坚决打赢脱贫攻坚战的决定》(皖发〔2015〕26号),根据国家卫生计生委等部门《关于实施健康扶贫工程的指导意见》(国卫财务发〔2016〕26号),解决农村建档立卡贫困人口(以下简称贫困人口)因病致贫、因病返贫问题,现制定如下实施意见:

一、总体要求

深入贯彻落实党的十八大和十八届三中、四中、五中全会以及中央扶贫开发工作会议精神,围绕"四个全面"战略布局,牢固树立创新、协调、绿色、开放、共享发展理念,坚持精准扶贫、精准脱贫基本方略,与深化医药卫生体制改革紧密结合,针对农村贫困人口因病致贫、因病返贫问题,突出重点人群、重点病种,加强统筹协调和资源整合,采取有效措施提升农村贫困人口医疗保障水平和贫困地区医疗卫生服务能力,为农村贫困人口同步迈入全面小康社会提供健康保障。

二、基本原则

政府主导、各方联动。按照"保、治、防"的工作路径,科学谋划和扎实推进健康脱贫工程,落实政府主导责任,发挥部门职能作用,动员社会广泛参与,形成协作联动、有力有效的工作组织体系。

多措并举、综合保障。着力推进"三保障一兜底",形成贫困人口基本医保、大病保险、医疗救助和兜底保障相互衔接的医疗保障体系。

防治结合、精准施策。着力创新贫困人口医疗卫生服务体制机制,加强服务能力建设,形成签约服务、分类救治、便民结算、预防全覆盖的医疗卫生服务体系,做到精确到户、精准到人,增强健康扶贫的针对性和有效性。

统筹兼顾、共享发展。既要加大政策倾斜力度,切实保障贫困人口享有基本医疗卫生服务,又要统筹安排,稳定并逐步提高城乡居民基本医保水平,使之不因实施健康脱贫工程而降低,让全体人民共享改革发展成果。

三、主要目标

通过加强医疗卫生服务能力建设,到2017年底,贫困县(含市、区,下同)县域内就诊率达到90%;医疗综合保障体系基本建立,贫困人口基本实现兜底保障。到2020年,贫困人口医疗保障和医疗服务水平进一步提升,重大传染病、地方病、慢性病得到有效防控,健康水平明显提高;贫困县卫生资源、居民健康、公共卫生、疾病防控等主要指标力争达到全省平均水平,因病致贫、因病返贫问题得到有效控制。

四、重点任务

(一)提高综合保障水平

1. 代缴医保参保费用。贫困人口参加基本医保个人缴费部分,自2017年起通过城乡医疗救助基金全额代缴,由县级民政部门会同有关部门落实。(责任单位:省民政厅、省财政厅,排名第一的为牵头单位,下同)

2. 扩大医保报销范围。制定《安徽省贫困人口慢性病及重大疾病保障指导目录》,重大疾病由12组增加到40组以上,特殊疾病经省级基本医保管理部门审核同意后列入重大疾病范围;慢性病病种30种(组),基本医保统筹地区应结合实际适当扩大慢性病病种范围。(责任单位:省卫生计生委、省人力资源社会保障厅、省财政厅)

3. 降低医保补偿门槛。贫困人口县域内普通门诊不设补偿起付线;取消住院预付金,在乡镇卫生院、县级医院、市级医院、省级医院住院治疗的,补偿起付线分别降至100元、300元、500元、1000元。(责任单位:省卫生计生委、省人力资源社会保障厅、省财政厅)

4. 提高医保补偿比例。保障贫困人口享有基本医疗服务,提高贫困人口合规医药费用补偿比例。贫困人口就医按《安徽省农村建档立卡贫困人口分级诊疗办法》规定执行。贫困人口县域内普通门诊医药费用限额内实际补偿比(以下简称补偿比)提高至70%;常见慢性病门诊按病种付费,补偿比提高至75%;特殊慢性病门诊参照住院治疗的补偿标准给予保障。在乡镇卫生院和县级、市级、省级医疗机构住院治疗的,积极推行按病种付费,补偿比分别提高到80%、70%、65%和60%,其中患特殊慢性病住院治疗的再提高5个百分点;患重大疾病按相关规定并在定点医疗机构治疗,补偿比提高至70%。(责任单位:省卫生计生委、省财政厅、省人力资源社会保障厅)

5.强化大病保险保障。贫困人口大病保险起付线,由1万—2万元降至0.5万元,分段补偿比例由50%—80%提高至60%—90%。(责任单位:省卫生计生委、省财政厅、省人力资源社会保障厅、安徽保监局)

6.加大医疗救助力度。贫困人口全部纳入医疗救助范围,医疗救助水平按年度住院合规医药总费用(含特殊慢性病门诊)的10%给予救助。搭建政府救助资源、社会组织救助项目与农村贫困人口救治需求对接的信息平台,引导支持慈善组织、企事业单位和爱心人士等为患大病的贫困人口提供慈善救助。(责任单位:省民政厅、省财政厅、省扶贫办)

7.实行医疗兜底保障。贫困人口通过基本医保、大病保险、医疗救助等综合补偿后,在县域内就诊个人年度自付费用不超过0.3万元,在市级医疗机构就诊个人年度自付费用不超过0.5万元,在省级医疗机构就诊个人年度自付费用不超过1万元,剩余部分合规医药费用实行政府兜底保障。市县政府承担兜底保障责任,并设立健康脱贫医疗专项补助资金,省财政给予补助。因患者及其家属个人行为导致的过度医疗而发生的医药费用由患者自付;因医疗机构不合理检查、施治、用药等导致的过度医疗而发生的医药费用,由医疗机构承担,不纳入兜底保障范围。健康脱贫医疗专项补助资金由民政部门管理使用,封闭运行,具体实施细则由省民政厅、省财政厅会同相关部门制定。鼓励有条件的地区探索运用商业保险工具支持健康脱贫工程。(责任单位:省财政厅、省卫生计生委、省民政厅)

(二)优化医疗服务

8.精准识别保障对象。以建档立卡数据为基础,建立基于基本医保信息系统的贫困人口身份识别系统、结算系统,精准识别,精细服务。与脱贫退出机制相衔接,实行动态管理。县可制发《贫困人口医疗救助证》,方便群众享受政策优惠。以县为单位开展贫困人口因病致贫、因残致贫调查工作,把握贫困人口病情及病种,为分类救治和健康管理提供支撑。(责任单位:省卫生计生委、省民政厅、省扶贫办、省残联)

9.积极开展签约服务。贫困县要为贫困人口每人建立1份电子健康档案、1张健康卡,为每个贫困户确定1名乡村医生签约。按照普通患者、高危人群和一般人群,对贫困人口实行分类健康干预,提供基本公共卫生、健康管理、基本医疗等服务。(责任单位:省卫生计生委、省扶贫办、省残联)

10.实施大病慢性病分类救治。对一次性能治愈的大病,集中力量进行治疗;需要维持治疗的,由就近具备能力的医疗机构实施治疗;需要长期康复治疗的,确定定点医院或基层医疗卫生机构实施定期治疗和康复管理。(责任单位:省卫生计生委、省扶贫办)

11.实行先诊疗后付费。建立县域内先诊疗后付费的结算机制,实行基本医保、大病保险、医疗救助、贫困人口健康脱贫医疗专项补助资金联动,实现“一站式”信息交换和即时结算服务。改造相关信息系统,强化信息技术支撑。各医疗卫生机构要认真履行社会责任,为贫困人口提供优质服务。(责任单位:省卫生计生委、省民政厅、省人力资源社会保障厅、省财政厅、安徽保监局)

12.加强诊疗行为监管。加快推进贫困地区医保支付方式改革,积极推行临床路径管理与按病种付费。制定《安徽省农村建档立卡贫困人口分级诊疗办法》,严格县域外诊治条件,规范就医秩序。建立健全规章制度,强化约束,严格规范医疗机构诊疗行为,加强费用管理,严控不合理检查检验、药品、耗材等费用。(责任单位:省卫生计生委、省人力资源社会保障厅、省物价局、省医改办、安徽保监局等)

(三)加强疾病防控工作

13.积极实施公共卫生项目。落实国家基本卫生和重大公共卫生服务项目。全面实施贫困地区儿童营养改善、新生儿疾病免费筛查、妇女“两癌”免费筛查、孕前优生健康免费检查等重大公共卫生项目。加强农村环境整治和垃圾无害化处理工作。(责任单位:省卫生计生委、省扶贫办、省财政厅、省妇儿工委)

14.加强重点传染病防治。强化和落实重点传染病和地方病防治措施,有效控制传染病和地方病。实施农村贫困户饮水安全巩固提升工程。深入开展爱国卫生运动。全面开展贫困人口健康教育和健康促进行动。(责任单位:省卫生计生委、省财政厅、省环保厅、省住房城乡建设厅、省水利厅、省爱卫会)

(四)加强医疗卫生服务能力建设

15. 建立对口帮扶机制。组织全省三级以上医院与重点县医疗机构建立稳定持续的"一对一"帮扶关系,开展医疗卫生人才"组团式"对口支援,建立医联体关系,签订帮扶责任书,明确目标任务、工作措施。帮扶双方建立远程医疗平台,积极开展远程服务。(责任单位:省卫生计生委、省发展改革委、省扶贫办)

16. 推进医疗机构标准化建设。加强贫困地区县级医院(含中医院)、妇幼保健机构、乡镇卫生院、村卫生室标准化建设,配置所需医疗设备,实施社区服务中心空白点建设。优先安排贫困地区住院医师规范化培训,为贫困地区订单定向免费培养医学类本专科学生,每年招聘一定数量的特岗全科、专科医生。(责任单位:省发展改革委、省卫生计生委、省人力资源社会保障厅、省教育厅、省质监局)

五、保障措施

(一)加强组织领导。各级政府要将实施健康脱贫工程作为打赢脱贫攻坚战的重点任务,建立高效的工作推进机制,切实加强领导,统筹组织实施,及时研究解决健康脱贫工程实施中出现的问题。各地、各有关部门要制定具体实施方案,明确目标任务、工作进度和推进措施,确定牵头领导、责任部门和具体责任人,做到定责定时定人。

(二)加强协作配合。各有关部门要主动抓好工作推进和政策衔接落实,加强沟通,密切协作,形成合力。省扶贫办要会同有关部门加强指导和督查,定期协调调度。省卫生计生、人力资源社会保障、财政、民政等部门要及时制定相关具体办法和实施细则,保障政策落地。

(三)加强资金保障。各级政府及有关部门要统筹资金安排,加强资金保障,特别是要落实好贫困人口健康脱贫医疗专项补助资金。科学测算、合理安排城乡医疗救助基金,运行中凡基金出现缺口的,由同级财政及时弥补。

(四)加强监督考核。审计、监察、财政、扶贫等部门每年对健康脱贫相关资金管理使用情况开展专项审计监督。卫生计生、人力资源社会保障、民政、扶贫等部门和单位要对医疗机构诊疗行为、基本医保及医疗救助基金经办行为开展专项检查,对违规经办、过度医疗、骗保套保等行为依法依规严肃追究经办机构、医疗机构负责人和直接责任人,以及当事患者的责任。将健康脱贫工程组织实施、政策落实、资金保障、工作成效、对口帮扶等情况纳入对市县和部门(单位)脱贫攻坚目标管理,严格考核,强化问责。

(五)加强宣传引导。各地要制定宣传方案,加强对健康脱贫工程重大意义、政策措施和工作成效的宣传,营造良好的社会氛围。要完善鼓励企业、社会组织、公民个人参与健康脱贫工程的政策措施,积极引导慈善机构等深入贫困地区开展慈善救助。要加强对贫困人口的宣传教育,引导他们全面正确把握政策,规范就医,合理就医。

安徽省人民政府关于印发全面推开营改增试点后调整省与市县增值税收入划分过渡方案的通知

(皖政〔2016〕73号)

各市、县人民政府,省政府各部门、各直属机构:

现将《全面推开营改增试点后调整省与市县增值税收入划分过渡方案》印发给你们,请认真遵照执行。

全面推开营改增试点后调整省与市县增值税收入划分过渡方案

全面推开营改增试点于2016年5月1日实施。根据《国务院关于印发全面推开营改增试点后调整中央与地方增值税收入划分过渡方案的通知》(国发〔2016〕26号)要求,结合我省实际,制定全面推开营改增试点后调整省与市县增值税收入划分的过渡方案。

一、基本原则

(一)注重保证市县既得利益。既要保障市县既有财力,不影响市县财政平稳运行,又要保持省与市县财政体制基本稳定。

（二）注重调动市县积极性。现行省与市县收入归属暂维持不变，充分调动市县发展经济和培植财源的积极性，促进经济社会稳定健康发展。

（三）注重支持脱贫攻坚。对中央集中收入分配我省的增量部分，在过渡期内与脱贫攻坚任务中脱贫人口挂钩，推进基本公共服务均等化。

同时，在加快地方税体系建设、推进省与市县事权和支出责任划分改革过程中，做好过渡方案与下一步财税体制改革的衔接。

二、主要内容

（一）以2014年为基数核定返还市县基数和上缴基数。

（二）所有行业企业缴纳的增值税均纳入中央和地方共享范围。

（三）按属地原则分享增值税，原属省级的增值税，中央分享50%，省级分享50%；原属市县的增值税，中央分享50%，市县分享50%；原属省级与合肥市分享的增值税，中央分享50%，省级分享25%，合肥市分享25%。

（四）完善转移支付制度。对中央因增值税收入划分改革集中的收入增量，通过均衡性转移支付分配我省的增量部分，过渡期内主要用于脱贫攻坚，分配与脱贫人口挂钩。

三、实施时间和过渡期限

本方案与全面推开营改增试点同步实施，即自2016年5月1日起执行。过渡期暂定2—3年，届时根据中央与地方、省与市县事权和支出责任划分，地方税体系建设和中央与地方收入划分等改革进展情况，研究是否适当调整。

安徽省人民政府关于深入推进新型城镇化试点省建设的实施意见

（皖政〔2016〕85号）

各市、县人民政府，省政府各部门、各直属机构：

为贯彻落实《国务院关于深入推进新型城镇化建设的若干意见》（国发〔2016〕8号）和《安徽省人民政府关于印发国家新型城镇化试点省安徽总体方案的通知》（皖政〔2015〕15号）精神，全面提升我省新型城镇化质量和水平，现提出如下实施意见：

一、总体要求

全面贯彻党的十八大和十八届三中、四中、五中全会以及习近平总书记系列重要讲话和视察安徽重要讲话精神，按照“五位一体”总体布局和“四个全面”战略布局，贯彻落实创新、协调、绿色、开放、共享的发展理念，以人的城镇化为核心，以提高质量为关键，以体制机制改革为动力，推动“五有并轨”和“三权落实”，进一步增强农业转移人口进城落户意愿和能力，进一步提升城镇综合吸引力和承载力，进一步完善新型城镇化保障机制，加快提高户籍人口城镇化率，力争新型城镇化试点工作取得预期成效，形成可复制、可推广的试点经验。到2020年，全省常住人口城镇化率达到56%，户籍人口城镇化率达到35%。

坚持点面结合、统筹推进。统筹规划，总体布局，促进大中小城市和小城镇协调发展，着力解决好农业转移人口市民化问题，全面提高城镇化质量。充分利用国家新型城镇化综合试点和各专项试点政策，力争在重要环节改革方面取得新突破。

坚持政府引导、群众自愿。充分尊重农业转移人口意愿，依法保障农业转移人口的合法权益。加大改革宣传力度，完善政策措施，建立激励机制，合理引导农业转移人口自愿进城落户。

坚持纵横联动、协同推进。加强部门间政策制定和实施的协调配合，推动户籍、土地、住房等相关政策和改革举措形成合力。加强部门与市、县政府联动，充分调动市、县政府工作积极性，确保改革举措落地生根。

坚持补齐短板、重点突破。以促进农民工融入城镇为核心，以加快新生中小城市培育发展和新型城市建设为重点，补齐短板，加快突破，弥补供需缺口，促进新型城镇化健康有序发展。

二、增强农业转移人口进城落户意愿和能力

（一）深化户籍制度改革。积极落实《安徽省人民政府关于进一步推进户籍制度改革的意见》（皖政〔2015〕53号）精神，鼓励各市县进一步放宽落户条件，加快制定公开透明的落户标准和切实可行的落户目标，确保有意愿有能力落户城镇的农业转移人口应落尽落。积极引导农村学生升学和部队退伍进入城镇的人口、举家迁徙的农业转移人口以及新生代农民工落户城镇。最大限度精简申领城镇户口手续，缩短办理时限，方便户口迁移。（省公安厅负责）

（二）全面实行居住证制度。修订《安徽省流动人口居住登记办法》，建立健全居住证与基本公共服务供给衔接机制,推进居住证制度覆盖全部未落户城镇常住人口,保障居住证持有人在居住地享有义务教育、基本公共就业服务、基本公共卫生服务和计划生育服务、公共文化体育服务、法律援助和法律服务以及国家规定的其他基本公共服务。各级人民政府要根据本地承载能力,不断扩大对居住证持有人的公共服务范围并提高服务标准,缩小与户籍人口基本公共服务的差距。支持各市出台政策促进居住证持有人在当地落户。(省公安厅、省教育厅、省人力资源社会保障厅、省卫生计生委、省文化厅、省体育局、各市人民政府负责)

(三)积极为农业转移人口提供就业创业机会。加快推动有利于发挥劳动力比较优势的产业升级,大力发展劳动密集型产业,积极培育吸纳就业能力较强的生产性和生活性服务业,增加就业岗位,吸纳更多的农村劳动力转移就业。鼓励省内企业提升薪酬待遇、培育企业文化、丰富员工业余生活,增强新生代农民工的归属感。完善和落实促进农业转移人口就业政策,构建政策咨询、就业服务、职业培训、劳动维权、心理辅导等内容的市民化综合服务平台。加大农业转移人口培训力度,根据产业发展需求设置培训内容,每年培训农业转移人口不低于100万人次,推动我省由民工大省向技工大省转变。积极实施“凤还巢”工程,大力推进农业转移人口返乡创业,充分利用农民工创业园等载体,鼓励和引导积累一定资金、技术和管理经验的农业转移人口返乡创业。(省发展改革委、省人力资源社会保障厅、省住房城乡建设厅负责)

(四)建立满足新市民需求的住房制度。把推进新市民进城与商品房去库存结合起来,建立购租并举的城镇住房制度,支持农业转移人口扩大住房消费。对具备购房能力的农业转移人口,支持其购买商品住房。鼓励市县政府出台差异化的购房补贴政策,对进城购房落户的农民给予更多补贴。健全房地产市场调控机制,调整完善差别化住房信贷政策,积极发展住房金融公司和个人住房贷款保险业务,支持将稳定就业的农业转移人口纳入住房公积金缴存范围,提高对农业转移人口的住房金融服务水平。对不具备购房能力或没有购房意愿的农业转移人口,支持其通过住房租赁市场租房居住。加快发展专业化住房租赁市场,培育专业化市场主体,引导企业投资购房用于租赁经营,支持房地产企业调整资产配置持有住房用于租赁经营。落实鼓励居民出租住房的税收优惠政策,激活存量住房租赁市场。鼓励商业银行对购买商品住房开展租赁业务的企业提供购房信贷支持。对符合保障条件的农业转移人口,通过提供公共租赁住房或发放租赁补贴保障其基本住房需求。归并实物住房保障种类。住房保障采取实物与租赁补贴相结合并逐步转向租赁补贴为主。健全租赁补贴制度,采取市场提供房源、政府发放补贴方式,进一步加大对农业转移人口的住房保障力度。(省住房城乡建设厅负责)

(五)加大农业转移人口随迁子女教育保障力度。畅通入学渠道,简化就读手续,实行“一样就读、一样升学、一样免费”,保障农业转移人口随迁子女享有与流入地儿童少年平等的受教育权利。开展多种形式的帮扶关爱活动,加强心理健康教育,帮助农业转移人口随迁子女融入城市。调整完善中小学和幼儿园布局规划,向农业转移人口流入地配置更多的基础教育资源,保障随迁子女全部纳入公办学校或普惠性幼儿园就读。积极吸引社会力量投资建校办学,鼓励集团化办学,着力消除农业转移人口数量较多城市超大班额、挤占功能教室等现象。(省教育厅、省财政厅负责)

(六)提升农业转移人口社会保障水平。提升农村社会保险统筹层次,做好农业转移人口社会保险关系转移接续工作,允许在农村参加的养老保险和医疗保险规范接入城镇社保体系。完善养老保险省级统筹办法,推进工伤保险、失业保险省级统筹,完善基本医疗保险市级统筹。建立健全基本医疗保险异地就医医疗费用结算制度。巩固完善城镇居民大病保险制度,稳步提高大病保险保障水平。(省人力资源社会保障厅、省财政厅、省卫生计生委负责)

(七)健全农业转移人口医疗卫生服务体系。完善属地化管理的基本公共卫生服务政策,根据常住人口规模和分布状况,均衡合理配置服务资源,逐步提高人均基本公共卫生服务经费标准,推进基本公共卫生服务均等化。加快城市社区卫生服务体系建设,重点做好流动人口社区卫生服务,针对流动人口特点,加强健康教育、传染病防控、预防接种、孕产妇保健等公共卫生服务。(省卫生计生委负责)

(八)探索农村“三权”自愿有偿退出机制。进城落户农民依法取得的农村土地承包经营权、宅基地使用权、集体收益分配权继续保持不变。根据国家统一部署,积极推进农村土地制度改革试点,提高土地资源利用效率,使农民获得更多的财产权。坚持依法、自愿、有偿原则,在确权登记颁证的基础上,积极开展农村土地承包经营权流转,实施农村土地承包经营权抵押贷款试点。鼓励依托增减挂钩、土地整治等项目建立宅基地退出补偿激励机制,推广金寨县对退出宅基地农民给予奖励的做法,研究建立常规化的宅基地尤其是单宗零散宅基地退出机制。推进农民住房财产权抵押、担保、转让试点。分类推进农村集体资产股份合作制改革,建立农民对集体资产股份的有偿退出机制。积极探索切实可行的农村产权交易模式,以市县为重点,建立符合实际需求的农村产权流转交易市场,发挥产权交易平台的信息传递、价格发现和交易中介功能。(省农委、省国土资源厅、人行合肥中心支行负责)

三、增强城镇综合吸引力和承载力

(一)提升中心城市吸纳人口能力。充分发挥中心城市在吸纳、集聚农业转移人口上的作用,强化中心城区的辐射带动能力。支持合肥打造长三角世界级城市群副中心和"一带一路"节点城市,创建国家级合肥滨湖新区,到2020年,合肥城区常住人口达到500万人,成为长江经济带具有较强影响力的区域性特大城市。推动芜(湖)马(鞍山)同城化,提高人口吸引集聚能力,力争将芜马城市组群打造成为Ⅰ型大城市。着力培育区域性中心城市,引导资源型城市转型发展,促进资源开发与城市发展良性互动,将具备条件的蚌埠、阜阳、淮南、淮北市和基本具备条件的安庆、六安、滁州、亳州、宿州市有序打造成为Ⅱ型大城市。抓住国家推进长三角城市群建设的重大机遇,推动合肥都市圈扩容,实现与省外大型城市都市圈的协调联动发展,进一步增强合肥都市圈内城市的人口吸纳能力。(省住房城乡建设厅、省发展改革委负责)

(二)培育发展一批新生中小城镇。有序启动设市工作,争取若干个具备条件的县改为市或区。选择若干建制镇开展设市模式试点。增强中心集镇的人口集聚功能,积极培育镇区人口达10万以上的特大镇,选择80个左右产业基础较好、生态环境优良、文化积淀深厚的小城镇进行重点扶持,分别打造成各具特色富有活力的休闲旅游、商贸物流、现代制造、教育科技、传统文化、美丽宜居等小城镇,形成一批具有徽风皖韵、凸显专精美活的生态宜居型特色小镇,引导农业转移人口就近就地城镇化。(省住房城乡建设厅、省民政厅负责)

(三)完善城镇基础设施。实施棚户区改造行动计划和城镇旧房改造工程,推动棚户区改造与名城保护、城市更新相结合,加快推进城市棚户区和城中村改造,有序推进旧住宅小区综合整治、危旧住房改造。提升城市道路网络密度。加快公共交通枢纽、公交首末站、出租汽车综合服务区等交通设施建设,推进充电站、充电桩等新能源汽车充电设施建设。支持有条件的城市推进市郊铁路、过江通道建设,合理布局建设城市停车场和立体车库。加强基础医疗卫生设施建设,在新建城区、郊区等薄弱区域,同步规划建设公立医院等相关医疗卫生机构。加强城市市政管网建设改造,到2020年,基本完成城市现有燃气老旧管道、老旧供水管网和雨污分流改造。合理确定地下综合管廊建设布局,推进城市综合管廊建设。积极推进海绵城市试点建设,有效控制雨水径流,实现雨水自然积存、自然渗透、自然净化。加快城市供水设施改造与建设,保障供水水质。加强城市防灾避难设施场所建设,增强抵御自然灾害能力。推动生活污水、垃圾处理设施建设提质达标,到2020年,城市和县城建成区生活污水集中处理率达到95%以上,城市生活垃圾基本实现无害化处理。(省住房城乡建设厅负责)

(四)推动新型城市建设。强化城市规划的科学性和权威性,积极推动"多规合一"试点,全面启动市、县空间规划编制。加快建设绿色城市、智慧城市、人文城市等新型城市,提升城市内在品质。开展绿色规划引领、绿色城市建设、绿色建筑推广等重点行动,推进森林城市、园林城市(县城、城镇)创建,督促未达到国家大气环境质量标准的城市及时编制大气环境质量限期达标规划。推进"互联网+智慧城市"行动,促进云计算和大数据、智能终端和信息设备等新一代信息技术与城市管理服务相融合,推进城市综合管理智慧化。加快现代公共文化服务体系建设,扎实做好历史文化名城名镇、历史街区的保护利用,启动一批省级人文城市试点。按照产城融合发展理念,加快产业园区从单一的生产型园区经济向综合型城市经济转型,支持合肥、滁州、马鞍山、宿州等市创建国家级产城融合示范区。(省住房城乡建设厅、省发展改革委、省经济和信息化委、省环保厅、省文化厅负责)

(五)辐射带动美丽乡村建设。促进城镇基础设施和公共服务向农村延伸,推动水电路等基础设施城乡联网,加快农村教育、医疗卫生、文化等事业发展,推进城乡基本公共服务均等化。以县级行政区为基础,以建制镇为支点,搭建多层次、宽领域、广覆盖的农村一二三产业融合发展服务平台,促进农业产业链延伸,大力发展农业新型业态。推进易地扶贫搬迁与新型城镇化结合,在县城、小城镇或工业园区附近建设移民集中安置区。(省农委、省扶贫办、省美丽乡村办负责)

四、强化新型城镇化保障机制

(一)促进土地要素优化配置。强化城乡建设用地空间管制,充分考虑农业转移人口需求,合理安排新型城镇化用地需求。加大农村土地整治复垦力度。建立城镇低效用地再开发激励机制,完善城镇存量土地再开发过程中的供应方式,鼓励原土地使用权人自行改造,涉及原划拨土地使用权转让需补办出让手续的,经依法批准,可采取规定方式办理并按市场价缴纳土地出让价款。按有关规定在国家、改造者、土地权利人之间合理分配"三旧"(旧城镇、旧厂房、旧村庄)改造的土地收益。(省国土资源厅负责)

(二)拓展城镇化融资渠道。加大财政投入力度,积极支持新型城镇化建设。鼓励各地利用财政资金和社会资金设立城镇化发展基金,做大做强投融资平台,增强平台城镇化融资能力。拓宽城镇化项目直接融资渠道,指导符合条件的企业扩大永续债发行规模,鼓励支持发行城市停车场、地下综合管廊、双创孵化等专项债券和绿色债券。通过PPP、特许经营、政府购买服务等方式,支持城镇基础设施和公共服务设施建设。鼓励开展资产支持证券业务,争取基础设施资产证券化试点。支持国家开发银行、农业发展银行等政策性金融机构以及商业性金融机构创新新型城镇化金融产品,及时总结推广徽商银行新型城镇化基金、农业银行"农民安家贷"等经验。研究制定政策性金融支持城市基础设施建设、保障性安居工程等政策。(省政府金融办、省财政厅、省发展改革委、国开行安徽省分行、农发行安徽省分行负责)

(三)落实"两挂钩一倾斜"政策。实施财政转移支付同农业转移人口市民化挂钩政策,支持市县制定符合当地实际的基本公共服务需求标准。实施城镇建设用地增加规模与吸纳农业转移人口落户数量挂钩政策,依据吸纳农业转移人口数量,统筹安排城乡建设用地规模、布局和时序,统筹安排新增建设用地指标,积极争取国家支持我省适当扩大城乡建设用地增减挂钩规模。推动省级预算内投资向吸纳农业转移人口落户数量较多的地区倾斜,通过专项建设基金支持吸纳农业转移人口落户数量较多城市的基础设施和公共服务设施建设。(省财政厅、省国土资源厅、省发展改革委负责)

五、健全新型城镇化工作推进机制

(一)加强组织领导。各级政府要高度重视,健全新型城镇化推进工作机制,确保工作部署到位、保障措施到位。新型城镇化试点省工作领导小组成员单位要加强督促调度,强化问题导向,建立台账制度,对重点任务实行"销号式"管理。各地、各部门要广泛宣传推进新型城镇化的新理念、新政策、新举措、新成效、新经验,营造良好的社会环境和舆论氛围。(省发展改革委、省委宣传部等新型城镇化试点省工作领导小组成员单位负责)

(二)压实主体责任。各市、县人民政府要担负起主体责任,根据农业转移人口落户城镇年度目标,制定推进计划,强化有效举措,确保目标任务落到实处。(各市人民政府负责)

(三)鼓励改革创新。坚定不移推进改革创新,为城镇化发展创造良好制度环境。采取"先试点后推广"模式,鼓励各地开展专项试点,推动相关改革举措在试点地区先行先试。及时总结推广相关地区推进新型城镇化的成功做法和先进经验。(省发展改革委、省住房城乡建设厅等负责)

(四)强化督促检查。将各市"十三五"规划纲要提出的户籍人口城镇化率目标,作为检验新型城镇化试点省建设成果和衡量城镇化发展质量的重要依据。跟踪监测和监督检查各地新型城镇化建设进展情况,总结评估相关配套政策实施效果。(省发展改革委等新型城镇化试点省工作领导小组成员单位负责)

安徽省人民政府办公厅印发关于财政支持脱贫攻坚实施意见等两个脱贫攻坚配套文件的通知

(皖政办〔2016〕8号)

各市、县人民政府,省政府各部门、各直属机构:

《关于财政支持脱贫攻坚的实施意见》《关于推进金融扶贫工程的实施意见》已经省政府同意,现印发给你们,请结合实际,认真贯彻执行。

关于财政支持脱贫攻坚的实施意见

为贯彻落实《中共安徽省委安徽省人民政府关于坚决打赢脱贫攻坚战的决定》(皖发〔2015〕26号)精神,切实加大财政支持脱贫攻坚力度,制定本实施意见。

一、强化投入保障

(一)加大对贫困地区一般性转移支付。省财政和省直部门分配一般性转移支付,充分考虑建档立卡贫困人口因素,加大对贫困县的支持力度。贫困县新增的一般性转移支付资金,原则上主要用于脱贫攻坚。

(二)加大对贫困地区专项转移支付。省级按照当年地方财政收入增量的20%以上,增列专项扶贫资金预算。省直部门分配专项转移支付资金,充分考虑贫困村和贫困人口因素,将各项涉及民生的专项转移支付,最大限度地向贫困地区、贫困村、贫困人口倾斜,确保对贫困地区专项转移支付投入力度与打赢脱贫攻坚战要求相匹配。

(三)积极争取中央财政扶贫投入。加强与中央脱贫攻坚政策对接,争取中央财政加大对我省脱贫攻坚支持投入力度,资金规模与全省脱贫攻坚任务相匹配。

(四)市县政府加大专项扶贫投入。市县两级政府比照省里做法,大幅增加财政专项扶贫投入力度。贫困县及所在设区市,按照当年地方财政收入增量的20%以上,增列专项扶贫预算;其他有脱贫任务的市、县(市、区),按照当年地方财政收入增量的10%以上,增列专项扶贫资金预算。市县财政按照脱贫攻坚任务需要,将所需资金足额列入预算予以保障。省级分配市县两级的新增地方债,优先用于脱贫攻坚。

(五)加大财政存量资金对扶贫投入。市县两级政府清理收回的财政存量资金,在符合规定的前提下,优先用于脱贫攻坚。对其中可统筹使用部分,确保50%以上比例用于脱贫攻坚。

二、推进统筹整合

(六)统筹扶贫资金。建立扶贫资金统筹整合清单。围绕“五个一批”任务,除各种补贴给农民个人的资金、救灾资金及其他国家规定有特殊用途的专项资金外,将中央、省、市、县安排的扶贫资金、各类涉及民生的专项转移支付资金、地方政府债券以及财政撬动的社会资金等各类资金,捆绑集中使用,全部纳入整合范围,聚焦投向贫困地区。扶贫资金不得统筹整合用于与脱贫攻坚无关的事项。所有预算安排的专项扶贫资金,由各级扶贫部门商同级财政部门统筹提出分配意见,报同级扶贫开发领导小组审定,财政部门据此拨付资金。所有投向贫困地区、用于扶贫项目、落实到贫困人口的相关涉农资金,要纳入扶贫资金严格管理,用途不变,专款专用;各级项目主管部门安排涉农项目资金时,要主动商同级扶贫部门和财政部门提出分配意见。

(七)统筹扶贫项目。统筹整合支持社会事业、公共服务均等化、农业综合开发、农村危房改造、农村道路畅通工程、农村综合改革、“一事一议”、库区移民搬迁、生态移民搬迁、技能培训、地质灾害防治、跨区域水资源保护补偿等各类涉农项目,与发展生产脱贫、易地扶贫搬迁、生态补偿脱贫、发展教育脱贫、社会兜底脱贫等项目全面聚合。各部门现有的普惠性项目,在政策无特别规定前提下,加大向贫困地区和贫困人口倾斜力度,特惠用于脱贫攻坚。部门安排的涉农项目资金,在符合规定的前提下,优先投向贫困地区和贫困人口,且比例原则上不低于40%。

(八)统筹扶贫政策。以脱贫攻坚规划为引领,以重点扶贫项目为平台,将财政支持脱贫攻坚的税费倾斜政策、稳定保障政策与产业政策、金融政策、区域政策等相衔接。鼓励政策性融资担保机构创新金融产品,降低担保门槛和费率,加大对贫困县融资担保支持。对贫困户发展生产的扶贫小额贷款给予贴息补助。对阶段性融资困难的带动贫困户就业的小微企业,提供短期过桥资金,推动贫困对象大众创业、万众创新,发挥各类惠民政策的综合叠加效应。

(九)统筹扶贫资源。统筹运用产业基金、金融资本、社会资金、PPP、政府购买服务等方式,引导市场、企业和社会资源,聚焦脱贫攻坚,营造脱贫攻坚“人人愿为、人人可为、人人能为”的氛围。优先支持在贫困地区设立村镇银行、小额贷款公司等机构。积极运用扶贫公益捐赠企业税收抵扣政策,引导企业加大扶贫捐赠力度。支持搭建网络平台,运用社会众筹机制,动员社会力量共同参与脱贫攻坚。

三、创新支持方式

(十)创新扶贫资金精准导向机制。全面推行脱贫攻坚项目资金因素法分配，进一步下放资金项目审批权限。扶贫资金使用原则上必须有量化的减贫绩效目标。省直有关部门的扶贫项目资金，原则上都要实行因素法分配切块下达，赋予贫困地区更多自主权，增强贫困地区统筹能力，使扶贫资金投入更加精准高效。建立促进加快脱贫摘帽的正向激励机制，重点县退出后，在攻坚期内国家原有扶贫政策保持不变；建立贫困户脱贫认定机制，对已经脱贫的农户，在一定时期内让其继续享受扶贫相关政策，避免出现边脱贫、边返贫现象。

（十一）创新脱贫开发平台建设。用好用足中央政策，调整地方政府债务结构，支持设立省级扶贫开发融资平台公司。通过平台公司，积极开展与国家开发银行、中国农业发展银行等金融机构合作，撬动社会资金支持易地扶贫搬迁项目建设。

（十二）创新资产收益脱贫机制。在不改变用途的情况下，财政专项扶贫资金和其他涉农资金投入设施农业、养殖、光伏、水电、乡村旅游等项目形成的资产，具备条件的可折股量化给贫困村和贫困户。强化监督管理，明确资产运营方对财政资金形成资产的保值增值责任，建立健全收益分配机制，确保资产收益及时回馈持股贫困户。完善各项补贴政策，积极推行土地流转、光伏扶贫、土地入股、政府购买服务等，增加贫困对象补贴性收入、经营性收入、财产性收入、工资性收入，建立健全财政投入直接脱贫增收机制。

（十三）创新贫困风险防范机制。针对贫困户因病、因缺劳力、因残、因缺资金、因学、因灾等主要致贫原因，积极完善医疗保险、医疗救助、教育资助、农村最低生活保障制度等社会救助体系，兜底防范贫困户生活性风险。创新金融支持手段，扩大农业保险覆盖面，支持贫困地区开展特色农产品价格保险，在政策性保险基础上，增加对贫困户商业性保险保费补贴，有效防范贫困户生产性和市场性风险。

四、严格监督管理

（十四）健全完善管理制度。按照“资金使用到哪里、制度就跟进到哪里”，建立健全覆盖预算编制、执行、监督、绩效等各环节、全方位的管理制度体系，确保资金公开透明、严格规范使用。建立财政脱贫资金使用负面清单，绝不允许以脱贫名义截留、挤占和挪用财政资金。

（十五）建立绩效考核体系。按照“扶一个、脱一个、退一个”的精准扶贫要求，加强财政扶贫资金动态管理。建立财政扶贫资金绩效评价体系，开展事前、事中、事后全过程绩效监督，绩效结果与扶贫资金安排相挂钩，实行奖优罚劣。对市县沉淀1年以上未使用的省以上财政扶贫资金，由省扶贫办商省财政厅收回另行安排；对县级沉淀1年以上未使用的市级财政扶贫资金，由市级扶贫部门商市级财政部门收回另行安排。

（十六）全面推行公开公示。全面推行落实扶贫资金项目公告公示制度。对个人补贴类资金，实行乡村两级公开；对工程项目类资金，实行县、乡、村三级公开。建立健全扶贫项目巡查制度，加强对财政脱贫攻坚政策、资金、项目的动态和常态监督。

五、压实工作责任

（十七）落实各级政府投入主体责任。各级政府要充分发挥在脱贫攻坚中投入主体和主导作用，切实加大财政专项扶贫资金投入，统筹整合各类政策资金，积极开辟脱贫攻坚新的资金渠道，确保政府扶贫投入与脱贫攻坚任务相适应。

（十八）落实财政部门保障监督责任。财政部门负责根据本地脱贫攻坚需要，制定资金筹措方案，落实本级财政专项扶贫投入，严格财政资金监管。按照“三严三实”要求，坚持问题导向，对发现问题，举一反三，边查边改，堵塞漏洞，扎紧制度笼子。

（十九）落实扶贫部门统筹绩效责任。扶贫部门负责根据扶贫资金预算，制定扶贫资金统筹分配使用方案，指导监督扶贫项目实施，加强项目绩效管理。扶贫领导小组成员单位负责制定本单位统筹资金支持脱贫攻坚的具体方案，规范项目实施及资金使用。

（二十）落实监管部门监督问责责任。审计部门负责对财政扶贫资金分配管理使用情况和扶贫项目实施情况进行审计监督，对审计发现的问题督促整改到位。纪检监察部门负责集中整治和查处扶贫领域中违规违纪违法行为，对扶贫资金使用管理中的违规违纪违法问题，发现一起，处理一起，绝不姑息，层层问责。

关于推进金融扶贫工程的实施意见

为深入贯彻《中共安徽省委安徽省人民政府关于坚决打赢脱贫攻坚战的决定》(皖发〔2015〕26号)精神，大力推进金融扶贫工程，特提出如下实施意见。

一、总体要求

（一）指导思想

以邓小平理论、“三个代表”重要思想、科学发展观为指导，深入贯彻习近平总书记系列重要讲话精神，充分发挥金融支持贫困地区发展和贫困农户增收作用，重点针对大别山区、皖北地区等有扶贫开发任务的70个县（市、区），创新金融服务产品，健全金融服务体系，大力推进精准扶贫、精准脱贫。

（二）主要目标

扶贫攻坚期内，贫困县新增贷款年均400亿元以上，贫困地区直接融资比重有较大幅度提高，融资结构不断优化；县域融资担保放大倍数达到5倍以上，保险深度和密度进一步提升；农村金融基础设施现代化水平明显提升，多层次、广覆盖、低成本、可持续的金融扶贫开发组织体系日趋完善。

二、主要任务

（一）扩大贫困地区融资规模

1. 持续增加贫困地区贷款投放。贫困地区银行业金融机构可贷资金主要用于当地信贷投放，银行业金融机构要抓紧制定扶贫信贷计划，做好支持扶贫开发的台账建立工作，不断加大对贫困地区的信贷投放。扶贫攻坚期内，力争贫困县每年各项贷款增速高于当年全省各项贷款平均增速，新增贷款占全省贷款增量的比重高于上年水平；贫困户贷款增速高于农户贷款平均增速。

2. 不断扩大贫困地区直接融资规模。积极支持贫困地区企业对接多层次资本市场，实现股权和债券融资。大力推进扶贫龙头企业首发上市和“新三板”挂牌，鼓励支持省股权托管交易中心壮大农业板块，设立林业板块，拓宽贫困地区企业融资渠道。

（二）加大金融精准扶贫力度

1. 支持贫困地区易地扶贫搬迁和基础设施建设。充分发挥开发性金融、政策性金融扶贫作用，国家开发银行安徽省分行、农业发展银行安徽省分行要按照微利或保本的原则发放长期贷款，重点支持贫困地区易地扶贫搬迁、基础设施建设、特色产业发展、重点项目建设等领域。加快组建省级扶贫开发投融资平台，统筹承接全省易地扶贫搬迁、扶贫开发和农业发展专项贷款。

2. 大力推进扶贫小额信贷。实施“精准扶贫小额信贷工程”，大力支持农村商业银行、村镇银行等金融机构向建档立卡贫困户中有发展意愿、有发展潜质、有资金需求、有还款来源的贫困户提供5万元以内、3年以下免抵押、免担保的信用贷款。扶贫小额信贷实行利率优惠，贷款利率在同期基准利率的基础上上浮幅度不得超过10%。人行合肥中心支行设立支农再贷款专项额度，支持农村金融机构发放扶贫小额信贷，对农村金融机构发放的支农再贷款可以展期两次。对未执行人民银行优惠利率的支农再贷款，分年度调回并专项用于扶贫小额信贷。财政专项扶贫资金对获得信用贷款的贫困户按基础利率给予贴息支持。加大创业担保贷款、助学贷款、妇女小额贷款、康复扶贫贷款实施力度。

3. 支持新型农业经营主体、扶贫龙头企业发展扶贫产业。对新型农业经营主体和农业产业化龙头企业吸纳贫困户脱贫致富情况给予扶贫贷款支持，按每吸纳1户贫困户给予10万元以内的贷款进行累加，新型农业经营主体单户贷款额度最高不超过200万元，农业产业化龙头企业单个贷款额度最高不超过500万元。其中，贷款额度50万元（含）以内，在风险可控的前提下可采用信用方式发放。对有稳定还款来源的扶贫项目，在有效防控风险的前提下，允许采用国家开发银行、农业发展银行发放过桥贷款方式，为扶贫项目提供过渡性资金支持，撬动商业性信贷资金投入。

4. 降低贫困户和扶贫开发主体融资成本。全面推行支农再贷款“项目化直贷”精准扶贫模式，其中，金融机构利用人民银行支农再贷款资金发放的贷款利率按照人民银行有关规定执行；匹配自有资金发放的贷款利率至少较同类同档次贷款利率下调0.5个百分点。

5. 对贫困户子女发放助学贷款。国家开发银行安徽省分行、农村商业银行等金融机构对家庭经济困难学生发放生源地助学贷款，其中，全日制普通本专科（含第二学士学位、高职学生）每人每年申请贷款额度最高为8000元，全日制研究生最高为12000元，财政部门按相关规定给予贴息，延长助学贷款期限至20年、还本宽限期3年。

6. 完善贫困户保险保障体系。鼓励保险机构推出保费低廉、保单通俗、适合贫困地区和贫困户的保险产品，合理确定理赔标准，提高理赔效率。积极发展扶贫小额贷款保证保险，建立政府、银行、保险三方合作机制，对贫困户保证保险保费予以补助，通过小额贷款保证保险为贫困户增信。

（三）建立风险补偿和分担机制

1. 建立扶贫小额信用贷款风险补偿资金。支持贫困地区设立扶贫小额贷款风险补偿基金，为金融机构对建档立卡贫困户发放精准扶贫小额信用贷款提供风险补偿。

2. 壮大政策性融资担保机构。完善贫困县政策性融资担保机构国有资本金持续补充机制，增强服务能力和抗风险能力。支持有条件的贫困地区设立政府出资的农业融资担保机构，重点开展扶贫担保业务。积极推广新型政银担合作机制，推进融资担保机构与银行对接，为扶贫开发提供融资担保。

3. 建立村级扶贫互助担保基金。推广金寨县试点村级扶贫互助担保基金经验，支持贫困县村级扶贫互助社与金融机构合作建立扶贫互助担保基金，按一定比例放大信贷额度，由金融机构根据入社农户申请提供担保贷款。

4. 扩大农业保险产品类型。鼓励有条件的贫困地区逐步提高政策性农业保险的保费补贴标准，积极推广大宗农作物（牲畜）政策性附加补充保险和商业保险模式，稳步推进森林、育肥猪保险试点。加大对贫困地区特色农业保险省级奖补力度，鼓励各地提高设施农业、淡水养殖、家禽、中药材、毛竹、果树、油茶、茶叶等特色农业保险的覆盖率。继续在山区、库区开展农房保险试点，鼓励贫困地区开展农机具保险试点，推广天气指数保险试点，探索开展目标价格、收入保险试点，支持有条件的地方给予一定保费补贴。继续做好渔业互助保险试点，鼓励开展多种形式的互助合作保险.

（四）提高贫困地区金融服务水平

1. 创新精准扶贫金融产品。引导金融机构为贫困户、扶贫开发主体推出特惠金融产品。在经批准的县（市、区）稳妥、有序推进农村土地承包经营权、农村住房财产权抵押贷款试点。推广大型农业机械设备、运输工具、林地所有权、林地使用权、水域滩涂养殖权等新型抵质押担保方式，有效拓展贫困地区抵押物担保范围。鼓励扶贫龙头企业为带动建档立卡贫困户脱贫的农户、家庭农场、农民合作社提供贷款担保。

2. 健全金融扶贫开发组织体系。大力发展普惠金融，推动大中型银行重心持续下沉，向贫困县及其乡镇延伸服务网点。不断壮大农村商业银行规模，有效发挥其服务“三农”主力军作用。推动徽商银行改革，逐步建立县域支行、徽农支行、徽农金融服务室“三位一体”的农村普惠金融渠道体系。优先支持在贫困地区设立村镇银行、小额贷款公司、融资性担保公司等机构。支持贫困地区培育发展农民资金互助组织，稳步开展农民专业合作社内部信用合作试点，逐步形成功能互补、协调配合、共同参与的金融扶贫开发新格局。

3. 提升农村基础金融服务水平。大力发展县域手机支付服务，推动金融机构在农村地区发展移动金融服务，构建覆盖广大农村和边远地区的支付结算网络。实施基础金融服务“村村通”工程，加快建设惠农金融服务室，不断丰富惠农金融服务室功能，建设集自助银行、反假货币工作站、金融消费维权受理站、金融知识宣传站等功能为一体的便民金融服务中心。

4. 优化金融生态环境。贫困县要率先运用金融生态环境测评结果，从金融外部环境、社会信用环境、金融服务水平、金融生态满意度等方面开展创建工作，为金融支持扶贫开发创造良好的金融环境。大力推进农村信用体系建设，加强农村信用体系建设的成果运用，推动金融机构根据农户信用等级发放小额信用贷款。

5. 开展金融知识宣传。编写金融知识通俗读本，定期组织开展金融政策集中宣讲和“送金融知识进乡村、进社区、进企业、进学校”活动，加强金融知识和政策培训，提高贫困县金融知识普及宣传的针对性与覆盖面。

（五）加大政策支持力度

1. 强化财税政策支持。改革相关资金投入方式，综合运用风险补偿、贷款贴息、保费补贴、税收优惠、奖励补贴等多种手段，引导金融机构加大对贫困地区信贷投入。全面落实农户贷款税收优惠、农村金融机构定向费用补贴、县域金融机构涉农贷款增量奖励和农业保险保费补贴等政策。

2. 加强货币政策支持。人行合肥中心支行合理设置差别准备金动态调整参数，支持贫困县法人金融机构增加信贷投放。对贫困县符合条件的金融机构新发放的支农再贷款，在现有优惠支农再贷款利率的基础上再降低 1 个百分点。加大扶贫再贷款发放力度，实行比支农再贷款更优惠的利率，重点扶持贫困地区发展特色产业和贫困人口就业创业。

3. 实施差异化监管政策。对贫困地区信贷支持力度大、金融服务质量优的银行业金融机构，实施倾斜性监管政策，在监管评级中给予适当加分。优先支持地方法人银行业金融机构发行面向贫困地区的绿色债券、小微企业和涉农债券。推动银行业金融机构建立健全扶贫开发金融业务尽职免责制度，认真落实“三农”、小微企业差别化信贷和不良贷款容忍度政策。

三、保障措施

（一）加强组织领导。建立省级金融扶贫联席会议制度，省政府分管扶贫工作的领导为召集人，省发展改革委、省财政厅、省农委、省人力资源社会保障厅、省扶贫办、省政府金融办、省供销社、人行合肥中心支行、安徽银监局、安徽证监局、安徽保监局和主要涉农金融机构等单位负责人为成员。办公室设在人行合肥中心支行，具体负责日常工作。各市县要建立相应的工作机制。

（二）加强对口帮扶。各级金融机构要加强与扶贫部门联系沟通，支持国家开发银行安徽省分行、农业发展银行安徽省分行、农业银行安徽省分行、邮储银行安徽省分行、省农信社与省扶贫主管部门签订合作协议，明确扶贫开发金融支持的重点领域。鼓励其他银行业金融机构按照金融支持扶贫开发工作重点联系行制度要求，与贫困县区建立对口帮扶与合作机制，加大扶贫开发信贷投入。

（三）加强监测考核。各级人民银行要建立和完善贫困县金融扶贫的统计分析制度，及时了解工作进展和存在的问题，并适时通报。对各级政府推动金融扶贫工作开展考核，将金融扶贫纳入对各市政府目标管理绩效考核。修改完善金融机构支持地方发展经营业绩考核办法，纳入金融机构参与扶贫开发的考核指标，其考核结果作为实施差别准备金动态调整和再贷款（再贴现）政策、银行间市场业务准入管理、在银行间债券市场开展金融产品创新试点、差异化监管及费用补贴的重要依据，促进金融政策在贫困县得到有效贯彻落实。

安徽省人民政府办公厅关于全面推进大众创业万众创新的实施意见

（皖政办〔2016〕6号）

各市、县人民政府，省政府各部门、各直属机构：

为贯彻落实《国务院关于大力推进大众创业万众创新若干政策措施的意见》（国发〔2015〕32号）、《国务院关于加快构建大众创业万众创新支撑平台的指导意见》（国发〔2015〕53号），进一步推进我省大众创业、万众创新，促进全省经济社会持续健康发展，经省政府同意，现提出以下实施意见：

一、总体要求

（一）指导思想。全面贯彻落实党的十八大和十八届三中、四中、五中全会和习近平总书记系列重要讲话精神，按照党中央、国务院的决策部署，加快实施创新驱动发展战略，充分发挥市场在资源配置中的决定性作用和更好发挥政府作用，进一步加大简政放权力度，创新体制机制，优化创新创业环境，积极构建众创、众包、众扶、众筹等支撑平台，深入实施“创业江淮”行动计划，推动创新创业热潮在江淮大地涌动，加快调结构转方式促升级，为打造创新型“三个强省”、建设美好安徽发挥更大作用。

（二）目标任务。到2020年，基本形成创业主体大众化、创业载体多元化、创业服务专业化、创业活动持续化、创业资源开放化的生态体系，力争全省新增注册企业70万家以上，规模以上工业企业突破30000家，规模以上工业企业研发机构覆盖率达到40%，国家级创新平台超过160家，高新技术企业达到5000家。

二、重点工作

（一）激发创新创业活力

1.支持高层次人才创新创业。加快培养集聚一大批高层次创新创业领军人才。支持携带拥有自主知识产权、具有国际先进或国内一流水平科技成果的省内外科技团队在皖开展科技成果转化、产业化，省对符合条件团队分类给予300万元、600万元、1000万元的参股支持。按照有关规定给予高层次人才经费资助、住房补贴、子女就学、配偶就业、参加社会保险等优惠政策。赋予高校、科研院所科技成果使用、处置和收益管理自主权，完善科技人员创业股权激励政策。建立健全科研人员双向流动机制，落实高校、科研院所等事业单位专业技术人员离岗创业政策。

2.鼓励大学生创新创业。建立健全弹性学分制管理办法，支持大中专学生保留学籍休学创新创业。推动实施以大学生为重点的青年创业计划，对高校毕业生初始创办科技型、现代服务型小型微型企业的,给予一次性5000—10000元补助。每年支持新建4—5个青年创业园,培育1万名以上大学生自主创业。

3. 大力开展群众性创新创业活动。每年开展各类农民工职业技能培训100万人次以上。围绕休闲农业、农产品深加工、乡村旅游、农村电子商务等引导开展创业。激发大学生村官创业热情,每年重点扶持100名大学生村官创业,对符合条件的项目给予信用贷款、担保贷款支持,并按规定享受贴息政策,更好示范带动农民增收致富。

4. 打造系列创新创业活动品牌。高规格举办中国(安徽赛区)创新创业大赛、大学生创新创业大赛、青年创新创业大赛、"赢在江淮"创业大赛、工业设计大赛以及全国"双创"活动周活动。省里每年举办一次"创客之星"评选活动,选拔100名"创客之星"进行重点跟踪服务。

(二)夯实创新创业载体

1. 打造一批众创空间。发挥行业领军企业、创业投资机构、社会组织等社会力量的主力军作用,支持构建一批低成本、便利化、全要素、开放式的众创空间。支持众创空间建立"月月有路演,周周有活动"的常态化工作机制,实现创新与创业相结合、线上与线下相结合、孵化与投资相结合。

2. 完善创新创业孵化体系。鼓励开发区、工业园区、产业集群专业镇,充分利用各类科技企业孵化器和加速器、大学科技园、留学人员创业园、小微企业创业基地等现有条件,将孵化业务向前端延伸、向后端扩展,逐步形成"创业苗圃+孵化器+加速器+产业基地"的孵化体系。

3. 建设创新创业示范基地。实施"双创"示范基地三年行动计划,依托战略性新兴产业集聚发展基地、高技术产业基地等各类创新创业资源集聚区域,以城市(区)、高校和科研院所、大中型企业为重点和抓手,建设一批高水平的创新创业示范基地。

(三)拓展创新创业途径

1. 广泛运用应用研发创意众包。鼓励企业与研发机构等通过网络平台将部分设计、研发任务分发和交付,促进成本降低和提质增效。鼓励企业通过网络社区等形式广泛征集用户创意,促进产品规划与市场需求有效对接。鼓励服务外包示范城市、技术先进型服务企业和服务外包重点联系企业积极应用众包模式。

2. 大力实施制造运维众包。支持有能力的大中型制造企业通过互联网众包平台聚集跨区域标准化产能,满足大规模标准化产品订单的制造需求。结合深化国有企业改革,鼓励采用众包模式促进生产方式变革。鼓励中小制造企业通过众包模式构筑产品服务运维体系,提升用户体验,降低运维成本。

3. 鼓励发展生活服务众包。优化传统生活服务行业的组织运营模式,推动交通出行、快件投递、旅游、医疗保健、教育等领域生活服务众包,利用互联网技术高效对接供需信息。发展以社区生活服务业为核心的电子商务服务平台,拓展服务性网络消费领域。

(四)提升创新创业服务

1. 建立政策集中发布平台。加强中小企业公共服务平台建设。深度打造创业服务云平台,将省相关部门创新创业政策统一到平台上,增强创新创业信息透明度。鼓励各市建设集创新政策、行政服务、创业辅导、交流培训、孵化培育、创业融资、知识产权质押、上市辅导等为一体的综合服务平台,通过政府和公益事业机构支持、企业帮扶援助、个人互助互扶等众扶方式,共助小微企业和创业者成长。

2. 推动技术资源开放共享。引导高校、科研院所以及各类重点(工程)实验室、工程(技术)研究中心、企业技术中心、质检中心、分析测试中心等向社会开放服务。鼓励大型科学仪器共享共用,省按出租仪器设备年度收入的20%给予仪器设备管理单位补助,最高不超过500万元;设备租用单位所在市(县)按租用仪器设备年度支出的20%给予租用单位补助,最高不超过200万元。

3. 加强创新创业培训辅导。在高等院校、职业学校、技工院校全面推行创业教育,开设创新课程。完善创业辅导师制度,鼓励拥有丰富经验和创业资源的企业家、天使投资人和专家学者担任创业导师到高校、园区、企业开展培训辅导活动。每年开展创业培训不少于7万人次。支持社会力量举办创业沙龙、创业大讲堂、创业训练营等培训活动,对定点培训机构开展创业意识培训、创办企业培训(改善企业培训)、创业模拟实训的,省分别按照100元/人、1000元/人、1300元/人的标准给予补贴。

4. 大力发展第三方服务。加快发展企业管理、财务咨询、市场营销、人力资源、法律顾问、知识产权、检验检测认证和技术转移等第三方专业化服务,不断丰富和完善创业服务。鼓励有条件的地方采用创新券、创业券等方式为创新创业者提供服务。

（五）促进金融与创新创业结合

1. 壮大创业投资规模。支持各市设立天使投资引导基金或创业投资引导基金，引进一批天使投资人和创业投资机构。成立总规模800—1000亿元的安徽产业发展基金，发起设立若干子基金，形成覆盖企业种子期、初创期、成长期、成熟期等全生命周期的基金集群。

2. 创新金融服务模式。支持金融机构打造创新型互联网金融平台，支持符合条件的企业开展互联网金融业务。积极开展实物众筹，稳步推进股权众筹融资试点。规范发展P2P网络借贷。鼓励银行业金融机构成立科技信贷专营事业部，提供科技融资担保、知识产权质押、股权质押等方式的金融服务。对符合条件的城乡创业者，可在创业地申请最高额度10万元的担保贷款。对向个人发放的创业担保贷款，银行在基础利率基础上上浮3个百分点以内的，由财政给予贴息。扩大"青年之星"信用贷款试点，创新"债股联投"新方式，为创业青年提供融资支持。

3. 强化资本市场服务创新创业。针对主板、中小板、创业板、"新三板"、区域性股权交易市场等不同层次板块的特点和要求，分层次建立企业上市挂牌工作推进机制，加大奖补力度，加快企业上市融资挂牌步伐。拓展安徽省股权托管交易中心市场功能，支持创新产品和业务模式，为中小企业提供展示、上市交易、投融资、孵化等综合金融服务。

4. 完善政策性担保体系。健全省、市、县三级政策性融资担保体系，完善国有资本金持续补充机制，充实市、县符合条件的政策性融资担保机构国有资本金。深入推进"4321"政银担合作试点，积极推动政策性融资担保机构与银行业金融机构体系对接，建立上下贯通的政银担合作机制。

（六）落实财税扶持政策

1. 加大财政资金支持和统筹力度。鼓励各地对众创空间、孵化器、创新创业示范基地的办公用房、用水、用能、网络等软硬件设施给予适当优惠，减轻创业者负担。发挥创新型省份建设专项资金、中小企业发展专项资金、青年创业引导资金的杠杆作用，通过市场机制引导社会资本和金融资本加大中小企业发展支持力度。

2. 落实普惠性税收措施。落实扶持小微企业发展的各项税收优惠政策，实行小微企业税收减免网上报税。企业吸纳失业半年以上人员和高校毕业生、登记失业人员创办个体工商户或个人独资企业的，可依法享受税收减免政策。落实创业投资企业享受投资额的70%抵扣应纳税所得额税收抵免政策。落实高新技术企业职工教育经费税前扣除、企业转增股本分期缴纳个人所得税、股权激励分期缴纳个人所得税等试点政策。落实促进残疾人、退役军人、返乡农民工等创业就业税收政策。

3. 发挥政府采购支持作用。落实促进中小企业发展的政府采购政策，加大对创新产品和服务的采购力度，增强政府采购对创新创业的支持效果。

（七）优化创新创业环境

1. 深化商事制度改革。落实注册资本登记制度改革，放宽新注册企业场所登记条件限制，推动"一址多照""集群注册"等住所（经营场所）登记改革。试行电子商务秘书企业登记注册。积极实施工商营业执照、组织机构代码证和税务登记证"三证合一""一照一码"，落实"先照后证"改革，简化工作流程。

2. 清理规范涉企收费项目。严格按照涉企收费清单收费，不得擅自增设收费项目、扩大收费范围、提高收费标准，不得将取消和暂停的收费转交由下属单位、社会组织继续收费或变相收取，做到"涉企收费进清单、清单之外无收费"。整顿规范行业协会商会收费，各类行业协会商会不得强行要求企业入会、索要会费，不得向企业索要赞助、宣传费等。

3. 维护公平市场秩序。依法反垄断和反不正当竞争，鼓励交易主体依法申报经营者集中反垄断审查。规范企业信息公示，完善企业信用监管体系，将创业主体信用与市场准入、享受优惠政策挂钩，实现企业"一处失信、处处受限"。

4. 建立鼓励创业的保障机制。领取失业保险金期间自主创业的人员，可一次性领取未领的失业保险金、代缴的医疗保险费，创业成功后可领取一次性创业补贴。最低生活保障对象自主创业的，视其生产经营和家庭收入情况，可给予3个月的救助缓退期。新创业失败人员以个人身份续缴社会保险费的，根据其创业纳税情况给予一定的社会保险补贴。

三、保障措施

（一）加强组织领导。建立由省发展改革委牵头的推进大众创业万众创新联席会议制度,加强统筹协调,加大对各地、各部门创新创业工作的指导力度,及时总结推广好的经验做法。

(二)加强责任落实。各地、省有关部门要在系统梳理已出台的支持创新创业发展的各项政策措施基础上,结合实际制定具体实施方案,明确工作目标,落实任务分工,形成推进合力。

(三)加强示范引导。合肥、芜湖、蚌埠等地要积极探索推进大众创新、万众创业的新机制、新政策,不断完善创新创业服务体系,发挥好创新创业引导示范作用。

(四)加强督促检查。建立政策措施落实情况督查督导机制,全力打通决策部署的“最先一公里”和政策落实的“最后一公里”,确保各项政策措施落地生根。

安徽省人民政府办公厅关于进一步加强财政资金管理制度建设的指导意见

(皖政办〔2016〕29号)

各市、县人民政府,省政府各部门、各直属机构:

为深入推进中央巡视组对我省开展巡视“回头看”反馈有关问题的整改,发挥制度建设在财政资金管理中的基础性和支撑性作用,切实把财经纪律挺在前面,增强财政制度刚性,保障财政资金安全,提高财政资金绩效,经省政府同意,现提出如下意见:

一、总体要求

(一)指导思想

贯彻落实党中央、国务院和省委、省政府关于加强财政资金管理的决策部署,遵循财政资金管理制度建设全覆盖的总体要求,突出公示、监督、处理三大重点,填补空白、细化举措、注重公开、压实责任,着力构建全面规范、公开透明的管理机制,不断提高财政资金管理的针对性、操作性和实效性。

(二)基本原则

——坚持问题导向,实行全面覆盖。认真落实省委、省政府推进制度规范全覆盖要求,全面梳理查找财政资金管理存在的薄弱环节,围绕财政资金使用到哪里、制度跟进到哪里,问题出现在哪里、制度完善到哪里,进一步健全覆盖资金使用各流程、环节和层级的制度链条和制度体系。

——坚持改革创新,提高绩效水平。正确处理政府与社会之间关系,围绕制度设计科学性、制度执行绩效性、制度监督约束性,健全资金使用流程管控机制,完善绩效评价管理制度,创新资金投入方式,建立“制度+科技”防控机制,提升财政资金管理制度的有效性。

——坚持立根固本,建立长效机制。围绕全程留痕、全程公示、全程监督,强化制度顶层设计、统筹规划,突出公开透明、动态完善、长效管理,健全设立审批、分配审核、公开公示、监督检查等配套制度和实施细则,提高财政资金管理制度的针对性。

——坚持权责匹配,严格责任追究。围绕过程可倒查、责任可追究,细化量化财政资金监管的责任主体,明晰责任到岗到人,严格考核督查,严格责任追究问责,形成分级管理、分级负责、齐抓共管的工作格局,切实保障财政资金管理各项制度落到实处。

二、加强财政资金制度建设的主要内容

(一)严格财政资金设立审批

1. 严格立项审批。各级要严格控制新设财政专项资金,各部门不得申请设立市场机制能够有效调节的、不属于本部门职责范围的、不属于本级事权或共同事权的专项资金。确需设立的财政专项资金,必须向同级政府或同级政府财政部门申请立项,经同级财政部门审核后报同级政府审批,并列入专项资金清单目录,实行动态管理。

2. 加强立项评审。各级各部门要建立新设财政专项资金立项评审机制,通过第三方评估、预算评审论证等方式科学论证。凡未经评审论证的,新设专项资金立项申请一律不得提交同级政府会议研究,一律不得安排预算资金。

3. 完善评估退出。各级各部门要建立财政专项资金定期评估和动态退出机制,对政策目标完成、巡视巡查发现重大问题、支持方向重合、绩效评价不合格等财政资金,经同级财政部门审核,报同级政府审批后,予以撤销或调整。

(二)严格财政资金分配管理

1. 规范资金分配办法。各级各部门要建立规范化、标准化、透明化的资金分配制度,一般性转移支付原则上采取因素法、公式化分配,专项资金原则上采取因素法分配,确需采取项目法分配的,要积极采取竞争性分配方式，择优确定支持对象。

2. 创新财政投入方式。各级各部门要围绕重点领域，创新 PPP 模式、产业基金、购买服务、风险补偿、保险保费补贴、民办公助、公建民营等投入方式，积极推进先建后补、以奖代补等后补助方式；要制定发挥财政资金杠杆作用考核办法，引导更多社会资本投入。

3. 分项完善管理制度。各级各部门要分项（分类）制定专项资金管理办法，未制定资金管理办法的不得分配资金，逾期未制定的取消对应项目。对多个部门管理、多个渠道安排的项目资金，要制定统一的资金管理办法，实行统一的资金分配方式。对纳入支持贫困县统筹整合使用的财政涉农资金，省、市级有关部门要及时修订完善各项制度，取消限制资金统筹整合使用的相关规定；贫困县要制定统筹整合使用财政涉农资金具体办法，明确部门分工、操作程序、资金用途、监管措施。

（三）严格财政资金审核拨付

1. 建立资金申报身份识别制度。各级各部门要建立“制度 + 科技”的资金申报身份识别制度，凡补助到企业的，一律要求企业提供法人组织机构代码，通过涉企项目资金管理系统申报；凡补助到个人的，一律要求个人提供居民身份证信息，做到发放精准、对象真实、数据可查。

2. 建立资金审核联审机制。各级要落实财政资金部门联审机制，对补助对象需要多部门联合认定的或通过多个部门获得同类补助的，建立相关部门参与的联审会审制度，提高补助对象审核认定的精准度。要建立信息联审机制，综合运用财政涉企项目资金管理系统等信息化手段，对补助对象工商信息、税务信息、外贸信息等进行联审比对，杜绝多头申报、虚假申报、违规申报等现象。

3. 建立申报审核台账。各级各部门要按照申报审核全程留痕的要求，健全项目资金申报审核台账，清晰记录所有流程的审核负责人、经办人的审核意见，申报审核资料原则上长期归档保存，以备核查。

4. 规范财政资金账户管理。严格预算单位账务管理，进一步加强制度建设，堵塞制度漏洞。完善财政资金拨付程序，加快项目资金支出进度。加强银行账户管理，各级行政事业单位开立、变更、撤销银行账户，实行财政审核、备案制度，规范发票使用和现金管理。将“小金库”治理工作纳入财政部门日常监管范围和审计监督范围，坚持常抓不懈，常年接受群众举报，做到有举报必受理，有违纪必查处。压实部门单位主体直接责任，加强相关部门之间相互沟通和协调，实现“小金库”案件核查和处理的有效衔接，探索建立“小金库案件查处信息共享平台”。严格责任追究，对私设“小金库”行为实行“零容忍”。

（四）严格财政资金绩效管理

1. 完善绩效目标管理。建立健全财政项目资金绩效评价指标体系，按照“花钱要有效、无效必问责”原则，项目资金预算编制同步申报绩效目标、同步审核绩效目标、同步批复绩效目标。

2. 完善绩效评价制度。根据“谁用款、谁负责”的原则，推进部门绩效自评全覆盖。完善第三方绩效评价机制，引入社会力量开展绩效评价，分类分项制定财政项目资金绩效评价实施细则，将绩效管理范围覆盖到各级预算单位和所有财政资金。

3. 严格绩效评价结果运用。对资金管理制度不健全、无责任落实机制、无项目资金支出台账、审计反映突出问题的，要根据绩效评价结果，采取暂缓拨付资金、减少预算安排、撤销调整项目、移交纪检监察机关等方式严格处理，促进财政资金高效使用。

（五）严格财政资金公开公示

1. 推进财政资金全程公开。除涉密信息外，财政资金要做到预算、分配、监督全过程公开，各级财政部门要主动公开政府预决算、资金管理办法、资金分配结果、绩效评价办法等信息。主管部门要主动公开部门预决算，逐项公开项目申报指南、项目管理办法、项目分配结果、绩效评价情况等信息。审计、监察部门要依法公开财政资金审计结果、巡视巡查情况等信息。

2. 加强财政资金分级公示。深入推进村级财务公开，所有分配到乡村的财政资金，实行县乡村三级公示制度，同步公开资金制度、分配结果等信息，做到分配到哪里、公开到哪里；贫困县在本地政府门户网站和主要媒体公开统筹使用的涉农资金来源、用途和项目建设等情况，并实施扶贫项目行政村公示制度，接受社会监督。实行“墙上 + 网上”公示管理，财政资金在乡镇服务大厅、村务公示栏等固定场所常态化公示的基础上，同步通过部门网站、政务微博微信等渠道网上公示，原则上不得低于 3 年，方便社会公众查询。

3. 细化财政资金公示内容。对涉农补贴类财政资金,公示补贴种类、补贴标准、补贴依据、补贴对象、补贴金额、监督电话等重要信息;对补助到企业或其他补助到个人的财政资金,每年通过资金申报身份识别系统集中审核后,汇总公示政府补助资金总额、补助项目、补助标准等重要信息;对工程项目类财政资金,公示项目名称、批复文件、建设内容、资金来源、建设地点、受益范围、管护责任等重要信息。

(六)严格政府债务资金管理

1. 规范政府举债融资管理。加快建立以政府债券为主体的举债融资机制,政府债务只能通过政府及其财政部门举借,不得通过企事业单位等举借。严禁市、县(含市、区,下同)政府通过财政违规担保和采取保底承诺、回购安排、明股实债等形式变相举借政府债务,防止 PPP 模式异化走偏造成新的政府债务。

2. 强化限额管理和风险预警管理。各市、县政府债务规模实行限额管理,举债不得突破批准的限额。要严格控制新增债务,高风险地区必须制定中长期债务风险化解规划,积极采取措施,逐步降低风险。要定期向社会公开政府性债务及其资金使用情况,自觉接受社会监督。

3. 完善政府债务监督考核机制。将政府性债务管理纳入政府目标管理绩效考核,纳入对市县和有关部门主要负责人的经济责任审计范围。建立对违法违规融资和违规使用政府性债务资金的惩罚机制,对脱离实际过度举债、违法违规举债或担保、违规使用债务资金、恶意逃废债务等行为,追究相关责任人责任。

(七)严格财政资金监督

1. 加强财政资金全程监督。将所有财政资金全部纳入财政监督和审计监督范围,对重点部门、单位和重大专项资金实行定期轮审制度,实现财政资金立项、审核、分配、使用、绩效情况全程监督。将财政资金管理和使用各个主体纳入财经纪律监察范围,增强财政资金监督威慑效果。实行乡镇财政财务互审全覆盖制度,重点加强征地拆迁补偿款、惠农补贴发放、扶贫资金使用、村级财务监管等互审监督。

2. 强化基层财政资金监管。进一步健全完善财政资金"村财乡管、乡财县管"制度,村级集体所有资金收支账目,由乡镇统一管理,村级开支实行报账制,依法委托乡镇全程监督;乡镇财政资金使用,由县财政统一管理,并动态监控,构建相互制约的有效监督机制。健全乡镇财政内控制度,落实不相容岗位分离、财务会计岗位交流管理,实行村民民主决策,强化财政资金的监督约束。

3. 严格津贴补贴政策执行。开展津贴补贴发放管理专项整治,严格执行中央规范津贴补贴政策,严肃津贴补贴发放纪律,建立健全津贴补贴发放管理长效机制,认真做好规范津贴补贴工作。进一步规范省直机关一次性工作奖励,对现行工作奖励项目进行全面清理规范,进一步压缩奖励项目,规范奖励发放程序,强化财务管理。

4. 建立举报奖励制度。各级政府要创新财政资金监督方式,畅通监督渠道,探索建立举报人奖励制度,鼓励群众对财政资金管理使用的违法违纪行为进行举报,举报属实的,给予一定奖励。

(八)严格财政资金考核问责

1. 压实财政资金管理责任。财政部门和主管部门承担财政资金管理制度建设责任,主管部门承担资金管理制度细化分解责任,财政资金使用部门承担资金管理制度执行落实责任,财政部门和审计部门承担资金管理制度监督责任,监察机关承担资金管理制度执行过程中违规违纪行为的执纪问责责任。对财政资金管理制度执行过程中违规违纪行为,资金使用部门主要领导、分管领导、经办人员依法承担责任。

2. 构建财政资金考核制度。将财政资金制度建设和执行情况纳入各级领导班子和领导干部综合考核评价体系,突出财政资金制度建设和执行责任的考核管理,做到全流程、全层级、全领域考核全覆盖。

3. 加大违法违纪违规问责力度。保持制度执行问责高压态势,对发现的问题特别是私设"小金库"、违规发放津贴补贴,以及民生、扶贫等重点领域违法违纪违规问题,依法依规从严处理。建立专项资金管理领域信用负面清单制度,对骗取套取挪用财政资金等违规使用财政资金的单位和个人,一律追缴违法违规套取的财政资金,并纳入资金审核身份识别系统,以后年度原则上不得再申请相关资金;对违反财政资金管理制度的主管部门,取消相应项目或压减下年度预算。坚持既问责事、又问责人,落实"一岗双责"要求,严格根据《中华人民共和国预算法》《财政违法行为处罚处分条例》等有关规定,依法依规对主要领导、分管领导和具体经办人员分别问责;涉嫌犯罪的,及时移交司法机关处理。

三、强化财政资金制度建设保障措施

(一)强化组织领导。各级各部门要以高度的责任感、紧迫感和改革创新精神,强力推进财政资金制度建设,做到用制度管钱、管人、管事、管权。各级各部门主要负责人要将财政资金制度建设作为当前和今后的重要任务,作为严肃财经纪律、源头预防腐败的主要抓手,切实加强组织领导,有力有序有效推进财政资金制度建设,确保取得实效。

(二)强化协调配合。财政、审计和监察部门要强化统筹协调,合力推进财政资金制度建设。财政部门要加强对制度建设的指导,审计部门要加强对制度执行的审计监督,监察机关要加强对制度执行过程中违纪违规行为的执纪问责,保障财政资金制度建设、制度执行、制度监督规范化、长效化。

(三)强化信息报送。各市、县政府要将财政资金管理制度建设情况,以及本级政府国库库款余额、政府融资举债规模、政府融资成本、财政风险隐患及防范措施等情况,每半年开展1次分析评估,形成材料报上一级政府或相关部门备案。

(四)强化奖优罚劣。建立激励约束机制,对财政资金管理制度缺失、执行不严格导致财政资金管理出现严重问题的市县及省有关部门和单位,相应收回上级安排的有关项目资金;对财政资金管理制度健全、执行到位、资金绩效较优的市县及省有关部门,适当统筹安排奖励资金。

(五)强化细化落实。各市、县政府和省有关部门要根据本意见要求,结合各自工作职责,制定加强财政资金管理的具体实施办法和操作细则,及时清理清除与本意见不相符的制度规定,确保财政资金管理制度有效落实。

安徽省人民政府办公厅关于支持贫困县统筹整合使用财政涉农资金的实施意见

(皖政办〔2016〕31号)

各市、县人民政府,省政府各部门、各直属机构:

为贯彻落实《国务院办公厅关于支持贫困县开展统筹整合使用财政涉农资金试点的实施意见》(国办发〔2016〕22号)和《中共安徽省委安徽省人民政府关于坚决打赢脱贫攻坚战的决定》精神,进一步优化财政涉农资金供给机制,切实提高资金使用效益,保障贫困县集中资源打赢脱贫攻坚战,经省政府同意,现就支持贫困县统筹整合使用财政涉农资金提出以下意见:

一、总体要求

(一)目标任务

全面贯彻落实党的十八大和十八届三中、四中、五中全会精神,深入学习贯彻习近平总书记系列重要讲话特别是视察安徽重要讲话精神,紧紧围绕"五位一体"总体布局和"四个全面"战略布局,牢固树立和贯彻落实创新、协调、绿色、开放、共享的发展理念,坚持精准扶贫、精准脱贫基本方略,改革财政涉农资金管理使用机制,赋予贫困县统筹整合使用财政涉农资金的自主权。支持贫困县围绕突出问题,以摘帽销号为目标,以脱贫成效为导向,以扶贫规划为引领,以重点扶贫项目为平台,统筹整合使用财政涉农资金,激发贫困县内生动力,确保如期完成贫困县摘帽、贫困村出列、贫困人口脱贫的脱贫攻坚任务。

(二)实施原则。

省负总责,强化监督。省扶贫开发领导小组负总责,重点管总量、管任务、管监督,突出抓好上下衔接、组织协调、督促检查等工作。省有关部门主要负责政策制定、资金下达、制度建设和监督考核。

县抓落实,权责匹配。贫困县作为实施主体,根据本地脱贫攻坚规划,统筹整合使用财政涉农资金,并承担资金安全、规范、有效使用的具体责任。有关部门和地方不得限定资金在贫困县的具体用途,干扰统筹整合使用资金的,要严肃追究责任。

渠道不变,充分授权。对纳入统筹整合使用范围的财政涉农资金,省、市有关部门仍按照原渠道下达,资金项目审批权限完全下放到贫困县。

精准发力,注重实效。贫困县财政涉农资金统筹整合使用要与脱贫成效紧密挂钩,精确瞄准建档立卡贫困人口,着力增强贫困人口自我发展能力,改善贫困人口生产生活条件。

二、实施区域

国家、省扶贫开发工作重点县以及大别山片区县共31个县(市、区)全部纳入实施范围。鼓励支持其他有脱贫攻坚任务的县(市、区)参照本意见实施涉农资金整合。

三、整合范围

统筹整合使用的资金范围是各级财政安排用于农业生产发展和农村基础设施建设等方面资金。

中央层面主要有:财政专项扶贫资金、农田水利设施建设和水土保持补助资金、现代农业生产发展资金、农业技术推广与服务补助资金、林业补助资金、农业综合开发补助资金、农村综合改革转移支付、新增建设用地土地有偿使用费安排的高标准基本农田建设补助资金、农村环境连片整治示范资金、车辆购置税收入补助地方用于一般公路建设项目资金(支持农村公路部分)、农村危房改造补助资金、中央专项彩票公益金支持扶贫资金、产粮大县奖励资金、生猪(牛羊)调出大县奖励资金(省级统筹部分)、农业资源及生态保护补助资金(对农民的直接补贴除外)、服务业发展专项资金(支持新农村现代流通服务网络工程部分)、江河湖库水系综合整治资金、全国山洪灾害防治经费、旅游发展基金,以及中央预算内投资用于"三农"建设部分(不包括重大引调水工程、重点水源工程、江河湖泊治理骨干重大工程、跨界河流开发治理工程、新建大型灌区、大中型灌区续建配套和节水改造、大中型病险水库水闸除险加固、生态建设方面的支出)。

省级层面主要有:省财政安排的专项扶贫资金、农田水利设施建设补助资金、农业综合发展资金、农业生产发展资金、林业改革发展资金、水利发展资金、农村综合改革补助资金、农村危房改造补助资金、彩票公益金市县分成、旅游公共服务设施绩效奖补资金、省服务业发展引导资金(支持新农村现代流通服务网络工程部分)、新增粮食生产能力规划省级配套资金(含农业产业化)、农村道路畅通工程资金(不含地方债分配资金)、环境保护及生态治理奖补资金、新增建设用地土地有偿使用费安排的高标准基本农田建设补助资金、城乡社区建设省级奖补资金、流通业发展专项资金、农业综合开发补助资金、一事一议财政奖补资金以及省财政预算内投资用于"三农"建设部分(不包括重大引调水工程、重点水源工程、江河湖泊治理骨干重大工程、跨界河流开发治理工程、新建大型灌区、大中型灌区续建配套和节水改造、大中型病险水库水闸除险加固、生态建设方面的支出)。

各级财政安排的教育、医疗、卫生等社会事业方面资金,要结合脱贫攻坚任务和贫困人口变化情况,完善资金安排使用机制,精准有效使用资金。各市、县(市、区)要结合本地实际,明确本级财政安排的涉农资金中可统筹整合使用的资金范围,进一步加大统筹整合力度。

四、工作措施

(一)制定规划。贫困县要坚持目标导向和问题导向,编制好本地脱贫攻坚规划,做好与省级脱贫攻坚规划、各部门专项规划的衔接,以规划引领投入,凝聚扶贫合力。

(二)建立任务清单。贫困县要依据本地脱贫攻坚规划,充分发挥贴近脱贫攻坚一线、管理信息充分的优势,区分轻重缓急,围绕农业生产发展、农村基础设施、农村社会事业等方向,建立脱贫攻坚项目任务清单,确定好重点扶贫项目和年度建设任务,认真组织落实。在选择扶贫项目时,要充分尊重贫困群众的意愿,推广群众民主议事决策机制,优先安排贫困人口参与积极性高、意愿强烈的扶贫项目,有条件的可吸收贫困村、贫困户代表参与项目评选和建设管理。

(三)建立资金整合清单。贫困县要建立资金整合清单,资金统筹整合使用要与脱贫任务挂钩,按照脱贫效益最大化原则配置资源,加快相关涉农资金安排进度,项目成熟一个资金到位一个,年度计划的建设任务应在接到上级转移支付后一年内完成,确保不出现资金滞留问题。

(四)制定绩效清单。贫困县要将脱贫成效作为衡量资金统筹整合使用成果的主要标准,明确项目安排和资金使用的绩效目标,制定资金整合绩效清单,做到项目、资金、绩效有机统一,协调推进。

(五)创新方式。要积极探索开展产业扶贫、资产收益扶贫等机制创新,借鉴易地扶贫搬迁筹资模式,通过政府和社会资本合作、政府购买服务、贷款贴息、设立产业发展基金等有效方式,发挥财政资金引导作用和杠杆作用,撬动更多金融资本、社会帮扶资金参与脱贫攻坚。

(六)报审备案。贫困县要制定统筹整合使用财政涉农资金具体办法,明确部门分工、操作程序、资金用途、监管措施。对统筹整合使用的资金,提出包括主要目标和具体建设任务在内的资金统筹整合使用方案。上述“一办法、一方案、三清单”经县级扶贫开发领导小组审议，报县（市、区）委常委会审定后，报省扶贫开发领导小组备案。相关资金按上述办法调整用途，各部门应予以认可，并将其作为加强指导、监督问责的重要依据。

五、工作要求

（一）加大投入力度。省、市财政分配一般性转移支付，充分考虑建档立卡贫困人口因素，加大对贫困县的支持力度。省级、贫困县及所在设区市按照当年地方财政收入增量的20%以上增列专项扶贫资金预算；其他有脱贫任务的市、县（市、区）按照当年地方财政收入增量的10%以上增列专项扶贫资金预算。省、市财政要在切实增加扶贫投入基础上，进一步向贫困县倾斜，将脱贫攻坚作为资金分配的重要因素。部门安排的涉农项目资金，在符合规定的前提下，优先投向贫困地区和贫困人口，投向贫困地区和贫困人口原则上不低于40%。市、县两级政府清理收回的财政存量资金中可统筹使用部分，要确保50%以上比例用于脱贫攻坚。

（二）加快预算执行。进一步加快转移支付预算下达进度，提高提前下达转移支付预计数比例，按因素法分配且金额相对固定的转移支付提前下达的预计数比例要达到90%，其他专项转移支付提前下达的预计数原则上不能低于上年度执行数的70%，便于地方统筹编制预算。省级对地方一般性转移支付在省人大批准预算后30日内正式下达，专项转移支付在60日内正式下达。市级政府接到上级转移支付后，对需要下达县级政府的转移支付，应在30日内正式下达。

（三）健全完善制度。省、市有关部门要及时修订完善各项制度，取消限制资金统筹整合使用的相关规定。清理整合目标接近、资金投入方向类同、资金管理方式相近的专项转移支付，推进部门内部资金统筹整合使用。

（四）强化指导督查。省、市有关部门结合各自政策目标和工作任务，支持贫困县统筹整合使用财政涉农资金，协调帮助贫困县解决统筹整合中遇到的实际困难和问题，加强业务指导、跟踪服务和绩效监督。

六、组织保障

（一）建立沟通协调机制。在各级扶贫开发领导小组的统一领导下，建立有关部门广泛参与的工作协调机制，确定部门职责分工，研究纳入统筹整合使用的具体资金范围，明确对贫困地区、贫困人口倾斜支持政策，取消限制资金统筹整合使用管理要求，定期或不定期召开会议交流情况，解决工作中遇到的实际问题。

（二）加强规划有效衔接。各级发展改革、扶贫部门要科学编制脱贫攻坚规划，各有关部门要按照脱贫攻坚要求及时调整完善相关专项规划，实现脱贫攻坚规划与部门专项规划的有效衔接，保障按计划完成脱贫任务。部门专项规划与脱贫攻坚规划不一致的，应当区分具体情况研究处理，原则上以脱贫攻坚规划为准。

（三）全面推行公开公示。各有关部门应将涉农资金政策文件、管理制度、资金分配、工作进度等信息及时向社会公开。贫困县要在本地政府门户网站和主要媒体公开统筹整合使用的涉农资金来源、用途和项目建设等情况，并实施扶贫项目行政村公示制度，接受社会监督。

（四）实行严格监督评价。市、县政府要把纳入统筹整合范围的财政涉农资金作为监管重点，贫困县对财政涉农资金管理监督负首要责任，贫困村第一书记、驻村工作队、村委会要深度参与涉农资金和项目的管理监督。各级审计、财政等部门要加大对贫困县的审计和监督检查力度，并对贫困县监管职责落实情况进行跟踪问效，对地方探索实践资金统筹整合使用、提高资金使用效益给予大力支持。探索引入第三方独立监督，引导贫困人口主动参与，构建多元化资金监管机制。各级扶贫、财政、发展改革部门要加强对资金统筹整合使用的绩效评价，并将其纳入扶贫开发工作成效考核，评价、考核结果以本级扶贫开发领导小组名义通报。对试点工作成效好、资金使用效益高的地方，在分配财政专项扶贫资金时给予倾斜和奖励；对不作为、乱作为等行为，严肃追究相关人员责任。

省人大重要财经文献

在省十二届人大七次会议闭幕会上的讲话

李锦斌

各位代表,同志们:

省十二届人大七次会议,在全体代表的共同努力下,顺利完成了各项议程,即将胜利闭幕。这是一次凝聚人心、鼓舞士气的大会,是一次求真务实、团结奋进的大会。会议取得丰硕成果,开得圆满成功。

会议期间,来自全省各条战线的代表牢固树立“四个意识”特别是核心意识、看齐意识,依法履行各项职责,共商安徽发展大计,体现了强烈的大局意识和法治观念,展现了履职为民的责任情怀和砥砺奋进的精神风貌。会议审议通过的省政府工作报告和其他各项报告,全面贯彻习近平总书记系列重要讲话特别是视察安徽重要讲话精神,认真落实省第十次党代会和省委十届二次全会部署要求,凝聚了全体代表的智慧,反映了全省人民的意愿,是做好我省当前和今后一个时期工作的重要指导性文件。会议坚持党的领导、充分发扬民主、严格依法办事,顺利完成了各项选举任务,实现了中央及省委的人事安排意图,展现了安徽山清水秀的良好政治生态。大会的圆满成功,必将进一步动员和激励7000万江淮儿女,更加紧密地团结在以习近平同志为核心的党中央周围,更加坚定地朝着决战决胜全面小康、建设五大发展美好安徽阔步前进。

各位代表,同志们!大会选举我为省人大常委会主任,这是各位代表和全省人民的信任。我深感责任重大、使命光荣,决心在以习近平同志为核心的党中央坚强领导下,以忠诚看齐为先,以担当尽责为本,以干事创业为要,以造福一方为责,尊崇宪法、恪尽职守,勤勉敬业、廉洁奉公,展示新作为、创造新业绩,决不辜负全省人民的重托。

由于达到任职年龄界限,胡连松同志提出辞去省人大常委会副主任职务;还有部分同志因年龄和工作变动的原因,去年以来先后辞去了省人大常委会委员职务,体现了坚定的政治品格、大局意识和组织观念。多年来,这些同志认真履职,勤奋工作,为推进我省人大工作和民主法治建设、促进全省经济社会又好又快发展作出了重要贡献。让我们以热烈的掌声,向他们致以衷心感谢和崇高敬意!

各位代表,同志们!回首过去的一年,我们充满收获的喜悦和胜利的豪情,特别是去年4月,习近平总书记亲临安徽视察,明确提出“一大目标、五大任务”,给我们指明了前进方向,给全省人民以巨大力量。我们铭记关怀、牢记重托、聚力奋进,抢抓新机遇,应对新挑战,全面夺取了防汛抗洪抢险救灾的决定性胜利,圆满完成了全年目标任务,主要指标增幅好于预期、领先中部、快于全国,实现了“十三五”良好开局。

展望新的一年，我们满怀昂扬的斗志和必胜的信心，这次大会全面部署了今年经济社会发展主要工作，吹响了决战决胜全面小康的进军号。军令如山，战鼓催人。我们要认真贯彻落实以习近平同志为核心的党中央各项决策部署，统筹推进“五位一体”总体布局和协调推进“四个全面”战略布局，撸起袖子加油干，苦干实干加巧干，确保本次大会确定的目标任务落地生根、开花结果，加快建设向总书记绝对看齐、让党中央绝对放心的五大发展美好安徽。

加快建设五大发展美好安徽，必须深入学讲话、坚定讲看齐。看齐是重大的政治原则，是我们党的力量所在、优势所在，是中国特色社会主义事业从胜利走向胜利的根本保证。要坚决筑牢信仰之魂，深入学习习近平总书记系列重要讲话特别是视察安徽重要讲话精神，全面贯彻党中央治国理政的新理念新思想新战略，深学细悟、融会贯通，不忘初心、继续前进。要坚决维护领导核心，坚定“讲看齐、重担当、作表率”，在政治定力、担当精神、工作方法、敬业精神上向习近平总书记看齐，坚决做到向习近平总书记看齐必须纯粹、对党忠诚必须纯粹、贯彻落实中央决策部署必须纯粹、为党和人民事业担当必须纯粹、做党和人民放心干净的好干部必须纯粹。要坚决确保政令畅通，一切以大局为重，始终把安徽的工作放在大局中来思考和谋划，尤其要把中央要求与安徽实际紧密结合，多谋落实的硬招实招，细化配套的措施办法，切实把中央决策部署转化为促进安徽改革发展稳定的工作思路、方法举措和实际成果。

加快建设五大发展美好安徽，必须贯彻新理念、稳中求发展。新发展理念是引领发展实践、开创美好未来的一面旗帜。当前，安徽已经站在新的历史发展起点上，我们要坚持以新发展理念统领发展全局，坚持稳中求进工作总基调，以提高发展质量和效益为中心，以供给侧结构性改革为主线，以实施五大发展行动计划为总抓手，促进经济保持中高速增长、迈向中高端水平。要扎实推进创新驱动发展，聚焦全面创新改革试验，推动合芜蚌示范创新，高质量建设合肥综合性国家科学中心，大力推进量子信息国家实验室创建和江淮大众新能源汽车合作项目两个“一号工程”，聚力打造创新创业人才高地，塑造更多依靠创新驱动、发挥先发优势的引领型发展。要扎实推进供给侧结构性改革，深入推进“三去一降一补”，统筹推进“三重一创”建设，抓好战略性新兴产业基地、产业专项、产业工程，推进传统产业改造升级、现代服务业集聚发展和现代农业建设，大力振兴实体经济，促进新旧发展动能接续转换，加快构建创新型现代产业体系。要扎实推进城乡区域协调发展，统筹抓好“一圈一带三区”建设，稳步开展新型城镇化试点省建设，大力推进“四化”同步发展，全面推进美丽乡村和特色小镇建设，加快形成竞相发展、多级支撑的发展新格局。要扎实推进生态文明建设，着力实施“三河一湖一园一区”生态文明示范创建工程，全力打好大气、水、土壤污染防治三大战役，使良好生态环境成为人民生活的增长点、展现安徽形象的发力点，让江淮大地天更蓝、地更绿、水更清。

加快建设五大发展美好安徽，必须勇于促改革、深化大开放。改革创新是安徽最为宝贵、最具优势的遗传基因，我们要始终秉承、大力弘扬，坚持不懈向创新要动力、向改革要红利、向开放要后劲。要以自我革命的勇气解放思想，坚持小创新小发展、大创新大发展、不创新难发展的思想理念，坚决破除一切妨碍发展的思想桎梏和观念羁绊，尤其要牢记习近平总书记的厚望，树立弯道超车、敢于领跑的雄心壮志，强化创先争优、脱颖而出的进取精神，登高望远、勇闯新路，真正以理念上的先人一步，实现发展上的高人一筹。要以一往无前的魄力深化改革，大力弘扬敢为人先的“大包干”精神，持续抓好医药卫生体制、司法体制等国家级改革试点，大力推动行政管理体制、国资国企、财税金融、农村综合改革等重点领域和关键环节改革攻坚，确保每年都有新突破、每年都有新成果。要以海纳百川的胸襟扩大开放，全面融入国家“三大战略”，加强与“一带一路”沿线国家交流合作，深化长三角一体化发展，加强我省与沪苏浙联动、省内其他城市与合肥联动、各城市之间联动，复制推广上海自贸区改革试点经验，加快大通道大平台大通关建设，力争把我省打造成“一带一路”的重要枢纽、长江经济带的重要战略支撑、长三角新发展的重要增长极，真正建成内陆开放的新高地。

加快建设五大发展美好安徽，必须全力惠民生、切实保稳定。人民立场是马克思主义政党的根本政治立场，人民利益是我们一切工作的根本出发点和落脚点。要始终坚持以人民为中心的发展思想，始终把人民放在心中脑中，怀着强烈的忧民、爱民、为民、惠民之心,切实增进人民群众的获得感。要聚力打好脱贫攻坚战,按照“坚决贯彻精准扶贫精准脱贫基本方略,确保五年如期完成脱贫攻坚任务”的总体目标,坚持“六看六确保”和“四个严”的基本要求,实施“四项清单”工作机制,深入推进“脱贫攻坚十大工程”,努力做到精准扶贫、监测评估、防范返贫、责任落实全覆盖,确保完成今年脱贫90万人以上、贫困村出列1000个以上、力争2个县脱贫摘帽的年度任务,决不让一个贫困地区、一个贫困群众在全面小康路上掉队。要聚力守住民生保障线,深入实施33项民生工程,统筹抓好就业、教育、医疗、住房、社会保障等民生工作,集中力量做好普惠性、基础性、兜底性民生建设,不断提高基本公共服务供给能力,让人民群众生活得更安心、更省心、更舒心。要聚力筑牢公共安全网,推进法治安徽、平安安徽建设,积极构建全方位、立体化、信息化的社会治安防控体系,完善矛盾纠纷排查化解机制,严密防范和依法打击各类违法犯罪行为,深入开展安全生产“铸安行动”,确保社会大局和谐稳定、人民群众安居乐业。

加快建设五大发展美好安徽,必须纵深抓党建、提振精气神。认真贯彻党的十八届六中全会精神,坚持把抓好党建作为最大政绩,坚决履行管党治党责任,全面加强和规范党内政治生活,切实强化党内监督,推动管党治党走向严实硬。要坚定不移抓班子、带队伍,坚持党管干部原则,坚持好干部标准,加强干部培养、教育、管理和监督,真正让忠诚干净担当、为民务实清廉、奋发有为、锐意改革、实绩突出的干部得到褒奖和重用,努力造就一支具有铁一般信仰、铁一般信念、铁一般纪律、铁一般担当的干部队伍。要坚定不移强基层、夯基础,牢固树立大抓基层的鲜明导向,扎实推进农村、城市社区、机关、企事业单位、非公有制经济和社会组织等领域党建工作,充分发挥基层党组织的战斗堡垒作用和党员先锋模范作用。要坚定不移反腐败、倡清廉,严格执行中央八项规定精神和省“30条”,认真落实党风廉政建设“两个责任”和领导干部“一岗双责”,充分发挥巡视利剑作用,坚持无禁区、全覆盖、零容忍,坚持有腐必反、有贪必肃,坚决打赢反腐败这场正义之战。要坚定不移重担当、正风气,积极推进政治文化建设,大力倡导和弘扬忠诚老实、光明坦荡、公道正派、实事求是、艰苦奋斗、清正廉洁等价值观,尤其要按照习近平总书记“三个区分开来”的要求,加强正向激励,推进能上能下,旗帜鲜明为敢于担当的干部担当、为敢于负责的干部负责,最大限度保护和调动广大党员干部干事创业的积极性、主动性、创造性。

各位代表,同志们!人民代表大会制度是中国特色社会主义制度的重要组成部分,是支撑国家治理体系和治理能力的根本政治制度。我们要坚定不移走中国特色社会主义政治发展道路,毫不动摇地坚持、维护和完善人民代表大会制度,切实把党的领导贯穿于依法履职全过程、落实到人大工作各方面,确保人大工作始终沿着正确方向发展。全省各级人大及其常委会要主动适应改革发展的新实践新要求,积极探索依法履职的新思路新举措,充分发挥地方国家权力机关的重要作用,使人大工作更好地体现时代性、把握规律性、富于创造性。

人大代表来自人民、植根人民、服务人民,在推进改革发展和民主法治建设中肩负着特殊重要的使命。希望全体代表倍加珍惜党和人民的信任,忠实代表人民的利益和意志,依法执行代表职务,带头学习宣传和贯彻落实本次大会精神,进一步团结和动员广大人民群众,把大会确定的各项目标任务落到实处,让改革发展成果惠及更多群众,让人民生活更加幸福美满。

各位代表,同志们!习近平总书记在今年的新年贺词中指出“天上不会掉馅饼,努力奋斗才能梦想成真”。让我们更加紧密地团结在以习近平同志为核心的党中央周围,高举中国特色社会主义伟大旗帜,以忠诚看齐的政治担当,以“三严三实”的优良作风,以敢于斗争的拼搏精神,把建设五大发展美好安徽的宏伟事业不断推向前进,以更加优异的成绩迎接党的十九大胜利召开!

2017年安徽省政府工作报告

——2017年1月16日在安徽省第十二届人民代表大会第七次会议上

李国英

各位代表:

现在,我代表省人民政府,向大会报告政府工作,请予审议,并请省政协委员和其他列席人员提出意见。

一、“十三五”实现良好开局

过去的一年，是安徽发展进程中具有重要里程碑意义的一年。习近平总书记亲临视察发表重要讲话，指明了安徽在新的历史起点上开创发展新局面的前进方向。全省人民认真学习贯彻习近平总书记系列重要讲话特别是视察安徽重要讲话精神，在党中央、国务院及中共安徽省委的坚强领导下，攻坚克难，开拓奋进，较好完成省十二届人大六次会议确定的目标任务，保持了经济平稳健康较快发展和社会和谐稳定。

——经济运行稳中向好。全省生产总值24117.9亿元、增长8.7%。规模以上工业增加值突破万亿元、增长8.8%。粮食产量683.5亿斤，实现“十三连丰”。固定资产投资增长11.7%，社会消费品零售总额增长12.3%。财政收入增长9%，规模以上工业企业利润增长15%。

——科技创新成果显著。合肥综合性国家科学中心获国家批复，成为全国科技创新战略布局的重大平台。世界首颗量子科学实验卫星“墨子号”由中国科技大学主导研制成功，世界首条量子保密通信网络“京沪干线”合肥—上海段顺利开通，世界最薄0.15毫米信息显示触控玻璃实现量产。

——结构调整取得积极进展。高新技术产业、装备制造业增加值分别增长16.7%和12.9%，服务业增加值占生产总值比重由39.1%提高到41%。大众创业、万众创新蓬勃发展，新登记注册企业19.4万户、增长30%。单位生产总值能耗下降5%以上，PM2.5年均浓度下降3.4%，节能减排任务全面完成。

——基础设施建设实现重大突破。引江济淮工程开工建设，贯通江淮的梦想照进现实。合肥地铁1号线开通运营，开启了安徽地铁时代。郑徐客专安徽段、望东长江公路大桥等重大项目建成运营，新改建农村公路畅通工程3.5万公里。

——脱贫攻坚首战告捷。103万贫困人口脱贫，1077个贫困村出列，超额完成年度目标任务。

——防汛抗洪抢险救灾全面胜利。成功抗击长江流域仅次于1954年的大洪水，灾后修复和水利薄弱环节建设全面展开，3.18万水毁住房群众全部搬进新居。

——人民生活持续改善。城镇、农村常住居民人均可支配收入分别达29156元和11720元，增长8.2%和8.3%。城镇新增就业66.8万人、登记失业率3.2%。建成各类保障性安居工程30.2万套，又解决312.7万农村人口饮水安全问题，社会保障体系进一步完善。

一年来，主要做了以下工作：

（一）全面推进“三去一降一补”，供给侧结构性改革取得初步成效。完成煤炭967万吨、生铁和粗钢505万吨化解过剩产能任务，妥善安置职工3.8万人。商品住房去化周期由12个月降至8个月，棚户区改造货币化安置率56.5%。有效管控企业杠杆率，全年直接融资4386.2亿元、增长47.2%，新增上市公司5家、新三板挂牌企业140家。开展降低实体经济企业成本行动，全年减免税费702.4亿元。加大基础设施、公共服务等领域补短板力度，深入实施项目建设“四督四保”，新开工亿元以上重点项目2205个、建成1529个。

（二）深入实施创新驱动发展战略，调结构转方式促升级步伐加快。系统推进全面创新改革试验，启动建设合芜蚌国家自主创新示范区，大力推进“调转促”行动计划和“三重一创”建设。新增授权发明专利1.53万件、增长36.8%。新增1个国家级工程实验室、5个国家地方联合工程研究中心（工程实验室）、5家国家企业技术中心。扶持高层次科技人才团队32个，培养高技能人才10.8万人，实施引智项目260项。启动第二批10个战略性新兴产业集聚发展基地和首批7个重大工程、重大专项建设，战略性新兴产业产值增长16.4%。扎实推进现代农业建设，农产品加工业总产值增长6.6%。推动服务业提速提质，启动建设“电商安徽”，限额以上网上商品零售额增长68.4%，旅游总收入增长19.8%。加强城市规划建设管理，建成城市绿道1189公里，超额完成地下综合管廊建设任务。深入推进美丽乡村建设，5个镇入选首批中国特色小镇。加强生态建设和重点领域环境污染整治，全面完成千万亩森林增长工程。

（三）深化改革扩大开放，市场活力和社会创造力进一步增强。深入实施“放管服”改革，建立“3+2”清单制度管理体系，在全国率先推行公共服务清单和行政权力中介服务清单，建成全省统一的电子政务平台。深化商事制度改革，发放“五证合一、一照一码”营业执照19.2万户。营改增试点、资源税改革全面推开。建工集团整体上市、铜陵有色股份公司员工持股计划获准实施。首家民营银行获批筹建。农村土地承包经营权确权登记颁证基本完成,首批13个村“三变”改革试点扎实推进,80个村集体资产股份合作制改革试点任务顺利完成。

大力推进对外开放。皖江8市纳入长三角世界级城市群,郑蒲港区扩大开放通过国家验收,马鞍山综保区、合肥空港保税物流中心、中德(芜湖)中小企业合作区获国家批准建设。江淮汽车与德国大众汽车合作取得重要进展。中国国际徽商大会成功举办。全年实际利用外商直接投资147.7亿美元、增长8.4%。外事、侨务、对台、港澳工作取得新成绩。

(四)贯彻精准扶贫精准脱贫方略,脱贫攻坚年度战役打出了气势和成效。建立脱贫攻坚政策体系,全面实施脱贫攻坚十大工程。突出产业脱贫,发展特色种养业贫困村1073个,建成村、户光伏电站72808个,启动省级乡村旅游扶贫重点村建设。加强就业脱贫,帮扶30万以上贫困劳动力实现就业。启动易地扶贫搬迁,完成2.8万贫困人口搬迁任务。推进智力扶贫,贫困地区农村学生通过专项计划进入重点高校6561人、增长16.7%,对4.6万贫困家庭普通高中生免除学杂费。完成贫困户危房改造10.6万户。推进健康脱贫,制定“两降四提一兜底”政策,在全国率先设定贫困人口医疗费用“351”兜底保障线,将89种重大疾病和慢性病纳入保障范围。

(五)切实加强社会建设,保障改善民生取得新进展。实施积极的就业政策,帮助6.3万就业困难人员再就业,高校毕业生总体就业率达96.2%。新建、改扩建公办幼儿园457所,完成1007所义务教育学校标准化建设,教育信息化水平进一步提升。建立机关事业单位工作人员养老保险制度,调整提高企业和机关事业单位退休人员基本养老金,城乡低保人均月保障标准分别增长8.5%和17.5%。深入推进综合医改,加强医疗、医保、医药“三医”联动,基本医保、大病保险、医疗救助实现全覆盖。实施全面两孩政策,人口自然增长率8.5‰。文化惠民工程提质升级,文化创意等产业加快发展,文化企业实力进一步增强。社会文明程度持续提升,入列“中国好人榜”总数连续9年居全国首位。我省运动员在奥运会上取得1金2铜佳绩。哲学社会科学、参事文史、档案、地方志工作继续加强,民族宗教、妇女儿童、老龄、残疾人、红十字等事业进一步发展,援藏援疆、气象、地震等工作取得新成绩。

(六)加强和创新社会治理,社会大局和谐稳定。推进社区管理体制改革,新建1675个农村社区“一站式”服务大厅,城市社区公共服务信息平台实现全覆盖。深化安全生产“铸安”行动,事故总量下降7.2%。强化食品药品安全监管体系和能力建设,风险分级监督管理全面推行。推进信访法治化,信访总量继续下降。加强社会治安防控,人民群众安全感持续提升。

推动军民深度融合发展,全民国防教育、国防动员、人民防空和双拥优抚安置工作进一步加强。在抗击特大洪涝灾害中,驻皖部队广大官兵不畏艰险、冲锋在前,为保障人民群众生命安全、维护改革发展稳定大局作出了重大贡献。

政府建设全面加强。我们扎实开展“两学一做”学习教育,积极开展“讲看齐、见行动”学习讨论,确保各项事业沿着党中央确定的正确方向前进。坚持依法履职,自觉接受人大监督,依法执行人大决议决定,主动接受政协民主监督,提请省人大常委会审议地方性法规10件,制定、修改政府规章8件,完成重大事项合法性审查1160件,办理省人大代表建议826件,办理省政协委员提案1011件。加强党风廉政建设,强化行政监察和审计监督,认真落实巡视反馈问题整改,努力营造风清气正、干事创业的良好环境。

各位代表!

过去的一年,经济下行压力较大,各种风险因素较多,取得这样的成绩来之不易。这是全省人民以习近平总书记系列重要讲话特别是视察安徽重要讲话精神为指引,把握发展新常态、践行发展新理念的结果;是持续加强改革创新,坚持不懈调结构转方式促升级的结果;是全省各级各方面注重实干、狠抓落实的结果。在此,我代表省人民政府,向全省人民,向各民主党派、各人民团体和各界人士,向驻皖解放军指战员、武警官兵和政法公安干警,向关心、支持安徽发展的中央各部门、兄弟省市区和海内外友好人士,表示衷心的感谢!

在肯定成绩的同时,我们清醒看到,我省发展还存在不少困难和问题。发展不足、发展不优、发展不平衡的问题仍较突出,城乡区域发展差距较为明显;产能过剩和需求结构升级矛盾突出,低端过剩和中高端短缺并存;实体经济困难依然较多,企业生产经营成本较高,民间投资和制造业投资增幅回落较多;

基础设施建设相对滞后;教育、就业、医疗、养老等领域的供需矛盾依然存在;脱贫攻坚任务艰巨;政府工作效能有待进一步提升,刀刃向内的改革有待加力,政策落实"最后一公里"还不够畅通;少数干部不敢为、不想为、不会为的现象不同程度存在;党风廉政建设和反腐败斗争形势依然严峻复杂,等等。我们要增强忧患意识,坚持问题导向,下更大力气解决这些问题,决不辜负人民的期待!

二、用新发展理念统领发展全局

当前,我省正处于决战决胜全面小康、加快建设五大发展美好安徽的关键时期。我们要认真贯彻中央精神,按照省第十次党代会的决策部署,全面实施五大发展行动计划,努力实现更高质量、更有效率、更加公平、更可持续的发展。

纵观发展大势,建设五大发展的美好安徽其时已至、其势已成。全球新技术革命和产业变革加速孕育,我国经济发展新常态特征更加明显,安徽仍处于大有可为的重要战略机遇期。经过多年发展和积累,我省综合实力明显提升,推动绿色发展、低碳发展有基础,推动深化改革、内陆开放有闯劲,实施创新驱动、产业升级有优势。"一带一路"和长江经济带战略深入实施,创新驱动和制造强国战略强力推进,有利于安徽更好发挥区位优势、人力资源优势、科教优势和改革创新优势,打造新动能、发展新经济前景广阔。我们要抓住历史机遇,担当历史使命,坚定地在践行新发展理念中闯出新路,奋力在全国发展方阵中走在前列。

*(一)下好创新"先手棋",着力塑造更多依靠创新驱动的引领型发展。*建设美好安徽,必须坚持发展为上,坚持把创新摆在发展全局的核心位置。以系统推进全面创新改革试验和合芜蚌自主创新示范区建设为载体,全面推进科技创新、产业创新、企业创新、产品创新、市场创新,加快建设创新型经济强省、文化强省、生态强省。

——加快推进综合性国家科学中心和产业创新中心建设。着力提升基础创新能力,加快建设一流大科学工程和设施集群、一流高水平大学和科研机构,打造创新体系基础平台。着力提升产业创新能力,加快建设一流成果转化体系、一流企业创新主体,打造科技成果转化为现实生产力的重要策源地。

——大力推进新兴产业重大基地、重大工程、重大专项和创新型现代产业体系建设。立足当前、谋划中期、布局长远,梯次展开"三重一创"建设,发展一批产业创新引领基地和龙头型创新型企业,建成一批在国内外有重要影响力的千亿级战略性新兴产业集聚发展基地。

——系统推进技术、平台、金融、政策四大创新支撑体系建设。围绕重大技术研发转化、创新资源捕捉寻找、创新成果路演展示、创新主体向往汇聚,构建技术创新支撑体系。聚焦科技成果孵化、产业化加速、产业集群发展,构建全链条跟进的创新平台支撑体系。注重股权融资、债权融资全面跟进,天使投资、风险投资、产业基金有效对接,构建全生命周期的创新金融支撑体系。完善产学研结合机制,增强人才、技术、项目吸引力,构建全要素服务的创新政策支撑体系,大力弘扬崇尚创新、宽容失败、鼓励探索的文化,让各类主体创新愉快。

*(二)增强发展协调性,着力构建城乡区域一体发展新体系。*全面落实国家长江三角洲城市群发展规划和促进中部地区崛起"十三五"规划,积极推动省内各区域发挥优势、竞相发展。

——加强与沪苏浙等高对接,提升区域发展能级。立足互通、互容、互惠,全面融入长三角一体化发展和世界级城市群建设,加强科技创新协同和产业分工合作,构建一体化综合交通网络,推进要素市场体系、基本公共服务体系和生态环境治理体系共建共享,畅通发展路径,集聚发展动能,提升发展水平。

——加强区域板块整体联动,形成多极支撑格局。推动合肥都市圈扩容升级,创建国家级合肥滨湖新区,打造具有较强影响力的国际化都市圈。实施皖江示范区展期规划,健全拥江发展、两岸联动机制,加快建设具有国际竞争力的先进制造业和现代服务业基地。深化和落实支持皖北发展政策,推进淮河生态经济带建设,实施新一轮南北结对帮扶和园区合作共建,加快建设"四化"协调先行区。高水平建设皖南国际文化旅游示范区,加快建成美丽中国先行区、世界一流旅游目的地和中国优秀传统文化传承创新区。推动大别山革命老区振兴发展,持续强化产业支撑力、基础设施承载力和民生保障力,加快构建特色生态经济示范区和红色旅游胜地。实施资源型城市转型发展工程,加强采煤沉陷区治理,支持发展替代产业。完善区域合作和统筹协调机制,加快形成核心引领、板块联动、多点支撑的发展新格局。

——加强新型工农城乡关系建设,打牢平衡发展根基。坚持以工促农、以城带乡、工农互惠、城乡一体,统筹新型城镇化和美丽乡村建设,增强中心城市带动力和县域经济发展水平。大力发展现代农业,积极拓展多功能大循环农业,推动一二三产融合发展。

——加强现代基础设施体系建设,强化加快发展支撑。全面推进铁路、公路、航道、航空、水利、电网、油气管线、信息网络、商务平台建设,着力打造现代综合交通运输体系、能源体系、水利保障体系、网络信息体系和物流体系,加快补齐基础设施短板,助推安徽发展环境持续改善,发展能力显著提升。

(三)提高绿色竞争力,着力打造生态文明建设的安徽样板。立足于把生态优势转化为竞争优势,构建绿色生态网络,壮大绿色经济规模,推行绿色生产生活方式,建设绿色江淮美好家园,让安徽青山常在、绿水常流、空气常新!

——打造生态优先、绿色发展的空间样板。以"三河一湖一园一区"生态文明示范创建为引领,筑牢生态安全屏障,统筹生态廊道构建、绿色产业发展、绿色村镇建设,优化生产、生活、生态空间布局,全面展示山水人文共生、生态绿色共享的美好安徽。

——打造资源节约、环境友好的产业样板。构建绿色工业、绿色建筑和生态农业体系,发展安全稳定清洁的现代能源体系,加快形成科技含量高、资源消耗低、环境污染少的产业结构,让生态优势真正成为安徽发展的核心竞争力。

——打造源头严控、全程严管的制度样板。加强依法治理,健全大气、水、土壤污染防治措施,严格执行生态环境损害责任追究制度。探索源头保护制度,建立环境治理和保护市场化机制,以及重要区域生态保护补偿机制,让尊重自然、呵护生态成为全省人民的自觉追求。

(四)打造开放新高地,着力形成双向互动、内外联动的全面开放格局。积极融入国家"三大战略",坚持进口和出口并重、引资和引技引智并重,全面提升"引进来"和"走出去"水平。

——以创建自由贸易试验区为牵引,建设开放大平台。加快推进自由贸易试验区创建,统筹推进各类口岸和海关特殊监管区建设,高水平建设中外、异地合作产业园,积极打造具有国际影响力的展会品牌,让国际国内资源更多向安徽集聚,安徽经济深度融入国际国内两大市场。

——以打造综合交通枢纽为依托,构建开放大通道。加强重要节点工程和连接通道建设,提升高速公路和高铁全国枢纽地位。推进皖江和淮河港口群建设,打造多式联运体系和江海联运枢纽中心。积极培育航空市场,加快发展国际货运班列。大力发展枢纽经济、口岸经济。

——以构建开放型经济新体制为重点,优化开放大环境。深化投资管理和外贸体制改革,积极推行外商投资负面清单制度,全面实施"单一窗口"和通关一体化,加快形成法治化、国际化、便利化的营商环境。

(五)扩大共享新成果,着力建设人民幸福社会和谐的美好家园。让人民过上幸福美满的生活,是发展的出发点和落脚点。践行以人民为中心的发展思想,常怀民生之忧,善谋民生之策,多兴民生之利,不断增进人民群众获得感。

——坚持民生为本,持续扩大公共服务供给。开拓富民之源,持续增加城乡居民收入,努力使增速高于全国平均水平。筑牢民生之基,完善公共就业创业服务体系,优先发展教育,推进健康安徽建设,扩大公共文化服务供给,构建更公平、全覆盖、可持续的社会保障制度。兜牢民生之底,加大城乡低保、特困人员救助力度,完善社会救助制度,构建社会托底保障体系。

——坚持脱贫为先,坚决打赢脱贫攻坚战。聚焦大别山区和皖北地区主战场,坚持"六看六确保""四个严"基本要求,实施"四个清单"工作机制,深入推进脱贫攻坚十大工程,努力做到精准扶贫、监测评估、防范返贫、责任落实全覆盖,扶真贫、真扶贫、真脱贫,确保全面小康路上不落一人。

——坚持平安为基,大力加强平安安徽建设。坚持预防为先、防控结合,完善公共安全防控体系,构建风险查找、研判、预警、防范、处置和责任落实机制,全面加强社会治安、生产安全、食品药品安全、信息网络安全和生态安全建设,让安徽社会安定、人民安康!

三、扎实做好2017年重点工作

今年是党的十九大召开之年,是实施"十三五"规划的重要一年,也是供给侧结构性改革的深化之年。我们要全面贯彻党的十八大和十八届三中、四中、五中、六中全会精神，深入贯彻习近平总书记系列重要讲话特别是视察安徽重要讲话精神，坚持稳中求进工作总基调，牢固树立和贯彻落实新发展理念，适应把握引领经济发展新常态，以提高发展质量和效益为中心，以推进供给侧结构性改革为主线，以实施五大发展行动计划为总抓手，全面做好稳增长、促改革、调结构、惠民生、防风险各项工作，保持经济平稳健康较快发展和社会和谐稳定。

经济社会发展的主要预期目标是：全省生产总值增长8.5%左右，财政收入增长9%，固定资产投资增长11.5%，社会消费品零售总额增长12%，外贸进出口总额增长高于全国平均水平，城镇常住居民人均可支配收入增长与经济增长同步，农村常住居民人均可支配收入增长9%，居民消费价格涨幅3%左右，城镇新增就业60万人、登记失业率控制在4.5%以内，节能减排完成年度目标任务。

（一）深入推进供给侧结构性改革，促进经济平稳健康较快发展

以“三去一降一补”五大任务为抓手，坚持向振兴实体经济发力、聚力，推动供给侧结构性改革取得新进展，增强经济增长动力和活力。

坚决去产能，推动传统行业脱困升级。完成煤炭、钢铁行业化解过剩产能年度任务，防止已化解的过剩产能死灰复燃。妥善做好人员分流安置，确保分得出、安得好、稳得住。加强融资支持，有序推进产权、股权交易，妥善处置企业债务。强化市企协调，加快“三供一业”分离移交，支持企业脱困发展、转型升级。

加快去库存，促进房地产市场平稳健康发展。坚持分类调控、因城施策，加快三四线城市商品住房去库存，采取有效办法消化商业房地产库存。把去库存与新型城镇化建设结合起来，落实进城落户农民住房保障政策，推进棚改货币化安置和公租房货币化保障。加强住房市场监管和整顿，规范开发、销售、中介等行为，坚决控房价、防泡沫、防风险，引导房地产回归居住功能。

大力去杠杆，确保经济稳健运行。进一步降低企业杠杆率，支持企业市场化、法治化债转股。加大股权融资力度，扩大政策性融资担保企业受益面。规范政府举债行为，加强金融监管，规范发展互联网金融，确保不发生系统性区域性金融风险。

继续降成本，增强实体经济企业发展活力。加大减税降费力度，扩大小额票据贴现规模和直供电交易覆盖范围。降低制度性交易成本，减少审批环节，削减中介评估项目和费用，进一步清理行政事业性收费、政府性基金。完善劳动力市场和物流体系，降低人工、物流等要素成本。

聚焦补短板，培育经济发展后劲。持续增加有效投入，扩大制造业投资，遏制“脱实向虚”苗头。加大创新能力、产业发展、基础设施、公共服务、生态环境等领域补短板力度，强化项目带动，推进“四督四保”，实施一批“十三五”规划确定的重大项目。全年新开工亿元以上重点项目1600个以上、建成600个以上，实施亿元以上技改项目1000项、完成投资6600亿元。

（二）持续加强创新驱动产业升级，大力振兴实体经济

全面展开创新支撑体系建设。建设一批重大创新工程：推进科技创新“一号工程”——量子信息国家实验室创建，启动建设量子信息与量子科技创新研究院；规划建设环巢湖科技创新走廊；建设安徽创新馆，打造面向全球的创新成果路演中心。建设一批创新平台：加快实施北航合肥科学城、中科大先研院二期等项目，支持创建轨道交通轮轴、工业机器人、人工智能等领域研发机构，培育小微企业创业基地30个。发展一批支持创新的金融服务产品：启动建设综合性科技创新金融服务平台，加快建立科技银行和科技保险、科技担保、科技融资租赁公司，争取投贷联动试点，推行“产业＋基金”模式，突出发展面向种子期、初创期企业的天使投资。推出一批支持创新的政策成果：改革完善省级财政科研项目资金管理，建立健全省级编制周转池管理制度，鼓励高校院所科研人员创新创业和自由流动；实施股权和分红激励政策，科技成果转化收益用于有重要贡献人员和团队的比例不低于70%；完善人才评价机制，推进高层次科技人才团队扶持计划，营造关爱人才的良好环境。

实施“三重一创”建设工程。加强24个战略性新兴产业集聚发展基地建设，抓好研发平台建设和产业链配套，实现产业基金支持全覆盖。加强对首批7个重大工程、重大专项的政策支持，突破关键技术瓶颈，加快产业化进程。实施先进制造业发展“一号工程”，推动江淮大众新能源汽车合作项目落地。实施航空产业园建设工程，扶持一批通用航空整机

及关键零部件制造企业。加大重大装备首台套推广应用支持力度,将新材料、关键零部件纳入首批次应用保险保费补偿范围。实施100项省科技重大专项项目,新培育高新技术企业500家。

大力推动传统制造业转型升级。加快建设制造强省,全面实施《中国制造2025安徽篇》,积极发展高端制造、智能制造、绿色制造、精品制造、服务型制造,加快运用新技术新业态新模式改造提升传统产业。深入开展"互联网+"制造行动,积极创建智能制造示范区,建设100个数字化车间和智能工厂。支持制造业绿色改造,大力发展绿色金融,培育一批绿色产品、工厂、园区和供应链。加快建设技工大省,实施"江淮工匠2020计划",开展面向农民工、高校毕业生、企业职工、退役士兵等群体的技能培训,建设一批公共实训中心和职业技能培训基地。

加快发展现代服务业。发挥新消费引领作用,深入开展"十大扩消费行动"。加快传统商圈提档升级,推动实体零售创新转型。加强电商核心竞争力建设,发展线上线下相结合的新业态,推进"电子商务进农村"全覆盖。支持有条件地区建设大健康产业基地,加快发展医疗服务、健康养老、健身休闲等产业。大力发展现代物流、文化创意、检验检测、工业设计等生产性服务业。加强现代服务业集聚区和示范园区功能建设,打造服务业特色小镇和商业特色街区。深化统计管理体制改革,加强新产业、新业态、新商业模式统计。

实施质量品牌升级工程。推进质量安徽建设,广泛开展"增品种、提品质、创品牌"专项行动,积极创建全国知名品牌示范区,支持企业主导质量标准制订,扩大高质量产品和服务供给。

强力推动旅游业大发展。实施旅游强省"五个一批"建设工程,构建具有国际水准的精品景区和精品线路。推进黄山、池州、宣城国家全域旅游示范区创建,建设红色教育培训基地和经典景区。全面完善旅游产品、基础设施和营销体系,加强新业态培育和多业态融合发展,加快把旅游业打造成支柱产业和重要增长极。

(三)加快发展现代农业,推动农业提质增效农民持续增收

大力推进农业供给侧结构性改革,优化农业产业体系、生产体系、经营体系,推动农业向提质增效、可持续发展转变。

增加绿色优质农产品供给。坚持藏粮于地、藏粮于技,大力创新和推广农业科技,加强农田水利建设和中低产田改造,建设一批生态高标准农田。推进化肥减量提效、农药减量控害,开展农产品质量安全可追溯试点。深入实施"放心粮油"工程。加大"三品一标"农产品补助,增加"绿色皖农"品牌。提升畜牧业发展质量,积极发展草食畜牧业。加快建设跨区域农产品冷链物流体系。新增休闲农业与乡村旅游示范县3个、示范点20个。

强力推动农业产业化大提升。主攻粮食和畜产品加工转化,加快振兴食品工业。完善支持农业产业化发展政策,设立农业产业化发展基金,重点扶持龙头企业和优质项目、优势基地。集中开展农业产业化品牌创建。大力发展农产品加工流通和农业社会化服务,积极发展连接农户与龙头企业的服务组织,培育壮大现代农业产业化联合体。加快培育新型职业农民。

深化农村综合改革。稳妥推进农村土地制度改革,巩固扩大农村土地确权登记颁证成果,实施农村土地所有权、承包权、经营权分置改革,开展农村承包土地经营权和农民住房财产权抵押贷款等改革试点。以赋予农民更多财产权利、增加财产性收入为目标,深入推进农村集体资产股份合作制改革和资源变资产、资金变股金、农民变股东改革试点。全面推开农业"三项补贴"改革。完成第三次全国农业普查。深化供销社体制改革,完成国有林场改革,推进农垦改革发展。

(四)大力推进城乡区域协调发展,开拓发展更大空间

深化新型城镇化试点省建设。落实非户籍人口在城市落户方案,建立城镇建设用地增加规模与吸纳农业转移人口落户数量挂钩机制,完善进城落户农民"三权"维护和自愿有偿退出办法。加强城市空间规划管控,全面推进市县"多规合一"。强化城市设计和特色塑造,开展永久性城市绿带试点,有序推进老城区更新改造和功能恢复。加强地下管网地理信息系统和安全运行监测系统建设,开工建设地下综合管廊100公里以上。深化城市管理体制改革,完成市、县政府城市管理领域的机构综合设置,建成县(市)数字化城市管理平台。

实施县域经济振兴发展工程。落实和完善促进县域经济发展政策,支持县域特色经济、配套经济发

展,推动县域产业融入中心城市产业链和创新体系。加快县域开发区转型升级和产业集群专业镇建设,新建一批农民工返乡创业园,鼓励和吸引农民工返乡创业兴业。提升城镇规划建设管理水平,培育一批现代中小城市。开展534个乡镇政府驻地建成区整治和670个中心村建设。推动中心城市教育、医疗等优质资源下沉,提升县域基本公共服务水平。

推进基础设施建设。编制2017—2021年现代基础设施体系建设规划,建立支持政策和保障机制体系。加快省际、城市间道路互联互通建设,开工建设芜黄等高速公路,建成芜湖长江公路二桥,新增高速公路130公里、一级公路300公里,新改建普通国省干线公路3000公里,建成农村道路畅通工程2.1万公里。建成庐铜铁路、淮北—萧县北客车联络线,新增铁路123公里。加快商合杭、合安、郑阜等高铁项目进度,开工建设安九高铁,加快合宿新、池黄、昌景黄高铁和合六、淮宿蚌阜亳、合巢马城际铁路前期工作。开工建设芜宣机场,推进蚌埠、亳州、宿州、滁州、金寨等机场和黄山机场迁建前期工作。加快淮河干流和重要支流航道建设,加强港口建设统一规划和管理。全面推进引江济淮工程建设。完成灾后水利工程水毁修复,加快水利薄弱环节建设性治理,基本完成114个中小河流治理项目,开工建设8座重点易涝区排涝泵站,续建环巢湖防洪治理等重大工程,实施城市排水防涝三年行动。推进坚强智能电网建设,新增新能源和可再生能源发电装机200万千瓦。加快合肥—六安成品油管道、宣城—黄山天然气干线等管网建设。推进"宽带安徽"建设,新建移动通信基站2万个,行政村光纤通达率达到95%以上。

(五)切实加强环境综合治理,进一步提升生态质量

加强大气、水、土壤污染防治。深入开展工业废气、挥发性有机物、城市扬尘、机动车尾气专项整治和燃煤锅炉改造,推进重点行业脱硫脱硝除尘设施建设和运行,PM2.5达到国家考核要求。实施巢湖、淮河等重点流域水污染防治专项规划,加快整治城市黑臭水体,完成新安江流域城镇生活污水处理设施提标改造,加强饮用水水源环境保护。推进土壤污染治理与修复试点示范,加强重金属污染综合防治。推进垃圾分类处理。健全环保监管体系,全面推行"河长制",探索建立企业环境行为信用评价与信贷联动机制,在火电、造纸等行业推动排污许可改革。

加大生态建设和农村环境保护力度。推进生态修复,深入开展生态市和生态县创建。深化环境综合整治,扩大"三线三边"治理成果。加强农业面源污染防治,推进畜禽养殖废弃物处理和资源化。推进耕地数量、质量、生态"三位一体"保护。实施林业增绿增效行动,完成造林120万亩。

推动资源节约循环高效利用。全面落实能耗、水资源消耗、建设用地总量和强度双控目标。开展煤电节能减排升级改造计划。推进水资源管理体制改革,严格实行用水定额管理。优化用地结构和布局,推进闲置低效和批而未供土地处置工作。加强各类资源节约集约利用,提高资源配置效率和产出率。

强力推动秸秆综合利用产业化。立足于实现改善环境和农民增收双赢,加快秸秆综合利用步伐,积极引进秸秆综合利用先进技术和成熟项目,打造以秸秆为原料的现代环保产业,培育一批龙头企业,建设一批示范园区。

(六)继续深化关键性改革,激发经济社会发展活力

深化"放管服"改革。完善权责清单制度,全面推行公共服务清单和行政权力中介服务清单。持续深化商事制度改革,扩大"证照合一"覆盖面。加强事中事后监管,实现"双随机、一公开"监管全覆盖。试行企业投资项目管理负面清单制度,修订政府核准的投资项目目录。大力推行"互联网+政务服务",加快形成投资项目在线审批监管平台。实行"一号申请、一窗受理、一网通办",开展"减证便民"专项行动,全面清理各种证明和手续,最大程度方便群众和企业。

深化财税体制改革。落实省以下财政事权和支出责任划分改革。加大财政支出优化整合力度,改变财政支出项目只增不减格局,下放财政转移支付项目审批权,逐步将竞争性领域专项资金转化为股权投资基金。加强政府债务管理,实现年度存量到期政府债务置换全覆盖。推进国税、地税征管体制改革,落实营改增试点政策。

深化金融体制改革。加快发展普惠金融,加大对中小微企业和"三农"的支持。积极发展民营银行,推进省农村信用联社体制机制改革,完善政策性

融资担保风险控制与补偿机制。增加公司信用类债券品种和规模,壮大多层次资本市场"安徽板块"。促进保险资金支小支农、服务创新和参与基础设施建设。

深化国资国企改革。以混合所有制改革为重要突破口,推动省属企业市场化兼并重组、整体上市或核心业务资产上市。组建省属企业改革发展基金、股权投资基金。健全现代企业制度,完善企业法人治理结构,推进员工持股、职业经理人制度、规范董事会、中长期激励等试点。开展国有资本投资、运营公司试点,优化国有资本监管方式。

大力发展民营经济。全面落实支持民营经济发展各项政策,放宽放活非公有制经济市场准入,鼓励民营企业参与国有企业改革,鼓励国有企业投资项目引进民间资本。大力促进民间投资企稳回升,在生态环保、市政、交通、医疗、养老、教育等领域,再推出一批政府和社会资本合作项目。保护企业家精神,稳定企业家信心,构建"亲""清"新型政商关系,加强对各种所有制组织和自然人财产权保护,让企业家专注创业、安心创业、愉快创业。

(七)全面扩大双向开放,不断提升开放型经济水平

促进对外贸易回稳向好。实行更加积极的外贸促进政策,扩大汽车、装备制造、电子信息等商品出口,增加先进技术设备和关键零部件进口,加强核心关键技术引进吸收。积极承接加工贸易产业转移,推动加工贸易向海关特殊监管区集聚。推进外贸综合服务平台建设,建立品牌设计、营销和推广中心,培育一批跨境电子商务产业园、公共海外仓和产品展示中心。支持条件成熟的外贸大县(市)设立通关监管中心。

加强招商引资和对外投资。鼓励各地在法定权限范围内完善招商引资优惠政策,鼓励外资以特许经营方式参与基础设施建设,支持外资企业在国内上市和发债融资。办好第十届中博会,创新中国国际徽商大会模式,打造有重要影响力的展会平台。积极引进中高端产业和知名跨国公司,加强与央企、全国知名民企合作,推进中德、中新苏滁等合作产业园建设。积极扩大对外投资,完善"走出去"政策和信息服务体系,加强国际产能和装备制造合作,积极发展境外经贸合作区。

积极争创自由贸易试验区。依托皖江示范区和合芜蚌自主创新示范区,以综合保税区为主体,以贸易自由化、投资便利化为目标,积极推进自贸区创建。加快电子口岸公共平台建设,拓展综合保税区、保税物流中心等海关特殊监管区功能。筹建六安海关。复制一批自贸区改革试点新经验,推进负面清单以外领域外商投资企业设立及变更审批等改革,加快构建开放型经济发展新体制。

(八)着力强化机制保障,高标准推进脱贫攻坚年度任务

完成脱贫90万人以上、贫困村出列1000个以上,力争2个县脱贫摘帽。

构建精准扶贫保障机制。完善"四个清单",坚持因村因户施策,落实精准帮扶措施。加大产业扶贫力度,新增特色种养业贫困村260个,新建光伏电站村级1000个、户用5万户,推进333个省级乡村旅游扶贫重点村建设。增强贫困村内生动力,大力发展"龙头企业+合作社+贫困户"生产经营模式。实施3万以上贫困人口易地扶贫搬迁。实现贫困家庭"雨露计划"和建档立卡贫困户学生资助全覆盖。落实农村低保标准和扶贫标准"两线合一",严格执行贫困人口"三保障一兜底"综合医保政策。

构建监测评估保障机制。坚持"六看六确保",健全督查巡查和暗访制度。严格落实脱贫攻坚第三方监测评估办法,对年度拟出列的贫困村、脱贫的贫困户和贫困人口实行监测评估全覆盖。

构建防范返贫保障机制。建立运行返贫预警机制,加强返贫信息管理,通过调查、评议、审核、认定等途径确认返贫户,并及时衔接帮扶机制。对已脱贫的县、村、户,一定时期内继续保留原有扶贫政策,为贫困户量身定制保险产品,打牢稳定脱贫基础。

构建责任落实保障机制。完善各级党委、政府及部门脱贫攻坚责任体系,健全"单位包村、干部包户"和驻村扶贫工作队管理制度,建立严格的考核和问责机制,形成责任链闭环运行。推进"千企帮千村"精准扶贫行动,深入开展扶贫日活动和扶贫志愿者行动,凝聚脱贫攻坚强大合力。

(九)全面发展社会事业,织密扎牢民生保障网

大力发展更加公平更高质量的教育。实施第三期学前教育行动计划。继续改善薄弱学校办学条件,深入推进教育信息化试点省建设,力争全省所有县(市、区)全部通过义务教育均衡发展国家认定。加强乡村教师队伍建设。推进普通高中课程和考试

评价制度改革。支持现代职业教育产教融合、特色办学。加快中德教育合作示范基地建设。实施一流学科专业和高水平大学建设五年行动计划。推进终身教育体系建设和老年教育事业发展。办好民族教育、特殊教育。支持、规范民办教育发展。

加强就业创业和社会保障工作。落实和完善就业援助措施,帮助失业和就业困难人员就业,确保零就业家庭动态“清零”。深入推进“创业江淮”行动计划,建设创业服务云平台,实施大学生就业创业促进计划。构建和谐劳动关系,保障农民工工资按时足额支付。实施社会保障全覆盖工程,深入推进机关事业单位工作人员养老保险制度改革,整合城乡居民基本医疗保险制度,推进工伤保险省级统筹,完善以城乡最低生活保障和特困人员供养为重点的社会救助制度。大力发展医养结合,推进社区居家养老服务中心建设,加快构建多层次高质量养老服务体系。新增保障性安居工程33.2万套,基本建成19.8万套,完成10万户农村危房改造。

深入推进健康安徽建设。深化医药卫生体制综合改革,全面推进县域医共体建设和家庭医生签约服务,促进分级诊疗,加强基层医疗卫生机构服务能力建设,开展公立医院薪酬绩效考核,提高医保筹资标准和保障水平,完善药品集中采购和分类采购,加强药品供应保障。实施中医药名医、名科、名院、名药工程。倡导健康生活方式,开展健康社区、村镇、单位、家庭创建活动。改革完善计划生育服务管理,加强妇产科、儿科建设。落实全民健身国家战略,完善全民健身设施网络。

繁荣发展文化事业。培育和践行社会主义核心价值观,加强社会公德、职业道德、家庭美德和个人品德建设,深入推进精神文明创建。加快推进社会诚信建设。加强文化惠民,推进广播电视村村通向户户通升级,推进县域公共图书服务一体化,深化“书香安徽”阅读活动,加快省文化馆、省科技馆建设,培育一批文化小镇、街区。加强文化遗产保护利用,完成可移动文物普查,举办第三届中国非遗传统技艺大展。推动文化产业创新发展,实施传统工艺振兴计划、新闻出版广播影视精品工程、文学原创和舞台艺术创作工程,推进传统媒体与新兴媒体深度融合发展。繁荣发展哲学社会科学,加强参事文史、地方志和档案工作。

巩固提升民生工程。投入940.2亿元,继续实施33项民生工程,其中新增健康脱贫兜底“351”及建档立卡贫困患者慢性病费用补充医疗保障“180”、贫困地区农村义务教育学生营养改善、医疗卫生人才能力提升、技工大省技能培训等重点民生工程。民生工程涉及群众最关心最直接最现实的利益,我们要坚持建管并重,健全长效机制,让全省人民有更多获得感。

(十)深入推进平安安徽建设,促进社会和谐稳定

推进公共安全体系建设。持续开展“守护平安”系列行动,完善立体化、信息化社会治安防控体系,推进公共安全视频监控系统建设,依法严厉打击各类违法犯罪行为,深入开展防范打击非法集资、电信网络诈骗犯罪专项行动。加强互联网安全管理,构建和谐文明网络空间。深入实施食品药品风险分级监督管理,深化食品药品安全示范城市和食品安全示范县创建。加强气象、水文、地质、地震等事业,健全综合防灾减灾体系,提高应急处置能力。

筑牢安全生产防线。严格落实安全生产责任制,以中小企业和高危行业企业为重点,推动各类企业建立健全安全管理体系。深化“铸安”行动,加强重点行业领域安全专项治理,全面排查和整治各类事故隐患。完成安庆油气管廊迁建工程。加强安全监管执法,依法严惩非法违法企业和行为。强化安全生产基础,建立运行风险分级管控和隐患排查治理双重预防机制,构建互联互通的安全生产信息化平台。

加强和创新社会治理。深化社区管理体制改革,探索实行县(市、区)直接服务和管理社区。推进社会服务管理网格化、信息化,创新流动人口和特殊人群服务管理。建立直接登记和双重管理相结合的社会组织登记管理制度。落实“七五”普法规划,加强法治教育,扩大法律援助。深化信访工作制度改革,实施化解信访积案专项工程。推动民族团结进步事业创新发展,依法加强宗教事务管理。做好援藏援疆工作。切实维护妇女、儿童权益,加强对农村留守儿童、老人的关爱服务。加强残疾人民生和权益保障,大力发展社会福利和公益慈善事业。

推动军民深度融合发展,健全组织领导和统筹协调机构,完善需求对接和管理机制,在军民融合产业发展、基础设施共建共用、科技协同创新、联合应急救援等方面拓展融合广度和深度。积极配合完成跨军地的国防和军队改革任务,加强新形势下全民

国防教育、人民防空和双拥优抚安置工作,进一步巩固和促进军政军民团结。

四、努力提升政府工作效能和水平

实施五大发展行动计划,落实今年目标任务,是对政府工作的一场严考。我们要牢固树立"四个意识",坚决维护党中央权威,坚定不移向习近平总书记看齐,惟行惟勤、实干兴皖,努力向全省人民交上一份合格答卷。

强化法治思维,切实做到依法行政。严格依照法定权限和程序履行职责,自觉运用法治思维和法治方式推动工作。在县级以上党政机关普遍设立法律顾问、公职律师。完善政府立法机制,推进重大事项合法性审查机制全覆盖。深化行政执法体制改革,健全行政处罚裁量基准动态调整机制,推进相对集中行政许可权试点、相对集中行政处罚权和综合执法。自觉接受人大法律监督、工作监督和政协民主监督,认真办理人大代表建议和政协委员提案,广泛听取民主党派、工商联、无党派人士意见,充分发挥工会、共青团、妇联等人民团体重要作用,主动接受社会和舆论监督,让权力在阳光下运行。

强化使命担当,切实做到奋发有为。安徽要发展,安徽必须发展,安徽也一定能够发展。我们要牢记使命,担当重责,把全部精力凝聚到建设五大发展美好安徽的宏伟事业。坚持与时俱进,积极适应把握经济发展新常态,加强新理论、新知识学习,打造高素质公务员队伍,增强适应新形势新任务的信心和能力。坚持攻坚克难,强化问题意识和底线思维,直面解决改革发展稳定中的深层次矛盾,妥善应对各种风险和挑战。坚持凝心聚力,建立健全正向激励和容错纠错机制,完善政绩考核评价体系,严格落实"三个区分开来",为敢闯敢试者撑腰,为创新创业者鼓劲,让广大干部愿干事、敢干事、能干事、干成事。

强化廉政建设,切实做到风清气正。严格落实全面从严治党主体责任,巩固"两学一做"学习教育成果,持续提升政府系统从严管党治党水平。认真履行党风廉政建设责任制,驰而不息纠正"四风",严查侵害群众利益的不正之风和腐败问题。大力倡俭治奢,压缩一般性支出,做到"三公"经费只减不增。全面加强反腐倡廉制度建设,健全廉政风险防控机制,推进审计监督全覆盖,严防权力失控、决策失误、行为失范,着力营造风清气正的政治生态和良好氛围。

强化工作落实,切实做到务实高效。坚持把抓落实作为政府工作的生命线,坚决贯彻党中央、国务院及省委决策部署,确保政令畅通、令行禁止。加强调查研究,多渠道了解群众需求和经济社会发展中的新情况新问题,使制定的政策更加符合实际、符合群众意愿。创新工作方式,全面加强政务公开,推进实体政务大厅与网上服务平台融合,加快打造面向公众、开放共享的一体化网上政务服务平台。建立抓落实的制度链条,健全分工协作、督查评估、考核问责等机制。鼓励各地从实际出发干事创业,形成竞相发展的生动局面。

各位代表!

实干托起梦想,奋斗铸就辉煌。让我们紧密团结在以习近平同志为核心的党中央周围,在中共安徽省委的坚强领导下,凝心聚力,奋发图强,加快建设创新协调绿色开放共享的美好安徽,以优异成绩迎接党的十九大胜利召开!

关于安徽省2015年决算的报告

——2016年7月27日在安徽省第十二届人民代表大会常务委员会第三十一次会议上

省财政厅厅长　罗建国

安徽省人民代表大会常务委员会:

省十二届人大六次会议审查批准了《关于安徽省2015年预算执行情况和2016年预算草案的报告》。现在,2015年安徽省决算已汇编完成。根据《预算法》等法律法规和省人大常委会安排,受省人民政府委托,我向省十二届人大常委会第三十一次会议报告2015年全省决算情况,请予审议。

2015年,在省委、省政府的正确领导和省人大的依法监督下,全省各级各部门,深入贯彻落实党的十八大和十八届三中、四中、五中全会精神,坚持稳中求进的工作总基调,大力推进"调转促"行动计划,统筹稳增长、促改革、调结构、惠民生、防风险,促进了经济社会持续健康发展,较好完成省十二届人大四次会议确定的目标任务,全省决算情况较好。

一、2015年预算收支决算情况

(一)一般公共预算收支决算情况

2015年,全省财政收入完成4012亿元,为年初汇编预算数的101.5%，比上年(下同)增长9.5%。其中：地方一般公共预算收入完成2454亿元，为预算的104.4%，增长10.6%。加中央补助收入2485亿元，债务等收入1510亿元，预算总收入6449亿元。

2015年，全省一般公共预算支出完成5239亿元，增长12.3%。加债务还本等支出1111亿元，支出合计6350亿元。收支相抵，年终结余99亿元。

2015年，省级地方一般公共预算收入完成249亿元，增长8.3%。加中央补助收入2485亿元，债务等收入1249亿元，省级预算总收入3983亿元。

2015年，省级一般公共预算支出完成672亿元，增长6.7%。加补助市县支出2163亿元，债务还本等支出1107亿元，支出合计3942亿元。收支相抵，年终结余41亿元。

2015年税收返还和转移支付决算情况具体如下：

2015年，中央对我省税收返还174亿元，省对下税收返还83亿元，与上年基本持平。

2015年，中央对我省转移支付2311亿元，增加168亿元，增长7.8%。其中，一般性转移支付1422亿元，增加82亿元，增长6.1%；专项转移支付889亿元，增加86亿元，增长10.7%。

2015年，省对市县转移支付2080亿元，增加216亿元，增长11.6%。其中，一般性转移支付1186亿元，增加140亿元，增长13.4%；专项转移支付894亿元，增加76亿元，增长9.3%。

2015年省级一般公共预算平衡情况

单位：亿元

	收入		支出
调入预算稳定调节基金、上年结余等收入	263	安排预算稳定调节基金、上解中央等支出	189
债务收入	986	债务还本及债券转贷	959
中央补助收入	2485	补助市县	2163
省级收入	249	省级支出	672

上述收支决算数，与今年2月份向省人代会报告的2015年预算执行数相比，全省地方一般公共预算收支基本没有变化，全省一般公共预算总收支由5633亿元增加到6449亿元，主要是根据财政部要求，将置换债券纳入决算范围。

(二)政府性基金收支决算情况

2015年，省级政府性基金收入47.9亿元，增长18.1%。加专项债务收入307.8亿元，中央补助收入等87.4亿元，省级政府性基金总收入443.1亿元。本年安排支出58.3亿元，下降6.7%，加地方政府专项债务转贷支出255.8亿元，补助市县等支出108.9亿元，结转下年20.1亿元。

(三)国有资本经营收支决算情况

2015年，省级国有资本经营预算收入15.7亿元，增长68.3%，加上年结余收入0.1亿元，预算总收入15.8亿元。本年安排支出12.2亿元，增长68.1%，结转下年3.6亿元。

(四)社会保险基金收支决算情况

2015年，省级社会保险基金预算收入138亿元，增长25.1%，加上年结余收入93.1亿元，预算总收入231.1亿元。本年安排支出118.1亿元，增长13.9%，结转下年113亿元。

2015年，省级政府性基金、国有资本经营和社会保险基金收支决算数，与今年2月份向省人代会报告的2015年预算执行数相比，主要收支项目数额基本没有变化。

二、2015年预算执行效果

(一)财政运行总体平稳。全省财政收入突破4000亿元，增速与经济发展保持同步。全省地方财政收入税收占比较上年提高1.1个百分点，收入质量稳居中部前列。严控一般性支出，全省“三公”经费较上年下降16%。支出结构进一步优化，交通运输、城乡社区和金融等经济发展类支出增长12.7%，教育、科技、文化和医疗卫生等社会事业类支出增长16.4%。区域财政整体向好，13个市财政收入超100亿元，64个县(市、区)财政收入超10亿元。报经省人大常委会批准同意，我省2015年末地方政府债务限额为5424.1亿元。截至2015年底，全省政府债务余额5097.3亿元，债务风险总体可控。

2015年全省一般公共预算支出情况

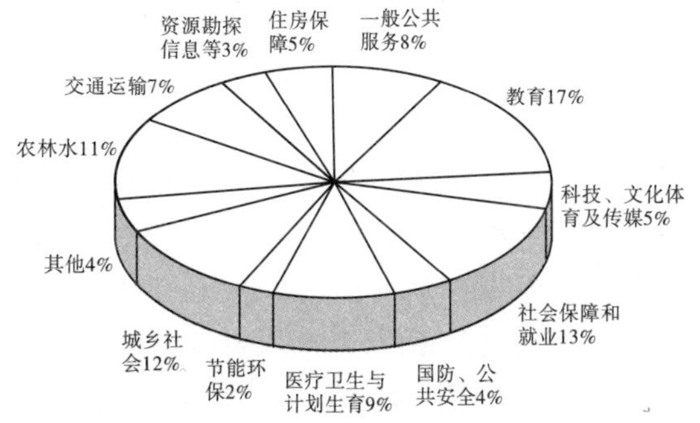

(二)财税改革持续推进。省政府印发推进财政

资金统筹的实施意见,推动项目、部门和重点科目等资金统筹。完成省级2016—2018年中期财政规划和部门三年滚动财政规划编制,权责发生制政府综合财务报告试编覆盖省市县。及时安排使用收回的存量资金,防止资金“二次沉淀”。全省实施政府购买服务项目3033个,探索公办民营、民办公助等模式,支持社会事业提高运行效率。营改增纳税人扩大到15.9万户,累计减税152亿元,煤炭资源税从价计征改革减轻煤炭企业负担1.1亿元。出台贯彻落实国务院改革和完善中央对地方转移支付制度的实施意见,建立专项资金管理清单制度,对外公开160项省对下专项转移支付,下放项目和资金审批权。支持医药卫生体制综合改革,推进司法体制改革试点,保障工资、养老、公务用车等改革的顺利推进。

(三)促进经济稳定增长。落实增值税、所得税等优惠政策,全年减免税费541.6亿元,支持各类市场主体轻装上阵。争取中央基建和交通专项资金340亿元,发行政府债券1294.1亿元。支持推广新能源汽车、光伏发电和秸秆发电,培育服务消费、信息消费、绿色消费等新型消费需求。简化外贸补贴拨付流程,推进财政补贴属地办理,兑现企业“走出去”奖补政策。争取延续新安江流域生态补偿政策,推进大别山水环境生态补偿机制建设,支持海绵城市建设和节能减排,促进绿色发展。

(四)民生保障力度加大。按照统计口径,全省民生支出4400亿元,增长14.3%,高于财政支出增幅2个百分点,占全省财政支出的84%,较上年提高1.5个百分点。精心组织实施33项民生工程,投入资金726.5亿元,同口径增长12.1%,提高标准9项,调整优化24项。投入财政专项资金42.6亿元、整合涉农项目资金68.3亿元、吸引社会资金65.3亿元支持美丽乡村建设,“一卡通”发放涉农补贴214.2亿元。支持大别山片区、皖北连片特困等地区精准扶贫、精准脱贫,推进光伏扶贫试点;提高城乡居民低保标准,完善家庭经济困难学生资助体系,让困难群众感受到党和政府的温暖。

(五)财政管理不断加强。制定预算编制等8个专项风险内部控制办法,实现财政管理走访巡查、内部控制、干部轮岗和制度规范“四个全覆盖”。开展盘活存量资金、预决算公开、涉农资金整治等专项检查,对575户企事业、社会团体开展会计监督检查。建立加强联系服务人大代表工作机制,依法接受人大监督。跟踪落实审计整改,举一反三,建章立制。扎实开展“三严三实”专题教育,创新城乡基层党组织结对共建,健全省市县帮联工作机制,深化预算部门会商,持续推进财政党建、反腐倡廉和系统作风建设。

三、落实2014年省级决算审查决议情况

2015年7月,省人大常委会第二十二次会议通过关于批准安徽省2014年省级决算的决议。一年来,财政部门认真落实决议要求,主动适应经济发展新常态,大力实施积极财政政策,不断创新财政体制机制,完善财政政策措施,取得新的成效。

(一)关于进一步依法规范预算管理。将地方教育附加等政府性基金转列一般公共预算,纳入国有资本经营预算的省属企业扩大到39户,国有资本经营预算调入一般公共预算比例提高到19%。提前启动预算编制,调整完善省级预算供给政策和公用经费分档,规范细化预算编制内容和格式,提高预算可执行性。制定预算支出进度考核办法,健全加快项目资金拨付工作机制。严格落实无大事、要事、急事不追加的要求,基本实现“预算一年,一年预算”。健全决算编报质量考核机制,规范经济科目使用。部门决算改革试点扩大到10家单位,政府决算报表分列预算数、调整预算数和决算数,促进预决算衔接。

(二)关于进一步提高财政资金使用效益。在全国率先推出“4321”新型政银担合作机制、设立省级农业信贷担保公司,继续支持政策性融资担保体系建设,并调拨续贷过桥资金,缓解小微企业融资难。支持设立产业发展基金,通过注入资本金支持水利、铁路、公路和产业园区建设,发挥财政资金撬动和引导作用。公开发布172个PPP项目,总投资1773亿元,引导社会资本加大投入。通过优化结构、盘活存量,安排20亿元支持战略性新兴产业集聚发展基地建设,安排10亿元支持创新型省份建设。对项目、部门整体支出和支出政策分类开展绩效评价,对敬老院建设、大气污染防治等项目开展第三方评价,评价结果作为2016年预算安排的重要依据。2015年,在财政部预算绩效管理和县级财政管理绩效综合评价中,我省分别获得全国第3名和第2名。

(三)关于进一步提高财政政策科学性。认真宣传贯彻《预算法》,积极配合省人大修订《安徽省预算审查监督条例》,做好《安徽省政府非税收入管理条例》《安徽省民生工程管理和保障条例》等立法基础工作。出台全面推进法治财政建设实施意见，修订完善省级预算公开评审办法，制定省级财政资金分配管理办法及社保、农业等领域资金分配专项办法，提高财政政策的科学性、规范性。建立财政工作落实“三查三单”制度，完善通报约谈、内部问责和政策解读等工作机制，加强市县政府分管财政领导、市县财政局长、业务骨干以及乡镇财政所负责人政策培训，确保财政政策落到实处。

（四）关于进一步提升预决算透明度。除涉密信息外，所有市县和省级预算单位全部公开了2015年政府、部门和“三公”经费预算，首次实现按支出经济分类科目公开政府和部门预算、按项目公开专项转移支付预算。在财政门户网站上主动公开财政政策，提高政策知晓度。财政部2015年全国地方预决算公开专项检查中，我省预决算公开度居全国第5位、中部第1位。预算公开评审范围由重点项目拓展到部门整体预算和支出政策，在全国率先实现省市县三级评审同步推进。公布省级财政权力清单、责任清单和涉企收费清单，在全国率先推动建立乡镇财政“权力清单、责任清单、服务清单”，实现清单亮权、阳光晒权。

一年来，在省人大的依法监督和悉心指导下，财政改革发展取得一定成效。但我们也清醒地认识到，在预算管理和运行中还存在一些困难和问题。如，受经济下行压力影响财政收支矛盾逐步加大，省与市县事权和支出责任改革还需加快推进，区域财政发展有所分化，部分省级专项资金执行期限不明确，预算资金使用绩效有待提升，债务管理风险不容忽视，等等。对此，我们将坚持问题导向，切实采取有效措施，努力加以改进。

四、下一步财政重点工作

今年是全面建成小康社会决胜阶段的开局之年，是全面实施“调转促”行动计划的攻坚之年，财政支持发展和保障民生的任务更重、责任更大。下一步，我们将重点做好以下工作：

（一）着力加强全口径预算管理。完善政府预算体系，加大政府性基金预算、国有资本经营预算与一般公共预算的统筹力度，将所有政府性收入和支出全部纳入预算管理。依法加强税收征管，严格规范非税收入管理，认真落实结构性减税和普遍性降费政策。加强财政预期管理，强化收入预测和执行分析。规范财政库款管理，健全财政库款考核通报机制，建立转移支付资金调度与库款规模挂钩机制。

（二）着力深化财税体制改革。继续深化预决算信息公开，拓展公开领域，细化公开内容。强化财政政策研究，提高财政政策的科学性和有效性。加强财政资金管理制度建设，做到财政制度流程、范围、层级“三个全覆盖”。规范专项资金管理，全面梳理设立期限，健全专项资金评估和退出机制。规范行政事业单位国有资产使用、处置、收益管理，积极盘活政府性资金、资产和资源。做好增值税收入划分，推进资源税和消费税改革。加快省与市县事权与支出责任划分改革，完善省对下转移支付制度，提高一般性转移支付规模和占比。严格落实财政总预算会计制度，深化政府综合财务报告编制试点，继续推进决算编制改革。

（三）着力加强政府债务管理。加快建立以政府债券为主体的地方政府举债融资机制，规范举债程序，控制举债成本，限定资金用途。将政府债务分类纳入预算，妥善处理存量债务。加强市县政府债务限额管理，将风险预警结果与债券资金分配挂钩。推进地方融资平台市场化转型，加强政府债务监督考核，有效防范和化解财政金融风险。

（四）着力强化财政资金绩效。将绩效管理贯穿于预算管理全过程，健全绩效评价体系，扩大绩效评价范围，拓展评价结果应用。按照“资金改基金，无偿改有偿”思路，更多采取投资补助、资本金注入、PPP推广、基金设立等办法，放大财政资金乘数效应。持续深化财政涉企项目资金管理信息系统建设，综合运用信息+科技、事前+事后、自评+第三方评价等方式，提高财政资金监管实效。

（五）着力提升预算编制水平。按照“保重点、控一般、促统筹、提绩效”要求，围绕供给侧结构性改革、现代农业、生态文明、脱贫攻坚、民生支出等方面，进一步调整优化财政支出结构。扎实做好2017年预算编制工作，调整完善基本支出政策，推进项目支出标准体系建设，探索推进联合评审、第三方评审等方式，进一步提升预算编制的规范性和科学性。加强对市县预算编制工作的指导，推进省市县一体化编制中期财政规划。

持续深化财税体制改革，更好地发挥财政调控作用和服务职能，对于促进经济社会发展意义重大。

我们将全面贯彻省委、省政府各项决策部署,积极落实省人大对预算监督的各项要求,进一步创新思路,积极作为,为打造创新型三个强省、建设美好安徽、全面建成小康社会作出新的贡献!

关于安徽省2016年上半年预算执行情况及下半年工作意见的报告

——2016年7月27日在安徽省第十二届人民代表大会常务委员会第三十一次会议上

省财政厅厅长　罗建国

安徽省人民代表大会常务委员会:

受省人民政府委托,我向省十二届人大常委会第三十一次会议报告2016年上半年预算执行情况和下半年工作意见,请予审议。

一、上半年财政预算执行情况

(一)一般公共预算执行情况

1.收入情况。

上半年,全省财政收入完成2329亿元,完成预算的54%,比上年(下同)增长8.8%。其中,地方一般公共预算收入完成1462亿元,完成预算的56%,增长9.4%。

分级次看,省级财政收入完成144亿元,下降2.4%。16个市完成2185亿元,增长9.6%。其中,76个县(区)完成841亿元,增长12.4%。

分区域看,皖江示范区、合肥经济圈、皖北三市九县、大别山革命老区财政收入分别完成1524亿元、919亿元、360亿元和66亿元,分别增长10.2%、11.5%、12.5%和14.1%。

分项目看,税收收入完成1877亿元,增长7.9%。其中,增值税完成509亿元,增长9.4%;营业税完成344亿元,增长8.1%;消费税完成165亿元,增长11.9%;企业所得税完成355亿元,增长2.6%;个人所得税完成83亿元,增长11.4%。非税收入完成452亿元,增长12.6%。

2.支出情况。

上半年,全省支出完成2882亿元,完成预算的59.3%,增长14.8%。

2016年上半年全省一般公共预算支出结构情况

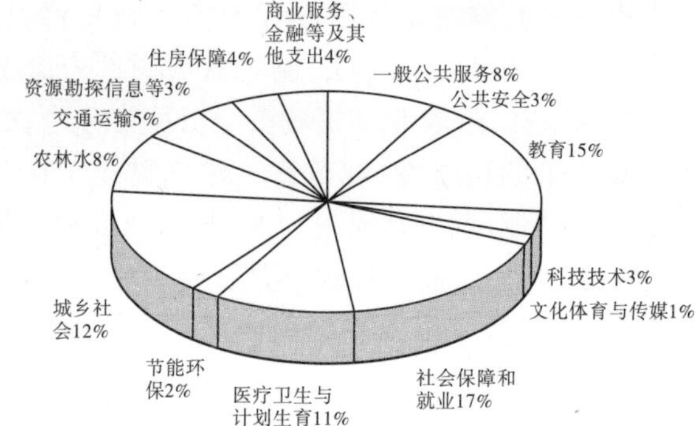

分级次看,省级支出完成379亿元,增长11.7%。16个市完成2503亿元,增长15.3%。其中,76个县(区)完成152亿元,增长17.2%。

分科目看,重点支出保持较快增长,科学技术支出87亿元,增长78.4%;节能环保支出51亿元,增长42.7%;教育支出437亿元,增长30.5%;医疗卫生与计划生育支出309亿元,增长23.8%;城乡社区支出469亿元,增长18.7%;社会保障和就业支出485亿元,增长16.8%。

(二)省级政府性基金预算执行情况

上半年,省级政府性基金收入22亿元,完成预算的52.7%,增长15%;支出2.4亿元,完成预算的6.2%,增长293.6%,加补助市县26.8亿元,合计支出29.2亿元,完成预算的44.4%。

(三)省级国有资本经营预算执行情况

上半年,省级国有资本经营收入3.4亿元,完成预算的22.6%,增加3.2亿元;支出5.8亿元,完成预算的36.3%,增加4.5亿元。

(四)省级社会保险基金预算执行情况

上半年,省级社会保险基金收入57.1亿元,完成预算的25%,下降22%;支出57.5亿元,完成预算的26.3%,增长3.3%。

二、上半年全省财政预算执行特点和成效

上半年,预算执行主要特点有:一是财政收入平稳增长,全省财政收入增长8.8%,高于全年增长预期0.3个百分点。前六个月,财政收入累计增幅分别为12.3%、8.3%、9.6%、9.3%、9.1%、8.8%,增速总体平稳,运行较为稳健。二是收入结构持续优化,全省地方一般公共预算收入中税收占比为70.7%,位居中部首位。增值税、消费税、所得税等主体税种增长7.7%,占全省财政收入增量的55.5%,拉动收入增长的作用进一步增强。三是财政支出保障有

力，严格按照《预算法》有关规定，及时拨付财政资金，保障省委、省政府各项改革和发展资金需求，民生支出进一步加快，涉企资金及时拨付，防汛救灾资金做到随到随拨、随调随拨。根据财政部通报，截至5月底，我省一般公共预算支出进度位居全国第2位，财政库款综合考核位居全国第3位，财政支出的持续加快，为经济社会发展提供了有力的支撑。

（一）促进经济健康发展。支持供给侧结构性改革。争取国家工业结构调整奖补资金10.97亿元，省财政相应安排资金对各市推进“三去一降一补”工作给予奖补，明确市县政府和企业投入责任，支持“三煤一钢”重点企业脱困发展和转型升级。支持加快剥离国有企业办社会职能和解决历史遗留问题，推动国企国资改革。落实减税降费政策。全面落实结构性减税政策，严格落实营改增、所得税、增值税等优惠政策。严格落实教育费附加、水利建设基金、育林基金、价格调节基金等收费免征、停征政策，全年预计减轻企业负担超10.5亿元。落实社会保险降费和降低公积金缴存比例政策，取消省级“生育证工本费”项目，省级行政事业性收费项目降为18项，涉企项目仅1项，降低实体经济企业成本。加大投入带动需求。争取新增地方政府债务限额470亿元，自主成功发行地方政府债券1359.4亿元，每年可节约融资成本62亿元。累计争取国开行棚户区改造贷款1231亿元，大力推进棚改货币化安置。多渠道筹集水利建设资金，大力实施水利安徽战略，支持引江济淮骨干工程建设。争取中央财政基建投资73.1亿元，争取中央81.2亿元、安排15亿元支持公路交通建设，安排37.4亿元支持铁路项目建设，有力支持各地融资需求。缓解小微企业融资困难。继续安排31亿元充实政策性担保机构国有资本金，深入推进“4321”新型政银担合作机制，建立省级融资担保风险补偿专项基金，全省政策性担保机构在保余额1386.7亿元，担保放大倍数达4倍。继续调拨10亿元并引导市县区加大投入，为小微企业提供短期过桥资金。全面落实县域金融机构涉农贷款增量奖励、新型农村金融机构定向费用补贴和创业担保贷款贴息等政策，畅通金融服务实体经济渠道。

（二）推动结构转型升级。突出加大创新驱动。推进“调转促”行动计划，安排30亿元专项引导资金，支持战略性新兴产业集聚基地建设。争取科技成果转化股权激励个人所得税递延等9项税收支持政策试点，争取财政部支持我省建设合芜蚌国家级自主创新示范区，系统推进全面创新改革试验。拨付10.5亿元创新型省份建设资金，落实“1+6+2”政策体系。拨付3亿元撬动资金，支持安徽产业发展基金加快运作。安排5亿元，支持企业技术改造和中小企业发展。突出推动绿色发展。拨付国家重点生态功能区转移支付资金15亿元，安排环境保护及生态治理省级奖补资金12亿元，拨付新安江流域生态补偿资金3.2亿元，统筹1.6亿元支持探索省内地表水跨界断面生态补偿，安排3.6亿元支持千万亩森林增长工程。下达2.7亿元支持铜陵节能减排财政政策综合示范，下达4亿元支持池州市海绵城市建设试点，成功争取合肥市列为国家第二批地下综合管廊试点城市。设立2.1亿元奖励资金，对皖南国际文化旅游示范区、大黄山国家公园和旅游基础设施建设进行绩效奖补。突出促进城乡一体。统筹安排城镇“五统筹”专项经费4亿元，省对下新增均衡性转移支付中安排5亿元，支持推动新型城镇化试点省建设。下拨美丽乡村省级奖补资金10.6亿元，“一卡通”发放涉农补贴117.7亿元，安排1.2亿元推进农村综合改革示范试点，投入25.2亿元“一事一议”奖补资金支持农村公益事业发展。投入24.6亿元，全面推进农村基层党组织保障工程。开展农村公共服务运行维护试点，推动建立村级公共基础设施管护机制。突出支持现代农业。探索支农资金奖补方式改革，印发推进财政支持现代农业发展奖补资金规范化建设实施意见。全面推开农业补贴“三合一”改革，拨付农业支持保护补贴资金72亿元。投入22.8亿元，支持提升粮食生产能力。投入43.4亿元，推进高标准农田和优质特色农产品基地建设。率先在全国推进农业信贷担保体系建设，为种粮大户提供担保贷款3.1亿元。争取中央资金4000万元，支持农垦农场改革。突出创新投入方式。积极通过政府购买服务、PPP等方式支持经济社会发展，实施政府购买服务项目2980个，涉及资金120多亿元；启动PPP项目29个，总投资334.7亿元，落地率48.3%，比全国平均水平高24.5个百分点。

（三）增进人民群众获得感。精心实施民生工程。切实履行牵头职责，拨付33项民生工程资金750.8亿元，占年初计划的91%，其中，中央和省级下达资金628亿元，占年初计划的87.9%，进一步减轻了市县资金压力。推进基本公共服务均等化。统一城乡义务教育经费保障机制，公用经费生均补助标准，由小学264元、初中375元分别提高到600元、800元。城乡居民医保补助标准由380元提高到420元。基本公共卫生服务补助标准由每人40元提高到45元。促进就业创业。拨付16.7亿元，落实支持大众创业、万众创新财税政策，重点支持农民工、高校毕业生、困难群体就业创业。整合职业培训补贴、稳岗补贴等12项普惠性政策，落实化解钢铁煤炭产能过剩中职工安置社保资金12.3亿元，全力做好去产能企业职工安置工作。拨付4.7亿元，购买5万个公益性岗位，落实促进残疾人创业就业三年行动计划。调拨2.1亿元失业保险省级调剂金，扩大创业担保贷款贴息范围，支持零就业家庭动态“清零”。支持脱贫攻坚。建立并落实专项扶贫资金预算与地方财力增量挂钩机制，省级、贫困县及所在市按照当年地方财政收入增量20%以上，其他有脱贫任务的市、县按照增量10%以上，增列专项扶贫资金；明确有关存量资金50%以上用于脱贫攻坚。目前，全省投入扶贫资金67.1亿元，较上年增加35.2亿元，增长110%。同时，安排一般债券资金40.1亿元，省对下新增均衡性转移支付中安排5亿元，合力支持脱贫攻坚。牵头成立易地扶贫搬迁融资理事会，积极实施健康脱贫工程，农村贫困人口报销补偿比例由68%提高至90%，并探索资产收益扶贫，将财政资金形成的资产折股量化到贫困村集体和贫困户，拓宽增收渠道。

(四)持续深化财税改革。推进预算管理改革。以省委、省政府名义出台《关于进一步推进预算公开的实施意见》，省市县有序公开2016年政府、部门和“三公”经费预算。启动2017—2019年省级中期财政规划编制，建立跨年度预算平衡机制。继续公布专项转移支付清单，项目由160项减少至133项。及时清理结转结余，盘活财政存量资金，统筹用于脱贫攻坚、支持中科大建设世界一流大学等。按规定将国有资本经营预算和政府性基金预算调入一般公共预算。推进税制改革。健全“营改增”试点工作联席会议制度，做好配套政策衔接，加强政策培训解读，及时回应社会关切。5月1日“营改增”试点全面推开，顺利实现税制转换。截至5月底，累计办理“营改增”税收业务39.5万笔，开票税额20.8亿元；为2.7万户纳税人办理增值税代征代开业务1.3亿元。推进财政体制改革。推进营改增试点后省与市县收入划分，保持省与市县财政体制基本稳定，充分调动市县积极性。稳步推进省与市县事权和支出责任划分改革，制定省对市县专项转移支付管理办法，规范转移支付制度，提高一般性转移支付比例。推进政府债务改革。加强和规范债务限额管理，我省2016年地方政府债务限额为5894.1亿元。妥善处置存量债务，实现2016年到期存量政府债务置换全覆盖。制定债务风险应急处置预案，新增债券分配与各地区债务风险承受能力挂钩。推进融资平台公司市场化转型和融资。

(五)提高财政管理水平。自觉接受监督。增强预算法治理念，开展《预算法》《安徽省预算审查监督条例》培训，提升依法理财水平。严格执行省人大各项决议决定，办理代表建议241件，并积极吸收到财政管理制度中来。进一步加强审计查出问题整改，充分利用审计监督成果。推进财政财务内控体系建设，形成实行分权限权、分岗设权、分级授权的内控机制。提前编制预算。连续5年提前启动预算编制，调整事业单位分类改革财政补助政策。健全基本支出标准体系，完善公用经费类档标准，推进项目支出定额标准体系建设。完善省级预算评审论证办法，探索网络评审、联合评审、集中评审、第三方机构评审，深化“开门办预算”。推进省级权责发生制政府综合财务报告试编工作，扩大按经济分类编制部门决算试点范围，推动预决算相互衔接。强化预期管理。建立财税库收入征管分析联席会议机制，省级和各市分别制定收入征管分析制度，形成“1+5+16”制度体系。加强财政收入动态监控，推进非税收入电子化缴库改革，严禁突击入库和违规缓缴收入等行为。硬化预算约束。强化预算支出管理，严格控制预算追加。坚持厉行节约，严控一般性支出，全省“三公”经费支出下降24.4%。依法规范预算调整，编制新增地方政府债务限额预算调整方案，提请省人大常委会审查和批准。以省政府名义出台《关于进一步加强财政资金管理制度建设的指导意见》，提升财政制度的针对性、操作性和实效性。推进一次性工作奖励政策调整，开展“小金库”专项整治，进一步严肃财经纪律。强化绩效管理。建立部门预算管理考核制度，规范部门预算管理。完善预算绩效评价体系，选取民生工程、水运基础设施建设、国企改革发展专项资金等41个项目开展重点评价，涉及资金2008亿元。深化财政涉企项目资金管理信息系统建设应用，全省纳入系统管理的项目数5465个，涉及资金69.73亿元，扶持企业资金投向更加精准有效。

总体看，上半年，全省财政收支呈现总体平稳、质量提升、符合预期、好于全国的态势，但随着"营改增"试点全面推开，预计全年减税150亿元左右，加之受经济下行等因素影响，完成财政收入预期目标压力较大。与此同时，预算执行管理中，还存在一些不容忽视的问题，如财政收入增速趋缓与支出刚性矛盾加剧，省与市县事权和支出责任不够明晰，财政支出结构还需优化，部门预算编制和执行规范化、精细化水平需进一步提高，等等。对此，我们将高度重视，努力加以解决。

三、下半年财政工作安排

下一步，我们将认真学习贯彻习近平总书记视察安徽重要讲话精神，按照省政府"保重点、控一般、促统筹、提绩效"要求，用足用活积极财政政策，持续加强财政收支管理，强化财政责任担当。

（一）进一步突出财政预期管理。坚持实事求是、把握规律、均衡运行的原则，进一步完善财政收入预期管理机制。积极应对"营改增"试点等改革对财政收入的影响，按照相机把控的要求，加强运行预测，强化会商研判，依法组织收入，确保财政收入有质量、可持续。

（二）进一步强化重点支出保障。着力推进供给侧结构性改革，以合芜蚌建设国家自主创新示范区为契机，系统推进全面创新改革试验，全力支持"调转促"行动计划，全面落实"三去一降一补"政策。全力推进民生工程建设，大力促进就业创业。积极支持脱贫攻坚，加大生态环境保护和治理力度，支持农村综合改革、农业结构性改革、美丽乡村建设，提升现代农业发展水平。加大中央财政资金争取力度，重点支持水毁工程修复和房屋重建，加快农业生产救灾，保障受灾居民基本生活。

（三）进一步深化财税体制改革。持续推进预算信息公开，做好专项转移支付、财政政策和政府债务公开工作。健全政府债务分类纳入预算管理机制，加大对市县政府债务风险化解的监管和指导力度。做好"营改增"试点以及资源税、消费税等税制改革，落实小微企业等税收优惠政策，优化税制环境。推进省市县事权和支出责任划分改革，建立健全财政转移支付同农业人口市民化挂钩机制，进一步激发财政体制机制活力。

（四）进一步推进依法科学理财。全面落实《预算法》《安徽省预算审查监督条例》，加快法治财政建设。依法接受人大监督，严格落实人大各项决议决定，完善人大代表议案办理机制。自觉接受审计监督，主动接受社会监督。严格落实各项财经纪律，牢牢守住资金安全的底线。

年内财政改革发展任务艰巨而繁重。我们将在省委、省政府的坚强领导下，在省人大的依法监督下，认真落实本次会议有关决议，积极践行"两学一做"学习教育要求，扎实推进财政改革各项工作，为奋力在中部崛起中闯出新路、加快打造创新型"三个强省"、全面建成小康社会贡献力量！

关于安徽省2016年预算执行情况和2017年预算草案的报告

——2017年1月16日在安徽省第十二届人民代表大会第七次会议上

省财政厅厅长　罗建国

各位代表：

受省人民政府委托，我向大会报告安徽省2016年预算执行情况和2017年预算草案，请予审议，并请省政协委员和其他列席人员提出意见。

一、落实省人大预算审查决议情况

2016年，全省各级财政部门认真落实省十二届人大六次会议有关决议要求，主动适应把握引领经济发展新常态，积极应对经济下行压力，持续推进财税体制改革，自觉接受人大和代表监督，不断提升依法理财水平。

（一）进一步实施积极财政政策。全面落实结构性减税和普遍性降费政策，全年减免税费702.4亿元，较上年增长29.7%。其中，减税662.8亿元，较上年增加153.6亿元，增长30.2%；持续清理并减少省级行政事业性收费项目，贯彻落实国家和省行政事业性收费和政府性基金政策，减轻企业负担17.4亿元；全省养老保险单位费率由20%降至19%，失业保险单位费率由1.5%降至1%，生育保险平均费率由0.8%降至0.55%，工伤保险综合费率由1%降为0.83%，降低企业缴费负担22.2亿元。争取中央安排我省新增地方政府债券额度458.7亿元、中央财政基建资金117.6亿元,获得国际金融组织贷款规划额度5.1亿美元,积极筹集资金支持引江济淮等重大水利工程、保障性安居工程、铁路公路等基础设施建设。积极争取中央转移支付资金,加大力度支持市县发展。支持政策性融资担保体系建设,2013年以来省级累计安排44亿元民营经济发展专项资金,带动市县投入67亿元,注资参股资金77亿元,安排担保代偿补偿资金8亿元,全省政策性融资担保机构145家,在保余额1612亿元,放大倍数4.2倍。调拨续贷过桥资金10亿元,累计调拨20亿元,带动市县投入29.2亿元,撬动贷款577.4亿元,扶持企业10203户,切实缓解中小微企业融资难题。加大政府和社会资本合作(PPP)模式推进力度,设立专项资金对市县推进PPP模式予以奖补,污水处理及管网建设维护、轨道交通等32个项目入选财政部第三批PPP示范项目,计划总投资774亿元,入选项目数和总投资额均位居全国第3,充分发挥财政资金撬动作用。

(二)进一步规范财政预算管理。连续五年提前启动编制预算,省市县乡同步启动,拓展编制周期,规范市县预算编制,推进预算编细编实。加大政府预算统筹力度,将水土保持补偿费、政府住房基金、无线电频率占用费等政府性基金转列一般公共预算,省级政府性基金预算和国有资本经营预算共调入一般公共预算12.8亿元,除按规定用于保障相关事业发展外,统筹用于保障和改善民生,推动经济社会发展。完善基本支出供给标准,健全事业单位分类改革后财政补助政策,强化省级项目库管理,提高预算编制科学性。建立跨年度预算平衡机制,滚动编制省级2017—2019年中期财政规划和部门三年滚动财政规划,试编全省2017—2019年中期财政规划。加快推进阳光财政建设,除涉密部门外,所有使用财政资金的省级预算部门及时公开部门预决算和"三公"经费预决算,16个市105个县(区)有序公开预决算,省级对51个项目53亿元进行评审论证,省市县三级全面推进预算公开评审论证。根据财政部通报,我省预决算公开度居全国第5、中部第1。省政府印发盘活财政沉淀资金用于增加有效投资和补短板工作方案,加大收回财政存量资金统筹使用力度,推进财政存量资金规范化管理。建立预算执行限时制度,及时批复和下达预算资金,省级涉企资金加快落实到具体项目和实施单位,全年一般公共预算月支出进度两次位居全国第1。继续推进政府综合财务报告编制试点、决算管理评价和支出经济分类试编,进一步规范财政预决算管理。

(三)进一步完善全口径政府债务管理。将地方政府债务中的一般债和专项债分类纳入一般公共预算和政府性基金预算,编制新增地方政府债务等预算调整方案,提请省人大常委会审查和批准。全年发行政府债券1687.3亿元,其中:新增债券458.7亿元,增长66.8%,置换债券1228.6亿元,增长20.6%,实现2016年到期政府债务全覆盖,债券平均发行利率3%左右,一年可节约融资成本近80亿元,有效缓解地方政府融资压力,支持市县政府扩大有效投入。加强和规范债务限额管理,报经省人大常委会批准,我省2016年底地方政府债务限额为5894.1亿元,初步统计,截至2016年底全省政府债务余额5320亿元,债务余额低于批准限额,债务风险总体可控。加强政府性债务风险防控,将政府性债务管理纳入省政府目标管理绩效考核,出台地方政府债务风险评估和预警暂行办法,制定债务风险应急处置预案,对市、县(区)政府性债务风险进行动态监测、评估和预警,将风险预警结果与新增债券资金分配挂钩,建立风险预警、风险提示市县债券扣减机制,有效防范市县财政风险。支持政府融资平台公司市场化转型,禁止违规担保和变相融资,依法依规筹措资金,实现财政经济可持续发展。

(四)进一步推进财税体制改革。全面推进"营改增"改革试点,2016年5月1日成功实现税制转换,截至2016年底,全省共有营改增试点纳税人51.4万户,较试点之初增加48.3万户,增加15倍;打通增值税抵扣链条,避免重复征税,2016年减税105亿元,小规模纳税人实现100%减税,新纳入试点的四大行业实现全面减税;延伸产业链条,促进产业转型升级,带动就业创业,新增就业岗位逾3万个。印发全面推开营改增试点后调整省与市县增值税收入划分过渡方案,下达市县2016年增值税"五五分享"税收返还72.4亿元,保持省与市县财政体制基本稳定,充分调动市县发展经济和培植财源的积极性。2016年7月1日起全面推开资源税改革,全省资源企业资源税和矿产资源补偿费综合负担下降38.6%,支持资源行业化解过剩产能和转型升级,促进资源节约和高效利用。深化预算绩效管理,健全绩效评价指标体系,扩大项目评价范围,对省级48个重点项目和

4个预算部门整体支出进行绩效评价，涉及资金2555.4亿元。规范转移支付管理，清理整合规范专项转移支付，省级专项转移支付由2013年的502项压缩到今年的115项，省对下一般性转移支付占比较2013年提高5.1个百分点。制定并实施支持农业转移人口市民化若干财政政策，建立农业转移人口市民化奖励机制，安排引导资金9.9亿元，鼓励各地吸纳农业转移人口，促进农业转移人口与当地居民享受同等基本公共服务，推动新型城镇化进程。制定省以下财政事权和支出责任划分改革实施意见，明确财政事权和支出责任划分基本原则、进程节点和责任分工，保障各级政府更好履职尽责。积极支持其他领域改革，对市县国有林场改革进行奖补、推进司法改革试点单位法检两院财物纳入省级统一管理、落实人民警察警衔津贴增资，支持农垦、公安、商事制度改革，充分发挥财税改革的基础性和保障性作用。

（五）依法接受人大和审计监督。认真落实《预算法》和《安徽省预算审查监督条例》，加强预算法规业务培训，进一步增强预算部门法治观念。依法主动接受省人大和人大代表监督，强化落实法定事项报告、建议议案办理、民生工程巡视等工作机制，持续提升联系服务人大工作水平。努力提高人大代表建议议案办理质量，省财政厅全年办理人大代表建议241件。认真执行《安徽省财政监督条例》，对111个省直部门单位和16个市开展“小金库”和滥发津补贴专项整治，开展非税收入收缴、地方预决算公开等专项检查，持续推进会计监督检查。进一步强化财政内部控制，优化预算编制、资金分配、政策制定等业务流程，推动预算单位内部控制建设，加强对市县财政内控建设指导。贯彻落实审计法律法规，健全分项牵头、主体负责、协作推进的审计配合责任机制，制定问题清单、责任清单和整改落实清单，对审计反映的部门专项资金执行期限不明确等3个问题，省财政厅会同省级有关预算部门全部整改到位，及时将整改情况向省人大常委会报告并向社会公开，接受社会监督，促进审计整改有效落实。

二、2016年预算执行情况

2016年，全省各地各部门全面贯彻党的十八大和十八届三中、四中、五中、六中全会精神，深入学习贯彻习近平总书记系列重要讲话特别是视察安徽重要讲话精神，坚持以新发展理念统筹发展全局，按照省委、省政府决策部署，坚持稳中求进工作总基调，以推进供给侧结构性改革为主线，认真实施积极财政政策，扎实推进稳增长、促改革、调结构、惠民生、防风险，保持了经济平稳健康较快发展和社会和谐稳定。在此基础上，财政运行总体平稳、稳中有进、好于预期，较好地完成了省十二届人大六次会议确定的目标任务，实现了“十三五”财政发展的良好开局。

2016年，全省财政收入4373亿元，比上年（下同）增加361亿元，增长9%。地方一般公共预算收入2673亿元，增加219亿元，增长8.9%，加：中央税收返还及转移支付2610亿元、地方政府一般债券收入956.9亿元、调入资金等526.1亿元，收入合计6766亿元。全省一般公共预算支出5530亿元，增加291亿元，增长5.6%，加：上解中央、一般债务还本等支出1236亿元，支出合计6766亿元。

省级地方一般公共预算收入251.4亿元，增长1.1%。加：中央税收返还及转移支付2610亿元、地方政府一般债务收入956.9亿元、调入资金等收入261.1亿元，收入科目合计4079.4亿元。省级一般公共预算支出645.9亿元，下降3.9%。加：对市县区税收返还及转移支付2232.1亿元、一般债务转贷市县支出850.2亿元、调出资金等支出351.2亿元，支出科目合计4079.4亿元。

2016年省级一般公共预算收支执行具体情况如下：

（1）收入执行情况。增值税4.5亿元，为预算的82.9%，营业税9.5亿元，为预算的59.4%，主要原因是“营改增”改革减税和中央收入划分等政策影响，原属省级全额分享的营业税，改征增值税后，中央分享50%，省级分享50%，省级收入相应减少。企业所得税101.5亿元，为预算的89.8%。个人所得税22.7亿元，为预算的102.6%。耕地占用税18.9亿元，为预算的126.3%，主要原因是农用地转用面积增加等。非税收入92.1亿元，为预算的119.9%。

（2）支出执行情况。教育支出99.9亿元，为预算的92.7%。科技支出20.3亿元，为预算的95.7%。文化体育与传媒支出25.7亿元，为预算的93.6%。社会保障和就业支出205.5亿元，为预算的98.9%。农林水支出28.3亿元，为预算的92.8%。医疗卫生与计划生育支出17亿元，为预算的92.6%。上述方面支出低于年初预算的主要原因是，预算单位规范支出严控成本、部分预算项目跨年执行依规结转等。

省级政府性基金预算收入45.6亿元,加专项债务收入730.4亿元、上年结余、中央补助收入等51.6亿元,收入合计827.6亿元;预算支出8亿元,加专项债务转贷支出730.4亿元、补助市县支出、调出资金等支出89.2亿元,支出合计827.6亿元。

省级国有资本经营预算收入19.5亿元,加中央补助、上年结余等收入32.3亿元,收入合计51.8亿元;预算支出15.9亿元,加补助市县支出、调出资金、结转下年等支出35.9亿元,支出合计51.8亿元。

省级社会保险基金预算收入243亿元,加上年结余收入563亿元,收入合计806亿元;预算支出128亿元,结转下年678亿元,支出合计806亿元。

上述预算执行数字在决算编制汇总后,还会有变化。

*一是加大投入改善民生。*全省民生支出4626亿元,占全省财政支出总量的83.7%,民生福祉得到有效保障。加快补齐民生短板,拨付825.5亿元实施33项民生工程,安排工程建后管养资金18.5亿元,完善省人大代表省政协委员视察巡视长效机制,33项民生工程全部完成,一批群众普遍关心的民生问题得到解决。统筹63.5亿元实施城乡义务教育经费保障机制,城市义务教育学校公用经费生均补助标准由小学264元/年、初中375元/年,分别提高到600元/年、800元/年。统筹20.8亿元提高企业职工和机关事业单位离退休人员养老金标准,新农合及城镇居民医保参保人均财政补助提高到420元/年,基本公共卫生服务人均财政补助提高到45元/年,不断提升基本公共服务水平。推进农村低保标准和扶贫标准“两线合一”,农村低保标准增至314元/人/月,拨付特困供养资金65.6亿元,拨付家庭经济困难学生资助资金27.4亿元,拨付4.2亿元保障60.9万重度残疾人享受照料护理。拨付资金23.2亿元落实各项就业政策,拨付4.1亿元购买5.7万个公益性岗位,拨付2.1亿失业保险省级调剂金支持创业担保贷款贴息,带动城镇新增就业66.8万人。支持各地抗洪救灾,累计投入防汛救灾资金28.3亿元,开通资金拨付“绿色通道”,做到“随到随拨、随调随拨”,有力保障水毁工程修复、倒房重建、生产救灾、灾害防治和卫生防疫等工作,切实保障困难群体生活和农业生产需要,3.18万户水毁住房群众搬进新居。安排5亿元启动资金,支持灾后水利水毁修复与薄弱环节建设性治理三年行动计划。支持生态文明建设,争取中央财政9亿元,延续新安江流域补偿机制试点政策,省级每年投入2亿元,浙江省投入2亿元,2016年完成投资48亿元,带动国开行贷款56.5亿元,累计实施项目近200个,保证新安江流域水质稳定向好。拨付国家重点生态功能区转移支付资金15亿元,安排环境保护及生态治理省级奖补资金12亿元,健全大别山水环境生态补偿机制,探索省内地表水跨界断面生态补偿,支持大气污染防治和秸秆综合利用。2013年以来,累计下拨千万亩森林增长工程资金21.8亿元,积极引导撬动社会经营主体投入,全省完成了人工造林978.9万亩,创建6个国家森林城市、46个省级森林城市、5927公里森林长廊示范段。省级统筹1.1亿元安全生产专项资金,安排2亿元支持建立乡镇及社区农产品食品质量安全检测体系和认证体系,推动安全生产“铸安”行动,在共建共享发展中切实保障和改善民生。

*二是全力保障脱贫攻坚。*加大财政资金投入力度,建立专项扶贫资金预算与地方财政收入增量安排机制,明确省本级和贫困县及所在省辖市财政按地方财政收入增量20%以上,其他有脱贫任务的市、县财政按10%以上增列专项扶贫资金。全省共投入各类扶贫资金173.4亿元,其中,专项扶贫56.5亿元,增长1.3倍,包括争取中央投入20.5亿元、省级投入11亿元、市县投入25亿元;债务资金40.1亿元;整合资金68.6亿元,盘活存量资金8.2亿元。省政府出台支持贫困县统筹整合使用财政涉农资金的实施意见,制定涉农资金整合目录,将中央和省级农业生产发展和农业基础设施建设等40个项目、130多亿元涉农资金的审批权、使用权完全下放到31个贫困县,使资金更加向脱贫整合聚焦。拨付资金1.5亿元补助市县设立健康脱贫医疗专项补助资金,在全国率先设定建档立卡贫困人口医疗费用“351”兜底保障线,将89种重大疾病和慢性病纳入保障范围,推进健康脱贫;安排资金9亿元,继续实施光伏扶贫、农村道路畅通、产业扶贫等;安排技能脱贫专项资金,培训贫困人口2万人;注入资本金8.1亿元,拨付长期贷款贴息资金3528万元,支持推动易地扶贫搬迁工作;在部分地区开展土地入股、资产折股、配股扶贫等试点。严格扶贫资金监管,建立覆盖资金筹集、分配、使用全过程和省、市、县、乡各级的监管体

系,切实履行财政投入和监管责任,确保扶贫资金发挥应有效益。

三是促进经济提质增效。紧抓国家实施“一带一路”和长江经济带发展的战略机遇,学习借鉴沪苏浙理念,加速与长三角产业对接。扎实做好“三去一降一补”,拨付21.8亿元,完成煤炭967万吨、生铁和粗钢505万吨产能淘汰任务,支持钢铁、煤炭行业化解过剩产能、职工安置和脱困发展,统筹72.2亿元推进棚户区改造等保障性安居工程建设,兑现企业上市融资奖补政策,国有融资担保机构的贷款担保费率降低至不超过1.2%。安排40亿元专项资金支持“三重一创”建设工程,采取“借转补”方式有力推动第二批10个战略性新兴产业集聚发展基地和首批7个重大工程、重大专项建设,设立云计算大数据产业发展专项资金,继续安排服务业发展引导资金,支持军民深度融合发展,推动发展迈向中高端水平。着力支持农业供给侧结构性改革,制定实施财政支持现代农业发展的贯彻意见,支持现代农业生产体系、经营体系和产业体系建设。在全国率先成立省级农业担保公司,全面启动规模化批量化担保业务,创新开发“劝耕贷”担保品种,累计为57个县2144家种粮大户提供担保贷款14.9亿元。统筹2.6亿元推广优质专用品种、新型肥料等技术,支持发展绿色高效农业。投入农田水利专项资金97.5亿元,吸引群众及社会资金投入37.3亿元,支持除险加固小型水库400座、加固新建小型水闸1342座、扩挖塘坝5.9万口、改造灌区末级渠系340万亩等项目,农业生产条件持续改善,为实现粮食产量“十三连丰”奠定了基础。适度扩大总需求,加快推进市场化养老服务产业试点,继续安排文化强省专项资金,推动文化产业加快发展,支持开展文化惠民消费季活动,统筹3.7亿元支持开展电子商务进农村综合示范县、商务诚信体系建设、物流标准化等试点,促进城乡商贸流通体系建设,统筹5.9亿元促进外贸发展,更好发挥财政在稳增长和调结构中的重要作用。

四是支持创新引领发展。全力支持系统推进全面创新改革试验区建设,安排10.5亿元支持创新型省份建设,综合采取后补助、股权投资、竞争立项等方式,支持覆盖自主创新能力建设、科技成果转化、科技重大专项、重点实验室等创新全链条的政策落地。企业技术改造和中小企业发展专项资金规模增加到5亿元,重点支持新一代电子信息、智能装备、节能和新能源汽车等高端制造业发展和冶金、建材等优势传统产业改造提升,大力推进中小企业专精特新发展、集聚集约发展、创业创新发展,促进中小企业转型升级。安排3亿元贴息资金,支持省信用担保集团、省投资集团用于引导建立省产业发展基金,累计投资金额99.4亿元,实际完成项目110个,其中,2016年,投资项目中电子信息、生物医药、高端装备制造等战略性新兴产业投资额占比超过90%。加快创新平台建设,安排8亿元引导资金创建量子信息国家实验室,支持中科大一流大学和科大先研院建设。改革完善省级财政科研项目资金管理等政策,扩大科研项目资金管理和高校、科研院所财务管理自主权,调动科研人员创新创业积极性。支持推进合芜蚌国家自主创新示范区建设,成功争取财政部授权我省在普惠性税收政策等方面9项先行先试改革举措,全面推开国有科技型企业股权和分红激励政策。支持打造创业创新人才高地,安排专项资金支持引进高层次人才,着力支持“高层次科技人才团队扶持”、“特支计划”、“百人计划”、“115产业创新团队”、“战略性新兴产业111人才聚集工程”、“省高层次引才平台”等引才计划和平台建设,完善就业专项资金管理办法,促进大众创业万众创新。

五是支持城乡区域协调发展。安排10.5亿元支持皖江示范区加快发展,安排南北合作共建园区发展资金9.3亿元,带动市(县)投入10.2亿元,累计通过金融机构贷款104.7亿元,支持园区基础设施和公共服务设施建设。安排皖北和大别山40个县(市区)专项资金8亿元,用于工业园区基础设施、现代农业和生态环保,支持皖北地区和大别山革命老区发展。提升城市能级,争取中央财政9亿元支持合肥小微企业创业创新基地城市建设,通过基金、财政金融产品、提高个人创业担保贷款额等方式,全面放大资金效益,撬动社会资本投入535.8亿元,支持2.3万人创业。成功争取中央12亿元支持合肥市列为国家第二批地下综合管廊试点城市,项目总投资54.8亿元,建设综合管廊58.5公里。安排9亿元,支持城镇“五统筹”和新型城镇化试点省建设。全面落实强农惠农政策,稳步推开农业补贴“三合一”改革,“一卡通”发放惠农补贴资金275.1亿元。累计争取中央财政投入8.6亿元,省级投入4.6亿元,基本完成了8700万亩农村土地承包经营权登记颁证工作,成为较早完成此项改革任务的试点省。投入11.6亿元在全省5个市、38个县(区)开展农村公共服务运行维护试点,投入10亿元在300个村开展国家扶持村级集体经济发展试点,完成80个村集体资产股份合作制改革试点任务,投入24.6亿元,支持加强农村基层党组织保障工程建设。全省安排"一事一议"财政奖补资金25.5亿元,带动群众筹资和社会捐赠等7.6亿元,实施项目1.4万个,有力推动农村公益事业发展。支持美丽乡村建设,投入专项资金47.5亿元、整合涉农资金65.8亿元、吸引社会资金74.6亿元,支持599个乡镇政府驻地建成区整治、569个省级中心村建设、74个行政村开展国家美丽乡村建设试点,打造农民安居乐业幸福家园。

六是健全制度提升管理。省政府出台进一步加强财政资金管理制度建设的指导意见,省财政先后制定企业技术改造和中小企业发展专项资金、政府和社会资本合作奖补、钢铁煤炭行业化解过剩产能职工分流安置资金使用等管理办法,使财政制度覆盖到使用财政资金的各类经济主体和资金运行全流程环节,进一步扎紧资金分配的制度笼子。建立健全预算执行动态监控、财政存量资金清理收回、财政存量资金与预算安排相结合等机制,更多采取正向激励措施,有效盘活财政存量资金。坚持主动赴预算部门工作会商,省级会商2561次,市县会商10.4万次,推动了财政政策和制度落实。全面落实从严治党要求,制定推进全面从严治党、落实党风廉政建设"两个责任"任务清单,严格落实财政部门预算管理主体责任和资金监管责任,细化83项反腐倡廉建设工作任务,加大厅领导、驻厅纪检组走访处室单位力度,进一步优化服务、提升效能、改进作风。深入开展"两学一做"学习教育和"讲看齐、见行动"学习讨论,建立健全清单定期督查、台账全程管控、走访巡查等机制,扎实开展财政机关和基层党组织结对共建、财政系统帮联、扶贫双包定点帮扶,对市县财政部门和机关处室单位政风行风进行巡察,一体化推进财政财务、财政系统提升管理水平。

七是财政运行总体平稳。坚持依法征管和预期管理,积极研判、强化监测,财政运行总体平稳,全年目标顺利完成,全省财政收入增幅达到9%,增速与经济发展保持同步,好于年初预期。皖江示范区、合肥经济圈、皖北三市九县、大别山革命老区财政收入分别增长9.4%、10.8%、12.5%和9.8%,分别高于全省增幅0.4、1.8、3.5和0.8个百分点,继续保持较快发展。14市财政收入超百亿元,68县(市、区)财政收入超10亿元,区域财政运行总体平稳。全省财政按照"保重点、控一般、促统筹、提绩效"要求,坚持集中财力办大事,从严控制"三公"经费等一般性支出,全省"三公"经费下降23.8%,腾出更多资金保障经济发展、民生改善、脱贫攻坚、生态文明、平安安徽建设等重点,财政支出结构进一步优化。

我们也清醒地认识到,财政运行中还存在一些不容忽视的问题。在经济下行压力较大的形势下,财政收入增速趋缓与支出刚性矛盾加大;部分财政支出项目存在只增不减的格局,财政支出绩效有待进一步提高;财政资金使用监管制度还未全覆盖,监管责任需要进一步压实;一些地方存在违规担保和变相举债问题,局部地区债务风险不容忽视,等等。对此,我们将高度重视,采取措施,努力加以改进。

三、2017年省级预算安排和重点工作

2017年是党的十九大召开之年,是实施"十三五"规划的重要一年,也是供给侧结构性改革的深化之年。全省经济发展进入新常态,财政收入增速面临放缓,财政支出刚性不断增强,财政收支矛盾更加突出。根据市县区预算汇编及经济增长预期目标、财税政策变化情况,全省财政收入预期增长9%。

(一)2017年省级预算编制的指导思想和基本原则

2017年省级预算编制的指导思想:全面贯彻党的十八大和十八届三中、四中、五中、六中全会精神,深入学习贯彻习近平总书记系列重要讲话特别是视察安徽重要讲话精神,认真落实中央经济工作会议及省第十次党代会精神,扎实贯彻全省经济工作会议精神,坚持稳中求进工作总基调,牢固树立并积极践行新发展理念,以提升发展质量和效益为中心,以供给侧结构性改革为主线,按照"保重点、控一般、促统筹、提绩效"的财政预算管理原则,坚持发展为上、民生为本、脱贫为先、平安为基,继续实施积极的财政政策,充分发挥财政职能作用,优化财政支出结构,支持五大发展行动,深入推进"三去一降一补"、农业供给侧结构性改革,积极支持实体经济发展,全力保障脱贫攻坚和民生改善,推进制造强省、科教大省、技工大省建设,为决战决胜全面小康、建设创新协调绿色开放共享的美好安徽提供财政支撑。

2017年省级预算编制的基本原则:优化结构保重点。坚持发展第一要务,集中财力保障打基础、利长远、建机制、求实效、可持续的重点支出。调整优化支出结构，体现尽力而为、量力而行，保障基本公共服务，强化民生托底。勤俭节约控一般。坚持有所为、有所不为，继续压减一般性支出，严格控制“三公”经费，勤俭办一切事业。全面盘活促统筹。盘活财政资金资产资源，统筹财政资金、财政政策和财政项目，更好地发挥政府资金、市场资源、社会资本的合力效应。创新方式提绩效。找准政策支点和财政杠杆，推动预算全过程绩效管理，最大限度发挥财政资金使用效益。

（二）2017 年财政收支政策

1. 收入政策。进一步落实营改增试点全面推开等已出台政策，落实国家促进中小企业发展、科技创新等税收优惠政策，全面落实国家和省有关行政事业性收费和政府性基金等优惠政策，减轻企业负担；所有行业企业缴纳的增值税均纳入中央和地方共享范围，并按属地原则分享增值税；将新增建设用地土地有偿使用费等从政府性基金预算中调整转列一般公共预算统筹使用。

2. 支出政策。坚持厉行节约，从严控制一般性支出，扣除兑现国家及省工资政策外，省级基本支出零增长，省级“三公”经费预算较上年下降 2.2 个百分点；坚持调整存量、做优增量，全力支持五大发展行动，集中财力保障“三重一创”、全创改、“三去一降一补”；完善财政支农、教育、医疗、社保、环境保护和生态治理、基础设施建设等政策，加大脱贫攻坚和民生工程投入力度，提高基本公共服务水平。

（三）2017 年收入预计和支出安排

2017 年省级预算按一般公共预算、政府性基金预算、国有资本经营预算、社会保险基金预算等四本预算编制。具体如下：

1. 一般公共预算。

省级预算收入 264.3 亿元，加中央税收返还及转移支付 2227.1 亿元、调入预算稳定调节基金 329.1 等亿元，收入科目合计 2820.5 亿元。省级预算支出 606.9 亿元，减省级预算提前下达市县区转移支付 61.4 亿元，加中央提前下达转移支付列入省级预算 239.1 亿元，省级预算支出 784.6 亿元。加对市县区税收返还及转移支付 1965.4 亿元、一般债务还本等支出 70.5 亿元，支出科目合计 2820.5 亿元。

2. 政府性基金预算。

2017 年，省级政府性基金预算收入安排 20 亿元，加上年结余收入 13.6 亿元，收入合计安排 33.6 亿元。支出安排 33.6 亿元，其中：本年支出 21.1 亿元，调出资金 6.7 亿元，结转下年 5.8 亿元。

3. 国有资本经营预算。

2017 年，省级国有资本经营预算收入 11.1 亿元，与上年执行数相比，同口径减少 6.3 亿元，下降 36%。主要原因是预计 2016 年度省属企业实现归属于母公司所有者的净利润下降。其中：利润收入 8 亿元，同口径减少 4 亿元；股利、股息收入 3.1 亿元，同口径减少 2.3 亿元，加上年结转 3.6 亿元，收入合计 14.7 亿元。

支出相应安排 14.7 亿元，主要用于省属企业改革发展基金 4 亿元，支持省属企业“三供一业”分离移交 4 亿元，调入一般公共预算支出 2.1 亿元，商合杭铁路建设等省政府确定的重点工程和重点项目等支出 4.6 亿元。

4. 社会保险基金预算。

2017 年，省级社会保险基金本年预算收入安排 285.1 亿元，较上年增长 17.3%。加上年结余收入 678 亿元，收入合计安排 963.1 亿元。支出安排 963.1亿元，其中：本年支出 213 亿元，结转下年750.1 亿元。收支增长的主要原因是 2017 年我省将正式启动机关事业单位养老保险新增预算收支。

（四）2017 年重点工作

2017 年，重点做好六个方面工作：

第一，突出财政引导，着力推动创新发展。扎实推进供给侧结构性改革，认真贯彻五大政策，全面落实“三去一降一补”五大任务，支持煤炭、钢铁化解过剩产能，促进脱困发展和转型升级，新增安排工业投资综合奖补资金支持各地产业转型发展。扩大棚改货币化安置和公租房货币化保障比例，积极推进去库存和降成本。支持灾后水利水毁修复与薄弱环节建设性治理三年行动计划，推动农业水利和生产设施建设，积极筹措资金支持推进引江济淮等重大水利工程建设，加大政府有效投资力度。支持“三重一创”建设工程，增加省级“三重一创”专项资金规模，创新资金使用方式，强化资金绩效考核，汇聚更多政策和资源，推动建立创新型现代产业体系，塑造更多发展优势。统筹推进创新体系建设，增加创新型省份建设专项资金规模，增加省级人才专项资金规模达，设立工业转型升级（中国制造 2025 安徽篇）资金，聚焦技术和产业创新、资本和金融创新、平台和企业创新、制度和政策创新四大领域,统筹产业技改、科技、人才等资金,支持量子信息国家实验室、合肥综合性国家科学中心等重大创新平台建设。支持农业供给侧结构性改革,健全农业支持保护体系,支持推进玉米收储制度改革,支持政策性粮食库存消化,推进高标准农田建设,完善粮食主产区利益补偿机制,提高粮食综合生产能力。支持开展农业产业化攻坚,推进现代生态农业产业化示范创建,加快推进省以下农业信贷担保体系建设和运营,积极培育新型农业经营主体、农业社会化服务主体和农业产业化联合体,加大"三品一标"农产品补助力度,支持发展大循环农业,提升农业竞争力。加快现代服务业发展,以科技创新走廊和双创特色小镇建设为平台,支持开展服务标准化试点,大力发展生产性服务业和生活性服务业,支持把旅游产业打造成经济发展的重要增长极和重要支柱产业。引导云计算、大数据、移动互联网、现代服务业等发展,加快发展高技术、高附加值服务外包业务,推进一批孵化器、加速器、众创空间等创新创业平台,促进工业转型升级。创新财政支出方式,鼓励发展天使投资基金、风险投资基金和产业发展投资基金,支持探索基金+产业、基金+项目、基金+激励的资金投入方式,加强与金融机构资本合作,健全普惠金融政策的正向激励机制。健全融资担保业务风险补偿机制,推广政府与社会资本合作机制,支持深化投资管理体制改革,改革完善省级财政科研项目资金管理,积极盘活政府性资金、资产、资源,多渠道筹措财政资金,支持制造强省、科教大省、技工大省建设,更好发挥财政资金的引导和撬动作用。

第二,突出活力激发,着力推动协调发展。完善区域发展财政政策体系,全面落实已有各项支持皖江、皖北、大别山区、皖南发展的财政政策,积极推进合肥都市圈、皖江示范区、淮河生态经济带、皖南国际文化旅游示范区、大别山革命老区建设,加快形成圈带互动、多点支撑的五大板块联动发展格局。优化基础设施区域布局,坚持"一尊重、五统筹",支持绿色城市、智慧城市和安全城市建设,助力资源型城市转型发展,推进水利安徽和海绵城市、地下综合管廊建设,全面支持铁路、公路、航道、航空、电网、气(油)管线、信息网络、物流通道建设,着力打造现代基础设施体系,加快补齐基础设施短板。支持推进新型城镇化试点省建设,统筹推进户籍制度改革和基本公共服务均等化,协同推进新型工业化、信息化、城镇化、农业现代化。支持县域经济发展,支持实施县域经济振兴发展工程,创新财政支持县域开发园区政策体系,促进一二三产业融合,支持县域特色经济、民营经济、商贸强县、生态名县和旅游文化名县建设,全面提升县域经济发展水平。深化县级基本财力保障机制,支持资源枯竭地区转型发展,加大对革命老区、贫困地区转移支付力度。深化农村综合改革,积极支持农村土地所有权、承包权、经营权分置改革,扩大农村集体资产股份合作制改革试点,推动农业信贷担保体系向市县延伸,扩大"资源变资产、资金变股金、农民变股东"试点,探索农田水利综合改革试点,加强乡镇涉农资金监管,继续推进农村公益事业"一事一议"财政奖补,多渠道增加投入,运用发行债券、调整结构、PPP 模式等方式,撬动社会资本投入,支持农村基础设施和公共服务建设,建设农民幸福生活美好家园。

第三,突出机制完善,着力推动绿色发展。把改善农村人居环境与推动农村经济发展、传承传统文化、保护绿水青山有机统一起来,继续加大财政综合奖补力度,支持实施森林、湿地资源保护等重大生态保护工程和大气、水、土壤污染防治,加大退耕还林还湖力度,支持山水林田湖生态保护修复工程试点,加快推进巢湖、淮河等重点流域水污染防治,加大农业面源污染防治,推进"三线三边"为重点的城乡环境综合整治,以更大力度保护和改善生态环境。推动资源节约高效利用,支持合肥、芜湖新能源汽车推广应用,推动实施"三河一湖一园一区"生态文明示范创建工程,运用财政政策推进秸秆综合利用产业化,支持以秸秆为原料的现代环保产业和环保产业园建设。大力发展生态产业,促进旅游开发,支持打造绿色经济、平台经济、分享经济,支持发展生态环保产业,促进生态优势转化为经济优势。完善生态文明财政制度,继续推进新安江、大别山生态补偿机制建设,加大重点生态功能区转移支付力度,完善森林生态效益补偿机制,安排专项资金开展特色小镇创建,完善美丽乡村建设财政多元投入机制,安排节能和生态建设、绿色建筑及建筑产业现代化奖补资金,支持建立健全排污权、碳排放权、用能权、用水权交易制度,推动更高质量、更有效率、更加公平、更可持续的发展。

第四,突出平台载体,着力推动开放发展。深化与沪苏浙一体化发展,优化财政资金、项目、政策和制度管理,支持省内中心城市与长三角城市联动发展,支持推动省里各类园区与沪苏浙有关园区对接合作,强化产业、资本、人才、技术深度合作,加快推进基础设施共建共享、市场体系统一开放、生态环境联防联控、社会管理互通互认,推动与沪浙苏地区全方位等高对接。支持引进来走出去,坚持引资与引智、进口和出口并重,支持争创国家自由贸易试验区和合芜蚌金融服务自主创新综合改革,提升与央企对接活动、与知名民企合作水平,支持举办徽商大会和中博会,加快培育“走出去”企业联盟和行业协会商会,推进国际产能和装备制造合作,推进中德合作产业园建设,支持跨境电子商务综合试验区建设,支持“电商安徽”建设,支持强化对外经贸交流,支持积极发展服务贸易,统筹水、路、港、岸、产、城布局建设,推进岸线资源综合开发,打造内陆开放新高地。支持促进外贸回稳向好,继续落实促进外贸发展各项财政政策,加强资金统筹整合,培育壮大外贸主体,支持加快大通道大平台大通关建设,促进对外贸易提质增效升级。

第五,突出民生保障,着力推动共享发展。落实以人民为中心的发展思想,守住底线、突出重点、完善制度、引导舆论,着力保障基础性、普惠性、兜底性民生,着力解决人民群众普遍关心的突出问题。继续实施33项民生工程,预计投入940.2亿元,增长13.9%,新增安排水利薄弱环节治理三年行动、健康脱贫兜底“351”及建档立卡贫困患者慢性病费用补充医疗保障“180”等6项工程,整合归并6项,提标扩面5项,继续实施22项。健全财政民生工作和民生工程绩效、责任、激励、督查问责“四位一体”的推进机制,健全工程建后管养长效机制,持续发挥民生工程功效。全力支持脱贫攻坚,省级新增专项扶贫预算资金5亿元,预计市县新增专项扶贫资金15亿元,全面推进贫困县涉农资金整合,严格落实“一办法、三清单”机制,着力推进产业扶贫与资产收益扶贫深度融合,完善贫困人口长效脱贫机制。开展扶贫资金专项监督检查,提高资金使用效益。推进基本公共服务均等化,支持扩大学前教育资源,推进义务教育学校标准化建设,免除普通高中建档立卡等家庭困难学生学杂费,落实高职、高校生均拨款政策,支持实施技工大省建设行动计划。落实更加积极的就业政策,支持开展“创业江淮”行动计划,完善就业援助措施,支持做好化解过剩产能职工安置,鼓励农民工就近就业转移就业,对贫困家庭劳动者提供每年1次免费技能培训,确保零就业家庭动态“清零”。支持推进社会保障全覆盖工程,统筹做好工伤保险基金省级统筹,推进最低生活保障制度城乡统筹发展,保障农村低保对象待遇,支持构建社会托底保障体系。深入推进健康安徽建设,推进城乡居民基本医疗保险整合,大力发展健康产业,支持公立医院债务化解,完善社会救助体系。落实文化强省建设专项资金,扎实做好文物挖掘利用和保护,加快公共文化设施建设。推进平安安徽建设,支持提升社会治安综合治理水平,推进立体化信息化社会治安防控体系建设和矛盾纠纷多元化解,加强和创新城市社区管理。支持质量安徽建设,把绿色优质农产品供给放在突出位置,推进食品药品安全监督管理。支持加强综合防灾减灾救灾能力应急体系建设。创新财政供给方式,坚持盘活存量、用活增量,更多运用政府购买服务方式,扩大民办公助、公办民营覆盖范围,保障教育、医疗、养老、社保等改革,积极支持社会事业发展,提高基本公共服务供给质量和效率,使发展成果更多更公平惠及全省人民。

第六,突出质量效益,着力深化财税改革。继续深化预算管理改革,持续深化预算信息公开,拓展预算公开评审,完善省级预算项目储备和存量资金定期清理机制,简化政府采购程序,明确各部门预算编制和预算执行主体责任,加快预算执行进度,推进财政资金统筹。继续清理规范并逐步减少专项转移支付,改变财政支出项目只增不减的固化格局,支持探索竞争性领域专项资金转化为股权投资基金,充分发挥财政资金效益。加快构建权责发生制政府综合财务报告制度。健全以政府债券为主体的举债融资机制,规范举债行为,加强风险防范,确保不发生系统性区域性财政风险。持续推进税制改革,进一步落实营改增、资源税等改革政策,配合推进增值税、资源税等立法,做好环境保护税开征准备和个人所得税税制改革前期准备,积极推进健全地方税收入体系。完善省以下财政体制,进一步推进省以下财政事权和支出责任划分改革,贯彻落实中央和地方收入划分总体方案,落实支持农业转移人口市民化的各项财政政策,激发财政体制机制活力。主动接受省人大和人大代表监督,持续抓好《预算法》《预算审查监督条例》等财经法律的贯彻落实,配合省人大常委会做好《安徽省非税收入管理条例》立法工作,坚决落实人大审查决议,认真办理人大代表建议议案和政协委员提案,主动接受人大代表和政协委员监督,不断提高为民理财水平。严肃财经纪律,深化财政内控建设,建立覆盖预算编制、执行和绩效管理的制度体系。积极落实审计监督要求,建立整改责任清单、督查清单,加强财经纪律的监督检查,确保财政运行安全高效,为经济社会发展提供良好财经环境。

2017年,财政工作任务繁重、使命光荣。在省委、省政府的坚强领导和省人大的依法监督下,我们将坚持以新发展理念引领发展行动,坚定讲看齐,坚持全面从严治党,巩固"两学一做"学习教育成果,建设廉洁财政,强化责任担当,深化财税改革,不断提升财政服务和保障水平,为决战决胜全面小康、建设创新协调绿色开放共享的美好安徽贡献积极力量!

全省财政工作重要文献

安徽省财政改革发展第十三个五年规划纲要

“十三五”是全面建成小康社会的决胜期，也是建立现代财政制度的关键期。按照中央和省委全面深化财税体制改革总体部署要求，依据《安徽省国民经济和社会发展第十三个五年规划纲要》编制本规划。本规划主要明确“十三五”我省财政改革发展的指导思想、目标任务和政策取向，是未来五年我省财政改革发展的指导性文件。

一、“十三五”安徽财政改革发展面临的形势

（一）“十二五”安徽财政改革发展取得显著成绩

“十二五”期间，在省委、省政府的坚强领导下，全省各级财政部门深入学习贯彻党的十八大、十八届三中、四中、五中全会和习近平总书记系列重要讲话精神，密切跟踪宏观形势变化，实施积极的财政政策，积极应对挑战，主动担当作为，统筹支持稳增长、促改革、调结构、惠民生、防风险，取得了显著成绩，为促进全省经济社会持续平稳健康发展作出了积极贡献。

1. 注重依法理财治税，财政实力稳中有进。全省财政收入跃上4000亿元新台阶，五年累计完成1.7万亿元，是“十一五”时期的2.5倍，年均增长14.2%。按户籍人口计算，人均财政收入由“十一五”末的3023元提高到“十二五”末的5774元。区域财政协调发展，合肥、芜湖等中心城市引领地位更加突出，皖北地区财政加快发展。县域财政发展强劲，涌现出64个财政收入超过10亿元的县（市、区）。全省财政支出规模实现新跨越，“十二五”末突破5000亿元，五年累计完成2.2万亿元，是“十一五”的2.5倍，年均增长15.1%，对全省经济社会发展的支撑力和调控力明显增强。

2. 注重发挥职能作用，经济发展提质增效。认真实施积极的财政政策，更多依靠市场力量，更多运用改革办法，充分发挥财政杠杆作用和牵引撬动效应，千方百计稳增长、调结构、转方式、促升级。累计发行置换债券1919.8亿元、新增债券1169.7亿元，建立省级棚户区改造融资平台、争取国开行贷款额度1371亿元、农发行贷款额度472亿元，开展政府与社会资本合作（PPP）模式、落地实施PPP项目29个、总投资334.7亿元，以政府性投入带动投资快速增长。从2013年开始连续5年省财政每年筹措安排31亿元支持政策性担保体系建设，累计安排20亿元续贷过桥资金，在全国率先推出“4321”新型政银担合作机制、建立省级涉企收费清单，实施一系列税费减免政策，促进中小微企业、民营经济和实体经济发展。综合运用财政投资、税收优惠、资金扶持、贷款贴息等手段，大力支持实施“调转促”行动计划、创新驱动战略和生态强省建设。支持推进新型城镇化试点，财政区域政策首次覆盖全省，有力推动城乡区域

发展更加协调。

3. 注重深化财政改革,发展动力逐步增强。推进政府收支一律纳入预算并公开制度、所有财政资金一律接受财政监督制度、长期沉淀资金一律调整收回制度等“四个一律”制度全面落实。中期财政规划稳步推开,政府综合财务报告试编范围覆盖全省。省级部门专项资金全部实行清单管理,160 项专项转移支付全部公开,实现清单之外无专项。将国有资本经营预算实施范围扩大至省国资委监管以外的其他省属企业,统一省属企业国有资本收益上交标准,“十二五”末提高到 15%。在全国率先建立“1 +6”债务管理制度体系,发债利率成为全国最低省份之一。启动营业税改征增值税改革试点,五年累计减免税费超过 1900 亿元。农业三项补贴政策改革试点稳步开展。累计完成政府购买服务试点项目 3748 个,涉及资金共计 210 亿元。新安江流域生态补偿政策试点启动,大别山水环境生态补偿政策有效实施,省级大气污染防治财政保障机制基本建成。

4. 注重以人为本理念,民生财政持续发力。坚持调整和优化财政支出结构,财政支出更多地向“三农”倾斜、向艰苦地区倾斜、向基层一线倾斜、向困难群体倾斜,强农惠农富农政策的有效落实,推动了城乡基本公共服务均等化,加快了社会事业均衡发展。民生支出五年累计达 1.8 万亿元,民生支出占财政支出比重由“十一五”末的 76.9% 提高到“十二五”末的 84%。通过“一卡通”五年累计发放惠农补贴资金 1015.6 亿元,受益人员达 6000 万人。牵头组织实施民生工程,将民生工程项目的确定与“五有”目标任务和国家的政策导向相衔接,做到可持续、保基本、常态化,五年累计投入 3051.7 亿元、实施 43 项民生工程,民生的投入筹资机制、项目征集机制、工程运行机制、工作管理机制、效果督查机制逐步健全。

5. 注重加强队伍建设,财政作风不断改进。加强财政机关党建,深入开展党的群众路线教育实践活动和“三严三实”专题教育,大力弘扬“沈浩精神”,提炼并践行安徽财政精神。坚持宽领域、一体化、分层次、分类别地做好干部选拔任用和动态管理工作,建立扁平化管理机制,实现财政走访巡查全覆盖、财政内部控制全覆盖、财政干部交流轮岗全覆盖、财政制度规范全覆盖。创新开展城乡基层党组织结对共建、预算部门会商工作,建立省市县财政系统帮联工作机制和行风巡查机制,做到抓机关、带系统、促基层,财政服务水平不断提高,省财政厅连续两届获得“全国文明单位”,连续 8 年被评为省直机关效能建设优秀单位,在省直机关政风行风评议中持续位居前列。

过去五年,成就令人振奋,经验弥足珍贵。做好财政改革发展工作,必须坚持围绕中心和服务大局,自觉贯彻省委、省政府决策部署和财政部工作要求,立足财政、着眼全局,立足当前、兼顾长远,厚植好实体经济的财政之源,保障好财政兜底的民生底线,充分发挥财政职能作用;必须坚持问题导向和改革创新,不断开展“回头看”,总结成功经验,查找薄弱环节,善于运用改革的办法破解难题、化解矛盾,探索创新放大财政政策资金的市场撬动效应,使市场在资源配置中起决定性作用和更好发挥政府作用;必须坚持科学谋划和主动作为,始终居安思危、未雨绸缪,加强财政政策分析和形势趋势研判,主动谋划、主动买单,科学决策、精准施策,坚持原则、敢于担当,灵活运用财政政策,用好用活财政资金;必须坚持提升质量和注重效益,坚守财政质量效益的生命线,坚持“花钱要有效、无效必问责”,将绩效观念和绩效要求渗透到财政管理的各个环节和财政工作的方方面面,多做打基础、利长远、建机制、可持续的事情;必须坚持锤炼作风和服务协调,不断创新服务方式方法,为基层群众服务、为事业发展服务、为预算单位服务,在优化服务中转变作风、在转变作风中实干进取;必须坚持凝心聚力和同步一体,牢固树立“一盘棋”思想,推动财政系统一体化、财政财务一体化,积极形成系统联动、内外协同的工作合力。

(二)“十三五”安徽财政改革发展面临的机遇和挑战

今后五年,我省财政改革发展将步入新的阶段。认识新常态、适应新常态、引领新常态将成为全省财政改革发展的大逻辑,围绕全面建成小康社会决胜阶段目标要求,如何把握战略机遇,化解风险挑战,贯彻落实好“五大发展理念”,全力支持供给侧结构性改革,牢牢把握财政工作主动权,将是全省各级财政部门必须认清和面对的重大任务。

1. 从外部看,我省财政改革发展面临诸多机遇和挑战。

从战略机遇看。我省经济运行仍然处于重要战略机遇期,财政改革发展面临诸多有利条件。一是全面深化改革有利于激发我省发展新活力。国家深入推进供给侧结构性改革，我省全面实施调转促"4105"行动计划，深入推进"放管服"改革，市场活力和创新驱动力逐步增强，有利于将更多的财政资源投到培育发展新动力、拓展发展新空间、构建产业新体系、完善发展新体制上，释放更多的改革红利。二是在全国率先系统推进全面创新改革实验有利于我省加快培育新动能。国家批准我省系统推进全面创新改革试验方案，成功争取财政部授权我省在科技成果转化股权激励个人所得税递延等方面先行先试，将有利于我省打造完整的创新产业体系，进一步为支撑财政经济发展提供强大新动能。三是"一带一路"和长江经济带建设有利于开创我省开放合作新优势。国家推动"一带一路"、京津冀一体化发展和长江经济带建设，将有利于我省发挥承东启西、联南贯北的区位优势，在全国区域发展格局中的战略地位进一步突显，促使更多的企业走出去发展，加快形成更高水平的开放经济带，财政改革与发展的潜力、前景均将进一步凸显。四是国家区域战略深化实施有利于构建我省区域协调发展新格局。皖江承接产业转移、淮河流域综合治理和绿色发展、大黄山国家公园建设、大别山革命老区振兴发展与扶贫攻坚的不断推进，将进一步壮大地方财政实力，有利于培育形成财政新的区域增长极，财政也将在促进经济区域发展公平、协调、共享等方面发挥越来越重要的作用。五是国家新型城镇化、农业现代化建设和打造生态文明建设安徽样板方案的启动，有利于拓展我省发展新空间。我省新型工业化、信息化、城镇化、农业现代化将进入快速发展阶段，投资和消费需求潜力巨大，将有力地促进财政经济发展质量和水平提升，带动新常态下的经济增长，财政经济发展空间和格局将进一步得到优化。

从风险挑战看。我省财政改革发展面临一些困难和挑战。一是发展不足与结构不优并存压力加大。传统优势产业增长乏力，部分行业产能过剩问题严重，服务业比重小，投资下行压力加大，投资效益亟待提高，民营经济实力不强，区域和城乡发展差距大，资源型城市转型压力大，扶贫开发任务艰巨，财政大力推动供给侧结构性改革的任务十分繁重和艰巨。二是区域竞争更加激烈。沿海发达地区进入优化发展阶段，中西部地区开放优势增强，挤压我省传统支柱产业和战略性新兴产业发展空间，影响我省加快承接产业转移，将对我省经济发展产生挤出效应，进而对我省财源、税源造成影响。三是资源环境约束进一步强化。新常态下我省长期依赖的低成本优势明显弱化，资源环境压力日益加大，国土开发强度接近上限，劳动力成本大幅攀升，水资源供需矛盾日益加剧，节能减排和环境保护任务艰巨，财政支持资源环境优化的任务将越来越繁重。四是人口红利下降的影响逐步显现。劳动力短缺、人口老龄化导致潜在增长率下降，财政经济可持续发展将一定程度面临挑战。

2. 从内部看，我省财政改革发展将面临一些新情况和新变化。一是中央明确提出实行宏观政策要稳、产业政策要准、微观政策要活、改革政策要实、社会政策要托底的五大政策支柱，我省财政部门将以此为契机，在落实积极的财政政策、大力支持调转促"4105"行动计划、激发企业活力和消费潜力、做好保基本、兜底线工作等方面打好落实仗、持久仗，充分发挥政策叠加效应，促进财政经济持续健康较快发展。二是抓好去产能、去库存、去杠杆、降成本、补短板等经济工作五大任务，对财政改革发展提出了新要求，指明了新方向。我省财政部门必将在着力支持化解过剩产能、完善住房保障制度、防范化解财政金融风险、推进企业降本增效、增强财政资金和财政政策精准和指向性等方面，选准突破口，找准着力点，为增强经济社会发展后劲起到更有力、更有效的作用。三是在"三期叠加"的背景下，经济风险发生的可能性将上升，城乡区域发展差距仍然较大，国家将实施一系列结构性减税和普惠性降税政策，财政收入潜在增长率将下降，财政协调发展任务将十分繁重。四是财政支出面临较大的刚性增长压力，养老保险、医疗改革、公共安全、生态环境保护、涉及民生的基础设施投入、收入分配制度改革等都需要增加支出，财政支出增长超过财政收入增长的趋势将进一步加大，财政收支矛盾进一步加剧，如何加强收支预期管理，确保收支平衡，对我省财政改革发展提出了更高的要求。五是随着国家和我省财税体制改革的继续深化推进，财政自身的结构性问题将进一步得到改革和完善，现代财政制度将加快建立，财政对国家治理的基础和重要支柱作用将进一步凸显。

总体判断，今后五年，我省处于可以大有作为的战略机遇期。短期内，推进战略性调整、破旧立新、加快转变发展方式，经济将震荡筑底，实现L型走势，财政收入增速低于经济增长的局面可能会持续；

长期看,随着国家税制改革的不断完善,经济结构的逐步优化,改革红利的不断释放,财政收入增速可能会逐步提高。总体上,全省财政收入的增长速度将基本保持在中速增长状态,与GDP增长同步。只要我们坚定信心,抢抓机遇,趋利避害,开拓进取,把自身优势与外部机遇很好地结合起来,就能努力实现我省经济社会发展的新跨越、实现财政改革发展的新突破。

二、"十三五"安徽财政改革发展的指导思想和目标任务

(一)指导思想

深入学习贯彻习近平总书记系列重要讲话精神和视察安徽重要讲话,以及党的十八大和十八届三中、四中、五中全会精神,坚持"五位一体"总体布局和"四个全面"战略布局,遵循创新、协调、绿色、开放、共享发展理念,围绕"一大目标、五大任务",全面贯彻落实省委、省政府决策部署,认真实施财政政策,加快财税体制改革,加强法治财政建设,强化财政预期管理,不断优化和调整财政支出结构,集中财力深化供给侧结构性改革、提高经济发展质量和效益、支持脱贫攻坚和改善民生,更好地发挥财政职能作用,为打造创新型"三个强省"、奋力在中部崛起中闯出新路、向全国第一方阵冲刺、全面建成小康社会提供坚实有力的财政保障。

必须遵循以下基本原则:

坚持财政厚植财源不动摇。落实稳增长举措和结构性减税、普遍性降费政策,并通过加强产业发展基金管理、推广运用PPP模式、推进融资担保体系建设等方式,放大财政杠杆作用,助力实体经济发展,千方百计培育财源、涵养财源、壮大财源、厚植财源。

坚持财政质量效益不动摇。坚持财政收入有质量、可持续,坚持勤俭办一切事业、集中财力办大事,坚持"花钱要有效、无效必问责",全力支持调转促"4105"行动计划、系统推进全面创新改革试验、合芜蚌国家自主创新示范区、"三重一创建设"、现代农业发展、"三去一降一补"政策落实,多做打基础、利长远、建机制、可持续的事情。

坚持财政民生共享不动摇。坚持量力而行、尽力而为,加大基本公共服务投入,着力项目选择精准、政策制定精准、资金使用精准,着力政府主导安排、财政投入撬动、市场社会参与、人人主动尽责,加快健全民生工程和民生工作长效机制,积极支持脱贫攻坚、生态环保和社会事业发展。

坚持财政协调平衡不动摇。发挥财政政策与税收、产业、金融政策的综合叠加效应,加强预算编制、执行、监督、绩效、决算管理,编制三年滚动预算和中期财政规划,保持精算平衡,有效聚集财力,合理分配财力,不断增强财政政策、财政资金、财政管理的协调平衡性。

坚持财政改革创新不动摇。扎实推进预算管理制度、税收制度、省市县财政事权和支出责任划分改革,基本建立现代财政制度,并统筹支持其他重点领域改革,积极推行购买服务、民办公助、公办民营等市场化运作方式,遵循市场在资源配置中的决定性作用和更好地发挥政府作用。

坚持财政党的建设不动摇。巩固党的群众路线教育实践活动、"三严三实"专题教育、"两学一做"学习教育成果,健全部门会商、结对共建、系统帮联、行风巡查等机制,深入推进财政思想建设、组织建设、作风建设、反腐倡廉建设和制度建设,不断增强政治意识、大局意识、核心意识、看齐意识,保持忠诚、干净、担当的良好形象。

(二)目标任务

按照全面建成小康社会的目标要求,综合考虑未来发展趋势和条件,今后五年我省财政改革发展的主要目标任务是:

1. 财政收支运行平稳健康。全省财政收入与GDP增长同步。到2020年,财政收入达到6000亿元,财政收支总量在全国位次前移,人均水平与全国平均水平的差距进一步缩小,税收收入占财政收入比重稳步提高,财政支出结构进一步优化,财政支持发展、保障民生的能力进一步增强。

2. 财税体制改革全面深化。到2020年,基本建立全面规范、公开透明的现代预算制度,政府预算体系更加完善,政府债务管理更加规范,税收制度改革稳步推进,省市县财政事权与支出责任划分更加合理,现代财政制度基本建立。

3. 法治财政建设深入推进。到2020年,建成完备的财政制度规范机制、高效的财政运行实施机制、严密的行政权力监督机制、有力的法治财政保障机制,形成全面规范科学有效的财政法治体系,实现财政管理规范化、制度化、法治化。

4. 区域财政发展更加协调。到2020年,县均财政收入超过25亿元,省市县三级财政发展更加协调。

财政支持区域发展政策更加科学，皖江示范区、皖北地区、皖南国际文化旅游示范区、大别山革命老区等区域更好发展，支持推进国家级合肥滨湖新区、淮河流域综合治理和绿色发展、大黄山国家公园等战略平台建设，形成多级支撑、多元发展的良好局面。

三、“十三五”安徽财政改革发展的政策措施

为全面完成我省财政改革发展目标任务，今后五年主要采取以下政策举措。

（一）全面落实“调转促”行动计划，推动产业发展迈向中高端

1. 支持战略性新兴产业培育壮大。整合财政支持产业发展专项资金，充分发挥战略性新兴产业集聚发展基地建设专项引导资金作用，推进产业基地建设，不断延伸完善战略性新兴产业链条。支持新兴产业“三重一创”建设，加快建设一批产业配套完备、创新优势突出、区域特色明显、规模效益显著的国内一流战略性新兴产业集聚发展基地和新型工业化示范基地，培育发展新一代信息技术、智能装备、先进轨道交通装备等先进制造业。完善财政政策支持体系，支持实施一批重大科技专项，突破一批核心技术和关键共性技术，抢占产业发展制高点。

2. 促进传统产业优化升级。贯彻落实“中国制造 2025 安徽篇”，扩大企业技术改造资金规模，实施工业投资综合奖补，引导企业加大技改投入，推动技术、产品、管理创新并举，推动制造强省建设。全力支持“两煤一钢”去产能，推动煤炭钢铁企业脱困发展、提质增效。统筹使用节能专项资金，支持节能、节水、节电和资源综合利用项目建设，推进传统产业绿色化改造。加大产业重组支持力度，优化传统产业组织结构，提高企业规模化和集约化水平。继续支持汽车生产企业自主创新，支持煤矿和非煤矿山安全技改工作，继续实施差别电价政策，引导企业淘汰落后产能，加快产能出清。

3. 推动现代服务业加快发展。以支持实施服务业加快发展工程为抓手，强化服务业财政政策支撑，推动生产性服务业专业化、生活性服务业品质化，加快服务业综合改革试点。支持服务业集聚发展，依托中心城市、工业集聚地和交通枢纽，完善服务功能区，创新发展模式，打造一批主体功能突出的现代服务业集聚区。从省统筹基本建设资金中切块安排服务发展引导资金，支持金融服务、现代物流等现代服务业重点项目建设。

4. 支持“互联网 +”行动计划稳步实施。优化两化融合专项资金使用结构，推动“互联网 +”深度融合，加快智能装备产业发展。完善云计算大数据产业发展专项资金使用方式，支持云计算创业项目孵化、市场主体培育、创新创业平台打造、产业园区发展、公共服务平台建设、人才引进培养、产业环境营造等，推动互联网与经济社会各领域深度融合发展。

（二）推进全面创新改革试验，构建创新驱动发展新体制

1. 支持全面创新改革试验区建设。以科技创新为核心，以破除体制机制障碍为主攻方向，以合芜蚌地区为依托，与建设创新型省份、合芜蚌国家自主创新示范区、皖江城市带承接产业转移示范区统筹结合，积极探索相关财税政策，支持综合性国家科学中心和产业创新中心建设。改进和完善科研项目资金管理改革政策，进一步简政放权、放管结合、优化服务，建立符合创新规律的财政资源管理制度，让资金和管理制度为人的创造性服务。完善创新型省份建设财政政策，围绕产业链部署创新链，围绕创新链完善资金链，探索实施财政科技扶持新机制，提升全省自主创新能力和综合竞争力，全力服务支持科技强省建设。

2. 推动大众创业万众创新。通过财政补助、股权激励、贷款支持等方式，激发创新创业主体活力，充分调动高校院所科技人员、高层次人才、青年大学生以及草根能人创新创业激情。加强小微企业创新创业示范补助资金跟踪问效，整合教育、科技、技改等资金，采取多种有效方式促进中小企业特别是小微企业发展。支持形成一批众创、众包、众扶、众筹等支撑平台，构建由创新企业、创新人才、创新金融、创新孵化平台、创新政策组成的创新生态体系，提升创新创业服务水平。

3. 支持实体经济创新转型发展。全面落实支持实体经济发展的各项财政政策，执行好结构性减税和普遍性降费政策，支持建立公共服务清单和中介服务清单、市场负面清单制度，建立涉企收费清单动态调整机制，帮助企业降低成本。完善扶持民营经济发展的财政政策措施，支持民营企业依法进入保障房建设和铁路、电力等更多领域，鼓励民营资本参与国有企业改制重组、国有控股公司增资扩股以及企业经营管理。设立军民融合发展专项资金，支持经济建设和国防建设深度融合发展。

4. 加快政策性融资担保体系建设。完善国有资本金持续补充机制,发挥国有及国有控股融资担保机构主导作用。支持县域政策性融资担保机构做大做强,鼓励符合条件的政策性融资担保机构通过多层次资本市场融资发展。积极构建分层政策性融资担保体系,探索推行"担保 +"合作模式。完善"4321"政银担风险分担合作机制,落实风险补偿资金保障,深入推进政银担合作试点。加快推进小微企业信用信息体系建设,开展政策性融资担保机构信用评级工作。强化政策性融资担保财务监管和绩效评价,管好用好续贷过桥资金,进一步畅通金融进入实体经济的管道。

5. 推广政府与社会资本合作(PPP)模式。建立健全 PPP 相关制度和推进机制,在能源、交通运输、水利、环境保护、农业、林业、科技、保障性安居工程、医疗、卫生、养老、教育、文化等公共服务领域,广泛采用 PPP 模式。规范 PPP 项目实施,选择一批有代表性、有影响力的项目向社会公开发布,择优申报全国示范。加大政策支持,进一步简化项目审批流程,增强社会资本投资信心,引导社会资本积极参与 PPP 项目。

(三)加大财政支持力度,推动现代农业发展

1. 持续加大支农投入。强化财政支农资金和政策导向作用,形成多元化农业投入格局,引导社会资本投入农业农村,重点向农村基础设施建设、农村基本公共服务、粮食和食品安全等领域倾斜。积极争取中央产粮、产油、生猪调出大县奖励资金,支持全省粮食生产及相关产业发展。落实棉花目标价格改革补贴政策,调动棉农种植积极性。全面推开农业三项补贴改革,建立健全农业信贷担保体系。稳步推进政策性农业保险,大力发展特色农业保险,提高农业保险的覆盖面。健全涉农资金监管制度体系,完善惠农补贴"一卡通"管理发放机制,落实乡镇包村干部监管涉农资金、乡镇财政财务互审等工作机制,加快构建财政支农政策落地上下联动和涉农资金监管信息反馈机制,保障强农惠农政策精准落实。

2. 支持农业发展方式转变。落实高标准农田建设规划,推动高标准农田项目继续向粮食主产县倾斜。继续推进现代农业综合开发示范区建设,大力推广农业新科技,积极发展循环农业,支持农业优势特色产业体系建设。支持农业产业龙头与建基地有机结合,推进产业基地规模化、标准化建设。引导农业生产面向市场需求,大力支持发展绿色农业、生态农业、特色农业和品牌农业,培育壮大区域主导产业。推动建立农业科技创新激励机制,支持产学研合作的农业科技创新与集成示范基地建设,支持现代农业科技创新推广体系建设,切实提高农业科技成果的转化率。

3. 扶持新型农业经营主体。大力扶持带动力强、示范引领作用突出的龙头企业,支持农民合作社与龙头企业联合聚集发展,逐步将专业大户、家庭农场纳入扶持范围,支持打造新型职业农民,培育壮大新型农业经营主体。探索先建后补、以奖代补等多种扶持方式,支持新型农业经营主体加强农业基础设施建设,有序推进土地流转,提升农业产业化经营水平。通过开展政府购买农业公益服务等方式,积极培育专业化、市场化社会服务组织,健全农业生产经营社会化服务体系。

4. 支持美丽乡村建设。加大涉农资金整合和社会资金引导力度,推进国家美丽乡村建设试点,全面推进美丽乡镇建设、中心村建设和自然村环境整治,支持村级基础设施和公益事业发展。切实加强财政资金监管,持续提升财政支持美丽乡村建设绩效。

5. 深化农村综合改革。进一步健全村级公益事业建设一事一议财政奖补投入机制,加大贫困地区支持力度,实现贫困村一事一议财政奖补项目全覆盖。着力深化农村综合改革示范试点,开展农村公共服务运行维护机制改革试点,探索建立产权主体明晰、分类责任明确的村级公共基础设施管护机制。推进扶持村集体经济发展试点,积极探索多种集体经济实现形式,壮大集体经济,增加农民收入。加大转移支付力度,促进县级落实财政补助政策,积极探索建立以集体收入为主、财政补助为补充的村级组织运转经费保障新机制。

(四)推动新型城镇化试点省建设,促进城乡区域协调发展

1. 完善区域财政扶持政策。强化财政区域政策功能,有针对性地支持推进皖江示范区成为长江经济带重要战略支点、合肥经济圈成为全省核心增长极、皖北成为"四化"协调发展先行区,促进皖西革命老区振兴发展、皖南国际文化旅游示范区及大黄山国家公园建设。

2. 健全财政转移支付同农业转移人口市民化挂钩机制。完善省以下转移支付办法,考虑农业转移

人口因素,科学设置与转移人口基本公共服务相关的转移支付测算因素、权重,引导市县政府加快符合条件的农业转移人口落户。

3. 支持县域经济加快发展。坚持分类指导、突出特色、绿色生态、转型发展,发挥比较优势,支持培育一批工业强县、农业强县和生态名县,打造县域经济特色化发展新格局。鼓励市县联合设立产业发展引导基金,支持县域科技创新、产业创新、企业创新,促进县域企业融入全省区域创新体系。参与制定县域经济科学评价体系,发挥考核指挥棒作用,促进县域经济总量取得突破、县均财政收入取得突破。

4. 加大基础设施有效投入。统筹一般公共预算、地方债等资金,支持全省高速公路、国省干线公路、水路、民航机场和铁路建设,有效构建现代综合交通运输体系。完善财政扶持政策,推动能源消费、供给、技术、体制改革,支持现代能源体系建设。强化财政投入引导功能,加快现代水利建设,提升水利基础设施承载力。

5. 推进国家新型城镇化试点省建设。逐步建立起政府引导、市场运作、渠道畅通的城市基础设施投融资体制,创新市场化融资模式,放宽准入,完善监管。采取经营性收益权、政府购买服务、财政补贴等多种形式,建立政府与社会资本风险分担、收益共享的合作机制,支持海绵城市和城市地下管廊建设。

(五)全面融入国家开发战略,支持构建全面开放新格局

1. 融入国家“三大战略”布局。密切跟踪国家实施“三大”战略举措,积极参与区域合作,探索完善相关财税扶持政策措施,支持搭建“一带一路”、长江经济带和京津冀协同发展各类合作交流平台,推动产业发展互补互促、资源要素对接对流、公共服务共建共享。

2. 推进长三角一体化深化发展。加强财政体制政策对接,探索财政区域政策互动合作机制,密切长江上下游地区各省财政部门之间的联系,争取中央加大对长三角中部省份的财政转移支付力度,加强政策统筹协调,推动劳动力、资本、技术等要素跨区域流动和优化配置。

3. 支持开放型经济发展。加大财政支持力度,畅通对外开放大通道,推动一体化大通关,加强安徽自贸区、合肥综合保税区等口岸和海关特殊监管区域建设。统筹利用财政资金,发展壮大外贸经营主体,推动外贸稳增长、调结构,加快培育外贸竞争新优势,推动开放型经济转型升级。积极争取国家外经贸发展和中非发展等资金(基金)支持,继续安排省级专项资金,落实相关税收优惠政策,加强“走出去”服务支持,支持企业开展国际产能和装备制造合作,不断扩大对外投资合作力度。

4. 推动开发区转型升级。充分发挥开发区对外开放平台作用,支持开发区创新发展理念,完善开发区财政管理体制,推动开发区由速度数量型向质量特色型转变。强化开发区投融资平台管理,多渠道筹集园区建设资金,鼓励引导民营资本参与开发区建设。严格项目准入、投资强度和环境评价关,提高开发区资源节约利用水平。支持深入开展园区合作共建,促进主导产业集聚发展,加快产城融合力度,推动创建中德智慧产业园,努力把开发区建成产业转型示范区、产城一体新城区、对外开放新高地和体制机制创新先行区。

(六)支持生态环境改善,提高绿色发展水平

1. 完善财政支持政策体系。落实主体功能区规划,建立健全与主体功能区相适应的财政政策体系。支持重点开发区提高产业和人口集聚度,加大对农产品主产区和重点生态功能区的转移支付力度。健全资源有偿使用制度,加快推进排污权交易试点,探索建立排污权、碳排放权、用能权、用水权交易制度。

2. 实施环境治理综合奖补。认真落实大气污染防治行动计划,实施秸秆禁烧和综合利用综合奖补、黄标车提前淘汰奖补、大气污染防治综合奖补等政策。支持推进地表水与地下水污染防治,实施湖泊生态环境保护项目,建立从水源到水龙头全过程安全监管机制。实施土壤污染防治行动计划,重点支持农产品产地重金属污染防治、被污染地块分类污染治理与修复。

3. 完善横向生态补偿机制。进一步完善大别山区水环境生态补偿,开展省内流域生态补偿试点。继续推进皖浙两省新安江流域生态补偿,制定横向生态补偿办法,加快形成生态损害者赔偿、受益者付费、保护者得到合理补偿的运行机制。建立生态补偿效果评估制度,完善生态保护成效与资金分配挂钩的激励约束机制。按照“谁受益谁补偿”的原则,支持推动长三角区域大气污染防治协作机制,探索建立能源资源跨区域调配的环境修复补偿机制。

(七)加强社会建设,推进发展成果共享

1. 深入实施民生工程。围绕脱贫攻坚、"三农"工作等重要方面,持续加大民生投入,着力推进项目选择科学化、资金保障多元化、过程管控常态化、建后管养长效化、结果考核精准化、信息宣传持续化。履行财政部门牵头管理责任,压实部门和市县主体责任,进一步提升民生工程实施精准度。强化民生工程建后管养,努力构建"政府主导安排、财政投入撬动、市场社会参与、人人主动尽责"管养新格局。完善督促检查、目标考核、人大政协视察巡查、社情民意调查、第三方评估等民生工程绩效评价体系。运用"互联网+"模式,推进民生信息网上公开公示,完善民生工程网络平台建设。

2. 支持教育事业发展。加大义务教育经费统筹力度,向贫困地区和薄弱学校倾斜,支持全面改善贫困地区薄弱学校基本办学条件。建立以促进改革和提高绩效为导向的生均拨款制度,支持打造一批职业教育示范基地。支持扩大公益性、普惠性学前教育资源,继续加大对贫困地区普惠性民办园的奖补。健全学生资助政策体系,逐步完善"奖、贷、助、补、减"有机结合、覆盖从学前教育到研究生教育学生资助体系。落实乡村教师工作补贴政策,建立健全师资均衡化发展长效机制,提升各级教师队伍素质。优化资金支出结构,深入推进一流学科和智库建设,促进社会科学发展。

3. 支持医药卫生体制深化改革。支持基层加强服务能力建设、完善医疗服务模式,巩固基层医药卫生体制改革和县级公立医院改革成果。支持城乡医保制度整合,推动政府购买商业保险经办城乡基本医保业务,完善基本公共卫生服务机制。健全城市公立医院预算管理制度,加强对公立医院资产配置、使用、处置和收益管理及绩效评价。落实鼓励社会力量兴办医疗服务机构的财税优惠政策。参与公立医院改制,探索推进非营利性民营医院和公立医院同待遇。

4. 促进就业和社会保障水平提升。建立健全城乡统筹的公平就业政策,促进优化就业结构。完善城乡社会救助社会福利体系,逐步构建梯度救助体系。鼓励各地逐步建立低收入老年人高龄津贴和养老服务补贴制度。完善人口与计划生育"奖扶"、"特扶"等财政补助机制。建立和完善贫困残疾人生活补贴制度和重度残疾人护理补贴制度。推进机关事业单位养老保险改革,建立健全职业年金制度,制定我省养老保险基金运营投资办法,推进社保基金市场化运作。

5. 调整完善住房保障财政政策。加大保障性住房租赁补贴发放力度,引导社会资本参与公租房投资建设和营运管理。加快推进集中成片棚户区改造,逐步将其他棚户区、城中村改造和城市危房改造等纳入城市棚户区改造范围。积极争取政策性银行和商业银行对棚户区改造贷款资金支持,加大棚户区改造资金投入,推进棚户区改造货币化安置。支持农村住房改造,基本建立农房救助体系、农房防灾减灾保障体系。

6. 支持文化体育发展繁荣。调整完善财政投入方式以及相关财税政策,支持经营性文化事业单位转企改制和文化企业发展。整合优化财政文化资金,推动文化资源整合、共建共享,保障公共文化服务体系建设和运行。支持弘扬传统文化,加强重点文物、非物质文化遗产和传统戏曲的传承保护,促进社会主义文艺精品创作生产。优化财政资金扶持方式,支持文化企业积极稳妥实施资本运作。对不同性质和规模的企事业实行差异化扶持方式,扶持文化企业做大做强。创新财政资金管理、使用方式,推动体育产业发展。

7. 支持提升社会治理水平。完善财政投入方式,支持食品药品体系监管改革,推进食品药品监管城乡一体化建设和信息化建设,支持构建统一权威、科学高效的食品药品安全综合治理体系,切实保障人民群众饮食用药安全。完善社区自治组织运行经费投入机制,统筹使用各类资金支持社区基础设施和公共服务设施建设,增强社区服务功能,实现政府治理和社会调节、居民自治良性互动。多渠道筹措资金,完善差别化扶持政策,支持少数民族和民族聚居区发展。

8. 推动公共安全治理体系建设。支持武警部队、国防和后备力量建设,支持立体化、数字化社会治安防控体系建设,支持社会治理、维稳处突、防邪反恐、强制戒毒、法律援助、社区矫正、安置帮教、人民调解等工作,提升平安安徽、法治安徽建设能力和水平。加大安全生产隐患排查和安全监管信息化建设等方面投入力度,统筹安排安全生产应急救援和队伍共建资金,或通过政府购买服务方式,完善应急管理和应急救援协调联动工作机制,提高事故灾害应急处置水平。

（八）支持精准扶贫，保障完成脱贫攻坚任务

1. 强化投入保障。充分考虑建档立卡贫困人口因素，加大对贫困地区一般性转移支付力度。充分考虑贫困村和贫困人口因素，将各项涉及民生的专项转移支付，最大限度地向贫困地区、贫困村、贫困人口倾斜。加大财政存量资金对扶贫的投入力度，清理收回的财政存量资金，在符合规定的前提下，优先用于脱贫攻坚。

2. 推进统筹整合。统筹扶贫资金，建立扶贫资金统筹整合清单，将各级扶贫资金、各类相关资金捆绑集中使用，聚焦投向贫困地区。统筹扶贫项目，整合各类涉农项目，与发展生产脱贫、易地扶贫搬迁、生态补偿脱贫、发展教育脱贫、社会兜底脱贫等全面聚合，优先投向贫困地区和贫困人口。统筹扶贫政策，推进财政支持脱贫攻坚的税费倾斜政策、稳定保障政策与产业政策、金融政策、区域政策等相衔接，鼓励创新金融产品，加大对贫困县融资担保支持。统筹扶贫资源，综合运用产业基金、金融资本、社会资金等方式，引导社会力量共同参与脱贫攻坚。

3. 创新支持方式。创新扶贫资金精准导向机制，强化扶贫资金使用的减贫绩效目标量化考评，下放资金项目审批权限，增强贫困地区统筹能力。创新脱贫开发平台建设，调整地方政府债务结构，支持设立省级扶贫开发融资平台公司，撬动社会资金支持易地扶贫搬迁项目建设。创新资产收益脱贫机制，将财政投入农业、光伏、乡村旅游等项目形成的资产，具备条件的折股量化给贫困村和贫困户，积极推行土地流转、光伏扶贫、土地入股等方法，增加贫困对象收入。创新贫困风险防范机制，积极完善医疗保险、医疗救助、教育资助、农村最低生活保障制度等社会救助体系，兜底防范贫困户生活性风险，扩大农业保险覆盖面，支持贫困地区开展特色农产品价格保险，增加对贫困户商业性保险保费补贴，有效防范贫困户生产性和市场性风险。

4. 健全完善管理制度。建立财政脱贫资金使用负面清单，严禁以脱贫名义截留、挤占和挪用财政资金。加强财政扶贫资金动态管理，建立财政扶贫资金绩效评价体系，绩效结果与扶贫资金安排相挂钩，实行奖优罚劣。全面推行落实扶贫资金项目公告公示制度，对个人补贴类资金，实行乡村两级公开；对工程项目类资金，实行县、乡、村三级公开。建立健全扶贫项目巡查制度，加强对财政脱贫攻坚政策、资金、项目的动态和常态监督。

（九）全面深化财税改革，建立现代财政制度

1. 推行税费征管改革。全面实行营业税改征增值税，建立符合产业发展规律、规范的消费型增值税制度，落实消费税制度改革。全面推进资源税从价计征改革，建立环境保护税制度，将排污收费改为环境保护税。适时推进房地产税改革，逐步建立综合与分类相结合的个人所得税制。加强财政收入预期管理，依法加强税收征管，强化非税收入管理，着力提高财政收入质量。建立健全国有资源、资产有偿使用制度和收益共享机制，逐步提高国有资本收益上缴比例，确保到2020年上缴公共财政比例达到30%，更多用于保障和改善民生。

2. 建立健全规范透明预算制度。完善政府预算体系，将政府所有收支纳入预算管理范围，加大政府性基金预算、国有资本经营预算与一般公共预算统筹力度。改进财政预算编制，完善预算编制流程，健全定额标准体系，推进预决算公开。改进年度预算控制，加强预算审核，实施跨年度预算平衡机制。强化预算执行管理，从严控制预算追加，依法做好预算调整。健全预算评审和绩效评价机制，强化财政预算绩效目标管理。建立健全权责发生制政府综合财务报告制度。加强国库现金管理，规范国库集中支付运行管理，完善国库单一账户体系，健全财政资金支出管理制度，强化资金支出监控。盘活财政资金存量，激活财政投入方式，强化运用绩效管理结果，提高财政资金使用效益。加强行政事业单位国有资产管理，完善国有资本经营预算制度。完善政府采购制度，规范政府采购行为，进一步提升政府采购绩效。

3. 建立财政事权和支出责任相适应的制度。聚焦基本公共服务，坚持“谁的财政事权谁承担支出责任”的原则，明确省级政府在保持区域内经济社会稳定、促进经济协调、推进区域内基本公共服务均等化等方面职责，合理划分省市县财政事权与支出责任，将适宜由基层政府发挥信息、管理优势的基本公共服务职能下移，初步建立省市县财政事权和支出责任相适应的制度。

4. 实行中期财政规划管理。全面深入推进中期财政规划编制，加快推进重点领域和部门三年滚动财政规划编制。加强中期财政规划与国民经济和社

会发展规划纲要的衔接,加强与国家宏观调控政策的对接,强化对年度预算的约束。健全三年滚动财政规划的项目审核机制,加强与各部门规划中涉及财政政策和资金支持的项目衔接。

5. 完善省以下财政体制。完善转移支付制度,清理、整合、规范专项转移支付,逐步形成以均衡地区间基本财力、由市县政府统筹安排使用的一般性转移支付为主体,一般性转移支付和专项转移支付相结合的转移支付制度,省对市县一般性转移支付占比提高到60%以上。结合税制改革和税种属性,考虑省市县财政事权和支出责任划分,理顺省以下收入划分,促进全省科学协调发展。

6. 加强政府性债务管理。完善政府债务管理制度体系,建立健全地方政府举债融资机制。进一步规范地方政府债务举借行为,明确举债主体,严格举债程序,规范举债方式。将政府债务纳入全口径预算管理,一般债务收支纳入一般公共预算管理,专项债务收支纳入政府性基金预算管理,政府与社会资本合作项目中的财政补贴等支出按性质纳入相应政府预算管理。对政府债务实行限额管理,根据各市县的债务风险状况、财力水平等因素,核定市县债务限额。加强地方政府性债务风险管理,建立债务风险预警及化解机制,强化债务考核约束机制,有效防范和化解地方政府债务风险。

7. 推进政府购买服务。强化政府服务预算管理,稳步扩大政府购买服务范围,凡属于政府购买服务目录内,适合社会力量承担的基本公共服务事项,尽可能交由社会力量承担。完善政府购买服务信息公开机制。分类探索政府购买服务项目绩效评价机制,不断提高财政资金使用效益和政府购买服务质量。支持和规范社会组织承接购买服务,参与建立社会组织承接购买服务信用记录登记和黑名单制度,建立健全政府向社会组织购买服务守信激励和失信惩戒机制。

8. 支持相关领域改革。分类推进国有企业改革,坚持以管资本为主加强和改进国资监管,加强国有资本投资、运营公司建设,推动国有资本合理流动优化配置。支持加快省信用联社改革,支持徽商银行转型、错位发展,支持国元农保成为专业化、差异化的农险公司,推动地方金融机构增强区域金融的辐射吸纳能力。着力推进投资体制改革,深化财政资金投入方式改革和创新,通过市场化手段进一步发挥财政资金的政策引导作用和撬动作用,鼓励社会资本投资重点产业以及成长型中小企业,支持战略性新兴产业发展。推动司法体制改革,建立全省法院、检察院经费省级统一管理机制。深化公安改革,健全责任明确、分类负担、收支脱钩、全额保障的公安经费保障机制。推进商事制度改革,全面推进“五证合一”“一照一码”。

四、坚持强化管理,为顺利实现“十三五”规划目标任务提供坚实保障

(一)加强法治财政建设,全面推进依法理财

1. 完善制度依法理财。完善财政法律制度体系,推进政府非税收入、民生工程等财政重点领域立法。认真落实预算法、税收征管法、会计法等财税法律法规,主动接受人大、审计和社会监督,持续加大预算管理力度。建立健全重大决策咨询、督查评估反馈机制,进一步规范重大决策行为,提高科学决策、民主决策、依法决策水平。加强财政规范性文件制定管理工作,完善财政重大事项决策合法性审查机制,推动规范财政行政执法行为机制建设。依法办理行政复议、行政应诉案件,构建财政权力运行制约和监督机制。

2. 规范推进简政放权。进一步健全财政权力清单、责任清单和涉企收费清单制度,建立权力事项调整动态管理机制。完善行政审批负面清单制度,研究建立行政审批事项实施情况评估机制,加强评估监督。继续简化财政服务类项目办理条件,提高服务效率。规范政府投资行为,探索改进政府投资使用方式。支持整合建立统一的公共资源交易平台,推进社会信用体系建设。支持建立统一开放、竞争有序的市场体系,进一步清理、规范、整合区域性财税优惠政策,清除市场壁垒,提高资源配置效率和公平性。

(二)强化财政监督检查,完善财政内控体系

1. 建立健全财政监督机制。强化财政监督,建立健全事前、事中和事后监督相结合、覆盖所有政府性资金和财政运行全过程的财政监督机制,加强监督结果运用。按照“依法依规、权责一致、惩教结合、实事求是”的原则,建立健全财政问责机制,提高财政科学化精细化管理水平。

2. 加强财政监督检查力度。围绕中央和省委、省政府、厅党组的决策部署,进一步加强财税政策监督检查,强化预算监督检查,深化严肃财经纪律监督

检查,保障重大财税政策的贯彻执行。切实履行《会计法》《注册会计师法》赋予的职责,深化会计信息质量检查,加强会计师事务所监管,探索建立长效监督机制,充分发挥会计监督服务宏观调控和财政管理、有效维护市场经济秩序的作用。认真开展内部监督检查、领导干部经济责任审计、出资人审计,加强对领导干部行使权力的制约和监督,促进财政内部管理效能不断提高。

3. 健全完善内部控制机制。建立完善内部控制基本制度、专项风险内部控制办法和操作规程,体现制衡理念,突出节点控制。明确内部控制管理职责和风险应对程序,建立内部控制检查报告、调查处理和整改问责制度。加强内部控制信息化建设,构建覆盖预算编制、预算执行、行政办公等财政业务内部控制管理的信息化支撑体系,实现对各类风险的全面信息化管控。完善督察机制,将督查结果及各单位内部控制执行情况纳入考核评价指标体系,形成齐抓共管的内部控制工作新格局。

(三)加强财政队伍建设,提升财政服务水平

1. 加强机关党建工作。全面落实从严治党各项要求,认真学习贯彻党章,深入学习贯彻习近平总书记系列重要讲话精神和视察安徽重要讲话,自觉把思想和行动统一到中央、省委和厅党组的决策部署上来。加强社会公德、职业道德、家庭美德和个人品德教育,大力弘扬和践行焦裕禄精神、沈浩精神和安徽财政精神,提升财政文明素养。创新学习方式方法,推行学习管理扁平化。开展财政重点工作专题理论学习研讨,推动学思结合、学研结合、学用结合。

2. 推进财政作风建设。大力弘扬密切联系群众、批评和自我批评等党的优良传统以及艰苦奋斗、求真务实的优良作风。全面落实中央八项规定、省委三十条规定和厅党组"三十条"要求,坚决纠正"四风",以扎实举措和责任落实推动作风长效建设。加强政风行风建设,继续深入开展城乡基层党组织结对共建工作,加强会商帮联和走访工作,提升干部队伍作风形象。加强调查研究,密切联系群众、服务改革发展。严明党的纪律,自觉学习党章、遵守党章、贯彻党章、维护党章,严格执行中纪委、省纪委各种禁止性规定,着力保障作风建设。

3. 注重反腐倡廉建设。贯彻落实《中国共产党廉洁自律准则》《中国共产党纪律处分条例》和《中国共产党问责条例》,严格执行党的纪律。强化责任担当,落实党风廉政建设党组主体责任和驻厅纪检组监督责任。加强反腐倡廉教育,深化廉政风险防控工作,构建内容协调、程序严密、配套完备、有效管用的内部控制制度体系,强化对权力运行的监督与制约,确保权力在阳光下运行。继续加大查处发生在群众身边的"四风"和腐败问题力度,加大信访查办力度,实行"一案双查",始终保持反腐败高压态势。

4. 强化干部队伍培养。严格执行干部选拔任用条例,坚持好干部标准,树立正确用人导向,营造风清气正政治生态。优化领导班子年龄结构、专业结构,配优配强处室单位领导班子。加强教育培训,提高财政干部队伍综合素质,做到政治强、懂专业、善治理、敢担当、作风正。全面推进干部交流轮岗,实现重要岗位干部交流轮岗全覆盖,激发干部干事创业的激情和活力。创新开展干部挂职工作,构建市县挂职、选派挂职、驻村帮扶挂职和内部挂职等多形式挂职体系,拓展财政干部锻炼成长和服务基层的平台。

5. 深化财政政务一体。完善部门会商制度,健全对市县以下财政部门帮联机制,持续开展财政重点工作调研和业务督导。坚持县级主体,健全完善与基层财政工作联系机制,畅通县级部门、县乡财政、县财政局内部信息渠道,完善信息通达和反馈机制,实现省、市、县、乡财政信息的互联互通。

(四)提升财政信息化建设水平,全力支撑财政改革发展

1. 完善财政涉企项目资金管理信息系统建设。充分吸纳各类政务数据资源,科学细化预警规则。完善预警项目现场审核制度,提高核准项目的科学性、有效性。完善涉企资金管理制度,透明预算管理,规范涉企资金申报、审核程序。在财政一体化系统全省数据大集中的基础上,推进涉企信息系统与财政一体化系统互联互通,逐步实现涉企项目资金"申报、审核、批复、下达、支付"全流程监控。充分利用政府审计和财政监督检查等披露的失信失范、违规违纪企业信息,完善涉企系统"黑名单"管理。定期做好数据统计和分析研判,深入推进涉企资金绩效管理,为财政涉企资金精准投放、厚植财源提供决策支撑。

2. 推进财政大数据发展和应用。进一步丰富和完善"金财工程"应用支撑平台功能,不断强化基础数据标准化管理。建立数据交换通道,构建"财政内生数据资源群、外部数据资源群"两大数据资源群,

开展“综合数据查询和展现、预测分析和数据挖掘、比对监控”三类典型应用。建立各级财政之间、财政与其他政府部门之间、财政与外部互联网之间的数据采集通道,实现对财政内外部数据资源的定期采集。将搜索引擎引入财政日常管理,实现内部跨年度、跨层级、跨部门、跨文件类型的便捷搜索,提高财政部门信息共享的效率。

(五)全力保障“十三五”规划各项目标任务落实落细

本规划是“十三五”时期安徽财政改革发展的行动指南,涉及面广、任务重、要求高,必须周密部署、精心组织、认真实施,确保各项任务落到实处。

1. 明确目标任务,落实责任分工。贯彻实施本规划,是全省各级财政部门的重要职责。各地要加强对规划实施的组织领导,建立健全责任制和问责制,按照本规划的部署和要求,对目标任务进行分解,明确责任分工。各级财政规划编制部门负责规划的组织协调与实施,各内部有关单位积极配合,密切协作,确保规划顺利实施。

2. 鼓励探索创新,加强督促检查。充分尊重人民群众的首创精神,鼓励各地积极探索,勇于创新,创造性地实施本规划。各地在实施本规划中好的做法和有效经验,及时总结,积极推广。注重财政五年规划与三年滚动规划的衔接和协调。建立规划实施动态监测、定期通报制度,开展规划实施评估,适时修正相关预测目标和政策建议,提高五年规划的实际效用。

3. 广泛宣传动员,营造良好环境。坚持正确的舆论导向,做好财政改革发展政策的宣传解读,及时解答和回应社会各界关注的热点问题,大力宣传财政体制改革典型经验和进展成效,合理引导社会预期,为实施本规划创造良好的社会环境和舆论氛围。

在全省财政工作视频会议上的讲话(摘要)

省财政厅党组书记、厅长　罗建国

(2017年1月6日,根据录音整理)

同志们:

2016年12月29日—30日,财政部召开全国财政工作会议,各省(区市)财政厅(局)长和财政部驻各地专员办专员参加会议,会前,李克强总理和张高丽副总理作出重要批示,刚才我们进行了全文传达。李克强总理和张高丽副总理对2016年财政工作给予充分肯定,向广大财政干部职工表示慰问,对2017年财政工作作出指示。肖捷部长作了工作报告,张少春副部长就2016年财政预算执行情况、2017年财政部门需要关注的问题做了讲话和会议总结。上午市财政局长进行了集中学习,全国财政工作会议主要精神也已印发给大家,希望大家认真学习、深刻领会、抓好落实。省委、省政府对这次全省财政工作会议高度重视,会前,李锦斌书记、李国英代省长和吴存荣常务副省长审阅了全国财政工作会议精神的汇报材料和我省贯彻意见,指示我们要把全省财政工作会议开好,并于1月4日、5日分别作出重要批示。

上午,16个市及2个直管县财政局长重点围绕全国财政工作会议精神特别是肖捷部长的工作报告进行了学习。大家一致认为肖捷部长的工作报告,站位高、视野宽、谋划细、举措实,体现了向以习近平同志为核心的党中央坚定看齐性、财政实践客观全面性、财政面临问题导向性、财政工作具体务实性、财政使命责任担当性,明确了财政工作遵循原则,部署了2017年财政重点工作,对于我们地方财政部门做好当前和今后一个时期工作具有很强的针对性和指导性。大家一致认为,国务院领导和省委、省政府领导的重要批示精神,既是对我们工作的充分肯定和信心鼓舞,更是对我们的殷切期望和责任鞭策,体现了对财政系统的重视、对财政工作的支持、对财政干部的关怀,为做好今年的财政工作提供了方向和遵循,鼓舞了干劲,明确了要求和路径,我们要认真组织学习、切实领会精神、全面贯彻落实。各市县财政部门应及时向党委、政府主要负责同志汇报,省直预算单位财务部门应向单位主要负责同志和分管负责同志汇报,全面贯彻到财政财务工作中去。座谈会上,各市和直管县财政局还总结交流了2016年财政工作,分析了当前财政工作形势,对做好财政工作提出了意见和建议,我们将认真研究吸纳。今天下午,我们召开全省财政工作视频会议,参加会议的有各市、县(区)财政局中层以上干部和乡镇财政所长,省直预算单位财务部门负责同志也在主会场参加会议。我们还邀请了财政部驻安徽专员办参加会议,财政部驻安徽专员办长期以来给予财政工作有效监督和有力支持，为我省财政事业的发展提供了重要保障。这次视频会议的主要任务是，深入贯彻党的十八大、十八届三中、四中、五中、六中全会和中央经济工作会议精神，认真落实省第十次党代会、全省经济工作会议和全国财政工作会议要求，总结2016年财政工作，分析当前财政面临形势，部署2017年工作任务。下面，我讲几点意见。

一、2016年全省财政工作成效明显

2016年，全省各级财政部门深入学习贯彻习近平总书记系列重要讲话特别是视察安徽重要讲话精神，坚决贯彻落实省委、省政府决策部署，围绕“一大目标、五大任务”，坚持一心一意谋发展、聚精会神抓党建，认真实施积极的财政政策，统筹支持稳增长、促改革、调结构、惠民生、防风险，为全省经济社会稳定健康发展提供了坚实的财政保障。2016年，全省财政总收入4373亿元，增长9%；其中，地方财政收入2673亿元，增长8.9%；全省财政支出5530亿元，增长5.6%，预期目标圆满完成，全省财政运行总体平稳、稳中有进。

（一）支持供给侧结构性改革。一是支持“去降补”。加快建立以地方政府债券为主体的举债融资机制，通过做好政府杠杆的加法推动企业去杠杆的减法，全年发行地方政府债券1687.3亿元，可节约融资成本近80亿元，对缓解地方政府偿债压力、优化债务期限结构、降低融资成本、防控债务风险、促进全省经济平稳健康发展起到了积极作用。下达21.8亿元专项资金支持钢铁煤炭行业化解过剩产能，完成煤炭967万吨、粗钢110万吨产能淘汰任务，妥善安置职工3.6万人。将企业技改和中小企业发展资金规模增加到5亿元。会同有关部门积极支持服务业、云计算大数据产业和军民深度融合发展。二是支持“全创改”。积极筹措资金落实创新型省份建设政策体系，支持量子信息国家实验室和中国科技大学“双一流”建设，配合省直有关部门成功争取合芜蚌国家自主创新示范区获批建设，成功争取财政部授权我省在科技基础设施建设、普惠性税收政策等方面9项先行先试政策，全面推开国有科技型企业股权和分红激励政策，全面创新改革试验扎实推进。三是助力战略性新兴产业和实体经济发展。落实结构性减税政策，初步统计，全省累计减免税收608亿元；落实普遍性降费政策，预计年减轻企业负担超17.2亿元。省财政安排专项资金支持“三重一创”建设，有力地支持了24个战略性新兴产业基地建设。安排3亿元贴息资金，支持省信用担保集团、省投资集团用于引导建立省产业发展基金，累计投资金额71.5亿元，实际完成项目62个。安排奖补资金，引导市县加快PPP项目落地，我省32个项目入选财政部第三批示范项目，计划总投资774亿元，项目申报成功率达64%，高出全国平均水平20个百分点，入选项目个数和总投资额均位居全国第三。安排民营经济发展专项资金11亿元、拉动市县配套10.9亿元，安排注资参股资金17亿元、省级风险补偿专项基金3亿元。截至2016年11月末，全省政策性融资担保体系成员单位共有128家，在保余额1195.3亿元，放大倍数4.2倍，平均担保费率1.2%，受益企业90%以上为民营和小微企业。继续安排续贷过桥资金10亿元，两年累计调拨20亿元，带动市县投入29.2亿元，撬动贷款577.4亿元，扶持企业10203户，周转率达11.7次，切实缓解中小微企业融资难、融资贵。

（二）支持推进现代农业发展。一是支持调整优化农业结构。制定实施《关于财政支持现代农业发展的贯彻意见》，通过争取中央资金注资21.5亿元，在全国率先成立省级农业担保公司，全面启动规模化批量化担保业务，创新开发“劝耕贷”担保品种，累计为57个县2144家种粮大户提供担保贷款14.9亿元。以发展绿色高效农业为重点，统筹2.6亿元推广优质专用品种、新型肥料等技术，将乡镇及社区农产品质量安全检测体系和认证体系建设纳入民生工程，保障群众“舌尖上的安全”。全省累计投入农田水利专项资金97.5亿元，整合各类涉水资金38亿元，吸引群众及社会资金投入37.3亿元，支持除险加固小型水库400座、加固新建小型水闸1273座、扩挖塘坝5.8万口、改造灌区末级渠系300万亩，农业生产条件持续改善，为实现粮食产量“十三连丰”奠定基础。二是深化农村综合改革。自2014年改革启动以来，累计争取中央财政投入8.6亿元，省级投入4.6亿元，支持113个县基本完成8700万亩农村土地承包经营权登记颁证工作，成为较早完成此项改革任务的试点省。支持“资源变资产、资金变股金、农民变股东”试点，投入9.8亿元在300个村开展国家扶持村级集体经济发展试点，完成80个村集体资产股份合作制改革试点任务。拨付71.6亿元，在全省全面推开农业补贴“三合一”改革。中央和省级投入17.3亿元，带动市县投入8.2亿元，开展“一事一议”

财政奖补,建成财政奖补项目13858个,项目覆盖全省79%的行政村。拨付15亿元,推动大宗农作物等保险全覆盖,全年赔付20亿元,有效分散化解农业生产风险。投入11.6亿元,在全省5个市、38个县(区)开展农村公共服务运行维护试点。投入24.6亿元,配合有关部门加强农村基层党组织保障工程建设。三是支持美丽乡村建设。1—11月份全省各级财政安排专项资金46.2亿元、整合涉农资金47.2亿元、吸引社会资金54.9亿元推进美丽乡村建设。落实补助资金5.4亿元,支持74个行政村开展国家美丽乡村建设试点。

(三)推进区域协调发展。一是落实区域财政支持政策。安排专项资金27.8亿元,带动市(县)投入10.2亿元,通过金融机构贷款104.7亿元,支持皖江示范区加快发展、南北合作共建园区基础设施和公共服务设施建设以及皖北地区、大别山革命老区发展。二是创新区域经济支持方式。设立奖补资金,支持皖南国际文化旅游示范区及大黄山国家公园发展;累计争取中央财政资金10亿元,支持铜陵节能减排财政政策综合示范,带动铜陵市投入10.16亿元,共完成投资332亿元,进一步推进生态文明建设。争取中央补助12亿元实施池州海绵城市建设试点,政府投入资金48.5亿元,带动社会资本投入163.1亿元,重点投向污水治理和水环境建设,已完工项目29个,实施面积17.07平方公里,连片示范效应初步显现。争取中央9亿元支持合肥小微企业创业创新基地城市建设,通过基金、财政金融产品、提高个人创业担保贷款额等方式,全面放大资金效益,支持2.25万人创业,撬动社会资本投入535.8亿元。成功争取中央12亿元支持合肥市列为国家第二批地下综合管廊试点城市,带动市县投入,项目总投资54.75亿元,建设综合管廊58.51公里。省财政安排9亿元,支持城镇“五统筹”和新型城镇化试点省建设。三是支持区域生态文明建设。争取财政部9亿元支持,延续新安江流域补偿机制试点政策,安徽、浙江两省每年各安排补偿资金2亿元,2016年完成投资48亿元,带动国开行贷款56.5亿元,累计实施项目近200个,保证新安江流域水质稳定向好。实施大别山生态补偿机制,拨付国家重点生态功能区转移支付资金15亿元,安排环境保护及生态治理省级奖补资金12亿元,支持探索省内地表水跨界断面生态补偿。自2012年启动实施以来,省财政累计安排千万亩森林增长工程资金16.4亿元,争取中央造林补贴资金5.4亿元,积极引导撬动市县和社会经营主体投入,全省完成人工造林978.9万亩,创建6个国家森林城市、46个省级森林城市、5927公里森林长廊示范段,圆满完成省政府部署的任务。

(四)保障改善民生。一是强化民生支出保障。坚持厉行节约,调整优化财政支出结构,压缩“三公”经费等一般性开支,推动各级财政足额筹集民生资金,1—11月,全省民生支出4234亿元,增长9.4%,占全省财政支出的82.8%,各项就业扶持、社会保障、教育事业、医疗健康等支出实现较快增长,基本公共服务均等化持续推进。二是组织实施民生工程。出台民生工程实施办法和资金筹措办法等配套文件,更加注重建后管养,完善省人大省政协视察巡视长效机制,开展农村危房改造等5个项目第三方评价,拨付民生工程资金825.5亿元,完成率100%,33项民生工程全面完成。投入民生工程管养资金18.5亿元,比上年增长24.6%,探索建立“政府主导安排、财政投入撬动、市场社会参与、人人主动尽责”的共建共享机制。三是支持推进脱贫攻坚。建立专项扶贫资金预算与地方财政收入增量挂钩机制,省级、贫困县及所在省辖市的地方财政收入增量20%以上,其他有脱贫任务的市、县按照10%以上增列专项扶贫资金。2016年全省财政扶贫投入累计达173.4亿元,全面落实并超额完成省政府规定的投入任务,其中专项扶贫56.5亿元、同比增长1.3倍,包括争取中央投入20.5亿元、省级预算投入11亿元(占中央财政投入的53.7%)、落实市县投入25亿元;整合涉农项目资金68.6亿元;市县盘活存量8.2亿元;债务资金投入40.1亿元,集中财力支持健康脱贫等“十大工程”建设。四是支持抗洪救灾和灾后重建。全省各级财政部门坚持统筹救灾和灾后重建、统筹各级各类财政资金,2016年全省累计投入防汛救灾资金28.3亿元,其中中央9.4亿元、省财政安排4.9亿元、市县14亿元,重点支持水毁工程修复、农业生产救灾和房屋重建等,3.18万户水毁住房群众搬进新居、安全过冬。按照省政府“一规四补”要求,下达5亿元作为启动资金,积极支持灾后水利水毁修复与薄弱环节建设性治理三年行动计划。

(五)推进财政重点改革。一是健全改革推进工作机制。坚持学习先行,组织召开13次改革领导小组会议,第一时间传达学习中央和省委全面深化改革领导小组会议精神，制定全面深化财政改革工作要点，确定7大类35项具体财政改革事项，对省委明确财政牵头的15项改革事项逐一细化分解到牵头厅领导和牵头处室，建立工作台账，实行挂图作战。先后印发深化财政改革工作机制、改革任务责任督查落实、提高改革方案质量和改革落实“三察三单”制度实施细则等系列制度，狠抓改革任务落实。目前，省委明确财政厅承担的15项牵头改革事项已有14项完成，1项正在审议审核中。二是深化预算管理改革。贯彻落实李锦斌书记批示精神，建立全省收入预期管理机制，全省财政收入增长符合预期，实现收入平稳可持续。连续5年提前启动预算编制，实现了“预算一年，一年预算”。以省委办公厅、省政府办公厅名义出台关于进一步推进预算公开工作的实施意见，预决算公开度位居全国第5、中部第1。建立预算执行考核结果与预算安排挂钩机制，激励预算部门采取措施加快预算执行进度，支出进度两次居全国第一位。印发全面开展中期财政规划管理工作的通知，省市县一体推进中期财政规划编制。三是落实推进税制改革。省委、省政府高度重视全面推开营改增试点工作，省领导亲自主持召开试点专题会，部署推进工作。建立健全联席会议机制和政策培训服务机制、舆情监测处置及报告机制、改革试点督查机制、改革试点动态跟踪分析机制的“1+4”营改增试点工作机制，确保营改增试点平稳推开，小规模纳税人100%实现减税，新纳入试点的四大行业实现全面减税。全面实施资源税改革，制定并印发《安徽省全面推进资源税改革工作方案》，合理拟定我省资源税适用税率建议，经省政府同意，报财政部核准和备案后，正式对外发布我省资源税税率，改革后全省资源企业资源税和矿产资源补偿费综合负担较上年下降37.5%。四是持续深化财政体制改革。起草了省以下财政事权和支出责任划分改革方案，提请省委常委会审议。会同国税、地税、人行等部门，印发安庆市、铜陵市、六安市、淮南市部分行政区划调整预算管理问题的通知，保障区划调整市县平稳有序过渡。健全省以下转移支付制度，继续清理规范省对下专项转移支付，由2013年的502项压缩到2017年的115项。加大对上资金争取力度，其中争取中央均衡性转移支付669.7亿元，居全国第3位，增加74亿元，增长12.3%。

（六）加强财政党建工作。一是深入开展“两学一做”学习教育。认真组织学习党章党规、学习贯彻习近平总书记系列重要讲话特别是视察安徽重要讲话精神，开展26次党组中心组理论学习，组织“党章与财政干部理想信念、学习《党委会的工作方法》与推进厅党组建设和党支部建设”等12个专题学习研讨，厅党组推荐学习《推动全面从严治党向基层延伸的重大举措》《改革呼唤实干家》等57篇文章，召开政策业务学习专题会议9次，集中学习29个上级重大政策文件精神，引导财政干部增强“四个意识”。二是持续改进财政工作作风。严格执行中央八项规定精神和省30条要求，扎实开展结对共建、系统帮联、双包定点帮扶，全年财政厅会商服务省直预算部门2561次，前三季度市县财政部门会商75690次，加大厅领导、驻厅纪检组、人事教育处、机关党委、监督检查局“五位一体”走访处室单位力度，进一步优化服务、提升效能、改进作风。三是强化党风廉洁建设。制定推进全面从严治党、落实党风廉洁建设“两个责任”任务清单，全厅党员干部签订党风廉洁建设责任书，细化83项反腐倡廉建设工作任务，召开30次厅反腐倡廉建设领导小组会议，对37个处室单位、15个市县财政部门政风行风进行巡察。牵头负责全省“小金库”和滥发津补贴专项整治，扎实开展厅“4+4”专项整治，认真落实中央巡视组巡视“回头看”反馈意见涉及财政的整改任务，着力构建长效机制。

同志们，过去的一年，财政工作取得的成绩来之不易。这是省委、省政府高度重视、正确领导和省人大依法监督的结果，是财政部精心指导支持的结果，是广大财政财务干部团结拼搏、协力奋进的结果，得益于各级党委政府对财政工作的重视、领导和关心，得益于省直部门党组对财政财务工作的关心、理解和支持。在此，我代表财政厅党组向关心支持财政事业发展的各级人大、政协以及社会各界表示衷心感谢！向奋战在财政财务战线上的同志们致以崇高敬意！

二、认清形势，正视问题

省委、省政府根据中央经济工作会议精神，结合我省实际，对做好2017年我省经济社会发展的各项工作作出了部署安排，全国财政工作会议从国内、国际、财政三个方面分析了当前经济财政形势，为我们把握宏观形势、指明财政方向、做好财政工作提供了重要遵循。各级财政部门要科学、全面、辩证地看待当前面临的财政经济形势，牢牢把握工作主动权，努力保持财政经济平稳健康较快发展的良好势头。

(一)准确把握财政经济形势,进一步增强工作责任感。当前经济发展仍处于“三期叠加”的新常态,宏观环境依然错综复杂,经济运行仍然面临多重困难和挑战,实体经济结构性供需矛盾失衡、金融和实体经济失衡、房地产和实体经济失衡问题突出,企业综合成本较高,民间投资增幅回落,经济增长内生动力不足,金融领域风险有所积聚,经济下行压力加大将直接影响财政收入,同时随着一系列减税降费政策的实施,财政收入仍将保持中低速增长,而财政支持发展、改革、民生及社会稳定的支出刚性还在增加,特别是我省财政对中央财政的依赖程度较高,中央财政收入放缓,必然影响到对我省的转移支付,财政收支矛盾将进一步加大,全省各级财政面临巨大的收支平衡压力。但也要看到,经济发展基本面仍是好的,实施精准有效的宏观政策、深化供给侧结构性改革、加快产业和消费需求升级,将催生新的发展动能、释放更多红利,新的增长点逐步成为主导动力,都将为稳定经济税源和财源提供强力支撑。皖江示范区、系统推进全面创新改革试验、合芜蚌国家自主创新示范区、“三重一创”、皖北地区“四化”协调发展等一系列重大战略平台建设扎实有效推进,我省实现更好更快发展、创造更加美好前景其时已至、其势已成。站在新的发展起点上,省第十次党代会作出实施“五大发展行动”、“八个着力推进”的总体部署。全国财政工作会议对做好今年财政工作作出具体安排,拓宽了我们的工作视野和思路,提供了工作方法和举措。各级财政部门和省直预算单位财务部门既要树立底线思维、增强忧患意识,更要积极应对挑战、坚定发展信心,进一步履行好做大经济“蛋糕”、服务五大发展的财政责任。

(二)清醒认识财政运行短板,进一步增强工作紧迫感。我们既要分析宏观的经济环境,也要分析微观的财政运行。当前,财政事业发展仍然存在一些亟待解决的问题。一些财政资金和财政政策的放大效应,以及财政项目的带动效果还不明显,市场机制和作用发挥还不够充分,不能很好充分有效地调动社会资本的积极性。重分配、轻管理、轻监督、轻绩效、轻问责等管理不精细、随意不规范的现象仍然存在,预算执行不通畅、政府采购执行缓慢、财政绩效评估不健全、债务把关不严的问题在一些地方还存在,预算政策规定和预算项目以及预算资金存在管理监督上的真空和责任悬空,工作中打折扣、“肠梗阻”“最后一公里”不到位的问题仍然存在。针对当前财政专项资金分散多头、项目点多面广、财政分配多极多元、“撒胡椒面”、低效甚至无效和浪费的现象,办法还不多,推进力度还不大,问题的解决还不明显,攻坚克难还不够,对财政资金的监管还缺乏力度。不断创新方式方法、充分用活盘活资金资产资源、发挥最大效益相对不够,资金资产资源管理还没有完全关进制度“笼子”。制度建设上依然存在不统一、不及时、前瞻性不够,存在重制度数量、轻制度质量的现象,制度落实上仍然存在重布置、轻监督,甚至一些政策仍停留在纸上。地方金融及财政担保潜在风险防控、政府融资平台管理任务艰巨,财政信息化亟待完善,“制度 + 科技”的防控体系还不健全。财经纪律约束还不严,有的干部精神懈怠,作风建设仍需持续巩固。等等。这些问题,有的是主观性问题,有的是客观性问题,有的是历史性问题,有的是现实性问题,迫切需要各级财政部门和省直预算单位以严的精神和实的举措对标聚焦、查找整改,不断地解决问题、化解矛盾。

(三)持续巩固财政理财环境,进一步增强工作使命感。财政工作虽然年年难,但年年都要过,一个重要因素就是财政部门和财政干部以及广大财务干部在实践中摸索了解决问题的办法、积累了宝贵经验、克勤克俭、攻坚克难。我们坚持服务发展和改善民生,自觉地贯彻省委、省政府决策部署和财政部工作要求,牢固树立和积极践行新发展理念,立足财政、着眼全局,立足当前、兼顾长远,厚植好实体经济的财政之源,保障好财政兜底的民生底线,充分发挥财政职能作用;我们坚持问题导向和改革创新,不断地开展“回头看”,总结经验,查找薄弱,善于运用改革的办法破解难题、化解矛盾,探索创新好放大财政政策资金的市场撬动效应,使市场在资源配置中起决定性作用和更好发挥政府作用;我们坚持科学谋划和主动作为,始终居安思危、未雨绸缪,加强财政政策分析和形势趋势研判,主动谋划、主动买单,科学决策、精准施策,灵活运用财政政策,用好用活财政资金;我们坚持提升质量和注重效益,坚守财政质量效益的生命线,坚持“花钱要有效、无效必问责”,将绩效观念和绩效要求渗透到财政管理的各个环节和财政工作的方方面面,多做打基础、利长远、建机制、可持续的事情;我们坚持夯实党建和锤炼作风,坚持原则、敢于担当,不断增强党的意识、党员意识、宗旨意识和服务意识,创新服务方式方法,为基层群众服务、为事业发展服务、为预算单位服务,在优化服务中转变作风、在转变作风中实干进取;我们坚持凝心聚力和同步一体,牢固树立"一盘棋"思想,推动财政系统一体化、财政财务一体化,积极形成系统联动、内外协同的工作合力。正是因为我们坚持一心一意谋发展、聚精会神抓党建,财政工作才取得一个又一个成绩。当前,省委、省政府高度重视财政工作,省人大加强对财政依法监督,省30条的持续坚决执行,为财政部门规范理财行为、加强资金管理、严肃财经纪律,提供了宝贵的政治红利、改革红利、作风红利。各级财政部门要牢牢抓住机遇,倍加珍惜并持续巩固来之不易的理财环境,坚定信心,不辱使命,汇聚力量,奋勇拼搏,把省委、省政府工作部署和财政部工作安排落实好、完成好。

三、2017年财政工作的指导思想和基本原则

2017年是实施"十三五"规划的重要一年,是供给侧结构性改革的深化之年,是贯彻省第十次党代会精神、以新发展理念引领安徽大发展大提升的关键一年,做好2017年预算安排以及各项财政工作,对于保持经济平稳运行、维护社会和谐稳定、以优异成绩迎接党的十九大胜利召开,具有重要意义。

今年财政工作的指导思想:全面贯彻党的十八大和十八届三中、四中、五中、六中全会及中央经济工作会议精神,深入贯彻习近平总书记系列重要讲话特别是视察安徽重要讲话精神,认真落实省第十次党代会、全省经济工作会议和全国财政工作会议各项要求,坚持稳中求进工作总基调,牢固树立和贯彻落实新发展理念,以提升发展质量和效益为中心,以供给侧结构性改革为主线,继续实施积极的财政政策,支持五大发展行动,深入推进"三去一降一补"、农业供给侧结构性改革,积极支持实体经济发展,全力保障脱贫攻坚和民生改善,推进制造强省、科教大省、技工大省建设,深化财税体制改革,优化财政支出结构,加强政府性债务管理,积极防范化解财政风险,充分发挥财政职能作用,为决战决胜全面小康、建设创新协调绿色开放共享的美好安徽提供财政支撑。

贯彻上述指导思想,要着重把握好以下原则:

第一,坚持实施积极财政政策。全面落实结构性减税和普遍性降费政策,落实营改增相关政策,落实支持投资、创新、就业等优惠政策,进一步减轻企业负担,有效发挥减税降费政策对经济社会发展的积极效应。

第二,坚持优化财政支出结构。按照"保重点、控一般、促统筹、提绩效"要求,继续优化支出结构,盘活存量、用好增量,加大资金统筹整合力度,将有限的资金用于重点项目、重大工程、重要改革和基本民生,提高支出精准度,改变支出项目只增不减的固化格局,大力压缩一般性支出,使预算安排更好适应推进供给侧结构性改革和保障民生底线的需要。

第三,坚持发挥财政引导撬动。着眼提高财政资金使用绩效,在竞争性领域更多运用贷款贴息、股权投资、后补助、保险补助等方式,加强财政资金与金融工具、产业基金和社会资本的合作;在公益事业发展方面,更多采取购买服务、PPP模式、民办公助、公办民营等方式,发挥市场机制作用,提升财政撬动引导效果,不断提升财政资源的配置效率。

第四,坚持严格防范财政风险。强化政府债务余额管理和预算管理,完善地方政府举债融资和应急处置机制,加大政府债券置换存量债务工作力度,健全统计监测体系,推进融资平台公司市场化转型,做到风险事件早发现、早报告、早处置,严守底线不动摇,确保不出现区域性和系统性风险。

第五,坚持压实财政工作责任。重点围绕预算编制、预算执行、绩效评价、资金管理和内控监督,建立覆盖预算运行全流程、资金拨付各环节、财政财务管理各主体的管理责任体系,构建财政财务责任的闭环链条,压实预算单位财务部门资金使用主体责任、财政部门资金管理监督责任以及各级各层的管理责任,以责任的落实推动财政财务工作的落实。

第六,坚持强化党建作风保障。坚持一手抓党建、一手抓业务,自觉落实好全面从严治党的主体责任,牢固树立"四个意识",坚定讲看齐,持续加强财政思想建设、组织建设、作风建设、反腐倡廉建设和制度建设,发挥党组织领导班子把方向、管大局、保落实的重要作用,保证中央、省委省政府的决策部署和厅党组的工作安排落到实处。

四、扎实做好2017年财政重点工作

一要着力稳中求进,科学安排预算。各级财政部门要科学确定收入预算。全省经济工作会议确定,2017年全省财政收入增长9%。收入预算要实事求是、积极稳妥,既要考虑经济形势缓中趋稳、稳中向好等有利因素,也要充分考虑增值税收入划分调整、落实减税降费措施等因素的影响,科学合理确定好收入预算预期目标,做到财政收入与当地GDP增长基本保持同步,形成财政与经济良性互动的局面。要切实保证收入质量。高度重视财政收入质量问题,运用好积极财政政策,全力支持实体经济发展,更好地涵养培育财源税源,稳固夯实财政收入基础,做到可持续。要坚决防止和纠正收取过头税、乱收费和采取"空转"等方式虚增财政收入的行为。省财政将健全监控体系,完善通报机制,加强对收入质量的监督检查,并将检查结果作为安排财政资金的重要依据。要优化保障基本民生和重点支出。围绕五大发展行动计划,优化财政支出结构,支持供给侧结构性改革,全力支持"三重一创"、"去降补"、"全创改"、水利薄弱环节治理等重点项目以及引江济淮等重大基础设施建设,支持制造强省、科教大省和技工大省建设。聚焦保运转、保基本和保民生,按照"雪中送炭"、量力而行的要求,全面落实脱贫攻坚、生态文明和环境保护、困难职工安置和实施慢性病健康保险试点、贫困地区公立医院债务化解等支出,切实保障基本公共服务,强化民生托底。特别是各级财政部门要把脱贫攻坚作为重中之重,保障预算投入。初步测算,2017年全省财政安排专项扶贫资金52.7亿元,增长49.7%,其中省级13亿元,增长18.2%。希望各地进一步用好资金,并盘活预算结余,持续用力。同时,严格资金使用和监管,不断提升财政脱贫攻坚工作水平。要厉行节约过紧日子。在收支矛盾较为突出的情况下,2017年省级预算严格控制一般性支出,除兑现国家及省工资政策外,省级基本支出零增长,重点保障中央和省里确定的民生工程和民生项目以及五大发展行动等重点领域,其他支出原则上严格控制或零增长。省级预算部门和各级财政部门要进一步树立过紧日子的思想,各地要进一步压减一般性支出、清理长期固化和非急需的支出项目,优先保证中央和省出台的民生等领域重大政策,适当减少自行出台的政策,一些超越发展阶段的支出,不要承诺过多,带头过紧日子。

二要着力依法依规,加快预算执行。各级财政部门要务必采取措施,在法律和政策规定的基础上,千方百计加快预算执行。要强化预算执行动态监控。严格落实《预算法》有关要求,及时批复预算、及时下达预算,切实加快预算执行。强化部门支出责任,完善工作机制,建立健全限时执行、通报约谈、支出进度考核等制度,建立预算执行动态监控机制,健全支出进度与部门预算安排挂钩机制,狠抓预算执行管理,不断提高预算执行的均衡性和有效性。根据财政部要求,省厅将下发文件,进一步加强政府采购管理,简化程序、提高效率。要克服"钱等项目"。省里已将70%以上的转移支付提前下达市县,各地要将省里提前下达的转移支付指标全额编入2017年预算,并积极做好项目实施准备工作,确保预算一经批复就可立刻执行。健全完善财政支出政策体系,进一步细化预算编制,在年初预算中将项目支出细化到具体实施单位和项目内容,严禁先下达预算再批复项目,减少预算执行中的二次分配,切实加快预算执行。要加强财政资金统筹。清理一般公共预算中以收定支事项,2017年将取消关于排污费、水资源费等以收定支、专款专用的规定,对相关领域支出统筹安排保障。加大政府性基金预算转列一般公共预算力度,从2017年1月1日起,将新增建设用地土地有偿使用费等基金调整转列一般公共预算并统筹使用,相关支出予以重点保障。完善结转结余资金定期清理机制,全面清理上年结转结余资金,对超过规定年限的资金要按规定收回统筹。进一步盘活财政沉淀资金,加大收回和使用力度,及时调整用于重点领域和薄弱环节,避免二次沉淀。建立存量资金与预算安排挂钩机制,编制预算时先安排存量,再安排增量。要强化库款动态管理。要综合施策,解决库款偏高问题,对于存量资金较多的单位和项目,相应压减预算规模。加强债券发行额度管理协调,提前做好项目准备工作,确保发债后尽快形成支出。省里将进一步健全转移支付资金调度与库款规模挂钩机制,对月度库款考核排名靠前或靠后的区域,分别加快或者减缓调度转移支付资金。

三要着力深化改革,提高财政绩效。各级财政部门要按照现代财政制度的要求,对照年度改革任务要求,扎实推进财税改革,不断释放改革红利。要深化预算信息公开。及时部署2017年的预算公开工作,制定好工作方案,扩大预决算公开范围,细化预决算公开内容。建立健全预决算公开的考核机制,将公开情况纳入工作考核、绩效考核范围。县级以上财政部门要建立预决算公开的统一平台,方便社会公众查阅和监督。将日常监督和专项检查抽查相结合,加强对预算公开工作的监督检查。要推进预算公开评审。各地要进一步推进预算评审论证,优化预算评审专家结构,探索网络评审、联合评审、第三方评审等多种评审形式,优先将人大审查和审计监督提出意见的重点项目、新设专项资金项目纳入评审范围,形成省、市、县三级联动工作格局,提高预算编制的科学性。预算部门要加强项目前期工作,完善项目库管理,做细做实预算项目评估工作。要强化预算绩效管理。推进绩效管理改革,加强资金绩效的评审工作,逐步将绩效管理范围覆盖所有预算资金。加强基本支出和项目支出定额标准体系建设,建立财政绩效与预算安排挂钩机制。逐步取消竞争性领域专项,确需保留的,积极推进"由补变投",转为实行基金等市场化模式运作。严控新设专项转移支付项目,加快建立定期评估和退出机制。创新财政支持方式,鼓励发展天使投资基金、风险投资基金和产业发展投资基金,进一步发挥财政资金的引导和撬动作用。要推进省以下财政事权和支出责任划分改革。按照省里部署要求,加快推进省以下财政事权和支出责任划分改革。完善支持农业转移人口市民化的财政政策体系,加快实现基本公共服务常住人口全覆盖。按照中央深改领导小组会议部署,落实清理规范重点支出同财政收支增幅或生产总值挂钩事项。

四要着力防范风险,建设安全财政。各级财政部门要健全管理制度机制。省里已将政府债务管理纳入政府管理目标考核范围,实行风险预警结果与债券资金分配挂钩,预警的市本级和县区扣减10%额度,风险提示的市本级和县区扣减5%,下一步,将切实加强地方政府债务监管,严肃查处违法违规的举债行为,发现一起、通报一起、查处一起,保持高压态势。要厘清政府债务边界。严格依法厘清政府债务和融资平台公司等企业债务边界,明确融资平台、国有企业举借的债务一律不属于政府债务,政府债务仅在出资范围内承担有限责任,并通过健全统计监测体系,将融资平台公司债务、担保债务、中长期政府支出责任纳入统计监测范围,实施部门联合监管。要健全应急处置机制。各地要认真贯彻落实国务院和我省风险应急处置预案,健全债务风险应急处置工作机制,省里将对存在风险隐患的地方开展风险预警,高风险地区要编制债务风险化解规划和应急处置预案,确保不发生系统性区域性的财政金融风险。要严肃财经纪律。根据财政部统一部署,专员办将进一步转型,实质性嵌入预算管理各环节,并在强化收入管理、执行监控、绩效评价和债务风险等方面做深做实,省直预算部门和各级财政部门要进一步强化财政内部监督意识,主动接受专员办监督,全力配合专员办做好各项工作,不断提升监管实效。同时,各级财政部门要守土尽责,进一步加强财政管理监督工作,坚决防止各类违反财经纪律的行为。做好政府采购监管工作,着力解决政府采购中的暗箱操作和重复浪费问题;强化治理冒领、虚报、截留挪用财政专项资金等问题,从制度上及时堵塞漏洞;积极配合巡视、审计等方面的工作,共同加大监督力度。

五要着力协调联动,汇聚管理力量。各级财政部门要强化财政财务一体。做好财政工作,离不开预算部门财务的有效支持,要牢固树立财政财务"一盘棋"思想,形成财政财务的最大合力。进一步强化财政会商,坚持问题导向,强化责任担当,积极丰富会商内容、拓展会商形式、强化会商绩效,把会商工作作为推进财政提质增效的有力抓手,推进财政财务管理一体提升。要建立正向激励措施。按照国务院要求,我们将进一步健全正向激励工作机制,对落实有关重大政策措施真抓实干、取得明显成效的地方,采取相应措施予以奖励支持,将利用收回的转移支付沉淀资金,对地方财政管理比较突出的地区加大奖励,省政府将出台相应的办法,各地要奋勇争先,积极对接中央和省激励政策,用足用好激励措施。要健全帮联和督查机制。财政帮联和督查工作,是财政部门创新的工作举措,已取得初步成效。面对新的形势和要求,要进一步强化财政帮联和督查工作,建立省、市、县各级财政部门分工负责的常态化工作机制,各处室、科室、股室分头负责各职责范围内的帮联和督查工作,形成分层分级的分工牵头推进机制和责任体系,上下联动,有效推进财政改革、制度建设、资金管理、政策落实等各项工作,着力减少政策落实"肠梗阻"问题。要压实基层财政资金监管责任。省级预算部门要落实预算评审、项目论证、预算执行、资金拨付、采购计划等管理责任,建立健全覆盖省直单位自身管理、行业系统管理、下属单位财务管理责任链条,确保资金管理到基层、到项目。各级财政部门特别是基层财政部门,要强化资金监管意识,一方面,强化问题导向,突出财政资金监管流程和重点领域、关键环节,进一步加强财政资金制度建设,扎紧关严管理制度“笼子”;另一方面,利用信息化技术,利用财政涉企信息系统既有成效,对资金走向实时监控、预警,保障财政资金安全。

六要着力全面从严治党,推进作风和廉洁建设。各级财政部门要牢固树立“四个意识”。持续推进“两学一做”学习教育,深入开展“讲看齐、见行动”学习讨论和“管党治党宽松软问题”专项治理,抓好组织生活会、民主评议党员、问题整改等关键环节的推进落实,把学习贯彻党章作为第一位的要求,把学习贯彻习近平总书记系列重要讲话精神作为重大政治任务,通过持之以恒强化理论武装,不断增强政治意识、大局意识、核心意识、看齐意识特别是核心意识、看齐意识,自觉贯彻落实省委、省政府的决策部署。每位财政财务干部要始终做政治上明白人、工作上勤奋人、管理上责任人、服务上暖心人、作风上清正人、廉洁上自律人。要强化财政责任担当。准确把握、认真落实“全面从严治党要求体现在党领导经济工作之中”的要求,自觉落实好全面从严治党主体责任。坚决维护以习近平同志为核心的党中央权威,坚定不移向党中央看齐,坚定不移向党的理论和路线方针政策看齐,坚定不移向党中央决策部署看齐。自觉从政治高度想问题、抓落实,时刻牢记党组织的身份责任,切实履行党组织职务的岗位责任,坚持党建和业务一起抓,党内职务和业务领导一起管,善于依靠组织力量推动业务工作。要驰而不息深化作风建设。持之以恒贯彻执行中央八项规定精神和省30条要求,完善厉行节约反对浪费制度规定,密切关注“四风”新形式新动向,有针对性地建章立制,加快推进内部控制建设,切实从源头上防止和解决作风问题。当前,要集中抓好《关于新形势下党内政治生活的若干准则》《中国共产党党内监督条例》的贯彻落实,准确把握基本精神和基本要求,切实加强和规范财政系统各级党组织党内政治生活,全面落实党内监督责任,确保全面从严治党要求在财政部门不折不扣地落实。要持续推进党风洁政建设。坚持标本兼治、惩防并举,层层压紧压实党风廉洁建设“两个责任”和领导干部“一岗双责”,严格遵守政治纪律、组织纪律、廉洁纪律、群众纪律、工作纪律、生活纪律和财经纪律,抓早抓小,加大“五位一体”走访力度,落实“三察三单”制度,完善约谈和问责机制,进一步调动各级财政部门和每位财政干部的积极性、主动性和创造性。

同时,我们要更加重视和加强宣传工作,感谢新闻媒体对财政工作的宣传支持和关心关注,给我们营造了积极向上的良好理财环境。各级财政部门和省直预算单位财务部门要更加关注财政部门户网站、财政厅门户网站、中国财经报网站、“财政部”“安徽财政”微信公众号等财政主宣传阵地,共同做好财政宣传、传播财政声音、讲好财政故事,进一步凝聚财政事业发展的正能量。

同志们,做好今年财政工作意义重大、任务艰巨、使命光荣。让我们深入学习贯彻习近平总书记系列重要讲话特别是视察安徽重要讲话精神,在省委、省政府的坚强领导和省人大的依法监督下,在财政部的关心指导下,凝聚全省财政系统和财务部门广大干部的智慧和力量,锐意进取,真抓实干,不断提升全省财政财务工作水平,为加快建设五大发展的美好安徽作出新的贡献,以优异成绩迎接党的十九大胜利召开!

在这里,我代表省财政厅党组向参会的各位同志、并通过你们向广大财政财务干部致以新春的问候和新年的祝福!祝愿大家新春愉快、身体健康、阖家幸福、万事如意!

在市财政局长座谈会上的讲话

省财政厅党组书记、厅长 罗建国

(2016年9月21日)

同志们:

今天下午,我们召开市财政局长座谈会,主要任务是传达学习李国英代省长对财政工作的重要指示批示精神,贯彻落实《省委近期重点工作安排意见》,梳理总结今年以来财政工作,部署推进年内财政重点工作。刚才,我们首先传达了李国英代省长的重要指示批示精神。李国英代省长9月2日上午,在上任伊始专门听取财政工作汇报,对全省财政改革发展取得的成绩给予充分肯定,对做好当前和今后一个时期的财政工作作出重要指示,9月6日又作出重要批示,充分体现了对财政工作的高度重视、对财政发展的关心支持、对财政改革的亲自部署、对财政干部的殷切关怀,让我们深受鼓舞、倍感振奋。接着,又传达了李国英代省长关于加快灾后水毁修复与薄弱环节建设性治理座谈会、专题会及电视电话会议主要精神。全省各级财政部门一定要认真组织学习,领会精神实质,全面贯彻落实。

今年以来,我们深入学习贯彻习近平总书记系列重要讲话精神和视察安徽重要讲话,坚决贯彻落实省委、省政府决策部署,围绕“一大目标、五大任务”,坚持一心一意谋发展、聚精会神抓党建,认真实施积极的财政政策,统筹支持稳增长、促改革、调结构、惠民生、防风险,1—8 月份,全省财政总收入 3045 亿元,增长 8.9%;其中,地方财政收入 1890 亿元,增长 8.7%;全省财政支出 3791 亿元,增长 9.5%,财政运行均衡平稳、质量提升、符合预期,为全省经济社会稳定健康发展提供了坚实的财政保障。一是着力支持供给侧结构性改革。全面落实结构性减税和普遍性降费政策,省财政安排专项资金 40 亿元支持“三重一创”建设、下达 19.5 亿元支持钢铁煤炭行业化解过剩产能、安排 10.5 亿元落实创新型省份建设“1+6+2”政策、安排 3 亿元贴息资金引导建立 600 亿元的省产业发展基金、拨付 20 亿元支持政策性融资担保体系、继续安排 11 亿元省级民营经济发展专项扶持资金和 10 亿元续贷过桥资金,一系列举措有力支持实施调转促“4105”行动计划、系统推进全面创新改革试验和实体经济发展。二是着力支持推进现代农业发展。制定实施《关于财政支持现代农业发展的贯彻意见》,在全国率先成立省级农业担保公司,推广“劝耕贷”担保模式,支持开展“资源变资产、资金变股金、农民变股东”试点和国家扶持村级集体经济发展试点,在全省全面推开农业补贴“三合一”改革,全省各级财政安排专项资金 46.1 亿元、整合涉农资金 30.7 亿元、吸引社会资金 28.5 亿元推进美丽乡村建设。三是着力保障和改善民生。全省民生支出 2820 亿元,增长 11.5%。拨付民生工程资金 809.1亿元,占年初计划筹资额的 98%,33 项民生工程快速推进。建立专项扶贫资金预算与地方财力增量挂钩机制,并通过安排地方政府一般债券资金 32 亿元、注入易地扶贫搬迁资本金 8.1 亿元、在分配 2016 年新增省对下均衡性转移支付时安排 5 亿元、盘活清理存量资金 6.5 亿元等,集中财力支持脱贫攻坚“十大工程”建设。把支持防汛救灾和灾后重建作为重要的民生工作,截至 9 月 14 日,省以上统筹经费 14.4 亿元,下拨经费 11 亿元。四是着力推进财政重点改革。研究制定并以省政府办公厅名义印发《关于进一步加强财政资金管理制度建设的指导意见》,连续 5 年提前启动编制预算,2015 年度预决算公开度位居全国第 5、中部第 1,营改增试点全面推开、全年减税约 150 亿元,省对下专项转移支付由 160 项压减到 133 项,实施政府购买服务项目 2980 个、涉及预算资金 121.2 亿元,落地实施 PPP 项目 37 个、总投资 394.8 亿元,成功发行地方政府债券 1359.4 亿元、年节约融资成本 62 亿元。五是着力深化财政机关党建。深入开展“两学一做”学习教育,认真组织学习党章党规、学习贯彻习近平总书记系列重要讲话精神和视察安徽重要讲话,组织 21 次党组中心组理论学习、8 个专题学习研讨和 8 次政策业务学习,开展结对共建、系统帮联、双包定点帮扶,主动会商服务省直预算部门 1709 次,对厅各处室单位、3 个市县财政部门政风行风进行巡查,牵头实施全省“小金库”和滥发津补贴专项整治,财政工作作风持续改进。

总的来看,在宏观环境错综复杂、经济下行压力加大的大背景下,各项财政工作平稳有序扎实推进,成绩确实来之不易,这是省委、省政府坚强领导、亲切关怀的结果,是全省各级财政部门凝心聚力、顽强拼搏的结果。年内财政工作任务将更加繁重艰巨,我们要再接再厉、乘势而上,坚定发展信心、弘扬严实作风,努力推动各项工作不断取得新成效,以优异成绩迎接省第十次党代会胜利召开。下面,我就学习贯彻落实李国英代省长重要指示批示精神、全力做好年内财政重点工作,讲几点意见。

一、认真学习领会和贯彻落实好李国英代省长重要指示批示精神

李国英代省长这次专门听取财政工作汇报,正值全省各级财政部门深入贯彻习近平总书记系列重要讲话精神和视察安徽重要讲话、落实省委省政府最新决策部署、奋力开局“十三五”财政改革发展的关键时期,作出的重要指示批示,高度契合了党的十八届三中全会对财税改革的总体要求和安徽实际,突出强调了全面提高财政保障能力和管理水平,既涉及财政政策、财政项目和财政资金的各个方面,也紧扣财政预算、财政执行和财政管理的关键环节,对于做好当前和今后一个时期财政工作具有很强的针对性和指导性,一是为理财观念注入了新思路,强调收入管理由数量转向数量和质量并重、预算安排由投入转向引导、资金分配由被动买单转向机制牵引;二是为财税改革突出了新重点,强调项目的谋划和储备、转移支付规范管理、财政政策研究;三是为财政管理明确了新要求,强调完善财政衔接机制、财政管控机制、财政倒逼扣减机制;四是为财政绩效提出了新目标,强调支出进度、支出结构、存量资金上更加注重质量效益和绩效评价。李国英代省长的重要指示批示,为财政改革和发展提供了重要遵循,为财政管理和创新提供了重要指引,为我们抓好各项财政工作教授了新方法、构建了新标准、增添了新动力。财政厅党组3次召开会议传达学习研究贯彻,全省各级财政部门和广大财政干部要倍加珍惜李国英代省长的关心厚爱,深刻领会李国英代省长的重要指示批示精神,推动学习贯彻工作走向深入、取得实效。要迅速汇报传达。大家回去以后,要抓紧向市里主要领导和分管领导全面汇报李国英代省长重要指示批示精神,以及财政厅的贯彻措施和本次会议精神。市财政局党组、领导班子和领导干部要带头学习、率先贯彻,迅速将李国英代省长重要指示批示精神传达到各科室干部以及所辖县区财政局和乡镇财政所的干部,引导督促干部联系实际深入思考,力求学深悟透、融会贯通,做到内化于心、外践于行。要全面对照查摆。对照年度省委常委会工作要点、省政府重点工作安排、财政部工作要点、全省财政工作要点以及当地党委政府的部署安排,按照李国英代省长的重要指示批示要求,树牢问题导向,认真查找本地区本部门在制度建设、政策研究、业务创新、信息化推进等方面存在的不足和短板,进一步找准定位、理清思路、明确任务、拉升标杆,把各项工作往深处做、往细处做、往实处做。要细化分解任务。围绕李国英代省长提出的"实现财政收入预期、争取中央财政支持、着力财政引导撬动、严格财政绩效管理、抓好财政责任落实、推广公共基础设施建设PPP模式、建立健全财政资金管控机制"等要求,紧密结合各市实际,逐条逐项分解落实,并分解到每个节点、每个岗位、每个业务、每个干部,同时要督促所辖县区抓好细化分解,形成各级财政部门的"任务书",使各项工作科学的细化、务实的分解、有序的推进。要强化责任落实。针对"任务书",制定"路线图",明确"时间表",形成责任链条,建立工作台账和落实清单,确保件件有人担责、有人落实,真正以责任落实推动工作落实。要加强对贯彻落实情况的工作督导,加大检查和督查力度,确保李国英代省长重要指示批示精神在全省各级财政部门落地生根、开花结果。

二、全面完成财政预期目标任务

把加强财政预期管理作为重中之重,坚持实事求是、把握规律、均衡运行,强化精准调度,加强财政收入动态监控,做到相机把控,平稳有序组织收入。要坚定信心。当前,受营改增减税效应明显、部分重点行业继续减收等不利影响,财政收入增长面临着很大压力。但也要看到,1—8月份,财政收入保持在合理区间,虽然形有波动,但势仍平稳,为完成全年预算目标任务奠定了坚实基础。同时,经济运行中积极因素逐步累积,我省各项经济指标好于全国,房地产、汽车、通用设备制造等保持良好势头,国民经济基本平稳、稳中有进,随着改革红利持续释放,新的经济增长点加快孕育、新的增长动力加快形成,财政运行中目标压力将逐步缓解。因此,我们既要树立底线思维、增强忧患意识,更要看到积极因素、坚定发展信心。要强化联动。我们已经建立了财税库收入征管分析联席会议机制,省级和各市分别制定收入征管分析制度,形成了"1+5+16"的制度体系。下一步,要进一步加强系统联动,市县要与省里保持高度一致,积极按照省里的统一调度和安排,加强情况沟通,强化协调协作,共同做好收入预期管理工作,确保依规平稳有序组织收入。同时,各级财政部门要高度重视做好财政支出预期管理工作,特别是8项重点支出【一般公共服务、公共安全、教育、科学技术、社会保障和就业、医疗卫生与计划生育、节能环保、城乡社区】要切实做到均衡支出、合理增长。要完成预期。积极会同有关部门,进一步完善财政收入预期管理机制,充分调度各地、各有关部门的增收积极性,努力挖掘增收潜力,切实加强对重点行业、重点税种和重点企业的税源监控,确保各项税收应收尽收。同时,进一步加大非税收入征管力度,充分挖掘非税收入增长潜力。一方面,对于1—8月增长势头较好、增幅高于人代会增幅较多的市,要努力保持财政收入平稳较快增长,在完成全年收入目标任务的基础上,力争多收、超收;另一方面,对于收入增幅尚未达到年初人代会增幅的市,要切实加大工作力度,积极查找原因,压实工作责任,确保完成年初人代会确定的收入目标任务。

三、支持做好灾后重建工作

今年入汛以来,我省遭受了严重洪涝灾害。省委、省政府高度重视灾后重建工作,9月2日,李锦斌书记在枞阳召开全省脱贫攻坚和灾后重建专题座谈会。9月14日,李国英代省长在桐城市调研部署灾后重建工作。9月18日,李国英代省长又召开加快灾后水利水毁修复与薄弱环节建设性治理三年行动方案专题会,初步拟定全省灾后水利工程建设总投资342.9亿元。昨天上午,省政府又专门召开全省电视电话会议,进一步研究推进当前和今后一个时期加快灾后水利水毁修复与支流及中小河流治理、排涝能力建设、小型病险水库加固等3个薄弱环节建设性治理工作。省财政将认真贯彻落实省委、省政府决策部署,多渠道统筹建设资金,并纳入财政三年滚动计划,支持灾后水利工程建设三年行动。近期,省级在已安排拨付各地灾后水毁修复资金补助的基础上,将提前安排下达5亿元作为三年行动方案的启动资金,确保有关工程项目顺利启动。各地财政部门要高度重视,迅速行动起来,推动灾后重建工作扎实有序推进。要落实配套资金。在用好中央和省级资金的同时,千方百计保障本级应承担的资金。要克服畏难情绪,加大支出结构优化力度,确保资金落实到位。要在预算上优先安排,并纳入本级财政三年滚动计划。要拓宽资金渠道。优化支出结构,盘活存量资金,充分运用与政策性金融机构合作、政府与社会资本合作(PPP)等市场化手段多渠道筹集资金。省财政将在地方债分配时充分考虑该因素,进一步对各地予以支持。要创新管理方式。省政府决定将省安排的20%中15%作为启动资金,5%作为综合奖补资金,对各地实行先建后补。省水利厅将建立项目综合考核机制,省财政厅根据考核结果,做好资金清算工作。各地财政部门要增强绩效意识,主动配合项目主管部门,强化项目推进和资金监管,防止资金沉淀、挪用,提高资金使用效益。此外,要做好因灾倒房资金保障。按照财政支持因灾倒房恢复重建工作通知要求,在前期倒房核查的基础上,根据因灾倒房重建需要,统筹安排好中央和省级自然灾害救助资金、农村危房改造、农房保险等资金,加大因灾倒房投入力度,并主动会商民政等部门及时拨付自然灾害救助预留资金,确保各地灾民11月30日前重返家园。

四、切实加大民生工作保障力度

坚持以人为本,积极调整支出结构,统筹安排资金,既盘活存量,又用好增量,切实保障脱贫攻坚、民生工程等重点民生工作的支出需要。要支持推进脱贫攻坚。务必参照省级做法,制定完善财政扶贫的政策制度。对财政扶贫投入情况进行“回头看”,未按20%、10%规定比例增列专项扶贫资金的,要足额安排到位;未落实存量资金支持脱贫攻坚的,要全面及时落实;对以前年度扶贫资金结转结余,要采取措施,确保10月底前全部清理完成。落实好省支持贫困县统筹整合使用财政涉农资金的实施意见,10月底前制定出台统筹整合使用财政涉农资金的“一办法、一方案、三清单”。加强与扶贫、农业等部门会商,督促加快项目建设和资金拨付进度,对已经落地的项目,在合法合规前提下,优化资金支出方式,提高资金支付效率,坚决杜绝项目等资金现象,确保资金支出及时规范。积极推广政府购买服务、PPP等方式,撬动更多金融和社会资本投入脱贫攻坚。建立事前、事中、事后全程动态监管和覆盖省市县乡村全层级的监管网络,对政策、项目、资金的落实情况引入第三方评估。这里要强调的是,要扎实推进健康脱贫工程。目前,除年初预算既定安排的扶贫专项资金外,省财政将新增一定的扶贫资金,重点补助各地设立健康脱贫医疗专项补助资金。此外,省财政在继续提高新农合、医疗救助补助标准的同时,对31个扶贫开发工作重点县下达均衡性转移支付资金,并在分配新增地方债务时专门切块安排资金,支持各地扶贫攻坚。各级财政部门要积极落实本级补助资金,并围绕“三保障一兜底”,统筹公共财政预算、政府性基金和各类扶贫专项资金,通过调整优化结构、压缩一般支出、盘活存量资金等方式,根据保障人数、大病支出等因素科学测算并足额安排本级健康脱贫相关资金,切实把健康脱贫兜底责任兜住、兜牢、兜实。要持续抓好民生工程。今年省委、省政府确定的33项民生工程要不折不扣地落实到位,在资金拨付上加快进度,在项目实施上加快推进,特别是受水毁影响较大的农村安全饮水等民生工程,要抓紧修复,推动工程类项目早完工、早见效、群众早受益,确保补助到人项目年底序时完成任务。以省人大、省政协视察巡视民生工程为契机,认真梳理总结民生工程实施情况,及时发现问题,提出改进措施,督促整改落实。结合编制2017年财政预算、中期财政规划,坚持立足当前、着眼长远,保障基本、雪中送炭,注重稳定性、连续性、累积性,抓紧谋划2017年民生工程项目方案,把有限财力用到刀刃上,多做打基础、利长远、建机制、求实效、可持续的事情。要支持钢铁煤炭行业化解过剩产能。按照省委、省政府的部署要求,省财政全力做好去产能职工分流安置资金的保障和管理工作,确定了我省去产能职工分流安置资金由中央和省分担50%、市(县)和企业分担50%的筹资方案。目前,已将中央专项奖补资金和省级奖补资金19.5亿元下达相关市,制定了5项管理制度,并做好共管账户管理,保障资金安全规范、高效使用。李锦斌书记在我厅上报的风险防控预案上作了重要批示,对我们的工作予以充分肯定。下一步,相关市财政要切实负起责任,加强去产能职工分流安置资金管理。市县政府将企业产能退出划拨土地先行收储、依规变现、暂时无法变现的,由市县政府从本级土地出让收入中先行兑现。对此,省政府要求市县政府承担的资金必须按要求到账,未按时筹集拨付资金,将由省政府约谈。市财政要履行共管账户的主要管理职责,尽快制定有关资金申请、审批拨付和使用的具体流程,完善相关财务管理制度,确保5个工作日审核完毕,方便企业用款,保证资金安全。要严格执行财政部专项资金管理办法、我省资金管理细则、共管专户办法、风险防控预案等制度,督促企业依法依规管理使用资金,防范资金风险,发挥资金效益,维护职工权益。此外,省里正在制定"战略性新兴产业集聚基地建设条例",全力推进"三重一创"建设,各市要按照国家和省里的统一部署,处理好政府与市场的关系,科学合理安排财政支出,全力支持调转促"4105"行动计划。

五、着力抓好全面深化财政改革

当前,改革已经进入攻坚期和深水区,剩下的都是难啃的硬骨头。我们要按照中央和省委关于全面深化改革的部署要求,进一步弘扬敢为人先、锐意进取的优良传统,坚持破字当头、迎难而上、争当先锋,把既定的财政改革任务一项一项向前推进,并切实发挥好财政改革的基础性和支撑性作用,不断增添发展新红利。要推进省以下政府间财政事权和支出责任划分改革。前不久,国务院出台了《关于推进中央与地方财政事权和支出责任划分改革的指导意见》,省里正在按照国务院指导意见的总体要求、基本原则和时间节点要求,结合我省实际情况,起草省以下财政事权和支出责任划分改革方案。下一步,各地要积极了解政策,按照省里统一部署,做好贯彻落实工作。要支持推进农业转移人口市民化。目前,省里正在制定支持农业转移人口市民化的政策措施,引导农业转移人口就近城镇化。各地要按照要求保障农业转移人口子女平等享有受教育权利,支持创新城乡基本医疗保险管理制度,支持完善统筹城乡的社会保障体系,加大对农业转移人口就业的支持力度。同时,支持提升城市功能,增强城市承载能力。要完善财政科研项目资金管理。根据中央《关于进一步完善中央财政科研项目资金管理等政策的若干意见》,按照科研活动规律和财政预算管理要求,以激发科研人员积极性和创造性为出发点和落脚点,结合我省实际,我们正在制定《关于改革完善省级财政科研项目资金管理等政策的实施意见》,从经费比重、开支范围、科目设置等方面,提出了一系列"松绑+激励"的措施,回应科研人员关切,着力解决部分高校、院所和科研人员反映的改革获得感不够强、科研项目资金存在"过细过死"、"重物轻人"等问题,着力推进简政放权、放管结合、优化服务。目前,实施意见已呈省政府审定,待正式出台后,各地要结合实际抓好落实。要强化地方政府债务管理。将政府存量债务还本付息纳入年初预算。继续对政府债务实行限额管理,市、县政府在批准的限额内举借政府债务。严格规范举债程序,除外国政府贷款外,一律通过发行地方政府债券方式举借政府债务。注重强化风险管理,省里将定期评估各地区债务风险状况,新增债券安排与各地区风险程度挂钩,对债务高风险地区进行风险预警。各地要制定应急处置预案和责任追究机制,及时采取措施,加大偿债力度,有效防范和化解财政金融风险。

六、深入推进财政机关党的建设

全省各级财政部门要认真贯彻落实省委关于深入推进全面从严治党的若干意见,财政局党组要坚决落实全面从严治党的主体责任,党组书记要切实履行好"第一责任人"职责,领导班子成员要认真履行"一岗双责",切实做到抓业务与抓党建相结合、管人管事与管思想管作风相结合。要扎实开展"两学一做"学习教育。围绕"坚持根本宗旨,发挥党员作用""坚守纪律底线,培养高尚情操"等专题开展学习讨论,抓好组织生活会、民主评议党员、问题整改等关键环节和主要措施的推进落实,把学习贯彻党章作为第一位的要求,把学习贯彻习近平总书记系列重要讲话作为重大政治任务,通过持之以恒强化理论武装、坚持不懈"补钙强骨",不断提高思想觉悟和理论水平,不断增强政治意识、大局意识、核心意识、看齐意识,始终在思想上政治上行动上同以习近平同志为总书记的党中央保持高度一致,自觉贯彻落实省委、省政府的决策部署。要驰而不息深化作风建设。牢固树立"打持久战"思想,持之以恒贯彻执行中央八项规定精神和省30条要求,巩固拓展群众路线教育实践活动和"三严三实"专题教育成果,在完善制度、形成长效上狠下功夫。要完善厉行节约反对浪费制度规定,健全部门会商、结对共建、定点帮扶、帮联巡查等制度机制,并密切关注"四风"新形式新动向,查漏补缺、举一反三,有针对性地建章立制,加快推进内部控制建设,切实从源头上防止和解决作风问题。当前,要结合省委新修订的领导班子及其成员作风建设"两清单一办法",抓紧建立符合本地区本部门实际的作风清单、工作清单等制度,以制度的刚性约束保障财政作风建设长流水、不断线。要对财政专项工作和重点任务,逐项逐条逐级建立任务清单、责任清单,到岗到人、挂图作战,做到有布置、有落实、有结果、有反馈、有督查,确保工作真正落地。要持续推进党风廉政建设。坚持标本兼治、惩防并举,层层压紧压实党风廉政建设"两个责任"和领导干部"一岗双责",认真执行《中国共产党廉洁自律准则》《中国共产党纪律处分条例》《中国共产党问责条例》,严格遵守政治纪律、组织纪律、廉洁纪律、群众纪律、工作纪律、生活纪律和财经纪律,大力推进巡视、审计监督、重要岗位干部交流轮岗、制度规范"四个全覆盖",强化巡视"回头看"反馈意见整改,巩固8个专项整治成果,综合运用好监督执纪"四种形态",抓早抓小,进一步营造积极向上、风清气正、干事创业的良好理财环境,进一步调动各级财政部门和每位财政干部的积极性、主动性和创造性。

同志们,年内时间紧、任务重,我们要深入学习贯彻习近平总书记系列重要讲话精神和视察安徽重要讲话,认真贯彻落实李锦斌书记"保重点、控一般、促统筹、提绩效"的部署要求和李国英代省长"争钱、收钱、找钱、聚钱、管钱、花钱"的指示精神,同心同力、开拓进取、扎实苦干,高标准、高质量地完成年度既定目标任务,抓紧研究、及早谋划明年工作思路举措,编细编实编好2017年预算,更好地发挥财政职能作用,为打造创新型"三个强省"、全面建成小康社会作出积极贡献!

全省财政工作篇

全省财政工作综述

2016 年全省财政工作综述

【概况】2016 年,全省各级财政部门深入学习贯彻习近平总书记系列重要讲话特别是视察安徽重要讲话精神,认真贯彻落实省委常委会工作要点,谋发展、抓党建,围绕“一大目标、五大任务”,实施积极的财政政策,统筹支持稳增长、促改革、调结构、惠民生、防风险,全省财政总收入 4373 亿元,增长 9%;其中,地方财政收入 2673 亿元,增长 8.9%;全省财政支出 5530 亿元,增长 5.6%,预期目标圆满完成,全省财政运行总体平稳、稳中有进,有力促进全省经济社会稳定健康发展。

【加强政治理论学习】深入学习贯彻党章党规和习近平总书记系列重要讲话特别是视察安徽重要讲话精神,深入学习贯彻党的十八大和十八届三中、四中、五中、六中全会以及省第十次党代会精神,精心组织开展“两学一做”学习教育、“讲看齐、见行动”学习讨论,组织财政厅党组中心组理论学习 26 次,强化理论武装,坚定政治定力。财政厅党组书记为全厅党员作“认真学习和严格遵守党章,坚守好财政共产党员岗位”专题党课,带头开展“党章与财政党员干部理想信念,一个树牢、三个看齐,学习《关于新形势下党内政治生活的若干准则》和《中国共产党党内监督条例》,学习《党委会的工作方法》与推进厅党组建设和党支部建设”等 12 个专题学习研讨。财政厅党组带头研读人民日报、人民网、中国纪检报刊发文章,加强学习思考,撰写心得体会,推荐全厅党员干部学习《习近平:倡导清清爽爽的同志关系》《推动全面从严治党向基层延伸的重大举措》《守好共产党员这块金字招牌》《“严实”之风从家始》《习近平强调干部家风建设 弘扬优良作风做好社会表率》《培厚家庭文明的“累土”》等 57 篇文章,教育引导财政党员干部进一步树牢“四个意识”特别是核心意识、看齐意识,进一步坚定“四个自信”,自觉遵守“三严三实”“四个服从”“五个必须”要求,坚决杜绝反对“七个有之”,坚定不移向党中央看齐、向党的理论和路线方针政策看齐、向党中央决策部署看齐,在思想上政治上行动上始终高度自觉地与以习近平同志为核心的党中央保持高度一致,坚决贯彻落实省委、省政府的决策部署,自觉做政治上的明白人。

【落实党组抓党建的主体责任】认真学习贯彻《中国共产党党组工作条例(试行)》和省委实施细则,组织修订《中共安徽省财政厅党组工作规则》,出台《省财政厅党组关于深入推进全面从严治党的实施意见》《厅党组及其成员职责清单》《厅党组坚持民主集中制实行集体领导和个人分工负责相结合制度实施办法》《省财政厅重大事项合法性审查程序规定和操作规程》《关于健全重大决策咨询机制的若干意见》等制度。组织召开 8 次厅党建工作领导小组会议,半年通报机关党建工作开展情况,组织全厅党员参加党纪条规知识测试,开展“从严落实机关党建责任推进年”“抓促保”活动和“管党治党宽松软”专项治理,财政厅党组带头梳理查找问题30个、制定整改措施41条。严格执行“三会一课”、民主生活会、领导干部双重组织生活、谈心谈话等制度,厅领导以普通党员身份参加支部活动57次,开展支部书记抓党建述职评议,推行党支部活动日志制度和理论学习情况月报制度,加大厅领导、驻厅纪检组、人事教育处、机关党委等走访处室单位力度,完成厅直机关党委和机关纪委换届选举。

【加强财政干部队伍管理】坚决贯彻落实“好干部”标准,严格执行《党政领导干部选拔任用工作条例》,坚持公道正派、五湖四海,注重德才兼备、以德为先,研究制定《省财政厅处级干部选拔任用工作实施细则》,纪检部门全程参与干部选拔任用各个环节,严格贯彻“凡提必核”要求,对违规瞒报漏报个人有关事项的取消提拔任用,让政治可靠、务实能干、业绩突出、群众公认的干部,得到组织的信任和关心。坚持宽领域、一体化、分层次、分类别做好干部选拔任用和动态管理工作,按照省委“四个全覆盖”和省委组织部关于重要岗位干部交流轮岗全覆盖的要求,推动全厅干部“一盘棋”交流配置,交流轮岗干部35人,其中处级干部25人、科级干部10人,完成重要岗位干部交流轮岗计划。健全厅领导和各处室单位ABC岗制度,实行处室单位主要负责人离任前审计,对新录用人员、职位晋升干部、交流轮岗干部、处室单位主要负责人等开展廉政和作风建设集体谈话。

【强化财政作风建设】严格执行中央八项规定精神、省三十条以及财政厅党组三十条要求,扎实开展结对共建、系统帮联、双包定点帮扶、党员进社区志愿服务,主动会商服务省直预算部门2561次。建立工作考勤负面清单,修订《省财政厅领导班子及处室单位班子成员贯彻中央八项规定精神深入推进作风建设责任清单》,牢固树立过紧日子的思想,带头严肃财经纪律,厉行勤俭节约,全厅“三公”经费同比下降47.4%。印发进一步加强机关效能建设意见,修订违反效能建设制度处罚暂行规定,组织明察暗访23次,及时通报发现的问题,坚决防止“四风”反弹。

【推进财政党风廉政建设】组织召开30次财政厅反腐倡廉建设领导小组会议,以及财政厅党组会、廉政工作会议、全厅干部职工大会、全省财政系统视频会议等,及时传达学习中央和省委省政府反腐倡廉制度、文件和通报,第一时间布置财政厅贯彻落实工作,强化反腐倡廉宣传教育,分3批次组织全厅干部职工赴巢湖监狱进行警示教育。制定《2016年省财政厅党风廉政建设和反腐败工作任务分解表》,细化落实83项反腐倡廉具体工作任务,处室单位年中和年末分别向财政厅党组、驻厅纪检组报告落实情况。签订《省财政厅2016年党风廉政建设责任书》,明确财政厅党组、财政厅主要负责人、驻财政厅纪检组、财政厅领导班子成员、处室单位主要负责人、党员干部个人等6类49项责任,首次实现全厅党员干部人人签字、共同履行。全面推行“1+8”的内控基本制度和专项内控办法,对37个处室单位、15个市县财政部门政风行风进行巡查。牵头负责全省“小金库”和滥发津补贴专项整治,开展财政厅“4+4”专项整治,完成中央巡视组巡视“回头看”反馈意见涉及财政牵头的整改任务。

【支持推进供给侧结构性改革】支持“去降补”,加快建立以地方政府债券为主体的举债融资机制,全年发行地方政府债券1687.3亿元,节约融资成本近80亿元。下达21.8亿元专项资金支持钢铁煤炭行业化解过剩产能,完成煤炭967万吨、粗钢110万吨产能淘汰任务,妥善安置职工3.6万人。将企业技改和中小企业发展资金规模增加到5亿元。会同有关部门积极支持服务业、云计算大数据产业和军民深度融合发展。支持“全创改”,积极筹措资金落实创新型省份建设政策体系,支持量子信息国家实验室和中国科技大学“双一流”建设,配合省直有关部门成功争取合芜蚌国家自主创新示范区获批建设,成功争取财政部授权安徽省在科技基础设施建设、普惠性税收政策等方面9项先行先试政策,全面推开国有科技型企业股权和分红激励政策,全面创新改革试验扎实推进。助力战略性新兴产业和实体经济发展,全面落实结构性减税和普遍性降费政策,全年减免税费702.4亿元,较上年增长21.5%。省财政安排专项资金支持“三重一创”建设,支持24个战略性新兴产业基地建设。安排3亿元贴息资金,支持省信用担保集团、省投资集团用于引导建立省产业发展基金,累计投资金额99.4亿元,实际完成项目110个。安排奖补资金,引导市县加快PPP项目落地,安徽省32个项目入选财政部第三批示范项目,计划总投资774亿元,项目申报成功率达64%,高出全国平均水平20个百分点，入选项目个数和总投资额均位居全国第三。安排民营经济发展专项资金11亿元、拉动市县配套10.9亿元，安排注资参股资金17亿元、省级风险补偿专项基金3亿元。安排续贷过桥资金10亿元，2015—2016年累计调拨20亿元，带动市县投入29.2亿元，撬动贷款577.4亿元，扶持企业10203户，周转率11.7次，缓解中小微企业融资难、融资贵。

【支持推进现代农业发展】支持调整优化农业结构，制定实施《关于财政支持现代农业发展的贯彻意见》，通过争取中央资金注资21.5亿元，在全国率先成立省级农业担保公司，全面启动规模化批量化担保业务，创新开发“劝耕贷”担保品种，累计为57个县2144家种粮大户提供担保贷款14.9亿元。以发展绿色高效农业为重点，统筹2.6亿元推广优质专用品种、新型肥料等技术，将乡镇及社区农产品质量安全检测体系和认证体系建设纳入民生工程，保障群众“舌尖上的安全”。全省累计投入农田水利专项资金97.5亿元，整合各类涉水资金38亿元，吸引群众及社会资金投入37.3亿元，支持除险加固小型水库400座、加固新建小型水闸1342座、扩挖塘坝5.9万口、改造灌区末级渠系340万亩，农业生产条件持续改善，奠定粮食产量“十三连丰”基础。深化农村综合改革，2014—2016年累计争取中央财政投入8.6亿元，省级投入4.6亿元，支持113个县开展8700万亩农村土地承包经营权登记颁证工作。支持“资源变资产、资金变股金、农民变股东”试点，投入10亿元在300个村开展国家扶持村级集体经济发展试点，完成80个村集体资产股份合作制改革试点任务。拨付71.6亿元，在全省全面推开农业补贴“三合一”改革。全省安排“一事一议”财政奖补资金25.5亿元，带动群众筹资和社会捐赠等7.6亿元，实施项目1.4万个，推动农村公益事业发展。拨付15亿元，推动大宗农作物等保险全覆盖，全年赔付20亿元，分散化解农业生产风险。投入11.6亿元，在全省5个市、38个县(区)开展农村公共服务运行维护试点。投入24.6亿元，配合有关部门加强农村基层党组织保障工程建设。支持美丽乡村建设，全省各级财政安排专项资金47.5亿元、整合涉农资金65.8亿元、吸引社会资金74.6亿元推进美丽乡村建设。落实补助资金5.4亿元，支持74个行政村开展国家美丽乡村建设试点。

【支持推进区域协调发展】落实区域财政支持政策，安排专项资金27.8亿元，带动市(县)投入10.2亿元，通过金融机构贷款104.7亿元，支持皖江示范区加快发展、南北合作共建园区基础设施和公共服务设施建设以及皖北地区、大别山革命老区发展。创新区域经济支持方式，设立奖补资金，支持皖南国际文化旅游示范区及大黄山国家公园发展；累计争取中央财政资金10亿元，支持铜陵市开展节能减排财政政策综合示范，带动铜陵市投入10.16亿元，完成投资332亿元，进一步推进生态文明建设。争取中央补助12亿元实施池州海绵城市建设试点，政府投入资金48.5亿元，带动社会资本投入163.1亿元，重点投向污水治理和水环境建设，完工项目29个，实施面积17.07平方公里，连片示范效应初步显现。争取中央9亿元支持合肥小微企业创业创新基地城市建设，通过基金、财政金融产品、提高个人创业担保贷款额等方式，全面放大资金效益，支持2.3万人创业，撬动社会资本投入535.8亿元。成功争取中央12亿元支持合肥市列为国家第二批地下综合管廊试点城市，带动市县投入，项目总投资54.8亿元，建设综合管廊58.5公里。省财政安排9亿元，支持城镇“五统筹”和新型城镇化试点省建设。支持区域生态文明建设，争取财政部9亿元支持，延续新安江流域补偿机制试点政策，安徽、浙江两省每年各安排补偿资金2亿元，2016年完成投资48亿元，带动国家开发银行贷款56.5亿元，累计实施项目近200个，保证新安江流域水质稳定向好。实施大别山生态补偿机制，拨付国家重点生态功能区转移支付资金15亿元，安排环境保护及生态治理省级奖补资金12亿元，支持探索省内地表水跨界断面生态补偿。自2012年启动实施至2016年，省财政累计安排千万亩森林增长工程资金16.4亿元，争取中央造林补贴资金5.4亿元，积极引导撬动市县和社会经营主体投入，全省完成人工造林978.9万亩，创建6个国家森林城市、46个省级森林城市、5927公里森林长廊示范段，完成省政府部署任务。

【着力保障改善民生】坚持厉行节约，调整优化财政支出结构，压缩“三公”经费等一般性开支，推动各级财政足额筹集民生资金，全省民生支出4626亿元，占全省财政支出的83.7%，各项就业扶持、社会保障、教育事业、医疗健康等支出实现较快增长，基本公共服务均等化持续推进。出台民生工程实施办法和资金筹措办法等配套文件,更加注重建后管养,完善省人大省政协视察巡视长效机制,开展农村危房改造等5个项目第三方评价,拨付民生工程资金825.5亿元,完成率100%,33项民生工程全面完成。投入民生工程管养资金18.5亿元,比上年增长24.6%,探索建立“政府主导安排、财政投入撬动、市场社会参与、人人主动尽责”的共建共享机制。支持推进脱贫攻坚,建立专项扶贫资金预算与地方财政收入增量挂钩机制,省级、贫困县及所在省辖市的地方财政收入增量20%以上,其他有脱贫任务的市、县按照10%以上增列专项扶贫资金。2016年全省财政扶贫投入累计达173.4亿元,全面落实并超额完成省政府规定的投入任务,其中专项扶贫56.5亿元、同比增长1.3倍,包括争取中央投入20.5亿元、省级预算投入11亿元、落实市县投入25亿元;整合涉农项目资金68.6亿元;市县盘活存量8.2亿元;债务资金投入40.1亿元,集中财力支持健康脱贫等“十大工程”建设。支持抗洪救灾和灾后重建,全省各级财政部门坚持统筹救灾和灾后重建、统筹各级各类财政资金,2016年全省累计投入防汛救灾资金28.3亿元,其中中央9.4亿元、省财政安排4.9亿元、市县14亿元,重点支持水毁工程修复、农业生产救灾和房屋重建等,3.18万户水毁住房群众搬进新居、安全过冬。按照省政府“一规四补”(注:“一规”是抓紧制定新一轮水利工程规划;“四补”是补齐中小河流治理、小型水库除险加固、城乡排涝设施、湖泊防洪综合治理等四个方面短板)要求,下达5亿元作为启动资金,积极支持灾后水利水毁修复与薄弱环节建设性治理三年行动计划。

【推进财政重点改革】健全改革推进工作机制,组织召开13次改革领导小组会议,第一时间传达学习中央和省委全面深化改革领导小组会议精神,制定全面深化财政改革工作要点,确定7大类35项具体财政改革事项,对省委明确财政牵头的15项改革事项逐一细化分解到牵头厅领导和牵头处室,建立工作台账,实行挂图作战。先后印发深化财政改革工作机制、改革任务责任督查落实、提高改革方案质量和改革落实“三察三单”制度实施细则等系列制度,狠抓改革任务落实。完成省委明确财政厅承担的15项牵头改革事项。深化预算管理改革,贯彻落实省委书记李锦斌批示精神,建立全省收入预期管理机制,全省财政收入增长符合预期,实现收入平稳可持续。连续5年提前启动预算编制,实现“预算一年,一年预算”。以省委办公厅、省政府办公厅名义出台关于进一步推进预算公开工作的实施意见,预决算公开度位居全国第5、中部第1。建立预算执行考核结果与预算安排挂钩机制,激励预算部门采取措施加快预算执行进度,支出进度两次居全国第一位。印发全面开展中期财政规划管理工作的通知,省市县一体推进中期财政规划编制。落实推进营改增试点工作,建立健全联席会议机制和政策培训服务机制、舆情监测处置及报告机制、改革试点督查机制、改革试点动态跟踪分析机制的“1+4”营改增试点工作机制,确保营改增试点平稳推开,小规模纳税人100%实现减税,新纳入试点的四大行业实现全面减税。全面实施资源税改革,制定并印发《安徽省全面推进资源税改革工作方案》,合理拟定安徽省资源税适用税率建议,经省政府同意,报财政部核准和备案后正式对外发布安徽省资源税税率,改革后全省资源企业资源税和矿产资源补偿费综合负担较上年下降37.5%。持续深化财政体制改革,起草省以下财政事权和支出责任划分改革方案,提请省委常委会审议。会同国税、地税、人行等部门,印发安庆市、铜陵市、六安市、淮南市部分行政区划调整预算管理问题的通知,保障区划调整市县平稳有序过渡。健全省以下转移支付制度,继续清理规范省对下专项转移支付,由2013年的502项压缩到2017年的115项。加大对上资金争取力度,其中争取中央均衡性转移支付669.7亿元,居全国第三位,增加74亿元,增长12.3%。

(办公室供稿　代云霄)

财政专项工作概述

开展“两学一做”学习教育

【概况】2016年，财政厅党组认真贯彻落实中央、省委关于“两学一做”学习教育的部署要求，紧密结合财政实际，深入开展“两学一做”学习教育，坚持高标杆定位、高起点谋划、高标准开展、高质量推进，着力在深学实做真改上下功夫，确保规定动作不走样、自选动作有特色，努力以服务财政改革发展的成效检验学习教育的实效。

【加强组织保障】财政厅党组将“两学一做”学习教育摆上重要日程，成立财政厅主要负责人任组长的协调小组，建立财政厅主要负责人承担第一责任、财政厅领导班子成员承担分管责任、支部书记承担主体责任、人教处等处室承担牵头责任的四级责任体系。建立财政厅主要负责人亲自督导，分管厅领导深入处室督导，财政厅学习教育办公室组织专门力量督导的“三位一体”督导机制，组织开展5次全面督导，发布10次温馨提示。先后召开6次党组会、协调小组会，研究制定学习教育实施方案和财政厅党组、党员领导干部、全体党员学习教育行动计划、督查计划“1+4”方案体系，制作学习教育工作推进图，实行挂图作战。同时，围绕规定动作，创新自选动作，细化规定学习研讨、党课进基层、“讲看齐、见行动”学习讨论等14项重点内容。财政厅主要负责人做到“四带头”，带头学习研讨，先后在党组中心组理论学习研讨会上带头交流发言13次，撰写体会文章8篇；带头深入支部，以普通党员身份参加支部活动9次，与党员干部一起谈思想、谈认识、谈体会；带头上党课，先后给全厅党员干部、小岗村和吴寨村等帮扶联系点党支部成员上党课，党课内容做到“三个讲清楚”；带头推荐阅读，常态化向干部职工推荐阅读主流媒体文章，撰写阅读感言，学习教育期间累计推荐38篇。财政厅领导班子成员充分发挥领学带学促学作用，带头参加学习研讨交流发言54次，带头以普通党员身份参加支部活动68次，带头撰写体会文章43篇。开展软弱涣散基层党组织摸底排查和基层党组织长期不换届专项检查，对36个党支部和393名党员摸底排查，未发现存在软弱涣散基层党组织和不按期换届基层党组织。开展党员组织关系排查和党费自查补缴，对全厅党员干部组织关系全面摸排，保证全部党员均能在支部管理下参加学习教育；各支部对2008年4月以来的党费缴纳情况集中自查，严格按照有关规定，第一时间补缴未足额缴纳的党费，进一步规范党费收缴。举办支部书记专题培训班，党支部书记、组织委员和学习教育联络员等80多人参加培训。

【开展学习研讨】先后36次召开党组会、协调小组会、中心组理论学习会、全厅干部大会，第一时间学习领会习近平总书记关于“两学一做”学习教育重要讲话、指示精神和中央方案等一系列要求，认真学习省领导重要讲话精神和省委、省委学习教育协调小组有关文件精神，准确把握学习教育目的意义、方法步骤和内容要求，确保学习教育方向准确、有的放矢、不虚不空。学习教育期间，各支部开展集中学习1457次，平均每个支部集中学习40次。在做好党章党规和习近平总书记系列重要讲话学习的同时，突出学习重点，把十八届六中全会精神、习近平总书记视察安徽重要讲话精神和"七一"重要讲话精神、《关于新形势下党内政治生活的若干准则》《中国共产党党内监督条例》等作为重点学习内容，以财政厅党组名义分别制定学习贯彻的通知，明确学习方式、内容和要求，采取党组会议、专题会议、中心组理论学习、全厅干部大会、支部会等方式，进行系统学习、反复学习、深入学习，以点带面，推动学习落实到位。根据省委确定的三个研讨主题和"讲看齐、见行动"学习讨论要求，围绕学习党章党规和系列讲话，分层次、分类别扎实开展交流研讨。财政厅党组中心组开展交流研讨12次；各支部开展交流研讨492次，平均每个支部13次。围绕学习党章，结合坚定理想信念、明确政治方向主题，组织开展党章与财政干部理想信念等专题研讨3次，邀请专家作党章学习辅导，财政厅领导围绕学习贯彻党章到分管处室单位作党课报告，全厅36个党支部的207名党员在本支部作交流发言，提交支部研讨综述36篇、党员优秀心得体会文章55篇。围绕学习党规，结合坚持根本宗旨、发挥党员作用主题，组织开展学习贯彻《中国共产党问责条例》等专题研讨3次，厅级领导干部在全厅作交流发言，各支部提交研讨综述72篇。围绕学习系列讲话，组织开展学习贯彻习近平总书记视察安徽重要讲话精神、"一个树牢，三个看齐"等专题研讨6次，部分研讨开展之前举办集中培训，全体厅级干部作交流发言，全厅提交体会文章292篇。

【丰富活动载体】在开展好省委统一部署的活动基础上，结合实际，创新开展自选动作，提升学习教育效果。广泛开展正面教育，赴金寨县开展革命传统教育，瞻仰革命烈士纪念塔，参观红军纪念堂和革命博物馆，聆听革命传统教育党课报告。开展"学习先进典型，争当模范党员"活动，编印沈浩等先进事迹资料汇编，充分发挥沈浩这一身边先进典型的教育作用，引导全厅党员向沈浩和焦裕禄、杨善洲等先进典型学习，争当先锋模范。结合"五四""七一"等重要节日，组织开展"青年岗位能手评选"和"优秀共产党员、先进党支部评选"，用身边典型，引领风尚，激励全厅党员干部向先进对标看齐。认真落实创新方式讲党课活动，制定《关于开展"党课进基层"活动的通知》，所有厅级党员领导干部和部分县处级党员领导干部共计17人赴基层讲党课21堂，厅领导到所在支部和分管支部上党课8堂，支部书记在所在支部上党课62堂。拓宽党课报告人员范围，60名普通党员干部参与上党课。党课内容紧密结合财政实际、岗位实际、自身实际，做到"三个讲清楚"。加强警示教育，签订廉政责任书，分解落实反腐倡廉工作任务，认真做好党风廉政教育"每月一课"，分三批次组织全厅党员干部赴巢湖监狱开展警示教育，用反面案例为财政干部敲响警钟，牢固树立廉洁从政意识，严守党纪党规和国法。加强党员先锋模范教育，开展"亮身份、作承诺、当先锋、树形象"活动、"学讲话、强党性、转作风、提能力"活动和"双争"活动，印发活动实施方案，明确活动原则、主要内容和工作要求，通过佩戴党徽、摆放工作牌、设置党员示范窗口等方式，亮明党员身份，全体党员作出承诺，主动接受监督，将活动落实在学习教育各环节、全过程，引导普通党员发挥先锋作用，引导党员领导干部发挥表率作用，争当"四讲四有"合格共产党员。

【抓好问题整改】组织党员深入开展"五查五看"，从理想信念、党的意识、宗旨观念、精神状态、道德行为等方面，找准存在突出问题，制定整改措施，不断整改提高。组织开展"开门纳谏，转作风、提效能"活动，采取召开征求意见座谈会、基层调研、发放征求意见函、联系走访、部门会商等方式，广泛征求党员、干部和群众以及党代会代表的意见建议，深入查找问题。做好财政厅"4+4"专项整治和"管党治党宽松软问题"专项治理工作，认真梳理分析问题，登记造册，剖析原因，研究措施，建立整改台账，实行对账销号整改，明确整治时限、责任人和整改措施，确保见问题、见措施、见成效，属于立行立改和限期整改的问题全部整改到位。对学习教育中发现的问题，坚持立足长远，狠抓制度建设，构建长效机制，研究制定并以省政府办公厅名义印发《关于进一步加强财政资金管理制度建设的指导意见》，出台省财政厅党组《关于深入推进全面从严治党的实施意见》等，严格规范财政党的建设和财政资金设立审批、分配管理、审核拨付、绩效管理等工作。围绕党建和发展，2016年制定完善212项制度，着力用制度巩固改革成果、用制度管人管事管权。

【严肃组织生活】财政厅将民主(组织)生活会、民主评议党员,作为加强和规范党内生活会的重要抓手,增强自我净化、自我完善、自我革新、自我提高能力。财政厅党组先后4次召开党组会议,部署落实民主生活会。财政厅主要负责同志履行第一责任人责任,主持民主生活会各项准备工作。深化学习研讨,进一步增强开好民主生活会的思想自觉和行动自觉;广泛征求意见,共征求意见建议69条;深入交流谈心,财政厅主要负责人和党组成员逐一谈心谈话,党组成员之间进行充分交流沟通;认真开展党性分析,深入查找存在问题,在此基础上形成党组班子对照检查材料,党组班子各位同志认真撰写个人对照检查材料。各支部均按照省委学习教育协调小组和财政厅党组要求,制定组织生活会方案,认真做好会前准备工作。会上,财政厅主要负责人首先代表财政厅领导班子通报2015年度财政厅"三严三实"民主生活会整改措施落实情况,代表财政厅领导班子作对照检查,聚焦政治合格、执行纪律合格、品德合格、发挥作用合格要求,深入查摆党组班子存在的6个方面问题,深入剖析问题产生的4个方面根源,提出整改任务和措施,每位班子成员都对财政厅领导班子进行对照检查。财政厅领导班子成员本着对组织、对同志、对事业高度负责的精神,结合自身思想实际和工作实际,坚持原则、开诚布公、团结帮助,开展自我批评和相互批评。全厅36个处室单位党支部全部召开专题组织生活会,开展民主评议党员,无不合格党员,全体厅领导均以普通党员身份到所在支部参加专题组织生活会。根据省纪委、省委组织部统一部署要求,结合民主生活会开展批评情况,明确5大类、18项整改目标任务,细化整改重点措施41项,确定每项整改措施的牵头厅领导和牵头处室单位,明确整改时限,形成路径清晰、责任明确的厅领导班子整改清单,印发全厅各处室单位,要求立行立改、不等不拖,解决一个、销号一个。各支部针对查找出的突出问题制定整改清单,明确整改时限和责任人。

【注重学用结合】坚持把学用紧密结合起来,引导广大党员立足岗位,切实履行财政职责,全面完成财政改革发展各项任务,努力在"做"上取得实效。2016年,全省财政总收入4373亿元,增长9%;其中,地方财政收入2673亿元,增长8.9%,预期目标圆满完成,全省财政收支呈现总体平稳、质量提升、符合预期、好于全国的态势。全面助力经济发展,认真落实《安徽省扎实推进供给侧结构性改革实施方案》,2016年省财政安排专项资金40亿元支持"三重一创"建设,下达21.8亿元支持钢铁煤炭行业化解过剩产能。调整和优化财政支出结构,将更多财力向基层一线、困难地区、弱势群体倾斜,2016年全省民生支出4626亿元,占全省财政支出总量的83.7%。建立专项扶贫资金预算与地方财政收入增量挂钩机制,集中财力支持脱贫攻坚"十大工程"建设。全面深化财税改革,把贯彻落实预算法作为深化财政改革的切入点,连续5年提前启动编制预算,建立跨年度预算平衡机制,滚动编制省级2017—2019年中期财政规划和部门三年滚动财政规划。2016年着力推进供给侧结构性改革、预算管理制度、"营改增"试点等7大类35项改革任务,加快建立现代财政制度,以改革破解难题、激发动力、释放红利。

【加强宣传引导】财政厅高度重视学习教育氛围营造,用好传统媒介,通过杂志、橱窗、宣传展板、液晶显示屏等传统媒体营造浓厚氛围。在《安徽财会》杂志上发布学习教育文章38篇;在办公主楼和综合楼大厅摆放宣传展板,定期更换宣传标语,通过主楼液晶显示屏滚动播放学习教育宣传标语,时时提醒党员干部践行"两学一做"学习教育要求。充分运用新媒介,在财政厅内网及时报道学习教育开展情况、经验做法,累计发布信息500余篇;不定期在财政厅内网推送学习教育学习资料,供各支部参考学习;建立"两学一做"学习教育联络员QQ交流群,支部之间相互借鉴、相互学习、相互提醒,形成比学赶超的浓厚氛围;充分发挥学习教育网络平台作用,安排专人负责管理,每周进行动态巡查,及时提醒,督促各支部按要求完成任务上报,动态掌握各支部实际进展,便于进行分类指导。加强对外宣传,及时宣传财政厅"两学一做"学习教育开展情况、安排部署、特色做法,在安徽日报、安徽网络广播电视台、安徽组工信息、安徽先锋网等新闻媒体累计报送稿件60篇。其中,4月24日《安徽日报》报道财政厅高位启动"两学一做"学习教育,5月7日《中国财经报》报道财政厅"两学一做"学习教育具体要求,新华网安徽频道报道财政厅基础党务骨干培训、"讲看齐、见行动"等特色做法8篇,《安徽组工信息》(第24期)报道财政厅学习教育方案特色内容,《安徽省"两学一做"学习教育工作通报》(第2、5、6、20、21、23期)报道财政厅学习贯彻习近平总书记视察安徽重要讲话精神、“四个专项整治”等特色做法,安徽先锋网报道财政厅建立督导机制、创新方式讲党课、党员承诺等工作动态43篇。

(学教办供稿)

全面深化财政改革

【概况】2016年,省财政厅深入学习贯彻党的十八大和十八届三中、四中、五中、六中全会以及习近平总书记系列重要讲话特别是视察安徽重要讲话精神,按照中央和省委全面深化改革的部署要求,牢固树立“五大发展理念”,将深化财政改革贯穿到财政工作的全过程,主动担当尽责,加强统筹协调,狠抓落地生根,各项财政改革工作全面完成。

【把握改革方向】13次召开厅改革领导小组会议,第一时间传达学习中央和省委全面深化改革领导小组会议精神。习近平总书记视察安徽发表重要讲话后,召开党组扩大会、党组中心组理论学习会和集中学习培训班,开展“供给侧”与深化财政改革、脱贫攻坚与财政精准扶贫、“调转促”行动计划与财政职能履行等专题学习研讨,组织引导全厅干部职工深入学习贯彻习近平总书记视察安徽重要讲话精神,找准财政工作定位,坚持向改革要动力、要活力、要红利,科学把握财政改革用力方向,增强做好财政改革的思想自觉和行动自觉。

【分解改革任务】围绕改革大局,深入开展改革调研,制定《2016年省财政厅全面深化财政改革工作要点》,确定实施供给侧结构性改革、支持调转促行动计划、支持脱贫攻坚、支持现代农业和生态发展、构建基本公共服务共享机制、完善预算管理制度、推进现代财政制度建设等7大类35项具体财政改革事项。梳理分解《省委改革领导小组2016年工作要点》,对财政单独牵头和第一联合牵头的15项改革事项逐一细化分解到牵头厅领导和牵头处室,建立工作台账,实施“一事一档”,实行挂图作战,确保各项改革落地有声、见事有人。

【抓好督察督办】结合省委全面深化改革领导小组和省委改革办年度重点工作,紧扣财政改革实际,先后印发《省财政厅关于完善深化财政改革工作机制的通知》《省财政厅关于做好财政改革任务责任督查落实工作的意见》《省财政厅关于贯彻落实省委办公厅提高改革方案质量推进改革举措落地意见的通知》《省财政厅全面深化财政改革工作督查办法》和《省财政厅全面深化改革落实“三察三单”制度实施细则(试行)》等系列文件。认真落实省委改革办《关于扎实做好改革督察工作的通知》(皖机6681号)涉及财政的7项牵头督察任务,按时保质提交督察方案、督察报告、整改意见书和整改落实情况报告。对省委2016年改革要点分解财政厅承担的15项牵头改革任务,按照“三查三单”要求,自行开展2016年全面深化财政改革工作督查,细化实化改革任务,狠抓改革责任落实。管好用好省委中央重大决策部署贯彻落实推进机制信息化平台,全年上报全面深化改革子平台各类资料220余篇。厅领导多次带队开展省直预算单位上门会商,带队到各市和所辖县(市、区)开展财政改革等重点工作帮联督查,全厅共上门会商2561次,厅领导带队会商127次,推进各项财政改革举措的落地。

【宣传改革亮点】通过系统网络、信息简报等形式向省委改革办报送信息40余篇,《我省资源税改革成效明显》《我省营改增试点扎实推进成效显著》分别在改革工作简报第59期、第78期刊载。主动采取新闻发布、政策解读、邀请各类媒体报道等有效形式进行发布宣传,及时回应社会关切。厅长罗建国先后在人民网、安徽广播电视台、中安在线等媒体进行宣传,《人民日报》《安徽日报》《中国财经报》等中央和省内主流媒体先后报道安徽省财政改革新进展、新成效、新亮点。

【省属企业国有资本收益上缴比例提高到18%】印发《安徽省财政厅关于做好2016年省属企业国有资本收益申报工作的通知》(财资预函〔2016〕114号),明确2016年省属国有独资企业国有资本收益上交比例在2015年基础上提高到18%。严格收益申报审核,会同省国资委等单位审核确定企业应交国有资本收益,印发《关于组织上交2016年省级国有资本经营预算收入的通知》(财资预函〔2016〕213号),明确收益上交数额和缴库时间,督促省属企业严格政策执行。主动加强与省直有关部门、省属企业联系会商,促进国有资本收益尽早入库。省属企业于9月底完成2016年国有资本收益上交任务。全年累计收缴省属企业国有资本收益19.46亿元,较年初预算15.21亿元超收4.25亿元，其中收益上交比例提高3个百分点，相应增加利润收入1.99亿元。

【深化“4321”政银担风险分担合作机制】继续安排31亿元资金，用于做大做强县域政策性融资担保机构及建立省级融资担保风险补偿专项基金。根据中央财政担保代偿办法，印发《安徽省省级融资担保风险补偿专项基金管理暂行办法》（财金〔2016〕874号），调整完善安徽省“4321”政银担分担机制。根据省政府安排，组织开展金融服务实体经济情况专项督查，开展政策性融资担保绩效考核及约谈通报，着力扩大政银担业务覆盖面，有效缓解小微企业融资难题。安徽省相关做法得到国务院领导及相关部委好评，并被融资性担保业务监管部际联席会议发文在全国推广。2016年，全省政银担合作银行机构137家，覆盖大型国有、股份制、地方性等各类银行业金融机构，准入合作担保机构123家，覆盖全省16个省辖市、101个县（市、区）；政银担业务全年新增放款607.9亿元，服务企业16768户，户均362.5万元。

【落实有关政府购买服务政策措施】完善城乡义务教育经费保障机制，以省政府名义印发《关于进一步完善城乡义务教育经费保障机制的实施意见》（皖政〔2016〕31号），统筹资金63.53亿元，支持和保障各地义务教育发展，加快推进义务教育均衡发展。落实国家有关政府购买服务支持事业单位改革发展、社会组织培育发展政策措施，会同省编办、省民政厅分别起草《安徽省事业单位购买服务改革工作实施方案》和《安徽省通过政府购买服务支持社会组织培育发展的实施意见》。

【做好部分行业“营改增”试点扩围工作】按照中央部署，5月1日起，安徽省建筑业、房地产业、金融业和生活服务业全面推开“营改增”试点。省领导对“营改增”试点扩围工作多次作出批示，召开省政府全面推开营改增试点专题会和省营改增试点工作联席会进行研究部署。省财政厅积极履行牵头职责，会同税务及相关部门共同推进改革试点工作。印发《转发财政部 国家税务总局关于全面推开营业税改征增值税试点的通知》（财税法〔2016〕326号）、《关于全面推开营改增试点有关事项的通知》（财税法〔2016〕570号）等改革试点文件13份。省政府出台《关于印发全面推开营改增试点调整省与市县增值税收入划分过渡方案的通知》，省与市县财政体制基本稳定。建立健全联席会议机制和政策培训服务机制、舆情监测处置及报告机制、改革试点督查机制、改革试点动态跟踪分析机制的“1+4”营改增试点工作机制。全年营改增试点累计减税105亿元，超过98.7%的纳税人税负有不同程度降低，四大行业实现全面减税。

【研究制定落实资源税改革实施方案】落实中央关于从7月1日起全面推开资源税改革总体部署要求，成立全面推进资源税改革工作领导小组，印发安徽省全面推进资源税改革工作方案，开展调研，科学测算。经省政府同意并报财政部核准和备案后，印发《安徽省财政厅 省地方税务局关于确定资源税换算比折算率的通知》（财税法〔2016〕1036号）、《安徽省财政厅 省地方税务局关于调整我省资源税税率的通知》（财税法〔2016〕1037号），正式对外发布安徽省资源税税率，保证资源税改革平稳顺利实施。安徽省共设置34个品目，其中：中央列举税目12种，省自行确定税目22种。全省资源企业共计申报改革税目资源税4.08亿元，较上年同期全省资源企业资源税和矿产资源补偿费综合负担下降38.6%。

【清理规范重点支出同财政收支增幅或生产总值挂钩事项】制定《清理规范重点支出同财政收支增幅或生产总值挂钩事项实施方案》，明确改革推进目标、主要任务和实施步骤。配合财政部预算司开展关于地方财政预算挂钩事宜的调研，主动向财政部汇报衔接，及时跟踪掌握改革政策动态。选择淮北、亳州等地开展调研，初步掌握市县重点支出同财政收支增幅或生产总值挂钩情况。在省级2017年预算编制中，继续清理规范重点支出同财政收支增幅或生产总值挂钩事项，完善重点支出保障机制，把教育、农业等作为重点支出予以保障，使重点领域财政投入同全省经济发展阶段和社会事业发展需要适应。

【研究制定政府和社会资本合作项目财政管理办法】以省政府办公厅名义转发《关于在公共服务领域推广政府和社会资本合作模式的实施意见》（皖政办〔2016〕51号），印发《关于进一步共同做好政府和社会资本合作（PPP）有关工作的通知》《关于进一步加强PPP综合信息平台管理的通知》《安徽省省级政府和社会资本合作奖补资金管理办法》《安徽省财政厅关于加强财政引导支持推进公共服务领域政府和社会资本合作工作的通知》等文件，进一步加强政府和社会资本合作项目财政管理，推进PPP项目实施。

印发《安徽省财政厅转发财政部关于印发政府和社会资本合作项目财政管理办法的通知》(财金〔2016〕1741号),提出具体贯彻落实意见。通过物有所值评价、财政承受能力论证,纳入财政部PPP综合信息平台管理公开对外发布项目164个,总投资2003亿元。列入财政部第一、二批示范的11个项目全部落地。在财政部公布的第三批示范项目名单中,安徽省申报的50个项目入选32个,计划总投资774亿元,项目申报成功率为64%,入选项目个数及投资金额均居全国第三。池州市污水处理及市政排水和安庆外环北路项目入选财政部10个示范项目案例。

【完善国有资本经营预算支出管理制度】推动建立国有资本经营预算调入一般公共预算的机制,促进财政资金统筹使用。报经省十二届人大六次会议批准,2016年省级国有资本经营预算收入15.72亿元,其中安排2.8亿元资金调入一般公共预算用于保障和改善民生。省财政厅及时将2016年国有资本经营预算批复单位,明确年度收支目标,强化划转的刚性约束。严格预算执行管理,结合省属企业国有资本收益入库情况,向省人大报告2016年省级预算收入超收及安排使用情况,将当年超收收入0.8亿元调入一般公共预算,全年累计调入一般公共预算资金3.6亿元,占当年国有资本经营预算收入的19%,确保国有资本收益更多用于保障和改善民生。

【研究建立财政转移支付同农业转移人口市民化挂钩机制】按照《国务院关于实施支持农业转移人口市民化若干财政政策的通知》(国发〔2016〕44号)要求,在充分征求市县财政等相关意见的基础上,印发《安徽省财政厅关于实施支持农业转移人口市民化若干财政政策的通知》(财预〔2016〕1483号)并报财政部备案,明确10个方面27项落实举措,着力支持农业转移人口市民化改革,着力提高市县财政保障能力,着力落实基本公共服务责任。

【完善农业补贴政策改革】根据《财政部 农业部关于全面推开农业“三项补贴”改革工作的通知》(财农〔2016〕26号)精神,经省政府同意,会同省农委印发《安徽省农业“三项补贴”改革实施方案》(财农〔2016〕857号),在全省推开农业“三项补贴”合并改革。中央财政2016年安排安徽省农业支持保护补贴资金71.6亿元,全部下达到市县,并由各市县按照新的政策将补贴资金发放给补贴对象。

【建立城乡统一的义务教育经费保障机制】省政府印发《关于进一步完善城乡义务教育经费保障机制的实施意见》(皖政〔2016〕31号),明确统一城乡义务教育“两免一补”政策、统一生均公用经费基准定额、巩固完善农村地区义务教育学校校舍安全保障长效机制、巩固落实城乡义务教育教师工资政策,实现“两免一补”和生均公用经费基准定额资金随学生学籍流动可携带。落实义务教育经费保障机制政策,统筹资金63.53亿元,支持和保障各地义务教育发展,加快推进义务教育均衡发展。

【启动主体功能区制度配套政策研究】积极落实主体功能区财政政策,印发《2016年安徽省重点生态功能区转移支付办法》(财预〔2016〕1563号)。结合环境保护部关于2016年生态环境质量考核结果,对潜山、太湖、岳西、金寨、霍山、石台等6个国家重点生态功能区所属县分配下达奖励资金。2016年下达重点生态功能区转移支付15.76亿元,明确要求享受转移支付的政府和有关部门要切实增强生态环境保护意识,各地重点生态功能区转移支付资金应重点用于各地生态环境保护和涉及民生的基本公共服务支出。落实牵头责任,联系会商其他牵头部门推动改革落实,省发改委印发《关于贯彻落实省主体功能区规划强化投资产业人口政策支撑的意见》(皖发改规划〔2016〕113号),对强化主体功能区投资、产业和人口政策进行明确。省国土厅印发《关于贯彻落实加快调结构转方式促升级行动计划的实施意见》(皖国土资〔2016〕40号),对主体功能区配套的土地政策进行规定。

【制定整合资金推进山水林田湖生态工程方案】组织安徽省山水林田湖生态修复申报工作,会同省国土厅、省环保厅、省林业厅等部门推荐合肥环巢湖地区、六安大别山、淮北资源枯竭城市、黄山山水林田湖4个生态修复工程项目上报国家。根据《财政部 国土资源部 环境保护部关于推进山水林田湖生态保护修复工作的通知》(财建〔2016〕725号),会同省国土厅、省环保厅印发《关于推进山水林田湖生态保护修复工作的通知》(财建〔2016〕1706号),对安徽省整合资金推进山水林田湖生态修复保护工作提出实施意见。

【推进新安江流域生态补偿】实施第二轮新安江上下游横向生态补偿。10月24日,皖浙皖浙两省在杭州就新一轮补偿工作进行会商,基本达成一致意见。12月8日,在杭州召开的长三角地区主要领导座谈会上，皖浙两省政府正式签署新一轮新安江流域上下游横向生态补偿协议，两省将省级补偿资金各提高至每年2亿元，同时按照水质分档原则确定补偿金额，两省新增的1亿元补偿资金主要用于皖浙两省交界安徽省境内的农村污水和垃圾治理。

【完善大别山区水环境生态补偿机制】结合水质监测结果，强化省级补偿资金管理。会同省环保厅印发《关于进一步完善大别山区水环境生态补偿机制的通知》，就进一步完善和推进大别山区水环境生态补偿提出意见。

（改革办供稿　徐进超）

推进政府购买服务

【概况】2016年，全省各级财政部门从规范管理入手，进一步拓展购买服务领域，加大购买服务力度，稳步推进购买服务试点工作。

【全面部署购买服务试点】认真贯彻落实财政部《关于进一步推进政府购买服务改革试点工作的通知》精神，结合安徽省实际，制定安徽省政府购买服务试点工作实施方案，明确2015—2016年安徽省购买服务试点工作总体思路、目标任务、具体举措，全面深化安徽省政府购买服务改革试点工作。2016年，全年共实施政府购买服务项目3239个，涉及资金124亿元。

【规范指导性目录编制管理】以财综〔2016〕688号文件及时转发财政部关于做好政府购买服务指导性目录编制管理工作的通知，提出具体贯彻意见，布置落实按部门编制购买服务指导性目录工作。省粮食局、省安监局等部门出台本部门购买服务指导性目录，合肥市完成市直分部门购买服务指导性目录编制与印发工作。

【强化购买服务预算管理】梳理省级预算安排政府购买服务实施目录5大类219项内容，涉及42个省直部门，通过安徽省政府采购网、省财政厅门户网站向社会公告。

【推广购买服务经验做法】将各地购买服务调研报告及典型案例，通过省财政厅网站面向社会公开，供大家在进一步推进政府购买服务中学习借鉴。梳理出工作开展较好、成效明显的合肥居家养老服务、铜陵困难老人居家养老服务、城市社区基本公共卫生服务等3个典型案例上报，作为购买服务方面好做法好经验在全国推广交流。

【开展购买服务督察调研】选取16个市和10家省直单位开展督察调研，全面了解安徽省政府购买服务改革进展情况，督促市县认真贯彻落实政府购买服务改革政策措施。

【培育承接主体发展】从省本级福彩公益金中安排专项资金1500万元，用于支持和培育社会组织发展。认真贯彻落实《财政部　中央编办关于做好事业单位政府购买服务改革工作的意见》《财政部、民政部关于通过政府购买服务支持社会组织发展培育的指导意见》，会同省编办拟定《关于做好事业单位政府购买服务改革工作的实施方案》报省政府审定，会同省民政厅起草《关于通过政府购买服务支持社会组织培育发展的实施意见》。

【推动各地深化购买服务试点】合肥市大力支持社会力量承接政府职能转移，设立市级社会服务专项1500万元，巩固完善社会服务平台、社会组织、社会服务人才等政策性奖补，培育和引导社会服务组织、社会服务人才发展壮大。由市财政注资400万元成立的全省首个社会组织发展基金会运作良好，先后吸引133家社会组织参与基金扶持项目竞争性分配，38个社会组织29个项目获得扶持。铜陵市印发《关于加快推进2016年政府购买服务工作的意见》，坚持“单月报告、双月通报、季度督查”制度，规范购买服务信息公开、采购行为、资金支付、绩效考核等工作要求。出台《铜陵市关于做好行业协会商会承接政府购买服务工作有关问题的通知》，明确行业协会商会承接政府购买服务主要范围及程序。淮南市对市本级51个政府购买服务项目实施情况跟踪督促，建立实施情况双月通报制度，推动各项购买服务项目按工作计划实施、落实。亳州市出台《政府购买服务绩效评价暂行办法》，下发《关于开展2015年度亳州市本级政府购买服务检查评价的通知》，4—5月份对10家单位2015年政府购买服务政策执行和项目实施情况进行检查。6月下旬、12月上旬，两次下发通知对县区政府购买服务工作进行督导。黄山市出台《政府向社会力量购买社会工作服务指导目录》，进一步明确政府购买社会工作服务的范围、内容，承接主体、购买方式、购买程序等。阜阳、蚌埠等市动态调整政府购买服务目录，进一步扩大购买服务范围。阜阳市将棚户区改造、农村饮水安全、土地前期收储纳入政府购买服务指导性目录。蚌埠市将电视天气预报制作发布、气象灾害预警信息发布、区域自动气象站点维护等纳入购买服务范围。

(综合处供稿)

全面推开营改增试点

【概况】按照中央决策部署,2016年5月1日,安徽省全面推开营改增试点。省委、省政府高度重视,省领导主持召开省政府全面推开营改增试点专题会,研究部署推进改革试点工作。省政府印发《安徽省人民政府关于做好全面推开营改增试点工作的通知》,从加强领导、健全机制、完善措施、压实责任等方面全面部署试点相关工作。全省各级财税及行业主管部门通力合作,精心实施,进一步优化纳税服务、改进管理措施,有针对性地解决营改增试点及纳税服务过程中存在的问题,改革试点工作平稳有序推进,改革红利持续释放,减税效应不断显现,受到企业普遍欢迎,企业加快转型发展成效突出。

【健全工作机制】为保障全面推开营改增试点工作平稳有序运行,安徽省建立健全"1+4"的营改增试点工作机制,即以省政府分管领导为总召集人的营改增试点工作联席会议机制和政策培训服务机制、舆情监测处置及报告机制、改革试点督查机制、改革试点动态跟踪分析机制。全省全面推开营改增试点涉及纳税人超过30万户,省政府及时调整充实省营改增试点工作联席会议成员单位,新增试点行业主管部门及公安、电力等相关部门负责人为联席会议成员,共有成员单位21个。省财政会同税务及行业主管部门积极做好试点政策的培训和纳税服务。试点准备工作期间,省级财税部门累计培训财税干部超过13000人次,累计培训试点纳税人超过24万户。纳税申报首月,全省累计组织试点纳税人申报纳税培训30多万人次。全省税务部门通过拓展网上办税平台功能、提供"掌上"办税服务、推广邮寄发票服务等创新服务方式,全面落实首问负责、限时办结、预约办税、延时服务、导税服务、先收后办等各项办税制度,做好纳税服务。积极做好舆情监测及引导工作,通过采取"日报告"和"零报告"形式,加强部门之间,部门与企业之间的信息交流反馈,对突发舆情快速反应,精准施策。营改增试点联席会议成员单位及各市共向省营改增试点办公室报送近60期1600多次舆情监测报告。快速处置个别地方酒店借营改增之名刻意曲解政策、变相涨价等3起舆情。省财政会同税务及部分行业主管部门分别对16个市及部分县、区的营改增试点运行情况开展督查,形成调查报告20多篇,对督查过程中反馈的问题及时提交省营改增试点工作联席会议办公室研究解决。全省16个市全面建立营改增试点动态跟踪分析机制,通过对典型企业的动态跟踪分析,按月上报营改增试点运行情况,累计上报分析报告60多篇。针对金融业反映税负上升问题,各地成立营改增辅导团队,对全省1512户商业银行、1491户保险公司上门辅导,将税负上升企业全部纳入台账管理,进行动态跟踪分析。

【加强政策宣传】省营改增试点工作联席会议召集媒体通气会,宣传解读有关政策,通过中央人民广播电台、安徽日报、安徽电视台、人民网、新华网、中安在线等新闻媒体,对改革试点工作进行全方位报道,各市、县均在相应范围宣传本地营改增试点政策,积极营造有利于推进改革的良好舆论氛围。及时转发中央相关政策文件,并按照试点政策文件精神,制定印发安徽省调整增值税起征点、重点群体创业就业扣减增值税标准以及停止执行过渡性财政扶持政策等文件,全面做好省里相关配套政策的衔接。根据国务院文件精神,省政府于7月31日出台《关于印发全面推开营改增试点调整省与市县增值税收入划分过渡方案的通知》,做好营改增后省以下增值税税收收入划分工作,保持省与市县财政体制基本稳定。收入划分改革过程中,省财政、税务及人行相互配合,保障全面推开营改增试点后增值税收入划分以及收入调库工作顺利实施。

【开展全面推开营改增试点运行情况调研】省财政会同税务、住建、商务、交通、银监局、保监局等部门开展全面推开营改增试点运行情况调研,并结合调研和企业税负测算情况,先后向财政部上报无车承运、餐饮服务、索道运营、应收未收利息等政策建议10多条。9—10月,按照财政部开展金融业调研核查的要求,组织开展对41户农村银行金融机构和城市商业银行的营改增税负变化情况调研核查,并结合核查企业税负变化情况,向财政部上报调研报告,就进一步降低金融业税负提出政策建议。

【试点行业税负总体只减不增】经过不断完善政

策,安徽省四大行业全面减税。截至2016年底,全省营改增试点纳税人51.45万户,其中一般纳税人5.67万户,小规模纳税人45.78万户。全省98.7%的试点纳税人实现减税(小规模纳税人100%减税,新纳入试点的四大行业也实现全面减税)。其中:因税制转换直接实现减税54.85亿元,纳税人(包括试点纳税人和非试点纳税人)在购进服务时增加进项税额抵扣共减税40.25亿元(含新增不动产增加进项税额抵扣带来减税3.92亿元),受城市维护建设税和教育费附加等影响,全年营改增试点累计减税105亿元。全省地税系统为21.5万户纳税人办理“双代”业务,征收增值税9.4亿元,免征增值税37.7亿元。在全面减轻企业负担的同时,受增值税规范的税制要求,倒逼企业对外规范经营行为,较好地促进市场经济健康发展,对内完善内部治理结构,增强企业活力和盈利能力,一定程度对冲经济下行压力。营改增在降低企业成本的同时,有力地支持实体经济发展。如安徽应流集团作为全球装备高端零部件制造领先企业,2016年,营改增共为集团减少增值税和降低费用支出合计约983万元。

(税政条法处供稿)

推进预决算信息公开

【概况】2016年,省财政厅紧紧围绕建制度、全公开、精细化、规范化,持续深入推进预决算信息公开工作,全省预算透明度位居全国前列,对推进财税体制改革、促进依法理财发挥重要作用。

【加强制度建设】将制度建设作为推进预算公开的重要抓手,初步建立起“1+N”的制度体系。以省委办公厅、省政府办公厅名义出台《关于进一步推进预算公开工作的实施意见》,从“谁来公开、何时公开、公开什么、怎样公开”多个方面,深入推进预决算公开工作。制定预算公开工作方案、预算公开内部工作规程,制作预决算公开模板,出台《预决算公开操作规程实施细则》,对预决算公开时限、内容、形式等做出具体要求。印发《省级2015年度部门决算及“三公”经费公开工作方案》,按照“主体明确,范围全面,内容细化,步骤统一”的要求,全面深入推进,平稳扎实开展部门决算及“三公”经费公开工作。出台《关于推进乡镇涉农资金信息公开的实施意见》,建立“全面规范、公开透明、分层分类、线上线下、便于查询、群众检验”的涉农资金公开机制,预算公开向基层和民生延伸扩展。

【推进全面覆盖】坚持以公开为常态,不公开为例外,除涉密信息外,各级政府、各财政资金使用部门,依法公开预决算信息,突出层级全覆盖和资金全覆盖。坚持“上下联动、部门同步、一体推进”,预算公开做到横向到边、纵向到底。省市县依法公开政府预决算,县乡村及时公开基层民生支出;使用财政资金的部门和单位依法公开部门预决算。2016年,除涉密部门外所有使用财政资金的省级预算部门,全省16个市105个县区有序公开预决算。政府预决算公开覆盖一般公共预算、政府性基金预算、国有资本经营预算和社会保险基金预算4本预算;部门预决算公开涵盖财政拨款和非财政拨款收支情况,保障收支账本全口径公开。财政部《2015年全国地方预决算公开度排行榜》反映,安徽预决算公开度位居全国第五、中部第一。

【突出精细完整】围绕完整公开预决算信息,着力公开明细账、明白账,力求公众“看得懂、能监督”。2016年,预算公开着力实现“四个延伸”,预决算由功能分类科目向经济分类科目延伸,一般公共预算基本支出公开到经济分类款级科目;专项转移支付预算由报大账向分项目分地区公开延伸;专项资金由分散公开向目录清单、管理办法、分配结果等全过程公开延伸;预算公开领域向政府采购、政府债务、预算绩效和财税制度等信息延伸。决算信息细化到经济分类款级科目;首次公开机关运行经费、政府采购情况、国有资产占用情况、预算绩效管理情况,并增加相关名词解释;在“三公”经费公开内容上,增加与年初预算对比完成率情况,并细化增减变动的原因,文字说明更为详细,方便社会公众解读。从统计数据来看,省级有政府采购支出的94家均公开政府采购支出情况,其中57家部门公开政府采购支持中小企业的数据,62家公布预算绩效管理工作开展情况。上海财经大学发布的《2016年中国财政透明度报告》反映,安徽省级财政透明度位居全国第3,较上年前进1个位次。深入推进基层民生支出公开,实行县乡村三级同步公开,坚持“墙上+网上”多渠道公开,利用乡镇服务大厅、村务公开栏、门户网站等方式,确保公开留痕、可查。建立重要政策解读机制,通过门户网站及时发布财税制度;开通省财政厅政务微信微博,及时发布财政收支数据、重大财政政策,让群众便捷获取财政信息,积极引导社会公众广泛监督。

(预算处、国库处供稿)

开展预算公开评审论证

【概况】2016 年,按照省政府“保重点、控一般、促统筹、提绩效”要求,省财政厅坚持公开透明、强化协调配合,公开评审论证 51 个项目 53 亿元,以及 2 个部门整体预算。

【健全预算评审制度】加强制度建设,出台《安徽省省级预算评审论证办法》,规范评审原则、拓展评审范围、创新评审方式。首次建立评审监督员机制,邀请人大财经委、预工委有关同志作为预算评审监督员,对评审进行全方位、全过程监督,预算评审论证公信力进一步增强。

【优化专家队伍结构】建立省级预算评审专家库,实行分级分类管理、动态更新。评审专家包括全国人大代表、省人大代表、省政协委员、政策研究人员、审计专家、主流媒体代表、高校学者、专业技术人员等,领域涵盖农业、卫生、经济、文教等方面,并增加人大代表、政协委员在评审专家组的比重,进一步提升预算评审论证的科学性和参与广泛性,提高预算编制公开透明度,推动建立全面规范、公开透明的预算制度。

【逐步扩大评审范围】落实省政府“各级各部门建立新设财政专项资金立项评审机制”要求,将新设财政专项资金的立项纳入评审范围。落实人大监督意见,将人大审查提出意见的项目纳入评审范围。落实审计监督意见,将同级审、专项审等审计提出意见的项目纳入评审范围。省市县预算评审同步推进,实现省市县三级全覆盖。

【探索创新评审方式】在专家集中评审基础上,积极实践网络评审、联合评审、第三方机构评审等评审方式。面对面进行的专家集中评审,具有现场感强、沟通充分、公开透明度高、参与广泛的特点;借助网络平台进行的网络评审论证,具有不受空间和时间限制、专家背靠背独立评审可最大限度减少互相干扰的特点;联合预算部门和市县财政部门的联合评审,具有更加贴近项目实际、评审更具针对性的特点;委托中介机构进行的第三方评审,具有专业技术力量雄厚的特点。专家、部门、市县、第三方“四种力量”一起评,进一步丰富评审主体,扩大预算评审论证参与面,切实提升预算评审论证实效。

(预算处供稿　卓帅)

盘活财政存量资金

【概况】2016 年,省财政厅认真贯彻国务院、省政府工作部署,将盘活财政存量资金纳入常态化财政改革的重要内容,作为落实积极财政政策的重要抓手,一体部署、有序推进,更好更快发挥财政资金使用效益,支持全省经济社会发展。

【强化制度规范】以省政府办公厅名义出台《关于盘活财政沉淀资金用于增加有效投资和补短板工作的实施意见》,进一步严格盘活财政沉淀资金,及时调整用于重点领域和薄弱环节。印发《关于加强财政存量资金清理收回管理的通知》,对结转超过规定时限的财政资金一律清理收回,严格控制结转结余资金规模。2015 年,全省一般公共预算结转结余占财政支出 1.9%,低于财政部规定上限 7.1 个百分点。动态跟踪预算执行进展情况,对支出较慢、闲置沉淀的资金,及时收回统筹用于经济社会发展亟需资金支持的领域。2016 年,省级从盘活存量资金可统筹部分一次性安排 3 亿元,用于脱贫攻坚;调入预算稳定调节基金 18.3 亿元,支持“三重一创”、量子通信等重大项目建设。

【加强激励约束】印发关于建立财政存量资金与预算安排结合机制的通知,对财政存量资金规模较大的部门和市县,适当核减下年部门预算和转移支付。紧密衔接部门预算编制,对 2015 年存量资金规模较大的省直相关部门,按照一定比例扣减 2016 年部门经费。印发关于进一步加强全省财政库款管理工作的通知,对库款考核排名靠后的市县,缓调转移支付资金;对预算执行进度快的市县,适当加快资金调度。通报盘活财政存量资金情况、收回存量资金支出进度,责成工作不力的市县做出说明。

【加快预算执行】实行限时拨付、限时办结,收到上级转移支付后 30 日内下达,据实结算项目采取“先预拨、后清算”方式下达。2016 年,省级提前下达市县转移支付 1338.8 亿元,全部编入市县年初预算。同步将项目随同指标一并下达,暂无法明确具体项目的，尽可能切块下达资金，提前做好项目申报、审核等前期准备工作，确保财政资金随到随拨、随调随拨。出台安徽省省级预算执行考核办法，将预算执行考核结果与预算安排相挂钩；建立财政收支通报机制，各市财政收支情况按月通报到市委、市政府主要负责人，督促部门和市县加快预算执行。根据财政部通报，安徽省一般公共预算支出月进度2次位居全国第1。

【推进资金统筹】将无线电频率占用费、水土保持补偿费、政府住房基金等转列一般公共预算；省级国有资本经营预算调入一般公共预算3.6亿元。继续推进专项转移支付专项清理，取消政策到期、效益低下等项目，整合归并政策目标接近、支持方向重合、资金管理方式相近项目。继续清理规范省对下专项转移支付，由2013年的502项压缩到115项，并以清单形式向社会公开。优化整合重点科目资金，2016年省级部门预算，将涉农资金整合为农业生产发展、林业改革发展、水利发展等类，同步整合科技和医疗卫生领域资金，从预算编制源头保障财政资金聚焦使用。

（预算处供稿　贾成亮）

完善省对下转移支付制度

【概况】2016年，省财政厅进一步规范专项转移支付管理，完善一般性转移支付办法，推动转移支付与农业转移人口市民化相挂钩，不断强化转移支付预算管理，增强市县财政保障能力。

【规范专项转移支付管理】印发《省对市县专项转移支付管理办法》，从专项转移支付的设立和调整，预算编制程序，资金申报、审核和分配，资金下达、拨付和使用，预算绩效管理，以及监督检查和责任追究等内容作具体规定，对加强省对市县的专项转移支付管理，提高财政资金使用的规范性、安全性和有效性，起到重要作用。

【完善一般性转移支付办法】按照公平公正、公开透明、统筹兼顾的原则，完善省对下均衡性转移支付办法、重点生态功能区转移支付办法以及资源枯竭城市转移支付办法等一般性转移支付管理办法，对资金性质、测算分配、规范使用、绩效管理等做出明确规定，努力缩小地区间财力差距，积极促进全省基本公共服务均等化。

【推动转移支付与农业转移人口市民化相挂钩】建立支持农业转移人口市民化财政政策体系，出台10个方面27项政策措施，建立安徽省支持农业转移人口市民化财政政策体系。设立省对下农业转移人口市民化奖励资金，根据农业转移人口实际进城落户以及各地提供基本公共服务情况，适当考虑农业转移人口流动、城市规模等因素测算分配，资金主要用于农业转移人口基本公共服务、增强社区能力以及支持城市基础设施运行维护等方面。2016年，省财政下达市县支持农业转移人口市民化补助资金9.9亿元。

（预算处供稿　陈曦）

编制中期财政规划

【概况】2016年，省财政厅深入贯彻落实《国务院关于实行中期财政规划管理的意见》（国发〔2015〕3号）等精神，坚持保重点、控一般、促统筹、提绩效，围绕发展为上、民生为本、脱贫为先、平安为基，切实优化结构保障重点，提高财政政策前瞻性，全面推开中期财政规划编制。

【一体滚动编制】出台《安徽省财政厅关于全面开展中期财政规划管理工作的通知》，省市县一体化推进中期财政规划编制。省级启动编制全省2017—2019年中期财政规划，滚动编制省级2017—2019年中期财政规划，同步编制部门三年滚动财政规划。

【完善配套措施】年初细化工作职责，强化省直部门是编制执行部门三年滚动财政规划的主体，加强项目管理和项目库建设，健全预算评审论证机制，加强中期财政规划与年度预算编制的衔接。

【坚持政策衔接】围绕安徽省国民经济和社会发展"十三五"规划及今年以来省委省政府出台的重大决策部署、重要政策文件等，将财政投入政策化、支出政策预算化、项目预算滚动化，形成以支出政策、项目预算为支撑的中期财政规划。

【聚集重点领域】重点围绕财政政策和收支预测，特别是坚持问题导向，对现行财政收支进行分析研判，提出财政收支政策的调整思路，增强财政政策的前瞻性、有效性和可持续性。

【强化财力统筹】加强四大预算的统筹衔接、强化不同来源资金的财力衔接,在此基础上,优先保障党中央、国务院和省委、省政府决策部署涉及的财政投入。

【强化规划约束】强化成果运用,明确以后各部门出台涉及财政政策和资金支持的部门规划、行业规划等,都要加强与中期财政规划的衔接。

(预算处供稿　唐兵)

加强公务支出管理

【概况】2016 年,省财政厅认真贯彻落实中央"八项规定"和国务院"约法三章"要求,充分发挥职能作用,注重制度建设,强化过程管理,建立健全"三公"经费支出监管长效机制。全省"三公"经费支出较上年下降 23.8%,省级"三公"经费支出较上年下降 16%,"三公"经费管理成效显著。

【完善公务支出制度体系建设】以制度建设为抓手,着力构建全方位、立体式、常态化的制度体系,先后制定《安徽省省直机关培训费管理办法》《安徽省省直机关公务接待费管理暂行办法》《安徽省省直机关差旅费管理办法》《安徽省省直党政机关因公临时出国经费管理办法》《安徽省省直党政机关因公短期出国培训费用管理办法》《安徽省省直机关外宾接待经费管理办法》《转发财政部关于印发在华举办国际会议经费管理办法的通知》以及《安徽省财政厅关于进一步加强公务接待经费管理办法的通知》等经费管理办法,进一步规范省直机关工作人员公务行为,让制度覆盖公务支出各个方面、不留死角,让各项公务支出执行有章可循、有据可依,让厉行节约制度执行做到常态化、长效化。

【调整差旅费住宿标准】根据财政部《关于调整中央和国家机关差旅住宿费标准等有关问题的通知》精神,结合安徽省实际,修订《安徽省省直机关差旅费管理办法》,提高到外省出差的住宿费标准和处级及以下在省内出差的住宿标准。省财政厅代省政府办公厅拟定《关于严格执行差旅费管理制度的通知》,进一步严格差旅费执行管理,严肃财经纪律。

【加强会议定点管理】根据财政部关于印发《党政机关会议定点管理办法的通知》要求,省财政厅通过政府招标采购确定会议定点场所,并结合工作实际,转发财政部《党政机关会议定点管理办法》,督促各级财政部门按照文件要求,按时完成党政机关会议定点场所招标采购和信息注册工作。截至本年底,省、市财政部门全部完成党政机关会议定点场所信息注册工作。

【完善公务用车管理制度】根据《安徽省省直机关公务用车制度改革实施方案》有关规定,会同省机关事务管理局印发《关于规范省直机关公务活动社会化车辆租赁有关事项的通知》,明确公务车辆租赁原则、范围、管理、租赁费列支渠道和公务车辆租赁监督检查规范,要求省直机关各单位建立健全社会化车辆租赁内部管理制度和公示制度,强化租赁费用总额管控,接受社会监督。

【加强"三公"经费支出过程管理】根据《党政机关厉行节约反对浪费条例》规定和省政府关于加强"三公"经费管理有关要求,省财政厅继续开展全口径"三公"经费支出月统计、季分析、年总结等工作,加强过程管控,强化预警措施,确保公务接待、因公出国(境)、公务用车经费只减不增。

【推进"三公"经费预决算信息公开】根据财政部工作部署以及省委省政府有关要求,积极推进"三公"经费预决算信息公开。2 月,省财政厅印发《2016 年预算公开工作方案》《2016 年部门预算和"三公"经费预算公开操作指南》,连续 4 年完善预算公开制度,对预算公开口径、公开程序、公开形式、公开内容等做出统一要求,对预算公开涉及的重要项目进行情况说明,进一步增强预算公开的规范性。3 月 25 日,省直部门(除涉密部门外)向社会公开省级 2016 年政府预算、专项转移支付预算、部门预算和"三公"经费预算信息等。8 月 26 日,省直部门(除涉密部门外)向社会公开 2015 年度部门决算及"三公"经费决算信息,接受社会监督,打造阳光财政。

【落实"三公"经费支出审计整改】根据巡视、审计中发现涉及"三公"经费支出管理等问题,第一时间会商省直有关部门,针对存在的问题和薄弱环节,督促部门制定切实有效措施,加强审计整改,夯实部门主体责任。同时,督促省直部门建立健全单位内部公务支出财经纪律执行情况的自查机制,强化内控制度的建设和管理,以制度管人、管事。

(行政处供稿)

实施法检两院财务省级统管试点改革

【概况】2016年1月1日起,合肥市等18家第一批司改试点单位法检两院财物正式纳入省级财政统一管理。法检两院财物统管为其依法独立公正行使司法权,实现司法行政管理事务权与审判权、检察权相分离奠定基础。

【建立预算管理体制和经费保障机制】正式将第一批18家法检两院全部作为省级财政部门一级预算单位,收支和国有资产全部纳入省级财政统一管理,经费由省级统一保障并通过省级国库集中支付系统拨付。遵循司法规律,建立符合审判、检察业务特点的支出分类保障体系,落实各项经费保障政策。按照“托高补低”的要求,只做加法不做减法,保障试点单位办公经费、办案经费和人员收入不低于现有水平。

【建立政府购买司法雇员队伍制度】会同省司法体制改革试点成员单位多次研究,反复磨合,率先在全国制定出台《关于司法体制改革首批试点法院检察院通过政府购买服务建立司法雇员队伍的意见》,确定雇员范围、配备比例等,并明确将首批试点单位司法雇员队伍经费纳入预算管理,为安徽省建立稳定的司法雇员队伍,奠定制度和经费保障基础。

【建立改革动向分析研究机制】试点单位财物上划省级财政统管后,多次会同省法院、省检察院赴改革试点单位调研,加强对试点单位管理机制、运行保障等重点工作的调研指导,总结改革试点经验,梳理存在问题,研究解决办法,撰写《关于省以下法院检察院财物省级统管改革试点工作的调研报告》和《司法体制改革试点相关财政问题课题研究》,专题报省领导参考。

【规范试点单位预算管理】实行省级预算管理后,各试点单位办公、办案经费由财政预算全额保障,严格执行收支两条线管理规定,收支完全脱钩,彻底改变原来“收入返还”、“明脱暗挂”的经费保障模式。各单位按照省人代会批复的部门预算执行,支出科目、项目、内容、流程等贯彻省级预算管理要求,强化预算硬性约束,规范支出管理。

(政法处供稿)

支持推进全面创新改革试验

【概况】2016年,省财政厅按照省委、省政府创新驱动发展的总体部署,紧紧围绕系统推进全面创新改革试验(以下简称“全创改”)方案,聚焦“全创改”主要任务、改革举措,深化财政体制机制改革,完善创新扶持政策,加大资金保障力度,注重创新资金提质增效,着力解决制约创新发展的财政体制机制问题,充分激发全省创新活力和创造潜力,“全创改”各项部署落地见效。

【政策争取情况】中央《关于在部分区域系统推进全面创新改革试验的总体方案》印发后,省财政厅按照时任省长李锦斌提出的“统一思想认识,增强责任感;做好政策衔接,发挥政策合力;把握时间节点,确保有序推进;加强组织领导,保障政策落实”要求,将系统推进全面创新改革试验工作作为省财政厅的重点改革任务,围绕中心、服务大局,主动参与《安徽省系统推进全面创新改革试验实施方案》设计、制定、争取、完善等工作,推进财政对科技投入、政策、管理体制机制创新,尽责做好财政保障工作。厅长罗建国、副厅长吴天宏、孟照红多次带队赴财政部,专题汇报安徽省系统推进全面创新改革试验工作,请示对接方案审议事项,积极争取中央相关财税政策支持和指导。2016年6月24日,《国务院关于安徽省系统推进全面创新改革试验方案的批复》(国函〔2016〕111号),正式批复安徽省实施方案,财政部授权安徽省在科技成果转化股权激励个人所得税递延,投向种子期、初创期等创新活动的投资纳税,众创空间等新型孵化机构税收支持政策等9个方面先行先试。7月19日,省政府办公厅印发《安徽省系统推进全面创新改革试验任务分工》《安徽省系统推进全面创新改革试验2016年工作要点》《安徽省系统推进全面创新改革试验重点试点任务》,明确全省重点工作76项,其中省财政厅牵头工作6项,配合工作36项;2016年工作要点23项,其中省财政厅牵头工作2项,配合工作12项;重点试点任务6项,其中省财政厅配合工作4项。

【成立领导机构】7月22日,厅长办公会专题研究部署财政支持全创改相关工作,研究成立省财政厅领导小组,制定任务分工、2016年工作要点、重点试点任务等通知,压实处室责任,明确五项工作举措,即开展财政科技政策回头看、加大财政科技投入、落实科技企业税费减免、扩大高校科研院所自主权和提升财政科技资金绩效。7月23日,成立"省财政厅系统推进全面创新改革试验工作领导小组",厅长罗建国任组长,副厅长吴天宏任副组长,其他厅领导为成员;下设办公室,教科文处、税政处、预算处、企业处等九个处室负责人为成员,统筹推进全厅全创改工作。7月25日,制定《安徽省财政厅支持系统推进全面创新改革试验任务分工》《安徽省财政厅支持系统推进全面创新改革试验2016年工作要点》《安徽省财政厅支持系统推进全面创新改革试验重点试点任务》,明确处室具体分工和推进时间要求。同时,将支持全创改工作纳入财政"三察三单"制度考核,强化组织领导,落实处室责任,确保各项工作有力有序有效推进。

【加大财政投入】聚焦创新能力、创新产业、创新平台,持续加大科技投入力度,全省财政科技支出达256亿元,增长73.1%。支持创新型省份建设,将创新型省份建设专项资金从10亿元增加到10.5亿元,下年增加到12亿元,采取后补助、股权投资、竞争立项等方式,支持覆盖自主创新能力建设、科技成果转化、科技重大专项、重点实验室等创新全链条的"1+6+2"政策体系。支持"三重一创"建设,将战略性新兴产业集聚基地发展专项资金从30亿元增加到40亿元,其中:战略性新兴产业集聚基地专项资金30亿元,采取"借转补"方式支持基地建设;"三重一创"建设资金10亿元,重点支持信息技术、生物健康、新能源汽车等新兴产业领域核心环节、带动产业集聚发展的重大项目。支持传统产业改造升级,将技术改造和中小企业发展专项资金大幅增加到5亿元,采取贷款贴息、投资补助等方式,重点支持新一代电子信息、智能装备、节能和新能源汽车等高端制造业发展和冶金、建材等优势传统产业改造提升,大力促进中小企业转型升级;安排5000万元资金,支持企业开展国际产能和装备制造合作等。争取落实创新税收优惠政策,积极争取并落实国家赋予安徽省三项先行先试税收优惠政策,2016年8月和9月,财政部先后印发股权激励延期缴纳个人所得税政策和众创空间等科技企业孵化器税收政策。加强税收优惠政策宣传落实,扩大研发费用加计扣除范围,加计扣除额超90亿元,为企业减税超20亿元,较上年增加20%。企业提供的技术转让、技术开发、技术咨询、技术服务免征增值税1.5亿元。降低企业缴费费率,将企业职工基本养老保险单位缴费费率从20%降低至19%,失业保险单位缴费费率从1.5%下调至1%,两项政策减少企业社保缴费17亿元。住房公积金缴存比例上限从20%降低至12%。严格落实涉企收费清单制度,会同省物价局公布《安徽省长江沿线涉及航运企业收费目录清单》《安徽省进出口环节收费基金清单》等重点领域和行业涉企收费子清单。

【完善分配政策】实施科技成果转移转化激励政策,推进省属高校院所科技成果转移转化自主权改革,对由财政资金支持形成的、不涉及国家安全的科技成果落实转化责任,支持转化主体实施。完善高校院所领导干部科技成果转化收益管理,推动高校职务科技成果转化收益用于奖励科研负责人、骨干技术人员等重要贡献人员和团队的比例不低于70%,具体比例由高校院所自主确定。创新高校院所工资分配激励机制,会同省人社厅等部门出台《关于创新高校院所工资分配激励机制有关政策的通知》,对列入全创改试点的高校院所,提高绩效工资总额,不再比照公务员津贴补贴标准,按当地事业单位绩效工资水平的100%—200%掌握,进一步扩大省属高校财务自主权,引导高层次人才集聚。支持重大科技创新平台建设,安排量子信息国家实验室专项引导资金8亿元,合肥市安排2亿元,统筹支持创建量子信息国家实验室。自2016年开始,连续5年每年安排1亿元,支持中国科学技术大学建设世界一流大学和一流学科。

【加强人才引进】支持高层次人才引进和培养。省财政安排"百人计划"专项资金1000万元,重点支持引进海外高层次人才来皖创新创业;安排"特支计划"专项资金5000万元,重点支持直接服务全省主导产业和战略性新型发展的高层次创新创业领军人才;安排"115产业创新团队"专项资金1000万元,集中用于开展"861"行动计划项目的科技攻关、新产品研发和科技成果转化;安排人社厅人才专项4500万元,重点支持"111"人才聚集工程、高层次专业技术人才培训、战略性新兴产业领军人才选拔等项目实施。支持引才平台建设。省财政安排高层次引才平台建设专项资金3000万元,用于全省引才平台的奖补、引进高层次人才的资助以及高层次人才综合信息服务平台建设;安排1180万元,支持建设30家省级博士后科研工作站和35家院士工作站。支持大众创业万众创新。省财政安排1.9亿元,出资参股30个高层次科技团队来皖创新创业;统筹安排6700万元,支持专业性技术创新平台、科技创新创业服务机构和众创空间、新型研发机构扶持等。2015年—2016年,争取中央财政7.2亿元,支持合肥大众创业、万众创新国家首批示范。安排创业扶持资金2000万元,推进"创业贷"试点,支持合肥、芜湖、铜陵三市发放266家青年创业引导资金贷款2.3亿元。

【搭建融资平台】在全国率先建立"4321"政银担风险分担和代偿补偿机制,对单户企业在保余额2000万元尤其是500万元及以下的小微企业担保贷款代偿,由原保机构、再担保机构、银行、地方政府按4:3:2:1的比例进行分担,相关经验做法被国务院融资担保联席会议向全国推广。省财政安排3亿元,建立省级融资担保风险补偿专项基金。2008—2016年,省财政累计安排创业风险投资引导基金8亿元,引导设立18只创业风险投资基金,资金总规模达53.4亿元,累计共投资179个项目,总投资额达46.5亿元。2016年起,安排3亿元贴息资金,支持省投资集团和省担保集团发起设立规模600亿元母子基金,累计完成资金募集93.6亿元,投资项目109个,完成投资金额67.5亿元。省投资集团、省信用担保集团支持各市(县),以及联合产业集团设立天使基金18只,完成资金募集14.4亿元。推进多层次资本市场建设,先后出台上市、发债和挂牌等财政奖补政策,省财政累计兑现奖补1.5亿元,市县财政配套1.4亿元,帮助419户中小企业打通直接融资渠道。建立小微企业续贷过桥资金,省财政累计安排20亿元,带动市县配套28.7亿元,累计发放周转贷款691.4亿元,有效降低小微创新企业断贷风险。累计投入121亿元,带动市县配套67亿元,持续充实省市县担保机构国有资本金,以股权和业务为纽带构建省市县三级政策性融资担保体系。

【简政放权优化服务】完善创新发展财政政策,破除体制机制障碍,构建支持创新发展的政策和制度体系。改革完善科研项目资金管理等政策,省委办公厅、省政府办公厅出台《关于改革完善省级财政科研项目资金管理等政策的实施意见》,在财政科研项目预算编制、科目调剂、结转使用、绩效支出等方面提高项目单位自主权,在差旅会议、采购、基建等方面扩大高校院所自主权。推进国有科技型企业股权激励政策,省财政厅牵头印发《安徽省国有科技型企业股权和分红激励实施细则》,将国有科技型企业股权和分红激励政策在全省推开,通过股权出售、股权奖励、股权期权以及项目收益分红、岗位分红等方式,对企业重要技术人员和经营管理人员实施激励。截至2016年底,合芜蚌三市148家企业拟定股权和分红激励方案并实施了股权和分红激励试点,共激励科研及管理人员2534人,激励金额61559万元。深化财政科技项目管理改革,省财政厅会同省科技厅印发《关于整合优化省级财政科技项目和资金管理的实施意见》,将现有财政科技计划12项,整合优化形成创新型省份建设专项、自然科学基金、科技重大专项、重点研发计划、平台与人才专项、科技创新环境专项等6类科技计划,实行分类管理,差异化扶持;实行统一指南、发布、受理、论证、公布、平台"六统一"管理;启动运行省科技报告服务系统。

(教科文处供稿)

支持脱贫攻坚

【概况】2016年,省财政厅以习近平总书记扶贫开发系列讲话和视察安徽重要讲话精神为指导,全面贯彻落实省委、省政府决策部署和"六看六确保""四个全覆盖"工作要求,坚持精准扶贫、精准脱贫基本方略,围绕"五个一批",支持"十大工程",加大扶贫资金投入,强化财政资金监管,积极探索资产收益扶贫,为全省脱贫攻坚工作提供有力保障。

【推进重点工作】按照省委、省政府部署,省财政厅支持脱贫攻坚资金投入到位,重点任务稳步推进,各项政策成效初步显现。资金投入方面,全省2016年共安排专项扶贫资金56.5亿元,较上年增加32.6亿元,增长1.3倍。其中,中央财政补助20.5亿元,比上年14.9亿元增长37.6%;省级财政安排11亿元,占中央的53.7%,比上年4亿元增长1.75倍;市县25亿元,比上年5亿元增加4倍,投入力度均超过省政府规定要求。安排地方政府债务资金40.1亿元,用于易地扶贫搬迁、贫困村基础设施建设,改善贫困人口生产生活条件。资金整合方面,制定安徽省统筹整合使用财政涉农资金试点实施意见,并选择在全省31个国家和省级重点县统一开展试点。创新建立涉农资金整合工作"一方案一办法三清单"机制,赋予贫困县统筹整合使用财政涉农资金的自主权,指导市县做好试点工作。全省31个试点县全部制定出台统筹整合使用财政涉农资金的实施方案,整合相关涉农资金82.4亿元用于脱贫攻坚。资金使用方面,推进资产收益扶贫工作,先后出台《关于开展资产收益扶贫的指导意见》《关于支持做好财政资金变股金试点工作的通知》,努力实现支持产业发展、农民增收、资金增效多重政策目标,实现共建共享。在实际操作中,坚持以点带面、点面结合,突出重点项目和典型做法的示范带动作用,有效激发贫困户、市场主体的积极性和主动性;支持易地扶贫搬迁工程,成立易地扶贫搬迁融资理事会,注资8.1亿元,设立易安建设投资有限责任公司,通过与国家开发银行、中国农业发展银行等金融机构开展合作,争取长期低息贷款,撬动金融资本支持易地扶贫搬迁,安徽省成为全国最早发债、最早一次性拨付资本金的省份;实施健康脱贫工程,研究制定《关于健康脱贫的实施意见》,确立"三保障一兜底"的基本原则,统筹基本医保、大病保险、医疗救助等现行政策,提高贫困人口医疗补偿力度,按照"351"自付封顶线标准,将贫困人口看病诊疗自付费用控制在10%以内。省财政拨付健康脱贫专项补助资金1.5亿元,补助市县设立专项资金,对贫困人口合规医疗费用予以兜底。资金监管方面,牵头开展全省扶贫资金专项检查,发现并纠正一批扶贫领域违纪违规问题。围绕建立脱贫攻坚第三方评估全覆盖机制要求,安排专项资金6000万元,足额保障评估经费。将扶贫资金作为财政监督检查工作重点,会同省扶贫办开展扶贫资金集中检查,查处违纪违规案件33起,涉及金额209.17万元。驻厅纪检组加强扶贫领域监督执纪问责作为工作重点,加大财政扶贫资金领域腐败问题查处力度,严肃财经纪律。

【建立工作推进机制】建立高位推进机制。省财政厅党组高度重视脱贫攻坚工作,2016年先后18次召开专题会议,传达学习中央和省扶贫开发会议及领导讲话精神,部署中央及省考核评估等工作,明确目标任务,谋划政策举措,认真履行财政投入责任、管理责任、督导责任、推动责任。建立分工协调机制。成立厅主要负责人任组长,分管负责人任副组长,17个处室(单位)主要负责人为成员的省财政厅扶贫开发领导小组,领导小组下设办公室,抽调相关人员集中办公。建立挂图推进机制。落实省领导"挂图作战"的指示,制定财政支持脱贫攻坚任务分工图、政策线路图、资金绩效图、监管计划图,明确任务目标、职责分工、重点任务和时限要求,确保各项工作依图推进。制定2016年财政支持脱贫攻坚工作要点,将任务细化分解到具体处室和责任人,分级分层压实责任。建立督导督查机制。建立财政支持脱贫攻坚工作督查制度,加强对市县的督查检查,先后4次对有关市县工作落实情况进行现场督查,组织开展县级自查和市级互查。结合每季度厅领导工作调研,对各市县财政支持脱贫攻坚工作落实情况进行定期督导。举办3次财政系统脱贫攻坚培训班,培训市县财政干部360人次。建立绩效奖惩机制。建立财政支持脱贫攻坚"月报送、季通报"制度,对市县扶贫资金投入、整合、使用、监管等重点工作情况进行动态跟踪,及时掌握市县工作进度,并将其作为市县脱贫攻坚考核重要指标。完善扶贫资金绩效评价体系,将脱贫成效作为扶贫资金分配的重要因素,对资金使用效益高、脱贫成效好的地方,加大资金投入力度,形成正向激励。

【健全政策制度体系】建立统筹兼顾、全程覆盖的"1+5+3"制度体系。"1"即1个统领性文件。以省政府名义出台《关于财政支持脱贫攻坚的实施意见》,从加大投入保障、推进统筹整合、创新支持方式、严格监督管理、压实工作责任五个方面,对市县和省直有关部门落实财政支持脱贫攻坚各项任务提出明确要求。"5"即5个配套性文件。制定《关于支持贫困县统筹整合使用财政涉农资金的实施意见》,支持贫困县围绕突出问题,以摘帽销号为目标,统筹整合使用财政涉农资金。制定《关于开展资产收益扶贫的指导意见》《关于安徽省易地扶贫搬迁融资管理的指导意见》《财政扶贫资金管理办法》《技能脱贫资金使用管理暂行办法》,对资产收益扶贫、易地扶贫搬迁融资、扶贫资金和技能脱贫资金使用管理做出具体规定。"3"即3个具体操作制度。围绕工作落实,制定《财政支持脱贫攻坚"月报送、季通报"制度》《财政支持脱贫攻坚工作督查制度》和《安徽省支持贫困县开展统筹整合使用财政涉农资金试点工作操作指南》,指导市县财政按规定流程做好统计报送、督查检查和资金整合等工作。

(农业处供稿)

支持防汛抗洪救灾

【概况】2016 年，安徽省遭遇历史罕见洪涝灾害，给人民群众生命财产安全造成严重威胁。省财政厅迅速贯彻落实省委、省政府工作部署，按照防指成员单位职责，及时启动应急响应，全力筹集保障资金，积极投身防汛救灾和灾后重建工作。

【全面启动应急响应】汛情发生后，财政厅迅速行动，建立厅防汛抗洪救灾责任体系，厅党组靠前指挥，18 个相关处(室)各负其责。先后 12 次召开专题会议，第一时间传达学习贯彻省委省政府防汛救灾任务部署。先后 8 次主动赴水利等部门上门会商，了解汛情灾情，研究应对措施。定期向省防办、省减灾办报送资金筹集拨付情况，重大资金情况随时报送。建立“日统计、周报送”制度，加快市县支出进度。会同相关部门实地查灾核灾，加强对市县工作督导。紧急下发防汛救灾财政保障工作通知，明确各级职责，形成省市县乡一级抓一级、层层抓落实的财政督导帮联机制。

【全力筹集保障资金】积极争取中央资金支持，先后 10 次向国家上报安徽省灾情。加大省财政投入，省政府启动省长预备费 3 亿元，支持防汛抗洪救灾。通过多渠道筹集资金，省财政累计拨付各类防汛抗洪救灾资金 14.3 亿元(其中，中央 9.4 万元、省级 4.9 亿元)，重点支持防汛及水毁水利工程修复、生活救助、农业生产救灾、水毁道路修复、基础设施修复、地质灾害防治、文化文物设施水毁修复、卫生防疫等方面。同时，在涉农项目资金、地方债安排及国库库款调拨上，对灾区给予倾斜，督促省农保公司、省农担公司发挥金融支持农业救灾作用，支持灾区恢复生产。

【全速拨付救灾资金】按照“特事特办、急事急办”原则，开通防汛抗洪救灾资金“绿色通道”，专人负责落实，全程跟踪协调。对防汛救灾资金文件办理、指标分解下达、对市县通知提醒，全部一天内完成，实现“当天办文、当天拨款”，绝不因财政资金安排拨付影响全省防汛救灾大局。同时，主动优化政府采购流程，对于防汛抗洪救灾应急物资采购，实行“先行采购，后补程序”，创造条件最大限度地为灾区防汛抗洪救灾争取时间。

【统筹支持灾后重建】按照省政府“一规四补”和灾后水利水毁修复与薄弱环节建设性治理三年行动方案要求，省财政通过预算统筹等多渠道筹集资金，计划 2017—2019 年投入 57.8 亿元，支持主要支流及中小河流治理、重点排涝能力建设和小型病险水库除险加固。2017 年预算足额安排三年行动计划专项资金 20 亿元，并提前下达 5 亿元启动资金，支持市县尽快启动实施项目建设，提高防洪排涝能力，为下年安全度汛做好准备。

(农业处供稿)

推动创业就业

【概况】2016 年，在省委、省政府的坚强领导下，省财政厅紧紧围绕贯彻落实就业优先战略，坚持把促进就业作为保障和改善民生的头等大事，积极履职、主动作为，统筹安排就业资金 30.5 亿元，积极支持各项就业创业政策落实，全省就业创业政策体系进一步健全，创业带动就业成效显现，就业服务效率稳步提升，就业脱贫工程、职工安置工作、就业服务平台建设等重点项目稳步推进。全年城镇新增就业 66.8 万人，同比增长 2.6%；城镇登记失业率为 3.2%，低于年度控制目标 1.3 个百分点。

【拓展健全就业创业政策】在广泛征求市县意见、召开专题座谈会的基础上，修订出台《安徽省就业补助资金管理暂行办法》，明确新一轮就业创业政策和支持措施。深入贯彻省政府办公厅《关于进一步做好新形势下就业创业工作的实施意见》，研究细化落实措施，明确具体扶持政策。

【稳步推进职工安置工作】针对钢铁煤炭行业职工安置特点，研究制定有利于职工安置的就业创业政策措施，叠加使用国家和省既有的就业创业政策，并结合实际予以创新和完善。通过开展“六个一批”(即鼓励企业挖潜消化一批、落实岗位补贴稳定一批、实施内部退养分流一批、组织岗位对接就业一批、落实扶持政策创业一批、提供援助服务托底一批)，兜牢民生底线，增进民众福祉，为供给侧结构性改革营造和谐稳定的社会环境。

【创业带动就业成效显现】在对合肥市高新区青年创业引导资金试点情况开展绩效评价的基础上，进一步扩大试点范围，并对存在的问题进行梳理分析，明确 2017 年度努力方向。全年发放 268 家青年创业引导资金贷款3.78亿元,其中合肥市高新区238家企业获得贷款3.27亿元,带动就业5472人。

【**精准实施就业脱贫工程**】制定出台就业脱贫工程实施方案,以帮助农村有就业能力和愿望的贫困人口实现脱贫为目标,以改善贫困地区就业创业条件为重点,以贫困地区公共就业服务机构为载体,积极完善技能培训、产业发展、就业促进、创业带动、就业服务等一系列就业创业政策措施,计划通过就业方式帮助40万贫困劳动者实现脱贫。

【**不断提升就业服务效率**】与蚂蚁金服开展合作,在全国率先将"阳光就业"入驻支付宝城市服务并正式上线,全省近2000万支付宝用户可通过支付宝"城市服务"里的"阳光就业"窗口,办理就业登记、失业登记、就业创业证申请、灵活就业社会保险补贴申请等业务,积极打造手机移动端就业创业服务平台。

【**稳步推进"云平台"建设**】以"增加公共服务供给、创新公共服务提供方式、建立面向人人的创业服务平台"为目标,按照"政府搭建平台、平台聚集资源、资源服务创业"的思路,采用PPP模式推进就业创业"云平台"建设,充分调动社会资本、社会资源来建设、管理平台,从而提供更好更优质的就业创业服务。

(社保处供稿)

推进去产能降成本

【**概况**】国家下达安徽省"十三五"期间化解钢铁产能任务302万吨,化解煤炭产能任务3183万吨,需分流安置职工10.38万人,预计职工分流安置费用154.07亿元。省财政厅积极发挥职能作用,做好钢铁煤炭行业化解过剩产能职工分流安置资金保障管理工作,全力支持钢铁煤炭行业化解过剩产能。同时,积极贯彻落实《安徽省人民政府关于降成本减轻实体经济企业负担的实施意见》(皖政〔2016〕54号)精神,做好降低企业负担工作。

【**统筹做好去产能资金保障**】省政府研究决定,安徽省去产能职工分流安置资金由中央和省分担50%、市(县)和企业分担50%。其中省级筹资包括省级安排专项奖补资金、统筹全省社保资金,市(县)和企业应承担资金比例由企业和当地政府商定(市县政府出资主要从土地收储中列支,土地暂时无法变现的,由市县先行垫付)。2016年中央和省级累计下达奖补资金21.85亿元,其中:中央专项奖补资金10.97亿元,省级奖补资金10.88亿元,专项用于钢铁煤炭行业化解过剩产能职工分流安置。资金分配结果均在省政府网站进行公示,资金拨付到企业集团设立的共管账户按规定审核使用。

【**强化资金管理制度建设**】健全资金管理制度,研究制定《安徽省工业企业结构调整专项奖补资金管理细则》,明确中央奖补资金按公平合理、因素分配、目标责任、属地管理原则分配下达,省级财政安排的化解产能专项奖补资金比照执行。建立账户管理制度,经省政府同意,研究制定《安徽省钢铁煤炭行业化解过剩产能职工分流安置资金共管账户管理暂行办法》,由企业依规自主申请开立共管账户,与市(县)发改(经信)、人社、财政部门共同管理,确保专户管理、专账核算、专款专用。强化风险管理制度,出台《钢铁煤炭行业化解过剩产能职工分流安置资金管理风险防控预案》,对资金不到位、资金被挪用和效益未发挥等问题,查找风险点,提出相应的风险处置措施。实行月报管理制度,印发《关于加强钢铁煤炭行业化解过剩产能职工分流安置资金使用管理的通知》,相关市县财政部门和企业按月报送去产能任务完成、职工分流安置、资金管理使用情况,及时掌握相关信息,加强工作督促指导。

【**圆满完成年度去产能工作任务**】安徽省全年实际退出产能粗钢110万吨、煤炭967万吨,实际安置职工3.8万人(计划3.61万人),年度化解产能工作任务圆满完成。全省钢铁煤炭去产能任务主要集中在省属"三煤一钢"企业(马钢集团、淮南矿业、淮北矿业、皖北煤电),通过去产能、降成本、推改革、提绩效等努力,省属"三煤一钢"企业脱困工作初见成效,全年累计实现盈利28.1亿元,同比减亏增利130.2亿元。

【**牵头落实降成本任务**】制定出台《关于贯彻落实〈安徽省人民政府关于降成本减轻实体经济企业负担的实施意见〉的通知》(财企〔2016〕1039号),围绕降低制度性交易成本、人工成本、税费负担、财务成本、用能用地成本、物流成本六个方面,明确务实有效措施,切实降低企业生产经营成本。2016年,全面落实结构性减税和普遍性降费政策,全面减免税费702.4亿元,同比增长29.7%。其中:减税662.8

亿元;持续清理并减少省级行政事业性收费项目,贯彻落实国家和省行政事业性收费和政府性基金政策,减轻企业负担17.4亿元;全省养老保险单位费率由20%降至19%,失业保险单位费率由1.5%降至1%,生育保险平均费率由0.8%降至0.55%,工伤保险综合费率由1%降至0.83%,降低企业缴费负担22.2亿元。

(企业处供稿)

实施政府和社会资本合作(PPP)模式

【概况】截至2016年底,安徽省通过物有所值评价、财政承受能力论证,且纳入综合信息平台管理公开对外发布的PPP项目180个,总投资2119.42亿元,落地项目75个,落地率42%,高于全国平均水平10个百分点,其中列入财政部第一、二批示范的11个项目全部落地,均处于全国前列。在财政部公布的第三批示范项目名单中,安徽省申报的50个项目入选32个,计划总投资774亿元,项目申报成功率64%,落地11个,入选项目个数及投资额均居全国第三位。池州市污水处理及市政排水和安庆外环北路项目入选财政部10个示范项目案例。

【强化组织推动】成立PPP工作领导小组,财政厅主要领导任组长,18个处室单位参与,制定并印发PPP工作领导小组年度工作要点,细化工作任务,明确职责分工,加强协作配合。召开PPP领导小组专题会议5次,专项研究推动PPP工作。根据财政部"省级财政部门要结合部门内部职能调整,积极研究设立专门机构"要求,参照财政部和外省做法,争取省编办批准设立省级PPP中心。利用财政投资评审中心专业力量,由其代行PPP中心职责。联合省委组织部,邀请财政部PPP中心负责人,对市县政府分管负责人进行PPP政策培训,提高市县政府领导干部的PPP理论和实践水平。

【严格规范管理】及时转发财政部有关政策文件,提出安徽省具体贯彻落实举措,保障政策执行到位。出台进一步加强政府债务管理规范实施PPP项目通知,要求各地规范政府担保行为,严禁通过PPP变向融资,防范控制财政风险,坚持必要合理可持续的财政投入原则,实现PPP可持续发展。建立PPP项目财政支出责任统计分析制度,要求市县按月报送PPP项目财政支出责任统计表,严格监控PPP项目支出责任。下发加强PPP综合信息平台管理通知,从准入条件、流程管理、数据更新、管理责任等方面提出明确要求,为规范实施PPP项目提供基础支撑。

【注重项目实施】精心谋划项目,会同有关部门对各地摸排项目进行筛选,同时对完成实施方案、通过物有所值评价和财政承受能力论证的项目,经市县、省、财政部PPP中心审核后,纳入财政部PPP综合信息平台管理。建立工作台账,定期向省委省政府报送改革进展;将PPP项目执行情况纳入厅领导对市县调研督导和约谈的重要内容;组织开展专项督查和各市互查,对督查检查中发现的问题及时通报各地,并约谈相关市财政局主要负责人;及时总结成功项目经验,组织编写示范项目成功案例,并向全省推广。

【加强政策引导】研究出台推进PPP的财政支持政策,从强化资金保障、加强财政资金引导、规范项目采购管理、落实税收优惠政策等八个方面,积极发挥财政政策、资金引导撬动作用,保障社会资本合理稳定收益,调动社会资本参与公共服务供给的积极性。为保障地方政府履约,增强社会资本信心,安徽省率先在普通国省道干线公路PPP项目上实行财政扣款机制,对不能按合同约定及时足额向项目公司支付政府付费或提供财政补贴的市县,由省财政直接从安排该市县的相关资金中代扣,支付到对应项目公司。安排省级PPP奖补资金5000万元,制定出台奖补办法,采取后补助的方式,调动地方各级工作积极性,推进PPP项目规范实施。主动与中国政企合作投资基金(中国PPP基金)对接,先后召开2次项目对接会,推荐安徽省18个项目参与对接,中国PPP基金对安徽省推荐项目质量给予高度肯定,对其中17个项目明确表示支持。

【注重工作成效】转变政府职能提升公共服务质量。用专业的人做专业的事,实现政府职能转变,政府腾出更多精力,用来做好服务和加强监管,有效提升公共服务质量和效率。池州市污水处理及市政排水项目自实施以来,项目公司(社会资本方为深圳水务集团)通过能力建设和组建专业队伍,提升管理服务质量,有效解决以往各区管网之间、管网与污水厂之间衔接不畅、污水外渗、河水倒灌和城市内涝等问题。2015年和2016年两年汛期,全国多数城市再次出现“逢雨必涝”的“海景”现象,而项目公司迅速完成城市排水管道的检测和疏通、修复,城市排水能力大为增强,老城区无明显积水点,局部内涝情况明显好转,获得市民普遍赞誉,老百姓获得感普遍增强。完善财政投入和管理方式。实现政府从原先“补建设”向“补运营”转变,平滑年度间财政支出。如安庆市北外环路项目总投资19.76亿元,如按传统模式推进,两年建设期内将面临每年10亿的财政压力,采用PPP模式,前两年建设期政府不花一分钱,从第3年运营期开始11年内,政府向项目公司支付可用性服务费的方式购买项目可用性(符合验收标准的公共资产),以及支付运维绩效服务费的方式购买项目公司服务,并将可用性服务费和运营绩效服务费,列入跨年度财政预算。有效化解地方政府存量债务。盘活政府存量资产,缓解财政当期支出压力,特别是一些存量项目,转为PPP后有效减轻政府债务负担,便于腾出资金用于重点民生项目建设。如马鞍山污水处理、垃圾焚烧发电、餐厨垃圾项目,化解政府存量债务9000万元。合肥市轨道交通2号线项目总投资190亿元,其中政府投入资本金57亿元,利用国开行牵头的银团贷款133亿元。作为财政部示范项目,合肥市政府将该项目设备+运营总投资45亿元部分,采取PPP模式进行转换,吸引社会资本参与项目建设运营,有效化解政府存量债务。

(金融处供稿)

支持政策性融资担保体系建设

【概况】在省委省政府高度重视下,安徽省坚持“扶小微、广覆盖、低费率、可持续”的原则,打造全省政策性融资担保体系,创新“4321”政银担合作,形成“安徽担保模式”,受到国务院领导和有关部委的充分肯定,国务院融资性担保业务监管部际联席会议专门发文对安徽省做法在全国进行推广。

【加强顶层制度设计】以省政府办公厅名义陆续出台《关于进一步加强融资性担保体系建设支持小微企业发展的意见》(皖政办〔2013〕38号)、《关于进一步加快政策性融资担保体系建设的指导意见》(皖政办〔2015〕37号)及《关于促进融资担保行业加快发展的实施意见》(皖政办〔2016〕4号),在全国率先制定出台融资担保机构财务管理暂行办法,根据安徽省实际情况制定融资担保机构代偿损失核销管理暂行办法,制定出台省级融资担保风险补偿专项基金使用管理办法。

【加大财政投入力度】从2013年起,省财政连续5年每年安排11亿元民营经济发展专项资金,要求市县等额配套,专项用于补充县域融资担保机构国有资本金。同时,自2013年起连续4年共安排80亿元资金,通过省担保集团对符合条件的市、县(市、区)政策性融资担保机构注资参股及建立省级融资担保风险补偿基金。2015年起,省财政整合农业适度规模经营资金21.5亿元,支持充实省农业信贷担保公司资本金。继续实施担保贷款增量奖励,对依法合规经营、年化担保费率不高于同期基准利率25%且放大倍数达到4倍以上的融资担保机构给予奖励,进一步鼓励引导融资担保机构提量降费增效。

【创新“4321”政银担合作机制】2014年,以中央财政中小企业信用担保风险补偿试点为契机,借鉴德国担保银行做法,安徽省将持续稳定的资本补充机制、科学有效的比例再担保机制、均衡合理的风险分担与代偿补偿机制集成创新,在全国率先开展“4321”新型政银担合作机制,对单户企业在保余额500万元、最高不超过2000万元的小微企业担保贷款代偿,由原担保机构、省融资担保风险补偿基金、合作银行及地方财政按4:3:2:1的比例进行分担,形成政银担优势互补、权责统一、风险共担、互助共赢的工作机制,从根本上提升银行参与合作的信心。

【健全政策性担保体系】以省担保集团为龙头,通过再担保业务和注资参股双纽带,优选政策性融资担保机构,加快构建全省政策性融资担保体系。省财政出台一系列引导和扶持政策,着力增强省担保集团再担保能力,鼓励市县政策性融资担保机构加入再担保业务合作,进一步提高再担保覆盖面,增强机构间风险对冲和分散能力。支持省担保集团与德国有关担保银行合作,在全国率先成立担保资产管理公司,将其作为担保产业链上重要一环和行业生态修复系统。通过融资担保和银行体系对体系对接,改变以往点对点的不对等局面,奠定推进“4321”政银担合作基础。

【开展政策性担保绩效考核】省财政制定出台省担保集团及市县政策性融资担保机构绩效考核办法

及约谈制度，对政银担等业务规模纳入考核评价范围，考核结果及约谈整改情况与省财政扶持政策、负责人薪酬及同级政府对金融机构综合考核等挂钩。省政府金融办对各市政银担完成情况进行考核调度，督促市县政府及有关部门加强与银行合作，切实加快政银担进度，充分发挥担保资源使用效益。

【放大政策性融资担保实效】增加银行放贷动力。“4321”政银担合作形成共同服务小微企业的动力机制，业务风险控制在1%左右，为全省银行信贷风险平均水平的一半，增强银行合作信心，直接调动银行放贷积极性，减少抽贷惜贷停贷现象。截止2016年末，全省138家银行加入合作，小微企业贷款额持续稳步增长。提高财政投入效率。风险补偿方式改变传统的财政支持实体经济方式，既体现政策性导向，又坚持市场化运作，实现财政政策效应与金融政策效应的叠加。新型政银担业务模式下，各级政府承担的风险责任是40%（由再担保机构与市县政府承担），以代偿率控制在3%以内计算，政府每投入1.2亿元可撬动100亿元贷款支持小微企业，且1.2亿元资金中部分在后期可实现追偿，风险补偿资金成为可循环发挥作用的“政策发动机”。提升担保服务能力。通过财政持续注资，截至2016年末，准入政策性融资担保机构123家，占全部政策性机构的85%；净资产增加2倍多，达632亿元；在保余额增加2倍，为1658亿元，其中“4321”政银担业务在保余额692.5亿元，比上年增长145.7%；体系平均放大倍数增长约56%，为4.43倍。同时，通过“4321”政银担合作机制，实现全省政策性担保体系与银行体系的全面对接，服务小微企业和“三农”能力明显增强，小微企业和三农担保贷款获得率进一步提升。激发企业发展活力。2013年起，安徽省限定政策性担保机构担保费率不超过1.5%。2016年起，进一步将担保费率降低到1.2%。通过实施“4321”政银担业务，参与合作的银行主动减少利率上浮水平，有效控制企业融资成本。截至2016年末，小微企业平均担保费率为1.16%，与体系建设前比较下降42%，按每年担保规模测算，年均降低企业融资成本约10亿元。小微企业贷款获得率达到90%，大大激发小微企业发展活力，提振实体经济发展信心。

（金融处供稿）

实施33项民生工程

【概况】2016年，省财政厅以习近平总书记视察安徽“扎实增进人民群众获得感”为指引，在省委、省政府的坚强领导下，认真履行牵头管理职责，压实各级各部门责任，坚持序时精准调度，实时定向督导，落细落实落具体，民生工程有序高效推进，全省33项民生工程投入资金825.5亿元，较上年增长13.6%，新增6项、提标6项政策执行到位，33项民生工程目标任务全面完成。全省社情民意调查群众满意度达87.5%，比上年提高1.2个百分点。

【统筹规划设计】围绕省委省政府五大发展行动计划，坚持共享发展理念，紧盯“十三五”规划到2020年实现目标，研究代拟《关于扎实推进民生工作的意见》。在连续十年实施民生工程基础上，更加注重普惠性、基础性、兜底性民生建设，积极参与省政府民生工作研究，进一步厘清短板问题、突破方向和重点措施。面向社会公众开展民生工程网络公开征集活动，认真倾听社会和群众呼声，结合预算编制提出2017年项目建议方案，在水利设施、技能培训、健康卫生、扶贫保障、生态环保等方面注入新内容。

【保障资金投入】调整优化财政支出结构，压缩“三公”经费等一般性开支，集中财力保障民生资金，除中央和省共同投入项目外，省级挤出财力77.5亿元，实施农产品食品安全工程等9个项目。安排民生工程管养资金18.5亿元，增长24.6%。减轻市县负担，全省民生工程市县配套比例不高于15%，呈逐年下降趋势。将更多财力向困难地区倾斜、向弱势群体倾斜，取消农村饮水安全工程贫困县配套资金，国贫县、省贫县、比照西部开发政策县以及皖北地区，农村道路畅通工程、农村危房改造等8项资金补助高于一般县。加快资金拨付进度，形成资金推着项目走局面，有力地推进了各地项目的实施。协调省直有关部门，出台新型农民培训、农产品安全民生工程奖补资金管理细则等，加强资金管理使用和跟踪问效。积极推行公建民营、购买服务和以奖代补、先建后补等方式，发挥市场和社会多元作用，满足多样化需求。

【强化责任落实】压紧压实部门和市县责任，提请省政府与16个市签订责任书，构建完整的责任闭环。发挥《安徽民生工程》信息平台作用，加强在线调度交流。印发《关于科学精准调度做好灾后民生工程有关工作的通知》,抓好灾后民生工程建设。按月监测分析资金和进展,建立包保督导负责制,召开专题会和省直单位推进会,扎实开展民生工程“回头看”,推动各地保质保量完成任务。组织义务教育经费保障等5个项目第三方评价,完善全省城乡居民社情民意调查,开展人大政协视察巡视,将民生工程纳入省委对各市领导班子和领导干部综合考核以及省政府目标管理绩效考核体系,做到可量化、可考核、可追责。

【完善制度体系】健全政策措施体系,制定33项民生工程实施办法、审计监督意见和资金筹措办法,在实施办法中同步考虑管养措施,形成一整套完备的政策体系。健全约谈通报制度,对民生工程进展排名靠后的市进行约谈,对关键节点的重点项目完成情况进行通报,点对点跟踪落实整改。健全清单管理制度,按月公布民生工程完成清单,通过完工及时销号、奖补鼓励引导等,推动各地主动对标看齐,加快实施进度。健全信息公示制度,加强民生政务公开,拓展载体和平台,通过“网上+墙上”,公示受益对象、保障标准、施工单位等内容,主动接受群众监督。

(民生办供稿)

定点帮扶颍东区和“双包”吴寨村

【概况】省财政厅先后召开7次专题会议,学习贯彻中央及省委省政府关于脱贫攻坚的重要指示精神和最新决策部署,了解颍东区及吴寨村经济社会发展和脱贫攻坚工作情况。制定《关于定点帮扶颍东区工作实施意见》,从定点帮扶颍东区、“双包”工作、督促选派和驻村干部、督促指导颍东区等方面细化工作职责,强化脱贫攻坚工作的保障措施,推进颍东区早日实现脱贫摘帽目标任务。

【加强工作协调】省财政厅分别于2016年8月10日和12月22日组织召开省直定点帮扶颍东区扶贫开发工作座谈会,邀请有关省直单位参加协调解决颍东区请求支持事项。开展与有关预算部门的会商交流,在资源要素、项目建设和社会事业上形成合力。

【开展走访调研】厅领导带头走访调研,走访吴寨村11次,其中厅主要负责同志4次,将吴寨村党支部纳入财政厅结对共建工作对象。厅领导带队对吴寨村贫困户进行走访慰问,共136人次到吴寨村与帮扶贫困户上门对接,全年筹集5.9万元慰问118个贫困户,动员厅机关干部职工在全国“扶贫日”捐款31210元,筹资61万元认领村级光伏发电和家禽养殖项目。根据吴寨村贫困户动态变化情况,及时调整和完善已脱贫73户和继续帮扶26户帮扶责任人有关信息。

【扶持集体经济】根据“三变(资源变股权、资金变股金、农民变股民)”改革方案,调整完善资产折股收益分配方式,确保集体经济获得稳定来源。认筹资金增建1座60kW村级光伏电站,预计年增收6.5万元。支持申报建设就业扶贫车间,发展物业经济,带动贫困户就业,增加村集体收入,吴寨村集体经济收入由2014年的欠账12万元增加到2016年的46.4万元。

【做好帮扶解困】健全完善贫困家庭学生资助实施方案,帮助贫困家庭30名学生顺利就学。实施家庭签约医生制度,协助村卫生室家庭医生签约215人。帮助18户贫困群众进行残疾鉴定,为其享受相关特惠扶持政策提供必要条件。推进幸福家园一期,及时启动二期工程,完善幸福家园代建房小区内绿化、道路和污水处理设施。

【盘活集体资产】在建立促进农户增收和集体经济发展长效机制上求突破,鼓励和引导409户村民以1384亩土地的承包经营权入股,成立吴寨土地股份专业合作社;财政扶贫资金以优先股方式投入到新型农业经营主体,定向配送给以土地入股的贫困户;对为入驻企业量体定做的生产经营性资产,划分为生产性资产和服务性资产,采取折资入股、发包租赁等方式运营,实行分类运营管理。

(机关党委供稿)

推进部门会商

【概况】2016年,省财政厅继续把会商工作作为改进作风,服务部门单位和提质增效的有力抓手,坚持常态长效、强化会商实效,做到会商工作常态化、会商方式多样化、会商绩效最大化。全厅累计会商2561次,为预算部门和其他单位解决问题2432个。

【坚持常态开展】厅党组把会商工作作为加强财政作风建设、提升财政工作绩效的重要抓手。厅领导和各处室单位按照《安徽省财政厅会商工作暂行办法》,结合工作实际,主动上门,主动服务,主动排忧解难,全面加强与部门单位的会商交流。建立领导带头会商制度,厅领导班子成员每月带队到预算部门单位上门会商;建立会商联系人制度,确定处室专人和会商单位财务人员为会商联系人,注重发挥联系人的协调联络,上传下达作用;建立会商纪要台账制度,详细记录每次会商时间、会商人员、会商事项和会商结果等基础资料,实现会商工作常态化管理。各处室单位把会商列入月工作计划,集中力量、科学安排。根据工作需要,灵活采取上门会商、同步会商、联合会商、集体会商、重大事项专题会商等多种方式进行。进一步拓展会商覆盖面,将会商对象从部门财务处拓展到业务处室和二级机构,将会商内容从财政财务管理拓展到资产管理和债务管理等新领域。适时根据工作计划,做好会商准备,夯实会商基础,切实做到"三提前、三准备":提前了解会商部门情况,准备政策依据;提前征求会商部门需求,准备会商计划;提前把握会商基本态度,准备交流方式。确保会商工作能够重点突出、针对性强、达成共识。

【突出重点难点】在会商内容上,围绕财政财务中心工作,立足部门需求,坚持突出重点难点,以问题导向,做到"对症下药",服务厅中心工作、服务预算执行、服务部门实际需求。根据每月财政财务工作重点,将厅中心工作如预算编制、"三公"经费及预决算公开、绩效评价、审计整改等,列入会商工作重点,与省直部门围绕中心工作有关部署逐一开展会商,听取会商部门、单位相关工作情况介绍,全面掌握真实情况,并积极做好政策解释。在预算执行中,会商部门编制全年项目预算执行和政府采购预算执行两张进度控制表,每年下半年,将未按进度执行部门列入重点单位,积极主动会商,加强指导。根据部门机构、人员情况复杂,财政财务管理工作面临很多热点、难点问题的特点,每遇临时突发临时性事项,坚持立即主动上门会商,充分了解掌握情况,切实帮助解决部门实际问题,并广泛宣传财政相关政策和规定,对部门预算执行、财务管理等工作提出严格要求,促进其改进工作。

【坚持跟踪问效】将各部门会商情况纳入省直联系部门年度财务管理工作综合考评指标体系,实行年终量化考核,对没有按要求进行会商或不积极、不配合的部门和单位,年终考核予以扣分。抓好会商成果落实,严格按照会商纪要规定的内容和事项,协调部门及厅内有关处室共同抓好落实,每周梳理一次会商内容落实情况,并将落实情况及时反馈部门及厅内相关处室。认真做到"三个落实到位",即:会商情况记录落实到位;会商结果执行落实到位;会商意见反馈落实到位。与部门负责同志、财务人员面对面沟通,认真听取相关情况介绍,与对方充分交流,倾听意见和建议,全面了解真实情况,做好释惑答疑工作。积极向部门领导宣传财政管理新精神、新要求,广泛深入宣传相关财经法规,争取得到部门财务人员理解、重视和支持,营造良好氛围。注重与联系部门的沟通交流,第一时间宣传财政政策,在尊重对方前提下换位思考,在平等商量的条件下坚持公道正派,用心、用情、用意为部门做好服务工作。努力做到增进了解、强化服务。

【坚持创新方式】开展管理服务延伸年活动,将会商机制延伸到系统二级和三级预算单位,以及预算单位业务部门,会同主管部门重点加强对所属二级和三级预算单位财务管理工作的调研指导,加强对财务人员的培训力度,提高财务人员业务水平和专业素养,切实增强财经纪律意识和规矩意识。按照"财政业务延伸到哪里、会商工作就覆盖到哪里"的思路,将会商领域从部门主要领导和分管财务领导拓展到分管业务的领导,将会商对象从部门财务处拓展到业务处室和二级机构,将会商内容从财政财务管理拓展到资产管理和债务管理等新领域,将会商部门从联系的业务部门拓展到有业务关系的部门,把会商工作融入预算执行、绩效评价、项目评审等财政管理的各个方面,做到多角度全覆盖。充分利用会商成果指导财政工作实践,有效提升会商绩效。针对会商中反映的问题,及时进行的梳理和归类,坚持以问题为导向,做到事事有回音,件件有落实。按照定期会商与不定期会商相结合的方式开展会商工作。对于部门预算执行、编制等常规工作,定期召开联系部门会商会,研究部署相关工作。对于重大事项或临时专项工作,召集有关部门开展不定期会商。

(驻厅纪检组供稿)

支持美丽乡村建设

【概况】2016 年,省财政厅积极落实省委省政府决策部署和省领导指示精神,认真履行工作职责,全力做好美丽乡村建设服务保障工作。2014 年度 710 个省级中心村全面完成建设任务,顺利通过省级验收,2015、2016 年度 1243 个省级中心村、599 个乡镇驻地建成区及 14 个整县推进试点县规划建设顺利推进。

【足额落实专项资金】认真落实《中共安徽省委安徽省人民政府关于全面推进美好乡村建设的决定》(皖发〔2012〕18 号)规定,充分发挥各级财政投入主导作用,积极调整和创新理财思路,足额安排省级美丽乡村建设专项资金预算。根据省美丽乡村建设工作领导小组部署,依据年度全省中心村建设任务,省级美丽乡村建设专项资金分配兼顾各县(市、区)经济发展水平及财力差异,突出向皖北地区和国家扶贫开发重点县倾斜,谋划拟定 2016 年省级美丽乡村建设专项资金分配方案,报经领导小组审定后,拨付下达省级专项资金 10.63 亿元。指导帮助市县财政部门采取开源节流、优化支出结构、增加专项预算安排等方式,按照市级不少于5000 万元、县级不少于1000 万元,并持续增加的要求,在年度财政预算中足额安排美丽乡村建设专项资金。2016 年,全省各级财政预算共安排美丽乡村建设专项资金 47.48 亿元,其中省级 10.63 亿元、市级 12.25 亿元、县级24.6 亿元。

【统筹整合涉农资金】认真履行资金整合指导组牵头单位职责,创新涉农资金整合方式方法,制定资金整合方案和推进措施,坚持以预算为源头、以规划为核心、以县级为主体,省市县三级联动推进涉农资金整合。主动会同省直相关部门,全面梳理排查现有涉农项目,建立涉农资金整合项目正面清单和负面清单。加快涉农项目资金拨付进度,提前下达涉农项目资金,促进市县推进涉农项目资金整合,统筹安排美丽乡村建设资金。指导帮助各地围绕美丽乡村建设规划,制定涉农资金整合总体计划,编制分村建设资金预算,实行项目统一申报、资金统筹安排,集中财力支持美丽乡村建设。全省共整合涉农资金 65.8 亿元支持美丽乡村建设。

【积极引导社会资金】创新财政支农投入与管理方式,明确引导社会资金的原则、路径和方法,积极构建以财政资金为引导、以农民投资投劳为主体、社会资本广泛参与的多元化、多层次、多渠道的美丽乡村建设投入机制。指导帮助各地围绕美丽乡村建设目标任务,引导发挥农民主体作用、市场配置资源决定性作用、财政政策导向作用和财政资金“四两拨千斤”撬动作用,采取以奖代补、先建后补、民办公助等方式,积极引导农民、金融、产业等社会资本通过捐资助建、村企共建、投资产业等多种方式参与美丽乡村建设。2016 年,全省共引导社会资金 74.6 亿元投入美丽乡村建设。

【健全资金管理机制】按照省美丽乡村建设工作领导小组部署要求,会同省美丽乡村办,按照16 个市全覆盖、不同片区全覆盖、不同类型全覆盖、不同年度全覆盖的原则,选择具有代表性的 48 个中心村进行样本调查,制定美丽乡村建设省级专项资金支持定额补助标准;根据《中共安徽省委安徽省人民政府关于全面推进美好乡村建设的决定》《中共安徽省委办公厅安徽省人民政府办公厅关于 2016 年美丽乡村建设的安排意见》,开展美丽乡村建设投入情况调研分析,广泛征求市县财政部门以及省直相关部门意见,在此基础上,会同省美丽乡村办制定出台《安徽省美丽乡村建设专项资金使用管理意见》《关于整合涉农资金支持美丽乡村建设的机制》和《安徽省美丽乡村建设省级专项资金先建后补机制》。

【发挥政策叠加效应】积极争取国家美丽乡村建设试点政策和资金支持,并与安徽省美丽乡村建设有机融合,整合试点资金 5.44 亿元,选择 74 个省级中心村作为国家美丽乡村建设试点村、300 个省级中心村作为国家扶持集体经济发展试点村、选择 14 个整体开展美丽乡村建设县(区)纳入国家农村公共服务运维试点范围,统筹推进公共基础设施建设、产业发展和集体经济发展。同时,主动会同相关涉农部门,深入推进农村环境保护、农村道路畅通工程等项目与美丽乡村建设整合,发挥资金规模效应,提升美丽乡村建设和资金使用绩效。

【加强联系指导】认真落实美丽乡村建设厅领导联系工作制度,结合财政重点工作调研,将财政支持美丽乡村建设作为调研的重要内容,加强对各地美丽乡村建设财政服务保障的督查指导。完善统计报告制度,及时全面掌握财政支持美丽乡村建设工作动态,增强工作督查指导的针对性和实效性。参与省美丽乡村建设联合调研,深入合肥、滁州等地开展调研,总结建设成效,研究存在问题,提出工作建议,形成调研工作报告。委托第三方开展美丽乡村建设工作绩效考评,参加 2014 年度美丽乡村建设省级考核验收工作,牵头负责沿江片美丽乡村考核验收,认真开展美丽乡村建设资金投入情况考核评定,并将考核结果与资金安排挂钩,促进各地增强规范管理意识和绩效意识。

【强化监督管理】抓好日常监督检查,发挥乡镇财政所一线监管作用,加强培训和检查指导,强化乡镇财政所管理美丽乡村建设财政资金的职能作用。在各地全面开展县级自评和市级考核工作基础上,组织开展对各市及广德县、宿松县 2015 年财政支持美丽乡村建设资金工作评价,客观反映资金使用管理实绩,梳理存在问题,督促整改完善。指导帮助各地加强资金管理,资金分配坚持“三结合、一公开”,即与美丽乡村建设任务相结合、与中心村规划相结合、与验收考核评价相结合,资金分配和项目安排实行公开公示;资金管理坚持“三专、两制”,即对美丽乡村建设资金实行专人管理、专账核算、专款专用和财政报账制、国库集中支付制;资金使用实行绩效评价,建立激励约束机制,评价结果与资金安排挂钩,确保资金分配科学、管理规范、使用高效、群众满意。

（农发局供稿）

处室单位工作概述

办公室工作概述

【概况】2016年,办公室围绕财政中心工作,践行“忠诚正直、勤学勤业、服务协调、守规自律”要求,谋发展、抓党建、改作风,不断提高服务能力和水平,较好地完成各项工作任务,获得各类荣誉表彰20余次。

【强化学习提升】开展“两学一做”学习教育和“讲看齐、见行动”学习讨论,强化党员意识和宗旨意识,增强思想自觉和行动自觉。严格执行“三会一课”制度,设立2个党小组,组织党支部专题学习25次、党小组学习活动23次,开展专题研讨和“支部书记讲党课”活动,组织学习重要文件、领导讲话和推荐文章,武装头脑、指导实践。抓好干部教育在线学习,鼓励和支持干部参与各类培训,在安徽财政综合办公网“主任推荐”“秘书交流”栏目推荐学习文章近50篇,发挥“流动图书角”整合共享作用,促进自觉学习、主动学习、常态学习。推行周五例会制度,把政治理论学习与政策业务学习紧密结合起来,坚持重点工作“周调度”,及时补缺补差,把党组最新部署要求和领导最新指示精神贯彻到具体工作中,在学用结合、知行合一上下功夫。

【夯实管理基础】坚持建章立制,抓制度执行,提高办公室工作的制度化、规范化管理水平。优化业务流程,围绕财政政务、事务、财务管理,出台《贯彻落实总书记视察安徽重要讲话精神实施意见》《加强财政信息工作意见》《重大决策督查评估反馈工作制度》《规范厅属单位财务管理意见》《八项规定严禁禁止的财务行为100条》等15个制度文件。创新督办方式,推行“科技+督查”的网上督办机制,推进文电办理、改革工作、重大决策部署贯彻落实等信息化平台建设,及时上报中央督办文件3件、学习贯彻总书记讲话情况9件、改革信息32件、决策督查43件。做好省政府“五大系统”建设的财政数据收集报送工作,按时办理省委、省政府督办件、限时文和省领导批示事项448件。严格落实厅“三查三单”制度规定,建立办公室重点工作和党建“三查三单”工作台账,支部班子成员带头建立台账,每月梳理排查一次工作进展、存在问题和整改成效,建立问题清单、措施清单和责任清单,健全人人抓落实的制度链条。

【落实责任担当】围绕厅党组决策部署,真抓实干、务实进取,积极参与政务、抓好事务、理好财务、做好服务。一是强化牵头责任。牵头开展财政专项巡视整改“回头看”和厅“小金库”、滥发津补贴专项整治,完成中央巡视组巡视“回头看”反馈意见涉及财政厅的相关整改任务。制定进一步推进机关效能建设工作意见,开展22次效能明察暗访,出台厅2016年综合考核工作办法。牵头办理建议提案594件,过程和结果满意度均为100%。加强信息宣传,完善财政信息报送和审批机制，建立按旬通报制度，主动收集信息，开发“订单信息”，编发和报送各类信息809条，省委、省政府及财政部采用176条。健全媒体通气会制度，开通“安徽财政”微信、微博，组织重点宣传报道500余篇（次），在厅门户网站主动公开财政政务信息2537条、答复公众咨询2172件、办复信息公开申请47件。保障机关运转，编印《财务管理制度汇编》，严格财务审批，加强资产监管，扎实做好公文运转、公务用车、办公用品、档案保密等基础工作，细致周到，热情服务。

【加强干部管理】践行办公室党支部反对“四风”加强作风建设公开承诺，进一步营造团结奋进的工作环境。坚持问题导向，组织“三严三实”专题组织生活会整改落实情况“回头看”，开展“管党治党宽松软问题”专项治理，同志之间广泛深入谈心谈话，班子及党员干部针对查摆问题抓好整改落实。联系服务基层，健全工作会商机制，抓好政务服务中心财政窗口服务，扎实推进结对共建、“双包”定点帮扶、党员干部进社区工作，共同推进组织建设、解决发展难题，向基层学习、为群众服务。深化文明创建，树牢“讲文明人人有责、争创建人人参与”的理念，围绕思想建设、组织建设、作风建设、廉洁建设、制度建设、业务建设，分类建立支部档案，分别安排专人按月收集、整理和归档，做细做实支部创建的各项基础工作，进一步推进办公室文化建设。

【严格风险防控】严格落实全面从严治党和党风廉洁建设“两个责任”以及领导干部“一岗双责”，教育引导党员干部守纪律、讲规矩。健全内部规程，完善班子议事规则和决策程序，坚决贯彻执行民主集中制，做到分工不分家、心往一处想、劲往一处使。修订《办公室主任守则》《办公室工作人员守则》，调整班子成员分工，健全秘书ABC岗、秘书周末值班机制。加强内部控制，认真落实财政厅公共关系风险、机关运转风险内部控制办法，完善办公室17个岗位的内部控制制度，制定《办公室内部控制操作规程》，进一步排查权力事项、研究防范措施，深化廉洁风险防控。严格内部约束，组织党员干部参加警示教育、学习贯彻《准则》《条例》，每周开展效能自查，经常与党员干部谈心交流，常提醒、严要求，抓早抓小、防微杜渐。

（办公室供稿）

综合处工作概述

【概况】2016年，综合处围绕财政改革发展和基层党组织建设两大工作任务，坚持两手抓、两手硬，凝心聚力，锐意进取，突出重点，注重创新，圆满完成各项工作任务。

【落实财政改革牵头协调任务】认真学习中央、省委全面深化改革领导小组每次会议精神及有关政策文件，制定《2016年省财政厅全面深化财政改革工作要点》，细化分解任务，建立“三查三单”工作台账，实行挂图作战，推进改革任务落实。出台5份改革政策文件，完成由财政厅牵头的15项重点改革任务，管好用好改革信息化平台，上报财政改革各类信息资料210余篇。通过网络、信息简报等形式向省委改革办报送信息40余篇，其中2篇由省委改革办印发全省，主动采取新闻发布、媒体报道等方式进行宣传，及时回应社会关切，各界反响良好。厅长罗建国先后走进人民网、安徽广播电视台等新闻媒体宣传安徽省财政改革新进展、新成效、新亮点。

【深化政府购买服务改革】制定政府购买服务试点工作实施方案，明确总体思路、目标任务、具体举措，深入推进试点工作。牵头会同省编办研究并在全国率先出台《关于做好事业单位政府购买服务改革工作的实施方案》，会同省民政厅研究出台《关于通过政府购买服务支持社会组织发展培育的实施意见》。强化预算管理，梳理省级预算安排政府购买服务实施目录5大类219项内容，涉及42个省直部门，2016年全省政府购买服务项目3239个，实际支出118亿元。梳理购买服务典型案例，进行推广交流，扩大政策知晓度、满意度和支持度。

【完成“十三五”财政规划编制】按照“新、准、高、深、实”五字目标，研究谋划起草安徽省财政“十三五”规划，并将规划总报告与国家财政发展“十三五”规划进行对接，与安徽省国民经济和社会发展“十三五”规划纲要进行对接，提高全省财政规划总报告的编制质量。广泛征求兄弟处室单位和省直部门意见建议，邀请高校、科研院所专家学者开展评审论证，不断提高规划的科学性、前瞻性和可行性。精心雕琢，形成系统完备的规划总报告，汇集各处室分报告、各市县子规划，建立多层次、全覆盖、横纵一体、相辅相成的全省财政“十三五”规划体系。

【规范公务员津贴补贴政策】按照中央巡视组“回头看”反馈意见整改工作要求和省委省政府“四个专项整治”行动部署,牵头组织开展“滥发津贴补贴专项整治工作”,细化任务分工,完善工作机制,严格责任落实,全省各市县(区)及104个省直单位全部纳入专项整治范围,专项整治中18个存在问题的省直单位,有11个资金清缴率达到100%,16个市汇总资金清缴率达99%。

【加强住房土地资金管理】下达中央和省级财政城镇保障性安居工程专项资金6.34亿元,统筹用于市县租赁补贴发放、公共租赁住房建设和城市棚户区改造,积极推进公租房货币化保障,组织开展城镇保障性安居工程财政资金绩效评价,提高资金使用效益。按月分析上报全省土地市场运行和土地出让收支政策执行情况,认真落实国家土地出让收支管理政策。

【加强收费基金管理】落实国家收费基金优惠政策,取消、停征、整合10项政府性基金,清理规范省级行政事业性收费项目,全年减轻企业和社会负担约17.4亿元。广泛宣传,提高政策透明度,强化社会监督。

【规范财政票据管理】完善全省财政票据管理信息数据库和信息交流平台建设,推进财政票据电子化改革,规范社会团体财政票据使用管理,贯彻落实国家申领公益事业捐赠票据相关政策。

【强化彩票市场监管】规范彩票发行销售行为,加强彩票资金管理,促进社会公益事业不断发展。

【推动党建工作提高成效】积极开展“两学一做”学习教育,制定计划,创新方式,丰富载体,开展支部书记讲党课、革命传统教育、立足岗位做贡献等学习教育活动,增强全处党员干部党员意识、宗旨意识和责任意识,进一步坚定理想信念,明确政治方向,严肃政治纪律和政治规矩。深入学习贯彻十八届六中全会和省第十次党代会精神,结合“两学一做”学习教育,坚持支部书记带头学、党员干部全员学,开展“一个树牢 三个看齐”、“学习《准则》和《条例》”专题学习研讨。开展“管党治党宽松软问题”专项治理,研究制定行动计划表,梳理各阶段的主要任务和完成时限,明确具体行动内容和措施,深入开展问题查摆,进行登记造册,建立问题清单,做到整改一项,销号一项。

【加强党风廉政建设】强化学习引领,结合“两学一做”学习教育以及“管党治党宽松软问题”专项治理,加强《党章》、习近平总书记系列重要讲话精神以及《准则》《条例》等执纪问责、反腐倡廉制度学习。严格落实内控管理制度,深入排查岗位风险点,制定防控措施,优化工作流程,完善监督制约措施,做到“风险定到岗,制度建到岗,责任落到岗”。严格落实首问负责制、限时办结制、责任追究制,推行交叉岗位制、一岗多责制,明确责任,合作互补,强化会商帮联工作,提高工作绩效和服务水平。

(综合处供稿)

税政条法处工作概述

【概况】2016年,税政条法处围绕财政中心工作和改革重点目标,认真履责,推动财政税政条法业务与处室党建工作两手抓、两发展、两促进。省财政厅先后获得“全国‘六五’普法先进单位”“全国财政‘六五’普法先进单位”等多项荣誉称号。

【全面推开营改增试点】牵头转发、印发改革试点文件13份,代拟《安徽省人民政府关于做好全面推开营改增试点工作的通知》,制定印发安徽省调整增值税起征点、重点群体创业就业扣减增值税标准等配套文件。加强宣传培训,在《中国财经报》《安徽日报》、人民网、新华网、安徽广播电台等报刊媒体发布各类稿件15篇,向省委改革办报送稿件被采纳1篇。编印《全面推开营改增试点政策解读》,方便广大财政干部了解掌握试点政策。召开全省视频会和业务培训会,培训系统人员500多人次。批准中国工商银行等51家企业汇总缴纳增值税,使企业进项税得到充分抵扣。针对电信行业进项税倒挂的实际情况,暂停对4家汇总纳税电信企业的增值税预征并调低企业预征率,解决企业资金占用问题。制定下发《关于建立全面推开营改增试点舆情监测处置及上报机制的通知》,做好舆情监测及引导工作,完成舆情监测日、旬、月报60期1652次。制定下发《安徽省营改增试点工作联席会议办公室关于做好试点动态跟踪的通知》,全面建立营改增试点动态跟踪分析机制,加强对典型企业的动态跟踪分析,省市营改增试点办公室累计完成分析报告60多篇。赴合肥、黄山等地就改革试点情况进行实地调研,完成全省41户农村银行金融机构和城市商业银行的营改增税负变化情况调研核查。向财政部及省政府报送各类报告15篇,向财政部提出政策建议10多条,其中有关餐饮外卖服务、索道运营等政策建议被财政部采纳并下文予以明确。截至12月底,全省营改增试点纳税人51.4万户,累计减税105亿元,98.7%的试点纳税人实现减税。其中,小规模纳税人100%实现减税,新纳入试点的四大行业实现全面减税。

【全面实施资源税改革】中央决定自2016年7月1日起全面推进资源税从价计征改革,省财政厅牵头会同省地税局开展相关准备工作。成立全面推进资源税改革工作领导小组,制定并印发《安徽省全面推进资源税改革工作方案》建立机制,明确责任分工。全面调查矿产品储量、开采情况、矿产资源补偿费情况,调研测算矿产品税费负担,充分征求资源企业、行业协会意见。本着总体上不增加企业税费负担且有所降低的原则,合理拟定安徽省资源税适用税率建议。经省政府同意,报财政部核准和备案后,正式对外发布安徽省资源税税率。安徽省共设置34个品目,属于中央列举税目的12种,属于本省自行确定税目22种。截至2016年底,全省资源企业共计申报改革税目资源税4.1亿元,较上年同期全省资源企业资源税和矿产资源补偿费综合负担降幅38.6%。

【全面落实结构性减税政策】转发财政部、国税总局有关税收优惠政策文件62件,帮助企业降低制度性交易成本,全年全省累计减免税收662.8亿元,较去年同期增长30.2%,政策效应显著。其中,落实小微企业税收优惠政策,全年减免小微企业增值税、营业税、企业所得税、城建税、印花税、政府性基金等共计31.3亿元。针对广大群众、企业和社会各界关注的热点专题如结构性减税、资源税改革等,在《安徽日报》《中国财经报》等主流新闻媒体发布信息18篇。

【服务省内企业发展】提请省政府向财政部报送《合肥京东方显示技术有限公司10.5代线项目分期缴纳进口设备增值税申报材料的请示》,经财政部批准,给予京东方分期缴纳46亿元人民币进口增值税,有效缓解企业现金流压力。支持马钢股份公司外向型发展,由财政厅领导带队赴财政部进行沟通汇报,争取财政部给予马钢公司出口马钢瓦顿公司的车轮连铸钢坯出口关税优惠政策支持,2017年钢坯出口关税税率降至15%。服务"三去一降一补"五大任务,全年为省内包括三煤一钢在内的重点企业提供城镇土地使用税、耕地占用税、资源税等税收政策建议7次,为省政府去杠杆、去库存、补短板、降成本、化解过剩产能等文件多次提出税收政策修改意见。

【支持培育外向型经济发展】积极配合马鞍山市政府申报马鞍山综合保税区,配合合肥市规范保税物流中心申报方案,厅领导先后多次赴财政部向分管部领导和对口司局汇报,争取支持。6月22日,合肥空港保税物流中心(B型)经海关总署、财政部、国税总局和外汇管理局联合批准设立。8月26日,国务院正式批复同意设立马鞍山综合保税区。经财政部、国家税务总局和海关总署批准,自2016年1月1日起,境外旅客离境退税政策在安徽省正式实施,促进安徽省特色产品走向世界和本土品牌建设。

【加强税收政策调研】全年完成优惠政策调研报告13篇,包括:为修订完善《环境保护专用设备企业所得税优惠目录》和《节能节水专用设备企业所得税优惠目录》,开展节能节水、环境保护设备投资抵免税收优惠政策落实情况调研;会同商务、交通部门,开展内部车辆车船税优惠政策调研,为车辆购置税立法建言献策;开展合肥市综合治税平台税源管理建设工作调研;开展安徽省烟酒行业税收情况的调研分析,向省政府报送分析报告;开展耕地占用税立法调研,了解《中华人民共和国耕地占用税暂行条例》的执行情况和存在问题;开展全省城镇土地使用税政策执行效果调研,掌握安徽省土地使用税差别化征收与激励政策落实情况;对上海、重庆市有关现代服务业和小微企业税收政策实施情况调研;参与完成农用地转用环节税费改革专题调研,对农用地转用环节的税费问题提出政策建议;建立重点企业税源调查快报制度,完成全年300户重点企业财务数据的统计上报工作;完成财政部税式支出统计测算工作,对2015年安徽省233项税收政策落实情况进行测算分析,测算总金额369.8亿元;向国家提供资源税的调研报告;组织开展对安徽省纸尿裤和显示屏的重点产品调查,就其国际竞争力进行分析,形成2份调研报告报送财政部。

【用足用好税收优惠政策】会同省民政厅等部门确认公布安徽省2016年获得公益性捐赠税前扣除资格的公益性社会团体名单,安徽大学教育基金会等105家社会团体和基金会获得公益性捐赠税前扣除资格。牵头组织审核确定16家社会团体的非营利组织免税资格。会同省国税局、省地税局、省委宣传部对《安徽科技报社》等6家省属转制文化企业进行资格认定。会同省发改委、省经信委审核确认安徽省符合税收优惠条件的软件、集成电路企业68家。配合省科技厅等部门,认真做好安徽省高新技术企业认定管理工作,认定通过高新技术企业1363家。通过认定的企业或社会团体将获得企业所得税优惠税率等多项税收优惠政策。协商制定公益性捐赠税前扣除、软件集成电路企业认定以及商品储备企业审核确认的管理办法。建立税收优惠信息共享反馈制度,税务部门按月向财政厅提供月度减免税数据。

【加强法治财政建设】财政厅党组召开9次法治财政建设领导小组工作会议,研究部署全省财政系统年度和阶段性财政学法、用法、守法、执法等一系列涉法工作。建立实施分管厅领导与处室单位主要负责人签订"法治财政建设责任书"制度,压实法治财政建设责任。

【有序推进财政立法】《安徽省政府非税收入管理条例》于本年列为省人大常委会、省政府立法初审类论证项目。《安徽省民生工程管理和保障条例》形成初稿。配合省人大常委会修订《安徽省预算审查监督条例》,该条例于2016年1月1日起施行,为财政运行提供有效监督保障。

【推进制度建设】坚持权责法定原则,制定出台《安徽省财政厅关于推进制度规范全覆盖工作的实施意见》,将财政工作纳入法治化、制度化、规范化轨道。全厅制定完善《关于进一步完善厅长办公会议等会议审议重要议题协调机制的通知》《法治财政建设实施纲要(2016—2020年)》等245件财政制度。牵头组织对2001年至2013年2月省财政厅为省政府、省政府办公厅代拟的109件制度文件提出清理意见,同步开展省财政厅制度文件清理工作,组织对900余件财政制度文件提出清理意见。

【建立财政重大事项合法性审查机制】构建"2+3"制度体系,规范行政决策行为,在省直部门中率先制定《安徽省财政厅重大事项合法性审查操作规程》《安徽省财政厅重大事项合法性审查程序规定》,对财政重大事项、财政信息依申请公开、法律文书等全面进行合法性审查。全年进行合法性审查175件,其中,制定财政规范性文件43件,文件的合法性审查率、前置审查率、备案率100%。

【加强涉法涉诉事项管理】完善法律顾问制度,实行财政厅法律顾问工作日坐班制,及时参与重大财政决策事项、重要规范性文件、重要经济合同的论证、审查。2016年,律师参与审查合同文本、制度文件、答复和工作咨询,以及制作法律意见书160余件(次)。制定印发《关于规范对外答复事项办理程序的通知》,规定厅各处室单位对外答复的法定职责、法定程序、法定期限等事项,规范对外答复事项,加强财政法律风险防控。对依申请公开、投诉处理决定等事项,逐项对照法律法规条文,查找漏洞和瑕疵,评估风险,将法律风险尽量控制在源头。规范行政复议、应诉工作,制定《安徽省财政厅行政复议和应诉工作规则》,进一步明确行政复议、应诉工作的程序、时限、分工、责任主体。发挥法治联络员作用,听取法治联络员对财政法治工作的意见建议,加强对外风险防控、行政复议法等有关工作和法律法规培训。对处室单位做好全过程服务,及时进行风险提示。

【推进财政普法工作】在全省法治宣传教育会议上作典型发言,介绍财政厅法治宣传教育工作经验做法。制定《安徽省财政法治宣传教育第七个五年规划》《安徽省财政厅2016年普法工作要点》《执法普法目录》,围绕"十三五"时期财政改革与发展目标任务,面向基层财政系统宣讲《预算法》《法律风险防控》,面向社会开展"第十届全国百家网站微信公众号法律知识竞赛"等普法活动。

【依法处理行政纠纷】全年办理行政复议15件,其中,财政厅作为复议机关9件,纠错率为67%;财政厅作为被申请人的6件,在作出复议决定的5件中,财政厅行政行为均获得支持。依法参加行政应诉5件,一审结案4件,财政厅全部胜诉。

【开展权责清单动态调整和优化升级】下放省级会计从业资格审批、农业综合开发项目审批至各市财政局,方便群众就近办事。扎实有序开展6市6县财政权责清单试点工作,制定省、市、县三级财政权责清单基础版下发各市县财政局。统一规范后,省级权责清单10项,市级、县级权责清单(基础版)18项。

【开展重大执法决定法制审核试点】在全省财政系统开展重大执法决定法制审核试点工作,对以单位名义出具的行政处理处罚决定加以审查。2016年,全厅对28件行政处理处罚决定进行法制审核。

【做好法治财政建设基础工作】做好财政法规数据库工作,及时录入近年来制定出台的有关法律法规和财政制度文件。推行应用"财政行政复议信息管理系统",对行政复议、行政应诉等有关工作数据即时性录入,实现数据动态管理。开展完善执法案卷评查。及时办理财政行政执法人员资格证书。推动持证上岗、亮证执法,为全厅尚在使用的208件执法证件进行年审,并新办理执法证件148件。编印《财政法律知识读本》,发至全省财政干部学习使用。举办全省财政系统法治工作培训,提升全省财政系统法制机构人员工作水平和业务能力。

【加强处室党建工作】认真开展"两学一做"、"讲看齐、见行动"学习教育,严格落实《关于进一步加强党支部基础工作的通知》要求,不断规范党建基础工作。严格执行《党支部书记抓党建工作述职评议制度》,扎实推进"一岗双责"落实。严格贯彻落实中央八项规定、省委省政府"三十"条和厅党组三十条具体要求,严格落实效能建设"八项制度",建立效能检查轮查制,坚持对处内工作纪律执行情况等进行效能建设考勤,推动处室作风建设常态化、长效化。积极开展经常性党性宗旨教育、党风党纪教育和廉洁从政教育,进一步落实党风廉政建设"一岗双责",贯彻落实党风廉政建设处室主体责任、党员干部个人责任,推进廉政风险防控工作常态化。

(税政条法处供稿)

预算处工作概述

【概况】2016年,预算处深入学习贯彻落实党的十八届六中全会和省第十次党代会精神,坚持业务党建一起抓,深化"两学一做"学习教育,开展"讲看齐、见行动"学习讨论,全面推进财税改革,加强财政预算管理,突出依法理财、预期管理、科学编制、平衡运行、政策创新,注重制度覆盖、机制优化、流程规范、公开透明,扎实有效完成各项预算工作任务,在预算收支、预算编制、预算改革、预算管理、支部党建等方面取得新成效。

【强化财政收支运行】面对经济下行、结构性减税等困难,坚持依法征管、预期管理,进一步健全"1+5+16"收入预期管理机制,通过以旬保月、以月保季、以季保年,收入增幅平稳有序,实现全年财政收入增长9%的预期目标。多次派员赴财政部预算司帮助工作,积极参与预算司农业转移人口市民化等调研,扎实做好各项基础工作。全年争取中央转移支付797.6亿元,其中,均衡性转移支付669.7亿元,居全国第3位;县级基本财力保障机制奖补资金、重点生态功能区转移支付、资源枯竭城市转移支付、革命老区转移支付、农业转移人口市民化奖励等各类资金127.9亿元。

【提升预算编制管理】连续五年提前启动预算编制,采取视频会议形式,将预算编制工作会议召开到乡镇财政所,首次覆盖省市县乡四级财政。完善预算编制政策,充分考虑事业单位分类性质、业务特点、收支状况等因素,建立公益类事业单位补助标准体系。完善省直单位公用经费类档标准体系,分为行政、政法、事业等三类十五档。出台省级项目库管理办法,完善省级预算项目库管理,建立项目储备机制。滚动编制省级2017—2019年中期财政规划和部门三年滚动财政规划,试编全省2017—2019年中期财政规划。印发全面开展中期财政规划管理工作通知,加强对市县推进中期财政规划编制的指导。完善省级预算评审论证办法,创新采取网络评审、联合评审、第三方评审等多种评审方式,对51个项目53亿元,以及2个部门整体预算,进行预算公开评审论证。

【深化预算管理改革】推进预算信息公开,进一步细化公开内容、拓展公开领域。根据财政部通报,安徽省预决算公开度位居全国第五,中部第一。上海财经大学发布的研究报告反映,安徽省2016年财政透明度位居全国第三。全面清理2015年结转结余资金,对超过规定年限的资金收回统筹。加大收回资金统筹使用力度,省级安排3亿元支持脱贫攻坚。印发全面推开营改增试点后调整省与市县增值税收入划分过渡方案,下达市县增值税"五五分享"税收返还72.4亿元,保持省与市县财政体制基本稳定。会同国税、地税、人行等部门,先后出台全面推行营改增试点、过渡性财政扶持政策、试点前税收征管、预算管理问题等文件,保障营改增试点顺利推开,助推结构性减税政策落地和服务业发展。加大对下补助,全年下达市县补助资金729亿元,增长6.4%,其中:核定下达市县体制补助基数280.5亿元。继续清理规范省级专项转移支付,由2013年502项压缩到115项,并以清单形式向社会公开。

【做好预算基础管理】正视预算管理、政策、编制、执行中的短板和盲点,制定财政资金制度建设、盘活财政沉淀资金、省以下财政事权和支出责任划分、一次性工作奖励方案、支持农业转移人口市民化、规范区划调整预算管理等一系列制度文件,做到用制度管人、管事、管资金。建立重大支出政策管理台账,实行条目化管理,加强政策储备。全年办理政策反馈、解读、宣传等文件2267份,进一步增强预算政策与其他领域政策的衔接和耦合。开展前瞻基础研究,完成财政资金撬动作用、营改增和收入划分对策等2篇课题研究。加强与沪苏浙政策对接,参与沪苏浙财政调研报告撰写。会同财政部有关司局办,开展县级基本财力保障机制、法定支出挂钩等调研。紧盯中央营改增后中央和地方收入划分等政策走向和制度设计,争取安徽省最大利益。制定省级预算支出指标管理暂行办法,优化指标管理流程,健全指标管控机制,提高预算执行的时效性和安全性。及时下达预算指标,认真做好结转结余指标清算,严格控制指标划转和预算调剂。做好人大政协提案办理,编印参阅材料、图文解预算,通俗解读财政预算、财政政策、财政工作;推进与省人大财经委、预工委会商,完成会商52次。制定审计问题、整改责任、问题整改3项清单,认真落实审计整改要求。加强市县预算编制、预算公开、预算评审等业务指导,一体推进预算管理。

【夯实支部党建工作】推进支部"两学一做"学习教育,制定工作方案,开展"讲看齐、见行动"学习讨论活动,细化分解支部七个方面44项推进举措。制定支部"管党治党宽松软问题"专项治理工作计划。建立支部领学机制,明确领学党员,严明人员、时间、笔记、体会四项学习纪律。严格支部组织生活,厅长罗建国以普通党员身份,参加支部组织生活会、党小组会、专题学习会,并走访巡查支部党建等。开展支部"一个树牢、三个看齐"专题学习,牢固树立"四个意识"。健全支部组织结构,选举产生支部书记,明确支委七名委员和四名党小组长职责。落实"三会一课"制度,定期召开支部党员大会、支委会和党小组会,支部书记给支部党员上党课。深入基层结对共建,多次赴金寨县长岭乡界岭村,看望慰问困难群众。融入社区发挥作用,以党小组为单位,分批组织党员到滨湖惠园社区,对接社区需求,服务社区群众。围绕党建责任推进年、"亮身份、作承诺、当先锋、树形象"和"学习先进典型,争当先锋模范"等活动,多举措、多平台、多角度引导党员增强政治意识、大局意识、核心意识和看齐意识。强化党风廉政建设,学习贯彻落实《准则》《条例》,制定支部廉政谈话和档案制度,支部书记对党员干部进行谈话教育,党员干部定期向支部汇报个人思想、学习、工作和廉政情况,教育监督支部党员严格执行廉洁自律准则和纪律处分条例,严守党的政治纪律和政治规矩,做到廉洁自律、勤政廉政。

(预算处供稿　周剑峰)

国库处工作概述

【概况】2016年,国库处围绕中心、服务大局,坚持改革创新、开拓进取,坚持依法理财、提质促效,财政国库事业平稳有序。

【推进国库重点改革】深化国库集中支付制度改革,按照"横向到边、纵向到底"改革要求,优化完善省级国库集中支付流程和制度规范,丰富完善公务卡强制结算目录,加强市县国库集中支付制度改革情况指导,召开县乡国库集中支付改革情况座谈会,对县乡国库集中支付制度改革进行督导。推进国库支付电子化管理改革,印发《关于进一步推进国库集中支付电子化管理改革工作的通知》(财库〔2016〕176号),按照"完善省本级、覆盖市本级、试点县区级"的改革任务目标,开展省本级电子对账和电子报表测试,全面推进市级电子化管理改革,选择亳州开展县区国库支付电子化试点,开展业务培训,审批市县改革方案,促进业务标准化和技术规范化建设,安徽省支付电子化改革工作受到财政部好评,国库司信息简报专门刊文介绍安徽省做法,并两次在全国会议上作改革经验介绍。加快建立政府财务报告制度,开展新编制办法和编制指南的培训,在省本级选取省高院、省水利厅、省工商局等10个单位开展部门财务报告试编,顺利完成试编工作并上报财政部。向省人大专题汇报安徽省改革总体情况,协同省人大在合肥、宿州、安庆、黄山等市开展专题调研。与中国社科院合作开展《基于权责发生制的安徽省资产负债表编制》课题研究。

【加强财政预算执行管理】加强支出调度力度,建立八项重点支出月调度制度和年底支出日报制度,加强对支出预算执行的督促管理,强化对支出进度快慢原因分析,提高支出均衡性和资金使用效益。

科学合理调度财政资金，做好对上对接，及时掌握财政部对下库款调度资金。主动对各市县用款进行需求预测，在保障省级用款同时，做到省对市、县返还性资金和一般性转移支付资金和专项资金及时足额调度，全年共对下调度资金2100多亿元，确保市县各项经济社会活动顺利开展。加强财政库款管理，出台《安徽省财政厅关于进一步加强全省财政库款管理工作的通知》，明确加强库款管理的十条措施和要求，把加快预算执行进度作为库款管理的重要抓手。对各地库款进行实时监控，实时掌握库款流入流出情况，对各市库款管理情况进行通报，督促各地加快预算执行并确保全省库款保障水平总体适度。积极向财政部争取地方财政资金留用比例，财政部对安徽省资金留用比例由2015年的87%提高到2016年的100%，政府资金调控能力增强。

【规范财政账户管理】继续加大财政专户清理整顿力度，结合财政部全面开展财政资金安全检查和财政专户管理工作，对全省财政专户全面清理，清理撤销应撤未撤专户。坚持省市县三级同步推进，省财政厅带头撤销“生源地信用助学贷款贴息和风险补偿金”专户，对下层层压实责任，帮助市县协调解决存在的问题，逐户审核对照，提出整改意见，限期进行整改。在上年清理基础上，全省共清理撤销28%的财政专户。按照《关于清理规范省级行政单位 参公管理事业单位银行账户工作的通知》要求，扎实推进账户清理整顿工作，针对清理出来的账户信息，安排专人进行审核，分批对保留账户进行确认。全年清理撤销账户416个，较清理前下降26%，共确认1174个账户。

【提升国库资金效益】成功争取被财政部确立为2016年地方国库现金管理试点15个地区之一，稳步开展省级国库现金管理试点。开展省级国库现金流量分析，制定《安徽省省级国库现金管理操作实施细则》。全年省级开展国库现金运作管理200亿元，实现利息收入8450万元，预期利息收入1.36亿元。积极盘活财政专户资金，规范开展专户资金保值增值，全年办理定期存款100亿，到期利息5690万元。经省政府同意，印发《安徽省省级社会保险基金存放商业银行考核评价暂行办法》，将114.6亿元社保基金分存到商业银行，到期利息1.2亿元。

【保障国库资金安全】开展财政资金安全检查，成立以厅长罗建国为组长、多部门联合参与的工作领导小组，召开全省财政局长会议进行部署，制定检查工作方案，采用自查、互查、核查、抽查等多种方式，检查范围覆盖岗位和人员设置、银行账户、财政专户、国库资金支付、会计核算、财政信息化等各个环节，历时半年完成。结合检查情况，印发《安徽省财政厅关于进一步加强财政资金安全管理的通知》，要求各地针对检查发现问题进行整改，部署开展资金安全检查“回头看”工作，巩固检查成效。加强动态监控建设，印发《安徽省省级国库集中支付动态监控管理暂行办法》，丰富并完善动态监控预警规则，优化动态监控系统建设，强化对下指导，促进县乡提升动态监控效能，全面提高动态监控的实时性、有效性和全面性。构建预算执行内部防控机制，制定《国库处内部控制操作规程》，梳理岗位风险点，确认风险等级，制定应对措施，构建风险防控机制。编制《国库处内部管理制度》，涵盖工作作风、保密管理、风险防控、印鉴管理等21项制度，结合预算执行内部风险防控制度，强化资金审核、支付流程管控，实现预算执行全过程和各环节的风险防控。

【夯实国库管理基础】按时编制并报送预算执行旬月报、专项收入统计报表、库款流入流出表等14类月报、季报，全年为厅内各处室和有关部门提供预算执行数据查询200余次，整理编印《2015年全省财政收支月报资料》和《2015年全省财政统计摘要》，为各级领导、相关部门以及市县参考。强化会计核算管理，严格按照财政总会计制度规定，完善总预算会计岗位责任制，实现会计账务“零差错”。全年办理会计对账、整理纸质原始凭证约2万张，账务分录3000多笔。做好决算编审和信息公开工作，完成2015年度总决算和部门决算编审和上报工作，印发《安徽省财政厅关于2016年预算执行工作有关问题的通知》，对各地规范预算执行、提高预算管理水平提出要求。安徽省“两本决算”均获财政部年度考核评比二等奖。开展全省按经济分类决算试编工作。组织开展总决算和部门决算、“三公”经费等数据公开工作，取得预期效果。做好事业收入专户管理工作，将高校管理的非税收入纳入国库集中支付管理，认真审核拨付事业收入专户管理的其他部门和单位资金，完善事业收入专户管理系统，全年审核拨付资金达30多亿元。及时偿还债券本息，全年按时办理各项还本付息资金累计金额达200亿元，有效维护地方政府信誉。

【抓好党建和党风廉政建设】加强制度建设，制定《国库处学习签到簿》《干部职工离岗（临时）登记表》《干部职工工作考勤负面清单》《工作巡查记录表》等日常学习管理统计表，建立起定期学习制度、临时离岗告知制度和负面清单制度“三位一体”的处室党建制度体系。加强干部队伍素质建设，以支部建设为引领，深入学习习近平总书记系列重要讲话精神，积极开展“两学一做”学习教育、“讲看齐、见行动”学习讨论和“管党治党宽松软”专项治理，认真落实“一岗双责”和“两会一课”等基本制度，全年开展集中学习63次，撰写学习体会20余篇，将党建学习与业务学习有机融合，进一步增强党员干部学习自觉和行动自觉。推动党建形式创新，丰富党建活动形式，通过与人行合肥中心支行国库联合上党课、组织聆听老红军讲历史、赴结对共建村开展慰问帮扶等多种活动，提高党建活动效果。加强党风廉政建设，分解党风廉政建设任务，细化工作举措，坚持抓组织、抓教育、抓责任、抓作风、抓业务“五个抓手”，紧紧围绕“四风”开展活动，推动作风建设常态化和长效化，全面提升国库人员党风廉政意识和敢于担当、乐于奉献的责任意识。

（国库处供稿）

政府债务管理办公室工作概述

【概况】2016年，债务办围绕“规范管理、防控风险、扩大融资、提升绩效”的目标，进一步夯实基础、改革创新，发挥政府债务管理在推进供给侧结构性改革中的积极作用，政府债券发行规模创历史新高、发行利率创历史新低，全年节约融资成本近80亿元；预算绩效管理工作连续两年在财政部组织开展的考评评比中荣获一等奖，圆满完成年初确定的各项工作任务。

【健全安徽省地方政府债务管理制度】印发《2016年安徽省政府置换债券定向承销发行簿记建档规则》《2016年安徽省政府置换债券定向承销发行兑付办法》《2016年安徽省政府一般债券招标发行规则》《2016年安徽省政府一般债券发行兑付办法》《2016年安徽省政府专项债券招标发行规则》和《2016年安徽省政府专项债券发行兑付办法》等文件，夯实安徽省地方政府债券发行管理的制度基础。印发《关于财政支持政府融资平台公司转型发展的意见》（财债〔2016〕1301号），积极推动融资平台公司转型发展。

【发挥地方政府债券融资主渠道作用】分别采取定向承销和公开招标的方式，完成2016年安徽省地方政府债券发行任务，全年发行债券1687.3亿元，较2015年增加393.2亿元，增长30.4%，其中：发行新增债券458.7亿元，增长66.8%；发行置换债券1228.6亿元，增长20.6%，对2016年到期的政府债务本金实现全覆盖。债券平均发行利率3%左右，一年可节约融资成本近80亿元，发债时间较2015年早启动两个半月。部分市县在与债权人协商一致的基础上，提前置换部分以后年度到期的政府债务，将短期、高息债务转化为长期、低息债券。

【实行政府举债限额管理】转发财政部《关于对地方政府债务实行限额管理的实施意见》《关于中央转贷地方国际金融组织和外国政府贷款债务限额管理有关事项的通知》，从确定限额规模、处置存量债务、规范工作程序、加强风险防控等方面对地方政府债务、中央转贷地方国际金融组织和外国政府贷款债务实行限额管理。经积极争取，获财政部分配安徽省新增债务限额470亿元，根据各地债务风险和偿债压力，提出安徽省2016年新增债务限额分配方案，提交省政府常务会议审定后下达市县。印发《关于科学合理使用专项建设基金加强地方政府债务管理的通知》（财债〔2016〕1621号），要求市县政府科学合理使用专项建设基金，不得为专项建设基金项目提供本金回购、保底收益承诺等任何形式担保，防止违规举债增加隐性负债。

【认真履行政府债券还本付息责任】从2015年实施地方政府债券自发自还后，安徽省累计发行2981.4亿元政府债券。做好还本付息工作，采取“月月付、周周付”工作方式，认真办理签报公告、指标结算、资金划拨等手续，2016年全省付息支出近42亿元。

【管好用好政府债券资金】印发《关于做好2016年置换债券工作有关问题的通知》（财债〔2016〕708号），要求各级财政部门及时拨付已发置换债券资金，并建立置换债券资金使用台账，按月报送省财政厅备案。印发《关于开展2015年度新增地方政府债券资金绩效评价工作的通知》（财债〔2016〕136号），对2015年度新增地方政府债券资金开展绩效评价工作,将绩效评价结果作为今后年度分配新增债券额度的参考依据,进一步强化支出责任和效率,切实提高债券资金使用效益。组织市县财政部门对2015年置换债券资金使用情况开展自查,配合财政部驻安徽专员办开展核查,督促各地依法合规使用债券资金。

【加强政府债务风险防控】按照《安徽省地方政府债务风险评估和预警暂行办法》要求,及时对市、县(区)政府性债务风险进行动态监测、评估和预警。在分配2016年地方政府新增债券时,将风险预警结果与债券资金分配挂钩,即对被财政部列入风险预警的市县按10%扣减、风险提示的市县按5%扣减,扣减的额度分配其他市县;严格落实地方政府债务限额管理要求,对拟新增债券额度后债务余额超限额的,超过部分分配给其他有举债空间的市县。

【建立健全债务风险应急处置工作机制】贯彻落实《国务院办公厅关于印发地方政府性债务风险应急处置预案的通知》(国办函〔2016〕88号)要求,与财政部做好对接,吃透上级文件精神,组成专题调研组赴马鞍山、芜湖、铜陵等市开展调研,摸清基层情况,并在此基础上起草文件。广泛征求、吸收16个市政府、10个省直厅局单位、厅相关业务处室的意见建议,形成《安徽省人民政府办公厅关于印发安徽省政府性债务风险应急处置预案的通知(送审稿)》,提请省政府办公厅印发。

【强化政府债务管理考核】印发《2015年安徽省政府性债务风险管理考核暂行办法》(财债〔2016〕153号),明确考核内容、评分标准和结果应用,规范地方政府性债务管理考核程序。按照《中共安徽省委综合考核工作领导小组办公室关于提供2015年度目标管理绩效考核指标有关数据等材料的通知》(皖综考办〔2016〕2号)要求,采用债务率、新增债务率、逾期债务率等风险指标,对2015年各市政府债务风险管理情况进行评分。在各市开展自评基础上,从管理基础、主要指标、债务化解等三个方面对16个市债务管理情况进行量化评分,印发《关于2015年地方政府性债务风险管理考核结果的通报》(财债函〔2016〕317号),强化各地防范债务风险的意识。

【主动接受人大和社会监督】及时办理2016年新增债务限额纳入预算管理的预算调整报批手续,主动配合省人大财经委赴阜阳、亳州等地开展政府性债务管理情况调研,按规定及时向省人大财经委报告政府债券发行情况,依法接受监督。积极推进政府债务信息公开,按照《2016年预算公开工作方案》要求,省级财政部门按照地方政府债券发行有关规定及时披露相关信息,通过中国债券信息网等媒体,及时公布债券发行系列文本文件,及时公告债券发行额度、发行利率等信息。及时向社会公开全省债务限额、债务余额等信息,指导市县财政部门按照统一部署,做好本地区政府债务总体情况公开工作,主动接受社会监督。

【做好债务"大数据"统计工作】为确保政府债券成功发行,分4批次组织市县分银行统计债权债务关系、地方债券需求、债券使用方向,及时统计汇总公布信用评级报告中债券有关信息;组织承销商摸底承销意向,选择合理的成本范围募集债券资金。开展融资平台公司债务统计,深入了解地方政府融资平台公司债务情况;对财政支出责任进行统计,初步掌握因政府购买服务、政府投资基金、政府和社会资本合作项目等导致的财政中长期支出责任,为预算管理改革夯实基础。建立债务统计月报和置换债券支出月报制度,每月定期统计债务变化情况,督促地方政府加快置换债券支出进度。对2017年全省政府置换债券和新增债券需求统计,积极争取财政部分配安徽省置换债券发行上限和新增债券额度。

【抓好省本级预算绩效管理财政重点评价事项】按照财政部深化预算管理制度改革要求,2016年预算绩效评价重点由重点项目评价逐步拓展到部门整体支出和政策、制度、管理等方面。经3月23日厅长办公会议审议通过,省本级共选择40个重点评价项目、4个部门整体支出评价和1个财政政策和管理评价,涉及财政资金2008亿元;重点评价事项除涉及公共预算外,还涵盖社保基金预算、国有资本经营预算等。

【组织开展地方政府债券资金绩效评价工作】印发《关于开展2015年度新增地方政府债券资金绩效评价工作的通知》(财债〔2016〕136号),率先在全国首家组织对2015年度新增地方政府债券资金开展绩效评价工作,将绩效评价结果作为2016年之后年度分配新增债券额度的参考依据,进一步强化支出责任和效率,提高债券资金使用效益。

【强化项目支出绩效目标管理】印发《关于进一步规范和完善部门预算项目支出绩效目标管理的通知》(财债〔2016〕1505号),明确申报预算资金500

万元以上的项目必须编制绩效目标,绩效目标要指向明确,强化量化,合理可行,相应匹配,绩效目标不符合要求的,不得进入下一步预算编审流程。

【稳步推进预算绩效公开】首次采取通报方式,对省级36个财政重点项目和部门整体支出的绩效评价结果予以公开,涉及23个预算部门和2家省管企业,涉及财政资金305亿元。并通报省级预算部门绩效自评情况,对进一步做好绩效自评工作提出要求。

【注重理论武装】把学习教育放在支部日常建设重要位置,高频率、集中式地召开支部学习会,把学习贯彻习近平总书记系列重要讲话精神和视察安徽重要讲话作为支部学习的重点内容,全年召开支部学习会39次。组织开展学习讲坛,在内网室主页开设"学习园地"栏目,累计上传学习文章381篇,购买发放各类书籍,开展融资平台转型、债务风险原因分析等课题调研,撰写调研报告4篇。

【落实"一岗双责"】落实厅党组关于加强党建工作的各项要求,加强组织领导,健全工作机制。年初签订党风廉政建设责任书,签订人员从处室主要负责人扩展到全体成员。将党风廉政建设和反腐败任务分解表在支部内部进一步细化分解,强化支部书记主体责任,落实每一位党员干部的直接责任,层层传导压力。建立健全处室内部控制制度体系,合理确定风险等级,进一步规范权力运行。支部书记经常与全处党员进行廉政谈心谈话,做到日常教育、提醒、防范常抓不懈。

【开展学习教育活动】认真开展"两学一做"专题学习教育活动,制定《债务办党支部"两学一做"学习教育实施方案》和《债务办党支部"两学一做"学习教育计划》。分层次开展三次书记讲党课活动,进一步对标习总书记视察安徽重要讲话精神,围绕"一个树牢、三个看齐"、"党章与财政干部理想信念"等主题开展学习讨论,处级干部认真撰写心得体会,支部形成工作综述。建立整改问题清单、任务清单和责任清单,开展"管党治党宽松软问题"专项治理,制定工作实施方案,制定任务分解表,倒排工期,对账销号。认真组织党费审核、收集、上缴,多种形式开展谈心交流活动,充分尊重党员主体地位,营造党内民主氛围。

【主动会商帮扶】进一步完善会商制度,坚持定期会商与不定期会商相结合,加强与人行、银监局、财政部驻安徽专员办及承销团成员的沟通联系,开创政府性债务管理齐抓共管的良好局面。积极与各家商业银行商谈发行债券承销工作,保障完成全年地方政府债券发行任务。加强对淮北市财政局的财政帮联,组织支部党员深入庐阳区城隍庙社居委参加社区群众活动。认真做好人大建议、政协提案办理工作,积极向人大汇报政府性债务管理和预算绩效管理工作开展情况,争取社会各界的理解支持,营造良好工作氛围。

【提升处室效能】严格执行厅机关效能建设各项工作制度,制定《债务办效能建设自查制度》,压实处主要负责人的领导责任、分管处长的管理责任和每位成员的直接责任,建立定期自查和不定期抽查制度,每周至少开展一次。建立健全债务办(绩效处)内部控制制度体系,进一步规范权力运行。加强廉政风险教育和财政反腐倡廉教育,推进政风行风建设,深化党的群众路线教育实践活动成果,打造务实、高效、清廉的债务管理干部队伍。

(债务办供稿　韩晓峰)

行政处工作概述

【概况】2016年,行政处认真落实厅党组各项工作部署,坚持依法合规和科学理财,突出工作创新和重点领域保障,完成年度各项工作任务。全年累计争取中央资金21023万元,同比增长5.6%。

【落实农村基层党建经费保障】配合相关部门制定《提升农村基层党建与服务经费保障实施办法》,建立民生工程项目实施的工作机制和经费保障机制。省财政安排12.6亿元,市县财政安排27.8亿元,完成2016年"提升农村基层党建与服务经费保障"民生工程目标任务;省财政安排1000万元,支持皖北地区新建和改扩建200—300个村级活动场所;争取中央资金8935万元,省财政安排8100万元用于大学生村官和选调生生活补助、助学贷款贷偿经费补助等保障工作。

【积极推进人才高地建设】省财政安排专项资金1亿元,对"特支计划"、"百人计划"、平台载体引进高层次人才进行资助奖励。拟定财政厅人才高地建设方案,细化任务、落实责任,完成财政厅牵头的股权激励和绩效评价工作。

【支持质量安徽工程建设】争取中央资金1565

万元,支持棉花公证检验经费保障;省财政安排质监经费 30630.4 万元,用于质量获奖企业奖励、企业质量培训、评审及相关的组织协调、宣传工作等,积极推动质量安徽升级工作。

【支持旅游事业发展】争取中央资金 3100 万元,用于安徽省旅游基础设施建设、贷款贴息和重点旅游项目建设;省财政安排 15180 万元,重点支持皖南国际文化旅游示范区及大黄山国家公园创建工作、旅游业营销宣传与推广、旅游基础设施建设、5A 景区创建和旅游标准化体系建设。

【支持民族宗教工作开展】省财政安排"少数民族补助经费"、"民族企业技术改造贷款贴息项目资金"1550 万元,重点支持少数民族聚居区的基础设施建设和民族特色的种养业产业基地、少数民族产业化龙头企业发展。

【积极参与公务用车制度改革】完成省地税、省监狱管理局等垂管单位车补核定、发放工作。制定《关于规范省直机关公务活动社会化车辆租赁有关事项的通知》,确保应急公务出差和调研工作的出行保障。参与拟定全省事业单位公务用车制度改革方案。开展 2017—2018 年省直公务用车定点大修招标采购工作,将维修企业由 4 家扩大到 10 家。完善《省直机关公务用车定点大修管理办法》,增加单位车辆大修前公示和单位负责人签字盖章环节,明确送修单位主体责任。

【完善专项资金分配管理办法】对省级节能专项资金、省级旅游市场开拓培育补助资金、皖南示范区及大黄山国家公园绩效奖补资金采取因素法和后补助方式分配资金,确保财政资金分配的科学性。

【加强预算支出管理】召开 4 次加快支出进度调度会,通报进度 4 次,约谈 10 家单位财务负责人,收回预算资金近 8000 万元。严控"三公"经费支出,建立全口径"三公"经费和会议费支出统计报表制度。2016 年,全省"三公"经费支出比上年下降 23.8%。

【加强支部党建】制定年度党建工作计划,认真学习十八届三中、四中、五中、六中全会精神和习近平总书记系列重要讲话精神,建立"两学一做"工作台账,牢固树立政治意识、大局意识、核心意识、看齐意识。全年集中学习 51 次,其中:"两学一做"专题学习 42 次,撰写专题学习心得 13 篇。

【强化廉政建设】制定年度廉政工作计划,认真学习中纪委十八届六次全会、省纪委九届六次全会精神和《中国共产党廉洁自律准则》《中国共产党党内监督条例》,廉政专题学习 25 次。积极参加警示教育和廉政专题报告,进一步增强廉洁从政的自觉性和责任感。

【深化结对共建】统筹整合各项资金 178 万元,支持寿县许寺民族村共同提升行动。村集体 60 千瓦光伏发电收入 3 万多元,集体经济实现零的突破。少数民族共建设施启动建设,基础设施逐步完善。一事一议产业帮扶开始实施,2016 年脱贫 16 户,全村人均可支配收入达 9860 元。

【加强作风建设】制定《行政处考勤负面清单制度》《行政处效能巡查制度》等四项制度,坚持用制度管人管事,杜绝违反机关效能建设的行为发生。积极主动上门会商,实现 44 个对口服务部门会商全覆盖,累计会商 429 次,解决实际问题 289 个。制定出台《行政处内部控制操作规程》,细化公车保险、大修等工作流程,有效界定内部工作责任边界,提高风险防控能力和内部管理水平。

(行政处供稿)

政法处工作概述

【概况】2016 年,政法处贯彻落实党的十八大和十八届三中、四中、五中和六中全会精神,牢固树立"五大发展理念",扎实开展"两学一做"学习教育,改进作风,提升效能,较好地完成各项工作任务。政法财政财务管理工作得到财政部表彰,连续三年获全国"优秀"等次,并得到副省长李建中多次批示肯定。

【推进司法体制改革试点】2016 年 1 月 1 日起,正式将合肥市等 18 家第一批司改试点单位法检两院财物纳入省级财政统一管理。建立与司法体制改革相适应的法院、检察院财政预算管理体制和经费保障机制,18 家法检两院作为省级财政部门一级预算单位,收支和国有资产全部纳入省级财政统一管理,经费由省级统一保障并通过省级国库集中支付系统拨付。会同司改成员单位研究出台《关于司法体制改革首批试点法院检察院通过政府购买服务建立司法雇员队伍的意见》,推动建立稳定的司法雇员队伍,奠定制度和经费保障基础。建立改革动向分析研究机制,认真总结改革试点经验,加强对试点单位管理机制、运行保障等重点工作的调研指导,撰写

《关于省以下法院检察院财物省级统管改革试点工作的调研报告》和《司法体制改革试点相关财政问题课题研究》,专题报省领导参考,获得肯定。

【支持公安改革】根据中央关于调整人民警察警衔津贴的部署要求,积极落实人民警察警衔津贴增资经费。支持省公安厅人口信息管理系统建设,全面实施居住证制度,建立人口动态管理机制,落实财政支持户籍制度改革的各项政策。配合省公安厅等部门出台《安徽省公安机关警务辅助人员管理办法》,建立警务辅助人员"谁使用、谁管理"的管理体制和稳定的待遇保障机制。支持公安"三基"(基本基础基层)建设,规范执法办案场所设置和使用管理,确保办案场所空间布局合理、装备配置齐全、安全防范到位。

【支持深化商事制度改革】优化支出结构,积极支持全省实施工商、税务、质监、社保、统计"五证合一",一照一码(社会信用代码)登记制度改革。完善工商系统信息化建设,先后支持建设企业登记信息系统、企业信用信息公示系统和小微企业名录信息系统等,实现企业注册登记网上申请、受理、审核、发照全程电子化,完成阶段性改革任务。

【深化执法执勤用车改革】按期完成驻肥以外省直有关单位执法执勤用车改革工作,对全省监狱、强制隔离戒毒、地税系统驻肥以外单位以及司改试点单位执法执勤用车改革方案进行逐一审核确认,落实车改补贴政策。进一步完善执法执勤用车管理制度,修订《安徽省省直机关执法执勤用车配备使用管理办法》,要求市县财政部门比照出台相应的管理办法。加强执法执勤用车改革工作的指导和调研,赴黄山、池州、铜陵等地指导督促改革,根据调研情况,撰写《关于执法执勤用车改革有关情况的汇报》,副省长李建中作出重要批示,对执法执勤车改革工作予以充分肯定。

【积极支持社会治安综合治理】支持公安机关"大防控"体系建设,基本建成网侦、技侦、图侦等系统,并对原有系统进行全面升级,基本编织一张平安安徽的"天网"。继续做好综合治理、维稳处突等经费保障工作,支持政法部门办案和业务装备建设,保障其职能履行,深化平安安徽建设。统筹安排资金支持省反电信诈骗中心建设,初步建立联合打击电信诈骗工作信息平台。参与研究制定健全落实社会治安综合治理领导责任制实施办法,做好综治考核各项准备工作,赴财政厅综治联系点庐江县调研督查社会管理综合治理工作,加强与属地公安派出所沟通联系,配合做好厅机关综合治理工作。

【全面完成城乡困难群体法律援助民生工程项目】全面完成全省法律援助办理案件8万件和经费支出8000万元的既定目标。建立法律援助民生工程项目推进机制,定期与省司法厅进行会商,每月采集分析各地办案进展情况,对办案进度较慢的地方和单位,逐个督促督办,确保按时完成全年目标任务。落实法律援助民生工程责任机制,明确同级政府承担实施法律援助民生工程的主体责任,统筹协调加强项目实施调度;强调业务主管部门组织和督导责任,负责督促项目推进和目标考核。强化法律援助民生经费保障机制,实行法律援助民生工程项目经费安排季度报告制度,督促市县(区)财政部门按要求落实法律援助民生工程保障经费、资金管理和调度工作,及时拨付资金,切实提高资金使用绩效。

【支持禁毒戒毒工作】安排公安禁毒专项经费,支持省公安厅等部门成立工作组,加大毒品查处力度,加强临泉等禁毒重点地区管理,积极支持强制隔离戒毒工作。国家禁毒委在安徽省督查时对经费保障工作予以充分肯定。

【推进军民融合深度发展】认真履行国防动员委员会成员单位职责,配合有关处室成立厅军民融合深度发展工作领导小组。贯彻落实军民融合发展战略,加强地方与部队的沟通协调,探索研究构建军民融合深度发展新格局的财政政策和资金使用管理办法。积极支持武警部队、国防和后备力量建设。

【强化部门预算全程管理】强化预算编制管理,提高预算编制质量,先后4次召开司法体制改革试点单位业务培训会。全面实行部门预算安排与上年预算管理工作挂钩机制。强化预算执行管理,建立完善预算执行分析、通报、约谈、挂钩机制,归口联系部门预算执行进度完成98%以上,采购项目执行率始终高于平均水平,总预算结转规模同比低于上年同期。强化预算监督管理,坚持问题导向,对巡视、审计、督查反映出的问题认真梳理分析,逐项分解对应到具体单位和项目,深入剖析存在问题的成因,分类制定整改措施,并做到吸取教训,举一反三。

【规范预算资金管理】进一步加大专项资金和专项转移支付资金的清理整合力度,对用途趋同、使用范围重叠、政策对象交叉的专项进行清理整合。改革政法转移支付资金下达方式,将公检法司四部门预备费全部提前下达,基本实现省以下政法机关发生的跨区重特大案件以及不可预见的突发事件等所需资金,由同级财政予以保障。统筹省公安厅存量资金纳入部门预算管理,用于4G侦控系统等4个项目建设,撤并省公安厅3个账户。盘活省地税、法院等部门财政存量资金实行权责发生制核算,统筹用于急需的项目支出。

【完善财政财务制度】加快推进以政法财务管理制度为重点的制度体系建设,结合安徽省实际,制定修订政法经费分类保障等7个办法。指导督促联系单位制度体系建设向纵深推进,重点加强对联系部门财务制度建设工作的指导和督促,研究制定部门内部配套制度。配合省人大、省委办公厅、省政府办公厅、省委政法委等部门开展制度建设,参与研究近20个办法,提高制度性话语权。

【开展学习教育】副厅长朱长才以普通党员身份参加支部专题学习研讨10次。支部书记对学习教育各环节各任务周密安排、细化责任,全年组织支部集中学习38次,集中学习系列讲话读本16篇文章,学习厅党组书记推荐阅读文章50余篇,参加党章、党规、系列讲话等测试32人次。认真开展"坚定理想信念、明确政治方向"等16个专题研讨,撰写心得体会11篇。组织党员干部参加金寨革命传统教育、巢湖监狱警示教育、小岗村现场教育等活动,开展支部书记和普通党员上党课2人次,编写党课稿件2篇。

【强化纪律规矩】严格落实"一岗双责",贯彻落实《2016年省财政厅党风廉政建设和反腐败工作任务分解表》,逐级签订责任书,组织全处党员干部参加巢湖监狱警示教育。加强内部控制,修订《政法处内部控制操作规程(试行)》,按照不相容岗位(职责)分离控制的要求,设置工作岗位和人员分工,明确细化责任,印发《政法处工作手册》,加强处内工作规范化和制度化管理。坚持干部管理抓早抓小、抓常抓细,全力配合驻厅纪检组、办公室、人事处、机关党委各项工作,认真开展违规经商办企业、小金库整治等专项整治工作。认真对照查摆存在问题,建立支部整改台账,细化问题清单、任务清单、责任清单,细化任务、压实责任、对账销号,全部整改到位。

【提升作风素养】全面开展上门会商,全年累计会商近200次。坚持按月寄送"预算执行分析通报",增强部门预算执行主体责任;主动上门13人次,为联系预算部门讲解财政财务政策和制度,提升管理实效。扎实推进结对共建、"双包"定点帮扶、党员干部进社区、综治联系等双联工作。

(政法处供稿)

教科文处工作概述

【概况】2016年,教科文处按照"一心一意谋发展、聚精会神抓党建"要求,以"五大发展理念"为统领,以"两学一做"为契机,围绕财政中心工作和全面加强党的建设,锐意进取、改革创新、强化管理、转变作风,推动教科文事业持续健康发展。全年财政教科文支出1254.6亿,占全省财政支出22.7%,较2015年增加161.8亿元,增幅14.8%,并争取中央财政资金146.5亿元,较2015年增加9.2亿元,增幅6.7%,圆满完成全年各项工作任务。

【牵头服务支持全面创新改革试验】3月初起,财政厅领导数次带队赴财政部,专题汇报安徽省系统推进全面创新改革试验工作,请示对接方案审议事项,积极争取中央财税政策支持和指导。按照国家部委意见,结合财政职能分工,认真修改完善《安徽省系统推进全面创新改革试验实施方案》有关财税政策意见建议。6月16日,国务院批复同意安徽省建设合芜蚌国家自主创新示范区。6月24日,国务院批复安徽省系统推进全面创新改革试验方案,财政部授权安徽省在普惠性税收优惠、支持驻皖高校和省属高校发展、扩大高校院所管理自主权、合芜蚌建设国家级自主创新示范区等9个方面先行先试政策。财政厅相继制定出台企业创新投入税收优惠、科研项目资金管理、国有科技型企业股权激励、创新产品和服务采购等一系列创新政策,受到省委、省政府充分肯定,试点高校、科研院所和高新企业的普遍欢迎。

【改革完善省级财政科研项目资金管理等政策】落实省委省政府关于中共中央办公厅、国务院办公厅印发《关于进一步完善中央财政科研项目资金管理等政策的若干意见》(中办发〔2016〕50号)批办精神,会商省教育厅、省科技厅,成立贯彻落实意见起草小组,组织召开高校、科研院所、科技型企业座谈会,深入基层单位开展调研,研讨征集科研人员意见建议。结合安徽省实际,专程赴财政部请示汇报,研究起草《关于改革完善省财政科研项目资金管理等政策的实施意见》,征求18个省直单位、31所高校、8家科研院所和16个市意见,经省委常委会、省政府常务会讨论通过后,12月26日,省委、省政府办公厅正式印发安徽省《实施意见》。《实施意见》按照科研活动规律和财政预算管理要求,在财政科研项目预算编制、科目调剂、结转使用、绩效支出等方面赋予项目单位自主权,在差旅会议、对外科技交流、科研仪器设备采购、基建等方面扩大高校院所自主权。

【改革完善省属高校生均拨款政策】贯彻国务院关于统筹推进世界一流大学和一流学科建设,服务安徽省一流学科专业与高水平大学建设五年行动计划。7月20日,会同省教育厅制定《关于改革完善省属本科高校预算拨款制度通知》,将原《安徽省支持本科高校发展能力提升计划》6个项目和《安徽省高等教育振兴计划》9个项目,合计15个项目,整合为基础保障性5个项目和竞争性重点支持3个项目,合计8个项目,进一步完善资金分配的激励约束机制,构建科学规范、公平公正、导向清晰、讲求绩效,符合国家要求,具有安徽特色的高校预算拨款制度。

【改革完善公共文化服务供给政策】会同省文化厅等部门,制定安徽省基本公共文化服务实施标准,统筹公共文化资金4.7亿元,健全五级基本公共文化设施网络,支持基本公共文化服务项目和文化人员配备,保障公共文化服务体系建设和运行。制定“十三五”时期贫困地区公共文化建设实施意见,加大省级以上文化转移支付资金对皖北地区、大别山革命老区等贫困地区倾斜,实施贫困地区文化“四扶一加强”行动计划。制定政府向社会力量购买公共文化服务工作实施意见和指导性目录,加大政府购买公共文化服务力度,连续三年开展财政直补的“文化惠民消费季”活动,持续开展政府购买“送戏进万村”活动,试点推进政府购买戏曲进校园、基层公益性公共文化服务岗位等工作。

【创新完善城乡义务教育经费保障机制】贯彻落实国务院关于进一步完善城乡义务教育经费保障机制的通知精神,重新核定安徽省城乡义务教育家庭经济困难寄宿生贫困面。3月29日,以省政府名义印发《关于进一步完善城乡义务教育经费保障机制的实施意见》,实现“两免一补”和生均公用经费基准定额资金随学生学籍流动可携带。落实义务教育经费保障机制政策,统筹资金63.53亿元,加快推进义务教育均衡发展。统筹资金16.45亿元,加快全面改善农村义务教育薄弱学校基本办学条件步伐,支持义务教育学校标准化建设。安排资金8134.4万元,分两年下达市县,为2914个教学点,建设1018个主讲课堂和2917个接收课堂,安徽省农村义务教育教学点“在线课堂”实现全覆盖。

【建立高校毕业生到艰苦边远地区基层单位就业学费补偿机制】落实教育部、财政部关于完善国家助学贷款政策的若干意见精神,在充分调研、广泛征求意见的基础上,11月25日,省财政厅会同省教育厅、省扶贫办制定出台《安徽省高等学校毕业生到艰苦边远地区基层单位就业学费补偿暂行办法》,规定高校应届毕业生2016年及以后年度到我省艰苦边远地区基层单位就业,服务期满3年(含3年),其在校期间缴纳的学费由财政实行补偿。政策的实施使全省国家和省级扶贫开发重点县的9514名大学生受益,受益资金1.53亿元。

【创新省级财政科技计划项目整合优化机制】会同省科技厅印发《关于整合优化省级财政科技项目和资金管理的实施意见》,将现有财政科技计划(专项)12项,整合优化形成创新型省份建设专项、自然科学基金、科技重大专项、重点研发计划、平台与人才专项、科技创新环境专项等6类科技计划(专项),明确各类专项支持方向和支持方式,实现分类管理和差异化扶持机制;完善科技管理信息系统,实现省级科技计划需求征集、指南发布、项目申报、立项和资金安排、结题验收等全过程信息管理,实现全程“可申诉、可查询、可追溯”。2016年,省财政安排创新型省份建设专项资金10.5亿元,较上年增加0.5亿元。安排量子信息国家实验室专项引导资金8亿元,统筹支持创建量子信息国家实验室。

【创新基层公共文化资源共建共享机制】坚持统筹规划、盘活存量、调整置换、集中利用,试点建设30个基层综合性文化服务中心和239个农民文化乐园。统筹资金2.2亿元,推动全省1822个公共文化体育场馆免费低收费开放,支持组建全省公共图书馆阅读推广联盟、文化馆活动联盟和博物院陈列展览联盟,通过品牌联创、活动联办、平台联建等方式,形成资源共享、优势互补、区域联动。会同省文化厅、省新闻出版广电局印发《关于开展县域公共图书服务一体化建设的通知》,探索建立以县级公共图书馆为总馆、乡镇综合文化站为分馆、村农家书屋为服务点的县域图书资源建设、流通、服务共享网络，推动县域公共图书服务一体化建设。

【推进绩效管理】按照“一个(类)专项、一个资金管理办法”的总体要求，会同有关部门，相继制订出台《安徽省中央财政支持学前教育发展资金管理办法》《安徽省文物保护专项资金管理办法》《安徽省公共文化服务体系建设专项资金管理办法》等15个专项资金管理办法，做到“资金安排到哪、办法建立到哪、监督跟踪到哪”。开展重点项目绩效评价，委托财政投资评审中心对省社科规划项目经费、重点文物保护、中等职业教育经费、创新型省份建设(研发仪器设备购置)等8个专项资金进行绩效评价，针对绩效评价报告反映的问题，督促部门按要求反馈整改落实。充分利用绩效评价结果，突出“下项目，看效益”，探索将绩效评价结果作为资金分配因素，并与以后年度资金补助挂钩，充分提高财政资金使用效益。

【加强省属高校财政财务管理】会同省教育厅出台《关于加强省属大中专院校财务管理严肃财经纪律的通知》，从预算编制、资产管理、政府采购、控制债务、对外投资等八个方面对高校财政财务行为提出规范要求，进一步严格财务管理，防范财务风险，严肃财经纪律，促进党风廉政建设。会同省教育厅印发《安徽省高校内部控制制度操作规程》，要求省教育厅所属高校进一步完善治理结构，强化内部制约，规范经济和业务活动。

【推进省属国有文化企业资产管理】认真履行省属文化企业国有资产监管职责，会同税政处、资产处进一步规范审批流程，办理省属国有文化企业16项资产批复事项，支持新华发行集团非公开发行股票、开展创新型资产管理项目，推进出版集团注册发行超短期融资券，支持广电集团参与设立安徽广电文化投资管理有限公司，推动文化资产保值增值，优化资本资源配置，增强企业实力活力。

【建立健全内控管理】建立《教科文处内部控制操作规程》，采用不相容岗位(职责)分离控制、授权控制、归口管理、流程控制等控制办法，强化个人权力制约、相互监督，细化责任、实施责任追究。对照《教科文处内部控制操作规程》，按照业务流程、风险点、防控措施等次序全面自查，开展主要业务内部控制穿行测试，查找风险点，健全防控措施。建立来文督办制度，专人负责来文办理登记、督促、销号，确保厅内外各项工作限时办理、件件落实。建立月度计划销号制度，实现月初有计划、月末有落实。

【科学谋划省属高校政府采购工作】会同省教育厅印发《关于进一步做好省教育厅所属院校及单位政府采购预算有关工作的通知》，就预算管理、预算编制、采购申报、预算调整、采购执行等工作提出具体要求，建立采购执行情况月报制度，按月梳理问题，按月推进采购进度，科学合理合并政府采购同类项，坚持一个项目一个委托任务书。7月，会同厅采购处、采购监管办与省教育厅监管办多次会商，覆盖所有省属高校，针对存在问题，逐校协商、逐校提出加快政府采购预算执行工作措施。

【加快预算执行进度】完善预算执行通报制度，年初督促部门填报项目预算执行进度控制表和政府采购预算执行进度控制表，全面了解各部门全年项目预算的月度执行计划，提高预算执行的计划性和前瞻性。下半年按月通报部门预算执行进度及位次，送达部门主要负责人，要求按月制定预算执行计划表，强化部门主要负责人及各业务处室预算执行责任。年终对部门预算执行不力、年内无法形成支出的4800万元资金予以收回，由预算统筹安排其他民生支出。配合做好审计、监督检查发现问题整改落实工作。针对财政部专员办反映一些部门财政预决算及三公经费公开不及时、不规范等问题，督促部门抓紧整改，依法依规公开。

【推进宣传调研】加强财政工作宣传，在《中国财经报》《安徽日报》等报刊以及省政府《政务要情》、财政部《特供信息》等内部刊物上刊登相关文章信息，全面宣传安徽财政教科文工作开展情况。做实做细部门会商，综合采取汇报、会议、上门、约谈等会商形式，与21个省直教科文预算部门开展会商，全年累计会商282次，解决问题443个。深入中国科技大学调研，服务对接该校争创量子信息国家实验室和“双一流”建设。会同省教育厅、省物价局赴通用职业研究院调研，帮助解决通用职业学院办学中的问题与困难。全年深入基层开展学前教育条例执法、原创文学繁荣发展、退养民师待遇保障等专题调研近20次。协商办理提案议案，通过电话、走访、座谈等方式与代表和委员全程保持联系，认真听取代表和委员的意见，全面了解代表和委员的意愿和办理要求，坚持办前沟通、办中协商、办后回访，坚持先协商后办理、不协商不办理，不满意再协商、再办理。

2016年,共承办人大建议41件,政协提案94件。

【推进党的建设】扎实开展"两学一做",召开专题研讨会15次,集体学习74次,创新方式讲党课7次,听课人数85人次。开展"亮身份、做承诺"活动,推进"讲看齐、见行动"学习讨论和"管党治党宽松软问题"专项治理。开展"党课进基层"活动,到结对共建村讲党课,支部书记为岳西县石关乡张家村32名党员干部上党课。深入开展结对共建,与5个处(局)单位共同结对岳西县石关乡张家村党支部,深入了解张家村集体经济发展、基础设施建设、建档立卡贫困人口等情况,与村两委班子商讨结对共建方案。建立党建联席会议制度,组织党员共过组织生活,支持共建村发展种植业、畜牧业等,提升当地经济发展水平和农民收入水平,投入资金300万元加强基础设施和校舍建设,新建"张畈大桥",修复水毁农田。水利、道路和校舍基础建设,惠及农民1658人。持续开展效能建设,建立处内效能建设巡查制度和处内效能建设负面清单,开展处内效能建设承诺践诺活动,全处同志签订"我的岗位我负责,我的效能请放心"承诺书。推进党风廉政建设,深入学习中国共产党《党内政治生活若干准则》《廉洁自律准则》《纪律处分条例》《问责条例》和《党内监督条例》,组织收看收听廉政建设每月一课和专题报告等。签订《2016年党风廉政建设责任书》,落实处室主要负责人、党员干部个人责任。深入开展四个专项整治活动,重新制定"党员岗位廉政工作牌",开展廉政谈话活动。

(教科文处供稿)

经济建设处工作概述

【概况】2016年,经建处贯彻落实厅党组各项决策部署,坚持问题导向、强化责任意识,主动适应经济社会发展新常态,按照稳中求进的总体要求,围绕财政中心工作,服务经济建设大局,完成各项工作任务。

【持续加大有效投入】累计争取中央基建资金117.6亿元,支持全省保障性安居工程、重大水利工程、农林、计生卫生、文化教育、政法、产业升级以及资源节约等方面基础设施建设;继续安排省统筹基建资金11亿元,用于服务业、水利、政法以及省直公益性项目等方面建设。累计下达省级水利建设资金16.7亿元,重点支持进一步治淮、重要支流治理、引调水工程、大型灌区续建改造及大中型病险水库等一批重点水利工程建设。其中:5亿元用于年内启动主要支流治理、中小河流治理和重点易涝区排涝工程等灾后水利薄弱环节建设性治理工程。多渠道筹集资金,持续支持引江济淮工程建设。12月,国务院正式批复引江济淮工程可行性研究报告,标志该工程前期工作取得历史性突破。全年下达省级以上财政投资专项资金427亿元,主要用于交通、水利、住房、战略性新兴产业、农业综合开发、环保、产业园区、创新型省份以及工业强省建设。参与起草安徽省《关于深化投融资体制改革的实施意见》,于10月16日以省委、省政府名义印发。

【加快交通领域基础设施建设】争取中央车购税资金64亿元、预算安排22亿元支持国省干线公路建设和大中修,安排一般政府债券资金45亿元支持各市交通投资公司做大注册资本金规模。做好农村道路畅通工程资金保障工作,筹集并拨付农村公路畅通工程中央和省财政补助资金36.2亿元,其中省财政安排22.7亿元(含地债资金5亿元);印发《安徽省农村道路畅通工程资金管理办法》,明确规范资金拨付、使用和监管的有关要求,提高使用效率。大力推动政府和社会资本合作,将黄山至千岛湖等三条高速公路纳入全国首批PPP试点项目,采取PPP模式支持国省干线公路建设,计划开工建设项目31项,预计总投资479.3亿元。安排专项资金43.7亿元,支持全省铁路建设;统筹安排4.7亿元,支持全省水运建设;争取中央财政民航中小机场补贴等专项补助资金1.5亿元,拨付省级航线航班补贴资金8000万元,安排3000万元支持芜宣机场建设。

【全力支持住房保障工作】继续实施棚户区改造等住房支持政策,大力推进棚改货币化安置,全年拨付棚户区改造等住房保障类专项资金72.29亿元。发挥棚改理事会职能作用,积极争取政策性金融机构支持,争取国开行棚改贷款1831亿元,农发行棚改贷款806亿元。完成10.5万户农村危房改造任务,拨付中央及省级补助资金11.17亿元。推进政府购买棚改服务工作,将棚改融资管理由"三统一"模式调整为政府购买服务模式,会同省住建厅印发《安徽省政府购买棚改服务管理办法》,明确政府购买棚改服务政策和流程。同时,加大与省农发行合作力度,印发《关于信贷支持涉农棚户区改造工作的意见》，通过政府购买服务方式加强对城中村及建制镇棚户区改造。

【支持“调转促”行动】配合省有关部门制定政策措施，立足财政职能，分解落实“调转促”2016年工作要点，制定《安徽省财政厅促进经济持续健康发展任务分工表》等5个文件，有计划、分步骤地抓好各阶段工作实施。对照十大重点工程，细化落实责任，加强对市县财政部门的指导，按照省委、省政府“调转促”工作具体要求，科学谋划省、市、县三级财政系统推进的工作机制，推动形成全省一盘棋的工作格局。

【深化财政供给侧结构性改革】围绕安徽省供给侧结构性改革方案总体要求，充分运用财政政策和手段，推动相关工作开展。在去库存方面，通过加强财税政策引导，加大棚改货币化信贷支持等措施，进一步提高棚改货币化安置比例，鼓励进城务工人员等新市民住房消费。在补短板方面，加大对产业发展支持力度，补齐产业发展短板；按照完善网络、扩大能力、提高水平、构筑枢纽的思路，加大资金支持交通、城市地下管网、新能源汽车充电基础设施等基础设施建设，增强经济社会发展支撑保障力，补齐基础设施短板。

【支持“三重一创”建设】按照省委省政府加快“三重一创”工作要求，统筹安排40亿元支持重大基地、重大工程和重大专项建设，安排战略性新兴产业集聚基地专项资金30亿元，采取“借转补”方式支持第一批和第二批基地建设；安排10亿元“三重一创”建设资金，支持合肥精准医疗重大工程、芜湖太赫兹芯片重大工程、芜湖肺动脉高压创新药物产业化重大工程，量子通信(合肥、芜湖)重大专项、合肥智能汽车重大专项、蚌埠新型平板显示暨OLED显示器及组件重大专项、六安金寨先进光伏制造重大试验工程7个重大项目。

【加快区域协调发展】贯彻落实省委省政府区域发展战略，运用财政政策支持皖江、皖北、大别山区、皖南国际文化旅游示范区及南北共建合作园区发展，支持地方经济转型升级。安排皖北三市九县安排园区发展资金5.8亿元、南北合作共建现代园区发展省级资本金9.3亿元、皖江城市带承接产业转移示范区建设专项资金10.5亿元、大别山革命老区发展专项资金2.2亿元，皖南国际文化旅游示范区及大黄山国家公园建设资金5000万元。

【推进新型城镇化建设】围绕“人的城镇化”的核心理念，强化财政支持保障作用，坚持多渠道投入，创新市场化融资，推进政府与社会资本合作，形成多重政策叠加效应，支持安徽省新型城镇化建设。统筹安排城镇“五统筹”专项经费4亿元，重点用于省级空间规划编制、“多规合一”试点、县城规划编制等工作。继续实施池州市海绵城市建设试点，安排拨付补助资金4亿元；推荐合肥市成功获得国家第二批地下综合管廊试点资格，3年试点期可获得中央财政补助资金12亿元；加大对特色小镇支持力度，会同相关部门向国家申报，获批5个国家级特色小镇。

【支持大气、水和土壤污染防治】根据大气、水、土壤污染防治行动计划，统筹安排资金，支持大气污染源治理、江河湖泊水环境综合整治、土壤重金属污染防治等重点项目，不断提高安徽省环境质量。安排专项资金12.2亿元，继续实施秸秆禁烧和综合利用奖补；针对财政部大气污染防治检查通报问题，组织开展全省专项检查，整改问题244个，涉及资金2.19亿元；安排大气污染防治综合奖补资金4.04亿元，支持各地燃煤小锅炉整治、扬尘治理等重点项目。安排资金2.27亿元，支持全省黄标车提前淘汰。安排水污染防治资金9.17亿元，支持我省重点流域、重点区域和重点湖泊水环境生态整治。安排资金1.25亿元，支持全省土壤污染防治。

【加强生态环境保护和修复】按照财政部、国土部和环保部推进山水林田湖生态修复工程要求，整合财政资金，促进完善体制机制，推动开展山水林田湖系统生态修复工程。组织合肥环巢湖地区生态修复工程、六安大别山生态修复工程、淮北资源枯竭城市生态修复工程、黄山山水林田湖生态修复工程4个项目上报国家。会同省国土资源厅、省环保厅制定《安徽省财政厅 安徽省国土资源厅 安徽省环境保护厅关于推进山水林田湖生态保护修复工作的通知》(财建〔2016〕1706号)，对全省整合资金推进山水林田湖生态修复保护工作提出实施意见。

【支持节能减排和新能源开发利用】安排资金4亿元，继续实施铜陵节能减排财政政策综合示范，铜陵市节能减排工作在国务院大督查中获得通报表扬；会同省经信委研究中央淘汰落后产能奖补结余资金分配方案，切块下达中央化解过剩产能奖补资金2.7亿元。安排资金0.7亿元，支持节能技术改造和合同能源管理；拨付新能源汽车补助资金4.2亿元,支持我省江淮、奇瑞等新能源汽车产业发展。

【落实粮食主产区转移支付政策】全年累计争取中央商品粮大省、产粮(油)大县转移支付资金27.99亿元。积极落实国家内地主产区棉花目标价格补贴政策,补贴棉农4.7亿元。

【启动"十三五"高标准农田建设工作】争取中央资金13.87亿元,统筹安排省级新增建设用地有偿使用费7.96亿元,支持各地建设高标准农田230万亩。按照"统一规划布局、统筹建设资金、统一建设标准、统一监管考核、统一上图入库"的原则,会同省国土厅等部门制定《关于推进高标准农田建设(2016—2020年)的意见》,计划五年内新增高标准农田2000万亩,整合中央及省专项资金近200亿元。

【保障省级粮油储备任务落实】争取中央财政粮食仓库建设资金2.58亿元,安排省级粮食仓库建设资金0.8亿元,支持安徽省粮食仓储设施建设。以第二名成绩入选2016年粮库智能化升级改造项目国家重点支持省份,获得中央财政专项资金支持2.1亿元。拨付省级储备粮油相关补贴4.5亿元。统筹资金6000万元,通过发放粮食腾库补贴、粮食清理设备购置补贴、小麦临时收储等方式,保障夏粮收购,解决农民卖粮难。

【积极支持安全生产工作】针对安全生产新形势和省委省政府部署,重点支持省安全生产局安全生产信息化平台建设及安全生产专业队伍建设,提升应急管理能力;会同省安监局、省煤监局研究下达安全生产预防与应急专项资金5962万元,支持安庆石化危化品码头及油气输送管线迁建、煤矿重大灾害隐患治理和非煤矿山隐患治理等。

【成功争取新安江流域生态补偿机制延续】省财政厅、省环保厅与浙江省财政厅、环保厅进行四轮沟通协商,就补偿资金额度及补偿方案等问题达成共识。2016年12月,在杭州召开的长三角地区主要领导座谈会上,皖浙两省政府正式签署新一轮新安江流域上下游横向生态补偿协议,两省将省级补偿资金各提高至每年2亿元,同时按照水质分档原则确定补偿金额,两省新增的1亿元补偿资金主要用于农村污水和垃圾治理。

【完善大别山区水环境生态补偿工作】根据水质监测结果,下达六安市2016年省级补偿资金1.2亿元、2015年度市级补偿资金4000万元。会同省环保厅出台《关于进一步完善大别山区水环境生态补偿机制的通知》(财建〔2016〕1913号),就完善政策体系、加大补偿投入、加强基础管理、健全工作机制和推进政策协同提出意见,进一步完善大别山区水环境生态补偿政策。

【整体推进行业油价补贴调整】建立新能源公交车运营补贴机制,争取中央财政新能源公交车运营补贴资金1667万元,鼓励各地加快新能源公交车的发展;会同省农委召开全省渔业油价补贴政策调整工作视频会议,稳步推进全省渔业油价补贴政策调整工作,下达2015年度渔业油价补贴1.9亿元;根据财政部、交通运输部有关文件和会议精神,及时推进农村客运、城市出租车油价补贴政策改革。全省通过调整行业油价补贴政策,共安排约4亿元统筹用于加快新能源公交车、出租车推广应用、调整农村客运行业结构,以及引导渔民转产转业和实施渔业生态环境修复,促进相关行业绿色发展和全省节能减排战略实施。

【加强党建和政策学习】坚持问题导向,对照"两学一做""三严三实"要求,查找自身差距,不断加强处室建设,提升干部队伍素质。认真开展"两学一做"和"讲看齐、见行动"专题教育活动,组织好"管党治党宽松软"专项治理工作,加强政治和业务学习,认真研读罗厅长推荐的文章,全处全年提交心得体会25篇,大会发言5次。

【进一步改进工作作风】全年上门会商244次,开好支部会、处务会和民主生活会,经常开展谈心活动,适时开展轮岗,健全ABC岗制度,完善基建拨款管理流程,对专项拨款实行互审,对信访和信息公开事项实行风险评估和集体研讨等。积极做好提案议案办理工作,全年主办和协办提案议案123件,代表委员均给予满意评价。牵头做好审计署"重大政策落实情况"审计工作,牵头做好省委省政府五大发展行动计划落实工作、省政府稳增长30条落实工作,配合做好同级审计等工作。

(经建处供稿)

农业处工作概述

【概况】2016年,农业处围绕财政支持脱贫攻坚政治任务和最大的民生、民心工程,以推进农业供给侧结构性改革为主线,牢固树立"四个意识",坚守

"五大理念",按照"三严三实"要求,在抓执行、重落实、求实效上下功夫,努力将财政厅党组决策部署,转化为具体的财政支农政策、支农投入和管理制度,落小落细落实,圆满完成全年目标任务。

【支持脱贫攻坚战首胜开局】财政脱贫攻坚工程架构体系基本建立,通过构建高位推动、分工协调、挂图推进、督导督查、绩效奖惩等一连串工作机制,制定"1+5+3"覆盖财政扶贫资金筹集、分配、使用和管理各环节等一整套管理制度,落实专项扶贫预算、整合涉农投入、盘活存量投入、债务投入等一揽子扶贫投入,开展资产收益扶贫、涉农资金整合、财政资金变股金、健康兜底扶贫等一系列探索,有效落实财政资金投入及监管职责。全省财政扶贫投入达173.4亿元,其中,争取中央投入20.5亿元,同比增长44%;省和市县财政在财力不宽裕的情况下,大幅增列专项扶贫资金,同比分别增长1.75倍、4倍,全面落实并超额完成省政府规定的投入任务,为全省顺利完成96万人脱贫、1057个贫困村出列的年度减贫任务,提供坚实保障。

【支持防汛抗洪救灾攻坚战全面胜利】积极投身防汛抗洪救灾,全力做好资金筹集保障。全面启动应急响应,财政厅建立防汛抗洪救灾责任体系,厅党组12次召开会议布置工作,厅领导8次率队赴水利等部门会商,建立省市县乡四级联动财政督导帮联机制。全力筹集保障资金,先后10次向国家上报安徽省灾情,争取中央资金9.4亿元。省财政累计拨付防汛抗洪救灾资金14.3亿元。全速拨付救灾资金,按照"特事特办、急事急办"原则,开通"绿色通道",当天办文、当天拨款,资金"随到随拨、随调随拨",优化应急物资政府采购流程,绝不因财政资金安排拨付影响全省防汛救灾大局。提前安排下达2017年灾后水利水毁修复与薄弱环节建设性治理三年行动计划启动资金5亿元,支持市县及早启动灾后恢复重建。

【推进全省农业信贷担保体系建设】继上年在全国率先成立省级农担公司后,争取中央资金注资21.5亿元,创新"劝耕贷"品种,为57个县(区)、2144家种粮大户担保贷款14.9亿元,得到省政府和财政部充分肯定,全国农业信贷担保联盟及8个省市先后来皖考察学习。在政策性保险基础上,探索开展粮食作物补充性商业保险试点,为1500万亩粮食作物额外提供52亿元风险保障,保障水平较之前提高一倍,保费费率平均降低27%,在应对罕见洪涝灾害、开展农业救灾方面发挥重要作用。运用市场化投资手段支持农业发展领域,省财政牵头成立并投资参股的省内首家专业性农业投资基金——安徽现代种业投资基金(种业基金),完成投资参股6000万元。

【全面推开农业补贴改革】在全国率先实施农业补贴改革,将原农业三项补贴合并为"农业支持保护补贴"。在全省全面推开三项补贴改革,科学制定方案,及时拨付资金71.6亿元。此项改革使得多年来农业补贴种类多、标准不一、发放成本高的问题得到切实解决。

【基本完成农村土地确权改革】自2014年争取全国试点以来,累计争取中央资金8.6亿元,加大省级投入4.6亿元,支持全省基本完成农村土地承包经营权确权登记颁证工作,成为全国较早完成此项改革试点的省份。以探索"4P"模式和"三变"为重点的农田水利综合改革试点正式破题启动,赴云南省实地考察学习经验做法,向省政府提交考察报告,提出改革初步设想。

【推进国有林场改革】争取中央资金2.2亿元,落实省级投入1亿元,对市县改革进行奖补,取得阶段成效。2012年以来,累计安排16.4亿元、争取中央5.4亿元,支持全省造林978.9万亩,保障千万亩森林增长工程圆满收官。

【稳步推进农垦改革】争取中央农垦改革经费4000万元,在预算中足额安排农垦土地确权经费,确保不留"硬缺口",进一步加大对农垦强农惠农富农力度。

【建立财政支农资金定额标准化奖补机制】适应"放管服"新形势,推动农口部门建立财政支农资金定额标准化奖补机制,将中央和省21项、34.9亿元支农项目资金纳入试点范围,推进定额化、标准化、规范化、透明化管理。对凡符合条件的新型农业经营主体和农业社会化服务主体,给予统一的财政定额奖补,着力培育和壮大"两大主体"发展。凡实行定额标准化奖补项目,一律将奖补政策、实施过程、结果绩效等,向社会公开公示。财政部门根据绩效结果奖优罚劣,实行后补助,改变以往"先要资金、后干项目"模式,实行"谁干补谁、多干多补",切实发挥财政资金正向激励和撬动作用。

【扎实开展党建工作】扎实开展"两学一做",深入学习习近平总书记系列重要讲话特别是视察安徽重要讲话精神,切实增强“四个意识”。开展“一句话谈体会”活动,学习罗建国厅长30次批示及推荐阅读57篇文章。全面落实党建工作要求,依托多种形式的党建载体,提升干部党性修养。建立“两学一做”学习教育台账,集中学习、调研90余次。认真落实“三会一课”,召开支部党员大会4次、支委会议16次。支部书记深入裕安区新安镇枫庙村开展“党课进基层”活动。3次赴宿州市开展帮联,3次走访泗县汴河村开展结对共建,与省直农口部门会商100余次,解决问题100余项。严格执行中央“八项规定”,严格遵守效能建设规定,不碰红线、守住底线。针对处室人员轮岗和新进年轻同志的特点,组织全处人员制定《农业处内部制度》,规范预算管理、效能建设等12项制度,通过流程再造,提高处室工作程序化、规范化水平,强化内部风险控制。

(农业处供稿)

社会保障处工作概述

【概况】2016年,社会保障处围绕中心、服务大局,锐意进取、开拓创新,积极践行“三严三实”,着力深化财政改革,致力于财政社保事业发展和社保处党支部建设,持续保障和改善民生。

【推进就业创业】围绕贯彻就业优先战略,坚持把促进就业作为保障和改善民生的头等大事,累计拨付中央及省级就业资金23.2亿元,积极保障各项就业创业政策落实。全年累计购买公益性岗位5万个、开发高校毕业生的就业见习岗位1.1万个、开展就业技能培训34.5人次。

【深化“创业贷”试点】深入推进合肥、芜湖、铜陵等三市“创业贷”试点,开展“创业贷”试点情况进行绩效评价,共发放268家青年创业引导资金贷款3.78亿元,其中合肥市高新区共发放238家企业青年创业引导资金贷款3.27亿元,获益企业营业收入总计8.11亿元,同比增长61.69%,带动就业5472人。

【发挥失业保险稳岗作用】从失业保险省级调剂金中拨付2.1亿元,统筹用于支持安徽省创业担保贷款贴息。全面落实失业保险普惠制稳岗补贴政策,累计拨付职工安置补贴资金3909万元,对政策性关闭的企业给予职工安置补贴。

【妥善做好职工安置工作】针对化解钢铁煤炭行业过剩产能过程中职工安置特点,研究制定有利于职工安置的就业创业政策措施,统筹安排失业保险基金和就业补助资金支出12亿元,通过开展“六个一批”为供给侧结构性改革营造和谐稳定的社会环境。

【降低企业社保费率】经省政府同意,从5月1日起,全省养老保险单位费率由20%降至19%,失业保险单位费率由1.5%降至1%,继续落实工伤生育保险降低费率政策,生育保险全省平均费率约为0.55%(原0.8%),工伤保险综合费率为0.83%(原约1%),全年降低企业缴费负担22.2亿元。

【推动残疾人就业创业】建立残疾人就业补贴、残疾人培训补贴和超比例安置补助政策,省级专项安排6462万元创业就业扶持资金,大力支持引导各地残疾人就业增收和创业脱贫。

【深化医药卫生体制综合改革试点】在全国率先研究公立医院投入及债务化解方面的专项政策,创造性提出依法分类率先从省级层面加强公立医院债务化解及管理工作意见。

【推进机关事业单位养老改革】提请省政府出台《安徽省机关事业单位职业年金办法》,牵头制定《机关事业单位基本养老保险基金财务管理实施办法》和《机关事业单位养老保险制度改革实施准备期预算管理和基本养老保险基金财务处理有关问题的通知》,积极做好动员部署培训准备工作。多渠道筹集资金,做好机关事业单位养老金代扣及预发,留足改革启动资金,确保机关事业单位养老改革平稳推进。

【深化城乡基本医保制度改革】下达2016年城乡居民医保中央和省级财政补助资金234亿元;进一步提高基本医保筹资标准、扩大报销范围和提高保障水平,按规定落实城乡居民医保个人缴费增长机制,从120元/人提高到150元/人;配合制定《安徽省人民政府关于整合城乡居民基本医疗保险制度总体实施方案(送审稿)》,积极推动城乡基本医保制度整合。

【深化养老服务事业改革】围绕供给侧改革,建立公办养老机构综合定额管理制度,实现“三合”,即定额补助与规范管理耦合,统筹资源与引导市场聚合、整合资金与提升绩效融合,切实规范敬老院管理,提高五保老人供养能力,积极推进养老服务事业发展。

【推进福彩金管理改革】围绕“放、管、服”改革，牵头制定《安徽省省级福利彩票公益金使用管理暂行办法》，从“绩效目标、评价制度、绩效监管、结果运用、报送时间”等五个方面提出具体要求，将绩效管理覆盖福彩公益金使用全过程。

【推动社保民生工程】统筹安排民生工程资金406.6亿元，继续组织实施好社保19项民生工程。新增重度残疾人护理补贴和农产品食品安全工程2个项目，提高新农合补助、城镇居民基本医保补助、基本公共卫生服务补助3个项目标准，保障覆盖面更广、人均受益程度更高。

【实施就业脱贫工程】制定出台《安徽省就业脱贫工程实施方案》，以帮助农村有就业能力和愿望的贫困人口实现脱贫为目标，以改善贫困地区就业创业条件为重点，以贫困地区公共就业服务机构为载体，积极完善技能培训、产业发展、就业促进、创业带动、就业服务等一系列就业创业政策措施。

【推进健康脱贫工程】积极与有关部门协商研究，提出“三保障一兜底”的“四位一体”健康脱贫政策体系，综合运用基本医保、大病保险、医疗救助三条保障线，设立农村贫困人口大病救治专项资金，建立健康脱贫财政兜底机制，牵头制定《安徽省农村贫困人口综合医保资金保障和监督管理暂行办法》，提高贫困人口就医看病报销比例，减免个人自付费用，探索解决因病致贫返贫难题的新路。

【实施兜底脱贫工程】研究制定并报省政府出台《关于社保兜底脱贫工程的实施意见》，统筹拨付73.4亿元，保障全省开展社保兜底精准扶贫，推进农村低保标准和扶贫标准“两线合一”。全面建立残疾人生活和护理补贴制度，省财政安排3.7亿元，保障全省残疾人生活和护理待遇。

【支持抗洪救灾】认真贯彻省委省政府的部署要求，印发《关于做好防汛抗洪救灾保障受灾群众基本生活有关工作的通知》《关于财政全力支持因灾倒房恢复重建工作的通知》等文件，统筹拨付自然灾害生活救助资金3.2亿元，保障受灾群众基本生活。全省因灾倒房重建总任务11752户全部建设完成，受灾群众于11月30日前返家。

【健全社保制度体系】围绕全面建成覆盖城乡的社会保障制度体系要求，紧盯财政资金管理的关键环节，牵头制定公立医院财务和预算管理实施意见、就业补助资金管理暂行办法、城乡医疗救助实施办法、食品安全工程资金管理办法、重度残疾人护理补贴实施办法、安徽省残疾人创业就业资金管理办法等30余项制度，实现资金管理办法全覆盖，用制度管资金、管项目、管业务，进一步建立健全社会保障制度体系。

【加强预算执行管理】建立社保预算执行分析制度，梳理省级社保部门和全省财政社保系统预算执行情况，研究问题、细化措施、落实责任，每月调度，每月分析，推动社会保障预算执行进度，提高资金使用效益。

【强化财政内部控制】编印《社会保障处内部控制操作规程》，明确社保处职责分工及工作规则、政策制定、预算管理、公文运转等内部控制流程，梳理17项主要业务共157个风险点，着力防控业务风险；出台社保处请销假制度、卫生管理制度、督查督办制度，提升财政社保科学化、规范化、精细化水平。

【规范社保基金预算管理】会同省直部门出台《关于完善社保基金预决算编制审核工作流程的通知》，对社保基金预决算编审程序进行完善，明确各部门职责，理顺预算编审程序，提升编审质效。研究制定安徽省行政区划社保基金调整政策，完善安徽省社保基金财务制度修订工作，进一步严格约束社保基金预算管理。在2016年全国社保基金预决算评比中，省财政厅再次荣获一等奖。

【深入推进绩效管理】以城乡低保资金绩效评价工作为突破，不断提高社保资金绩效管理水平，在2014、2015年度全国低保绩效评价考核中安徽省连续获得全国第一。省委书记李锦斌在省财政厅、省民政厅呈报的《关于安徽省2015年度最低生活保障工作绩效评价结果的报告》上批示：“值得称赞。望不断完善制度，坚持高效运行，确保托底有力，提升服务水平”；副省长方春明批示“可喜可贺！望再接再厉，争取更大进步。”

【扎实开展学习教育】扎实开展“两学一做”学习教育活动，制定学习教育活动方案，深入学习贯彻习近平总书记系列重要讲话精神，认真学习党章党规，组织学习传达中央、省委省政府、财政部有关会议文件精神等40余次，组织开展“党委会工作方法”、“供给侧与深化财政改革”、“《准则》《条例》”、“党章与财政干部理想信念”等9个专题研讨，开展党章、党规、学习系列讲话知识测试，优良率均为100%，组织“我是党员我承诺”活动，开展“支部书记讲党课”活动,深入贯彻落实“四个专项行动”,进一步增强政治意识、大局意识、核心意识、看齐意识,做“四讲、四有”共产党员。

【加强作风转变】开展“管党治党宽松软问题”专项治理工作,查摆作风问题,建立整改台账,对账销号,逐项整改。深化城乡党组织结对共建,牵头组织6个处室单位与凤阳县小岗村结对共建,开展共建活动5次,慰问20户困难党员和群众,宣讲财政惠民政策6次,推进和带动小岗村经济社会发展,受到当地百姓好评。落实财政厅党组要求,组织开展财政调研督查4次,深入曙光社区开展党员干部进社区活动2次,服务联系基层单位33次(其中,厅领导带队9次),进一步改进作风,密切联系群众。

【强化效能建设】树立全处“一盘棋”和“马上就办”的思想,落实效能建设八项制度,履行社保处工作规则,落实岗位人员职责分工,实行网格化管理,做实AB岗,促进提质增效,建立效能建设负面清单,实行内部督查制度,解决迟到早退、工作效率不高、办公场所抽烟等问题,进一步提振党员干部精、气、神。高质高效办理“两会”提案议案125件,其中主办分办9件,协办116件,赢得代表委员的理解和支持。

【深化部门会商】积极拓展部门会商内容,在研究常规性财务工作的同时,将财政厅党组对社保事业的新要求传导给部门,在广泛沟通交流中凝聚共识、提升站位、推动工作,深入推进财政财务一体化。集中组织开展部门一体化会议5次,主动赴部门开展会商140次,协调解决问题223个(其中,厅领导带队11次),送管理、送政策、送服务,受到部门充分肯定。

【加强廉政建设】坚持党风廉政建设责任制,严格履行“一岗双责”,贯彻落实财政厅党组、驻厅纪检组关于党风廉政建设的部署要求,签订党风廉政建设责任书,分解党风廉政建设工作任务32项和机关党建工作任务20项,组织党员干部经商办企业自查,开展处室“小金库”专项清理,组织《准则》《条例》知识测试,积极做好巡视和审计问题整改工作,开展廉政谈话20人次,加强廉洁自律,严格干部管理,进一步筑牢党员干部思想防线,始终保持清正廉洁的良好形象。

(社保处供稿)

企业处工作概述

【概况】2016年,企业处深入学习贯彻习近平总书记系列重要讲话精神,坚持稳中求进总基调,坚持新发展理念,统筹资金积极推进去产能、降成本、补短板任务,落实“调转促”战略部署,深入推进“两学一做”教育活动,讲看齐,见行动,求实效,全力以赴支持全省经济社会平稳健康发展。

【推进化解过剩产能工作】配合省国资委、发改委、经信委,修改完善煤炭、钢铁行业、“三煤一钢”4户重点企业化解过剩产能实现脱困发展实施方案。明确本省去产能职工分流安置资金由中央和省分担50%、市(县)和企业分担50%。省财政分两批下达2016年中央专项奖补资金10.97亿元,安排拨付省级奖补资金10.87亿元,专项用于钢铁煤炭行业化解过剩产能职工分流安置。制定出台专项奖补资金系列管理制度,创造性提出共管账户管理方式,加强资金使用管理,建立防控预案,防范化解风险。加强调研督导,多次派员到淮北矿业、淮南矿业、皖北煤电等企业进行调研检查,参加钢铁煤炭行业去产能省级验收,推进工作落实。截至12月底,全省关停钢铁产能110万吨,化解煤炭行业过剩产能967万吨,分流安置职工3.8万人。

【牵头落实降低企业经营成本】落实《安徽省供给侧结构性改革实施方案》,加快推进供给侧结构性改革,降低实体经济企业成本,促进实体经济持续健康较快发展,主动献言献策,先后牵头组织十余次“降成本”意见征求,参与研究出台《安徽省人民政府关于降成本减轻实体经济企业负担的实施意见》(皖政〔2016〕54号),及时制定财政厅实施办法,细化任务分工。做好后续降成本贯彻落实工作,抓实抓细推进“降成本”工作。

【深入推进国资国企改革】配合国资、发改等部门推进深化国企改革工作,研究拟定全省国有企业职工家属区“三供一业”分离移交工作实施意见,制定省属国有企业“三供一业”财政补助资金管理制度,争取中央财政政策性破产项目“三供一业”分离移交补助资金21.8亿元下达相关市。全面贯彻落实国有科技型股权和分红激励政策,制定出台本省实施细则,组织地市相关人员进行政策培训。

【推动传统产业技术改造提升】贯彻落实省委省

政府“调转促”行动计划，推动传统产业改造提升工程，将技术改造和中小企业发展专项资金增加到5亿元，并于3月底下达到位，提早发挥财政资金扶持放应，提升资金聚焦扶持力度。会同省经信委修订完善专项资金管理办法，拓展资金扶持范围，强化绩效管理，充分发挥技改资金提质增效作用。

【推动企业技术创新转型升级】继续安排企业技术创新专项、节能与资源综合利用专项、煤炭和非煤矿山安全技改专项、两化融合专项、新进民企五百强及标准制定奖励资金1.92亿元，引导企业开展技术创新、节能减排、安全生产及品牌培育，均于3月底下达完毕。设立3000万元云计算大数据产业发展专项资金，会同省经信委制定出台资金管理办法，支持云计算创业项目孵化、市场主体培育、创新创业平台打造、产业园区发展、公共服务平台建设，促进“互联网+”、智能制造等新兴产业发展。安排重点企业研发资金补助1.4亿元，支持江淮、奇瑞公司技术创新。配合相关部门就本省制定经济建设与国防建设融合发展的实施意见提出建议，并安排2000万元军民融合引导资金，支持军民深度融合发展。

【推动电信普遍服务机制试点】成功争取合肥市、阜阳市、铜陵市三市纳入全国第二批电信普遍服务试点范围，本省试点市数量增加到8个，累计获得中央财政补助资金1.95亿元，拨付6437万元，用于支持农村及偏远地区宽带建设，提升农村信息化利用程度，支撑农村电子商务发展，促进农民增收致富。

【夯实融资担保机构体系建设】省财政继续安排11亿元省民营经济发展资金，向93户县域政策性融资担保机构注资，用于充实担保机构资本金，提高担保机构实力，强化服务中小企业发展能力。据中期绩效评估统计显示，拉动市县配套资金10.92亿元，注资担保机构担保余额达700.94亿元，同比增长24.78%，平均担保放大倍数为3.21倍，资金使用成效明显。在中期评估的基础上，布置年度绩效评价工作，为2017年资金分配提供可靠依据。

【支持外贸回稳向好】结合安徽省外贸实际，配合省商务厅出台和调整外贸促进政策，并于下半年适时增加政策内容。研究国家承接加工贸易梯度转移政策，制定资金管理办法，强化承接加工贸易产业转移专项资金使用管理。及时上报安徽省出台免除外贸企业吊装移位仓储费试点方案，认真组织实施，减轻外贸企业负担。统筹安排资金5.93亿元，兑现2015年外贸促进政策资金，其中：中央4.55亿元，省级1.38亿元。完善小微企业出口信用险保费补贴政策，扩大中长期出口信用保险覆盖面，完善出口信用保险费率结构。支持提高贸易便利化，协助相关部门加快单一窗口和通关便利化建设，对获批建设、验收启用并实现进口实绩的本省进境指定进口口岸建设企业给予奖励补贴，与相关部门推进升级完善安徽电子口岸平台和国际贸易“单一窗口”建设。支持跨境电子商务公共服务平台建设政策，着力打造中国(合肥)跨境电子商务综合试验区建设。

【促进商贸流通业加快发展】制定完善省级流通业发展专项资金使用与管理政策，明确支持方向和工作要求，按照因素法提前切块下达省级流通业发展专项资金0.72亿元。安排资金1320万元，通过贴息等方式支持骨干企业开展生猪、食糖、食盐和药品储备，完善政府应急调控机制。会同省商务厅等部门，争取国家2016年电子商务进农村综合示范县、商务诚信体系建设、物流标准化等试点政策，获中央服务业专项资金3亿元。推进国家物流标准化体系、电子商务进农村综合示范、跨区域农产品流通骨干网以及电子商务与物流协同发展等试点政策落实，完善有关制度办法，进一步规范资金和项目管理，加快推进建设进度，提高财政资金使用绩效。加快推进以市场化方式发展养老服务产业试点，进一步完善全省养老项目信息储备库，入库项目69个；基金运作步入实质性阶段，审议通过15个投资项目，实际完成投资项目11个，交割投资总额3.05亿元；开展尽职调查项目22个，计划投资金额5亿元以上。

【落实国家库区移民政策】拨付中央和省级大中型水库移民后期扶持资金11.88亿元(其中中央财政补助11.58亿元、省级补助3000万元)。做好本省第二批9县(区)大中型水库移民避险解困试点工作，督促该项目工程进度，确保项目如期完成。批复调整岳西和歙县第一批大中型水库移避险解困试点项目，经国家水库移民管理部门同意，批复调减岳西县、调增歙县2014年第一批大中型水库移民避险解困试点项目资金1466万元。强化检查督导，省财政会同省发改委联合下达通知，对抽取的20个县市区2013至2015年度库区移民扶持资金管理使用、制度执行、资金发放、项目管理等工作开展专项审计，加强大中型水库移民后期扶持资金预算执行，优化整合项目资金,充分发挥资金效益。

【建立内部控制操作规程】修改完善企业处内部控制操作规程,将内控操作规程作为规范处室活动的基础,并组织专题会议学习,树立依法依规办事理念,加强内部控制管理。

【加强党支部建设】建立处室学习制度,制定学习计划。扎实开展“两学一做”教育活动,制定学习教育方案和实施计划,认真记录台账。严格落实“一岗双责”,进一步建立健全处室党建管理、业务管理、办文办事、经费管理等方面制度建设。扎实开展系列研讨活动,进一步自我净化、自我完善、自我提高。落实“三会一课”制度,全处党员轮流讲党课,提高讲党课效果,提升党员修养。认真落实党风廉政建设和反腐败工作任务,履行“一岗双责”,把党风廉政建设与财政业务工作同部署、同推进;严格落实厅党组三十条和厉行节约的规定,严明各项纪律,积极参加党风党纪、反腐倡廉等专题教育活动,坚持开展集中谈心、个别谈心活动,提高全处人员勤政廉政意识。

(企业处供稿)

金融处工作概述

【概况】2016年,金融处围绕中心,勇于创新,主动作为,服务发展,积极发挥财政金融职能作用,完成各项工作任务。

【加强财政金融政策研究】针对经济发展新常态,深入基层开展调查研究,处领导班子成员全年累计调研33天,平均11天/人,形成和提交10余篇专题调研报告。撰写《财政引导金融支持供给改革研究》专题报告,形成《关于省财政支持政策性融资担保体系建设情况的报告》《关于小微企业续贷过桥资金运行情况的汇报》《关于创新“4321”政银担合作模式情况的汇报》《安徽省财政PPP工作推进情况汇报》《关于贯彻落实国英代省长有关积极推广公共基础设施建设PPP模式讲话精神意见的报告》等多篇成果。全年开展会商、帮扶等共65次,覆盖40个单位,研究解决问题70个,宣传财政政策75项,经主流媒体和省委省政府内刊宣传报道10次以上。

【引导金融服务实体经济发展】引导金融支持“三农”发展,完成213家县域金融机构涉农贷款增量奖励的申报和审核工作,核定171家奖励2.1亿元。对38家村镇银行等农村金融机构核定并申报补助1.6亿元,支持新型农村金融机构服务县域经济发展。引导金融支持融资发展,继续安排10亿元小微企业续贷过桥资金,对符合国家产业政策和信贷政策的小微企业提供临时性资金支持;全年发放691.4亿元过桥资金,周转率14.7次。落实担保贷款增量奖励政策,对依法合规经营、年化担保费率不高于同期基准利率25%且放大倍数达到4倍以上的融资性担保机构给予奖励755.4万元。兑现企业上市(挂牌)奖励资金6479万元,支持引导104户中小企业办理上市辅导备案登记、成功上市或在“新三板”和省区域性股权交易市场挂牌融资,累计实现融资52.4亿元。安排皖北三市六县及金寨县现代产业园区发展专项资金9.3亿元,进一步提升园区融资发展能力。拨付贴息资金2亿元,支持省信保控股集团发起设立规模300亿元的产业基金群,推动加快发展本省产业转型升级。支持地方金融体系建设,兑现奖励资金3202.8万元,支持县域新设分支行95个、村镇银行4家,有效增加农村金融供给。

【推进政府和社会资本合作(PPP)模式】制定并印发厅PPP工作领导小组年度工作要点,提请厅PPP领导小组召开5次专题会议,积极争取省编办批准设立省级PPP中心。举办全省财政系统PPP政策培训班,提高政府领导和财政干部的PPP理论和实践水平。及时转发财政部有关政策文件,出台进一步加强政府债务管理规范实施PPP项目通知。建立PPP项目财政支出责任统计分析制度,下发加强PPP综合信息平台管理通知,推动规范实施PPP项目。精心谋划筛选项目,对符合条件的项目纳入财政部PPP综合信息平台管理。建立工作台账,定期向省委省政府报送改革进展;将PPP项目执行情况纳入厅领导对市县调研督导的重要内容;组织开展专项督查和各市互查,及时总结成功项目经验。制定并印发推进PPP的财政支持政策,安排财政专项资金,积极发挥财政政策、资金引导撬动作用。全省通过评价论证且纳入平台管理公开对外发布的项目159个,总投资1984亿元,落地项目49个,落地率31%。池州和安庆两项目入选财政部10个示范项目案例,安徽省PPP主要做法获财政部督查组高度评价,经验做法在《中国财经报》头版头条上刊登。

【支持政策性融资担保体系建设】会同省有关部门以省政府办公厅名义出台《安徽省政府办公厅关

于促进融资担保行业加快发展的实施意见》(皖政办〔2016〕4 号),制定《安徽省信用担保集团负责人经营业绩绩效考核评价暂行办法》(财金〔2016〕525 号)、《安徽省省级融资担保风险补偿专项基金管理暂行办法》(财金〔2016〕874 号),进一步健全本省政策性融资担保发展制度基础。继续安排 17 亿元专项资金,由省担保集团注资参股符合条件的市、县(市、区)政策性融资担保机构。推进"4321"政银担合作机制,从本年起,省财政每年安排 3 亿元,对单户企业在保余额 2000 万元尤其是 500 万元及以下的小微企业担保贷款代偿,由原保机构、再担保机构、银行、地方政府按 4∶3∶2∶1 的比例进行分担,并进一步将"税融通"、道德信贷及惠农安居工程等纳入支持范围。组织对全省 124 家政策性融资担保机构进行绩效评价,结果报告省政府并抄报有关部门及市县政府。对 8 家放大倍数较低的机构进行约谈,对绩效评价存在问题的要求自查整改,整改情况与负责人薪酬及财政扶持政策挂钩。截至 2016 年末,全省政策性融资担保机构 145 家,覆盖全部县域,在保余额 1658 亿元(其中:政银担业务在保余额 692.49 亿元),放大倍数 4.49 倍。安徽省经验做法被国务院融资担保联席会议定义为"安徽模式",并总结出政府高度重视、财政舍得投入、创新"4321"政银担合作机制等三个亮点,发文向全国推广。

【推进民生金融发展】继续将政策性农业保险纳入民生工程,发挥农业保险"防火墙"、"安全网"、"稳定器"和"助推器"作用。安徽省主要经验做法被保监会信息简报在全国推广介绍。截至 2016 年末,省财政拨付保费补贴 15 亿元,支持累计承保农作物 0.9 亿亩、牲畜 142.4 万头、森林 4514 万亩、为 1505 万次农户提供 552 亿元的风险保障;赔款 25.5 亿元(政策性农险 19.4 亿元、其他农险 6.1 亿元)、简单赔付率 114.8%、创历年之最。推进创业担保贷款,经省政府同意,从省级失业保险调剂金中安排 2 亿元充实小额担保贷款担保基金和补充财政贴息,共筹集担保基金 23.7 亿元,拨付创业担保贷款贴息资金 4.5 亿元,引导金融机构新发放小额担保贷款 70 亿元,直接扶持 6 万人创业就业。会同有关部门联合下发了《关于加快推进道路交通事故社会救助基金工作的通知》,要求各地切实提高思想认识,加强协作配合,加快建立和启动救助基金,发挥救助基金使用效益。

【强化地方金融企业财务资产监管】组织召开地方金融企业财务决算验审会,做好地方金融机构国有资产产权登记和保值增值工作,提前完成 2015 年度全省 240 户国有金融企业绩效评价工作,安徽省金融企业财务决算工作连续四年获财政部通报表彰。按照省深化国有企业负责人薪酬制度改革工作领导小组统一部署,研究出台《安徽省省属金融企业负责人薪酬管理暂行办法》。召集徽商银行、省担保集团人力资源部门负责人和具体经办同志布置薪酬审核工作,完成 2015 年度两家省属金融企业负责人薪酬审核及批复工作。根据中央文件及会议精神,会同有关部门制订出台《安徽省国有金融企业负责人履职待遇和业务支出管理实施办法》,加强履职待遇及业务支出管理。履行国有出资人职责,批复省担保集团提出的《薪酬总额预算管理办法》,促进集团内部薪酬分配的管理和优化。修订完善省担保集团"三重一大"决策制度,研究制定省担保集团 2016 年度目标任务,开展省担保集团负责人经营业绩考核,加强省担保集团财务、资产等管理,履行省担保集团出资人职责。

【加强外国政府贷款管理】积极争取贷款资金,在全国贷款国别和额度大幅度下降的不利情况下,本省获批外贷项目 1 个,金额 3250 万美元,另有 5 个项目列入国家发改委及财政部联合批准的滚动项目库,贷款金额 1.2 亿美元。完成与所有转贷银行的贷款数据核对工作,将本省全部外国政府贷款项目纳入国际金融组织和外国政府贷款业务管理信息系统中进行管理。对外贷项目进行分类甄别及限额管理。加强外贷项目提款预算管理,按季度分析统计在建外贷项目提款金额,对提款进度较慢的项目进行督促。加强外债风险防控,积极协调日贷公共卫生、韩贷水稻机械化二期、皖西南国际农发基金贷款等项目对外还款,落实借款单位还款责任,按时足额偿还借款本息。截至 2016 年末,安徽省累计申请使用外国政府贷款项目 269 个,贷款金额 22.3 亿美元,贷款余额 9.4 亿美元。

【做好部门预算管理】加强支出管理,要求部门严格预算执行,硬化预算约束,确保"三公"经费只减不增;积极开展上门会商,宣传财政政策,解决部门疑问,落实财经纪律;有序组织预算公开,密切关注舆情反映;完成 2016 年部门预算编制审核工作。建立预算执行月度分析制度,重点分析支出科目、重点项目和预算部门等方面,加强预算指标管理,加快财政资金拨付,提高预算执行效率。以财政帮联工作为契机,对口指导市县财政做好预算部门会商,财政决算公开,加快预算执行进度,全面完成预算目标,及早谋划下年预算编制。

【加强党风廉政作风效能建设】制定"两学一做"学习教育行动计划、"讲看齐、见行动"学习讨论计划等,认真学习十八大以来重要文献、习近平总书记系列重要讲话、省委省政府和财政厅重要文件精神及相关财经理论和改革动向、财政金融政策等内容。支部全年集中学习64次,研讨11次,撰写学习心得体会、征文10余篇,讲党课6人次。自觉完成干部在线教育学习任务。积极参加党章、党规知识测试,支部党员得分全部优良以上。加强作风效能建设,严守中央八项规定、省委30条和厅党组三十条要求,坚决反对和纠正"四风"问题,努力践行"三严三实",把作风建设及效能建设各项要求融入财政金融工作全方位和全过程。扎实开展"四零"服务竞赛,积极开展会商帮联共建工作,维护财政良好形象。认真组织学习中央和省委省政府及厅党组关于党风廉政建设的各项文件规定,开展《准则》《条例》学习研讨,积极参加各项反腐倡廉教育活动,开展党风党纪、反腐倡廉、廉洁自律等教育活动,提高党员干部党性修养和廉政意识,筑牢拒腐防变的思想道德防线。

(金融处供稿)

国际债务管理处工作概述

【概况】2016年,在国际债务管理处积极努力下,本省与国际金融组织的贷款合作以及清洁发展委托贷款工作取得积极成效,获得国际金融组织充分认可。本省组织编写的世行贷款安徽公路Ⅱ项目案例成功入选"世行·中国交付科学案例",全国仅9个世行贷款项目入选该案例。本省世行贷款淮河洼地治理项目,获世行检查团高度认可,被推荐为"非常满意项目"候选名单。

【谋划部署全省国际金融组织贷款工作】3月8日,在合肥举办全省国际金融组织贷款和清洁发展委托贷款工作培训会,总结2015年全省国际金融组织贷款工作,安排和部署2016年工作思路和重点任务,并对全省各市财政局和贷款项目办开展业务培训。

【积极申报国际金融组织贷款项目】按照国际金融组织提倡的理念和要求,设计申报项目,建立项目库,实行动态管理,积极争取国际金融组织贷款支持。国家发改委和财政部联合发文,将安徽医疗卫生改革促进项目、安徽农村公路提升改造示范项目列入国际金融组织贷款规划,将大别山安徽片生物多样性保护与近自然森林经营项目列入外国政府贷款规划,拟利用世行、欧投行贷款共计5.2亿美元。

【推动贷款项目落地实施】本年安徽省共3个世行贷款规划项目、1个欧投行贷款项目处于前期准备阶段。积极配合有关部门做好列入规划项目的前期论证和准备工作,完善项目设计,积极创造实施条件,推动项目启动实施。国际金融组织在项目准备期派出多批次考察团到安徽省实地考察评估和项目评估,省财政厅积极参与各项考察、调研和协调会商活动,为项目推进建言献策,参与贷款项目准备全过程。12月16日,财政部联合安徽省与世界银行在北京完成利用世界银行贷款安徽公路养护创新示范项目的谈判,并草签《贷款协定》和《项目协议》,该项目利用世界银行贷款1.5亿美元,贷款期限20年。

【建立贷款项目进度通报制度】根据2016年全省国际金融组织贷款和清洁发展委托贷款工作培训会精神,建立项目进度通报制度,通报范围至各市、县政府领导,有关部门领导和财政局主要负责同志,并视情启动约谈机制。根据各在建项目执行进度情况,省财政厅对7个建设实施及贷款支付进度不理想的项目予以通报。

【加强债务管理】本着积极、稳妥的原则,加强债务管理,严格按照签订的转贷协议履行还贷责任和义务,防范信用风险,维护政府信誉。全年提取国际金融组织贷款17391万美元,按时偿还国际金融组织贷款本息10668万美元,获财政部利费减免奖励75万美元。

【做好清洁发展基金委托贷款工作】根据财政部印发《地方财政开展清洁发展委托贷款管理暂行办法》规定,结合安徽省实际,积极申报清洁基金贷款项目,获批3个项目,获得优惠贷款1.26亿元人民币,本省累计获批项目和获得贷款金额分别达到13个和7.01亿元人民币。对本年处于付息期的8个项目,按期足额支付贷款利息,全年累计支付项目贷款利息2184.5万元人民币,有效维护本省还款信誉。

对3个项目到期还本,累计归还1.52亿元人民币。本年共3个项目获清洁基金授予"中国清洁发展机制基金支持项目"。组织开展清洁发展委托贷款项目案例编写工作,全面回顾前期获得贷款的5个项目。组织开展2015年结项项目的绩效评价工作,聘请社会中介机构参与,评价报告上报基金中心。

【全面加强处室建设】深入学习财经工作纪律,强化处室内部制度建设,加强对薄弱领域和关键环节权力运行的风险防范,落实内部控制操作规程。结合处室干部工作和思想情况,处室领导日常巡查全处效能建设和工作开展情况,定期与全处干部开展谈心活动,集中开展批评与自我批评。

【推进"两学一做"学习教育活动】落实开展"管党治党宽松软问题"专项治理工作要求,扎实开展自查工作,进一步增强"四个意识"。针对党员干部少、非党干部多的队伍现状,要求全处干部积极参与,主动融入,按照"两学一做"学习教育活动相关要求,树立"讲看齐、见行动"意识,认真学习党的规章制度、习总书记系列讲话精神等,把所学所思贯彻到国际金融组织贷款和清洁委托贷款项目管理日常工作中,以优秀党员标准严格要求自己,不断提升修养,持续锤炼作风,积极提升业务能力。

(国际处供稿)

农村财政管理局工作概述

【概况】2016年,农村局以"两学一做"学习教育为统领,按照财政厅党组决策部署,贯彻落实财政支农政策,推进农村财政管理创新,大力宣传典型经验做法,实现党的建设与业务工作同落实、同提升,为财政"三农"发展、农民增收致富做出积极贡献,获财政厅年度综合考核先进单位。

【落实惠农补贴"一卡通"】围绕农业"三项补贴"合并改革,下发3份文件,督促市县落实"农业支持保护补贴"改革政策,保障政策平稳有序推进、资金及时安全发放。全省本年累计打卡发放"农业支持保护补贴"73.7亿元,未出现一例因发放不及时、不准确引起的信访等问题。增加"一卡通"发放系统"贫困户"识别信息,甄别103.3万贫困户,实行与建档立卡数据同步更新,保障贫困补助资金精准发放到户。抽调人员参加财政厅脱贫攻坚办公室日常工作,开展财政支持脱贫攻坚工作专项检查,形成问题深入具体、建议切实可行的专题督查报告。结合农村人口流动性强等现象,更新"一卡通"系统基础信息13项、79.2万条;加强惠农补贴发放数据即时性管理,实现财政厅与代发银行发放系统数据有效对接;结合绩效评价、专题调研,推动县乡财政开展补贴政策宣传,推进政策资金公开,广泛接受监督,切实维护农民群众权益;按照补贴项目类别和资金比重,对30大类补贴项目进行分析对比,加强"一卡通"发放数据分析应用。

【推进监管方式创新】以推动乡镇预算资金、惠农补贴资金、项目资金、村级资金等涉农资金信息公开为重点,选择9个市、10个县区开展涉农资金信息公开专题调研,制定出台《关于推进乡镇涉农资金信息公开的实施意见》,填补制度"空白"、补齐制度"短版"。开通建立"安徽财政三农"微信公众号,半年发布支农政策等信息90多条。筛选12条涉及教育文化、社会保障、农业发展、民生工程等重点项目资金,通过省级指导、市级督促、县区抽查巡查、乡镇跟踪监管的方式,探索建立涉农资金的源头控管机制。全年汇集整理基层反映的资金监管问题信息380余条、意见建议信息270余条,分类反馈涉农处室,为其了解资金项目在基层落实情况提供第一手信息。建立省级联系点工作制度,选择24个财政所作为省级联系点,采取"订单制"与"申报制"、定期报送与走访调研相结合等方式,及时了解掌握基层在落实财政政策、加强资金监管、服务改善民生、支持"三农"发展等情况,提高工作指导、政策制定的针对性和有效性。各联系点共报送监管信息及问题建议122条,形成财政支农政策"落地效果、问题反馈"的互动机制。

【提升乡镇财政服务水平】深入开展省级指导、市级督促、县级主体、乡镇实施的服务型乡镇财政所创建工作,激发乡镇财政工作活力,提升乡镇财政服务能力,进一步发挥乡镇财政在支农政策落实、服务改善民生等方面的"助推器"作用。本年对全省创建工作突出、取得优异成绩的167个乡镇财政所(分局)通报表扬。深入推进乡镇财政权力、责任和服务"三个清单"制度落实,促进基层财政依法行政、依法理财、提升服务。推进落实乡镇财政财务互审制度,提升财政财务管理水平。深入实施包村干部监管涉农资金工作机制,形成就地就近监管合力。举办全省农村财政管理业务培训班,对市、县两级175名管理人员进行集中培训。协助举办3期乡镇财政所长培训班,对450余名所长进行财政扶贫资金监管政策专题讲解。开展惠农"一卡通"软件培训,分期培训170余人。按照财政部要求,完成1258个乡镇财政基本信息编报工作。

【提升管理绩效】加强信息宣传,《安徽日报》《中国财经报》等主流媒体先后6次宣传农村财政管理工作典型经验做法。省政府采用信息2条,其中,"我省构建惠民资金立体式公开机制,积极打造'阳光财政'"的典型做法,被省政府办公厅采用,并作经验介绍。开展2015年度乡镇财政资金监管和惠农补贴资金"两个绩效评价",促进乡镇提升财政资金监管水平和质量。建立资金监管绩效正向激励机制,通报绩效评价结果,并与以奖代补经费挂钩。修订、完善《乡镇财政资金监管工作绩效评价暂行办法》和《安徽省惠农补贴资金管理发放绩效评价办法(试行)》,制定《安徽省财政厅关于推进乡镇涉农资金信息公开的实施意见》《农村局内控操作规程》。建立农村财政工作信息上报制度,收到市、县、乡镇报送的各类信息200多条。

【推进作风建设】围绕"两学一做"学习教育,坚持"三会一课"制度,认真召开民主生活会,开展批评与自我批评,推进学思结合、知行合一,强化"四个自信",筑牢"四个意识"特别是核心意识、看齐意识。全年集中学习77次,学习厅党组书记推荐阅读文章57篇,累计开展专题学习研讨14次、形成综述14篇,党员干部累计撰写发言材料或心得体会20篇,其中:支部建立的"党建园地"、"每周一课"和支部书记领学制度、基层财政问题清单制度等,得到厅"两学一做"办公室肯定和表扬。坚持改进作风,深入基层调查研究,完成调研报告8篇,其中,在市、县调研基础上形成的"全省村级财务监管现状分析"课题报告,得到财政厅领导肯定;"省财政构建惠民资金公开机制情况介绍"、"2016年上半年惠农扶贫领域预防职务犯罪工作情况总结报告"作为财政厅对外经验交流材料。承办省"两会"建议提案4件,主办的省政协农工党"关于加强乡镇财政管理"的提案,办理过程和结果均非常满意。及时办结来信来访14件;积极开展帮联和进社区活动,先后赴利辛县程杨村、颍东区吴寨村、合肥市双岗虹桥社区等开展活动,走村入户,慰问群众。加强廉政效能建设,履行"一岗双责",强化警示教育,推行廉政承诺,严格执行内控操作规程,始终把纪律和规矩挺在前面。建立内部效能巡查制度,定期巡查,抓在日常,严在经常。严格执行机关效能建设规定,年度全局人员未发生违反效能建设规定行为。

(农村局供稿　朱乐磊)

会计处工作概述

【概况】2016年,会计处围绕建设"五大发展"美好安徽和财政中心工作,全面落实全国会计管理工作会议精神,以会计管理工作转型为抓手,进一步理清思路,全面拉升标杆,坚持一心一意谋发展、聚精会神抓党建,推动实现财政会计管理"十三五"规划良好开局。

【做好会计准则制度服务】加强会计准则制度的宣传培训,会同省财政干部教育中心联合举办政府会计准则制度培训班,邀请财政部会计司领导授课,省直100多家部门单位和16个市级会计管理部门负责人共计150余人参加培训,促进《政府会计准则——基本准则》及后续相关准则、制度有效贯彻实施。服务供给侧结构性改革,贯彻落实《规范"三去一降一补"有关业务的会计处理规定》(财会〔2016〕17号)和《增值税会计处理规定》(财会〔2016〕22号),会同省国资委和财政厅相关处室妥善处理涉及企业兼并重组、债务处理、政府补助、破产清算、增值税缴纳等会计处理问题。积极做好新颁布准则制度配套、衔接、完善,会商省档案局下发《关于新旧〈会计档案管理办法〉有关衔接规定的通知》(财会〔2016〕397号),确保新《会计档案管理办法》有效实施,实现新旧办法平稳过渡;贯彻财政部80号令《代理记账管理办法》,修订《安徽省代理记账管理实施办法》。积极组织参与财政部《会计法》修订问卷调查;组织参与财政部《小型企业内部控制规范(征求意见稿)》《企业产品成本核算制度—煤炭行业(征求意见稿)》《企业会计准则制度》等新制度制定工作。

【推进行政事业单位内部控制建设】会商省监察厅、省审计厅,在全国率先联合印发《安徽省全面推进行政事业单位内部控制建设实施意见》(财会〔2016〕212号)。成立安徽省行政事业单位内部控制基础性评价工作领导小组,部署开展全省行政事业单位内部控制基础性评价工作,各相关处室通过开展会商、对口指导、总结案例等方式积极推进基础性评价工作,省直一级预算单位全部开展基础性评价工作并报送部门工作总结。

【推动管理会计应用研究落地】充分发挥“产学研”合作平台作用,政府搭台,牵线省内重点院校和相关企事业单位,以咨询管理、人才培养、案例研究为切入点,推进高校与企事业单位的战略合作,通过示范引领、人才带动、全力服务于企业经营管理,完成“一带一路”周边国家会计政策研究,服务安徽省经济转型升级。加强管理会计体系建设,积极宣传普及管理会计知识,提高企业管理水平和创新能力,增强核心竞争力和价值创造力。全年向企事业单位征集管理会计案例15件,上报财政部11件。5月,同《中国会计报》与中国会计学会组织“管理会计之中国实践”系列活动走进安徽,为管理会计体系建设献计献策,引起业界广泛关注。

【促进会计中介机构健康发展】根据《安徽省人民政府关于“先照后证”改革后加强事中事后监管的实施意见》,依照“谁审批、谁监管,谁主管、谁监管”原则,制定《安徽省会计师事务所及其分支设立审批事中事后监管方案》。按照国家统一部署,贯彻落实《安徽省财政厅行政许可和行政处罚等信用信息公示工作方案》,依据权责清单目录中确定的会计师事务所设立审批事项,做好“双公示”工作。配合有关部门做好会计中介机构社会信用体系建设。与省档案局联合转发财政部 国家档案局《会计师事务所审计档案管理办法》,规范会计师事务所审计档案管理。做好2015年度会计师事务所基本信息报备工作。据统计,2015年度全省会计师事务所计233家,其中分所28家,业务收入103630万元,较上年增长13.7%。做好全国代理记账机构管理系统上线运行管理培训等工作。截至2015年底,全省代理记账机构821家,年度业务收入11268万元,较2014年增长47%。

【推动会计人才结构优化】做好会计从业资格考试常态化考试工作,调整优化人员管理系统,新增异地领证、会计人员基础信息查询、二次换证、证书撤销等功能,方便考生就近领证;不断完善考试报名软件,为防止考试作弊行为提供技术保障;全年全省共28.3万名考生参加考试。开展年度高级会计师评审工作,与人力资源和社会保障厅通力合作,制发《安徽省会计专业高级专业技术资格评审标准条件》(财会〔2016〕1203号),完善安徽省会计专业技术人才选拔培养评价体系。本年共9名正高级会计师和309名副高级会计师获得评定。做好会计专业技术资格初、中、高级考试组织工作。2016年度会计专业技术资格无纸化考试报名人数共计112075人,实考63914人,实考率57.03%。其中初级报名76408人,中级35667人;初级合格率35.55%,中级合格率18.58%。组织开展全省大中型企事业单位总会计师素质提升工程培训,共举办五期,培训240人次,其中,有10名省直单位财务负责人参加培训。优化会计人员继续教育管理,建立学员监督和第三方专家评审工作机制,抽调社会力量对8家网络培训机构进行量化考评,实时监管培训市场,确保办学质量,规范继续教育培训市场;全省参加继续教育学习的会计人员267623人,培训率42%。

【打造优质高效服务窗口】下发《关于规范和加强会计业务管理有关问题的通知》(财会〔2016〕23号),在全省范围内开展规范服务流程,公开办事程序,规范会计业务办理和加强面授培训机构监管专项治理活动,充分利用门户网站、会计工作QQ群和微信群,开展多种形式宣传检查活动,努力营造全省风清气正的会计管理服务氛围;利用财政厅门户网站管理平台,做好政策发布、典型宣传、答疑解惑,全年回复信箱咨询1850条、厅长信箱提问11条,回复电话咨询3000余次。推动“放管服”改革,鼓励省辖市财政部门将代理记账审批权限下放到县区,取消代理记账机构审批结果备案制,下放省级会计从业资格审批和服务项目到市县。管理方式从重事前审批向重事中事后监管转变,在建立权力清单和责任清单基础上,着力优化提升清单运行,动态调整清单内容,加强清单运行评估,梳理建立会计类公共服务事项清单,巩固和扩大清单制度建设成果。推进商事制度改革,全面落实“先照后证”改革任务,制订事中事后监管细则,依托代理记账机构管理平台和企业信用信息公示平台,强化后续监管。改进会计从业资格管理软件,规范会计业务办事程序,促进服务窗口和后台业务有序对接,创新会计服务方式,推进“互联网+政务服务”,让“数据多跑路、群众少跑腿”。强化会计宣传,积极宣传《会计法》等法律法规和规章制度,普及会计法律法规知识,引导各类单位和会计人员依法开展会计工作;通过《安徽日报》《中国会计报》、安徽会计网以及和继续教育网络平台,及时发布各类会计信息和地方会计管理工作动态;丰富教学内容,体现安徽本土特色,将安徽财政改革发展情况制成系列视频供学员学习,强化广大会计人员大局意识和财政财务一体化理念;实行会计工作宣传联络员制度、宣传文稿审核报送制度、定期通报考核制度,强化新闻宣传责任,有效扩大安徽会计工作的影响力和知晓度。2016 年度,《中国财经报》授予安徽省会计新闻宣传工作先进单位。

(会计处供稿)

行政事业国有资产管理处工作概述

【概况】2016 年,行政事业单位国有资产管理工作以全国和全省财政工作会议精神为指导,围绕财政中心工作和行政事业国有资产管理面临的新常态,不断强化财政部门、主管部门、行政事业单位的监督管理责任,着力加强资产配置、使用、处置、评估、收益管理,积极构建资产管理新体系和新机制,全面提升全省行政事业国有资产管理水平。

【开展全省行政事业单位资产清查】根据财政部统一部署,于 2016 年 3—10 月对 112 家省直部门和 16 个地市所属的 32577 家行政事业单位和有关机构开展国有资产清查工作。截至 2015 年 12 月 31 日,全省行政事业单位资产账面数为 5477.1 亿元,清查增加 91.7 亿元,清查减少 81.5 亿元,资产清查数 5487.3 亿元,清查数比账面数多 10.2 亿元。针对此次清查中发现的问题,采取多项举措全面加强和规范全省行政事业单位国有资产管理工作。

【完成事业单位及其所办企业国有资产产权登记】根据财政部要求,通过组织培训、规范填报、严格审查、统计汇总等环节的深入推进,在全省范围内完成了事业单位及其所办企业国有资产产权登记工作。通过开展产权登记工作,进一步摸清家底,强化产权意识,明晰产权关系,为推进事业单位改革和强化事业单位国有资产管理奠定了良好的基础。

【创新行政事业资产日常监管方式】进一步探索资产管理与预算管理相结合的机制,优化新增资产配置管理流程,将资产配置管理纳入预算管理流程中,严把资产配置“入口关”。从严审批行政事业单位资产出租出借、处置及对外投资行为,规范具体操作程序,引入第三方平台,创新资产处置方式。进一步规范行政事业单位国有资产出租出借、处置、对外投资等收益管理,在省直单位全面推行资产出租收入监缴新模式。全年办理房产出租批复 51 份,出租房产面积 217163.77 平方米;办理资产处置批复 94 份,处置资产账面原值 30100.13 万元;办理事业单位对外投资 2 份,对外投资金额 517.99 万元;省直行政单位共上缴资产出租收入 9967 万元,资产处置收入 32819 万元,省直事业单位共上缴资产出租收入 31559 万元,资产处置收入 25495 万元。

【规范国有资产评估和评估行业管理】认真做好《资产评估法》出台后相关衔接工作,重点规范资产评估机构设立审批和业务报备。探索建立国有资产评估项目核准和备案前置性审核机制,规范审批流程,防范审批风险,做实做细评估项目核准和备案管理工作。会同省评协开展 2016 年评估机构执业质量检查工作,妥善处理涉及评估工作相关的信访和投诉。

【完善行政事业资产管理制度体系】配合财政部做好《行政事业单位资产管理条例》调研工作和《资产评估行业监督管理办法》立法论证工作,转发财政部《关于进一步规范和加强行政事业单位国有资产管理的指导意见》《关于印发〈行政事业单位资产清查核实管理办法〉的通知》,印发《安徽省省直行政事业单位国有资产处置监督管理暂行办法》,规范国有资产处置交易行为,推动行政事业单位资产管理规范化、制度化。

【聚焦党建发挥核心引领作用】开展“两学一做”学习教育 89 次,其中集中学习 62 次,专题党课 3 次,专题研讨 12 次,“三会一课”及组织生活会 5 次,支部活动 7 次,处室 5 名党员均按要求进行个人自学并撰写个人学习体会。积极配合牵头处室开展结对共建工作,组织党员进社区开展志愿服务,密切与基层联系,使党员干部受教育。积极开展会商,加强与省直部门单位、厅内相关处室局的沟通协调,共开展会商 52 次,联系基层 42 次。认真贯彻落实省纪委、监察厅、财政厅党组部署的党风廉政建设和反腐败工作任务,坚持从源头上预防和治理腐败,深入开展学习党章、遵守党章以及反腐倡廉、廉洁自律等主题教育活动,增强党员干部勤政廉政意识,提高拒腐防变能力。落实“一岗双责”,严格落实三会一课制度,注重建立党建任务清单和工作台账,规范支部学习、党建活动等工作记录，并实行专人负责、专人管理。认真开展专题研讨和党章、党规、系列讲话知识测试，积极参加革命传统教育和警示教育，创新方式讲党课，开展“亮身份、作承诺、当先锋、树形象”等专项活动。积极开展党组织关系排查，严肃党费缴纳，及时开展党支部选举工作。

（资产处供稿）

国有资本经营预算处工作概述

【概况】2016年，国有资本经营预算处认真贯彻落实党的十八届三中、四中、五中、六中全会以及习近平总书记系列重要讲话精神，特别是习总书记视察安徽重要讲话精神，深入开展“两学一做”学习教育，坚持改革创新，积极践行五大发展理念，较好完成年度各项工作任务。

【推进国资预算制度改革】牵头承担2项省委改革任务，主动加强与相关部门的沟通协调，认真谋划改革举措，细化任务分解，强化责任落实。建立健全改革台账管理制度，扎实做好工作台账、改革进展情况报送等基础工作。注重改革信息宣传，认真落实“三察三单”制度，提前完成全年改革任务。积极完善国有资本收益收取政策，本着“切合实际、稳步提高”的原则，报经省政府同意，明确从本年起，将省属企业资本收益上交比例提高到18%，进一步规范省属企业收入分配行为。强化政策执行监督，主动赴省属企业调研会商，督促指导相关企业严格按规定的上交比例，及时申报上缴收益。据统计，收益上交比例提高3个百分点，增加国有资本收益近2亿元。推进国资预算与一般公共预算的统筹协调，完善国有资本经营预算支出管理制度，推动建立国有资本经营预算调入一般公共预算的长效机制，促进财政资金统筹使用。经省人大批准，在年初国资预算安排2.8亿元资金调入一般公共预算的基础上，结合全年国有资本收益入库情况，将超收收入0.8亿元又调入一般公共预算，加大调入力度。全年累计调入一般公共预算资金3.6亿元，占本年国资预算收入总额的19%，推动国有资本收益更多用于保障和改善民生。

【严格国资预算收支管理】加强国有资本经营预算编制管理，加强预算收支审核，认真编报2016年省级国资预算草案，做好国资预算的解释说明和对外公开工作，将年度国资预算批复相关部门和省属企业，明确年度收支目标，强化预算约束。2016年省级国资预算收入15.2亿元，上年结转收入3.6亿元，安排预算支出18.8亿元，支出较上年增长52%。强化国有资本收益征管，研究下发国有资本收益申报通知，明确收益上交比例、申报程序等，严把收益审核关。加强收入预期管理，主动与省国资委、省属企业联系会商，督促省属企业及时足额上交收益。8月底前基本完成全年收入任务，收益入库进度快于往年。全年累计收缴资本收益19.46亿元，比年初预算15.21亿元超收4.25亿元，较上年增长23.7%。加强支出预算执行管理，落实省政府“三煤一钢”化解过剩产能会议精神，督促企业提前做好项目谋划，及时拨付淮北矿业、马钢集团等企业项目资金，加快推进项目实施。全年累计拨付资金15.9亿元，支持重大基础设施建设，帮助省属企业妥善解决历史遗留问题，促进省属企业改革重组、转型升级。

【提高预算支出管理水平】加强收支政策研究，主动与省委宣传部、省国资委等部门联系会商，围绕收益上交基数的核定、上交比例的确定等问题深入研究，完善收益收取政策。开展财政重点课题调研，形成《地方国有资本经营预算收支管理研究》《关于省属企业人才队伍建设情况的调研报告》，为推进改革建言献策。落实推进供给侧结构性改革以及深化国资国企改革意见精神，会同省国资委等部门，研究明确未来三年国资预算优先用于省属企业剥离办社会职能和解决历史遗留问题，调整优化支出结构。会同企业处研究省属企业“三供一业”支持政策，发挥国资预算引导带动作用。科学谋划2017年国资预算，部署2017年国资预算及国有资本经营三年收支规划编制工作，统筹安排收入规模和支出结构，突出支持重点。优先安排资金设立省属企业改革发展基金，支持省属企业“三供一业”分离移交以及省政府确定的重点工程和重大项目。坚持公开透明，细化预算编制，将符合预算支持方向的重点项目纳入项目库管理，不断提高预算编制精细化水平。加强地市国资预算工作督促指导，完成全省2015年国资决算和2016年国资预算汇总编制工作，并如期上报财政部。加强地市国资预算工作的指导，总结通报全省国有资本经营预（决）算编报情况，进一步规范全省国资预算编制和执行管理。

【规范预算资金使用行为】加强与审计部门的沟通联系,积极配合做好国资预算执行情况的审计工作。针对审计提出的问题和意见建议,认真研究分析,主动上门报告,及时反馈意见,并督促指导相关单位积极整改落实。加强预算资金监督检查,积极会同投资评审中心,组织开展对2015年国资预算支出重点项目的绩效评价,强化绩效目标管理。通过委托中介机构开展第三方评价,促进评价规范有序和客观公正,加强对绩效评价结果的分析应用,推进绩效评价结果同预算资金安排挂钩。坚持把完善内控制度与规范处室业务流程、强化廉政风险防控紧密结合起来,修改完善《国资预算处内部控制操作规程》,明确各项业务工作流程、防控目标和措施。组织开展自查自纠,选取重点业务进行穿行测试,不断强化对权力运行的监督制约。认真办理人大建议和政协提案,召开专题会议认真分析建议和提案内容,严格按规定程序办理。主动加强与代表委员的沟通联系,通过走访代表委员、召开座谈会等方式,认真做好解释和答复工作,争取代表委员的理解和支持,切实提高建议提案的办理质量。

【提升支部党建工作水平】推进"两学一做"学习教育,落实政治理论学习制度,组织学习贯彻党的十八届五中、六中全会以及习近平总书记系列重要讲话精神,传达学习省委省政府、财政厅党组重要文件和会议要求,把握正确思想导向。注重学研结合,围绕厅党组中心组理论学习专题,开展专题学习研讨,交流心得体会,深化学习教育成果。落实党建工作责任,规范支部学习、支部工作档案等基础工作,建立健全党建工作机制。落实"三会一课"制度,支部书记带头上党课,普通党员联系实际谈体会,全处同志自觉把党章党规和习近平系列讲话要求转化为实际行动。开展党费自查,组织党员按时足额补缴党费,切实履行党员义务。认真履行全面从严治党要求,积极参加反腐倡廉警示教育活动,强化从政道德和党纪党规教育。建立健全支部廉政档案,落实廉政谈话制度,处室主要负责人对每位同志进行廉政教育谈话。结合处内人员变动和分工调整,重新排查岗位廉政风险点,落实内控管理的各项工作要求。传达省纪委、省效能办要求,通报违反机关效能建设典型案例,引导全处干部在思想上重视作风建设。对照巡视整改意见和四个专项整治活动要求,梳理查找自身存在的薄弱环节,分析原因,完善举措,及时整改。配合牵头处室推进城乡基层党组织结对共建、定点帮扶工作,精心开展走访慰问、在职党员进社区服务活动,进一步增强党员干部的宗旨意识和服务意识。

(国有资本经营预算处供稿)

监督检查局工作概述

【概况】2016年,监督检查局学习贯彻落实党的十八大及十八届五中、六中全会和习近平总书记系列重要讲话精神,深入开展"两学一做"学习教育,贯彻执行新《预算法》《安徽省财政监督条例》等法规制度,较好完成各项监督检查工作任务。

【开展"小金库"专项整治】根据省委省政府决策部署和省委巡视整改办要求,监督局按照财政厅党组安排,牵头负责开展"小金库"专项整治工作,实行挂图作战,组织全省111个省直部门单位和16个市开展自查,自查面100%。省本级组成4个重点检查组,对12户单位开展重点检查。专项整治共发现"小金库"174个,涉及金额6811.97万元,收回资金4143.34万元,责任追究42人。起草《关于全面构建"小金库"防治长效机制的意见》,由省委办公厅、省政府办公厅联合下发。通过专项整治,进一步增强严肃财经纪律的意识,基本遏制"小金库"禁而不绝的问题,初步建立长效机制。

【开展非税收入检查】2016年10月,根据财政部要求,监督局在全省范围内组织开展非税收入收缴情况专项检查。成立由财政厅副厅长孟照红任组长的检查领导小组,加强上下沟通,强化对市县指导,全省同步推进。按照"下查一级"的原则,省本级派出4个检查组,对除财政部监督局直接组织检查的合肥市、淮南市、芜湖市之外的各市本级及广德县、宿松县开展检查。重点对公安罚没收入、土地出让价款收入、非经营性国有资产收入三个项级科目开展全省统一检查。通过检查,发现部分地方存在未及时缴库、违规缓征、缴纳义务人欠缴等问题,提出规范非税收缴管理、规范非税票据管理、加大执收单位指导、加强非税预算管理等意见建议,推动建立健全非税收入征管的长效机制,提高非税收入征管水平。

【创新开展会计监督检查】制定出台《安徽省非证券资格会计师事务所行政监督分类暂行办法》,对风险不同的会计师事务所试行分类监管，做到精准高效。开展会计师事务所监管，采取全面自查、市县财政部门抽查督导和省厅重点检查相结合方式开展。贯彻国务院“双随机一公开”的要求，利用财政部开发的“会计监督检查管理系统”随机选取开展检查的50户会计师事务所。首次参加财政部组织的对证券资格会计师事务所进行的联合检查。按照财政部要求，共抽选7户业务项目报告开展现场检查，并延伸检查2户企业（同时纳入省本级会计信息质量检查范围）。依法依规处理处罚23户，其中处罚事务所5户、处罚注册会计师3名，下达关注函7户，谈话提醒11户。对事务所变更事项登记、注册会计师社保缴纳方面存在的问题依法进行处理。财政厅2016年会计监督工作获得财政部通报表扬。

【持续开展地方预决算公开情况专项检查】贯彻落实中央领导重要批示精神，推进安徽省预决算公开工作，根据财政部统一安排，于2016年12月份起在全省范围开展2015年决算与2016年预算公开情况专项检查。采取在线检查和实地抽查相结合的方式，重点对全省各级政府与部门预决算公开的及时性、完整性、真实性与细化程度等方面开展检查。同时，做好配合财政部专员办检查省本级及抽查两个市与两个县的相关工作。检查发现，市级预决算公开情况较好，县级少数部门仍然存在公开内容细化程度不够、公开内容不完整、公开方式不符合要求等共性问题，对此，监督局提出加强宣传力度、完善公开形式、优化检查软件功能等意见建议，促进本省持续推进预算决算公开工作。

【开展内部审计】根据财政厅党组部署和2016年内部监督检查工作安排，对农发局等9家厅属单位，对安徽省财政学会、安徽省珠算协会等5家协会学会开展内部监督检查。按照厅人教处工作安排，对预算处、税政条法处等9位处室单位主要负责人开展离任经济责任审计工作。

【有序推进内部控制建设】财政厅内控委审议通过各处室单位内部控制操作规程，并印制成册，自2016年5月1日起正式实施。11月上中旬，组织各处室单位全面自查内控建设情况。11月底，安排部分处室在“财政内控与法治财政建设”专题理论学习会上研讨交流。12月初，财政厅内控委召开会议，听取全年内控工作汇报，对内控工作给予充分肯定。加强对市县督导，印发《安徽省财政厅关于加强财政内部控制工作的通知》（财监〔2016〕39号）至各市、县（区）财政局，对全省财政系统的内控建设工作提出具体要求。

【认真做好信访举报查办工作】认真处理人民群众举报及来信来访的案件，做到“件件有交待、事事有着落”。共受理针对会计师事务所的举报信6件，多次与财政厅办公室、举报人协调沟通，认真办理举报反映事项。结合“小金库”专项治理工作要求，在财政厅门户网站公布举报电话、邮政信箱及电子信箱，受理社会各界和群众举报。专项整治工作期间，共受理11件社会各界与人民群众的反映和举报。“小金库”专项整治工作结束后，确保举报受理通道继续畅通。

【进一步加强党支部建设】学习贯彻党的十八届六中全会精神，促进全局干部职工深刻理解和准确把握党中央全面从严治党的重大部署。扎实开展“两学一做”学习教育，制定支部学习教育计划和党员行动计划表，组织集中学习18次，专题研讨10次，开展党员活动，创新方式讲党课。加强党风廉政建设，组织全局党员干部认真学习贯彻《中国共产党廉洁自律准则》与《中国共产党纪律处分条例》，观看财政部反腐倡廉建设内部警示教育片，赴巢湖监狱接受警示教育，引导全局干部在监督检查工作中规范执法行为，严守检查纪律，杜绝利益交换，抵制不正之风。开展“管党治党宽松软问题”专项治理，查出4类问题，研究提出6项措施，制定完善支部问题清单、措施清单和责任清单。组织召开全省财政监督与内部控制培训班，组织全局干部参加安徽干部在线教育学习，有效促进提升执法水平，增强服务意识，夯实效能建设基础。

（监督检查局供稿　周游）

政府采购处工作概述

【概况】2016年，政府采购处围绕中心、锐意改革，强化监督管理，规范采购行为，提高采购效率，各项工作稳步推进并取得显著成效。全省政府采购规模856亿元，其中省本级采购规模59亿元，圆满完成年初制定的各项目标任务。

【大力推进政府采购制度建设】积极开展制度建设调研，严格按照规范性文件制定审查程序，先后制定印发《省级2016—2017年政府集中采购目录及政府采购限额标准》《安徽省政府采购监督管理办法》等制度。根据财政部有关文件要求,印发《关于加强政府采购活动内部控制管理的通知》。与监管办联合制定印发《关于进一步加强省级政府采购项目合同履约验收工作的通知》《关于加强省级政府采购项目需求管理工作的通知》等一系列制度和办法。积极组织开展政府采购制度清理工作,对本部门自2005年3月以后制定的公共资源交易有关规定进行全面清理,废止17件有关制度规定,保留36件有关制度规定;对2001年至2013年2月以省财政厅名义发布的有关政府采购政策的制度文件进行全面清理,清理失效性文件16件,保留12件;布置市县财政部门对近年制定的涉及公共资源交易、政府采购方面的制度规定进行清理;对涉及自主创新政策与提供政府采购优惠挂钩的规范性文件,再次开展清理工作,向社会公布继续有效、废止和失效的文件目录。

【全面加强政府采购监督管理】推进公共资源交易管理体制改革,贯彻落实国家发改委、财政部等14部委39号令《公共资源交易平台管理暂行办法》,以及省政府办公厅关于整合建立统一的公共资源交易平台实施方案的精神,全省各市县(区)政府采购项目全部进入当地公共资源交易中心执行,实现政府采购项目交易必进场、场外无交易的目标。依法处理政府采购投诉信访案件,省本级受理投诉案件20起,在税政条法处的支持下,下达15份投诉处理决定书,1份监督检查决定书;配合税政条法处处理政府采购投诉行政复议2起,行政诉讼1起,其中1起行政复议案件省政府法制办作出行政复议决定,维持省财政厅投诉处理决定,行政诉讼案件法院判决省财政厅一审胜诉。及时依法处理信访案件,受理通过厅长信箱及人民来信反映政府采购问题的信件10余份,均认真及时予以答复。加大违法违规行为处罚力度,调查7起违规违法行为,提出处理处罚意见,对其中2起严重违反政府采购法的供应商实施处罚,列入不良行为记录名单,禁止一年内参加政府采购活动。根据财政部统一部署,组织开展全省政府采购代理机构监督检查工作,印发《关于开展2016年全省政府采购代理机构监督检查工作的通知》,全省累计抽取116个项目(其中省级11个)进行检查,及时发现并确认代理机构存在146个问题,在甄别性质后,按照《政府采购法》等法律法规,各级财政部门依法对涉及的22家代理机构进行行政处理(其中省财政厅下达3份行政处理决定书),责令相关代理机构按照规定进行整改。

【充分发挥政府采购政策功能】坚持依法履行政府采购监管职责,充分发挥政府采购政策功能。严格执行强制或优先采购节能产品和环境标志产品采购制度,落实财政部、司法部《关于政府采购支持监狱企业发展有关问题的通知》,通过预留采购预算份额支持监狱企业发展。贯彻财政部、工业和信息化部《关于印发〈政府采购促进中小企业发展暂行办法〉的通知》精神,对中、小微型企业产品的价格给予一定比例的扣除,用扣除后的价格参与评审,全面落实政府采购促进中小企业发展“四个负面清单”制度(即差距清单、症结清单、整改清单、责任清单)。为缓解中小企业融资难、融资贵局面,面向全省开展政府采购信用融资及融资担保工作,积极落实《安徽省政府采购信用融资及融资担保工作方案》,通过“政采贷”发放贷款1.8亿元,缓解中小微企业融资难。

【努力提高政府采购服务水平】根据财政部简政放权要求,印发《关于简化优化省级预算单位变更政府采购方式和采购进口产品审批审核有关事宜的通知》,推行变更政府采购方式一揽子申报和批复,推行采购进口产品集中论证和统一报批,切实提高申报和审批审核工作效率。简化政府采购预算执行中采购资金调剂审核程序,贯彻落实省属高校、科研院所自行采购科研仪器设备,进口科研仪器设备采购由审核制改为备案制。贯彻落实财政部关于加强政府采购内部控制管理的指导意见,制定印发《加强政府采购内部控制管理的通知》,督促省级预算单位和各市县加强政府采购内部控制制度建设和内部控制管理,研究制定《政府采购处内部控制操作规程》,绘制风险防控流程图,制定内部控制风险事件应对机制预案,切实加强内部控制工作。完善省级批量集中采购管理,进一步扩大省级批量集中采购实施范围,全年实施两批次批量集中采购,批量集中采购合同金额达6000余万元,资金节约率超过20%。探索实施定点采购,在省级选择图书、审计事务、印刷等项目实行定点采购招标工作,省级设计服务等项目直接使用合肥公共资源交易中心定点库资源,受到采购人一致好评。推进政府采购信息化建设,完成政府采购管理系统升级改造,实现与财政一体化平台、政府采购管理系统、合肥交易中心平台的平稳对接。要求各地对照财政部《中国政府采购网发布数据接口规范》,实现采购信息系统自动推送至"安徽省政府采购网",本省在全国率先完成省本级及16个市数据接口改造。2016年,全省政府采购信息发布5.5万余条。研究推动政府采购领域应用电子商务,积极探索政府采购网上商城建设。全面完成2015年度全省政府采购信息统计工作并获财政部通报表扬。

【加强支部党建和处室内部管理】根据财政厅党组关于开展"两学一做"学习教育实施方案精神,制定支部学习教育计划,全年累计集中学习45次,开展专题研讨14次。组织全体党员深入学习党的十八届六中全会、习近平总书记系列讲话及省第十次党代会精神,及时传达厅党组理论学习中心组及厅长办公会议精神,建立学习台账,全年累计支部学习记录达5万多字。开展党费工作检查,按时补交党费。对全处党员组织关系一一排查,增补支部纪检委员。建立廉政档案,由专人登记、归档和保管,支部组织党员向支部汇报及支部书记与每位党员进行廉政谈话,组织党员赴金寨县开展革命传统教育和赴巢湖监狱接受警示教育等。防止违反效能行为发生,做"四讲四有"党员,全面杜绝"酒桌办公"。做好支部"管党治党宽松软问题"专项治理工作,制定专项治理工作计划,建立整改台账。开展"一个树牢、三个看齐"、"《关于新形势下党内政治生活的若干准则》和《中国共产党党内监督条例》"2个专题学习研讨,报送支部专题研讨综述和处级党员学习体会文章等。

(采购处供稿　侯洪玮)

农村综合改革处工作概述

【概况】2016年,综改处围绕省委、省政府中心工作和财政"三农"工作大局,坚持绩效导向,围绕中心,服务大局,着力补"短板",精准发力,圆满完成全年各项目标任务。

【支持脱贫攻坚】围绕脱贫攻坚工程,扎实推进一事一议财政奖补工作,推动农村地区村级公益事业建设。坚持整体投入不减少和资金、项目进一步向贫困地区倾斜。支持31个贫困县财政奖补资金10.7亿元,占中央和省级奖补资金的62%,并实现全省3000个贫困村财政奖补项目全覆盖。积极争取中央资金12.3亿元,落实省级资金5亿元,引导市县投入资金8.2亿元,全省合计投入25.5亿元,比上年增长11.5%,建成项目1.4万个,比上年增长2.5%。

【支持美丽乡村和村级组织建设】积极争取列入国家扶持村级集体经济发展、美丽乡村建设和农村公共服务运维等"三项"试点,分别争取中央资金3亿元、1.1亿元和2.9亿元,合计比上年增加2.8亿元,增长67%。充分发挥试点政策和资金的引领带动作用,将试点与中心工作结合,向民生聚焦。结合美丽乡村建设,从全省569个美丽乡村中心村中择优遴选300个村,开展国家扶持集体经济发展试点,投入试点资金10亿元,实现收益2111万元,带动村集体增收1105万元、农民增收1527万元。从全省569个美丽乡村中心村中遴选74个村,推进国家美丽乡村建设试点,落实中央财政资金1.1亿元,撬动投入5.4亿元,建成中心村基础设施项目230多个。在全省遴选38个试点县(区)开展农村公共服务运维试点,投入运维资金15.5亿元,统筹建立运维资金"蓄水池",将村级道路等20多个项目纳入运维范围,探索建立运维新机制。按照民生工程要求,落实农村基层党建与服务经费27.8亿元(其中,省级12.4亿元),比上年增加13.8亿元(省级增加2亿元),增长96.5%,保障全省1.5万多个行政村的正常运转和近10万名在职村干部报酬的正常发放。为近35万名离任村干部发放2016年离任村干部生活补助6.7亿元,人年均补助近2000元。

【探索农村发展新路径】积极争取列入国家建制镇示范试点,争取中央资金2.4亿元,支持长临河、古井、高沟、源潭等4个镇,利用国家建制镇示范试点政策,探索新型城镇化发展路径。积极争取列入国有农场分离办社会职能改革试点,争取中央财政资金4000万元,支持省农垦开展国有农场改革。利用国家扶持村级集体经济发展和农村公共服务运维两项试点,积极探索建立县乡政府主导、村级主体、因村制宜、分村扶持的村级集体经济政策支持体系,引领带动全省村级集体经济发展;探索建立"产权主体明晰,分类责任明确"的村级公共服务运维新机制等。

【推动支部和处室建设协同发展】坚持将支部建设、处室建设和党风廉政建设同安排、同部署。落实支部建设任务,围绕"两学一做"学习教育,先后开展"三会一课"等支部学习50余次、专题学习研讨30

余次,撰写学习心得和学习综述50余篇。根据“两学一做”学习教育和“管党治党宽松软”专项治理,先后查摆支部建设“宽、松、软”等方面的问题9个,落实整改措施21条,形成制度4条,并建立“问题清单、责任清单和整改落实清单”,建立健全支部建设长效机制。加强党风廉政建设,制定党风廉政建设工作计划,落实工作任务,签订责任书,切实履行“一岗双责”职责,抓好处领导班子和全体干部的党风廉政建设,先后开展党风廉政专题学习近20次、记录党风廉政建设台账20余条。进一步梳理岗位职责,修订和完善处室规范权力运行工作规则和流程图,把风险查找延伸到每个岗位和每个工作人员,形成覆盖全处各工作岗位和关键环节的廉政风险防控管理机制。加强处室业务建设,制定《2016年农村综合改革工作要点》和任务分解表,责任到人到岗,形成责任网络和任务清单。制定处室内部各项管理制度近20项,从日常工作、效能建设、业务规程等多方面、全角度加强处室建设。根据业务政策和工作流程,认真查摆一事一议财政奖补、农村综合改革试点、农村综合改革转移支付资金管理等方面存在的问题,列出“问题清单”和“整改清单”,要求各地积极整改落实,形成“措施清单”和“责任清单”,并实行销号管理,有效传导压力,确保工作取得实效。

【促进目标任务和工作绩效同步落实】先后制定出台《关于进一步做好建制镇示范试点工作的指导意见》《关于做好2016年国家美丽乡村建设和扶持村级集体经济发展试点工作的通知》等,制定一事一议财政奖补工作操作规程、扶持村级集体经济发展和农村公共服务运维清单等,指导基层做好各项重点工作。深入16个市、近40个县(区)80个乡镇村开展工作督查和调研,了解基层政策执行情况,查摆存在问题,听取基层意见建议等;并根据督查和调研情况列出问题清单,实行整改销号制,督促市县执行好、落实好政策。开展年度绩效考评,督查各地注重政策落实,加强资金使用管理,提升资金绩效。注重总结基层工作经验,形成典型措施100余条,印发各地学习;并通过《安徽财政信息》印发4期专辑、60余篇信息,其中被《报国办信息》《政务要情》《安徽信息》《特供信息》等采用8篇。

(综改处供稿)

民生工程办公室工作概述

【概况】2016年,民生办认真履行牵头管理职责,压实各级各部门责任,坚持序时精准调度,实时定向督导,落细落实落具体,圆满完成33项民生工程目标任务,人民群众幸福感和获得感显著提升。社情民意调查结果显示,民生工程群众满意度达87.5%,比上年提高1.2个百分点。在民生工程的带动下,农村生产生活条件有效改善,基本公共服务均等化水平逐步提升,民生热点难点问题得以缓解,党群干群关系更加密切,进一步巩固党的执政基础,开创政府得民心、群众得实惠的良好局面。

【及早部署落实】年初,省政府印发《关于2016年实施33项民生工程的通知》(皖政〔2016〕25号),部署2016年民生工程工作。2月份,出台《关于印发2016年33项民生工程实施办法的通知》(民生办〔2016〕1号)。完成省与市及有直接实施任务的省直单位民生工程目标责任书签订工作。贯彻落实全省财政视频会议、市财政局长座谈会议有关民生工程部署安排,督促省直单位及早下达计划,3月底前推动市县部署落实到位。

【强化资金保障】全省33项民生工程计划投入资金825.5亿元,全年累计投入资金825.5亿元,占年初计划筹资额的100%,较上年增长13.6%。其中,扶贫工作171.3亿元,三农工作85.6亿元,创业就业7.2亿元,社会保障403.4亿元,教育文化100.9亿元,其他城乡公共服务57.1亿元。省级采取预拨的方式提前将项目资金拨付市县,资金整体拨付进度快于上年同期,有力支持民生工程建设。

【精准序时调度】发挥《安徽民生工程》信息平台作用,加强在线调度交流。印发《关于科学精准调度做好灾后民生工程有关工作的通知》,抓好灾后民生工程建设。按月监测分析资金和进展,建立包保督导负责制,召开专题会和省直单位推进会,扎实开展民生工程“回头看”,各地落实整改措施63条,健全制度12项,推动各地保质保量完成任务。加强与省直主管部门的交流会商,全年累计会商省直部门62次。

【注重建后管养】全省各级财政预算安排民生工程管养资金18.5亿元,比上年增长24.6%,探索建立“政府主导安排、财政投入撬动、市场社会参与、人人主动尽责”的共建共享机制。强化市县管养主体责任，督促市县加强建后管理养护，硬化经费预算，创新管养举措，促进所有工程类项目发挥长久效益。

【加强考核评价】按照省政府目标管理绩效考核要求，健全可量化、可考核、可追责的绩效评价指标体系，加强民生工程考核，促进各地争先进位。每月在线公布项目完成情况清单，对项目完成进度分市动态考核。5—8月份组织组织第三方中介机构，对16个市开展农村危房改造等5个项目的第三方绩效评价。服务省人大常委会、省政协开展视察巡视，每季度联系会商特邀监督员，全年收集特邀监督员意见建议50多条。

【深化政策宣传】加强《安徽民生工程》网络信息平台建设，全年累计发布信息6000多条，平均每天更新信息17条，栏目总访问量超过250万次。加大报纸、电视、广播等传统媒体宣传力度，《人民日报》《安徽日报》《中国财经报》等媒体累计刊发省级民生工程信息71篇。通过“网上+墙上”强化信息公开，对民生工程政策、过程和结果进行网上公示，增强民生工程公信力，增加民生政策透明度。

【开展民调调查】会同省统计局社情民意调查中心研究制定《2016年民生工程社情民意调查方案》，11—12月份面向全省开展社情民意调查，完成对2016年民生工程满意度的调查工作，接受群众评价，进一步提升调查的科学性和精准度，访问城乡居民176372户，客观了解群众的反映和评价。

【夯实基础工作】5月份举办全省财政民生工程管理人员业务培训班，提升各级民生办工作人员业务水平。完善民生工程数据库，为精准推进实施工作夯实基础。制作“民生工程资金信息管理系统”操作视频，便于各地民生办工作人员了解操作流程，提高资金拨付情况报表报送工作效率。

【谋深谋细项目】从5月份起，及早启动2017年民生工程项目谋划，梳理省人大省政协视察巡视收集的意见，分析人大代表、政协委员有关建议提案以及民生工程特邀监督员反馈的意见，面向社会各界开展2017年民生工程项目网络公开征集活动，借鉴沪苏浙地区民生实事有关做法，形成2017年民生工程项目安排建议方案，专题征求省人大省政协意见，为省委、省政府提供决策参考。

【圆满完成任务】完成省委常委会工作要点“继续实施33项民生工程”任务。完成《政府工作报告》确立“巩固提升民生工程”任务。新增6项、提标6项执行到位，农村危房改造、农村饮水安全工程等7个项目提前完成任务，工程类项目全面完成，补助类项目资金据实足额发放，参保类项目报销补偿到位，33项民生工程整体进度明显快于上年。

【参与民生工作研究】形成《习近平总书记视察安徽重要讲话和指示精神有关保障改善民生落实情况的报告》，参与省委供给侧结构性改革落实情况调研督查。围绕省政府“发展为上、民生为本、脱贫为先、平安为基”四大板块目标，制定《民生工作研究报告范本》，参与撰写《民生工作研究报告》。贯彻落实省政府第85次常务会议精神，以民生工程为重要抓手，起草《关于扎实推进民生工作的意见》和《2017年全省民生工作要点》。

（民生办供稿）

人事教育处工作概述

【概况】2016年，人教处紧紧围绕全面从严治党总要求，认真履职尽责，勇于改革创新，着力在争做看齐表率、树立良好用人导向、健全完善制度、优化服务保障上下功夫。

【牵头开展“两学一做”学习教育】严格按照财政厅党组部署，协同有关处室单位，扎实推动全厅学习教育深入开展。财政厅党组认真履行主体责任，强化组织领导，精心谋划部署。财政厅主要负责同志坚持率先垂范，先后36次主持党组集体学习，以普通党员身份参加支部活动9次，带头交流发言13次，撰写体会文章8篇，推荐阅读文章38篇。财政厅领导班子成员积极带头，参加交流发言54次，参加支部活动68次，撰写体会文章43篇。各支部在厅党组的带动下，开展集中学习1457多次，研讨492次。全厅先后开展“亮身份、作承诺、当先锋、树形象”“学习先进典型，争当模范党员”“开门纳谏，转作风、提效能”“学讲话、强党性、转作风、提能力”和“争创先进党支部、争当优秀共产党员”活动。扎实开展讲党课活动，所有厅级干部和部分处级干部共计17人赴基层讲党课21堂，厅领导到所在支部和分管处室单位支部上党课8堂。开展全面巡查督导4次。向《安徽日报》、安徽网络广播电视台、安徽组工信息、安徽先锋网等主流新闻媒体报送信息近60篇。坚持把边学边改贯穿学习教育始终,采取多种途径查找问题并强化整改。通过开展学习教育,全厅干部的理想信念进一步坚定,"四个意识"更加牢固,"四个自信"更加确立,有力推动财政党建和财政业务各项工作。

【认真开展干部教育培训】积极适应建设"五大发展"美好安徽要求,突出党性修养、政策理论、业务法规、作风品行和廉洁自律等方面,精心谋划、认真组织开展财政干部教育培训,促进干部信念坚定、知识更新、能力提高和素质提升。开展领导干部培训,受省委组织部委托,成功举办财政改革与财政政策培训班,培训市县政府负责人 121 人;举办其他业务培训班 31 个,培训财政领导干部和预算单位有关人员 5519 人。统筹推动基层培训,培训乡镇财政干部 5036 人,农村财会人员 15182 人。圆满完成调学和在线学习任务,服务 33 人参加调学,组织 319 人参加在线学习和学分制申报,参学率和通过率均为 100%。省财政厅连续第六年获得全国财政干部教育培训工作先进单位称号。

【发挥厅党组选人用人参谋助手作用】牢固树立良好用人导向,着力营造"不要找"的财政风气和风清气正的政治生态。2016 年财政厅党组选拔任用干部 22 人,其中处室单位主要负责人 3 人、处室单位副职 5 人,进一步加强处室单位领导班子和干部队伍建设;交流轮岗干部 35 人,其中重要岗位干部 14 人,圆满完成年度计划,落实省委重要岗位干部交流轮岗全覆盖的要求。选派 8 名干部到新疆、金寨、临泉和省政务中心财政窗口等地挂职,安排 5 名科级干部内部挂职,不断拓展干部锻炼提高和建功立业的渠道。完成 6 名公务员的招录,做好 4 名军转干部的接收安置。始终坚持干部选拔使用纪检部门全程监督制度和干部选拔使用公示制度。认真开展领导干部个人有关事项报告工作,对拟提拔使用和随机抽查的 33 名干部进行重点抽查,并对不如实申报情形提请依规作出相应处理。扎实开展干部人事档案专项审核,共审核干部人事档案 349 卷。在干部选拔使用中,认真落实四项审查制度,即:领导职数"凡提必审"、干部档案"凡提必查"、个人有关事项报告"凡提必核"、干部党风廉政情况"凡提必听"。

【积极推动党风廉政建设】牢固树立严格监督就是厚爱的观念,进一步增强自觉接受监督的意识,坚持查问题堵漏洞,狠抓建章立制,不断扎紧制度的笼子,积极推动党风廉政建设。服务财政厅党组自身建设,提请财政厅党组制定、修订《厅党组工作规则》《厅党组及其成员职责清单》《厅党组坚持民主集中制实行集体领导和个人分工负责相结合制度实施办法》和《厅党组会议会前请假制度》,进一步明确党组职责范围、议事程序、决策原则和责任追究等内容,促进财政厅党组自身建设的强化。加强财政人教自身建设,提请出台《省财政厅处级干部选拔任用工作实施细则》,进一步明确民主推荐、组织考察、公示公告等各个环节详细的操作规程,提高干部选拔任用的透明度和公信力。提请出台《安徽省财政基层培训工作评估办法》《全省财政系统干部教育培训工作评估办法》《安徽省财政厅基层培训省级财政补助资金管理暂行办法》和《关于进一步加强参加调学管理工作的通知》,进一步细化干部教育培训工作评价指标体系,规范培训经费管理,严明干部调学纪律。落实支部党建主体责任和处室领导党风廉政建设"一岗双责",扎实开展"两学一做"学习教育,深入学习贯彻习近平总书记系列重要讲话精神,全年开展支部学习 37 次,专题研讨 13 次,支部书记、副书记、普通党员共上党课 4 次,全处干部签订党风廉政建设责任书,细化完善处室内部控制操作规程,认真落实 AB 岗制度。

【全力做好服务保障】充分发挥财政人教职能,为财政相关工作提供服务,为财政干部干事创业增添动力。服务保障厅领导班子民主生活会,按照中央和省委统一部署,服务财政厅党组制定工作方案、深化学习研讨、广泛征求意见、开展谈心谈话、撰写发言提纲等各项会前准备工作,全力保障厅领导班子民主生活会成功召开。服务全厅重点工作,按照省委综合考核内容,仔细收集汇总,完善备查资料,周密协调安排,热情周到服务,圆满完成迎考任务,财政厅领导班子考核获得"好"等次。落实中央巡视组巡视整改"回头看"反馈意见,牵头开展行业协会、学会不规范问题和干部人事管理突出问题专项整治,完成专项整治各项任务。深入推进"放管服"改革,会同有关处室,提请确定财政厅 7 项公共服务和 3 项中介服务事项,针对财政厅权力事项,制定监管细则 14 项。服务保障干部职工,完成全厅 475 名干部的增资工作和 392 人次的工资晋级晋档,审核干部一次性奖励 363 人次,服务干部因公因私出国(境)11 人,请销假 267 人次。

(人教处供稿)

机关党委工作概述

【概况】2016 年,机关党委把做好党建工作作为最大成绩,认真落实财政厅党组的部署要求,履职尽责,主动作为,服务保障机关党建工作。在省委综合考核中,财政厅党建工作取得优异成绩,得到省委肯定。获评省直机关"先进机关党委"。

【加强理论武装】坚持在全力保障、积极参加财政厅党组集体学习、专家辅导、专题研讨中,强化自身学习,不断提升政治理论素养。认真落实、服务保障党组中心组理论学习会 26 次。开展践行"三严三实"要求、争当"四个自觉"模范,五大发展理念与财政支持供给侧改革,脱贫攻坚与财政精准扶贫,学习《党委会的工作方法》与推进厅党组建设和党支部建设,党章与财政党员干部理想信念,认真学习和严格遵守党章、坚守好财政共产党员岗位,认真学习廉洁自律准则、纪律处分条例、问责条例与财政党风廉政建设,调转促行动计划与财政职能履行,弘扬伟大长征精神、履行财政民生职责,财政内控与法治财政建设,"一个树牢、三个看齐",学习《准则》和《条例》等 12 个专题理论研讨学习,每个专题研讨交流材料汇编成册印发。组织党员干部参加党课教育、专题报告、集体学习、研讨交流、撰写心得体会文章、党章党规知识测试、革命传统教育和警示教育等活动,增强学习效果。深入学习贯彻习近平总书记视察安徽重要讲话、"七一"重要讲话和纪念红军长征胜利 80 周年重要讲话精神,以及党的十八届六中全会和省第十次党代会精神,及时制订财政厅党组学习贯彻工作计划,深入推进学习贯彻工作。建立日常政策文件学习贯彻制度,第一时间传达学习贯彻中央和省委的方针政策,以及财政厅党组的部署要求。先行学习、用心服务"党组书记推荐阅读"活动,配发厅长阅读感言,全年推荐 57 篇文章。

【加强组织建设】牵头制定《省财政厅党组关于深入推进全面从严治党的实施意见》和《机关党建工作要点》,细化分解任务,进一步落实党建工作"三个清单"要求。履行牵头机关党建工作职责,落实管党治党"宽松软"专项治理工作,汇总整理上报专项治理工作情况,服务保障厅党建工作领导小组会议 8 次。财政厅领导参加支部活动 61 次,人均达到 6 次以上。落实厅党组主要负责同志通报机关党建工作情况制度。按时组织召开财政厅直属机关党员代表大会,总结四年来机关党建工作,换届选举新一届机关党委、选举成立机关纪委。制定《关于基层党组织长期不换届专项整治工作实施方案》,按规定要求对换届工作进行自查。通报集中督查走访处室单位落实"一岗双责"情况。制定《党支部书记抓党建工作述职评议制度》,组织召开党支部书记抓党建工作述职评议会。落实走访党支部制度,组织 6 次走访,共走访 40 个处室单位,实现全厅党支部全覆盖。认真开展党员组织关系集中排查和党费自查补缴工作,组织党员足额补缴党费。积极筹备省财政厅庆祝中国共产党成立 95 周年大会,开展"七一"表彰活动,评选表彰 10 个先进党支部,49 名优秀共产党员;制作党员岗位廉政工作牌,发放佩戴党徽,强化党员意识。

【加强"双联系"工作】深入开展"机关联系基层、干部联系群众"工作,2 次集中组织处室单位赴结对共建村,召开联席会议 34 次,共同过组织生活 16 次,宣讲美好乡村建设、财政惠民政策 57 次,走访慰问困难党员群众 217 人,支付慰问金或物品数额 14.55万元,组织为民志愿服务活动 19 次,帮助共建村建设公益基础设施 17 项。扎实做好财政脱贫攻坚工作,履行牵头 8 家省直单位帮扶颍东区职责,服务召开定点扶贫工作座谈会 2 次,专题会议 7 次,财政厅领导走访调研吴寨村 11 次。牵头组织开展走访慰问和帮扶工作,修改完善帮扶责任人信息,财政厅领导和处室单位负责人登门与 99 户贫困户进行帮扶结对。全年共筹集 5.9 万元慰问 118 个贫困户。全国"扶贫日"动员干部职工捐款 31210 元,认领吴寨村扶贫项目 61 万元。积极组织在职党员到社区服务群众活动,通过开展政策宣传、环境整治、法律援助、信息咨询和慰问帮扶等志愿服务,展示财政为民良好形象。

【加强文明创建】积极参加第十一届安徽省文明单位和省直机关"三位一体"文明单位评选工作,推荐 2 个单位参加第十一届省文明单位评选、6 个单位获评省直机关文明单位、8 个处室获评省直机关文明处室。举办"时代楷模"高思杰同志先进事迹报告会,开展"青年岗位能手"评选表彰活动,对 42 名"青年岗位能手"进行表彰。邀请省直工委钱桂仑书记、省文明办贺懋燮主任作报告,指导财政党建工作。注重发挥财政厅工会、团委、妇委会的作用,持续开展慰问生活困难职工、离退休老同志和遗属、生病住院职工,积极参加省直机关各类体育文艺活动。

【加强自身建设】认真学习党章、《准则》《条例》等党内法规,赴巢湖监狱接受警示教育、观看财政部党风廉政建设警示教育片和反腐纪录片《永远在路上》,强化党员干部廉洁自律意识。深入开展《安徽省预防职务犯罪工作条例》学习宣传活动,筑牢拒腐防变的思想道德防线。落实厅党组《关于"管党治党宽松软问题"专项治理工作实施方案》,抓好管党治党宽松软专项整改。强化干部日常管理和监督,利用支部会和工作例会等时机,强调注意纪律、强调注意节约、强调注意形象、强调日常管理,做到抓早抓小抓常。组织党员干部签订党风廉政建设责任书,严格落实省政府"十个严禁"和省财政厅"十二个严禁"要求。认真执行《机关党委内部控制操作规程》,加强内部控制和监督制约。

(机关党委供稿)

驻省财政厅纪检组工作概述

【概况】2016年,驻省财政厅纪检组在省纪委直接领导和财政厅党组全力支持下,深入贯彻党的十八届五中、六中全会,十八届中央纪委五次、六次全会和省纪委九届六次、十届一次全会精神,聚焦主业主责,深入推进全面从严治党,强化监督执纪问责,财政党风廉洁建设和反腐败工作取得扎实成效。

【督促压紧压实主体责任】充分发挥财政厅党建工作领导小组职能作用,先后8次召开财政厅党建工作领导小组会议,加强对财政党建工作领导和统筹谋划。财政厅党组书记自觉落实第一责任,其他领导班子成员履行"一岗双责"。出台《省财政厅党组关于深入推进全面从严治党的实施意见》及其任务分解表,认真开展"从严落实机关党建责任推进年"活动。召开全省财政反腐倡廉建设工作视频会议,总结2015年财政反腐倡廉工作,部署2016年反腐倡廉工作任务。先后召开30次厅反腐倡廉建设领导小组会议,传达贯彻中纪委、省纪委部署和有关通报精神,专题研究反腐倡廉具体工作任务。印发《2016年省财政厅党风廉政建设和反腐败工作任务分解表》,明确83项反腐倡廉具体工作任务,各处室单位在年中和年底分别向财政厅党组和驻厅纪检组报告落实情况。

【抓常抓长加强学习教育】参加财政厅党组中心组理论学习会25次,认真学习党章党规党纪,组织学习贯彻中国共产党《廉洁自律准则》《纪律处分条例》《问责条例》《关于新形势下党内政治生活的若干准则》《党内监督条例》等党内法规的专题学习研讨,深入学习贯彻习近平总书记系列重要讲话特别是视察安徽重要讲话精神。对37个处室单位主要负责人分三类处室单位进行集体廉洁谈话,督促落实全面从严治党主体责任和"一岗双责",财政厅党组书记先后推荐全厅党员干部学习《习近平:倡导清清爽爽的同志关系》等文章57篇,教育引导党员干部树好"高线"、守住"底线"。开展党风廉洁教育"每月一课",在办公内网安排播放《千年包公》《永远在路上》等教育专题片5部,集体观看《财政部党风廉洁建设警示教育片》,并同时召开警示教育大会,用发生在财政系统的真实案例教育全厅党员干部。组织全厅及省担保集团620人参观巢湖监狱,听取服刑人员现身说法,观看监区生产区,收到较好教育效果。其工作做法和成效先后6次在省纪委网站登载。

【落细落小严格压实责任】签订《省财政厅2016年党风廉政建设责任书》,明确财政厅党组、财政厅主要负责人、驻厅纪检组、财政厅领导班子成员、处室单位主要负责人和党员干部个人的49条责任,首次实施全厅党员干部共同签字履责。把廉洁自律情况纳入厅内省管干部和处级干部年度述职述德述廉重要内容,并制定《安徽省财政厅处室单位主要负责人述责述廉和接受评议实施办法》,并确定从2016年度开始,组织全厅处室单位党支部书记进行述责述廉并接受评议和测评。10至12月份,驻厅纪检组集中走访厅属单位并召开全面从严治党主体责任履行情况汇报会,驻厅纪检组长项中胜率纪检组和相关业务处室的同志到阜阳、滁州、黄山、马鞍山调研基层财政党建和反腐倡廉工作,听取全面从严治党主体责任落实情况汇报,召开座谈会,并对下一步如何落实"两个责任",践行"四种形态",抓好监督执纪问责工作提出要求。

【深化惩防体系建设】督促贯彻执行《中共安徽省财政厅党组关于贯彻落实中央〈建立健全惩治和预防腐败体系2013—2017年工作规划〉的实施意见》,分解落实任务到厅领导、处室单位和每位党员干部。加强关键岗位和重要环节风险防控,对涉农涉企项目等重点资金进行全方位监管。开展职务犯罪预防工作，认真学习宣传《安徽省预防职务犯罪工作条例》，协调抓好预防职务犯罪工作。针对工作职能调整和岗位变化排查廉政风险，完善更新全厅岗位廉政工作牌卡，接受群众监督。

【明确派驻纪检组职责定位】按照省委关于加强省纪委派驻机构建设的意见和省纪委关于全面向省一级党和国家机关派驻纪检机构的方案要求，明确主业是党风廉洁建设和反腐败工作，主责是监督执纪问责，把不该由纪检组承担的任务交还给驻在部门，专司主业主责。

【加强监督检查】参加财政厅党组会、厅长办公会、财政厅党组中心组理论学习会议、财政厅反腐倡廉建设领导小组会议等各类重要会议，注重对全面从严治党和日常财政工作的监督，不断加强对贯彻民主集中制和“三重一大”贯彻落实情况的监督检查，加强对涉农涉企等民生资金和项目管控。召开16个市、31个国家级省级扶贫重点县财政局主要负责人和涉农科室负责人参加的会议，专题部署加大查处财政扶贫领域腐败案件的力度。就中央大气污染专项资金监督检查发现的问题，召集6个市财政局及其所属10个县(区)财政局的主要负责同志进行集体约谈，作出通报批评、诫勉谈话、组织处理、党政纪处分等追责处理，并将整改情况及时向省纪委汇报。对1名厅级干部、20名职务晋升及轮岗的处级干部和17名科级干部出具廉洁自律情况鉴定。每逢法定节假日，提前发出廉洁自律通知，给每位党员干部发出廉洁短信，对财政厅办公区作风建设和公车使用情况进行检查。全年累计组织开展明察暗访23次，公车检查32次。

【加大系统巡察工作力度】结合发展和党建考核、“两学一做”学习教育检查和日常监督巡察，对37个处室单位党风廉洁建设、效能建设、作风建设等情况进行检查。共到6个市财政局和9个县财政局开展调研和行风巡察，重点调研巡察全面从严治党、政风行风建设、财政重点工作落实、脱贫攻坚等工作开展情况。

【做好巡视“回头看”整改】印发《落实省纪委中央巡视“回头看”反馈意见整改方案任务清单》和《安徽省财政厅推进全面从严治党，落实党风廉洁建设“两个责任”任务清单》，将巡视“回头看”整改要求与全面从严治党、落实“两个责任”、规范财政权力运行有机结合，要求各处室单位认真对照清单中的责任类别、任务清单、主要举措、责任领导、责任单位和完成时限抓好落实，有效保证整改工作到位。认真开展专项整治工作，制定《安徽省财政厅关于进一步开展违规经商办企业专项整治工作的实施方案》和《安徽省财政厅关于“酒桌办公”专项整治工作实施方案》，全面核查清理厅机关和厅属单位及其全体干部(含离退休干部)违规经商办企业情况和“酒桌办公”问题，对没有按规定填报经商办企业情况的进行处理。

【从严从实抓好执纪问责】认真实践运用监督执纪“四种形态”，不断聚焦监督重点、改进监督方式、提高执纪水平。驻厅纪检组对收到的信访举报均按规定和要求及时办理。对省纪委转来7名需要谈话函询的干部，依规依纪进行廉政谈话和函询，并将函询情况及时报省纪委五室。对有举报但举报内容失实的处级干部进行廉政提醒谈话，对个人事项报告不实、违反效能建设规定的干部进行诫勉谈话。

【协调配合省反腐败协调小组成员单位做好相关工作】积极配合省纪委、省委巡视组和省检察院等其他反腐败协调小组成员单位做好相关工作，协助相关单位调阅有关证据材料50多次，并协同抽调6批次共19名财会人员协助省纪委进行执纪审查和财务核查工作。

【完善纪检组制度建设】制定出台《财政纪检工作“十三五”规划》《述廉述责和接受评议实施办法》以及《驻财政厅纪检组工作规则》《信访举报工作实施办法》《谈话函询实施办法》《工作职责和监督责任清单》等制度，推进监督执纪工作程序化、科学化、规范化。

【加强党支部建设】认真落实“三会一课”和党支部七项组织生活制度。按照省纪委“两学一做”学习教育方案，制定驻厅纪检组党支部学习教育计划。全年召开支部学习会35次，开展专题学习研讨12次，开展党支部书记讲党课，党性修养进一步提升、思想共识进一步凝聚、工作干劲进一步增强。开展“两学一做”、“管党治党宽松软”专项治理、“讲看齐、见行动”等学习研讨，努力增强“四个意识”，特别是核心意识和看齐意识，切实把管党治党责任担负起来，把全面从严治党要求落实下去。

【加强业务培训】按照“三转”和省委、省纪委对纪检工作改革的要求，进一步抓好主业主责、练好内功。安排组内同志共参加6期中纪委、省纪委和财政部组织的纪检业务培训班,对正确认识当前全面从严治党的形势任务、正确处置“四风”问题线索、落实好监督执纪“四种形态”、科学开展纪律审查等工作起到助力和推动作用。

【严格作风效能】认真落实作风纪律要求,严格遵守省直机关效能建设和省财政厅效能建设负面清单制度。认真落实作风建设和纪律要求,严格遵守省直机关效能建设要求和省财政厅效能建设负面清单制度。按照省纪委“五严守十不准”要求,争做守纪模范,争当执纪尖兵。

(驻厅纪检组供稿)

离退休处工作概述

【概况】2016年,离退休处学习贯彻党的十八届六中全会、习近平总书记视察安徽重要讲话和省第十次党代会精神,扎实开展“两学一做”、“讲看齐、见行动”学习教育,落实全面从严治党要求,认真开展“管党治党宽松软问题”专项治理,贯彻落实“一个树牢、三个看齐”,抓好中共中央办公厅、国务院办公厅《关于进一步加强和改进离退休干部工作的意见》(中办发〔2016〕3号)和中共安徽省委办公厅、安徽省人民政府办公厅《关于进一步加强和改进离退休干部工作的实施意见》的通知(皖办发〔2016〕51号)两个文件精神的学习贯彻,进一步推进老干部工作转型发展,较好完成全年工作目标和任务。

【抓好政治理论学习】结合老干部工作实际,领会“两学一做”根本要求,工作目标,打牢“学”这个基础,抓住“做”这个关键,突出“改”这个重点,把握“长”这个要求,真正体现“老”这个特色,合理制定实施方案,精心编制学习资料,确保人手一册。采取支委先学、各支部集中学、个别送学上门等方式,确保学习教育各项任务落到实处。开展“讲看齐、见行动”学习教育,制定老干部党支部学习讨论实施意见,组织各支部委员集中学习培训,组织各党支部全体党员认真学习党的十八届六中全会精神。

【严格老干部党员的教育管理】进一步落实离退休处党建工作责任,加强老干部党支部书记和党员骨干的培训工作,配备老干部网宣员,建立健全老干部党员教育管理制度,坚持理论学习、组织生活等制度。按规定交纳党费,上半年两次对140名老干部党员2008—2015年的党费进行逐一核查、计算和补缴。要求老干部党员不信仰宗教、不参加宗教活动,坚决与邪教组织作斗争。组织老干部党支部抓好对老干部的反腐倡廉教育。针对老干部党支部建设中存在的问题和便于就近就地组织老干部学习、活动的原则,经报请机关党委同意,对第三、第四党支部人员进行重新调整,并按规定选举配强支部委员会。按照财政厅党组和驻厅纪检组的要求,组织全体老同志就违规经商办企业和在行业协会兼职情况自查自纠。高标准、严要求开展“管党治党宽松软问题”专项治理,在深入查摆阶段,处党支部协助驻厅纪检组对老干部违规经商办企业情况再次进行清查。

【推动老干部工作创新发展】财政厅党组把老干部党支部建设进一步纳入财政厅党建工作全局,进一步发挥老干部在精神文明创建中的作用,组织老同志学习弘扬伟大长征精神,践行社会主义核心价值观,弘扬沈浩、吴波、杨善洲精神。对2012年之后的离退休干部工作全面开展“回头看”,认真学习贯彻中办发〔2016〕3号和皖办发〔2016〕51号文件精神,组织各老干部党支部成员认真学习领会研讨,抓好对全体离退休老同志的学习宣传,进一步推动老同志确立“为党的事业增添正能量”的新理念。

【丰富老同志精神文化生活】组织老干部参加省直老干部第31届竞技麻将比赛,在池州市参加“茶溪杯”全省第31届老干部竞技麻将比赛;组织老干部参加省直机关老干部斯诺克比赛;组织参加财税审系统第25、26届老干部麻将比赛和厅举办的季度老干部麻将比赛,多次获得集体和个人名次;三八妇女节组织离退休女同志到驻地郊游踏青,组织全体老同志分批次开展就近就地春游和秋游,200多人次参加活动。在庆祝建党95周年和纪念红军长征胜利80周年之际,组织部分老同志参加“美好安徽”和“美的旋律”大型书画展。组织老干部参加省委老干部局、省老年体协、省政府老干部活动中心开展的台球、门球、麻将、象棋等各类比赛活动10余次。

【积极做好各项服务管理工作】高度重视并积极做好走访慰问工作。春节期间,厅长罗建国和分管厅长登门走访或到医院看望每一位厅级老同志,厅机关各处室局和厅属各单位负责同志积极走访慰问本单位离退休老同志。全年为老同志发放报纸、期刊24000余期,探望和慰问生病住院的离退休老同志

36人次,为3名80和90周岁的老干部登门祝寿,接待老同志来电来访260多人次,配合服务保障老同志健康体检110人次,收交医药费单据近350人次。为5名离休干部争取到特殊困难补助3万余元。为财政厅机关每位离退休人员购买意外伤害保险。协助做好当年5名去世老同志后事服务保障工作。在平时组织活动及工作中积极做好安全防范工作,坚守安全底线,确保安全无事故。

【加强自身建设】加强党支部自身建设,认真落实党支部建设主体责任,抓常抓细,开展好各项主题教育活动,落实好各项制度。认真落实党风廉政建设主体责任,抓好廉政风险防控工作。严格执行效能建设和作风建设各项规定,严格遵守厅里各项规章制度。认真落实扶贫责任,做好共建工作。

(离退休处供稿)

信用担保集团工作概述

【概况】2016年,面对复杂多变的经济形势,省信用担保集团围绕全省发展大局和中心工作,深耕厚植,积极作为,党建、担保、投融资三大模式创新成效明显,担保再担保、投融资、新型金融三个业务板块协调发力,银担合作向政银担合作、做大体量向健全体系、准金融向金融三个转变加速推进,政策性金融功能有效发挥,促进产业发展的支撑作用大大增强。全年完成担保再担保1404.99亿元(直接担保337.43亿元、再担保1067.56亿元),增长37.82%,服务企业2.19万户,增长27.17%。至2016年底,集团担保再担保余额1437.52亿元(直接担保355.4亿元、再担保1082.12亿元),增长32.59%,服务企业2.28万户,增长19.2%。业务额连续三年年均增长20%以上,其中直保对全省业务增长贡献达58%。

【扩面提质政银担合作模式】"4321"代偿分担模式(即原保机构、省级再担保机构、银行、地方政府按照4:3:2:1比例承担代偿责任)业务量在2015年取得"开门红"的基础上,继续保持强劲增长势头。全年完成新型政银担业务699.34亿元、17303户,分别增长148.1%、212.22%,完成业务额超出省政府下达任务39.87%。至本年末,政银担在保692.49亿元、17782户,分别增长149%、225.74%,户均389万元。风险管控情况良好,代偿率1.63%,低于银行业金融机构风险水平。省农业信贷担保公司积极实践政银担合作,在全国首创"劝耕贷"模式,专注破解新型农业经营主体融资难题,打通金融资源流向新型农业经营主体的"最后一公里"。全年为6412户担保贷款16.28亿元,75%经营主体首次获得金融支持。实施惠农安居贷款,放款46.25亿元,帮助14906户农户进城购房。开展道德信贷试点,对符合授信条件的道德模范和身边好人,按荣誉层级,分档授信,让无形荣誉变成有形资产。推进税融通业务,将企业按章纳税的诚实守信行为,变为实实在在的信贷激励。全年担保体系税融通放款67.45亿元,服务企业2050户,户均329万元。

【加快业务结构优化转型】贯彻国家宏观政策,充分运用评级为AAA优势,把债项担保业务作为直保业务新的突破口和主攻方向,全年承保城投债担保业务118亿元;占全部直保新增业务的35%,成为直保业务快速增长的主导力量。在建立银担风险分担基础上,积极推进与市县担保机构联动分保,强化风险管理,形成错位发展,全年开展风险分担业务12户、8.95亿元,其中银担风险比例分担业务8户、3.17亿元。开展"担保+PPP"业务,为太和县西部路网PPP项目建设提供7.7亿元履约担保,实现首单业务顺利落地。同时,重点对全省20多个县区PPP项目情况进行摸底,为下一步积极拓展业务奠定基础。积极推进专项建设基金项目担保业务。抢抓国家政策机遇,加强与省发展改革委、省开行、省农发行等合作,全年完成9.06亿元,有效发挥政府资金杠杆作用,撬动民间资本投入,支持重点领域项目特别是补短板项目建设。截至2016年底,集团直接担保余额为355.41亿元,增长64.42%,业务规模再创新高。其中,债项担保(151.81亿元)、银行贷款担保(111.05亿元)、非融资担保(78.53亿元)、其他担保(14.02亿元)分别占42.71%、31.25%、22.09%、3.95%,债项担保和非融资担保业务占比分别提高23.65个和10.63个百分点,银行贷款担保业务占比下降31.01个百分点,改变过去主要依靠银行的业务模式,与市县担保机构错位发展的趋势进一步增强。

【放大全省担保体系功能】集团通过股权、业务、信息技术和党建四条纽带,构建全省政策性担保体系。截至2016年底,全省体系成员128家,净资产490.33亿元,以全省37%的机构数、62%的净资产,完成全省87%在保余额。以集团为龙头的全省政策性担保体系在保余额1600.51亿元,服务小微企业4.4万户(含个体工商户和农户)。做好风险防范工作,增设3亿元代偿补偿专项资金,作为政银担业务风险准备金。

【完成产业发展基金募资任务】基金落实募资近100亿元,完成16个项目27.41亿元投资,带动社会资本投资112.63亿元。基金整体运行顺畅有序,成效初显,风险可控。

【深入推进对外合作】加快"走出去"步伐,加强以德国为主的对外合作,拓展集团发展空间,提升集团影响力。持续推动对德合作,集团与德国下萨克森州担保银行签署战略合作协议,举办安徽担保体系成员首期赴德业务研修班,推动安徽政策性担保体系与德国担保联盟的全面对接合作。合办中德(安徽)合作投资论坛,参加中德(安徽)产业合作圆桌会,进一步提高皖德合作水平。参加2016年欧洲担保联盟(AECM)年会,积极开展与国际担保机构的合作。

【加强担保资产管理】担保资产管理公司积极加强与体系成员及四大资产管理公司对接,开展金融不良资产批量收购业务,盘活担保体系存量不良资产,提高流动性,防范系统风险,在"去降补"中发挥重要作用。截至2016年底,共收购债权6.11亿元,受托管理资产5.44亿元,进一步探索完善担保业务链条,优化金融生态环境。

【完善提升管理机制】全力推进信息化建设,启动实施集团信息化总体规划和协同办公、业务管理、数据中心三个系统建设,加快推进规范化、流程化、精细化和标准化管理。强化业务风险管控,建立风险预警和反应机制,实行集团领导包保风险项目制度,积极防范和处置风险。加强人才队伍建设,通过民主推荐和竞争上岗方式,选拔12名中层管理人员,优化干部队伍结构;结合金融企业管理特点,引进15名专业技术人才,完善人才梯队建设。

【推动党建工作开展】积极贯彻落实全国、全省国有企业党建工作会议精神,创新有温度、有色彩、有亮点的地方国有金融企业党建工作模式,以党建模式创新引领集团转型发展。牢固树立"国企姓国"理念,把党组织内嵌到公司法人治理结构之中,在公司章程中专章明确党组织的职责权限、机构设置、人员配备、经费保障等要求,全面实行"双向进入、交叉任职"领导体制,增强党委把方向、管大局、保落实的能力。严格落实"对党忠诚、勇于创新、治企有方、兴企有为、清正廉洁"20字标准,打造一支政治合格、业务过硬的红色金融人才队伍。优化选任机制,集团党委制定中层职位选任、交流轮岗办法等制度,提高选人用人的公信度和人岗适配度。坚持"外引内培"相结合,在加强内部人才培养的同时,建立市场化选聘专业人才机制,实行"靶向引才",先后引进26名海内外专业才俊加盟。强化考核激励,实行党建工作考核与业务发展考核同步开展、双向并行,明确党建考核不达优、业务考核不评优,并将考核结果与干部选拔任用、薪酬绩效评定、评先评优推荐相结合。从严教育管理,建立权力、责任和监管"三个清单",实现干部监督全覆盖,严防操作风险和道德风险。创新党员教育,开办"信保讲坛",开展"党员政治生日"活动,传承红色基因,提升党员职工党性素养。与中央党校联合开展《地方国有金融企业党建模式》课题研究,探索地方国有金融企业党建新模式。扎实推进"三同时"制度。完成集团党委和23个党支部换届工作。建立党委抓支部、支部管党员、党员带员工的三级党建工作新机制。以亳州市谯城区魏岗镇大陈村和村贫困户作为"双包"定点帮扶对象,采取"1+N"帮扶模式,精准帮扶脱贫,取得良好实效。

(担保集团供稿)

农业综合开发局工作概述

【概况】2016年,农发局根据中央和省发展现代农业、建设美丽乡村和脱贫攻坚的统一部署,按照财政厅党组财政支农工作的总体要求,认真谋划工作思路,扎实推进工作措施落实,全面完成年度各项工作任务,为全省农业农村改革发展作出积极贡献。

【加大资金投入】扎实做好基础工作,主动向国家农发办汇报,争取中央财政资金和政策支持,全年共争取中央财政农发资金18.6亿元,比上年增长6.4%。按照国家农发政策规定及时、足额落实省级配套资金,督促市县足额落实配套资金,全省共安排地方财政配套资金7.4亿元,积极引导新型经营主体和农民加大投入。按照因素分配法,及时将资金分配到市,拨付到县。督促指导各地加快项目建设进度,规范报账手续,及时、足额报账支付资金,提升资金使用绩效。

【建设高标准农田】认真贯彻落实《安徽省高标准农田建设规划(2014—2020年)》,持续推进3年“1+1”规模连片开发示范工程,全面抓好亚行项目高标准农田建设工作。围绕全省划定的永久基本农田,以列入国家粮食增产规划的粮食主产县为重点,坚持田水路林山综合治理,农林水技措施集成运用,安排资金18.86亿元,建设150万亩规模连片、适宜现代农业发展的高标准农田,打造安徽省粮食生产核心功能区,新增粮食生产能13335.75万公斤。争取高标准农田建设模式创新试点项目,在阜阳市临泉县和宿州市泗县探索开展“高标准农田+新型经营方式+配套产业”的项目组合一体化建设模式,支持农业适度规模经营,推动农业结构调整和一二三产业融合发展。

【支持优势产业发展】根据《农业综合开发扶持农业优势特色产业促进农业产业化发展的指导意见》,围绕各地区域优势明显、主导特色明确、示范作用突出的优势特色产业,整合土地治理和产业化项目资金,持续推进产业集群板块建设。在皖北和沿江粮食主产区,大力建设高标准农田,扶持粮食深加工,打造粮食生产核心区;在皖南、皖西山区,着力建设优势特色农产品基地,扶持茶叶、油茶及经果林等产业发展;在城市近郊、景区周边,积极支持旅游、休闲、观光农业建设,拓展农业功能。全年投入财政资金6.7亿元,通过公开竞争、现场考察、严格评审,选择674个具有牵引带动优势特色产业发展的项目予以扶持,其中财政补助项目271个,贴息项目363个,部门项目40个,打造区域特色明显,互为依托、互相配套、优势互补的优势产业集群,为加快转变农业发展方式构建产业支撑。

【促进适度规模经营】认真贯彻《国家农业综合开发推进农业适度规模经营的指导意见》,充分发挥农业综合开发职能优势,积极培育新型经营主体,推进适度规模经营。以培育经营主体为重点,以高标准农田建设为载体,深入推进土地治理项目和产业化经营两类项目相结合,安排土地治理项目财政资金4845.78万元,支持22个农业企业、农民合作社、专业大户等新型经营主体实施高标准农田建设项目;安排产业化项目资金4.33亿元,支持634个新型经营主体,鼓励引导其与农民建立紧密利益联接机制,示范带动农户发展多种形式的适度规模经营,促进现代农业新型经营体系建设。

【服务脱贫攻坚】深入贯彻中央和省关于打赢脱贫攻坚战的战略部署,认真谋划农发支持脱贫攻坚思路,制定印发《农业综合开发支持脱贫攻坚实施方案》,指导市县以贫困村为核心安排项目,积极支持贫困村发展现代农业,鼓励支持各地开展农发财政资金投入形成资产折资入股试点,探索建立财政投入收益有效回馈给贫困村、贫困户的长效扶贫机制。安排资金9.5亿元,加大农业基础设施建设,发展优势特色产业。根据安徽农村“资源变资产、资金变股金、农民变股东”改革试点总体部署,研究制定《农业综合开发支持村级集体经济发展的意见》,明确农发支持村集体经济发展的主要内容及方法路径,积极发挥农业综合开发优势支持村级集体经济发展。选择部分市县开展农业综合开发支持集体经济发展试点,指导试点市县围绕增加村集体资产性收入、服务性收入和经营性收入,创新土地治理项目扶持方式,拓展产业化经营项目支持路径,建立财政农发投入资产收益分享机制,为财政农发支持村级集体经济发展,创新农民财产性收入增长机制作出了积极有益探索。

【健全管理机制】按照“简政放权、放管结合、优化服务”的原则,进一步推进农发项目管理权限下放,合理划分省市县各级农发部门管理权限,明确界定各级农发部门工作职责,建立健全权责统一的管理机制;按照决策、执行、监督“三权”相互分离、相互监控、相互配合的原则,认真梳理农发管理工作流程和管理权限,健全完善资金分配、项目安排、监督检查有机结合的内控机制;按照分事行权、分岗设权、分级授权,强化流程控制、依法合规运行的要求,进一步健全完善事前防范、事中控制、事后监督和纠正的风险防控机制,确保权力规范运行。主动顺应农发改革发展的新形势、新任务,进一步完善资金分配、立项评审、财务审批、监督检查、绩效评价等政策制度,制定印发了农发资金分配办法、农发项目评审办法、农发支持脱贫攻坚实施方案和农发支持村级集体经济发展意见等,指导市县农发部门制定完善配套办法,建立健全科学完备、衔接配套、规范高效的政策制度体系。

【强化监督检查】坚持阳光操作,在主流媒体上公开权力清单、公布项目申报指南、公示项目评审结果等,在项目区设立公示牌,公示项目资金、建设内容和责任单位等,聘请农民监督员参与项目全程监督,主动接受社会监督。积极配合审计和财政监督部门,对项目资金管理使用情况开展审计和检查,抓好问题整改落实。加强内部检查,认真开展“八个专项整治”;继续实施信息员联系制,发挥乡镇财政所的一线监督作用,加强日常监督检查;根据国家农发办专项资金绩效评价办法,积极配合财政部安徽专员办开展绩效评价;在全省农发部门对党的十八大以来的人、财、物管理开展“回头看”检查;从全省抽调28名精通业务的农发干部组成7个组,对2015年度农发项目开展省级综合检查,总结经验、查找问题、分析原因、督促整改提升,并针对发现的问题和管理中的薄弱环节,进一步完善监管办法和措施。

(农发局供稿)

非税收入征收管理局工作概述

【概况】2016年,非税收入征收管理局紧紧围绕财政中心工作,抓党建、促业务,抓收入、促增长,抓改革、促发展,圆满完成全年各项任务。

【抓好党建基础工作】以党支部、局长办公会、全体职工大会学习研讨等多种形式,认真学习《党章》、十八届三中、四中、五中、六中全会公报、习近平总书记系列重要讲话特别是视察安徽时的重要讲话精神以及《准则》《条例》规定等,提升党员干部思想认识。以“两学一做”学习教育活动为平台,完善机关内部控制制度,督促党员干部严格遵守《准则》,严格执行《条例》,保障机关工作效能和非税干部安全。以“一个树牢、三个看齐”专题学习研讨为动力,增强“四个意识”特别是核心意识、看齐意识,自觉贯彻落实到非税收入管理中,全力做好各项工作坚持“三会一课”制度,健全党组织生活,充分发挥党支部的战斗堡垒作用、党小组的组织平台作用和党员的先锋模范作用,经常开展谈心谈话和批评与自我批评,形成党支部领导党员、党小组组织党员,党员带动群众的良性互动。

【加强非税收入征管】强化非税收入项目动态管理,严格执行非税收入项目目录清单制度,及时按规定取消、停征项目及调整收费标准、范围,全年省级调整非税收入项目115项。加强非税收入预算编制审核,全面把握单位近年非税收入情况,结合政策调整,认真审核各单位非税收入预算,做到应编尽编、应纳尽纳。挖掘非税收入新的增收潜力,加强国有资源(资产)有偿使用收入、国有资本经营收入等“国”字头收入征管,新增华东冶金地质勘查局等14个单位资产性收入纳入非税收入管理,全年两项“国”字头收入分别实现300亿元和41亿元,比上年增长73%和81%。加大非税收入直接征收力度,多次赴相关单位和地方开展工作会商调研,进一步完善财政直征流程,提高征管效率。2016年,全省非税收入完成3409亿元,比上年增收881亿元,增长35%,其中一般公共预算非税收入完成815亿元,增长25%;占地方财政收入比重30.5%,上升3.8个百分点。

【提高非税收入质量】会同省人大预工委、法工委和省政府法制办多次赴市县开展非税立法调研,广泛征求并积极吸纳各方意见,修改完善《安徽省政府非税收入管理条例》(送审稿),推进非税立法进入实施程序,并启动《条例》相关配套办法的修订工作。强化预期管理,先后印发《安徽省财政厅关于加强非税收入预期管理的通知》(财非税〔2016〕119号)和《安徽省财政厅关于进一步规范省级非税收入征缴管理的通知》(财非税〔2016〕1626号),明确具体要求,规范收入秩序,确保非税收入质量。积极参与财税库横向联动机制和财政内部沟通协调机制,加强非税收入预测和资金调度。对重点地区、重点单位、重点项目收入实施跟踪监控,先后召开各市财政和省直重点单位非税收入征缴座谈会,要求各地按旬、各单位按月报送收入预计数;对年初预算未编入而年中发生的非税收入,要求及时报备。强化监督检查,对省直40多个执收单位开展非税收入征管稽查,重点查处资产收益未上缴、票据管理不规范、会计核算不准确等问题,纠正违规行为20起,追缴非税收入2000万元。主动配合新疆财政专员办到安徽省开展非税收入监督检查的同时,积极协助财政厅监督检查局开展全省非税收入专项检查。

【提升非税管理效能】开发“非税收入电子化缴款平台”,缴款人持缴款凭证,可通过互联网或手机客户端自行办理缴款业务,使非税收入缴款从过去的银行柜面、专用POS和自助设备等线下通道,拓展至网上、手机和虚拟账户缴款等多种线上方式,优化收缴流程,方便群众办事。推进非税收入电子化缴库改革,在省级和四个市试点的基础上,会同人行合肥中心支行启动市县非税收入电子化缴库改革,提高缴库效率，保障非税收入及时、安全缴库。深化财政票据电子化管理改革，强化票据监管，开展省级财政票据电子化管理改革"回头看"，清理未实施单位，扩大票据管理种类。截至本年末，省级1087家单位（其中：社团451家、行政事业性单位636家）实施财政票据电子化管理，覆盖非税收入票据、社团票据、往来结算票据和捐赠票据所有种类，实现"电子开票、自动核销、全程跟踪、源头控制"。

【强化财政票据管理】把好票据申领、核销关，严格按照"分次限量、核旧领新"原则，强化票据日常管理；及时调整单位信息，调拨票据，保障财政窗口业务开展。全年累计办理票据业务1228笔，发放各类财政票据373万份，核销264万份。把好票据使用、管理关，根据省委办公厅、省政府办公厅《关于在省直机关和事业单位进一步开展行业协会和学会不规范问题专项整治工作的实施方案》要求，先后印发《安徽省财政厅关于进一步加强省直行业协(学)会财政票据管理的通知》《安徽省财政厅关于进一步加强厅属协(学)会财政票据管理的通知》，认真开展财政票据使用管理专项整治活动，纠正一批不规范行为。把好票据清理、销毁关，继续开展省直财政票据年检，清理用票单位库存票据和票据存根，督促及时缴销，按规定程序销毁。全年共销毁票据存根和空白未用票据116万份。

（非税局供稿）

国库支付中心工作概述

【概况】2016年，国库支付中心围绕财政中心工作，抓好党建促发展，端正思想提效能，及时安全完成集中支付任务，荣获2014—2016年度"省直文明单位"称号。全年省级国库集中支付累计支付预算安排资金992亿元，同比减少10%，其中，省级部门预算资金累计支付314亿元，同比减少18%；全年累计办理集中支付业务123万笔，其中，财政授权支付120万笔，占比98%。

【顺利推进扩大授权支付方式改革】以"压实预算单位责任，扩大授权支付范围"为改革主线，对省级国库集中支付方式和范围进行优化改进，除统发工资等政策要求和需要重点监督的专项资金实行财政直接支付外，部门预算其他支出均采用财政授权支付方式。2016年授权支付业务量占比，由上年的52%提高到98%；授权支付资金量占比，由上年的30%提高到68%。

【强化动态监控系统监督预警作用】进一步完善预算执行动态监控系统，科学设置预警规则，建立"事前阻断、事中提醒、事后提示"的三级预警分级处理机制，对部门预算执行实行全程监控，重点加强对会议费、培训费、差旅费，"三公"等经费管理，贯彻省委省政府决策部署，落实滨湖搬迁工作"三个一律"要求，预警阻断违规装修、办公设备和办公家具购置支付237笔。全年预警业务11.4万笔，占支付总笔数9%，其中，阻断违规支付1.7万笔，除阻断外，其他预警情况则提醒单位注意，并不影响单位继续支付，体现科学管理和支付效率的有机结合。

【逐步完善支付电子化管理系统】拓展电子化应用，非税资金电子清算系统上线运行，全年完成清算7万笔，资金32亿元；推进跨年度退款业务电子化系统上线，堵塞退款业务线下操作的安全隐患；督促代理银行完善自助柜面系统，开通代理银行电子凭证库绿色通道，方便预算单位支付资金；推进三方对账电子化系统等开发，提升对账效率和会计管理效能；开展支付系统应急演练，应对突发事件；积极推进支付电子化第三方安全审计前期工作等。

【保障国库资金高效安全支付】对内，建立预算执行问题处理机制，做到"出现问题有人管、处理问题有程序、跟踪问题有线索"，2016年接到反映或发现的问题，共登记处置40多个，100%及时处理，有力保障预算执行和财政资金安全；对外，一方面对银行代理财政业务出现的问题，全面开展专项安全检查，针对工行淮南、马鞍山基层网点出现的异常业务，实地查证，寻找问题症结，采取约谈通报等措施，督促整改，消除安全隐患。另一方面研究全面加强管理措施，对代理银行进一步加强代理财政业务管理，从6个方面提出15条要求。

【加强预算执行分析】立足支付数据和动态监控情况分析，及时、全面、动态反映预算执行和动态监控情况，加强与厅预算处、国库处和业务处的沟通协调，全年共出具预算执行分析等各类报告22份，其中，动态监控专题信息7次，涉及5.7亿资金，59个预算单位，协助相关处掌握情况，不断强化预算执行服务效能。协助指导市县国库集中支付工作，定期收集汇总情况和工作经验，开展专题调研，组织集中培训,促进全省国库集中支付一体化水平不断提升。利用国库集中支付系统数据来源丰富、内容全面的优势,依法依规为审计厅建设数据审计中心、财政厅预算执行情况和其他财政收支审计、省级社保基金预算执行情况审计等财政监督管理和审计监督,及时提供取证数据10余次。

【推进思想教育常态化】做到每周政治理论学习不间断,重点围绕“两学一做”学习教育和贯彻十八届六中全会精神,学习党章和习近平总书记系列重要讲话,学习两准则、三条例等党内法规制度,以及罗建国厅长推荐阅读文章等,结合学习开展研讨、知识测试、知识竞赛等,提高思想认识,强化党性观念,树牢核心意识和看齐意识。全年累计组织理论学习54次,开展各类专题研讨16次,党员每人都根据学习收获撰写心得体会。

【推进组织建设规范化】切实履行支部书记抓党建的主体责任,落实支委委员和党小组长抓党建的具体责任,形成统一领导、分工负责抓党建的工作机制,认真执行“三会一课”制度,规范党内政治生活,推进“管党治党宽松软”专项治理取得实效。全年组织“三会一课”22次,各类党小组活动6次,领导班子与全体干部职工开展1次党风廉政集体谈话,支部书记与每位干部职工开展2次谈心活动。

【推进为民服务精准化】以开展“学讲话、强党性、转作风、提效能”、“亮身份、做承诺、当先锋、树形象”活动为抓手,积极做好对口帮扶、结对共建和党员进社区工作;针对预算单位提出的业务指导需求,采取上门培训、QQ群在线解答问题等形式,及时排忧解难。全年累计上门培训10次,在线QQ群实时解答预算单位咨询问题500余条,组织各类会商33次,实际解决问题65条,把财政政策、财政管理、财政服务送到预算单位。

【推进内部监督长效化】查管理漏洞,查反映问题,查纪律执行,及时采取措施,督促整改,进一步完善制度,改进服务,转变作风,防范风险,提升效能。深入开展“开门纳谏、转作风、提效能”活动,收集来自预算单位、财政相关部门的5大类23项意见建议,及时制定问题清单和整改清单,逐一对照销号。

【推进单位文化建设活力化】以创省级“文明单位”为目标,建设党员活动室,开辟党建阵地,增强党员的归属感和认同感;在办公区走廊增设廉政文化宣传板,积极弘扬社会主义核心价值观,践行财政核心文化;建设图书阅览室,不断充实书籍,让党员干部在学习中修炼提升。

(国库支付中心供稿)

财政信息中心工作概述

【概况】2016年,财政信息中心深入贯彻落实党的十八届六中全会和习近平总书记系列重要讲话精神,坚持信息技术为财政业务服务、信息安全为财政网络护航、信息管理提升财政管理的理念,加强作风建设,不断提高财政信息化管理工作水平,为全省财政改革和管理工作提供有力技术支撑。

【编制新时期财政信息化建设方案】根据全国财政信息化工作会议精神以及《地方财政细信息化建设与应用指导意见》,围绕新时期财政信息化建设“三化”、“五统一”的要求,以及厅长罗建国对财政信息化工作数次批示要求,正视存在短板,坚持问题导向,结合本省工作实际,广泛调研,多渠道征求意见,制定方案,印发《安徽省财政信息化建设与应用总体方案》,明确新时期信息化建设的总体目标与任务,并从标准规范、数据管理、业务应用、信息安全等9个方面细化技术方案和实施路径,力求为建设法制财政、阳光财政、智慧财政提供信息化支撑。并细化落实《总体方案》,编制《安徽财政信息化建设(2016—2020年)规划设计》,获财政部首肯,点评“思路清晰、任务明确、进度合理”(《金财工程简报》第17期)。

【丰富和完善制度体系建设】制定《安徽省财政厅信息化建设管理暂行办法》及6个配套管理办法,形成“1+6”的信息化建设管理制度系统,作为今后一个时期财政信息化建设和应用工作的方向和指南。规范电子签名认证管理,印发《电子签名认证证书制作规程》,保障信息安全。制定《安徽省财政厅软件正版化管理暂行办法》,有序推进软件正版化工作。加强中心内部自身建设,修订完善《信息中心财务管理制度》。按照《安徽省财政厅信息系统管理风险内部控制办法》,全面梳理岗位职责、工作流程、风险点,提出风险应对措施,制定《安徽省财政信息中心内部控制操作规程》。根据财政部指导意见,结合本省实际,编制《关于推进全省财政信息化建设的指导意见》,强化对全省市县区财政信息化建设工作的指导,明确重点工作任务,全省一盘棋统筹推进。

【完成全省财政信息化建设情况报表统计工作】按照财政部网络信息中心统一部署，通过开办视频培训班、编制填报操作说明、QQ 群等方式指导市县填报，高效高质完成财政部 2015 年度地方财政信息化建设情况统计工作，并获财政部发函表彰。

【扎实开展信息系统归口统管工作】按照财政厅党组工作部署，稳步推进财政信息化归口统管工作。完成信息系统管理交接工作，收集整理处室单位移交的部门预算管理等 43 个信息系统技术文档资料，涵盖需求说明书、设计报告、系统安装手册、用户手册、合同等资料，全面调研各信息系统的技术架构、实施方案、日常运维、运维费用、存在问题及解决方案等内容。做好信息化项目建设与运维管理，按信息化建设管理办法和政府采购相关要求，对 28 个项目开展项目预算专家论证会，对 15 个项目开展政府采购，组织专家对 10 个项目开展验收，严格审核把关。加强驻点人员管理，多次召开服务外包公司运维管理会议和网络安全管理培训会，强化安全教育管理，规范运维行为。为运维人员建档立卡，实行驻点人员集中办公、挂证上岗、按月报送运维服务报告制度。

【强化数据整合和深度分析利用】全面梳理财政平台一体化系统的系统架构、数据字典、业务流程，摸清财政业务数据家底。启动财政收支信息综合查询系统建设，将部门预算、财政一体化平台、非税、惠农一卡通、国库收支月报等省本级财政收支数据统一纳入系统，积极探索财政数据中心建设，力争实现财政信息化由业务支撑向决策支持转变的目标。

【开展创新新技术应用】围绕财政业务发展需求，积极探索移动互联、大数据等新技术。积极与国库处沟通协调，调研国库现金管理需求，以加强财政库款管理工作为契机，开发库款监控系统，提升财政信息化支撑国库业务改革能力。完成全省预算综合管理系统部署。运用虚拟化技术，采取省级集中部署，通过开展技术培训、本地化技术服务，做好稳增长报表和转移支付情况报表的技术支撑。完成财政厅门户网站、会计综合信息管理系统、电子化政府采购系统迁移上云工作。

【规范软件正版化管理】厅长办公会专题研究部署软件正版化工作。制发《安徽省财政厅软件正版化管理办法》。举办全厅处室单位软件正版化工作培训班，全厅 37 个处室单位近 70 人参加培训。派员赴省版权局会商，咨询相关事宜。邀请省版权局人员给予检查指导吸纳意见和建议，查缺补漏重要领域和关键环节。组织开展软件正版化自查和专项检查，编制监督检查工作方案，实行各处室单位先自查、信息中心再检查的方式，逐人、逐台查验，所有人员签订《软件正版化承诺书》，保证使用正版软件，各处室单位的信息联络员建立软件正版化使用情况台账。国家版权局检查后对财政厅此项工作给予充分肯定。

【推进财政平台一体化系统深化应用】根据财政业务改革需求，优化完善系统功能，新增非税收入电子化清算、电子化对账、跨年度退款等 9 个功能，将查询库与生产库分离，提升平台性能；实现纳入国库管理非税收入指标在线控制、部门预算系统和一体化系统的自动衔接。

【推进国库集中支付电子化管理深化应用】制定省级财政电子化四方对账方案，梳理确定对账业务及报文规范，实现财政与代理银行间对账。配合业务处室开展代理银行清算电子化开发、测试、联调工作，完成交行等代理银行清算电子化上线；与工商银行、国库处和国库支付中心等进行沟通协调，编写电子化应急预案演练指导手册，开展应急电子化预案演练；实现省级所有国库集中支付代理银行自动柜面功能上线；指导淮北、淮南等 7 个市级推广实施国库集中支付电子化管理。

【推进涉企系统深化应用】根据中共中央办公厅国务院《关于加快推进失信被执行人信用监督、警示和惩戒机制建设的意见》文件精神，省财政厅“涉企系统”与省高级人民法院业务系统建立数据接口，将失信被执行人信息嵌入系统管理，企业通过“涉企系统”申报财政资金时，申报信息与失信被执行人信息自动比对，如申报企业有失信行为，系统将予以拦截，可有效限制失信被执行人申请涉企项目资金。

【完成政府采购系统升级改造工作】根据政府采购政策调整，将省级政府采购管理系统升级改造为监管服务平台，新增应急采购、政采贷等功能，解决省财政与交易中心信息系统互联互通、信息共享问题，实现政府采购监督“服务、管理、监督”三维一体化。

【信息安全保障工作】落实公安部门信息安全检

查整改意见,制定《安徽省财政厅机房整改方案》,进一步充实信息安全运维力量,提升安全防御能力,提高安全运维管理水平,构建信息安全体系。开展机房线路整改工作,制定《安徽省财政厅中心机房整改方案》,规范机房安全运维管理,消除安全隐患,确保信息系统运行环境稳定可靠。组织信息系统源代码审计,确保信息系统安全稳定运行。开展重要信息系统灾备演练。统一开展漏洞扫描工作。开展突发事件应急演练和安全渗透测试,确保网站安全。

【加强对市县的检查指导】开展全省网络安全检查,下发市县关于推进财政信息化建设的指导意见以及全省数据灾备演练、业务数据规范、财政专网标准化改造方案等通知文件。

【扎实做好党建工作】单位支部以学习习近平总书记系列重要讲话为统领,以“两学一做”为主线,扎实开展党的建设工作,学习习近平总书记系列讲话精神,特别是视察安徽讲话精神,认真学习党章尊崇党章,严格遵守政治纪律和政治规矩,学习《关于新形势下党内政治生活的若干准则》和《中国共产党纪律处分条例》,全年共组织集中学习50多次,撰写个人心得,观看《千年包公》《榜样》《永远在路上》等专题片,树牢“四个意识”,促进财政信息化重点工作任务落地生根见实效。

(信息中心供稿)

财政投资评审工作概述

【概况】2016年,省财政投资评审中心(以下简称“评审中心”)紧紧围绕深化预算管理改革的要求,牢固树立服务预算管理的意识,积极开展预算评审、绩效评价、专项核查、单项定额研究、PPP项目管理和论证等各项业务,扎实开展“两学一做”专题教育,进一步加强制度建设、作风建设、队伍建设和廉政建设,较好的完成各项工作任务。全年评审各类项目70批次978个,评审资金2874.37亿元,评审资金额在上年翻番基础上,增长59.56%。其中,评审预算项目11个,评审资金1.15亿元,审减0.33亿元,审减率28.70%;完成绩效评价项目51批次854个,涉及专项资金811.76亿元;完成专项核查项目3批次101个,涉及资金1751.67亿元;开展3个PPP项目的物有所值评价和财政承受能力论证,以及省级PPP奖补资金申报评审,涉及资金309.29亿元;完成5个基本支出单项定额的研究测算。所有项目评审结论均得到被评审单位签字认可,为财政预算资金管理提供及时、有效的技术支撑。

【全面服务预算绩效目标管理】聚焦工作转型目标要求,在精心做好预算评审、绩效评价和专项核查等传统业务的同时,积极拓展单项定额研究、PPP项目管理和论证等新业务,实现五大业务领域的全覆盖。开展财政支出项目预算评审,从源头强化预算资金管理。全年组织完成省委办公厅、省委组织部、省政府办公厅、省公安厅、文化厅、省高院等10个部门报送的11个项目的预算评审任务,通过预算评审,较大幅度剔除项目预算申报中的不合理支出,挤出项目预算编制水分,促进项目预算编制的准确性和规范性。开展绩效评价,推动财政预算绩效管理。组织实施政策性融资担保、皖北现代产业园区发展专项资金、省级人才专项资金、优质林木良种培育推广等47批重点支出项目的绩效评价,对省农委、省商务厅、团省委、安徽行政学院等4部门2015年度整体支出进行评价,服务厅内16个处室单位。首次开展5项基本支出定额研究工作。从基本支出定额研究入手,运用统计学的方法测算省本级会议费、水电费、网络运行维护费、物业管理费等5个单项定额的实际支出水平,为定额供给标准的调整提供翔实依据。项目绩效目标复审迈入量化评审阶段,首次采用百分制量化评价,以项目立项、绩效目标设定、申报规范性和正确性四方面12个具体指标对预算单位所报绩效目标进行审核,完成省直部门371个项目绩效目标复审工作。做好推进PPP服务工作,通过综合信息平台加强对PPP项目的日常管理,严把项目入库审核关,强化财政支出责任管理;组织开展3条高速公路PPP项目物有所值评价和财政承受能力论证,以及省级PPP奖补资金申报审核工作。

【推动评审工作提质增效】开展财政支出绩效评价指标框架的编制工作,全面梳理各类业务的支出特点,综合考虑14类政府支出科目、安徽省2015年实施的33项民生工程属性、财政资金安排节点以及中心以往评价实践和今后工作需要等因素,划分指标框架类别属性,形成项目支出类、部门整体类和奖补类等3大类25套绩效评价指标框架,并以财绩

〔2016〕627号文印发执行，指导省直有关单位和市县财政部门的绩效评价工作。进一步修订完善绩效评价报告（规范格式）文本并印发各部门执行，进一步规范报告格式，提升报告内容质量。统一制定《安徽省财政厅开展绩效评价工作通知（范本）》，提高评价文件编印环节的工作效率和规范性。落实会商要求，坚持在项目评审中保持同业务处室和项目主管部门的全过程沟通交流，做到审前会商优化评审方案、审中会商了解项目情况、审后会商反馈评审结论，所有项目均得到业务处室和主管部门的签字认可方出具评审报告，达到在会商中宣传财政政策、增进相互理解、避免疏漏偏差、化解工作矛盾的效果。

【保障评审职责有效履行】定期开展专题理论学习和业务培训活动，全年集中开展各种形式的政治理论学习活动44次，先后安排21人次参加部中心和专业培训机构组织的集中业务培训活动，培训内容涉及财政政策解读、预算评审实务、绩效评价操作等；针对每批绩效评价项目的专业特点和工作要求，开展52次评审前集中培训活动，保障现场评价工作口径统一、步调一致。严格执行评审计划目标管理，既编制年度评审业务工作计划，做到统筹兼顾、总揽全局，又根据实际情况和年中追加项目安排，下达阶段性月度计划，做到优化调整、灵活机动，确保评审工作计划管理有序、有效、有力。加大合理使用协作专家力度，通过业务评审工作实践，广泛征集各行业专家信息，组织建设涵盖多学科专业的专家库并尝试动态更新管理，扩大使用专家范围，注重发挥专家的专业作用，结合项目特点及时调整优化使用专家参与评审的方式。优化中介机构的使用管理，严格按照《安徽省财政评审委托第三方机构工作规程》选聘使用中介机构，改进中介机构参与评审的工作机制，强化对社会中介机构的使用、工作考核和付费管理，更大限度发挥中介机构在财政评审业务工作中的支撑作用。

【打造清正廉洁评审队伍】扎实开展“两学一做”学习教育等活动，先后围绕“党章与财政干部理想信念”、“坚持根本宗旨，发挥党员作用”、“财政评审职能履行与支持发展”等主题，开展专题研讨活动19次，上报学习研讨汇报17篇，撰写个人心得体会文章24篇，发表宣传报道稿件13件，党员领导干部在支部讲党课4次，在基层讲党课1次。加强学习型党组织建设，组织学习党的十八大和十八届五中、六中全会精神，带领党员干部重点学习习近平总书记系列讲话精神等，组织参加专题学习研讨以及各种征文活动，营造学习氛围，推进建立创新活力的学习型评审队伍。持续推进党风廉政建设，按照从严治党要求，贯彻落实“两个主体责任”，抓好中央八项规定等相关廉政制度的执行，在评审工作中严格落实廉政回执制度，切实加强纪律建设。

（评审中心供稿　李昌鹏）

政府采购监督管理办公室工作概述

【概况】2016年，采购监管办在省财政厅党组的坚强领导下，认真谋划重点工作任务，扎实开展“两学一做”学习教育，坚持“工作大局化、管理规范化、服务标准化、支撑信息化”工作目标，不断加强自身建设，创新规范采购监管，狠抓各项工作落实，省级政府采购监管工作取得积极成效。省级共审核下达采购任务书2861个、采购金额81.55亿元（其中，合肥市任务书1908个、采购金额45.87亿元；属地任务书824个、采购金额34.89亿元；批量及应急采购任务书129个、采购金额0.79亿元）。省级共签订采购合同86.17亿元，资金节约率为12.73%，完成采购资金支付48.72亿元，其中预算内资金47.98亿元，为采购合同的55.68%。

【强化职能定位和工作重点】全面梳理强化省级政府采购全生命周期管理，对细化预算编制、计划申报时间节点、采购任务下达、合同备案履约、资金支付审核到绩效评价管理等政府采购全流程进行梳理分解，研究制定程序、文本、服务标准化操作规程。研究优化简化常见违法违规行为处理处罚规程，根据政府采购法律法规和委托执行要求，配合采购处研究明确质疑、顺延中标等情况受理处理原则，并妥善处理处罚有关违规违法行为。截至12月23日，提出对供应商违法违规处理处罚意见19个，由财政厅下达行政处罚通知书2份，共约谈采购人、供应商103人次，办理政府采购信访案件（包括厅长信箱）3起。加强通用办公设备批量采购管理，积极推进批量集中采购，组织专家对批量采购的参数进行论证，制订执行情况旬报、评价反馈制度，引入第三方参与项目验收,加强合同履约监管。2016 年第一期批量采购节约资金 1297.1 万元,资金节约率 30.7%;第二期批量采购节约资金 659 万元,资金节约率 20.9%。加强预采购管理和属地项目监管,通过信息化手段,开展预采购资金专项清理,加强预采购资金监管;督促合肥市以外的省级属地项目加快执行进度,将属地项目纳入绩效评价范围加强监管。印发采购管理业务工具书,对政府采购政策法规和操作实务进行归集整理,汇编《安徽省政府采购工作手册》《省级政府采购业务知识百问百答》和《省级政府采购业务标准化操作流程》,免费发放给省级预算部门共 1941 套(册)。分类举办省级政府采购业务和省属高校政府采购业务培训班,培训省直预算部门和省属高校政府采购管理人员、经办人员 500 余人次。建立采购业务 QQ 工作群,及时宣传财政政策、财政工作,提供采购政策法规、工作流程、操作手册,安排监管员轮流在线答疑解惑,及时协调解决预算部门采购执行过程中出现的问题,累计在线解答有关采购执行问题 4 万余条,实现省一级预算部门全覆盖。

【加强内部控制和规范管理】研究制定《采购监管办内部控制操作规程》,梳理内控关键事项(环节) 72 个,确定内控措施 71 个,持续提高采购监管工作质效。结合监管工作实际,先后制定或修订《关于进一步规范省级政府购买服务流程的通知》《省级政府采购业务监督检查管理暂行办法》《省级政府采购预算编制内部审核暂行办法》等 10 余项管理制度。按照政府采购法律法规要求,梳理 73 个政府采购业务的时间期限规定,建立完善预警机制。按采购方式、采购内容,分类研究制定省级政府采购合同标准化模板,并嵌入采购监管平台。采取多种方式,开展对原省政府采购中心项目保证金集中清理清退工作,清退保证金 1412 笔 7283.97 万元。

【创新工作联系和服务方式方法】建立健全厅内政府采购沟通联系机制,定期不定期开展工作会商和专题会议,协力解决政府采购执行过程中遇到的困难和问题,共开展业务会商 36 次。建立健全采购监管办与采购人、交易中心三方协调沟通机制,在项目采购过程中加强沟通联系和监管服务,加快项目执行进度。编制征询意见表和服务评价表,主动征询省直部门(单位)意见建议,主动改进工作、提升服务。结合工作会商,开展送服务、送培训上门活动,推行订单式精准服务。先后与 150 余家省直部门(单位)开展工作会商 183 次,应邀到省委办公厅、省政府办公厅、省水利厅、地税局、交通厅、工商局、质监局等 30 余家省直部门(单位)开展培训,培训对象 1600 多人次。配合教科文处开展省教育厅所属预算单位政府采购专项督查,协同采购处开展支持中小企业发展政策落实情况专项调研。

【完善“三网三平台”建设应用】践行“互联网 + 政府采购 + 服务”工作理念,推进“财政内网 + 财政一体化平台”、“省政府采购网 + 采购监管平台”、“互联网 + 咨询交流服务平台”等政府采购“三网三平台”信息化系统建设应用,提升政府采购信息化监管水平。组织实施省内首个全流程电子化采购项目——省水利科学研究院水下遥感软硬件设备采购项目试点,实现从政府采购预算编制、计划申报、任务书下达、供应商投标文件制作和网上报名投标、网上开评标、中标公告发布,以及履约验收合同上传、资金支付等各个环节的电子化操作,标志着省级政府采购信息化建设应用迈入新的进程。新华社、人民网、新华网、凤凰网、财政部网站、《安徽日报》《中安在线》等 10 余家媒体对此进行报道。创新试点开展网上商城采购,建立零星办公用品网上商城采购制度,认真研究制定网上商城采购办法、工作规则和采购流程,规范网上商城采购行为。2016 年网上商城点击量超 3857800 次,省直部门(单位)网上商城采购订单 791 笔,成交金额 661 万元。完善采购监管平台建设应用,围绕信息化服务采购监管执行目标,对采购预算、计划、程序、结果等全过程进行流程再造,实现采购人、采购监管办实时掌握项目拆分包和执行进展等情况。

【聚焦党建和作风效能建设】深入推进全面从严治党,全面加强党的思想建设、组织建设、作风建设、反腐倡廉建设和制度建设。扎实开展“两学一做”学习教育,成立学习教育领导小组,分类研究制订计划,坚持周一集中学习日制度,采取集体学习、专题研讨、党课教育、集中培训、在线学习、工作人员每月一讲等多种形式推进学习教育。组织开展支部书记上党课、处级以上党员领导干部到城隍庙社区开展“党课进基层”活动、普通党员上党课等;与安徽合肥交易中心第三党支部联合开展“缅怀先烈,重温入党誓词;立足岗位,争做合格党员”主题党日活动;与国库处、支付中心等党支部共同开展“缅怀革命历史，增强党性意识”新四军光辉历程讲座活动。全年组织集体学习111次，学习厅长推荐阅读文章49篇，开展专题研讨17次，70多人次作重点交流发言；撰写学习教育心得体会文章148篇；组织全体党员参加在线测试。不断加强党支部建设，严格落实党建工作责任，树立党建、业务“一盘棋”思想，明确支部书记负总责、班子成员分工负责、各科室具体落实的党建工作机制，组织支部增补支委改选工作，重新调整划分党小组。严格落实党支部“三会一课”制度，用好批评与自我批评武器，组织党员干部内部交流轮岗，开展党费自查补缴，进一步加强党员教育、管理和监督，教育激励党员干部增强党性修养，全年召开支委会、支部党员大会、党小组会共45次。以“两学一做”学习教育为重点，先后组织开展学习三个《条例》和两个《准则》学习研讨、“亮身份、作承诺、当先锋、树形象”、“抓思想政治建设、促机关效能提升、保中心工作完成”、“讲看齐、见行动”学习讨论和“管党治党宽松软问题”专项治理工作等一系列活动。结合工作实际，积极推行“走、转、改”和“放、管、服”，开展“党课进基层”、党员进社区、结对帮联等活动。扎实推动党风廉政工作，履行全面从严治党主体责任，落实“一岗双责”，坚决贯彻执行中央“八项规定”、省委省政府和省财政厅“三十条”，认真贯彻落实党章、两个《准则》、三个《条例》等党内法规。加强廉洁教育、警示教育，深入开展《安徽省预防职务犯罪工作条例》学习宣传活动，组织观看警示教育片《防微杜渐警钟长鸣》、赴巢湖监狱参加警示教育。不断加强干部队伍建设，支持干部挂职锻炼，7名同志分别在省政务中心财政窗口、市县财政部门、贫困县管委会以及厅相关处室挂职锻炼，2名同志内部轮岗。扎实推进作风效能，严格执行效能建设“八项制度”，常态化开展“四零”服务竞赛活动，严格落实厅文明办公“五要五不”要求，优化办事流程，规范办公秩序，提高服务质量，不断巩固和扩大效能建设成果。加强文明创建工作，把文明创建工作列入年度党建工作重点，不断巩固和深化创建成果。采购监管办获评2014—2016年省直机关文明单位，连续五届获评省直机关文明单位。

（采管办供稿　李道兵）

财政科学研究所工作概述

【概况】2016年，科研所学习贯彻党的十八大和十八届三中、四中、五中、六中全会精神以及习近平总书记系列重要讲话精神，深入推进“两学一做”学习教育，抓党建促业务，较好完成各项工作任务。

【开展财政课题研究】围绕财政改革发展中的热点难点问题，认真做好财政重点研究课题的选题征集工作，经厅长办公会议定，明确2016年度全省财政重点调研课题27项，并做好调研课题的协调推进、收集整理、成果转化等工作，切实发挥好参谋助手作用。做好中国财政学会和中国财政科学研究院下达的课题研究任务，完成2015年度全国财政科研系统协作课题研究的收尾工作，配合中国财政科学研究院大力开展智库建设，做好相关课题调研、资料搜集等基础研究工作。自主开展4项课题研究，深入实际调研，召开专家研讨会，推动提升课题质量。参与中国财政学会、省社科院、省社科联等举办的各类学术交流活动，2篇课题报告在省社科联“三项课题”评比中分获一等奖和三等奖。继续安排专人参与改革办重点工作，积极协助相关处室开展重点课题研究，不断提升服务发展的能力和水平。

【推进财政宣传】筑牢《安徽财政》杂志宣传主阵地，秉承服务中心、服务大局的办刊思路，坚持正面宣传、正面引导，全年出刊12期，围绕“两学一做”、学习贯彻十八届六中全会精神、营改增、民生工程、支持抗洪救灾、支持脱贫攻坚等重点内容，开辟专题栏目32个，累计采编稿件811篇。大力做好财政橱窗宣传，紧盯财政时事要闻，加快制作节奏，动态更新，全年设计制作更换展板151个。牵头完成《安徽省情》第九卷财政篇章撰写任务，认真编纂2016卷《安徽财政年鉴》，积极发挥存史资政作用。精心制作财政年度专题片，广泛搜集素材，认真撰写脚本，加快后期合成进度，确保按期完成任务。精心编辑制作2015年财政工作画册，提前谋划，搜集整理图片千余张，反复斟酌设计修改，以图文并茂形式反映全省财政工作全景。认真编印《媒体看财政》，多角度展示财政形象。加强与中国财经报社、中国财政杂志社等财政部主管的财经报刊单位的联系沟通，及时完成宣传工作任务。强化摄影服务保障，做好图片资源的共享利用,全年为厅有关会议和重大活动摄影报道83次。

【开展“两学一做”学习教育】以开展“两学一做”学习教育为统领,结合“讲看齐、见行动”学习讨论,以学为先,以学促做,切实筑牢党员干部理想信念根基。坚持学习制度,注重研学结合,全年组织集中学习39次,开展各类专题研讨15次,参与交流发言62人次,撰写心得体会文章及《安徽财政》卷首语22篇。坚持深查细照,聚焦问题整改,开展“双争”等五项活动,开展“4+4”专项整治,推进“管党治党宽松软问题”专项整治,梳理查摆问题9个,制定22条整改措施,立行立改,逐项销号,增强党员干部四个意识特别是核心意识和看齐意识,推动“两学一做”学习教育取得实效。

【加强支部建设】履行全面从严治党和“一岗双责”要求,将党建工作摆上更加突出的位置,安排专人负责,加强谋划,明确任务,落实责任,推动党建工作向科学化、规范化方向迈进。健全完善“三会一课”制度,广泛开展谈心谈话活动,认真开展党员民主评议,开好组织生活会,做好支部学习记录和工作档案管理等基础性工作。全面加强党员管理,及时转移党员组织关系,全面开展党费自查工作,及时组织党员足额补交党费。深入推进结对共建、扶贫“双包”、党员进社区活动,积极开展慰问帮扶、政策宣传等活动,增强支部的凝聚力和战斗力。

【加强内部管理】以推进内控建设为抓手,加强制度建设,进一步完善各项管理制度,对内控管理的各个环节加强制约,全面提高制度执行力。加强单位财务、资产管理,认真开展国有资产清查工作。2016年在充分征求各处室单位图书需求意见的基础上,采购图书近2000册,及时登记造册,完善借阅管理制度,供全厅干部职工借阅。加强反腐倡廉建设,深入开展廉政教育,着力筑牢拒腐防变的思想道德防线。加强作风效能建设,认真贯彻落实中央“八项规定”、省30条以及厅党组三十条规定,建立常态化效能检查制度。加大文明创建力度,积极申报并荣获2014—2016年度省直机关文明单位。

(科研所供稿)

注册会计师管理处(注册会计师协会)工作概述

【概况】2016年,注册会计师管理处(注册会计师协会)围绕服务“四个全面”战略布局,自觉践行五大发展理念,深入开展“两学一做”学习教育和“创新服务年”活动,服务能力持续提升,业务范围不断拓展,行业规模稳步增长。在中国注册会计师行业党委组织的省级行业党组织2016年度工作考核中位列全国第二。截至年底,全省会计师事务所272家,执业注册会计师29919人;资产评估机构94家,执业资产评估师809人,注册会计师行业收入14.13亿元,增长25.82%;资产评估行业收入1.87亿元,增长18.35%。

【做强做大服务机构】多措并举持续支持、引导事务所做强做大、拓展业务领域、开展理论研究、吸引精英人才、培养优秀人才、建设后备人才等,执业机构加快发展取得明显成效。会计师事务所业务收入前50家合计10.85亿元,占全行业的76.77%。收入超千万元执业机构由23家增加到35家(其中评估机构2家),年收入2000万元以上会计师事务所15家、超3000万元7家、超4000万元4家。

【加强行业人才培养】打造“四位一体”的培训平台,围绕经济结构调整、政府职能转变、资本市场改革、新业务拓展,以及对标提升等需求,分类分层分模块开展针对性培训。全年共举办各类培训班21期,参训人员超4000人次,落实保障经费120万元。兑现“青年就业创业见习基地”建设奖励资金5.4万元,吸引优秀青年人才在行业就业。圆满完成2016年全省注册会计师考试,首次组织完成全省资产评估师考试。

【拓展新业务领域】扎实开展“创新服务年”主题活动,以创新发展理念,推进业务与管理创新,不断丰富服务供给。开展新业务拓展评比活动,对拓展PPP项目、资产证券化、林业资源评估、社会组织评估、破产管理、行政事业单位内部控制等新业务奖补64万元;开展创新服务案例收集活动,向中注协推荐案例21篇;在网站设置“新业务拓展”专栏,发布省内外行业典型案例近百篇,供会员学习借鉴。

【扩大行业影响力】坚持不断拓展行业宣传的形

式和渠道,凝聚推动行业加快发展力量。发布前50家会计师事务所、前30家资产评估机构综合评价信息,树立行业发展标杆,推动品牌建设。编写第二份行业社会责任报告,用通俗易懂的73件案例,全面展示行业在服务供给侧结构性改革、服务政府职能转变等7个方面取得的成就。全年在《中国注册会计师》杂志发表3篇论文;人民网、新华网发表8篇信息、《中国会计报》发表9篇信息;编发《党建工作动态》80期。

【加强执业质量监管】联合检查50家会计师事务所、16家资产评估机构,单独检查5家会计师事务所。完善惩戒送达告知制度和专业委员会评审制度,发挥专家的专业作用,确保惩戒工作的透明、公开、公正。对受到惩戒的机构和个人,持续跟踪、落实整改。完善诚信档案记录,及时公示惩戒信息,主动接受社会监督,提高失信成本。

【强化执业风险防控】在协会网站设置"执业风险提示"专栏,发布47条执业风险提示,增强执业人员风险防范意识。坚持在每年执业质量检查结束后,分别举办被检查会计师事务所、资产评估机构检查案例暨风险警示教育专题培训班,帮助被检查机构增强执业能力、提高质量、规避风险。组织专家上门,对执业质量存在突出问题的机构,开展一对一帮扶。

【规范投诉举报受理事项】规范投诉举报受理和处理流程,建立全过程留痕制度。针对受到投诉的8起审计、2起评估业务,发挥专业技术委员会作用,开展专题研讨分析,把受理投诉举报过程当作员工学习法律法规、提升业务能力、树立协会公信力的重要抓手,切实维护好各方合法权益。

【提升行业信息化水平】依托协会网站、公共服务OA系统,打造优质会员服务平台。优化防伪报备系统功能,全年会计报备61314份、评估报备4847份,有力防范假冒审计报告的出现。动态更新诚信证明基础数据库,确保诚信证明准确、及时、便捷,全年出具4217份诚信证明。开发适合中小事务所使用的通用版审计软件,30家事务所采购使用。

【落实党建主体责任】深入开展"两学一做"等系列学习教育研讨活动,将落实"三会一课"制度作为协会支部教育管理党员和党员进行党性锻炼的主要平台。围绕财政厅党组统一部署,结合协会建设和行业发展的实际,开展有针对性的专题研讨,坚定理想信念,增强看齐意识。开展集中学习63次,其中,支部专题研讨14次,支部集中学习30次。召开全行业党建工作推进会,与各市行业党组织签订党建目标责任书,层层落实党建工作责任。分别赴10家事务所开展"两学一做"学习教育督导,赴4家事务所讲专题党课,举办1期党建专题培训班,完成14家示范基层党组织评价验收。圆满完成社会组织党的组织和工作覆盖专项行动,全省新建党组织的事务所10家,50家30人以上的事务所全部建立党组织。事务所党组织组建率由专项行动前的51.8%提高到60.5%。

【加强党风廉政建设】严格执行党风廉政建设各项制度规定,把党风廉政建设和各项纪律要求贯穿于思想建设、组织建设、队伍建设、业务建设全过程。制定《安徽省注册会计师协会财务管理制度》,实施源头与过程控制,加强会费管理和使用;每年坚持向常务理事报告会费管理与使用情况,主动接受会员监督;落实政务公开制度,在协会网站公开与会员关系密切的办事程序、办事依据、办事条件、办事结果;完善电子防伪标识管理系统、非执业会员网上年检系统、诚信证明网上自助打印系统,规范自由裁量权,防范廉政风险;在全年举办的21期培训中,每期都安排一定的职业道德、职业风险、廉洁防控教育内容。

【完善协会治理机制】充分发挥常务理事会的决策作用和专门委员会的议事和咨询作用,召开常务理事会6次、专家委员会6次。充分发挥会员监督作用,凡涉及会员的重大事项,均在网上公开征求会员的意见建议。

【参与脱贫攻坚行动】从会费列支61万元,支持吴寨村建设光伏发电站、扶持贫困户养殖家禽,累计支持该村219万元。支持金寨县界岭村25万元和寿县许寺村20万元发展村集体经济。组织常务理事代表走访吴寨村,实地查看帮扶资金使用情况和村集体经济发展情况,深化行业对扶贫工作的认识。

(注协供稿　王克法)

财政干部教育中心工作概述

【概况】2016年,干教中心深入学习贯彻《党章》

和党的十八届三中、四中、五中、六中全会及习近平总书记系列重要讲话和省第十次党代会精神,进一步狠抓支部党建、内部管理,认真谋划干教培训和财会培训工作,各项重点工作有序开展,干部教育培训工作2011—2015年连续五年获得财政部表彰。

【加强支部党建】以开展“两学一做”学习教育为契机,更加注重支部党建、政治业务学习、廉政风险防控等,不断增强支部凝聚力、向心力和战斗力。强化支部党建工作,认真组织学习,严格落实“三会一课”制度,全年组织召开支委会14次,支部党员大会30次,党小组会10次。制定支部党建工作要点和党风廉洁建设及反腐败工作任务分解表,定期开展支部书记抓党建、“一岗双责”述职;强化思想政治工作,班子成员定期与干部职工谈心交流;召开中心党建工作专题会、反腐倡廉建设专题学习会,开展中心班子集体廉洁谈话,补选中心支部书记和3名参加财政厅党代会代表。积极申报省直文明单位并获批。强化政治理论学习,组织干部职工集中学习36次。强化学习教育推进,召开动员部署会,成立“两学一做”学习教育协调小组,制定学习教育计划和行动计划,开展专题研讨14次。积极开展支部书记和普通党员讲党课活动,认真组织参加《党章》、党规和习近平总书记系列重要讲话精神测试、革命传统教育、警示教育等活动,每位党员积极承诺践诺。进一步聚焦单位干部教育培训主业,将《准则》《条例》学习纳入教育培训之中,将学习教育要求融入单位中心工作。强化联系基层工作,以结对共建、扶贫“双包”和在职党员进社区工作为载体,3次深入结对共建村,2次深入扶贫“双包”村,了解情况、宣传政策、征求意见、落实项目,捐赠物品、走访慰问困难党员群众。多次赴所在社区开展帮扶困难老人,参加文体活动。强化党风廉洁建设,严格执行党政“一把手”负总责和“一岗双责”,召开中心党风廉洁建设和作风效能建设专题会,制定廉洁档案记录,认真组织开展不按规定缴纳党费、滥发津补贴、酒桌办公问题等“4+4”专项整治工作。开展“管党治党宽松软问题”专项治理,研究制定责任清单,确保件件有落实、事事有回应。认真贯彻执行《准则》和《条例》,严格按照党风廉洁建设责任制各项规定要求,按时观看警示教育片、参加处级领导干部述职述廉,认真填写《领导干部个人事项报告表》,自觉接受干部群众监督。

【开展干部教育培训】根据《2016年省财政干部教育培训计划》要求,创新培训内容,改进培训方法,提高培训质量,共举办3期乡镇财政所长岗位培训班,协助人教处举办1期全省市县政府领导干部财政改革和财政政策培训班,与厅处室(局)、单位联合举办23期业务培训班。配合人教处撰写课题《全省财政干部教育培训工作问题与对策研究(2016—2020年)》。做好培训基础工作,规范梳理教育培训工作流程,健全完善干部教育培训档案,全年建立23期财政业务培训档案,3期财政所长教育培训档案,整理建立20期培训图片影像档案,草拟《安徽省财政厅2016年度干部教育培训工作自评报告》,全面梳理总结2016年财政干部教育培训工作。

【做好财会培训工作】克服培训场地缺乏、国家规定考试时间调整等困难,加强会计培训管理,注重教学检查,强化授课教师、班主任管理制度,科学安排各类培训课程,努力使每位学员学的安心、舒心。全年开设会计职称初、中级、会计从业、会计电算化、会计人员继续教育和会计实践培训班21个,培训学员2334人。根据厅长办公会纪要2016年第46号作出的“财会培训业务今年12月底停办”决定,做好会计培训职能转换工作。中心领导2次召开全体干部职工会议通报相关情况、沟通交流谈心,做好在职和离退休职工思想工作;3次召开主任办公会专题研究资产处置、网络专线注销、房租、水电费结算、非税票据清算等事宜,确保会计培训职能转换工作平稳有序,圆满收官。

【加强综合管理】贯彻落实中央、省委、省政府、省财政厅关于改进作风密切联系群众若干规定和加强厉行勤俭节约规定,定期通报各级违反规定通报,强化制度约束,中心效能办26次开展内部效能建设督查,按时登记考勤负面清单。进一步修改完善中心内控操作规程,按时报财政厅内控办审核通过。11月份,对照中心职责范围和岗位设置情况、主要业务内部分工和运转情况等内部控制建设情况进行自查,强化对中心干部职工业务工作操作合规性审核,及时完善内控操作流程和措施。坚持问题导向,结合“管党治党宽松软问题”专项治理工作查摆出的问题,组织开展中心“岗位练兵、内部培训”活动。结合中心实际制定《中心业务工作例会制度》,每月下旬召开例会,推进各项工作落实和问责。配合审计厅、监督局完成单位审计检查,认真落实处理意见整改。按时编报2015年单位财务决算报表、单位人员、工资统计报表和2017年单位预算。办理法人、组织机构代码证和车辆年检工作。按时办理3名退休、离职人员相关事宜,认真做好调整中心人员公积金缴存比例、社保缴费基数、人员薪级工资等工作。注重信息宣传,全年上传财政厅内网信息33条,编印《工作动态》35期。

(干教中心供稿)

行政事业单位资产管理中心工作概述

【概况】2016年,资产中心坚持问题导向,明确目标任务,破除阻力促改革,从严从实抓党建,落实落细做保障,工作取得显著成效。本年度,中心先后获2014—2016年度省直机关文明单位、省直机关"最佳志愿服务组织"、财政厅综合考核先进单位、财政厅优秀党支部等多项荣誉。

【推进省级资产管理】积极参与做好2016年全省行政事业单位资产清查,配合资产处组织全省资产清查工作培训。成立中心清查小组,制定工作方案,组织中心及原机关服务中心资产清查,逐项核对财务账簿、资产管理信息系统和实物资产相关信息。并以资产清查工作为契机,结合监督局内审反馈意见,完善中心资产、财务管理相关制度,对中心和原机关服务中心资产信息系统基础数据库进行整合,进一步夯实管理基础。全面推进资产出租收益非税监缴,联合资产处、非税局和各支出处室开展出租合同备案情况核对,进一步强化收益上缴、合同备案等基础工作。开展资产管理工作三年"回头看",积极与省直单位、省产权交易中心会商,优化项目操作流程,规范资产处置、拍租交易行为。按照省公管办关于统一公共资源交易平台的要求,积极与合肥公共资源交易中心和省产权交易中心会商对接,按时将省级行政事业单位资产处置纳入省统一平台公开交易。完成46处房产公开拍租工作,出租面积48222.06平方米,拍租底价合计1495.04万元/年,实际成交租金合计1551.42万元/年,较拍租底价增长3.77%。完成42宗账面原值合计5392.12万元的资产处置(主要是设施设备报废处置),资产评估价值1561.56万元,实际成交金额3949.14万元,综合溢价率152.9%。完成在管权证电子化录入工作,进一步规范借阅、使用操作流程,加强权证借阅使用管理力度。全年办理102本"两证"借阅手续,归还45本,到期续借的均按规定办理相关手续。

【提升后勤监管服务水平】健全综治工作机制,落实综治目标管理责任制,提升应急保障联动反应机制,牵头的机关综治工作,连续七年被省委省政府评为"优秀"等次。坚持执行机关安全巡查和节假日厅领导带班、处室单位值班制度;开展安全专项检查8次,开展办公楼消防设备联动试验和防雷检测各1次,完成淮河路宿舍区监控摄像设备的更换,确保机关办公秩序有序运行。积极开展2016年度社会管理综合治理宣传月活动;组织消防安全知识专题讲座2次,开展消防安全应急演练1次,有效提升处理应急突发事件的能力。总结梳理财政厅实施机关物业社会化改革以后工作,明确采购预算和需求,完善服务规范和标准,完成厅机关办公区和宿舍区2016年7月至2019年6月物业服务管理采购。加强现场管理,严把工程进度,按时完成办公楼外墙改造竣工验收;完成办公区供水管网、办公楼供电远程控制和生活及饮用水设备等改造项目,保障大楼安全运行;推进节约型机关建设,完成厅办公楼照明节能灯管更换工作。坚持中心与物业公司半月工作联席例会制度,提升物业服务监管水平;建立"一线巡查制",领导班子带头深入办公区和宿舍区巡查;全年开展物业满意度问卷调查2次,总体满意度超过90%。根据财政厅党组决策部署,积极与省编办、省人社厅及信用担保集团、安徽出版集团沟通协调,按照有关法律法规和政策规定,完成财政厅招待所转企改制和财政厅印刷厂、百花宾馆、金润公司无偿划转工作。按照划转协议约定,积极配合担保集团、出版集团做好划转企业的产权变更、职工安置等后续工作,保障划转工作顺利完成。

【健全队伍建设长效机制】把学习放在首位,坚持"五个一"学习模式,推行"研讨式"学习,践行"两学一做",开展专题学习研讨,全年支部累计开展理论学习100余次,撰写心得体会10余篇。把党建责任扛在肩上,发挥支部战斗堡垒作用;严格党员管理,细化党务工作,组织队伍建设取得新进步;严格执行"三会一课"制度,扎实开展"讲看齐、见行动"等活动,把党建融入中心各项工作中。深入贯彻落实中央八项规定、省委三十条和厅党组三十条,认真开展“违规经商办企业”、“滥发津贴补贴”、“酒桌办公”和“管党治党宽松软问题”等专项整治,持续推动作风建设常态化长效化。完善中心内部效能考核制度,加强中心日常效能检查。规范职工请销假制度,建立职工临时外出登记备案制度。坚持开展“四零服务”竞赛活动,全面形成效能建设的高度自觉意识。完善中心内控操作规程,进一步规范权力运行。充分发挥党员先锋模范作用,推荐选举青年党员为支部委员,先后选派7名党员干部到政务中心财政窗口、厅内处室和临时性工作机构协助工作,均获相关单位好评。在全厅牵头组织开展机关干部义务植树、综治宣传月、节能宣传周、爱国卫生法制宣传周等文明创建主题活动,2011—2016年连续获得“省直机关文明单位”称号;积极开展志愿服务,结对资助困难学生,获得省直“最佳志愿服务组织”荣誉称号。

（资产中心供稿）

市县财政工作篇

合肥市财政工作综述

合肥市财政工作概述

【概况】2016年,合肥市财政部门围绕市委市政府决策部署,适应供给侧结构性改革的客观需要,主动融入经济社会发展大局,立足职能,提升财政资金和财政政策供给效益。全市财政收入累计完成1114.11亿元,增长11.35%。财政收入总量占全省的25.48%,同比提高0.55个百分点。财政收入中税收占比达89.33%,同比提高0.64个百分点。地方收入累计完成614.85亿元,增长7.58%。全市财政支出累计完成859.85亿元,增长11.28%。其中民生支出完成705.55亿元,增长14.64%,占财政支出82.05%,同比提高2.4个百分点。

【助力供给侧改革】全面推开营改增试点,多措并举帮助试点纳税人适应增值税税制,全市8.7万户纳税人顺利实现税制转换,有效促进产业结构调整和现代服务业加快发展。加强行政事业性收费和政府性基金管理,及时清理取消、停征、减免的收费项目,实行清单管理并对外公开。优化政策导向功能,"1+3+5"政策体系跟进供给侧结构性改革、创新转型升级发展"586"行动计划等重点工作,整合科技创新、光伏应用等政策要求,更加注重统筹和绩效。全年兑现专项资金21.9亿元。推进战略性新兴产业集聚发展基地建设,争取省专项引导资金9.11亿元,市级落实配套资金26.5亿元。加快全国小微企业创业创新基地示范城市建设,争取中央奖励资金9亿元,到位7.2亿元,年内创新实施"合创券"、大学生创业创新引导资金、网络服务平台、小微企业统计评价体系等多项举措,市场主体、就业、载体空间等保持快速增长态势。根据财政部《关于财政资金注资政府投资基金支持产业发展的指导意见》精神,提请市委、市政府调整管理体制,将43.38亿元引导基金统一注资市属国有平台。设立合肥市国有投资风险保障补偿金30亿元。建立小微企业续贷过桥资金调度管理制度,续贷过桥资金总规模达8.42亿元。全面开展全市政府购买服务指导性目录编制工作,全市拨付政府购买服务资金14.6亿元,涉及518个项目。加强政府债务管理,严格执行债务限额管理要求,将政府债务分类全部纳入预算管理。合肥市2016年末地方政府债务限额1030亿元。及时分配使用116.5亿元置换债券和87亿元新增债券资金,并开展置换债券资金使用情况核查和2015年度新增债券绩效评价。推广运用PPP模式,制定市本级PPP项目物有所值评价和财政承受能力论证办法,加快推进轨道2号线、高新区智慧城市管理运营、地下综合管廊等3个财政部PPP示范项目实施。成功争取地下综合管廊建设国家试点,当年中央资金到位4亿元。

【突出民生优先】大力实施民生工程,"32+9"项民生工程应到位资金100亿元,资金到位率100%。创新实施分类考核,将原有年终一次性考核优化为日常全过程绩效管控。民生工程实施工作绩效考评居全省首位。保障脱贫攻坚,全市落实脱贫攻坚资金11.21亿元,其中预算及增列安排财政扶贫专项资金5.48亿元,清理收回财政存量资金安排2675万元,整合涉农资金安排4.31亿元,地方债资金安排1.15亿元。提请市政府出台《关于财政支持脱贫攻坚实施意见》等文件,建立全市财政扶贫资金清单,对资金安排和使用情况实行按月动态监控、按季实地督查,针对存在的问题实行销号管理。支持县域发展,除中央、省对县(市)区转移支付资金外,市本级对县(市)区转移支付187亿元,支持其社会事业及战略性新兴产业基地建设等。继续安排专项资金30亿元,支持县(市)区基础设施建设。支持巢湖、庐江共25个村居成功申报国家扶持村集体经济发展试点,争取中央资金2500万元。

【深化财政改革】健全绩效管理机制,提请市政府办公厅印发《关于全面推进预算绩效管理的工作方案》和《合肥市预算绩效管理考核问责暂行办法》,开展15个重点项目绩效评价和7个部门整体评价,提高财政支出的质量和效率。全面梳理财政支出政策,创新建设支出政策库,并在2017年市本级预算编制中,按照"一个政策、一个项目"编报支出预算。所有50万元以上重大专项资金全部编制绩效目标,并试编9个部门整体支出绩效目标。强化部门主体责任,提请市政府出台《关于进一步加强市级部门预算管理的通知》《合肥市重大活动经费管理办法》等,制定《市本级部门决算管理暂行办法和工作规程》,完善培训费、专家评审费等支出标准,在市级预算单位推行授权支付,推进国库集中支付电子化改革。坚持按月调度各部门各县区财政支出进度,对未达序时进度的县区财政部门进行约谈,对支出进度慢的项目单位全部上门会商,并适时向分管市长报告。加强财政监督管理,开展财政资金安全检查,对全市各级各部门财政账户、资金、内控制度进行全面检查,组织财务决算检查、行政事业单位资产清查、津补贴和"小金库"专项治理,有效堵塞管理漏洞,严肃财经纪律。牵头组织公开市本级政府预决算、部门预决算及三公经费预决算,主动公开专项资金清单、制度及使用情况。建成市直单位财务集中管理平台,上线政府采购全流程监控系统和公益性项目管理系统,推行政府采购预采购制度。

【加强自身建设】压实党建责任,推进"两学一做"教育活动和"讲看齐见行动"学习讨论,认真落实党内组织生活制度,完善局党组加强自身建设、深入推进全面从严治党,以及加强机关党建工作等多项制度,认真开展支部书记抓党建工作述职评议、"万堂党课进基层"等活动,举办微党课比赛、优秀党员先进事迹宣讲等活动,全面贯彻党要管党、从严治党的要求。加强廉政建设,通过逐层共同签订党风廉政责任书、开展处室主要负责人述职述廉、加强廉政文化建设等多措并举,严格落实和认真履行党风廉政建设"两个责任",增强财政干部的大局意识和廉政意识。党风廉政建设和反腐败工作纳入年度目标管理和绩效考核,实行一票否决。严格选人用人,严格执行《党政领导干部选拔任用工作条例》,认真履行民主推荐、组织考察、党组集体研究、任前公示和谈话等程序,对干部选拔任用工作程序和重要情况进行全程纪实。推荐2名副县级领导干部,提拔任用正科级领导职务5人、副科级领导职务6人。严格执行"凡提必核",全面核查新提拔任用干部的个人报告事项,并做到任前廉政考试和廉政谈话全覆盖。健全内部控制,按照分事行权、分岗设权、分级授权的原则,全面开展财政部门内部控制体系建设,并全面整合市财政局实施十余年的ISO9001质量管理要求,将质量管理目标嵌入内控操作规程,制定8类专项风险内控办法和154项处室内控操作规程,形成防范各类财政业务风险的有效机制。

(合肥市财政局供稿)

肥东县财政工作概述

【概况】2016年,全县一般公共预算收入完成47.65亿元,较上年同期增长34.6%。其中:地方收入完成31.66亿元,增长26%;中央收入完成15.99亿元,增长55.7%。一般公共预算支出完成57.08亿元,增长10.3%。

【提升财政综合实力】稳步扩大收入规模。坚持依法征管,建立由县政府领导,县财政局、国税局、地税局、人行肥东支行共同协作的"1+4"收入征管分析制度,每月定期或不定期召开月度财税联席会议,利用"金税三期"和肥东县综合治税平台,加强重点税源企业和重点行业税收比对分析、监控,科学分析、研判当前收入形势和收入预期,提升财政收入征管的预期性和精准性。发挥财税优惠政策和财政资金作用,加大财源建设投入力度,激发内生动力和发展活力,促进经济平稳较快发展,实现财政增收。

【创新财政扶持方式】修订完善扶持产业发展政策,全面承接合肥市“1+3+5”扶持产业发展政策,县内企业在获得合肥市“1+3+5”政策支持和奖励的基础上,给予再奖励,并结合产业发展实际,增加相关政策条款或降低政策门槛、标准;以提升发展层次为目标,着力加快产业转型升级步伐,围绕传统产业改造升级和新兴产业的快速膨胀、集群发展倾心用力,全面推进“调结构转方式促升级”,全年拨付财政奖补资金10057万元,助推全县经济平稳较快发展。壮大融资担保实力,促进民营经济发展,服务中小企业融资。2016年为县中小企业融资担保公司注入资本金2900万元,实收资本3.5亿元,在保企业284户,在保余额17.1亿,担保放大倍数达5.6。有序推进创新创业,出台激励发展政策,鼓励大众创业、万众创新,以创业带动就业,以创新促进发展。全年拨付双创奖补资金845万元,进一步加大对“双创”工作的支持力度。

【全力保障重点需求】出台结转结余资金管理办法,建立盘活财政存量资金长效机制,严格权责发生制核算,从严控制核算规模,确保存量资金效益得到充分发挥,杜绝“二次”沉淀。2016年,全县盘活财政存量资金33505万元,全部用于扶持产业发展、民生工程县级配套以及新农村、基本农田改造、水利工程等城乡基础设施建设。自2016年1月1日起,将涉及肥东县政府性基金预算中的“政府住房基金”收支转列一般公共预算,并取消城市维护建设税、矿产资源补偿费、探矿权采矿权使用费和价款等专项收入专款专用,相关领域支出统筹安排保障;加大政府性基金预算调入一般公共预算的力度,对政府性基金预算结转资金规模超过该项基金当年收入30%的部分,调入一般公共预算补充预算稳定调节基金统筹使用,2016年调入45563万元。投入资金23.4亿元支持民生,大力实施38项民生工程,坚持序时精准调度,实时定向督导,狠抓责任落实,全面完成年度建设目标,荣获“全省民生工程绩效奖补先进县”称号;精准助力脱贫攻坚,建立财政扶贫资金清单,实施精准扶贫、精准脱贫,2016年投入资金19131万元。

【规范财政运行】严格落实结构性减税政策,全面推进“营改增”试点改革,将建筑业、房地产业、金融业、生活服务业等四大行业纳入试点范围,保障“营改增”税源转得进、管得住,5016户纳税人顺利实现税制转换,行业税负平均下降4.5%,政策红利效应充分显现。推进预决算公开,坚持“公开为常态,不公开为例外”的原则,进一步扩大公开范围、细化公开内容、拓展公开领域、完善公开机制,促进建立全面规范、公开透明的现代预算管理制度;除涉密信息外,将公开透明贯穿于预算改革和管理全过程,重点落实政府预决算、部门预决算和“三公”经费预决算公开,积极推进专项资金、政府采购、政府债务和财税政策公开,着力规范政府行为、推进依法行政、实现有效监督,建设阳光政府、责任政府、服务政府。2016年,全县政府预决算及70家县直部门预决算全部向社会公开。规范政府性债务管理,完善政府举债融资机制,对政府性债务实行规模控制,分类纳入预算管理。建立债务风险预警及化解机制,积极化解存量债务,有效防范财政金融风险。2016年,积极争取省财政代理发行地方政府债券资金138629万元,其中:置换债券资金86898万元,专项用于置换肥东县地方政府到期存量债务,降低债务利息负担,优化债务期限结构;新增债券资金51731万元,主要用于农村公路、供水管网以及贫困村安饮水工程、“八小”水利工程建设。

【提高财政管理水平】修订完善县乡财政管理体制,优化县乡镇财政分配关系、完善转移支付制度,调动乡镇发展经济和增收节支积极性,规范县乡镇财政结算。深化预算管理改革,探索建立跨年度预算平衡机制,试编三年滚动预算,提升预算编制的前瞻性和连续性。全面持续推进国库集中支付改革,从建制度、重落实、强宣传等方面着手出台相关文件,扩大资金集中支付范围、推进公务卡管理改革等。持续开展农村财政管理改革,通过健全惠农补贴资金管理和资金监管制度,“考、查”结合,细化考核指标,构建农村财政管理工作新机制。

(肥东县财政局　陈莉杰)

肥西县财政工作概述

【概况】2016年,肥西县财政工作紧扣五大发展理念,发挥财政在支持经济发展中的杠杆和纽带作用,财政改革不断推进,各项工作稳步推进。肥西县首次进入以地方财政收入为考核指标的全国财政百强县,位列第98位。县财政局被省纪委授予"廉政文化进家庭省级示范点"荣誉称号、省现代农业生产发展资金绩效评价良好等次、省乡镇财政资金监管三等奖、省惠农补贴资金管理二等奖、职工医保市级统筹考核第一名、全市财政金融业务报表工作先进单位、全市政策性农业保险试点工作考核优良单位、全市预算支出进度考核一等奖、全市财政财政系统信息化工作考核优秀单位。花岗、桃花、官亭、紫蓬镇、紫蓬山管委会、山南等6个财政所荣获省级服务型乡镇财政所。官亭财政所获省档案管理一级单位。

【强化预算管理】全面推进营改增,加强政策宣传和组织领导,统一制定宣传方案和对外发布信息,营改增工作平稳过渡。加强收入预算预期管理,财税部门密切配合,依法征管,合作园区序时调库。落实涉税部门责任,互通涉税信息,每月定期召开财税联席会议,对乡镇(园区)财政收入按月预警,确保财政收入质量。全面规范非税征管。财政收入、地方财政收入总量在全省76个县(区)中稳居第一。全年全县一般预算收入完成75.51亿元,占人代会通过预算的107.9%,比上年实绩增收12.07亿元,增长19%,其中:地方财政收入完成42.12亿元,同比增收4.65亿元,同比增长12.41%。继续执行支出进度月度通报机制,出台《肥西县财政资金追加拨付程序》,进一步明确部门预算经费拨付程序、转移支付的使用、预算执行中的追加、土地出让金审批拨付程序。严格控制"三公"经费和非生产性开支,规范支出报销程序,"三公经费"支出只减不增。强化预算管理和编制,出台肥西县《关于进一步加强县级部门预算管理的通知》,明确财政部门和部门单位在预算编制中的职责,强化部门预算资金监督管理,加强部门预算管理组织领导,继续实行全口径、零基预算,2017年部门预算申报继续实行公开评审,成立评审小组,培训预算评审专家,选择20家单位进行整体评价,核减率22%,社会效果良好。做好预算和决算信息公开,县本级部门预决算、"三公"经费预决算全部通过单位门户网站或政府信息公开网向公众公开。

【加大民生投入】盘活存量资金,实行常态化管理,滚动清理,长期监控。全县累计盘活2015年以前可用资金2.2亿元。继续以项目化手段、工程化举措实施38项省市民生工程(省31项、市7项),全年投入资金18.74亿元,其中:中央及省7.45亿元、市3.37亿元、县7.92亿元。整合资金12274万元用于脱贫攻坚。鼓励和支持银行业为评级授信的贫困户提供5万元以内、3年以下免收抵押担保扶贫小额贷款,财政按基准利率给予贴息。加大惠民政策落实力度,全年共发放补贴资金18大项,209个批次,金额4.53亿元,惠及补贴对象381837人次。

【健全资产管理】推进全县国有资产清查,全面摸清家底,把握关键节点,8月底前全面完成国有资产清查工作任务,摸清家底。做好公务用车改革。对全县取消公务用车进行集中收储、定点存放,对公务用车制度改革取消车辆进行公开拍卖,两次共263台公务用车制度改革取消车辆参拍,成功拍出260台,成交价款500.35万元,参拍车辆评估价为260万元,经公开拍卖后溢价率192%。做好县直单位经营性房产的确权发证工作。

【加强债务管理】加强政府债务动态管理,建立债务月报长效机制,确保政府性债务数据的动态性、准确性、及时性、完整性。建立切实可行的债务偿还机制。通过公共财政预算、政府性资金预算,足额安排偿债资金。做好政府债券资金使用。通过地方政府债券资金,把短期债务置换成长期债务,把高成本债务置换成低成本债务。统筹安排新增债券资金优先用于支持扶贫、棚户区改造、普通公路建设发展等。2016年获地方政府债券资金182609万元。其中:置换债券114323万元、新增债券资金68286万元,每年节省利息7400万元。建立政府性债务风险预警制度。对债务率、偿债率和新增债务率等监测指标设置警戒线,进行预警监控。

【支持双创发展】支持"双创"发展,广泛开展政策宣传。组织相关网站、电视、报纸等多种媒体进行政策宣传,组织编印《肥西县扶持产业发展政策汇编》3500余份,面向社会各界发放,举办"双创"相关政策培训会,宣传讲解政策,参加培训人员达1000余人次。积极做好全国"双创活动周"肥西分会场活动。加强对"活动周"的宣传报道,营造浓厚的"双创"氛围。成功举办肥西县"创智汇"双创精英挑战赛活动。联合中科大先进技术研究院、安徽省MBA创新创业大赛组委会,共同承办肥西"创智汇"双创精英挑战赛获得各方面的好评,达到预期效果。小微企业拥有专利数850件,同比增长13%;完成高新技术企业认定任务数19家,超年初计划7家;新建科技企业孵化器完成2个,超任务数1个;新增小企业创业基地任务数5个,超年初计划3个;小微企业营业收入完成530.5亿元,占年初计划71%;新增商贸企业聚集区申报1个,完成年初目标;新增小微企业就业人数6078人,占年初计划84%;新增市场主体户数5891个,占年初计划69.2%。

【推进金融创新】支持多层次资本市场建设,新增新三板挂牌企业1家,股权融资3815万元,2家企业报股转系统。推进金融产品,开展政策宣传和政银企对接。开展规模性的全县政策宣传3次,发放金融产品和产业扶持政策宣传册约3000份,政策宣传县域全覆盖,建立以支持中小微企业融资为目的的联席会议,对企业融资、金融产品运用等问题协调和帮扶;把"经常性、小规模、效果好"的银企对接活动常态化;重点帮扶企业做到"点对点"精准帮扶。

【强化监督检查】开展财政资金安全检查和回头看,对自查、核查、整改落实等工作进行统一部署。组织两个核查小组,采取听取汇报、现场查看信息系统和相关账目等形式,对各乡镇(园区)进行重点核查,抓整改落实。就市、县财政资金安全检查中发现的问题,并结合近年来审计、各项检查以及三年财政监督全覆盖检查中发现的一些问题做综合性总结通报。通过自查、复核、验收三个阶段,完成此项回头看工作,并把确保资金安全作为常规工作常抓不懈。开展预算绩效评价和监督检查,选择10家县直单位进行财政预算绩效监督检查,并委托有专门工作经验的中介机构进行此项工作,从年初预算入手,对照年底决算,检查单位预算执行,分析预算的执行率和中途追加的合理性、必要性,对年初预算中项目资金的使用绩效进行评价,并选择有代表性的项目点对项目资金的使用效果进行实地检查。对乡镇和村级财务开展监督检查。对上派、严店等四个乡镇政府性资金进行全面监督检查,形成财政监督检查报告书。对村级财务开展专项监督检查,重点检查扶贫资金使用情况。

(肥西县财政局供稿)

长丰县财政工作概述

【概况】2016年,全县各级财政干部坚持稳中求进工作总基调,主动适应经济发展新常态,积极应对挑战,奋力攻坚克难,财政收支运行总体平稳、质量提升、保障有力、稳中向好。全年财政收入完成49.5亿元,在全省76县(市)区排第2位,较上年前进1个位次。财政收入占GDP初算数比重12.5%,较上年提高1.4个百分点。全县一般公共预算支出完成54.4亿元,占调整预算数54.8亿元的99.3%,同比增支6.09亿元,增长12.6%。财政支持改革发展和社会民生等重点领域得到较好保障。

【财政职能充分发挥】积极争取上级专项资金87695万元,地方政府债券转贷资金142352万元,实现经营性用地出让收入820372万元,发展资金保障有力。投入资金37350万元实施土地整治,有效化解土地要素制约。投入250452万元,重点保障县城、北城和园区基础设施等项目建设。牵头制定县级产业发展扶持政策,安排政府投资引导基金、奖补资金等24100万元。组织兑现固投、小贷贴息等奖补资金36639万元。通过"政银担"、"政保贷"、"税融通"、"过桥贷"等,累计为企解决贷款19.31亿元。

【民生福祉泽沁民心】坚持以人为本,统筹整合各类资金,集中财力向精准扶贫倾斜、向民生保障覆盖、向社会事业延伸,全年实施39项民生工程,政策惠及242.9万人次。优化整合财政扶贫资源,统筹财政扶贫资金30684万元,通过产业、就业、教育、健康、社保兜底等扶贫方式,为全县33134位建档立卡扶贫对象实行精准扶贫。

【财政改革稳步推进】深入推进改革,创新工作机制,强化监管,注重发挥财政资金效益,财政管理科学化精细化水平进一步提升。预算管理改革蹄疾步稳,国库集中支付改革深入推进,财政预决算和"三公经费"公开全面推行,预算结余结转定期清理机制逐步建立,财政存量资金有效盘活,财政预算支出加快执行,财政资金使用效益显著提升,政府性债务管理规范有序,国有资产管理制度日益健全。

【财政队伍担当有为】持续加强机关党建。认真开展"两学一做"学习教育,对照"五查五看"要求,开展"民主评议党员"与"做长丰财政好干部"活动,引导党员自觉按照党员标准规范言行,坚定理想信念,提高党性觉悟,严明政治纪律,严守政治规矩。持续加强作风建设。以创建政风行风先进单位为载体,持续推进机关作风和效能建设工作常态化、持续化、制度化,完善科室(单位)与所(分局)考核办法,有力开展干部轮岗、任免工作,挤干懒政怠政空间,提升干部工作效能。持续加强廉政建设。强化党风廉政建设专题教育,严格财政内部控制管理,健全风险防控制度体系,查处发生在群众身边"四风"和腐败问题,扎紧权力制约笼子,提高财政干部拒腐防变能力。

【机关建设不断加强】县财政局代表安徽省在京参加全国低保和就业经验交流发言;县财政局机关被授予全省节约型公共机构示范单位称号,获全省惠农补贴资金管理发放工作绩效评价一等奖;被授予全市法治宣传教育先进集体、全市财政系统信息化工作优秀单位、财政总决算先进单位称号;获全县政风行风评议、招商引资、目标管理、效能建设、环境保护、商贸流通、安全生产、依法行政、土地整治、双拥工作、宣传思想文化、民生工程实施、综合治税、党风廉政、基层党组织、人口和计划生育综合治理、尊师重教、美丽乡村建设等先进或优秀单位称号,连续15年获全县目标考核优秀单位称号。

(长丰县财政局供稿　孙青松)

庐江县财政工作概述

【概况】2016年,庐江县财政一般预算收入完成26.79亿元,比上年增长7.3%。其中:地方收入17.55亿元,比上年增长3.6%;上划中央收入9.24亿元。全县一般预算支出完成51.76亿元,比上年增长4%。

【财政收入稳步增长】年初,县政府在全面分析财政经济形势和税源调查摸底的基础上,合理确定收入预期目标,及时细化分解落实到财税三部门、各镇和园区,实行目标管理。加强组织收入工作领导,县政府对财税收入实行常态化调度,督促各镇、园区和财税部门狠抓征管,力促收入均衡入库。继续将财政税收完成情况列入镇重点工作和财税三部门领导责任考核范围,严格按季考核兑现。财税部门坚持以组织收入为中心,坚持依法征管,加强会商沟通,强化协调配合,推进收入预期管理工作。强化对重点行业、重点企业、重点税种和重大项目税收动态监控分析,促进重点税收稳定增长。结合"营改增"试点改革,进一步规范建安企业税收征管,建立健全协税护税工作机制和考核办法,加大协税护税工作力度,防止收入流失。深化纳税评估和税收稽查,加强房地产和建安行业、二手房交易税收征管,努力挖潜增收。严格非税收入"收支两条线"管理,强化专项督查,促进非税收入及时入库。

【重点支出保障有力】贯彻落实厉行节约各项规定,狠抓预算支出管理,严格预算执行,严控"三公"经费等一般性支出。全面开展滥发奖金津补贴专项整治工作,加大财政资金整合力度,调整优化支出结构,科学合理调度资金,着力保障增资、脱贫攻坚、民生工程、社会保障、教育和医疗卫生等重点支出,支出进度不断加快,资金使用效益稳步提升。全年县财政落实扶贫专项资金9057万元,其中:预算安排扶贫专项资金1766万元,整合投向贫困村和贫困人口的涉农项目资金7291万元。兑现机关事业单位在职和离退休人员增资4600万元。拨付专款17409万元,用于防汛抢险、救灾和灾后恢复重建工作;落实"老字号"群众生活补助政策,全年发放补助资金2481万元,比上年增加425万元;加大医改投入力度,增加基层医疗卫生机构补助2839万元;全年实施农业综合开发项目2个,投入资金2836万元,建设高标准基本农田1.89万亩;筹集和整合涉农资金5632万元,支持美丽乡村建设;实施一事一议财政奖补项目179个,拨付奖补资金3256万元;增加村级补助资金1422万元,用于提高村(居)干部报酬和村(居)服务群众专项经费;稳步推行农业补贴"三合一"改革,一卡通发放惠农补贴资金58240万元;支持秸秆禁烧和综合利用,拨付补助资金7130万元;2016年全县社会保障、教育、文化、计划生育、农林水等支出分别比上年增长17%、20.4%、15.1%、9%和9.8%。

【支持经济发展力度加大】贯彻执行积极财政政策,全面落实结构性减税和普遍性降费政策,进一步减轻企业负担,全年办理政策性退税、减免税19946万元,减收社保费1460万元。贯彻落实省、市促进经济发展政策,修订完善庐江县产业扶持政策体系,充分发挥财政政策和资金效益,推动经济结构调整和创新转型升级发展。全年兑现县级工业、外贸进出口、自主创新等产业政策奖补资金3979万元和上级奖补县配套资金2301万元。积极推进大众创业万众创新,强化创业指导、培训和服务,扶持小微企业提档升级。设立贷款风险补偿专项资金,深入推动金融服务创新,放大"银政担"、"政保贷"、"税融通"、"农业小额保证保险贷款"、林权、农房抵押贷款等金融产品创新效应,多形式为实体经济融资服务。继续加强县中小企业担保公司建设,增加注册资本金

2904万元，省担保集团注资参股2400万元，融资担保能力进一步提升。增加小微企业续贷过桥资金2000万元，进一步完善流程，提高单笔转贷资金额度，全年为266户企业担保贷款8.1亿元，为172户企业提供续贷过桥资金8.37亿元，资金周转率12.6次，切实帮助企业解决临时资金周转困难。积极支持城乡大建设，多渠道筹集资金用于庐城基础设施、县经济开发区、安置房等重点工程建设和政府性债务还本付息。

【民生工程实施扎实有效】进一步加强民生工程组织领导，健全民生工程"一把手"负责制度，实行县镇村三级联动。加强民生工程调度和政策指导，深化民生工程"五制"推进机制，相继推出任务分月落实制、工期倒排督查制和信息报送奖惩制等工作机制，按月召开民生工程调度会，及时研究解决民生工程实施过程中存在的问题，压实民生工程责任，推动加快民生工程实施进度。加大民生工程宣传力度，落实民生工程宣传包保责任制，组织开展民生工程集中宣传月、群众话民生征文和民生政策入户进校园等系列宣传活动，提高群众对民生工程的知晓度和满意度。加强民生工程后期管养，实行以政府支持为主的管养方式，探索扩大政府购买服务、公办民营、市场化运作范围。在全国范围内公开招标庐江县城乡居民基本医疗保险业务项目，择优选择经办机构。开展敬老院"医养结合"试点，探索符合老年人需求的"医养结合"服务。强化民生工程监督，在民生工程特邀监督员的基础上，再次向基层延伸，精心遴选组建民生工程群众义务监督员队伍，对各项民生工程实施全面监督。进一步修订完善民生工程绩效评价管理办法，通过县人大、政协常委会调研、视察民生工程，县委县政府督查、监察审计、社会监督等各种形式，深入开展民生工程全过程督查和绩效评价，促进民生工程年度目标任务完成。全年实施42项省市县民生工程，投入资金22.09亿元，比上年增加8.49亿元。

【财税管理改革全面深化】落实税收制度改革政策，全面推开"营改增"试点工作，将建筑业、房地产业、金融业和生活服务业纳入试点范围。5月1日，全县4856户试点纳税人信息平稳移交，成功实现新旧税制转化，改革进展顺利。积极推进资源税改革，从7月1日起，全面推行资源税从价计征改革，理顺资源税费关系，减轻企业负担，促进资源节约集约利用。调整和完善县镇(园区)分税制财政管理体制，规范县镇(园区)收入划分，重新核定镇(园区)收支基数，优化县镇(园区)财政分配关系，增强镇级财政保障能力，充分调动镇(园区)发展税源经济、增收节支的积极性。进一步加强税源管理，建设综合治税管理平台，实现税源信息共享；建立税源工作联络机制，强化涉税信息交流和利用，提高税收征管质量和效率。深化预算管理改革，加强支出政策管理，促进政策有效实施；积极稳妥推进预决算信息公开工作，加大公开力度，细化公开内容，及时向社会公开庐江县政府预决算、部门预决算及"三公"经费预决算。建立健全财政存量资金清理回收制度，按月组织开展财政存量资金清理工作，严格控制新增存量资金，着力提高资金使用效益，全年清理盘活财政存量资金4.6亿元，用于脱贫攻坚、民生工程、基础设施建设等重点支出。加强政府债务管理，严格规范举债程序，强化政府性债务动态监控和风险评估，及时足额置换政府性债券资金14.31亿元，进一步优化债务结构，降低成本，防范债务风险。扎实推进公务用车制度改革，认真研究制定车改方案，核定参改对象，妥善安置司勤人员，规范处置参改取消车辆，搭建县公务用车服务平台，统一调度公务车辆，公车改革阶段性任务已完成。认真做好资产清查工作，研究出台行政事业单位资产清查工作方案，组织单位开展资产清查，核实资产盘盈盘亏情况。加强财政监督检查，在全县范围内组织开展小金库专项治理行动，对3个县直单位和1家民营企业的会计信息质量、17个镇财政资金安全检查、4个财政所内部财务管理、3个部门单位预算执行情况和4个财政专项资金开展监督检查，针对发现问题督促单位整改到位。

(庐江县财政局供稿)

巢湖市财政工作概述

【概况】2016年，全市财政系统服从和服务于全市经济社会发展大局，贯彻积极的财政政策，勇于担当，团结协作，奋力攻坚，圆满完成年度财政目标任务，为促进全市经济社会健康快速发展提供有力支撑。全年完成财政收入28.11亿元，同比增长0.21%；全年完成财政支出40.76亿元，同比增长2.3%。

【强化财税收入征管】会同税务部门积极应对经济下行、“营改增”减税政策、龙头企业入库税收滑坡、新增税源贡献力不足等不利因素，实行收入预期管理，研判税收形势，统筹调度，加强稽查，力争做到应收尽收，稽查补缴税收达3700万元；综合利用涉税平台，加强涉税数据分析，提升征管质量；落实协税护税政策，大力培植新增税源，争取市外纳税企业在巢纳税2428.76万元，其中地方可用财力1026.23万元，兑现协税护税奖励820.98万元；强化非税收入征管，清理补交15000万元，财政部门全年完成收入36604万元，同比增长34.5%。全力支持税务部门推进“营改增”试点工作，完成5638家企业“营改增”户籍信息变更。

【继续深化财政改革】按照事权和支出责任相统一的原则，逐步理顺市、乡(镇、街道)财政分配关系，充分调动乡镇、街道发展经济、培植财源、增收节支和自主理财的积极性，规范财政收支行为，构建市、乡(镇、街道)公共财政体制基本框架，促进城乡经济社会协调发展。加强部门预算管理，加强部门预算编制会商，提升财政管理精细化程度，做到预决算信息公开规范化、常态化；推进预算绩效管理，综合编制四大预算，增强预算执行力，严格控制预算追加。推进国库集中支付改革，实行部门预决算、原始凭证审核、财务处理等职责合理归位，实现财政部门职能准确定位，强化财政服务、监管、协调、指导的工作职责，理顺财政与预算单位的关系，对全市301家单位实施资金全方位监管。健全政府购买服务政策体系，规范项目申报，全年预算安排购买服务资金3528.22万元，完成20个项目支出任务。稳步推进国资国企改革工作，出台《巢湖市市属国有企业“1+5”管理制度》等一系列国企监管办法，下达《2016年市属国资国企改革工作任务》，继续推进国企改革。全面启动市地质矿产服务中心改制工作。深化投融资体制改革，加快投融资平台建设，创新融资模式，降低融资成本，全年融资35.7亿元，地方政府置换债券和新增债券资金7.95亿元。

【全面加强财政监管】严格执行《巢湖市本级财政结转结余资金管理办法》，本级预算指标结余一律收回财政，财政支出得到一定控制，基本实现收支平衡。加强制度建设，增强制度刚性，严肃财经纪律，强化财政预算资金、专项资金监管，开展资金绩效评价；依托资金监管系统，实时监控各类财政资金，规范用款行为。完善国有资产管理制度，规范行政事业单位资产处置，有效盘活存量资产，提升资产运营质量。加大市属国有企业、国有资产经营管理，配强配齐国企经营管理人员，派驻财务督查员，健全规章制度，开展年度绩效考核。加强镇村“三资”监管，全面实行资金监管信息通达、公开公示、抽查巡查和绩效评价、财务互审等监管制度，确保资金安全；健全和完善“横向到边，纵向到底”的镇、村、组三级农村集体“三资”管理机制，努力实现“三资”保值增值。落实各项惠农政策，通过“一卡通”平台及时足额发放各类涉农补贴资金37200万元，惠及55万人次。推进财政信息化建设，国库集中支付实行一体化平台网上支付，全市上线单位288个。压缩“三公”经费支出，全市“三公”支出3755.2万元，同比下降19.2%。积极防范债务风险，制定《巢湖市投融资管理办法》，推进政府存量债务纳入预算管理清理甄别工作，对政府债务统一归口管理，规范政府举债行为。

【统筹支持社会事业发展】落实教育优先战略，全市投入7203.3万元，用于免除义务教育学生学杂费、书本费、维修农村学校校舍等方面支出；为幼儿园、中职学校、普高家庭经济困难学生发放助学金697.9万元。加大促进科技创新力度，全市投入402.34万元，用于支持市本级企业科研，专利成果转化，提高自主创新能力。推动文化事业发展，全年共安排各类文化专项资金3592.64万元，用于支持文物保护、农村文化建设、文化设施建设及免费开放、开展群众文化活动、促进文化产业发展，逐步完善公共文化服务体系。稳定社会保障投入，全年发放社会救助、救济类资金12474万元，残疾人生活保障方面发放1170.3万元，各类就业补助发放1897万元；社会保障基金全年收入25.48亿元，基金安排支出24.4亿元。加大财政用于社会管理方面投入，支持推进公共安全体制建设、社会治安防控、安全生产和应急管理，安排政法专项资金2670.1万元。

【加大普惠民生投入】实施38项民生工程，累计拨付项目资金12.48亿元，其中政策补助类项目共发放资金8.14亿元。全面完成8项建设类民生工程目标任务，按序时进度兑现23项补助类项目资金。全市共115个行政村，2548个村民小组开展“一事一议”财政奖补工作，项目覆盖面74.67%，参与筹资人口40.03万人，全市实施项目135个，投资总额4311.85万元。顺利完成美丽乡村建设任务，即7个乡镇政府建成区整治、40个中心村建设(其中省级29个,合肥市级11个)、784个自然村环境整治;整合美丽乡村建设专项资金11704.25万元,其中:巢湖市3550万元。筹措资金足额保障各项重点支出,完成精准扶贫社保兜底任务。将扶贫线与农村低保、农村五保三线统一调至3600元,积极探索创新帮扶措施,抓住实施普惠金融为契机,探索金融精准扶贫,在全省率先实行"建档立卡农村贫困人口医疗商业补充保险"政策,为全市3万多建档立卡农村贫困人口购买医疗商业补充保险,全年支付保费约800万元。深入实施政策性农业保险,全年筹集保费2298.84万元,投保面积95%,赔付保费3004万元,赔付率100%,群众满意率不断提高。

【扶持经济持续发展】做好产业政策扶持工作,兑现产业政策扶持资金4633.67万元。做好"双创"示范小微企业就业、政府购买服务工作,40家企业享受普惠制稳定就业岗位补贴478.58万元;拨付购买公共就业服务资金20.89万元。落实小微企业税收优惠政策,全市小微企业税收共计减免4723.56万元,政策实际受惠面100%。开拓"双创"示范融资支持、融资创新、融资担保体系建设等工作,设立"调转促"产业引导扶持基金,基金规模5亿元人民币,主要以股权投资和委托贷款方式向企业投资。推进"政保贷"、"税融通"、"政银担"等工作。

【深入推进作风建设】积极开展"两学一做"学习教育、"讲看齐、见行动"学习讨论活动,深入学习贯彻习总书记系列讲话精神,财政系统党风政风持续好转。严格执行中央"八项规定"和省、市关于加强作风建设的相关规定,率先规范津补贴发放,不断完善机关考勤、公务用车、公务接待等各项制度,文明创建与天河街道官圩社区"联点共建"、脱贫攻坚与坝镇联河村、天河街道三合社区"结对帮扶"等活动开展得有声有色,财政干部工作作风进一步改进,窗口形象和服务效率进一步提升。2016年度市财政局决算工作获合肥市财政系统二等奖,财政信息宣传工作获得合肥市财政系统三等奖,市财政局机关、槐林财政分局、苏湾财政所和栏杆集财政所被评为巢湖市第五届文明单位,市政府组成部门行风评议成绩良好,年度综合目标考评位居前列,被市委市政府授予巢湖市防汛抗洪先进集体称号,5个乡镇财政所(分局)被省财政厅评为第二批创建服务型财政所(分局),3个乡镇财政所(分局)被合肥市财政局评为第二批创建服务型财政所(分局),6个财政所(分局)档案管理顺利通过省一级验收。

(巢湖市财政局供稿)

瑶海区财政工作概述

【概况】2016年,全区一般公共预算财政收入完成19.05亿元,同比增长11%。其中:地方收入完成13.64亿元,同比增长3.8%。中央收入完成5.41亿元,同比增长36.1%。国有资本经营收入完成402万元。全区一般公共预算支出完成27.9亿元。

【服务经济发展】落实各项产业扶持政策,预算安排企业发展专项资金3500万元,用于企业政策性奖励和补贴;协调成立兴泰担保瑶海分公司,加大对瑶海区小微企业政策性担保支持力度,加快推动区域经济转型发展。提升区域金融服务能力,投入财政资金4600万元,设立政保贷、税融通、过桥续贷资金等各类财政金融产品,为250余户小微企业提供流动资金支持6.5亿元。重点推动优质企业直接融资,加强上市业务培训、宣传,促进客来福家居、古井酒店2家企业在新三板成功挂牌。

【深化收入征管】健全户型管理联动机制,定期摸排新注册企业情况,组织街、镇、开发区对7100多户新增企业进行逐一核实情况,健全税源动态监管机制。建立协税护税联席工作机制,实行协税护税问题按月销号,分类举办政府投资项目施工企业、房地产开发及建安企业、街镇开发区协税护税人员专题培训,构建全方位、多层次综合治税体系。严格政府投资项目税收管理机制,逐一核查全区71个重大项目施工单位自2011年度以来工程款收入、税收缴纳情况,坚持查遗补漏的同时,严格遵循"先缴税、后付款"原则,未按属地原则在税务部门申报纳税的,一律不予支付各类款项,紧抓源头控税,自2016年8月至年底依靠财政资金的建设项目累计护税入库1000多万元,确保辖区重点项目建设税收足额征缴。

【保障重点支出】民生项目保障力度不断加大,2016年全区民生类项目支出占一般公共预算支出比重达82.7%。推动城市建设,加大市政设施工程投入,全年拨付区级市政建设管养资金4100万元,投入老旧小区改造及后期管理经费4553万元,拨付土地报批、新增建设用地有偿使用费等1.4亿元,全年投入大建设资金31.34亿元,加快全区重点项目推进速度。支持社会事业全面协调发展,优先发展教育事业,足额配套区级教育基建项目经费3500万元,持续提高义务教育公用经费标准,切实提高义务教育保障水平;全面落实就业再就业扶持政策,拨付资金1.2亿元发放各类补贴;加快推动计生卫生事业发展,全年拨付卫生计生工作专项经费1.1亿元。

【强化预算管理】提高预算编制水平,强化预算统筹力度,将公共财政预算与全区拆迁建设资金预算进行统筹,综合编制;不断完善预算编审机制,对部门新增预算项目一律实行会商评审制度,实行预算安排与预算执行、结余结转“三结合”机制。强化预算刚性约束,严把项目支出预算关,规范预算调整,推行预算执行考评通报制度,健全预算支出绩效考核机制,切实强化部门支出责任。全面盘活财政存量资金,建立盘活财政资金长效机制,提高财政资金使用效益,避免财政资金闲置浪费,清理回收36家区直部门预算指标资金3746万元,收回部门结余结转资金505万元,盘活使用专户存量资金8019万元。

【推进财政改革】建成运行区公共资源交易一体化系统,实现与市公共资源交易中心信息系统、交易规则、制度体系的一体化,完成建设项目设计、施工、监理、装饰装修、工程造价等多个定点库建设。完善街镇开发区财政体制,出台《2016年街、镇、开发区财政管理体制改革方案》,进一步理清财权事权,不断强化镇街、开发区增收节支和争先进位意识。推进建设资金管理体制改革,出台《瑶海区建设项目资金管理暂行办法》,统筹资金管理核算,开发瑶海区建设资金动态监管系统,编制建设资金滚动收支计划,提升精细化管理水平。实施行政机关公车改革,核定公车编制111辆,收缴处置公车91辆,节约公车运行费用728万元。

【规范财经管理】规范国库集中支付流程,出台《瑶海区国库集中支付资金审核规范》,明确单位在办理资金支付环节内部审核、审批的流程,细化各类支出的标准和审核要点,全年累计完成国库集中支付7.2万笔,支付业务金额达98.1亿元。强化财政资金收付管理,制定财政资金支付业务及财政票据购领、缴销流程图,规范印章使用管理制度,根据《瑶海区财政资金动态监控管理暂行办法》,严把资金动态监督审核关,设置监控规则40条,重点加强对政府采购、“三公经费”、公务卡使用等支出监管。严格专户管理,全面清理镇街、开发区建设资金专户,清理全区街镇开发区建设专户沉淀资金约6.5亿元,集中管理资金约3亿元,规范财政专户开立程序,实行国库集中支付统管。实施财政资金安全检查,深入开展“小金库”和滥发津补贴专项整治工作。加强财会人员管理,实行严格的会计上岗准入制度,举办两期全区财务人员培训班,提高财会人员业务技能和业务素质。

(瑶海区财政局供稿)

蜀山区财政工作概述

【概况】2016年,全区财政总收入跨越30亿元新台阶,完成30.3亿元,增幅9%。其中:地方财政收入19.5亿元。全年一般公共预算支出完成30.11亿元。

【支持转型升级】围绕区委、区政府决策部署,聚焦突破,精准发力,深入推进“调转促”,有效发挥财政资金的杠杆和撬动作用。全年投入资金1.82亿元,加快蜀山经济开发区及西部新城现代化、专业化建设发展步伐,增强长期发展后劲。整合资金5500万元,支持战略性新兴产业和现代服务业发展,在产业结构优化中推进经济提质增效升级。其中:安排促进服务业发展3100万元;促进新型工业化发展900万元;促进现代农业发展800万元;促进文化旅游业发展700万元。逐步建立事权与支出责任相适应制度,财力更加注重倾斜基层。全年投入各街道、社区经费1.26亿元,比上年增加3200万元。其中专项安排社区综合建设经费1310万元,支持社区服务基层群众。

【支持创新驱动】安排财政资金7000万元,通过创新财政扶持工具,全方位多层次推动企业提升自主创新能力。其中:投入5000万元用于自主创新基地建设;投入1000万元设立促进自主创新专项资金;投入1000万元支持电子商务企业发展。结合蜀山区科技优势,安排1000万元科学技术资金,引导和支持企业科技研发及成果转化,加速培育一批具有较强竞争力的新兴产业。2016年,蜀山区信息技术及软件行业发展迅猛,财政收入贡献额突破2亿元,同比增长21%。安排资金1126万元,从构建创业创新平台、拓展创业创新服务和鼓励工业设计产业集聚发展三个方面,推进大众创业万众创新工程。

【支持城乡建设】支持城区现代化建设,投入1.05亿元,支持大建设及旧城旧村改造,改善5000余名群众居住条件;投入4215万元,对老旧小区进行综合整治及物业管理提升;投入1835万元,用于文化体育发展;投入1228万元,用于平安蜀山及智慧蜀山建设;投入1000万元,用于区属道路建设。支持新型城镇化建设,投入9000万元,支持小庙镇建设发展,涵盖产业调整、容貌整治和生态旅游等各方面;投入2500万元,用于美丽乡村建设;投入2068万元,支持现代农业产业改革;投入609万元,用于农村安全饮用水工程及农建“八小”工程;投入550万元,用于农村公路建设与养护。支持生态环境建设,投入9500万元,用于绿化建设、“四季花海”三期及水源保护区综合整治等。新增提升绿化面积105.14万平方米,植树造林5247亩,“四季花海”城市公园基本建成,全区绿化覆盖率、森林覆盖率、人均公园绿地面积均列全市首位;投入6500万元,用于排水设施整治及市政设施维护;投入3000万元,用于市容环境提升及“数字城管”创新;投入945万元,用于秸秆禁烧等环境专项治理。

【保障改善民生】调整和优化支出结构,努力压减一般性支出,财力分配更加注重向民生倾斜。加大民生工程协调推进力度,全面完成32项省市民生工程年度目标任务。大力支持教育事业发展,区本级教育支出4.83亿元,占财政支出22%。义务教育阶段学生杂费和作业本费全免除,学前教育投入全力保障,新建学校资金及时到位,标准化建设效果明显。加大社会保障投入力度,全年社会保障和就业支出1.91亿元,同比增长10%。其中:专项安排弱势群体救助及被征地农民保障经费2800万元,对农村低保、农村五保供养及贫困残疾人救助进行提标扩面,补助标准位于全省前列。全面推进公共卫生服务体系建设,全年医疗卫生和计生事业支出7374万元,同比增长7%。其中:“健康蜀山、幸福居民”专项卫生经费达500万元,公共卫生均等化服务经费达350万元。全面改善保障性安居房,全年新开工建设华冶生活区和化机厂棚户区改造项目476套,完成率102%。完成五里墩方大郢棚户区房屋改造968套,完成率101%。产业园二期公租房1143套建成并投入使用。

【着力深化改革】加大重要领域和关键环节的财政改革创新力度,加快建设公共财政。全面启动三年财政滚动预算和财政中期规划试编工作,预算编制积极推行多方联合、上门会商、专家论证及公开评审等一系列创新举措;加大预决算信息公开力度,全区各镇街园及区直部门在门户网站上全面公开部门预决算信息,公开内容首次扩展到经济类科目,文字说明更加翔实,广泛接受人民群众监督。加强专项资金管理,出台《蜀山区部门专项资金管理清单制度》,结合财政平台一体化建设,规范项目资金,强化支出责任。严格非税收入管理,建立收费项目库动态化管理机制。深化公务卡改革,严控现金支出,积极开展重大财政资金项目、“三公经费”支出和盘活存量资金专项检查,保证财政资金安全、规范、高效运行。积极开展融资创新,努力打通链接创业者、创业投资和资本市场的桥梁,积极发展后备企业资源库,引导企业上市或挂牌“新三板”,壮大蜀山区资本市场。全区后备企业增至40余家,其中14家完成股改,10家挂牌“新三板”,1家成功上市。针对中小微企业融资难现状,多次举办大型政银企对接会,并通过“政保贷”、“续贷过桥”、“税融通”等金融产品有效缓解中小微企业融资难、融资成本高等问题。扎实推进政府采购,以推进信息一体化工作为契机,探索试行政府采购单位在线直购电商商品的全新模式,营造公开、公平、公正、透明的招投标环境。全年完成招投标活动3477次,预算金额4.19亿元,实际采购金额为3.01亿元,节约资金1.18亿元,节约率28.19%。网上商城品种6536个,完成交易金额1608.18万元。

(蜀山区财政局供稿)

庐阳区财政工作概述

【概况】2016年,庐阳区财政局主动应对经济新常态,认真落实财政管理新要求,坚持质量和效益,统筹当前和长远,稳步提高财政综合实力,扎实推进财政各项改革,持续提升财政服务发展大局的水平,为全区经济社会持续健康稳定发展提供坚实财政保障。

【实现财政稳运行】坚持质效并举,依法强化财政收支管理,财政运行呈现稳中有进、规范有序、重点突出的良好态势。区财政局积极对接税务、市场监督管理部门和乡镇街道,将征管责任横向传递到边、纵向压实到底,强化收入预期导向和过程管控,确保收入均衡、有序入库。全年财政收入完成34.02亿元,增速与经济发展同步,好于年初预期。教育、医疗卫生、社会保障等社会事业类支出增长17.86%,城乡社区、科技、交通运输等经济建设类支出增长28.29%;"三公"经费同比下降25.3%,财政支出集中体现"保重点、控一般"原则。严控预算追加,加大存量资金清理盘活力度,全年清理结余资金1075万元,财政支出效率进一步提升。

【推动经济调转促】围绕"1341"发展思路,聚合财力精准发力,助推经济转型升级。支持三大功能区建设,投入51880万元,推动城隍庙二期工程、淮河路周边小街巷、特色街区等建设改造,推进国家级中央商务区建设;整合资金投入37612万元,支持工业区提升基础设施品质,引导企业转型升级,推进全省高技术服务示范区建设;投入11454万元,支持合肥环巢湖地区生态保护修复、绿化大会战、美丽乡村建设,推进滨水文化生态休闲区建设。加大扶持实体经济,安排工业、农业、现代服务业等产业发展政策扶持资金4249万元;安排"双创"专项资金1950万元,引导成立1亿元中安创投基金,通过政保贷、税融通、过桥贷及"两类机构"累计向辖区企业提供资金71亿元,支持中小微企业发展。

【促进金融新发展】依托庐阳区金融业先发优势,培育金融业态,做强金融产业,进一步提升全省金融业集聚区地位。注重规划引领,在全市县区中率先编制"十三五"金融规划,首提"空间+产业+项目"发展思路。加强顶层设计,成立区金融业推进小组、金融发展服务中心,金融业发展联合会,建立金融发展基础数据库,构建"一组、一中心、一协会、一库"的发展推进机制。推进创新发展,打造庐阳投融资活动新模式,组织三次融创资本项目对接会,实现境内与境外、资本与项目实质性、常态化对接。开展精准招商,金融机构总部板块引入吉祥人寿、平安保险等项目,新兴金融板块加入华融消费金融、皖投担保、华安融资租赁等项目,金融业态更加丰富。

【持续保障惠民生】坚持保基本、兜底线、补短板、促公平,财政投入优先向民生领域倾斜,持续改善和保障民生。全区民生类支出200462万元,增长18.93%,占总支出的81.28%,占比较上年提高3.29个百分点。精心组织实施"31+8"项民生工程,投入资金26881万元;推进民生工程项目建后管养政府购买服务,盘活资产资源;开展部分重点民生工程项目绩效评价,检验惠民效益。支持社会事业发展,拨付69719万元,加大对义务教育保障机制、校园设施建设等教育事业投入;拨付14357万元,加大对基本医疗服务、医药卫生体制综合改革等卫生事业投入;拨付25187万元,加大对城乡居民低保、就业创业、养老服务等社保、民政事业投入;拨付57269万元,加大对棚户区改造、老旧小区整治等城市管理投入。

【优化管理提绩效】持续推进预算管理改革,优化预算会商、部门联审、公开评审机制,首编2017—2019年中期财政规划;开展部分重点项目绩效评价,推进财政绩效预算进程;依法按时公开2015年决算、2016年预算和"三公"经费预决算信息,打造"阳光财政";推进"营改增"全面实行到位,落实结构性减税政策。继续推进公共资源交易管理改革,在全市率先开展政府采购开标评标现场标准化建设,率先推进市区一体化平台,政府采购网上商城改革全省领先。加强政府债务管理,争取地方政府置换债券13900万元,新增债券41360万元,实现"贷转债"最大化,降低政府债务偿还压力和资金成本。强化财政监督管理,建立财政内控制度,开展财政资金安全检查,加强财政管理关键环节风险防控。

(庐阳区财政局供稿)

包河区财政工作概述

【概况】2016年,全区一般公共预算收入49.06亿元,完成年初预算的111.38%、增长22.50%,其中地方财政收入32.18亿元,完成年初预算的103.24%、增长13.54%。

【财政收入平稳增长】密切关注财税改革动态,认真领会国家税制改革工作的精神及重点,采取积极措施,加强对重点行业和企业的关注和分析,科学研判发展走势,确保财政收入稳定增长。建立区级企业跨区域迁移协调联席会议制度,加强企业在区间迁移或向区外迁移管理,切实规范税收征管秩序,防止税源流失。加强对重点税源户和重点行业管理,对辖区内重点税源户实行分级管理,实现税源的动态监控;设立税源台账,按月进行数据对比分析,及时掌握最新税源信息。继续深化政府非税收入收缴管理制度改革,从规范化、制度化入手完善征管机制,确保各项非税收入及时足额上缴财政,确保实现应收尽收。

【民生建设实现目标】牢固树立"过紧日子"的思想,继续严格预算执行、严控预算追加、严压"三公"经费和一般性支出;进一步深化经营财政理念,充分发挥财政资金的引导作用,严把项目资金审批,确保财政资金"有保有压、有扶有控、有缓有急",优先保民生、保重点;建立健全公共服务财政投入长效机制。加大对卫生、社会保障及环境保护等方面的投入,构建覆盖全区、惠及全民的公共文化服务体系。完善社会救助和保障标准与物价上涨挂钩的联动机制,确保社会保障投入的可持续性。建立民生工程资金预算的自然增长机制,坚持将财力增长投入到民生领域,注重采取市场化运作方式,创新举措,积极采取以奖代补、贴息、配套、担保等形式,吸引社会资金投入,形成政府主导、部门协作、多方参与的多元筹资机制;坚持因地因时制宜,以群众意愿调整完善政策措施,以群众利益最大化。2016 年市下达民生工程任务 31 项,5 月中旬增加"校舍维修改造工程"项目,实际项目调增至 32 项,其中,省定项目 25 项、市定项目 7 项,工程类项目 5 项、资金补助类项目 27 项。全年累计到位资金 27599.59 万元,其中,中央及省级资金 11706.95 万元、市级资金 7819.97 万元、区级资金 8072.67 万元,实际拨付资金26499.68 万元,资金拨付率 96%。全区资金补助类项目按序时推进,工程类项目按计划实施。其中,城镇居民基本医疗保险、义务教育经费保障机制、就业扶持工程、贫困残疾人救助与康复、农村文化专项补助等 17 个资金类项目提前完成全年目标任务;当年应完工的 25 个工程类项目点全部提前完工。

【财政改革全面深化】立足首善包河,进一步扩大预决算公开范围,改进预算管理制度,促进依法行政、依法理财和民主理财,推进财政管理的科学化、规范化和透明度。加快推动包河区产业发展基金、文化产业引导基金发展,构建多元化、多层次、多渠道的投融资体系。进一步深化国库集中支付改革。落实镇级(街道)国库集中支付改革工作,加强镇级(街道)国库集中支付监控管理,提高财政资金运行的规范性和有效性。建立健全财政预算绩效管理相关制度和工作机制,稳步推进预算绩效管理工作。按照"先易后难、逐步推开"的原则,建立较为完善的预算绩效管理制度,形成预算绩效管理长效机制。加强政府性债务动态管理。健全包河区政府性债务预警机制,建立月报制度,及时掌握政府性债务的变化情况,做到债务规模稳中有减。深入推进政府采购改革,结合区级采购的特点,扩大网上商城商品供应范围,开发网上竞价模块,进一步推行使用信息网络化电子交易方式。

【投融资管理全面创新】积极探索多种融资方式,推行项目融资,积极引导社会资金投入重点项目建设,建立"财政资金支持、区属国企投入、社会资金参与"的多层次、多元化、多渠道的复合型投融资体制。加强政策性融资担保体系建设,积极推进与省、市担保集团合作,开展银政担风险分担机制试点,做强区属担保平台。积极发展互联网金融,开展互联网股权众筹融资试点,探索公开、小额股权众筹融资业务。积极组织银企对接会、座谈会等形式,为企业提供融资需求。不断扩大拟上市企业数量,为辖区拟上市企业提供上市政策支持。加强对小额贷款公司和融资担保公司的日常监督管理,使其规范化、诚信化运营,营造良好的金融生态环境。深化银企对接,引导支持企业上市、发行债券,进一步拓展企业融资渠道。

【财政干部建设逐步强化】以"两学一做"、"三做四创"活动为契机,推进党员干部队伍作风建设。开展财政内部科室设置改革,对现有各个科室职能重新优化,对现有人员按工作需求重新分配岗位,定岗、定责、定目标。加大对财政干部的教育和培训力度,严格遵守《廉政准则》和中央、省市区关于改进作风的各项规定,抓好党风廉政建设,坚持用党员干部的规范来约束自己,从严要求自己,慎言慎行、慎独慎微,切实做到为民、务实、清廉。按照"严以用权"的要求,把权力交给制度,把权力交给集体,坚持用制度管人、管权、管事,真正把权力关进制度的笼子里,坚持用权为民。继续争创市级文明单位,加强对窗口单位和基层财政所文明创建工作的指导和监督。

(包河区财政局供稿)

合肥高新技术产业开发区财政工作概述

【概况】2016 年,合肥高新区财政部门深入贯彻落实中央、省、市财政工作要求,围绕建设"财富高新、和谐高新、美丽高新”和“当龙头、进前五”奋斗目标,充分发挥财政服务经济、服务建设、服务民生职能,全力促进经济持续健康发展和社会和谐稳定,先后荣获2015年度全市财政决算评比先进单位、2016年度全市预算支出进度考核先进单位、2016年全市财政信息宣传考核先进单位、合肥高新区2016年度先进单位等荣誉称号。

【实现财政收入量质并举】一般公共预算收入28.62亿,完成预期目标的105.7%,同比增长15.4%,其中税收占比达97%。地方收入16.84亿元,完成预期目标111.2%,同比增长20.2%,财政收入持续保持两位数增长态势。统筹发展速度、质量和效益,加快结构调整,推动产业转型,增强财政增收后劲,税源结构呈现主体税种稳步增长、新兴产业增收明显态势。2016年二产与三产税收占比分别为49%、51%,第三产业占比逐年上升。纳税500万元以上的企业215家,税收总额75.23亿元,较上年增长22%,占税收总额80%以上。

【推进财政重点改革】全面推开营改增试点,合肥高新区3512户企业实行“营改增”。实施政府购买服务项目78个,涉及预算资金1.73亿元。落地实施PPP项目2个、总投资49.56亿元,其中高新区综合管廊项目成功入选第三批国家PPP示范项目。把握国家加大地方债发行规模机遇,争取2016年政府债券8.55亿元,累计获批政府债券28.02亿元,年节约融资成本约8400万元。根据全市统一部署,通过政府门户网站公开合肥高新区2016年财政收支预算及“三公”经费预算、2015年财政收支决算及“三公”经费决算。对2015年道路、绿化养护、回迁小区物业费等34个项目开展财政支出绩效评价,涉及财政资金1.46亿元。严格按照全国农业“三项补贴”改革要求,6月底之前向2050户农户发放农业支持保护补贴资金112万元。

【创新支持经济发展方式】在总结以往政策运行情况的基础上,升级扶持产业发展的“2+2”政策体系,对合肥市“1+3+5”工业、自主创新和现代服务业政策承接比例达75%,全年扶持企业2468家次,扶持金额7.39亿元。推进财政金融产品创新,形成以青创资金、创新贷、转贷资金、税融通、银政担、政保贷、创业担保贷以及订单贷为代表的八大财政金融产品,投入财政资金1.27亿元,扶持613家企业融资15.78亿元。与省财政厅合作的青创资金累计支持项目273个,直接支持金额1.7亿元,提前超额完成“2017年底支持企业金额1.5亿元”的目标任务。支持各类双创载体的引进和建设,预算安排1.6亿元打造扶持创新创业的“创九条”政策体系。鼓励“孵化+投资”模式支持双创企业,出资2000万元设立全省首支双创孵化引导基金,成功参股4支子基金,金额1900万元。向双创企业发放5000万元的“合创券”实现财政扶持从事后到事前、松散到集聚、管理到服务的“三个转变”。

【促进金融基金集聚】新引进基金、金融项目56个,注册资本规模811亿元,新引进基金以国有背景基金为主,包括天使类基金、创业投资基金、产业投资基金、并购类基金等,投资范围涵盖初创期、成长期、成熟期、上市前等企业。发起设立、参与组建19支投资基金,基金总规模约395亿元,累计完成投资约22.05亿元,投资企业136家,投资企业中上市及并购上市企业5家,新三板挂牌企业16家。2016年新增投资企业58家,投资总额约9.59亿元。加强中德战略合作,推进中德创新发展母基金(4亿元)、子基金(20亿元)、信保基金(10亿元)、子基金管理机构以及中投特殊目的公司等设立,双方围绕担保业务创新、基金合作、招商引资、资产管理四个板块进行合作。

【提升财政管理水平】规范国有资产管理,对全区47家行政事业单位开展资产清查,摸清“家底”并修订完善行政事业单位国有资产管理制度,制定出台企业国有产权转让管理办法、复建安置小区配套房和产业类房产运营管理暂行办法。打造“一体化”公共资源交易平台,市区公共资源交易一体化平台正式上线运行,连通全市网上商城“徽采商城”,逐步建立信息互通、资源共享的市区公共资源交易机制。2016年公共资源共交易501个项目,中标金额62.75亿元,资金节约率为18.77%。加强对财政投资项目管理,做好财政投资项目结算审计,完成497个项目结算审计工作,审定价16.66亿元,审减率达3.28%。完成合芜蚌试验区科技创新公共服务和应用技术研发中心和合肥高新区复兴家园(南北组团)项目竣工财务决算审计,金额达22.52亿元。推进财政信息化建设,从预算编制到财务核算环节的全部财政财务核心业务全部一体化纳入平台,实现核算单位全覆盖、财政性资金全覆盖,全年通过一体化平台完成收支业务2.87万笔,收付资金74.4亿元。“三公”经费只减不增,全区"三公"经费支出 787.4 万元,较上年下降 8%。

【持续实施民生工程】实施省、市、区"21 +7 +1"项民生工程,投入财政资金约 7.5 亿元。按照财政局(民生办)牵头抓总,职能部门具体实施的职责分工,根据问题导向按月对民生工程项目进度、资金拨付、信息工作等实施情况进行通报,按季对全区民生工程进度进行调度。全面落实合肥市关于民生工程项目进度、基础工作、网站公示、民主实施、多元投入、建后管养及政府购买服务等方面的工作要求,并不断实现工作突破和创新,全省首家通过招标方式委托第三方对全区民生工程建后管养工作进行绩效评价。

【全面加强自身建设】深入开展"两学一做"学习教育,认真组织学习党章党规、学习贯彻习近平总书记系列重要讲话精神和视察安徽重要讲话、十八届六中全会和中央经济工作会议精神,组织 12 次党支部集中学习、3 个专题讨论、4 次党课,开展结对共建、定点帮扶等活动。按照全市统一部署开展财政资金安全检查、"小金库"专项整治、滥发津补贴专项整治等,进一步堵塞漏洞,严肃财经纪律。

(合肥高新区财政局供稿)

合肥经济技术开发区财政工作概述

【概况】2016 年,合肥经济技术开发区综合财政收入 137.93 亿元,其中:税收收入完成 125.49 亿元,同比增长 4.5%。全年完成一般公共预算收入 30.25 亿元,增长 10.9%。其中,地方收入完成 17.45 亿元,增长 16.4%。完成综合财政支出 75.21 亿元,其中,一般公共预算支出 42.2 亿元。严格执行厉行节约有关规定,严控"三公"经费,2016 年"三公"经费支出下降 22.52%。

【加强收入预期管理】实行按月分析,按季调度,即按月与税务部门做好对接,及时发现问题,并会同相关部门帮助企业解决问题;按季度组织召开收入形势分析会联动,支持税务部门依法征收、应收尽收。推进社区协税护税工作,全年完成区内经营区外纳税户变更 90 户,增加税收 4500 万元。探索楼宇经济试点工作,商讨出台支持楼宇经济发展扶持政策。做好税收政策调整分析,因"营改增"全年减税约 3.4 亿元,影响分税后财政收入 1 亿元。

【支持经济发展】牵头修订开发区政策体系,在企业符合政策条款后即可申报兑现,最大限度发挥政策撬动效应。推进财政金融产品创新,出台《合肥经济技术开发区税融通管理实施细则》《合肥经济技术开发区续贷过桥资金使用管理细则》《合肥经济技术开发区大湖名城中小微企业政保贷创新增信类产品暂行管理办法》等相关文件和政策,规范运作程序,对税融通、过桥贷业务进行贷款贴息和奖补,进一步降低企业融资成本。帮助企业及时解决融资难、担保难等问题。推动企业直接融资,建立上市后备企业资源库,鼓励和引导具备条件的企业进入资本市场(上市)、"新三板"和省股权交易中心挂牌融资。成立合肥经济技术开发区基金管理委员会以及产业投资引导基金、创业投资引导基金和天使投资基金三支政府引导基金。

【保障和改善民生】精心实施民生工程,28 项民生工程共到位各级财政资金 1.19 亿元,其中区配套 0.44 亿元。加大民生投入,2016 年民生投入达到 57.5 亿元,占全年支出的 72%,较上年增长 28.3%,在足额保障教育、社会保障、医疗卫生等支出下,重点做好南区老旧小区改造、北区基础设施建设和征地拆迁安置及补偿。

【推进财政改革】强化制度建设,先后出台《合肥经济技术开发区预算管理办法》《合肥经济技术开发区预算绩效管理暂行办法》《合肥经济技术开发区预算绩效评价暂行办法》等制度 17 个。加大预算绩效管理,对 2015 年 18 个重点支出项目实施绩效评价;对 2016 年部门 63 个支出项目实施中期绩效自评工作,并将绩效评价结果应用到 2017 年预算编制中;2017 年绩效目标与预算同步编制、同步审核、同步批复。狠抓预算执行进度,按月考核通报部门支出进度,推行政府采购预采购制度,加快资金支出进度。加强财政财务管理,根据上级财政统一部署,完成区级预决算、部门预决算及"三公"经费预决算公开工作。开展财政资金安全检查、津补贴专项整治、"小金库"专项治理。开展各类财政财务专题培训 13 期,累计培训 1033 人次。

【规范投资债务管理】进一步优化代建项目工程款支付流程;制定结算审计复审机制。在初步设计概算评审阶段进行投资经济性分析;严格签证管理,对设计失误错漏追责;加强审计中介考核,定期通报审计结果,以提高审计质量。落实地方政府新增及置换债券转贷12.06亿元,偿还政府性债务14.9亿元。按时或提前偿还非政府性债务4.35亿元。政府性债务率、偿债率、新增债务率等指标均在规定的风险预警线以内。

【强化国资监管】落实区属国有企业改革各项工作,进一步完善企业绩效考核机制,出台《区属国有企业负责人任期经营目标考核暂行办法》。规范行政事业单位资产管理,组织对全区49家行政事业单位(含21家中小学校)进行全面资产清查审计,共清查资产2.37亿元(含学校资产1.4亿元)。修订《合肥经济技术开发区公物仓管理暂行办法》《合肥经济技术开发区资产配置标准》。加强区属企业监管工作,修订《区属国有企业重大事项报告制度》,出台《国有经营性房产管理暂行办法》。督促企业严格执行《区属国有企业财务管理若干规定》,规范财务核算,提升企业财务管理水平。

(合肥经开区财政局供稿)

合肥新站高新技术产业开发区财政工作概述

【概况】2016年,合肥新站高新区公共预算财政收入完成13.48亿元,增幅46.94%,其中地方财政收入完成9.43亿元,增幅55.26%。提前近4个月完成年度收入预算任务和管委会目标收入任务。公共预算收入和地方财政收入增幅均位居全市第一。

【加强收入预期管理】建立收入预期管理协调机制,加强与国地税部门的工作会商,建立定期会商机制,及时了解收入征管情况。抓住营改增契机,配合地税部门清理企业欠税3.25亿元。出台《社区协税护税目标考核暂行管理办法》和《协税护税联席会议制度》,明确职责,充分发挥区直部门和社区协护税职能作用。加强经济形势与预算执行分析,建立涉税平台,加强重点税源和纳税大户的监控分析、随时掌握税源结构变化,认真研究企业在生产经营过程中产、供、销各环节因市场变化对税收的影响,按月做好经济形势和预算执行分析,及时发现问题,采取相应措施,确保收入稳定增长。强化非税收入征管,出台《关于加强新站区非税收入收缴管理的通知》,进一步明确非税收入收缴管理要求。将非税收入预算细化到各征收部门,对相关企业欠缴的土地流转租金、植树造林租金会同业务部门采取措施积极清缴。

【加快财政支出进度】公共财政支出32.22亿元,完成调整预算的99.92%,较上年同期增长97%。其中:民生类支出达到29.04亿元,占预算支出的82%,通过建立办公设备政府采购定期执行机制、存量资金和往来款项定期清理机制,预算执行定期通报机制,强化预算执行。

【推动财政各项改革】完善全口径政府预算体系,出台《新站区国有资本经营预算管理办法》,确保国有资本经营预算纳入公共财政预算在2020年达到30%,规范国有资本经营预算编制、执行。启动项目绩效评价,出台《合肥新站高新区财政预算绩效管理暂行办法》,制定《2016年新站区绩效考评工作方案》,采用自评和第三方评审相结合的方式对全区80个项目4.5亿元资金开展绩效考评。在编制2017年部门预算时,要求除基本支出、经常性项目、资产购置项目外的所有项目均需编制绩效预算,绩效评价结果作为预算安排依据。开展预算公开评审,制定《新站区2017年预算公开评审工作方案》,委托中介机构对维修类项目进行事先评审,涉及金额8000万元,核减1463万元,核减率18.4%。邀请人大、政协及相关领域专家组成评审组对专业技术性较强的项目、资金量较大的项目、部门新增项目进行集中评审,涉及金额1.64亿元,核减4140万元,核减率25.2%。通过预算公开评审,增强可预算编制的透明度。加强预算资金管理,出台《关于严格新站区预算单位现金使用管理的意见》,全面开展财政资金安全检查,梳理资金岗位和人员管理、账户管理、财政资金收付管理、会计核算管理和会计集中核算向国库集中支付转轨等五方面的资金管理现状,对发现的问题立即整改确保资金安全管理落到实处。建立内控制度,形成事前防范、事中控制、事后监督的财政资金监管机制。

【强化国有资产管理】加强国有资产管理制度建设,出台《新站区国有经营性房产管理办法》《新站区企业国有产权转让管理暂行办法》《新站区投融资平台公司考核暂行办法》。扎实开展行政事业单位资产清查工作,制定清查工作方案,对资产管理软件进行全面升级,召开动员大会和专项培训会议加强对区直部门和社区培训,在区直部门和社区自查的基础上，聘请中介机构进行全面核查。理清资产家底，建立全区房产管理信息化平台，实现国资部门、平台公司、社区网络分级管理。截至当年底，房产基础信息全部录入，系统全面上线运行。首次开展对平台公司的业绩考核，设定二类八项指标对平台公司的资产保值增值、融资成本管理、国有经营性房产管理进行全方位考核，客观公正地评价平台公司的经营业绩，引导公司不断提升竞争力和可持续发展能力。

【加强公共资源交易管理】在新站高新区现有零星房建、市政、设计、协议供货等专业定点库基础上，进一步规范政府采购定点库的管理和使用，出台《新站区政府采购定点库管理办法》，加强政府采购定点库管理。完成公务机票政府采购工作，自7月1日起，新站高新区公务机票购买全部实行政府采购。强化标后履约监督管理，按时反馈市公管局督察处相关不良信息，提高建设工程履约质量，全年上报市公共资源交易中心招标项目218项，预算金额104.25亿元，较上年总预算61.89亿元增长68.44%；完成区级政府采购项目523项，预算资金15596.31万元，实际采购资金13028.55万元，结余资金2567.76万元。

【支持产业发展和基础设施建设】积极筹措资金扶持产业发展，本年用于扶持产业发展资金总量达到23.26亿元，同比增幅113%，促进平板显示、新能源、智能制造等优势产业提升，实现新站高新区创新平台建设“零突破”。发挥财政资金“四两拨千斤”作用，积极利用政保贷、政银担、税融通、小微企业续贷过桥资金等金融产品，支持小微企业发展，发放政保贷贷款5075万元，税融通贷款5665万元，政银担融资27600万元，小微企业续贷过桥资金累计发放50200万元，周转率累计完成12.55次。出台《新站区建设资金管理办法》，规范政府投资项目基本建设资金管理，提高资金使用效益。全年筹措基础设施建设资金32.03亿元，较上年增加8.48亿元。

【推进民生工程快速实施】实施“21+7”项民生工程，全年投入资金9513.2万元，其中区级资金2733.04万元于6月底前足额到位。将全年目标任务分解落实到位，督促各项目早启动、早实施。按月组织召开推进会，分类推动各项目实施，组织开展“十二五”成就展、区级中期绩效评估、“回头看”、宣传月等活动，在全区形成站区、社区、村(居)三级联动机制，推动各项工作规范有序和快速实施。截至当年底，全区全面完成全年各项目标任务，其中提前或超额完成棚户区改造、农产品食品安全工程等20个项目。

【深化财政监督管理】先后开展财政资金安全检查、财政专户检查、小金库检查、津补贴专项自查和社区专项互查。进一步规范财政资金管理，筑牢财政资金安全防线，全面清理整顿财政专户，严格执行财政专户开设、撤销及变更程序。进一步规范国库集中支付退库资金管理。

【提升党建工作水平】扎实开展“两学一做”学习教育活动，制定“两学一做”学习教育活动实施方案，采取自学和党小组定期学习相结合的方式，认真学习党章和习近平总书记系列讲话精神，开展党章知识测试活动，开展专题讨论。联系基层帮扶点，开展“七一”走访慰问困难党员活动；组织参观大包干纪念馆、沈浩同志先进事迹纪念馆。推进党风廉政建设常态化，结合财政资金安全检查进一步细化岗位职责，梳理廉政风险点。探索建立内控管理制度，制定财政内部控制工作实施方案，成立财政局内部控制委员会，分解内部制度建设任务，坚持用制度管人管事。不定期集中组织学习区纪工委编印的廉政教育材料，做到廉政教育警钟长鸣，常抓不懈。

（合肥新站高新区财政局供稿）

合肥巢湖经济开发区财政工作概述

【概况】2016年，合巢经开区财政局紧紧围绕年度任务目标，依法组织财政收入，强化重点支出保障，推进财政改革创新，积极落实惠民生、促增长等政策措施，财政运行总体平稳，较好地实现“稳增长、调结构、促发展、惠民生”的工作目标。

【加强财税征管】全年财政收入完成54205万元，增幅12.4%；地方收入完成35036万元，增幅10.7%。强化财政收入预期管理，成立税源分析领导小组，出台收入征管分析办法。围绕全年收入任务，主动加强与国税、地税部门的沟通和联系，强化任务分解，加强调度分析，加大涉税事项管控力度。大力引进总部经济，全年总部经济企业贡献税收3000万元，占财政收入总额的5%，较上年增长1个百分点。

【优化支出结构】积极落实省、市、区出台的相关政策,支持实体经济发展。切实发挥财政杠杆作用,大力整合和落实好各项财政投资引导资金。全年区级财政安排资金1.7亿元,争取市级创新转型升级专项资金2亿元、市级新能源汽车产业扶持资金1亿元,通过借转补、政策兑现等多种方式支持中小企业和优势产业做大做强、提升层次;加大产学研资金投入,扶持未名研究院等自主创新主体,全年安排支出1.1亿元;加大对区投融资平台的支持,补充注册资本金5100万元,通过平台出资5000万元参股水木创业投资基金。积极拓展金融服务,服务园区企业。落实税融通,全年实现税融通贷款2600万元。开展政保贷业务,成立中小微企业政保金管理机构,与建行巢湖分行签署《政保贷合作协议》,完成590万元政保贷业务。开展担保风险金业务,出台担保风险补偿资金管理办法。区财政安排2000万元,与合肥兴泰担保公司进行合作,设立担保风险补偿资金,为五谷农庄等7家企业提供融资担保6680万元。开展续贷"过桥"业务,印发《合巢经开区续贷过桥资金使用管理实施细则》,财政出资5000万元,用于支持区内小微企业短期过桥,扶持企业15户,续贷周转资金达1.45亿元。开展"4321"新型政银担业务,完成15笔4300万元的融资贷款。积极筹措资金保障园区建设,争取上级财政新增债券及土地出让金9.24亿元,缓解全区基础设施建设资金紧张状况。

【推进财政创新】加快"营改增"改革,对新扩围的建筑安装、房地产和生活性服务业等行业全面梳理,做实基数,四大行业共428户纳税人实行营改增。推进预算管理改革,深化"全口径财政预算";探索"滚动预算",编制三年中期财政规划;打造"刚性预算",强化预算约束;推进"透明预算",全面推进预决算信息公开;启动"绩效预算",制定出台《开发区预算绩效管理办法》《绩效评价共性指标体系框架》,推进预算绩效管理;全面推进权责发生制政府财务报告试编工作。深化国资管理改革,开展行政事业单位国有资产清查工作。严把购置审批关、账物核对关。加强政府采购工作,实行定点印刷、公车定点保险、网上商城,初步建立"互联网+政府采购"的新型采购模式,网上直接采购、比价采购、议价采购和竞价采购方式灵活,满足采购人实际工作需要。推进财政信息化建设,新增部门预算编制模块,增强预算编制科学性、准确性。行政事业单位固定资产信息管理系统正式上线运行。建成国库集中支付动态监控系统和视频会议室。

【保障百姓利益】高标准高质量实施省定8项民生工程,当年累计投入区级资金1100万元,使用开行贷款1900万元,拨付率100%。认真落实各项惠农政策,全年累计兑现涉农资金18952万元,其中发放农民征地补偿款17891万元。建立失地农民保障统筹基金制度,全年共归集1240万元。积极实施文化活动室等3个"一事一议"财政奖补项目,总投资110.52万元。

【开展专项行动】加强政府债务风险防控,合理测算债务规模,落实债务还款机制,夯实债务数据管理。加强小贷公司风险监管,按月审核小贷公司月报表,实时掌握小贷公司信贷业务开展情况;不定期检查、指导小贷公司执行法律法规及合规经营情况,及时传达省、市金融办最新文件精神和政策要点。开展非法集资专项整治和互联网金融整治活动,制定《开展非法集资问题专项整治活动方案》,对全区非法集资专项整治活动进行具体分工和部署,落实专项整治责任;采取多种手段进行宣传,提高广大群众对非法集资危害性的认识,增强人民群众的识别能力。扎实开展反腐倡廉制度建设年活动,通过开展制度评估,科学制定反腐倡廉制度建设计划。以审计发现问题整改、财政资金安全检查、内部控制制度建设、非税收入收缴自查、民生工程督查等五个方面为突破点,以"三公"经费管控为重点,结合现状制定年度制度建设计划,共建立健全相关制度规定24项。实行征地补偿款由区财政直接打卡发放,全年发放农民征地补偿款10144万元。组织开展"小金库"检查、"三公"经费互查、津补贴检查、存量资金清理、民生工程专项检查、财税政策兑现资金等专项治理。

【推进绩效评价】根据市直相关部门统一安排,对部分财政投资项目开展绩效评价,如市文广新局的电子阅览室绩效评价、市房产局的保障性住房绩效评价、市人社局的就业培训绩效考评等。完成绩效评价中介机构项目库招标工作,制定《财政支持经济发展专项资金绩效评价实施方案》,对东洼旅游等财政投资项目开展绩效评价。开展工程结算审计、工程竣工财务决算、部分招商项目投资情况审计、资产评估等,成效明显。2016年工程结算审结项目66个,报审价8849万元,审定价7824万元,审减额1025万元,审减率达11.6%。严把部门预算执行关,严控三公经费支出。2016年全区“三公”经费预算安排630万元，降幅为8.4%，实际支出489.6万元，占预算77.8%，同比下降130.7万元，降幅21.1%。

【提升服务水平】强化思想政治教育，以“两学一做”为契机，组织财政干部参加党章党规及习近平系列讲话测试，深入开展专题讨论活动，将“两学一做”学习教育与业务工作和日常生活相结合，促学习教育活动出成果。加大业务知识培训力度，采取办班培训、以会代训、函授和自学等形式，先后组织干部进行系统的业务知识培训，重点学习新理论、新制度、新法规、新政策。支持干部职工参加各类函授教育，干部队伍整体素质提高。主动接受人大对预决算编制和预算执行审计整改情况的监督；主动与人大、政协、党代表联系，对开发区民生工程实施和政府投资工程建设情况进行监督。

（合巢经开区财政局供稿）

淮北市财政工作综述

淮北市财政工作概述

【概况】2016年,全市财政总收入完成93.3亿元,完成调整预算的100%,与2015年持平,其中地方一般公共预算收入完成59.18亿元,同比下降1.75%。一般公共预算支出完成142.5亿元(其中中央和省转移支付资金76亿元),同比增长8.4%。

【汇聚当期财力】建立完善财税及相关部门联动机制,深化综合纳税平台应用,实行税收征管的全程动态监控。坚持"抓大、控中、管小"的原则,严格执行税收政策,加强对各类潜在税源和零散税源管理,坚决不收过头税,确保应收尽收。规范非税收入管理,推行"单位开票、银行代收、网络监控、财政统管"的非税收入收缴模式,加强行政事业单位国有资产处置、出租和国有土地有偿出让等收入的征收管理,大力挖掘非税收入潜力,确保非税收入及时足额入库。积极配合相关部门,主动对接政策,不断争取上级资金支持,稳定当期财力,有力保障全市经济社会发展。

【促进经济发展】始终把支持经济发展、涵养厚植财源作为财政工作的重中之重,积极推进"去降补"、"调转促"政策落地。落实市扶持产业发展"1+3"系列政策,统筹安排资金4.1亿元设立扶持产业发展资金和产业投资引导基金,推进产业转型升级。深化"营改增"等税制改革,全面落实国家减费降税政策,不断降低企业成本;落实房产交易契税补贴政策,兑现购房补贴1830万元,推动房地产去库存。加强园区基础设施建设,持续加大财政投入,支持园区加快道路、管网、供电、供水等基础设施配套建设,进一步提高园区对项目集聚的吸引力、产业集群的支撑力和区域发展的带动力。做大做强融资平台,筹措财政资金3.69亿元,注资市建投等融资平台公司,提高平台的融资能力。积极开展"4321"政银担试点和助保金业务,奖励企业上市直接融资,设立市县两级续贷过桥资金,扩大小额担保贷款业务,鼓励银行和金融机构加大信贷投放,缓解中小微企业融资难、融资贵问题,推进全市转型发展。

【统筹城乡建设】持续保障改善民生,继续实施34项民生工程,直接投入民生工程财政资金28.3亿元。各项民生政策有效落实、民生工程项目有序推进,全市民生工程工作继续保持全省前列。切实保障扶贫资金需求,预算安排9310万元,盘活存量资金2410万元,大力推进扶贫攻坚工作。围绕农业现代化发展,投入7103万元实施高标准农田建设等农发项目16个,提升农业综合生产能力。实施农业补贴"三合一"改革,发放惠农资金4.97亿元;政策性农业保险财政配套4258万元,提供超过10亿元的风险保障,理赔金额超过2500万元,促进农民增收。投入1.55亿元支持美丽乡村项目建设,乡镇面貌进一步改善。

【推进国资国企改革】深化国资国企改革，出台国资国企改革方案，促进国企资源整合。调整市直国有企业监管架构，支持市建投集团做大做强。加强企业监管，清理“僵尸”企业，监管企业由2015年的23家调整为14家，市属国有企业总资产达813亿元。强化行政事业单位资产管理，摸清全市767家行政事业单位资产底数，完成394家事业单位产权登记，依法依规批复88项资产处置，试点盘活市政府驻外三个办事处、老市委党校等5家资产，打通资金—资产—资本大循环。支持煤炭企业化解过剩产能，推进“三供一业”分离，参与制定移交方案，积极争取中央和省专项资金15.98亿元，拨付淮矿集团职工分流安置资金3.23亿元，并做好共管账户管理，保障资金安全、规范、高效使用。

【深化财政管理改革】全面完成“营改增”、资源税等税制改革，累计为企业政策性减负7亿元。进一步理顺市县分配关系，合理下划财政基数，保障市县区体制规范有序运行。建立跨年度预算平衡机制，实行中期财政规划管理，强化财政预算约束。不断加大政府四大预算统筹力度，提高国有资本经营收入收缴比例5个百分点。完成国库集中支付电子化改革，取消纸质凭证传递，提高资金运行效率，改革创新取得新的突破。创新融资模式，新实施总投资15亿元的S101合相路改建工程及S254古毛路工程、老濉河治理工程两个PPP项目加快推进，实施的淮水北调淮北市配水工程、淮北市中湖地质环境治理、淮北市梧桐中路改造等3个PPP项目均被列为全国示范项目。规范政府性债务管理，全市争取省政府代发地方政府置换债券35.87亿元、新增债券9.31亿元。在缓解财政即期还款压力的同时，提高在建项目资金保障能力。清理行政事业单位账户，市本级撤并单位实有账户30个、财政专户14个；清理盘活存量1.2亿元，提升财政资金使用绩效。加强内部控制，制定《淮北市财政局（国资局）内部控制基本制度（试行）》，完善内控制度体系，规范财政业务开展。

【推进党风廉政建设】扎实开展“两学一做”学习教育，认真落实党建“一岗双责”制度，压实党建目标管理责任制。深入推进反腐倡廉工作，实行“一岗双责”，开展科室负责同志述责述廉活动，强化执纪监督问责，进一步增强党员干部的廉政意识和自律意识。健全财政会商服务机制，全年会商4780次，为服务对象解决问题4107个。加强联系“两代表一委员”工作，办理人大议题3件、政协提案4件，在民生工程检查、预算公开评审等工作中，主动邀请省、市人大代表参与，有效宣传财政工作，推进依法理财，增进社会各界对财政工作的理解和支持。制定《淮北市财政局（国资局）干部职工问责暂行办法（试行）》等制度，加大对节假日节点、关键岗位、重大事项等的巡查，开展不同方式巡查7次，有效改善机关作风。

（淮北市财政局供稿　郝朝华）

濉溪县财政工作概述

【概况】2016年，濉溪县财政总收入完成30.2亿元，同比增长6.1%。全县财政支出49.07亿元，同比增长4.2%。

【财政实力逐步增强】抓好形势分析，注重财政经济运行情况调研分析，全面了解财源状况，准确把握财政收入增长点。完善征管机制，夯实收入目标管理责任，完善财税联席会议制度，落实综合治税措施，形成征管合力。源头控制抓非税，规范非税收入管理，加强监督检查及重点收入来源监测，严格落实以票管收、源头控收，保障非税收入及时、足额征收。2016年全县财政总收入突破30亿元大关，财政保障能力逐步增强。

【县域经济健康发展】支持载体建设，克服财力不足的矛盾，加大对县经济开发区和濉芜产业园投入，提升园区承载能力，吸引更多人、财、物向园区集聚。加快融资担保体系建设，追加县金茂担保公司资本金0.4亿元，壮大县级担保公司规模。为118户企业提供贷款担保5.2亿元，缓解企业融资难题。大力支持小老板培育工程，发放小额担保贷款1.6亿元，累计支付贷款贴息0.1亿元。推进中小企业持续发展，投入资金0.7亿元，建立续贷过桥基金，帮助89家企业办理过桥资金8.8亿元，推动中小企业加快发展。

【民生事业持续改善】民生工程顺利实施，强化推进举措，创新实施方法，严格督查考核，民生工程顺利实施。33项民生工程投入资金14亿元。棚户区改造、就业扶持工程和贫困残疾人医药补助等28个项目提前完成全年任务。支持教育均衡发展，安排11.3亿元,大力推进义务教育改革发展。发放资金0.1亿元资助中职和普通高中家庭经济困难学生。支持医疗卫生事业发展,安排5.1亿元,支持医疗卫生事业发展。为1376名贫困精神残疾人补助药费0.01亿元,为贫困残疾人发放救助资金0.1亿元,提供免费婚前检查8250对。支持文化事业发展,安排0.3亿元,支持文化体育事业发展。在农村放映电影2556场,开展体育活动213场,送戏下乡213场。

【城乡发展协调推进】夯实农村基础设施建设,安排0.2亿元,支持农田水利建设。安排0.2亿元,支持农村安全饮水工程建设。拨付0.2亿元用于小农水提升工程建设。落实强农惠民资金,发放农机补贴、计生奖扶等惠农补贴共14项资金3.8亿元,促进农民直接增收。拨付资金1.4亿元,推进精准扶贫。推进农业产业化经营,投入资金0.1亿元,实施产业化经营项目4个,扶持农业产业化龙头企业4家。加快农业产业化经营步伐,推进现代农业发展。扎实开展一事一议财政奖补工作,全县实施160个项目,项目资金总额0.41亿元,其中:财政奖补资金0.3亿元。筹集美丽乡村建设专项0.6亿元,保证全县美丽乡村建设任务顺利实施。

【理财能力不断提升】推进税收制度改革,全面推进营改增改革,累计拨付企业过渡期财政扶持资金0.1亿元。推进预算管理改革,建立完善一般公共预算、政府性基金预算、社保基金预算体系,按时全面公开全县预算单位预决算和"三公"经费信息。加强财政存量资金清理,唤醒"沉睡"资金1.3亿元,提高财政资金效益。规范政府性债务管理,科学合理制定债务收支计划,实施债务审批制度,严格债务举借程序,防范政府债务风险。财政国库管理制度改革不断深入,县直、镇(园区)国库集中支付和公务卡结算不断推进,国库集中支付动态监控不断强化。财政监管持续加强,健全财政常态化监督机制,定期对相关单位财政收支、项目资金及会计信息质量等方面开展检查,确保财政资金安全。加强"三公"经费管理,全年"三公"经费支出0.37亿元,同比下降22.5%。

(濉溪县财政局供稿　肖建生)

相山区财政工作概述

【概况】2016年,相山区财政总收入累计完成11.2亿元,其中:区级财政收入完成4.6亿元,区级财政支出完成9.7亿元。财政体制运转正常,完成保运转、保民生、保稳定的任务,有力支持全区经济社会又好又快发展。

【财政收入运行平稳】年初及时把任务分解到各征管单位,实行目标管理,层层签订责任书、并定期召开税收协调会议,通报税收进展情况。建立完善财税及相关部门联动机制,制定《相山区关于加强综合治税工作的实施意见》,实行税收征管的全程动态监控,切实做到依法治税,依率计征,应收尽收,组织工作取得良好成效。

【财政支出质量提升】进一步调整和优化支出结构,加强预算管理,强化预算约束,做好资金的筹措、调度工作,财政支出质量得到新的提升。一是保障社会稳定所需经费。保证农业、科技、教育等事业投入,扶持社会公益事业,促进社会各项事业协调发展。二是不断增加社会保障支出。关注民生、民情,完善社会保障体系,确保城乡居民最低生活保障等费用按时足额发放。三是积极筹措资金,确保重点项目建设。不断拓展融资渠道,确保重点工程如期开工建设。四是大力调整支出结构。压缩一般性支出,努力降低行政运行成本,促进节约型机关建设。五是健全各项资金管理制度。制定《相山区本级预算管理暂行办法》和《相山区行政事业单位财务管理暂行规定》,加大资金整合力度,改进和加强涉农项目的检查和验收,提高资金使用效率。

【民计民生得到改善】定期调度,完善工作例会、政策宣传、信息反馈等制度,实行月度目标管理,形成"一把手"掌握进展、亲自协调的高位推进机制。强化资金保障,优化支出结构,财力向民生工程倾斜。拓宽资金筹措渠道,吸引社会资本投向民生,满足项目实施需要。全年到位资金13.98亿元,其中区级配套资金3985万元。全区31项民生工程顺利完成,其中:城乡低保、五保户供养标准进一步提高;城乡医疗救助、城乡居民大病保险进一步加强;城乡义务教育、高中学校家庭经济困难学生资助进一步保障;棚户区改造、城乡养老服务体系建设进一步推进。

【财政管理改革全面深化】深入推进国库集中支付改革,推进公务卡结算。扎实开展预算绩效评价工作,对美好乡村建设、农村危房改造等项目实施绩效评价。建立涉企资金管理平台,实现涉企项目网上申报、审核、审批。严格政府性债务管理，编制政府债务收支计划，设立偿债准备金，全面清理甄别政府存量债务，开展债务风险预警监测，有效防范政府债务风险。主动落实审计整改意见，建立联系人大代表、政协委员制度，认真办理人大议案、政协提案，自觉接受人大、政协监督指导，进一步推进依法理财。

【促进区域经济健康发展】以推动经济发展为重心，以提升金融服务实体经济的能力和推进重大项目融资为手段，认真履行职能，加大协调力度，积极推动企业参与多层次资本市场，拓宽企业融资渠道，促进区域经济健康发展。确定拟上市企业辅导备案1家、拟在新三板挂牌企业8家、四板挂牌企业9家，全区在保余额94612万元，担保放大倍数3.2倍，鑫诚担保公司加入省“4321”再担保体系，“税融通”业务11813万元。在辖区范围内，多次开展各类风险排查活动，有效的防范金融风险，切实保护广大人民群众切身利益。

（相山区财政局供稿　徐梅）

杜集区财政工作概述

【概况】2016年，杜集区财政部门深入贯彻落实党的十八大和十八届三中、四中、五中、六中全会精神，践行“五大发展理念”，充分发挥财政职能，积极应对错综复杂的经济形势和竞争激烈的发展环境，主动作为，克难攻坚，砥砺前进，为全区经济发展作出积极有效贡献。全区地方财政收入完成2.94亿元，剔除营改增因素影响，增长7%。其中税收收入2.24亿元，占财政收入的比重为76%。全区公共财政支出完成9.95亿元，同比增支1.13亿元，增长12.8%。民生领域支出8.48亿元，占财政总支出的85%。区本级公共财政支出完成8.57亿元，同比增长13.3%。

【财政实力稳步增强】加大税收征管力度，积极支持税收征管机制改革，依托综合治税管理体系，发挥区、镇、部门联动作用，确保应收尽收。密切关注宏观经济走势，准确掌握财税政策变化，积极分析应对，定期调研会商，克服经济下行压力，创举措、出实招，提高应对新情况、新问题、新趋势的针对性和有效性。充分发挥财税政策的引导作用，积极引进现代服务业和高新技术产业等优质项目和资源，厚植涵养新型税源，增强财税增长后劲。

【统筹资金力提绩效】财政支出坚持“三保一突出”原则，统筹调度、合理使用，使有限财力效益最大化。严格预算执行，分清轻重缓急，优先保障教育、社保、医疗卫生等民生支出以及事关和谐稳定的重点支出需要。用好、用活闲置沉淀财政资金，盘活存量资金6000多万元，集中用于稳增长、调结构、惠民生的重点领域和关键环节，提高资金使用效益。持续严控“三公”经费，全区“三公”经费累计支出1055万元，同比下降32.4%。加强资金监管，开展财政资金安全检查、涉农资金检查、津补贴专项清理、“小金库”专项治理、国有资产清查等活动，进一步规范资金管理。

【民生保障持续夯实】全年民生领域支出8.5亿元，占财政总支出的85%。仅教育、社会保障和就业、医疗卫生和计划生育、住房保障4项支出合计6.23亿元，极大程度地惠及民生。其中直接投入民生工程资金2.1亿元，区级配套3300万元，34项民生工程全面完成，民计民生得到持续改善，群众“获得感”不断增强。对照民生工程全年目标任务，坚持高位推进，月调度，月督查，精准施策，加大推进力度，密切协作，确保民生政策落到实处；坚持资金拨付绿色通道，强化资金监管，精准救助，提升资金绩效；坚持政策宣传创新，围绕“民生十年”，通过知识竞赛、文艺演出等多形式宣传，提高群众满意度；坚持建管并重，持续优化管养规程，明确管护主体责任，保障项目持久发挥效益。34项民生工程中，10个扶贫项目投入2157万元，困难群体基本生活得以保障；4个“三农”项目投入1870万元，城乡发展统筹推进；8个社会保障项目投入10590万元，公共服务更加均等；5个教育文化项目投入8179万元，教育发展日趋均衡。

【支持发展精准发力】积极推进“去降补”、“调转促”，深化“营改增”等税制改革，全面落实国家减费降税政策，不断降低企业成本，落实发展新理念，支持企业转型升级。出台企业上市奖励政策，积极推动企业上市，完成新三板挂牌企业1家，四板挂牌企业8家，累计达14家企业上市挂牌，兑现奖励资金117万元。推进东兴建投市场化运作体制改革，做大平台资产，拓宽融资渠道。完成股权融资6.99亿元，落实城镇化基金5亿元，争取政府债券资金3亿元，推动开发区及城乡基础设施提档升级。2.5亿元过桥资金为37家企业提供资金支持5.5亿元。增资3272万元做大盛典融资担保公司,实现国有控股,在保余额4.15亿元。加入新型政银担合作体系,"4321"在保11笔,担保金额8700万元。金融机构中小微企业贷款余额27.8亿元,服务经济发展环境进一步优化。

【城乡统筹扶持三农】全年发放12项涉农补贴资金3236万元,重点完成农作物良种补贴、农资综合补贴、种粮直接补贴三项补贴合并改革,发放农业支持保护补贴957.65万元。政策性农业保险兑现理赔资金72.3万元,2万多农户受益。围绕现代农业发展,投资588万元完成双楼村4500亩高标准农田治理;投资112万元完成双楼村蔬菜种植产业化项目;投资810万元的石台镇高标准农田治理项目获批。投资4942万元,完成三个镇政府驻地、6个市级中心村及矿山集地区整体推进美丽乡村建设。投入289万元完成一事一议财政奖补建设项目17个,通过硬化、亮化、美化,改善农民生产生活条件。发挥财政政策统筹、资金聚合作用,加大资金保障,争取扶贫资金458万元,配套盘活资金214万元,专项用于扶贫攻坚,精准施策,实现846户1629人脱贫,有效推进脱贫攻坚政策落实。

(杜集区财政局供稿　朱杰)

烈山区财政工作概述

【概况】2016年,全区地方财政收入累计完成30018万元。全区财政支出累计完成102271万元,同比增长4.8%。其中:区本级支出完成93093万元,同比增长3.5%;镇办级支出完成9178万元,同比增长19.2%。

【加大民生领域投入】预算用于"三农"、教育、社会保障、医疗卫生、文化环境保护的支出占财政总支出的比重增加,全年全区民生工程投入财政资金2.57亿元,其中,区级配套资金4300万元。全区新型农村合作医疗、计划生育家庭特别扶助、农村危房改造、城镇居民基本养老保险、棚户区改造、农村道路畅通工程等30项民生工程项目顺利完成,实施成效明显,多项工作获上级主管部门好评。

【落实惠农政策】加大惠农资金投入,拨付支农项目资金3351万元,综改支出1044万元,一卡通发放6901万元,实施一事一议财政奖补项目25个,实施国家农业综合开发项目5个,提升农业综合生产能力。政策性农业保险财政配套资金50.93万元,提供风险保障7400.1万元,理赔资金134.65万元,促进农民增收。大力推进农村公共服务运行维护机制建设试点工作和美丽乡村建设工作,进一步深化农村综合改革,加强烈山区农村公共服务运行维护机制,提高农村公共服务水平,促进城乡统筹发展。

【创优创新金融服务】推动安徽琪嘉日化完成新三板挂牌工作,引导该公司做好上市辅导备案准备工作。完成区域四板挂牌任务,圣方机械、天贝食品、天蓬饲料、南方气体、颐丰纺织、中威矿山、金泰来农业等7家企业在四板挂牌,区政府安排财政奖励资金110万元。推动"4321"政银担体系建设,淮北盛大融资担保有限公司于3月1日与安徽省信用担保集团有限公司签订《安徽省政策性融资担保业务比例再担保合作协议》,政银担体系在保合作业务共49户2.21亿元,完成2亿元目标任务。根据《淮北市中小企业利用纳税信用申请担保贷款暂行办法》,积极推进"税融通"贷款业务,鼓励引导区内各银行支行在风险可控的前提下,自主开展"税融通"业务,政策性融资担保机构对符合条件的申请企业提供担保增信服务,支持辖区企业发展,全年发放"税融通"贷款5200万元。

【提高财政管理水平】推进包括税收制度改革、预算管理制度改革、政府性债务管理改革等在内的七项财政重点改革。严格预算执行管理,从紧从严控制支出,坚持推行"三公"经费预算编制,加强支出管理;规范预算指标运行及财政资金审批程序,力推加大预算管理制度改革,贯彻落实"预算编制、预算执行、绩效评价、监督检查"四位一体的财政管理新机制。加快建立全面规范、公开透明的现代预算制度,主动扩大公开范围,细化公开内容,树立"开门办预算"的理念,积极配合人大开展过程监督和部门预算审查工作,进一步增强预算编制工作的透明度;完善转移支付制度,逐步提高一般性转移支付占比,清理整合规范专项转移支付;加强预算执行管理,强化预算约束,完善财政结转结余资金和财政专户管理。全面加强行政事业单位财务管理和国有资产管理,扩大和细化预决算和"三公"经费信息公开的范围和内容。制定《烈山区行政事业单位财务审批权限管理制度》,组织实施烈山区行政事业单位国有资产清查工作。

【加大财监管力度】结合"两学一做"教育活动精神,围绕贯彻执行中央"八项规定"、省、市、区三十条规定等法规制度,促改革、立规章,优化效能建设,强化财政监管,规范财经秩序。围绕区委区政府重点工作和财政中心工作,制定出台严肃财经纪律长效管理办法,组织开展严肃财经纪律专项治理工作,严肃查处顶风违纪行为。建立财政与人大的工作联系机制,每年向人民代表大会报告一次全面工作,并按月报送预算收支情况表,定期向人大常委会汇报财政工作情况,方便人大全面掌握情况,依法开展监督。对重大财政政策调整,如公共财政改革、民生工程实施、规范津补贴发放等事关经济社会发展全局的重大问题和人民群众关心的热点难点问题,主动向人大常委会汇报,自觉接受人大监督,主动争取人大支持。组织开展"小金库"治理、"三公"经费检查、财政资金管理和行政性收费等专项检查和整治工作。推进预决算公开和"三公"经费公开,对30项重点民生项目资金进行公开。开展涉企收费专项清理规范工作,加大财政涉企项目资金管理信息系统应用,取消、降低一批涉企收费,切实减轻企业负担,对重点项目实行跟踪服务,依法强化税收征管。本年完成相关涉企历史数据的录入工作,实现各级涉企主管部门通过网络进行涉企项目申报工作,系统运营正常。

(烈山区财政局供稿)

淮北经济开发区财政工作概述

【概况】2016年,淮北经济开发区财政局完成区级财政收入18037万元,完成全年目标任务的138%。完成公共预算支出18252万元。

【加强税源建设】加强区域税源调查,分解下达收入任务,加强财税部门纵横向的沟通联系,及时解决存在问题,密切跟踪收入即时动态,加强收入征管,做到"以旬保月、以月保季、以季保年、均衡入库"。积极应对经济形势新变化,定期与国税、地税部门沟通,掌握税源动态,监控税收入库情况。进一步加强税收源头维护,加强税收征管工作,全力做好财政收入推进工作,关注重点税源企业实际情况。完善非税收入收缴管理制度,进一步规范非税收入缴库行为,确保入库。

【强化财政保障重点】根据年度预算要求,坚持量力而行,量入而出,按照有保有压的用款原则,积极调整优化支出结构,集中财力保障重点支出需要,严控行政运行成本。全力保障管委会各项决策部署落实和企业经济发展支出,其中基本建设支出15387万元,扶持企业发展支出5447万元。

【坚持科学精细化管理】继续深化部门预算改革,进一步规范部门预算编制、执行、决算和监督等工作,严格控制和压缩一般性支出。推进预决算、"三公"经费公开工作,促进依法行政、依法理财,提高预算透明度。全面推进国库集中支付改革,加强财政资金管理。开发区财政局积极对接市财政局相关科室,完成国库集中支付系统安装、设备调试、岗位设置、人员配备等工作,与人民银行、工商银行进行对接,检测专线运行情况,保障2017年1月系统正式上线运行。

【加强财政监管】加强财政监督管理工作,实行日常监督和重点检查相结合的方式,进一步强化财政监督工作职能。按照上级财政部门要求和监督工作计划,组织开展整治小金库、违规使用专项资金检查,专项资金自查及重点检查,确保资金安全运行,提升资金使用效益,推动依法行政工作。加强国有资产管理,开展国有资产清查工作,全面摸清家底,真实、完整地反映行政事业单位国有资产状况;完善国有资产信息管理系统,加强国有资产常态化、动态化监管;健全国有资产管理制度,实现资源的优化配置和有效利用;按照清查结果对资产进行分类处置、分批盘活。

【加大企业扶持力度】做好企业优惠政策制定、规范、调整工作,制定印发《淮北经济开发区区属国有企业提质增效工作方案》《淮北经济开发区行政事业单位国有资产清查盘活工作方案》《淮北经济开发区企业出口退税专项资金管理办法》《淮北经济开发区产业投资引导基金管理办法(试行)》等文件。积极兑现企业优惠政策,在预算中足额安排各项企业兑现奖励资金(固定资产投资补贴、税收奖励、新三板挂牌奖励、工业企业贴息、外贸进出口奖励、专利资助等)。协同区经发局做好企业项目申报工作,积极争取上级资金。

【注重干部队伍建设】加强政治业务学习,组织干部职工深入学习党的十八大和十八届五中全会精神、学习习近平总书记系列重要讲话精神等;组织业务培训;观看电教专题片;在干部职工中开展理想信念和廉洁从政教育,提高廉政意识,提振财政干部精气神。扎实开展“两学一做”活动,推进作风和效能建设,解放思想、转变作风,增强服务意识,积极把主动服务、创新服务、尽责服务、高效服务和廉洁服务转变为全局干部职工的自觉行动,建设高效能机关。加强党风廉政建设,落实党风廉政建设责任制,高度重视财政资金的安全管理工作,把抓收支与抓管理结合起来,把抓业务与抓党风廉政建设结合起来,将财政资金安全管理作为党风廉政教育和法制法纪教育的一项重要内容,提高财政干部依法理财意识,树立良好的财政干部形象。强化机关党建工作,建立机关党建机制,推进党的思想、组织、作风、制度和反腐倡廉建设。

(淮北经济开发区财政局供稿　孙晓晨)

安徽(淮北)新型煤化工合成材料基地财政工作概述

【概况】安徽(淮北)新型煤化工合成材料基地管理委员会财政局(原淮北临涣工业园管委会财政局)成立于 2014 年 12 月,为财政全额拨款事业单位。2015 年 5 月经中国人民银行合肥中心支行批复设立一级金库,煤化工基地财政局独立运行。

【财政收支】2016 年,煤化工基地一般公共预算收入完成 3454 万元,加上补助收入、调入资金、上年结余等 2989 万元,地方收入总计 6443 万元。基地一般公共预算支出完成 2311 万元,结转下年支出 4132 万元。

【建章立制】制定完善《煤化工基地管委会财务管理制度》,进一步明确岗位职责、印章管理等。规范财务支出日常管理工作,加强原始票据审核,实现财务行为规范化、制度化。

【开展税源调查】高度重视税源调查工作,深入重点企业,搜集一手资料。加强与工商、税务等部门的联系,延伸税源摸排触角,及时了解重点税源和新办企业税源走势,合理预测各类经济增量税源,保证税收收入预测的科学、合理。截至本年底,基地除临涣焦化、中利电厂、临涣水务、相淮水泥四家原有税源企业外,招商引资安徽卓泰科技有限公司、淮北宝相气体有限公司、淮北涣城发电、安徽临涣化工、淮北华康物流、安徽润亚热力有限公司、淮北华醇化工有限公司、中集环境 8 家企业,有力扩大基地税源,保障基地税收收入。

【推进多元融资】广开渠道融资,保证重点项目支出。与淮北市建投集团加强合作,获 1 亿元重点项目资金支持。与国家开发银行对接,将煤化工基地管网建设、安置房等项目打包成“煤化工基地新型城镇化项目”,争取 20 亿贷款额度扶持。积极与保险、资产公司对接,探索融资新方式。

【深化财税改革】盘活财政存量资金,全面清理本级公共财政预算安排的 2015 年结余结转资金。规范财政专户情况,认真梳理单位账户情况。全面推进财政预决算公开工作,细化公开内容,完善公开方式,扩大公开范围。推行财政预算改革,强化预算管理。严格贯彻落实预算法和预算管理制度,完善财政预算收支编制内容,认真编制 2017 年财政预算。探索建立政府和社会资本合作机制,基地污水处理项目寻求“PPP”合作模式推进。推动国库集中支付改革,加快财政信息化建设。

【其他财政工作】积极推动基地企业上市(挂牌),加大企业挂牌上市的培育和辅导力度,重点推荐临涣水务股份有限公司于新三板上市(挂牌),成功取得上市挂牌函。认真开展“小金库”专项整治工作。全力配合上级审计部门对基地财政预算和其他项目审计。

(新煤基管委会财政局供稿　张天阳)

亳州市财政工作综述

亳州市财政工作概述

【概况】2016年,全市财政总收入完成147.3亿元,同比增收17.2亿元,增长13.2%,完成预算的102.6%,其中,地方财政收入完成87亿元,增长7%;中央收入完成59.6亿元,比上年增加12.1亿元,增长25.5%。市本级财政总收入完成44.1亿元,比上年增加3.6亿元,增长8.8%,其中:地方财政收入完成19.9亿元,比上年增加2.2亿元,增长12.7%;中央收入完成23.5亿元,比上年增加1.9亿元,增长8.6%。

【收入征管工作】各级财税部门把加强收入征管、促进收入增长、提高财政保障能力作为中心工作,市政府每月召开一次收入调度会,及时解决问题。财税部门密切配合,坚持依法征管,加强预期管理,促进均衡入库。全市财政收入总量居全省第12位,收入增幅居全省第1位,高于全省平均水平3.8个百分点。全市税收收入完成126.8亿元,同比增长15.6%,税收收入占全市财政收入的86%,同比提高1.8个百分点,高于全省平均水平6个百分点,占比居全省第2位。县区财力进一步增强,谯城区、蒙城县、涡阳县、利辛县分别完成31.2亿元、24.3亿元、18.1亿元、17.2亿元,同比分别增长12.3%、12%、8.1%、12.2%。预算执行呈现收入增速较高、质量提升、入库均衡、县区增长平稳的特点。

【财政支出管理】市政府下发《关于推进财政资金统筹使用实施意见》,加强资金统筹,保障重点支出。扩大支出规模,全市财政支出预计完成279.3亿元,同比增支3.9亿元,增长1.4%。持续增加民生支出,2016年全市民生支出242.8亿元,比上年增加10.1亿元,增长4.4%,占财政总支出的86.9%,同比提高2.4个百分点。其中:教育、科技、社会保障和就业、文化体育与传媒支出分别增长9.6%、10%、6.5%、10.8%。重点项目建设资金及时保障,市本级统筹调度资金55亿元支持重点项目、征迁安置、棚户区改造、货币化安置、户外广告治理和医院、学校建设。落实厉行节约规定,加强“三公”经费管理,全市“三公”支出同比下降24%。加强绩效管理,对教育、社保、农业等19个项目进行绩效评价,涉及财政资金20亿元。

【服务经济发展】全面落实结构性减税和普遍性降费政策,全市共计为企业和纳税人减免税收21.1亿元。支持“调转促”行动计划,市本级整合10个产业发展资金1.2亿元,统筹用于“调转促”振兴工程。拨付3000万元产业引导基金。设立1500万元创业资金,支持“亳州老乡,请您回家”和青年学子创业。加强担保体系建设,推进“4321”政银担合作,安排市融资担保公司风险补偿金500万元,专门用于比例再担保。全市各级财政安排5649万元注资政策性融资担保公司,壮大担保机构规模。安排2220万元支持企业直接融资及企业挂牌上市。

【实施民生工程】全市投入125.8亿元实施32项民生工程,同比增长16.9%。积极牵头协调,坚持"每月一调度、一排名、一通报、一封信"工作机制,32项民生工程全部完成年度目标任务。义务教育经费保障方面:全市拨付义保资金52219.1万元,占应拨付资金的101.7%,校舍维修改造572195万平方米,完成率100%。发放中职国家助学金1326.6万元,高中国家助学金3334.4万元,中职免学费6158.9万元。农村文化建设专项补助资金1525.2万元,投资完成率100%。创业就业方面:完成就业技能培训17489人,完成率116.6%,支出资金1538万元;完成新型农民培训4600人,完成率100%,支出资金845万元。开发公益性岗位2486个,完成率113%。社会保障方面:新型农村合作医疗参合540.5万人,参合率106.4%,补偿1255.1万人次,累计支出279242万元。城镇居民基本医疗保险参保166198人,累计支出4512.8万元。城乡居民大病保险补偿42086人次,补偿金额13845.4万元。城乡居民基本养老保险参保缴费232.4万人,支出资金76235.3万元。城乡医疗救助463497人次,资助资金10742万元。社会办养老机构新增床位1000张、社区办养老服务设施20所;发放高龄津贴1731.6万元,惠及103390人。农村居民最低生活累计保障1436552人次,发放低保金29704.3万元。保障五保供养对象30003人,累计发放10662万元。城乡公共服务方面:棚户区改造建设任务24376套,开工24536套,开工率100.7%;基本建成任务17963套,已完成24150套,完成率134.6%;整治改造老旧小区15.75万平方米,完工率100%,完成投资314.9万元。新建农村道路畅通工程3629公里,改造农村危房6200户,完成农村饮水安全工程项目62个,

【落实惠农政策】大幅增加扶贫专项资金,全市共安排扶贫专项资金2.56亿元,其中市本级安排1.03亿元。加大财政支农投入,拨付1.7亿元支持农业政策性保险,拨付3亿元用于秸秆综合利用,拨付13.2亿元补贴农民购置农机,拨付3.3亿元支持美丽乡村、美丽集镇建设。筹集3.4亿元实施农村公益事业"一事一议"财政奖补项目1157个。认真落实惠农补贴政策,全市通过"一卡通"累计打卡发放惠农补贴25项,资金共计29.6亿元,较上年增加11.7亿元,增长65.2%,惠及农户546万人,人均受益541元,较上年增加152元。

【财政重点改革】实施营改增改革,5月1日亳州市四类试点纳税人均顺利开出增值税发票。落实各项营改增试点过渡期优惠政策,所有行业税负只减不增。盘活财政存量资金,市本级将各部门的结转结余资金10.4亿元统一收回总预算统筹安排使用。清缴农村信用社改制不良贷款3.73亿元。推进预算信息公开,市县区所有预算部门均按时公开预决算信息和"三公"经费信息。加强政府债务管理,出台《亳州市政府债务风险评估和预警暂行办法》,把县区政府债务管理纳入市对县区政府目标考核,将政府债务纳入全口径预算。推进PPP项目,谋划PPP项目26个。实施政府购买服务项目202项,预算资金6.4亿元。

【严格依法理财】认真落实《预算法》,规范预算编制、管理和执行,硬化预算约束力。推进财政平台一体化建设,将全部财政支出业务、全部预算单位纳入集中支付电子化管理。认真落实审计整改意见,扎紧财政制度笼子,完善财政管理制度36个。扎实开展巡视整改工作,牵头开展"小金库"专项整治、规范津补贴专项整治及"回头看"。分别下发《关于进一步规范社会团体财政票据使用管理的通知》《关于严格规范全市机关事业单位津贴补贴管理的通知》《关于全面构建"小金库"防治长效机制的意见》,建立健全长效机制。印发《亳州市财政资金管理实施办法》,健全资金安全使用运行机制。加强市属企业资产管理。制定《亳州市市属企业重大决策事项审批报告管理办法》《亳州市市属企业资产损失责任追究暂行办法》,防止国有资产流失,促进国有资本保值增值。

【干部队伍建设】深入学习习近平总书记系列重要讲话特别是视察安徽重要讲话精神,认真贯彻十八届六中全会和省、市党代会精神,扎实开展"两学一做"学习教育和"讲看齐,见行动"学习讨论,自觉在思想上、政治上、行动上同以习近平总书记为核心的党中央保持高度一致。全面落实从严治党要求,坚持"三会一课"、党员考绩、支部活动查检通报等制度,评为市直单位机关党建先进单位。落实党风廉政建设主体责任,组织警示教育,开展廉政谈话,加强内控制度建设,确保财政资金安全、干部安全。转变工作作风,建立局班子成员和分管科室联系人大代表、政协委员制度,认真办理代表、委员议案建议,

听取意见，改进工作。落实效能制度，积极争先进位，12 项工作在省财政厅获奖。

（亳州市财政局供稿　邓昊）

涡阳县财政工作概述

【概况】2016 年，全县财政收入实现 18.04 亿元，完成预算的 101.9%，同比增收 1.34 亿元，增长 8%。全县财政继续保持良好发展态势，有力保障全县经济和社会健康稳步发展。

【财政收支稳中有增】全县财政收支情况总体较好，在财政增收难度加大，收支矛盾突出的情况下，加强收支预算管理，密切跟踪全面推开营改增试点运行情况和政策实施效果，切实将国家减税降费政策落到实处，加强收入监测和综合治税工作，大力支持税收部门依法征收、应收尽收，严禁收取“过头税”，坚决防止采取虚转等方式虚增财政收入行为。建立财税库收入征管分析联席会，每月定期分析收入情况，协调征管入库，落实征管责任。预算收入序时稳定，收入结构质量提升，财政支出保障有效。

【民生支出保障有力】全县民生工程早部署、早启动、早实施，县民生工程办公室科学调度，统筹安排，狠抓落实，坚持建管并重，注重工作创新，扎实推进各项民生工程，圆满完成省、市下达的目标任务。强化预算执行制度落实，进一步加快支出预算指标分解下达，督促预算单位落实预算执行主体责任，促进财政资金早支出早见效。严格执行结余结转资金统筹使用有关规定，进一步盘活财政存量资金。优化财政支出结构，统筹全县财政 89% 财力用于重点保障基本公共服务和民生支出。建立健全财政专项扶贫资金稳定增长机制，投入扶贫资金 7828.69 万元，较上年增加 2699.19 万元。从严控制一般性支出，加强预算执行动态管理，确保财政资金安全、规范、高效使用。

【全力支持企业发展】认真落实结构性减税政策，加大“调转促”资金支持力度，发挥产业引导资金作用，支持创新驱动，统筹安排奖补资金，支持“调转促”重点工作和重点项目实施；加强涉企服务，按规定减免涉企收费，进一步减轻企业负担；发挥财政资金引导作用，设立政策性融资担保风险补偿金 500 万元、小微企业续贷过桥资金 6450 万元，助力实体经济发展。全年安排民营经济发展资金 2626 万元，兴阳担保公司资本金达到 3.23 亿元，实现担保额 7.15 亿元，推动民营经济加快发展；全力拓宽融资渠道，争取省财政转贷涡阳县债券资金 18.32 亿元，进一步优化涡阳县债务结构。

【财政改革扎实推进】积极推进全口径预算管理，全面推行财政信息公开，政府预决算报告、除涉密单位外的部门预决算及“三公”经费信息全部按要求实现上网公开。积极推行预算绩效目标管理，推进建立财政专项资金科学设立、有效监管、有序退出的动态管理机制。大力整合财政各类专项资金，对政府重点项目集中开展绩效评价。深化政府向社会力量购买公共服务改革，加强国有资产管理，积极推进国有企业负责人经营业绩考核和薪酬管理。推动供给侧结构性改革，落实保障性住房供给改革，化解房地产库存。全面推开农业“三项补贴”改革，深入开展农村公共服务运行试点，全年实施一事一议项目 348 个，投入资金 9477 万元。大力推进 PPP 工作，建立完善 PPP 项目库，积极向省内外企业推介适合于 PPP 的六大领域 70 多个项目，城区水系治理和经开区污水处理 2 个项目进入实质运转阶段。

【理财水平逐步提升】加强财政精细化管理，出台专项资金管理和拨付办法、国库集中支付管理办法、差旅费接待费等管理办法等，做到有章可循。认真梳理内部业务工作流程，共对 17 个业务股室的 59 项流程重新设计并运用。加强财政内部控制，对全县财政所和会计人员岗位、账户、专项资金、会计核算和国库集中支付制度落实等方面情况进行 4 轮检查，促进财政资金安全管理。开展“小金库”和滥发津补贴专项整治，对各单位进行全面检查，不留死角，有效堵塞资金安全管理漏洞。

（涡阳县财政局供稿）

蒙城县财政工作概述

【概况】2016 年，全县完成财政收入 24.3 亿元，同比增长 12.0%。其中税收收入完成 20.85 亿元，同比增长 18.5%，占总收入的 85.9%，同比增长 4.7 个百分点。公共财政预算支出完成 52.5 亿元，其中：民生口径支出完成 45.95 亿元，占总支出比重为 87.53%，增幅比去年提高 0.9 个百分点。

【预算管理】完善政府预算体系。推进中期规划编制,编制2017—2019年中期财政规划。首次从国有资本经营预算调入一般公共预算800万元。建立健全预算公开统一平台,集中公开政府预算和部门预算、"三公"经费预算。实施预算绩效管理。连续4年开展部门预算公开评审,实现县直部门预算单位全覆盖。对县农委等15个部门2017年部门预算进行公开评审,共评审217个项目,金额8.99亿元。对20个项目开展支出绩效重点评价,评价资金1.3亿元。扩大绩效评价范围,实现项目支出自评全覆盖。2016年5月1日起,全面实施"营改增"政策,实现减税1.4亿元。加强政府债务管理。修改完善《政府性债务管理办法》,制定《蒙城县政府债务风险和预警暂行办法》。争取新增债券5.03亿元,置换债券17.1亿元。推行PPP模式,污水处理厂项目成功签约。

【社会保障管理】社会保障支出19.2亿元,其中社会保障和就业类支出9.3亿元,医疗卫生类支出9.9亿元。社保基金收入14.86亿元,支出12.56亿元。社保基金增值4011.72万元,收益率3.18%。城乡居民养老保险、医疗保险、医疗救助全覆盖,城乡居民养老保险参保76.82万人,发放养老金1.7亿元;城乡居民医疗保险参保1202066人,参合率99.4%,筹集资金6.8亿元,报补支出5.9亿元;城乡低保、五保供养标准连续提高10%发放低保金1.1亿元,城乡医疗救助18064人,救助资金1187.92万元,救助贫困残疾人9970人。发放失地农民生活、养老补助3535.52万元,就业技能培训4100人,开发公益性岗位538人。

【经济建设管理】全年财政经建支出24.55亿元。投资1.8亿元实施18万亩高标准基本农田建设项目。投资6541万元实施农村饮水安全工程,重点解决9.7万人农村居民饮水安全问题。对出租车、城市公交、农村道路客运、渔业、林业、岛际水路等车船及农户继续实施成品油价格改革财政补贴政策,打卡发放补助资金1775.7万元。拨付虚拟实物安置购房券补助资金1.26亿元;拨付秸秆禁烧资金2.45亿元及黄标车淘汰资金1119万元。筹集各类资金18.06亿元,保障征地拆迁、道路建设、绿化亮化工程、三义路中学建设等重点工程项目。

【民生工程】实施32项民生工程,全年共拨付资金28.51亿元,占计划投入的105.05%。工程类项目:农村道路畅通工程建设1101公里;农村危房改造1500户;棚户区改造新开工5827套(户);完成2839套(户);完成花园新村老旧小区改造9000平方米;美丽乡村建设完成8个省级中心村、7个乡镇政府驻地建设任务;农产品安全工程建成18个乡镇农产品安全快速检室;食品安全工程完成4家乡镇所检验室;和8家农贸市场快检室建设;校舍维修改造55000平方米;社会养老服务体系建设新增床位260张,投入使用5家社会办养老机构、6家社区养老场所;农村饮水安全工程完工4处,完成投资1190万元。补助类项目:拨付义保资金18130.6万元,保障农村低保对象16845户、27706人;保障五保供养对象6104人;城乡医疗救助100391人;完成新型职业农民培训1250人,就业技能培训3837人;就业扶持公益性岗位完成633个;资助中职、普高学生34696人次;完成贫困残疾人救助与康复11569人次,发放重度残疾人护理补贴7728名;保障孤儿基本生活520人;救助流浪乞讨人员296人次;妇女儿童健康水平提升完成住院分娩补助12837人次,免费婚前检查16462对;新农合参合120.5万人,补偿270.4万人次,补偿基金支出57827万元;新农合大病保险补偿9088人次,补偿金额2981.17万元;城乡居民养老保险实现参保缴费62.89万人,支出资金15497.5万元;城乡医疗救助100391人次,支出救助资金2867.2万元;全县20个各类公共文场馆均免费开放。提升农村基层党建与服务经费保障村干部基本报酬2260人,保障村干部保险2260人,支出资金6075万元。

【农业财政管理】2016年"农林水事务"支出8.26亿元。良种补贴和粮食直补、综补合并打卡,实现农业补贴"三合一",全年发放农业支持保护资金1.78亿元。打卡发放财政农机购置补贴4.19亿元。深耕深松项目试点资金1055万元,全县35万亩土地实现深松。投入农业防灾和救灾资金810万元,积极开展政策性农业保险工作。中央及省级财政安排小型水利工程提升奖补资金1085万元,县配套1140万元,加快小型水利工程提升步伐。投入专项扶贫资金8528.5万元,主要用于产业化扶贫、光伏扶贫、贫困劳动力转移培训等,全面开展精准扶贫,实现贫困户增收脱贫。

【乡镇财政管理】调整完善乡镇财政体制,提高乡镇公用经费保障标准。对完成财政收入目标任务的实行以奖代补,以2015年县乡镇地方财政收入为基数,超出部分实行县乡分成,调动乡镇积极性。落实惠农政策,打卡发放惠农补贴资金8.68亿元,其中农机补贴3.88亿元。为全县财政涉农补贴户提供惠农资金到账短信提示服务,发放惠农补贴资金"明白卡"28万份。规范农村集体"三资"委托代理服务中心工作,试行乡镇包村干部监督指导村级"三资"管理工作,延伸村级督查审计范围,开展村级主要负责人经济责任审计工作,保证村级资金安全。全年拨付村级资金8569.26万元,保障村级组织正常运转。创建省级服务型财政所,规范乡镇财政所档案管理,乐坊镇、板桥镇、坛城镇、双涧镇、庄周办事处、漆园办事处6个财政所被评为机关档案工作目标管理省一级单位。

(蒙城县财政局供稿)

利辛县财政工作概述

【概况】2016年,全县财政总收入完成17.2亿元,为预算任务17.18亿元的100.2%,同比增长12.2%。全县财政支出完成54.48亿元,较上年下降14.7%。

【财政收入稳中有升】坚持财税收入颗粒归仓与涵养财源、扶持产业发展齐抓共管,实现支持经济发展与促进财政增收有机统一。坚持对财税收入征管工作一月一调度,把以月保季、以季保年的要求落到实处。在全省76个县区中,利辛县财政收入总量居第39位,较上年前移1个位次,增幅居29位,实现连续12年稳定较快增长。

【多措并举助推发展】县城投、交投、城镇化、春蕾等融资公司积极拓展业务渠道,推进与金融机构的业务合作,达成凤凰城片区整体城镇化、银叶美丽利辛、利辛金融扶贫等项目总金额74.2亿元的融资协议,按进度到位54.7亿元,有效保障全县重点项目建设资金需要。县信宜达融资担保有限公司着力推进政银担"4321"风险共担机制,全年累计担保贷款10.3亿元,有效解决中小微企业融资难、融资贵问题。小额贷款公司累计发放贷款9530万元,较好地帮助小微企业解决流动资金不足的难题。新增小微企业过桥资金县级配套2800万元,过桥资金总规模增加到6700万元,累计放款131笔,放款量71721万元,超额完成12次周转率的任务要求。着力支持企业发展,共发放支持各类产业奖补资金18975万元。其中:争取上级中小企业发展专项资金1362万元、民营经济发展专项资金1271万元、商贸发展专项资金353万元。足额落实支企项目县级配套资金4071万元,有力提升企业创新和发展水平。

【坚守底线保障民生】全县32项民生工程计划投入资金29.39亿元,累计到位资金29.89亿元,占计划投入的101.7%。救助农村低保对象8920户共计17829人,发放资金8427.5万元;对于重点救助对象不设病种限制,对低收入对象规定病种实施医疗救助,全年拨付大病救助资金3320万元。投入五保供养资金3540余万元,保障10254位五保老人的基本生活。救助孤儿及困境儿童1394名,发放孤儿及困境儿童救助资金899.5万元。完成再就业担保贷款8750万元,为计划人数的126%。实施义务教育经费保障机制,拨付公用经费1.67亿元,安排营养餐改善计划支出1.2亿元,改薄与校舍维修支出9050万元,学前教育项目建设支出1690万元,特岗教师工资3426万元。安排2016年全县新农合补助支出48433万元,基本公共卫生服务经费共计10980万元,药品零差率补助716万元,退出村医生活补助266万元,艾滋病医疗救治经费710万元。及时高效的资金保障,进一步促进全县民生事业加快发展。

【全力支持脱贫攻坚】在县地方财政收入同比下降5.2%的情况下,落实县级扶贫配套2.53亿元,较上年增加302.6%。主要措施包括大力"调结构、压一般",及时调整预算,五保供养、危房改造等扶贫投入1.26亿元,全部足额优先保障。积极盘活存量,收回可统筹资金279万元,100%用于支持脱贫攻坚。将省级新增债券资金安排向扶贫项目倾斜,用于贫困村道路建设7020万元。着力推进扶贫项目融资,谋划光伏、易地搬迁等扶贫基础设施类项目25个,总投入14.87亿元,其中融资解决7.95亿元。同时,切实做好资金统筹整合文章,及时制定统筹整合涉农资金支持脱贫攻坚工作实施方案,并在县财政局增设扶贫资金保障股,全力支持脱贫攻坚,共整合项目15个,统筹金额31201万元,支出29077.9万元,支出进度93.2%。

【统筹城乡倾斜三农】启动一批投入规模大、打基础、管长远的重点项目,包括:计划投资20亿元的美丽乡村建设项目、总投资9.7亿元的农村道路畅通工程建设项目、总投资4.5亿元的易地扶贫搬迁项目。2016年投入农业生产支持补贴24588万元,科技转化与推广支出2934万元,农村饮水安全支出5610万元,农田水利建设3021万元。足额兑现5820台农业机具补贴县级配套资金8176万元。安排高速公路和三增工作林业用地土地流转补贴1942万元,"增绿增彩增果"奖补资金1503万元。兑现土地确权外业测量等业务费用2176万元。2016年小型农田水利项目县建设总投资1644万元。农村饮水安全巩固提升工程突出精准扶贫,投资7355万元解决21个重点贫困村9.8万人饮水不安全问题。投入1060万元,完成阜蒙新河城区段清淤工程。

【持续推进作风建设】深入开展"两学一做"学习教育和"讲看齐、见行动"学习讨论,认真组织学习党章党规、学习贯彻习近平总书记系列重要讲话特别是视察安徽重要讲话精神,强化理论武装,增强政治觉悟。严格执行中央八项规定和省、市30条规定,扎实开展结对共建、驻村扶贫工作,主动接受人大代表、政协委员监督,建立县财政部门与各级人大代表联络制度,全年办理县政协委员提案2件,办理过程和办理结果满意度均为100%。围绕推进财政重点改革、重点工作、作风建设等,19个股室和局属单位对23个财政所帮联督查。班子成员带领干部职工深入开展预算部门会商工作,全年开展会商共计362次,解决问题310个。机关推行工作日志制度,工作日志一天一记录,一月一抽查,促使财政干部自我检查、自我管理,进一步优化服务,提高工作效率。

(利辛县财政局供稿)

谯城区财政工作概述

【概况】2016年,完成财政收入31.23亿元,为预算的100.3%,同比增长12.3%,增收34225万元。全区财政支出完成62.53亿元,为预算的95.7%,同比增长14.7%,增支8.03亿元。其中民生支出完成54.54亿元,同比增长15.5%,增支7.33亿元,民生支出占总支出的87.2%,同比提高0.6个百分点。

【财政改革】推进"开门办预算",选择项目支出较多、职能领域对经济社会发展影响较大、行业代表性较强的经济技术开发区、林业局、审计局等8个部门为预算公开评审试点单位,聘请区人大代表、政协委员、审计部门代表等人员作为评审员,对8个部门的2016年项目预算执行情况和2017年项目预算编制情况进行评审。在区政府网站公开《亳州市谯城区2016年度预算》和《谯城区2016年汇总"三公"经费财政拨款预算表》,区直55个部门和单位在2月23日前全部公开本部门2016年预算编制情况和"三公"经费编制情况。配合税务部门推进"营改增"工作,完成纳税人基础信息移交,地税部门共移交纳税户6147户,国税局确认"营改增"户数共计5846户。完善与乡镇(街道)财政结算体制,实行"财政奖补资金"的结算方式。加强"三公"经费支出管理,与纪委部门联合开发并启用"网络监督平台",实施"三公"经费全程跟踪监督,"三公"经费支出同比下降20.2%。

【民生工程】全区实施32项民生工程全部完成目标任务,共拨付资金20.4亿元,拨付率100%。通过涉农财政惠民"一卡通",及时发放财政补贴补助项目达30多项,安全兑现财政资金7.7亿元,惠及群众50多万户(人)。拨付城乡低保、城乡医疗救助等各社会补贴类1.3亿元,2.8万人从中受益。拨付高龄补贴资金427.1万元,全区128位百岁老人每人每年享受3600元补贴。拨付各项社会保险基金11.51亿元,其中拨付城乡居民养老保险待遇支出2.05亿元,拨付城乡居民医疗保险待遇支出8亿元。发放"老字号"补贴3083万元,1.26万老字号人员从中受益。加大扶贫投入,安排扶贫专项资金1.33亿元,其中区级资金9059万元,促进精准扶贫工作取得成效。

【资金监管】对使用2015年度新增地方政府债券资金实施的项目进行全面重点评价,重点评价的项目有保障性安居住房建设10154万元、城乡道路建设项目3000万元、城市基础设施建设4000万元。盘活财政存量资金,回收区直部门资金228万元,全部按照规定用途使用。开展小金库治理专项检查,全区共重点检查64个部门和单位,未发现违规违纪现象。开展非税收入专项检查,对亳州二中、区人社局、区国土资源局、区市场监督管理局的非税收入收缴情况进行重点抽查,未发现截流、挪用现象。整合招投标平台,下发《谯城区工程建设项目招标按发包价随机抽取中标办法(试行)》和《谯城区政府投资建设项目招标投标实施办法(试行)》,规范公开招标程序,共采购批次562项,预算资金7.9亿元,合同资金7亿元,节约8855万元,节约率11.23%。

【服务经济】采取 PPP 模式运作实施北部新城“产城一体化”建设项目，该项目列入国家级第三批 PPP 示范项目，并成功发售收益债券 18 亿元，全部用于北部新城建设。累计发放过桥资金 11.97 亿元，支持小微企业 302 家，缓解实体经济融资难题。发放小额担保贷款 12.5 亿元、积极争取上级贴息资金 369 万元，核拨贴息资金 748 万元。加大财政资金对企业的扶持力度，对亳州珍宝岛中药控股有限公司、春雨国际汽车城等 34 家企业申请的财政扶持资料进行严格审核，共审核确定扶持资金 2.65 亿元。设立融资风险补偿基金，共筹集 1110 万元，为 93 家合作社、家庭农场发放贷款 4516 万元，促进新型农业经营主体发展。采取“借转补”的方式，对华佗国药、安徽百萃方药业等 25 家企业的现代中药集聚发展基地项目进行财政支持，共拨付“借转补”财政支持资金 1.4 亿元。

【党建工作】开展“两学一做”学习教育、创建学习型党组织、“讲看齐、见行动”学习讨论等工作。严格执行“三会一课”制度，编辑《谯城财政剪报》44 期，获得亳州市委宣传部、亳州市直属机关工作委员会、“书香亳州”建设工作领导小组联合表彰的“先进单位”，区财政局党总支被区委推荐为全省学习型党组织先进单位，区财政局党总支书记胡建坤被评为全省优秀党务工作者。

（谯城区财政局供稿）

宿州市财政工作综述

宿州市财政工作概述

【概况】2016年,全市财政总收入完成139.8亿元,完成预算的102.6%,增长11.3%,增幅位居全省第4位。其中,地方财政收入完成95.6亿元,增长11.2%,高于全省市级平均增幅1.4个百分点。财政支出完成313.3亿元,同比增长5.6%。

【财政预期不断加强】加强收入征管,先后印发《关于进一步加强收入征管分析工作的意见》《关于进一步加强非税收入预期管理的通知》《宿州市市级预算管理办法》等文件,将收入预期管理等重点工作任务分包到人,按月进行调度,及时进行查缺补差。建立完善财政帮联县区工作制度,每位班子成员帮联一个县区,不断增强工作合力,保障调度效果。完善市财税库收入征管分析联席会议制度,及时分析收入情况,研判收入预期,由注重事后分析转向事前预测、事后分析并重,确保财政收入平稳均衡入库。

【财税改革持续深化】加大政府预算统筹安排,将部分政府性基金转列一般公共预算,加大国有资本经营预算调入一般公共预算力度,加大财政存量资金盘活力度,全市增加一般公共预算财力22.6亿元,集中用于脱贫攻坚、支持实体经济发展和民生改善。全面落实营改增试点,涉及纳税人2.2万户,降低企业税负3亿元,减负率25%。资源税改革顺利平稳落地。规范政府债务管理,当年新增转贷地方债券收入26.5亿元、置换债券68.9亿元,全部按要求规范使用,保障重点项目建设,缓解当期偿债压力,降低利息负担,当年节约融资成本7.8亿元。加大预决算公开力度,出台《宿州市预算公开管理暂行办法》,先后召开11次预算公开工作调度会、培训会,主动与预算单位开展会商,强力推进预决算信息公开工作。市本级2016年预算、2015年决算全部按要求分别于2月26日、8月19日予以公开,各县区也均在规定时间内完成预决算公开。

【社会投入有效放大】强化财政资金的导向作用,积极创新财政投入方式,有效放大财政资金杠杆作用。大力推广政府与社会资本合作(PPP)模式,吸引社会资本进入公共服务领域和基础设施领域,公开向社会发布PPP项目36个,总投资193.9亿元,启动实施汴北污水处理厂等PPP项目6个,带动社会资本投入53.7亿元。积极拓展政府购买服务范围,在棚户区改造、城乡基础设施建设等领域进行市场化融资,获得低息长期项目贷款196.9亿元,当年到位资金66.3亿元。政府出资14.3亿元,新设政府性基金59.7亿元,直接撬动社会资本投入45.4亿元。

【经济转型明显加快】推进实施"调转促"行动计划,着力抓好"三重一创"建设,市级安排2.4亿元专项引导资金,重点支持高新区云计算产业、市经开区生物医药、砀山果蔬食品生物科技等新兴产业集聚发展基地建设,推动战略性新兴产业加速发展。安排2.2亿元,用于支持宿马园区、高新区基础设施和公共服务项目建设,增强园区持续发展动力。全市共落实续贷过桥资金2.53亿元,累计为小微企业提供短期过桥资金支持30.6亿元。深入推进“4321”新型政银担合作机制,加大担保增信服务,全市累计向521户企业放款24.25亿元,助力民营企业在抵御经济下行压力中提档升级。鼓励支持企业上市,市财政及时拨付企业奖补资金1101万元。落实社会保险降费和降低公积金缴存比例政策,取消16项行政性收费,有效降低企业负担。

【民计民生持续改善】坚持把脱贫攻坚作为第一民生工程,千方百计筹集资金,努力增加扶贫投入。全市调整预算安排扶贫专项2.06亿元,占2016年地方财政收入增量的35%以上,其中,市本级安排扶贫专项资金1.1亿元。全市盘活财政存量资金5537万元用于脱贫攻坚,占2016年可统筹使用财政存量资金的50%以上。统筹整合各类涉农资金35.6亿元,重点投向产业扶贫、光伏扶贫、乡村道路畅通工程、安全饮水和小型水利改造提升等脱贫工程,开工建设村级光伏电站199个,完成农村道路畅通工程2626公里,发放扶贫小额信贷8596万元,实施精准扶贫安全饮水工程31个。健全财政扶贫资金监管机制,强化监督检查和绩效评价,保障扶贫资金安全、规范、高效使用。持续实施33项民生工程,强化工作调度,每月进行一次考核排名,每两个月召开一次现场会,圆满完成年度目标任务。

【管理水平不断提升】树立法治思维,完善合法性审查、集体讨论决定等决策程序,认真组织2015年度市本级预算执行及其他财政收支情况审计问题整改和秸秆综禁专项资金问题整改,推动预算单位全面强化预算意识和财经纪律意识。完善联系人大代表、政协委员制度,按月向人大代表发送财政信息。加强基层财政所规范化建设,全面夯实财政管理基础。全面加强财政资金管理制度建设,出台《宿州市财政资金管理实施办法》,制定完善政法、教育、社保、农业、经建、企业等领域资金分配管理办法,实现资金分配管理分领域、分层级、分项目全覆盖。硬化预算约束,严控“三公”经费,全市“三公”经费支出下降21.2%。会同纪检、审计部门认真组织开展全市“小金库”和违规发放津补贴专项整治,对违规资金全部上缴财政专户统一管理,进一步净化理财环境。

【国资国企改革深化】认真贯彻落实市委市政府《关于深化国资国企改革的实施意见》,推进国企改革再提速。有效整合国资财政职能,从强化制度建设,规范改革流程入手,切实加强国资监管。研究出台《宿州市市属国有企业改革领导小组工作职责》《市属国有企业改制申请报批流程》等制度性文件,进一步规范国企改制流程。实行国有企业重大事项报备,防止国有资产流失。夯实国资国企改革基础,调整国有企业资产评估专家确认审查委员会组成人员,选聘具有一定资质人员调整和充实专家库。优化国有资产布局,放大优质国有企业资产功能,将美惠多超市有限公司的商业地产、宿州中燃20%市属国有股权、市保安公司划转给市城投公司管理,将华源电力公司划转市工投公司管理,国有资本收益得到有效放大。做优做强国有企业,引进合肥市保安服务公司对市保安公司进行股份制改造,引入北京先农种业基金对市种子公司进行股份制改造。

(宿州市财政局供稿)

砀山县财政工作概述

【概况】2016年,砀山县财政部门在县委、县政府的坚强领导下,全面贯彻落实党的十八届三中、四中、五中、六中全会精神和中央经济工作会议精神,深入贯彻落实习近平总书记系列重要讲话特别是视察安徽重要讲话精神,按照县第十四次党代会要求,紧紧围绕既定工作目标,把握稳中求进的总基调,实施积极的财政政策,狠抓增收节支,优化支出结构,全力以赴稳增长、调结构、惠民生、促和谐,促进经济平稳较快发展,促进城乡居民收入较快增长,维护社会大局和谐稳定;推进财政科学化、精细化管理,提高财政资金使用效益;克服宏观经济形势、政策性减收等不利因素影响,实现财政收入较快增长,为全县经济社会发展提供财力保障。

【完成收支任务】全县公共财政总收入11.5亿元,完成预算的102.6%,比上年增收1.4亿元,增长13.9%。其中,公共财政地方一般预算收入完成7.9亿元,上级补助收入24.65亿元,债券转贷收入1.68亿元,调入预算稳定调节基金2140万元,调入资金4451万元,上年结余2115万元。全县公共财政支出34.55亿元,完成年度预算的99.4%,比上年增支

2.09亿元,增长6.4%。从主要支出科目看,教育、社会保障与就业、医疗卫生和计划生育、农林水事物、住房保障等民生支出29.60亿元,占支出总额的85.67%,比上年增加2.06亿元,增长7.5%,财政支出进一步向民生领域倾斜。

【助推转型发展】落实中央、省市供给侧结构性改革政策,积极筹措资金,支持经济转型发展。拨付1000万元支持战略性新兴产业发展,实现省级战略性新兴产业集聚发展基地零突破。拨付中小企业技改与发展资金610万元,用于企业技改与贷款贴息。安排2000万元的续贷过桥资金,全力推进"4321"新型政银担合作模式,加大担保增信服务。继续注资民营经济发展资金1522万元,加大担保能力建设,使县担保公司净资产达到2.18亿元,累计为185户企业提供融资担保7.7亿元,缓解全县小微企业融资难、融资贵难题。砀山县中小企业融资担保公司成功入选"2015年度安徽省新型政银担合作先进单位30强"。争取电子商务进农村综合示范资金1870万元,支持电商发展。争取国家创新型省份建设专项资金890万元,支持企业人才引进和科技创新。支持中小企业在股权交易市场挂牌上市,县财政累计拨付汇金木业、健得丰、耐德电器等5家公司上市奖补资金200万元。全面完成"营改增"税制改革,惠及全县纳税人2149户。积极落实社会保险降费和降低公积金缴存比例政策,有效减轻企业和社会负担。

【实施民生工程】实施33项民生工程和十件惠民实事,全年民生支出29.6亿元,同比增长2.06亿元,民生支出占财政总支出比重持续上升,惠及城乡百万群众。33项民生工程总投(筹)入资金14.72亿元(含实物配套等),其中中央及省财政资金10.15亿元,市级配套资金0.26亿元,县配套资金3.03亿元,群众缴费及自筹资金1.29亿元。截止11月底全部完成年度目标任务,民生工程连续多年保持全市先进行列。农村低保标准由每人每年2200元提高到3000元;统一城乡义务教育经费保障机制,公用经费生均补助标准由小学264元、初中375元分别提高到625元、825元;城乡居民医保补助标准由380元提高到420元;基本公共卫生服务补助标准由每人40元提高到45元;大力推进机关事业单位工资改革,及时兑现基本工资和津补贴调整政策。

【落实惠农政策】进一步规范财政各项涉农补贴资金发放制度,确保资金及时、安全打卡发放到户。发放28项惠民补助资金3.42亿元,涉及农业支持保护补贴、扶贫、养老、民生工程等各方面。认真实施农业综合改革一事一议财政奖补工作,完成一事一议财政奖补项目128个,总投资5066万元,涉及122个行政村,项目覆盖率79%,惠及全县74万人口。积极实施农业综合开发,提升农业生产能力。实施完成高标准农田建设等项目15个,总投资4750万元,其中财政资金3637.2万元,当年完成项目及投资额均创砀山县农业综合开发项目新高。扎实开展政策性农业保险工作,完成午秋两季农作物承保58.9万亩,特色产业果树承保19.8万亩,保费总额990万元,其中各级财政投入资金792万元,有效提高农业生产抗灾能力。大力支持脱贫攻坚,投入各级财政扶贫专项资金10191万元,其中:县级财政调整预算安排1671万元,回收沉淀资金统筹安排850万元。统筹整合8部门涉农项目资金9165万元用于扶贫,重点用于农村危房改造、农村道路畅通工程、农村饮水安全、农田水利、美好乡村建设等。

【支持社会事业发展】大力推广政府与社会资本合作(PPP)模式,积极探索在生态农业、观光旅游、基础设施建设等公共服务领域推广运用PPP模式。启动实施砀山黄河故道农业度假区PPP项目和砀山县通航产业园基础设施建设工程PPP项目,计划总投资17.8亿元。大力实施政府购买服务,将棚改、安置房项目纳入政府购买服务范围,支持采取政府购买服务方式,在棚户区改造、城乡基础设施建设等领域进行市场化融资。签订购买服务协议3个,计划总投资19.2亿元,项目融资期限为10到15年。大力支持社会事业发展,拨付1.1亿元用于农村道路畅通工程。加大农村环境综合整治投入,推进城乡一体化建设,2016年下拨美好乡村建设资金5300万元、三线三边资金2500万元,拨付5500万元推进农村基层组织建设。争取中央及省保障性安居工程专项补助资金5248万元,加快推进砀山县保障房项目建设。

【深化财政改革】继续完善部门预算改革,科学制定各预算单位的支出定额,提高预算编制的科学性和透明性,严格控制"三公"经费,全面推行预算信息公开,加强社会监督,预决算信息分别于2月18日和8月19日按要求公开。继续深化国库集中支付和公务卡制度改革,严格执行公务卡强制结算目录,加大公务卡使用情况的监控力度,提高公务卡使用率和公务支出透明度。预算单位全年累计办理公务卡

4391张,办理公务卡结算业务13712笔,金额3121万元。继续完善非税收入收缴制度改革,加强非税收入分析、日常监管和非税票据管理,建立健全非税收入入库制度,坚持税收收入和非税收入并重,努力做到应收尽收。认真贯彻《政府采购法》,依法规范采购程序,积极推行电子化政府采购信息系统管理,采购范围进一步拓宽。全县政府集中采购预算资金3.66亿元,实际采购资金3.32亿元,节约资金3445万元,节约率9.41%。扎实推进政府性债务管理,制定砀山县地方政府性债务管理暂行办法,对原有政府融资债务,通过政府债务置换方式解决,逐步将存量政府债务纳入财政预算管理。砀山县政府性债务余额为29.01亿元(包含发行债券)。2016年发行二批债券,共筹集资金7.58亿元,其中:新增债券资金2.3亿元,置换债券资金5.28亿元。新增债券资金投向扶贫、棚户区改造、农村道路建设、农田水利设施等公益民生领域;置换债券资金经政府批准已支付各项工程款债务及偿还银行贷款。

【落实"八项规定"】认真贯彻《预算法》,多次召开专题会议,认真研究审计整改措施,全面完成2015年度县本级预算执行及其他财政收支情况审计问题整改。加强部门预算管理,硬化预算约束,严格控制预算追加,严控一般性支出。加强"三公"经费管理,积极推进党政机关公务用车改革。"三公"经费累计支出1251万元,比2015年同期减少26.5%。按照省市统一部署和县委要求,财政部门牵头开展严肃财经纪律和"小金库"治理及滥发津贴补贴两个专项整治工作。查处"小金库"6户、违规发放津补贴单位12家,共上缴财政资金415.86万元;撤销银行账户14个,上缴财政资金1194.76万元;财政部门积极会同监察、审计、组织、人社等部门出台系列相关文件,不断加大监督检查力度,努力构建长效机制。

(砀山县财政局供稿　曹桂堂)

萧县财政工作概述

【概况】2016年,萧县财政局紧紧围绕年初财政工作目标,拓宽理财视野,严格收入征管,优化支出结构,深化财政改革,财政保障能力持续增强。

【组织财政收入】按月及时分解财政收入任务,不断完善目标责任制考核办法,形成一级抓一级,层层抓落实的工作格局。强化综合治税,加大协税护税力度,认真做好税收的代扣代缴工作,公共财政收入完成20亿元,为预算的120%,比2015年增收49613万元,增长33%。其中税收收入完成10.66亿元,非税收入完成9.34亿元。

【优化支出结构】全县公共财政支出完成49.5亿元,为预算的130%,比上年增支42261万元,增长9.3%。在预算管理上,做到收入一个"笼子"、预算一个"盘子"、支出一个"口子"。加强"三公"经费管理,三公经费支出1353万元,较2015年下降23%。建立乡镇财政资金监管信息系统,规范支出行为。财政支出重点向民生倾斜,教育等13个大类民生支出42.57亿元,占公共财政支出的86%,比2015年提高1.2个百分点。

【深化财政改革】国库集中支付规模进一步扩大,累计支付资金51.96亿元,比2015年增加2.3亿元,增长4.4%。大力推行公务卡制度,实施公务卡强制结算目录,通过公务卡系统支付1867万元。开展电子化政府采购试点,全年实现政府采购资金5.78亿元,节约资金6422万元,节约率10%。加强行政事业单位资产管理信息系统建设,积极开展资产清查。清理各部门结转结余资金6045万元。推进预决算公开和"三公"经费公开,实现全覆盖。大力推行PPP模式,吸纳社会资本10.59亿元;加大政府购买服务力度,政府购买服务支出5786万元。

【服务经济发展】争取专项资金98000万元,支持重点项目建设。为66家企业担保贷款155774万元,比2015年增加36274万元。通过"一卡通"发放涉农补贴资金53000万元。整合涉农项目资金42084万元,用于脱贫攻坚,安排扶贫资金15272万元,支持精准扶贫。实施农业综合开发项目11个,投入资金4070万元,高标准农田建设项目在国家级绩效考评中获全省第一名。拨付"三线三边"县级配套资金4000万元,秸秆禁烧资金5296万元,专项用于农村环境综合整治。严格执行地方政府债务限额管理,防范政府性债务风险,化解地方政府债务182040万元。规范投融资管理,融资到位资金454100万元。

【实施民生工程】及时召开全县民生工程动员会、推进会、调度会。积极开展民生工程政策宣传,健全完善目标管理责任制、资金监督检查等制度。加强资金监管和工程后续管理,加快民生工程资金拨付和实际支出进度,2016年实施33项民生工程,全年投入资金178939万元,资金支出率95%,全面完成年度任务。

(萧县财政局供稿 刘光锋)

灵璧县财政工作概述

【概况】2016年,灵璧县财政局深入贯彻落实党的十八大和十八届三中、四中、五中、六中全会精神,在县委县政府的正确领导下,通力合作,迎难而上,圆满完成各项财政工作任务。全县公共财政预算收入完成10.49亿元,占预算104.9%,比上年同期增收1.47亿元,增长16.3%。其中:地方公共预算收入完成73922万元,比上年增长2.8%。全县税收收入完成7.31亿元,同比增长13.7%。全县公共财政预算支出完成42.01亿元,占预算的127.5%,同比增长3.4%。各项民生支出全年共完成支出37.13亿元,同比增长3.8%。

【民生工程】以"底线思维"、"兜底理念"谋划推进民生工作,建立健全"一把手"工作机制,由县委书记、县长作为民生工作的第一责任人,实行每周一工作例会制度,加大工作力度。按照建立健全"目标硬化、过程跟踪、动态考核、效益评价"的管理体系,将民生工程目标任务纳入各责任部门和各乡镇(经济开发区)年度目标考核,坚持对未完成民生工程任务的单位实行"一票否决"。投入资金1270万元,加强民生工程建后管养工作,确保工程发挥长效效益。创新方式,拓宽民生工程宣传渠道,提升宣传效果。33项民生工程(其中山区库区农村住房保险试点项目无任务)全面完工,到位资金159916万元,拨付159143万元,拨付率99.5%。支出资金148280万元,占预算数168220万元的88%。

【农村财政管理】加强乡镇财政财务制度建设,印发《关于进一步加强乡镇财政资金管理的通知》《关于收回单位备用金的通知》《关于加强村级资金账户管理的通知》等文件,强化制度建设。认真做好财政补贴农民资金发放工作,通过"一卡通"系统,累计发放财政补贴农民资金24大类34项,打卡发放金额5.6亿元,惠及农户45.9万户(人)次。其中:发放2016年度农业支持保护补贴资金1.683亿元。落实商品房购房契税返还政策,按照《灵璧县人民政府关于进一步促进房地产业持续健康发展的通知》(灵政秘〔2015〕20号)文件精神,兑现2015年度契税返还资金499万余元。深入推进乡镇财政资金监管工作,依托乡镇财政资金监管系统,认真填报资金监管、抽查巡查、公开公示等各类监管信息,及时上传相关资料,切实搭建县乡两级财政资金监管平台。按照惠农补贴资金和财政资金监管绩效评价的相关要求,严格按照评价评分表,逐条对照、逐项落实,完善档案资料,形成完整的绩效评价报告,提高财政补贴资金管理和发放水平。推进乡镇财政所档案升级、服务型财政所创建工作,韦集、朝阳财政所被省档案局评定为省一级档案目标管理单位;禅堂财政所被评为省级服务型财政所以及娄庄、高楼、下楼、大路、朝阳等5个财政所被评为市级服务型财政所。建立乡镇包村干部监管涉农资金工作制度,成立资金监管工作领导小组,制发《灵璧县乡镇包村干部监管涉农资金实施方案》和《灵璧县乡镇包村干部监管涉农资金实施细则》,选取灵城镇和渔沟镇为试点乡镇,进一步推开乡镇包村干部监管涉农资金工作制度。扎实开展乡镇财政财务互审工作,重点检查2015年度乡镇预算收支管理、惠农资金管理发放、项目资金监管、村级财务监管、财务会计管理和内部控制管理等6大项内容。

【财政一事一议奖补】全县共252个行政村开展一事一议财政奖补工作,占行政村总数294个行政村的85%(73个贫困村全部开展一事一议财政奖补工作),实施一事一议财政奖补项目数274个,投入资金5309.2万元。其中村民筹资424.6万元,财政奖补资金4884.6万元,惠及全县93万群众。实施道路修建项目180个,投入资金3951万元,新修水泥路132公里;水利项目12个,投入资金115.6万元,新建桥涵56座,疏浚沟渠11公里;环卫设施项目55个,投入资金1004万元,新安装太阳能路灯2114盏;植树造林项目15个,投入资金192.6万元,新栽植各类苗木2.3万株;文体设施项目11个,投入资金22万元;其他项目1个,投入资金24万元。整合其它资金2100万元。项目的实施,进一步改善群众的生产生活条件,有力促进农村经济社会事业发展和社会和谐。

【财政支持脱贫攻坚】统筹整合使用财政涉农资金支持脱贫攻坚,全年统筹涉农资金37444.7万元,其中:统筹整合涉农资金(含财政扶贫专项资金)纳入扶贫资金专户管理19810万元;渠道不变,部门归口管理用于扶贫 17634.7 万元。2016 年全县完成贫困村出列 10 个,贫困人口减贫 17508 人,超额完成指标任务。加强美丽乡村专项资金监管,建设美好家园。全县共收到各级美好乡村专项资金 5450 万元,其中:中央财政美丽乡村资金 600 万元,省财政 1400 万元;市财政拨入 950 万元;县财政配套资金 2500 万元。在资金使用上,实行县级报账制和国库集中支付,严格按工程进度报账拨款。2015 年第三批美好乡村示范中心村建设任务基本完成,2016 年第四批示范中心村和乡镇建成区整治工程建设正在稳步推进,并实行按工程进度报账拨款。2016 年收到三线三边环境整治专项资金 2981.5 万元,其中市财政 480 万元,县财政 2501.5 万元,实际支出 2950 万元。主要用于环境整治和乡镇环卫人员补贴。

【社会保障财务管理】认真贯彻落实《就业促进法》,实施积极的就业政策。全年实现再就业支出 1286 万元,同比增长 9%。认真执行社会保障基金预算管理制度,提高社会保险基金自求平衡能力。实现社会保障基金收入 52547 万元,占预算 94%,占上年同期 112%;实现社会保障基金支出 48289 万元,占预算 102%,占上年同期 109%。做好城乡社会救助工作,确保困难群众基本生活。全年发放城乡低保资金 9248 万元,对全县农村低保户 36129 人和城市低保户 4181 人实施最低生活保障。保障标准提高 14%以上。进一步完善医疗保障制度,扩大医疗保险覆盖面。全县基本实现基本医疗保障制度全覆盖。城镇居民基本医疗保险参保居民 77000 人,当年筹集资金 3906 万元,支出补偿金 1595 万元。参加新型农村合作医疗农民 110.6 万人,参合率 98%,筹集农合资金 59754 元,支付参合农民补偿金 46302 万元,当年资金结余 13452 万元。进一步加大城乡医疗救助工作力度,当年支付城乡医疗救助资金 2384 万元,享受城乡医疗救助人数 101078 人,其中,全额代缴参合人数 80990 人。继续深化实施医药卫生体制综合改革,建立城乡基本公共卫生服务一体化。按照皖政〔2015〕16 号文件精神要求,加快建立全覆盖、保基本、多层次、可持续的基本医疗卫生制度,保障人民健康水平不断提高。对乡镇卫生院全面推行财政经费定项补助政策,乡镇卫生院不实行收支两条线管理,县(市、区)财政部门按编制内实有人数全额核拨人员经费(含“五险一金”)。继续在县级公立医院全面实施药品零差率。实施城乡基本公共卫生服务一体化建设,支出基本公共卫生服务资金 4310 万元。

【经济建设财务管理】经济建设资金重点分布在城市建设、高标准基本农田建设、县乡公路桥梁升级改造,农村路网、农村饮水安全,保障性安居工程、“粮安工程”、千亿斤粮食、老旧小区整治、农村危房改造等项目。为加强资金监管,保障资金安全,推进项目建设,按照业务和项目各自特点、要求,把好项目预算关口,认真研究项目批复和投资计划,主动开展业务会商,参与财政业务流程研讨,主动和项目主管部门交流沟通,宣传财政财务工作规范,把项目管理和资金筹集结合起来,落实工程“四制”和国库集中支付要求,寓管理于服务之中,力求更加充分发挥财政资金的社会、经济、生态效益。认真参与项目申报审核工作。积极主动配合有关部门,在考察论证的基础上,参与相关单位组织项目申报。配合有关部门组织申报大气污染防治、新网工程等项目,为推动事业发展,加强环境保护做出努力。此外,按照省市财政财务要求,认真做好产粮(油)大县奖励、棚户区改造债务统计、政府融资等各类材料准备工作,积极配合发改、水利、交通、金融等有关部门和单位编审材料,及时向上级主管部门提供准确数据。

【会计管理】加强会计从业人员管理和业务培训,根据《安徽省会计从业人员继续教育实施办法》,从 4 月 1 日始,灵璧县 1000 多位会计从业人员及时登录安徽省会计从业相关网校进行继续教育学习,并陆续完成年检盖章登记。为 165 人获会计从业资格人员及时颁发证书,进行注册登记,并办理 69 名会计从业人员变更手续和调转信息。先后组织会计业务人员在安徽省晓娣中小企业财务服务有限责任公司培训六期,认真做好会计从业人员的业务培训和职能教育。举办灵璧县“磬石杯”少儿珠心算争霸赛。认真做好 2016 年度代理记账机构报备工作,按照规定要求,制定报备方案,明确报备时间,细化业务内容,具体抓好县辖八个代理记账机构 2016 年度的报备工作的落实。加强金融机构会计从业资格执法检查。

【行政事业单位财务管理】继续贯彻落实教育各项政策,全面推进县义务教育均衡发展,加大财政投入力度,足额安排各类项目资金,县财政投入学前教育、义务教育阶段、中职教育、高中教育及薄弱学校改造等专项资金 35608.74 万元,确保教育事业优先发展。加大文化旅游投入力度,支持基层公共文化服务体系建设,继续落实图书馆、文化馆等文化免费开放、农村公益性电影放映等文化惠民政策,以及奇石文化园、钟馗文化园、虞姬文化园及现代农业博览园景区建设,县财政投入文化旅游专项资金2127.71万元。认真落实人口计划生育各项惠民政策。重点保障农村部分家庭计划生育奖励扶助、特别扶助,独生子女父母奖励等惠民政策落到实处,投入计生专项资金1252.62万元。按照上级要求,做好盘活财政专项资金工作,收回存量资金1886.66万元。全县101个事业单位在5月份全部完成事业单位产权登记工作,完成全县196个行政事业单位资产清查工作。

【涉企项目资金管理及报表编报】认真编报2015—2016年度各项报表工作,企业快报填报户数达189户,完成市财政局布置任务74户的255.41%,在全市企业报表工作评比中连续四年全市第一,报表的数量和质量在全省105个县(市\区)中始终处于领先位置。做好财政综合专项资金管理,对专项资金实行专账核算、专户管理。拨付县粮库管理费用及利息补贴资金345万元、福彩公益金810万元,体彩公益金107.6万元等,各专项资金及时拨付到相关单位,监督规范使用,确保发挥财政资金效益。积极申报项目,抓好财政涉企专项资金管理,联合县工业委共同申报扶持项目3个,争取上级扶持资金310万元。积极推进PPP项目储备和实施,实施和储备PPP项目17个,总投资81亿元。其中开工项目3个,分别是:投资0.8亿元的驾驶人考试中心项目、投资2.2亿元的灵璧污水处理厂项目和投资6亿元的城乡垃圾收运体系一体化项目。做好所得税税源调查、税式支出调查、关税调查、涉企行政事业性收费减免情况清查和扶持民营经济发展专项调查等专项调研工作。

【政策性农业保险】认真贯彻落实省市相关文件精神,不断加强完善农业保险工作机制,规范业务操作流程,政策性农业保险工作有序开展。种植业小麦、玉米、大豆累计承保273.3万亩,收取农户自交保费875万元,理赔资金2170.6万元。

【政府采购管理】进一步规范政府采购工作流程,严格执行采购目录,全面推进采购网络化管理,建立完善政府采购档案,提升政府采购法制化水平。全县采购预算32792.26万元,实际采购30391.43万元,节约资金2400.83万元,资金节约率为7.32%。其中:货物类采购预算总额20760.64万元,合同总额19395.61万元,节约资金1365.03万元,节约率为6.57%;工程类采购预算总额3135.41万元,合同总额2962.21万元,节约资金173.2万元,节约率为5.52%;服务类采购预算总额8896.21万元,合同总额8033.61万元,节约资金862.6万元,节约率为9.69%。

【国库集中支付】国库支付中心办理单位申请的支付业务56318笔,累计支付资金54.71亿元。支付预算内资金(含专项资金)50.56亿元;实行公务卡消费10366笔,累积金额3554.19万元;实行工资统发的单位166个,占应统发单位的100%,全县县直在职职工(含乡镇教育、卫生院)、离退休职工、遗属人员共计20200人,应发工资总额10.81亿元,实发9.07亿元,其中:代扣住房公积金8274.97万元,医疗保险和失业保险金1578.31万元,基本养老保险和职业年金7563.08万元,分别在工行、农行、邮储银行、徽商银行四家代理银行同时发放;政府采购管理平台运行支付278笔业务,共计支付资金5109.36万元。

【政府性债务管理】抓好政府性债务管理制度的贯彻落实,严格执行省政府48号文件和县政府18号文件,加强政府性债务举债审批、融资平台名录管理、土地储备融资管理,风险预警监测工作。积极争取地方政府性债券额度,灵璧县共分配到债券资金48651万元,其中置换债券31272万元,新增债券17379万元。严格债券资金支付。按照"保必需、保急需"的基本原则,细化安排债券分配方案,并报县政府审批。严格债券资金管理。在置换存量债务时,由债权人、债务人、财政部门和本级政府四方共同逐笔签订协议,明确还款金额、还款时间及相关责任,由财政部门按照国库集中支付管理要求,把债券资金直接拨付给债权人。截至本年底,置换债券资金已按要求置换逾期、2016年到期债务31272万元,新增债券资金17379已经按要求全部支付到位。

【认真抓好党风廉政建设】坚持教育为先、预防为本,扎实开展形式多样的反腐倡廉宣传教育活动,营造勤政廉政良好氛围。认真贯彻落实《准则》《条例》和党的十八届六中全会精神,增强"四个意识"。突出主体责任,加大监督问责力度。开展经常性巡查督查,运用好约谈和廉政谈话等手段,加强对财政重点领域、重要岗位和关键环节的监督。加强作风建设,认真落实中央"八项规定",树立良好的财政部门形象。加强制度建设,扎进制度的"笼子"。围绕财政资金分配、干部管理以及财政改革等方面,积极构建制度防范网络，切实用制度管人、管事。结合财政业务认真核定“权力清单和责任清单”，加强风险防控，着力构建防控、监控、处置长效机制。

（灵璧县财政局供稿）

泗县财政工作概述

【概况】2016年，泗县财政局按照县委、县政府以及省、市财政部门的工作部署，围绕全年工作目标任务，充分发挥职能作用，着力财政预期管理、着力培育厚植财源、着力财政民生保障、着力深化财政改革、着力财政作风建设，财政各项重点工作有序推进，为全县经济社会发展提供有力保障。

【强化收入征管】克服经济增速放缓、营改增减收等不利因素影响，完善征管机制，确保应收尽收，全县财政总收入完成11.5亿元，较上年增收14638万元，超额完成年初预算安排的目标任务。从征收部门完成情况看：国税部门完成40478万元，占预算的88%同比增长41.1%；地税部门完成51631万元，占预算的116.7%，同比下降0.8%；财政部门完成22897万元，占预算的103.4%，同比增长16.5%。从收入结构完成情况看：税收收入完成87708万元，同比增长10.9%，占财政总收入的76.3%；非税收入完成27298万元，同比增长28.5%，占财政总收入的23.7%。

【保障民生支出】财政支出完成41.66亿元，其中民生支出完成35.89亿元，同比增长21.4%，占财政支出的86.1%。其中：教育支出80287万元，科学技术支出842万元，文化体育与传媒支出3973万元，社会保障和就业支出44907万元，医疗卫生支出52409万元，节能环保支出1555万元，城乡社区事务支出31133万元，农林水事务支出83908万元，交通运输支出13494万元，商业服务业等事务支出2884万元，国土资源气象等事务支出2184万元，住房保障支出38689万元，粮油物资储备事务支出2633万元。全县33项民生工程资金支出142800万元，其中：扶贫工作方面支出28400万元；“三农”工作方面支出12400万元；创业就业方面支出500万元；社会保障方面支出76300万元；教育文化方面支出13700万元；其他城乡公共服务方面支出11500万元，普惠民生成效显著，人民群众获得感进一步提升。

【聚焦脱贫攻坚】预算安排扶贫资金17530万元，整合涉农资金19646万元，为全县脱贫攻坚工作提供财力保障。进一步规范财政资金的管理和使用程序，联合县扶贫办制定《泗县扶贫项目和扶贫资金管理办法（试行）》《泗县精准到村扶贫资金管理办法（试行）》《泗县精准到户扶贫资金管理办法（试行）》等文件，保障各项财政扶贫资金安全高效支出。扎实做好财政局机关扶贫“双包”工作，全局32名包保干部共帮扶贫困户112户，全体包保干部定期走访慰问包保对象，积极做好贫困户思想工作，因户因人施策，引导学习技术、外出务工，或者投资养殖、种植等项目，确保早日脱贫。积极帮助帮扶贫困村发展村级集体经济，增加村级集体收入。包保贫困村87户贫困户顺利实现脱贫目标。

【服务经济发展】充分发挥财政资金的扶持和引导作用，设立产业发展引导资金5000万元，重点支持机械电子、节能环保、纺织服装、农副产品深加工等主导产业项目发展；安排500万元电子商务发展专项资金，重点支持电子商务产业园建设。积极发挥省、市支持企业发展专项资金的引导作用，投入410万元重点支持企业技术创新和技术改造，推动企业转型升级、创新发展。大力扶持企业发展，全年为35家企业申报贴息、外贸奖励等项目补助资金217.28万元。用好用活金融担保政策，切实解决企业融资难题，扶持中小企业持续健康发展。全年为县内208家企业提供担保贷款63300万元，为43家企业提供续贷过桥资金8594万元。认真落实《鼓励农民进城购房若干政策规定（试行）》，全年支付补助资金398万元，促进农村土地节约集约利用和农村人口有序向县城转移。

【加大“三农”投入】全面落实强农惠农政策，稳步推开农业补贴“三合一”改革，全年通过“一卡通”发放惠农补贴资金61881万元。扎实开展政策性农业保险工作，全年发放农作物理赔资金1902.13万元。有序推进村级公益事业建设，全年投入资金7459万元，新建一事一议财政奖补及农村村级公路网化工程项目304个，受益人口90余万人。大力支持美好乡村建设，安排6350万元，保证项目工程顺利实施，改善农村人居环境。投入12550.4万元，实施中低产田改造及高标准农田综合治理项目8个，共计22.9万亩，改善农业生产基础条件。投入4248万元，大力支持现代农业发展，推动农业产业结构调整和可持续发展。

【加强财政管理】扎实做好财政部门牵头的“小

金库”专项整治、行政事业单位滥发津贴补贴专项整治、党员干部、工作人员借用公款长期不还问题专项清理工作,保证中央八项规定落到实处。认真组织对新林纺织品有限公司等6家单位进行会计信息质量检查,促进各单位进一步改进和规范会计工作。牢固树立过紧日子思想,严把支出关,“三公”经费同比下降30.4%。扎实做好预决算信息公开工作,全县67家预算单位预决算和“三公”经费信息全部进行公开。认真做好人大代表建议和政协委员提案办理工作,上门征求意见建议并进行跟踪问效,切实提升财政管理水平。认真做好乡镇财政资金监管工作,先后获得全省乡镇财政资金监管绩效考评一等奖、全省惠农补贴资金管理和发放工作绩效考评一等奖等表彰。扎实做好财政系统的文明创建工作,获“第九届宿州市精神文明单位”称号。全力做好民生工程工作,被评为全省“民生工程绩效考评先进县”称号。认真组织对财政扶贫资金及民生工程项目进行绩效评价,提升财政资金使用效益。全力做好服务型乡镇财政所(分局)创建工作,截至2016年底,9个财政所(分局)通过省级验收,2个通过市级验收。

【深化重点改革】认真贯彻实施新预算法,把深化财政改革与加强预算编制、预算执行、预算监督等紧密结合起来,完善政府预算体系。扎实做好预决算信息公开工作,统一范围口径、统一内容格式、统一时间方式,保证预决算信息公开质量。健全完善国库集中支付制度,在各预算单位全面推行公务卡结算,实现对财政资金的动态监控。成立泗县国有资产运营中心,积极组织开展全县行政事业单位国有资产清查核实工作,在各单位自查的基础上,聘请第三方审计机构进行全面核实,切实加强行政事业单位国有资产管理。

【改进作风效能】结合“两学一做”学习教育、“讲看齐、见行动”学习讨论活动,严格按照中央八项规定和省市三十条规定要求,积极主动地做好财政系统的机关党建和党风廉政建设工作。通过落实“三会一课”制度,开展集中学习、专题研讨、警示教育、组织生活会、民主生活会等活动,财政党员干部的党性修养和廉洁自律意识不断提升,财政党组织的凝聚力和战斗力进一步增强。坚持问题导向,针对作风建设、效能建设中的重点领域和薄弱环节,深入、全面地查找问题,进而研究和解决问题、完善和提升效能。着眼小事、着眼小处、着眼小节,抓早抓小抓细,加强日常宣传和教育,严格遵照效能建设各项规定,做到重在平时、打好基础,持之以恒、保持常态,全面提升全县财政系统工作效能。

(泗县财政局供稿　王杰)

埇桥区财政工作概述

【概况】2016年,埇桥区财政围绕区委区政府“十三五”时期发展规划和中心工作,紧扣“稳居省十强,精准托贫困,全面达小康”的三大目标,牢固树立和贯彻落实“创新、协调、绿色、开放、共享”的发展理念,大力弘扬“六干”精神,负重爬坡不松劲,精准发力不偏移。充分发挥财政职能,培育壮大地方财源,调整优化支出结构,稳步推进财政改革,强化财政监督检查,提高资金使用效益,着力构建更加稳定、健康、可持续发展的地方财政。

【加强收入征管】创新征管方法,强化收入调度,深挖增收潜力,大力推行综合治税,积极开展税收专项整治,集中精力加大税收清欠力度,严厉打击各种偷税漏税行为,确保税收依法征收、应收尽收。出台《埇桥区财源建设考核评比实施细则》,对区直各部门、乡镇街道、园区等执收单位和协税护税单位分类设置考核指标,明确目标任务,落实征管责任,严格考核奖惩,确保财政收入稳步增长;加强税收分析预测,坚持每月精准调度,建立健全税收分析、征收管理、纳税评估等制度,抓好重点地区、重点税源、重点税种的有效监控,科学分析税源变化趋势,妥善做好全面推行“营改增”试点工作,及时发现和解决财税征管中存在的突出问题,实现财政收入高质量可持续增长;推进部门联动机制,将财政收入任务分部门、分税种、分乡镇迅速下达,细化分解、层层落实,积极协调国税、地税、国土等征管部门,完善部门联动,形成征管合力,做到目标细化、任务硬化、责任刚化;切实加强非税收入管理,加大征管力度,及时足额缴库,确保财政收入序时、均衡入库。2016年,财政收入完成33.5亿元,增长6.4%,其中中央收入完成11亿元,出口退增值税完成0.8亿元,地方一般公共预算收入完成21.7亿元,增收3.4亿元,增长18.8%。有力保障全区经济和社会事业的发展。

【提升社会保障水平】积极调整支出结构,统筹兼顾,突出重点,保障和改善民生,提高群众幸福指数。全区一般公共预算支出60.7亿元,增加4.4亿元,增长7.8%。其中民生支出达53.8亿元,占一般公共预算支出的88.7%,增长0.7个百分点。落实农村义务教育经费保障机制和城市义务教育学生免学杂费政策,惠及全区17万名义务教育阶段学生。统一城乡义务教育经费保障机制,公用经费生均补助标准由小学264元、初中375元分别提高至625元、825元。全面落实国家助学贷款、国家助学金等资助政策,发放困难学生生活补助800万元,资助全区普通高中和中职学生6926人次,安排1.1亿元支持义务教育薄弱学校改造;加大三农投入,在全区开展农业"三项补贴"改革试点,着力支持耕地地力保护和粮食适度规模经营,通过"一卡通"发放农机补贴、退耕还林、产业扶贫资金等惠民补贴1.6亿元,拨付粮食风险基金2.1亿元,完成一事一议财政奖补区级项目282个,农村运行维护项目361个。大力支持脱贫攻坚,整合涉农扶贫专项资金2.5亿元,推动实施一批效果突出的减贫项目,为全区脱贫攻坚提供资金保障;健全社保和医疗卫生体系,拨付基本公共卫生服务经费2.7亿元;拨付资金0.35亿元全面实施城乡医疗救助,投入0.4亿元落实再就业优惠政策,投入养老保险补助资金7亿元,为城乡低保对象3.9万户计4.5万人发放城乡低保金1.3亿元;筹措资金0.3亿元用于支持文体事业发展;大力实施"惠民工程",投入1亿元解决农村道路畅通问题,投资6.9亿元用于美丽乡村,标准化学校,安全饮水以及卫生三项建设等。筹措0.3亿元用于政策性农业保险,拨付全年村级组织运转经费1.1亿元,提升农村基层党建与服务经费保障。

【加强财政管理】严格执行新《预算法》,预算编制制度不断完善,编制项目进一步细化。预算公开实现除涉密部门外的全覆盖,绩效目标与部门预算同步编制;加强财政资金管理,开展存量资金检查。"唤醒"趴在账上的"沉睡"资金。全年盘活存量资金1.5亿元,统筹安排用于民生等急需领域;开展全区281家行政事业单位国有资产大清查,强化国有资产监管,全面掌握了解全区机构资产、负债、净资产状况。严格按预算编制、配置标准审批国有资产购置;严格采购预算编制和执行管理,将各类财政性资金采购项目全部纳入政府采购管理范围,切实提升政府采购监管质效。全年政府采购预算14.2亿元,实际采购12.3亿元,节约资金1.9亿元,节资率达13.5%;积极开展预算评审论证,组建预算项目资金评审小组,召开项目评审会,开启"管评分离、编审合一"财政项目评审新模式。全年共组织预算评审项目10个,评审金额1000万元,审定650万元,审减350万元、审减率达35%;积极推广股权投资、PPP等投融资模式,引入社会资本。拟定PPP模式建设项目15个,包括一小时交通圈道路建设、体育馆建设等,计划总投资约150亿元。和十七冶签订双方合作框架协议,初步达成10个项目,总投资134亿元的合作意向;编制三年滚动财政收支预算,稳步推进中期财政规划管理,逐步建立跨年度预算平衡机制。进一步加强政府性债务管理,健全和规范政府举债融资机制,建立科学的偿债管理制度,切实防范和降低财政风险。

【提高资金使用效益】自觉接受人大政协和社会各界的监督,坚持大监督理念,实现监督与管理相结合,促进财政科学化精细化管理。坚持日常监督与专项监督相结合。在资金审核、拨付、使用过程中做到事前、事中、事后全过程监督。对"三公"经费、盘活财政存量资金、扶贫专项资金、"一事一议"财政奖补资金等涉及人民群众切身利益和影响重大领域进行专项检查;开展全区"小金库"和滥发津补贴专项整治。清理各类违规发放津贴补贴资金690万元全部缴入金库。发现违规发放津补贴项目全面停止执行。通过整治,严肃财经纪律,依法处理处罚并提出合理化建议;建立和完善内部控制和管理制度,对工作流程进行优化和规范。扎实做好基础性监督工作,加强会计事务、银行账户及专户、票据、投融资等基础性管理工作,确保资金安全高效运行。

【推进精准扶贫】全面落实市区扶贫精神,推进财政资金整合,建立跨部门统筹分配使用财政资金机制。整合涉农扶贫专项资金2.4亿元,集中用于全区建档立卡贫困村基础设施建设、产业扶贫等。按照区委区政府统一部署,财政局包保帮扶杨庄乡林庄、街东、刘楼、杨庄四个行政村,其中林庄村被列为贫困村。财政局制定扶贫计划,采取建蔬菜大棚,温氏养殖,困难救助等有效帮扶措施,每年为林庄村带来5万元以上村集体收入。财政局234名包保干部多次进村,帮助贫困户"一对一"制定脱贫计划,实现林庄贫困村出列,152户331名贫困户如期脱贫。

(埇桥区财政局供稿　邵志坚)

蚌埠市财政工作综述

蚌埠市财政工作概述

【概况】2016年,全市财政收入251.2亿元,收入总量位居全省第5,比2015年(下同)增加22.9亿元,增长10%,其中全市地方收入133.9亿元,增加14.2亿元,增长11.9%。全市财政支出268.2亿元,增加23.5亿元,增长9.6%。

【实现财政收支稳定增长】强化收入目标管理,制定2016年财政收入目标考核办法,及时将全年收入任务分解下达到各征收部门和县区;提请市政府将各县区、市直各征管部门组织收入情况纳入市级党政绩效目标考核范围。强化收入预期管理,印发《蚌埠市加强财政收入预期管理实施办法》,全面建立"1+5"收入征管分析制度,细致摸排各项税源情况,与税务、海关等部门定期会商,分析收入形势,把控收入进度,确保各项收入及时入库。强化支出进度管理,严格落实预算法要求,及时批复下达年度预算,加快上级转移支付拨付进度;建立跟踪分析、重点调度、定期通报制度,动态掌握重点项目资金的分配使用情况,着力加快支出进度、提高资金效率。优化财政支出结构,坚持有保有控,加大民生等重点领域投入力度,全市财政民生支出236.8亿元,占财政支出的88.3%。与此同时,全市"三公"经费支出同比下降34.5%。

【支持供给侧结构性改革】支持产业升级发展,统筹安排各类促进经济发展资金41亿元,落实工业强市、自主创新、新兴产业发展等扶持政策,支持铜铟镓硒、烟厂易地技改、德豪润达倒装芯片、凯盛科技8.5代液晶显示玻璃基板、双环电子高端装备用精密电阻、华光光电薄膜太阳能电池高温玻璃等项目建设,加快中航三鑫、大富机电等企业升级改造,推进省级硅基新材料产业集聚发展基地建设。修订完善"1+2+N"产业扶持政策,市级安排工业强市、自主创新、服务业发展、现代农业发展专项资金1.84亿元,比上年增长50.2%。落实基金扶持政策,市级产业引导基金规模从5亿元增加到7亿元,主要发挥"母基金"作用,采取阶段参股、跟进投资等方式,发起设立或参与组建股权投资基金,吸引社会资本跟进。出台《蚌埠市硅基新材料产业投资基金组建方案和硅基新材料产业基金管理办法》(蚌政〔2016〕23号),支持组建总规模30亿元的硅基新材料产业投资基金,重点支持本市硅基新材料产业集聚发展基地以及战略性新兴产业重点项目建设。支持设立总规模20亿元电子信息产业投资基金和2亿元天使投资基金。减轻企业税费负担,全市累计"减免抵退"各项税费50亿元。全面落实高新技术企业、小微企业、固定资产加速折旧等财税优惠政策,按规定停征育林基金和新菜地开发建设基金,将18项行政事业性收费的免征范围从小微企业扩大到所有企业和个人,阶段性降低企业职工基本养老保险和失业保险费率。发挥财政政策引导作用,完善政府性资金“以存促贷”机制,强化金融创新指标考核,引导商业银行加大对中小微企业和实体经济的信贷投放力度。安排资金1.1亿元壮大市融资担保集团国有资本金规模。落实“4321”政银担风险补偿责任,在保余额30.4亿元,新增13.7亿元。扩大过桥资金规模和支持范围,累计为302户中小微企业续贷转贷27.9亿元。及时兑现“新三板”挂牌等财政奖补资金2099万元,鼓励企业直接融资。

【支持社会事业加快发展】实施33项民生工程,投入资金55.2亿元,比上年增长10.4%,各项工程年度目标全面完成。分解细化年度目标任务,制定出台资金筹集、项目推进、目标考核等配套政策,落实市人大常委会《关于加强民生工程工作监督的意见》,邀请人大代表、政协委员视察民生工程。支持社会事业发展,积极争取省专项政策支持,多方统筹并及时拨付资金42.4亿元,保障离退休人员基本养老金发放和企业退休人员基本养老金“十二连调”政策落实。拨付资金16.2亿元,城乡居民医疗保险财政补助标准由每人每年380元提高到420元,基本公共卫生服务财政补助标准由每人每年40元提高到45元,支持三院儿科病区、中医医院新院区等项目建设和公立医院改革。拨付资金6.4亿元,落实义务教育经费保障机制,推进职教园、体育中心、文化馆等项目建设。拨付资金1.1亿元,兑现援企稳岗扶持政策。加快新型城镇化建设,通过财政安排、支持平台公司融资等方式,多渠道筹集城市大建设资金208亿元,推进棚户区及老旧小区改造、小城镇建设、对外连接线和市政基础设施以及教育文化体育等公益项目建设。制定《蚌埠市农业转移人口市民化引导基金管理办法》,鼓励农业转移人口进城落户。蚌埠至五河高速公路项目入选财政部第三批PPP合作示范项目。多渠道筹集资金支持创建全国文明城市。实施资源税改革,扩大资源税征收范围,全面推开从价计征方式,促进能源资源节约集约利用。拨付资金1.2亿元,支持秸秆禁烧和综合利用。安排资金1亿元,支持实施“三线三边”、省千万亩森林增长工程。统筹安排资金2.2亿元,支持美丽乡村建设。

【推进城乡统筹协调发展】加大三农投入,调整优化农业结构,统筹各类促进农业发展资金24.8亿元,推进现代生态农业示范区、淮河干流一般堤防加固、小型水利设施改造提升等项目建设,支持农户互换并地“一块田”承包经营试点,促进农业产业化龙头企业加快发展。实施农业综合开发项目39个,总投资2.2亿元,改造高标准农田7.6万亩。筹集资金2.6亿元,实施村级公益事业“一事一议”财政奖补项目721个,受益农民225万人。支持脱贫攻坚,制定出台《蚌埠市财政支持扶贫攻坚的实施意见》(蚌政办〔2016〕28号)、《蚌埠市财政扶贫资金管理办法》(财农〔2016〕216号)等文件,全市统筹安排扶贫资金7亿元,同比增长938%。建立专项扶贫投入与地方财政收入增量挂钩机制,制定市级扶贫资金统筹整合清单,统筹安排22个涉农项目资金用于扶贫攻坚和贫困村项目建设。完善扶贫配套政策措施,提高城乡低保财政补助标准,实现低保线和贫困线“两合一”,支持贫困村设立村级大病救助基金。建立财政扶贫资金绩效评价体系,全面推行扶贫项目资金公告公示制度。落实强农惠农政策,全面推开农业“三项补贴”改革,通过“一卡通”累计发放27项涉农补贴资金16.5亿元,全市农民户均受益2619元。拨付资金1.2亿元,落实政策性农业保险财政补贴,在此基础上,选择水稻、小麦、玉米三大作物,给予种粮大户补充性商业保险财政补贴。

【深化财政重点领域改革】全面落实营改增税制改革,会同税务部门围绕关键时点,倒排工期,建单销号,5月1日建筑、房地产、金融、生活服务业四大试点行业2.4万户企业顺利实现新旧税制转换,6月1日成功完成首期申报纳税,四个行业当年累计减税7.8亿元,综合税负从3.1%下降到2.5%。落实增值税收入划分过渡方案,调整完善市对区财政体制。深化预算管理改革,落实《蚌埠市市本级预算审查监督办法》(蚌人常〔2016〕45号),进一步规范预算追加和项目调整审批程序。完善结转结余资金定期清理回收机制。开展市本级中期财政规划编制,进一步推进预算公开。深入推进国库集中支付电子化改革,在全省率先完成非税收入电子化试点。按照国家和省债务限额管理要求,规范举债行为,严格审批程序,完善债务风险预警机制,加强债务风险考核。争取省转贷地方政府债券资金52.7亿元,其中置换债券33.2亿元、新增债券19.5亿元,全市平均融资成本下降2个百分点。加强财政管理制度建设,制定印发《关于进一步加强财政资金管理制度建设实施意见》(蚌政办〔2016〕56号)、《蚌埠市市级财政专项资金管理办法》(蚌政办〔2016〕57号),进一步规范财政资金设立审批、分配审核、公开公示、监督检查等各环节管理。加强涉企项目资金监管,构建财政内部控制管理体系。开展滥发津补贴和"小金库"两项专项整治工作,制定印发《蚌埠市机关事业单位开展滥发津贴补贴专项整治工作方案》和《蚌埠市深入开展"小金库"专项整治工作方案》,组织开展专项检查,强化财政监督管理,严肃财经纪律。组织开展会计信息质量、预算信息公开等专项监督检查。

(蚌埠市财政局供稿)

怀远县财政工作概述

【概况】2016 年,全县财政收入完成 26.85 亿元,占年初预算的 104%,增长 17.7%。其中地方收入完成 18.26 亿元,占年初预算的 96.3%,增长 5.6%,中央收入完成 8.23 亿元,占年初预算的 125%,增长 49.3%。全年财政支出完成 57.33 亿元,同比增支 4.8 亿元,增长 9.1%,完成预算的 175.8%。

【支持供给侧结构性改革】缓解企业融资难题,继续落实中小微企业减税政策,减免税收 3599 万元;落实小额担保贷款贴息政策,财政贴息 240 万元,为 481 户个体经营户提供贴息贷款 3416 万元;为 128 户企业担保贷款 17.7 亿元(政银担业务 153 笔,14.38亿元);筹资 2400 万元,为 25 户企业提供续贷过桥资金 1.5 亿元。落实财政奖补政策 210 万元,支持银锐智能科技等企业挂牌新三板。贯彻国家企业技术改造政策,争取 3300 万元国家清洁能源发展基金,450 万元国家生物有机肥创制重点实验室项目资金;落实农业产业化扶持政策,兑付贷款贴息、先建后补资金 3033 万元。投入资金 1500 万元,用于农产品流通体系建设;投入资金 960 万元,用于企业技术改造;投入资金 2860 万元,用于充实民营经济发展资本金;投入资金 1790 万元,拆解改造老旧船舶 414 艘,积极稳妥化解过剩产能。

【创新政府投资方式】严格规范运作政府和社会资本合作(PPP 模式),推动公益设施建设。发起绿化、市政道路等 PPP 项目 5 个,概算投资 36 亿元。完善政府购买服务目录,建立绩效评价机制。投入购买服务支出资金 3159 万元,用于环境卫生、政府投资审计等领域。多渠道筹集资金 82548 万元,用于三桥南西侧、农机一厂及周边棚户区改造,购买安置房 2266 套,货币化安置 1150 户,发放租赁补贴 742 户,逐步实现租金补贴和实物配租并举,支持保障对象自行在市场上租房。靓化市容市貌,投入资金 5950 万元,用于"三城同创"项目、老旧小区改造、污水处理及管网维护。

【规范政府债务使用】出台《关于加强我县地方政府性债务管理的实施意见》,进一步规范政府举债行为,强化债务风险防控,支持县域经济发展。2016 年使用新增地方政府债券 32123 万元(一般债券 18123 万元、专项债券 14000 万元),置换债券 44104 万元(一般债券 25704 万元、专项债券 18400 万元)。

【凝心聚力惠民生】坚持财力向民生领域倾斜,全年民生支出 526006 万元,增长 10.3%,占全县财政支出的 93%,较上年提高 2 个百分点。支持教育优先发展,全年教育支出 170266 万元,占财政总支出的 30.1%。投入资金 9640 万元,落实农村义务教育保障机制和城镇义务教育学生免学杂费政策,惠及学生 13.5 万人;投入资金 16216 万元,推进教育布局调整,促进教育均衡发展;投入资金 275 万元,支持特殊教育发展,保障特殊群体受教育权益;投入资金 1735 万元,落实国家助学金、贫困生补助等资助政策,资助普通高中生、中职生、贫困寄宿生及贫困幼儿 19655 人次。支持科技文化事业发展,投入资金 334 万元,用于支持企业科技项目发展;投入资金 574 万元,用于全国科普示范县创建、重点文物保护、文化信息共享工程、各类馆所免费开放和农村文化建设。支持卫生计生事业发展,投入资金 8139 万元,用于保障乡镇卫生院人员经费,同比净增 4139 万元;投入资金 1900 万元,用于县级医院离退休人员经费及药品零差率补助;投入资金 5240 万元,用于基本公共卫生、重大公共卫生项目建设;投入资金 1400 万元,用于独生子女保健、计生奖扶、特扶等政策落实。支持社会保障事业发展,投入资金 51913 万元,用于发放企业退休职工基本养老保险和城乡居民基本养老保险;投入资金 71162 万元,用于保障城乡居民基本医疗保险、医疗救助;投入资金 25328 万元,用于发放低保、五保供养、退役士兵安置、高龄津贴、"八老"群体补贴;投入资金 2170 万元,用于发放各类就业补贴、公益性岗位补贴。

【精准发力助三农】全力推进脱贫攻坚,围绕"五个一批""十大工程",聚焦贫困,精准扶持,投入扶贫资金 40018 万元,重点支持基础设施建设资金 20243

万元,社保兜底资金 10463 万元,产业扶贫资金 3365 万元,其他社会事业及公共服务扶贫资金 5947 万元。全力推进美丽乡村建设,投入资金 8236 万元,用于 8 个美丽乡镇、39 个美丽乡村建设。全力推进农村生态环境建设,投入资金 12268 万元,用于秸秆综合利用、白蛾防治和绿色长廊建设。全力推进农业可持续发展,投入资金 21760 万元,用于发放农业支持保护补贴,落实耕地地力保护和粮食适度规模经营;投入资金 17570 万元,用于高效节水灌溉、高标准农田建设;投入资金 7924 万元,用于农村道路畅通工程;投入资金 4000 万元,支持淮西现代农业产业发展;投入资金 538 万元,支持开展"一块田"改革试点;投入资金 1810 万元,支持专用品牌粮食和糯稻产业发展,建设标准化水稻育秧工厂 22 家;投入资金 3971 万元,用于发放农机购置补贴;投入融资风险基金 500 万元,用于扶持农民合作社家庭农场;投入资金 6621 万元,全额兜底政策性农业保险。全力推进农村综合改革工作,投入资金 11101 万元,推进"一事一议"财政奖补、土地流转、土地确权、农机社会化体系建设、农村公共服务运维试点等农村综合改革工作,实施农村公益项目 193 个,修建道路 228 公里、水利设施 18 个。全力推进村级组织建设,投入资金 6865 万元,落实村级组织运转、两委工资、村干部人身意外保险,净增村干部工资 1493 万元、运转经费 980 万元;投入资金 1480 万元,用于 86 个行政村村级活动场所建设。

(怀远县财政局供稿)

五河县财政工作概述

【概况】2016 年,全县完成财政收入 16.39 亿元,比上年增长 18.1%,其中地方财政收入完成 12.14 亿元,增长 2.8%,占财政总收入比重 74%。全县一般公共预算支出完成 33.7 亿元,同比增长 2%,财政支出中民生支出 29.25 亿元,占比 86.8%以上。

【加大服务民生投入】实施 32 项民生工程,总投入资金 15.61 亿元,比上年增长 3.58%,32 项民生工程惠及全县医疗卫生、文化教育、劳动就业、社会保障、农业生产、住房保障等多个领域。加大"三农"资金投入,全年通过"一卡通"为全县 14.5 万农户发放惠农补贴资金 4.5 亿元;出台《五河县涉农专项资金项目管理办法》《五河县财政支农项目资产收益扶贫实施方案》等文件,整合涉农资金 4.1 亿元,支持农村基础建设和农业产业化发展;落实"一事一议"财政奖补项目 155 个,投入资金 2972 万元;投入县级财政扶贫专项资金 660 万元、存量可使用资金 153 万元、财政统筹安排 1064.2 万元用于本县扶贫开发;全面完成 2015 年 7 个农业综合开发项目,涉及资金 3276.5 万元;落实 6537 万元用于本县 2016 年美丽乡村建设,其中县级投入资金 2800 万元。加大医疗卫生等各类补助资金投入。提标扩面发放补助类社会保障资金 10256.87 万元;发放企业养老金、城镇居民医疗保险、城镇职工医疗保险、城乡居民养老保险、新农合基金等资金 71533 万元,发放被征地农民社保金 640 万元。加大教育科技投入,拨付义务教育经费保障机制资金 7911.03 万元;拨付中职、普通高中学生资助资金 643 万元;拨付学前教育奖补资金 940 万元;拨付义务教育薄弱学校改造计划项目资金 2278 万元;拨付现代职业教育质量提升计划项目资金 739 万元;拨付贫困高中生、大学生生活救助资金 110.5 万元。足额征收教育附加 3528.2 万元全部用于发展教育事业项目。拨付公共文化建设资金 2973.8 万元。

【促进经济转型升级】扩大中小企业转贷续贷过桥资金规模,综合运用以存促贷、股权投资、贴息担保、借转补、后奖补等政策工具,支持实体经济发展。全面推进"营改增"试点工作,及时做好试点过程中的监测分析、政策宣传解释,建立应急预案,确保营改增改革平稳、有序推进。营改增工作于 5 月份全面推开,全县营业税改征增值税收入 39634 万元。深入落实国家结构性减税和普遍性降费政策,加大对小微企业的扶持力度,发放企业各项奖励补助资金 11700.12 万元,其中:外贸促进政策奖励 617.09 万元,固定资产投资补助及税收奖励 6283.34 万元,水库移民后期扶持专项 409.9 万元,企业专项资金 174 万元,营改增过渡性财政扶持资金 20.65 万元。

【深化财政管理改革】加强财政工作管理,提前启动预算编制工作,及时对预算支出和重点指标执行进度进行监控和分析,准确掌握预算支出执行进度;加大预决算公开工作,及时完成本县 2016 年度部门预算及"三公"经费预算和 2015 年度财政决算和部门决算以及"三公"经费公开工作,并在政务公开网进行公开公示,接受社会和群众监督。扎实推进公车改革工作,共收缴全县行政事业(参公)单位公务用车396辆。建立公车管理中心,从机构、人员、经费、管理制度等方面强化管理,保障公车使用运行顺畅。推进国库集中支付改革,及时对市及周边县的国库集中支付模式进行调研,结合周边县和市局的经验进行分析,经政府常务会议研究同意,取消国库集中支付中心的审核职能,规范国库集中支付流程,简化审核流程,提高支付效率。规范国有资产产权管理,加快推进事业单位及事业单位所办企业国有资产产权登记工作,4月底完成登记工作。共登记完成126家事业单位,人员编制数7557人,年末财政供养人数7589人,资产总额87409.54万元,负债总额20929.79万元,国有资产总额66479.75万元,固定资产总额64147.53万元。

【着力加强风险防范】进一步加强地方政府性债务管理,实行月报制度,严控债务风险,新增和置换债券支付到位。推进行政事业单位国有资产清查,清查全县共有行政事业单位284家,资产账面数总计193939.56万元、负债账面数总计59274.85万元、净资产账面数总计134664.71万元、国有资产总量账面数总计134664.71万元;资产清查数总计189585.39万元、负债清查数总计57745.06万元、净资产清查数总计134664.71万元、国有资产总量清查数总计134664.71万元。深入开展全县"小金库"和滥发津补贴专项整治工作,制定开展"小金库"专项整治工作和滥发津补贴专项整治工作方案,实行一周一总结一汇报一调度,及时发现和解决存在的问题。构建防治"小金库"和滥发津补贴长效机制。开展全县扶贫资金等四个专项检查工作,对全县14个乡镇2015年度美丽乡村、扶贫攻坚资金使用情况、2015年度秸秆禁烧资金省市审计问题整改落实情况、2016年度秸秆禁烧资金使用情况、2015年度村级"三资"管理情况进行检查。检查发现各乡镇财政所存在方面问题121个,发出整改通知书14份,收回违规资金23.29万元,调整账务54.70万元。

(五河县财政局供稿)

固镇县财政工作概述

【概况】2016年,全县完成一般公共预算收入14.73亿元,同比增长18%;完成一般公共预算支出34亿元,同比增长12.2%,其中县本级一般公共预算支出29.6亿元,同比增长13.7%。

【确保财政增收节支】收入方面,制定出台《固镇县促进总部经济发展意见》,培植后续财源、奠定增收基础;强化收入调度、加强税源分析;财税部门互动、凝聚工作合力,提前一个月完成全年收入任务。支出方面,强化预算管理,严格预算执行,规范支出管理,严控"三公"经费,全县"三公"经费支出比上年减支676万元,下降48%;使用公务卡支付资金2000万元,是上年的11倍。

【支持经济转型发展】落实"营改增"减税和普遍性降费政策,全年累计"减免抵退"各项税费1.5亿元。加大企业扶持力度。按照本县产业扶持基金政策和促进总部经济发展实施意见,对入驻本县的工业企业和现代服务业等行业兑现扶持基金2.4亿元,支持丰原退市进园4000万元,支持畜牧屠宰冷冻项目8000万元。设立中小企业续贷转贷过桥资金2400万元,为19家企业贷款转贷1.5亿元;扶持金鹏铝业等3家公司552万元,支持企业"新三板"上市,鼓励企业直接融资。

【推动社会事业和谐发展】加大脱贫攻坚力度,拨付贫困家庭子女上学、光伏发电、蔬菜大棚、种养殖项目等扶贫资金5344万元,为实现18个贫困村出列、9953人脱贫提供财力保障。精心实施民生工程,投入资金13.25亿元,其中县级配套3.3亿元,全面完成32项民生工程任务。促进教育均衡发展,拨付各类义务教育经费保障机制改革资金6840万元,受益学生达57391人次;安排各类教育项目工程建设资金7257万元,促进城乡义务教育均衡发展。提升就业和社会保障水平,完善就业扶持政策,安排再就业资金1755万元;发放城乡困难群众基本生活保障13115万元;拨付城乡困难群众医疗救助资金570万元;落实"七老人员"补助1569万元;安排新农合补助资金21000万元。支持重点工程建设,安排城市道路等重点工程建设资金96818万元,棚户区改造资金18068万元。

【推进城乡统筹协调发展】落实各项惠农补贴政策,通过"一卡通"发放24项涉农补贴27198万元,惠及农户13万户;兑现政策性农业保险理赔资金1890万元。实施农业综合开发,建设高标准农田项目2个,投入资金2582万元,实施产业化经营项目5个,投入资金822万元,有效促进现代农业发展。推进生态环境建设，安排资金3090万元，专项用于秸秆禁烧综合利用；拨付资金2205万元，用于粉碎秸秆农机具购置补贴，财政全年投入美丽乡村建设资金6320万元。

【提升财政管理水平】深化预算管理改革，健全政府预算体系，推进财政预决算、部门预算以及“三公”经费信息公开，全面实现国库集中支付，不断完善一体化平台支付系统。盘活财政存量资金，建立结余结转资金统筹使用机制，共清理收回财政存量资金360万元，用于安排专项扶贫和民生领域支出。加强政府性债务管理，规范审批程序，健全预警体系，全年争取地方债券60914万元，其中新增一般债券11971万元、专项债券15045万元、置换债券33898万元，降低融资成本和节约利息近3000万元。强化财政监督检查，全面清理取消预算单位账户，撤销财政专户；开展“小金库”和违规发放津贴补贴专项整治；开展预算单位专项经费绩效评价，全面检查乡镇财政财务，进一步规范财政管理，严肃财经纪律。

（固镇县财政局供稿）

龙子湖区财政工作概述

【概况】2016年，全区实现财政收入9.85亿元，占年预算9.13万元的107.9%，较上年增收1.5亿元，增长17.9%。其中：地方收入完成6.56亿元，同比增长20%。实现税收收入8.5亿元，占财政收入比重为86.3%；实现非税收入1.35亿元，占地方收入比重为20.6%。财政支出6.28亿元，占年预算的142.2%，较上年增加1.32亿元，增长26.7%。财政民生支出5.54亿元，较上年同期增长30.1%，占财政支出比重为88.2%，较上年同期提高2.3个百分点。

【增强财力保障】精准发力，挖掘增量，紧密联系国地税部门密切监控重点行业、重点企业的生产经营情况，分析市场变化和政策调控影响，服务骨干税源、重点税源及其税收征管，确保税收及时足额入库；聚焦“营改增”后建筑安装业税收征管体制变化，建立健全乡街、住建、税务等部门共同参与的建安业护税机制，采取源头管控、过程跟踪等措施，加强区外建筑安装企业税收征管，督促其在本区施工中依法纳税；关注区属企事业单位征迁补偿动态，及时跟踪指导，强化“收支两条线”管理，确保国有资产处置收入依法入库。利用财政一体化大平台优化资源配置，统筹存量资金，对结转结余资金规模较大的部门适当压缩财政预算，全年共盘活存量资金2430万元，统筹用于发展急需的重点领域和优化保障民生支出；加大争取上级资金力度，坚持对上进行常态化衔接，做到吃透政策、盯准项目、跟进及时；立足服务发展，充分发挥财政筹集资金的导向作用，全力推进区委、区政府确定的重大项目建设。培植财源，以省级硅基新材料产业集聚发展基地为依托，加强基础设施建设，加大企业扶持力度，围绕拉长产业链、做大产品群，持续完善提升硅基新材料产业发展体系；创新扶持方式，通过直接补助、股权投资、帮助申请上级扶持资金等方式，发挥财政资金“四两拨千斤”的作用，为实体经济直接“输血”，帮助其完善“造血”功能；积极探索引进设立基金等市场化运作模式，引导带动社会资本增加投入，加快推动本区重点产业发展壮大；支持担保体系建设，探索通过政府平台公司提供担保过桥续贷资金的方式，为企业缓解短期融资问题；鼓励企业开展直接融资，通过对企业实施股改、上市、再融资、新三板及省股权交易中心挂牌奖励等方式鼓励企业上市挂牌融资，安泰医药完成“新三板”股改，安徽恒意环保在省股权交易中心成功挂牌。

【不断优化支出结构】强化预算执行管理，基本支出按照年度均衡性原则拨付，项目支出结合项目实施进度拨付，从严控制一般性开支。对民生项目、补贴支出以及应急性支出按照“急事急办、特事特办”的原则优先拨付，加快财政支出进度。保障群众基本生活，城乡居民养老保险参续保人数达到9100人，参加城镇医保人数达到3.8万，新农合覆盖率达到125.7%（含失地农民、城乡结合部市民）；完善城乡居民社会救助体系，发放低保金226.3万元，救助贫困残疾居民1530名；加强集中和非集中成片棚户区、城中村、城市危房及重点镇棚户区改造，新开工5645套，基本建成3200套，数千户贫困家庭搬入新居；以蚌埠市创建文明城市为契机，推动老旧小区整治工程实施，完成10个老旧小区整治工作。推进社会公共服务体系建设，推进城乡统筹，提高城市义务教育阶段学校公用经费补助标准，免除城乡义务教育阶段学生学杂费并补助学校公用经费学生数12820人，补助886.9万元；向农村义务教育阶段学生免费提供国家课程教科书，受益1709人，补助16.4

万元;维修改造农村义务教育阶段学校校舍面积5890平方米;建立健全农产品和食品安全快速检测体系,建设4个快速检测室,奖补无公害农产品企业1家。改善农村居民出行条件,实施乡级公路畅通工程,修路3公里;扩大政策性农业保险覆盖面,积极筹措保费补贴,近万户农户受益;全力保障村级党建、办公活动场所等基层政权建设;丰富农村群众文化生活,全年投入资金安排文艺演出18场,放映公益电影217场;及时保障更新农家书屋出版物,开设舞蹈、音乐等公益性群众文化辅导培训班。

【加强财政监督管理】规范国有资产管理,制定资产动态管理办法,本区固定资产增加、使用、变动及处置实现财务核算与资产管理系统录入同步;通过资产整合、调剂、出租等方式,实现政府资产的节约与集约统筹管理;开展党政机关、事业单位房屋资产清查,摸清"家底",盘活存量资产,提高资产使用效率;深入推进政府采购工作,规范资产申购流程,本区所有预算单位、社区、项目指挥部使用财政资金采购14类通用设备全部按规定实行网上商城采购。加强"三公"经费管理,修订完善公务接待费、会议费、培训费、差旅费管理实施细则。2016年全区累计"三公"经费支出同比下降22%。

【推进财政改革】做好全面推开营改增试点工作,对本区"营改增"纳税人组织开展培训,加强政策宣传引导;主动深入国地税部门,协调做好本区2450户"营改增"纳税人的户管交接和税制转换工作;做好监测工作,密切关注"营改增"纳税人税负增减动态,及时发现苗头性、倾向性问题,加强舆情监测处置,维护良好有序的"营改增"试点环境。在全市六区率先全面实施国库集中支付改革,除建设完成省财政厅规定的6个基础模块外,结合本区实际,增加建设"部门预算编制管理"和"预算单位会计核算管理"2个模块,完成以预算编制为源头,以收支管理为主线、以预算及执行分析为回路的信息化建设。全年共办理财政国库直接支付业务2.57万笔,财政直接支付比例为100%。扎实开展财政和部门预决算公开工作,全区纳入公开计划的59个预算主管部门,主动向社会公开2015年决算及"三公"经费决算、2016年预算及"三公"经费预算,公开率达到100%。财政和部门预决算按功能分类和经济分类同时公开,部门预决算公开至基本支出和项目支出。

(龙子湖区财政局供稿)

蚌山区财政工作概述

【概况】2016年,全区公共财政预算收入12.03亿元,完成年预算11.64亿元的103.35%,增长18.23%,增加1.85亿元。其中:地方公共财政预算收入8.86亿元,完成年预算的95.32%,增长8.98%,增加7297.33万元;上划中央公共财政预算收入3.01亿元,完成年预算的137.19%,增长58.34%,增加1.11亿元;出口退税1567万元,完成年预算的104.89%,增长9.94%,增加141.72万元。全区公共财政预算支出9.54亿元,完成年预算的134.61%,增长25.04%,增加1.91亿元。其中民生支出8.34亿元,同比增长26.05%,占财政总支出的87.52%,惠及全区约15.4万人口。

【加强财源建设】加强财政、国税、地税、乡街之间的协同配合,加大税法宣传力度,不断提升办税服务水平;严格税收定额核定,开展纳税评估,加强税务稽查,加快税收信息交换频度;搭建税收征管综合服务平台,实现服务和管理相促进。推进重点项目建设,培植优质、可持续税源,增强财政事业发展后劲,保持财政收入持续稳定增长。推进街道财税服务所职能建设,充分调动街道协税护税积极性,建立健全街道协税护税网络;探索和制定税收委托代征办法,加强对分散、零星税源的征收管理。加强非税收入征缴力度,确保非税收入应收尽收。

【不断优化支出结构】保障基本支出、民生支出需要,保障人员支出、人员公用经费需要。年度职工医疗保险、住房公积金等财政配套资金、13个月工资及增资和养老金等均全部按时、足额保障到位。保障一般公共服务支出、公共安全支出、教育支出、科学技术支出、社会保障和就业支出、医疗卫生与计划生育支出、节能环保支出、城乡社区支出等八项GDP增幅考核指标支出。保障"三农"支出需要,城乡社会事业协调发展。农业生产资料补贴、政策性农业保险补贴、村级公益事业一事一议财政奖补资金、残疾人补助、农村低保、农村五保户供养、"老字号"人员补贴、村干部补助等惠农资金按年初预算全部拨付到位。

【支持民生工程建设】按照市政府2016年民生工程目标任务书要求,认真测算配套资金,建立民生工程资金保障制度,加强与各实施部门的协调配合,实行督查制度,各项工程稳步推进。2016 年度,按要求本区承担 33 项民生工程中的 27 项,区级配套资金 5829 万元全部保障到位。

【加强财政监督管理】根据《安徽省审计厅关于开展“小金库”专项整治工作的通知》(财明电〔2016〕18 号)和市财政局有关会议要求,区财政局召开区“小金库”专项整治专题会议,成立以区委副书记、区长任组长,区委常委、常务副区长任副组长的蚌山区“小金库”专项整治工作领导小组。印发《蚌山区深入开展“小金库”专项整治工作方案》(蚌山政办〔2016〕17 号),要求区直各部门、各单位根据工作方案要求认真开展自查自纠,并签订《“小金库”清理检查情况承诺书》,在区政府网站和财政局信息公开网上向社会公开发布本级“小金库”专项整治工作举报电话、邮政信箱和电子信箱,及时受理社会各界和群众举报。对违规收费、罚款及摊派设立“小金库”等违法违规情况进行全面检查,区财政局协同区纪检、组织及审计等部门成立联合检查组,认真核查群众举报线索,并对“小金库”问题频发、易发的单位进行重点检查,查实的“小金库”资金一律收缴财政,发放给个人的一律予以追缴。

【加强政府性债务管理】依照《国务院关于加强政府性债务管理的意见》(国办发〔2014〕43 号)和《安徽省地方政府债务风险评估和预警暂行办法》(财债〔2015〕2022 号)要求,加强债务限额管理和债务风险指标管理,强化指标约束,认真排查风险隐患,防范政府性债务风险。区财政局坚持融资规模与偿债能力相适应的原则,拓宽融资渠道,并对存量债务进行化解。2016 年度化解存量债务 39883 万元,其中,一类债务 5498 万元,三类债务 34385 万元。

【防范金融风险】制定《蚌山区打击和处置非法集资工作实施方案》,建立“主要领导亲自抓,分管领导具体抓,各有关职能部门共同参与”的工作机制和责任机制,严格工作责任制度和责任追究制度。结合实际制订详细工作计划,明确工作责任和要求,分阶段细化和分解排查责任,并联合区相关部门对辖区各类金融机构、P2P 公司、股权众筹、建筑企业等进行全面梳理排查。通过向辖区广大经营户和消费者宣传非法集资新形式、新特点的方式,提高社会公众的风险意识和识别能力,引导群众远离非法集资。同时,与公安、纪检委等相关部门紧密配合,加强信息沟通,形成合力,全方位进行金融风险排查工作。坚决依法对非法集资行为保持高压态势,防止死灰复燃。

【加强内部控制和监督检查】加强财政内部控制制度建设,制定 20 多项岗位责任制和 AB 岗岗位制度,撤销以前年度核准的 10 个待定财政专户。根据《安徽省财政厅关于印发全省财政资金安全检查工作实施方案的通知》和《蚌埠市财政局关于开展财政资金安全检查工作实施方案的通知》,区财政局开展资金安全自查、与兄弟区资金互查工作,开展对两个乡的财政资金安全检查并完成省、市财政部门对本区相关资金安全检查工作。

【加强国有资产管理】根据《财政部关于印发〈行政事业单位资产清查核实管理办法〉的通知》和省、市相关工作要求,组织成立区资产清查核实领导小组,制定《2016 年度蚌山区行政事业单位国有资产清查工作实施方案》,组织区属行政事业单位加强国有资产清查和系统录入工作培训,完善资产管理办法,规范固定资产的领用、交接、处置和核销程序,做好财务核算与资产管理工作的衔接,做到账账相符、账卡相符、账实相符,摸清“家底”,做到全面、准确、完整地反映全区国有资产状况,并实现动态管理。

(蚌山区财政局供稿)

禹会区财政工作概述

【概况】2016 年全区完成一般公共预算总收入 15.4 亿元,同比增长 18.3%。其中地方一般公共预算收入 10.6 亿元,同比增长 21.2%。全年一般公共预算支出完成 10.6 亿元,同比增长 16.8%。

【财政收入稳定增长】财政部门密切加强与税务部门联系,强化税收征管,围绕收入目标任务,落实责任,建立齐抓共管的组织收入机制,抓好重点行业、重点税源和重点税种的征收管理。加大税收稽查力度,大力清理和追缴欠税,坚决堵塞税收征管漏洞,实现税收收入稳步增长。严格执行“收支两条线”,规范非税收入管理,加强对国有资产经营收益、行政事业性收费、罚没收入等非税收入收缴力度,确保各项非税收入应收尽收。2016 年本区地方收入突破 10 亿元。

【不断优化支出结构】实施 27 项省级民生工程,圆满完成年度各项目标任务。全面推行民生工程信息网上公示制度,加大宣传,增强民生工程科学性和透明度。积极主动向人大代表、政协委员及特邀监督员汇报民生工程进展情况,接受监督。全年各级资金投入2亿元,其中区级投入资金5876万元。安排拨付资金530万元,用于农村道路建设、一事一议、市级中心村马城镇黄郢村项目建设等。安排拨付教育经费8300万元,用于义务教育保障机制改革、"教育展翅经费"、校舍维修工程及幼儿园建设等。马城学区改薄工程稳步推进,北师大蚌埠附属学校二期投入使用。加快建设分级诊疗体系,安排拨付医疗卫生经费2180万元,用于基本公共卫生服务补助、提高妇女儿童健康水平项目、疾控中心建设、基层医疗卫生场所建设等。进一步保障辖区弱势群体的生活水平,安排拨付社会保障等资金3190万元,用于发放农村低保、城乡医疗救助、特困人员临时救助、农村五保、高龄补贴、孤儿生活费、贫困残疾人救助及生活补贴、城乡医疗、养老保险等。加快科技文化事业发展,安排拨付科技文化事业发展资金495万元,用于科技专项投入,禹会"三馆一站"建设投入。

【提升财政管理水平】深化预算改革,严格预算编制,实行阳光财政,及时在信息公开网站公开政府、部门预决算各项信息,接受监督。全年公务刷卡支出930万元。坚持从严从简,严控一般性支出,严控"三公"经费,"三公"经费全年支出404万元,下降9.2%,行政成本明显降低。完成市级限额以下小型工程建设类项目施工企业和工程服务类定点供应商扩增库,进一步规范本区市级限额以下小型建设工程类和工程服务类项目招标管理。全年采购招标项目419个,其中:区级平台采购项目273个,采购资金4528万元。在全区范围内开展滥发津贴补贴专项整治、资金安全大检查、非税收入检查及国有资产清查等工作,严厉查处违反财经纪律的行为,牢牢守住资金安全的底线,大力推进法治财政建设,不断提升财政管理水平。

【支持企业"调转促"】围绕工业强区,积极落实"调、转、促"政策,支持支柱企业发展。加大对化工企业搬迁资金投入,拨付"营改增"企业专项扶持资金4480万元;继佳先功能助剂、安徽中晶光技术有限公司成功登陆新三板,2016年8月汇能创业成功在省股权托管交易中心挂牌,区财政及时兑现财政奖补政策,拨付资金50万元。2016年12月,中旭建设成功挂牌新三板。利德股份进入券商内核排队阶段,行星工程、禾泉农庄、亚源印染等公司正在进行股改等上市前期准备。加大对电商孵化平台建设投入,统筹资金8120万元,用于建设运营"双创中心",计划吸引跨境电商、科技孵化、电子商务等多个领域的优质企业入驻。

【保障改善民生】加大安置房建设投入,统筹资金7.5亿元,秀水二村一期、二期建成并安置1728户,老贯徐一期、二期建成并安置1816户,滨河西片区12号地块一期、二期建成并进行安置;滨河西片区11号、12号地块三期,吴湾路棚户区,纺织厂南宿舍,马城新区一期、二期,老贯徐三期,禹都新天地,柴油机厂A地块等安置房项目建设进度加快。加大征迁投入,统筹资金12亿元,加快推进206国道项目、兴中路项目、安财三本项目、玻璃厂宿舍棚户区、公交宿舍棚户区、柴油机厂周边及化工企业周边棚户区等征迁项目进程。加大文明创建投入,统筹资金5500万元,以争创全国文明城市为统揽,推进基础设施升级和城市规范管理,东海七村、华光小区、君和花园等18个示范点小区完成提升改造。本区在全市率先实现老旧小区物业管理全覆盖。前进路、金厦农贸市场、金域名城金街口等重难点区域整治初见成效,东海路等11条背街小巷面貌焕然一新。拨付环卫资金2850万元,支持环卫一体化和更新环卫设备,提升环卫覆盖能力。

【推进城乡统筹协调发展】落实强农惠农政策,通过财政补贴农民资金"一卡通"发放各项强农惠农资金2818万元。推进政策性农业保险工作,全年投保小麦11.9万亩、水稻玉米大豆等11.5万亩、能繁母猪1192头,区级配套资金31.4万元全部到位。投入秸秆禁烧资金339万元,推进大气污染防治工作。

【强化财政监督和服务工作】坚持科学理财、依法理财,加强财务管理,落实内部监督制度,管好用好财政资金。进一步加强会计电算化的管理工作,组织会计人员参加继续教育培训,做好对各部门的财会服务。严肃财经纪律,防范和整改违反财经纪律的情况,切实做好廉政建设。

(禹会区财政局供稿)

淮上区财政工作概述

【概述】2016年,全区财政总收入12.33亿元,完成年预算的103%，较上年增长17.9%，增收1.87亿元。其中：地方财政收入9.04亿元，完成年初预算的95.2%，较上年同期（下同）增长12.8%，增收1.07亿元；中央收入2.91亿元，完成年初预算的150%，增长15.2%，增收1.21亿元；出口货物退增值税3852万元，完成年初预算的107%，增长13%，增收442万元。财政总支出11.85亿元，完成年初预算的100%，增长24.6%，增支2.34亿元。

【实现财政收入平稳增长】及时分解任务，明确责任，围绕财税收入目标，细化征管措施，完善奖惩激励机制。健全财税收入调度例会制度，加强财税部门协调配合，提高收入分析预测准确性；加大对重点项目、重点工程的税收征管力度和对规模企业纳税情况掌控力度，及时掌握重点税源变动情况。认真组织、精心安排，做好营改增工作的衔接和服务；加大非税收入征缴，规范收入管理，提高非税收入入库均衡性。

【优化支出结构】严格贯彻中央"八项规定"精神要求，厉行节约，执行"三保一压"预算支出原则，压缩一般性支出，控制"三公"经费支出，集中财力优先保障基本支出、民生支出和重点支出。部门业务费、定额公用经费和部门项目支出按计划足额拨付，保障扶持企业发展、民生工程、城市基础设施建设等区政府重点项目支出。

【保障和改善民生】实施6大类30项民生工程，总投资31947.61万元（不含棚户区改造资金），其中上级资金25568.9万元，区级配套资金6378.78万元，资金拨付率达100%，30项民生工程全部完成年度目标任务。民生支出占财政支出比重为91%。

【深化财政管理制度改革】完善政府预算体系，加强预算执行管理，加大一般公共预算的统筹力度，建立机制将政府性基金预算中应统筹使用的资金列入一般公共预算。强化预算约束力，从严控制预算追加行为，对预算执行进度连续两年低于序时进度的部门，按比例核减其下年度支出预算。推进预决算公开，细化政府预决算和部门预决算公开内容，按经济分类公开政府预决算和部门预决算；加大"三公"经费公开力度，细化公开内容，除涉密信息外，所有财政资金安排的"三公"经费都进行公开。推进政府购买服务和PPP项目实施，2016年本区实施政府购买服务项目7个，涉及预算资金6亿元；落实PPP项目1个，总投资6亿元。

【支持规模企业做大做强】安排2.6亿元落实产业扶持基金"1+2+N"政策；拨付2498万元支持政策性融资担保体系建设；运用银政担政策，为辖区企业提供担保服务。组建产业发展基金8亿元，先期投入2亿元。出台新三板上市扶持政策，并对企业进行相关知识培训，鼓励中小企业通过股权直接融资。城市药业在"新三板"成功挂牌，海华科技在"创业板"备案。

【加强财政监督管理】加强国有资产管理，进行资产清查工作，制定国有资产管理办法，明确具体的使用、租赁、出让、处置流程，各预算单位国有资产全部纳入行政事业单位资产管理系统平台监管，与财政支付中心财务管理相互配合，实行全方位的监督管理。规范政府采购，节约财政资金。依据《2016年蚌埠市政府采购目录》严控采购范围，在蚌埠市政府采购网商城定点采购办公设备、耗材等共650次；经区招标办审核通过，完成货物类采购38个，工程项目采购57个，服务类采购项目1个。开展"小金库"和滥发津补贴专项治理工作，严肃财经纪律。制定《淮上区"小金库"专项整治工作方案》《淮上区滥发津补贴专项治理工作方案》，按照"分级负责，层层把关，全面核查，标本兼治"的原则，全面推进整治工作。

（淮上区财政局供稿）

蚌埠高新技术产业开发区财政工作概述

【概述】2016年，全区实现财政总收入20.7亿元，同比增长20.1%，其中地方财政收入12.31亿元，同比增长77%。全区一般公共预算支出10.68亿元，同比增长89.7%。年末结余，当年财政实现收支平衡。

【加强财源建设】财税部门密切配合，依法征收，确保收入及时足额入库。2016年5月份全面推开"营改增"试点，区财政局加强"营改增"试点政策学习研究，组织税务等相关部门，加强协调调度，实事求是征缴安置房、政府投资建安项目营业税，同时加强政策宣传。分解任务，明确责任，加强调度，每月统计分析重点企业税收增减变化情况，进行财政收入形势分析，协调税务部门有针对性地采取措施，深入纳税大户，掌握企业生产经营和税源情况。强化非税收入专户管理，规范票据使用，印发《关于〈将各单位收入全额纳入预算管理〉的通知》,对房屋出租收入、其他经营收入及国有资产处置收入上缴入库予以明确,将天河科技园罚没收入、保障房房租收入收缴入库。编制国有资本经营预算,按照《预算法》相关规定,将高投集团利润收缴入库。

【提高保障水平】严格按照新《预算法》要求,强化预算约束,控制一般性支出,压缩"三公"经费,做到"只减不增",主动接受社会监督,降低行政运行成本,提高资金使用效益。紧紧围绕"稳增长、调结构、促转型、惠民生"的工作总体目标,加大落实基本支出保障机制。提高风险防范能力,建立制度化、动态化分析,常态化审计,确保债务融资风险可控、可防。建立风险预警管控机制,严格管控融资平台各项债务指标,降低融资公司债务风险。

【积极筹措建设资金】加强预算收入征管,加大土地出让金跟踪力度,确保各项收入及时足额入账。拓宽融资渠道,协助高投集团完成筹融资工作。充分运用现有资金,盘活存量资产,多渠道筹集金融、市场、社会各种资金,解决建设资金不足问题。

【加大企业支持力度】兑现企业优惠政策,在预算中足额安排各项企业奖励资金,协同业务主管部门,做好企业项目申报工作。通过政策指导、挂牌资助、金融支持等多种举措助力企业新三板上市挂牌工作,并组织人员多次深入企业、召开协调推进会,解决企业上市挂牌中存在的问题,并推动优质企业主板上市工作。推进政银担"4321"、"税融通"和续贷过桥资金运营等工作,加强对担保公司的运营监管。

【保障民生工程】明确责任,分解任务,强化资金保障,资金拨付率100%。召开民生工程推进会和联络员会议,以会议、文件、电话等方式进行督办,同时深入现场督导棚户区改造项目、小型水利改造提升项目建设。继续开展民生工程项目在门户网站公示工作。

【完成涉农各项工作】大洪山石榴园农发项目完成项目初步设计批复、补编等工作,并开工建设、稳步推进。完成2016年农业支持保护补贴兑付、政策性农业保险等工作。及时按要求打卡发放2016年农业支持保护补贴,及时拨付政策性农业保险春秋两季保费、保险赔付款,减少农户因灾损失,维护农户利益。协同区经贸二局,足额安排预算,实施农田水利设施项目。

【强化财政监督管理】纳入区财政支付中心进行核算的单位(部门)49家,完善区财政支付中心管理工作,加强财务审核,规范进行财务核算和会计处理。规范国有资产管理及政府采购等工作。管委会及所属行政事业单位2016年新增固定资产实行网络平台登记,并需经审核确认。政府采购按照市政府产权交易中心要求,凡在市政府公共资源网能采购的商品,区财政要求区内行政事业单位必须上网采购;网上商城采购不到、又达不到公开招标的商品,区财政局和管委会相关审计、监察室及其他部门共同询价采购。区财政局参与省审计厅对蚌埠市委书记、市长经济责任审计工作,并完成问题反馈和整改工作;完成市审计局公共卫生服务经费专项审计、国务院第三次大督查、服务实体经济发展督查等工作,开展"小金库"、津补贴专项治理工作,建立健全"小金库"治理和津补贴发放管理长效机制。开展互联网金融风险专项整治、占股股权排查整治、非法集资专项整治和集中宣传等工作,未发现非法集资案件发生。完成部门预决算和"三公"经费预决算的信息公开。通过将结余结转资金列入2016年财力、调整预算、追加预算、收回预算统筹使用等方式,盘活财政存量资金。

(蚌埠高新区财政局供稿)

蚌埠经济开发区财政工作概述

【概况】2016年,本区实现财政收入15.27亿元,同比增长18%,其中地方收入完成9.98亿元,同比减少2.9%。财政支出10.34亿元,同比增长4.9%。

【优化收入结构】加强与税务部门协调沟通,严格依法强化税收征管,确保各项税收收入及时足额入库。全年共组织税收收入147749万元,占财政收入比重为96.7%。

【保障改善民生】积极筹集调度资金,调整和优化财政支出结构,加大对民生事业的投入力度。对涉及民生的各项支出,切实做到预算足额安排,资金及时拨付,全年民生支出91133万元,比上年增长5.9%。拨付教育支出16092万元,比上年增长16.5%,促进区内义务教育均衡发展。拨付农林水事务支出871万元,比上年增长37.8%,保障农作物良种补贴、农机具补贴等惠农资金及时足额拨付。

拨付社会保障就业和医疗卫生支出 8548 万元,比上年增加 7.3%。拨付资金 43200 万元,用于区内各项重点工程建设。

【深化财政管理改革】协调国地税部门,扎实推进完成营改增工作,配合做好企业户管移交。本次改革涉及本区相关企业和个体户 3400 余户,区财政局核对划转企业户管信息,确保区属税源企业不流失、不错划;根据管委会和区国税的统一安排对区内 1600 余户个体户进行信息比对、填表录入工作,并向全区范围内个体户挨户送达“致营改增试点纳税人的一封信”,及时宣传“营改增”新政,完成“营改增”实施前的信息核对录入等准备工作。协助国税部门做好建筑安装施工企业的税收管理,督促政府投资项目施工企业及时办理外出经营许可及报验工作,明确税收属地管理,确保税收收入不流失。根据《蚌埠市人民政府办公室关于印发蚌埠市市级预算单位公务卡制度改革实施方案的通知》文件精神,2016 年 9 月起在全区范围内全面推行公务卡制度改革,办理公务卡 1300 张,减少现金支付结算,降低单位现金管理成本。在全区范围内组织深入学习《经济开发区国库集中支付改革方案》及细则,组织完成国库集中支付清算账户、财政零余额账户、单位零余额账户的开户和财政代管资金专户的开立、变更工作;分解细化国库集中支付岗位职责、预算指标管理、用款计划管理以及支付程序等内容。根据不相容职务相分离的原则,对现有人员岗位重新进行分工,明确岗位职责和操作流程,确保国库集中支付工作岗位设置不交叉、不重复,形成有效的内部制衡机制,完成实施国库集中支付前期准备工作。

(蚌埠经济开发区财政局供稿)

阜阳市财政工作综述

阜阳市财政工作概述

【概况】2016年,全市财政收入总量226亿元,居全省第6位,增幅13%,居全省第2位。全市地方财政收入完成133.4亿元,占总收入的59%,收入质量进一步优化。县域经济实力增强,4个县市区财政收入超过20亿元,其中太和县超过30亿元,其他县区及市经济技术开发区均超10亿元。

【改善民计民生】按照"保重点、控一般、促统筹、提绩效"要求,压缩一般性支出,全年一般性支出下降10%。从严控制"三公"经费,全年"三公"经费下降21.6%,集中更多资金保障经济发展、民生改善、脱贫攻坚等重点领域。全市财政民生类支出完成373.8亿元,占财政支出的85%。全市到位各级民生工程资金130.3亿元,具体实施的32项民生工程全面完成目标任务。拨付4.8亿元实施农村安全饮水工程,解决95.5万农村居民饮水安全问题;拨付1.4亿元实施农村危房改造,10372户农户受益;农村低保标准由每人每年2000元左右提高到3000元以上。创新支持脱贫攻坚,全市财政扶贫资金安排9.3亿元,清理收回可统筹财政存量资金用于脱贫攻坚支出1.9亿元,可统筹涉农资金用于脱贫攻坚支出14.3亿元。创新财政投入机制,积极推进产业扶贫,投入5.4亿元(市本级安排1.03亿元)用于全市516个贫困村发展集体产业,通过发展生产和促进就业帮助12.3万人脱贫。统筹资金300亿元,全力支持各类基础设施建设。拨付33.6亿元续建"202"等3个省道计102.3公里,新建"305"等6个省道计107.6公里。拨付8100万元支持民航事业发展,新增1条航线。支持阜城基础设施建设,东环路、阜王路高速连接线顺利通车。市公安局业务大楼、市人民医院城南新区等投入使用,图书馆、双清湾公园等基本建成。拨付9000万元用于提升公共文化产业、职业技能培训以及中高职、高技院校发展,中高职院校在籍在校生达3.2万人,拨付生均经费3.2亿元。持续深化医疗卫生体制改革,支持实施医疗资源建设三年发展计划,累计投资50亿元,新增床位9600个,全市千人床位数提高到4.0张,人民群众"看病难、住院难"问题得到缓解。加大对重点群体就业再就业扶持力度,全年就业技能培训5.5万人。稳步推进政府购买服务,全市实施项目170个,预算金额7亿元,同比增长42.4%。支持生态阜阳建设,拨付2000万元保障成功承办省第七届花卉博览会和第四届全民健身运动会。拨付600万元对全市52个建制村环境进行连片整治。拨付800万元深入实施千万亩森林增长工程,全市完成造林12万亩。拨付4300万元黄标车提前淘汰专项资金,全年淘汰黄标车1785辆。拨付6000万元支持绿色公交发展,新购100辆低碳环保公交投入运行。拨付2.2亿元秸秆禁烧专项资金,秸秆禁烧实现零火点,"颍淮蓝天工程"成效明显。

【支持经济发展】全面落实结构性减税和普遍性降费政策，全年共减免税费46.2亿元。其中，减税31亿元；持续清理并减少市级行政事业性收费项目，贯彻落实国家和省市行政事业性收费和政府性基金政策，减轻企业负担14.6亿元；全面推进“营改增”改革，全年减税4.7亿元，惠及2.7万纳税户，小规模纳税人实现100%减税，新纳入试点的四大行业实现全面减税。全面兑现促发展各项政策。鼓励企业挂牌上市，拨付市级资金610万元对6家“新三板”挂牌企业和11家省股权交易中心挂牌企业进行奖励，直接融资规模进一步扩大。拨付市级资金4000万元支持阜阳现代医药产业集聚发展基地建设。拨付1.4亿元支持科技创新驱动、企业技术改造、科研产业化奖励等。农发项目投资3.3亿元，建成阜南苗集、颍东正午等一批现代农业示范区。积极推进农村基础设施建设，拨付1.6亿元治理土地12.5万亩。统筹30.4亿元大力支持美丽乡村建设，农村环境整治延伸至167个乡镇、1519个村。严格执行惠农补贴资金发放程序，全年打卡发放补贴资金29.4亿元。开展农业保险保单质押和保证保险贷款，全市发放贷款1.7亿元。积极扩大有效投入，全市共争取一般性转移支付176.2亿元，专项转移支付78.7亿元，地方政府债券109.3亿元。市投发集团融资到位资金196.4亿元，较上年增长92.5%，保障阜城建设资金需求。市担保集团公司融资担保总额超百亿元，服务中小企业过万户，在保余额39.3亿元，担保业务放大8.6倍。完成政银担业务20.4亿元，在保余额20.6亿元，缓解中小微企业“融资难”、“融资贵”问题。通过担保扶持，累计使受保企业新增收入165亿元，新增利润13.2亿元，新增税收9.9亿元，新增就业岗位4万个。加强对中小企业扶持力度，市本级连续三年共投入6000万元助保贷风险补偿金，为66家企业融资4.4亿元。全市安排过桥资金1.75亿元，周转次数达23次，居全省第2位，共为577家小微企业提供过桥资金40.3亿元，有力促进中小企业发展。

【提升管理水平】持续加强制度建设，坚持法治思维，出台31份制度性文件，进一步规范财政资金管理。放管结合创新政府采购监管模式，市本级采购合同金额6.9亿元，节约资金1亿元。加强预算绩效管理，制定《阜阳市财政支出绩效考评暂行办法》和《阜阳市预算绩效管理工作实施方案》，增强项目支出绩效意识，强化部门支出责任。巩固会商服务制度、结对共建、“双包”定点帮扶等作风建设成果。累计上门会商8164次，解决问题7737个。

（阜阳市财政局供稿　李京东）

太和县财政工作概述

【概况】2016年，太和县财政收入完成30.68亿元，同比增长33%。其中：地方收入完成20.40亿元，同比增长27.1%。财政一般预算支出完成72.51亿元，增长8.1%。

【加强收支管理】严格落实征管责任，定期组织调度，促进全年财政收入预期目标任务的顺利完成。积极落实财税扶持措施，全力助推财源培植、重大项目、特色产业、城市建设、房地产开发等重点工程建设，累计安排财政扶持资金2.34亿元。强化重点项目税收监管，以“营改增”改革为契机，开展税收综合治理，加大对房地产开发、项目建设等重点财源监控和税收入库调度，促进财政收入的快速增长和收入结构的优化。把财政支出重点锁定在民生领域，全年民生类支出62.91亿元，占全年公共财政比重86.8%，公共财政、民生财政框架初步形成。

【支持经济建设】把握经济发展形势，加大积极财政政策实施力度，坚持供需两端发力，推动供给侧结构性改革，支持地方经济结构转型。推动房地产市场健康有序发展，投入22.32亿元用于保障性安居工程建设，其中货币化安置1368套，支付资金5.47亿元；使用购房券资金15.69亿元安置3093套，有效缓解低收入家庭住房难题，改善居民居住环境。大力支持企业发展，设立企业续贷“过桥”资金、发制品、有色金属行业退税、医药产业发展扶持资金等，兑现企业政策性补助，并以工业投资公司、中小企业信用担保中心等为融资平台，以助保贷、医保贷、税融通、“4321”等多种形式扶持企业发展，帮助企业再松绑、再减负，支持企业可持续发展。全年安排财政“过桥”资金2亿元，累计为65家企业放款6.20亿元，为企业成功续贷资金7.90亿元，积极防范和化解企业资金链风险。补充县中小企业融资担保公司资金本0.12亿元，为中小微企业及三农企业提供贷款担保17.68亿元，缓解企业融资难、融资贵问题。创新融资方式，积极推动政府投融资平台公司转型，充分利用农发行、国开行政策性贷款，灵活运用商业银行项目贷款、流动贷款、平滑基金、产业基金等方式,累计落实融资超过75亿元,用于推进城区建设,实施城区中心路网改造、景观绿化、环境整治、老城区、棚户区改造等市政工程,进一步提升城市形象,确保为民办实事工程顺利推进。

【推动财政改革】建立规范、公开、透明的预算管理体系,实行全口径预算管理。加大预决算公开力度,全面晒政府、部门预算家底和“三公”经费明细。拓展财政监督。强化绩效评价和财政监督结合提用,深入开展“小金库”和“滥发津补贴”专项治理,针对检查发现的问题,及时督促整改落实,全面推进行政事业单位内部控制建设。强化政府采购约束,提升政府采购信息化管理水平,全年完成政府招标采购项目135个,节支财政资金额0.42亿元,综合资金节约率为15%。开展会计人员继续教育培训和行政事业单位内部控制建设培训,全年培训对象1980人次。加强地方政府债务管理,做实债务限额管理,在限额内依法举债,将政府存量债务还本付息纳入年初预算;积极争取政府新增债券资金10亿元,争取置换债券资金7.82亿元,有效缓解财政收支平衡压力和政府偿债压力。大力推广PPP模式,开发区现代医药产业及发艺产业基础配套工程项目、城乡道路清扫保洁生活垃圾收集转运一体化工程项目、现代农业公共技术服务平台项目顺利签约实施,同时根据PPP项目运营时间,分年度将西部路网、基础教育等项目资金4.68亿元纳入财政预算,提升政府公信力,增强社会资本参与信心、激发社会资本参与热情。

(太和县财政局供稿　关朝兴、王莉文)

界首市财政工作概述

【概况】2016年,界首市全年完成财政收入25.5亿元,增长20%,财政支出38.7亿元,增长22.7%。

【重点关注民生问题】全年投入民生工程资金33.5亿元,占年度财政支出的86.6%。新增重度残疾人护理补贴、光伏扶贫、农村道路畅通等民生工程,主动与残联、扶贫办、交通局等相关部门会商,摸清底数。整合项目,及时通过“一卡通”打卡发放各种直补资金。结合总体规划,科学合理编报项目一事一议、小型农田水利等项目,及早进行规划布点。推进基础设施建设,继续实施农业综合开发土地治理,落实农业支持保护补贴政策。推进城市老旧小区整治和棚户区改造,改善城市人居环境,提升城市品位。扎实开展“单位包村,干部包户”,加强惠农资金整合,确保脱贫攻坚落到实处。继续开展政策性农业保险试点,逐步推广特色农业保险。

【涵养培植骨干财源】预算安排2.6亿元产业发展专项资金,运用贷款担保、贴息等方式扶持企业做大做强。出台《关于建立界首市财政收入预测制度的通知》《关于加强协税护税工作的意见》《界首市综合治税管理办法》等制度,加强收入预期管理,规范税收秩序,确保财政收入依法征管、均衡入库。拓宽小微企业融资渠道,落实积极财政政策,支持政策性担保体系建设,解决企业融资难题,银政担合作取得突破。通过集聚税务、市场监管等政府部门政务业务信息资源,构建跨部门、跨行业涉企项目资金监管平台,解决企业虚假申报、多头申报、无效支持、重复享受补贴补助等问题。

【不断拓宽融资渠道】做好“四资”统筹工作,建立“大资金池”。统一调配使用财政资金与融入资金。从农业发展银行、光大银行、徽商银行及基金组织累计申请融资76.83亿元,各平台公司拥有资产2.04亿元。组织清理甄别地方政府存量债务,并进行统计上报。

【加大财政监督力度】开展年度财政收支和单位执行“收支两条线”情况、农村低保资金、合作医疗经费使用情况等专项督查。加大查处违规发放津补贴行为力度,加强“三公”经费日常管理。加大监督重点行业、重点企业力度。强化内部监督,建立健全内控制度机制。强化成果利用,实现监督成果共享。

【持续深化财政改革】将财政和部门结余结转资金、当年财政补助资金、非税收入和其他收入全部纳入市本级预算,编制一般公共预算、政府性基金预算、国有资本经营预算和社会保险基金预算。实现收入一个“笼子”、预算一个“盘子”、支出一个“口子”。组织10个部门试编2016—2018年“三年滚动预算”。建立健全预算执行定期通报制度,组织实施年度扶贫专项资金、平安乡镇建设经费项目等15个项目绩效评价,有效监督财政资金使用效益。开展财政存量资金清理,初步建立财政存量资金盘活机制。清理应上缴国库财政结转结余资金0.96亿元,重新安排使用资金0.85亿元。完善国库动态监控系统;完善政府采购管理办法,进一步规范工程项目、货物项目、服务项目招投标;强化国有资产监管,开展行政事业单位产权登记,全面推进国有资产集中管理,完成106个国有事业单位产权登记,清理固定资产总额为19.19亿元。推动乡镇和高新区财政体制改革,努力提高乡镇和高新区财政保障水平。进一步理顺市与乡镇、与高新区财权、事权关系,引导乡镇将工作重心转移到社会管理和公共服务上,稳定招商引资。推动国库集中支付制度改革,推进政府购买服务工作,加强公务卡推广应用。建立由国库单一账户、非税收入财政专户、财政零余额账户、预算单位零余额账户、特设专户5类账户构成的国库单一账户体系,国库集中支付资金覆盖范围不断扩大。

(界首市财政局供稿)

阜南县财政工作概述

【概况】2016年,阜南县完成财政收入12.5亿元,为预算的101.9%,增长18.1%,其中:地方一般预算收入完成8.21亿元,增长14.2%;上划中央收入完成4.29亿元,增长26.3%。全县财政支出完成55.72亿元,同比增长10.6%。

【稳定财政收入】面对复杂多变的财政收入形势和“营改增”等政策性、结构性减税多重因素叠加的影响,创新举措,保持全县财政收入平稳较快增长。建立财税收入联席会议制度,及时了解和准确掌握税务部门征管情况;建立护税协税激励机制,杜绝税收“跑、冒、滴、漏”,确保应收尽收;拓宽理财思路,组织收入形式呈现多样化;发挥“以查促管、以查促收”的税收稽查震慑作用,严厉打击偷、逃、骗、抗税行为,增强纳税人依法纳税意识。

【保障重点支出】区分轻重缓急,保障一批事关全县经济社会发展和民生事业改善的重点工程、重大项目、重要工作落地生根;统筹财力安排,保证干部工资、津贴补贴、职级并行、车改补助、公益性事业建设等支出需要。强化预算指标管理,出台预算管理细则,严格控制“三公”经费支出,全县“三公”经费支出1791.6万元,同比下降33.5%,优化支出结构,压缩一般支出,安排财政资金29968万元,支持县经济开发区用于拆迁补偿、棚户区改造、土地收储等基础设施建设。

【规范资金监管】完善预算编制和财政资金支出审批程序,动态监控预算支出,加强内部控制,实行印鉴分设,不定期开展监督检查,堵塞管理漏洞。发挥财政监督职能和乡镇财政所贴近一线、就近监管的优势,会同纪检、监察、检察、审计等部门,加强扶贫资金使用监管。撤销10个财政专户,同时开展“小金库”专项治理活动,完善“收支两条线”和“票款分离”管理办法,全年非税收入缴存专户251375万元,全县开展滥发津补贴专项整治活动,提高财政资金使用效益。

【落实“三农”政策】把支持农村发展、农业增效、农民增收作为财政工作的重要任务,狠抓落实,务求实效。通过“一卡通”方式累计打卡发放惠民补贴资金57737万元,惠及全县32.5万户农民群众,安排扶贫专项资金14620万元,为实现全县48545户、13.41万贫困人口稳定脱贫目标提供坚强的资金保障。一事一议项目建设资金投入10443.1万元,批复实施道路建设、路灯安装等项目422个。认真实施高标准农田治理和利用亚行贷款农业综合开发项目,累计完成疏浚大中小沟41.41公里、土方28.38万方,新建桥涵297座,新建滚水坝2座,新打机井294眼,新建节水工程600亩,新修水泥路15.91公里,新修田间道路10条、7.6公里,道路植树22500株,项目区农业基础设施条件和抵御自然灾害能力得到改善提升。

【推进民生工程】实行分管县长负责制和县直民生工程主管部门班子成员包保责任制,“一对一”包保建设类项目。每月召开一次民生工程调度会,建立县、乡、村三级民生工程联络员制度,出台《民生工程考核办法》,实行一月一打分,一季一通报,半年一站队,年终一总评。开设民生工程资金管理专户,建立民生工程资金拨付“快速通道”,对已审核认定的补助类民生工程项目,县财政先行垫付,确保达到或超过序时进度。不定期开展巡回督查,严格奖惩,严肃问责。阜南县民生工程进度快,项目实施质量有保障,组织实施的32项民生工程全面完成,整体工作全市排名第二位。

【强化改革创新】建立财政存量资金月度报告制度,盘活财政资金6786万元,主要用于支持扶贫攻坚、收购安徽陆发微电机有限公司固定资产和不动产登记数据库建设等方面。完善财政供养人员动态管理机制，积极推行政府购买服务，从制度上、源头上确保财政供养人员只减不增。认真贯彻执行预决算公开，全县78个一级部门全部公开部门预算及“三公”经费，接受社会各界监督。做好政府债务限额管理和置换工作，下达置换债券资金40470万元，完成城投公司等债务定向置换6580万元，公开发行债券置换22348万元；新增政府债券资金47261万元，全部按照政策要求用于扶贫、老县委家属院和曾老庄社区棚户区改造等基础设施建设方面。充分发挥国资委的监督管理职能，全面开展行政事业单位土地房产清查工作，推进资产管理信息化体系建设，实现对国有资产的动态监管和有序流转。

（阜南县财政局供稿　蔡秉钧）

临泉县财政工作概述

【概况】2016年，全年财政收入完成15.43亿元，占年度预算15.1亿元的102.2%，超收3279万元，同比增收3.36亿元，增长27.8%。在全省76个县区中总量第46位、增幅第6位，在全市8个县市区中总量第5位、增幅第3位。

【构建财力保障】一般公共预算支出完成62.72亿元。支出结构优化，重点支出得到保障。用于保工资、保运转的基本支出25.79亿元，占财政支出的41.1%；用于民生支出23.23亿元，占财政支出的37.1%；用于社会事业发展和城乡一体化建设支出13.67亿元，占财政支出的21.8%。

【聚焦脱贫攻坚】争取上级扶贫资金24673万元；按照县本级当年地方财政收入增量的20%以上增列专项扶贫资金预算4100万元；在符合规定的前提下，部门安排的涉农项目资金，按照原则上不低于40%，即30770.1万元，优先投向贫困村和贫困人口；清理收回的存量资金中可统筹使用部分，确保50%以上，即13224万元用于脱贫攻坚。

【创新金融服务】三项基金安排23550万元，其中工业基金12300万元、农业基金8850万元、商贸基金2400万元，用于支持工业、农业、商贸经济发展；提供担保贷款105988万元，缓解236家中小企业融资难、成本高问题；实施金融扶贫工程，设立小额扶贫贷款风险补偿金，发放小额扶贫贷款14638万元，2946户建档立卡贫困户从中受益，每户每年增收3600元；高效管理贫困村集体经济发展资金6720万元，96个贫困村每年获集体经济收益672万元。

【提高管理水平】严肃财经纪律，严禁私设小金库，严禁滥发奖金津补贴，全年“三公”经费支出1771万元，下降2.8%；加强国库集中支付平台信息化建设，2016年通过国库集中支276611万元；各项涉农补贴资金77146万元，通过一卡通及时发放到户；推进预决算信息公开，按规定向社会公开政府预决算、部门预决算和“三公”经费，接受社会各界监督，打造阳光财政；加强财政干部队伍建设，扎实开展“两学一做”学习教育，认真贯彻执行《关于新形势下党内政治生活的若干准则》和《中国共产党党内监督条例》，教育引导全县财政系统干部职工坚定理想信念、坚持廉洁自律，牢固树立政治意识、大局意识、核心意识、看齐意识，说好财政话、办实财政事，更好地服务群众、服务发展。

（临泉县财政局供稿　单俊、杨阳）

颍上县财政工作概述

【概况】2016年，全年完成财政总收入25.25亿元，同比增收1.23亿元，增长5.1%。其中，地方财政收入累计完成16.78亿元，同比增收0.5亿元，增长3.1%。

【强化收入征管】抓收入调度，按月召开财税部门调度会议，明确收入目标，分解征收责任，解决征管中的新问题。抓税源监控，加强对重点行业、企业情况的摸底调查，掌握第一手税源数据堵塞征管漏洞。抓联动协调，认真落实税收制度，加强与国税、地税、国土、房产、规划等部门联动协调，完善部门间信息交换和共享机制，加强信息共享，提高财税征管效率。抓非税收入管理，严格“收支两条线”管理规定，积极挖掘非税收入潜力。

【提升保障能力】找准国家扶贫规划与颍上县的政策切入点，积极与省财政厅对接，本年新增均衡性转移支付10069万元、重点生态功能区转移支付资金2697万元、农村综合改革资金6574万元、电子商务进农村资金1500万元、财政发展资金2000万元、财政扶贫资金6155万元和农村基础设施建设债券资金11240万元，为全县经济发展和改善民生提供财力保障。搭建政府融资平台，先后成立慎泰、慎祥、慎安、慎和等公司作为政府融资平台，争取政策性银行融资支持。为高铁站建设、易地扶贫搬迁、农村安全饮水、环境综合整治、阜颍公路河治理项目、县乡路网工程、城乡基础设施建设等26个项目计划融资116.39亿元。加大金融扶贫力度，安排涉农贷款增量奖励资金568万元，与县农商行等商业银行合力推进金融扶贫，有效弥补贫困户发展产业资金不足，推动全县扶贫攻坚进程。

【优化支出结构】发挥“保基本、保运转、保民生、保重点”的职能作用，根据上级政策要求和县级财力水平，提高在职和离退休人员经费标准，保障机关事业单位正常运转，加快推动民生事业和重点项目建设。安排农林水事业8611万元，用于推进“一事一议”农村综合改革，支持现代农业发展、水利事业发展、扶贫和美丽乡村基础设施建设。安排教育专项配套11667万元，用于义务教育保障机制改革、“全面改薄”等，进一步改善教育基础设施，推动义务教育均衡发展。安排医疗卫生事业8190万元，用于基本公共卫生服务财政补助、公立医院改革和基层医疗机构体制补助等，促进公共卫生事业发展。安排社会保障就业13212万元，用于城乡低保、优抚及特困户和困难人群基本生活保障及城乡医疗救助等，进一步提高财政保障弱势群体的能力。安排农村环境建设2518万元，用于农村环境整治、美丽乡村建设。安排城乡社区发展34964万元，用于小城镇基础建设，城乡交通道路，乡镇和社区环境卫生，着力打造宜居颍上。安排科技文化事业发展4969万元，用于科学技术研究与开发、科技普及、图书馆等文化服务体系建设，加快科技文化事业发展。及时兑现涉农补贴资金。通过“一卡通”兑付农业生产补贴等惠农直补资金4.7亿元。

【深化财政改革】进一步推进国库集中支付改革，县乡两级财政资金全部纳入国库单一账户体系，实现预算资金全覆盖，预算单位全覆盖，同时，升级国库集中支付系统，进一步提高资金安全性、拨付及时性、操作便捷性。全年办理国库支付92476笔，支付资金928491万元，其中：直接支付75350笔，支付资金815107万元；授权支付1509笔，支付资金2387万元。推进农村综合改革，强化一事一议财政奖补工作，通过道路、农水、绿化亮化、村庄整治、环境治理等项目的实施，促进地方公益基础设施完善，改善农村生产生活及人居环境条件。推行财政预决算、部门预决算及“三公”经费预决算和部分专项资金公开，主动接受社会公众监督。提高会计核算质量，完善会计集中核算制度，规范会计基础工作和会计核算行为。

【支持脱贫攻坚】安排扶贫资金19090.8万元，其中：财政专项扶贫资金安排13279.4万元，包含中央6155万元，省2898万元，市财政安排2226.4万元；县财政预算安排2000万元；整合涉农资金5052.4万元；盘活存量资金的51%以上用于扶贫。联合制定《颍上县财政扶贫资金管理办法》《颍上县扶贫资金使用管理实施细则》《颍上县财政局关于建立财政支持脱贫攻坚工作督查制度的通知》等文件，规范资金使用与拨付，会同县纪检、审计、监察等部门加强扶贫资金使用管理中的违法违纪行为检查，确保扶贫资金专款专用。推进财政扶贫资金科学化、精细化管理，提升财政扶贫资金使用效益。

【开展扶贫帮扶】下派86名干部开展驻村帮扶，帮助迪沟镇颍淝村加强基层组织建设。深入推进精准扶贫，参与帮扶村发展新产业、建设新农村。发动干部捐款用于午季贫困户午收和秸秆禁烧工作，扶贫日捐款为困难户送去秋种的化肥和种子。争取1个村级公益事业建设“一事一议”财政奖补项目，解决帮扶村村级活动场所建设、通组公路硬化、村寨亮化等问题。

（颍上县财政局供稿）

颍州区财政工作概述

【概况】2016年，全区实现财政收入28.45亿元，较上年同期增收74369万元，增长35.4%，总量全市第二，增幅全省第一。全区公共财政支出完成33.09亿元，较上年同期减支2830万元，下降0.85%。

【加快民生建设】大力保障民生支出，加快重大项目支出进度，建立起民生工程资金拨付绿色通道，确保民生工程政策到位、资金到位、工作到位。实施33项民生工程，全年拨付资金97685.12万元，资金拨付率100%。

【实施精准扶贫】按照“六个精准”“五个一批”要求，规范“建档立卡”贫困户10084户、24227人。出台18个脱贫攻坚配套文件及项目任务、资金整合、资金绩效三个清单。统筹整合各类财政扶贫资金

21401 万元;与三塔集镇盛庄村建立“单位包村,干部包户”的工作机制,将责任落实到每一位干部职工。

【规范财政管理】深入开展“小金库”专项治理工作,加强政府采购及会计管理,加大扶贫资金、社保资金、强农惠农资金等各类专项资金的跟踪问效和监督检查力度。推动财税平台、非税平台、扶贫平台、工资查询平台、专项资金专户电子化核算平台建设,严格防范债务风险。

【开展融资担保】全年完成融资额 35.85 亿元,保障重点项目实施;扩大担保范围和规模,严格执行财政贴息政策,支持促进中小企业加快发展,为全区各类企业融资 49728 万元,累计审核发放小额担保贷款 2617 万元。

【公开预算决算】出台《颍州区预决算公开实施细则》,建立预决算统一公开平台。除垂直管理和涉密单位外,全区 71 家一级预算单位 2015 年部门决算、“三公”经费决算以及 2016 年部门预算、“三公”经费预算在区政府网站和财政网站全面公开,同时对民生项目资金、涉农补贴资金、惠农政策等重点予以及时公开。

【塑造财政形象】积极开展“两学一做”“讲看齐、见行动、干实处、走前列”等学习教育活动,努力锻造党员干部的党性觉悟;加大干部培训力度,完成本轮财政所人员全员培训任务,提高理财本领和自身修养;完善干部选拔机制,贯彻执行干部选拔任用工作条例,严格按规定的原则、条件、程序动议、推荐、考察、任用干部,有效提高选人用人公信度。

(颍州区财政局供稿　苑文龙)

颍泉区财政工作概述

【概况】2016 年,全区一般公共预算收入完成 15.28 亿元,比上年决算(下同)增长 15.4%。其中:地方收入完成 9.85 亿元,增长 4.5%;上划中央收入完成 5.29 亿元,增长 54%;出口退税完成 1413 万元,下降 62.6%。全区一般公共预算支出完成 26.86 亿元,比上年决算增长 7.1%。

【加强收支管理】积极应对宏观经济下行、政策性减税等诸多压力,深入推进部门联动,加强税源监管,强化协税护税,深化信息共享,提升税收征管效率。政府非税收入征管日趋规范,有效实现以票管费、以票促缴。调整财政支出结构,坚持集中财力办大事,着力保障经济发展、民生改善、脱贫攻坚等重点支出,资金使用绩效进一步提高。

【服务经济发展】落实“调转促”政策,推进供给侧结构性改革,全年政府性投融资 51.8 亿元。实施“政银担”合作,97 家中小企业担保贷款 5.7 亿元,担保放大倍数为 4.5 倍。全年提供过桥续贷周转资金 2.6 亿元。区城投公司、兴泉公司等政府平台公司转型提升。投资 3.8 亿元的泉水湾国家湿地公园开工建设,循环园区路网 PPP 项目上网招标,财政资金撬动作用充分发挥。

【加快统筹脱贫】全区投入“三农”资金 6 亿元,增长 54.3%。全面落实强农惠农政策,推进农业补贴“三合一”改革,通过“一卡通”发放各类惠农资金 2.3 亿元。农村基础设施建设保障有力,全年投入“一事一议”奖补资金 3582 万元、农业综合开发资金 1426 万元、农村饮水安全工程资金 2206 万元、农村道路畅通工程资金 1.1 亿元、美丽乡村建设资金 4567 万元。政策性农业保险政策全面落实,理赔资金 660 万元。拨付秸秆禁烧资金 3220 万元、“三项整治”和农村环境综合整治资金 6377 万元,城乡人居环境得到改善。农村金融改革成效明显,累计发放金融贷款 3.5 亿元,16 家农业企业在“四板”、“新三板”挂牌上市。全力保障脱贫攻坚,履行财政投入和监管责任,建立专项扶贫投入与地方收入增量挂钩机制,统筹整合财政涉农资金,全年投入扶贫资金 4.3亿元。

【提升民生福祉】投入民生工程资金 9.7 亿元,其中:区级配套资金 2.5 亿元,33 项民生工程全部完成目标任务,颍泉区被评为全省民生工程绩效评价先进单位。全年就业技能及新型农民培训 3409 名,开发公益性和见习岗位 595 个,发放补助资金 576 万元。拨付新农合及城镇居民基本医疗保险基金 2.9 亿元,城乡居民大病保险 1274 万元,基本公共卫生服务经费 3116 万元,城乡医疗救助资金 905 万元,医疗服务水平不断提升。拨付义务教育经费保障资金 6777 万元,发放高校、中职和普通高中家庭经济困难学生资助 628 万元,公共文化场馆开放 7 个,拨付农村文化建设专项补助 120 万元。完成棚户区改造 4513 户,农村危房改造 1853 户;拨付五保供养资金 1704 万元、城乡居民养老保险 7736 万元。

【改革创新体制】建立跨年度预算平衡机制,试编全区2017—2019年中期财政规划。预算评审全面推进，部门预决算信息常态化公开。存量资金盘活力度加大，清理结转结余资金4762万元。全面推进“营改增”改革试点，5月1日成功实现税制转换，企业减负明显。行政事业单位国有资产清查顺利完成。公务用车改革取得实效，公车运行费用降低6.3%。政府购买服务扩面提效，实施项目14个，支出1.1亿元。“公务卡”应用规范实施，国库集中支付改革深入推进，支付资金18.6亿元。政府采购效率不断提升，标后监管更加有力，全年采购金额2.3亿元，节约率为19%。

【强化监督管理】建立健全预算执行动态监控机制，扎紧财政资金制度笼子。定期开展镇村财务互审，涉农资金专项整治和工程建设领域督查强力推进，乡镇财政资金监管工作再次被评为全省“一等奖”。不定期开展采购合同执行和履约情况监督检查，依法处理5家违规供应商，罚没资金6.5万元。涉企系统监管常态推进，监管企业10家、资金1640万元，有效防止项目重复、虚假申报。“小金库”治理及滥发津补贴专项清理成效明显，会计信息质量检查不断加强，“三公经费”及民生工程资金督查趋于常态，政府性资金运行环境得到优化。

【落实决议抓内控】认真执行《预算法》和《安徽省预算审查监督条例》，主动接受人大监督，全面落实法定事项报告、建议议案办理、民生工程督查等工作机制。强化财政内部控制，优化预算编制、资金分配等业务流程，推动预算单位内部控制建设。制定政府债务风险评估和预警管理办法，编制债务限额调整方案提请区人大常委会审查批准，定期汇报债务资金使用效益。强化审计问题整改，制定年度审计问题清单、责任清单和整改清单，及时将整改情况向区人大报告，促进人大预算审查决议的有效落实。

（颍泉区财政局供稿　黄月光）

颍东区财政工作概述

【概况】2016年，颍东区财政收入完成13亿元，占调整预算的100.1%，比上年11.1亿元增收1.9亿元，同比增长16.7%。财政支出25.5亿元，占调整预算的99.7%，同比下降5.1%，减少1.4亿元。

【加强财政收入征管】坚持组织收入不动摇，以均衡入库为重点，以提高收入质量为核心，加强与国税、地税、金库等部门的协作配合，实现税收“颗粒归仓”。建立精细化征管机制，加强税收基础管理，抓好日常兼顾重点，推进重点行业税收稽查、企业欠税清查、小税种稽查及非税收入征管。完善对区乡资金结算办法，力促应收尽收，全年财政收入超过既定目标任务。

【加大财政扶持力度】年初预算设立科技发展等8项奖补资金4435万元，推动行业供给侧改革、促进产业转型升级。多渠道筹集资金，切实保障农村道路畅通、棚户区改造、美丽乡村、危房改造、创业就业、教育文化、城乡公共服务等惠民工程建设。33项民生工程投入达到7亿元，占计划投入资金的100%。拨付2000万皖北发展专项资金，改善园区基础设施建设。加大企业发展支持力度，投入3000万元产业发展基金，引导企业做大做强；争取各类项目资金191.8万元，助力金麦乐等7家企业加快发展；投入农业综合开发资金1540万元，支持吴寨创业经济服务公司等14家涉农企业发展。实施PPP项目3个，发挥财政撬动作用，引导社会资本5.8亿元参与公共事务建设。

【统筹整合涉农资金】制定精准扶贫清单15类85项，明确财政资金投入方向和重点。安排财政专项扶贫资金16025.37万元，区级按照当年本级财政收入增量的22%增列专项扶贫预算资金2164万元，盘活财政资金用于脱贫攻坚资金1655万元，占可统筹使用资金的94%。整合农田水利设施建设补助等8项涉农项目资金8858万元用于脱贫攻坚，占可统筹整合涉农资金13027万元的68%。全年支持扶贫项目104个，支出资金2503.4万元。对50个贫困村每村投入10万元，作为引导资金，搭建村集体经济发展平台。投入982.5万元用于扶贫农场建设，投入175万元支持标准化厂房建设。开展“资源变资产、资金变股金、农民变股东”三变扶贫试点工作，创新村集体资产收益扶贫等工作。

【创新财政管理方式】贯彻新预算法，转变预算管理方式。推动跨年度预算编制工作，提高预算编制的科学性权威性。盘活财政存量资金6553万元，直接消化财政存量结转资金55119万元，提高财政资金的使用效益。加强债务监测，清理地方债务，规范债务管理，做好政府债券置换工作，全年置换债券资金55484万元。拨付财政补贴资金182.8万元，支持

"营改增"改革实施。5月1日成功实现税制转换,设立全市第一家联合办税服务厅。全区登记营改增纳税人2236户,较上线时营改增纳税人净增加2119户。推进涉农补贴改革,逐步完善补贴政策,改进补贴办法,提高补贴效能。全年发放农业三项补贴5046万元,10.7万余户农民群众受益。扩大政府购买服务范围,健全政府购买服务体系。编制2016年颍东区政府购买服务预算,预算金额5814万元,把颍东区辖区主次干道清扫保洁、中介机构审计、送戏进万村、农村放电影、飞机防治美国白蛾和招聘城管、协管、协警、公益性岗位人员等纳入政府购买服务。

【提高财政资金绩效】加强财政预算执行监督,依法向区人大报告财政预算执行情况,接受人大和审计监督,认真办理人大代表议案和政协委员提案。加强政府采购招投标的监督工作,对区级重大工程项目招标坚持做到事前、事中、事后全过程监督。组织政府采购招标活动178次,预算金额1.7亿元,实际采购金额1.3亿元,节约率达到22.6%。加强对涉农、社保、教育、卫生等重点项目监督检查,参与万亩森林增长工程验收等财政性资金支出使用的审核工作。对和谐家园、幸福苑、訾营安置区分房工作实施监督。深化"小金库"治理。对全区108家单位,进行"小金库"治理自查自纠,覆盖率达100%。对11个单位进行重点检查。加强内部控制管理。

(颍东区财政局供稿)

阜阳经济技术开发区财政工作概述

【概况】2016年,阜阳经济技术开发区完成财政总收入10.69亿元,按照可比口径计算(剔除区划调整影响),同期增收1.9亿元,增长21.6%。其中:国税完成7.32亿元,地税收入3.29亿元。完成财政总支出3.8亿元,同期减支1.49亿元,下降28.1%。

【优化财政支出】压缩一般性支出,集中财力保重点工作,实现"两降两增"。降低运行经费,控制行政成本。按照年初预算,对部分非预算部门的经费合理压缩,全年节省行政运行经费约1200万元。增加刚性支出,保障机关人员工资增资、养老保险和职业年金及时发放和缴纳,同时按照上级文件要求,将城乡低保、社会优抚等各项费用提标。增加对社会事业的投入,加大公共安全支出,投入1272万元改善区内治安环境;累计拨付3800万元,用于中小学校园基础设施建设,改善开发区教学环境;拨付1722万元,用于卫生和环境治理,改善开发区生活环境;加大基础设施建设投入,拨付5450万元,用于开发区道路修建和园林绿化,改善招商环境;拨付3750万元,用于城乡低保、社会优抚、计生奖抚等社会事业支出,改善开发区居民生活水平。

【拓宽融资渠道】多渠道融资,超额完成全年目标任务。利用融资平台公司以基础设施建设、棚户区改造等多种形式的项目,同农商行、农业银行、光大银行、国开行等金融机构合作,实际贷款到位资金14.17亿元,超额完成全年目标任务8亿元的177.1%。

【精准服务民生】开展20项民生工程,总金额为3.93亿元,其中:上级补助资金0.81亿元,区级配套资金3.12亿元。通过精准实施,在农村低保对象、五保供养、贫困残疾人救助与康复、贫困残疾人生活救助、重度残疾人护理、孤儿基本生活保障、生活无着落救助、政策性农业保险等方面,实现应享尽享、应保尽保;农村基层党建与服务经费保障经费266.78万元,保障基础党建经费和村居干部报酬、保险的供给,提升社区村居干部职业化能力;新型农村合作医疗参合率106%;城镇居民基本医疗保险参保率101.3%;城乡居民大病保险按照政策实现全覆盖;城乡居民基本养老保险1.63万人,上缴保费119.2万元,完成任务的101.8%;基本公共卫生服务、农村文化建设文化信息共享工程全覆盖;完成棚改1173户,超额完成32户。10月底完成市政府与开发区签订的目标责任任务,提前两个月完成开发区民生工程工作。

(阜阳经济技术开发区财政局供稿　王颍林)

淮南市财政工作综述

淮南市财政工作概述

【概况】2016年,淮南市认真落实积极财政政策,主动适应经济发展新常态,依法加强征管,实施精准调度,强化预期管理,年初确定目标顺利完成。全市财政收入完成150.9亿元,完成预算的101.5%,比2015年增长6.5%。其中:地方财政收入完成96.4亿元,完成预算的110.9%,同比增长12.3%。全市财政支出完成210亿元,完成调整预算的96.1%,同比增长5.6%。按现行财政体制测算,实现财政收支平衡。

【推进预算编审和预算公开】在市本级,59家一级预算单位2016年部门预算集中接受审查,对发现的问题及时进行调整,共核减项目13个,核减项目资金2861.7万元。按照《预算法》要求,在市人代会批准后,于2月6日将市本级部门预算及时进行批复下达。推动预算信息公开,2月4日,市财政局将市本级公共预算、国有资本经营预算、政府性基金预算和社保基金预算在财政局门户网站予以公开;2月26日,除涉密部门外,90家市级预算单位2016年部门预算和"三公"经费预算全部公开,接受社会监督,增强预算编审的透明度,积极打造"阳光财政"。

【保障重点支出】各级财政部门认真落实积极的财政政策,优化支出结构,促进各项社会事业发展。2016年全市盘活存量资金5.6万元,争取上级转移支付等补助资金104.9亿元。全市十三大类民生支出完成181.8亿元,占全部财政支出的83.4%,同比增长8.6%。财政支出中,一般公共服务、公共安全、教育、科技、社保等八项重点支出完成近153.5亿元,同比增长12.8%。各项民生资金得到全力保障,重点领域支出稳步增长。

【实施民生工程】全面完成2016年度省级33项民生工程目标任务,获省2016年民生工程绩效奖补六个市之一。全市累计拨付民生工程资金43.27亿元,占年初计划的103.5%。强化民生工程项目的建管用并重,各级财政安排建后管养资金7884.9万元,比上年增长11.9%。出台《淮南市民生工程建后管养实行政府购买服务办法》《关于美好乡村建成中心村长效管护的实施意见》《淮南市农村饮水安全工程建设和运行管理督查办法》《淮南市乡镇文化站管理养护办法》等一系列民生工程管养办法;对建成的民生工程项目,坚持属地原则,明确管护主体,落实管护责任,创新管理模式;根据民生工程的不同性质、特点、要求等,积极探索财政、集体、群众、社会等资金投入主体多元机制,鼓励通过外包、购买服务、政府补贴等方式推行市场化运作,确保民生工程建成项目可持续发展、良性化运转,最大限度地发挥民生工程惠民效益。

【分配2016年地方新增债券】省财政厅转贷淮南市2016年新增债券12.39亿元,其中市本级6.52

亿元,寿县3.7亿元,凤台县2亿元。省财政厅转贷淮南市本级2016年新增债券6.52亿元中,按债券资金性质划分,一般债券3.5亿元,专项债券3.02亿元。在认真梳理项目的基础上,按照新增债券使用相关规定,市本级共安排美丽乡村建设,创森专项等15个新增债券项目。

【推进集中支付电子化改革】根据省财政厅、人民银行合肥中心支行《关于进一步加强国库集中支付电子化管理改革工作的通知》要求,淮南市作为最后一批试点市,全面推进集中支付电子化改革。出台《淮南市市级国库集中支付电子化管理试点实施方案》,召开工作项目启动会,建立电子化试点联席会议制度,确定项目成员通讯录,全面启动市本级国库集中支付电子化管理工作。7月底,完成市本级全部预算单位电子化上线;9月26日,市本级6家代理银行资金支付业务电子化上线,并顺利办理电子化资金支付,系统整体运行稳定,完成项目初期所定阶段性实施目标;10月底,完成财政、代理银行与人民银行间清算业务和实拨业务电子化,完成代理银行自助柜面系统建设;12月中旬,实拨业务与人行测试完成。

【规范县(区)资金调度】制定《关于进一步加强财政国库资金调度管理的通知》,明确资金调度"确保支付安全、保障基本需求、协调财政结算、单一账户调拨"的基本原则,确定资金调度办法和程序,进一步规范市对县区财政国库资金调度管理。全年对县(区)调度资金42.6亿元,增长1.2%,受营改增过渡政策、县区财力下降等影响,超调度资金13.4亿元,确保县区"保工资、保运转、保民生"及重点支出需要。

【扶持村级集体经济发展】组织县区开展2016年扶持村级集体经济发展试点申报工作。通过竞争立项,全市15个试点村成功入围,申报成功率达80%。市及各试点村所在县区强化组织领导,细化工作方案,严格资金管理,稳步有序推进试点工作。试点村项目涵盖水产养殖、畜牧养殖、资产盘活、资源利用、农业服务等多种发展类型。投入资金总额2414万元,其中中央和省级资金1500万元,市县乡资金670万元。

【支持脱贫攻坚】出台《淮南市关于财政支持脱贫攻坚实施意见》《淮南市财政局关于印发2016年脱贫攻坚工作要点的通知》《淮南市财政扶贫专项资金管理办法》等制度。按照皖政办〔2016〕8号文件规定,积极筹措资金,加大扶贫攻坚投入力度。各级财政投入扶贫资金43亿元,其中:争取中央彩票公益金用于扶贫2000万元,中央和省级财政资金1.82亿元,市本级安排专项扶贫资金3000万元,比2015年增加2700万元,增量为市本级地方财政收入增量的36%。市级财政清理收回存量资金用于扶贫攻坚906万元,占可统筹使用部分的52.4%。全市在2016年地方政府债务限额内,安排1.3亿元债务资金用于扶贫开发,重点支持贫困村基础设施建设,改善贫困村生产生活条件。县级财政安排扶贫资金5985万元。县区备案各类扶贫开发产业项目1140个,带动贫困户13180户。积极推进资产收益扶贫工作,制定《关于开展资产收益扶贫的指导意见》,投入财政资金9019万元,涉及134个贫困村,带动贫困村集体经济增收325万元,带动贫困人口12140人,增收553万元,人均收益456元。强化扶贫专项资金监管,成立淮南市财政扶贫资金监管领导小组,加强财政监督检查和审计、监察以及稽查等工作,健全公告公示制度,发挥社会舆论监督作用,严厉惩处扶贫资金使用中出现的违法违纪行为。定期对县区脱贫攻坚工作进行督查。

【推进PPP项目建设】对市直部门、县区、园区、平台公司的PPP项目进行全面摸排,建立PPP项目储备库并持续更新,科学选择项目,发挥试点项目的示范效应。淮南市进入财政部PPP项目信息平台的项目共计50个,总投资736亿元,涉及城市基础设施、城市轻轨、卫生、教育、信息产业等领域。成功实施的项目:智慧医疗是淮南市第一家成功落地的PPP示范项目。通过竞争性磋商方式确定为深圳达实智能股份有限公司,并于2016年成立淮南达实智能股份有限公司,项目公司注册资本金3000万元,其中社会资本深圳达实智能股份有限公司出资70%,淮南市产投公司出资30%。智慧医疗项目建设投资为1.26亿元。特许经营期10年。财政总支出责任2.3亿元。项目主机房设在中移动(安徽)数据中心。实施的项目包括智慧城市云平台项目、城市轨道交通项目、山南至新桥机场快速通道、八公山风景区基础设施建设项目、高新区(山南新区)道路工程等项目。

【支持企业改革发展】根据市委、市政府《关于支持工业经济发展的意见》精神,市级财政筹集5000万元资金,建立工业经济发展奖补资金。资金使用围绕调结构转方式促升级主线,重点支持企业技术改造、中小企业发展,推动企业自主创新和节能降耗。全市支持工业经济发展奖补资金共安排扶持企业214户,兑付奖补资金金额4693.19万元;争取省以上支持经济发展各类资金3430万元,安排经信委部门专项资金2178.13万元,安排安全生产专项资金560万元,发挥财政在稳增长调结构中重要作用,促进经济平稳发展。坚持供给侧结构性改革,发挥转移支付资金的调控能力,助力企业脱困发展。按照党中央国务院关于供给侧结构性改革的统一部署,依据《安徽省人民政府关于煤炭行业化解过剩产能实现脱困发展的实施意见》,多渠道筹集资金支持淮南矿业集团等企业实现脱贫发展,开设化解煤炭行业过剩产能专项资金共管账户和国有企业"三供一业"移交分离资金共管账户,中央和省级的化解产能专项奖补资金6.7亿元和国有企业"三供一业"4.24亿元分别拨付共管账户。市级通过出让关闭矿井的土地筹集资金工作有序进行。

【加强政府采购管理】强化政府采购预算编制工作,明确政府采购时间节点,加强政府采购计划申报审核,强调采购人主体责任和主管单位的管理责任等工作,印发《关于进一步加强政府采购预算管理工作的通知》《淮南市政府采购监督管理办法的通知》。为加强单一来源采购方式管理,健全服务流程,提高工作效率,市财政局与审计局、监察局、公管局联合印发《关于建立政府采购单一来源采购方式联席会议制度的通知》,增强政府采购监管力度。2016年全市完成政府采购资金10.39亿元(申报计划金额),实际采购金额8.5亿元(中标合同金额),资金节约率为18.28%。其中货物类采购金额为5.43亿元,工程类采购金额为1.5亿元,服务类采购金额为1.5亿元。政府采购的主体有:市直各预算单位、省直15家预算单位属地委托政府集中采购、六个区各预算单位。

(淮南市财政局供稿)

寿县财政工作概述

【概况】2016年,寿县完成一般公共预算收入12.35亿元,占年度预算的100.55%,增长15.6%;财政支出完成51.14亿元,占年度预算的123.7%,增长12.4%。

【支持经济建设】落实产业发展专项资金6200万元、技改扩张专项资金1000万元、乡镇工业集中区建设资金1400万元,重点支持互联网+产业发展、扶持中小企业转型升级、技术改造、支持乡镇企业标准化厂房建设等。安排3000万元用于农村金融综合改革体系建设,引导金融机构加大对"三农"、中小微企业的金融支持力度。拨付4868万元用于信达担保公司创业担保贷款和企业续贷过桥,支持政策性融资担保体系建设。拨付财政资金7000万元,继续对新桥国际产业园、寿县蜀山现代产业园及寿县工业园建设资金投入。落实资金5.9亿元,保障城市重点工程建设和征地拆迁安置。

【加大脱贫攻坚投入】大力开展脱贫攻坚工作,强化扶贫资金监管,安排落实专项扶贫资金2.3亿元,整合其他涉农资金25项,资金规模4.56亿元,合力支持脱贫攻坚。拨付2300万元财政资金投入千万亩森林增长工程。安排5310万元投入城市保洁、污水处理、三线三边。安排各项财政专项资金5100多万元推进美丽乡村建设。

【实施民生工程】精心实施省级民生工程,32项民生工程投入资金19.13亿元,其中县财政配套4.04亿元。农村道路畅通工程、农村危房改造等19项民生工程完成年度目标任务。区划调整后,城乡低保、五保供养、城乡居民基础养老金等社保补助标准大幅提高,群众充分享受到区划调整带来的实惠。安排村级资金6038万元,专项用于村组织运转、村干部固定报酬、村(社区)党建、村集体经济投入,村级组织的正常运转和可持续发展得到有效保障。

【创新理财方式】加强财政专户管理,撤销65个财政专户,县财政只保留财政专户9户,非税收入汇缴户6户。创新财政投入方式。积极通过政府购买服务、PPP等方式支持经济社会发展,6个首批重点推进的PPP项目完成实施方案的编制,并通过专家组物有所值评价和财政承受能力评估,12月20日通过资格预审,总投资约25.3亿元。加强政府债务管理。完善预算管理机制,将政府存量债务还本付息纳入年初预算,建立政府债务限额及债务收支情况随同预算公开的常态机制。积极争取新增债券额度,妥善处理存量债务。争取省财政厅地方政府债券额度18.07亿元,其中置换债券14.33亿元,新增债券3.73亿元,为县域经济发展腾出资金,支持重点项目建设。

【促进农业结构调整】采取“一线实”办法,全年打卡发放涉农补贴资金6.5亿元,其中农业“三项补贴”2.5亿元,让耕地地力保护、多种粮食的经营主体得到资金支持。安排各级财政资金5017万元支持开展农村土地确权颁证。落实现代农业奖补资金1770万元投入安徽瓦埠湖现代农业综合开发示范区、迎河现代农业示范区建设、合肥和寿县蔬菜基地建设等。

(寿县财政局供稿)

凤台县财政工作概述

【概况】2016年,凤台县完成一般公共预算收入36.01亿元,增长2.6%。其中,地方收入完成22.37亿元,增长27.8%;全县财政支出完成36.04亿元,增长5.47%。

【促进经济发展】拨付民营经济发展专项扶持资金2500万元(其中,县级配套1293万元),兑现各类涉企优惠政策资金近438万元(年初预算安排500万元),设立中小微企业信贷风险补偿基金1000万元,并向上级争取两化融合专项资金50万元,支持中小企业发展壮大。设立科技三项经费600万元,企业奖励及扶持资金500万元,农村金融体系改革400万元;营改增试点企业扶持资金50万元,鼓励企业科技创新、发展新兴产业,助推产业结构优化升级。安排400万元用于县政务中心大院保洁、保安等物业管理工作。

【加大融资力度】与徽商银行合作,设立凤台县徽银城镇化建设基金池,总规模10.7亿元,拓宽城市建设融资渠道。有效促进政府投融资平台整合,组建州来集团。华诚担保公司注册资本金增至2.55亿元,进一步增强担保实力。全年在保余额7亿元,其中“银政担”项目681笔,5亿元。全年新增“税融通”项目20笔,4515万元,新增“金桥贷款”154笔,13亿元。

【加强预算管理】深化预算管理改革。完善全口径财政预算,强化预算约束;全面推进权责发生制政府财务报告试编工作;全面清理规范县级设立的行政事业性收费项目,公布行政事业性收费目录;在凤台县信息公开网公开2016年政府财政预算和2015年政府财政决算、预算单位部门预决算以及“三公”经费预决算。深化国库集中收付改革。建立预算执行动态监控信息系统,实现对各类资金的全过程动态化监控。深化国资国企管理改革。编制国有资本经营预算,加大国有资本经营预算与公共财政预算统筹力度;完成全县行政事业单位的国有资产自查工作,在摸清“家底”的基础上对公共资金、公共资源、国有资产进行常态化监管。

【加大民生工程投入】高标准高质量实施32项民生工程,全年累计投入资金9.45亿元,其中县财政配套资金3.32亿元、其他资金1.27亿元。全面完成计划生育家庭特别扶助、农村危房改造、就业技能及新型农民培训等28个项目的全年目标任务,农村低保等4个补助发放类项目按序时定期足额发放,荣获2016年省级民生工程奖补县称号。继续支持社会事业发展,提高公共服务水平。全县共完成教育、医疗、社保等民生领域支出31.58亿元,占公共财政预算支出的87.62%。

【落实惠农政策】及时足额发放粮食直补、农资综合等补贴资金9412万元。统筹整合涉农资金9722万元,用于脱贫攻坚,占可统筹涉农资金比例83%。其中:统筹上级涉农资金支持脱贫攻坚数6507万元;统筹本级涉农资金支持脱贫攻坚数3215万元。共安排1776万元推进光伏发电试点工作。其中:省级资金1110万元,市级资金296万元,县级资金370万元。大力支持美好乡村建设,财政资金支出4380万元。积极实施“一事一议”财政奖补,实施道路维修、村庄亮化、村级小型水利设施及活动场所建设等168个项目并全部完工,总投资2564.8万元,财政奖补资金1958.6万元,受益人口43.1万人。

(凤台县财政局供稿)

大通区财政工作概述

【概况】2016年,大通区一般公共预算收入完成5.27亿元,为年预算的105.1%,同比增长2.9%(扣除2015年划走9个社区的收入基数1184万元);全区财政总支出5.13亿元,为年预算的124.8%,同比增长11.28%。

【提高财政保障能力】强化税收征管,加强财税形势预研预判,建立健全综合治税机制,强化征收责任,严格执行“收支两条线”规定,努力挖掘财政增收潜力,全面完成增收目标。密切部门协作配合,主动对接民生改善、扶贫攻坚和基本财力保障奖补等政策,用足用活财政定向转移支付政策;做好置换和新增债券工作。将政府性债务纳入预算,实现限额管理,规范债务举借程序。加强存量资金清理,建立财政存量资金定期清理制度,对部门结转结余资金清理收回财政统筹安排,盘活财政存量资金945万元,进一步提高财政资金使用效率。

【大力保障民生】全面落实精准扶贫政策,全年落实各级财政专项扶贫资金810万元,整合涉农资金200余万元,支持贫困村产业发展和基础设施建设,改善生产生活条件,提高贫困群众收入水平,推动精准扶贫、精准脱贫。加大民生投入,推进民生工程实施。全年13大类民生支出4.38亿元,同比增长11.52%。落实惠农补贴政策,推行农业“三项补贴”改革,将农资综合补贴、种粮农民直接补贴和农作物良种补贴合并为“农业支持保护补贴”,用于支持保护耕地地力。规范和加强惠农补贴资金发放管理,确保各项惠农补贴资金及时、准确、足额、安全发放到位。全年发放惠农补贴资金12大类52个批次3840万元,累计补贴对象63422户(人)。

【深入推进财政改革】全面推进预决算公开,加大预算信息公开力度,规范和细化财政预算编制,提高年初预算到位率,减少预算调整,加强预算执行管理,52个部门预决算信息和“三公”经费信息全部公开到“项”级科目。推开营改增工作,5月1日起,全面推开营改增试点,将建筑业、房地产业、金融业、生活服务业纳入试点范围,确保各行业税负只减不增。推进政府购买服务试点,扩大政府购买公共服务领域,规范政府购买公共服务流程,将适合采取市场化方式提供公共服务产品的领域,逐步交由具备条件的社会力量承担,支持事业单位改革和社会组织培养发展。推进财政资金与金融资本相结合,进一步完善财政金融互动政策体系和融资担保体系,与市经开区合资成立注册资本为1.5亿元的淮南市振兴融资担保有限公司,吸纳徽商银行金融资本发起设立总规模2.94亿元的大通区城镇化一号基金,支持实体经济发展和城镇基础设施建设。

【强化财政监督】建立健全内部控制制度,成立财政内部控制机构,先后出台《大通区财政资金对账管理制度》《大通区区直预算单位银行账户管理办法》《大通区财政局国库印鉴管理办法》《大通区财政局档案管理制度》《大通区区级预算执行动态监控工作方案》等多项财政局监督管理制度。进一步明确内控机构职责,着力提高财政工作效率和服务质量,避免财政政策制定和资金分配过程中的业务风险与廉政风险。对财政支农项目、扶贫资金、民生工程资金和乡镇财务等开展专项检查,对检查发现的问题积极督促整改,确保财政资金安全。认真开展重点督导检查,全面开展“小金库”专项整治和滥发津贴补贴专项整治工作,对违规设立“小金库”和违反规定发放津贴补贴等情况进行全面清查,有效规范财经秩序。加强国有资产管理,开展行政事业单位固定资产清查,完善行政事业单位资产管理信息系统平台数据,明晰产权主体,夯实管理基础,明确资产管理责任,提高资产使用效率。

(大通区财政局供稿)

田家庵区财政工作概述

【概况】2016年,田家庵区一般公共预算收入完成13.68亿元,完成预算的103.4%,同比增长7.5%;财政一般预算支出完成9.03亿元,同比增长10.12%。

【强化收入管理】坚持依法治税,健全完善财税及相关部门联动机制,积极开展税收分析和纳税评估,加强“营改增”对财政收入影响的分析,保持组织财政收入的预见性和稳定性,确保收入应收尽收。加大预算统筹力度,积极盘活财政存量资金,集中财力用于经济社会发展的重点领域,提高财政资金使用效益。

【严格支出管理】认真落实厉行节约各项政策,牢固树立过紧日子的思想,进一步细化基本支出定额标准,严格控制一般性行政支出,全区“三公”经费支出下降20%以上。建立预算执行分析制度,对部门预算执行情况进行研判,增强预算执行的严肃性和有效性,提升预算管理的科学化、精细化水平。坚持以保障和改善民生为导向,不断加大民生领域投入力度,13大类民生支出7.76亿元,增长11.24%,占全区财政支出的85.94%。

【加强财政监督】加强区本级财政资金管理,优化财政资源配置,提高财政资金使用效益。促进财政资金审批程序规范化、制度化,严格预算执行,规范资金拨付,提高财政资金使用透明度。制定《田家庵区政府采购及工程建设招标采购分类管理办法》,进一步规范全区政府采购及工程建设项目采购管理,提高政府采购及工程建设招标采购效率和效益。

【规范财经纪律】不断提高财政管理绩效,加强对部门预算、集中支付、政府采购、国有资产管理等方面的监督检查,扎实开展"小金库"和滥发津补贴整治等工作,通过开展专项整治,加大自查自纠和整改落实力度,进一步严肃财经纪律,健全长效机制。全区133家单位上报"小金库"自查自纠情况,占应上报的100%,对6家重点单位2013年1月至2016年4月财务收支等情况进行重点检查,未发现"小金库"现象。对全区60家单位(不含二级机构)开展滥发津贴补贴专项整治自查自纠,清查整治违规单位2家,追回违规发放津贴补贴15.25万元。对田家庵区招标代理机构库和监理库单位的公司的设立、人员配备、资料保管等情况进行检查,通报发现问题,并限时整改,同时通过市公共资源交易平台公开招标,建立装修装饰和小额零星工程库,进一步规范招投标市场行为。

(田家庵区财政局供稿)

谢家集区财政工作概述

【概况】2016年,谢家集区完成财政收入2.38亿元,完成预算的110.54%,同比增长10.6%;财政支出7.05亿元,增长4.63%。

【科学组织收入】把促进财政收入持续稳定增长作为第一要务来抓,积极主动与税务部门沟通协调,调研重点税源,挖掘增收潜力,加强非税收收入管理,加强对国有资产经营收益、行政事业性收费、罚没等收缴力度,同时积极争取上级财政支持,着力抓好预算执行,优化结构保重点,全力化解收支矛盾,保证全区各项基本支出和重点支出需要,保障全区各项经济社会事业的持续稳定发展。

【保障民生支出】积极调整优化财政支出结构,财政支出继续大幅度向民生倾斜,向社会事业发展倾斜。2016年全区29项民生工程全部完成省级考核指标任务,累计支出2.19亿元。其中:农村低保、五保等扶贫项目共保障4.43万人次,支出3755.81万元;美丽乡村、农村基层党建、农业保险等三农项目共开工建设59个项目,保障全区56个行政村2万余户农户农业生产,全区农村基础设施建设和管理水平的提升,累计投入2654.11万元;居民医保、城乡养老保险、基本公共卫生服务等社会保障类项目惠及全区10.33万人,累计支出1.36亿元;教育文化项目保障全区中小学生1.8万人,支出1909.71万元。

【推进财政改革】密切配合国税、地税部门完成全区"营改增"试点工作。深入贯彻新《预算法》,规范财政预算和部门预算编制工作,改进预算管理制度,积极推进财政预决算和部门预算公开工作,主动接受社会监督。政府债务全部纳入财政预算,管理趋于规范。试编权责发生制的政府综合财务报告,全面反映政府收支情况。深化国库集中支付制度改革,全区国库集中支付改革实现"纵向到底,横向到边"全覆盖。

【加强财政监管】开展全区财政资金安全检查工作,进一步加强财政资金安全管理,全面查堵管理漏洞,逐步建立规范的财政资金运行管理机制,提升财政资金运行效率和安全性。开展全区行政事业单位小金库专项治理工作,74家单位进行自查自纠,建立健全防治"小金库"的长效机制。开展全区行政事业单位滥发津补贴专项整治工作,70家单位进行自查自纠,进一步规范津补贴的发放工作。开展财政专户清理工作,基本实现财政专户归国库部门统一管理,完善专户账户管理。对全区141家单位开展固定资产清理工作,各单位申报核销固定资产总计1397.63万元。政府采购服务规范有序,完成预算采购资金290余万元,实际采购资金260余万元,节约财政资金30余万元,节资率为10.3%。乡镇资金监管有效开展,2016年纳入乡镇财政资金监管的资金总量达1.14亿元。

(谢家集区财政局供稿)

八公山区财政工作概述

【概况】2016年,八公山区完成财政收入2.25亿元,增长47%,财政支出4.03亿元,增长5.4%。

【财政收入稳步增长】积极应对宏观经济下行、结构性减税、行政事业性收费减免等因素影响,加强调度,重视分析,加强多部门合作,建立协税护税制度,信息互通,齐抓共管,尽力增加收入。2016 年财政收入增长 47%,税收收入占 89%。积极争取上级财政部门支持,加大对全区的财政补助力度,争取一般转移支付 1.2 亿元;争取省政府公开发行的新增债券 3500 万元;争取市财政清算土地成本返还 6504 万元,积极申请棚户区改造和工业集聚区等项目融资 1.3 亿元,争取淮凤路、截洪沟、农村公路畅通等项目征迁资金 6100 万元,保障重点项目顺利实施。

【财政支出惠民生】全年财政支出 4.03 亿元,其中民生类支出 3.28 亿元,为财政支出的 81.43%,在保证行政事业人员工资性支出足额兑现的同时,保民生、保重点支出到位。全年教育支出 6941 万元,社会保障支出 8821 万元,农林水事务 2574 万元,医疗卫生 2891 万元,节能环保支出 413 万元,五项重点支出 21640 万元,占财政支出的 53.72%,完成省、市下达的 27 项民生工程,投入资金 9603 万元,民生工程工作获省民生办奖补并连续两年获全市先进。

【财政改革纵深推进】准确把握政策依据,全面完成主办和协办的深化改革任务 7 项,实施“营改增”,助力供给侧,落实小微企业减税降费 1886 万元;深化全口径预算管理,规范收支行为、健全审批流程,稳步推进政府购买服务等改革工作,实行目录管理,实施公车改革,公开拍卖公车 73 辆,强力推进预决算信息公开,2016 年预决算信息和 49 家预算单位的预算决算信息全面公开。

【财政监督更趋强化】完成“滥发津补贴和私设小金库”专项整治工作,组织 78 家行政事业开展自查自纠,重点检查 16 家,并建章立制,落实整改;有序开展非税收入、会计信息质量、三公经费、涉农资金等专项检查,严肃处理查出的问题。代拟《八公山区政府采购及工程建设招标采购分类管理办法》等文件和制度,建立招标代理、监理服务、小额零星工程 3 个服务资源库,完善公共资源交易管理,提高政府采购及工程建设招标采购率,资金节约率 10%;修订《八公山区政府投资暂行管理办法》,强化项目建设单位主体责任,加强政府投资项目各个环节的规范管理;开展项目绩效评价,加强政府投资项目绩效管理。

(八公山区财政局供稿)

潘集区财政工作概述

【概况】2016 年,潘集区完成财政收入 7.94 亿元,完成预算的 100.1%,同比增长 5.1%。全区公共财政支出 12.63 亿元,同比增长 13.78%。

【落实积极政策】发挥财政职能,有效落实积极财政政策,支持全区经济社会发展。加大项目谋划支持力度。安排 500 万元项目前期经费,积极支持各类项目的谋划与推进工作。大力支持产业发展。安排 1000 万元产业发展基金,支持企业发展壮大;发挥财政资金杠杆作用,为企业提供“续贷搭桥”资金 1000 万元、贷款贴息 60 万元。深入推进政银担合作,撬动信贷资金 5 亿元;壮大企业融资平台。向区金财融资担保公司注入中小企业实体经济发展资金 1407 万元,增强融资平台担保能力。积极落实结构性减税政策,全面推开营改增试点,实现总体税负只减不增的预期目标,全年降低企业税负将超过 2500 万元。

【支持强农惠农】大力支持脱贫攻坚和美丽乡村建设。筹措资金 2132 万元,重点支持 9 个美丽乡村建设重点村的基础设施建设和脱贫攻坚工作;安排专项资金 33 万元,支持乡镇扶贫工作站;安排配套资金 1959.7 万元,落实全区村居干部工作报酬,安排拨付村级组织运转保障经费 3331 万元。全面落实强农惠农政策。全区通过“一卡通”及时足额发放惠农补贴资金 1.53 亿元。其中支持农业保护补贴 6002.7 万元。支持涉农项目建设。争取“一事一议”财政奖补资金 1305 万元,落实政策性农业保险资金 832 万元,支持现代农业发展。

【实施民生工程】全区实施 31 项民生工程,投入资金 6.01 亿元,其中区级配套资金 1.07 亿元,公共财政预算支出中用于民生的支出占比为 83.8%。支持社会保障事业发展。发放农村五保供养资金 1620.61 万元;发放农村居民最低生活保障资金 1891.3 万元;城乡医疗救助 501 万元;兑现孤儿基本生活保障资金 142.52 万元;发放“八老人员”补助 675.6 万元;资助贫困残疾人救助与康复 227.32 万元。支持卫生计生事业发展。为参合农民补偿新农合资金 1.24 亿元,安排基本公共卫生服务经费 1310.2 万元,特别扶助计划生育家庭 32.9 万元。支持教育文化事业发展。落实义务教育保障经费

2167.7万元,资助农村中小学贫困寄宿生246.9万元。筹措资金5148万元推进义务教育均衡创建工作;投入文化信息共享工程28.2万元,更新农家书屋出版物12380册,开展农村文体活动360场。支持各类项目建设。改造300户农村危房,建成美丽乡村建设工程9个,投入1563.7万元改造小型水利提升工程;铺设农村饮水安全工程管网11.3万米;完成5个农产品质量安全检测室设备和3个食品检验室安装工程等。

【强化财政监管】推进预决算信息公开,区直48个部门预决算及“三公”经费预决算信息,通过政府信息网络平台全部公开。加强地方政府性债务管理。积极争取地方政府债券置换资金1.8亿元,争取新增债券资金2000万元,有效化解存量债务,解决部分历史遗留问题。统筹使用财政资金。将政府性基金纳入一般公共预算,累计统筹资金6759万元。盘活财政存量资金2043万元,按规定用于民生领域,推进民生改善。扩大政府采购范围,出台《潘集区政府集中采购目录及政府采购限额标准》文件,全年政府采购业务112项,计划采购总额424万元,成交金额373万元,节约资金51万元,节约率12%。扎实开展小金库治理、滥发津补贴整治、秸秆禁烧和扶贫开发等专项资金监督检查工作。

(潘集区财政局供稿)

毛集实验区财政工作概述

【概况】2016年,毛集实验区财政收入完成1.96亿元,增长0.15%;财政支出完成3.78亿元,增长3.72%。

【推进财政改革】推进财政预决算信息公开,按照省财政厅和市财政局统一部署要求,通过区管委门户网站公开财政预决算、“三公”经费信息,并制定办法,建立完善财政预决算信息公开机制。推进金融服务管理工作,引导金融机构参与毛集实验区经济社会发展,全年组织开展5次银企合作对接会议,解决中小企业融资难融资贵问题;认真落实属地管理,完成互联网金融风险专项整治和打击非法集资各项任务;配合市财政局、区人社局及市商业银行,做好小微企业贷款贴息工作申报等工作,及时足额把贴息资金回拨到贷款户。推进国库集中支付工作,实现国库集中支付覆盖所有预算单位,覆盖所有财政资金的目标,财政资金通过国库集中支付系统直接支付到最终收款人,减少中间环节,提高财政资金使用效率。完善国库支付业务流程,提升国库支付运行效率。严格执行现金管理,积极推进公务卡结算业务办理。推进农村综合改革工作,贯彻落实强农惠农政策,开展农业“三项补贴”改革工作,发放财政补贴农民资金4273万元。全面落实农村综合改革工作,全年一事一议财政奖补项目共投入404.5万元;加强乡镇财政资金监管,全区传递到乡镇监管信息54条,区、乡镇抽查巡查57次,纳入监管系统资金为1714万元。

【持续改善民生】十三大类民生支出持续增长,民生基础工程持续改善。13项民生支出3.33亿元,占财政支出88.12%,增长7.43%。签订目标任务的省级民生工程33项,实际实施28项工程持续推进。投入民生工程资金1.3亿元,其中区级配套资金约3300万元。在2016年度市对县区民生工程工作考核中,毛集位居全市10个县区前列。完成农村畅通工程11.2公里;农民居民最低生活保障3562人,发放补助资金1013.5万元;农村五保供养保障1084人,发放补助资金545.53万元;政策性农业保险赔付148.12万元;新型农村合作医疗城乡支付3034万元;城乡居民大病保险补偿46人,补偿135.4万元等。

【加强债务管理】强化债务审计结果应用,更新、补充地方政府性债务管理系统数据,债务管理纳入全口径预算管理,毛集实验区管委办公室印发《关于加强毛集实验区政府性债务管理的实施意见》,规范管理。全年全区通过省政府发行第一批一般置换债券2220万元,第二批一般置换债券1905万元,第二批新增一般政府债券1319万元。完善债务报表信息制度,建立债务消化机制。

【实施农业开发项目】实施高标准农田建设和产业化一县一特两个项目。高标准农田建设共完成投资1098万元,占年计划的100%。完成防渗渠修建20.081公里,建各类桥涵闸等配套建筑物766座,中小沟清淤7.574公里,更新电灌站1座等工程。产业化一县一特“淮南麻黄鸡”种苗养殖基地项目,完成投资720万元,占计划的70%,完成育雏育成鸡舍4栋,购置设备4台套,总面积约5236平方米;完成林下养殖鸡舍及管理房5栋,面积约2646.27平方米;

综合服务部已完成主体工程约2784平方米，完成工程量80%；修建水泥路1253米，约6071平方米。

（毛集实验区财政局供稿）

淮南高新区（山南新区）财政工作概述

【概况】2016年，淮南高新区（山南新区）财政总收入完成4.84亿元，同比增长37.89%，完成年预算的123.11%；一般公共预算支出6.98亿元，同比增长98.87%，完成年预算的168.6%。

【大力组织收入】及时掌握“营改增”政策落实情况。强化政策效应跟踪分析，密切跟踪了解“营改增”政策前后税负变化，及时分析有关情况，确保政策平稳过渡。加大项目监管力度。在项目立项、签约、付款等环节层层把关，严格核查合同、税票等资料，确保税款及时足额入库。抓好重点行业和重点税种的税收征管。结合新区实际，配合税务部门对新区范围内的单位及项目进行全面深入了解，确定征管重点。进一步加强建筑施工企业及房地产企业的税收征管，确保工程建设和房地产开发、转让等各环节应收尽收。

【强化制度建设】完善与新区开发建设相适应、财权与事权相匹配的财政体制，促进企业向新区集中，使新区成为淮南市经济发展的引擎和新的增长极。加强区划调整后的制度建设。区划整合后，结合工作实际制定各类民生工程实施办法、预算编制、资金申请等一系列规范性文件，收入和支出各项工作管理逐步规范。按要求制定专户管理办法，加大存量资金盘活力度。全面开展专户自查，按要求撤并相关专户，盘活专户资金，防范财政专户资金风险，保证财政专户资金的安全运行。制定预算编制办法，提升预算管理水平。逐步完善部门定额标准，预算的合理性、科学性得到增强。加强项目资金的编审和管理，按照“有保有压”的原则，根据财力情况，按轻重缓急合理排序，优先安排管委会确定的重大项目。积极探索权责发生制政府综合财务报告及学习新预算法等相关业务知识，全面梳理资产、负债事项，为决策提供信息支持。

【加大资金筹集力度】落实政府债券置换资金，地方政府累计置换债券额度5.44亿元，有效缓解新区偿债压力，腾出部分资金用于支持重点项目建设。积极争取上级支持，与市财政联系，落实棚户区改造中央及省级补助1.43亿元、大数据产业发展基地资金1亿元、新能源中心建设资金2000万元及贷款贴息479万元，促进新区各项事业发展。配合平台公司，开展与商业银行的信用合作。通过多种方式吸引金融机构参与新区建设。三家公司累计到位融资5.55亿元。认真做好新区债务统计工作，按要求进一步规范各类政府性债务的确认口径，配合审计等部门，夯实债务。根据上级财政对债务清理的相关规定，认真落实《安徽省地方政府性债务管理办法》中的相关规定，切实抓好管委会本级及平台公司的债务管理，确保债务规模适度、风险可控。

【认真实施民生工程】健全完善各项工作制度，主动加强与有关部门的沟通和联系，形成协调互动的运行机制，逐项调度推进各项民生工程，协调解决工作中出现的矛盾。深入基层进行民生工程政策宣传，实地查看工程项目建设情况，督促各项民生工程顺利实施。统筹安排有限的财政资金，重点向民生领域倾斜，积极筹集落实配套资金。20项民生工程目标任务全部完成。全年实际拨付民生资金1.54亿元，其中：中央及省1.48亿元，市级483万元，区配套188万元。

【保障重点建设资金需求】规范和完善支出管理。实现基本支出均衡拨付，项目支出按合同、进度拨付，进一步严格资金审核，在确保资金安全的情况下，加快资金拨付速度。严格执行项目支出月度计划制度，及时掌握项目进展及资金需求情况，合理安排、调度可用资金，确保贷款本息、土地报批、征地拆迁及项目建设等重点资金需求。严格落实中央、省厉行节约有关规定，牢固树立节约意识，从预算编制入手，压减一般性开支及三公经费，盘活结余结转资金，整合专项资金，确保贷款本息偿还等刚性支出，为新区重点工作的完成提供资金支持。及时跟踪融资进度。配合相关公司提供融资所需资料及数据，合理制定贷款资金使用计划，提高贷款资金使用效益。

（淮南高新区财政局供稿）

淮南经济技术开发区财政工作概述

【概况】2016年，淮南市经济技术开发区完成财政收入5.31亿元,占年度预算的101%,同比增长9.1%;完成财政支出3.17亿元,占年度预算的110.5%,比上年同期增长1.9%。

【促进经济发展】加大对园区基础设施投入,加大企业扶持力度。全区规模工业增加值15.7亿元,增长9.3%;固定资产投资33.5亿元,增长36.1%;招商引资实际到位资金65.2亿元,增长19.1%,新增规模工业企业9家。园区基础配套设施逐步完善,帮助融资平台公司充实资本金,做大做实资产规模,增强融资能力,共实现融资18.48亿元。完成基础设施投资3.68亿元,增长83.5%。大健康产业园路网和标准化厂房二期开工建设,科技综合楼工程即将竣工投入使用。保障项目土地需求,区财政合理调度各项资金,扎实推进土地管理领域专项整治整改资金需求,2016年报批土地指标769.45亩、调剂农转用土地154亩,征收土地1336亩,拆除违法建设15.1万平方米,满足签约项目用地需要。

【实施20项民生工程】加大财政投入,推进各项社会事业发展。累计拨付民生工程资金3769.06万元,涉及20项民生工程任务全面完成,取得良好成效,其中:农村低保累计保障5184人次;农村五保供养累计保障520人次;孤儿累计保障63人次;完成符合政策规定的281名贫困残疾人生活救助(176名一、二级,105名三级、四级)及34名贫困精神残疾人药费补助发放工作。完成12名贫困残疾儿童转介、康复训练。重度残疾人审核通过共2596人次;新型农村合作医疗参合9256人,参合率达到98%;城镇居民基本医疗保险参保率达到110%,办理人数8243人;完成养殖业奶牛承保1938头,超额完成全年目标任务;提升农村基层党建与服务经费保障;完成保障性安居工程棚改任务105套,公租房三期完成竣工验收。

【加强财政管理】推进开发区国库集中支付及公务卡改革工作,通过竞争性谈判方式确定开发区国库集中支付及公务卡代理银行,完成公务卡办理工作和国库集中支付网络集成建设工作,公务卡使用全面推行。适应财政体制改革要求,加强财政财务管理和内控制度建设,建立完善部分财政财务管理制度,强化财政资金支出管理,印发《淮南经济开发区财政预算管理暂行办法》《淮南经济开发区固定资产管理暂行办法》《淮南经开区国库集中支付现金管理办法》《淮南经济技术开发区公务卡使用管理暂行办法(暂行)》《淮南经济技术开发区机关财务管理制度》《淮南经济技术开发区村居有关资金管理暂行办法》。

(淮南经济技术开发区财政局供稿)

淮南现代煤化工产业园区财政工作概述

【概况】2016年,煤化工园区完成税费收入3056万元(其中中安联合缴纳2885万元),全部缴入市(潘集区)金库,归入市(潘集区)财政收入。

【积极申请设立金库】《淮南市人民政府关于安徽(淮南)现代煤化工产业园区财政管理体制的通知》(淮府〔2016〕3号)和《关于安徽(淮南)现代煤化工产业园区财税管理有关事项的通知》(淮财预〔2016〕208号)明确园区财政管理体制并要求设立园区金库。园区管委会按要求上报市人民支行申请设立园区金库,市人民银行审核后上报省人行,本年因园区税费收入较少及中安联合煤化工项目缓建等原因未获批。

【严格财务管理】精准完成部门预决算编报并按时信息公开,认真贯彻落实厉行节约制度,严肃财经纪律,监管国有资产资金的使用。按月完成管委会及内设机构的财务集中核算,及时报送三公经费支出情况、国有资产管理情况、政府性债务增减情况、PPP项目进展情况、综合财务分析报告等。按要求完成小金库、滥发津补贴、酒桌办公等专项治理工作,并重新修订财务管理、出差管理、接待管理、资产管理等内部管理制度。

【投融资管理】园区投融资平台公司(淮南市现代煤化工产业发展有限公司)于2013年8月成立,市国资委和潘集建投按2:1出资比例共到位1.8亿元的注册资本金。2016年底,公司总资产约5.87亿元,融资债务余额3.55亿元、暂借款0.52亿元,资产负债率70%。协助完成平台公司徽商银行贷款2亿元的续签、产业引导基金1亿元延期还款等工作。

(淮南现代煤化工产业园区财政局供稿)

滁州市财政工作综述

滁州市财政工作概述

【概况】2016年，滁州市财政部门按照“适应新常态、把握新常态、引领新常态”要求，紧紧围绕“四个全面”战略布局和“五大发展理念”，狠抓收入预期管理，落实各项改革任务，认真开展“两学一做”，圆满完成各项财政年度工作目标。

【强化收入预期管理】研判分析财政收入形势，牵头建立财政、税务、海关、人行和各县(市、区)的“1+5+8”收入征管分析调度机制，依法依规平稳有序组织收入。全年全市财政收入完成256.4亿元，增长11.3%，增幅高于全省平均增幅2.3个百分点。其中地方收入完成167.3亿元，增长16.4%。财政收入总量和增幅均位列全省第4位；地方收入总量继续保持全省第3位，增幅位列全省第2位。财政收入占GDP比重为18.1%，同比提高0.6个百分点。区域财政竞相发展，县级财政收入占全市比重为67%，增长0.1%。其中天长市财政收入突破40亿元，全椒县、来安县首次跃上20亿元，县级财政实力显著增强。

【强化调度保障有力】建立全市重大项目“清单”销号机制，多举措加快支出进度。全市财政支出完成334.8亿元，同比增长10.7%。其中民生支出完成290.5亿元。教科文卫、社会保障和就业、医疗卫生和计划生育、农林水支出分别为67.9亿元、38.7亿元、36.6亿元、59.1亿元，较上年分别增长15.3%、3.1%、1.1%、9.8%。以行政经费为主的一般公共服务支出下降18.2%。统筹调度并足额拨付116.9亿元用于保障明湖、内城河改造、图书馆等全市重点项目建设。

【服务发展成效显著】发挥财政政策、财政资金稳增长作用，全市投入17.5亿元支持推进“调转促”、“供给侧结构性改革”和“三去一降一补”。牵头制定《滁州市产业发展基金管理办法》，成立政府引导母基金，引进外部资金共同设立投资子基金。全市合计投入9亿元支持设立10只产业基金，总规模达49亿元。落实金融政策。全市9家国有融资担保机构总注册资金增加到27.2亿元，在保余额77.56亿元，同比增长35.89%，平均放大倍数4.63倍。创新财政支持体系。全市新型银政担试点合作业务当年新增1373户，新增担保金额47.61亿元。全市安排续贷过桥资金3.22亿元，扶持企业991户，周转贷款金额46.6亿元，周转14.49次。推进PPP项目，定远江巷水库等27个项目列入国家PPP和省发改委项目库。积极推进建筑、房地产、金融、生活服务业营改增试点工作，四行业企业税负全面下降。落实中央、省关于结构性减税和取消、停征、减免行政事业性收费、基金等政策，修订完善市级城镇土地使用税奖补政策，降低企业申请补助门槛，鼓励企业土地集约利用。支持创业创新。全市发放小额担保和创业担保贷款4186笔、4.2亿元,拨付就业创业资金0.9亿元,支持困难群体创业就业。支持商事制度改革,支持推进“五证合一、一照一码”制度,新增各类市场主体3.3万户。继续实施阶段性降低社会保险费率政策。企业基本养老保险单位缴费比例由20%降到19%;失业保险单位缴费由1.5%降到1%。全市2016年通过降成本“组合拳”,帮助企业减负10亿元以上。

【着力保障改善民生】加大民生投入,全市民生支出290.5亿元,占财政支出比重达86.8%,同比提高0.2个百分点。全市33项民生工程累计拨付到位资金87.4亿元,各项补贴、保险类项目按政策要求序时补助发放到位;工程和培训类项目全部完成。支持教育事业发展,统一全市城乡义务教育学校生均公用经费基准定额,普通小学、普通初中生均公用经费基准定额每生每年分别由264元、375元逐步提高到2016年的625元、825元,高等职业教育生均公用经费定额由上年的9600元提高到10800元。推动文化事业蓬勃发展,投入1.6亿元,支持图书馆、博物馆等公共文化基础设施建设。完善社会保障制度,居民和新农合财政补助标准由380元/年提高到420元/年。调整大病保险起付和筹资标准,城乡居民最低生活月保障标准分别由475元、220元提高到500元、270元。深化医疗卫生体制改革,投入3.2亿元支持公立医院改革,基本公共卫生补助标准由人均40元/年提高到45元/年。改善住房条件,统筹7亿元,加大棚户区改造力度,支持保障性住房建设,全市新开工保障性住房1.1万套、完工1.7万套。市本级投入0.9亿元,支持应急救援平台、滁宁公交换乘中心和南谯路畅通工程等十件为民实事建设。

【推进城乡统筹发展】强化资金保障和监督管理,全市预算安排扶贫专项2.5亿元,清理收回可统筹财政存量资金0.3亿元,统筹整合涉农资金2.9亿元,支持脱贫攻坚十大工程,推动55个贫困村出列、6.7万人脱贫。强化财政资金监管,确保财政资金使用规范、透明、高效。支持美好乡村建设。全市投入美好乡村建设资金4.7亿元,整合涉农资金6.6亿元,撬动吸引社会资金7亿元,全力支持全市46个乡镇政府驻地建成区和21个省级中心村建设。促进现代农业发展,投入6亿元,推进高标准农田项目建设,治理面积52.7万亩;投入6.5亿元,支持小型水利提升等农田水利项目建设,农业生产基础进一步夯实。发放农机购置补贴1.6亿元,投入1.9亿元支持现代农业示范区建设,投入0.5亿元支持培育家庭农场、农民合作社等新型农业经营主体,推动现代农业加快发展。扎实推进农村综合改革。“一卡通”发放涉农补贴29.5亿元,人均受益894元,较上年增长31.7%;投入1.3亿元,推进“一事一议”财政奖补,实施项目934个;投入1.1亿元支持农村土地承包经营权确权颁证和农村集体资产股份权能改革,农业“三项补贴”改革全面推开,国有林场改革基本完成。支持改善生态环境,投入2.5亿元,积极推进秸秆禁烧综合利用;投入1.9亿元,加大大气污染和水污染防治。

【完善财政体制机制】严格预算管理,进一步规范预算追加、调整等事项,首次将政府性基金收支调整提交市人大常委会审议。完善政府采购管理,建立政府采购专管员制度,全市通过政府采购节约资金6.1亿元,资金综合节约率19.2%。规范单位资产管理,建立资产管理专管员制度,组织开展全市行政事业单位资产清查工作,建立资产数据库,单位资产管理更加规范。推进财政内控建设,制定财政8个专项风险防控制度和相关配套内控工作操作规程,财政内控制度体系基本建立。加强财政制度建设,制定《关于进一步加强财政资金管理制度建设的实施意见》《市级财政专项资金管理办法》等11项专项资金管理办法。推进财政资金保值增值,确保资金安全和及时支付,全市当年收益3.6亿元,收益率达4%。强化基层财政建设,全面开展规范乡镇财务管理专项整治工作,加大服务型财政所建设力度,创建省级服务型财政所11个、市级服务型财政所11个。积极推进乡镇预算编制试点。提高财政信息化水平。改进非税收入征缴方式,市级非税收入电子化缴库工作正式启动,国库集中支付电子化改革巩固提升。严肃财经纪律,进一步规范财政专户管理,全市撤销财政专户65个,扎实开展财政资金安全检查、小金库治理和滥发津补贴专项治理行动。加强财政监督,建立联系服务人大代表工作制度,认真落实财政及预算单位审计整改,依法接受人大、审计和社会监督。

【稳步推进财政改革】深化预算管理改革,推进预算信息公开,新增公开转移支付、专项资金等信息,基本支出按经济分类科目细化公开到款级科目。继续推进“开门办预算”,开展专项资金公开评审工作，扩大预算第三方公开评审范围，积极推进县级预算评审工作试点。改进年度预算控制方式，全面开展市级中期财政规划编制，着力实现跨年度预算平衡。落实税收制度改革，全面推开营改增改革试点，建筑业、房地产业、金融业和生活服务业顺利实现税制转换。落实资源税改革，资源税从价计征机制全面推开，确保改革后企业税负只减不增。盘活财政存量资金，制定结转结余资金清理实施方案，全市盘活一般公共预算、基金预算和专户结转结余资金 5.6 亿元，盘活资金全部统筹用于扶贫等经济社会发展急需支持领域。推进财政资金基金化改革，引导社会资本支持服务实体经济；政府和社会资本合作模式稳步推进，全市 27 个 PPP 项目列入国家发改委、省发改委和省住建厅项目库，投资规模 477 亿元，其中 4 个项目录入财政部综合信息平台，投资规模 27 亿元。推进政府债务预算管理和限额管理，争取债券资金 144.8 亿元，同比增长 74%，全年节约融资成本 5 亿元左右。完成预决算公开、财政“十三五”规划编制上报以及市委改革办安排牵头的 13 项改革任务等工作。

【全面筑牢廉政防线】精心组织“学党章党规、学系列讲话，做合格党员”教育活动，先后组织召开“两学一做”专题党组会 3 次、中心组学习会 4 次、领导干部专题辅导 2 次、机关集中学习 4 次。结合财政实际，组织开展“围绕目标促发展、立足岗位做奉献、基层帮扶帮联调研、好书我推荐读书月、走访慰问送温暖、基层财政所评先”等“十项活动”。结合“讲看齐、见行动”专题活动，全面深化服务型党组织建设，严肃党内政治生活，认真开展“亮身份、作承诺、当先锋、树形象”活动，继续开展好财政重点工作帮联、结对共建、结对帮扶困难群众、预算部门工作会商和市直企业帮扶调研等活动，把从严管党治党和推动中心工作结合起来，更好地履行财政担当。严守党的政治纪律和政治规矩，以专题会议、专题讲座、专题活动、“一月一主题”教育、领导干部讲廉政党课、微信提醒等多种形式，开展党风廉政建设宣传教育，以创建市级党风廉政建设示范点为抓手推进廉政文化建设。践行“严实工作法”，突出抓好日常工作巡查、效能督查和通报，加大问责问效力度，切实转变干部工作作风。

（滁州市财政局供稿　魏震生）

天长市财政工作概述

【概况】2016 年，全市公共财政收入首次突破 40 亿元大关，完成 41.3 亿元，同比增长 10%。在全省 76 个县市区中，排名第七，在滁州市各县市区中，排名第一。全市公共财政支出完成 48 亿元，增长 11.5%。

【支持经济转型升级】全年审核拨付工业扶大扶强、工业集约化用地等各项扶持资金 2.5 亿元。设立 1 亿元“双创”基金和 5000 万元天使基金，兑现人才专项、专利资助等 696 万元，积极支持大众创业、万众创新。争取省市创新型科技重大专项建设补助 442 万元，拨付创新技术改造补助 1836 万元，足额配套研发仪器补助等 290 万元，推动创新驱动发展。落实减税清费降成本政策，共减免缓各项地方税费 2.5 亿元，涉及纳税人近 4 万户次，为 600 余户企业办理出口退免税 2.7 亿元。减少涉企收费 22 项，减轻企业负担 500 万元。加强政策性融资担保体系建设，新增担保公司国有资本金 6614 万元，放大担保倍数 5 倍以上，在保余额 9.2 亿元，增长 30% 以上。深入推进“4321”政银担分担机制，将 500 万元以下业务全部纳入政银担合作试点。设立融资担保风险补偿基金 300 万元，专项用于市财政应分担的代偿补偿。畅通金融服务实体经济渠道，积极争取上级过桥资金 2600 万元，总额达 7800 万元，全年扶持企业 275 户次，续贷过桥资金 13 亿元，资金周转率达 20.8 次。

【深入推进财政改革】开展结转结余资金清理，将 3122 万元存量资金全部收回预算，补充预算稳定调节基金，统筹纳入预算安排。全面开展财政专户清理，撤销未核准专户 11 个，所有撤销的财政专户资金全部纳入财政一体化平台管理，实行国库集中支付。细化预决算信息公开内容，在规定时间内将相关信息在政府信息网公开，将财政预决算按功能科目细化到项级、按经济分类科目细化到款级，并将上级提前下达的专项转移支付情况全部公开。在滁州市率先通过购买服务方式，选择第三方机构，对上年度农村五保供养维护、贫困残疾人救助等八项重点民生项目开展绩效评价，促进财政资金使用提质增效。将政府债务分类纳入预算管理，完善政府债务管理机制。2016 年，地方政府置换债券 22.5 亿元，总量位居滁州市第一，降低财务成本近亿元，有效缓解债务单位偿债压力。

【规范乡镇财政管理】扎实开展“规范财务管理”专项整治工作,“一卡通”惠农补贴资金发放和乡镇财政资金监管两项工作再次在省财政厅绩效考核中获得一等奖。截至2016年,全市共有11家财政所档案达标升级工作通过省档案局验收,达到省一级标准。10家财政所创建服务型财政所获省财政厅验收,总数位列滁州市第一。编印《天长市乡镇财政财务管理制度汇编》,修订完善综合管理、财务管理、岗位职责等七个方面48项制度。下发《关于进一步加强乡镇财政内控管理的通知》和《天长市乡镇财政内部互审工作实施细则》,全面落实所内季度互审,所间年度互审,市局定期督查巡查的工作制度,并将互审和督查结果纳入年终考核范围。下发《关于建立乡镇财政项目资金支付台账的通知》,对所有财政项目严格按照合同和工程进度进行拨款。同时委托爱普公司定制研发“一卡通”惠农补贴发放信息比对系统,利用科技防控手段对所有惠农补贴资金进行信息比对,确保资金安全。

【精心实施民生工程】足额安排本级财政配套资金2.55亿元,资金拨付率100%。在做好常规宣传的基础上,继续开展“民生工程走进直播间”活动,通过在全省首家开通的“民生工程在天长”官方微博、“天长市民生工程”官方微信以及网站论坛等新媒体实时发布实施动态,所有民生工程项目一律全程网上公示,并在市区和14个镇的人员密集区域开辟民生工程宣传文化墙。同时,落实宣传包保责任制,开展民生工程政策进村组、进机关、进学校、进工厂、进社区“五进”活动。探索实行群众化、专业化和社会化相结合的多元管护方式,不断完善管养维护机制,全年共安排民生工程管护资金5982万元。

【全面加强队伍建设】坚持党风廉政建设与财政工作两手抓、两手硬。制定《局领导班子党风廉政建设责任制》,层层签订党风廉政建设责任书,并对各股室和财政所主要负责人进行集体廉政谈话。制发《天长市财政局关于开展“落实党委主体责任”专项整治工作的实施方案》和任务分解清单,明确“一岗双责”主体责任,逐条梳理排查,落实整改措施。每季度对全市财政系统党风廉政建设、作风建设和财政资金安全等情况进行监督巡查,对发现的问题及时处理,限期整改,并对整改落实情况进行“回头看”,对相关责任人进行约谈。进一步加强财政系统廉政文化建设,开通短信平台,全年发送廉政短信704条。开展家庭助廉活动,全体财政干部家属签订家庭助廉协议书,将党风廉政建设向家庭延伸。组织干部职工进行党风廉政知识测试,观看警示教育片,参观反腐倡廉警示教育基地和走进庭审现场等活动,增强党员干部廉洁从政意识。

(天长市财政局供稿)

明光市财政工作概述

【概况】2016年,全市财政收入完成14.65亿元,占年初预算103%,较上年增长12.3%,增速与经济发展保持同步,好于年初预期,高于滁州市平均增幅。财政收入增幅在滁州8个县市区排第3位,税收收入占财政收入比重为76%,税收占比在滁州排第3位。2016年非税收入31824万元,增长26.2%,占年初任务108.9%。

【加强征收管理】落实积极财政政策,着力扩大税源、细化征管、推进综合治税,财政收入保持稳定增长。通过对商业银行存款利率比对,继续加大定存比例,各商业银行对社保基金存款,活期利率执行3个月整存整取利率的基础上上浮30%,其中城乡居民养老保险基金执行1年期整存整取利率上浮30%,定期存款利率在各档次利率基础上上浮30%。

【优化支出结构】严控一般性支出,压缩“三公”经费,优先保障民生工程支出,大力支持重点项目建设。清理预算单位结余结转资金6000万元,统筹安排用于市重点项目建设和民生工程支出。规范政府采购,全市政府采购事项487项,预算23.60亿元,节约率20.11%。全市一般公共预算支出348882万元(含上级转移支付支出),增支33753万元,增长10.7%。政府性基金支出完成95646万元,增长7.4%。其中,财政民生类支出完成32.1亿元,同比增长11%,占财政总支出的92%。全市“三公”经费支出1656.02万元,较上年同期减少21.88%。

【保障民生工程】实施33项民生工程,到位拨付资金118973.13万元,其中本级配套28895.01万元,圆满完成年度目标任务。补贴、保险类项目按政策要求发放到位,广泛惠及城乡居民。工程、培训扶持类项目中棚户区改造新开工547套、基本建成2838套,小型水利工程改造提升1231处;社会办养老机构新增加50张床位、完成农村危房改造1666户、农村饮水安全工程2处;美丽乡村建设完成七个乡镇政府驻地、1个省级中新村建设;就业技能培训2500人,公益性岗位全年开发350个岗位,就业见习拟提供55个岗位。农村道路畅通工程计划2016—2018年共建设864.6公里县乡村道路,2016年完成里程495.53公里,占三年任务的57.3%;整治改造老旧小区总建筑面积2.52万平方米,涉及龙阳里小区和靳郢酒厂宿舍2个老旧小区整治;提升农村基层党建与服务经费保障,财政预算3424万元全部到位,农村基层党建保障工程三年行动计划率先达标。获滁州市2015年度县市区民生工程组织实施工作先进单位一等奖、省绩效考评的农村公路危桥改造项目位列全省第二。

【加强城市基建】全年争取上级转移支付229778万元。争取地方政府债券转贷资金18596万元、地方政府置换债券113168万元,分别用于扶贫和安置房建设和置换地方政府债务。全年融资平台实现融资241000万元;安排征地拆迁资金68000万元、城市建设资金156000万元;安排9700万元用于园区建设。统筹安排10960万元开展造林绿化、森林生态效益补偿和森林增长工程;投入5160万元稳步推进7个乡镇政府驻地和1个省级中心村美丽乡村建设。

【"三农"和谐发展】切实保障强农惠农政策落实,全市农林水支出66225万元,增长8.2%。拨付水利项目资金16800万元,安排土地整治资金1865万元,拨付改造苏巷和明西低产田等农业开发项目等农业综合开发资金3164万元,安排革命老区项目资金1562万元,拨付农村金融机构资金652万元和涉农贷款增量奖励资金330万元,拨付秸秆禁烧与综合利用以奖代补资金1756万元,拨付各项扶贫项目资金3626万元。完成"一事一议"财政奖补项目62个,投入资金1990万元,惠及61个行政村23.4万人。通过"一卡通"及时兑现22项涉农补贴40950万元,农民人均直接受益630元。

【实施脱贫攻坚】上级财政安排专项扶贫资金1812.1万元,其中:中央及省级财政资金787.1万元,滁州财政资金1025万元;本级财政年初预算安排扶贫资金1600万元,收回以前年度存量资金用于脱贫攻坚160万元,2016年以前年度结转结余资金208万元,共计3780.1万元。扶贫资金支出3523.14万元,扶贫资金支出率93.2%,结转结余资金256.96万元,扶贫资金结转结余率6.8%。

【支持实体经济】实施"工业强市",稳定经济增长,安排4985万元扶持企业发展资金;拨付民营经济发展资金2426万元;试点开展"政银担"业务,为260家企业放款63055万元,实现区域内商业银行政银担业务全覆盖。累计为25户企业发放"税融通"9550万元。截至2016年末,续贷过桥资金总规模为2200万元,累计为75家企业发放续贷过桥资金45580万元。向企业发放助保金贷款3000万元。"助农保"打造金融服务农村新亮点,为新型农业主体发放保证保险贷款80万元。

【深化财政改革】除涉密信息外,82家预算单位全部公开2016年政府、部门和"三公"经费预算,首次实现按支出经济分类科目公开政府和部门预算、按项目公开专项转移支付预算。开门办预算,细化编制发展建设类项目预算支出,推进政府向社会力量购买服务预算管理,加大存量资金统筹力度,提高预算管理绩效,规范财政决算编制。坚持厉行节约,严控预算追加,做到无大事、要事、急事不追加。完善评价指标体系,扩大评价范围,将评价结果运用到预算编制,营造支出目标绩效意识。5月1日零点,明光四个行业普票和专票顺利开具,全面推开营改增试点平稳过渡。

【政府债务管理】完成地方政府存量债务清理甄别工作,建立地方政府性债务"借、用、还"机制。全年收到地方政府债券资金129464万元,其中,公开发行的置换债券37115万元,定向置换债券73753万元,新增债券18596万元。新增债券根据我市实际,优先用于支持棚户区改造等保障性安居工程建设、普通公路建设发展及城市地下管网建设改造等重大公益性项目支出。

【财政监督管理】采用政府购买服务方式,从社会中介机构聘用专业技术人员参与,对5户单位进行会计监督检查,检查涉及教育、医疗等行业。联合相关部门制定印发《明光市"小金库"专项整治的工作方案》,组织全市63个部门以及224个下属单位开展自查自纠,并在此基础上对经信委等9个部门和单位进行重点检查。5月,从农委、审计局抽调专业人员,对全市17个乡镇(街道)(包括村级)财务状况开展全面检查。此外,组织实施资金安全、非税收入征缴、政府采购执行情况、预算公开、中央八项规定落实情况等专项检查。在预算管理、财政改革、规范资金、内控等方面出台相关制度。对行政权力进行清理,保留行政征收1项、行政处罚2项、代理记账机构设立等共4项。做好财政系统执法人员执法资格培训和办证及在线法律知识测试和普法宣传工作。8月正式启动质量管理体系认证工作,邀请方圆标志认证公司辅导老师对全局干部职工进行专题培训,将质量管理体系认证和财政部门内控建设有机结合,形成内部监督合力。

【财政自身建设】开展"两学一做"、"讲看齐、见行动"学习研讨,组织向赵炬、高思杰等学习,开展"结对共建"、"社区文明创建"、"千名党员进万家"春风行动等资困帮扶活动。在三次房屋征收工作中均成立临时党支部提供组织保障。7月,市财政局党总支荣获明光市委表彰先进基层党组织。在2015年度市直单位效能考评中,获市直部门经济发展类考核第一名,党风廉政建设考核获良好。2016年,苏巷、管店财政所为创建服务型财政所省级先进单位,石坝、桥头、涧溪财政所为滁州市市级先进单位。2016年国库支付中心和三界财政所分别获滁州市、明光市"青年文明号标兵"称号。市财政局6次获"单位之星"。

(明光市财政局供稿)

全椒县财政工作概述

【概况】2016年,全椒县财政工作深入贯彻党的十八大及十八届三中、四中、五中、六中全会和习近平总书记系列重要讲话精神,以"两学一做"学习教育为契机,以省第十次党代会精神为引领,研究理财之道,推进管理改革,按照"稳中求进"的总基调和"稳增长、促改革、调结构、惠民生、防风险"的总要求,较好地保障全县经济及各项社会事业稳步发展。

【全力组织收入】面对严峻复杂的财政经济形势,县财政局积极应对、科学统筹,大力清欠补漏,强化依法治税,努力确保财政收入实现年初目标任务。全年财政收入累计完成216663万元,较上年同期增长12.1%,增收23352万元,占预算任务的100.1%。

【支持经济发展】积极筹措资金,支持十大政府投资工程,十大为民办实事项目,加强城市老旧小区整治,改善城市功能,增强群众获得感,全年完成棚户区改造7.6万平方米,拨付棚户区改造项目引导资金7000余万元,撬动金融贷款进入。加强城市污水处理,累计拨付城市污水处理相关支出2065万元。改善农村居住环境,支付农村生活垃圾治理费2579万元。申请和用好政府债券,全年获批省财政转发政府债券13.3亿元,其中政府置换债券11.6亿元,新增一般债务和专项债务1.7亿元,有效缓解政府偿债压力,年均节约利息成本约3500万元,有力支持经济发展。加强政府债务管理,严格控制债务规模,实行债务限额管理,债务率、逾期率双双下降。认真落实中小微企业减税降费政策,顺利完成营改增、资源税改革;清理取消、整合规范行政事业性收费,测算减轻企业负担约1.2亿元。

【调整支出结构】全年实施民生工程32项,财政总投资8.6亿元,较上年增长21%,其中:县财政配套2.8亿元,较上年增长47%。大力推进教育民生工程,着力加强教育惠民。全县经常性教育支出5.18亿元,较年初预算增长36.3%。投入1.63亿元重点提高基础教育保障水平,解决教育均衡发展问题。全面落实国家提高城乡低收入和特殊人群收入的各项政策,全年完成各项社会保障基金收入78719万元,完成社会保障各项支出76593万元,连续12年提高企业退休职工养老金水平,提高行政事业单位离退休人员养老待遇。积极整合涉农资金,支持脱贫攻坚和农业发展,支持农村社会事业建设。全县安排涉农资金3.62万元,其中整合资金1.26亿元;安排扶贫专项资金3330万元,帮助困难群众脱贫。积极促进就业创业,加大人才引进力度,设立杰出人才奖励专项300万元,专门用于有杰出贡献的人才进行奖励。积极开展技术工人技能培训,不断提高企业职工素养。2016年,企业就业技能培训2529人,企业职工岗位提升培训1280人,财政安排各项培训资金330万元。支持小微企业发展,办理小额贷款458笔,贷款金额4580多万元,财政贴息216万元。

【统筹城乡发展】积极落实各项惠农政策,加大统筹城乡发展的财政支持力度,深化农村改革,贯彻执行国家惠农补贴改革政策,当年完成农业三项补贴改革工作,及时按新综补政策兑付强农惠农补贴。全县通过一卡通累计发放补贴资金3.35亿元,其中农业综合补贴9013.55万元。积极支持美丽乡村建设,安排美丽乡村建设财政资金3954万元。农业综合开发成效显著,实施土地治理项目1个,产业化补助项目2个,产业化贴息项目4个,项目总投资

2923.8 万元,工程全部完工。扎实开展“一事一议”财政奖补工作,全县共安排一事一议项目数 97 个,当年全部完工,财政奖补投入资金 1450 万元。推进政策性农业保险,2016 年度午季小麦、油菜投保面积 51.91 万亩,投保户数 2.43 万人;秋季水稻、棉花、玉米投保面积 59 万亩,投保户数 2.72 万人。加大农村土地确权推进力度,投入资金 3658 万元,完成土地确权工作。

【狠抓制度建设】认真领会中央和省市县改革政策精神,注重加强改革的制度设计,开展一系列打基础、利长远工作,确保财税改革有序推进。积极推进预算信息公开,全县 67 个单位公开 2016 年部门预算和“三公”经费预算。9 月底公开 2015 年部门决算和“三公”经费决算,覆盖范围涉及全县 10 个乡镇。全面完成行政事业单位及所办企业国有资产清查工作。完成《权责发生制综合财务报告》工作。推广运用政府和社会资本合作模式,重点推动全椒县污水处理厂和全椒县农村垃圾污染治理项目 PPP 模式试点。

【加大监管力度】加快推进财政监管转型,建立健全财政管理全过程的财政监督机制。加强财政监督重点检查,开展“小金库”专项治理,滥发津贴补贴专项整治、镇村财务管理专项整治、依法查处违纪违规行为。扩大政府采购范围,全年共支付政府采购项目 2270 节约率达 16.5%。加大财政投资评审力度,强化全过程跟踪评审。加强“三公”经费常态化监控,建立“三公”经费支出月报、季报制度,全县“三公”经费支出 1093.11 万元,比上年同期下降 18.6%。

【加强机关党建】扎实开展“两学一做”学习教育,打造“学习型、服务型、创新型、廉洁型”机关。继续落实党风廉政建设主体责任和监督责任,坚持“标本兼治、综合治理、惩防并举、注重预防”的方针,努力把廉政教育作为培养干部职工廉洁奉公的有效手段。加强党支部建设,发挥支部的战斗堡垒作用。扎实推进惩治和预防腐败体系建设。把惩防体系工作摆上重要位置,经常召开会议,研究布置和狠抓落实。大力培育并践行社会主义核心价值观。深化“道德讲堂”,巩固“全市文明单位”成果,深入开展“学雷锋志愿服务”、“结对共建”志愿帮扶、“文明单位”创建、“财政法规政策”宣传、文明交通出行等活动,努力提高干部文明素养和机关文明程度。

(全椒县财政局供稿)

来安县财政工作概述

【概况】2016 年,来安县财政局发挥职能作用,落实财政改革和“调转促”各项任务,加强法制财政建设,强化收支预期管理,加强财源建设,进一步优化财政支出结构,推动提高经济发展质量和效益,支持脱贫攻坚和改善民生,实现财政收入 20.02 亿元,为“来者皆安”提供更加坚实有力的财政保障。

【支持经济发展】认真贯彻落实供给侧结构性改革政策,充分发挥财政职能作用,围绕产业经济基础、企业经济主体,进一步加大“两区”建设和招商投入支持,拨付“两区”建设资金 32440 万元,投入招商活动资金 223 万元,搭建产业发展平台,推进产业集聚,加快县域经济结构调整和转型升级。加强政策性融资担保体系建设,发挥财政资金撬动作用,管好用好续贷过桥资金、民营经济发展专项资金,综合运用“4321”银政担、税融通、绩效补助、财政担保贴息等多种财政方式,缓解中小微企业融资难,鼓励企业挂牌上市,支持企业做大做强。全年拨付支持企业发展资金 26730 万元,拨付资金 1500 万元,充实金安担保公司资本金,累计为企业担保贷款资金 58225 万元,在担保资金 66066 万元,发放续贷过桥资金 41883 万元,争取上级专项支持企业项目资金 2972 万元。全县规模以上企业达 166 家,位列全市第二,亿元纳税企业 3 户,全年税收增幅位居全市第一。支持 PPP 项目建设,引导带动社会资本增加投入,为县域经济发展创造良好环境。

【推动财政收入增长】认真落实结构性减税政策,强化收入征管,全面提升服务能力。加强财政与国税、地税、人行、海关、非税等部门横向联动,建立“1+5”收入征管机制,紧紧围绕科学预测、依法征管、精准调度、有效分析几方面,做好收入预期管理,力促财政收入均衡平稳增长。充分发挥综合治税平台作用,推动部门协税、县乡联动,加强重点税源管理,加大重点建设项目税源监控力度。全力组织实施营业税改征增值税扩大试点改革,加强营改增工作宣传、培训、辅导,加强国税、地税、财政及各乡镇的沟通,与邮储银行合作,在全县设立 6 个营改增代征服务网点,国地税联合办税效果明显,全县 4 大行业营改增税收总量在全市县市区中位居第一。财政、商务部门密切配合,深入排查全县外向型企业进出口业务情况,主动服务,对接滁州海关,引导县域企业在本地报关,防止进口增值税外流。县域经济持续增长加上税收征管服务能力全面提升,全年财政收入跃上20亿元台阶,比年初超收0.6亿元,税收收入实现16.5万元,占财政收入82.4%,全年财政收入增幅、税收增量、税收增幅、税收占比、营改增收入等5项指标在全市位居前列。

【加大民生投入】牵头组织实施33项民生工程,坚持并完善民生工作协调推进机制,加强过程管控和建后管养,强化监督考核,完善绩效评价,注重民生改善实效。落实民生工程项目配套资金1.91亿元,全年拨付民生工程资金7.37亿元,发放补助救助类项目资金4.87亿元,惠及城乡居民196万人次。农村低保户补助标准每月提高至270元,增长22.7%。全县2491名五保户的供养标准年提高900元。发放贫困残疾人救助资金872万元,8268名贫困残疾人受益;发放重度残疾人护理补贴181.6万元,惠及2542人。工程类项目全部完工,建设美丽乡镇、美丽中心村各5个,对10座小型水库进行除险加固,完成农村道路畅通工程376.5公里;为840户村民完成危房改造;完成11个农村饮水安全工程,惠及农村人口27500人,民生工程被滁州市推荐为全省绩效奖补先进县。加大财政扶贫投入,拨付财政扶贫资金3937万元,通过扶持发展"一村一品"专业村、培育新型农业经营主体、整合资金放大扶持效应、发放补贴资金等措施,支持实施产业扶贫、异地搬迁扶贫、光伏扶贫、金融扶贫等工程,全县11贫困村摘帽、1903个贫困户、3300个贫困人口当年脱贫。

【保障重点支出】充分发挥财政职能,统筹调度公共财政预算资金、政府性基金,积极争取上级转移支付和省转贷地方政府债券资金,加大财政存量资金清理盘活力度,切实保障各项重点民生支出资金需求。落实资金2100万元,按标准及时兑现机关事业单位在职人员及离退休人员调资。增拨资金6458万元,增加对义务教育投入,促进义务教育均衡发展。拨付专项资金2821万元,支持科技研发和文化活动场所建设。安排专项资金26453万元,加大医疗卫生投入,促进卫生事业发展。进一步加大"三农"投入,农林水重点项目建设资金20577万元,较上年增长12.7%。持续加大环保投入,拨付革命老区转移支付资金1093万元,用于建设水口镇污水处理厂和半塔镇污水处理厂项目,安排资金4134万元,用于来城污水处理。安排资金22240万元,加速化工集中区建设,支持化工企业退城入园。加大环卫保洁投入,全年投入资金5196万元,通过社会购买服务方式,净化来城人居环境,推进美丽镇村建设和自然村整治。筹集资金5287万元,全力支持农村路网改造和县乡道路建设。争取省转贷地方政府新增债券资金1.3亿元,用于棚户区改造、普通公路建设发展、扶贫工程;争取置换债券资金9.4亿元,置换存量债务降息延期。

【提升理财能力】进一步加强财政制度建设,增强制度刚性,着力构建全面规范、公开透明的管理机制。深入推进预算管理制度改革,在全市县市区中率先启用财政综合管理信息系统软件,实现部门预算编制财政与财务联网,被省财政纳入首批中期财政规划和项目滚动预算编制试点县。继续深化国库集中支付、公务卡改革,强化国库执行管理,全市乡镇国库集中支付暨国库资金监管现场会在本县召开并作经验介绍。完善地方政府性债务管理,提高债务风险管理和防范能力。严格预算约束,规范资金审批程序,加强各项资金统筹使用,避免资金重复交叉安排,着力提高财政资金绩效。加强国库资金管理,清理财政专户,规范行政事业单位银行账户开设,保障财政资金安全。稳步推进预决算和"三公"经费信息公开,政府预算、部门预算、"三公"经费信息按规定时间和格式在政务信息公开网和部门网站公开,接受社会监督。加强涉企信息系统应用,通过资金申报身份识别,规划项目申报,防止财政资金重复申报。开展会计业务培训,开展"小金库"治理,进一步健全完善财政资金"村财乡管、乡财县管"制度,强化基层财政及财务监管职能。

【加强队伍建设】加强制度建设,约束"一把手"权力。成立民主理财和采购领导小组,除正常经费以外,超过1000元的大额经费支出,先经民主理财小组把关审核,经局长办公会研究通过,再交由分管领导签批;限额以下机关采购事项须由采购领导小组通过后,报请局长办公会批准。完善廉政风险防控体系,建立机关内部控制制度,出台预算编制风险、预算执行风险、政策制定风险、公共关系风险、法律风险、岗位利益冲突风险、机关运转风险和信息系统管理风险等8个内控风险防控办法。建立行风巡查制度,对乡镇财政所效能建设开展巡视。深入推进"四零"服务,开展"单位包村、干部包户"定点帮扶,巩固扩大会商服务预算单位、城乡基层党组织结对共建、财政系统帮联等工作成果。全年会商92次,解决重点问题123件。

(来安县财政局供稿)

凤阳县财政工作概述

【概况】2016年,全县财政部门紧紧围绕县委、县政府的决策部署,直面经济下行压力严峻形势,坚定信心,沉着应对,主动作为,经济运行稳中向好,财政改革稳步推进,财政管理体制逐步完善,财政保障能力不断提高,各项社会事业全面发展,实现“十三五”良好开局。全年财政收入累计完成24.43亿元,占预算(24.35亿元)的100.3%,高于序时进度0.3个百分点,较上年同期增收23916万元,增长10.9%。全年公共财政预算支出完成39.03亿元,占年初预算120%,增幅3.9%。

【推进重点工程项目】围绕县委、县政府的决策部署和“十件实事”、“小岗三年大提升”、“抓小岗、带全县”等目标和重点项目建设,多方筹措落实资金,为县域经济跨越发展提供财力保障。截至年底,凤阳高速连接线竣工通车、引淮入城一期工程和实验中学投入使用、改扩建34千米自来水主管网,城区日供水能力实现翻番等为民承诺的十件实事落地生根。136项“小岗三年大提升”重点工作,首批完成35项,53项快速推进。

【显著改善民生保障】将财力向民生倾斜,全年民生工程投入12.45亿元,其中县级财政配套资金4.94亿元,分别较上年增长38%和95%;继续加大教育、社会保障、医疗卫生等13大类民生投入,全年支出335123万元,增幅6.1%;积极筹措资金,全力保障扶贫攻坚,全年扶贫资金支出15400.6万元;全力推进农业综合开发工作,全年实施4个土地治理和4个产业化发展等8个项目,总投资2967.59万元;大力支持美丽乡村建设,全年财政安排资金3510万元用于美丽乡村建设,并积极引导企业、社会组织和个人投资、捐款捐助等方式参与美好乡村建设,通过美投公司融资30000万元用于建设美丽乡村,有力推进美丽乡村建设;及时发放各种惠农补贴资金并通过财政补贴资金管理系统“一卡通”发放18大项财政补贴农民资金8.07亿元,增加农民收入。2016年,本县首获全省民生工程绩效奖补先进县,并在5月份全省民生工程绩效评价中,本县小型农田水利改造提升工程位居全省第二。

【提升财政管理水平】按照规定的公开内容、公开形式、公开格式,稳步推进政府预决算和“三公”经费公开。积极推进盘活财政存量资金。全年收回部门预算结转结余4208万元,全部用于民生改善及公共基础设施建设等方面。稳步推进开门办预算。在制定2016年预算编制方案时,参照省市做法,对部门50万元及以上的项目,一律规范申报预算绩效目标,作为资金使用绩效目标评价的依据。全力支持调转促政策。积极筹措调度资金,在2016年预算中安排1.3亿元设立“调转促”专项基金。全面推开“营改增”试点工作。加强“三公”经费管理,从预算源头管控,结合公车改革,出台《凤阳县县直机关差旅费管理办法》。加强政府性债务管理,按照上级关于政府性债务管理的要求,修明渠,堵暗道,做到疏堵结合、分清责任、规范管理、防范风险、稳步推进,建立“借、用、还”相统一的管理机制。扎实开展“两学一做”学习教育、“讲看齐、见行动”学习讨论,制定实施方案计划,有条不紊开展学习讨论活动,巩固“三严三实”专题教育成果。认真开展“乡镇财政对外借款”清理、“规范乡镇财务管理”、“规范津贴补贴”和“小金库”治理等专项整治工作。在全县范围内开展自查自纠、重点检查等工作,集中整治存在问题,强化落实“两个责任”,增强“四个意识”。

【加强财政自身建设】牢固树立“围绕财政中心抓党建 建设一流队伍促工作”的总体思路,围绕服务中心,建设队伍两大核心任务,凝心聚力、开拓进取,充分发挥党支部的战斗堡垒作用和共产党员的先锋模范作用。加强反腐倡廉建设,将反腐倡廉工作纳入年度重点工作,并印发制定工作计划,与各乡镇财政所、局机关股部门签订党风廉政责任状,坚持在部署工作时同安排、同落实、同检查。狠抓效能建设,建立分类考核制度,修订《县财政局机关效能建设绩效考核工作方案》和《凤阳县乡镇财政工作综合考评办法》,对机关各部门、各乡镇财政所进行全面考评,并将考核结果与年终评先评优直接挂钩。做到年初有安排、过程有监督、年终有考核,考核结果有利用,切实提高财政部门效能意识。强化内部控制,加强财政监督、专户资金管理,规范业务操作,建立约束机制,确保财政干部和资金“两个安全”。

(凤阳县财政局供稿)

定远县财政工作概述

【概况】2016 年,定远县财政局党组团结带领全系统干部职工,坚定讲看齐、见行动,深入贯彻落实党的十八大和十八届三中、四中、五中、六中全会和习近平总书记系列重要讲话特别是视察安徽重要讲话精神,认真落实县委、县政府决策部署,坚持稳中求进工作总基调,牢固树立和践行新发展理念,积极作为,团结奋进,务实扎实,财政运行稳中有进,财政服务发展成效明显,财政改革不断深化,财政全面从严治党取得新成效,圆满完成县委、县政府赋予财政局的各项工作任务,较好完成县人代会批准的收支目标任务,顺利实现财政"十三五"良好开局。

【财政收支实现突破】牢牢抓住收入核心,强化收入预期管理,主动与国、地税部门衔接,全面加强综合治税,进一步挖潜增收。全县财政收入完成18.15亿元,增长 12.5%,收入增幅全市第 2 位,增速高于全省平均增幅。全年完成财政支出突破 50 亿元大关,增长 13.5%,总量居全市第一。

【打造经济发展新动力】大力支持调转促,实施积极财政政策,推动经济提质增效升级。加大财政有效投入,争取到位中央和省、市转移支付资金 34 亿元。全力支持重点建设,安排经济开发区和盐化工业园建设、美丽乡村建设、江巷水库建设等重点工程建设支出 20 亿元。加大产业扶持和企业奖补,安排产业扶持资金 1 亿元。加快房地产去库存,兑现人才购房政府补贴资金 1236 万元。落实中小微企业融资扶持政策,提供续贷过桥资金周转 5.7 亿元,有效缓解中小微企业融资难问题。

【提升财政保障能力】认真落实中央八项规定和省、市、县具体要求,严格执行《党政机关厉行节约反对浪费条例》,严控一般性支出,全县"三公"经费较上年同期下降 10.2%。进一步加快财政支出进度,提高预算执行效率,确保扶贫攻坚、民生工程等财政专项资金尽快落实到项目和单位,着力减少年终结转结余资金规模,不断提高财政保障能力。

【增强群众获得感】坚持财力向民生领域倾斜,把民生工程和精准扶贫相结合,提升民众获得感。全县 13 大类民生支出 44.6 亿元,占一般公共预算支出 89%,增长 11.5%。其中 33 项民生工程投入资金 28.23 亿元,惠及全县近百万人民。增强民生工程科学性和透明度,完善协调推进机制、管养制度、约谈制度、包保责任制、资金保障制度、特邀监督员制度、网上公示制度和协调联动等制度。创新管养模式,在农村饮水安全项目建设和管理中,创新运用"七化"模式建成 16 座农村自来水厂,累计解决 65 万农村人口饮水安全问题,形成民生工程新亮点。

【推进城乡一体化发展】加大财政投入力度,支持全县脱贫攻坚。全年安排各级专项扶贫资金总额 1.44 亿元,整合财政涉农资金 1.41 亿元用于脱贫攻坚。完善扶贫资金监管制度建设,确保扶贫资金安全。持续推进"美丽乡村"建设。积极向上争取美丽乡村建设专项资金 7600 万元,县财政配套 6615 万元,高标准完成美丽乡村示范点建设。深入推进"一事一议"财政奖补项目建设,完成奖补项目建设 236 个,惠及 73.3 万人,受益面达 92%。促进农民致富增收。"一卡通"发放农业支持保护补贴、良种补贴等涉农补贴资金 6.66 亿元,增长 36%。

【推进财税体制改革】积极盘活财政存量资金,累计收回财政专户存量资金 1522 万元,可统筹部分50%用于脱贫攻坚。持续深化预算改革、"营改增"改革,强化政府债务管理,圆满完成农业"三项补贴"改革任务。加大财政监督力度,深入开展涉农资金、小金库、清理干部职工欠款、规范乡镇财政管理等四项财政牵头的专项整治活动和其他县级重点检查活动,财政监管取得良好成效。加强干部队伍建设,通过加强"两学一做"、规范工作管理、强化作风建设、开展文明创建等措施,打造能干事、肯干事、干成事的干部队伍。

(定远县财政局供稿)

琅琊区财政工作概述

【概况】2016 年,全区财政总收入完成 13.79 亿元,占预算的 100%,增长 10%。其中地方财政收入完成 8.2 亿元,与上年持平。全区财政支出完成13.8 亿元,占预算的 100.4%,增长 5.4%。

【保持收入稳定增长】主动适应经济发展新常态,克服经济下行压力加大、全面推开营改增试点减收明显等多重不利因素影响,紧盯年度收入目标,全力组织收入。分解落实征收部门收入目标,强化部门主体责任,督促依法严格征管。落实收入预期管理要求,加强收入分析调度,突出房地产、新区开发区项目税收监管,及时跟进新区出让地块、政府融资地块相关税费入库。落实经济工作项目化管理要求,加强重点企业帮扶和调研,支持实体经济发展,保持税收收入平稳增长。开展非税收入专项检查,加强征迁补偿收入等重点非税收入管理,促进非税收入及时入库。加强与市财政、市经济开发区等部门的汇报争取,落实车购税、海关税收及安徽猎豹等税收调整到位。

【促进经济健康发展】认真落实调结构转方式促升级政策措施,及时拨付财政支持企业发展的各类专项资金。落实结构性减税和普遍性降费政策,严格规范涉企收费,减轻企业负担。落实扶持企业发展政策,及时兑现营改增过渡性财政扶持政策资金1544万元、城镇土地使用税奖励政策资金855万元。安排资金200万元,兑现金春无纺布、华巨百姓缘“新三板”挂牌奖励。积极协助企业申报中小企业发展、内外贸发展等专项资金401万元,支持企业做优做强。安排民营经济发展专项资金2537万元,支持融资担保机构建设,缓解区属企业融资难。多方筹集资金,支持琅琊新区、琅琊经济开发区建设,促进区域经济发展。

【保障社会民生投入】强化基本支出保障。落实机关事业单位工资调整政策,提高区直部门综合定额标准,兑现公务用车改革补贴,提高医疗保险等社保缴费基数,稳步提高人员待遇和保障机关正常运转。强化重点支出保障。继续加大民生等重点领域投入,推进经济社会协调发展。全区实现财政民生支出116505万元,增长5.5%,其中:教育、科技、社会保障和就业、医疗卫生与计划生育、农林水等重点支出分别增长8.7%、7.6%、0.4%、12.7%、11.9%。支持民生工程建设,坚持把民生工程工作与健全社会保障体系、发展社会事业的各项资源有效整合,聚力实施30项民生工程,累计投入资金1.58亿元,较上年增长24%,全面完成年度各项目标任务。严控一般性支出。坚持厉行节约,认真贯彻落实中央八项规定精神和省市区委各项规定,严格执行接待费、差旅费、培训费及会议费管理办法,有效降低行政运行成本。

【提升财政管理水平】深化预算管理改革,将政府所有收支全部纳入预算管理,加大政府性资金统筹力度,提高预算编制完整性。建立跨年度预算平衡机制,防范财政风险。继续试编权责发生制政府综合报告,全面反映政府“家底”。全面推开营改增试点,开展税收政策宣传,密切关注舆情反映,营改增试点工作平稳运行。建立部门预算支出进度通报机制,压实部门主体责任,提高预算执行效率。继续开展财政支出绩效评价工作,完善支出绩效评价体系,强化部门支出绩效责任。严格预算执行,强化预算约束,从严控制预算追加。继续深化国库集中支付改革,实施国库集中支付动态监控。落实财政专户管理规定,按要求完成财政专户销户手续。建立结转结余定期清理机制,继续清理盘活财政存量资金,统筹支持经济社会发展,发挥资金使用效益。继续将政府性债务收支纳入预算管理,对政府性债务规模实行限额管理。争取地方政府存量债务置换债券32207万元、新增债券资金2406万元,降低政府融资成本。深入推进财政信息公开,2016年区直部门、街道(公共服务中心)均按时完成预决算信息公开工作,公开范围不断扩大,公开内容不断细化。

【发挥财政监督职能】组织开展非税收入专项检查,加强行政事业单位国有资产出租和处置收入管理。完善资产监督管理,加大资产收益监缴力度,落实“收支两条线”管理要求,确保收入及时足额入库。发挥会计集中核算监督职能,加大预算单位财务支出的审核力度,有效减少违规违纪行为的发生。开展财政资金安全检查,进一步完善机制、规范管理,确保财政资金安全。开展内部控制基础性评价工作,指导和促进全区行政事业单位建立内部控制制度,推进落实行政事业单位内控制度。落实加快财政支出进度要求,督促跨年度工程类项目加快实施。通过审计部门稳增长审计,督促完善竣工验收、决算审计等程序,加快实现支出。牵头开展机关事业单位“小金库”、滥发津贴补贴和规范街道(公共服务中心)财务管理专项整治工作,建立规范管理长效机制。

【加强财政队伍建设】深入开展“两学一做”学习教育活动和“讲看齐、见行动”学习讨论活动,认真落实“两个责任”,积极践行监督执纪“四种形态”,落实五项工作机制,深入推进机关党风廉政建设、机关效能建设和精神文明创建工作,服务全区经济社会发展。

(琅琊区财政局供稿)

南谯区财政工作概述

【概况】2016年,南谯区财政部门围绕"十三五"规划开局之年总体目标,积极落实各项财政政策,坚持稳中求进工作总基调,财政职能进一步转变,财税改革扎实推进,财政运行情况总体良好。

【全面完成收入预算】全区完成财政总收入17.72亿元,占年初预算100%,同比增长12%。其中:地方一般预算收入完成13.47亿元,同比增长17%;上划中央收入完成4.25亿元,占年度预算的86.8%。财政收入增幅居全市第4位,全省排名第30位。

【优化财政支出】全年累计完成公共财政支出22.86亿元,完成年度预算137.6%,较上年同期增支2.2亿元,同比增长10.7%。支出增幅居全市第4位。进一步优化支出结构,继续向保障和改善民生倾斜,资金整合力度进一步加大,切实保障法定支出、民生支出和重点建设支出。教育、医疗卫生、社会保障和就业、住房保障等13类民生支出完成20.77亿元,增长11.7%。

【促进实体经济平稳增长】优化企业税费环境。全面落实对小微企业的减免税政策,共减免税收448万元,惠及企业1177户;严格落实普遍性降费政策,行政事业性收费项目降为45项,较上年减少5项,下降10%。加大对实体经济扶持力度。落实民营企业发展奖励政策,全年安排财政扶持资金1612万元,对优秀民营企业给予奖励。积极落实税收优惠政策。全年拨付营改增扶持资金399万元,城镇土地使用税奖励914万元,其他各类税收优惠奖励资金236万元,企业发展信心进一步增强,企业活力进一步激发。扶持新型金融机构做大做强,全区5家融资性担保机构、小额贷款公司总注册资本金达75000万元,进一步增强金融机构担保能力,全年累计发放"政银担"担保贷款71500万元、"税融通"担保贷款7190万元;市区两级共筹资2000万元设立南谯区小微企业续贷过桥专项资金,全年过桥金额6190万元。积极推进战略性新兴产业发展。积极推进"互联网+"行动,创建电子商务进农村综合示范,引导服务业集聚发展;筹措资金5亿元完成滁州高教科创城投融资平台的组建工作,以政府性投入带动投资增长,大力引进高教资源、科创主体,积极培育战略性新兴产业,引导第三产业蓬勃兴起。

【快速推进民生工程】全年31项民生工程预计总投入4.35亿元,较上年增长16%。通过"一卡通"等综合平台,及时发放24项补贴类民生工程资金20600万元,认真落实惠民政策,切实保障民众利益。投入资金1641万元,开展中职学生和普高经济困难学生资助工作,资助学生3000多人次;投资21000万元加快中小学基础教育设施建设,保障教育事业健康发展;投入资金3030万元完善村镇卫生院所基础设施建设及人员经费保障,基本公共卫生服务稳步推进,群众满意度显著提升。2016年民生工程社情民意调查结果显示,全区31项民生工程中有21项政策知晓率达90%以上,其中16项知晓率100%。31项民生工程中有20项群众满意度超过90%,其中4项满意度100%。

【提升财政管理水平】细化岗位设置、清理财政专户、建立资金支付动态监控机制等多种方式,进一步强化财政专项资金、国库资金管理,提高财政资金管理规范化、精细化、科学化程度。建立存量资金定期清理机制。全年清理收回存量资金2111万元,统筹安排用于扶贫攻坚、民生工程和农林水等重点项目支出。深化国库集中支付改革,将财政专项资金和乡镇财政资金全部纳入国库集中支付管理,减少资金支付环节,进一步提高财政支出的效率,实现对财政资金支出活动全过程的有效监管,保障资金安全高效运行;实行"开门办预算",对区直6家单位的2016年项目预算进行公开评审,进一步提高预算安排的透明度和科学性;严格落实厉行节约规定。全年"三公"经费累计支出533万元,同比下降10.3%,压减61万元,"三公"经费等机关运行经费进一步减少;预决算信息公开工作更加规范。"三公"经费和财政预决算信息公开的内容更加细化,信息公开质量进一步提高;加强债务管理,防范财政风险。全年争取省财政债券资金47049万元,置换2016年和2017年到期的存量债务8个,降低融资成本,缓解区财政压力。"营改增"扩围工作顺利推进,全年营改增共减税5636万元,惠及企业654户。积极开展政府向社会购买服务工作,累计投入财政资金4138万元,通过公开招标方式,实施政府购买服务18项。

【加强法治财政建设】区政府常务会议专门学习财政专项资金管理有关规定,政府领导依法理财意识进一步加强。认真办理人大代表建议,落实审计整改意见，强化预算监督落实。加大财政投入资金绩效考评工作，建立绩效评价结果的运用机制，将考评结果与资金拨付、分配挂钩，实现“问责”与“问效”有机结合，提高财政管理科学化、精细化水平。出台《关于进一步加强财政资金管理制度建设的实施意见》《南谯区区级财政专项资金管理办法》《南谯区扶贫资金管理办法》等一系列制度文件、充分发挥制度建设在财政资金管理中的基础性作用。

【提升干部队伍能力】把开展“两学一做”学习教育作为一项重大政治任务，坚持高标杆定位、高起点谋划，高标准开展、高质量推进。深入开展机关效能建设活动，通过征求意见建议、并深刻剖析原因、积极整改等措施，接受干部群众监督。进一步修订和完善局机关工作管理制度，使管理工作制度化、科学化。积极推进党风廉政工作，深入贯彻中央、省、市纪委全会精神，把党风廉政建设和反腐工作融入财政工作之中，扎实开展反腐倡廉各项工作。深化机关精神文明创建活动，把开展精神文明创建列入重要议事日程，研究制定文明创建活动实施方案，列入年度目标考核。2016 年，区财政局惠农补贴资金工作、乡镇财政资金监管工作和创建服务型财政所工作获省财政厅通报表彰。

（南谯区财政局供稿）

六安市财政工作综述

六安市财政工作概述

【概况】2016年,全市财政收入完成153.3亿元,增长10%,财政支出完成342.13亿元,增长8.29%。

【强化收入征管措施】加强收入预期管理,进一步完善并落实财税库联席会议制度、部门会商制度、旬月报制度、绩效考评制度、约谈和通报制度,对收入异常增长、收入预期与实际差距较大的地区和部门,实时调度。继续按月对全市分行业、分税种税收收入情况进行统计分析,2016年将全市年纳税500万元以上企业全部纳入重点监控范围,深入查找企业纳税变动的原因,进一步形成对财政收入的精准预期。主动与税务、工商等36个综合治税成员单位联系会商,梳理汇总问题,完善综合治税信息平台系统,进一步发挥综合治税信息平台功能作用,全市通过平台查补税收1.2亿元。规范非税收入管理,建立健全经常性稽查制度,实行非税收入执收大户动态监测,确保非税收入及时足额征缴入库。全市完成非税收入27.42亿元,占财政总收入比重为18.57%。全面落实政府性基金管理制度,将政府住房基金、水土保持补偿费等5项政府性基金0.98亿元转列一般公共预算管理。强化政府土地出让金征收、解缴和使用等环节监管,从源头上把好基金收入关,市本级实现政府土地出让金收入45亿元。

【支持供给侧结构性改革】支持去产能。安排资金7.8亿元,支持中心城区工业企业退城进园;采取"规范一批、改制一批、破产注销一批"的方式,基本完成市属58家国有企业分类改革,规范市属国有企业经营业绩考核,处置21家"僵尸企业"。支持去库存。通过采取商品住房契税补贴、征迁安置货币化、"购房券"安置等政策措施,市财政兑现9753套商品房契税补贴资金0.3亿元。支持去杠杆。全市申请省财政代理发行置换政府债券70.87亿元、新增政府债券41.54亿元,降低年度政府债务成本约3亿元。支持降成本。全年减免缓抵各类税费30亿元,使用续贷过桥资金18亿元,发放"4321"新型政银担贷款33亿元、"税融通"贷款10.5亿元、创业担保贷款11亿元;安排7亿元设立政府投资引导基金,出资1.5亿元与省投资集团合作设立三支子基金。全面推开"营改增"试点,新增试点的金融、建筑、房地产和生活服务业1.92万纳税户,全市"营改增"试点纳税人达到3.5万户。支持补短板。全市民生支出275.47亿元,增长1.94%,占财政总支出比重为80.51%,有力保障教育、社会保障和就业、医疗卫生、农林水等方面支出。大力压缩一般性支出,严格控制"三公"经费,全市"三公"经费下降22.7%。

【深化财政管理改革】建立盘活存量资金长效机制。严格落实存量资金盘活规定,做到应收尽收。定期清理市直预算单位财政专户、基建专户、特设专户结存资金,每年12月31日前,除上级转移支付项目按规定结转外，其余资金一律收回市财政；对支出进度缓慢、盘活存量资金不力的部门进行通报，并压减部门下一年度预算。2016 年，市直共盘活财政存量资金 5.64 亿元。加强政府性债务管理，严格落实限额管理制度。2016 年，全市共置换债券 70.87 亿元、新增债券 41.54 亿元。强化资源性国有资产管理。在市直行政事业单位资产产权全面划转市资产管理中心管理的基础上，通过公开拍卖、统一招租等方式，强化资源性国有资产管理，提高国有资产管理效益。会同相关单位对迎宾大道高立柱广告经营权、城区出租车顶灯广告经营权、南屏路停车场经营权等项目实施公开拍卖。深化非税收入管理改革。从 7 月 1 日起，在市直部门推行非税收入财政直接征收模式，将市直 91 家单位多项行政事业性收费和政府性基金纳入市政务中心财政窗口直接征收，采取“单位开单、财政开票、银行代收、收入直达”的方式，规范收费行为，提高工作效率，累计代收非税收入和政府性基金 51.42 亿元。推行财政财务管理一体化。严格实行“一个部门一本预算”，市直 200 个预算单位分别纳入 90 个主管部门进行管理。全面推行部门财务统管，对市直 24 个部门所属 68 家单位财务实行部门集中统管，对无会计核算能力的 43 家单位由财政委托社会中介机构代理会计核算。严格控制现金支出，建立月度限额、年度总控的管理机制，全年市本级支付现金 339 万元，同比下降 76%。着力推进政府购买服务。完善政府购买服务指导目录，扩大政府购买服务范围。2016 年，市直实施政府购买服务项目 46 个、涉及预算资金 1.22 亿元。市财政安排资金 0.5 亿元，支持实施 PPP 项目，目前已经完成中心城区公共自行车项目，市级正在实施体育中心、黑臭水体、S366 合六南通道 3 个项目、总投资 59.7 亿元。

【加大三农投入力度】落实强农惠农政策。全市农林水事务支出 59.88 亿元，增长 14.48%。投入农业综合开发资金 1.5 亿元，支持 26 个乡镇实施高标准农田和生态综合治理，74 家农民专业合作社、龙头企业、家庭农场的茶叶、猪禽蜂、中药材等特色产业发展。支持美丽乡村建设。省、市县投入财政资金 3.46 亿元、全市整合涉农资金 2.9 亿元、引导社会投资 1.6 亿元，支持 74 个乡镇政府驻地和 86 个省级中心村建设。投入资金 3.23 亿元，实施一事一议财政奖补项目 1476 个，涉及 1289 个行政村、受益人口达 288.3 万人，农村公益事业进一步加快发展。促进农民持续增收。全市通过“一卡通”发放各类惠民补贴 27 亿元，惠及城乡居民 150 余万户。在做好种养殖业和森林等政策性农业保险的基础上，开展大棚蔬菜、茶叶、育肥猪、淡水养殖等特色农产品保险，拨付保费补贴资金 1.45 亿元，着力分散和化解农业生产风险。

【着力保障改善民生】精心实施民生工程。建立民生工程清单管理制度，坚持民生工程项目实施月调度、月督查、月排名、月通报的推进机制，全面运行民生工程信息管理系统，全年投入资金 116 亿元，36 项民生工程建设任务全面完成。支持教育优先发展。市财政安排资金 0.64 亿元，支持城区义务教育阶段公办学校建设三年行动计划、青少年示范性综合实践基地建设和六安一中、二中校区建设；投入 1.67亿元，落实职业院校生均拨款制度，促进皖西卫生职业学院、六安职业技术学院、六安技师学院加快发展。加大社会保障投入。全市筹集资金 1.9 亿元支持高校毕业生、下岗失业人员、失地农民等就业创业。全市支出 40.5 亿元，支持医疗卫生与计划生育工作，整合城镇居民医疗保险和新农合基金。及时拨付自然灾害救助资金 1.7 亿元，保障受灾群众及时重返家园。大力支持脱贫攻坚。市、县区财政预算安排扶贫资金 23.7 亿元，其中市本级安排专项资金 10.2 亿元，统筹整合 18 项市级涉农资金项目用于脱贫攻坚。建立财政支持脱贫攻坚督查制度，市财政局两次组织检查组，对全市 2015 年以来各级财政扶贫资金管理使用情况进行专项检查，针对发现的问题，督促县区限时整改。

【狠抓机关规范管理】加大党风廉政建设力度。严格落实主体责任和监督责任，深入开展“两学一做”学习教育和“讲看齐、见行动”学习讨论。全面开展“两个责任”落实情况自查，制定 9 个专项风险内部控制办法，开展“小金库”专项整治、滥发津补贴专项整治和“四风”突出问题“回头看”活动，主动会商服务市直预算部门 1636 次，向在皋省市人大代表发送手机报 26 期，持续改进工作作风。充分发挥党、工、团、妇等党群组织作用，大力推进结对共建、志愿服务、扶贫帮困等工作。推进行政事业单位内部控制建设，进一步提高行政事业单位内部管理水平，强化廉政风险防控。加大日常工作督促力度。建立年计划、月考核、季兑现、周调度、年总评的工作推进机制,对财政工作实行清单管理,将年度、季度、月度工作任务分解到项、责任落实到人、盘点销号到日,并将结果纳入日常目标绩效考核范围,形成网格化、全覆盖、可量化、可追溯的工作责任体系。加大效能建设督查力度。出台日常目标绩效考核实施细则,对重大事项提前预告,平时交办工作限时办结,建立以党建工作、业务工作、作风建设、廉洁自律为主要内容"4+N"的效能考评制度,按月评价打分,推动各项工作落实见效。2015年被测评的3名同志全部入围"十佳科长"。加大青年干部培养力度。每季度安排青年干部走出机关深入基层开展专项调研、撰写调研文章,并邀请市政府办、政协办有关人员逐一评分、张榜公示,不断提升青年干部综合素质。

(六安市财政局供稿　赵雪蕾)

霍邱县财政工作概述

【概况】2016年,全县完成财政收入16.7亿元,较上年增长1.6%。完成财政支出54.2亿元,较上年增长4.3%。

【确保收入均衡入库】印发《关于进一步加强财政收入征管分析工作的通知》(霍政办秘〔2016〕71号)。每月11日、21日及之后的每个工作日上午10点前,国税、地税、财政非税等汇总本部门收入预期情况,排出当月存在差距的具体原因,建立"以旬保月、以季保年"的收入精准调度管理机制,确保财政收入序时、均衡入库。明确相关部门收入征管分析职责,将各部门收入预测、征管、入库等工作纳入绩效考评。建立约谈和通报制度,对收入异常增长、违法违规组织收入、收入预期与实际差距较大的乡镇和部门,开展约谈、通报,强化约束。

【持续强化预算执行】印发《霍邱县人民政府关于霍邱县2016年部门综合预算编制方案的批复》(霍政秘〔2016〕72号),实行"零基预算",建立"专项预算"和"部门预算"审核评审制度,压实部门预算编制、执行主体责任,进一步夯实预算编制基础工作。强化绩效目标管理和部门预算评审,编实编细资产配置预算、政府购买服务预算和政府采购预算。清理、整合、压缩一般专项,集中财力支持调转促和脱贫攻坚工作。强化预算编制管理,2016年预算出台较上年提前3个月,2017预算编制按计划进行,确保按照新预算法的要求及时出台。按照中央和省市政府规定,对项目预算实行动态管理,对预算执行进度较慢的项目,按一定比例收回资金,统筹用于经济社会发展亟需事项。严控"三公"经费等一般性支出,1—10月"三公"经费支出2815.5万元,同比下降16.7%。

【助力脱贫攻坚推进】印发《霍邱县人民政府办公室关于财政支持脱贫攻坚的实施意见》(霍政办〔2016〕9号)、《霍邱县统筹整合使用财政涉农资金实施办法(试行)》(霍政办〔2016〕23号)、《霍邱县农业三项补贴合并改革实施方案》(财农〔2016〕59号),计划投入十大扶贫工程6.9亿元,其中县级财政投入2260万元,较上年1150万元增长96.5%。按照"五个一批"、"六个精准"的要求,建全"四项清单",对86个整村推进重点村实施产业开发、雨露计划、光伏扶贫等一系列帮扶措施,确保全年脱贫3万人以上,实现2019年底全县脱贫摘帽。实施35项民生工程,较上年新增7项,退出6项,提高标准6项,继续实施22项。计划投入25.4亿元,比上年增加3.1亿元,增幅14%,其中,县财政配套3.7亿元,比上年增加1.5亿元,增幅68%。

【有序推进财政改革】推进营改增改革试点,印发《霍邱县人民政府办公室关于进一步加强营改增后税收征管工作的通知》(霍政办〔2016〕8号),及时调整年度收入任务,加强营改增税收征管,明确县乡税收征缴范围和财力划分,严格奖惩,确保应收尽收。积极盘活财政存量资金,先后印发《霍邱县进一步做好盘活财政存量资金工作方案》(霍政办〔2016〕4号)、《霍邱县部门结转结余资金清理通知》(霍政秘〔2016〕41号),全面核清部门预算结转结余资金和构成情况,严格对照政策,分类处理,共清理存量资金2.4亿元。优化财政财务管理体制,印发《关于深化财政改革和规范行政事业单位财务管理的意见》(霍政办〔2016〕12号),强化一级政府一级财政的主体责任,自9月起,县财政局不再审核乡镇、县直单位会计凭证。出台霍邱县2016—2018年乡镇财政管理体制,确定新一轮体制收入基数1.7亿元,财力基数8700万元,支出基数4.1亿元,合计体制补助3.2亿元,较上轮体制补助基数增长1.1亿元;其中体制补助乡镇29个,体制上交乡镇1个(城关镇)。严格政府债务管理,印发《霍邱县政府性债务管理暂行办法》(霍政〔2016〕19号),建立健全政府性债务借、用、还管理机制，分类管理、区别对待、逐步化解。1—10月份，省级财政转贷债券资金70161万元，其中置换债券资金60418万元，新增债券资金9743万元。创新财政投融资机制。综合运用财政金融政策工具，创立10亿元徽银新型城镇化发展基金，支持重点项目建设。探索PPP模式试点，对城区四条市政道路采取PPP模式建设，设计标的资金4.7亿元。加强担保体系建设，不断壮大兴业担保公司注册资本，累计为小微企业担保贷款40.7亿元，促进县域经济发展。推进政府购买服务。印发《霍邱县政府购买棚改服务管理办法》（财建〔2016〕33号），投入9.87亿元，其中：县财政配套2.87亿元，购买27.4万平方米住宅，推动涉农棚户区改造。

【提高精细理财水平】印发《2016年霍邱县本级部门预决算及“三公”经费信息公开实施方案》（财预〔2016〕43号），明确公开时间节点，统一公开格式和形式，细化部门预算及“三公”经费预算公开内容，对2016年政府预算、与县财政直接发生缴拨款关系的98个一级部门预算以及“三公”经费预算进行全面公开平稳推进信息公开。印发《霍邱县财政资金安全检查工作实施方案》（财库〔2016〕17号），对32个乡镇财政所（分局）、14个股室开展财政资金安全检查，共预警告知126个疑点问题。联合县法制、物价局制定《事业性收费和政府性基金目录清单》，及时在地方媒体进行公布，并按照有关政策变化适时调整。

【加强党风廉政建设】积极开展“两学一做”学习教育活动。从严落实党风廉政建设“两个责任”，实行局领导班子成员、股室、所（分局）主要负责人“一岗双责”，明确责任内容与追究办法。结合中央巡视“回头看”、省委巡视组、市委巡察组、县委巡查反馈意见，持续开展集中整治“中梗阻、吃拿卡要”等专项行动，列出“问题清单”，健全制度，切实整改。按照《霍邱县推进重要岗位干部交流轮岗全覆盖实施意见》要求，以综合考评结果为依据，开展关键岗位交流轮岗活动，对考评前五名的优先使用，对后五名进行函询谈话。全县32个乡镇财政所（分局）负责人，实现交流轮岗27人，交流面达85%，其中提拔重用11人；局机关交流轮岗股级干部38人，有效优化干部队伍结构。

（霍邱县财政局供稿）

金寨县财政工作概述

【概况】2016年，全县完成财政收入12.01亿元，增长19.12%；完成财政支出43.08亿元，增长3.23%。

【加强增收节支】全县财税部门加强收入预期管理，完善收入预测分析、工作会商、收入调度、绩效考核等各项制度，有针对性地制定征管措施，做到依法征管，应收尽收，超额完成收入预算。围绕脱贫攻坚和民生建设大局，集中财力支持农村基础设施建设、民生工程建设、城镇化建设和特色产业发展等重点支出。强化财务制度执行力度，严格差旅费、会议费和招待费开支范围和标准，大力推进公务用车改革，实行“三公”经费预决算公开和按月统计报告制度，严格控制“三公”经费支出，进一步压缩一般性支出，集中财力办大事。

【推动服务发展】加大预算投入支持发展。设立1亿元天使基金，支持战略性新兴产业、高新技术产业、科技服务业以及运用高新技术改造提升传统产业。安排1000万元贴息资金，对企业技术改造、新增固定资产等项目进行贴息补助。安排民营经济发展及企业扶持资金2700万元、企业改制专项资金1000万元，奖励支持民营经济发展和推进国有企业改制。争取国家电子商务示范县专项资金1850万元，鼓励发展电子商务经营主体和“互联网+”。发挥担保撬动作用支持发展。安排资金1202万元，争取省信用担保集团参股1900万元，充实县利达担保公司注册资本金，使利达公司资本金增至3.58亿元。继续推进金融产品创新，形成以创业贷款担保为主，以“科联贷”、“金徽通”、“助保金”等金融产品创新业务为补充的担保业务结构，全年利达担保公司各类担保贷款余额17.1亿元。其中，当年提供商业性“政银担”31935万元、“税融通”3630万元、创业担保贷款36680万元、扶贫小额贷款8135万元。设立过桥资金4800万元，为30家企业提供续贷过桥资金贷款8920万元，有效缓解中小企业融资难问题。支持企业减负，全面落实国家减税政策，对月销售额不超过3万元和月营业额不超过3万元的企业，暂免征收增值税或营业税；对应纳税所得额低于10万元的小型微利企业，减半征收企业所得税；对购买1.6升及以下排量乘用车实施减半征收车辆购置税。强化涉企收费管理,严格涉企收费项目和标准监管,对按规定取消的涉企收费全部取消,不能取消的一律按最低标准执行。对行政事业单位违规收取的涉企收费,一律不予缴库,并责令限期整改退回。盘活存量促发展。全面清理盘活政府“四本预算”、部门预算和专项资金结转结余,加大对存量资金的统筹使用力度,防范财政资金长期沉淀。全年共清理各类财政专项资金15079万元,其中,统筹整合归并资金6688万元,用于全县需要资金支持的同类项目,6300万元用于扶贫,其余资金用于教育、卫生等社会事业发展领域。

【支持脱贫攻坚】强化脱贫政策对接,多方对上争取,争取上级扶贫专项资金1.59亿元、国家美丽乡村试点资金4050万元,全部用于脱贫攻坚。县财政按照当年地方财政收入增量的20%以上,增列专项扶贫预算2700万元,重点保障农村道路、水利建设、村集体经济增收等十大脱贫工程;安排新增政府债券资金12653万元,专项用于脱贫攻坚。按照“多个渠道进水、一个池子蓄水、一个龙头放水”原则,围绕农村“产业发展、社会事业建设、基础设施建设、生态环境保护”等,将能整合使用的涉农资金全部用于脱贫攻坚,共整合涉农资金4.17亿元。通过融资等方式,将全县218座村集体光伏电站扩容至100千瓦,增加村集体经济收入;设立旅游基础设施建设资金2000万元,重点支持贫困村旅游基础设施建设,推动农家小院、旅游产品开发等;设立特色产业发展资金2100万元,重点支持种植业、养殖业、休闲农业、农副产品初加工业等产业;设立扶贫创业贷款风险金9000万元、贴息和奖补资金2785万元,建立贷款风险补偿和贴息奖补机制,促进金融机构、融资担保机构开展扶贫小额信贷、创业担保贷款等,支持贫困户发展特色产业,增加贫困户收入。充分发挥县城投公司融资功能,向农发行申请易地扶贫搬迁中长期贷款16亿元,解决易地扶贫搬迁安置房、附属设施及公共服务设施建设,受益贫困人口20260人;统筹避险解困资金2.1亿元,重点支持贫困户实施易地移民搬迁,受益群众3232户10908人。按照增长10%以上要求,进一步提高农村最低生活保障、农村五保供养补助标准;建立县级特困人群生活保障兜底政策,设立专项资金500万元,重点保障因病、因灾、因学而导致家庭困难的贫困户基本生活;整合教育、扶贫、慈善、妇联、工会等部门助学资源,形成“一个漏斗向下”的贫困助学机制,确保每一名贫困学子继续求学;建立建档立卡农村贫困人口医疗补充保险制度,县财政按每人500元标准,为8.43万名贫困人口购买医疗补充保险,从根本上解决农村贫困人口“因病致贫、因病返贫”问题。

【健全财政体制机制】按照省市财政体制改革要求,配合省财政厅、市财政局做好财政体制完善相关工作,合理划分政府间事权和支出责任,努力实现事权与支出责任相适应。适应省市财政体制调整需要,开展新一轮县乡财政体制调研工作,并着手制定新一轮县乡财政体制。深化预算管理改革,坚持早编细编预算,做到早谋划、早部署、早安排。深入研究财政收入变化趋势,对2017年财政收入规模和财力进行科学预测,确保收入预算与经济发展相适应,不断提高收入预算的精准度。强化预算信息公开,政府和部门预决算按支出功能分类公开到项级科目,基本支出按经济分类公开到款级科目,全县预决算公开工作推进顺利。全面推进建筑业、房地产业、金融业和生活服务业“营改增”试点改革,建立“营改增”联席会议制度,强化试点改革组织保障,定期组织召开“营改增”工作协调会,及时解决工作中的问题,全县3444户“营改增”纳税户实现平稳过渡。深化国企国资改革,对全县28家停产、半停产的企业实行改制,统筹改制费用2.4亿元,安置职工1834人。对县属38家国有企业实行分类改革,按规定注销5家,脱钩5家,规范9家,分类重组19家,激发国有企业活力。推进融资平台公司转型,面向社会公开选聘9位融资平台负责人,实行基本年薪、绩效年薪、任期激励相结合的薪酬制度,促进融资平台公司规范运行。开展全县行政事业单位资产大清查,规范行政事业单位资产购置、使用和处置程序。对全县行政事业单位经营性资产实行统一管理,推进资产管理与预算管理、财务管理相结合。

【加大民生保障】将民生工程建设目标任务层层分解落实到相关乡镇和县直相关部门,全面落实民生工程清单管理制度,对任务清单实行动态管理,对责任清单实行细化明晰,对问题清单实行整改销号,确保各项责任落到实处。早编细编精编民生工程预算,将新增财力优先用于民生工程及脱贫攻坚,通过调整支出结构等手段,确保配套资金及时足额到位。加强民生工程项目资金监管,对补助、补偿类项目按序时进度打卡发放。继续加大民生工程政策宣传力度，提高群众政策知晓率；加大工作调度力度，对工程类项目，按时间节点进行调度督促；采取综合检查、专项督查和明察暗访等方式，加大对民生工程检查力度，促进项目快速落实。抓好建后管养，通过政府购买服务方式，将农村生活垃圾焚烧站、农村饮水安全工程、一事一议财政奖补砂石路、村级公益事业建后管养纳入民生工程建后管养项目，明确管养主体、细化管养责任、落实管养经费、严格管养标准，并将管养工作开展情况纳入民生工程考评内容，促进建成项目持续发挥效益。

【加强效能建设】开展"两学一做"学习教育，全面学习党章党规和习近平总书记系列重要讲话精神，学习做到有计划、有笔记、有心得、有考核。开展理想信念教育、遵纪守法教育、廉洁自律教育等，要求党员干部主动查找思想、工作、作风、个人修养等方面不足，明确整改方向。提升服务水平，强化机关效能建设，建立健全联系人大代表和政协委员制度，全面推进工作会商和工作帮联，努力为预算单位和服务对象提供各种优质服务。强化反腐倡廉，全面贯彻《中国共产党廉洁自律准则》《中国共产党纪律处分条例》，开展党规党纪知识测试；全面规范权力运行，完善权力清单制度和责任清单制度；全面推进内控机制建设，发现问题及时整改；全面落实检查巡查、来信来访、开门接访等各项制度，严肃查处违规违纪行为；争创廉政文化进机关示范点活动，县财政局被评为省级廉政文化进机关示范点。持续开展争创各级文明单位活动，全面践行社会主义核心价值观，每季度举办一期道德讲堂，常态化开展志愿服务活动。全面推进学习先进典型和英模人物活动，积极投身社会公益，展示文明单位的良好形象。

（金寨县财政局供稿）

霍山县财政工作概述

【概况】2016年，全县完成财政收入16.91亿元（其中：国税收入87161万元，地税收入66845万元，财政非税收入15083万元），比上年实绩（下同）下降12.2%，占年初预算的93.6%，占调整预算的100.1%。其中：中央级收入84594万元，下降10.7%，地方级收入84495万元，下降13.4%。

【强化收入征管】根据年初制定的财政收入任务，与国税、地税、人行等部门协调联动，形成"1+4"收入征管分析制度，认真分析当前财政收入形势，努力做到精准预测，平稳有序组织收入。加强对重点税源、重点企业的调查和分析，及时发现并协助领导解决组织收入中存在的问题，同时加大非税收入的征管，规范非税收入预算管理。

【优化财政支出】强化预算执行管理，严格执行财政支出预算，开展整治滥发津补贴行动，压缩一般性支出，在保工资、保运转、保民生的基础上，增加对公共服务和社会事业投入。加快公共财政执行进度，对年初预算确定的项目，实时跟踪，加快资金拨付进度，提升公共服务能力，全年完成财政总支出32.17亿元，占预算149.8%，同比增长3.2%。盘活财政存量资金，细化硬化财政结余结转管理措施，坚持"摸清底数、健全机制、消化存量、控制增量"原则，加大对沉淀闲置、使用效益不高的资金统筹使用力度，全年清理盘活财政存量资金2.1亿元，用于支持县域重点领域建设。发挥财政资金引导作用，安排科技创新驱动发展战略专项资金、企业转型升级专项资金、企业上市奖励等资金2530万元，用于支持工业发展；安排旅游发展、"一谷一带"建设、美丽乡村建设等专项资金2700万元，促进全景霍山建设。积极创新市场化运作，拓宽融资渠道，支持"大众创业、万众创新"，积极推进PPP项目工作，发挥财政资金撬动作用。全年发放中小企业发展专项资金2200万元，完成小额担保贷款8013万元，累计筹集担保资金1974万元，拨付贴息资金164.7万元。

【实施民生工程】按照省市统一部署，全力实施34项民生工程，履行牵头抓总职责，加强调度，加大宣传，科学编制民生工程预算，足额落实配套资金，完善建后管养机制，全面推行信息平台管理和网上公示制度，确保民生工程推进机制更加科学完善。全县民生工程计划投资7.4亿元。其中，中央和省补助4.6亿元、县级配套8400万元、群众参保及融资1.95亿元。各项到位资金7.6亿元，拨至各类专户7.6亿元，占到位资金100%；支付到个人或项目7.5亿元，占到专户资金99%。补助发放类均按照序时进度补助补偿到位，工程建设类均有序开展，其中：棚户区改造、校舍维修、农村危房改造、农产品食品安全、城市老旧小区整治、农村道路畅通工程、美丽乡村建设、农村饮水安全工程完成年度目标任务，参保培训类项目均完成全年目标任务。

【落实惠民政策】完善"一卡通"信息系统基础数据,排查修改错误农户信息24590条,录入户贫困人口的信息11043条,及时打卡发放各项惠农补贴资金3.7亿元。积极争取现代农业项目,加大财政支农投入,培育新型经营主体,支持农业品牌建设,统筹财政扶贫资金用于脱贫攻坚,到位农业专项资金20056.63万元,扶贫资金12758.2万元(含以工代赈资金204万元)。支持推进美好乡村建设,全年投入财政资金6593万元,整合涉农资金2700万元,2016年度省级中心村正在全面提升建设中,力争过省市验收。强化工作措施,加大农业综合开发力度,全面完成2015年度农发项目14个,总投资5258.8万元,其中财政资金4161.9万元,自筹资金1096.9万元;2016年度农发项目7个,总投资2492.8万元,其中财政资金2233.4万元,自筹资金259.4万元;申报2017年度农发项目6个,项目计划总投资2203.6万元,预申报贷款贴息项目7个,预计贷款财政贴息金额401.75万元。实施政策性农业保险,完成全年参保任务,并及时支付理赔资金385.7万元。全面推进村级公益事业建设"一事一议"财政奖补工作,审核批复奖补项目51个,项目总投资1839.11万元,其中财政奖补资金1083.24万元,除一个跨年度项目正在实施外其余项目全部完工。

【推进制度创新】积极应对"营改增"改革,全力协调国税、地税征收部门,于5月1日起全面推行营改增试点。召集县域内重点工程指挥部及相关部门召开专题会议,成立联合督查组,加强税收监管,防止税源流失,确保税收管控落实到位。强化预算管理制度改革,健全政府预算管理体系,强调全口径预算管理,着手开展中期财政规划管理,强化三年滚动预算对年度预算的约束,科学编制财政预算;加强预算收入管理,建立健全税源数据库,强化税收入库管理,完善非税收入征缴制度和监督体系;优化财政支出结构,加强县级统留专项资金管理,积极开展县级大额专项资金绩效评价,加强存量资金清理,着力盘活财政存量资金,保工资、保运转、保民生,优化财政支出结构。开展行政事业单位国有资产报表统计工作,参加资产报表统计的行政事业单位343家,其中行政单位76家,事业单位267家;报表统计显示,全县行政事业单位国有资产账面金额合计33.49亿元,实有国有资产金额33.44亿元,差额0.06亿元为2015年度资产清查后需报废的资产因未及时进行财务销账和国资系统的报废操作所致。对2016年新购资产要求按相关原始资料及时录入国有资产系统,确保账、实、系统三者相符。加强政府性债务管理,对地方债务实行规模控制,配套出台相关文件,严格限定政府举债程序和资金用途,把地方政府债务分门别类纳入全口径预算管理,实现"借、用、还"相统一;妥善处理存量债务,通过广泛培植财源、严格预算执行、债权债务置换、追收借出款项等措施筹集资金,逐步消化存量债务;严控政府性债务风险,合理确定政府债务规模,严格规范举借债务程序,最大限度降低偿债风险;逐步建立债务风险预警控制制度,根据地方经济社会发展和财力状况,有效控制增量债务,在风险可控范围内举借新债谋求发展。加快推进涉企项目资金管理信息系统应用,加强涉企系统应用推广工作的协调和领导,建立健全涉企系统应用推广工作责任制;认真摸排上级下达拨付的涉企专项资金,完成涉企项目历史信息录入工作,并组织涉企系统用户培训。支持社会力量办事业改革。健全购买服务工作机制,建立"流程规范、合同约束、全程监管、信息公开"相互衔接、有机统一的政府购买服务运行机制,加强制度体系建设,完善职能部门按责实施和监管考核工作体系;加大政府向社会力量购买服务工作,引进南京环美科技有限公司购买城市垃圾填埋场渗滤液处理和城市污水处理服务,投入1260万元购买深圳市鑫梓润物业管理股份有限公司对本县城区环境卫生提供保洁服务。

【严明财经纪律】完善管理制度。出台《霍山县财政局机关管理制度》,进一步修订和完善机关学习、会议、考勤、财务、资产等相关制度,规范日常行为,确保有章可循,规范财政行为。强化效能建设。出台《霍山县财政局2016年度机关目标管理和效能建设考核办法》,分别对财政重点工作进行量化,进一步明确目标任务,细化工作举措,激励先进,鞭策后进。加强内控防范。制定《霍山县财政局(国资委)内部控制基本制度(试行)》和九个内部控制专项办法,并制定相应内部控制操作规程,构建风险防范机制,提高内部管理和依法理财水平。提升目标管理。严格对照各项管理制度和考评细则,认真做好各项考核评比、机关党建和老干部工作,不定期地对财政工作完成情况、"两学一做"开展情况、效能建设情况等进行督查督导,积极为结对共建村争项目、争资金,努力改善结对共建村的基础设施建设,扎实开展社会管理综合治理、文明创建、“双拥”创建等工作,不断加强工作统筹力度,强化经费保障,以严的标准、实的作风,牢固树立财政干部的良好形象,不断提升财政工作整体水平。

(霍山县财政局供稿)

舒城县财政工作概述

【概况】2016年,全县一般公共预算收入完成16.56亿元,比上年实绩增长10.4%。地方级收入完成11.25亿元,增长5.5%。全县一般公共预算支出完成42.74亿元,增长11.9%。全县工商税收收入完成11.24亿元,同比增长2.4%,地方财政收入中税收占比为67.9%。全县政府性基金预算收入完成22.13亿元,同比下降42.3%;支出完成28.42亿元,同比下降30.3%。全县社会保险基金预算收入完成33435万元,同比增长13.5%;支出完成33435万元,同比增长13.5%。

【保持财政收支平稳增长】积极组织收入,县财政部门积极地合县国税、地税部门及时开展税收形势分析,主动上门与县国、地税部门会商,以旬保月、以月保年扎实组织收入,确保财政收入稳步增长。精打细算保障支出,财政一般性预算支出,按照序时进度及时拨付,保障机关正常运转和各项社会事业发展需要。合理调度资金,保证公车改革交通补贴以及机关事业单位退休人员养老金的兑现。

【支持经济发展】筹集资金3.23亿元,支持县经济开发区、杭埠经济开发区和舒茶工业集中区等园区基础设施建设。筹集资金20.26亿元,支持道路、水利、城镇建设等16项重点工程建设。争取省、市财政资金562.2万元、县本级拨付企业发展资金5000万元支持企业发展;投入1850万元,支持农村电子商务发展;继续向金龙担保公司注入财政资金5196万元,为企业提供融资在担保贷款10.93亿元,金信融资担保公司利用政府过桥资金为企业提供转贷、续贷资金6.69亿元,缓解小微企业融资难问题;追加1500万元担保资金,为26家劳动密集型小企业提供担保贷款5140万元,为719名个体经营户(含农民专业合作社)提供担保贷款7196万元,直接扶持745人成功创业,带动1200名城乡劳动力实现稳定就业。

【促进城乡统筹发展】支持农业农村基础设施建设,农业综合开发投入2259.4万元,用于晓天、河棚等4个乡镇2.04万亩土地治理项目建设;投入8406万元,用于库区移民后期扶持及避险解困工程;投入2877万元,用于小型水利工程改造提升;投入313万元,用于农田水利设施维修养护;投入1699万元,用于水土保持和中小河流治理;投入1388万元用于森林生态建设;投入767万元,用于完善、巩固退耕还林成果;投入906万元,用于森林培育;投入财政奖补资金3481万元实施“一事一议”财政奖补项目342个。支持农业企业、合作社发展和新技术的应用,农业综合开发投入238万元,扶持产业化龙头企业和农民专业合作社;投入430万元,用于农业技术推广和良种良法配套技术、新型职业农民培训推广工作;投入810万元,用于现代农业水稻产业发展。支持农村改革,安排715万元,支持农村土地承包经营权确权登记颁证试点工作。支持绿色发展,投入1835万元资金用于大别山生态整治和黄标车提前淘汰奖补;投入1588万元用于秸秆禁烧与综合利用。支持美丽乡村和茶谷建设,投入财政专项资金4008万元,重点用于12个乡镇驻地整治和8个省级中心村建设;争取国家和省级专项资金600万元,县级配套资金286万元,在柏林乡秦桥行政村秦桥中心村和桃溪镇枣林行政村糍粑店中心村开展美丽乡村建设试点;投入2800万元支持茶谷建设。全年发放惠农补贴资金6.29亿元。

【保障民生持续改善】坚持把民生工作作为一切工作的出发点和落脚点,积极推进各项惠民政策落实。2016年全县民生支出36.13亿元,同比增长10.7%,民生支出总量占全年财政支出总量的84.5%。精心实施35项民生工程,投入财政资金20.23亿元,其中县财政配套2.43亿元。投入2800万元延伸城乡公交一体化成果,开展镇村公交试点;投入3.46亿元,实施农村道路畅通工程;发放重度残疾人护理补贴912万元;支付97.3万元用于城乡困难群体法律援助;支付92.8万元为生活困难老人购买意外伤害综合保险。提高农村居民最低生活保障、农村五保供养及运行维护、政策性农业保险、新型农村合作医疗、城镇居民基本医疗保险、城乡居民大病保险、基本公共卫生服务和义务教育经费保障补贴补助标准。加强基层组织建设,安排资金2350万元,对141个村级活动场所进行新建和改扩建;增拨2205万元保障村级组织正常运转;争取国家扶持村级集体经济发展试点资金800万元,县级配套资金120万元,在春秋乡仓房村、河棚镇泉石村、高峰乡陶湾村、阙店乡转湾村进行试点。实施农产品食品安全工程,安排230万元,在20个乡镇和社区建立食品安全快速检测体系。开展城市老旧小区改造,投入3237.6万元,对城区凤池苑、梅河新村、舒意花园、金刚小区改造。支持社会事业发展,投入19219万元,支持实施义务教育学校达标、全面改薄、校舍维修改造工程;支持二中、舒城师范、县中医院迁建工程建设;配合做好机关事业单位干部职工养老保险实施工作。支持灾后重建,2016年遭受"6.30"特大洪涝灾害后,投入8046万元,用于灾民生活救助、生产救灾、水毁基础设施修复、地质灾害防治;从国开行、徽行贷款2.6亿元用于交通和水利设施的灾后重建。全力服务脱贫攻坚,投入专项资金19965万元,支持贫困村光伏电站建设、贫困户光伏电站建设、农田水利建设和乡村道路建设,支持贫困户发展生产;制订财政扶贫资金管理办法和统筹整合使用财政涉农资金支持脱贫攻坚管理办法,跟踪监督扶贫资金使用情况,确保用于脱贫攻坚各项资金使用安全。

【推进财政改革】深化预算编制改革,健全预算体系,细化编制内容,推进预算编制公开,完善部门预算会商机制,主动加强与部门单位的沟通与联系,引入项目论证评审机制。规范政府债务管理,建立以地方政府债券为主体的举债融资机制,管好用好省政府代理发行的政府债券;2016年全县新增政府债券76099万元,主要用于扶贫攻坚、灾后重建、重点工程、交通基础设施建设、市政建设;合理调配财政性资金偿还政府负有偿还责任的2016年到期债务,2016年全县置换债券资金82012万元;建立政府性债务风险预警机制和应急处置机制,推进政府性债务公开。推进国有资产管理改革,初步建立财政(国资)部门、主管部门、占有使用单位对国有资产的三级监管机制,进一步加强行政事业单位国有资产出租、出借、处置国有资产收入的管理;完成全县231家行政事业单位资产清理清查和124家事业单位国有资产产权登记工作。清理盘活各类财政存量资金,从可统筹安排的2900万元资金中,安排1500万元用于扶贫攻坚项目;加强社保基金运作,实现社保基金保值增值的最大化。

(舒城县财政局供稿)

金安区财政工作概述

【概况】2016年,全区完成财政收入15.67亿元,占预算的118.69%,同比增长30.47%;财政支出完成37亿元,占预算的128.3%。其中:完成民生支出31.7亿元,占财政总支出的85.8%。

【加强收入征管】建立"财税库银收入征管分析工作联席会议"制度,成立领导组,明确工作制度和职责分工。定期开展国地财部门工作会商,强化收入组织工作的管理,增进部门联动互动、信息互联互通,确保收入工作平稳有序运行。按照区人代会通过的全年收入目标,树牢底线思维,按月开展收入调度,层层传导压力,千方百计增加收入,确保不折不扣完成。依法征管,科学征管,有序征管,确保应收尽收。全力助推实体经济良性发展,认真做好企业减税降费政策兑现和解困帮扶工作,加大招商引资工作力度,积极培植新增财源,努力夯实财政收入稳步增长的根基。及时了解,准确把握经济发展新形势,政策制度新内容,分析研判收入增减变化新趋势,结合全区各项经济指标和历史数据,树立大局意识,增强调控能力。科学细化分解收入任务,创新工作方法途径,认真做好收入精准预测,避免收入产生异常波动,确保收入稳定增长、可预期、可持续。

【优化支出结构】年度预算安排的基本支出有序执行,项目支出加快执行,支持和促进预算部门转作风、提效率。坚持先有预算后有支出,严格按照预算拨付资金。年度新增无预算项目,经区政府批准必须执行的,原则上只能通过调整部门预算或用资金整合方式解决,严禁预算追加。严格支出保障顺序,坚持"三保优先"。精打细算,精准安排,强化资金安全管理和财政财务监督,进一步压减"三公"及一般性公务支出,全面清理规范津贴补贴发放行为。加强项目支出绩效管理,评价结果与预算安排直接挂钩。加大存量资金盘活力度,切实优化支出结构,提高财政资金使用效率。加大政府采购范围,2016年政府集中采购金额5.2亿元,节约资金0.8亿元,资金节约率12%。完善财政一体化平台建设,实现对包括预算、计划、指标采购、非税、支付等环节的动态监控和信息跟踪。全年一体化平台直接支付3536笔,金额2.52亿元;授权支付10571笔,金额6.90亿元;往来及专项集中管理支付17416笔,金额51.08

亿元。优化支出结构,确保全区各项民生工程支出需要;确保全区基础性全局性重点建设项目需要;确保刚性改革支出需要。2016 年调整预算,拿出当年地方新增财力的 20%,盘活存量资金可统筹部分的 50%加大脱贫攻坚投入。2016 年预算安排 1000 万元科技创新资金、1200 万元旅游发展资金、400 万元节能减排经费,推进经济转型升级。

【助力经济发展】加强融资平台建设,变更金达公司、金农公司为区城投公司的全资子公司,变更后,城投公司的注册总资金达 10 亿元,资产总额近 100 亿元,城投融资实力显著增强。组建金安文旅投资有限公司、金安北城投资有限公司,注册资金分别 3 亿元。加之 2014 年成立的南山水务投资有限公司,区级融资平台公司增至 6 个。加强融资平台公司队伍建设,建立完善 23 项规章制度,进一步规范管理。广泛开展与部门对接,扩大融资途径,服务园区经济建设。全年获批项目 23 个,金额 41 亿元,到位资金 21.44 亿元;配合申报国开行路网项目(30 条道路)金额 19.67 亿元;配合完成示范园区 PPP 项目社会资本采购工作,金额 20.27 亿元。对接中项目 12 个,金额 17.6 亿元;拟发行城投公司企业债 1 支,金额 14 亿元;跟踪服务 PPP 项目 1 个,金额 18 亿元。公司融资用于南山新区建设资金 6 亿元,金安经济开发区建设资金 3.2 亿元。交通路网建设资金 0.5 亿元,水利项目 1.3 亿元,乡镇和其他社会事业发展建设 3.2 亿元。公司为企业提供担保 200 笔,担保贷款 10 亿元;增加小企业应急周转资金 1700 万元,为 41 户企业提供应急过桥资金 27490 万元。积极做好小额担保贷款工作,推进民营企业健康发展,促进全民创业就业。全年发放小额担保贷款 12060 万元,兑付贴息资金 486 万元。落实财政奖励政策,全年累计兑现企业奖补资金 2594 万元。

【深化财政改革】推进财政预算制度改革,进一步规范区本级财政预算编制、执行和监督,积极实施三年滚动预算编制。在 2016 年部门预算编制工作中,开展集中和分散会商 32 场次。及时完整公开 2016 年政府预算、部门预算和“三公经费”预算,全区 93 个部门均在 2016 年 2 月 20 日前通过网站完成相关信息公开,公开率 100%。积极推进专项资金、政府采购、政府债务和财政政策公开,公开范围进一步扩大。盘活财政各类存量资金,建立存量资金定期清理机制,对本级安排的部门预算资金结余,原则上当年全部收回预算,对两年以上的上级专项资金定期清理收回预算。全年共清理盘活各类财政存量资金 8319 万元。积极推进政府购买服务改革,规范购买流程,拓展购买范围,加大购买投入。2016 年计划购买项目由 2015 年的 6 类 9 项增加到 7 类 11 项,购买投入由 2015 年的 2716 万元增加到 3200 万元。加强政府性债务管理,制订《金安区政府性债务管理办法》,规范部门、单位、乡镇举债和偿还政府性债务行为。加强政府性投资项目融资工作的动态管理,组织全区政府性债务清理,制定乡镇债务管理办法和债务考核细则。推进资产管理与预算管理的有机结合,加强国有资产(资源)有偿使用管理,全年征收有偿使用费 3752 万元。5 月份,区城投公司成功收储安徽明珠房地产开发有限公司位于市解放中路明珠广场 C 区综合楼 3—4 层,收储价格 3300 万,完成税收任务 5200 万元。加强涉农资金整合。在充分调研基础上,由财政局牵头制定《金安区统筹整合财政涉农资金支持脱贫攻坚实施方案》,初步整合各级财政涉农资金 34895 万元,全力支持脱贫攻坚。加大涉企项目申报比对系统应用,提高涉企项目资金使用效率,全年共申报审核涉企项目 126 条,申报资金 1026 万。加强政府性基金管理,建成“预算控制、票据监管、收缴分离、收入直达、平台报结、系统核算,绩效考核”的非税收入征管模式。规范土地出让金征收方式和征收行为,严格征收范围、标准和期限,做到依法征管、应收尽收。强化财政资金监管,对区交通局等 20 个区直单位的预算收支、区教育局九年制义务教育城市三年行动计划等六项专项资金、所有乡镇街财政所(分局)的预算执行、“三公”经费管理以及全区 20 个本级预算安排的专项资金进行监督检查。按照省、市要求启动全区行政事业单位“小金库”专项整治工作。加强农村公益性项目建后管养,出台《金安区农村公益性项目管养资金使用管理暂行办法》。

【加大三农投入】健全“三农”投入增长机制,全年“三农”各类预算支出完成 6.2 亿元,较上年增长 22.9%。积极推进农业综合开发,促进现代农业建设。完成 2015 年高标准农田项目建设,完成投资 1624 万元。2015 年产业化项目 15 个,完成建设项目 12 个,并通过市级验收合格。规划 2016 年高标准农田建设项目,投资规模 2282.6 万元,并开展前期招投标工作。2016 年产业化经营项目 8 个,计划投资 476

万元,项目通过现场审批。2016年度产业化贴息项目通过备案19家,计划贴息476万元。推进农村综合改革,加大奖补政策落实,申报一事一议项目210个,概算总额8437.6万元,其中财政奖补资金2579.6万元,受益人口32万人,受益率达71%。项目实施面72%。稳步推进村级集体经济发展试点工作,安排600万元开展扶持6个村集体经济发展试点,区财政每年另外安排500万元,重点奖励一批集体经济发展项目。扎实推进美丽乡村建设试点工作,安排300万元开展2个国家级美丽乡村试点,区财政每年另外安排不少于1000万元,作为中心村建设和自然村整治以奖代补经费。积极开展农村公共服务运维试点工作,共试点303个村街,按照村均2万元标准,安排运维资金606万元,安排农村生活垃圾治理经费900万元。大力支持脱贫攻坚,强化区级财政投入,年初安排区本级专项扶贫资金400万元;按照当年地方新增财力的20%,调整年初预算,增加投入2500万元;集中存量资金可统筹部分的50%计710万元;新增地方债券安排5705万元。进一步强化扶贫资金监管,建立财政脱贫资金管理负面清单,全面推行扶贫项目公告公示制度,建立健全扶贫项目巡查制度,加强财政脱贫资金、脱贫项目动态监督。积极推动农业保险持续发展,增强农业抗风险能力。全区种植业承保面积110.7万亩,完成年初目标任务190%。积极开展农业保险定损理赔工作,全年农业保险理赔1182万元。组织开展特色农业保险试点工作,不断拓展保险范围。加大农村环境治理,继续支持"三线三边"环境整治,促进城乡统筹发展。

【实施民生项目】实施36项民生工程,其中省级民生工程33项,市级民生工程3项。足额安排和落实民生工程区级配套资金,全区民生工程总体进展顺利,补助类项目基本做到按序时进度发放,报销补偿类项目开展有序,培训类项目按时推进,大部分建设类项目均超序时进度。全年民生工程投入174724万元(含自筹),其中区级配套40509万元(含融资)。坚持民生工程资金"一户管",严格按资金管理办法、按时间节点规范支付,确保当年项目实施进度与资金拨付进度相匹配。发挥民生工程牵头抓总职能,全年在加强日常监督检查的基础上,组织召开3次调度会,组织开展4次以上大规模综合性督查。对发现的问题,制定问题清单,实行"盘点销号",确保民生工程顺利实施。完善民生工程特邀监督员制度,充分发挥其监督公信力。总结历年区级民生工程考核经验,科学合理做好区内民生工程考核工作,充分调动各地各部门做好民生工程工作的积极性和主动性。进一步落实养老保障政策、医疗保障政策、社会救助政策、社会福利政策,落实积极的就业政策,不断深化落实医疗卫生体制改革。多渠道筹集社保资金,切实保障人民群众的民生问题。全区共组织征收筹集职工养老、医疗、失业、工伤、生育、城乡居民医疗、城乡居民养老等7类九项社会保险基金140737万元,拨付各类保险待遇支出136107万元。全年拨付民政部门社会保障资金20388万元,拨付卫生、人社、残联等其他部门社保类专项资金约11137万元。

【推进队伍建设】认真贯彻落实中央八项规定,巩固深化教育实践活动成果,把落实中央八项规定和省、市、区相关规定作为长期任务抓紧抓实,加大惩戒问责力度,严守《廉政准则》和《安徽省财政厅工作人员廉洁从政若干规定》,加大检查监督力度。推进财政系统党风廉政建设,加强廉政风险防控管理,完善财政权力运行监督制约机制。财政局党组与机关股室、乡镇街财政所(分局)签订5级党风廉政责任书。加强党的纪律建设,深入落实"两个责任",坚决反对"四风",健全和完善惩治和预防腐败体系,增强财政干部自我约束、端正品行、依法行政的能力。全面部署"两学一做"学习教育活动,积极开展"道德讲堂"进校园、"志愿服务"到社区、"扶贫攻坚"入农户活动,建立支部微信群,组织读书演讲比赛,培育党员干部荣誉感,增强党员干部先锋性。争创优秀党组织,巩固机关"文明创建"成果。财政局机关与东桥镇莲花村建立结对帮扶,党总支与莲花村支部成立联合党委。开展机关效能建设,在机关继续全面推行"马上办"工作制度,建立日常绩效考核工作制度,严格落实《金安区财政局效能建设日常绩效考核暂行办法》,坚持"年计划、周调度、月考核、季兑现、年总评"工作推进机制,对干部职工进行每月量化考核,每季度兑现奖惩。在2016年的区直机关2015年效能建设考核中,区财政局位列第二名,在万人行风评议中预算股名列第四。

(金安区财政局供稿)

裕安区财政工作概述

【概况】2016年,全区一般公共预算收入预计完成15.89亿元,为调整预算的104.57%,同比增长12.93%。全区一般公共预算支出预计完成41.4亿元,为调整预算的106.98%,较上年实际增长12.14%。

【强化征管措施】强化税源控管,围绕年初收入目标,分解落实到部门单位。结合“营改增”改革,在乡镇建立“两长一员”协税护税工作机制,做好税负、财力测算,降低“营改增”对本区税收的影响。科学分析、调度,做到精准预测,采取有力措施,确保应收尽收,均衡入库。全区税收收入完成131160万元,增长17.55%。规范非税收缴管理,实行收缴分离,以票控收,发现问题及时沟通解决。加大非税系统应用及信息公开力度,提高征缴效率。全年非税收入完成27758万元。提高财政保障能力。全年财政支出413988万元,同比增长12.14%,其中民生支出356194万元,占当年财政总支出86.1%,财政保运转、保基本、保民生能力进一步增强。

【整合涉农资金】把助力脱贫攻坚作为最大政治任务,强力推进涉农资金整合,做到应整尽整。涉农资金整合工作纳入全省示范,受到省、市主管部门充分肯定和国家级新闻媒体跟踪报道。全年累计统筹整合资金46150万元。在区财力紧张的情况下,安排区级扶贫资金13239万元;安排产业到户资金2614万元,扶持7682名贫困户发展特色种养殖业;投入4885万元,建设26个村级光伏电站和1532户户用光伏电站;打卡发放1852万元,资助10802名贫困家庭学生;安排1031万元,为贫困人口代缴新农合个人缴费;打卡发放277万元,提高低保、五保补助标准,当年兜底脱贫户提前一年实现低保五保线与贫困线“两线合一”;设立扶贫小额贷款风险金626万元,支持贫困户贷款创业;投入13425万元实施畅通工程、“八小水利”和农村饮水安全工程等基础设施扶贫工程,贫困村生产生活条件逐步改善。严格扶贫资金监管,出台《裕安区财政扶贫资金管理实施办法》《裕安区统筹整合涉农扶贫资金使用管理实施细则》和《裕安区农业财政资金支付管理办法》等文件,实现资金监管全覆盖。

【发挥职能作用】支持实体经济发展,争取上级企业发展类专项资金576万元,落实区级配套奖励资金587万元,支持企业“调转促”。争取省民营经济发展专项扶持资金1284万元,区级配套1284万元,充实区融资担保公司国有资本金。发放创业担保贷款9000万元,为57家企业续贷过桥资金25267万元,全区融资担保在保余额63834万元。及时兑现招商引资激励政策资金1435万元,进一步优化招商引资环境。持续加大农业投入,投入农业综合开发资金3148万元,治理土地2.22万亩;安排1000万元支持茶业、蔬菜、旅游、白鹅等特色产业发展;发放“一卡通”惠民补贴48436万元,惠及城乡居民289.5万人(次);全面完成农业“三项补贴”改革工作,发放农业支持保护补贴8445万元,进一步调动农民种粮的积极性;及时打卡兑付政策性农业保险理赔金额2600万元,着力分散和化解农业生产风险。支持推动绿色发展,争取大别山区水环境生态补偿资金3916万元。区本级投入219万元支持秸秆禁烧。充分发挥政府融资平台作用,筹措和调度资金153800万元,有效保障绿色城南、“一谷一带”、“三线三边”等重点工程建设,积极推进乡镇污水处理厂、农村生活垃圾处理等PPP项目建设。

【切实履行职责】推进33项民生工程,投入资金16.95亿元,其中,区级财政配套1.6亿元,民生工程建设任务全面完成,实施进度位居全市前列。大力支持社会事业发展,投入5179万元支持扩大学前教育资源,实施农村教育“改薄”和校舍维修等。新增经费5000万元,为深化医药卫生体制综合改革提供财力保障。村干部基本报酬、老村干生活补助、村基本运转经费、村干部“三险”、村级活动场所建设补助等经费6149万元全部纳入区财政预算,支持基层党组织建设。文化、科技、卫生等社会事业发展得到足额保障。全面落实社会保障政策,发放五保、孤儿、重度残疾人、优抚对象补助等社会保障资金18358万元,各类救助标准均比上年有较大提升,特殊困难群体社会救助得到进一步覆盖保障。为弱势群体、计生家庭和重点优抚对象等代缴医疗保险和养老保险个人筹资费用2036万元。城镇居民医保和新农合并轨运行,新增“五险”参保人数2965人,城乡社会保障制度得到进一步巩固完善。加强保障性住房专项资金使用与监管,及时拨付补助资金5411万元,国家安居工程政策得到进一步贯彻落实。理顺参保人员的资格认定、参保缴费、待遇计发,机关事业单位养老保险制度改革得到稳步推进。推进美丽乡村建设,投入国家政策性资金、省市财政专项资金、区筹集资金共16810万元,推进38个中心村、10个集镇建设,着力打造农民美好家园。投入5970万元,实施“一事一议”奖补项目280个,推动农村公益事业发展。

【优化财政体系】推进预算管理改革,通过政府门户网站公开2015年政府决算和2016年政府预算,推动75个区直部门单位和22个乡镇街公开部门预决算,公开内容进一步细化。建立预算绩效评审制度,扩大项目评价范围,涉及项目资金5492万元,加强绩效评价的结果运用,提高财政资金使用的规范性、有效性。顺利完成全区公车改革目标任务。规范政府性债务管理,建立健全政府举债融资机制,积极防范和化解财政金融风险。公开发行置换债券68342万元,消化存量债务。发行新增债券22447万元,专项用于支持扶贫、棚户区改造和公路建设。完善国有资产管理体制,进一步规范国有资产运营管理,加强日常动态监管,推动由管资产向管资本转变,遴选优质资产投入区城投公司运营,融资规模不断扩大。推进公共资源交易平台建设。成立区公共资源交易监督管理局、区公共资源交易中心等招投标监管和工作机构,搭建公共资源交易平台。全区公共资源交易活动更加公平,程序更加规范。全面加强乡镇财政管理,开展会计信息化、财政财务互审和服务型财政所创建工作,惠农补贴和资金监管分别获省财政厅“一等奖”,13个财政所档案管理达省一级标准,11个财政所获省级先进称号。

(裕安区财政局供稿)

叶集区财政工作概述

【概况】2016年,全区完成财政收入38543万元,为年初预算(调整预算数38500万元)的100.11%,增长16.43%。其中:非税收入完成6672万元,比重为17.31%。完成财政支出97389万元,为预算(含上级专项追加17805万元)的114.7%,同比增支18044万元,增长22.74%。

【深化改革创新】先后完善预算管理、债务管理、政府采购、资产管理、财政监督等系列制度,初步建立叶集区财政制度框架体系。建立预决算公开制度,提高预算执行透明度,实现政府预决算、部门预决算和“三公”经费预决算100%公开;加强财政专户管理,清理归并财政专户,保障财政资金安全;大幅整合专项资金,统筹财政资金,盘活存量资金。强化预算约束,进一步规范政府举债,防止出现不切实际的隐性债务和违规担保等问题,实行政府债务动态管理,切实做到规范融资、合理举债、防范风险。做好风险把控,控制政府性债务规模,合理选择政府融资的时机和利率条件,在确保偿债负担均衡的条件下,确定未来债务融资的规模。建立财政干部普法教育学习制度,学习财经法律法规,增强财政干部法律意识。加强财政资金日常监管,认真落实相关规定和制度,严格按要求,规范程序拨付资金,确保财政资金专款专用、安全高效运行。积极组织专项资金检查,着重对执行收费许可、票据使用等情况进行专项检查,没收违规收费上缴国库。履行国库集中支付监管职能,规范票据支付审核,拒付不合理开支、不规范票据。开展会计核算监督,抽查预算单位的会计信息质量,并查处涉及违反财经法律法规行为。牢固树立“抓融资,促发展”的理念,发挥财税、政府投融资、社会经济发展的协同作用,积极探索推行财政杠杆放大效应,以创新投融资方式助推全区公共设施建设。整合财政专项资金,通过与银行合作设立政府投资项目发展基金等,促进叶集区融资借力发展。发挥“政府+银行”的“助保贷”撬动作用,提升金融服务社会经济发展的能力。积极推进政府与社会资本合作(PPP模式),促进政府融资平台转型,广泛吸引和鼓励社会资本参与基础设施等公益性事业投资和运营,拓宽政府融资渠道。

【支持经济社会发展】支持融资担保平台建设,壮大融资担保平台资金实力,发挥财政资金“四两拨千斤”作用,助力企业解决“融资难”问题。大力支持产业经济发展,区财政预算设立科技发展、工业发展、现代农业发展、服务业发展、文化发展、旅游业发展、绿色发展等8项产业发展专项资金,全年投入2600万元,着力改善投资、消费环境,有效促进相关产业持续健康发展。精心实施农业开发项目,加大中低产田改造力度,完成高标准农田示范工程建设。发展现代农业,培育农业产业化龙头企业,扶持家庭农场、种养大户、农民专业合作社等新型农业经营主体,打造农业综合产业园、特色产业园,支持农业技术推广,提高农业发展的规模化、产业化和科技化水平。推进农村综合改革,健全一事一议财政奖补制度,奖补项目覆盖范围进一步扩大。推进农村公共服务运行维护机制建设、美丽乡村建设、建制镇建设。促进教育事业发展,大幅增加教育投入,支持学前教育工程,完善义务教育经费保障机制,改善教育基础设施条件,持续提高农村中小学生均公用经费,落实乡村教师支持政策和学生资助支持,促进各层次教育均衡发展。完善社保和就业体系,发挥就业资金引导作用,鼓励大众创业万众创新,推动创业带动就业。加快医疗卫生事业发展,逐年提高城镇居民医保、新农合的人均基本公共卫生服务经费补助标准。落实文化体育惠民政策,支持建立城乡公共文化服务体系,推动公共文化图书馆免费开放,支持实施农家书屋、广播电视户户通以及“演艺惠民、送戏下乡”等公益性文化项目。加快涉农资金支付进度,认真落实强农惠农政策,通过“一卡通”发放粮食直补、农资综合补贴、农机购置补贴等35项强农惠农资金6935.18万元。积极开展农业保险工作,全区投保总额515.51万元,受益农户3700户。精心实施农业开发项目,2016年项目完成第一批初步设计,项目总投资789.8万元。批准35个村实施36个一事一议财政奖补建设项目,全区实施项目的村(社区)为73%,贫困村全覆盖。大力支持脱贫攻坚工作,坚持资金统筹、项目精准的原则,共统筹整合各类涉农资金3970.98万元用于脱贫攻坚。

(叶集区财政局供稿)

六安经济技术开发区财政工作概述

【概况】2016年,六安经济技术开发区实现公共财政预算收入15.66亿元,完成预算的108%,同比增长17.2%;完成公共财政预算支出5.26亿元,同比增长12.2%。

【增强发展后劲】开发区财政局始终把抓收入、保增长作为财政工作的首要任务,开通综合治税平台查询功能,加强财税部门联动,于每月20日召开联席会议,分析研判收入形势。走访企业开展财源建设调查,与企业负责人或财务负责人交流,准确掌握重点税源变动情况,摸清税源的真实情况。开展全面推开营改增财力影响测算,建立舆情防控和试点运行跟踪分析机制,对营改增企业做到户数清、税款清、资料清,把握税收主动权。

【支持经济发展】加大对实体经济的支持力度,全年审核兑现工业企业节约集约利用土地奖励4031.83万元,招商优惠政策奖励资金5584.09万元,鼓励企业转型发展奖励资金2338.4万元,拨付上级补助专项资金1665.01万元。统筹开发建设资金保障重点工作力度,全年完成土地开发支出57840万元,城市建设支出35940万元,归还贷款本息63436万元。加强政府购买服务管理,安排3087万元从曙光置业和博祥置业购买458套39216平方米用于回迁安置,帮助企业去库存降成本。

【提升管理水平】在开发区网站及时公开2015年政府决算和部门决算、2016年政府预算和部门预算,同步公开“三公”经费使用情况,提升财政工作透明度。组织骨干人员参加全省培训,协调收集相关部门各类数据资料,提高权责发生制政府财务报告水平。研究财政支出对经济增长的促进作用,优化财政支出结构,提升财政支出对GDP的贡献度。落实19项民生工程本级财政配套资金870万元,建立责任明确、高效快捷、安全透明的惠民补贴资金管理发放机制,打卡发放18项补偿类项目资金1475.03万元,594套棚户区改造项目完成投资6000万元。协调相关部门保障基本,对基本养老、失业保险、医疗卫生、教育发展、社区建设以及城市低保、五保供养等资金予以重点保障。

【规范财政管理】制定方案开展财政资金安全检查,撤销5个“待定”财政专户,与开户银行补签银行结算账户管理协议,与区直单位签订代理记账协议,捋顺职责关系。按季开展财政内控监督检查,制定财政内控制度,维护财经秩序,保障资金安全。开展2013至2015年度违规发放津补贴和公款私存专项行动,规范完善津补贴发放行为,推进“小金库”专项整治工作,强化源头控制。配合市主要领导经济责任审计和财政同级审计,进一步健全完善制度,堵塞管理漏洞,达到以审促管效果。

【加强作风建设】扎实开展“两学一做”学习教育活动,组织党员赴舒城县新四军革命纪念馆和张家店战斗烈士陵园开展“重温红色历史,发扬革命传统”主题教育,运用共产党微信、先锋网、支部QQ群、微信群等平台开展形式多样的学习活动,举行党章党规和习近平系列重要讲话知识测试。以“讲看齐、见行动”学习讨论为载体,把党员干部的思想和行动统一到中央精神上来。财政局领导带班开展效能督查如实记载出勤情况,严格履行请销假制度,坚持不懈改进工作作风,着力整治庸、懒、散、奢等不良风气,强化机关效能建设,为财政事业健康发展释放正能量。

【推进中心工作】坚持招商引资战略不动摇,认真落实"一岗双责",牵头财税部门开展招商引资活动,完成年度招商引资任务。组织财政干部扎实开展扶贫攻坚工作,掌握53户贫困家庭的实际困难和需求,根据不同情况谋划帮扶措施。制订结对共建工作计划,指导结对社区和辖区金融机构开展创建文明城市工作,极力营造整洁文明有序的宜居环境。组织力量集中攻坚,推进六合城项目拆迁包保工作。

(六安经济技术开发区财政局供稿)

马鞍山市财政工作综述

马鞍山市财政工作概述

【概况】2016年，马鞍山市各级财政部门主动适应经济发展新常态，坚持稳中求进的工作总基调，实施积极财政政策，规范组织收入，优化支出结构，深化财税改革，促进民生改善，财政运行总体平稳、稳中有进。全市实现财政收入222.75亿元，同比增长6.07%，完成收入计划100.07%。全市地方一般公共预算收入140.32亿元，同比增长7.27%。全市财政支出214.3亿元，同比增长5.5%。其中，全市民生支出占一般公共预算支出比重达到83.2%，同比增长5.5%。

【深化财政改革】深化预算体制改革，实现政府性基金预算、国有资本经营预算、社会保险基金预算与一般公共预算的有机衔接。全面启动中期财政规划编制工作，建立跨年度预算平衡机制。积极推动预算公开透明，首次按支出经济分类公开预决算和专项转移支付预算。全面推开"营改增"试点工作，金融、建筑、房地产和生活服务四大行业平稳顺利完成营改增，共涉及纳税人14210户，全年减税8亿元，确保行业税负只减不增。积极落实资源税改革，推进消费立税、从价计征、合理负担，促进资源综合开发利用，全年降低企业成本3400万元。支持推进机关事业单位养老保险制度改革，实行社会统筹与个人账户相结合的基本养老保险制度。完善财政补偿机制，进一步深化医药卫生体制综合改革。积极稳妥实施行政和参公事业单位公车制度改革，节支率10.9%。

【推动转型升级】认真落实积极的财政政策，加快产业政策兑现，统筹安排资金8.38亿元，重点支持马鞍山市工业倍增计划、服务业、文旅产业、港口经济和文旅产业等发展，惠及企业1600余户。加大金融扶持力度，完善"1+7"金融政策，推进"4321"政银担合作机制，支持国有担保公司做大做强。运用政策贷、"政采贷"、还贷周转金、创业贷款贴息等多种方式，帮助解决企业融资难题。全年提供政策贷4.84亿元，还贷周转金23.62亿元，惠及企业375户。全面落实国家结构性减税和普遍性降费政策，全年共减免税款36.21亿元，建立涉企收费清单动态调整机制，免征、取消24项行政事业性收费和政府性基金，减少涉企收费0.45亿元。

【切实保障民生】全市投入资金50.93亿元，实施33项民生工程和6项为民办实事项目。市财政部门积极支持就业创业，开发公益性岗位2862个，开展就业技能培训达2万多人次，城镇登记失业率保持在4%以下。全面落实义务教育经费保障机制改革，统一城乡义务教育"两免一补"政策，资助困难学生2.14万人次。加大社会保障力度，城市低保、农村低保、农村五保户集中供养标准分别超出省定目标的7%、76%、41%，均位居全省前列。大力支持改善环境质量,完成大气污染防治项目18个,淘汰老旧黄标车2731辆。启动中心城区水环境综合治理,项目总投资34.8亿元。支持构建现代公共文化服务体系,免费开放全市公共图书馆、文化馆(站)、博物馆,农村专业化演出、体育活动和电影放映实现全覆盖。

【扎实服务“三农”】积极统筹资金支持农业发展,推进农业补贴“三合一”改革,完成农村土地承包经营权确权登记试点工作,开展扶持村集体经济发展试点。推进美丽乡村建设,重点建设36个省市级中心村,支持398个村级公益事业“一事一议”财政奖补项目,着力改善农村人居环境。全力推进精准扶贫。实施菜单式、产业扶贫和资产收益扶贫新模式。整合筹集扶贫资金2.65亿元,积极支持八大扶贫工程建设,全市9680人顺利完成脱贫、2个贫困村出列。积极支持防汛和灾后重建。筹集防汛救灾及灾后重建资金2.01亿元,拨付农险财政补贴资金4966万元,帮助受灾农户尽快恢复生产。

【加强债务管理】以市政府名义出台《关于加强地方债务管理的实施意见》、以政府办名义出台《地方债务风险预警管理暂行办法》、印发《关于进一步规范地方政府债券管理有关问题的通知》等,进一步规范地方政府债务管理,加强债务预警和风险防控。完善投融资管理委员会议事规则,重大融资事项一律上会研定。根据全口径债务率,分类核定各载体平台公司年度举债规模,并严格限定融资利率。优化债务结构,引导融资主体通过短期债务置换为长期债务,高成本置换为低成本等方式,真正把风险降到最低。

【精细财政管理】规范财政资金管理,制定完善专项资金管理办法,实现“一个(类)专项,一个办法”;推进存量资金盘活常态化,全市存量资金余额比上年末减少54.7%;推进国库支付电子化,市本级预算单位实现国库资金全程电子化操作。加强财政监督,开展全市财政资金安全检查、“四清一建”专项检查和津补贴、小金库专项整治、会计信息质量等多项检查,并进一步完善内控制度建设。强化资金绩效评价,对40个项目开展绩效评价,涉及项目资金总额13.89亿元,评价结果与下一年度预算编制相挂钩,节约财政资金0.37亿元。

【强化国资管理】围绕全市中心工作,深化国资国企改革,切实履行出资人职责。支持江东控股集团完成安徽安粮秀山56.25%股权受让,并获得其实际经营权。支持江东控股集团对新兴产业进行投资布局,成立混合所有制企业28家,投资金额2.94亿元。支持江东控股与各类资本共同设立多种形态的投资基金,投资高科技、高成长性产业和战略性新兴产业。制定《马鞍山市国有及国有控股企业负责人履职待遇业务支出管理暂行办法》和《2016年马鞍山市国有及国有控股企业提质增效工作方案》,配合市人社部门制定国有及国有控股企业负责人薪酬管理办法,进一步规范国资管理。优化国资处置,累计收缴国有资本经营收益2.69亿元。继续运用调拨、置换、转让、整合等方式,盘活行政事业单位资产,实现资产处置及出租收益3100万元。

【推广应用PPP模式】出台《马鞍山市政府和社会资本合作(PPP)试点工作实施方案》《马鞍山市本级政府和社会资本合作模式(PPP)操作指南的通知》和《关于进一步规范政府与社会资本合作(PPP)模式有关工作的通知》,为全面推进PPP工作提供制度保障。构建中介咨询库、项目储备库和专家库,共有20家专业咨询中介机构入选市PPP专业中介库。项目库共64个PPP项目,投资总额791.88亿元,涉及地下综合管廊、保障性安居工程、道路桥梁、轨道交通、供水、污水处理、教育等领域。吸引社会资本和金融机构积极参与本市PPP项目,以政府名义对外发布郑蒲港铁路等18个政府和资本合作(PPP)项目,总投资约100.16亿元。积极组织全市PPP项目录入财政部政府和社会资本合作综合信息平台,通过更高平台推广本市项目,增强项目对社会资本的吸引力。经积极争取,本市中心城区水环境综合治理PPP项目和郑蒲港铁路PPP项目成功列入全国第三批政府和社会资本合作示范项目名单,并在全国推广。

【加强党的建设】扎实开展“两学一做”专题教育活动和“讲看齐、见行动”专题讨论活动,以财政“145”党建品牌为抓手,不断加强党组织建设,推行积分制管理,丰富党员学习内容,增强群团活力,加强会计师行业党建,推进党建工作标准化建设。在扶贫攻坚、结对共建、抗洪抢险救灾等方面,充分发挥党员先锋模范作用。通过层层签订党风廉政责任书、干部任前廉政谈话、创建廉政文化示范点、行风政风巡查、效能建设等多种方式,将党风廉政工作不断推向深入。2016年,市财政局先后获全国财政“六五”法制宣传教育先进集体、市直机关先进基层党组织、“红旗党组织”、党建目标考核“优秀党组织”、

“优秀党建品牌”、第七届“四优”文明机关、廉政文化“进机关”示范点等荣誉称号。

（马鞍山市财政局供稿）

含山县财政工作概述

【概况】全年财政收入完成15.26亿元，增长5.75%。非税直征范围扩大，17个部门（单位）189个项目纳入直征范围。政府采购范围拓展，全年采购规模2.5亿元，节支率14%。健全惠农补贴“一卡通”发放制度，全年发放15项惠农资金1.78亿元，惠农补贴资金绩效评价获全省一等奖。滚动实施林头土地治理项目，治理面积1.23万亩。政策性农业保险赔款2025万元，综合赔付率141%。坚持“普惠制”与“特惠制”相结合，全年实施104个一事一议建设项目，覆盖面100%。镇村清财、清物取得预期效果，农村“三资”代理工作规范运行，镇级财政资金监管获全省一等奖。

【履行财政职能】优先保障基本支出，加大民生保障力度，配套资金1.2亿元，支持实施33项民生工程。支持重点企业发展，拨付6500万元中小企业发展专项资金，安排750万元科技研发专项资金，拨付400万元支持威达环保、同兴环保、恒达公司等上市融资，调度1亿元支持四大战新基地升级改造，贴息590万元带动金融机构发放创业贷款7500万元。统筹各类资金，提升教育经费保障水平，加快S367北部旅游大道建设，支持秸秆禁烧、淘汰黄标车、小锅炉整治等环保事业，安排2600万元推进县级公立医院改革和医院建设。

【保障民生改善】全年筹集9.18亿元用于民生工程建设，采取多元化筹资方式推进棚户区改造和农村道路畅通工程。强化项目推进，棚户区改造、小型水利工程改造提升（沟渠塘坝项目）、农产品安全工程等于2015年底前开工建设，计生特扶、残疾人救助与康复工程等连续6年和3年提前完成任务，城乡居民基本养老保险首次于8月中旬提前完成省市下达的参保率。强化督查推动，聘任10名市、县人大代表和政协委员为民生工程特邀监督员，深入基层项目点开展督查评议5次。拓展宣传效应，本县“民生讲堂”被评为“马鞍山大讲堂示范点”。

【推进财政改革】营改增试点改革运行平稳，全年纳入营改增试点企业1300户，直接减税超千万元，确保“只减不增”结构性减税红利落到实处。国有资产管理改革全面推进，完成职能和机构成建制划转工作，开展资产清查和清财、清物工作，制定国有资产出租出借管理、配置、收益和处置等4个管理办法，开展经营性资产、学校闲置房屋和土地清理登记和划转工作。国库集中支付改革进一步完善，公开招标确定三家财政国库集中支付代理银行。镇级财政体制改革正式启动。农业“三项补贴”政策改革全面实施，于6月30日前兑现到位全部资金4980万元。

【加强财政管理】在法定时间内及时公开2016年政府预算和59个部门的2016年预算及“三公”经费预算。健全开门办预算机制，完成65个部门113个预算单位2017年项目预算评审。持续推进财政资金统筹整合，全年整合资金近3000万元，投入扶贫、农村道路畅通工程等急需领域。加强投融资和债务管理，全年争取置换债券资金10.2亿元，新增债券资金1.8亿元。坚持“分事行权、分岗设权、分级授权”，强化财政内控建设，确保财政资金安全高效。会同县检察院、县扶贫办开展集中整治和加强预防扶贫领域职务犯罪专项行动。

【提升队伍建设】深入开展“两学一做”学习教育活动，落实领导干部讲党课制度，深入运漕新港村开展定点扶贫，创建标准化党建示范点，参加县“两学一做”知识竞赛获二等奖，获全县抗洪救灾先进集体称号，我局“两学一做”学习教育活动在全县推进会上作经验介绍。认真履行党风廉政建设主体责任和监督责任，分层签订党风廉政建设责任书，赴马鞍山廉政教育基地开展警示教育，定期开展谈心谈话，加强作风和资金巡查，确保财政资金和财政干部安全。

（含山县财政局供稿）

和县财政工作概述

【概况】2016年，和县财政局始终坚持用支持发展的方式培植壮大财源，用民生为本的理念优化支出结构，以绩效优先的原则用好财政资金，圆满完成年初确定的各项财政任务，各项工作稳步推进，取得较好成效。获全省民生工程绩效奖补先进县、全省惠农补贴资金管理发放绩效评价二等奖、全省乡镇财政资金监管工作绩效评价二等奖、全省农业信贷担保体系建设先进单位、和县第十六届人大代表建议先进办理单位、县招商引资先进单位等荣誉称号。全县(不含郑蒲港,下同)财政收入累计完成16.94亿元,比上年同期增收1.48亿元,增长10%;全县财政支出27.65亿元,比上年同期增支9357万元,增长3.5%。其中:教育、科技、卫生、社保等13类民生支出达22.9亿元,比上年增长2.02%,占公共财政支出比重达82.82%。

【财政改革】完善国库集中支付和公务卡改革,全县所有行政事业单位资金纳入国库集中支付,全年国库集中支付资金38.7亿元;所有预算单位均实施公务卡结算,公务支出刷卡消费1750万元,使用范围由外出住宿费扩大至日常电费、水费、电话费、车辆维修及加油、会议费、公务接待费等。推进预算体制改革,实行预决算信息公开,全县68个一级预算单位2016年部门预算和"三公"经费预算,以及2015年部门决算和"三公"经费决算,分别于3月28日、9月20日通过"马鞍山政务公开网"集中公开,并不断细化公开内容,让群众看得懂、弄得清。规范国有资产,全县自4月份起开展行政事业单位国有资产清查工作,进一步摸清"家底";严格执行2016—2017年政府集中采购目录及政府采购限额标准。共受理单位采购计划1912笔,采购金额达9.18亿元,节约财政资金1.65亿元。

【民生工程】顺利实施并完成省33项民生工程任务,全年投入资金10.22亿元,比上年增长13.43%。本县连续四年获全省民生工程绩效奖补先进县称号。民生工程项目实施效果显著,农村饮水安全、计划生育家庭特别扶助、就业扶持工程、农村危房改造等工程提前完成全年任务。优先保障教育支出,实施义务教育经费保障机制、高校、中职和普通高中家庭经济困难学生资助、公共文化场馆开放、农村文化建设专项补助等4项民生工程,全县计划投入资金5.73亿元,占比5.58%。认真做好农村义务教育经费保障工作,按政策足额落实配套资金475万元,切实保障农村中小学公用经费资金需求,并按照序时进度及时拨付给教育部门使用,分四批将2967万元拨付到各义务教育阶段学校,保证各中小学正常办公教学的需要。补贴资金发放到位,扩大"一事一议"财政奖补覆盖面,全县79个村实施项目全部完工,涉及农田水利、道路建设、文化体育、环卫设施等方面,受益人口31.8万人,群众参与面达90.08%,村级覆盖面达93.9%;落实国家关于八个"老字号"群体的相关政策,发放补助资金975万元共4096人;严格执行国家惠农补贴政策,通过惠农补贴"一卡通",共打卡发放财政惠农补贴资金102批次,累计发放补贴资金2.34亿元,受益达27.65万人次;加大力度支持扶贫攻坚,拨付中央、省、市、县财政扶贫专项资金3797万元,实施扶贫攻坚工程;统筹整合各级涉农资金6707万元,用于扶贫项目建设和扶贫工作;加强扶贫资金监管,确保专款专用。

【投融资管理】发挥县振兴担保公司融资平台作用,加强"政银担"新模式合作,完善"税源贷"、"固定资产投资贷"等担保方式,为94家企业和1376个农户提供担保贷款11.3亿元,增长116.6%,其中:"政银担"担保贷款10.07亿元(含"税融通"担保贷款2.54亿元);下调担保费率,降低企业融资成本;设立创投基金,募集规模1亿元,扶持高层次科技人才团队创新创业;设立中小微企业还贷应急周转金4000万元,为48家企业化解资金周转难题,续贷资金额度3.445亿元;自5月1日全面实施"营改增"改革后,四大行业税负均呈下降态势,其中金融业下降25%,政策性减税效应较为明显。认真贯彻落实产业扶持政策,累计兑现产业政策扶持资金1413.97万元。

【保障支出】设立企业发展和专项引导资金,安排企业发展资金4400万元,促进现代服务业发展和鼓励企业转型升级。设立战略性新兴产业集聚发展基地建设专项引导资金,自2015年起连续5年共安排2亿元,支持四个产业基地发展。促进"三农"转型升级。整合涉农资金2254万元,用于改造农田水利设施等方面;拨付1960万元对蔬菜产业提升行动的基地予以奖补;大力支持"美好乡村"建设,拨付资金1073万元。加快文旅产业融合,投入1000万元文化旅游发展资金,支持开展各项群众文化活动。开展民营经济发展专项扶持资金绩效评价,配套资金2396万元,重点支持缓解小微企业融资困难,发挥财政杠杆作用,放大财政资金效益。支持重点工程建设。通过争取资金、土地出让、贷款融资等方式,拨付安置房、和州路改造、S206等重点项目资金10.96亿元;拨付"三城同创"1158万元。

【管理绩效】压减"三公"经费,全县2016年"三公"经费年初预算3503.5万元,实际支出2732.2万元,同比下降6.4%。加强政府性债务管理,按照统筹兼顾、控制规模、优化结构、防范风险要求,建立债务管理机制。全县(不含郑蒲港新区)及所属7个乡镇政府性债务余额合计为27.32亿元。健全财政会商机制,全年共到预算单位上门会商536次,解决问题522个。实行财政帮联工作机制,建立财政工作联系人大代表制度,走访人大代表,一对一开展联系服务,认真做好2016年建议提案办理工作,收到人大建议、政协提案共31件。主动做到"三上三下",即与代表委员沟通不少于三次,责任领导与代表委员见面率100%,满意率100%。

【财政监督】组织开展对3家企业单位2015年度会计信息质量检查,对检查发现问题提出整改意见,责令限期改正。制定《和县财政局2016年财政监督检查工作计划的通知》(财监字〔2016〕47号),对本县9家行政事业单位2015年度预决算和财务管理情况进行检查;完善预算编制范围,规范政府债务管理,严控债务风险,编制政府性债务预算;实行综合财政预算,所有收入及安排的各项支出全部纳入预算范围,统一管理、完整反映各项收入与支出;开展"小金库"专项整治活动,自6月15日起,在全县开展"小金库"专项整治活动。加大各镇涉农资金补贴对象核实、审核和公示力度,完善信息建设。全面运行"一卡通"网络版管理系统,做到县有专人负责、镇有专人协护,确保网络系统在网中规范运行。加大财物互审力度,围绕乡镇财政工作职责和业务,重点对预决算管理、惠农补贴管理发放、项目资金监管、村级财务监管、财务会计管理、内部控制管理等六个方面财政财务管理制度建设及执行情况开展互审工作。

【国有资产管理】出台《层转财政部关于进一步规范和加强行政事业单位国有资产管理的指导意见》(财资〔2016〕29号)、《层转财政部关于印发行政事业单位资产清查核实管理办法的通知》(财资〔2016〕30号)、《和县人民政府关于印发和县行政事业单位国有资产管理办法的通知》(和政办〔2016〕18号)、《和县人民政府办公室关于印发和县行政事业单位国有资产处置管理暂行办法的通知》(和政办秘〔2016〕101号)等相关文件规定,进一步落实各单位资产管理主体责任,规范行政事业单位资产清查核实程序,明确资产处置的审批权限和程序。开展行政事业单位国有资产清查工作,4月至7月对全县203家行政事业单位国有资产进行清查,填表建档,对存在问题进行分析,并提出下一步工作措施和建议。

【队伍建设】扎实开展党建和反腐倡廉工作,落实党风廉政建设"两个责任",全面推进从严治党、"两学一做"和"讲看齐、见行动"学习讨论,抓好全县财政财务人员的廉洁自律,转变财政干部工作作风,提高财政干部的业务能力和政治素质;落实责任担当要求,强化财政使命意识,对矛盾不回避,对问题不绕道;加强财政政策分析和形势趋势研判,为县委、县政府当好参谋助手。认真开展效能建设和政风建设明察暗访,努力提高财政服务质量和水平。严肃财经法规纪律、强化财政资金内制度,将财政监督融入财政管理活动中,重点加大民生资金、扶贫资金、社保资金、环保资金、债务置换资金和专项资金的监管力度,加大财政综合检查和财政专项资金的检查力度,提高财政资金使用效率,树立财政监督权威。通过强化责任担当,促进财政部门安全、财政工作安全、财政队伍安全、财政事业安全。

(和县财政局供稿)

当涂县财政工作概述

【概况】2016年,当涂县财政局在县委、县政府的坚强领导下,积极面对复杂的经济环境,主动适应经济发展新常态,围绕全县中心工作和财政目标任务,坚持稳中求进工作总基调,以五大发展理念引领转型升级,着力补短板创优势,调结构增后劲,积极作为、精准发力,财政运行稳中有进,财政服务发展成效明显,财政改革不断深化,圆满完成全年各项工作任务。全年一般公共预算收入突破40亿元,完成41.48亿元,同比增长6.1%;全年一般预算支出完成46.26亿元,同比增长12.8%。

【推进重点改革】全面推开营改增改革,完成税制转换并运行;积极推进资源税改革实施工作。推进国库管理制度改革,全县197家单位纳入国库集中支付,资金性质涵盖预算管理资金和专户管理资金。全年通过"一体化"平台支付资金50.94亿元,同比增长183.9%。严格执行公务卡强制结算目录,通过公务卡结算公务支出2352万元,同比增长23.8%。推进政府购买服务工作,发挥市场在资源配置中的决定性作用,加强政府购买服务项目招标、资金管理,全年累计支出10881万元。支持重点领域改革,严格执行县级公立医院综合改革药品零差价率补助政策,投入资金960万元保障县级公立医院综合改革及基层医药卫生体制改革。

【服务经济发展】累计投入基本建设资金25944亿元,保障农村基础设施、交通基础设施、保障性住房、环境保护以及市政工程等重点项目建设。全年兑现财政各类专项资金10551.89万元,比去年增长38.89%,其中县本级4151.5万元,用以支持本县中小企业项目建设和长期发展。安排专项基金1300万元,扶持实体经济发展。加强担保体系建设,充实县融资性担保公司注册资本金至2.05亿元,为923户中小企业提供担保贷款6.1055亿元,有效缓解中小企业“融资难”。促进财政金融结合,安排财政奖补及贴息资金1065万元对下岗再就业贷款予以贴息。

【保障改善民生】坚持以保障和改善民生为重点,积极调整和优化财政支出结构,将更多的政府性资金投向民生领域,教育、文化体育与传媒、社会保障和就业等13类民生支出38.25亿元,增长17.42%,民生支出占财政支出比重为82.32%,比上年提高2.02个百分点,重点民生支出得到较好保障。投入资金22.44亿元(其中县级配套1.75亿元),实施33项民生工程。加强农村义务教育经费保障,拨付义务教育经费2193万元、补助免费提供义务教育教科书331万元,资助农村家庭经济困难贫困寄宿生、中职及普通高中家庭经济困难学生509.24万元。投入资金681万元维修改造农村中小学校舍,投入1380万元开工建设3所乡镇幼儿园。全年社会保障与就业支出40261万元,社会保障覆盖面进一步扩大。再次调整企业退休人员养老金、城乡低保及农村五保供养标准。安排770万元落实“老字号”群体生活补助政策。

【加大支农力度】全面推开农业“三项补贴”改革,通过“一卡通”平台发放财政补贴资金1.47亿元。落实1726.2万元(其中县级248.3万元)推进水稻、棉花、油菜等政策性及水产养殖等特色农业保险,承保农作物面积40.5万亩、能繁母猪1426头、水产养殖0.44万亩。累计理赔金额3699.7万元,受益农户15548户次。统筹财政支农资金6101万元改善农业基础设施,其中用于小农水重点项目资金2300万元、小型农田水利改造提升工程资金2500万元。投入资金1997万元,积极实施1.3万亩高标准农田建设。加大财政资金投入、涉农资金整合和财政资金引导力度,全年投入资金4395万元、整合资金5010万元、吸引社会资金3300万元推进中心村建设,全力打造农民幸福生活美好家园。充分发挥财政奖补政策效应,落实财政奖补资金1922万元,支持98个一事一议项目建设,受益人口31.1万人。

【提升管理绩效】深化预算编制改革,积极推进预算公开,本年取得“两个首次”,即首次按支出经济分类公开,首次公开专项转移支付预算。加强财政监督,全面开展全县“小金库”专项整治和滥发津贴补贴的专项整治工作;全面完成全县行政事业单位资产清产核资;扎实推进“四清一建”清财、清物工作;完善村两委共享机制违纪问题线索报送机制度。强化基层财政管理,大力推进创建服务型乡镇财政所(分局)建设,全面提升乡镇财政管理和服务水平,太白财政分局、大陇财政所(分局)通过省财政厅验收。加强干部队伍建设,加大干部教育培训力度,提高干部队伍整体素质。

【强化作风建设】扎实开展“两学一做”教育活动和“讲看齐见行动”专题讨论活动,锤炼财政作风。强化党风廉政责任制建设,深入推进反腐倡廉建设,全面落实党风廉政责任制和“一岗双责”制度,强化党风廉政建设党组主体责任和纪检组监督责任。开展国家工作人员防止利益冲突报告表填报工作,经常性开展警示教育活动,保证财政工作清正、财政干部清廉、财政作风清明。强化财政干部作风建设,严格落实“首问负责制”、“部门会商制”、“催查办制”等效能建设各项制度,加强督促检查,推动效能提升。认真做好结对帮扶,建立局领导联系乡镇财政所(分局)制度,深入开展与基层党组织的结对共建,推动财政部门深入基层、服务群众常态化制度化。健全与县直预算单位会商机制,积极开展预算会商,加强财务制度建设、提升预算管理水平。

(当涂县财政局供稿)

花山区财政工作概述

【概况】2016年,花山区完成一般公共预算收入20.02亿元,为预算的104.98%,比去年增长10.39%。其中:税收收入17.39亿元,增长5.28%。

全区公共财政预算支出13亿元，完成预算的114.04%，比上年增长12.29%。

【紧抓收支管理】坚持依法组织收入，强化考核和调度，建立收入征管联动机制，规范非税收入征缴，促进形成有质量可持续的收入稳定增长机制。深化综合治税，发挥涉税信息平台作用，促进税款征收3.16亿元。全年争取中央、省、市级资金2.82亿元，加强调度，加快支出进度。强化各项改革保障，及时兑现工资改革资金。各项重点支出全部拨付到位，财政十三大类民生支出占财政支出比重为80.86%，在教育、医保、改善居民住宅环境、增加就业岗位、新建文体场馆等方面推陈出新，及时拨付教育、社保、救济、救灾等上级转移支付及专项支出。贯彻落实中央八项规定，建立厉行节约7项制度。规范国内公务接待、培训及因公出国培训等经费的开支标准，降低行政运行成本。精细测算公车改革经费，为全区车改工作提供财力保障。2016年，全区“三公”经费支出比上年同期下降24%。

【推进财政改革】推进预算体制改革，注重预算编制前瞻性和全面性，试编部门三年滚动财政规划。全面公开预决算及“三公经费”，完善预决算公开制度，首次按支出经济分类公开预决算和专项转移支付预算。加强支出改革，大力推进政府购买服务，强化政府采购预算管理，提高财政资金使用效率。认真落实税制改革，全面推开“营改增”试点工作，建立营改增联席会议制度，组织专题培训，做好政策释疑解惑，协助国地税顺利完成辖区纳税人信息平稳交接。加强结转结余资金清理，对连续两年未用完的结转资金一律收回，统筹使用，盘活财政存量资金。开展财政专户清理工作，清理撤销财政专户7个，收回存量资金上缴国库。加强财政监督，对民生工程资金、预决算公开情况开展专项检查。对7个部门10个项目0.78亿元资金开展绩效评价工作。定期开展全区财政资金安全检查，发现问题及时整改落实，排除资金安全隐患。继续推进“开门办预算”工作，预算公开评审范围包含全区所有项目经费，2017年项目预算较各单位申报数核减0.97亿元，节约有限财力保障民生等重点刚性支出。国库集中支付制度实现全覆盖，公务卡制度全面实行，探索实施国库支付电子化改革，推动全部预算单位实现国库资金全程电子化操作。

【优化支出结构】围绕推进基本公共服务均等化目标，进一步优化支出结构，保障和改善民生。实施33项民生工程和10项为民办实事项目，全年投入资金12.96亿元。支持教育事业发展，全区投入教育经费17938.52万元，开展义务教育学校标准化建设，健全义务教育经费保障机制，推进中小学集团化办学。深化医疗卫生体制改革，安排医疗卫生支出7760.19万元，巩固发展基本医疗保障制度，加强基层医疗卫生机构建设，促进基本公共卫生服务均等化。支持社会保障体系建设，全年财政社会保障和就业支出13084.62万元，其中安排5780万元用于城乡低保、五保户供养、民政优抚、退役士兵安置，安排633.7万元用于城乡养老保险、医疗保险补助。支持文化事业发展，安排文化体育支出497.35万元，支持公共文化设施免费开放、文化下乡和农家书屋、数字图书馆建设；加大公共体育设施建设扶持力度，支持举办群众文化体育活动，促进文体事业繁荣发展。改善居民居住条件，全面推进老旧小区和城市棚户区改造，全年完成城市棚户区改造1545套。

【保障民生支出】落实国家各项支农惠农政策，加大对农业农村支持力度。加快实施小型水利设施改造提升工程，全区统筹257.2万元支持“八小水利工程”改造，改善农业基础设施条件。全面落实惠农政策，通过“一卡通”发放各项财政补贴农民资金269.83万元，其中农资综合补贴资金171.87万元、发放粮食直接补贴38.62万元、小麦良种补贴7.51万元、油菜良种补贴14.19万元、水稻良种补贴37.64万元。积极开展农村公益事业“一事一议”财政奖补工作，完成项目16个，兑现财政奖补资金364万元。引导和推进政策性农业保险，投保农作物41539.69亩，投保金额71.33万元。投入财政资金342.8万元，支持美好乡村建设，推进“三线三边”环境治理，农村人居环境进一步改善。

【提升理财水平】全区实施民生工程33项，其中本区有实际建设任务项目25项，筹集并拨付各类民生资金6.12亿元，全面完成年度目标任务。农村公路畅通工程开工12条农村公路，建设总里程19公里；按月发放102人五保供养补助；发放2602名残疾人特扶补助166.52万元，发放精神病救助45.5万元，发放2889名重度残疾人护理补贴152万元，按月拨付22名孤儿生活费共18万元，赔付20万元农业保险受灾款。完成就业技能培训2414人，完成新型农民培训任务100人，完成就业见习补贴150人，公益性岗位安排450个,上岗180人完成目标任务100%,总投入630万元。居民基本养老保险当年参(续)保人数2.3万人,其中缴费人数1.09万人,领取待遇人数0.95万人,养老金发放率100%。建档357144份城乡居民健康档案电子,规范化电子建档率达81.7%,救助困难群众2272人次、发放医疗救助金(含一站式救助)562.37万元;妇女儿童健康水平提升,农村孕产妇住院分娩补助120人,为2685名老年人申请领取服务终端,为136名社会孤老、低保等困难老人享受政府购买服务补贴,7家日间照料中心正常运转,为2117名老人办理高龄津贴,发放补贴99万元;为全区30120名中小学生拨付"两免一补"教育经费2228.98万元,完成拨款进度,区文化馆、图书馆和街道综合文化站实行全部免费开放,完成农村文化演出29场、电影放映185场、农村体育活动68场。大力改造居住环境和保障食品安全,开展6个老旧小区提升整治,投入5400万元;完成16处棚户区改造,投入4132万元;完成农产品质量安全监管站实施项目,10个市场检验(测)室建设全面完工并投入使用。

(花山区财政局供稿)

雨山区财政工作概述

【概况】2016年,雨山区完成财政收入14.92亿元,增幅6.32%。其中税收收入11.29亿元,占收入总额的75.67%。

【加大收入征管】全区财税部门加强联系沟通,定期召开财税分析会,分解落实各征管部门任务,及时研究解决收入征管中存在的问题。联合税务部门开展税收政策培训,加强对重点地区、重点行业、重点企业税源的跟踪服务,及时掌握企业生产经营情况,帮助协调解决问题,确保税收及时足额入库。严把票据审核关,重点检查政府工程项目税收缴纳情况,保证政府性投资项目税收收入不外流。组织乡镇、街道做好协税护税工作,完善区个体征管中心管理,强化个体税收和私房出租等零散税收征管。进一步规范非税收入征管,降低非税收入占财政收入的比重,财政收入结构和质量进一步优化。

【创新投入方式】发挥财政资金"四两拨千斤"的作用,支持实体经济发展,促进经济转型升级。积极落实财税扶持政策支持企业发展,全年兑付企业产业政策扶持资金1917.4万元,企业自主创新奖励资金210.5万元,再生资源回收利用企业政策扶持资金1843.47万元,城镇土地使用税政策奖励资金566.48万元。全面推进"营改增"改革,涉及纳税人2602户,其中个体纳税人1200户,企业纳税人1402户,全年企业减税近亿元。加大企业融资服务力度,积极支持企业上市直接融资,安徽小马创意科技股份有限公司、安徽黄河水处理科技股份有限公司、安徽威龙再制造股份有限公司等3家企业成功在全国中小企业股份转让系统实现挂牌。切实落实小微企业税收优惠政策,减轻企业税收负担。采取措施帮助企业解决融资难问题,帮助企业开展新型政银担业务、应急周转金业务和税融通业务。完成"4321"政银担贷款1.18亿元、应急周转金22680万元、税融通6000万元、固投贷1700万元。支持金福担保公司开展融资担保业务,公司在保余额23369万元,在保企业232户,放大倍数2.2倍。

【保障民生发展】落实利民惠民政策,全年财政民生类支出9.92亿元,占公共财政预算支出的82%,同比增长19.01%。加大教育投入,促进教育均衡发展,全年教育支出18818万元,增长7.17%。健全义务教育经费保障机制,安排城乡义务教育补助经费1003万元。落实教育费附加资金1140万元及学校建设经费1336万元,用于中小学校舍建设、添置教育设施等。安排公办幼儿园建设等经费1160万元,支持学前教育发展。安排基层医疗卫生机构经费1466万元,推进基层医疗单位综合改革。安排基本公共卫生经费1905万元,促进基本公共卫生服务均等化。支持社会保障体系建设,全年安排社会保障和就业支出14617万元,其中安排5197.48万元用于城乡低保、五保户供养、民政优抚、退役士兵安置。支持保障性安居工程建设,统筹安排8524.2万元,推进城市棚户区改造等保障性安居工程建设。向上争取向山独立工矿区改造资金4114万元,加强对老工业区环境改造。

【坚持支农惠农】积极开展农村公益事业"一事一议"财政奖补工作,实施项目16个,其中向山镇8个、佳山乡8个,项目总投资223.69万元。认真落实对农民的各项补贴政策,通过"一卡通"发放农资综合补贴、粮食直接补贴等各项涉农补贴资金210.25万元。积极引导、组织和推动政策性农业保险,全年投保农作物 18041.16 亩,保费总额 29.50 万元,其中:小麦投保面积 8120.86 亩,保费 13.41 万元;油菜投保面积 9929.3 亩,保费 16.09 万元,做到应保尽保。筹措安排资金 1197 万元,支持小型水利工程改造提升、农业产业化、土地承包确权、森林增长工程、美丽乡村等项目建设。

【提升管理水平】坚持科学管理,深入贯彻中央和省、市、区部署,加快推进各项财政改革。进一步规范预算编制程序,细化预算编制内容,据实核定项目预算,分类分档确定预算单位公用经费标准。加强国库资金管理,全面清理整顿财政专户,撤销 11 个财政专户。制定《雨山区预算单位银行账户管理办法》,规范预算单位银行账户管理。加强单位结转结余资金管理,盘活财政存量资金,2016 年区财政清理收回部门结转结余资金 5015.27 万元。加强支出管理,按照先有预算后有支出要求,严格控制预算追加。压缩和控制"三公"经费等一般性支出,2016 年全区"三公"经费支出同比下降 38.30%。加强国库集中支付、政府采购、非税收入、政府购买服务管理,提高资金使用效益。按照省市统一部署,在全区范围内开展"小金库"、滥发津补贴专项治理工作,严肃财经纪律。加强政府性债务管理,在严格控制债务增量的同时,通过控制项目规模、减少支出、处置资产、引入社会资本等方式,多渠道筹集资金消化存量债务,逐步降低债务风险。

(雨山区财政局供稿)

博望区财政工作概述

【概况】2016 年,全区财政收入完成 70828 万元,完成调整预算的 101.52%,同比增长 8.97%。其中:税收收入完成 56473 万元,同比增长 2%,非税收入完成 14355 万元,同比增长 49.11%。非税收入占财政总收入 20.27%。财政支出 81584 万元,完成调整预算的 100%,同比增长 1.72%。

【强征管稳增收】坚持财税征管联席会议制度,建立部门联动机制,做到财税信息共享、资源共用,积极开展税收分析和纳税评估,强化税源分类管理,实现税收征管的全程动态监控。坚持"抓大、控中、管小"原则,严格执行税收政策,完善征管机制,加强对各类潜在税源和零散税源管理,严厉打击偷税、漏税、骗税等违法违规行为,确保应收尽收。稳步推进营改增工作,积极加强财政与税务部门之间的协调力度,实行国地税联合办税新模式,形成工作合力。及时做好政策解读,回应社会关切,稳定市场预期。进一步规范非税收入管理,严格执行收支两条线管理,确保非税收入及时足额入库。

【抓项目促发展】加大项目资金争取力度,全年争取各类财政专项资金 29418 万元,地方政府新增债券 2510 万元、置换债券 15400 万元,为区域经济转型发展提供财力保障。加大重点项目扶持力度,安排各类项目资支持农村生活垃圾治理项目推进、美丽乡村建设、农村公路维护建设、支持水利工程项目建设等。推进企业自主创新,采取积极措施,认真落实中央、省、市各项重大决策部署。统筹各类促进工业企业发展资金,鼓励企业自主创新和技术改造;安排高端数控机床产业集聚发展试验基地建设资金,加快构建创新型现代产业体系。支持民营经济发展,拨付专项扶持资金 1085 万元,注入区横山融资担保公司,为区内企业提供融资担保,缓解经济下行给企业带来的资金压力。

【重投入强三农】中央和省、市各项强农惠农政策得到全面落实。发放农业支持保护、农机具购置等补贴资金 2473 万元。积极实施高标准农田土地治理项目及村级公益事业一事一议财政奖补项目 44 项,农业基础设施条件明显改善。积极开展职业技能培训,充分发挥 400 万元"整贷直发"资金作用,推动大众创业,有效调动农户创业增收积极性。有序开展政策性农业保险及救灾补助工作,全区水稻承保面积 14.4 万亩,全年赔付金额 877 万,受益户数达 3175 户、理赔面积达 3.6 万亩。同时,安排资金 1000 万元,用于灾后恢复农业生产补助。农业生产抗风险能力进一步加强。

【调结构惠民生】全区组织实施 33 项民生工程,计划总投资 1.74 亿元,实际拨付资金 1.74 亿元,拨付率为 100%,其中:中央和省 0.9 亿元,市级 0.04 亿元,区级 0.8 亿元。区级财政民生工程资金投入较上年增长 123.02%。全区 22 项民生工程提前完成年度目标任务;7 项按序时进度顺利实施;1 项为跨年度项目,项目按进度顺利推进。民生工程项目进展总体超序时进度,全面完成年度目标任务。教育事业、公共卫生体系、社会保障体系、公共文化事业、生态环保等民生事业长足发展,发展成果更多惠及广大群众。

【抓改革建机制】完善预算编制制度，持续推进“开门办预算”，不断硬化预算约束，提高年初预算执行率，逐步实现“预算一年、一年预算”的预算编制目标。深化国库集中支付改革，国库集中支付规模不断扩大，公务卡制度不断规范，纳入国库集中支付改革的单位增至84个，实现预算单位全覆盖。建立和完善盘活财政存量资金工作长效机制，及时清理、收回各项“沉睡”资金，统筹安排用于稳增长、惠民生等领域。推进政府购买服务，选取民生关注度较高、符合社会发展需求的公共服务项目纳入到政府购买服务目录范围，全年安排预算资金2229万元，实施购买服务项目21个。加强债务管理，按照“控规模、强管理、防风险”的思路，积极稳妥处理存量债务，有效防控政府债务风险。政府债务率、综合债务率等指标均在可控和安全范围内。贯彻落实中央八项规定，规范国内公务接待、培训及因公出国培训等经费的开支标准，切实降低行政运行成本。2016年，全区“三公”经费支出比上年同期下降17%。

【强监督重管理】认真执行《预算法》《安徽省财政监督条例》等法律法规，自觉接受人大、政协和社会各界的监督。全面开展财政资金安全检查，进一步加强财政资金安全管理，全面查堵管理漏洞，逐步建立规范的财政资金运行管理机制，提升财政资金运行效率和安全性。开展违规津补贴发放、“小金库”专项治理工作，提高财政监管效果，进一步严肃财经纪律，维护正常财经秩序。认真开展“清财、清物”工作，对辖区三镇及各预算单位“三公”经费及债权债务，资产管理等方面进行全面清理，摸清家底，为规范财政财务起到积极作用。积极开展部门预算绩效监督，以预算资金使用绩效为突破口，将绩效评价作为绩效监督的重要模式，积极推进建立绩效监督与预算管理相结合的机制。

（博望区财政局供稿）

芜湖市财政工作综述

芜湖市财政工作概述

【概况】2016年,全市财政总收入完成512.3亿元,增长9%,其中:地方一般公共财政预算收入298.7亿元,增长13.4%,完成汇编预算的105.4%;全市一般公共预算支出409.8亿元,增长4.1%,为汇编调整预算的99.7%。市级(含市本级、江北产业集中区、经济技术开发区)财政总收入完成237亿元,增长7.7%,其中:地方一般公共预算收入106.3亿元,增长23%,为预算的114.7%;市级一般公共预算支出152.1亿元,下降6.4%,为调整预算的99.4%。

【加强预期管理】积极应对宏观经济下行、财税政策调整、结构性减税等因素影响,建立健全收入预期管理协作分析机制,强化收入预期管理;继续落实好协税护税工作机制,提高综合治税工作成效;加大对营业税等重点税种和房地产、建筑安装等重点行业、企业税源监管,从开展纳税评估和加大清理欠税等方面采取措施,依法组织财政收入。进一步强化预算执行约束,出台预算单位支出进度考核办法,建立支出进度监控机制和稳增长财政政策落实情况统计报告制度。规范预算追加程序,严格控制预算追加,加强县区库款考核,开展转移支付资金使用情况自查,督促各项目主管部门加快项目建设和预算执行进度,统筹盘活财政存量资金10.9亿元,用于政府性债务付息、加大江北投入等重点支出方面,统筹财政沉淀资金3.2亿元,增加市级重点项目建设等方面有效投入。

【稳定经济增长】实施供给侧结构性改革,完善财政政策体系,支持招商引资和重点产业项目落地,支持重点研发平台和科技研发项目建设,推动企业技术改造、自主创新和招引人才,系统推进全面创新改革试验。全面落实结构性减税等税收优惠政策,全年减轻企业负担超86.4亿元。落实社保降费和降低公积金缴存比例政策,简化土地使用税奖励政策申报、审核程序,推进"4321"政银担合作机制,积极开展"税融通"和续贷过桥业务,支持中小企业融资130亿元,加大企业上市服务支持力度,降低实体经济企业成本。大力推进棚改货币化安置,创新购房信贷产品,对进城购房农民发放补助,推动房地产去库存。加大投入带动需求,争取中央基建投资11.2亿元,支持水利工程、公路交通建设。实施政府购买棚户区改造服务,合同资金逐年纳入财政预算。推动商合杭长江大桥、轨道交通等PPP示范项目实施,吸引社会资本参与公共服务领域和基础设施建设。

【保障民生支出】围绕加快补齐民生短板的目标,集中财力解决群众最关注、最直接、最亟须解决的民生问题。调整增加农村道路畅通工程、农产品食品安全工程、城市老旧小区整治等6个民生工程项目,提高政策性农业保险、城镇居民基本医疗保险、基本公共卫生服务、义务教育经费保障等6个项目保障标准,全市33项民生工程完成投入99.6亿元,占计划的100%。制定财政支持脱贫攻坚实施意见,脱贫攻坚政策资金足额安排到位,整合目标相近、方向类同的涉农资金1.3亿元用于扶贫开发,推进实施特色产业扶贫、光伏扶贫和基础设施扶贫。推进"一事一议"财政奖补工作,批复项目554个,投资概算1.5亿元。全面推开农业"三项补贴"改革,切实发挥补贴效益,发放惠农补贴资金9.4亿元,涉及补贴项目33项,惠及农民210万人。多渠道安排防汛抢险救灾及灾后恢复重建资金5.2亿元,建立救灾资金拨付绿色通道,切实为防汛抢险救灾和灾后重建提供财力和资金保障。

【深化管理改革】推进预算管理改革,启动2017—2019年市级中期财政规划编制,规范公开政府及部门预决算信息,完善预算绩效评价体系,选取民生工程等26个项目和2015年地方政府债券安排的59个项目开展重点评价,涉及资金21.7亿元。"营改增"试点全面推开,实现税制顺利转换,明确营改增试点过渡期市与县区收入划分方案,保持市与县区财政体制基本稳定。启动资源税从价计征改革。完善市区经营性国有土地使用权出让收支管理体制,强化市级统筹管理。规范财政专户管理,撤销专户26个。全面实施财政国库集中支付电子化。实施政府债务限额管理,妥善处置存量债务,2016年到期债务全面置换。制定深化国资国企改革实施意见,推动国企国资改革。进一步加强财政资金管理制度建设,规范政府性资金对外借款管理,制定抗洪救灾资金物资管理制度,提升财政资金使用安全和运行效率。

【加强财政监督】组织开展全市各级各部门"小金库"和"滥发津贴补贴"专项检查,市财政收缴"小金库"违法所得43.33万元。开展预决算公开、政府非税收入、财政资金安全性、会计信息质量等专项检查,督促2015年会计信息检查中有问题的19户单位整改落实,上缴税费1023.75万元。对2016年会计信息检查中有问题的17户单位下达检查结论和处理决定,其中涉及非税收入上缴单位5户,共计715.5万元。强化财政内部权力运行风险防控,建立以基本制度、专项内部控制办法和内部控制操作规程为框架的内部控制制度体系。对财政资金分配使用、国有资产监管、政府投资、政府采购、公共资源转让、公共工程建设等权力集中部门和岗位,实行分事行权、分岗设权、分级授权、定期轮岗,强化流程控制,防止权力滥用,有效避免财政政策制定和资金分配过程中行政风险、法律风险与廉政风险,做到过程留痕、责任可追溯。

【加强机关党建】成立市财政局(国资委)党委,落实市财政局(国资委)党风廉政建设主体责任。根据《党章》和《中国共产党党和国家机关基层组织工作条例》规定,完成局机关党委换届工作。开展"两学一做"学习教育和"讲看齐、见行动"学习讨论,制定《实施方案》和《行动方案》,按照时间节点要求完成规定动作。积极开展"亲切服务"专项行动,加强局机关文明创建,强化财政窗口建设和管理,规范权责清单和编制公共服务事项清单,继续推行会商帮联制度,提高财政机关服务效能。开展"双联系"和对口扶贫工作,深入联系村、贫困户,了解生产生活情况,会商帮扶思路,协调落实帮扶措施,圆满完成年度扶贫工作任务。加强党风廉政建设,强化风险防控。贯彻市纪委九届六次全会和省财政厅党风廉政建设工作视频会议精神,部署2016年党风廉政建设和反腐败主要工作,制定出台《中共芜湖市财政局党组落实党风廉政建设党组主体责任和纪检组监督责任的办法》《芜湖市纪委派驻市财政局(国资委)纪检组落实监督责任实施意见》和《芜湖市财政局(国资委)党委落实党风廉政建设主体责任2016年责任清单》,推进市财政局(国资委)党委党风廉政建设和反腐败工作;财政局领导与部门负责人及全体干部职工签订廉政责任书,传导压力,压实责任;参观廉政教育基地,举办廉政报告会,开展述责述廉活动,警钟长鸣;完善党风廉政联络员队伍,进一步明确工作责任,形成工作合力;开展效能建设和行风建设明察暗访,促进提高财政服务质量、服务水平;加强对违规违纪问题的查处。2016年,芜湖市财政局荣获各种表彰和奖励25项,其中集体22项(部级1项、省级15项、市级6项)、个人3项(省级1项、市级2项)。

(芜湖市财政局供稿)

无为县财政工作概述

【概况】2016年,无为县完成财政收入34.79亿元,较上年增收2.89亿元,增长9%。其中地方收入

24.81 亿元,较上年增长 13.5%;中央收入 9.78 亿元,较上年下降 0.7%;出口货物退增值税 0.2 亿元,较上年增长 1.2%。全县实现公共财政预算支出 54.86亿元,较上年增支 2.65 亿元,增长 5.1%。

【加强收入征管】县政府定期和不定期召开财政、国税、地税等部门参加的收入征管分析联席会议,加强部门协调联动,研判收入预期。强化收入分析,按月编制全县财政收入简报和收支数据,深入分析财税运行的特点,针对问题提出切合实际的建议和对策。健全奖惩机制,出台《无为县 2016 年乡镇(开发区)财政收入目标考核办法》《无为县 2016 年度税收目标考核奖惩办法》,强化乡镇和征管部门责任意识和任务意识,实行收入进度与资金调度、转移支付和部门工作经费直接挂钩办法,充分调动乡镇和部门抓收入工作积极性。

【促进经济发展】集中财力办大事,统筹建设资金 30.1 亿元,保障道路、水利、市政、工业园区等重点工程建设资金需求。拨付资金 5500 万元,探索高沟建制镇示范试点工作。创新财政支持方式,出台"1+2+X"扶持产业发展系列政策,采取基金、"借转补"、财政金融产品和事后奖补等投入形式,调度资金 2.82 亿元,兑现营改增、土地使用税、"一企一策"等奖励,发挥财政政策、财政资金导向撬动作用。拨付资金 2434 万元,充实担保机构资本金,增强融资担保机构为企业担保能力。继续安排 2000 万元,对阶段性融资困难的小微企业及时提供短期续贷过桥资金。调整完善《无为县级财政性资金存放银行业金融机构考核管理办法》,实行贷款规模与财政性资金存放直接挂钩,鼓励县域银行加大信贷投放力度,缓解企业融资难。兑现金融机构奖励资金 1032.2 万元,促进县域金融机构进一步发展。开辟资金"绿色通道",调拨资金 4805 万元,全力支持防汛抗灾。

【保障改善民生】全年投入民生工程资金 31.3 亿元,全面实施 33 项民生工程,23 项补助补偿类项目按时发放,9 项工程类项目全面完成建设任务。统筹安排资金 5900 万元、整合资金 2.72 亿元,全力支持脱贫攻坚。落实强农惠农政策,全县打卡发放惠农补贴资金 3.8 亿元。完成种植业投保面积 124.79 万亩,全年理赔金额达 1.1 亿元。筹集资金 7643 万元,实施一事一议财政奖补项目 301 个,农村基础设施进一步改善。出台《无为县农村公共服务运行维护机制建设试点工作实施方案》,投入资金 5502 万元,对全县农村生活垃圾进行统一收集处理,农村人居环境明显改善。投入资金 1.4 亿元,支持 10 个集镇改造和 5 个中心村基础设施、亮化美化工程建设。投入资金 440 万元,扶持 4 个村开展村级集体经济发展试点。调整支出结构,足额保障教育"均衡县"投入,顺利通过国家级检查验收。投入 1.72 亿元,进一步深化基层医疗卫生改革;统筹 9.16 亿元,保障城乡医保、养老等保障性支出;统筹 1.29 亿元,推进农村低保标准和扶贫标准"两线合一",投入 2394 万元,保障五保供养及养老机构正常运行。发放保障性住房补贴 234 万元,缓解城镇低收入困难家庭住房难问题。

【深化财政改革】按时公开年度政府预决算、部门预决算、"三公"经费预决算,增强预算透明度。结合部门预算编制,调整完善政府购买服务目录,逐步拓宽政府购买服务范围。编制政府性投资项目支出预算,建立政府性投资项目预算管理制度,做到全县建设性项目资金调度"一盘棋"。按照财权与事权相匹配的原则,调整完善乡镇财政管理体制,确保乡镇人员经费、运行经费和维稳经费需求。健全完善营改增试点工作联席会议机制,全县 3035 户营改增纳税人信息顺利完成交接,实现税制转换。吃透政策,全年争取债券资金 19.01 亿元,16.19 亿元置换债券资金全部置换 2014 年清理甄别锁定的政府债务,2.82亿元新增债券资金用于保障房安居工程、灾后恢复重建等公益性支出。围绕用好用活财政资金,建立存量资金常态化清理机制,按照政策规定,用于财政统筹和支持社会经济发展,切实向存量要增量。

【完善监管机制】坚持"分事行权、分岗设权、分级授权"原则,制定 8 个专项风险管理办法和 68 项内部控制操作规程,强化内部管控,规范财政运行。在单位全面自评的基础上,重点选择 8 项民生工程开展绩效评价,提高资金使用效率。引入社会中介机构对 4 个单位开展会计监督检查,对革命老区转移支付项目、一事一议财政奖补项目、高沟建制镇示范试点项目开展绩效评价或工程审计,做到"花钱要有效"。出台政府采购目录文件,全年审批采购资金 1.88 亿元,节约资金 3086 万元,资金节约率 14.1%。强化"以票控费、以票控收"的源头管控,全年清理核销票据 2.92 万份,收缴资金 36.73 亿元。开展机关事业单位滥发津补贴和"小金库"专项整治,切实维护财经纪律。对照《无为县财政专项资金业务操作规程

(试行)》,选择县人社、农委、司法、交通等部门开展专项资金监督检查,进一步规范专项资金管理。

【推动队伍建设】全面落实从严治党管党各项规定,扎实开展"两学一做""讲看齐、见行动"学习教育活动,增强全县财政干部政治意识、大局意识、核心意识和看齐意识。强化党组主体责任,履行"一岗双责","谁主管、谁负责",把党风廉政建设作为党建工作重中之重抓实抓好。落实总支委员联系包保支部机制,全面开展党员组织关系集中排查和党费收缴情况清查,推动党建工作"提质升级"。按照内强素质、外树形象的要求,通过专题培训、以会代训、外出学习、现场观摩等多种形式,开展理论学习和业务培训,进一步拓宽财政干部思维、视野,提高行政效能和服务水平。扎实开展服务型财政所(分局)创建活动,16个财政所(分局)先后获省市创建表彰。落实干部选拔任用和交流轮岗工作制度,把好选人用人关。出台《无为县财政局作风建设负面清单管理考核实施细则》《无为县财政局督查督办工作制度》等制度办法,进一步健全作风建设长效机制和责任追究机制,持续开展"作风建设年""亲切服务"等活动,不断压实财政干部工作作风和行为准则。按照"三集中、三到位"要求,全力推进"互联网+财政服务"政务平台建设,打通"便民服务最后一公里"。围绕县委县政府中心工作和财政重点工作,积极开展上门会商,做到工作在一线开展,情况在一线掌握,问题在一线解决。

(无为县财政局供稿)

南陵县财政工作概述

【概况】2016年,南陵县财政收入完成25.77亿元,占预算的100%,比上年增长10.01%;支出34.3亿元,占调整预算的100.3%,同比增长9.75%。

【支持经济转型发展】实施供给侧结构性改革。围绕"三去一降一补"总体要求,加强财政资金清理整合,统筹设立"产业发展专项资金"和"政府投资引导基金",支持招商引资和重点产业项目发展,推动企业技术改造、自主创新和人才引进。推进棚改货币化安置,建立进城务工人员住房公积金制度,落实农民进城购房及大学生购房补助政策,推动房地产行业去库存。全年拨付各类产业扶持资金9500万元。服务实体经济发展。全面落实结构性减税、社保降费和降低住房公积金缴存比例等政策,推进"4321"政银担合作、"税融通"和小微企业续贷过桥工作,优化土地使用税奖励审批拨付流程,依法依规帮助企业排忧解困。全年拨付民营经济发展、中小企业续贷过桥及贷款风险补偿基金6476万元,减轻企业负担超1.2亿元。推进大众创业、万众创新。设立创业富民扶持基金,加大"整贷直发"担保补偿金、"三农"贷款风险补偿金、"涉农"风险补偿金的投入,落实技改创新奖励、岗位补贴、小微企业贷款、创业贷款、"涉农"贷款贴息等扶持政策,不断激活经济发展活力。全年拨付创业就业奖励、贴息等补助资金3252万元。支持县重点项目建设。扩大财政有效投入,加快资金拨付进度,通过预算安排偿债基金、拨付土地出让金、争取上级专项补助、配套项目资本金、债券发行期间利用库款临时调度等方式,全力支持县重点项目建设。全年拨付县重点建设项目资金56397万元。

【提高财政保障能力】加强收入预期管理,进一步细化、分解、落实收入考核任务,完善收入考核办法,强化收入日常调度,严格执行镇级日常资金调度与收入进度和财力挂钩制度,坚持依法治税,推进综合治税,确保财政收入平稳增长。推进"营改增"改革,认真分析全面推行"营改增"改革带来的变化和影响,采取一系列抓清欠、促征管、防止外来税源流失等应对措施,争取改革红利最大化。5月1日全面推行"营改增"改革后,全县征收入库外来建筑服务业各项税收4600余万元,赢得"营改增"基数补助15670万元。创新收入征管方式。加强税源登记、税收评估和纳税检查,试行聘请第三方机构开展税收清算核查,进一步加大税收清欠执法力度,全年查补土地增值税等各类税款1600余万元。积极争取上级扶持。加强配合协调,健全考核机制,紧密跟踪国家专项建设资金投向,围绕水利工程、公路交通、棚户区改造等基建投资,深入谋划项目,积极争取资金。全年争取上级各类转移支付资金230554万元。

【推动增进百姓福祉】打响脱贫攻坚战。统筹上级转移支付补助、地方财政新增财力,清理盘活财政存量及关联项目整合等资金,加大扶贫资金保障力度,加快项目推进,加强资金监管,全年拨付扶贫资金3866万元。实施30项民生工程。围绕"补短板、兜底线"目标,集中财力解决群众最关注、最直接、最亟须解决的民生问题。全年拨付30项民生工程支出99271万元,全口径民生支出占财政支出比重稳步提升。落实各项惠民政策。扎实做好惠民补贴发放管理,全年发放城乡居民养老、低保、优抚、"老字号"工龄补助等各类补贴34项,打卡161批次,发放资金40128万元,惠及约51.4万人次。推进一事一议财政奖补试点,全年批复实施一事一议建设项目117个,拨付财政奖补资金1974万元。推进政策性农业保险工作,全年落实油菜、小麦、早稻等常规险种参保面积67.4万亩,烟叶、林木火灾等特色农产品保险参保面积18.8万亩,拨付各项保费补贴565万元。加强农业综合开发管理,全年争取上级专项补助资金1497万元,实施农业开发项目6个。支持美丽乡村建设,全年安排建设资金3184万元,支持8个美丽乡村示范点建设。支持社会事业发展。全年投入资金67904万元,支持教育基础设施建设、教学教辅设备更新及教育事业发展。投入资金2143万元,支持公益性文化演出、"三馆一站"免费开放等公共文化事业发展。投入资金39932万元,落实城镇居民基本医疗保险、医药卫生体制综合改革及计划生育补助政策。投入资金66700万元,支持节能减排、市政建设和县城区环境承载能力提升。投入资金50035万元,支持现代农业、农田水利基础设施建设以及防汛救灾等农林水事业发展。

【完善财政体制机制】推进预算管理改革。完善预算编制管理办法,健全"开门编预算、上门会商"制度,规范预算调整和动支预备费审批程序,推进财政和部门预、决算及"三公"经费预、决算信息公开,启动2017—2019年县级中期财政规划编制,新《预算法》贯彻成效明显。推进国库集中支付改革。不断扩大平台管理单位,增加上线模块,完善管理制度,规范业务流程,率先建立起县、镇、村财政财务"资源信息共享、数据互为转换、管理安全高效"的运行监管机制。推进财政存量资金清理盘活。继续落实县本级财政当年预算指标清"零"管理规定,严格执行上级专项转移支付结转结余清理盘活等制度。加大对不足两年的结转资金和因情况发生变化导致短期内无法继续实施项目结转结余资金清理盘活力度,积极开展镇级和预算部门代管项目结转结余资金清理盘活工作,不断提高财政资金管理使用效益。全年清理盘活各类财政存量资金6214万元。

【履行财政监管职责】加强政府债务管理。积极争取上级债务置换和新增债券转贷额度,加大存量债务置换力度,降低资金使用成本,完善"借用管还"机制,切实防范债务违约风险。加强国有资产管理。落实国资国企改革实施意见,推动公务用车等管理改革,加强日常监管,强化产权维护,规范资产处置,确保国有资产保值、增值。加强政府采购管理。加强政府集中采购目录及限额管理,优化采购程序,推进"一站式"服务。全年办理采购申报4.16亿元,实际采购2.86亿元,节约资金1.3亿元,节约率31.2%。加强日常支出监管。深入贯彻中央"八项规定"精神,进一步加强财政资金制度建设,严格执行差旅费、会议费等公务支出标准和公务卡结算管理制度,持续开展清理津贴补贴、"小金库"等专项治理工作,努力降低行政运行成本,全年"三公经费"支出同比下降25.9%。加强镇村财政财务管理。加强"镇财县管""村财镇管"制度建设,将全县157村财务收支管理纳入财政一体化管理信息系统,建立镇村财政财务互审机制,不断提高镇村财政财务管理水平。加强机关效能建设。认真开展"两学一做"学习教育、持续开展精神文明创建、"亲切服务"专项行动和争创"省级文明单位"等活动,着力提升财政干部综合素质。

(南陵县财政局供稿)

芜湖县财政工作概述

【概况】2016年,芜湖县主动理财,积极作为,财政各项工作完美收官。全县财政收入完成38.52亿元,增长10.1%。其中:地方一般公共财政预算收入280181万元,增长7.5%,加上级税收返还及补助收入115843万元,一般债券转贷收入8608万元,收入合计404632万元。全县一般公共预算支出40.3亿元,增长12.7%,加上解上级支出1610万元,支出合计40.46亿元。

【支持企业转型发展】修订完善《芜湖县财政扶持产业发展政策的若干规定》《新芜开发区城镇土地使用税扶持奖励政策》等,拨付企业节约集约用地、先进制造业发展、现代服务业发展、转型升级、推进企业上市等补助资金48000万元,兑现产业扶持政策,加快企业调转促,支持企业转型升级。拨付续贷过桥资金3600万元增加企业应急风险基金,拨付民营企业发展专项扶持资金2270万元增加县中小企业担保公司资本金,有效缓解小微企业融资难问题。

【精心实施民生工程】全年精心组织实施30项民生工程,财政总投入65100万元,较上年同口径增长10.3%,主要项目:社会保障35100万元,“三农”工作13000万元,教育卫生6200万元,创业就业600万元。工程实施过程中立足于早部署、早安排、早落实,及时分解工作任务,及时印发《芜湖县人民政府关于2016年实施30项民生工程的通知》《芜湖县2016年实施30项民生工程任务分解表》,签订目标责任书。民生工程项目基本实施完成,有效提升群众幸福生活指数。

【推进城镇化建设】全年补助进城农民等购房1.2亿元,有效推动商品房去库存。投入1.01亿元用于县域内公路新建、改建及维护。补贴城市公交1000万元,有效改善县域内交通条件。投入10000万元城市维护支出,主要用于城市照明、绿化、设施维修、更新、改造和道路清洁、公园维护等方面,改善县城内生活条件。投入4100万元用于环境污染防治和环境保护。投入1100万元用于城乡绿化提升工程,改善县域内生态环境。

【落实强农惠农政策】全年通过“一卡通”发放相关惠民补助资金39项1.6亿元,其中农业支持保护补贴3300万元。补助村民委员会和村支部2000万元,用于村干部报酬和村级运转。投入3800万元实施国家农业综合开发项目9个,投入2400万元建设村级公益事业“一事一议”奖补项目65个,项目已经全部完工。安排4500万元,支持美丽乡村建设。补助国家扶持村级集体经济项目5个600万元。安排专项资金300万元开展农业保证保险和融资风险补偿基金支持农民合作社及家庭农场发展试点工作,为106户农民合作社、家庭农场提供2800万元贷款担保。投入7200万元用于水利工程、农田水利建设和防汛抗洪。

【提高财政干部素质】坚持党的集中统一,坚决做到“四个服从”。认真落实两个责任,严格履行党风廉政责任制,深化财政系统惩治和预防腐败建设。重视干部队伍建设,安排干部职工学政治、学理论、学业务。加强机关作风建设,进一步增强大局意识、发展意识、服务意识和廉洁意识,努力建设效率财政、服务财政、法制财政、阳光财政,不断提高行政效能和服务水平。连续多年被县委、县政府授予“目标责任制考核优秀单位”,被市委、市政府授予全市“文明单位标兵”。

(芜湖县财政局供稿)

繁昌县财政工作概述

【概况】2016年,全县财政收入完成44.50亿元,较上年同比增长8.5%,占预算的102.3%;支出43.21亿元,占预算的116.3%,同比增长11.8%。

【加强财政保障力度】坚持定期财税联席会议制度,保持与国税、地税部门的联系协作。每月组织征收部门进行收入预测,跟踪落实收入入库。按月统计全县重点行业、重点税源监控企业相关涉税信息,建立涉税信息共享通报工作制度,通过行业动态信息的实时传递交换,协助国、地两税强化税源管控,实现源头管理。完善财税运行分析制度,编制财政收支简析表,认真做好财政旬报、月报及其他相关财政报表的上报工作,确保财政数据的真实、准确、及时、完整。

【服务经济建设发展】发挥牵头协调作用,落实企业奖扶政策,兑付各类涉企奖励补助资金24711万元。其中:主导产业和新兴产业发展专项资金16912万元、科技奖补资金1065万元、3D打印产业扶持资金1464万元、中小企业发展专项1185万元、小额贷款担保贴息1184万元,奖扶政策资金兑现率100%。加大争取上级资金力度,研究上级政策,把握政策走向,支持重点项目和基础设施建设,主动配合有关部门做好项目筛选、上报工作,争取到位各类资金9.2亿元,其中为3D打印产业争取省级补助资金1770万元。

【强化政府债务管理】强化政府性债务管理考核,对融资平台、县直单位、镇级单位分类考核。规范做好存量债务置换,全年完成存量债务置换7.5亿元,节约利息支付约2250万元。统筹安排新增债券资金2.22亿元,全部用于道路、市政公用、环境保护等公益性项目建设,支持县域基础设施改善、经济发展。落实政府债务限额管理,繁昌县政府债务余额始终保持在省定限额内。加强或有债务管理,对2014年后融资平台公司新增举借,作为或有债务监管。将政府债务纳入预算管理,对于政府债务中债券部分,按到期时间,分年度将本金申报置换,将利息纳入预算,统筹安排资金偿债。

【提升财政管理水平】从严从紧编制部门综合预算,严控单位预算追加,对预决算和“三公”经费情况实行网上公开。进一步提高财政资金使用效益,针对进城购房安家生活补贴、城区公交政策亏损财政补贴等10个项目开展资金管理绩效评价。加强政府采购管理,共下达政府采购计划537份,资金节约率达27.19%。继续抓好涉农项目,投入2113万元实施农业综合开发项目,完成53个一事一议奖补项目建设。对财政专户、县级预算单位财政存量资金进行全面清查,累计盘活财政资金1.63亿元,主要用于棚户区改造、城市基础设施、重大水利工程等重点领域。

【推进财政体制改革】编制完成《关于调整和完善镇级财政管理体制的实施意见》(初稿)和《繁昌县财政改革与发展“十三五”规划纲要》。完成1859户纳税人的移交征管,2016年5月1日起全面实施“营改增”。

【持续改善民生福祉】投入6.06亿元,实施30项民生工程。农村道路畅通工程完工79.8公里;对316户农村危房进行改造,发放补助资金230.8万元;向农村低保对象发放低保金98618人次,累计达3389.9万元;向农村五保供养对象发放补助金额1118.8万元;救助贫困残疾人2689人,发放资金180万元,救助精神残疾人596人,发放资金60万元;向40名贫困残疾儿童提供康复训练或适配辅助器具;累计发放重残护理补贴累计资金247.5万元;为253名符合条件的对象发放计划生育家庭特别扶助资金966240元;发放孤儿补助金4.8万元;向87名生活无着人员发放社会救助金5940元;开展法律援助353件;投入2980万元(其中省级财政补助资金480万元,县财政配套2500万元)财政资金用于美好乡村建设;建成5座小水闸,完成250处塘坝扩挖和30处河沟清淤整治;开展政策性农业保险,其中种植业承保21.83万亩,补充保险承保14.96万亩;养殖业投保1697头,财政补贴407万元;完成新型农民培训290人;开展新型农村合作医疗,累计参保群众229305人,人均财政补助标准为420元,人均缴费标准120元;开展城乡居民大病保险,为726人次赔付金额584.14万元;城乡居民基本养老保险参保总人数达13.02万,发放养老金5357万元;提升基本公共卫生服务水平,累计建立健康档案居民227162人,电子建档率86.87%,提供中医药健康管理服务老年人保健20343人次,提供0—3岁儿童中医药健康管理服务7942人次,举办健康教育讲座904场;推进城乡医疗救助,提供救助14407人次,发放资金744.6万元;提升妇女儿童健康水平,为2930人进行免费婚检,为1531名农村产妇提供住院分娩补助,为0—6岁儿童提供免费疫苗接种45575针次;为80周岁以上老年人发放高龄津贴375.45万元;强化义务教育经费保障机制,为19603名困难学生免除义务教育阶段学生学杂费,为19504名困难学生免费提供国家课程教科书,改造校舍10880平方米,向559人次发放困难寄宿生生活费33.6万元;发放普高国家助学金、中职免学费补助资金,中职国家助学金630.135万元;免费开放2个公共图书馆、1个文化馆、2个博物馆、6个镇综合文化站,丰富居民业余文化生活;组织开展开展农村体育活动432场,农村文艺演出144场,电影放映1066场,农家书屋采购更新图书7272册,农村文化信息共享工程资金全部拨付到位;全县六镇一中心完成检测室建设,完成绿色食品认证9家,有机食品2家,无公害认证2家,建成6个食品检测室、快检室项目;完成棚户区改造737户;完成老旧小区改造8个。

【严肃财政财经纪律】开展“小金库”专项治理,通过前期各单位自查自纠,以及聘请第三方中介机构抽查的方式,均未发现“小金库”问题。开展机关事业单位滥发津贴补贴专项整治,违规发放津补贴资金全部退回并上缴财政。严控“三公经费”管理,完善管控机制,强化预算约束,严把申报审核,加强监督检查,全县“三公经费”累计支出1673.57万元,与2015年和2014年同期比较分别下降24.3%和39.4%。开展涉农资金检查,强化涉农项目预算执行,杜绝随意变更和调整预算项目,改变资金使用范围的情况;规范涉农财政资金使用审批程序,全部纳入国库集中支付;定期和不定期对涉农项目资金进行检查和重点抽查,并对发现的问题及时督促单位进行整改。

(繁昌县财政局供稿)

镜湖区财政工作概述

【概况】2016年,镜湖区围绕城市综合提升和产业升级,坚持促改革、调结构、惠民生、防风险,实施积极的财政政策,顺利完成全年目标任务。全区财政收入完成47.06亿元,较上年增收4.24亿元,增长10%。全区财政支出26.59亿元,增长17%。

【保障收支平衡】改进工作方法,早谋划、早行动,认真做好政策措施保障。紧抓收入,牢牢把握落户企业,注重新增税源培育。紧密联系国地税和各中心(街道),及时分解税收任务,按月组织各税收征管部门召开税收调度会,分析收入完成情况,解决工作中的实际困难和问题。对重点税源企业主动上门跟踪服务,通过充分沟通,有针对性的拟定扶持方案,确保税收及时入库。落实高新技术企业、小微企业税收优惠等结构性减税政策,减轻企业负担。同时,充分发挥自身优势,努力争取上级资金、政策支持。调整优化支出结构,坚持厉行节约,严控一般性支出和"三公"经费支出,镜湖区三公经费支出1634万元,同比下降13%。

【加大民生投入】安排13大类民生支出共计241518万元,占全区支出的90.8%,比上年增长31.6%。全年实施25项省定民生工程任务,投入民生工程资金40059万元,其中棚户区改造资金18729万元,城镇居民基本医疗保险9244万元,基本公共卫生服务3102.5万元,义务教育经费保障2105.8万元,发放医疗救助金1423.3万元,高龄补贴1052.8万元,城乡居民养老保险发放待遇2014.8万元。提高政策性农业保险、城镇居民基本医疗保险参保、基本公共卫生服务等项目的补助标准。全年新增就业1万余人,建成保障性住房18万平方米。区文体馆、图书馆和全区42所中小学体育设施全面向市民开放。

【加快产业培育】出台"1+4+5"产业扶持政策,对奖励标准和实施范围进行准确界定。全年拨付各类奖扶资金41178万元,有效促进首位产业和主导产业的发展壮大。加强政策引导,落实政银担、续贷过桥、"税融通"等奖励政策,缓解中小微企业融资难问题,积极引导企业转型升级,提高企业在新常态下的适应力和竞争力。

【深化财政改革】深入贯彻执行《预算法》,深化预算管理制度改革,健全政府预算体系,不断提高预算编制的科学性、准确性,探索建立预算绩效评价制度,努力提高预算资金使用效益。全面推进政府预决算、部门预决算和"三公"经费预决算公开。清理盘活存量资金万元。遵循"人随事走,财随事转"的原则,制发《关于调整区与公共服务中心(街道)财政税收管理体制的方案(草案)》,经过一段时间运行,基层自主理财积极性和增收节支能动性明显增强。深化国有资产管理考核,加强国有资产购置、使用、处置、报废等各环节的监管,完善区属国有企业考核指标,推进公务车改革,公开拍卖成交公务车92辆。加强财政监督和财务制度建设,修改完善《镜湖区机关接待经费管理暂行办法》《镜湖区机关差旅费管理办法》,加强支出监管,严把资金审批关,开展专项检查6次。

(镜湖区财政局供稿)

鸠江区财政工作概述

【概况】2016年,全区财政总收入完成39.06亿元,增长11%,为预算的100.9%。全区一般公共预算支出完成25.98亿元,增长5.8%,为调整预算的100%。

【加强预期管理】面对宏观经济下行、"营改增"全面实施等财税政策调整、结构性减税等因素影响,紧紧围绕全年预期目标,强化责任意识,着力抓好责任落实;加强与税务部门密切配合,深入开展实地税源调查,主动做好企业服务工作;充分发挥税收调度作用,积极挖掘税源,强化重点监控,深化税收分析,加大欠税清理,确保应收尽收。继续完善非税收入收缴执行情况分析制度,进一步拓宽信息渠道,全面把握非税收入变动趋势。深入做好"营改增"全面实施对地方税收影响评估,加强部门协调,实施涉税信息交换共享,严密监控建筑业结算管理,严格控制"营改增"后建筑业税收流失。进一步强化预算执行约束,加强预算支出执行监测,结合稳增长财政政策落实,不定期通报上级转移支付支出进度,开展转移支付资金使用情况自查,督促各项目主管部门加快项目建设和预算执行进度。强化预算执行统筹,盘活历年和当年项目结余30000万元,充实国有资本金,提升国有企业自我发展能力,着力抓好支出增效,全力保障财政平稳运行。

【支持转型升级】认真落实供给侧结构性改革,完善财政政策扶持,支持重点产业项目、重点研发平台和科技研发项目建设,切实服务实体经济。争取各级补助资金32024万元,支持机器人新兴产业发展和产业集聚区建设。简化土地使用税奖励申报、审核程序,调度资金25668万元,及时兑现企业,缓解企业资金压力。积极对接资本市场,用好金融政策,帮助企业解决融资难题,为企业提供担保融资58600万元,其中政银担34300万元、税融通12600万元,为小微企业提供短期过桥资金64000万元。全面落实购房补贴政策,优化补贴流程,兑现补贴资金5680万元,切实推动房地产去库存。积极支持企业股改上市,兑现奖励资金913万元,推动企业逐步放大运营规模、增强资本扩张能力和创新能力不断提升。全面落实创业政策,提供创业富民贷款担保8438万元,兑现创业富民补贴及扶持资金706万元,切实推动大众创业、万众创新。集装箱物流奖励区级配套资金1578万元,提升港口竞争力,推进进出口企业和贸易发展。争取棚户区改造、水利工程、公路交通建设等资金7326万元,支持重点项目建设,以项目推动经济发展。全面落实结构性减税政策,落实社保降费和降低公积金缴存比例政策。

【突出民生改善】坚持民生优先,加大社会各项事业投入,以解决群众最关注、最直接、最亟须解决的民生问题为宗旨,促进城乡统筹发展。全区实施26项民生工程投入资金39500万元,增长9%。累计发放惠民资金23700万元,涉及补贴项目44项,切实保障城乡低保、医疗救助、残疾人生活救助等各类群体生活水平的不断提高。投入资金3379万元,用于江北地区学校教学楼建设、标准化达标、校园环境维修改造及区划调整债务化解等。投入资金1900万元,重点支持教育信息化建设及应用、合作办学及教育激励机制建设等。投入资金4656万元,用于政策性农业保险、城镇居民基本医疗保险、基本公共卫生服务、义务教育经费保障水平及标准提高。投入资金5362万元,切实提高公立医疗及基层卫生机构经费保障,推进医疗卫生体制改革。投入资金2094万元,增加农村道路畅通工程、农产品食品安全工程、城市老旧小区整治等民生工程项目。全面推开农业“三项补贴”改革,发放补贴资金3258.32万元,切实发挥补贴效益。投入资金3128万元,实施小型水利工程提升建设等,切实提高水利设施防洪排涝能力。多渠道安排防汛抢险救灾及灾后恢复重建资金2060万元,建立救灾资金拨付绿色通道,切实提供财力和资金保障。全年财政民生支出完成221793万元,增长0.8%,占财政支出的85.4%。

【推进改革创新】全力配合做好“营改增”试点全面推开,实现税制顺利转换,测算营改增试点过渡期收入划分,保持财政体制基本稳定。做好公开政府及部门预决算规范管理,开展49个区直部门预决算公开检查,进一步规范镇级政府及部门预决算公开。组织10个部门开展33个项目绩效自我评价,积极配合做好民生工程项目绩效评价,推动预算绩效管理。实施政府债务限额管理,妥善处置到期存量债务。规范财政专户管理,严格执行国库集中收付和公务卡强制结算目录制度,2016年国库直接支付资金375890万元,有效规范支出管理。积极推进国库支付电子化,成功实现支付中心与代理银行支付电子化。进一步完善招投标管理制度,切实规范招投标管理手续。加强国有企业监管,加大国有资产清查、监管力度,大力推进公车改革,盘活国有资产和改革后闲置公车,实现资产拍卖收入9092万元。推进权力责任清单、内控制度建设,进一步加强财政资金监管,规范预算执行管理和国库集中支付现金管理,制定抗洪救灾资金物资管理制度,提升财政资金使用安全和运行效率。

(鸠江区财政局供稿)

弋江区财政工作概述

【概况】2016年,弋江区全区完成财政收入28.2亿元(不含烟草公司),同比增长11.3%,完成市下达目标任务的102.4%;含烟草公司,全区完成财政收入34.8亿元,同比增长6.2%。

【积极组织收入】成立弋江区协护税工作领导小组,明确各街道、部门工作职责;加大对重点税源、重点行业、重点企业、重点工程跟踪服务,了解企业税源结构,协调国、地税部门做好企业纳税服务工作,督促新入驻企业尽快实现税收;积极帮助街道做好招商引税工作,坚持按月召开财税工作调度会,开展干部财税知识培训,指导街道建好税收台账。下发《弋江区人民政府关于推行营业税改征增值税试点工作实施意见》,成立弋江区营改增推行工作领导小组。全区试点纳税人2003户全面完成调查确认工作,确认率100%。

【深化预算改革】预算编制坚持“统筹兼顾、突出重点、勤俭节约”原则,进一步优化财政支出结构,严格控制一般性支出,重点向促进经济转型升级和改善民生等领域倾斜,着力提高财政资金使用效益。各部门公务定额预算按5%压减,项目经费在2015年压减15%的基础上,剔除政策性刚性支出及新增支出后再按5%压减。全年安排各类民生项目资金25500万元、产业扶持资金15000万元。公车改革落实到位,参改人员公务交通补贴按规定逐月发放。2016年政府预算、部门预算、“三公经费”预算信息均按时规范公开,并首次按支出经济分类公开政府和部门预算。认真开展财政资金安全性专项检查。建立健全内部控制制度,完善人员分工,明确职责权限,撤销未核准账户,规范财政账户管理,切实有效加强财政资金安全管理。开展非税收入专项检查,完善非税收入征管制度,健全非税收入管理系统和统计报告制度,规范非税收入票据使用,切实保障“收支两条线”制度全面落实。完善区与街道财政体制,按照事权与财权相统一的原则制定南瑞社区公共服务中心财政体制,修改完善街道财政体制,保证街道既得利益,提高街道财政超收的财力留存比例,充分调动街道抓财政收入的积极性。跟踪营改增后财政体制变化,测算税制改革对弋江区财力的影响,谋划新形势下弋江区招商引资优惠政策。继续开展财政存量资金清理,根据弋江区财政结转结余资金管理办法将区直部门结余资金1528.12万元收回区财政统筹使用。

【加强债务管理】按照《芜湖市人民政府关于加强政府性债务管理的意见》,严格执行债务限额管理制度,规范政府举债行为,合理使用债务资金,妥善处置存量债务。积极支持平台公司开展在建项目后续融资工作,努力降低融资利率,优化债务结构。积极争取地方债券置换资金1.6亿元、新增政府债券资金1.42亿元,规范政府债券资金使用,切实缓解偿债资金困难。对照市财政局《关于2015年末地方政府性债务风险预警情况的通报》文件,从加强政府性债务组织领导、建立规范的评估预警机制、落实责任规范管理和多措并举、化解债务风险等方面强化落实弋江区政府性债务风险预警防范。首次对2015年新增政府债券资金7398万元安排的项目支出开展绩效评价,努力提高财政资金使用效益。

【助力企业发展】全面推开营改增试点改革,全区2003户试点纳税人实现税制平稳转换,确保试点行业税负只减不增。贯彻落实企业研发费用税前加计扣除、小微企业减免税、高新技术企业税收优惠、企业职工养老、失业保险费率调整等一系列税费优惠政策。畅通金融支持“管道”,积极参与开展“4321”新型政银担合作,累计在保余额4.2亿元,“税融通”贷款0.6亿元。继续发挥续贷过桥资金作用,累计发放续贷过桥资金1.8亿元,缓解中小微企业融资难局面。争取棚改、太赫兹等各类上级补助资金1.9亿元。多措并举不断简化和规范产业扶持资金审核流程,加快涉企资金兑付,全力支持供给侧改革各项政策的落实。依托易企网、易户网平台等媒介,广泛宣传各类产业扶持政策,推进“互联网+政府服务”工作,实行“双轨运行”线上线下同时受理企业项目资金申请,全面开展行政权力和公共服务事项清理,优化服务流程,简化和规范申报材料,限时办理,网上公开,强化监督,提升服务。强化资金保障,全区累计兑付各类企业奖扶资金3.64亿元。全区产业扶持资金按计划数列入年度财政预算,奖补资金中涉及市级配套资金(40%)部分区财政先行垫付。推行国库集中支付制度,审核通过的企业补助资金由财政直接拨付企业,减少中间环节,努力提高财政资金使用效率。

【实施民生工程】按照“以人为本、统筹兼顾,量力而行、雪中送炭,突出绩效、共建共享”的原则,弋江区共实施25项民生工程,累计投入资金2.46亿元,项目分布在“三农”、创业就业、社会保障、教育文化等六个方面,25项民生工程全面完成目标任务。完善《芜湖市弋江区民生工程部门考核实施办法》《芜湖市弋江区民生工程街道宣传考核实施办法》《芜湖市弋江区民生工程建后管养政府购买服务办法》。逐月召开民生工程调度会议,专题会商调度,推动民生工程顺利推进。民生工程项目区级配套资金全部列入年初预算,给予足额保障。积极主动与报纸、网络、电视等媒体联系,开展形式多样的宣传活动,展示民生工程成果,提高知群众知晓率。聘请专业呼叫机构逐月进行民调回访,回访的知晓率、满意度将折成分值计入年底对各责任单位的考核成绩中。

【规范国资管理】根据市国资委要求,开展全区国有资产清查工作。通过清查进一步摸清行政事业单位“家底”,完善国有资产台账信息,保证国有资产的安全。制定《2016年弋江区行政事业单位国有资产清查工作方案》，对本次清查工作原则和目标、清查基准日和范围、工作方法、工作内容和步骤、组织实施、经费保障等进行明确，及时举办全区资产清查工作业务培训会，确保本次清查工作顺利推进。

（弋江区财政局供稿）

三山区财政工作概述

【概况】2016年，三山区财政一般公共预算收入完成21.26亿元，为预算的101.8%，比上年增长14%。一般公共预算支出完成12.33亿元，为预算的108.6%，为调整预算的100%。

【强化收入征管】全区公共财政预算收入首次突破20亿元大关。2016年围绕年初确定收入任务落实责任。拓宽财政增收渠道，进一步完善与税务部门的会商制度，全方位确保零散税收征缴，并梳理在三山区注册登记的企业各项税收情况，未在三山区缴纳的税项通过调库、变更等手段挽回税款。落实各项财税政策支持企业发展，始终把发展经济服务企业作为第一要务，积极做好涉企信息采集，登录涉企系统按月按时上报，及时与市财政局做好数据对接及资金结算，落实企业专项奖励，实行跟踪服务。持续加大招商引资力度，分解任务调动各方面力量引进高科技高附加值企业，壮大经济规模，培植新的税源。

【持续改善民生】投入9100万元用于保障性住房建设；投入5201万元用于棚户区改造、农村危房改造和保障房租金补贴；投入5869万元用于城镇居民基本医疗保险补助，现人均财政补助标准已提高到420元；投入1193万元用于城镇居民大病保险补偿和城乡医疗救助；投入300万元为1669名贫困残疾人提供生活救助、药费补贴和护理补贴；投入4500万元用于最低生活保障；投入1369万元补助大学生安家、扶持就业、创业等；全年通过惠民工程平台发放各类涉农补助资金8215万元，享受补贴112648户次。

【改进预算管理】围绕“保重点，控一般，促统筹，提绩效”的思路，综合各方面财力，合理安排财政支出。规范财政专户管理，撤销各类银行专户28个，将分散的资金集中存储；继续清理存量资金，年末收回部门预算结余，保障重点项目支出需要。通过国库集中支付信息平台随时掌握各单位预算执行情况，对重点项目实施跟踪问效，督促各项目主管部门加快项目建设和预算执行进度。认真执行《安徽省财政监督条例》，健全财政内控部管理制度和操作规程，提升财政监督水平，优化预算编制、资金分配、政策执行等业务流程。在全区开展“小金库”专项治理工作，推动预算单位内部控制制度建设，强化部门预算管理和财务核算。

【深化财政改革】持续推行国库集中支付改革，进一步扩大支付范围，在公用经费纳入集中支付后，将所有事业单位和检法两院人员经费、峨桥镇财政拨款纳入国库集中支付。推行实施“公务卡”制度，印发“公务卡”管理使用办法。配合税务部门全面实施“营改增”，积极协调沟通，深入企业调研，宣传政策。在5月1日统一的时间节点，改革前后税收征缴工作顺利衔接，平稳过渡，取得圆满成功。进一步完善财政和部门预决算公开工作，全区行政事业单位在规定时间内公开2016年部门预算和2015年部门决算，对单位基本情况和“三公”经费附有详细说明，接受社会监督。顺利完成公务用车改革任务，全区拍卖处置公车90辆，核定保留的车辆集中统一管理调度，保障必要公务出行。推进完善预算支出项目绩效评价体系，提升财政资金使用安全和运行效率，选取民生工程等项目开展重点评价。

（三山区财政局供稿）

芜湖经济技术开发区财政工作概述

【概况】2016年，芜湖经济技术开发区财政收入完成79.72亿元，为预算的102.3%，较上年增长10.5%，其中地方收入完成40.69亿元，为预算的121.9%，比上年增长25.5%。全年完成财政支出34.45亿元，为预算的107.9%，较上年增长4.3%。

【确保收入平稳增长】根据全年收入目标，坚持依法征收、应收尽收，密切关注财税体制改革发展势态，加强与税收征管部门的协调与联动，定期召开财税部门联席会议。加强与重点企业联系，摸清税源，掌握重点税源变化情况，形成上下联动、强化收入征管合力，确保财政收入平衡有序增长。

【完善财政管理体制】认真学习并按照新《预算法》要求，严格预算管理，细化预算编制，优化调整项目预算安排,突出重点保障项目,完善项目类别的使用,细化项目支出编制到经济科目;实现项目预算滚动管理,从严控制预算结转。完成街道办事处国库集中支付改革,完善区内行政事业单位国有资产信息化管理,开展区国有资产产权登记工作。规范财务核算,强化支出管理,严格支付流程。加强政府采购验收工作,分类管理,规范货物验收程序,将“三公”经费规范常态化管理。

【努力筹措争取资金】多方融资10.7亿元,其中,发行短期融资券4亿元,私募资金2亿元,银行贷款3.7亿元,信托融资1亿元。全年争取上级资金3.52亿元,其中省级资金1.26亿元,市级资金2.26万元。全年共发行地方政府债券8.94亿元,其中公开置换债券3.87亿元,定向置换债券4.15亿元,新增债券0.92亿元。

【加大扶持企业力度】积极宣传、落实各类企业奖励政策,全年拨付各类企业发展资金14.23亿元,其中包括:“一企一策”企业投资补助10.32亿元;兑付土地使用税奖励2.09亿元;购房契税及安家补助、自主创新、上市奖补、技术改造与创新、引进人才、战略新型产业引导等各项补助奖励资金1.82亿元。

【加强财政监督力度】进一步加强财政管理,规范财政行为,加强财政监督,配合市审计局完成2015年度财政预算收支执行审计,干部离任及任期经济责任审计;配合市审计局对2015年度保障性安居工程的投资、建设、分配、运营等情况进行审计;开展政府性投资项目竣工决算的审计工作;开展政府债务举借督查整改工作;进一步规范农村集体经济组织资金、资产、资源管理,委托中介机构对街道辖区内村居委“三资”以及债权债务情况开展审计工作。

【完善公车改革工作】根据车改方案,进一步完善公务用车改革工作。经开区管委会机关及所属街道办事处共参改人数166人,涉改车辆60辆,保留车辆28辆,封存车辆32辆。对司勤人员进行妥善安置,成立公务用车保障服务平台维达公共服务有限公司”,车辆、人员实行统一管理、统一调度。对涉改的38辆公务用车进行处置,其中19辆车按照规定进行报废,19辆车依据车改方案要求进行评估,并进行公开拍卖处置,处置收入11.8万元。

【构建和谐经开区】全面完成20项民生工程任务,共投入各类资金1.43亿元。在义务教育、大病救助、城乡医疗救助、社会救助、社会养老等方面加大资金投入。启动基层医改工作,扩大辖区内居民享受卫生计生基本公共服务的覆盖面。试点政府购买社区服务项目,探索日间照料中心公建民营新模式,加快发展养老服务产业,同时做好民生工程布置、宣传工作,强化责任落实和基础性考核工作,加大民生工程督导力度,保障民生工程资金经费。

【努力推进招商引财】为贯彻“调结构、转方式、促升级”战略行动计划,落实中央“三去一降一补”工作部署,拟定《芜湖经济技术开发区关于鼓励工业用地及厂房交易的奖励办法》,解决去产能过程中形成的闲置厂房、设备,构建新型创业扶持体系,推动产业转型升级;鼓励和引导企业实施“机器换人”;鼓励和支持企业品牌创建、结构优化和技术创新;全力支持企业上市,开展针对性服务工作。制定《经开区财政专项资金管理办法》《贯彻落实省、市政府促进经济持续健康较快发展系列政策若干意见》等政策文件,解决招商项目落地政府奖补纳税问题。

(芜湖经开区财政局供稿)

芜湖长江大桥综合经济开发区财政工作概述

【概况】芜湖大桥经济开发区财政局承担区财政管理、全区区属国有企业融资和资金支付审核、招投标管理、国有资产管理、会计核算等职责。

【加强税源管理】积极做好税源管理和征缴工作,结合全面推进营改增工作,配合区国税部门对区内税收征管户籍进行清理,对发现的不在本区管辖范围的部分纳税大户缴纳的税收,及时与国税等部门进行联系调整。配合税务部门对区内企业进行纳税知识培训。

【提高资金使用效率】强化资金调度和资金支付审核。按期归还各项借款本息。强化对工程款支付的审核,加强对工程款支付的事中审核,所有项目均经过决算审计,按审计结论和合同规定支付款项,提高资金使用效率。配合市财政局完成全市机关事业单位滥发津贴补贴专项整治工作。

【加强地方政府性债务管理】积极做好政府性债务管理和化解工作。建立区债务管理组织机构、制定加强地方政府性债务管理的实施办法、债务化解办法;做好政府性债务的清理和甄别工作、配合完成置换债券的审查工作和使用情况的专项检查及债务上报工作;完成政府性债务提前还款协议的签订工作。严格按照国家、省、市政府性债务管理规定,规范区政府性债务举债程序,每笔政府性借款业务都报经市政府批准同意,确保贷款程序规范、举债成本合规。

【加大民生投入】做好厉行节约,反对浪费工作。对照中央省市有关文件精神,加强费用控制,做好“三公”经费公示、上报等工作,接受各界监督。积极支持民生发展。积极参与融资方案的制定、修改工作,完成1210户棚户区改造任务,确保资金供应。利用相关政策盘活存量资产,用足政策,为经济平稳健康发展积极作为。

【强化招投标管理】严格招投标管理和制度完善。区财政牵头招标项目,采购单位、主管部门参加,区纪委监察室全程监督,全过程录音,接受监督。全年完成57项公开招标采购、货物网上竞价、工程项目审价中介机构招标,确保政府采购项目公平公正地进行。积极做好招标诚信评价工作。

(芜湖长江大桥综合经济开发区财政局供稿)

江北集中区财政工作概述

【概况】2016年,江北集中区主动理财,积极作为,财政各项工作完美收官。集中区全年累计实现财政收入16.1亿元(其中:中央收入9.5亿元,区级6.6亿元),较上年增加4.3亿元,同比增长36.4%。全年实现财政支出11.21亿元,较上年增加1.74亿元,同比增长18.4%。

【积极落实财政资金】依据相关支持政策,积极向省、市财政部门申请集中区专项发展资金,实际到位资金6.7亿元。充分利用现有财政政策,积极培植财源,增加财政收入规模和可用财力,促进实体经济和总部经济发展。积极争取省财政延长优惠政策期限,积极争取省级建设资金补助。加强预算管理,认真编制综合预算和部门预算,严格预算执行。完善财务管理制度,严格三公经费管理,把好审核审批关,控制各项费用支出。完善内控管理制度,严格财政资金的审核审批流程。加大金融监管力度,组织力量核查清理金融总部企业。

【加大省级所得税奖励工作】根据省委、省政府有关文件精神,在江北产业集中区新增企业缴纳的所得税省级分成的15%部分(中央60%、省级15%、市区25%),由省财政按照年度审核后返还。省财政奖励2015年度所得税省级分成1.47亿元,有力支持地方集中区基本建设和产业发展。

(江北集中区财金部供稿)

宣城市财政工作综述

宣城市财政工作概述

【概况】2016年,全市财政收入完成202.4亿元,增收13.5亿元,增长7.1%。其中,地方财政收入完成139.3亿元,增收7.8亿元,增长5.9%,占财政收入的比重为68.8%。全市财政支出完成254.6亿元,增支11.4亿元,增长4.7%。其中,财政民生支出完成221.5亿元,占财政支出的比重达87%。

【发挥政策效应】实施积极的财政政策,把握好稳增长与调结构的平衡,保持经济运行在合理区间,加强供给侧结构性改革,加快培育新的发展动能。实施减税降费政策。推进"营改增"试点,打通增值税抵扣链条,将所有企业新增不动产所含增值税纳入抵扣范围,确保结构性减税政策落到实处。落实涉企收费清单制度,清理规范涉企收费行为,重点清理与行政审批挂钩的经营性收费和中介服务类收费,减轻企业负担。推进房地产去库存。强化财税政策引导,推行棚改货币化安置。探索公租房资产证券化,推进公租房管办分离、租补分开、租售并举。兑现契税补贴和购房补贴,支持合理购房消费,支持房地产去库存。全年兑现契税及购房补贴1.8亿元,促进全市房地产市场健康发展。保持有效投资力度。强化项目支撑,围绕"三重一创",争取中央预算内投资和省补助资金24.2亿元,推动重大项目、重点企业开工,引导企业和社会资本加大投资。市本级统筹安排城市建设项目资金24亿元,推进城建重点项目加快建设,发挥区域核心城市优势,拉动区域经济增长。坚持"统筹、规范、创新、效益、共赢"五个注重原则推进PPP项目,撬动社会资本93.5亿元支持重点项目建设。持续扩大消费需求。兑现机关事业单位基本工资及退休人员基本养老金调整2.6亿元,足额发放各项惠农补贴资金12.9亿元。统筹资金0.6亿元加快培育现代物流、现代金融、健康养老、文化创意、体育健身等新兴服务业,支持中小微企业发展,扩大城乡消费需求。

【加大重点投入】持续加大财政支持力度,创新扶持政策,发挥财政资金引导作用,做大做强产业发展基金,撬动社会资本为全市"调转促"行动计划提供支撑,引导推动经济转型升级。促进重点产业发展。统筹整合产业发展基金、中央和省财政产业扶持资金等12.2亿元,灵活运用投资补助、财政贴息等多种方式,围绕"调转促"八大重点工程,加快推动战略性新兴产业集聚发展,支持核心基础零部件、高端装备制造、智能制造、新材料和新能源等重点产业升级步伐加快。推动文化旅游产业发展。把文化旅游产业摆到更加突出位置,统筹文化旅游产业发展资金1.3亿元,大力发展文化产业,推动基本公共文化服务标准化、均等化,提档升级文化惠民工程,优化提升城乡文化设施。围绕建设国家级全域旅游示范区,推进全市旅游产业"53116工程"和市本级"两轴三片区”建设。促进城乡区域统筹发展。争取中央和省财政支农专项、农业综合开发等资金12.6亿元，支持现代农业和农田水利基础设施建设。完成村级公益事业建设“一事一议”财政奖补项目729个，兑现财政奖补资金1亿元。政策性农业保险财政保费补贴0.6亿元，赔付1.3亿元。市本级统筹7亿元资金用于加快推进棚户区、“城中村”、城市危房改造和老旧小区综合整治，加快城市防洪排涝体系和重大水源工程建设。激活财政投入方式。发挥财政资金的引导和撬动作用，市本级设立规模7亿元的产业投资基金，带动社会资本投入，支持企业做大做强，支持国家战略性新兴产业、高新技术企业及科技成果转化企业发展。产业投资基金下设三支子基金成熟运作：一号基金完成宣酒集团、中鼎动力股权投资各1亿元；二号基金子基金火花基金成功运作，天使投资基金完成高科技创新团队及项目投资0.4亿元；三号基金兑现各类财政奖补资金1.4亿元。

【落实惠民政策】推动财政资金和政策的整合统筹，建立健全财政专项扶贫资金稳定增长机制，坚持守住底线、突出重点、完善制度、引导预期、精准帮扶，加大民生投入力度，让民众共享改革发展红利。持续加大民生投入。33项民生工程项目和10件民生实事有序推进，全市拨付民生工程资金56.7亿元，增长26%。补助类项目按序时进度足额发放，参保类项目有序开展，工程类项目全部完成目标任务。面对本年发生的历史罕见洪涝灾害，积极争取各类救灾资金1.2亿元，按照“特事特办、急事急办”的原则，开通“绿色通道”，确保各类救灾资金及时拨付使用。开展精准扶贫脱贫。坚持精准帮扶、精准脱贫，安排0.8亿元财政资金推进脱贫攻坚“八项行动”、单位包村、干部包户等扶贫帮困活动。统筹2.8亿元资金用于改善全市109个贫困村基本生产生活条件，因地制宜地解决好通路、通水、通电、通网络等问题，帮助培育特色支柱产业，提高贫困群众脱贫致富能力。促进社会事业发展。全市安排教育资金38.1亿元，支持教育优先发展；拨付就业专项资金1.3亿元，支持实施积极的就业政策；安排资金25.4亿元，深化医疗卫生体制改革，健全医疗卫生服务体系；安排资金3.4亿元，支持公共文化服务体系建设，支持博物馆、文化馆、图书馆免费开放；安排资金0.3亿元，推进城市数字化、精细化、网格化建设，提高城市综合管理水平；投入财政专项资金2.4亿元，加快美丽乡村和特色小镇建设。支持推进绿色发展。坚持生态立市、绿色惠民，树立“绿水青山就是金山银山”强烈意识，统筹安排资金1.6亿元，支持全国文明城市、国家卫生城市、国家节水城市等创建工作，加强城市基础设施建设，提高公共服务和保障水平，改善群众生活环境，打造有品有味山水生态之城。

【加快改革步伐】深化预算管理制度改革和税收制度改革，强化财政收支预期管理和财政资金运行管理，坚持依法理财治税，细化预算编制，规范项目预算管理，加快预算执行。深化预算管理制度改革。完善全口径预算管理，健全政府预算体系；实施中期财政规划，强化收入预期管理，增强预算前瞻性；深化零基预算理念，优化支出结构，保障重点支出；深化预算评审论证，创新评审方式，强化结果运用，不断增强预算安排的科学性和透明度，努力提高财政资金使用效益。推进预决算信息公开。完善预决算信息公开机制，出台市直部门预决算及“三公”经费信息公开工作方案。对经市人大审查批准的预决算数进行全面公开。建立信息反馈机制，及时回应和解释公开后社会公众的疑问，妥善处理反映的问题，及时采纳合理化建议。强化单位主要负责人预决算公开主体责任，建立完善预决算公开责任追究制度。推开“营改增”试点。全市财税系统完成2.4万户纳税人的信息移交、数据接收、信息核实、税务登记、政策培训、发票系统推行等工作。全年“营改增”四大行业累计税收入库9.3亿元。盘活财政存量资金。对长期趴窝资金一律收回预算，统筹安排其他支出。全市通过补充预算稳定调节资金、调整用途等形式共盘活财政存量资金14.4亿元，资金盘活率为97.8%。实施实有资金账户财政统管，开展财政资金竞争性存放，从细微处入手精细化理财，确保财政性资金保值增值，市本级年利息收入近亿元。

【法治财政建设】牢固树立底线思维，扎紧制度笼子，推进财政权力清单、责任清单和作风清单建设，依法接受人大监督，牢牢守住资金安全的底线，大力推进法治财政建设。坚持厉行节约。认真贯彻落实中央“八项规定”和省、市“三十条”要求，采取积极措施，大力压缩“三公”经费等一般性支出，努力降低行政成本。全市“三公”经费支出2.02亿元，同比下降14.8%。注重风险防范。严格执行政府债务限额，及时将下达的债务限额报人大常委会批准，严格在省财政厅核定的债务限额内举借债务。加强债务风险预警,按要求将一般债务和专项债务分别纳入相应的政府预算;密切关注债务风险预警指标,加强风险防控。加强资金管理。按照“1+5+X”(一个实施办法、五类配套文件和若干项专项资金管理办法)模式,规范和加强财政资金管理。市本级上线国库集中支付电子化系统,全市实施非税收入电子化缴库,从技术层面保障财政资金安全,提升财政资金管理水平。强化财政监督。建立健全覆盖所有政府性资金和财政运行的全过程监督机制,深入开展贯彻中央八项规定、“小金库”清理、财政预决算公开、涉农资金整治等专项检查,规范财政管理。建立财政内控制度,完善内部业务流程,规范权力运行,防范财政风险。

【全面从严治党】牢固树立“把抓好党建作为最大的政绩”理念,强化抓好党建是本职、不抓党建是失职、抓不好党建是不称职的责任意识。压实党建责任。将党建工作和财政业务工作同谋划、同部署、同考核。局党组召开党建和党风廉政建设工作会议3次,研究党建工作9次。制定党建工作要点,召开党的建设暨党风廉政建设工作会议安排部署工作。深化理论武装。组织集中理论学习20余次,开展专题党课6场,现场教学3次。开展“两学一做”学习教育、“讲看齐、见行动”、“观念更新”学习讨论、“五讲五强”和“四廉四引”主题教育。举办两期财政系统干部能力素质提升班,110余名市县财政系统干部参加学习;积极选调干部30余人次参加组织部门和省财政厅举办的各类培训。夯实组织基础。推行“实力、活力、压力、合力”为内容的“四力党建”,落实党的思想、组织、作风、制度和反腐倡廉建设各项任务。实施“机关党建规范年”建设,推进党建工作科学化、制度化、规范化水平。全年发展党员2名,培养发展对象1名。强化“两个责任”。把“两个责任”融入业务管理之中,层层签订党建工作目标责任书,推进“1533”党建行动计划。支持驻局纪检组突出主责、聚焦主业。强化《党章》《廉洁自律准则》和《纪律处分条例》等党纪法规学习,及时传达违反中央八项规定典型问题通报,到廉政教育基地开展警示教育,增强财政干部遵纪守法、廉洁自律意识。深化党建带群建。67名党员干部对口联系552户居民家庭,走访率100%。组织各类文明创建活动20余次,300余人次参与活动。积极参加共建点开展的“青年志愿服务日”、“慰问困难党员群众”、义务献血等活动。扎实开展“包保帮扶”助力精准扶贫,52名科级以上党员干部对接52户贫困户,资助资金6.2万元。加强队伍建设。全年提拔科级干部6人,向市委推荐提拔县处级干部3人。强化对管预算、管支出、管人事等关键岗位干部的日常管理,交流轮岗科室负责人5人次,其他干部12人次。开展任前廉政谈话2次、任前考廉2次,抓实廉政“第一课”。深化“严管就是厚爱”干部管理理念,开展“思想作风纪律”集中整顿活动。

(宣城市财政局供稿)

宁国市财政工作概述

【概况】2016年,财政收入首次突破40亿元大关,为41.4亿元,比上年增收2.33亿元,增长6.0%。全市完成财政支出38.02亿元,较上年增加7169万元,增长1.9%。获省级卫生先进单位和宁国市2016年度项目工作先进单位、向上争取项目资金工作先进单位、国家卫生城市创建先进单位、国家生态园林城市创建先进单位、旅游发展提速年活动先进单位、2011—2015年全市法治宣传教育先进集体等荣誉称号。

【完成收入任务】按照年初预算安排和目标责任制的要求,抓好组织收入工作,落实收入目标管理责任制和综合治税考核责任制,奖优罚劣,形成“千斤重担大家挑”的氛围,增强协税护税的压力和动力。完善财税联席会议制度,加强收入调度管理,实行月通报、季调度、年考评的财税工作分析考评机制。加强收入预算分析,准确把握经济运行过程中出现的新情况、新问题,确保预算收入任务的圆满完成。

【保障改善民生】按照“守住底线、突出重点、完善制度、引导舆论”工作思路,继续坚持把民生工程实施项目与老百姓最急需解决的问题结合起来,确保新增财力的主要部分用于保障和改善民生。全年投入1452万元资金建立民生工程建后管养长效机制,投入8.45亿元资金实施省定33项民生工程,按时保质完成民生工程年度目标任务。

【服务经济发展】全年对外融资40亿元,累计拨付各类项目及片区建设资金26.64亿元,保障全市基础设施建设任务实施,推进重点项目和园区建设。建立完善扶持产业发展“1+1+5+x”政策体系,拨付各类扶持产业发展资金1.81亿元,其中基地企业1.06亿元,兑付去库存购房补贴资金3400万元,力促企业"转型发展",增强经济发展内生动力。与省高新投签订基金投资战略合作,成立宁国市首支规模为1亿元的宁国中安创业投资基金合伙企业及宁国市中安辰星投资管理有限公司,成功实施两家企业股权投资1100万元。帮助中小企业拓宽融资渠道,担保公司在保余额达14亿元,其中"政银担"、"税融通"业务担保金额达6.8亿元。全年争取上级补助资金达7.4亿元。

【发挥支农作用】充分发挥财政支农职能作用,稳步增加支农投入,推进美好乡村建设,积极支持水利现代化建设,实施农业现代化工程,推动农业产业转型升级。坚持整合资金,因地制宜,稳步推进中心村建设工作,持续加大对旅游型、集镇所在地重点村的投入。实施农业"三项补贴"改革,发放"三项补贴"资金1545万元。努力提升农业综合开发水平,实施国家立项农业综合开发土地治理项目3个,国家立项农业综合开发产业化经营补助项目6个。争取上级财政资金2700余万元。全年通过"一卡通"发放惠农补贴项目28项,发放惠农补贴资金1.5亿元,惠及21万人次。积极发展农村公益事业,做好一事一议财政奖补试点工作和政策性农业保险工作,开展特色农业保险。出台《宁国市村级公益事业建设一事一议财政奖补工作操作规程》和《宁国市村集体经济发展基金管理办法》,探索发展村集体经济方式,促其发展壮大。

【推进财政改革】继续深化各项财政改革,稳步推进预决算公开,做好"营改增"扩围工作,坚持深化"开门办预算",首次邀请市人大、政协、监察、审计领导参与市住建委、市农委等7个群众和社会关注度较高部门预算项目公开评审。全年清理存量资金5300万元,制定出台《宁国市限额以下小型工程项目交易操作规程》,完成政府购买服务项目96个,采购金额2.44亿元,比预算节约5168万元,节约率21.18%。积极推进国有资产管理改革,开展国有资产清理核查,制定出台《宁国市国有资产监督管理暂行办法》。进一步规范政府性债务管理,2016年争取置换债券10.04亿元,有效缓解政府偿债压力。积极推进政府和社会资本合作(PPP),2016年推出8个PPP项目,总投资达52亿元,7个项目已落地,城北新城项目被列入财政部第三批示范项目。

【促进规范管理】印发《进一步明确了国库集中支付制度各方主要职责》,明确预算单位会计责任主体。推进两个园区及第七轮乡镇财政体制改革工作,研究并建议政府出台《宁国市经济技术开发区、港口生态园区财政管理体制实施意见》《宁国市第七轮乡镇财政管理体制实施意见》,加强基层财政管理。全年对金额达1.2亿元的2015年度新增债券项目及2015年度水库移民资金项目进行绩效评价,对乡镇财政资金和惠农补贴资金绩效评价开展自查。对三个行政事务单位的会计信息质量进行检查。对权责清单规范、监管细则和裁量权基准进行信息公开。牵头组织开展宁国市"财政专项资金安全检查"、"小金库"和"规范津补贴发放"专项清理。印发《宁国市财政局关于进一步规范农业财政专项资金支付管理的通知》,进一步规范农业财政专项资金支付方式和完善相关操作流程。根据《宁国市政府性资金存放银行机构管理考评办法(试行)》,对全市政府性资金存放银行机构进行两次调整,对1.54亿元纳入社保基金保值增值的资金,通过公开招标在商业银行进行定存。加强"三公"经费管理,2016年"三公"经费较上年同期下降13%。大力推进行政事业单位内部控制制度建设工作,着力促进单位内部控制制度完善。加强会计人员培训,提升会计专业水平,全年培训会计人员1000余人次,会计专、本科毕业生163人次。持续推进规范化财政所创建工作,西办财政所、宁墩财政所在省级规范化财政所创建中获表彰。4个财政所在市级规范化财政所创建中获表彰。

【加强党的建设】深入开展"两学一做"、"讲看齐、见行动"、"观念更新"学习教育活动。组织干部职工集中学习中纪委、省市纪委重要工作会议精神,参加全省财政反腐倡廉建设工作视频会议,结合财政领域出现的案件,深入开展廉政警示教育,组织局中层以上干部参观市检察院廉政文化教育基地。结合法治宣传宣传月,组织全体财政干部参加法治测试及政策培训后的测试,学习《预算法》《会计法》《政府采购法》《行政许可法》《安徽省财政监督条例》《档案法》等法律法规。在政府网站和部门网站上发布财政工作动态和政策文件,认真办理人大建议、意见和政协提案,回复群众的提问、建议和投诉。开展全国县级文明城市、卫生城市、平安单位等创建工作,开展网上在线学习、先锋在线等业务知识和法律法规的学习。大力推进财政文化建设,在“三八”、“五一”、“七一”、“元旦”期间机关开展工间操、党建知识竞赛、趣味游戏等一系列有利于职工身心健康的工会活动,形成在合作共事中加深理解,在相互支持中增进团结,巩固和发展上下同心、和谐奋进、凝心聚力干事业的良好局面。

(宁国市财政局供稿)

郎溪县财政工作概述

【概况】2016年,郎溪县完成公共财政预算收入23.36亿元,占年度预算的100.9%,增收15285万元,增长7%。完成支出30.87亿元,占年度预算的99.9%,增长7.5%。其中:县本级支出19.9亿元;乡镇级支出10.97亿元。

【强化收入征管】加强与国地税、人行的沟通联系,落实好收入征管分析制度,加强收入预期管理,确保收入依法征管、均衡入库。在加强对重点税源征管的同时,加大对零散税收的清缴力度,确保税收应收尽收,财政收入保持平稳增长,收入质量进一步提升。按照“三保三支持”(保工资、保运转、保民生,支持改革、支持基础设施建设、支持乡镇发展)要求,完成郎溪县2016年预算编制工作。积极构建“政府领导、部门配合、社会参与”的涉税信息交换与共享机制平台,进一步健全税源控管机制和手段,促进依法征税。加强税源监控,建立财政税收信息管理体系,及时掌握重点税源的生产经营和缴纳税款情况,实施动态管理。郎溪县综合治税涉税平台模块通过验收正式运行。深化非税收入收缴执行分析,全面把握非税收入变动趋势,确保非税收入预期管理按时上报。全县非税收入完成178778万元,完成年度预算的168.82%,同比减收46798万元,减幅20.75%。

【强化预算执行】建立健全预算执行月度分析,及时掌握预算执行动态,促进预算执行管理提速增效,逐步加快预算支出进度。落实财政扶持政策,简化流程、缩短时间,及时兑现各项优惠政策,累计办理各类扶持资金20047万元,支持企业进行技术改造和新产品研发,促进企业进一步发展壮大,推动县域经济发展。严格六项经费支出管理,建立全口径“三公”经费和会议费、培训费支出月统计报表制度,加强“三公”经费和会议费、培训费管理,严格控制预算执行。全年“三公”经费支出2063.1万元,比上年同期2064.37万元下降0.06%。加强地方政府性债务管理,建立工作机制,健全工作制度,严格按照要求及时上线地方政府性债务系统,更新债务信息,严控风险,防范隐患,结合债务类别、债务期限等因素,科学运用债务率等指标,对政府性债务风险进行动态监测、评估和提示。2016年到位债券资金180755万元,其中置换债券156941万元、新增债券23814万元。对建成、在建和拟建的政府公共设施等项目进行全面梳理和筛选,并与社会各界进行广泛交流与沟通,积极推进政府和社会资本合作PPP模式,拓宽基础设施建设、公共服务项目和新型城镇化建设投融资渠道,提高公共产品供给质量和效率。签约上报发改委的项目包括郎溪县污水处理厂及配套管网建设项目、S214郎溪段(含G235十字至七塔段规划线位)改建工程;向社会公开的储备项目包括郎溪县第二自来水厂项目、郎溪县老年服务中心项目、郎溪县梧桐湖公园项目。强化财政资金绩效管理。开展2015年财政资金绩效评价工作,对包括民生工程项目在内的22个项目实施绩效评价,涉及教育、社会保障和就业、医疗卫生、农业、交通等领域。

【支持服务发展】推进重点项目建设。2016年批复到位项目171个,到位财政性资金82851.04万元。其中:基础设施建设项目55个,资金34668.7万元;企业扶持及其他项目116个,资金48182.34万元。县财政局单独及联合其他部门申报、争取到位项目148个,到位财政性资金62476.48万元。开展政府购买公共服务。年初预算安排政府购买服务经费8064万元,比上年增加3149万元,增长64%。按项目实施进度拨付6079万元。2016年实施政府购买服务项目24项,增加学前教育幼师聘用、公办学校及幼儿园保安聘用、体育场馆对外开放运行及维护等公共教育、公共体育类项目。开展财政存量资金清理。累计将存量资金3085万元统一划入国库,主要用于水利工程建设项目及部分农业项目。扩大政府采购规模。2016年完成政府采购支出63454万元,节约资金9337万元,综合节约率12.83%,有效地降低财政支出,最大限度地发挥资金使用效益。实行小额担保贷款财政贴息。发放创业人员小额担保贷款5314万元,其中:微利项目贷款3266万元,未担保的劳动密集型小企业贷款1900万元,其他形式贷款

148万元。支付财政贴息资金214.75万元。推进中小企业信用担保体系建设。积极发挥财政职能,大力支持民营经济发展,促进经济平衡较快增长,省财政厅下达2016年省民营经济发展专项扶持资金1177万元,县财政按照要求及时安排配套资金1177万元,并将省级扶持资金和县级配套资金共计2354万元及时拨付至县中小企业担保中心,继续全部用于充实国有融资担保机构的国有资本金。开展预算部门会商。全年会商119次,协调解决涉及资金整合、综合治税平台建设、清费减负政策落实、民生工程实施、公车改革等方面问题。加强会计日常基础管理。做好会计从业人员服务,认真组织代理记账机构报备工作,全县按时完成报备工作的代理记账机构9家。

【保障改善民生】大力压缩一般性支出,集中财力保障民生、扶贫等重点项目,确保十三大类民生支出和八大类重点支出持续均衡增长。认真做好民生工程资金测算和统筹,建立资金多渠道、多元化投入机制,不断加大资金筹集力度,优先安排民生工程资金。通过调整支出结构、超收计划安排、压缩公用经费等方式及时足额安排配套资金,不留缺口。2016年投入民生工程财政资金5.5亿元,其中:县级配套资金1.45亿元,资金拨付率100%。开展一事一议财政奖补。2016年第一批一事一议项目92个,其中:道路建设项目83个,水利建设项目4个,文体建设项目4个,环卫项目1个,总投资1692万元,其中:财政奖补资金1089万元,全部完工。做好政策性农业保险工作。2016年午季小麦投保26.19万亩,油菜投保1.95万亩,水稻投保面积34.43万亩,特色险烟叶投保8963亩,大棚蔬菜投保206.92亩。森林保险公益林投保4.74万亩,商品林投保0.57万亩。针对6月份洪水及内涝造成的灾情(农作物受灾面积45.41万亩,成灾面积34.87万亩,绝收面积15.35万亩),启动《郎溪县政策性农业保险大灾理赔应急预案》,开通快速理赔绿色通道,两次理赔现场会现场赔付1506.21万元。截至12月底,水稻理赔14.24万亩,理赔资金总计3005.03万元。推进美丽乡村建设。2016年预算安排配套资金2662万元,除农村清洁工程专项资金直接拨付至各乡镇(开发区)及相关部门外,剩余资金已全部拨入专户管理。做好惠农补贴资金管理和发放工作。2016年度全县打卡发放财政补贴农民资金20542.67万元。开展2016年资金整合工作。以精准扶贫、脱贫攻坚、美丽乡村建设中心村以及小农水提升工程为资金整合重点,结合各部门已申报和在实施的财政支农项目实际情况,修订《郎溪县财政支农资金整合工作方案》。争取土地治理项目和产业化经营项目。在上年批准立项实施的12个农业综合开发项目基础上,向上争取两批次土地治理和产业化项目,共争取到位财政资金2814万元。促进社保基金保值增值。合理确定中长期存款数额,切实优化基金定存占比,全年综合收益率达到3.71%。加快医药卫生体制综合改革。按照财政经费定项补助政策,足额安排乡镇卫生院编制内在岗人员、离退休人员经费3292.9万元。建立完善全县村医生活补助工作机制,按照财政部门职责,保障退出村医生活补助正常发放。

【加强监督管理】开展预决算公开检查、财政系统内部"小金库"专项治理、非税收入管理检查、县农民负担检查。认真开展"两学一做"学习教育。深入推进反腐倡廉建设,加强思想道德修养,加强党性教育,强化干部廉洁自律和廉洁从政观念,以最严格的标准和措施治理作风问题,坚决防止"四风"问题反弹,在思想上筑牢拒腐防变的坚强防线。完善内部管控。加强预算收支管理,规范财政运行,完善内控制度,规范职责权限,优化运行流程,提升财政工作质量和效率。积极探索财政内部监督,成立内部控制委员会,加强内部控制工作领导,编制财政系统内控总体方案,规范机关内部控制行为。科学界定各职能部门行政职责,厘清权力目录及权力运行流程,开展规范性文件清理和制度的立、改、废,坚持定期轮岗、交叉任职,形成较为完善的机关工作运行和监督防控机制。认真开展财政普法工作,切实加强政务公开,增强服务意识、服务能力和服务效能,自觉接受人大、政协、纪检、审计和社会的监督。

(郎溪县财政局供稿)

泾县财政工作概述

【概述】2016年,全县财政收入完成18.62亿元,增幅10.54%,财政总收入居全省第34位,与上年持平;增幅居全省第36位、连续3年全市第1位。其中,地方财政收入完成12.1亿元,增幅5.24%。

【突出重点支出保障】全县公共财政支出完成

26.2亿元,增支1.7亿元,增长7.2%,增支重点集中在教育、社保、科技、节能环保、城乡社区等民生领域,其中:教育支出完成5.1亿元,增长17.4%;社会保障和就业支出完成4亿元,增长8%;节能环保支出完成6220万元,增长9.8%;农林水支出3.9亿元,增长13%;城乡社区支出完成3.4亿元,增长124.6%。"三公"经费得到有效控制,印发《泾县"三公"经费和会议费预算管理暂行办法》和《泾县国家机关、事业单位差旅费管理办法》等制度,开展"三公"经费使用情况检查,强化"三公"制度管理,严格预算执行,进一步厉行节约、反对浪费,增强预算刚性约束,全年"三公"经费支出1745万元,比2015年下降19%。各项预决算全面公开,认真抓好政府财政预决算、部门财政预决算、"三公"经费预决算信息公开工作,全县65个一级单位于3月20日前公开2016年度部门预算和"三公"经费预算控制数,公开2016年度县本级预算和"三公"经费预算控制总数;8月31日前,公开2015年度部门决算和"三公"经费决算数,公开2015年度县本级决算和"三公"经费决算总数。

【严格方解石规费管理】持续推进方解石规费征管,规范非税收入管理,加强监督检查及重点收入来源监测,严格落实以票管收、源头控收,保障非税收入依法及时、足额征收。重点加强矿山、河砂整治工作,杜绝原矿外运。2016年全县方解石共计量170.95万吨。同时,创新非税收入缴库方式,全面实现非税收入缴库电子化,全年方解石规费收入3471万元,比上年增长81%。

【精心实施民生工程】保障民生领域投入,33项民生工程全年投入6.9亿元,占年初预算的100%。紧紧围绕扶贫脱贫攻坚、"三农"工作、创业就业、社会保障、教育文化、其他城乡公共服务等方面,以项目化手段、工程化措施大力组织实施,坚持有保有压、突出重点,加强资金监管,建立起民生工程资金稳定投入机制。狠抓民生政策落实,完善惠农补贴"三位一体"发放模式,发放惠农补贴21项1.6亿元;2016年审核、调整并报请县政府批准实施"一事一议"项目103个,总投资1627.8万元。政策性农业保险工作有效开展,全年种植物类累计投保30.8万亩、森林保险累计投保66.6万亩。积极开展特色保险,烟叶特色保险投保1万亩,茶叶0.5万亩。

【全力服务县域发展】向上争取财政支持,积极争取转移支付及经建、社保、教育、农业、农发、企业、旅游等各类专项资金支持,全年争取项目64个金额1.6亿元,争取上级转移支付资金12.4亿元,争取省调度资金11.3亿元。拓展融资担保机构服务功能,增加注册资本至1.8506亿元,在保企业163户(次)余额4.6亿元,合作银行7家,大力推进"4321"新型政银担、"税融通"担保业务,规范担保流程,降低担保费率,支持企业发展。发挥国投公司职能,全力推进青弋江城区段综合开发项目,资金到位2亿元。推进农业综合开发,土地治理云岭项目开工建设,两年土地治理总投资达4662万元;2015年产业化项目9个,项目计划总投资949万元,其中财政资金594万元,自筹资金355万元,7个项目建设完成。规范革命老区项目,规范项目申报、绩效评价,对各乡镇上报的项目进行现场查看、论证排序,经县政府批复确定涉及民生事务的10个项目上报省财政厅备案,项目计划总投资1961万元,其中申请中央财政资金1477万元。服务企业奖励政策,推进工业企业技改升级,确保支柱企业增产增效,夯实税源基础,安排支持工业经济发展奖励资金3800万元,民营企业发展资金2806万元。助力脱贫攻坚工作,落实精准扶贫政策,制定出台泾县产业扶贫项目和资金管理办法、资产收益扶贫的指导意见、统筹整合资金支持脱贫攻坚工作办法等一系列文件制度,全年共筹集财政扶贫资金6296.1万元,统筹整合涉农资金2.3亿元,其中用于支持脱贫攻坚资金为1.0亿元,占可统筹涉农资金比例为45%,集中财力,捆绑使用,用于解决34个建档立卡贫困村产业帮扶和基础设施建设,改善贫困人口人居环境和生产条件,推动优势产业规模连片发展,直接带动贫困群众增收,完成2016年全县脱贫攻坚任务。

【强化监督管理】严格落实预算管理,加强预算执行分析,按时序进度审核单位用款计划,规范资金拨付,加强单位经费补给核算,对照预算安排摸清单位支出规模,做到预算管理与经费保障的协调统一。认真履行财政监督职责,不断完善监管制度,积极开展县级财政监督检查,制定年度财政监督检查专项计划,涉及收入监管、预算管理、民生工程、扶贫项目、税源调查、会计信息质量检查、财政内部监督检查等内容,开展贯彻中央"八项规定"、严肃财经纪律和"小金库"专项治理工作;会同相关部门进行涉农资金全面清理,组织开展县内重点资金检查,迎接省重点抽查工作。规范政府采购工作,按照“规范采购行为,提高资金效益,促进廉政建设”的目标要求,按照预算外资金“收支两条线”和专项资金“财政报账制”的规定,实行采购资金源头控制,并通过国库集中支付手段对政府采购资金实行管理;实施“电子化政府采购管理系统”,全面启动电子化手段开展政府采购业务。加强乡镇财政监管,完善乡镇财政国库集中支付管理,联系村干部监管涉农资金工作在全县范围内全面开展。强化会计信息管理,对全县代理记账机构开展信息报备和实地检查工作,并完善现有的会计人员信息管理系统。

【稳步推进财政改革】加强政府部门债务管理,按照财政部专员办要求再次组织城建、交通、教育、卫生等部门对所涉及债务进行债务资料的整理归集并及时报送专员办审核,实事求是地反映全县债务情况,争取政府转贷债券资金9.3亿元,其中:新增债券6855万元,置换债券8.6亿元。全面开展财政结余结转资金清理,对结转结余两年以上的存量资金,一律收回财政统筹使用,全年盘活财政存量资金1.1亿元。推进国有资产管理改革,出台《2016年全县行政事业单位国有资产清查工作方案》,完成全县行政事业单位国有资产清查工作,摸清家底,为行政事业单位国有资产改革打下基础;结合公车改革,加强对公务用车的处置管理。深化国库集中支付改革,健全预算执行动态监控机制,规范财政专户和银行账户的管理,严格账户设立、审批、核准制度,严格执行国库资金安全管理办法,确保资金拨付效率和运行安全。加快县公务卡制度改革,继续完善公务卡制度,提高公务支出透明度,节约财政资金。推动政府购买服务运行,调整完善政府购买服务指导目录,开展“送戏进万村”文艺演出、“城区违建拆除”、有关乡镇农村保洁工程等项目。

【开展“两学一做”学习教育】把开展好“两学一做”学习教育作为核心政治任务来抓,精心组织、周密安排,取得丰硕的认识成果、实践成果和制度成果,健全机关内部管理制度,强化队伍作风建设,展现健康向上的财政党员干部和廉洁高效的政府职能机关形象。

(泾县财政局供稿)

绩溪县财政工作概述

【概况】2016年,全县完成财政收入9.74亿元,同比增长7%;财政支出完成16.1亿元,同比增长12.6%。

【强化征收管理】全面了解宏观经济运行情况,认真分析影响预算执行的各种因素和条件,准确预测收入,掌握收入动态,实时加强收入调度,提高预算执行水平。加强非税收入征收管理,分析收费政策调整、县域经济发展对非税收入的影响,增强政府统筹能力。通过政策引导和资金扶持,巩固基础财源,培育后劲财源。做好重点税源和税种变动的监测与分析,努力提高税收收入占财政收入的比重,提高税收质量。积极与上级财政及有关部门沟通协调,争取财政奖补资金和政策支持,增强财政实力。

【保障民生支出】坚持以保障民生为重点,进一步调整和优化财政支出结构,增加公共财政对社会事业和民生项目投入,促进社会事业全面发展。投入教育支出26715万元,支持教育事业均衡发展。兑现社会保障、就业、住房保障等资金14570万元,提高城乡居民生活保障标准。安排医疗卫生保障资金15015万元,支持医疗卫生事业发展。足额安排地方配套资金,投入41817.28万元全力推进33项民生工程顺利实施。

【支持经济发展】发挥财政政策、财政资金导向作用,引导和促进全县经济健康发展。争取各类民营经济发展专项资金、创新资金,设立风险补偿资金、续贷过桥资金,积极落实招商引资优惠政策,完成中小企业融资担保机构公司化改革,采取“政银担”、“税融通”等多种形式有序拓展担保业务,大力积极支持企业发展。加强工作配合,争取各类建设发展资金和各类专项转移支付资金,重点支持环境保护、基础设施和地质灾害防治、新安江流域生态补偿等项目,经济建设投入力度进一步加大。推进政府和社会资本合作(PPP模式),着力破解城市建设发展融资难题。充分发挥融资平台作用,拓展融资渠道,促进家朋乡小流域治理等项目的推进实施,倾力服务县域经济发展。

【落实惠农政策】加大支农资金整合力度,增加“三农”投入,积极推进美丽乡村建设协调发展。“三农”资金投入力度不断增加,共完成农林水事业投入

25202万元。完成政策性农业保险工作目标,实现农业保险全县区域全覆盖。加强涉农部门协调配合,落实“一卡通”管理责任,严格执行操作规程,发放财政补贴农民资金项目18个、金额10074万元。抓实农业综合开发项目建设,组织落实国家农业综合开发项目计划4个,总投资822万元。大力推进“一事一议”财政奖补工作,投入资金878万元,完成奖补项目82个。全县美丽乡村建设计划总投资15295万元,其中计划建设省级中心村5个,乡镇政府所在地整治村6个,完成规划编制和项目立项,进入项目招标和设备采购阶段,整体工作有序推进。

【助力脱贫攻坚】全年参与审批扶贫项目92个、实施143个,拨付财政专项扶贫资金2507.6万元,其中拨付到户扶贫项目补贴资金568.93万元,实现12个贫困村出列、2908名贫困人口脱贫年度目标任务。县财政先行安排易地扶贫搬迁专项资金426万元,推动全面完成54户、104人易地扶贫搬迁工作任务。对建档立卡贫困家庭在校学生教育资助,发放财政资助资金44.65万元、贷款3.7万元,受助学生463人次;落实在校贫困大学生生源地助学贷款5人、3.7万元。主动参与贫困村的帮扶活动和“百名干部联百村”活动,投入帮扶资金55万元,帮助协调项目资金1400万元,实施帮扶项目3个,增加贫困村收入5万元;县财政确定包户科级干部11人,共走访70人次,送温暖慰问金及等实物,实施帮扶措施36条。

【加强财政监管】加大信息公开的力度,积极推进财政预决算和“三公”经费信息公开,印发《2016年部门预算及“三公”经费公开工作方案》,按时公开2016年预算和2015年决算及“三公”经费信息,接受社会各界监督。加强公务支出管理,贯彻落实《党政机关厉行节约反对浪费条例》,规范全县差旅费的支出管理,修改出台《绩溪县县直单位差旅费管理办法》,明确差旅费报销补助标准,加强“三公”经费支出监管,确保财政资金规范支出。加强政府采购预算和管理,扩大政府采购范围和规模,细化采购流程,推进政府采购科学化、精细化管理。扎实推进非税收入规范化、科学化管理,采取多渠道拓宽征收途径,加强协调配合,齐抓共管,合力征收。开展会计信息质量检查、严肃财经纪律检查,加大财政监管力度,确保专项资金专款专用。开展全县涉农资金专项检查活动,及时发现和整改问题。

【抓好财政管理】积极推进政府购买服务,扩大政府购买公共服务实施范围,提高公共服务供给质量和财政资金使用效率。加强政府性债务管理工作,建立政府性债务管理平台,完善政府性债务计划管理制度,有效防范债务风险。积极盘活财政存量资金,制定《关于进一步推进清理盘活存量资金工作的通知》《进一步加强财政结余结转资金管理的意见》文件,加强预算支出指标和预算执行管理,提升县级财政结转结余资金管理水平,进一步提高财政资金绩效。加强乡镇财政管理,印发《关于进一步完善乡镇财政管理体制的意见》,创新乡镇财政为民服务方式,开设综合性服务窗口,推进网上办事,简化操作流程,减少办事环节,贯彻落实财政政策,维护广大农民群众的切身利益。加强与人大代表联系,自觉主动接受人大和社会监督,积极推进法治财政建设。认真总结评估“十三五”财政规划首年执行情况,进一步研究提出“十三五”财政规划建议,科学谋划财政发展“十三五”。

【加强机关作风建设】加强干部学习、培训、岗位锻炼和工作交流,全面提高财政干部政治素质、业务能力和职业道德。加强作风建设,落实党风廉政建设两个责任和领导班子“一岗双责”,扎实抓好党风廉政建设。制定《绩溪县财政局党组关于落实党风廉政建设党组主体责任和纪检组监督责任的实施办法》,落实党组主体责任和纪检监督责任。落实领导干部廉洁自律制度、领导干部重大事项报告制度、审批制度和外出报备制度,贯彻落实八项规定和我县关于改进工作作风、密切联系群众的各项规定。开展“两学一做”专题学习、“讲看齐、见行动”和“观念更新”学习讨论活动,开展行风巡查、文明创建、财政帮联、工作会商等系列活动,不断提高服务质量和办事效率,提升财政部门良好形象。

(绩溪县财政局供稿)

旌德县财政工作概述

【概况】2016年,全县财政收入完成7.21亿元,完成年初预算的102%,比上年增加5380万元,增长8.1%。公共财政预算收入完成53582万元,完成年初预算的103.2%,增长9.5%。全县公共财政预算支出13亿元,比上年增加6938万元,增长5.6%,完成调整预算支出的99%。

【推动经济社会发展】筹措资金，保障重点民生建设，全年财政民生支出107793万元，其中33项民生工程支出22806万元。财政民生支出占一般公共预算支出总额82.9%。加快现代农业发展进程，完成2015年500万元茶叶现代农业产业化项目，谋划实施2016年茶叶项目，农业综合开发累计完成财政投资1880万元，2015年农发项目顺利通过省市验收，项目区生产条件改善，农业产业结构优化，年新增粮食380万公斤，农民人均增收160元。扎实开展脱贫攻坚，全县精准脱贫工作共投入资金4498万元。其中专项扶贫资金1606万元，整合农业综合开发、灾后重建、"一事一议"财政奖补资金、扶持村级集体经济发展项目资金、移民后扶项目等涉农资金2892万元投入脱贫攻坚。加强惠农补贴资金发放管理，发放惠农补贴资金32项8024万元，享受补贴158648人次，完成农业支持保护补贴发放工作，全县发放农业支持保护补贴1361.45万元。大力支持农村经济发展，完成一事一议财政奖补项目68个，受益人口12.6万人，积极开展扶持村级集体经济发展试点工作，在全县10个村发展村级集体经济项目，项目计划投资1426万元，其中财政补助资金1000万元，全县农村综合改革示范试点工作根据省厅要求，重点解决农村基础设施维护、村级环境治理和村级社会事务管理、农村教体设备维护等问题。充分运用奖励、担保、贴息等财税政策，大力支持实体经济发展和产业结构调整，拓宽融资渠道，积极筹措资金投入城市发展基础设施建设。在年初预算中设立产业发展基金11300万元，重点扶持符合县产业发展规划的行业，并经县十六届人大第五次会议审议通过。发挥各融资平台融资作用，与金融机构积极沟通对接，融资项目10个，融资款金额267600万元，年内融资到位资金57900万元。国投拨付城市建设发展资金63600万元，其中：拨付城市征迁指挥部征迁款9000万元，城市建设资金54600万元。积极推广运用PPP模式，高铁新区基础设施一期PPP项目完成投资约15425万元（含征地拆迁），其中：灵芝公园完成投资1400万元，S217西迁工程完成投资10000万元，和平路西延工程完成投资4025万元。

【深化财政体制改革】全面推开"营改增"试点。加强部门合作，畅通改革渠道，搭建"营改增"工作平台，抓好个个重要环节、时间节点，全力以赴完成改革任务；分析"营改增"对财政收入的影响，预测"营改增"对四大行业239户企业税负影响。认真研究中央与地方增值税收入划分过渡方案，确保地方既得财力不受影响；加强营改增试点情况跟踪分析，及时掌握试点运行情况，从税收收入、国内增值税收入、改征增值税收入等方面分析收入总体情况、变化趋势。推进预算信息公开。扩大公开范围、拓展预算信息公开领域、细化预算公开内容、推进基层预算信息公开、规范预算公开方式，将预算公开贯穿预算改革和管理全过程，加快预算批复进度。细化公开内容，财政拨款基本支出全部细化公开到经济分类最底层的"款"级科目，更为细致地"晒账本"。规范预算信息公开形式，按照统一的预算信息公开文本格式，并确保预算公开醒目可查，保持长期公开状态。对部门预算及"三公"经费预算安排情况、预算收支增减变动情况进行了解释说明，确保社会公众能看得懂"账本"，有效保障公众的知情权、参与权和监督权。2016年全县十个乡镇预算首次向社会公开。分步推进政府购买服务。根据省市《政府向社会力量购买公共服务指导目录》，在充分论证和广泛征求意见的基础，制定购买服务的具体实施目录，每年度对具体实施目录进行调整。政府购买服务实施12个项目，支出891万元，主要集中在城市清洁、政府审计、平台运行维护等行业。高效规范完成政府采购任务。通过做好做细采购前的准备工作、政府采购信息发布公开工作、严肃采购程序工作，全县采购778笔，规模预算50374.8万元，实际采购资金44046.8万元，节约资金6328万元，资金节约率为12.56%。其中：协议供货469笔，采购预算631万元，实际采购资金521.2万元，占总采购量的60.3%、占采购总额的1.18%。配合机关事务管理局通过公开招标确定公务用车的定点维修点、保险公司。

【加强财政管理职能】加强国有资产清查管理。对全县行政事业单位国有资产进行全面清查，完成执法执勤车辆编制核定及公务交通补贴财政预算工作，车改后核定全县执法执勤车辆编制数75辆，其中特种专业技术用车编制10辆。配合县机关事务管理局对定向化保障用车车辆移交县机关事务管理局，达到报废年限的车辆申请报废，其他车辆全部进行公开拍卖，拍卖收入全部缴入国库，不断加强国有资产规范审批和公开处置。加强财政监督管理。在财政系统开展小金库和财政资金安全检查，制定《旌德县财政局内部控制基本制度（试行）》，《旌德县财政局内部控制委员会议事规则(试行)》。在预算编制和执行,机关运转和岗位利益冲突四个方面制定内部控制办法,开展执法人员资格验审工作,对重点企业的税源进行调查统计。规范政府债务管理。年末全县政府债务余额10.81亿元,或有债务余额6045万元。省下达三个批次政府置换债券资金30944万元;其中:向社会公开发行债券26444万元,定向发行政府置换债券4500万元,并完成存量债务置换工作。年度新增政府一般债券资金2280万元,新增政府专项债券资金为3479万元,严格按照债券资金使用范围,用于重点城区公益性建设项目支出。

【完善干部管理机制】按照政治坚定、开拓创新、求真务实、勤政廉政、团结协调的要求,不断加强财政干部队伍建设。认真学习并自觉遵守《党章》《准则》《条例》,深入学习近平总书记系列重要讲话精神和党的十八大,十八届三中、四中、五中、六中全会精神,坚持把党风廉政教育培训列入财政干部教育培训计划,着力筑牢财政干部队伍防腐拒变思想防线。健全选贤任能的机制,加强重要岗位干部交流轮岗,认真贯彻党政领导干部选拔任用工作的有关精神,牢固树立公道正派的选人用人观,不断完善竞争上岗制度。重视干部培训工作,重点抓好财政业务知识培训、学法用法和依法行政培训、公共管理知识培训、计算机技能培训,大力推行全员教育。

(旌德县财政局供稿)

宣州区财政工作概述

【概况】2016年,宣州区全年实现财政收入35.45亿元,较上年增收2.03亿元,比上年增长6.1%。其中:地方一般预算收入完成25.5亿元,比上年增长6.4%。

【开展挖潜增收】全面实施"营改增",会同税务部门加强对建筑、房地产、金融、生活服务等行业原有营业税的清理,摸清税源底数、夯实税收基础。建立税收台账,掌握税源动态。加强对重点税源和主体税种的监控,加大对矿山企业税收监管力度,防止税收流失。建立财、税、库会商制度,定期分析研究收入形势,解决征收管理中的问题。推行国、地税联合办税,提高办事效率,减少税收漏洞。

【保障民生支出】全区一般公共预算支出完成44.5亿元(含上级转移支付资金支出),较上年增长3.5%。推动社会事业发展,足额保障基本公共教育支出,安排义务教育保障经费0.7亿元;加大社会保障投入,发放城乡居民基本养老保险资金1.2亿元、农村低保0.6亿元、五保供养0.3亿元;重点保障基本医疗卫生投入,全年区本级财政落实基层医疗卫生机构财政补助资金0.6亿元、新农合补助资金和城镇居民医疗保险资金0.3亿元;丰富群众文体生活,拨付公共文化场馆免费开放等资金0.1亿元;落实基本住房保障投入,统筹安排棚户区改造资金1.1亿元、危房改造资金和城镇保障性安居工程专项资金0.1亿元;整合统筹各项专项资金0.5亿元,专项用于脱贫攻坚支出;统筹安排文明创建活动经费0.8亿元。全面实施33项民生工程,投入资金14.35亿元,其中区级财政配套资金2.7亿元,比上年增长58.8%。2016年,宣州区民生工程工作获评全省民生工程绩效奖补先进县(市、区)称号。

【推进财政改革】完善区乡财政体制改革。按照"划分收支范围、核定收支基数、实行定额补助、超收分成、短收自补"原则,在2015年10月至2016年1月开展的全区税源调查摸底的基础上,重新划分区乡收支范围和收支基数,理顺财政分配关系,调动乡镇办事处培植税源和组织收入的积极性。实施预算项目评审改革。研究制定《政府投资项目管理暂行办法》和《宣州区本级项目支出预算评审实施暂行办法》,完善政府投资项目储备库和年度计划管理,开展部门项目预算评审工作试点。邀请部分人大代表、政协委员和有关专家组成项目预算评审组,对9个区直部门的12个2017年度项目支出预算进行评审,并将评审结果作为预算安排的重要依据,提高预算编制的科学化、精细化水平。开展财政资金绩效评价。制定《宣州区财政预算支出绩效评价管理暂行办法》,围绕宣州区重点项目、财政管理的重点领域、项目支出的重点部门开展绩效评价。重点对2016年义务教育基础信息化、农田水利改造提升工程、城乡医疗救助、"一事一议"财政奖补以及农村危房改造五个项目开展绩效评价,评价结果作为核定部门预算的重要依据。积极推进农村综合改革、国库集中支付改革以及国有资产管理改革等其他改革。

【支持服务发展】完善财政扶持政策体系。设立产业投资基金,成立由区长任组长的宣州区投融资管理委员会,研究制定《宣州区产业投资基金管理办法(试行)》及其具体实施细则,拟定对宣酒集团1亿元跟进投资方案。其中,第一期股权投资款0.5亿元到位;统筹安排资金1亿元,完成安徽云乐新能源汽车有限公司、宣城普益力能新能源科技有限公司的股权投资,发挥财政资金的引导和激励作用。对各类区级财政奖扶资金全面进行梳理、整合、分类,制定《宣州区促进产业发展若干政策》,完善宣州区财政扶持政策,优化投资发展环境。加大财政扶持经济发展力度,安排0.2亿元工业发展专项资金,兑现契税、城镇土地使用税等先征后返资金0.9亿元,累计兑现各类实体企业财政奖补0.16亿元,拨付企业创新型省份建设项目配套资金0.02亿元,助力企业科技创新和转型升级。大力推广PPP模式。制定出台《宣州区政府和社会资本合作(PPP)工作方案》及运作流程。全区共5个PPP项目,其中,狸桥镇污水管网建设项目及水阳镇污水处理厂项目处在运营阶段,马山生态陵园建设项目处在执行阶段,宣州区水资源保护综合整治项目及宣城市信息工程学校体育场馆建设项目处在识别阶段。加大园区建设投入。安排地方政府置换债券归还园区到期债务2.83亿元,减轻园区还本付息压力。增强融资担保服务力度。落实民营经济发展专项资金0.25亿元,增加宣城市振宣中小企业担保公司资本金,提升担保公司服务能力;率先建立"4321"政银担风险新机制,与八家银行签订银政担合作协议。为宣州区97户中小企业提供担保贷款318笔,金额达12亿元,缓解中小企业融资压力。注资瑞丰农业担保公司0.1亿元,提升融资服务能力,支持现代农业发展。加大财政资金统筹力度。共清理盘活财政存量资金0.9亿元,统筹用于脱贫攻坚、民生支出等重点领域。

【规范财政管理】制定出台《宣州区财政局内部控制基本制度(试行)》《宣州区财政局内部控制委员会议事规则(试行)》等制度办法,推进管理工作规范化。2—4月份,开展财政资金安全检查,对检查工作中发现的各类问题,及时督促整改,强化制度建设,落实责任追究制,确保资金运行安全。加大互查互审和涉农资金监管力度,6至11月,分两次从支出管理、内部控制、固定资产、档案管理等八个方面开展乡镇财政所(分局)业务检查,将查出的问题在内网公开,并要求认真整改。政府预决算、部门预决算和"三公"经费预决算等信息在政务网站上完成公开。

【推进党建工作】扎实开展"两学一做"学习教育,通过集中学习、个人自学和专题辅导讲座等形式,深入学习党章、党规以及习近平总书记系列重要讲话特别是视察安徽重要讲话精神。全年开展中心组集中学习13次,党员集中学习18次,开展谈心谈话310余次。分别举办"坚定理想信念,明确政治方向"、"坚持根本宗旨、发挥党员作用"、"坚守纪律底线、培养高尚情操"三个专题讨论,从严查摆不足,明确整改方向。召开专题民主生活会,从工作出发开展批评和自我批评,认真落实问题整改。开展"提升三大能力,把握四个着力点"专题活动。坚持学习教育与工作推进相结合,先后举行"乡镇财政岗位业务能手"评比、"争做优秀财政干部"主题演讲比赛以及"财政业务大比武"活动,营造比学赶超、干事创业的氛围。开展"践行新发展理念,学习对接苏浙沪"观念更新活动和"讲看齐、见行动"学习讨论。全体财政干部撰写200余份观念更新学习讨论心得体会及"我为财政献一策"材料,为财政工作发展献计献策,推动党的建设和财政工作上水平、上台阶。2016年,宣州区财政局获"全市先进基层党组织"光荣称号。

【加强队伍建设】加强财政干部培训。组织宣州区财政系统干部开展春季业务培训。牵头举办区直部门财务人员培训班,并组织局机关部分人员赴上海、北京等地参加相关培训,促进理念更新、提升业务水平。树立优质服务理念。全年发放会计从业资格证376件,换证218件。区政务中心财政窗口两次荣获"红旗窗口"称号,两名窗口工作人员获上半年"先进个人"称号。做好干部提拔和交流轮岗。提拔进班子成员1人,提拔科室负责人4人、提拔科室副职5人,提拔所长(分局长)5人、提拔副所长(副分局长)5人。全年安排交流轮岗7人,机关中层干部交流轮岗实现全覆盖,干部队伍年龄结构和知识结构得到优化。

(宣州区财政局供稿)

铜陵市财政工作综述

铜陵市财政工作概述

【概况】2016 年,全市财政系统深入开展“两学一做”学习教育和“讲看齐、见行动”学习讨论活动,牢固树立新发展理念,以“服务发展年”活动为抓手,积极应对经济持续下行压力,始终坚定信心、主动作为、攻坚克难,着力稳增长、调结构、惠民生、促改革、防风险,全年财政收支平稳运行,保障能力持续提升。全市财政收入完成 153.8 亿元,增长 5%,增幅高于年初预期 2 个百分点;全市财政支出完成 151.1 亿元,增长 6%。铜陵市节能减排促进转型发展受到国务院大督查通报表扬,节能减排财政政策综合示范市绩效考评荣获全国优秀等次第一名。

【提高保障能力】认真落实“1 + 5”财政收入预期管理措施,建立“日跟踪、周会商、旬调度、月通报”工作机制,强化非税收入管理,着力扩大财力规模,实现收入有质量、可持续。地方财政收入完成 80.7 亿元,增长 8.4%,地方收入连续三年超过上划中央收入。统筹管理各类政府性资金,将社保基金及政府承担管理责任的住房公积金、物业维修基金及各类保证金纳入管理范围,并将保值增值工作纳入政府目标考核体系,市本级政府性资金保值增值收益达到 1.8 亿元。全面清理存量资金,统筹使用盘活资金 8000 多万元,使用率 100%。强化国有资本经营预算管理,上缴净利润比例由 15% 提高到 20%。利用铜陵市节能减排促进转型发展受到国务院大督查通报表扬和节能减排绩效考评荣获全国优秀等次的有利契机,加大对上争取力度,全年争取到位上级资金 58.5 亿元,增长 5.2%。

【支持经济发展】围绕“三去一降一补”,积极推进“调转促”,出台支持物流业发展政策、农村产权抵押融资贷款实施意见。认真落实好国家结构性减税和普遍性降费政策,用财政的“减法”换取企业的“加法”,兑现税收优惠政策超过 20 亿元。严格涉企收费清单管理,按规定及时取消、降低、停征行政事业性收费、政府性基金和行政规费。阶段性降低社保费率减轻企业负担,减少企业用工成本 3700 多万元。在政策扶持上精准发力,深度整合财政专项资金,构建“3 + 5 + X”财政扶持实体经济政策新框架,得到省政府充分肯定。投入产业扶持资金 3.3 亿元,增长 10%;支持三支基金组建,共筹措政府出资基金 2.5 亿元。发挥财政资金杠杆效应和撬动作用,大力支持融资担保体系建设,积极帮助中小企业解决融资难、融资贵难题,多渠道筹措 4.52 亿元资金用于补充担保资本金、“政银担”风险补偿资金和续贷过桥资金,增长 40% 以上。

【推动改革创新】制定清理盘活资产资源实施方案,清理资产资源 599 亿元,梳理可盘活资产资源价值 47 亿元,审定盘活处置操作方案 62 项,已盘活或部分盘活 21 项,价值 4.8 亿元。制定深化国资国企改革的实施意见，出台国企负责人薪酬考核办法、履职待遇和业务支出管理暂行办法，积极推动混合所有制改革。深化债务管理改革，按照“控规模、降成本、防风险”思路，出台政府性债务管理补充规定，大力推行“两个置换”，实行政府债券置换，支持平台公司将二、三类债务置换为期限长、利率低的债务，综合融资成本从2014年8%降至2016年的6.5%，有效降低债务成本，防范债务风险。深化预算管理改革，构建由四大预算、八个专项资金计划和三项执行预算组成的“4+8+3”的全口径预算体系。出台财政专项资金管理办法，制定各类专项资金管理办法超过20个，及时公开部门财政专项资金目录清单。全面完成“营改增”，四大行业顺利实现税制转换。选取27个项目和2个部门整体支出开展预算公开评审，核减率32%。实现预决算公开全覆盖，市本级和县区按照规定时间和程序全面及时公开财政预决算、部门预决算、“三公”经费预决算。

【保障改善民生】推进扶贫攻坚，出台《财政支持脱贫攻坚的实施意见》配套政策，拨付扶贫资金6000多万元，统筹整合涉农资金2.6亿元。全力支持防汛救灾和灾后重建，投入资金超过1.2亿元。将新增财力更多用于保障和改善民生，完善“五个一”工作推进机制，强化精准调度，着力提质增效，高标准、高质量实施38项民生工程，提前两个月基本完成民生工程建设任务，项目实施进度位居全省前列。民生工程工作得到省政协巡视组充分肯定，再次获得省民生工程绩效评价奖补，成为全省连续4年获得此项殊荣的两个市之一。支持城乡统筹发展，按照“属地管理、待遇从优”原则，落实区划调整待遇提标资金1亿多元。投入村级组织基本运转、社区基层党组织服务群众、村级活动场所标准化建设资金1500多万元；多方筹措资金2.5亿元重点支持美丽乡村、棚户区改造及江北岸线整治。支持医养一体化建设，实现单一养老向医养结合转型。

【提升管理水平】坚持厉行节约，持续树立“过紧日子”的思想，推进一般公务用车和执勤执法用车改革，完善远郊县区差旅费办法、公务接待费管理等制度。扎实开展“酒桌办公”专项整治，将贯彻执行财经纪律的各类主体纳入财经纪律监督范围，确保全市“三公经费”只减不增，全市“三公经费”下降29.7%，其中：公务接待费下降33.7%。加强预算执行管理，强化预算执行动态监测，纠偏支付业务2889笔，规范资金运行1.92亿元，直接支付项目支出占比95.8%，预算单位全年现金使用额仅200万元。实施国库支付电子化改革，实现由“人员跑腿”向“数据跑路”转变。政府购买服务规模达到2.71亿元，增长23.1%，获得财政部调研组“起步早、观念新、效果好”的高度评价。强化财政监督检查，率先制定财政监督检查计划，全年开展51项监督检查，收缴违规资金500多万元，清理收回资金2300多万元。认真组织开展绩效评价，批复200万元以上的项目绩效目标43个，选取16个项目开展涉企资金重点绩效评价，优良率超过80%。

【加强作风建设】扎实开展“两学一做”学习教育，深入学习贯彻落实习总书记视察安徽讲话精神，开展“单位包村、干部包户”定点帮扶，实现干部包户和走访慰问全覆盖。强化工作举措，压紧压实党风廉政建设“两个责任”，落实“一岗双责”。推进依法理财，出台全面推进法治财政建设的实施意见、重大事项合法性审查程序规定和操作规程，召开重大决策事项专家论证、法律听证会，制定内部控制操作流程，构建内部控制基本制度、专项风险管理办法等“1+8+28”制度体系。强化效能提升，完善提升“三集中、三上门、三个一”工作推进机制，发挥好工作会商、企业走访和财政帮联作用，给企业送政策、送资金、送服务，帮助解决发展难题53个。围绕财政重点工作，选取34个课题开展集中调研活动，着力在破解难题上实现突破。强化服务意识，组织工作会商1564次，其中对外会商1374次。坚持每季度由市财政局领导班子成员带队开展企业走访、行风巡查和财政帮联，提升管理服务水平。

（铜陵市财政局供稿　董明辉）

枞阳县财政工作概述

【概况】2016年，全县一般公共预算收入完成12.54亿元，为预算的100%，增长10%，其中：税收收入完成9.75亿元，同比增长9.8%；非税收入完成2.79亿元，同比增长10.8%；全县一般公共预算支出36.62亿元，增长15.3%，其中：公共财政民生支出32.35亿元，占一般公共预算支出的88.3%。

【收支两位数增长】面对宏观经济下行、特大洪涝灾害、营改增政策性减收等多重压力，将收支管理作为财政首要任务,出台《关于进一步加强收入征管分析工作的意见》,进一步完善收入征管分析制度体系。坚持事前预测、事后分析并重,定期召开联席会议,及时与有关部门会商和沟通,强化收入征管,以旬保月,以月保季,以季保年。全县一般公共预算收入完成12.54亿元,同比增长10%。全县一般公共支出完成36.6亿元,增长15.3%,圆满完成县十五届人大五次会议确定的预期目标。全县财政运行总体平稳、稳中有进。

【调控职能有效发挥】落实"三去一降一补"重点任务,支持县投发集团公司对东方造船资产的收购,加快去杠杆防风险。对购买新建商品房实行财政补贴,推进房地产行业去库存。兑现工业、科技、现代农业、现代服务业激励政策和民营经济发展配套资金6559万元。扩充续贷过桥资金1350万元,帮助企业解决到期贷款资金周转困难。发挥财政资金撬动功能,充分释放信贷增长空间,全县金融机构年末贷款余额突破100亿元,新增贷款较2015年翻一番。支持企业灾后重建,实施受灾企业续贷、新增贷款减免担保费与财政贴息政策,设立5000万元企业灾后重建基金。保障重点工程建设资金需要,G347一级公路征地拆迁、棚户区改造等一批重点项目顺利推进。

【重点领域保障有力】坚持把民生改善摆在突出位置,对民生和社会事业发展资金优先保障。全县公共财政民生支出32.3亿元,占一般公共预算支出的88.3%。民生福利与市对标接轨。23项社保类项目提标扩面,共安排资金3.8亿元,比2015年增加1.1亿元。防汛救灾和恢复重建资金保障到位。共安排防汛救灾和恢复重建资金8.38亿元,其中,交通和水利水毁修复5.6亿元,市政基础设施修复1.56亿元,民政救灾和倒房重建2300万元,卫生防疫和教育设施水毁修复5600万元。民生工程和脱贫攻坚投入加大。38项民生工程总投入17.36亿元,其中县级配套2.88亿元,分别比2015年增加6.18亿元和1.69亿元。把打赢脱贫攻坚战作为第一民生工程,完善投入整合机制。统筹安排财政增量和存量资金,累计投入财政扶贫资金1.59亿元。制定《枞阳县统筹整合使用财政涉农资金支持脱贫攻坚实施办法》,整合涉农资金2.64亿元,全部投向贫困村和贫困人口。制定《枞阳县财政扶贫资金管理办法》,强化事前、事中、事后跟踪监管,确保扶贫资金公开透明和规范使用。社会事业支持有力,农林水、教育、科学技术三项法定支出和医疗卫生、交通运输、城乡基础设施建设投入均同比增长。

【强农惠农政策全面落实】把解决"三农"问题作为财政工作的重点,持续加大"三农"投入。支持实施农村基层党建保障工程"三年行动"计划,共投入资金5891万元,提高村干部报酬待遇,实施村干部养老保险,保障村级组织基本运转。农业综合开发实施高标准农田土地治理项目1.25万亩。政策性农业保险承保面积116万亩,理赔9139万元。推出新型惠农金融信贷产品"劝耕贷",获"安徽省劝耕贷创新试点工作先进县"。投入财政奖补资金4247万元,实施村级公益事业建设一事一议财政奖补项目191个。投入财政资金936万元,开展农村基层公共服务运行维护试点。投入财政资金800万元,8个行政村实施国家扶持村级集体经济发展试点项目。安排奖补资金6000万元,支持美丽乡村建设,有效改善22个中心村人居环境。圆满完成农业三项补贴改革任务,通过"一卡通"打卡发放各类惠农补贴资金3.8亿元。

【财税各项改革步伐加快】全面推开营改增,建筑业、房地产业、金融业、生活服务业营改增平稳过渡,四大行业减税2300万元。国库集中支付向乡镇延伸,预算执行监控实现全覆盖。除涉密单位外,部门预决算信息和"三公"经费全部公开,公开率100%。加大财政存量资金统筹力度,全面清理两年以上的中央资金、一年以上的省级资金和当年县财政安排的结转结余资金。改制国有集体企业7家,落实改制资金3200万元。全面清查全县行政事业单位资产。行政事业单位房地产产权移交县投发集团公司,变资产为资本。政府采购交易职能成功划转,实现管采分离,审查审批政府采购事项676件,其中,公开招标1.58亿元。评审政府投资项目507个,核减资金2亿元,核减率15.5%。对就业技能培训、县城环卫、公安辅助力量配备等实行政府购买服务,公共服务供给质量和财政资金使用效率不断提高。

【党风政风行风改进】坚决贯彻全面从严治党要求,全面落实党组主体责任和纪检组监督责任。深入开展两学一做学习教育和讲看齐、见行动学习讨论,树牢党员干部四个意识。组织学习廉洁自律准则和纪律处分条例,层层落实一岗双责,筑牢责任防线,严守纪律底线。认真落实财政反腐倡廉任务,牵头开展全县“小金库”和规范津补贴专项整治，开展全县公务接待和灾后恢复重建资金监督检查。始终坚持勤俭节约，严禁酒桌办公。完善内部控制制度，制定8个专项内控办法。严格作风效能建设一岗双责，积极参评县满意科股长，8个财政所（分局）在本乡镇基层站所民主评议第一。积极参与省级文明县城创建活动，争创第十三届安徽省文明单位。

（枞阳县财政局供稿）

铜官区财政工作概述

【概况】2016年，全区财政收入（不含海关）完成13.06亿元，为调整预算的102%。其中：地方收入完成8.69亿元，为预算的101.4%；上划中央收入完成4.18亿元，为预算的102.5%。全区财政支出完成12.41亿元（含上级转移支付），为年初预算的106%。

【收支管控】面对经济持续下行压力，强化对重点税种、重点行业和重点税源的协调、服务和动态监管，依法组织收入，着力扩大财力规模。加大对上争取力度，支持我区转型发展，全年对上争取累计到位资金2.9亿元。着力是挖掘收入潜力。积极开展存量资金清理，盘活存量资金5099万元，重点用于支持社会事业发展项目建设。牢固树立过紧日子的思想，严格控制一般性支出，将更多资金用于保障教育、医疗卫生、城乡社区建设等重点支出；2016年全区财政民生类支出10.6亿元，占财政总支出的85.2%。

【服务发展】围绕供给侧改革，积极推进“调转促”，兑现各类产业政策资金8400万元，支持中小企业和优势产业做大做强；围绕促进产业发展等系列扶持政策，出台扶持物流业发展政策，鼓励发展现代物流业；安排科技研发支出800万元支持众创空间建设、专利资助、高新技术企业奖励等，全力推进创新发展；安排2258万元继续充实担保公司注册资本金，全区政策性担保机构在保余额5亿元，同比增长26.7%；充实续贷资金2700万元，扩大续贷资金规模，全年成功办理续贷周转金107笔，发放续贷资金3亿元。

【改革创新】全面深化预算管理改革，编制全口径预算，将所有政府性收入和支出全部纳入预算管理；出台《铜官区区直财政预算追加管理办法》，强化预算约束，严控预算追加。深化政府性债务管理改革，将政府性债务纳入预算管理，强化风险防控，一般（专项）债务率、利息支出率得到有效控制；积极争取债券置换，严格控制融资成本，2016年置换债券3.4亿元，综合融资成本降低1.4个百分点。深化国资管理改革，完善区属国有企业法人治理以及股权结构调整，健全国有资产管理组织体系，成立监督管理委员会；对全区139家行政事业单位的国有资产清查核实，建立国有资产管理信息系统，初步实现动态管理目标；制定公房、公车管理办法，清理盘活经营性国有资产资源，实现资产收益440余万元。

【民生改善】全力实施民生工程，34项民生工程累计投入资金1.7亿元，满足46.9万多人次的参保需要，对2.6万人开展生活救助，文教卫惠民政策覆盖34万人，增强人民群众获得感。支持城乡统筹发展，落实各项惠农政策，累计发放惠农补贴资金1618万元；积极落实定点帮扶资金330万元，助力对口单位重点项目建设；实施一事一议财政奖补，安排村庄道路维修及亮化、体育广场建设项目奖补资金361万元；投入资金1800万元支持美丽乡村建设。

【监督管理】全面推进预决算信息公开，规范公开程序，扩大公开范围，同步公开财政预决算、部门预决算和“三公”经费预决算。强化财政监督检查，完成津补贴、“小金库”、非税收入等各项专项资金使用的监督检查，确保专款专用、发挥效益。加强预算执行管理，强化预算执行动态监测，实施国库集中支付，将财政资金纳入预算执行动态监控，直接支付金额7.9亿元，直接支付比例达99.3%。

（铜官区财政局供稿）

义安区财政工作概述

【概况】2016年，义安区财政局紧紧围绕区委全委会和区党代会确定的目标任务，以组织收入为中心，坚持稳中求进工作总基调，主动适应经济发展新常态，统筹稳增长、促改革、调结构、惠民生、防风险，财政收支运行总体平稳、质量提升、保障有力、稳中向好，财政服务发展精准有效，财政重点改革扎实推进，财政民生保障不断强化，财政监督有效实施，财政管理水平显著提升，较好完成各项工作目标任务。

义安区获安徽省民生工程绩效考评先进区、安徽省扶持村级集体经济发展试点区、安徽省农村综合改革示范试点区等称号,区财政局获安徽省惠农补贴资金管理发放工作绩效评价二等奖。

【预算执行情况】全区财政一般预算收入完成34.66亿元,同比增长19.7%,总量稳居全省76个县市区第12位左右,在全市县区中稳居第一。分部门看,国税完成10.71亿元,完成预算107.3%,同比增长10.8%;地税完成7亿元,完成预算94.9%,因"营改增"政策原因同比下降18.5%;海关完成11.85亿元,完成预算112.8%,,同比增长66.6%;非税收入完成5.1亿元,完成预算110%,同比增长42.7%。全年争取上级转移支付资金8.1亿元,有力保障全区经济社会建设。

【增进人民福祉】投入各级财政资金4.13亿元,实施了8项民生工程,其中区级配套1.8亿元,全部完成目标任务,惠及全区95%以上的城乡居民。区财政局牵头完成政策性农业保险工作,全年累计完成种植业小麦、油菜、水稻、棉花、玉米、大豆投保38.7万亩,养殖业能繁母猪投保2524头,超额完成年度计划目标;积极落实配套资金,全年农业保险总保费765万元,其中农户缴费153万元,区级配套56.6万元,争取上级财政资金555.4万元;继续开展特色保险试点工作,全年开展生姜、农村住房和大棚蔬菜、渔业、牡丹特色保险试点工作。

【加强债务管理】将政府性债务纳入预算管理,加强债务限额管理,建立债务风险警戒机制,积极运用政府性债务支持地方建设。每月调度债务工作,严控新增债务,加大偿债力度,逐步降低债务风险。争取债券资金9.24亿元,其中置换债券7.48亿元,新增债券1.76万元,降低利息负担,优化期限结构,腾出更多资金用于重点项目建设。按照限额管理要求,2016年省财政厅分配义安区政府债务限额为34.1亿元,义安区政府债务余额29.53亿元,腾出债务空间4.57亿元。

【支持企业发展】执行《铜陵市义安区人民政府关于印发新建项目产业扶持若干政策(2016年修订)》(简称"1+7"),累计拨付资金3.05亿元,支持企业进行技术改造、业态创新,提升全区产业发展水平和产业竞争力。省财政厅分配义安区民营经济发展专项扶持资金1390万元,区财政等额配套后拨付2780万元给区担保中心,增资后注册资本金达34924万元。全年为317家企业提供429笔担保贷款17.5亿元;政银担309笔,金额15.3亿元。设立续贷"过桥"资金,办理173笔短期资金周转,帮扶资金达16.18亿元;设立创业投资基金500万元,支持大众创业万众创新。

【实施农业开发】经财政部批准,义安区2015年获批全省唯一国家农业综合开发园区试点项目,财政总投资8400万元,分年度投资实施。其中产业化财政补助项目中5个完成年度建设任务,2个全面推进。1个高标准农田建设项目建设中。做好省级一般项目建设,立项6个项目,5个产业化财政补助项目投资813万元。规范实施项目全程管理,严格执行"项目法人制、工程招标制、质量监理制、资金县级报账制、决算审计制、合同管理制和先建后补制"等制度,建立设计、施工、监理、农发部门和项目区乡镇"五位一体"的质量监督体系,实行委托专业项目管理单位对过程管理的再监督的"双监理制",坚持专人管理、专账核算和专户集中支付的"三专资金管理"制度。

【推进农村综合改革】探索农村公共服务运行维护新机制,整合运维人员,整合运维经费1870万元(其中省以上综改资金850万元,区财政1020万元,比上年增长40%);建立"主管部门牵头抓、乡镇村属地管理、村民广泛参与"的农村运维工作机制;建立以区级以上财政补助资金为主、乡镇村自筹等其他筹资方式为补充的农村运维资金保障机制;建立综改部门综合考评、主管部门专项考核和乡镇、村日常巡查的农村运维督查考核机制。规范村级组织运转经费,确保每个行政村每年至少有11万元经费;提升村干部待遇,确保村干部报酬水平均在原先的2倍以上;完善村干部保险制度,在实现村干部统一购买城镇养老保险全覆盖的基础上,全面建立村干部医疗保险和人身意外伤害保险补助制度;区委、区政府出台《关于推行村干部专职化管理的意见》,全面推行以"职位管理、绩效管理、问责管理"为主要内容的村干部专职化管理模式。扶持村级集体经济发展,义安区被列入全省扶持村级集体经济发展整县推进试点县(市、区),12个村列入试点村。加大财政奖补力度,扎实做好村级公益事业一事一议财政奖补工作,实施一事一议项目90个,涉及83个行政村,覆盖面达80.6%,项目总投资1922.7万元。

【加大基建投入】助力农村公路畅通工程,对

153.05 公里农村工程进行维护。支持安居和老旧小居改造工程,安排棚户区改造资金 1526 万元,拨付农村危房改造资金 1524 万元,拨付小区整治“以奖代补”资金 551.87 万元。推进持生态环境综合整治工程,统筹安排资金 2000 万元用于东部城区羊湖水系及生态环境整治。

【规范乡镇财政管理】开展省级服务型财政分局创建活动,择优上报的西联乡财政分局通过省财政厅评定。加强涉农资金监管,进一步健全涉农资金监管制度,积极推进和完善包村干部监管涉农资金机制,通过资金监管信息系统对乡镇项目资金、补助资金、预算资金和村级资金实时监管。区财政补贴农民资金“一卡通”发放项目十大项,累计发放资金 13448 万元,受益人数 353205 人次。

【严控“三公”经费】牢固树立过“紧日子”的思想,严格控制“三公”经费和一般性经费支出。依靠依法理财、科学理财、降低行政运行成本,加强“三公”经费支出过程中的监管,确保公务接待、因公出国(境)、公务用车经费只减不增。全区“三公”经费总支出 1524.33 万元,同比下降 24.35%,其中:公务接待费 631.15 万元,同比下降 26.15%,公车费 887.98万元,同比下降 23.47%。

【加强监督检查】认真开展“小金库”和规范津补贴发放专项整治,启动问责机制。扎实开展会计信息质量检查,对区内 5 家行政事业单位的 2015 年会计质量及预算编制执行情况进行抽查,并要求按时认真完成整改工作。

【加强作风建设】完善财政内部控制建设,实施内部控制的核心是落实好权责一致、有效制衡,体现分事行权、分岗设权、分级授权的要求,使决策、执行、监督既相互协调又相互制约。加强服务能力建设,开展部门会商 297 次、行风巡查和财政帮联 8 次、结对共建等活动为抓手,巩固“两学一做”学习教育活动成果。强化“两代表一委员”监督职能,悉心听取意见建议。严格执行局本级权责清单和乡镇财政“权力清单、责任清单和服务清单”,及时更新清单,让权力在阳光下运行。

(义安区财政局供稿)

郊区财政工作概述

【概况】2016 年,郊区财政局在区委、区政府的坚强领导下,以“三严三实”为行动准则,坚持稳中求进和“过紧日子”的总基调,紧紧围绕全区发展规划,抓机遇、迎挑战、促改革、谋发展,充分发挥财政职能,各项工作有序推进。全区完成财政收入(不含海关)8.76 亿元,完成调整预算的 100.61%,同比下降 9.54%。其中:区直完成财政收入 49427 万元,为预算的 100.05%,同比下降 13.83%;南部城区完成财政收入 13780 万元,为预算的 102.71%,同比增长 6%;乡镇办完成财政收入 24393 万元,为预算的 100.59%,同比下降 7.88%。

【助力企业发展】逐步建立财政性资源与信贷政策执行情况、信贷投放、存贷比挂钩的激励机制,发挥财政资金的引导作用和信贷政策导向效果评估作用,鼓励金融平台加大对实体经济的信贷投入力度,积极引导金融平台加大对小微企业和重点领域的信贷支持。向区金诚担保公司注入民营企业发展专项扶持资金 1379 万元,提升担保公司的融资担保能力,扩充担保公司股本,增加中小企业融资渠道。积极落实“大众创业、万众创新”工作,继续开展小额担保财政贴息工作,兑现贴息资金 110.58 万元。进一步压缩政府一般性支出,将更多的资金投入到扶持小微企业发展中来,全年拨付“过桥”资金 2450 万元(区级配套 450 万元),用于小微企业续贷“过桥”资金业务,为小微企业发展提供资金支持。

【落实惠农政策】牢固树立宗旨意识和服务观念,寓科学管理于主动服务之中,充分发挥基层财政所的“前沿窗口”作用,积极宣传、切实贯彻强农惠农政策,对群众的诉求实行“一站式办理”和“一条龙”服务,确保惠农政策落地生根。区财政指派专人、设立专户,严肃资金管理、严格审批流程、严抓操作环节,使补贴类资金安全、高效运行。通过“惠农补贴一卡通”系统发放各项补贴 1688.1 万元。各级财政部门均设立举报电话和邮箱,第一时间公示补贴对象和标准,积极接受社会的广泛监督,保障补贴发放工作公开、公正、透明。

【盘活存量资金】本着摸清存量、分类处理的原则,区财政继续推进财政存量资金盘活工作。年初清理财政存量资金 3989 万元,其中一般公共预算结转结余 2085 万元,政府性基金预算结转资金 1027 万元,部门预算结转结余资金 877 万元,其中盘活部门预算结转结余资金 877 万元由同级政府收回统筹使用,优先用于保障民生。

【强化债务管理】完善区债务管理实施意见，加强债务管理，规范政府性债务“借、用、还”各个环节。本年初，郊区地方政府债务总额为13609.37万元，均为政府(一类)债务。全区到期债务3191万元，市财政分配郊区一般债券2831万元用于置换到期债务，完成债务置换相关手续。市财政安排郊区新增专项债券资金3820万元，资金拨入专户，同时编制新增债券资金使用计划，按专项资金规定的用途使用，充分发挥债券资金的使用效率。

【加强绩效管理】牢固树立预算绩效评价理念，不断提升绩效管理覆盖面，落实绩效评价结果的转化运用。通过开展绩效评价管理，使财政资金不断法治化、制度化、规范化，科学化，在保障项目质量的同时，提升财政资金使用效益。完成乡镇财政资金监管、惠农补贴发放、美好乡村建设、一事一议等多项绩效评价工作，总结经验、寻找差距，收到良好效果。积极配合区民政、残联、建设等部门做好民生工程绩效评价工作。

【加强资产管理】按照“统一政策、统一方法、统一步骤、统一要求、分步实施”的原则，扎实开展行政事业单位资产清查工作。此次清查工作共涉及全区76个单位，全区资产总计账面数为14.65亿元，清查数为14.46亿元；负债总计账面数为11.3亿元，清查数为11.29亿元；净资产总计账面数为3.35亿元，清查数为3.31亿元。

【全面推进“营改增”】进一步帮助企业降成本减负担，优化企业发展环境，扶持区域实体经济发展。落实国家全面推开营业税改征增值税试点政策，自5月1日起，将建筑业、房地产业、金融业、生活服务业等全部营业税纳税人纳入试点范围，由缴纳营业税改为缴纳增值税。积极协助相关部门做好828户“营改增”企业的移交工作，通过发放宣传单、开展税务培训等方式全力做好营改增试点工作。各项试点工作平稳有序，舆情反映良好，税制转换工作取得预期成效。

【推进购买服务】将政府购买服务项目在预算安排中同步编制，并通过积极的会商合理确定项目。区民政局、卫计局、执法局等10个部门立足实际，编制购买服务项目21个，项目配套总资金1536.78万元，其中区本级资金921.25万元。各项目完成购买手续并实施，实际支出资金1098.77万元，进展情况良好。

【强化预算管理】以2016年财政预算执行情况为基础，对2017年财政预算收支情况进行初步预测。坚持以财经法律法规为准绳，科学、合理编制财政预算，进一步推进、深化区直部门预算综合定额，归并整合部门原有的日常公用经费、会议费及公务费等工作经费性质的经常性经费，分类分档测算区直行政事业单位公用支出综合定额，草拟编制2017年部门预算文件。区2016年政府预算报告于3月中旬向社会公开；2016年区本级47个一级预算部门的预算及“三公”经费预算于4月5日统一面向社会公开。2015年政府决算报告于2016年8月19日向社会公开；2015年部门决算及“三公”经费决算于2016年8月26日统一面向社会公开。

【保障改善民生】实施普济圩总场老小区路灯和居民锻炼场地照明灯工程、铜山镇多功能运动场改造及体育设施购置项目等7项涉及人民群众切身利益的“为民办实事”项目，项目资金由区财政和项目所在地乡镇办按5 ∶ 5承担，区财政在预算中安排116万元用于项目建设。全区共实施34项民生工程，其中省级29项，市级5项，总投资6700万元，安排区级配套资金2056万元。区财政牢固树立“保民生、促发展”的民生理念，将发展成果惠及民生福祉，建立民生资金“绿色通道”，着力打造让群众放心、使群众满意的“阳光工程”。

(郊区财政局供稿)

铜陵经济技术开发区财政工作概述

【概况】2016年，铜陵经开区财政局深入开展“两学一做”学习教育，积极在工作中践行“讲看齐、见行动”活动，牢固树立新发展理念，坚持主动作为，着力稳增长、调结构、惠民生、促改革、防风险，积极培植园区新兴税源，千方百计增加财政收入，不断优化财政支出结构，全力保障园区重点建设支出需求，促进园区各项工作和谐发展。

【完成收入任务】全年组织一般公共预算收入21亿元，同口径增长7.7%，完成预算的106.6%，其中地方收入完成9.01亿元，同比增长3.8%，完成预算的104%。全年政府性基金收入完成4.97亿元，同比增长26.1%。国有资本经营预算收入完成208万元，完成预算的104%。

【优化支出结构】完成一般公共预算支出完成10.03亿元,完成预算的131.2%,同比增长8.6%;基金支出完成5.65亿元,同比增长24.2%;国有资本经营预算支出完成208万元,为年初预算的104%。在财政支出安排上,按照公共财政的取向,体现"调结构、惠民生、促改革",通过积极调整财政支出结构和转变财政支持方式,重点加大对民生、基础设施建设和产业发展的保障力度。

【支持服务发展】严格落实国家关于支持小微企业发展优惠政策,积极协助企业申报项目;着力培植新兴企业,通过财政借转补、贴息及产业基金等方式对区内企业扶持和引导推动。全年累计为33家企业提供过桥资金1.5亿元,实际倒贷金额超过3亿元,周转率达到12次以上,有力地帮助困难企业解决临时资金周转问题。

【推进财政改革】推进预算管理改革,实现区级全口径预算编制,进一步强化预算约束。全面推进预决算信息公开,同步公开财政预决算、部门预决算和"三公"经费预决算。加强细化财政支出管理,不断完善部门预算编制的规范化、标准化和科学化,并积极推进财政支出绩效评价,切实提高资金使用效益。

【加强财政监管】全面开展专项检查整治工作,同时抓好机关运行经费监管,对"三公"经费、会议费、培训费进行压减,切实降低行政运行成本。进一步规范政府采购及招投标管理,不断拓宽政府采购范围,合理制定各项采购预算标准。全年政府采购金额363.56万元,节约资金79.17万元,资金节约率为17.88%。全年组织完成97个招标项目,节约资金1.39亿元,节约率为21.58%,其中:开发区完成41个招标项目,节约资金209.90万元,节约率23.04%。

【推动队伍建设】积极打造外树服务型机关形象、内兴学习型机关新风,造就一支作风硬、业务精、服务优的财政干部队伍,为财政工作提供人力支撑和组织保证,健全完善局内部管理、资金管理、监督管理等工作机制,确保财政干部、资金"双安全"。

(铜陵经开区财政局供稿)

池州市财政工作综述

池州市财政工作概述

【概况】2016 年,全市财政收入完成 100.08 亿元,同比增长 4.5%,比上年提高 0.5 个百分点;全市财政支出完成 149.33 亿元,同比增长 1.2%。

【财政运行平稳】强化收入预期管理,不断完善“1+5+7”财税库征管分析机制,加强与征管部门、各县区的协调联动。提请市政府出台《关于进一步完善涉税信息交换与共享机制的通知》,市直相关部门及时提供涉税信息,征管部门及时掌握税源动态,提高组织收入的主动性。每月召开分析调度会,通报财政收入进度,对收入异常增长、违法违规组织收入、收入预期与实际差距较大的地区和部门,提请市政府采取约谈等措施,强化约束机制。制定印发《关于加强政府非税收入征缴管理的意见》,不断完善非税收入预算管理,分别纳入一般公共预算、政府性基金预算和国有资本经营预算。

【精准支持发展】盘活存量用好增量,争取上级发行地方政府债券 69.67 亿元(其中置换债 60.02 亿元),全部用于置换政府存量债务和重大公益性项目建设,降低利息成本约 4.66 亿元。盘活财政存量资金 4.1 亿元,统筹用于稳增长、调结构、惠民生等重点领域。落实减税降费政策,将“营改增”试点范围扩大到建筑业、房地产业、金融业和生活服务业,直接减税 3.5 亿元。实施涉企收费清单管理并动态调整,项目总数由 97 项减少至 82 项,上年小微企业政策性税收优惠减免 6.24 亿元以上。扶持实体经济发展,市本级安排专项资金 3 亿元,支持首位产业、战略性新兴产业、现代服务业发展。兑付 2015 年度 597 个政策性奖补项目资金 6138 万元。安排 5000 万元设立创业投资基金,重点扶持市域内处于种子期、初创期和成长期的战略新兴产业、地方特色产业等。落实续贷过桥配套资金 8300 万元,为 160 家企业提供周转贷款 11 亿元。积极推进 PPP 扩围增效,结合池州市全力打造“海绵城市”、“国家全域化旅游示范区”、“国家级医养结合试点单位”建设的总体规划目标,进一步加强和完善 PPP 项目库建设,遴选并编制 PPP 重点项目,加大推介宣传力度,积极吸引社会资本参与。截至 2016 年底,项目库项目总数为 96 个,总投资约 973.8 亿元。池州市清溪河流域水环境综合整治等 5 个 PPP 项目被列为财政部示范项目。

【加大民生保障】全市民生支出 129 亿元,占财政总支出的 86.4%,较上年提高 2 个百分点。2016 年,全市各级财政累计发放补助类资金 1.63 亿元,用于农村居民最低生活保障救助、农村五保供养、重度残疾人护理补贴、孤儿生活救助、生活无着落人员社会救助,累计救助 85020 人次。拨付 7.24 亿元,支持新型农村合作医疗、城镇居民基本医疗保险、城乡居民大病保险、城乡居民基本养老保险、城乡医疗救助、妇女儿童健康水平提升工程和社会养老服务体系建设。投入11.9亿元,推进义务教育经费保障机制建设,建立公办高职院校生均财政拨款制度,完善高校、中职学校和普通高中家庭经济困难学生资助。统筹安排8亿元支持保障性安居工程建设,用于租赁补贴发放、公租房建设和棚户区改造。

【服务"三农"发展】制定《池州市财政支持脱贫攻坚的实施方案》,市及各县(区)按地方财政收入增量的相应比例安排财政专项扶贫资金。全市安排专项扶贫资金预算1.48亿元,其中市县财政预算安排专项扶贫资金合计5286万元,较上年净增4483万元、增长6.58倍。推进美丽乡村建设,安排美丽乡村建设专项资金2.28亿元,25个乡镇政府驻地建成区及25个省级美丽乡村中心村全部开工。积极推进国家扶持村集体经济发展试点和美丽乡村建设试点工作相结合,发挥政策叠加和资金规模使用效应。大力实施农业综合开发,投入1.22亿元,全面实施2015年度立项农业综合开发项目36个,投入0.8亿元,支持当年立项农业综合开发项目29个。积极做好抗灾救灾工作,做好资金保障,共计拨付各类抗灾救灾资金5531万元。充分发挥政策性农业保险在重大灾害发生时的功能作用,全市灾后农业保险赔偿金额1.5亿元,受益农户12万户,理赔兑现率100%。加大农田水利基础设施建设,投入3.41亿元,用于水库除险加固、泵站更新改造、水闸加固新建、中小灌区改造等。

【规范财政管理】开展滥发津补贴和"小金库"专项整治,严肃财经纪律,"小金库"自查自纠面100%。完善政府预算体系,加强一般公共预算与政府性基金预算、国有资本经营预算、社会保险基金预算的统筹和衔接。制定预算管理及各类财政资金制度规定11项,将政府性资金全部纳入制度管理的"笼子"。积极推进预算评审论证,对市直15个部门专项资金预算进行评审论证。做好预决算信息公开,提请市委、市政府出台《关于进一步推进预算公开工作的实施意见》,实现"三公"经费和部门预决算公开全覆盖。加强内控建设,制定出台《池州市财政局内部控制基本制度(试行)》,明确内控制度的适用范围及控制目标,认真查找财政业务及财政管理中的风险点并进行评估定级。加强国资国企管理,完成市保安公司改革重组。出台《池州市市级行政事业单位国有资产使用管理办法》《池州市关于深化国资国企改革实施方案》等制度文件,完善国有资产监管体制,提高国有资本运行效率。规范行政事业单位国有资产管理,建立资产信息管理系统,实现行政事业单位资产全过程动态管理,把好资产出入关。

【推进党建效能】扎实开展"两学一做"活动,制定《两学一做实施方案》,财政局班子成员分别前往农村、社区、企业等基层党支部,开展"万堂党课进基层"活动。围绕"争当绿水青山和金山银山有机统一的排头兵"的目标定位,财政局党组和各党支部分别召开专题讨论会。自觉接受外部监督,依法保障人大、政协经费,确保人大、政协履职活动正常开展。认真办理人大代表建议和政协委员提案,全年共承办各类建议提案44件,满意率100%。强化作风效能建设,制定《池州市财政局干部职工内部问责暂行办法》,巩固深化会商服务预算部门、结对共建、"双包"定点帮扶、财政系统帮联等作风建设成果。强化反腐倡廉建设,认真落实党风廉政建设的主体责任和监督责任,加强监督执纪和问责力度,保障财政事业、财政队伍安全。

(池州市财政局供稿)

东至县财政工作概述

【概况】全县财政收入完成14.13亿元,为调整预算的100%,增长6.8%,税收占比77.4%。按现行财政结算体制,全县一般公共预算财力为29.65亿元。全县一般公共预算支出完成29.1亿元,为调整预算的100%,增长2.3%。

【促进经济平稳增长】出台《东至县"1+2+7"产业发展扶持政策》,全年拨付产业发展扶持资金1700万元、民营经济发展专资金1209万元、创新型省份建设资金1927万元、农村电子商务发展资金1500万元、企业发展专项资金等912万元。全年合计减免退税费1.5亿元。扩大融资规模,全年融资到位资金21.5亿元,其中7年期10亿元城投债在深圳成功发行,票面利率4.88%,创近年同期同级别债券利率新低,为全省第5家发行债券的县级单位。盘活存量资金1.12亿元,收回结余资金1109万元。设立续贷过桥资金,全年为46家企业周转贷款金额2.3亿元。拓展"税融通"业务,全年"税融通"业务实现新增贷款1.2亿元。加强融资担保体系建设,中信担保有限责任公司资本金达3.1亿元,提供贷款担保35.1亿元,在保余额8.45亿元。推动企业直接融资,全县“新三板”等场外市场挂牌上市后备企业资源库中有企业28家,其中金鼎医药(证券代码839633)、“众望制药”(证券代码800158)分别在“新三板”、“四板”挂牌,挂牌总量增至4家。开展“劝耕贷”试点工作,自6月份启动后,共办理“劝耕贷”业务226户,发放贷款超1亿元。安排预算资金9.53亿元,推进66个政府性投资项目建设。推进政府与社会资本合作(PPP)模式,东至县污水处理及市政排水购买服务项目于8月27日投入运营。

【推动发展成果共享】全县十三项民生支出24.8亿元,占总支出的85.2%,其中33项民生工程投入资金7.6亿元,县级配套1.7亿元。统筹城乡协调发展,全年财政投入农林水资金达5.5亿元,同比增长30.5%。全面推开农业三项补贴合并改革,强化惠农补贴资金管理和“一卡通”打卡发放工作,全年发放补贴资金3.4亿元,受惠农户15万余户。加强美丽乡村建设,推进年度7个乡镇政府驻地建成区整治建设、8个中心村建设、自然村环境整治建设,完成进度100%。推进脱贫攻坚工程,共投入专项扶贫及涉农整合资金1.7亿元用于扶贫项目建设。实施智力扶贫工程,发放各类资助资金1046万元;实施社保兜底工程,投入5777万元用于五保供养、农村低保、医疗救助、临时救助等支出;实施健康脱贫工程,全额免除全县建档立卡贫困人口3.14万人新农合个人缴费部分471万元;实施基础设施建设工程,安排22个贫困村220万元的水利工程建设奖补资金,计划投资2792万元实施48个贫困村道路畅通扶贫工程项目;实施产业脱贫工程,安排200万元重点支持当年预脱贫贫困户发展产业,扶持1297户贫困户从事特色种养业;实施金融扶贫工程,安排100万元用于贫困户产业发展小额贷款保证金;实施就业扶贫工程,经过帮扶实现就业1332人,发放“雨露计划”补助资金46.6万元;实施生态保护扶贫工程,发放省级补助资金189.1万元用于地质灾害避让搬迁工程。提高社会保障标准,城乡居保基础养老补贴标准,由原来的70元/月提高到80元/月,增加财政资金1032万元。调高企业退休人员基本养老金6.5个百分点,每月增发养老金146万元。农村低保由去年的人均补差180元/月提高到198元/月,城市低保由原来的人均补差371元/月提高到390元/月,县财政增加资金480万元。全年审核下拨城乡低保、五保、孤儿和低保重残等补助性资金9254.4万元。推进棚户区改造工程,全年棚户区改造完成690户(货币安置196户),完成率100.44%;基本建成3119套,完成率121.13%。加强农村危房改造,1070户目标任务全部完成,共投资1016万元。拓展山区库区农村住房保险,全年参保户数12.8万户,理赔2458户,兑现理赔款538.54万元。其中张溪镇塔石村冯某户获理赔30万元,创全国农房保险单笔赔付新高。实施城市老旧小区整治,完成改造任务,共改造面积14700平方米,完成投资510万元,惠及140户居民。支持教育事业发展,免除41989名城乡义务教育阶段学生学杂费并补助义务教育阶段学校公用经费3850.6万元;向41989名义务教育阶段学生免费提供国家课程教科书,补助资金459.8万元;补助寄宿生生活费3110人,补助金额277万元;发放中职学校国家助学金87人、金额16万元;中职学校免学费补助775人、金额141万元;普通高中国家助学金2571人、补助金额486万元。义务教育校舍维修改造完成目标任务,完工27995平方米,任务完成率130%,补助金额1579万元。

【激发经济发展活力】全面推开“营改增”改革试点,完成移交“营改增”试点纳税人基础信息2232户,清理入库营业税1.6亿,全年减免企业税收4000万元以上。深化预算管理制度改革,推动中期财政规划管理,组织部门编制三年滚动规划,修改完善2016—2018年全县财政中期规划。开展预决算公开,从严控制“三公”经费支出,全年实现压缩开支679万元,同比下降13.8%。完成乡镇财政管理体制改革,出台《东至县乡镇财政体制管理办法》,新一轮县乡财政体制采用“分类管理、划分收支、核定基数、超收分成、激励奖补”的基本形式,继续实行分税制财政体制。推进国库集中支付转轨工作,全县大部分县直单位从会计集中核算向国库集中支付转轨。全县共有145个单位纳入“平台一体化”系统,全年通过平台办理支付业务15676笔,支付资金13.8亿元,比上年增加5.54亿元。支持医药卫生体制改革,拨付基本公共卫生服务经费专项资金2135.3万元,推进公立医院改革,拨付药品零差率补助340.8万元,学科建设63万元。加强医院基础建设,投资1.56亿新建县医院门诊综合楼。推进融资体制改革,制定《关于筹建安徽东至投资集团有限公司实施方案》,推进政府国有融资平台市场化转型。

【加强财政绩效管理】强化预算控制管理，科学编制预算，建立预算编审会商机制，突出对重点单位预算编审，严把项目支出预算关，强化项目零基预算。统筹政府性债务收支，将年度融资计划纳入政府性投资项目建设预算，编制全县年度债务收支和还本付息预算。加强预算执行，严格执行人大批准的年度预算，在每年的11月份之前一律不办理追加调整事项。强化内部控制管理，健全内控制度，制定印发县财政局法律风险、政策制定风险等8个内控专项风险管理办法，构建形成对各类工作风险进行事前防范、事中控制、事后监督和纠正的动态过程和机制。加强内部审计，对尧渡、大渡口镇财政分局分局长开展离任审计。强化专项监督检查，开展存量资金检查，共清理核实结转结余资金8500余万元；开展会计监督检查，共查出资产、所有者权益等不实资金220万元，应缴未缴非税收入15.14万元。开展"小金库"专项整治，整治涉及县直单位及下属单位共238个，自查面达100%，重点检查9户，未发现违规现象。强化政府采购管理，全县组织集中采购115次，采购预算金额8344.75万元，节约资金1945.32万元，资金节约率为23.31%。强化评审监督管理，全年共评审预决算项目622个，送审金额合计24.23亿元，审减金额4.49亿元，审减率18.53%。强化政府债务管理，建立债务风险预警机制，加强债务限额和预算管理，科学编制年度政府债务预算，纳入政府预算体系。积极消化政府存量债务，2016年争取6.33亿元置换债券，缓解即期偿债压力；争取1.39亿元新增债券资金，弥补建设资金缺口。强化乡镇资金管理，加强惠农补贴资金监督检查工作，全年纳入监管平台资金5.18亿元，实现乡镇财政资金监管全覆盖。加强农村"三资"管理，提升村级财务管理水平。

（东至县财政局供稿）

石台县财政工作概述

【概述】2016年，全县一般公共预算收入累计完成24158万元，增长9.5%；一般公共预算支出累计完成111288万元，增长10.9%。

【服务经济发展】加大对上争取力度，全年累计争取上级资金89443万元，增长9.4%。累计争取债券资金31534万元，增长5%。支持首位产业及重点项目建设，全年整合旅游发展等专项资金10007万元，增长15.7%，支持牯牛降景区、蓬莱仙境景区和自驾游服务中心等基础设施建设。累计拨付基本建设资金1.8亿元，保障农村基础设施、文化、教育、卫生及交通、市政、环保等重点项目。整合资金7964万元，支持生态发展有限公司和城投发展公司做大做强。支持实体经济发展，安排民营经济发展专项资金2080万元，拨付小微企业续贷过桥资金1000万元，拨付企业发展专项资金628万元，补助1000万元推进电子商务进农村。全年为小微企业、个体工商户等提供担保贷款29175万元。加强财政金融工作，推进企业直接融资，积极引荐券商辅导企业挂牌"新三板"和四板市场。扶持县内注册企业公开发行股票上市工作，与上海嘉洁生态设计研究有限公司签订投资合作框架协议并成功落地注册。发放"税融通"贷款5600万元、"劝耕贷"贷款180万元。推动中国银行池州分行在石台县成功开业。

【保障改善民生】13大类民生支出96153万元，占一般公共预算支出86.4%，财政支出重点向民生倾斜。33项民生工程目标任务全面完成，累计投入资金5.37亿元。支持教育事业发展，全年教育支出13951万元。投入98万元建设同步课堂，实现"班班通"全县全覆盖。投入533万元对全县中小学进行校舍维修改造。支持文化事业发展，累计拨付文化体育与传媒经费3433万元；添置图书13057册；送戏送电影下乡1210场次。支持社会保障和就业工作，全年拨付各类社会保障和就业资金17258万元，保障企业职工养老、城镇职工医疗、失业、生育、就业及社会弱势群体支出。拨付棚户区改造、农村危房改造和保障性住房租金补贴等资金2881万元。保障医药卫生体制综合改革，拨付人员经费及药品零差率补助1165万元。兑现独生子女保健费等各项计生奖励补助资金331万元。加强和创新社会管理，落实资金1217万元，足额保障政法工作经费。

【统筹城乡发展】促进农民持续增收，全面落实强农惠农富农政策，完成农作物良种补贴、粮食直补和农资综合补贴"三合一"改革。全年通过"一卡通"发放财政涉农补贴资金75批次共7159.4万元。全面完成政策性农业保险及茶叶特色保险工作任务，全年累计赔款214.64万元，增强农户抗风险能力。支持现代农业发展，完成2015年度现代茶产业项目，建成高效标准化茶园5427亩。实施好农业综合开发项目,2014—2015年度3个项目通过市、县两级验收,项目总投资1302万元。深化农村综合改革,奖补资金492万元建成108个一事一议项目,安排资金40万元保障项目建后运行,争取资金300万元支持占坡、新农2个村国家美丽乡村建设。支持脱贫攻坚,加大投入力度,清理收回财政存量资金中可统筹使用部分50%以上用于脱贫攻坚。拓宽投入渠道,对符合条件的建档立卡贫困户开展授信担保,支持扶贫小额信贷。开展贫困县统筹整合使用财政涉农资金试点工作,对中央、省纳入整合范围的40项资金进行摸底,制定整合试点实施方案,纳入整合范围资金38748万元,确定可整合资金规模28830万元。服务美丽乡村建设,整合资金8000万元、吸引社会资金4200万元、县级配套资金2766万元,支持美丽乡村建设、中心村建设和自然村环境整治。

【深化重点改革】落实"营改增"减税政策,拨付专项资金29.4万元支持改革。推动国税、地税互设窗口,做好税收相互委托代征。于5月1日实现营改增成功转换。加大盘活存量资金力度,全年财政存量资金累计3557万元,并严格按照要求使用。开展县属国有企业综合绩效评价,摸清县属国有企业资产运营情况,掌握企业财务真实状况和国有资本回报水平。根据省财政厅统一部署试编2015年政府综合财务报告,全面梳理资产、负债事项,进一步完善预算会计管理制度。

【加强监督管理】推进法治财政建设,深入贯彻落实《预算法》,积极开展"七五"财政普法活动,加强财政法制干部队伍建设。科学编制预算,严格"二上二下"程序,按照"零基预算"要求,据实编制预算。推进预算信息公开,全县2016年度县级政府预算、部门预算及"三公经费"预算和2015年度县级政府决算、部门决算及"三公经费"决算在政府信息公开网全面公开。加强收支管理,严格控制一般性支出,严格预算追加管理。深化国库集中收付制度改革,共实现国库集中支付资金52272笔79472万元。加强"三公经费"支出管理,停止支付无预算或超预算的支出。加强现金管理,共退回不合规、不合法凭证580笔计732万元。加强财政监督和绩效管理,严格执行《安徽省财政监督条例》,开展严肃财经纪律、重点项目、财政内部监督审计以及"小金库"专项治理。加大政府投资项目预决算评审,全年累计完成评审项目375个,核减资金4463万元,平均核减率7.9%。加强政府采购管理,完成政府采购项目488个、资金总额5575万元,节约资金1125万元、节约率16.8%。加强乡镇财政管理,推进乡镇财政"三个清单"制度建设,提升乡镇财政管理水平。制定乡镇财政资金监管信息通达、公开公示、抽查巡查等重点环节制度和流程图,累计公开公示508次、抽查巡查180次,监管资金14758万元。继续推进乡镇财政档案标准化建设和服务型乡镇财政分局创建工作。

【加强队伍建设】加强党风廉政和作风效能建设,严格落实主体责任和监督责任,建立廉政谈心谈话制度,赴安徽省安庆监狱开展警示教育活动。扎实开展"两学一做"学习教育、"讲看齐、见行动"学习讨论、"争当绿水青山和金山银山有机统一的排头兵"活动等。开展结对帮扶,为36户结对帮扶贫困户分别制定转移就业、光伏发电等脱贫措施58条,为帮扶村解决实际问题9件,争取发展项目5个,支持帮扶资金152.3万元。推进重要岗位交流轮岗,对达到任职年限的11名重要岗位干部实施轮岗,全面完成年度轮岗交流任务。深入开展文明创建活动。举办道德讲堂、宣传社会主义核心价值观、学习先进人物及道德典型,积极参加第四届安徽省文明县城创建等活动。

(石台县财政局供稿)

青阳县财政工作概述

【概况】2016年,县财政局凝心聚力,稳中求进,改革创新,惠民求实,较好地完成各项工作任务。全年财政收入完成14.7亿元,完成调整预算的100%;公共财政预算支出19.54亿元,其中:民生类支出16.88亿元,占财政支出的86.4%。

【支持经济发展】支持重点项目建设,拨付重点项目和基础设施建设资金6.7亿元。促进产业结构升级,拨付企业发展和奖励资金4275.6万元。推动全民创业就业,发放小额担保贷款3305万元,拨付贴息资金229.3万元,补助就业培训补贴资金425.09万元。推进美好乡村建设,安排美好乡村财政专项资金5456万元,整合涉农资金9800万元。

【倾力保障民生】深入推进33项民生工程,投入资金4.61亿元,其中:县级配套资金5807万元。落实强农惠民政策,发放涉农补贴资金1.34亿元,拨付农业综合开发资金3040万元,“一事一议”财政奖补资金1160.2万元,政策性农业保险财政补贴资金170.66万元。加大社会保障力度,安排医疗卫生专项资金4676.38万元,低保资金3137.05万元,救助资金1472.36万元,被征地农民养老保险782.54万元,“老字号”群体工龄补助资金663.79万元。

【加快改革步伐】完善国库管理制度,实行农业财政资金国库集中支付管理,建立以绩效为导向的资金分配使用机制。推进国家扶持村级集体经济发展试点,制定《国家扶持村级集体经济发展试点工作实施方案》,3个行政村获批2016年国家扶持村集体经济发展试点村,补助资金300万。建立农村公共服务运行维护机制,获批池州市唯一农村综合改革示范试点县,中央补助资金850万元。

【强化财政监督】开展财政存量资金清理,建立财政存量资金定期报告制度,截至年末,全县财政存量资金0.1亿元,县财政收回超过两年且未分配结转结余资金0.68万元。推进财政投资评审工作,制定《财政投资评审管理实施细则》,完成财政投资预算评审项目74个,报审金额36034.18万元,审定金额35277.36万元,净审减率2.1%。加强国有资产监管,出台《行政事业单位国有资产处置管理暂行办法》,组织开展行政事业单位国有资产、安置房闲置用房、国有企业经营情况检查。严肃财经纪律,牵头开展“小金库”和滥发津贴补贴专项整治工作,开展惠农财政补贴资金专项检查。规范国库集中支付,县国库集中支付中心不再审核原始凭证。强化内部管理,出台八个内部控制办法,制定通过法定途径分类处理信访诉求清单,修改完善调整权力和责任清单,制定公共服务事项和中介服务事项清单,推广随机抽查规范事中事后监管,制定《党风廉政建设约谈制度》和《岗位巡查制度》,做到警钟长鸣。

(青阳县财政局供稿)

贵池区财政工作概述

【概况】2016年,贵池区财政局围绕“保增长、保稳定、保民生、严管理、强队伍”的工作思路,开拓创新,主动理财,科学理财,充分发挥财政职能,强化收入征管,优化支出结构,深化财政改革,着力保障经济建设,狠抓财政监督,圆满完成年度各项财政工作任务,有力维护全区社会稳定,促进经济又好又快发展。

【财政收入】面对经济下行、政策性减收、财政收入增长乏力等困难,狠抓收入,强化对重点行业、重点企业、重大项目纳税情况的监控,加大协税护税力度,强化非税收入管理,确保应收尽收,全年完成财政收入26.72亿元,比上年增长4.8%。

【财政支出】全区完成一般公共预算支出36.3亿元,其中全区民生支出31.36亿元,占一般公共预算支出的86.4%。安排教育支出63699万元,用于农村中小学薄弱学校改造、校舍维修、城乡义务教育经费补助、发放国家助学金等方面。安排医疗卫生支出41006万元,主要用于基层卫生改革、基本公共卫生服务、城乡医疗救助、计划生育服务等方面。安排社会保障和就业支出46137万元,其中,拨付养老、医疗、失业等社保基金10098万元。支持改善人居环境,投入25756万元用于廉租房、保障房建设和农村危房改造。支持基层党建工作,安排村级组织运转经费1089万元,兑现村干部和离任村干部工资2783万元,巩固基层党组织堡垒作用。兑现惠民利民政策,创新惠农资金发放监管服务机制,通过“一卡通”发放涉农资金27186万元。

【民生工程】精心组织实施省定33项民生工程,加强涉农资金的整合,支持美好乡村建设;实施更加积极的就业政策,促进就业、扶持创业、完善扶贫开发等政策措施;建立健全文化投入稳定增长机制,进一步支持深化文化体制改革;加强社会保险扩面征缴,规范养老保险统筹,降低财政支付风险。民生工程各级到位资金9.95亿元,其中:中央和省级下拨5.64亿元、市区配套1.9亿元、其他资金2.41亿元,资金到位率100.8%。

【支农惠农】继续推进2015年农业综合开发秋江街道高标准农田建设项目等七个土地治理项目和秋浦花鳜养殖基地扩建项目等三个产业化项目的项目建设。编制2016年农业综合开发秋江街道高标准农田建设项目等六个土地治理项目及华茂茶业扩建项目等三个产业化项目的初步设计和上报,完成项目招标工作并开工建设。继续加强农发项目、资金管理,严格按照财政部、省财政厅关于项目资金使用管理的要求,实行“三专”管理制度,全面实行财政资金县级报账制,确保专款专用。按照一事一议财政奖补试点和民生工程工作要求,进一步完善相关制度措施,规范程序,加强监管,认真组织实施。全年实施一事一议财政奖补项目166个并全部完工,涉及166个村(社区),总投资2366.14万元(其中申请财政奖补资金1894.5万元)。推进政策性农业保险,全年种植业承保面积91.4万亩,保费收入1958.7万元;养殖业承保能繁母猪0.58万头,保费收入34.8万元;森林保险中公益林59.3万亩,保费收入93.4万元;商品林130万亩,保费286万元。开办种植业补充、烟叶、茶叶、林木火灾和钢架大棚蔬菜四个特色农产品保险,保费总收入276.9万元。全年农险赔款总计6295.4万元,

【脱贫攻坚】区本级共计安排扶贫资金4920万元,其中:一般公共预算安排专项扶贫资金1816万元,清理回收财政存量资金中安排扶贫攻坚资金347万元,在省下拨的新增债券资金中安排2757万元用于扶贫攻坚。加强扶贫资金管理,规范扶贫资金核算,提高扶贫资金使用效益,对全区14个贫困村扶贫专项资金的使用情况监督检查。加强扶贫资金管理,拓宽扶贫资金渠道,印发《池州市贵池区财政支持扶贫攻坚实施方案》《池州市贵池区财政扶贫资金管理实施细则》《贵池区资产收益扶贫实施方案》,从制度上全面规范扶贫资金的分配、使用、拨付。

【财政改革】认真落实新《预算法》,稳步推进全口径预算管理,将所有收入纳入部门预算编制,通过规范收入行为、健全审批流程、明确管理职责,构建全口径预算管理机制。加大预决算公开力度,进一步建立非涉密全公开,财政预决算、部门预决算以及“三公”经费预决算全面公开的制度。推进国库集中支付改革,出台《池州市贵池区镇街财政国库集中支付改革方案》,于12月份全面开展会计集中核算向国库集中支付转轨工作。

【国资管理】加强国有资本经营预算管理,开展国有企业经费支出及财务收支预算调研,开展区属国有企业执行财经纪律和财务管理制度、公司债权债务等情况的监督检查。加强国有资产清查,下发《关于做好2016年全区行政事业单位国有资产清查和事业单位及事业单位所办企业产权登记工作的通知》文件,对82个主管部门、339个行政事业基层单位进行的国有资产清查。盘活闲置国有资产,对行政事业单位闲置资产逐步纳入统一管理,推进行政事业单位非经营性资产向经营性资产的转变,促进行政事业单位国有资产保值增值,发挥效益。

【财政监督】加强内部控制度建设,按照分岗设权、分级授权、监管流程、依法合规的要求,结合工作实际,强化财政内控制度建设。加强政府采购监督,多次对政府采购中心的工程建设项目、物资采购等招投标进行现场监督,审查投标人资质,监督竞标流程,保证采购工作逐步向程序严密规范、手续简化、效率提高的方向发展。加强会计信息管理,先后对财政系统、区直国有公司、涉农企业(合作社)等35家单位(企业)实施会计信息质量重点检查和督导,针对检查中发现的单位会计内控制度不健全、会计信息失真、支出票据不规范以及无证上岗等问题,责成单位进行整改,维护《会计法》的严肃性,扩大会计监督的影响力和震慑力。加强“小金库”专项治理,根据中央、省、市关于开展2016年“小金库”专项治理的部署和要求,加强组织领导,组建工作机构,制定实施方案,围绕“提高治理实效、建立长效机制”为目标,突出“教育、自查、规范、查处”四个关键环节扎实开展专项治理工作,同时,积极探索和建立预防产生“小金库”的长效机制,努力实现标本兼治的目标。

(贵池区财政局供稿　刘贵阳)

九华山风景区财政工作概述

【概况】2016年,九华山风景区财政收入完成5.2亿元,同比增长3%;累计完成支出4.31亿元。

【财政收入】积极支持落实管委会各项大营销政策,游客市场进一步扩大。依托九华山机场扩建和直达动车的开通,成立多个营销组,积极组织各地的旅游营销活动,进一步拓展旅游市场覆盖面,游客量和门票销售收入不断增长。坚持财税联席会议制度,按月调度风景区财政收入任务。每月定期召开财税联席会,与国税、地税、门票等征收部门联系协调,重点开展面对面的收入调度,确保做到收入均衡入库。强化目标管理和争取上级资金,积极主动配合各单位争取上级项目资金,全年共争取项目资金2180万元。积极协同国土、建设部门做好土地出让挂牌、土地出让金征收工作,共征收土地出让金2499.2万元。

【财政支出】进一步加大基本建设资金管理力度,资金使用效益得到提高。加强政府性投资项目

管理。将政府性投资项目纳入年度计划，从源头控制项目安排。按照《风景区财政性投资零星工程管理暂行办法》要求，规范财政性投资零星工程审批程序，提高资金使用效益。全年审批各类零星应急工程项目37个，总投资449万元。加强资金管理，严把资金决算审核关。对竣工验收的工程，实行价格审查制，全年完成工程价格审核项目39个，核减资金427万元，平均核减率约为12%，最大限度节约财政资金。

【惠民措施】认真落实中央惠农政策，与乡镇财政所及各相关职能部门密切配合，认真审核并及时发放各项财政补贴农民资金。及时发放各项补贴资金，2016年通过“一卡通”累计发放补贴1408.18万元，其中农村五保户补助资金27.06万元，抚恤资金89.34万元，农村居民最低生活保障176.11万元，贫困精神残疾人医药补助13.65万元，农村重度残疾人护理补贴10.58万元，特困、五保户电费补贴3.47万元，孤儿救助2.16万元，水库移民0.66万元，退耕还林现金及粮食补助25.97万元，农机购置补贴1.14万元，国元农业保险农户理赔资金0.19万元，失地农民保障资金276.3万元，征地粮食补贴资金729.2万元，农业支持保护补贴资金52.35万元。

【民生工程】注重民生工程资金筹措，保障资金及时到位。建立民生工程资金首位预算制，根据民生工程建设内容，及时做好资金测算，纳入财政预算，为民生工程建设提供有效资金保障，2016年九华山风景区组织实施28项民生工程和3件惠民实事，本级财政安排拨付民生工程配套资金1600万元。注重部门协作，落实民生工程建设责任。召开风景区民生工程工作会议，与牵头实施单位签订民生工程责任书，将民生工程任务落实到部门，同时将工作完成情况纳入风景区综合目标考核内容。年初发放政策宣传单4600份，在春节期间人流集中处，开设政策咨询台，开展民生工程图片展活动，发放春联年画3000余份，进村入户发放宣传册和宣传水杯各7000份。在九华山中心学校开展“民生工程在我心中”主题征文、绘画比赛活动。在村居、学校、公交站台、人口集中地段设立14块宣传栏，在公交站台设置宣传牌50块。开辟电视专栏和民生剧场，在池州日报专版宣传民生工程。同时结合九华山传统庙会，积极开展民生工程宣传。多次向风景区党工委会议报告民生工程工作，由党工委统一部署调度。将民生工程纳入管委会督查体系。继续完善监督检查机制，组织市人大代表、市党代表、市政协委员组成的民生工程特邀监督员开展视察活动4次，强力推进民生工程实施。继续实行“一月一督查、一月一通报”制度，把民生工程纳入党工委、管委会督查体系，及时掌握工程进展情况，协调解决工程推进中的问题。

【国有资产监管】突出完善法人治理结构，推动建立现代企业制度。在上年加强集团公司董事会建设基础上，重新调整董事会成员。加大监事会制度改革，调整完善集团监事会成员，时刻盯紧企业问题和风险，做实做深全过程监督。完善“三重一大”制度。形成权、责、利对等的运行机制，建立国有企业财务预算等重大信息公开制度，主动接受社会公众监督。积极协助九华山旅游集团公司多渠道筹集建设运营资金，促进资源合理调配，强化资金管理。集团公司通过上海证券交易所和中国银行间市场交易商协会先后完成超短融、公司债和中期票据等直接融资11亿元。参与、协助新区开发公司开展公房清理工作，并对新区开发公司将清理出的公房对外拍租工作进行全程监督。协助新区开发公司共对外拍租10处房屋，所得租金收入合计200.14万元。开展九华山风景区管委会政府性债务及债权自查工作，管委会政府性债务余额为12.17亿元。积极落实公共资源交易平台整合工作，采取在市公共资源交易局平台上网公开招标和本级采购并行的方式，完成本级各类采购1405.5万元。

【机关建设】认真开展“两学一做”学习教育，围绕主题稳步推进，开展“争当绿水青山和金山银山有机统一的排头兵”大讨论活动，召开专题组织生活会，坚持边学边改，确保学习教育步步深入，取得实效。按要求开展“酒桌办公”专项整治工作，专题研究并印发《关于进一步严格财政局公务接待工作的通知》，及时上报自查结果。开展廉洁从政教育，组织参观廉政教育基地和观看警示教育片，进一步提高干部职工廉洁从政意识。建立卫生保洁常态化机制，定期到财政局责任区开展保洁；建立共创共建常态机制，继续与共建寺庙保持联系，指导开展文明创建工作，带动共同提升，组织开展志愿者服务、“清白行动”、困难党员和困难群众帮扶等活动，提升创建水平。加强安全生产教育，推动社会治安综合治理。

（九华山风景区财政局供稿）

安庆市财政工作综述

安庆市财政工作概述

【概况】2016年,安庆市财政一般预算收入完成267.6亿元,为年度预算的100%,增长8.2%,其中市本级财政收入完成141.7亿元,增长8%。全市财政支出完成337.2亿元,同比增长10.4%。财政运行平稳,财政各项目标任务圆满完成。

【加大支持发展力度】修订出台支持工业、农业、科技创新和服务业发展的四大产业政策,市财政设立10亿元产业发展专项资金,支持实体经济发展。落实国家扶持企业发展的各项税费优惠政策,减免税费28.5亿元。做大做强政策性融资担保机构,市融资担保集团注册资本金从5亿元增加到10亿元。深入推进"4321"政银担合作,期末在保余额39.7亿元,较年初新增28.6亿元。加快实施税融通业务,发放贷款7亿元,服务企业198家。建立6亿元短期续贷过桥资金池,全年周转贷款金额114亿元,扶持企业2282户,年周转率20次,减少企业过桥资金成本近2亿元。

【推进投融资与金融工作】大力发展多层次资本市场,新增上市在审企业2家,上市辅导备案企业3家,新三板挂牌企业8家。全市在资本市场直接融资140亿元,比上年增加65亿元。抢抓资本市场扶贫政策机遇,全国832个贫困地区6家上市在审企业安庆市占2家,太湖县安徽集友新材料股份有限公司顺利过会,成为资本市场支持脱贫攻坚、开辟"即报即审、审过即发"绿色通道的全国首批企业。积极发挥基金杠杆作用,组建天使基金、安元股权投资基金和同安产业招商基金,对接调查企业120余家,直接投放7亿元。编制、实施投融资计划,市本级实现融资350.6亿元。着力优化金融生态环境,开展金融环境专项整治行动,追赃挽损3.2亿元,执结涉金融债权案件1430件,到位标的12.7亿元。积极推广政府与社会资本合作,6个PPP项目入选全国第三批示范项目,入选项目数全国第七、全省第一。

【有效改善民生福祉】全市民生支出290.4亿元,占财政总支出的比重为86.2%,增长11.5%。继续实行"一月一排名、一月一通报、一月一调度"制度,常态化推动33项民生工程实施,拨付资金108.3亿元。继续提高农村低保(五保)、城镇居民医疗保险、新型农村合作医疗、基本公共卫生等财政补助标准,拨付资金36亿元。建立重度残疾人护理补贴制度,拨付补贴资金3310万元。加大教育经费投入,进一步完善城乡义务教育经费保障机制,统一生均公用经费基准定额和"两免一补"政策,推进城乡义务教育均衡发展。全力做好抗洪救灾经费保障工作,投入抗洪救灾资金8.5亿元,争取灾后重建贷款31.7亿元,有力支持防汛抗洪和灾后重建工作开展。

【支持城乡一体协调发展】全力支持脱贫攻坚,市本级财政增列扶贫专项资金1.8亿元,全市统筹安排各类扶贫专项资金28.4亿元,实现127个村13.3万人脱贫出列。投入资金3.1亿元实施农业综合开发项目,共治理土地面积12.8万亩,扶持龙头企业28个、合作社26个。出台美丽乡村专项资金使用管理办法,累计投入资金14亿元,支持美丽乡村建设。安排一事一议财政奖补项目1349个,投入资金2.4亿元。争取国家和省财政资金2.9亿元,开展村级集体经济发展、农村公共服务运行维护、建制镇等国家试点工作。全面落实强农惠农政策,稳步推开农作物良种补贴、农资综合补贴和种粮直接补贴等三项补贴合并为“农业支持保护补贴”工作,拨付补贴资金4.7亿元。通过一卡通发放各类惠农补贴资金22.3亿元,涉及补贴项目23个,惠及全市430万农业人口。深入推进政策性农业保险,全年赔付保额2.2亿元。

【继续深化重点改革】全面推进营改增试点改革,全市营改增实现减税7亿元,切实减轻企业负担。继续深化国资国企改革,出台“1+4”国资监管制度体系,明确监管对象,制定监管清单,实行分类考核,规范履职待遇。对市属政府平台公司进行整合重组,组建同安控股公司、金融控股公司,整合交投公司,构建市政府三大投融资主体。深入推进政府购买服务工作,全市政府购买服务支出4.2亿元,实施项目149个。加强政府采购管理,继续推进电子竞价采购,引入电商企业参与战略合作,建立网上商城采购新模式,全市政府采购规模达33.8亿元,增长90%,节约资金9.7亿元,资金节约率22.2%。完善政府性债务管理制度,在全省率先开展新增债券绩效评价工作,将新增债券资金纳入预算管理,基本建立“借得到、用得好、还得了”的债务管理新机制。

【持续加强财政管理】坚持开门办预算,继续推进预算支出绩效评价,深化政府预决算和部门预决算公开工作,努力构建全面规范、公开透明的预算管理制度。全面盘活财政存量资金,将结余结转资金管理与预算编制有机结合,切实消化和压缩结余结转资金规模。严控一般性支出,全市“三公”经费支出下降21%。进一步规范财政支付方式,市本级直接支付比例达到92.2%,现金支出下降64.5%。出台进一步加强财政资金管理制度建设实施意见,强化财政资金安全管理。制定财政监督相关制度办法,建立财政部门内部控制制度,全面完善风险防控制度体系,强化财政监督和审计结果运用。开展“小金库”、滥发津补贴、预决算公开等专项检查,落实审计监督、财政监督的整改责任,严肃财经纪律。继续做好帮扶联系村精准扶贫工作,探索实现单位包村、干部包户扶贫新路子,市财政局帮扶的三个村首批脱贫出列。健全财政会商和帮联工作机制,加强财政党建和反腐倡廉工作,持续推进财政系统作风建设和效能建设。

(安庆市财政局供稿 叶武乐)

桐城市财政工作概述

【概况】2016年,桐城市财政一般预算收入完成23.2亿元,增长10.5%,全市财政支出实现38.57亿元,增长10.2%,较好地完成全年各项财政工作任务,有力促进全市经济社会各项事业健康发展。

【加强财政收入征管】充分发挥收入分析调度、部门征管联动等机制作用,提高组织收入的预见性和主动性,构建“合力联动、齐抓共管”的税收征管机制,确保收入序时足额入库。硬化目标考核,重视加强全市税收征管调度,任务、责任、人员、时限“四落实”。强化税源监控,注重加强重点企业、重点行业、重点领域税源监控,强化稽查,堵塞漏洞,积极挖掘小税种增收潜力,应收尽收。严格非税征管,继续推进行政事业性收费项目动态管理,强化源头管控、以票控收,全面实施非税收入网络化征管。

【提升民生保障水平】将有限财力向民生领域倾斜、向薄弱环节和弱势群体倾斜,全年民生支出33.6亿元,占全市财政总支出87.2%,其中33项民生工程支出超过12亿元。全力支持救灾和灾后重建工作,及时拨付资金1425万元,争取上级水毁修复资金1385万元。安排拨付生活救助和冬令春荒款1135万元,保障受灾群众的基本生活。全年累计发放城乡低保、五保供养、医疗救助等各类社会救助资金1.5亿元,兑现退役士兵和离任村干部补助1734万元。拨付资金901万元,用于殡葬公共服务和奖励。安排资金1753万元,支持大众创业,全面落实普惠制稳岗补贴。拨付基层医疗机构定项补助、基本公共卫生服务和重大卫生专项资金7476万元,新型农村合作医疗保障补偿137.6万人次2.85亿元。拨付资金467万元,全面落实药品零差率补助政策。安排资金321万元,及时兑现新核定到龄退出村医生活补助。拨付资金 4695 万元,全面落实义务教育“两免一补”政策。兑现资金 2136 万元,对全市中职和普通高中家庭经济困难学生进行资助。投入资金 2247 万元,完成 69 处校舍维修改造工程。拨付资金 600 万元,推进实施文化惠民工程和农民体育健身工程。

【加快市域经济发展】全面兑现减税降费政策,认真落实结构性减税等税收优惠政策。选择一批困难企业结对帮扶,帮助企业提高财务管理水平和应对涉税风险能力。推进出口退税分类管理,简化审核审批手续,加快出口退税速度。拨付资金 3499 万元,增加银桥担保公司国有资本,筹措 3800 万元进行股本置换,降低实体经济融资成本。加强“徽银一号城镇化基金”管理,促进东部新区、市政道路、保障性住房等市政重点工程建设,相关产业培育奖补政策和金融创新政策逐步实施。牵头制定扶持产业发展“1 + 3 + 8”政策体系,积极落实“三去一降一补”政策,支持产业结构调整和转型升级,推进企业供给侧结构性改革,兑现产业发展扶持资金 7866 万元。通过城投公司向金田集团注资 1 亿元,支持发展总部经济和主板上市。兑现奖励资金 910 万元,支持市域企业上市。创新金融产品,设立 5000 万元的融资风险补偿金,鼓励和引导金融机构向小微企业、农村新型经济组织发放贷款。增加“过桥还贷”资金 6500 万元,将过桥面扩展至除房地产企业外的所有在桐企业,累计发放过桥资金 32.86 亿元,增长 69.73%,为市域实体经济节约超短期融资成本 8000 万元。设立 1000 万元的初创型小微企业风险补偿金,支持高校毕业生、回乡创业者创业。助保金贷款扩行增面,在贷企业 36 家,在途贷款余额 3.27 亿元。税融通贷款全面实施,政银担贷款全面提速,全年为 33 家企业提供 36 笔 15450 万元税融通贷款,发放政银担贷款 66 笔 32753 万元,惠及 61 家企业。积极推进电子商务进农村综合示范工作,拨付资金 1109 万元,支持建成电子商务公共服务中心和线上线下特色馆以及 187 个村级服务站点,物流配送触角延伸至每个村落。

【统筹三农协调发展】积极落实各项惠农政策。增加投入 3200 余万元,全面加强农村和社区基层党建保障工作,提高村(居)干部待遇。实施农业补贴“三合一”改革,支持耕地地力保护。通过“一卡通”发放财政补贴农民资金 3.11 亿元,支持种粮农户备耕生产。提升政策性农业保险保障水平,全年理赔 5750 多万元,帮助受灾农户开展生产自救。筹措资金 290 万元,支持 100 亩以上农业新型主体购买农作物商业补充保险,增强风险抵御能力。大力支持现代农业发展。安排资金 1000 万元,支持 37 家农业经营主体水稻标准化育秧工厂和 16 家水稻生产社会化服务组织建设;筹措资金 1589 万元,对青草、大关等镇 1.07 万亩基本农田进行整治;安排资金 1800 万元,全面完成千万亩森林增长工程建设。设立 1400 万元的涉农融资风险补偿基金,为新型农村经营主体贷款提供风险补偿。切实加大农业基础设施投入,全面完成 683.2 公里的农村道路畅通工程建设。投入资金 1520 万元,对 1282 户农村危房进行改造,完成 38 处集中供水和 11 个山区村的农村饮水安全工程建设。筹措资金 4878 万元,支持全市小型水利工程改造提升。投入资金 3010 万元,在全市 205 个村(居)实施 207 个村级公益事业建设“一事一议”财政奖补项目。拨付资金 650 万元,在全市 5 个村开展扶持村级集体经济发展试点工作。全力支持脱贫攻坚工作。累计筹措专项扶贫资金 4549 万元,整合涉农资金 7108 万元,用于全市脱贫攻坚工作。支持 26 个重点贫困村新建光伏发电站,帮助 6.3 万名建档立卡贫困人口代缴新型农村合作医疗保险。筹措资金 3667 万元、整合各类涉农资金 8823.79 万元,用于美丽乡村建设。

【深化财政改革】深化部门预算编制改革,硬化预算约束,从严控制追加,主动接受监督。强化非税收入管理,增强部门预算的全面性和综合性。深化预算绩效管理,提高财政资金使用绩效。营改增试点全面推开,3449 户企业由缴纳营业税改为缴纳增值税,实现所有行业税负只减不增。研究出台重点国有企业经营业绩考核办法等 8 项国资国企监管制度,进一步规范国有企业的经营行为、资产收益、资产处置和产权交易管理工作,初步搭建起国有资产监督管理的制度框架。完成公车改革相关后续工作。与省产权交易中心合作,通过网络竞价方式成功处置车改取消车辆 183 台,成交总价 484 万元,平均增值率达 70.7%;修订出台市直机关差旅费管理办法和机关单位市内公务出行费用管理办法,规范公车改革后机关单位差旅费和市内公务出行费用的管理。全面完成 445 家行政事业单位资产清查工作。强化政府债务管理,申请地方政府债券置换资金 14.08亿元,占 2015 年底存量政府债务余额的 62.5%;争取地方政府新增债券 2.6 亿元,较上年增长91.8%。加快PPP项目实施,6个PPP项目录入财政部项目信息综合平台,其中列入国家示范项目1个。

(桐城市财政局供稿　周正健)

怀宁县财政工作概述

【概况】2016年,怀宁县一般公共预算收入完成18.0亿元,占调整预算的101%,比上年增长9.8%;完成一般公共预算支出30.1亿元,占调整预算的100%,比上年增长6.3%。

【攻坚克难集聚财力】加强收入预期管理,按月分征收部门、分税种细化落实收入计划,确保任务到岗、责任到人、措施到位。加强收支分析,定期组织调度,及时研究解决存在的困难和问题,保证收入有序入库。强化重点税收监管,跟踪监测重点行业、重点企业,大力推进重点项目税收征管。以"营改增"和资源税改革为契机,集中开展专项清理,有效增加地方收入。积极开展税收稽查评估,大力清缴欠税,充分发挥涉税平台作用,加强分析比对,挖潜堵漏增收。认真研究财政体制补助、产业扶持政策,主动衔接,积极协调,全年争取上级各项补助资金24亿元,为全县经济社会发展提供坚实财力保障。

【促进经济稳定发展】加强政策研究和部门会商,出台加快经济社会发展若干政策、政府产业引导基金管理办法等一系列政策文件,发挥积极财政政策支持实体经济发展的作用。安排扶持资金1.4亿元,专项用于引导创业发展、电子商务发展、支持中小企业健康发展及"四大产业"政策等配套和扶持。实施减税清费,全面推行"营改增"试点,全县2779户"营改增"纳税人减税4251万元。按政策规定全年免征各种税费1.42亿元,为中小微企业发展营造宽松的政策环境;兑现园区企业及总部经济招商引资优惠政策资金3271万元,有力地支持企业发展。撬动金融支持,提升融资担保实力,145家企业担保贷款总额达7.23亿元,"政银担"合作贷款超3亿元,推广发放"税融通"贷款1.02亿元,助保金在保余额7300万元。发挥财政资金杠杆撬动作用,设立3亿元政府产业引导基金、2.5亿元"徽银创盈"中小企业发展基金,获批发行9.5亿元城投公司债券。设立小微企业信贷风险补偿基金500万元,积极防范和化解企业资金链风险。大力推进企业上市(挂牌),万邦特材、新雪莲科技实现"新三板"挂牌,落实奖励资金440万元。【全力保障改善民生】加大资金投入,全年民生支出达25.9亿元,占公共财政支出的86%,民生财政特点进一步凸显。精心实施民生工程,全年投入13.38亿元,其中财政资金投入9.27亿元,比上年财政投入增长1.29亿元,增幅16.26%。统筹社会事业发展,坚持教育、卫生、社保、文化等事业优先。优先置换义务教育债务3172万元;安排6048万元,推进义务教育均衡发展。全年累计发放城乡低保、五保资金及"八老"生活补贴9346万元。城乡居民养老保险全覆盖,新型农村合作医疗保障水平进一步提高。安排住房保障资金9104万元,加大棚户区等改造力度。设立文化强县专项资金400万元,确保公益性文化事业财政投入逐步增长。助力精准扶贫,争取中央及省财政扶贫资金1012万元,县本级预算安排805万元,整合涉农资金5790万元,统筹推进19个贫困村产业扶持、安全饮水、危房改造等扶贫项目。

【支持城乡一体化发展】落实强农惠农政策,发放财政补贴农民资金2.4亿元,促进粮食生产和农民增收。设立融资风险补偿基金,撬动银行加大对农民合作社信贷资金投入,21家合作社、家庭农场获贷款1230万元。加强乡镇财政资金监管,全年纳入监管平台的乡镇财政性资金累计5.5亿元。惠农补贴资金管理发放、乡镇财政资金监管两项工作绩效评价连续三年获省财政厅一等奖。推进农业综合开发,全年完成农发项目共17个,产业化经营财政补助和土地治理项目完成总投资9070万元。继续推进农业示范园区建设,平山示范区内涵提升、外延拓展,独秀现代农业园区一期基本建成,园区蓝莓特色产业发展初具规模。深化农村综合改革工作,全年实施一事一议财政奖补项目235个,总投资2711万元,县级配套370万元。申报国家扶持村级集体经济发展试点项目6个,争取中央财政补助600万元。整合资金1.6亿元,开展美丽乡村省市县三级21个中心村建设和政府驻地建成区环境整治。扎实开展政策性农业保险,为农业生产保驾护航。加强农村基础设施建设,完成12个乡镇109个村1.54万人农村居民安全饮水工程和1810户农村危房改造计划;配套6417万元实施农村畅通工程,解决农村路网布局及出行难题。

【强化财政监管职能】推进预算绩效管理，对部门30万元以上的项目支出全部纳入绩效管理，组织开展预算单位财政支出绩效自评，优先将重点民生项目和具有较大经济社会影响的项目作为绩效评价的重点，注重绩效结果应用，将绩效评价与改进预算管理和安排预算资金有机结合。发挥财政投资评审职能，加大对政府投资项目和政府采购的监管力度，完成财政投资预算评审项目139个，累计报审金额135919万元，净审减额6031万元，净审减率4.44%。受理政府采购735项，累计申报金额21963万元，审减额563万元，资金节约率2.56%，有效提升资金使用绩效。清理盘活存量资金，继续巩固清理整顿财政专户成果，进一步精简压缩财政专户数量，强化财政专户结余资金管理，减少财政专户存放财政资金规模。开展存量资金清理，清理盘活存量资金4884万元。规范国有资产管理，严格审批手续，规范资产出借和处置行为，行政事业单位资产处置收入严格按照政府非税收入管理规定，全额上缴县财政，实行“收支两条线”管理。强化财政监督，在全县范围内组织开展小金库、津补贴发放专项治理，严肃财经纪律，提升廉洁政府形象。扩大涉企信息系统应用，积极防范企业重复申报、虚假申报项目资金。

【创新财政管理体制】深化综合财政预算，实行全口径预算管理，进一步规范预算支出管理，坚持“先有预算、后有支出，先有指标、后有拨款”、坚持县级财力统筹安排；规范预算追加程序，增强预算约束。做好部门预决算及“三公经费”信息同步公开工作，不断提高公共财政透明度。加强国库集中支付改革，国库集中支付县乡两级实现全覆盖，全年通过国库集中支付系统支付资金超过50个亿，资金支出实现规范化、透明化、信息化。大力推行公务卡结算，严格控制现金提取与使用，提高公务支出透明度。加强投融资体制改革，完成融资平台市场化改制，全年实现融资37亿元，有效支持保障性住房、皖河大桥、下浒山水库工程、G206升级改造等重点项目建设。积极推进政府与社会资本合作，“三馆一中心”PPP项目2016年被财政部列为第三批示范项目，S238高河至黄墩段快速通道PPP项目如期开工。严格政府性债务管理，全面开展存量债务清理和政府债务甄别。严格举借审批程序，合理控制新增债务。将政府性债务纳入全口径预算管理，新增债务及时编制预算调整方案并报县人大批准，新增债券资金依法用于棚户区改造、扶贫攻坚等公益性资本支出项目。

【加强财政队伍建设】扎实开展“两学一做”学习教育，广泛开展学习宣传，引导全体党员向先进学习、向典型学习，争做合格党员。抓好党风廉政建设，将党风廉政建设和财政业务工作同布置、同检查、同落实，严格落实“一岗双责”，利用中心组学习、三会一课、观看警示教育片等各种形式时时刻刻警示教育党员干部，不断夯实财政干部廉洁从政的思想道德基础。强化财政队伍建设，加强机关效能建设，强化考勤管理和日常巡查。加强干部学习培训，进一步提升干部队伍的业务技能和综合素质。加大交流轮岗力度，多岗位锻炼激发队伍活力。公开招录40名公务员充实到乡镇财政所(分局)，财政干部年龄、知识结构进一步优化。积极开展文明创建，以开展“三城同创”和创建省级文明单位为契机，扎实开展机关道德讲堂、城乡结对共建、扶贫帮扶结对、志愿者服务等文明创建活动，丰富创建载体，以文明创建推进机关管理服务水平提升，促进干部优化效能服务，树立财政部门良好形象。

(怀宁县财政局供稿　戴名胜)

潜山县财政工作概述

【概况】2016年，潜山县一般公共预算收入完成11.01亿元，增长8.6%，其中地方一般预算收入完成72763万元，增长8.3%。全县一般公共预算支出完成32.88亿元，增长13.6%。

【多措组织收入】深入调查税源，科学分解收入目标，紧咬序时进度，加强分析、研判、调度，把好组织收入的力度、节奏。精准月度预期，对企业所得税、土地使用税、全面推进“营改增”试点以前应缴纳的营业税等税收，按期组织申报纳税。强化部门协作，充实一线联合办税力量，加强政府投资项目税收征管，健全建安工程税收管控机制，实行国地税业务“一窗通办”。加大税法政策宣传力度，加强乡镇税收征管工作督导，强化纳税评估和税务稽查，查缺堵漏，确保税收及时足额入库。严格非税收入管理，着力加大土地出让、砂石经营、国有资产处置等国有资源有偿使用收入的监管，实行“一站式”收费项目代理服务。推行电子化票据管理，全面开展财政票据年检、稽查，加强票据领、发、核、销环节监管，严守“限额购买，以旧换新，票款同行”规定。

【精准服务发展】完善加快工业经济发展和推进自主创新、促进旅游业、现代服务业和现代农业发展若干政策，出台加快全域旅游发展实施意见，设立专项奖补资金1亿元，积极兑现市县工业、现代服务业和现代农业奖补政策资金9723万元，促进传统产业改造升级、战略性新兴产业茁壮成长和旅游业蓬勃发展。出台优化金融服务促进实体经济发展的实施意见、《“税融通”业务实施细则，完善财政性资金存放银行业金融机构考核管理办法和金融机构支持地方经济发展考核奖励办法，建立健全政策性融资担保体系，设立1亿元融资担保专项资金，持续发挥续贷过桥资金和助保金作用，引导金融机构加大扶持实体经济发展力度，实现新增信贷投放11.2亿元。设立1亿元产业发展引导基金，参股安庆安元基金。扎实推进金融环境专项整治。利用扶贫上市“绿色通道”，积极推动企业改制上市（挂牌），佳明环保成功挂牌新三板，华业香料上市申请材料报会受理并开展核查，卫康制药等重点企业上市（挂牌）工作有序推进，兑现扶持资金1392万元。

【保障改善民生】切实履行牵头协调职责，财政性投入13.1亿元，支持33项民生工程实施。筹资支持8件实事工程和29项重点工程建设。制定财政金融支持脱贫攻坚系列政策，统筹整合财政涉农资金45212万元用于扶贫。拨付防汛救灾资金3450万元，支持灾后救助重建。认真落实农业三项补贴合并改革，累计发放惠农补贴资金3.14亿元。实施政策性农业保险和补充商业保险，支付理赔款3785万元。推进融资担保风险补偿基金支持农民合作社和家庭农场试点，76家新型农业经营主体获得贷款2584万元。完成农业综合开发王河镇高标准农田建设和塔畈乡小流域治理。支持革命老区项目两昆路和槎余路改造升级。拨付14210万元，支持学前教育、学校运转、学生资助、农村义务教育学生营养改善和高中办学条件改善。支付城乡居民医疗保险基金2.5亿元；拨付城乡医疗救助金967万元。支付城乡居民社会养老保险基金8002万元；开展机关事业单位养老保险工作。进一步提高低保和五保保障标准。拨付公共文化服务体系建设和“三馆一站”免费开放资金963万元，扩大公共文化产品和服务供给。支持公务用车制度改革。兑现落实机关事业单位工作人员基本工资标准和增加机关事业单位离退休人员离退休费。

【推进财政改革】深化预算管理改革，精细预算编制管理，统筹综合预算支出，积极清理盘活财政存量资金。依规公开财政预决算和“三公”经费信息。严格地方政府性债务和债券资金管理。加强公务卡使用管理。推进清理财政专户和行政事业单位银行账户工作。调整完善乡镇财政管理体制，明确县经济开发区财政管理体制。深入推进农村综合改革，成功争取为国家美丽乡村建设和扶持村级集体经济发展整县推进试点县，26个村共获补助资金3050万元，源潭全国建制镇示范试点在财政部中期评估中取得好的效果，189个村级公益事业建设一事一议财政奖补项目有效实施，农村公共服务运维试点探索推进。出台提升农村基层党建与服务群众经费保障实施办法，进一步加大农村基层党建与服务群众经费投入。推进投融资改革转型发展，着力构建法治、规范、科学的投融资平台治理结构，完善国有平台公司议事决策程序。通过政府购买服务实现融资12.58亿元，支持易地扶贫搬迁项目、农村道路畅通工程、灾后恢复重建。政府与社会资本合作项目实现“零”的突破，通过PPP融资支持105国道利民大桥至桃花铺段改建工程，县文化公园1.9亿元项目采购进入实施阶段。

【加强财政监督】全面落实巡视整改方案和整改清单，进一步开展“小金库”和滥发津贴补贴专项整治行动。动态完善惠农补贴“一卡通”信息系统基础数据，全面实行乡镇包村干部监管涉农资金工作，深化乡镇财政资金监管。实施财政资金安全检查暨涉农资金监管，对农村低保五保等13项涉农资金进行巡查，推进农机购置补贴资金核查。开展集中整治和加强预防扶贫领域职务犯罪专项工作、扶贫项目监督检查和扶贫资金专项抽查。开展行政事业单位国有资产清查，进一步摸清国有资产家底。加强政府采购预算管理，严格采购过程监控。有序推进农村集体“三资”管理委托代理服务；深入开展村级财务检查，出台进一步规范村级财务管理和监督工作的意见。对部分新型农业经营主体和学校开展会计信息质量检查，开展行政事业单位内部控制基础性评价和代理记账机构执业情况检查。加强乡镇财政财务互审内审，修订完善财政所（分局）财务管理规定。

【提升作风效能】扎实开展“两学一做”学习教育和“讲看齐、见行动”学习讨论。组织开展革命传统和廉政警示教育。出台深入推进全面从严治党的实施细则。坚持党建工作专题研究调度、承诺践诺结诺、述职考评机制,认真落实“两个责任”和“一岗双责”,以党建引领、推动财政工作。财政总支培养发展党员2名。加强作风效能规定学习,见缝插针式强化教育提醒,不定期开展财政政策执行、财政重点工作推进、效能建设规定落实情况督查,强化违纪问责。巩固市级文明单位成果。推进乡镇财政档案管理目标升级和服务型财政所(分局)创建,黄铺等5个财政所(分局)成功争创省级、市级示范单位。举办“明大势务大局重担当”主题演讲比赛,参加全县职工长跑、健步走和天柱山越野挑战赛,以及乒乓球和羽毛球等活动,丰富职工文化生活,营造健康向上氛围。

(潜山县财政局供稿　袁先礼)

太湖县财政工作概述

【概况】2016年,太湖县财政一般公共预算收入完成77876万元,比上年增长12.8%。一般预算支出完成320517万元,较上年增长12.5%。财政运行平稳。

【稳步实施民生工程】全面完成33项民生工程目标任务,共投入资金8.8亿元。基础设施条件明显改善,实施农村道路畅通工程656公里;改造农村危房3080户;解决16151名贫困人口的饮水问题;小型水利工程得到改造提升;7个乡镇政府驻地环境得到整治,9个省级中心村建设全面推进;完成棚户区改造592套;福星花园、晋湖山庄老旧小区851户整治任务已完工交付使用。医疗服务能力明显增强,城镇居民基本医疗保险参保人数44039人,支付医药费914万元,大病保险支付比例达50%;新型农村合作医疗参保494253人,受益957777人次,支付补偿金19423万元,整合扶贫资金1259万元,为8.366万名贫困人口代缴新农合参保资金。城乡居民就业渠道明显拓宽,实施就业技能培训2564人,新型农民培训1090人,开发公益性岗位243个。推行农村低保动态管理,发放保障金3680万元,落实发放五保户供养资金2339万元。积极支持创业工作,增加担保贷款基金260万元,全年发放创业担保贷款2981万元,累计贴息246.81万元。全年累计拨付自然灾害生活救助资金1750万元,有效帮助受灾群众解决生活困难。

【深入推进财税改革】全面实施“营改增”改革试点,减轻企业税费负担约9000万元。全面推进农业补贴“三合一”改革,发放农业支持保护补贴4682万元。拨付支持企业发展资金1.1亿元。收回调整使用存量资金4467万元。完善政府性债务管控机制,争取上级政府债券资金46277万元。加强融资担保体系建设,深入推进“4321”政银担风险分担机制,完成担保业务200笔84140万元。

【创新投融资机制】制定推进企业上市工作方案和企业上市(挂牌)财政奖励实施办法。安徽集友新材料股份有限公司在上海证券交易所主板首发上市。宏宇五洲进行股改,景湖农业等9家企业积极申报新三板,绿之洲等9家企业在省股权托管中心挂牌,国元证券公司获批在县设立轻型营业部。获得银行授信30.3亿元(其中已提款9.2亿元)。设立徽银一号城镇化基金,使用46128万元。积极推进PPP模式,投资4780万元建设生态停车场、滨河公园景观工程和新能源汽车充电桩,总投资8亿元的105国道太湖段改建二期PPP项目完成招标工作。

【加大财政支农投入】筹措各类资金79564万元,集中用于脱贫攻坚,发放18项财政涉农补贴24500万元。11个农发项目获批立项,总投资2336万元。美丽乡村投入建设资金12160万元,农村集镇和中心村面貌日新月异。

【统筹推进日常工作】国库集中支付工作进一步规范,全年支付业务7.11万笔、资金235644万元,拒付、退回各类不合规条据286笔、金额2620万元。政府采购范围不断拓展,全县实际采购规模14814万元,节约资金1043万元,资金使用效益有效发挥。非税收入征管机制不断完善,全年实现纳入预算管理非税收入12609万元,纳入专户管理的非税收入24336万元。积极盘活国有存量资产,规范配置审批手续268项,金额达1790万元,审批资产处置项目65个,资产原值719万元,全面完成239个行政事业单位资产清查。会计管理水平不断提升,行政事业单位财务管理逐步规范,全县237家预算单位的国库支付系统和会计核算系统成功对接安装。一事一议财政奖补工作扎实开展,国家美丽乡村建设和扶持村级集体经济发展试点工作进展顺利,争取中央和省级奖补资金1756万元,批复实施项目154个,覆盖148个村、26.5万农业人口。财政监督检查扎实有效,内控建设日趋完善,通过开展财务大检查,发现并纠正处理12项问题。政策性农业保险稳步推进,农业保险服务质量和水平进一步提高,投保、查勘、定损、理赔等工作进一步精细、规范。财政宣传工作成效明显,全年在市级以上财政网站和《安徽财政》等媒体刊发各类信息88篇,营造良好财政舆论氛围。财政局机关和各(分局)所帮扶联系贫困村、贫困户工作持续发力,"自身建设年"活动扎实有效,"两学一做"学习教育有声有色,"讲看齐、见行动"学习讨论扎实开展,党建工作载体不断创新,党风廉政建设不断增强。

(太湖县财政供稿　周学平)

望江县财政工作概述

【概况】2016年,望江县财政一般公共预算收入完成78380万元,为年初预算的100.3%,比上年增长10.6%。全县财政一般公共预算支出完成285462万元,增长12.4%。

【全力保障改善民生】积极保障民生工程实施,32项民生工程全年累计投入15.8亿元,落实县级配套1.4亿元。增拨24500万元用于推进义务教育均衡发展;增加安排高中学校教师"五险一金"2130万元,发放乡村教师生活补助889万元,拨付义务教育薄弱学校维修改造资金4351万元。发放城乡低保金4999万元、五保对象生活补助1494万元、优抚对象生活补助1565万元,拨付就业资金1924万元,发放小额担保贷款2525万元。拨付新型农村合作医疗资金23970万元、城镇居民基本医疗保险1500万元、城乡医疗救助1410万元和基本公共卫生资金2352万元。拨付文化事业发展资金2113万元,大力发展基层文化中心和文化乐园,实施公共文化场馆免费开放,加快推进雷阳书院修缮、文庙广场和挑花基地建设。大力推进保障性住房建设,拨付棚户区改造资金1162万元、农村危房改造资金1003万元。加大人员经费保障,拨付行政事业单位基本工资调资3876万元,兑现机关工作人员公车改革补贴932万元,发放乡镇职工历年欠发津补贴856万元,兑现乡镇在职人员工作补贴1085万元,发放"老字号"群体生活补助1145万元。大力支持脱贫攻坚,争取上级财政专项扶贫资金7634万元和地方政府新增债券8504万元,县本级预算安排扶贫专项资金1400万元,统筹拨付财政存量资金2612万元,用于支持脱贫攻坚。全年整合涉农项目资金19929万元。

【统筹城乡协调发展】通过"一卡通"发放各项涉农补贴资金31755万元。拨付美丽乡村建设资金3618万元、农村公益事业一事一议财政奖补和村级集体经济发展试点资金2582万元,投入农村道路畅通工程7736万元,安排1157万元支持千万亩森林增长工程,投入农田水利基础设施建设11273万元,投入2269万元推进乡镇高标准农田项目建设,拨付1200万元实施粮食生产田间工程。安排政策性农业保险及特色农产品保费补贴预算811万元,全年政策性保险赔款6655万元,涉及受灾农户10.69万户。安排在职村级干部报酬1559万元,村级组织基本运转经费1025万元,离任村级干部生活补助760万元。

【推进县域经济发展】争取上级财政资金24.2亿元,为县域经济社会发展提供财力保障。累计为全县中小企业实施续贷过桥2.6亿元,发放"税融通"信用贷款4480万元,安排2526万元充实县担保公司资本金,深化"4321"新型政银担合作,为中小企业提供融资担保30726万元,年末县担保公司在保余额达80653万元,缓解中小企业资金周转压力。兑现市政府出台四大产业扶持政策和县级出台的各项优惠政策资金4104万元,促进企业转型升级。兑现县域金融机构涉农贷款增量奖励、农村金融机构定向费用补贴和创业担保贷款贴息723万元。全力保障项目用地报批,全年共调度财政资金7156万元,用于支付申报1601亩城镇建设用地所需的报批费用和征地准备金。拨付防汛救灾资金5088万元,以城投等公司为平台,申请徽商银行等防汛应急救灾贷款共8亿元(获批4亿元),灾后重建项目贷款4亿元。

【全力抓好投融资工作】成立基础设施投资公司、房地产开发公司、旅游开发公司、城乡发展公司、国有资产运营公司、林投公司等,统筹调度财政资金3.09亿元。全年实现政府性融资协议金额45.7亿元,累计拨付融资资金17.1亿元,为莲花湖公园建设、人防疏散基地、安九路拓宽改造、棚户区改造和易地扶贫搬迁等重大基础设施建设和地方政府债务置换,提供有力资金保障。积极开展PPP项目合作,全面启动实施污水处理厂厂网一体化和望东长江大桥华阳互通连接线 PPP 项目。开展投资参股,投资 1 亿元入股安庆安元基金,投资 2180 万元入股联河米业。

【深化财政管理改革】扎实推进“营改增”试点改革,争取增值税定额补助基数 4854 万元。深化预算管理改革,全面实行全口径预算管理,推进预决算信息公开。积极推进公车管理改革,修订完善全县机关事业单位差旅费管理暂行办法。完善县乡财政管理体制,将乡镇工商税收和契耕两税分成比例在原来的基础上各提高 5%,土地出让金纯收益全部返还乡镇。强化国有资产管理,制定行政事业单位办公用房装饰装修和资产配置标准,完善国有资产配置处置办法,实现国有资产动态监管。深化国库集中支付改革,扩大集中支付范围,强制推行机关事业单位公务卡结算。稳步推进农业“三项补贴”改革,将农作物良种补贴、农资综合补贴和种粮直接补贴合并为农业支持保护补贴,将原来对农户种植面积的直接补贴调整为对耕地地力保护补贴。对县财政专户、预算单位的存量资金进行全面清理,共收回财政专户存量资金 1.73 亿元,收回部门存量资金 1526 万元。对单位以前领用的非税收入票据全部按规定及时收回核销,重新修订非税收入票据管理办法,真正实行票款同行。强化公车管理平台运行保障,修订出台机关事业单位差旅费管理暂行办法。

【提升财政监督水平】全县 67 个预算单位在县政府信息公开网站及时公开部门预决算和“三公经费”,主动接受社会监督。积极开展行政事业单位“小金库”和滥发津贴补贴两个专项整治行动,健全部门内控机制建设,规范单位财务管理。健全财政事项报告机制,完善议案建议办理机制,强化代表巡视参与机制,严格执行县人大各项决议,主动接受人大监督。强化政府债务预警,将政府债务收支纳入年度预算管理。认真落实审计整改意见,充分利用审计监督成果,加强内控体系建设。深入推进财政资金安全检查,重点检查岗位管理、人员管理、账户管理、资金收付管理、会计核算管理以及推进乡镇财政财务互审常态化。

【加强干部队伍建设】深入开展“两学一做”学习教育和“讲看齐、见行动”学习讨论,坚持两手抓、两促进,夯实广大干部职工的思想基础。落实党风廉政建设“两个责任”和“一岗双责”,积极开展反腐倡廉宣传教育,建立健全风险防控和内部控制制度,提高干部风险防范的能力。深化文明创建成果,丰富创建形式和创建内容,培育健康、文明、和谐的人文环境。加强监督执纪和问责力度,推动财政部门、财政工作、财政队伍、财政事业安全。

(望江县财政局供稿　刘敏)

岳西县财政工作概述

【概况】2016 年,岳西财政一般预算收入完成 72313 万元,比上年增长 11.5%;实现财政总支出 396797 万元,较上年增长 17.9%。收入质量和支出结构进一步优化,重点支出得到有效保障。

【全力服务经济发展】积极盘活财政存量资金,防止资金沉淀,财政存量资金数量比上年减少 90%。努力提升财政资金使用效益,在省财政厅绩效评价的基础项目之外,开展老区转移支付资金、一事一议财政奖补资金、新增财政债券资金绩效评价工作,进一步增强各部门各单位使用财政资金的绩效意识。积极落实国家结构性减税政策,全年为企业减轻税收负担 5000 万元以上。积极创建融资平台,促进民营经济发展,组建岳西县农业融资担保公司,帮助农户发展经济,帮助企业重组资金链。

【支持民生财政建设】积极实施民生工程牵头抓总职责,坚定不移做好“保增长、保民生、保稳定”工作,着力提升民生保障水平,增强公共服务能力。33 项民生工程筹资总额 11.79 亿元,其中县级财政配套资金 1.47 亿元。县财政统筹安排管护资金 1296 万元,保障民生工程项目的实施和运行维护。严格资金管理,对于补贴类资金,严格执行“政策公开、程序透明、支付到人、打卡发放”的阳光操作办法;工程建设类项目资金,严格实行招投标制和报账制管理等有关规定,确保资金运行安全。在全市民生工程年度考核中获第一名,各项工作成效显著。

【加快美好乡村建设】坚持尊重群众意愿,发挥农民自主意识,突出规划引领作用,以“立足县域抓特色、着眼全省争先进、面向全国起示范”为工作标杆,以打造“全域旅游的理念”为建设方向,以实现“大健康产业”为目标定位统筹推进美好乡村建设工作。累计投入美丽乡村建设资金 27369 万元,其中省拨专项资金 1700 万元,市拨专项资金 240 万元,县级财政预算安排专项资金 4420 万元,整合涉农资金

15409万元,吸引企业投入资金1500万元,金融资本投入600万元,群众自筹资金及社会捐赠3500万元。在全市美丽乡村建设工作考核验收中荣获“安庆市美好乡村建设先进县”,美丽乡村成为一张靓丽名片。

【推动农业综合开发】实施9个农业综合开发项目,总投资2103万元,其中财政资金1904万元,项目单位自筹199万元。通过农业综合开发,粮食综合生产能力显著增强,为推进全县农业结构调整和适度规模经营以及提高机械化作业水平创造前提条件,为粮食连续增产奠定坚实基础。通过扶持农业产业化经营项目,实现农业多层次、多环节增值增效,让农民分享到农产品加工流通环节的增值收益,扩大农村劳动力就近就地转移就业的容量,为农民带来实惠。

【稳步推进财政管理】健全预算管理制度,严格执行预算法和安徽省预算审查监督条例,预算编制更加完整,公共财政预算、政府性基金预算、社会保险基金预算统一编制,既各自独立,又相互衔接,所有部门单位的收入支出全部编入预算,预算到位率进一步提高。实行上级转移支付告知备案制度,及时将有关资金数额、使用方向和要求通知相关项目主管部门和单位,提高项目资金的使用进度和效率。健全国库管理制度,进一步推进国库管理制度改革。财政预决算公开工作进一步规范化和常态化,公开内容更加全面和细化,努力以公开促管理。

【聚力保障脱贫攻坚】足额安排、用好管好扶贫资金,整合涉农资金,做好脱贫攻坚财政保障。制定财政扶贫资金管理办法、统筹整合财政涉农资金实施方案和统筹整合使用财政涉农资金实施办法,建立健全规范的扶贫资金分配、管理和使用制度体系,主动履行监管职责,加强协调配合和信息共享,对扶贫项目资金实行全程动态管理。累计投入扶贫资金15632万元,整合涉农资金50856万元,用于脱贫攻坚资金占可统筹整合涉农资金的比例为69%。争取省财政厅安排立信担保公司增加注册资本金不少于2000万元,使立信担保公司注册资本金达到2亿元,帮助农业企业提供贷款担保,助力农村发展,帮助农民增收。利用互助资金1500万元,县财政安排1000万元,设立专门农业担保扶贫资金2500万元,为农民贷款提供担保,与银行合作,放大资金倍数。将政府性存款与银行支持脱贫攻坚挂钩,利用财政资金撬动银行支持农民生产发展。

【加强干部队伍建设】积极开展“两学一做”学习教育,认真贯彻落实中央和省市县委从严治党部署要求,践行“三严三实”,着力加强干部队伍建设,按照“用什么学什么,缺什么补什么”的原则,有步骤、分层次开展干部培训工作。组织党员干部在线学习培训60人次,组织财政所长培训16人次,有效提升全体财政干部的政策理论水平和依法理财能力。实行财政干部轮岗交流制度,激发广大干部的工作热情。

(岳西县财政局供稿　储菊著)

迎江区财政工作概述

【概况】2016年,迎江区财政一般预算收入完成11.88亿元,同比增长6%,其中地方一般预算收入完成8.26亿元,同比增长2.3%。全区财政一般预算支出完成7.62亿元,同比增长27.9%。

【财政运行平稳有序】密切关注“营改增”等供给侧结构性改革,加强国、地税深度融合,成立国地税联合办税大厅,为纳税人提供良好服务。定期召开税收重点事项调度会,采取边调度、边分析、边落实的办法层层传导压力,营造全区关注税收的氛围。建立、健全税源基础信息,对辖区内重点企业和重点工程项目建设情况进行梳理摸排。及时跟踪市招标网、房票兑付信息,第一时间掌握税收情况,联合国、地税及相关部门,千方百计挖掘税收潜力,努力做到应收尽收。按照“保重点、控一般、促统筹、提绩效”要求,坚持集中财力办大事,从严控制“三公经费”等一般性支出,全区“三公经费”下降26%,腾出更多资金保障经济发展、民生改善、防汛救灾、文明创建等重点工作,财政支出结构进一步优化。

【实体经济支持提速】落实省、市、区相关政策,壮大实体经济发展。拨付80家涉企奖补优惠政策资金2988万元,积极培育财源增长点。创新支持方式,放大财政杠杆作用。争取上级地方政府债券额度4250万元、城镇化一号基金2亿元、兴业银行贷款4.7亿元,支持临港经济开发区基础设施建设和园区经济发展。设立“迎江区中小企业转贷应急资金”5000万元,帮助25家资金周转困难的成长型中小企业续贷14267万元。多头筹集资金,构建发展平台。

筹集资金2.5亿元注入千年塔融资担保及滨江公司,促进中小微企业可持续发展。夯实发展基础,打造发展新高地。支持出台支持新城吾悦广场大型商业综合体加快发展若干政策、扶持绿地紫峰大厦入驻企业专项政策等一系列奖补政策,加大对实体经济发展支持力度。

【财政改革持续深化】继续深化部门预算改革,在全区48家一级预算单位编制部门三年滚动财政规划试编工作,探索开展开门办预算,提高预算编制透明度和科学性。落实税收制度改革任务,做好"营改增"政策宣传培训、税负、财力影响等测算工作,确保"营改增"顺利进行。深入开展乡、街财政体制调研工作,推进事权和支出责任合理界定,巩固提升区级基本财力保障机制,促进基本公共服务均等化。继续细化、完善国库支付制度,不断提升对财政资金监管能力。全年累计开展支出业务46594次,支出金额达45590万元,使用公务卡支付1898万元。积极稳妥推进公车改革,做好车贴费用测算等各项工作,公车运行维护费下降47%。积极做好农业补贴"三合一"改革工作,及时出台改革方案,做好种粮情况全面摸底统计、核实、公示及补贴发放等工作,农业"三项补贴"资金279万余元全部发放到位,惠及全区9838户农户。

【民生支出保障有力】坚持守住底线、突出重点、加大民生投入力度,全区民生支出61842万元,占财政总支出的82%,增长33%。拨付10689万元,全面完成29项民生工程。拨付12565万元实施城乡义务教育经费保障机制,13422名学生收益。拨付新型农村合作医疗、基本公共卫生服务等资金3238万元,救助补偿123300人次,有效解决"看病难看病贵"。拨付4450万元用于文化体育事业发展、文明创建成果进一步显现。拨付老旧小区改造、背街小巷资金2100多万元,市容市貌进一步改善。发放城乡低保金4471万元,受益人数达124343人次。拨付民政优抚资金1121万元,拨付各类就业补助资金2107万元,播撒公共财政阳光普惠弱势困难群体。发放各类惠农补贴1940万元,惠及全区32376人次。拨付现代农业奖补资金280余万元,惠及全区20家涉农企业。拨付中小河流治理、小型水利工程改造、农业综合开发、财政一事一议、农村畅通工程等农村基础设施建设资金4048万元,改造中小灌区22000亩,改造中底产田6100亩,实施村级公益事业建设一事一议项目14个,农村基础设施进一步完善。投入美丽乡村建设专项资金1770万元,整合各类涉农资金1600万元,改善中心村村容村貌,提升村民幸福指数。

【财政管理显著提升】盘活结余资金,按照"用好用活,提质增效"的原则,撤销财政专户6个,盘活财政存量资金2.33亿元,重点投入到老旧小区改造、经济发展。组织开展全区范围内"小金库"专项整治和滥发津补贴专项整治工作,覆盖全区机关单位92家。完善政府采购管理制度,出台政府集中采购目录及限额标准和竞争性谈判采购管理暂行办法,累计采购各类项目109个,采购金额4009万元,节约资金524万元,资金节约率11.6%。组织开展国有资产清查工作,全面清查全区92家单位国有资产状况,加强资产收益管理、规范收入分配秩序。提升财政服务效能,龙狮桥乡、长风乡成功创建市级服务型财政所。加强财政自身建设,健全常态化财政干部能力素质提升机制。全面落实从严治党要求,严格落实具体责任、监督责任,深入开展"两学一做"学习教育,持续推进财政作风责任清单制度建设,切实优化财政干部作风,不断增强财政干部履职尽责的能力和水平。加大财政宣传力度,着力打造财政品牌,财政管理工作200多次被市、省、国家财政部门网站和媒体报道。

【法治财政稳步推进】牢固树立法治意识,稳步推进法治财政建设,提升依法理财水平。加强法制宣传,广泛宣传预算法、政府采购法、财政监督条例等重要法规知识。主动接受社会监督,依法依规向全社会公开年度公共财政预(决)算情况、"三公"经费 预(决)算情况以及部门权力清单。规范涉企资金和乡财政资金监管,运用涉企资金监管信息系统和乡财政资金监管信息系统,对涉农资金和涉企资金全部实时监控。建立健全内控制度,加强廉政风险防控。积极开展内部控制基础性评价,通过"以评促建"推动各单位内部控制建立与实施。

(迎江区财政局供稿　石剑)

大观区财政工作概述

【概况】2016年,大观区一般公共预算收入实现7.21亿元,同比增长4.1%,其中地方一般预算收入完成4.58亿元,同比增长5.1%。一般公共预算支出实现6.03亿元,当年实现财政收支平衡。

【全力做好财政增收工作】积极应对四大行业纳入"营改增"试点,每月通报包括税收情况在内的各项经济指标,层层传导压力。定期召开经济会商会,研判形势,调度收入。开展预期管理,与国税、地税、人行等部门建立旬报预测机制,分析财税库银一体化平台数据,保证财政收入每月按序时进度均衡增长。

【合力推进民生工程】建立起由财政部门牵头抓总、责任部门业务主管、乡镇街道具体实施的工作机制,通过精准调度项目进展、着力保障民生资金、有效管控项目实施、继续完善建后管养、严格项目考核评价、持续提升基础工作等多项措施,全面完成30项民生工程年度目标任务。

【提高财政保障水平】全面推进公车改革,精准测算经费,及时调整资金保障保留公车运行。深入开展农村综合改革,完成扶持村级集体经济试点项目2个,完成"一事一议"项目15个,提升农村公益设施水平。投入教育支出1.58亿元,实现教育优先发展。投入环卫体制改革专项资金490万元,确保环卫市场化改革工作深入实施。投入基层保障经费1420万元,提高村及社区工作人员待遇,增强服务群众功能。投入区级配套资金612万元,完成58.8公里区、乡道路加宽改造工程,切实提升农村公路畅通水平。统筹省市专项拨款及社会捐赠资金,及时拨付用于防汛物资供给、受灾群众安置、驰援部队保障、因灾倒房重建,全力帮助灾后恢复生产,重建家园。

【构建财政稳健运行新机制】按照"全面规范、公开透明"的现代预算管理制度要求,增强预算编制的科学性、合理性,以"保重点、控一般、促统筹"为原则,细化预算编制,加强运行管理,严格审批程序,从严控制预算项目和"三公经费"支出,开展专户清理与资金安全检查和整治"小金库"与违规发放津补贴两个两项专项行动,促进财政资金健康运行、合理支出。加强政府债务管理。建立预警机制,有效防范政府债务风险,将债务余额控制在上级核定的限额以内,并按规定向区人大常委会报告。制定预防和处置非法集资工作方案,开展互联网金融专项排查系列整治活动,承接办结市政府交办的8起金融案件,促进金融生态环境优化。

【提升财政管理水平】以风险排查为基础,以预防风险发生为目标,建立全面内控机制,开展"宣传发动、职权清理、风险排查、制定防控措施、总结评估"五个阶段工作,为守住资金安全底线打牢基础。加强乡镇财政管理,组织区、乡、村三级涉农财政财务人员,开展农村"三资"管理业务培训。对三个乡镇财政所开展一次专项内审检查,及时发现问题,及时予以纠正。加强国有资产管理。认真开展行政事业单位国有资产清查,摸清"家底",建立台账,促进资产合理配置,提高资产使用效益。

(大观区财政局供稿　王勇)

宜秀区财政工作概述

【概况】2016年,宜秀区财政部门在区委、区政府的坚强领导下,克难攻坚,积极作为,圆满完成全年目标任务。全区财政收入完成9.4亿元,比上年增长8%。全区财政预算支出完成7.99亿元,比上年增长10%。

【增强保障能力】严格按照"统一表式、统一口径、统一布置、加强协调、严格审核、提高质量、数据共享"的工作原则,实行财政收入预期管理,确保财政收入依法征管、均衡入库,财政收入实现总体平稳、质量提升、稳中有进的发展态势。严控一般性支出,"三公"经费支出416万元,同比下降37.8%,将资金更多向教育、社保和就业、医疗卫生等民生重点领域倾斜。

【全面支持发展】兑现2015年"四大产业政策"奖补资金538万元,扶持企业58家,精准支持重点发展的产业链条、骨干企业、高端产品、研发平台、关键技术和招商项目等,进一步放大奖补资金"四两拨千斤"的引导带动作用。为小微企业提供短期过桥资金,全区续贷过桥资金周转贷款金额6465万元,扶持企业21户,年周转率6.47次。积极搭建银政、银企交流平台,召开银政、银企洽谈会,促进金融部门和政府、企业之间的信息互通。强化信贷融资能力,全面编制、实施投融资计划,实现融资16.8亿元,有力保障"五大宜秀"、"灾后重建"项目资金需要。争取省财政置换债券4.13亿元,化解到期债务风险。组织开展政府主导的担保公司筹建工作,出资设立鑫桥融资担保有限公司,获省金融办批复。

【改善民生福祉】实施32项民生工程,各级投入资金2.47亿元,其中区财政配套资金5587万元。建立民生工程全程网上公示制度,补助类项目公示到受益对象、补助金额,工程等其他类项目公示实施方案、项目进展等,充分发挥群众、网络媒体等舆论对民生工程的监督,让民生工程在阳光下运行,确保工程进度和质量不打"折扣"。

【协调城乡发展】主动作为,积极与省、市财政部门对接,财政支持农业、农村发展项目成效明显,批复项目51个,下达各类项目资金2938万元。出台美丽乡村专项资金使用管理办法,安排区级专项资金2000万元,省级专项资金408元,整合涉农资金10080万元,吸引社会资金5011万元,保证美丽乡村建设又好又快发展。全面启动开展农作物良种补贴、农资综合补贴和种粮直接补贴等三项补贴合并为"农业支持保护补贴"工作,拨付补贴资金1081万元。通过"一卡通"系统发放各类涉农补贴3130万元,补贴项目22个。

【深化重点改革】全面推进营改增试点改革,提前分析研判税制改革的影响,加强对重点税源、重点企业的调查和分析,充分发挥改革效应。继续深化完善国库集中支付改革,扩大支付范围,国库集中支付平台新增预算单位2个,正常机构改革合并1个,纳入国库集中支付的预算单位共50个。进一步规范财政资金收付业务流程,强化岗位分工与职责,加强印鉴和档案保存、使用管理,建立健全多层次对账制度,加强集中支付信息系统数据安全管理,提高财政国库支付系统运行的安全性、高效性和稳定性。

【加强财政管理】继续推行"开门办预算",全面推进预算支出绩效评价。出台财政监督相关制度办法,强化财政监督和审计结果运用,增强财政纪律约束。开展"小金库"、滥发津补贴、预决算公开等专项检查,严格财政监督执行。继续做好帮扶联系村精准扶贫工作,探索实施扶贫新路子,出台相关扶贫政策性文件。健全财政会商和帮联工作机制,持续推进财政系统作风建设。成立涉农协调领导小组,对全区财政涉农资金等重大问题进行决策,建立涉农资金整合联席会议制度,将所有涉农资金拨付均纳入国库集中支付管理,实行转账核算,专人管理。

(宜秀区财政局供稿　赵磊)

安庆经济技术开发区财政工作概述

【概况】2016年,安庆市经开区财政公共预算收入完成11.57亿元,同比增长1%,其中地方公共预算收入完成5.36亿元,同比增长8.8%。财政公共预算支出完成4.57亿元,同比增长5%。支出结构优化,财政收支运行平稳。

【实施财源建设】明确目标,分解任务压实责任。密切财税部门配合,强化征管力度,探索组织税收针对性的措施,扎实开展协税护税专项工作,依法征收,应收尽收,确保收入及时足额入库。加强调度,做好收入预期管理。及时调度会商研究分析收入形势,通过分析找差距、定措施、抓落实,科学研判收入预期管理。规范管理,严格非税收入征管。强化非税收入专户管理,规范票据使用,推动非税收入工作规范化管理,做好非税收入及时入库。

【强化支出管理】严格按照新《预算法》的要求,强化预算约束,控制一般性支出,压缩"三公"经费,做到"只减不增",做好信息公开,主动接受社会监督。围绕"稳增长、调结构、促转型、惠民生"的工作思路,加大落实基本支出保障机制,按照"轻重缓急"原则,统筹优化资金安排,努力保障重点支出,为全区各项重大决策"保驾护航"。

【深化财税改革】密切关注财税体制改革,稳步推进"营改增"工作,做好财政、部门预决算和"三公"经费预决算信息公开,加强政府性债务管理和公务用车改革等工作。通过结余结转资金列入2016年财力、调整预算、追加预算、收回预算统筹使用等方式,做好财政资金保值增值工作,积极盘活财政存量资金。

【服务经济发展】累计投入促进经济健康发展资金1.54亿元,占公共预算支出的33.6%。积极推进"营改增"和土地使用税征缴工作,累计兑付营改增补贴资金23万元,兑付4家企业土地使用税奖励资金92万元。严格执行针对中小微企业及高新技术企业的结构性税收优惠政策及政策性奖励,着力促进企业快速发展,引导区域经济实现转型升级。累计兑付中小企业资金127万元,兑付6家企业税收优惠政策2666万元及3家企业政策性奖励资金1200万元。重大项目研发中心累计投入5129万元,确保工程进度。认真落实企业固定资产投资奖励等四大产业政策，累计兑付资金2576万元，促进重点工业企业做大做强。兑付外贸出口奖补资金1368万元，鼓励企业实施走出去战略。

【推进民生工程】围绕扶贫工作、三农工作、就业创业、社会保障、教育文化以及其他城乡公共服务等方面，优先保障民生支出，全区25项民生工程计划投入6932万元。强化责任落实，及时分解落实任务，明确责任主体。强化政策宣传，制定民生工程宣传方案，明确宣传重点，分解落实各地各部门信息宣传任务。强化资金保障，严格民生项目预算编制，足额落实配套，及时拨付资金。强化信息公开，全面推行民生工程信息网上公示制度，公开监督举报电话主动接受社会监督，增强民生工程透明度。全面落实惠农政策，通过"一卡通"发放106批次惠农补贴项目资金1162万元，惠及2万余人次。

【加强队伍建设】全面落实党风廉政建设责任制，按照"一岗双责"和"分级负责"的要求，形成一级抓一级，层层抓落实的工作局面。扎实开展"两学一做"专题教育，组织专题党课报告会和教育学习会，促进财政各项工作开展。参与文明创建工作，做好资金保障，全局全员上阵，责任压实到人到岗。

（安庆经开区财政局供稿　张寿山）

黄山市财政工作综述

黄山市财政工作概述

【概况】2016年,黄山市财政部门积极应对经济下行压力,持续推进财税体制改革,统筹做好"稳增长、促改革、调结构、惠民生、防风险"各项工作,完成一般公共预算收入99亿元,增长7%。其中,地方一般公共预算收入完成68.8亿元,增长7.3%。全市一般公共财政预算支出完成171亿元,增长7%。

【促进经济平稳增长】落实扶持经济各项措施。市级安排产业扶持1.46亿元,包括科技创新扶持专项资金1300万元、市级服务业引导资金5400万元、企业上市奖补资金1000万元、促进新兴工业化发展专项资金3500万元等。兑付2016年市航空专项资金1457万元、2015年包机奖励453万元,发挥政府性资金引导作用。保障重点项目资金。配合争取中央及省级预算内基建投资资金4.4亿元、保障性安居工程配套设施建设4600万元,保障市级重大项目建设和棚户区改造支出。争取地方政府债券资金,重点投向基本民生保障及市重点项目建设领域,有效拉动固定资产投资。2016年度市级政府性投资建设项目51个,累计完成投资28.9亿元;纳入市级政府购买服务预算项目44项,预算1.3亿元,完成支出8534万。兑现结构性减税政策。全市取消、停征和免征收费基金项目34项,持续推进营改增扩围试点,全面试点后全市税收减赋2.5亿元,其中市级减收0.7亿元。继续对工业、宾旅馆业、物流业企业城镇土地使用税新增税额实施奖励,切实减轻企业税收负担。推进政府与社会资本合作模式。全市在财政部PPP综合信息平台公开对外发布项目13个,总投资33.25亿元,其中落地项目8个,总投资18亿元,落地率61.5%。生活垃圾综合处理厂PPP项目成功列入财政部等20个部委联合发布的第三批PPP示范项目,争取省部PPP奖补资金950万元。创新金融服务实体经济。积极运作续贷资金服务小微企业,省及地方配套续贷资金2.6亿。全市累计发放续贷资金贷款额度38.9亿元,扶持企业527户。开展4321政银担业务和税融通业务,全市三区四县实现政银担业务全覆盖。全市政银担业务期末在保余额30.6亿元,发放贷款3.8亿元,政策性融资担保扶持小微企业健康发展作用日益显现。

【保持财政收支平稳运行】加强收入预期管理,积极应对经济下行和结构性减税等不利因素影响,坚持依法治税,加强征管、强化调度、科学预测,健全部门横向联动机制,确保全市财政收入依法征管、均衡入库。保证政策性增资、车改、养老保险改革等刚性支出需要,突出对重点保障领域的倾斜力度,有效保障教育、科技、社保、卫生、城乡社区、农林水、交通等事业发展支出。深入贯彻落实中央八项规定和《党政机关厉行节约反对浪费条例》,严格控制公务经费支出总额,建立"三公"经费监管长效机制。全市“三公经费”财政拨款支出9307万元，同比下降28%。严格财政专项资金管理，全市撤销财政专户共计49个，其中：市本级撤销4个，财政专户资金增值效益明显，全年增值收益2700万元。进一步加大清理财政对外借款力度，市级对外借款余额下降52.6%。

【促进社会事业协调发展】坚持向教育倾斜，投入17.5亿元用于义务教育保障经费、家庭困难学生免学费、特困大学生救助、现代职业教育改革及高职院校生均经费达标等。全年投入资金1.7亿元，建立统一的城乡义务教育公用经费定额补助标准，发放国家助学金及免学费资助0.34亿元；积极扩大社会基本保障覆盖面，投入2.6亿元，支持小额担保贷款贴息、孤儿救助、养老服务体系建设、困难群众基本生活救助补助等。着力解决基本公共卫生资金投入不足，基本公共卫生服务、医疗改革、公立医院建设等医疗卫生方面支出3.5亿元；注重城乡统筹发展，积极创新美丽乡村建设资金管理，整合专项资金及吸引社会资金等各项投入近6.5亿元。加快推进脱贫攻坚，全市预算安排专项扶贫资金5049万元。全市统筹整合涉农资金4.3亿元，全面完成农业三项补贴改革工作，发放农业支持保护补贴6098.6万元。农业综合开发土地治理项目共两批14个项目，财政投入8716万元；全年扶持农业优势特色项目42个，财政投入2727.2万元。

【保障和改善民生】始终将民生领域作为财政支出保障的重点，全市民生方面支出139.5亿元，增长8.1%。全市实施34项民生工程，其中省定33项，市定1项，34项民生工程完成投资43.9亿元，完成年度计划的119%，增长32.7%。积极拓展管养模式，全市投入1.2亿元用于建后管养，增长7%。对农村公路村村通等项目管养推行政府购买服务，农村饮水安全工程和农村清洁工程实行以奖代补306万元；努力扩大社会基本保障覆盖面，发放稳定岗位补贴906.5万元。继续加大对市级公立医院基础设施建设投入，全面取消药品加成，每年为全市患者减少药品费用负担3000万元，全面实现所有基层医疗卫生机构和公立医院药品零差率销售的预期目标。预拨各区县及市直医院第一批救助资金，建立疾病应急救助机制。扎实开展就业促进、就业脱贫工程，进一步推进大众创业、万众创新工作；支持保障性住房建设，拨付保障性住房建设资金5028万元。加快棚户区改造，筹措资金30.87亿元，支出4.5亿元，支持改造棚户区6个、整治提升老旧小区85个。

【健全流域综合治理机制】以实施新一轮新安江流域上下游横向生态补偿机制试点为抓手，深入推进全域环境整治，重点抓好“10个全覆盖、10个强力推进”，流域生态环境持续改善，新安江水质继续保持优良和稳定。年度试点项目完成投资16.6亿元。创新资金投入机制，发起设立新安江绿色发展基金，按1:5比例放大，首期规模20亿元，首笔基金3000万元完成投放。加大对上争取力度，编制山水林田湖生态修复工程试点方案和新安江综合治理亚行贷款项目，拟定黄山水论坛筹备方案。新安江生态补偿机制运行良好，在2016年长三角主要领导座谈会上，签订新安江流域上下游横向生态补偿协议，补偿机制二轮试点深入实施，两省补偿每年提高到2亿元。完成新安江流域生态系统服务价值评估，编制试点“十三五”实施方案，制发全市健全生态保护补偿机制实施意见。试点工作得到中央领导、财政部和环保部及社会各界的充分肯定和高度评价，并被写入中共中央、国务院《生态文明体制改革总体方案》及国务院办公厅《关于健全生态保护补偿机制的意见》。积极开展“黄标车”提前淘汰奖补工作，全市兑付奖补资金1262万元。及时拨付农作物秸秆禁烧等省级环保专项资金1459万元，完成2016年度环保专项资金17个项目的实地考核、专家评审、网上公示工作。开展省级节能与生态专项资金项目申报和核查工作。

【提升依法理财水平】推进预算编制改革，加强全口径预算管理，健全政府预算体系，政府投资预算、政府性基金预算、国有资本经营预算等工作同步启动，全面启动2017—2019年三年中期财政规划编制。盘活存量资产，收回的存量资金优先用于脱贫攻坚，全市盘活财政存量资金1.64亿元，其中市本级盘活资金935万元。加强财政资金管理制度建设，出台《关于进一步加强财政资金管理制度建设的实施意见》《黄山市本级财政预算绩效管理暂行办法》《黄山市财政转移支付资金管理暂行办法》等文件，继续强化“花钱必有效，用钱要负责”理念，大力推进预算评审论证工作，选择社会关注度高、金额较大的项目，认真组织开展预算评审论证。新设财政专项未经评审论证的，一律不安排预算资金。推进国库集中支付改革，启动国库集中支付电子化运行管理，

"无纸化"办公全面实现,市级共退回违规提现303笔,制止违规提现资金100.4万元。各区县全面深化完善乡镇国库集中支付制度改革,101个乡镇全部通过开设零余额账户用于财政授权支付,纳入县(区)级国库单一账户清算。规范政府债务管理,建立地方政府性债务风险预警机制和债务风险应急处置机制,强化政府债务管理考核,主动接受人大对同级政府举债的监督,并将债务审计纳入领导干部经济责任审计,切实防范和化解财政金融风险。推进国资国企改革,启动市城投公司改革转型,组建城投集团,推进黄山旅游集团、市文投公司、市信保集团改革转型。全面清理市直行政事业单位国有房产和经营性资产,将经营性房产和3户企业国有股权划转移交市属国有企业统一经营,进一步维护国有资产安全完整,提高国有资产使用效益。严肃财经纪律,大力推进政府提速工程和机关效能建设,建立财政财务会商和上门服务常态化机制,全年与区县及市直部门开展会商490次。推行岗位责任制、首问责任制、办事公开制、服务承诺制、限时办结制等五项制度,采取通报问责相统一、督查督办传"压力",进一步提高工作效率和质量。牵头开展财政专项资金检查,集中开展"小金库"、滥发津补贴等专项整治行动,狠抓财政内部控制制度建设和落实。

(黄山市财政局供稿)

歙县财政工作概述

【概况】2016年,歙县一般公共预算收入完成15.03亿元,迈上15亿元新台阶,比上年增收1.05亿元,增长7.5%。全县一般公共预算支出完成31.66亿元,比上年增支2.97亿元,增长10.4%。按照现行财政体制计算,收支相抵,滚存结余345万元,圆满完成收支预期目标。全县财政运行总体平稳、稳中有进。

【促进经济稳定增长】积极履职尽责,加大政府有效投入。准确把握上级财政政策,积极对上争取,全年共争取到位各类财政性资金总额超31.7亿元,比上年增加5.7亿元;积极与金融机构合作,发挥政府平台公司桥梁作用,争取专项建设基金2.4亿元,利用政府购买服务方式争取融资额度7亿元,有力保障全县经济社会发展需求。扎实开展重点项目"百日攻坚"大会战活动,筹集调度拨付各类财政资金3.2亿元,推动工业园区、城乡道路及城建"八大工程"等政府重点项目建设,县内基础设施进一步完善。落实减税降费,切实减轻企业负担。建筑业、房地产业、金融业和生活服务业"营改增"顺利实施,营业税退出历史舞台。全面开展涉企收费清理,及时调整涉企收费清单和政府定价的经营性服务收费目录清单。落实国家各项普遍性降费政策,全年减免中小微企业税收3326万元,免征、取消或缩小行政事业性收费和基金项目23项。实施"调转促"行动,扶持实体经济发展。兑现城镇土地使用税扶持等各项税收优惠奖励1852万元,安排科技创新资金500万元、外贸促进资金330万元、品牌与技术标准发展战略扶持资金94万元,倾力支持企业转型发展。兑现企业上市改制补助及上市奖励550万元,促进县内优质企业借助资本市场做大做强。不断壮大担保能力,积极创新担保方式,为企业提供多渠道融资担保,缓解企业融资难、融资贵问题。全年县担保公司共为企业和个人提供担保477笔,担保额146930万元,发放中小微企业还贷应急资金贷款270050万元。财政局机关相继荣获2015年度县直单位综合考核"二等奖"和全县"重点项目建设和对上争取工作"先进单位,分别受到县委县政府通报表彰。

【公共保障坚强有力】实施34项民生工程,坚持资金优先安排、优先配套、优先拨付和一次性到位的"三优先一到位"原则,落实县级配套资金2.66亿元。全年完成民生工程投资11.03亿元,投资完成率109.5%。获2015年度全市民生工程组织实施工作先进单位和县直单位综合考核民生工程实施"一等奖",分别受到市政府和县委县政府通报表彰。扎实推进脱贫攻坚,筹集扶贫资金22394万元,其中:争取上级补助资金10631万元,落实县级配套资金3944万元,整合涉农资金5525万元,社会帮扶资金841万元,扶贫贴息贷款资金1453万元,实施脱贫攻坚"十大工程",推动精准扶贫、精准脱贫各项政策措施落地生根,完成贫困村出列20个,实现8124人脱贫。社会保障更加健全,积极落实城乡居民养老金提标、"老字号"群体工龄补助、医药卫生综合改革以及机关事业单位养老保险制度改革等政策,加大社会保障兜底投入力度。发放城乡最低生活保障资金4448万元,贫困残疾人生活救助、临时救助、流浪乞讨救助、五保供养等特困人员生活救助1963万元。继续实施积极的就业政策,落实就业补助资金2090万元。持续加大教育、卫生和文化事业投入,进一步增加基本公共服务供给,努力改善民生,提升人民群众获得感。

【统筹城乡发展】投入美丽乡村建设资金20237万元,实施项目355个,改善农村人居环境。实施一事一议项目137个,总投资2164万元(其中财政奖补资金1763万元),加快农村公益事业发展。投入1846万元实施农业综合开发项目6个,进一步促进农业生产设施改善。全面落实各项强农惠农政策,通过惠农资金一卡通发放平台及时、准确、足额发放惠农补贴3.13亿元,惠及全县41.36万人。安排大中型水库后扶移民专项补助资金12991万元,其中避险解困资金6556.5万元,改善库区移民生产生活条件;全年安排补助资金803万元,强力推进电子商务进农村综合示范工程建设;拨付资金310万元,推进农村市场体系项目建设,丰富农村流通市场。大力推进生态文明建设,争取新安江治理补助资金4006万元,扎实推进农村保洁、农村污水处理、网箱退养后续扶持、污水排放口整治和畜禽养殖场整治等新安江流域生态保护工作。筹集污染防治资金1849万元,用于大气、水体及固体废弃物等环境整治。落实退耕还林及森林生态效益补偿资金3287万元,保护绿色生态。

【深化财政改革】推进预算管理改革,基本建立以公共预算为主体、以政府性基金预算、社保基金预算为补充,涵盖所有政府收支的政府预算体系。有序推进部门预决算信息和"三公"经费公开,实现公开内容、格式、形式和时间统一。制定出台《歙县财政结转结余资金管理办法》,促进财政存量资金盘活工作制度化规范化,全年收回存量资金14869万元。规范政府债务管理,妥善处置存量债务,争取地方政府置换债券资金11.8亿元,每年可减少利息支出约3000万元,优化债务结构,缓解债务还本付息压力。坚持规范举债,争取到位新增债券1.31亿元。成立县投融资管理委员会,规范政府融资和投资决策。通过增加资本金、政府购买服务等方式,支持融资平台公司市场化转型,加强与金融机构合作,拓宽融资渠道。深化国库管理改革,加快完善国库单一账户体系,撤并财政专户9个,扩大国库集中支付范围。实施总会计制度改革,试行按经济分类核算。试编2015年权责发生制政府综合财务报告。完善政府采购制度,制定全县2016—2017年集中采购目录及采购限额标准,全年政府采购369项,采购金额0.93亿元,增长85.7%。牵头做好政府购买服务工作,积极探索提供政府服务新方式,培育和壮大社会组织、创业实体,多渠道引导社会力量参与服务供给,形成改善公共服务的合力,提高社会事业运行效率,促进政府职能转变,更好发挥市场在资源配置中的决定性作用。全县纳入购买服务计划的项目22个,涉及购买服务主体11个部门,全年完成支出4368万元。

【加快推进法治财政】落实新《预算法》,增强预算法治观念,依法主动接受人大监督,强化落实法定事项报告、建议议案办理、民生工程巡视等工作,持续提升联系服务人大工作水平。制定印发《关于进一步加强行政事业单位财务管理严肃财经纪律的通知》,进一步规范单位理财行为,保障财政资金安全。认真执行《安徽省财政监督条例》,深入开展"小金库"专项治理、"三公"经费和津补贴发放专项检查工作,规范单位财务管理,严肃财经纪律。加强财政内控制度建设,强化内部流程控制,抓好内控制度落实。积极执行县人大各项决议,充分利用审计监督成果,不断提高依法理财水平。全县"三公"经费支出同比下降33.1%。深化国有企业改革,积极稳妥推进县城投公司转型,协助做好县旅发公司增资扩股工作。开展全县行政事业单位国有资产清查,扎实做好资产配置处置出租管理,规范经营性资产运营行为,从制度上加强防范廉政风险,确保实现国有资产保值增值和有效利用。

【从严锤炼干部队伍】加强思想政治建设,认真贯彻落实习近平总书记系列讲话特别是视察安徽时的重要讲话精神,扎实开展"两学一做"学习教育,在党员干部中深入开展"亮身份、作承诺、当先锋、树形象"活动,提升干部职工的政治意识、大局意识、核心意识和看齐意识。加强党风廉政建设,落实党风廉政建设责任制,履行"一岗双责" 和"两个责任",财政局主要领导与班子成员、各班子成员与分管股室层层签订党风廉政建设和反腐败责任书。开展股室负责人述职述廉述德活动,加强正反典型廉政警示教育。严格执行中央八项规定和强化厉行节约措施,组织开展正风肃纪"一月一主题"活动,严控"三公"经费管理,财政局机关"三公经费"同比下降73.5%。对10名局中层干部和机关干部进行交流轮岗,进一步防范廉政风险。推行党员服务承诺制和人员去向明示制,不断提升工作效能。加强财政“三位一体”建设,制定印发《关于进一步加强机关作风和效能建设的实施意见》,扎实开展“机关作风和效能建设推进年”和民主评议百名窗口岗位负责人等活动,整治机关作风和效能突出问题,切实改进工作作风。组织开展全域环境整治先锋行动,深化“万名党员干部帮万户”和“结对共建美丽社区”等活动,实现政风、行风、效能建设根本好转,确保财政干部队伍务实高效清廉。财政局机关被评为2015年度机关效能、政风评议“满意”单位。进一步推进财政宣传工作,制定《歙县财政信息宣传考核奖惩办法》,获2016年度“全县宣传工作先进单位”和“全市财政信息工作先进单位”通报表彰。

(歙县财政局供稿　徐跃腾)

休宁县财政工作概述

【概况】2016年,全县财政工作紧紧围绕“一都一城五化”发展战略,主动把握经济发展新常态,积极应对各种压力和挑战,财政收入稳步增长,财政运行平稳有序,财政改革深入推进,保障能力明显增强,有力促进全县经济和社会各项事业的发展。全县一般公共预算收入完成10.37亿元,占预算的100.3%,同比增长8.3%。一般公共预算支出完成23.35亿元,其中民生支出16.83亿元,占公共预算支出总额的83.0%,增长6.4%。

【助推经济平稳增长】加大调控经济运行力度,持续夯实经济平稳增长基础。积极争取政策资金支持,抢抓国家重点生态功能区扩围机遇,争取中央对地方重点生态功能区转移支付5216万元,比上年增长37.7%。争取保障性安居工程、农村道路畅通、中小河流域治理、环境保护等项目资金15000余万元,比上年增长6.7%。争取置换债券28146万元、新增债券8783万元,年节约融资成本1800余万元。拓展企业筹融资渠道,注入新增注册资本金2384万元,扩大县齐云融资担保公司融资规模,为中小企业提供融资服务。运用贷款风险补偿、小额担保贷款、“政银担”、“税融通”等方式,撬动金融资本支持经济发展。执行国家税收优惠政策,全县纳税人享受减免税优惠9622万元。其中,支持金融2364万元,资源综合利用退税3082万元,安置残疾人退税480万元,小微企业减免税收1078万元,其他各类减免2618万元。加快推进税制改革,全面实施“营改增”,实现增值税对货物和服务全覆盖。助推资源税从价计征改革,对涉及矿产资源的收费基金进行清理,为企业减轻税负3000余万元。

【促进产业转型升级】安排科技投入4316万元,支持企业科技研发,激发企业自主创新活力。设立新型工业化发展专项资金3000万元,促进高新技术产业发展。投入资金15440万元,加快园区发展步伐,推动高新电子、汽车配件、绿色有机食品加工等主导产业发展。投入2447万元,推进齐云山生态文化旅游服务业和万安古镇现代服务业集聚区建设。加快发展现代农业,投入资金2530万元,支持休宁县以农民合作社、家庭农场等为经营主体的新型农业发展。拨付资金310万元,带动茶叶、茶干、菊花和泉水养鱼产业发展。加强农业综合开发力度,投入资金2669万元,实施产业化经营项目8个,完成对6家企业产业化经营贷款贴息项目结算工作。

【全面落实惠民政策】全县财政民生支出16.8亿元,比上年增长6.2%,占一般公共预算支出的83%。其中34项民生工程实际投资66367万元,超年度任务21.3%。稳步提高社会保障标准,企业退休人员养老金实现12连增,大幅提高城乡低保、五保供养人均补助标准。新农合和城镇居民医疗保险人均补助标准由380元提高到420元。基本公共卫生服务人均补助标准由40元提高到45元。统筹推进城乡发展,投入资金4462万元,推进美丽乡村建设。拨付扶贫资金4325万元,开启精准扶贫新模式。拨付资金987万元,促进“一事一议”财政奖补工作常态化。拨付资金5920余万元,实施205国道改建、歙黟公路休宁段提升、城乡道路通畅工程和停车场等项目建设。落实涉农补贴政策,通过“一卡通”发放各类补贴资金12658万元。扩大农业保险保费补贴试点范围,拨付政策性农业保险县级配套资金120万元,发放农业保险理赔资金195万元。加快发展社会事业,进一步完善农村义务教育经费保障机制,落实补助资金2896万元,保障41所中小学运转经费,免除15700多名学生学杂费。投入资金1200余万元,改造农村薄弱学校17所。投入资金750万元,支持职业教育发展,落实中等职业学校免学费政策。拨付资金349万元,推进文化惠民工程,落实公共场馆免费开放政策,办好农村文化信息共享工程等惠民实事。

【精准发力生态保护】积极推进国家重点生态功能区建设。继续推进水生态环境治理，县本级投入24000余万元，启动第二轮新安江流域生态补偿机制，实施横江水环境二期治理工程，建设月潭水库重大水利项目，对县域内大小河流实施封河禁渔和人工放养活动。开展全域环境综合整治，投入资金4578万元，支持垃圾清理、集中焚烧等城乡环保基础设施运行和城区三级清扫网建设，开展“三线三边”环境整治。加大污染防治力度，投入资金2807万元，实施黄标车提前淘汰、秸秆综合利用工作，推进地下污水管网建设，开展节能减排，提升污水处理能力。推动生态环境治理，拨付资金3195万元，用于退耕还林补助、效益林补偿和湿地保护等生态工程。拨付资金1107万元，以化肥农药减量化、畜禽养殖污染综合治理为重点，推进种养结合和农业废弃物资源化综合利用，不断改善和优化农业生态环境。

【加快财政改革步伐】将政府收支全部纳入预算管理，推进绩效预算管理改革，试编2017—2019年财政规划和部门三年滚动预算，编制权责发生制政府综合财务报告。加大预决算公开力度，除涉密单位外，县级部门预决算和“三公”经费支出全部在县政府门户网站专栏公开。全面强化预算执行管理，坚持依法征税管费，加大综合治税力度，加强重点税源、重点行业和重点税种监控。规范非税收入征缴，努力堵漏助增收，促进财政与经济良性互动。严格按照时限要求批复预算，加强预算执行督导。规范政府融资方式，健全债务动态管控体系，加强政府债务风险防控，保持债务规模在合理区间。健全财政内控机制，制定风险防控管理办法，实现资金管理关键节点、重点流程的风险防范。

（休宁县财政局供稿）

黟县财政工作概述

【概述】2016年，全县公共财政预算收入完成4.29亿元，同比增长7.1%。公共财政预算支出完成11.01亿元，同比下降2%。财政民生十三大类支出完成8.87亿元，占公共财政预算支出的比重达81%。

【加大资金统筹力度】全年向上争取资金85000万元，支持全县经济和社会事业发展。持续加大有效投入，全年统筹调度各类财政资金8000万元支持漳河流域综合整治等重点项目建设。落实产业扶持政策，统筹拨付工业技改、奖补资金756万元支持工业加大技改投入，提升市场竞争力；安排拨付特色农业种养业发展资金600万元，鼓励新型农业经营主体加快发展，夯实农业发展基础；统筹安排现代服务业发展引导资金1000万元，促进服务业发展。新增注资2331万元，壮大诚信融担保公司注册资本至16131万元，进一步提升担保能力和抗风险能力；全年为42户企业提供融资担保19511万元，年化担保费率1.07%；设立3000万元企业还贷应急资金，为47户企业提供24533万元还贷应急服务，减轻企业融资成本71万元。

【强化财政收支管理】抓好收入调度，对照年度收入目标细化分月收入计划，强化收入预期管理，加大“营改增”后税源分析和税源摸排力度，把握税收征管的主动权；加强财税库银收入运行分析，保证分月收入目标均衡实现，真正做到“以月保季、以季保年”。开展综合治税，大力宣传“营改增”试点政策，对试点行业的1099户纳税人基础信息进行移交，对二手房交易和个人出租不动产的征管开展“互驻式”办税，实现“进一家门、办两家事、三方共赢”办税服务新模式。修订印发《关于做好协税护税管理工作的通知》，充分调动乡镇、部门协税护税的积极性和主动性，形成协税护税工作合力。加强工程项目发票管理，完善政府投资项目“以票管税”措施，有效防止重点项目税收流失。加大历史欠税清缴力度，确保应收尽收，全年稽查入库税收1024万元。试点开展西递、宏村、碧阳镇服务业税收管理，重点做好精品客栈、农家乐等税收征缴，取得阶段性成效。加强支出管理，坚持“预算一个盘子、收入一个笼子、支出一个口子”管理模式，促进财政资金优化配置，确保各项政策落实到位。硬化预算约束，严格预算追加，贯彻落实中央八项规定精神和《党政机关厉行节约反对浪费条例》，严格控制一般性支出增长。强化制度建设，出台《黟县财政资金预算管理暂行办法》《黟县财政结转结余资金管理办法》等一系列制度办法，着力规范财政资金审批拨付管理，强化预算执行全过程监管，切实提高财政资金使用效率。

【保障社会事业发展】精心实施民生工程，实行民生工程资金拨付告知机制、工作约谈机制和第三方评价机制,全年34项民生工程投入资金35815万元,投资完成率达130.2%。保障重点改革需要,全年新增763万元推进机关事业单位工资调整、离退休养老保险制度改革;安排620万元推进行政机关公务交通补贴改革。加快社会事业发展,安排教育资金8614万元,支持改善学校办学条件,促进教育优先发展。安排医疗卫生资金8053万元,推进公共卫生服务体系建设,实施县级公立医院综合改革,确保医改政策全面落实到位。安排社保资金14084万元,全面落实城乡居民基本养老保险、企业退休人员养老金和城乡低保提标政策;落实再就业培训和补贴政策和落实农村五保、孤儿、残疾人、抚恤、自然灾害等救助政策。推进脱贫攻坚,投入财政资金6540万元,实施84个扶贫项目,支持脱贫攻坚"十大工程"建设,为6个贫困村出列、1996名贫困人口稳定脱贫提供资金保障。

【统筹城乡协调发展】支持县乡规划编制,拨付资金361万元,编制完成《黟县县城总体规划(2010—2030)》、特色小镇及美丽乡村建设规划。加大古城保护开发力度,牵头完成31处北街公产房清理回收,为古城综合整治和业态打造奠定基础。安排1050万元,实施惠民家园等3个老旧小区整治及古城路、巷改造。加快特色小镇建设,统筹安排500万元,支持特色小镇建设前期工作;整合安排320万元,专项用于宏村艺术小镇、西递遗产小镇设施建设。大力实施美丽乡村建设,整合投入2.5亿元,集中整治乡镇政府驻地建成区3个、自然村30个,建设中心村18个,人居环境进一步提升。投资534万元实施60个"一事一议"财政奖补项目,加快农村公益事业发展。投资1185万元,实施美溪乡高标准农田建设项目;拨付415万元,扶持3个农业产业化扶持项目,不断改善农业基础设施条件,提升产业发展水平。

【深入推进财政改革】全面推开"营改增"试点,全年减收近2000万元,税负水平普遍下降。按照"横向到边、纵向到底"的要求,积极推行专项资金国库集中支付改革,确保财政资金安全。推进财政中期规划管理,全面编制财政及部门三年滚动预算。推进存量资金回收,全面完成财政专户清理撤销工作,原7个"待定"账户全面撤销;按季清理财政及部门往来款项,全年收回财政性资金往来款项1800万元,回收结余结转资金5371万元,在履行向人大常委会报告的程序后,将回收资金统筹安排到脱贫攻坚、民计民生等经济社会发展的重点领域。严格政府债务管理,将政府性债务纳入全口径预算管理,强化存量债务化解和债务风险预警防控,提高政府债务风险防范意识;扎实开展地方政府债券资金检查和全县乡镇地方政府性债务清查工作。全县政府性债务余额6.1亿元,在省政府下达的限额之内。持续加大惠民帮扶,统筹安排1002万元,支持村级公共设施运行维护;投入300万元,扎实开展宏村镇龙江村、西递镇潭口村、柯村镇翠林村三个扶持村级集体经济发展试点工作。全面完成涉农补贴"三合一"改革,681万元农业支持保护补贴资金按时发放到位。全年通过"一卡通"发放惠农补贴资金7651万元,增长46%,惠及全县81123户次。

【加强财政监督管理】开展水利局、教育局等部门预算项目评审,将预算监督端口由预算执行的"事后"监督前移至预算编制的"事前"监督,扎紧预算编制权力笼子。坚持预决算信息公开,全县69个县级预算单位和8个乡镇预决算信息同步在县政府网站公开,主动接受社会监督,有效规范和促进厉行节约,全县"三公"经费支出持续下降。扎实开展财政监督,组织开展环保、教育、再就业、体彩等资金的内部专项检查和部门会计信息质量检查;联合纪委、组织、审计部门开展10家单位的"小金库"治理重点检查;深入开展以滥发津补贴、私设"小金库"、违反八项规定为重点的财务大检查及"回头看"活动,实现预算单位全覆盖;组织开展市县联动的财政资金安全、非税收入、预决算公开等系列专项检查,充分发挥财政监督在保障重大财税政策落实、严肃财经纪律、促进源头治腐等方面的积极作用。加强乡镇资金监管,出台《黟县乡镇财政资金监管操作规程》等制度办法,全面推进乡镇包村干部监管涉农资金工作;组织开展乡镇财政业务互审互查,提升乡镇财政业务管理水平。全年传递乡镇资金监管信息64条,抽查、巡查213次,监管资金总量15450万元,促进乡镇财政资金安全、规范使用。加强国有资产审批处置管理,启用资产动态信息监管系统。通过无偿划拨、委托管理、挂牌出让等形式进一步盘活闲置资产,逐步做大做强徽黄旅游集团。推进县属国有企业负责人薪酬制度改革,企业法人治理结构改革工作进展顺利。

【强化干部队伍建设】扎实开展"两学一做"学习

教育,认真组织部署,采取班子带头主动学、丰富载体系统学、突出问题抓整改、大力开展精准扶贫等有力措施,抓紧抓实各项财政工作。按照实施政府提速工程和效能建设要求,紧紧围绕“聚焦发展、聚焦发展环境”主题,全面清理、简化财政办事流程,进一步推进财政工作提速、财政服务提质。全年制定印发、修改完善财政工作制度25个,办理督办件事项318项;开展工作会商909次,其中领导带队会商302次,解决问题896个;按时答复代表建议、政协提案共4件,其中2件提前两个月完成。加强干部职工学习培训,全年召开局中心组理论学习(扩大)会8次,安排30余人次参加省市县组织的各类学习培训,开展月度培训课12堂,邀请县委党校教师授课2堂,道德讲堂开课1次。组织干部职工参加2016“徽黄旅游杯”全县职工健身长跑大赛,开展端午经典诵读活动,开展庆“三八”妇女节徒步活动等,丰富广大干部职工业余文化生活。开展“六一”慰问活动,为丰梧村小学留守儿童送去书包、书本和玩具,捐赠石亭小学书籍30余册,慰问联校单位14000余元。开展“七一”授党课活动,慰问互联共建村困难党员11名。

(黟县财政局供稿)

祁门县财政工作概述

【概况】2016年,祁门县财政工作在县委政府的坚强领导下,在上级财政部门的指导下,以财政工作要点为统揽,全面贯彻“五大发展理念”和“四个全面”的方针政策,财政收入稳步增长,财政保障不断加强,重点支出支持有力,财政改革有序推进,有力地促进社会各项事业蓬勃发展。全县一般公共预算收入完成6.86亿元,增长7.1%。一般公共预算支出预计完成16.68亿元,增长5.1%。

【强化预算执行管理】每月召开财税联席分析调度会,及时分析财税收入形势,注重协调,强化联动。加强预期管理,充分考虑县域经济环境、税制改革等因素,积极稳妥、科学确定财政收入预期。注重“事前预测、事后分析”并重,合理组织调度,强化征管责任,克服政策性减收因素影响。调整优化支出结构,科学安排年度财力,加快资金拨付进度,积极落实党中央、国务院“稳增长”支出政策,实现财政收支平稳增长。防范债务风险,截至年末政府债务余额13.2亿元,政府债务在控制限额以内,其中当年新增债券0.59亿元,依法用于公益性资本支出;置换存量政府债务2.4亿元,是上年1.5倍,有效减轻债务到期还本和高利息成本压力。完善政府预算体系,将政府的收入和支出全部纳入预算管理。健全预算标准体系,充分发挥支出标准在预算编制和管理中的基础支撑作用,进一步细化预算编制。完善制度建设,出台《祁门县财政性资金管理办法》《祁门县财政预算编制办法》,促使预算编制有章可循,预算调整有据可依。深入开展预算评审机制,部门预算“一上”后,对经济社会影响面较广、专业技术性较强、预算数额较大且不易确定的项目进行公开评审,提高项目支出预算的科学性、合理性。试编中期财政规划,建立跨年度预算平衡机制,将超收收入及超过30%政府性基金结余用于补充预算稳定调节基金。积极推进预算公开,细化政府预算公开内容,除涉密信息外,政府预算全部细化公开到功能分类的项级科目,采取有效措施督促部门预算公开,推动拓展预算信息公开,密切关注对预算公开过程中社会关切的问题。落实“营改增”政策,5月1日起,将建筑业、房地产业、金融业和生活服务业纳入“营改增”范围,完成1026户纳税资料接交、新旧税制转换。国税、地税部门于4月28日互通窗口,5月1日成功开出发票。加大财政支持脱贫攻坚投入,建立县级财政专项扶贫资金逐年递增机制,按照当年地方财政收入增量的10%以上增列专项扶贫资金预算。清理收回财政存量资金,在符合规定的前提下,优先用于脱贫攻坚,对其中可统筹使用部分,确保50%以上(232万元)比例用于脱贫攻坚。争取省市财政专项扶贫资金2063万元,县财政在年度预算安排522.4万元(比上年增长30.6%)的同时,安排地方政府债务资金1352万元用于脱贫攻坚,年度财政专项资金投入达2106.4万元,是2012—2015年度本级财政投入资金总和的1.2倍。同时整合其他项目涵盖产业脱贫、基础设施、社会扶贫等方面,涉及资金1.56亿元。安排扶贫小额信贷风险准备金250万元,放贷160户677万元,全县接受社会各界捐赠资金达150万元,物资30万元。

【深入推进民生工程】4月初,县政府召开民生工程动员会,印发相关文件,出台配套措施,并与18个乡镇、19个牵头责任部门签订目标责任书,进一步细化分解任务,明确工作责任。进一步强化民生工程资金保障管理,通过预算安排、调整财政支出结构、压缩一般性行政支出、整合项目资金等渠道,及时足额筹措本级民生工程配套资金8974万元,并全部拨付到位,保障项目实施资金需要。创新宣传方式,实行民生工程政策宣传县、乡、村三级联动,下沉重心、前移端口,紧跟节点,突显"民生工程"宣传品牌,注重深挖典型,深入宣传实施民生工程的意义和成效。将民生工程实施与扶贫攻坚、"三农"工作等相结合,按照民生工程实施进度,逐项制定推进措施,并强化质量监管和责任追究,确保工程质量和安全。全县37项民生工程,计划总投资6.42亿元,实际完成投资6.48亿元,投资完成率100.93%。其中:12项工程类项目完成投资4.48亿元,完成年度投资计划的114.87%;18项资金发放补助类项目完成投资0.86亿元,完成年度投资计划的118.58%;6个保险类项目完成筹资1.34亿元,完成年度筹资计划的104.77%;1个培训类项目发放培训补贴131.9万元,完成年度资金计划的105.52%。

【规范"三公经费"管理】及时、准确地做好全县各单位"三公支出"月报表统计上报,即时动态监控祁门县各单位三公支出增减情况,确保"只减不增"目标落实到位。按季度统计全县各单位"水电办公耗材"经费支出统计,强化各单位效能建设意识,切实压缩一般性行政支出。做好国家法定节假日公务接待预报告制度的统计工作,主动配合相关部门做好明察暗访督查活动,切实履行县委交待的做好节日期间廉洁自律工作。加强"公务卡"结算和国库支付中心支付审核,出台公务接待报销管理办法,强化制度建设,多方位加强祁门县三公支出经费管理。

【加强社会保障能力】按照"日常运行靠服务,发展建设靠政府"的思路,支持县级公立医院发展,全力保障基层医疗卫生事业发展,推进基本公共卫生服务均等化,全年用于县级公立医院和基层医药卫生体制改革资金达3522万元。全力支持大众创业、众创新,全年共投入资金1132万元,用于就业培训、公益性岗位设立、大学生见习和社会保险补贴等。同时,为231名就业失业登记人员提供小额担保贷款2310万元,财政贴息资金227万元,为726人提供就业机会。参与做好城乡居民最低生活保障工作,全年享受城镇最低生活保障2886人次,保障标准从450元提高到500元,发放低保生活费775万元;农村最低生活保障人数61861人次,年保障标准由2880元提高到4200元,发放农村低保生活费1143万元。参与机关事业单位养老保险制度改革,保证各项政策及时准确落实到位。做好社保基金的增值保值工作,完善《祁门县社保基金增值保值规范流程》,扩大定期存款比重至84%,定期存款总额为23001万元,实收优惠利息458万元。

【壮大担保平台】为62户企业提供126笔融资担保服务,担保额3.5亿元,比上年增长11.5%。年底在保企业户数61户,在保责任总额3.4万元,担保放大倍数为2.4倍。实现营业收入310万元,其中担保费收入220万元。交纳税收10余万元,年末公司资产总额23255万元,负债总额1410万元,净资产21845万元。争取省财政民营经济发展资金1045万元、争取省担保集团增资扩股资金2000万元。

【深入推进财政改革】推进国库集中支付改革,加强国库资金管理,111个预算单位实现国库集中支付全覆盖,其中:县直93个,乡镇政府18个。规范账户管理,撤销5个待定财政专户,所有财政专户归国库统一管理。截至年末,财政专户由2015年的18个减少到13个,全年收付各类专项资金31.1亿元,其中拨付金额13.9亿元、收入17.2万元。全县非税收入完成33500万元,比上年增收4527万元,增长15.6%。

(祁门县财政局供稿 余智辉)

屯溪区财政工作概述

【概况】2016年,屯溪区财政部门继续贯彻积极的财政政策,确保实现稳增长、促改革、调结构、惠民生、防风险的宏观调控目标,有力保障全区经济社会健康平稳持续发展。全区公共财政收入完成10.89亿元,同比增长7%;公共财政支出完成15.17亿元,同比增长5.7%。

【优化财政支出】坚决管控铺张浪费,从严从紧压缩一般性支出和"三公"经费,将中央八项规定和厉行节约的一系列政策贯彻落实到具体预算执行当中。本年度一般公共预算财政"三公"经费支出数748万元,同比下降35.11%。实施省、市32项民生工程,全年完成投资额3.1亿元,占计划投资额2.7亿元的114.46%。落实免除义务教育阶段学生学杂费、教材教辅资金427万元,投入1641万元用于继续改善中小学幼儿园办学条件。落实重点企业税收优惠政策,及时兑现有关政策资金,拨付区属民营企业招商引资政策、促进新型工业化和现代服务业发展、"借转补"等各类扶持资金4400万元,不断创新财政支持方式,培育税源增长点。充实江南融资担保有限公司、区国投公司注册资本金5580万元,累计担保贷款5.08亿元,担保余额2.15亿元,有效支持实体经济发展资金需求。

【加大社会保障力度】城乡居民社会保障体系加快全覆盖,全年发放11222人城镇职工养老金25935万元;报销城镇职工医药费5410万元;454人次育龄妇女享受生育保险费用424万元。不断加大对新型农村合作医疗、城镇居民医疗保险补助力度,全区参合农民8.14万人次报销医药费2910万元、城镇居民1.87万余人次报销医药费3460万元。健全完善大病保险、城乡医疗救助制度,全年支付大病保险、大病救助资金725万元。进一步健全再就业援助机制,加大对再就业工作资金支持力度,积极落实税费减免优惠政策,投入2251万元重点落实就业困难群体社保补贴、公益性岗位补贴、职业介绍补贴、培训补贴、小额担保贷款贴息等就业优惠和扶助政策;为下岗失业人员和劳动密集型小微企业发放小额担保贷款3820万元。对低保对象实施分类施保,动态管理,将所有符合条件的低保对象纳入生活保障范围,全年发放城市居民低保金2506万元,农村低保金784万元,确保应保尽保。发放741人"老字号"群体补贴172万元。拨付优抚安置对象各项补助和高龄老人补贴1201万元。继续以公共卫生建设为重点,加大对卫生事业的投入,足额安排基层医改单位保障经费1800万元,基本公共卫生服务项目资金1044万元,拨付"老村医"退出生活补助、村卫生室药品零差率补助和村卫生室运行补助61万元,全区医疗卫生保障服务能力进一步增强。认真落实各项涉农补贴政策,"一卡通"发放37项补贴农民资金4571万元。

【保障重点资金需求】新安江流域生态补偿机制试点项目完成投资1200万元;编制"十三五"项目投资计划6.7亿元,申报绿色发展基金项目2亿元,为推动新一轮试点顺利实施提供资金支持。调拨土地出让收入1.2亿元,用于黎阳老街、江南新城、九龙园区等重点项目建设;筹资2亿元启动九龙园区众创基地建设;争取中心城区85个老旧小区改造专项到位资金4429万元;规范使用中心城区天目药业地块棚改专项建设资金。主动与市农发行、国开行等政策性银行对接,到位国开行洪灾应急贷款4540万元、徽商银行洪灾应急贷款1亿元、农行应急贷款5000万元,为政府重点项目建设提供强有力财力保证。全面提高中心城区道路清扫保洁标准,投入城市管理专项经费4000万元,支持创建全国文明城市工作。拨付储备粮库建设、库区移民后扶项目建设、移民直补资金、农村危房改造、秸秆焚烧奖补资金450万元。2016年美丽乡村建设资金投入6925万元;总投资1400万元的四个2015年度国家农业综合开发项目全部建成,投资1348万元的2016年农发项目加速推进,申报2017年农发项目4个1081万元。投资450万元实施一事一议财政奖补项目39个5.3万人受益。投资1000万元续建屯溪区消防指挥中心暨江南新城消防站。扎实推进政策性农业保险工作,率先在全市完成全年农保项目投保任务。

【促进改革纵向深入】完成"营改增"税制改革。建立规范的政府举债融资机制,加强政府债务监管,健全债务风险预警和存量债务纳入全口径预算管理。截至年末,屯溪区政府性债务余额6.05亿元,债务率39.2%;政府性债务规模合理,各项债务指标处于低风险区,政府性债务运行状况良好。实施区国投公司融资平台打造转型升级,完成全区129家(含二级机构)行政事业单位国有资产清查,全力推进全区国有资产划转工作。切实做好国有资产管理,顺利完成黄口社区10块宅基地和江北区域2处房产拍卖处置;确保经营性资产保值增值,全年经营性资产租金收益500多万元。完成全区114辆涉改公务车辆拍卖收益276万元。不断加大政府购买服务力度,强化实施3大类30项政府购买服务项目,全年政府购买服务达4350万元;全面推进市区两级公共资源平台一体化建设,政府采购累计交易总额6702万元,节约资金969万元,资金节约率达12.6%。认真开展财政资金安全检查,做好财政专户监管和预算单位账户的清理、审批和备案。全区财政性资金收付全部纳入国库集中支付系统管理。对社会聚焦、群众关注的2015年度37个财政支出项目进行绩效评价,切实健全"花钱必问效、无效必问责"机制;对部门专项资金予以项目精简、总量压缩、执行结果实行跟踪问效,构建财政监督长效机制,确保专项资金的专款专用和使用效益。组织开展"小金库"、滥发津贴补贴专项整治和收费清理改革落实情况监督检查。扎实履行财务会计财政监管职责和信息共享机制,不断提高会计核算质量水平和财会人员从业道德素质。

【推动党建工作发展】聚焦主责主业,切实履行抓党建第一责任人责任,全面落实党组主体责任和纪检监督责任,做到守土有责、守土负责、守土尽责。切实强化履行好岗位职责的政治责任感和自觉性。积极创建“五好党组织”,财政局党组和党支部一班人带头做表率,坚决贯彻执行党的路线方针政策,经常性开展交心谈心,不断提高政策理论水平和业务管理能力,严格执行各项规章制度和廉政纪律,做到为民、务实、清廉。

【加强财政干部队伍建设】压实责任,推进制度创新。组织党员干部进一步学习中央“八项规定”,省委、省政府“三十条”意见,市委、市政府“三十二条”意见,区委、区政府“三十条”意见以及省、市、区委关于改进作风、密切联系群众的各项要求,持之以恒巩固落实作风效能建设成果。加强制度约束,把作风建设有机融入日常工作和生活之中,推动形成在严格约束下干事创业的作风建设新常态,实现作风教育的常态化、联系服务群众的常态化。坚持在干事创业中选拔干部。树立正确用人导向,以“德”为先,把好政治关,把好才能关,提高用人公信度。严格干部选拔任用程序,强化干部教育管理。

(屯溪区财政局供稿)

黄山区财政工作概述

【概况】2016年,黄山区财政局紧紧围绕“稳增长、促改革、调结构、惠民生、防风险”目标,牢牢把握稳中求进工作总基调,主动适应经济新常态,有效应对经济下行压力,狠抓财政收入征管,优化支出结构,深化财政改革,加大民生投入,强化资金监管,较好地完成全年各项财政工作任务,有力促进区域经济的持续发展和社会和谐稳定。

【全面完成目标任务】面对经济下行、政策性调整、结构性减税、“营改增”扩面等不利因素影响,采取多项积极措施,加强财源建设、细化收入任务、强化税源监控、统筹协调调度、开展税收调查、完善综合治税、强化税收征管,确保财政收入稳步增长。全年累计完成公共财政预算收入11.13亿元,比上年同期增长7.0%,增收7291万元。加强非税收入和票据管理,全年非税收入完成7.01亿元,其中纳入公共财政预算的非税收入4.66亿元。

【提高统筹保障能力】坚持调整和优化财政支出结构,不断加大财政对公共服务领域的投入,优先保障和改善民生,集中财力,保障区委、区政府决定的重大项目建设需求。全年一般公共财政预算支出18.77亿元,剔除湖保项目因素,较上年增长6.5%。其中民生类支出14.04亿元,占财政总支出的74.8%。教育、科技、医疗卫生、社会保障、农业支出分别为21617万元、3503万元、15990万元、21887万元、36366万元,较上年分别增长8.4%、7.7%、7.2%、7.4%、7.1%。准确把握国家宏观调控导向,抢抓战略机遇,进一步加大对上争取力度,全年争取各类财政补助资金8.68亿元,其中太平湖保护专项获中央奖补资金6440万元,为支持全区经济社会发展提供较好财力保障。加强金融支持,深入推进区政府与农发行6个合作项目,涉及资金5.8亿元,有效保障城区一水厂迁建、省道603环太平湖俞家隧道共幸大桥及接线工程等重点项目建设。创新财政投入方式,试点推进公共自行车交通系统、浦溪河(城区段)综合治理PPP(政府和社会资本合作)模式,引导社会资本参与重大基础设施建设;开展美丽乡村建设基金试点,首批8000万元建设基金用于7个集镇建成区和美丽社区建设。

【服务区域经济发展】坚持把培植财源、服务发展作为新常态下财政工作的第一要务,充分发挥财政职能,助推区域经济发展。围绕“三去一降一补”五大任务,出台一系列促进区域经济平稳健康发展的具体措施。通过以地方政府债券为主体的举债融资机制,做好政府杠杆的加法推动企业去杠杆的减法,全年争取地方政府债券资金6.33亿元。加大工业经济扶持力度,实行涉企收费清单制度,积极落实减税降费和税收扶持各项政策,全年用于工业各项经费支出3608.7万元,兑现工业企业发展业绩考核、上市奖励等资金380.3万元,工业园区“两免三减半”税收奖励900万元、土地使用税奖励203万元。全力支持政策性融资担保,深化政银企合作,深入推行“税融通”、“4321”政银担合作等金融业务开展,投入财政资金1100万元用于工业园区助保金注册资本,新增财政资金1025万元用于充实区中小企业融资担保公司国有资本金,落实银企对接项目承诺贷款5.74亿元,成功助推金瑞泰科技等4家企业在股权交易市场挂牌。

【全面提升幸福指数】坚持共享发展理念,持续加大民生投入,全年34项民生投资52312.41万元,占年度计划的116.56%。加大教育投入,全年教育支出21617万元,黄山旅校新校区建成投入使用,中小学教辅实现全免费,1819人次享受中职高中助学金和免学费336.5万元。完善社会保障,全年累计发放城乡居民低保补助2241.94万元、养老金2481.79万元。全面落实人口和计划生育各类奖励扶助政策,发放扶助资金374.07万元。统筹配套665万元改造农村危房709座。落实扶贫政策。全年共安排各类扶贫专项资金2617.6万元,及时拨付精准脱贫资金987.5万元,发放金融扶贫贷款303.5万元,保障贫困户生产生活需要,有序推进脱贫攻坚工作。做强文化产业,积极对上争取非物质遗产文化传承保护、重点文物维修、徽文化生态实验区等文化项目,大力支持群众文化、全民健身等事业发展。

【协调推进农村事业】全面落实强农惠农富农政策,着力提升美好乡村建设水平,全年用于农林水支出36336万元,同比增长7.2%。加大对农投入,着重改善农村基础设施和人居环境,全年累计投入9961.52万元,实施中小河流治理、土地治理、农村环境整治等项目;投入资金726万元,实施农村一事一议奖补项目59个。强化惠农补贴资金发放,全年通过"一卡通"发放涉农补贴1 36亿元,惠及补贴对象11.35万人(户),农民人均补贴1198元。完成油菜投保1.05万亩、公益林投保69.7万亩、商品林投保107.75万亩、水稻投保7.45万亩、棉花投保14.2亩、能繁母猪投保1359头,完成特色品种大棚蔬菜、瓜蒌投保2272亩。发放油菜理赔款29.55万元、水稻洪灾理赔款113.8万元,受益农户2148户次。全年整合资金8106万元重点支持蔬菜基地建设、茶叶产业化、农业综合开发、小型农田水利工程、扶贫开发等项目,拨付290万元支持农民专业合作组织发展、家庭农场培育、农业技术推广以及职业农民培训。

【提升科学理财水平】坚持精细化管理,完善内控制度。健全完善财政监督机制,加强财政制度建设,出台《黄山区财政局内部控制基本制度》《黄山区九个专项内部控制办法》《黄山区党政机关差旅费管理办法》《关于进一步加强农村集体资金管理工作的意见》《黄山区扶持村级集体经济发展试点专项资金管理办法》《黄山区农村公共服务运行维护机制建设试点专项资金管理办法》等制度文件,进一步加强财政资金管理,提高财政资金使用效益。深化财政预算管理制度改革,推进政府部门预决算和"三公"经费信息公开,全区71个部门在区政府网站和部门网站公开全年预决算和"三公"经费,接受群众监督。强化债务管理,严格审批新增项目,完善债务管理制度,推行债务追究责任,加大债务考核力度,实行债务限额管理和动态监控,积极做好债务债券置换工作。全年置换债券54133万元、新增债券9201万元,债务成本和风险不断降低。严控"三公"经费。全年"三公"经费支出1407.96万元,较上年同期下降25.86%,节约资金491.04万元。完成对企业科、农发办、经建科的内审和14个乡镇财政所(分局)的互审工作,落实整改内审中暴露的问题。根据省、市、区委统一要求,积极配合其他部门开展"小金库"治理、滥发津补贴、违规经商办企业、"酒桌办公"、党费清缴等八个专项整治活动,取得阶段性成果。利用财政系统一体化信息平台,对财政直接支付实行额度管理,启用"电子哨岗"动态监控财政资金支付行为。建立资金信息通达机制,全年录入资金信息499条,累计监管资金共5.2亿元。

(黄山区财政局供稿　查扬扬)

徽州区财政工作概述

【概况】2016年,徽州区一般公共预算收入完成10.29亿元,较上年增长7.3%。全区政府性基金收入完成1.45亿元,完成年初预算目标。全区一般公共预算支出完成12.94亿元,增长4%。全区政府性基金支出完成2.09亿元。全区财政综合实力进一步增强,社会民生和各项事业发展等重点支出得到有效保障。徽州区财政局被授予"全市基层党建工作示范点"、"节约型公共机构示范单位"、安徽省"百佳机关书屋"、2015年度全区工会工作"先进单位"荣誉;全区继2013年、2015年后第三次被授予"全省民生工程绩效评价先进区县"称号;民生工程分类推进动态管养工作获得上级肯定。

【促进增收节支】加强收入征管,建立经济形势分析联席会议制度,定期分析经济形势,加强财政收入预期管理,实现按月均衡入库。完善协税护税机制,搭建综合治税平台,推进涉税信息交流与互通。加大税费清欠力度,开展土地使用税、营业税、所得税、土地出让金收入专项清理工作,累计清收收入9475万元。围绕产业发展及重点项目建设积极编报项目向上争取,全年累计争取各类资金8.2亿元。注重财政资金整合统筹使用,加大对财政存量资金清理盘活力度,累计盘活存量资金2863万元,并优先用于脱贫攻坚、农业及农村基础设施建设等涉及民生民计支出,财政资金使用效益进一步提高。优化支出结构,按照"保工资、保运转、保民生"的要求,坚持厉行勤俭节约,从严控制一般性支出。全区"三公经费"减支277万元,减幅31%。机关事业单位在职、离退休及企业退休人员政策性调资全部兑现到位,财政民生支出占一般公共预算支出比重进一步提高至84.1%。

【支持经济发展】加大产业扶持力度,制定出台"1+7"产业发展扶持政策。安排产业扶持资金7100万元,落实各项减税降费政策,全年兑现民营经济发展、外贸奖励、服务业发展等各项奖扶引导资金6897万元,出口货物退税4424万元。夯实担保融资平台,争取省级参资入股及民营经济扶持资金3438万元,区财政拨付配套资金1138万元,用于充实区担保公司国有资本金,提升融资担保能力,全年累计为区内113户企业提供146笔融资担保业务,融资担保额达76600万元,担保放大倍数达4倍。推进"4321"政银担合作机制,开展税融通业务,对阶段性融资困难的小微企业提供短期过桥资金,缓解中小企业融资难问题。持续加大有效投入,全年累计筹集各类资金37840万元,投入公路、水利、卫生、农业等项目,助推全区重点项目加快建设。

【改善民生福祉】加大民生兜底政策向普惠、基本和弱势群体最大倾斜,全区十三大类民生支出完成10.88亿元,占一般公共财政预算支出的比重较上年提高10.3个百分点。出台《关于开展资产收益扶贫的实施意见》等扶贫文件,促进财政扶贫政策的贯彻落实,支持全区集中资源打赢脱贫攻坚战。加大财政投入力度,全年安排扶贫资金1870万元,全区4个贫困村出列。推进省市34项民生工程实施,足额落实配套资金8246万元,坚持落实责任、提质增效,强化过程管控、结果考核、建后管养、舆论宣传,全年累计完成投资31585万元,占投资计划的123.2%。支持社会事业协调发展,全年投入13520万元,推动各项教育事业协调发展,义务教育经费保障到位,公办义务教育学校实行"零收费",中小学教学条件不断改善。投入7606万元,积极支持构建现代公共文化服务体系,促进文化、体育、广电传媒事业发展。投入11943万元,完善就业和社会保障体系,稳步提高保障标准。投入7375万元,支持医疗卫生与计划生育事业发展。支持生态环境保护,争取试点补助资金1350万元、新安江绿色发展基金额度23000万元,全面推进新安江流域生态补偿机制试点和流域综合治理工作。完成丰乐河三期项目企业搬迁收储工作,建成循环经济园架空管网、集中治污环境提升、集中治污扩容、园区应急池等基础设施,农村环境得到有效改善,丰乐河水质持续保持稳定。

【推进城乡一体化发展】全年累计投入资金9700万元,全力支持美丽乡村建设。制定美丽乡村资金管理、项目自管自建管理等办法,加强美丽乡村资金管理。强化资金管理与监督,开展美丽乡村资金使用情况专项检查。规范财政补贴农民资金发放流程,累计发放惠农补贴资金7115万元,受益农户7.49万户次。组织实施农业补贴"三合一"改革,全区补贴面积3.84万亩,补贴总额433万元。投入393万元,实施"一事一议"财政奖补项目40个,农村公益事业加快发展。投入1572万元,实施农业综合开发项目8个,农业基础设施不断改善。安排资金534万元,支持基层党组织、非公企业党组织创建及社区工作有序开展。安排农村基层党组织建设经费1068万元,保障村组织正常运转,提前1年完成徽州区农村基层党建保障工程三年行动计划目标。

【深化财税改革】推进税制改革,建立营改增试点工作联席会议制度,强化部门间沟通联系,加大宣传培训力度,顺利完成建筑业、房地产业、金融业、生活服务业四大行业营业税改征增值税改革。深化预算管理制度改革,推进跨年度预算平衡机制,开展三年滚动财政规划试编工作。坚持"先有预算,后有支出"原则,强化预算约束力,做到全年支出无追加。继续推行"开门办预算",抽取对社会影响面较广、预算数额较大且不易确定的9个项目开展预算公开评审论证工作。扩大预算信息公开范围,除涉密信息外,全区政府预决算、部门预决算、"三公"经费预决算及财政制度政策按时按要求在政府和部门门户网站全面公开。推进国资国企改革,严格资产配置,盘活存量资产，提高资产使用效益，开展行政事业单位国有资产清查工作。完善黄山徽州浪漫红文化旅游发展有限公司法人治理结构和企业领导人激励约束机制，完成公司转型发展改革。推进国库集中支付改革，加强预算执行动态监控，规范预算收支行为。深入推进公务卡管理制度改革，规范现金管理，全区公务卡激活运行1061张。按照省市要求加强财政专户管理，清理撤销财政专户5个。强化政府性债务管理，制定出台《黄山市徽州区人民政府关于加强地方性政府债务管理的通知》等相关制度，加强债务系统管理和债务风险动态监控，将政府债务规模严格控制在区人大常委会批准的限额内。积极争取地方政府债券资金18974万元，盘活有效资产、资金，及时化解到期存量债务。

【提升财政管理绩效】按照"一项资金一个办法"要求，加强财政资金管理制度建设，全年修订完善制度、办法22项。加大财政监督检查力度，深入开展"小金库"和"滥发津贴补贴"专项整治工作，要求各单位开展自查自纠，并对本单位清理检查情况进行承诺，自查面达100%。组织专业人员对全区20家骨干企业、行政事业单位开展会计监督检查，并按要求公示会计信息质量检查名单，就检查中发现的问题要求单位认真整改，完善制度，不断提高会计信息质量。对徽州区第一轮新安江流域生态补偿机制试点35个项目进行全面检查，确保第一轮试点工作完美收官。完成2015年度惠农补贴资金管理发放工作绩效评价和乡镇财政资金监管工作绩效评价工作，并在全省考评中分别获得二等奖。在全区先后开展财政资金安全检查、乡镇财政业务互查互审、预决算公开、非税收入收缴情况等检查，对检查中发现的问题要求及时整改，不断提高财政财务管理水平。组织开展财政财务业务知识、财经法律法规、内控制度建设等培训，不断提高财务人员业务水平。

【加强干部队伍建设】扎实开展"两学一做"学习教育，全年组织党员干部深入集中学习党章党规、习近平总书记系列重要讲话、十八届三中、四中、五中、六中全会精神等28次，围绕四个专题和"讲看齐、见行动"展开讨论，进一步坚定理想信念，牢固树立"四个意识"。在全局部署开展党支部规范建设年、党员结对贫困户、党性教育主题月、全域环境整治先锋行动等各项活动，全局党员结对帮扶26户贫困户，每月到村走访1次以上，开展在职党员进社区活动，组织党员及时参加社区的志愿者服务活动，抓好社区、村帮扶活动。加强党风廉政建设，年初进行总体部署，制定工作要点，逐级分岗签订责任书，层层分解落实财政党风廉政建设和反腐败工作责任，落实"一岗双责"责任。组织开展预防职务犯罪专题讲座，集中观看廉政警示片，不定期开展党风廉政谈话，全年集中廉政谈话2场次20人次。组织党员干部赴市廉政教育基地、谭家桥粟裕纪念馆和上饶集中营参观学习，接受革命传统教育和红色廉政教育。大力推进政府提速工程和机关效能建设，制定《徽州区财政局机关效能建设实施方案》，修订完善《徽州区财政局创建文明科室活动考核办法》，严格考核奖惩。落实AB岗等局机关工作制度，常态化开展工作纪律监督检查。财政会商和上门服务常态化，采取"请进来"与"走出去"相结合方式，全年开展会商104次，各项财政工作落到实处。继续落实局领导班子成员、科室联系乡镇财政所(分局)工作制度，加强工作交流互通，提高工作有效落实。

(徽州区财政局供稿)

广德县财政工作综述

广德县财政工作概述

【概况】2016年,广德县财政局主动服务大局,认真履职尽责,把支持和服务经济发展作为第一要务,全力推进各项财政改革,积极组织财政收入,科学安排财政支出,圆满完成全年目标任务,各项工作取得长足进步。全县一般公共预算总收入完成34.3亿元,完成年度预算的100.9%;同比增长7%,净增2.25亿元,其中地方一般公共预算收入完成23.44亿元,同比增长10.2%,净增2.16亿元。县财政局被省财政厅推荐为全国财政"六五"法治宣传教育先进单位,被评为全省扶残助残先进集体,先后获省厅民生工程绩效奖补先进县、乡镇财政资金监管绩效考评一等奖、惠农补贴资金管理与发放绩效评价一等奖,被县委县政府授予"人民满意单位"荣誉称号。

【支持发展】全面贯彻落实稳增长政策。统筹安排资金500万元,支持政策性融资担保体系建设,统筹安排资金69347万元,积极兑现财政扶持、促进工业企业做大做强、外贸奖励、促进房地产健康发展等财政奖励政策。统筹安排资金5184万元,设立科技创新基金、工业发展基金,落实县长质量奖、品牌创建、企业上市、工业强县等奖励政策,激发市场活力,引导中小企业技术创新,促进我县工业经济转型升级。全力扩大有效投入。积极向上争取财政资金,共争取各类财政专项资金12.56亿元,新增财力性转移支付补助资金1458万元,地方政府新增债券22509万元,推动公益性项目建设。大力推行PPP模式,充分发挥财政资金的导向作用,吸引社会资本参与园区、城市公共基础设施和重要交通设施等建设,支持县域经济社会转型跨越发展。

【保障民生】省定33项民生工程全年累计投入135691万元,比上年增长39.7%,其中引导社会资金68361万元投入民生工程建设,进一步放大民生工程政策效应。统筹7761万元用于巩固义务教育经费保障机制改革成果;落实资金13006万元支持县级公立医院建设、综合改革和基层医改;安排资金189万元加强食品药品安全监管和能力建设;安排城乡居民基本养老保险、提高困难群众生活救助和自然灾害救助资金19383万元;安排残疾人救助保障资金1426万元、人口和计划生育奖励扶助资金2041万元;发放1260万元"老字号"群体生活困难补助;安排1223万元对农村分散供养五保户、低保户、贫困残疾人家庭和其他贫困户实施农村危旧房改造,社会民生和公共服务得到有效改善。

【强农惠农】完成一事一议财政奖补项目137个,共计投入财政奖补资金2061万元;拨付政策性农业保险保费补贴1355万元,全年理赔2083万元;县财政预算安排美丽乡村建设专项资金3305万元,整合资金20782万元,支持省市县重点村等美丽乡村建设工作;通过"一卡通"共发放惠农补贴资金27143

万元;高标准基本农田建设投入3016万元、产业化经营财政补助项目投入940万元;统筹资金1665万元,支持养殖产业和设施农业建设,推进一二三产业融合发展;安排资金5359万元,实施农村道路畅通工程;投入资金9297万元,实施粮长门水库建设及中小河流治理;安排农田水利建设、提升改造和设施维修养护资金7736万元、农业生产救灾和农林水灾情补助785万元,农村基础设施和农业产业化经营进一步提升。

【财政改革】全面推进"营改增"改革,改革后纳税人总体税负呈下降趋势,推进供给侧结构性改革,推动经济转型发展。进一步加强政府性债务管理,2016年到位债券资金101639万元。有序推进PPP项目实施,"S215皖苏界至广德凤桥段公路改建PPP项目"被列入财政部第三批示范项目,项目投资25.54亿元;"广德县市政道路及排水防洪PPP项目",项目投资4.13亿元。抓好预决算公开和预算评审论证,对全县行政事业单位预决算及"三公"经费公开情况开展检查,做到一个不漏,规范透明;召开2017年度县本级预算评审论证会,增强各单位预算法律意识、部门预算编制责任意识和预算资金使用绩效意识。统筹盘活存量资金,全年累计盘活财政存量资金8786余万元,统筹用于民生工程相关项目配套或调整用途使用。

【党的建设】开展"两学一做"学习教育和"讲看齐、见行动"学习讨论,强化理论、政策、业务学习,全面提升履职能力,提高服务意识,增强党员干部"政治意识、大局意识、核心意识、看齐意识"。坚持每月理论中心组学习制度、支部"三会一课"制度、职工集中学习制度,抓好日常政治理论学习,增强党员干部贯彻执行党的路线、方针、政策的自觉性和坚定性。按规定程序开展党总支和机关支部换届工作,充实总支和支部班子力量。开展支部书记述职述廉,进一步强化支部书记抓党建责任意识。结合联合党组织、精准扶贫工作,选派2名班子成员分别到共建社区、共建村任职,25名副科级以上干部结对帮扶15户贫困户,机关全体党员按要求到社区报到,参与社区各项志愿服务。积极参与"文明县"创建工作,开展责任区日常巡查和志愿服务,增强干部职工文明创建主人翁意识和责任意识。支持工会、青工委、妇委会、离退休老干部开展各类有益活动,增进了解,促进团结。继续深化作风建设。

【廉政建设】进一步压紧压实党风廉政建设"两个责任",确保责任到人、落实到位。为每位党员干部建立廉政档案,进一步从源头上预防腐败。把《准则》和《条例》纳入"两学一做"学习教育和干部教育培训内容,开展革命传统教育和党史教育,积极营造奋发进取、廉洁从政的浓厚氛围;加强警示教育,集中为干部职工上预防职务犯罪和廉政党课、组织中层干部赴浙江南湖监狱开展警示教育活动,增强廉洁自律意识,不断提高拒腐防变能力。以创建市级"廉政文化进机关"示范点为契机,大力推进廉政文化建设。严格执行中央八项规定、省财政厅30条及县委18条规定,加强日常督查,确保无违规违纪现象发生;印发《广德县财政局内部控制制度》,开展廉政风险点全面排查,制定各项业务流程;坚持会商制度,在预算编制、预算执行和资金拨付等环深入开展部门会商,增加财政资金使用公开度和透明度;抓好家风建设,以良好家风助推领导干部廉洁清明之风。印发《县财政局关于节假日期间加强作风建设坚持廉洁自律的通知》等制度,强化廉洁自律要求。及时修订、完善局机关公务接待、考勤管理、请销假等管理制度,并在日常工作中严格执行,坚持用制度管权、按制度办事、靠制度管人。

(广德县财政局供稿)

宿松县财政工作综述

宿松县财政工作概述

【概况】2016 年,宿松县主动适应经济新常态,加强收支预期管理,圆满完成年度各项工作任务。全县一般预算收入完成 10.7 亿元,为年初预算目标的 100.01%,增长 8.5%;政府性基金收入完成 2.63 亿元,为调整预算目标的 107.2%;社保基金收入完成 2.88 亿元,为调整预算目标的 100%。全县一般预算支出完成 41.8 亿元,增长 12.6%;政府性基金支出完成 3.91 亿元;社保基金支出完成 3.32 亿元。

【保障重点支出】全县支农、教育、医疗卫生、社会保障和就业等直接用于民生的支出为 35.76 亿元,占财政总支出 85.6%,同比增长 13.8%。加快重点工程建设,调度财政间隙资金 8499 万元用于支持经济开发区、东北新城、临江产业园的基础设施建设,投入 21489 万元实施县级十大重点工程和惠民实事。"财政 + 金融"聚力支持脱贫攻坚,县本级预算安排 1000 万元专项扶贫资金,占当年新增财力比例 35%;在清理收回的财政存量资金中安排小额扶贫担保基金 600 万元、农业产业扶贫金融引导基金 1000 万元,占盘活存量资金比例达 55%;统筹整合财政涉农资金 80480 万元支持脱贫攻坚,占可统筹涉农资金 132815 万元的 61%;建立扶贫小额信贷风险补偿分担机制,设立 1000 万元小额扶贫担保基金,撬动金融机构发放小额贷款 6365 万元。支持防汛救灾和灾后恢复重建,安排水毁修复资金 7573 万元、因灾倒房重建资金 1770 万元、自然灾害生活救助资金 1270 万元、农业生产救灾资金 660 万元。

【支持服务发展】充分发挥财政政策和财政资金引导作用,通过财政配存、奖励等手段,促进金融机构新增贷款 127098 万元。拓宽融资渠道,实现政府性融资 29.62 亿元,其中:争取地方政府债券资金 9.12亿元、北沿江一级公路融资 9 亿元、临江产业园基础设施 PPP 项目融资 5.5 亿元。聚焦"三农"发展,落实农业补贴"三合一"改革,全年发放农业支持保护等各类涉农补贴资金 32405 万元。改善农业生产条件,投入 6125 万元支持小型农田水利设施建设;投入 5600 万元实施高标准农田建设和农业综合开发。支持农业转型升级,安排 1070 万元用于发展现代农业;投入 706 万元支持农业产业化经营。深化农村综合改革,拨付 7040 万元支持美丽乡村建设和扶持村级集体经济发展;投入 850 万元开展农村公共服务设施运行维护试点。支持加快"调转促"步伐,支持电子首位产业和主导产业发展,设立电子产业发展基金 1000 万元、工业发展专项资金 500 万元、农业产业化及油茶发展基金 700 万元。扶持实体经济,拨付企业发展专项资金 1379 万元。发挥融资杠杆作用,为中小企业提供风险补偿资金和续贷过桥资金,帮助企业解决融资 16570 万元;通过"税融通"方式为纳税信用 B 级以上的 6 家企业解决融资 2570 万元;继续深化政银担合作,为116户中小企业提供贷款担保41525万元,有效缓解企业发展融资难题。

【促进民生改善】持续加大教育投入,拨付6658万元兑现义务教育阶段生均经费补助,拨付11130万元改善义务教育阶段办学条件。推动文化体育事业发展,安排2320万元支持公共文化体育服务体系建设。支持医药卫生体制改革,拨付3522万元用于基本公共卫生服务和重大传染病救治,投入2591万元推进县级公立医院改革。提高社会保障水平,拨付新农合资金36000万元、职工医保7500万元、城镇居民医保3300万元、城乡特困群众医疗救助925万元,发放企业职工养老金24067万元、城乡居民养老金9875万元。大力实施民生工程,全县33项民生工程投入147700万元,其中县财政配套14000万元,较上年净增1300万元。做好政策性农业保险工作,拨付农业保费补贴2075万元,发放理赔资金7287万元,充分发挥农业保险防灾减损的积极作用。

【推动管理改革】推进"营改增"和资源税从价计征改革,14个"营改增"行业累计减税近9000万元,有效减轻企业负担。深化预算管理改革,提高财政预算供给标准,按现行政策足额保障人员经费支出,综合公用经费定额实现分级分类保障;规范预算管理级次,进一步强化部门单位预算执行主体责任;优化预算管理流程,进一步提高预算编制、执行透明度;推进预决算和"三公"经费信息公开常态化、规范化,全县"三公"经费支出2457万元,同比下降8.9%。强化财政监督,落实巡视整改工作要求,牵头组织"小金库"问题和滥发津补贴问题专项整治;大力开展会计监督和严肃财经纪律监督检查;全面推进财政部门内控制度建设,制订内控操作规程,强化内部监督检查,进一步规范财政财务行为。继续实施本级财政投资评审,全年完成预(概)算评审项目670个,报审总投资150570万元,审定总投资128085万元,审减22485万元。严格执行国库集中收付制度,通过财政一体化平台发生直接支付83577笔,支付资金352218万元;发生授权支付4664笔,支付资金18185万元,授权支付比例增长89%。

【加强队伍建设】深入开展"两学一做"学习教育和"讲看齐、见行动"学习讨论,先后开展集中学习16次;邀请党校讲师作辅导报告2次;联系县干讲党课1次;班子成员讲党课5次;组织专题学习讨论4次,思想建党得到进一步加强。扎实推进内设机构干部轮岗,对符合轮岗条件的副股级以上干部37人进行有序轮岗,保持干部队伍稳定性,激发干部队伍活力。部署召开全县财政系统党风廉政建设工作会议、深化作风建设推进大会,旗帜鲜明、态度坚决地将党风廉政建设引向深入;建立网格化责任体系,用"责任归位"倒逼"责任到位";出台《宿松县财政局关于对不作为、慢作为、乱作为行为进行问责的实施办法》,全年开展任职谈话、廉政谈话9次,组织巡查和专项督查15批次;组织党员干部到县看守所接受廉政警示教育、到烈士陵园接受革命传统教育,强化系统干部职工纪律规矩意识。

(宿松县财政局供稿 夏序平)

财政工作大事篇

省财政厅处室单位工作大事记

综合处工作大事记

1月20日　省财政厅厅长罗建国出席省政府新闻发布会,作题为“践行五大发展理念、服务美好安徽建设”财政新闻发布,介绍“十三五”财政发展成就,提出“十三五”全省财政改革发展总体思路。

4月11日　省财政厅副厅长陈军参加2016年财政综合工作和“十三五”财政规划培训班并在座谈会上介绍本省财政“十三五”规划编制情况。

5月5日　财政部综合司副司长胡忠勇一行来皖进行政府购买服务改革督察暨专项调研。

5月18日　按财政部《关于进一步做好政府购买服务指导性目录编制管理工作的通知》要求,省级政府购买服务目录实行分部门编制,各市县参照执行。

5月23日　《安徽省残疾人就业保障金专用缴款书》《安徽省政府非税收入专用收据(育林基金)》废止并停止使用。

5月26日　省财政厅分配下达中央财政城镇保障性安居工程专项资金59400万元,统筹用于市县(区)租赁补贴发放、公共租赁住房筹集以及城市棚户区改造支出。

6月8日　根据省委省政府落实中央巡视组巡视回头看反馈意见整改落实总体部署要求,在全省开展为期一个月的滥发津贴补贴专项整治,成立专项整治领导小组办公室负责日常工作。

6月14日　省财政厅会同省物价局、省地税局印发《安徽省财政厅 安徽省物价局 安徽省地方税务局关于开展涉及矿产资源收费基金清理检查工作的通知》,将全部资源品目的矿产资源补偿费费率降为零,推进资源税改革。

6月24日　省财政厅副厅长陈军赴合肥市开展全省滥发津贴补贴专项整治工作重点督查,对合肥市整改工作提出明确要求。

7月15日　省财政厅副厅长孟照红参加财政部召开部分省地方改革性补贴座谈会,提出本省对规范地方改革性补贴的意见和建议。

8月15日　省财政厅会同省物价局印发《安徽省财政厅 安徽省物价局关于取消有关行政事业性收费项目的通知》,取消卫生计生部门“生育证工本费”和教育部门“高职院校注册生(专业统考费)”项目,不再将红十字会“应急救护培训费”作为行政事业性收费项目管理。

8月18日　配合省人社厅出台通知,进一步完善省直事业单位绩效工资有关政策,明确重新调整部分事业单位绩效工资总量的原则。

10月28日　《安徽省财政改革发展第十三个五年规划纲要》正式印发实施。

11月18日　省财政厅副厅长孟照红出席全省法官、检察官工资制度改革试点工作视频会议,就财政部门落实改革试点工作提出要求。

12月5日　省财政厅副厅长孟照红出席全省机关事业单位调整基本工资标准和增加离休费实施工作视频会议,就财政部门做好组织实施工作提出要求。

12月6日　财政部综合司、住建部住房保障司在本省联合召开全国城镇保障性安居工程工作座谈会,省财政厅副厅长孟照红参加会议并发言。

(综合处供稿)

税政条法处工作大事记

1月1日　境外旅客离境退税政策在本省正式实施。

1月1日　《安徽省预算审查监督条例》施行。

1月1日　商业健康保险个人所得税政策试点在芜湖市实施。

3月10日　省营改增试点办公室组织召开第17次会议,研究部署本省全面推开营改增试点准备工作。

3月15日　省财政厅《重点企业税源调查快报工作方案》上报财政部,标志着本省2016年度重点企业税源调查快报工作正式启动。

3月16日　省财政厅厅长罗建国与马鞍山市委、市政府领导赴财政部专题汇报马鞍山综合保税区申建工作。

3月28—29日　省财政厅举办重点企业税源调查快报及税式支出测算培训班。

3月29日　时任省长李锦斌对省财政厅上报的《关于全面推开营改增试点有关准备工作的请示》作出重要批示:我省营改增试点运行以来,改革措施保障有力,政策红利持续释放,取得了积极成效。全面推开营改增试点,是推进供给侧结构性改革、促进经济转型发展的重要举措。各级政府要高度重视,精心准备,全面贯彻中央部署要求,进一步总结经验,完善措施,严明政策,落实责任,确保改革目标如期实现,为加快新旧动能转换、促进全省经济平稳健康发展注入强大动力。

3月30日　省财政厅、省国税局、省地税局召开全面推开营改增试点视频动员会,省财政厅厅长罗建国出席会议并讲话。

4月9—10日　省财政厅厅长罗建国赴淮南寿县、阜阳颍东调研全面推开营改增试点准备工作。

4月19—22日　财政部2016年增值税改革培训会和全面推进资源税改革工作会议在云南召开。省财政厅副厅长孟照红率税政条法处同志参加会议。

4月24日　全面推开营改增试点准备工作联席会召开,研究部署全面推开营改增试点有关工作。

4月25日　省财政厅副厅长孟照红主持召开全省全面推开营改增试点工作会议,布置下一阶段具体工作。

5月1日零时　合肥徽商齐云山庄酒店先后开出本省第一张住宿业务增值税专用发票和第一张餐饮业务增值税普通发票,标志着本省全面推开营改增试点全面实施。

5月5日　时任省长李锦斌主持召开省政府专题会议,听取省财政、省国税、省地税有关本省营改增试点工作情况汇报。

5月5日　省财政厅厅长罗建国主持召开省营改增试点工作联席会议办公室第十八次会议。

5月6日　省财政厅厅长罗建国主持召开省营改增试点工作联席会议,研究部署下一阶段改革试点工作。

5月10日　省财政厅组织召开全省财政系统全面推开营改增试点工作视频会,省财政厅厅长罗建国对全省财政系统贯彻落实李锦斌省长重要讲话精神,做好下一步营改增试点工作提出要求。

5月26日　中共中央宣传部、司法部、全国普法办公室经中央批准在北京召开了第八次全国法治宣传教育工作会议,通报表彰全国“六五”普法先进集体和先进个人,省财政厅荣获“2011—2015年全国法治宣传教育先进单位”。

5月31日　省财政厅、省地税局联合召开资源税改革企业座谈会,省财政厅副厅长孟照红出席座谈会。

6月7日　税政条法处和人教处联合召开财政系统权责清单统一规范试点工作会议。

6月12日　按照财政部统一布置,省财政厅下发文件,在全省组织开展2015年度税式支出统计工作,在对调查数据汇总审核后,于8月16日上报财政部。

6月16—18日　省财政厅召开6市6县权责清

单统一规范试点工作会议。按照权责事项名称统一、类型规范统一、依据更新统一的要求,布置开展全省财政系统权责清单统一规范试点工作。

6 月 18 日　时任省长李锦斌在“安徽省财政厅、安徽省地方税务局关于资源税适用税率建议等有关事项的请示”上作出重要批示:资源税适用税率方案要依据有关改革规定,充分考虑企业和各市意见,兼顾资源禀赋、邻省及资源主产区省税率水平,坚持改革前后税费平移、总体上不增加企业税费负担且有所降低的原则,以力求科学合理。

6 月 22 日　合肥空港保税物流中心(B 型)经海关总署、财政部、国家税务总局和国家外汇管理局联合批准设立。

6 月 22 日　经审核确认,省财政厅、省国税局、省地税局联合下发文件,公布全省 2015 年度及 2016 年度具有免税资格的非营利组织名单。

6 月 29 日　经确认,省财政厅、省国税局、省地税局、省民政厅联合下发文件,公布全省 2016 年第一批获得公益性捐赠税前扣除资格的公益性社会团体名单。

7 月 1 日起　全面推进资源税从价计征改革正式实施。

7 月 12 日　经省政府同意,报财政部核准和备案后,省财政厅、省地税局联合下发文件,正式对外发布调整后的本省资源税税率。

8 月 26 日　国务院正式批复同意设立马鞍山综合保税区。

9 月 12 日　省财政厅召开全省金融业营改增税负变化情况调研核查布置会,布置开展金融业营改增税负变化情况调研核查工作。

10 月 13—14 日　省政府法制办在蚌埠市召开贯彻法治政府建设实施纲要试点工作(北片)推进会,省财政厅就落实重大财政执法决定法制审核试点工作作经验交流发言。

10 月 21 日　财政部、海关总署、国家税务总局联合下发文件,批准合肥京东方显示技术有限公司进口设备涉及的 46 亿元人民币进口环节增值税从 2017 年 4 月至 2023 年 3 月实行分期纳税。

11 月 1 日　省财政厅副厅长孟照红主持召开省财政厅文件全面清理工作领导小组会议,动员部署厅文件清理工作。

11 月 24 日　参加安徽省第八次法治宣传教育工作会议,领取“2011—2015 年全国法治宣传教育先进单位”证书,省财政厅副厅长朱长才在大会作交流发言。

11 月 24 日　省财政厅、省国税局、省地税局、省发改委、省经信委联合行文,向财政部报告本省软件、集成电路企业所得税优惠政策落实情况。

12 月 1—2 日　省财政厅在合肥举办 2016 年全省财政系统法治工作培训班,全省财政部门分管领导、法制机构业务骨干参加培训。

12 月 6 日　省科技厅、省财政厅、省国税局、省地税局联合下发文件,公布全省 2016 年第一批高新技术企业认定名单。

12 月 12 日　省财政厅厅长罗建国带队赴财政部进行沟通汇报,争取财政部给予马钢公司出口马钢瓦顿公司的车轮连铸钢坯出口关税优惠政策支持。

12 月 16 日　省财政厅、省国税局、省地税局、省委宣传部联合发文,公布 2016 年新认定享受税收优惠政策的省属经营性文化事业单位转企改制名单。

12 月 23 日　经审核确认,省财政厅、省国税局、省地税局联合下发文件,公布全省 2016 年第二批具有免税资格的非营利组织名单。

12 月 28 日　省科技厅、省财政厅、省国税局、省地税局联合下发文件,公布全省 2016 年第二批高新技术企业认定名单。

12 月 31 日　财政部下发文件,省财政厅被财政部授予“全国财政‘六五’法治宣传教育先进单位”。

(税政条法处供稿)

预算处工作大事记

1 月 7 日　省财政厅印发《关于自觉接受政协民主监督加强联系服务政协工作的指导意见》。

1 月 8 日　省财政厅召开各市财政局长座谈会,学习贯彻全国财政工作会议精神,共同谋划和深入推进 2016 年财政重点工作和预算改革管理工作。

1 月 10 日　省财政厅印发《关于司法体制改革试点单位经费上划有关问题的通知》(财预〔2016〕7 号),从 2016 年 1 月 1 日起,首批 18 家省以下法院、检察院全部作为省级财政部门一级预算单位,正式上划省级统一管理。

2月4日　省财政厅印发《关于安庆市铜陵市六安市淮南市部分行政区划调整预算管理问题的通知》(财预〔2016〕85号),保障区划调整市县平稳有序过渡。

2月5日　推动出台《安徽省人民政府办公厅关于建立主要经济指标监测预判制度的通知》(皖政办秘〔2016〕67号),制定出台《关于进一步加强收入征管分析工作的意见》(财预〔2016〕113号),牵头建立"1+5+16"收入预期管理制度,进一步推动财政收入可预期、精细化,确保财政收入依法征管、均衡入库。

2月16—21日　省"两会"期间在安徽大剧院、省人大会议中心和代表驻地设置财政预算服务点,为人大代表、政协委员提供查询服务。期间,时任省委书记王学军、时任省长李锦斌等省领导在省人大会议中心查阅2016年省级部门预算草案,充分肯定预算编制工作成绩。

2月18—21日　省财政厅编印《图文看预算》《财政预算参阅材料》,通俗解读财政预算、财政政策、财政工作。

2月27日　受省人民政府委托,省财政厅厅长罗建国向省十二届人民代表大会第六次会议报告安徽省2015年预算执行情况和2016年预算草案。

3月2日　省财政厅完成138个省直预算部门2016年部门预算批复工作,强调省直单位要认真贯彻中央八项规定,严格厉行节约,强化制度执行,切实提高财政财务管理水平。

3月6日　时任省长李锦斌在省财政厅《关于加强财政收入预期管理工作的汇报》上批示"同意。此项工作财政抓的很紧。加强财政预期管理机制建设很重要,一定要坚持依法征管、实事求是、均衡入库、确保质量,持续推进财政收入健康发展"。

3月11—25日　按照《2016年预算公开工作方案》(财预〔2016〕109号)要求,依法公开2017年省级政府预算,指导督促省直部门及时公开2017年部门预算和"三公"经费预算,进一步细化公开预算表格和说明。

3月14日　时任省长李锦斌在省财政厅报送的《关于2月财政收入有关情况的汇报》上批示"坚持实事求是、把握规律、均衡运行的原则,针对不同地方、不同时段的具体情况,加强精准指导和相机把控,力保全年财政平稳健康发展"。

3月25日　省财政厅印发《关于做好2017年省级部门预算编制工作的通知》(财预〔2016〕331号),连续五年提前启动预算编制,拓展编制周期,全面部署安排编制工作。

3月—4月　省财政厅邀请省人大预工委,深入有代表性的部分市县开展全省预算编制管理调研,形成市县预算编制工作情况调研报告,针对性地指导完善市县预算编制工作。

4月13—14日　受省财政厅厅长罗建国委托,省财政厅副巡视员陈传文一行深入厅预算处等六个处室单位党支部结对共建村——金寨县长岭乡界岭村开展扶贫调研。

4月22日　预算处党支部围绕"坚定理想信念,明确政治方向"主题召开"两学一做"学习教育专题学习会。省财政厅党组书记、厅长罗建国以普通党员身份参加并作重要发言。

4月—5月　根据本省事业单位分类改革情况,对省直事业单位进行全面梳理,出台《关于省级事业单位分类改革后财政补助政策的通知》(财预〔2016〕695号),构建财政支持公益事业发展的长效机制。

5月1日　编印《预算处内部控制操作规程》,重点围绕预算编制、指标管理、财力类转移支付分配等6项预算业务,梳理各环节风险点,提出135条防控措施,构建贯穿预算管理全过程、覆盖主要预算业务的内控机制。

5月5日　财政部印发《关于地方预决算公开专项检查有关情况的通报》(财监函〔2016〕1号),反映本省2015年预决算公开度位居全国第5、中部第1。

5月10日　全面启用网络版预算编制软件,从编制2017年省级预算起,实现预算编制在线审核、全程留痕,提升财政预算管理科学化、规范化和信息化水平。

5月23日　省财政厅就2017年省级预算编制和事业单位分类改革有关情况向省领导作专题请示,时任省长李锦斌作出重要批示:"同意。继续坚持'保重点,控一般,提绩效,促统筹'的预算要求"。

5月25日　受省人民政府委托,省财政厅厅长罗建国在省十二届人大常委会第二十九次会议上,就2016年新增地方政府债务限额作预算调整报告。

5月30日　省财政厅召开2017年省级部门预算编制工作视频会议,首次覆盖省市县乡四级财政。省财政厅党组书记、厅长罗建国出席会议并就做好

2017 年预算编制工作提出要求。

6 月 2 日　预算处党支部部分党员赴寿县小甸镇中共小甸集特支纪念馆，开展“两学一做”学习教育，寄托对革命先烈的无限缅怀，接受红色洗礼和教育。

6 月 12—15 日　省财政厅召开预算编制业务培训会，围绕省级预算编制政策、部门三年滚动财政规划、资产配置预算、政府采购预算业务、网络版编制软件应用等，对省直部门、市县财政、厅业务处室同步开展预算编制业务培训。

6 月 28 日　以省政府办公厅名义出台《关于进一步加强财政资金管理制度建设的指导意见》（皖政办〔2016〕29 号），突出公示、监督、处理三大重点，从 8 个方面采取 26 项具体举措，建立健全覆盖资金使用各流程、环节和层级的制度链条和制度体系，不断提高财政资金管理的针对性、操作性和实效性。

7 月—9 月　省财政厅在 2017 年预算编制中，加强编制、人社、财政部门信息共享交流，重点对事业单位分类改革后的单位人员变化，反复沟通对接省编办、省人社厅，核对人员基础信息情况，严格审核财政供养人员。

7 月—10 月　省财政厅完成 2017 年省级部门预算编制“一上”阶段的审核，坚持厉行节约、统筹兼顾，加强基础信息审核，严把项目关，于 10 月 18 日向各部门下达 2017 年部门预算“一下”控制数。

7 月 1 日　省财政厅党组书记、厅长罗建国走访预算处党支部，督查“三查三单”“一岗双责”等工作落实情况，并以普通党员身份参加预算处党支部组织生活会，与支部党员共同学习习近平总书记在庆祝中国共产党成立 95 周年大会上的重要讲话，学习时任省委书记王学军、时任省长李锦斌在省直单位专题党课报告会上的党课报告，联系自身思想和工作实际交流体会。

7 月 5 日　出台《省对市县专项转移支付管理办法》（财预〔2016〕1002 号），推进省以下专项转移支付规范管理和资金高效使用。

7 月 6 日　以省委办公厅、省政府办公厅名义出台《关于进一步推进预算公开工作的实施意见》，坚持全面公开、明确责任、促进改革、同步推进，进一步扩大公开范围、细化公开内容、规范公开形式、健全公开机制，着力建立健全全面规范、公开透明的预算制度。

7 月 27 日　受省人民政府委托，省财政厅厅长罗建国向省十二届人民代表大会常务委员会第三十一次会议报告安徽省 2016 年上半年预算执行情况和 2015 年全省决算情况报告。

7 月 31 日　以省政府名义省财政厅印发《全面推开营改增试点后调整省与市县增值税收入划分过渡方案》（皖政〔2016〕73 号），维护体制稳定，鼓励市县发展。全年下达市县 2016 年增值税“五五分享”税收返还 76.4 亿元。

8 月—9 月　省财政厅深入开展预算评审论证，出台《安徽省省级预算评审论证办法》，首次建立评审监督机制，对评审进行全方位、全过程监督。

9 月 4 日　时任代省长李国英在省财政厅《关于贯彻落实本国英代省长对财政工作指示有关举措的报告》上批示：财政厅的做法值得肯定。明确目标，制定措施，落实责任，建立机制。望进一步抓好落实，千方百计提高财政对经济社会发展的保障能力和水平。

9 月 28 日　受省人民政府委托，省财政厅厅长罗建国在省十二届人大常委会第三十三次会议上，就 2016 年新增安排三重一创和量子通讯专项资金作预算调整报告。

9 月 30 日　省财政厅出台《安徽省省级项目库管理办法》（财预〔2016〕1540 号），进一步完善省级预算项目库管理，规范项目入库程序，充实项目储备。

9 月 30 日　制定省财政厅印发《安徽省省级预算执行考核办法》（财预〔2016〕1536 号），细化预算执行考核指标体系，建立预算执行考核结果与预算安排挂钩机制，激励预算部门采取措施加快预算执行进度，促进预算执行提质增效。

10 月 8 日　制定省财政厅印发《关于实施支持农业转移人口市民化若干财政政策的通知》（财预〔2016〕1483 号），出台 27 项政策措施，支持农业转移人口与当地居民享受同等基本公共服务。同时，建立农业转移人口市民化奖励机制，鼓励各地吸纳农业转移人人口，促进全省新型城镇化进程。

10 月 14 日　省财政厅代拟《安徽省人民政府关于推进省以下财政事权和支出责任划分改革的指导意见》，制定相关政策解读方案，提请省政府审议。

10 月 19 日　完善出台《安徽省 2016 年重点生态功能区转移支付办法》（财预〔2016〕1563 号），全年下达市县重点生态功能区转移支付15.76亿元,支持生态环境保护和民生改善。

11月—12月　省财政厅完成2017年省级部门预算编制“二上”阶段的审核工作,并于12月15日提交省人大预工委进行初步审查。2017年省级专项转移支付压减至115项,新增建设用地土地有偿使用费等三项基金转列一般公共预算。

11月25日　省财政厅出台《关于规范市县预算编报工作的通知》(财预〔2016〕1789号),统一规范市县预算编报范围和格式,切实提高预算编制与执行的规范化、科学化、信息化水平。

12月9日　省财政厅按照省政府第92次常务会议精神,对代拟的《安徽省人民政府关于推进省以下财政事权和支出责任划分改革的实施意见》进行修改完善,并提请省政府,建议以省政府党组名义提请省委常委会审议。

12月10日,以省政府办公厅名义出台《关于盘活财政沉淀资金用于增加有效投资和补短板工作的实施意见》(皖政办秘〔2016〕219号),切实盘活财政沉淀资金,及时调整用于重点领域和薄弱环节,不断提高财政资金使用效益。

12月16日　编制2017—2019年全省中期财政规划,同步滚动编制省级2017—2019年中期财政规划,进一步优化结构保障重点,提高财政政策的前瞻性。同时,出台《关于全面开展中期财政规划管理工作的通知》,推进省市县中期财政规划编制一体化。

12月18日　时任代省长李国英在省财政厅《关于省主要领导赴财政部商谈工作对接落实情况的汇报》上批示:很好。要多向财政部汇报、沟通,希望得到财政部更多的支持,同时把财政支持的工作做好。

(预算处供稿　唐兵)

国库处工作大事记

1月14日　转发财政部关于加强和规范地方财政专户管理的指导意见,对市县区财政专户管理提出新要求。

1月20日　印发全省财政资金安全检查工作实施方案,全面开展资金安全检查,提升财政资金运行效率和安全性。

2月19日　发布2016年度国库处工作要点,对做好全省财政国库工作提出具体要求。

3月1日　联合人行合肥中心支行印发《关于进一步推进国库集中支付电子化管理改革工作的通知》,明确改革任务,提出改革目标和要求。

3月7—11日　全省财政总决算会审会在合肥召开,全省各市国库科长、财政总决算经办人员40余人参加会议。

3月14—18日　全省部门决算会审会在合肥召开,全省各市部门决算经办人员30余人参加会议。

4月6日　下发《关于开展全省重点财政支出科目检测预判的通知》,全面开展“八项支出”监测工作。

5月9日　印发《省级社会保险基金存放商业银行考核评价暂行办法的通知》,保证省级社保基金向商业银行进行存款分配时公开、公平、公正,确保社保基金安全和保值增值。

5月23日　全省国库支付电子化管理培训召开,全省16个地市分管局长、人民银行各市中心支行分管行长及相关技术人员等150余人参加会议。

5月23日　省财政厅副厅长孟照红对做好地方财政库款管理工作,对各市财政部门提出明确要求。

6月5—6日　全省权责发生制政府综合财务报告试编培训班在合肥召开,全省市县区100多名国库系统科长、经办人员参加会议。

6月20日　省财政厅厅长罗建国在《关于2016年5月财政库款考核情况的通报》上批示“巩固成绩、完善举措、查缺补漏,不断提升考核等次”。

6月22日　联合人民银行合肥中心支行印发《安徽省省级国库现金管理操作实施细则》,规范国库现金管理,提高财政资金使用效益。

7月8日　省财政厅副厅长孟照红走访国库处党支部,督促“一岗双责”落实情况。

7月11日　国库处党支部赴人行合肥中心支行国库处党支部,以《忠诚与坚守》为主题,共上党课。

8月4日　下发《关于进一步加强财政资金安全管理的通知》,对防范资金安全风险,提高财政资金管理水平提出明确要求。

8月10日　国库处召开全省部分县乡国库集中支付制度改革座谈会。

8月16日　省财政厅副厅长孟照红出席省级部门决算及“三公”经费公开工作协调会,并就做好公开工作提出要求。

8月26日 省级111家部门、单位，通过门户网站或省政府信息公开网向社会公开2015年度部门决算及“三公”经费情况。

8月30日 《安徽省财政厅关于财政专户开立变更撤销情况备案报告》上报财政部国库司。

9月2日 《安徽省2015年度权责发生制政府综合财务报告(试编》的报告)，经省财政厅厅长罗建国签发后，上报财政部。

9月29日 全国财政国库工作会议在合肥市召开，全国36个省、自治区、直辖市、计划单列市财政厅(局)有关同志参加会议。

10月18日 国库处召开权责发生制政府综合财务报告研讨会，合肥工业大学、安徽大学、省统计局及厅相关处室专家学者参加座谈。

10月26日 财政部下发2015年度地方总决算和部门决算工作考评情况的通报，本省两项决算均荣获二等奖。

11月8日 《安徽省财政厅关于预算执行动态监控工作的报告》上报财政部国库司。

11月21—23日 全省财政决算会议召开，16个地市分管局长、国库科长、总决算及部门决算经办通知参加会议。

12月9日 省直部门决算布置培训会召开，省直各部门、单位及有关司法体制改革试点单位财务负责人、部门决算经办同志300余人参加会议。

12月22日 省级财税库银会议召开，人行合肥中心支行、省国税、省地税、合肥海关及财政厅相关业务处室人员参加会议。

(国库处供稿)

政府债务管理办公室工作大事记

1月4日 结合2015年度各承销机构债券承销情况，动态调整债券承销团成员，确定中国建设银行股份有限公司等6家金融机构为主承销商，招商银行股份有限公司等4家金融机构为副主承销商，国家开发银行股份有限公司等8家金融机构为承销团成员。

1月14—15日，分别转发财政部《关于对地方政府债务实行限额管理的实施意见》和《关于中央转贷地方国际金融组织和外国政府贷款债务限额管理有关事项的通知》，从确定限额规模、处置存量债务、规范工作程序、加强风险防控等方面对地方政府债务、中央转贷地方国际金融组织和外国政府贷款债务实行限额管理。

2月3日 根据财政部核定本省的2016年置换债券发行规模上限总额，核定各市、县(区)2016年置换债券规模上限。

2月19日 印发《关于开展2015年度新增地方政府债券资金绩效评价工作的通知》(财债〔2016〕136号)，首次对新增地方政府债券资金进行全面绩效评价，在全国范围也是率先开展此项工作，有助于防控债务风险，提高债券资金使用效益，提高政府债务管理水平。

2月24日 印发《2016年安徽省政府一般债券招标发行规则》(财债〔2016〕141号)、《2016年安徽省一般债券发行兑付办法》(财债〔2016〕142号)、《2016年安徽省政府专项债券招标发行规则》(财债〔2016〕143号)和《2016年安徽省政府专项债券发行兑付办法》(财债〔2016〕144号)等文件，为2016年公开招标发行债券做好准备。

2月25日 印发《2016年安徽省政府置换债券定向承销发行簿记建档规则》(财债〔2016〕165号)和《2016年安徽省政府置换债券定向承销发行兑付办法》(财债〔2016〕156号)等文件，为2016年定向承销债券顺利发行做好准备。

2月25日 印发《2015年安徽省政府性债务风险管理考核办法》(财债〔2016〕153号)，明确将“债务率”、“新增债务率”、“逾期债务率”等三项风险指标的得分，作为省政府目标管理绩效考核、地方党政领导班子和领导干部综合考核的直接依据。

3月9日 根据本省存量债务中定向置换债务对应的债权人情况，组建2016年第一批安徽省政府置换债券定向承销发行承销团。

3月16日 财政部下达本省2016年地方政府债务限额5894.1亿元，其中：一般债务3672.6亿元、专项债务2221.5亿元；比上年新增债务限额470亿元，其中：一般债务255亿元、专项债务215亿元。

3月22日 通过财政部国债发行招投标系统，面向16家2016年第一批安徽省政府置换债券定向承销发行承销团成员，定向承销发行241.7亿元置换债券。

3月31日 通过财政部国债发行招投标系统，面向18家政府债券承销团成员，成功公开招标发行

209 亿元 2016 年安徽省政府一般债券。

5 月 6 日　安徽省人大财经委员会召开会议,专题听取省财政厅关于 2016 年新增地方政府债券预算调整方案情况的汇报。

5 月 16 日　印发《安徽省财政厅关于做好 2016 年置换债券工作有关问题的通知》(财债〔2016〕708 号)。

6 月 13 日　印发《安徽省财政厅关于下达 2016 年市县政府债务限额的通知》(财债〔2016〕860 号)。

6 月 30 日　通过财政部国债发行招投标系统,面向 19 家政府债券承销团成员,成功公开招标发行 908.7 亿元 2016 年安徽省地方政府债券。

8 月 16 日　印发《安徽省财政厅关于财政支持政府融资平台公司转型发展的意见》(财债〔2016〕1301 号),积极推动融资平台公司转型发展,在明确功能定位、加强功能建设的基础上,将融资平台公司改革转型为以城市基础设施投资、战略性新兴产业投资等为主业的国有资本投资运营公司。

9 月 23 日　在各市开展自评基础上,从管理基础、主要指标、债务化解等三个方面对 16 个市债务管理情况进行量化评分,印发《关于 2015 年地方政府性债务风险管理考核结果的通报》(财债函〔2016〕317 号),鼓励先进、鞭策后进,通过开展考核,着力强化各地防范债务风险的意识,树立正确的发展观和政绩观。

10 月 11 日　通过财政部国债发行招投标系统,面向 19 家政府债券承销团成员,成功公开招标发行 327.9 亿元 2016 年安徽省政府债券。

10 月 31 日　印发《安徽省财政厅关于科学合理使用专项建设基金加强地方政府债务管理的通知》(财债〔2016〕1621 号),要求各地科学合理使用专项建设基金,扩大合理有效投资促进经济发展,避免增加地方政府债务负担,切实防范财政金融风险;地方政府及其部门申报和使用专项建设基金过程中,不得为专项建设基金项目提供本金回购、保底收益承诺等任何形式担保。

11 月 11 日　印发《安徽省财政厅关于开展 2016 年地方政府债券资金使用情况等自查工作的通知》(财预函〔2016〕1621 号),组织市县财政部门对 2015 年置换债券资金使用情况开展自查,督促各地依法合规使用债券资金。

11 月 17—18 日　组成专题调研组赴马鞍山市、芜湖市、铜陵市开展政府性债务风险情况调研,广泛征求意见,摸清基层情况,并在此基础上起草《安徽省政府性债务风险应急处置预案》。

11 月 28—29 日　在合肥举办全省地方政府债务管理培训班,进一步提升市县政府债务管理水平,各市、县(区)财政局政府性债务管理分管局领导和业务经办同志近 200 人参加培训班。

12 月 6 日　为贯彻落实《国务院办公厅关于印发地方政府性债务风险应急处置预案的通知》(国办函〔2016〕88 号)要求,在前期广泛征求、吸收 16 个市政府、10 个省直厅局单位、厅相关业务处室的意见建议,形成《安徽省人民政府办公厅关于印发安徽省政府性债务风险应急处置预案的通知(送审稿)》(财债〔2016〕1926 号),提请省政府办公厅印发。

12 月 28 日　转发财政部《地方政府性债务风险分类处置指南》,对市县加强地方政府性债务风险分类处置进行指导。

(债务办供稿　韩晓峰)

行政处工作大事记

1 月　通过政府采购,确定中国平安财产保险股份有限公司安徽分公司、国元农业保险股份有限公司、中国太平洋财产保险股份有限公司安徽分公司为 2016—2017 年度省直机关公务用车统一保险承保单位。

1 月 31 日　省财政厅副厅长朱长才带领行政处负责同志赴寿县堰口镇许寺民族村开展结对共建慰问帮扶活动。

2 月　会商省旅游局等相关部门,完成统筹整合用于脱贫攻坚涉农项目资金统计工作。

3 月　会同各民主党派安徽省级组织,及时汇总民主党派申报材料,向财政部报送中央补助地方民主党派专项经费报告。

3 月　联系省民委,完成制定《民族企业技术改造贷款财政贴息和生产补助资金管理办法》;会同省统计局,完成制定《关于做好第三次全国农业普查经费保障工作的通知》;会同省审计厅,完成修订《安徽省省级审计外勤经费管理办法》;会同省委组织部,制定《提升农村基层党建与服务经费保障实施办法》。

3月　会同省人行、厅国库支付中心、厅信息中心等部门，研究确定出国经费专户撤销和专户划转等事项。

3月　会同省财政投资评审中心，组织对大自然文学工作室财政资金使用情况开展绩效评价。

4月14日　会同省行管局，赴安庆、六安两市及相关县区开展全省公车改革督查调研。

5月10—14日　按照厅统一部署，省财政厅副厅长朱长才率行政处相关同志赴亳州、阜阳、淮北三市调研督查财政重点工作，并走访省人大代表和省政协委员，全方位征求对财政工作及财政作风建设的意见和建议。

5月　结合本省实际，转发财政部办公厅《关于抓紧完成党政机关会议定点场所招标采购和信息注册工作的通知》，完成省、市财政部门党政机关会议定点场所信息注册工作和省级会议定点场所信息注册工作。

5月　配合省宗教局联合行文上报财政部，关于要求解决2016年度全国重点寺观教堂维修补助费相关事项。

6月30日　开展与东至县“两纲”示范帮扶工作，根据帮扶工作方案，了解“两纲”实施情况，落实帮扶共建活动，组织人员赴东至县选择困难村、困难户开展捐赠活动。

7月　委托合肥市公共资源交易中心，采取公开招标方式，完成2016—2018年度省直单位公务用车定点大修服务商招标采购工作，确定10家维修厂家为定点大修服务商。

8月　会同省统计局，完成第三次农业普查督查工作。

8月11—12日　省财政厅副厅长朱长才率行政处负责同志赴阜阳市及所辖县区开展财政重点工作调研督查并上党课。

8月　根据《关于做好迎接国务院2015—2016年度质量工作考核有关工作的通知》，省财政厅承担质量措施中相关质量发展规划制定与实施中相关考核任务。行政处完成编写承担任务完成情况的自查报告，并梳理提供实证材料。

9月　委托合肥市公共资源交易中心完成“2017—2018年党政机关会议定点饭店”招标工作。

9月22日　会同省农业综合开发局赴寿县堰口镇许寺民族村开展上党课、走访慰问贫困老党员活动。

9月　根据《安徽省质量工作考核办法》（皖政办秘〔2014〕130号）要求，省质量工作领导小组组织对各市、省直管县政府开展2015—2016年度质量工作专项考核。行政处结合实际，将需要纳入的工作项目设置为考核指标，并对每项指标明确评分标准、明确评分依据的证实性材料和指标解释人。

10月　根据省纪委《关于中秋国庆期间严格监督执纪问责的通知》要求，配合省纪委，对省直单位2016年以来公务接待、办公用品和办公设备购置、津补贴发放、会议培训和活动经费、公务车辆购置及运行、因公出国（境）等情况进行专项督查，并完成专题督查报告。

10月9—10日　省政府副秘书长赵振华率省财政厅、省文化厅、省旅游局及省政府发展研究中心分管负责人组成调研组，赴阜阳、亳州市开展皖北地区旅游工作调研，重点就皖北各市贯彻落实皖政〔2014〕88号文件和全省旅游业改革发展暨皖南国际文化旅游示范区建设推进会精神情况开展调研。

10月23—25日　省委非公工委委员、省财政厅党组成员、副厅长朱长才率领调研组赴安庆市、池州市调研非公经济和社会组织党建工作情况。

10月24日　组织召开省直部门单位内控及财政财务管理工作座谈会，就行政事业单位内控基础性评价工作开展专题会商，并提出具体要求。行政处对口联系各部门单位财务负责人参加座谈。

12月21—23日　省财政厅副厅长朱长才率领调研组赴安庆市、宿松县、池州市调研“讲看齐、见行动”学习讨论开展情况。

12月21—23日　根据省财政厅党组统一部署以及省委组织部《关于省委非公有制经济和社会组织工委成员单位开展调研指导的通知》要求，省财政厅副厅长朱长才率行政处相关同志赴安庆市、池州市和宿松县调研督查财政重点工作，并走访省人大代表和省政协委员征求对财政工作及财政作风建设意见建议。

12月　省委常委、组织部长邓向阳在行政处牵头起草上报的《省财政厅关于学习贯彻全省人才工作会议精神有关情况汇报》上批示：“人才是第一资源，是建设‘五大发展’美好安徽的重要支撑力量。省财政厅认识到位，工作到位，为打造‘人才高地’提供了有力支撑。要加大省级财政投入的监管力度,确保发挥最大效益”。

(行政处供稿)

政法处工作大事记

1月1日　合肥市中级人民法院、人民检察院等司法体制改革第一批18家试点单位财物正式纳入省级统一管理。

1月31日　省财政厅副厅长朱长才率政法处等负责同志赴寿县许寺民族村开展结对共建活动。

2月24日　财政部行政政法司在湖南长沙召开司法体制改革试点地区财政部门工作座谈会,政法处负责同志等参加会议。

3月24日　省财政厅副厅长朱艾勇率政法处负责同志赴省公安厅,向副省长李建中汇报省公安厅警察训练总队恢复招生后财政供给政策等有关问题。

4月12日　省财政厅厅长罗建国率政法处负责同志赴省检察院开展工作会商,进一步推进司法体制改革,加强预算执行和编制管理。

5月27日　省财政厅副厅长朱长才率政法处负责同志等赴省委政法委会商司法体制改革相关工作。

6月3日　省财政厅副厅长朱长才率政法处相关同志赴省司法厅和省监狱管理局,会商合肥监管集中区建设资金问题。

7月6日　省财政厅副厅长朱长才率政法处相关同志赴合肥监狱,调研政法财政财务管理工作“管理服务延伸年”活动开展情况。

7月11日　财政部行政政法司在北京召开司法体制改革试点地区财政部门工作座谈会,省财政厅副巡视员李友兰及政法处负责同志等参加会议。

8月5日　政法处召开联系对口部门财政财务管理工作会议,省财政厅副厅长朱长才出席会议并讲话。

8月19日　省委政法委召开司法体制改革试点工作协调会,省财政厅副巡视员李友兰及政法处负责同志等参加会议。

9月9日　省委政法委召开司法体制改革协调会,省财政厅副厅长朱长才及政法处负责同志等参加会议。

9月13日　全省加强和改进肇事肇祸等严重精神障碍患者服务管理工作电视电话会议在合肥召开,副省长李建中出席会议并讲话,省财政厅副厅长朱长才及政法处相关同志参会。

9月18日　全省司法体制改革试点工作推进会在合肥召开,省委常委、省委政法委书记徐立全、副省长李建中等出席会议并讲话,省财政厅副巡视员李友兰及政法处负责同志等参加会议。

10月9日　中央改革办督察组来本省调研司法体制改革试点工作,省委常委、省委政法委书记徐立全等出席会议并讲话,省财政厅副厅长朱长才及政法处相关同志等参加会议。

11月18日　省财政厅厅长罗建国率政法处负责同志赴省公安厅开展工作会商。

12月8日　省财政厅厅长罗建国赴省军区、省武警总队和省边防总队走访会商,听取对财政工作的意见、建议。

12月10日　省财政厅副厅长朱长才率政法处相关同志赴省财政厅综治联系点庐江县,调研社会治安综合治理工作。

12月16日　省财政厅副厅长朱长才率政法处负责同志赴省公安厅,向副省长李建中汇报2017年部门预算编制情况。

12月16日　省财政厅厅长罗建国赴省高院和合肥市部分基层法院调研财物统管改革和经费保障工作。

12月20日　省财政厅副厅长朱长才、副巡视员李友兰率政法处、省非税局等负责同志,赴省政府法制办会商以政府购买服务方式引进第三方专业法律服务机构等事宜。

12月22日　省直单位帮扶利辛县脱贫工作座谈会在利辛县召开,省委常委、省委政法委书记姚玉舟出席会议并讲话,省财政厅副厅长朱长才及政法处相关同志参加会议。

12月24日　省委维护稳定工作领导小组召开会议,省委副书记信长星,省委常委、省委政法委书记姚玉舟出席会议并讲话,省财政厅副厅长朱长才及政法处相关同志参加会议。

(政法处供稿)

教科文处工作大事记

1月16日　省财政厅会同省文化厅等部门制定《安徽省关于加快构建现代公共文化服务体系的实施意见》，提出建立覆盖城乡、保基本、促公平、具有安徽特色的《安徽省基本公共文化服务实施标准》，并建立财政分级保障机制。

2月4日　教科文处召开专题会议，传达学习贯彻十八届中央纪委六次全会、省纪委九届六次全会和全国财政反腐倡廉建设工作视频会议精神，深入学习习近平总书记在十八届中央纪委六次全会上的重要讲话精神，贯彻落实厅反腐倡廉建设专题会议精神和省财政厅厅长罗建国重要讲话要求。

2月14日　省财政厅副厅长孟照红率教科文处、税政处、企业处主要负责人，赴财政部就《安徽省系统推进全面创新改革试验方案》相关问题进行对接，向部领导和有关司领导进行专题汇报，争取中央赋予本省更大创新自主权。

2月22日　省财政厅会同省教育厅制定出台《关于进一步做好省教育厅所属院校及单位政府采购预算有关工作的通知》(财教〔2016〕139号)，进一步规范省教育厅所属院校、单位政府采购行为。

3月21日　根据《国务院关于深化预算管理制度改革的决定》和财政部关于全面清理整顿财政专户要求，省财政撤销在国家开发银行开设的归集生源地信用助学贷款贴息和风险补偿金专户，并将历年滚存结余和高校汇入的风险补偿金缴入国库。

3月29日　省政府印发《关于进一步完善城乡义务教育经费保障机制的实施意见》，通过“两个统一、两个巩固、一个明确”，建立城乡统一、重在农村的义务教育经费保障机制，实现相关教育经费随学生流动可携带，进一步促进教育公平，提高教育质量。

3月30日　省财政厅会同省教育厅制定出台《关于加强省属大中专院校财务管理 严肃财经纪律的通知》(财教〔2016〕317号)，进一步严格省属大中专院校财务管理。

5月20日　根据省政府2016年第50号专题会议纪要《研究支持中国科学技术大学建设世界一流大学和一流学科工作》，下达2016年中国科学技术大学专项补助资金1亿元(连续五年每年1亿元)，统筹支持学校在高层次创新创业人才引进培养、重大科技平台建设、创新研究院建设、公共实验室平台建设等。

5月31日　省财政厅厅长罗建国带领教科文处负责同志赴安徽演艺集团调研会商。

6月16日　国务院批复同意合芜蚌国家高新区建设国家自主创新示范区的批复。

6月18日　教科文处党支部联合财政监督局党支部、干教中心党支部到岳西县石关乡张家村开展结对共建活动。结合“两学一做”学习教育，开展“党课进基层”活动，走访慰问结对村困难党员和群众，查看2016年实施项目，并就深入推进结对共建活动进行交流。

6月24日　国务院批复《安徽省系统推进全面创新改革试验方案》，财政部授权本省在科技成果转化股权激励个人所得税递延，投向种子期、初创期等创新活动的投资纳税，众创空间等新型孵化机构税收支持政策等9个方面先行先试。

7月5日　省财政厅会同省文化厅等部门出台《安徽省“十三五”时期贫困地区公共文化建设实施意见》，明确加大省级以上文化转移支付资金对皖北地区、大别山革命老区等贫困地区倾斜，实施贫困地区文化“四扶一加强”行动计划。

7月15日　经省政府同意，省财政厅会同省教育厅制定《关于改革完善省属本科高校预算拨款制度的通知》(财教〔2016〕1060号)。

7月22日　省财政厅厅长罗建国主持召开厅长办公会，专题研究部署财政支持全创改相关工作。会议研究成立省财政厅领导小组，制定任务分工、2016年工作要点、重点试点任务等通知，压实责任。

8月26日　会同省科技厅印发《关于整合优化省级财政科技项目和资金管理的实施意见》，优化整合现有科技计划，形成创新型省份建设专项、自然科学基金、科技重大专项、重点研发计划、平台与人才专项、科技创新环境专项等六大类科技计划。

9月21日　省财政厅会同省委宣传部等部门出台《安徽省“戏曲进校园”活动工作方案(试行)》，通过“开展一项活动，纳入二种课程，壮大三支队伍，搭建四大平台”，试点推进政府购买戏曲进校园活动。

9月30日，经省政府同意，省财政厅会同省教育厅印发《关于免除普通高中建档立卡家庭经济困难学生学杂费的实施意见》(财教〔2016〕1501号)。决定从2016年秋季学期起，免除公办普通高中在籍在校建档立卡等家庭经济困难学生(含非建档立卡的家庭经济困难残疾学生、农村低保家庭学生、农村特困救助供养学生)学杂费。

9月30日　省财政厅等四部门出台《关于进一步支持社会力量办学的若干意见》(财教〔2016〕1580号)，从切实提高思想认识、突出支持发展重点、大力支持学前教育、同享义务教育政策、创新支持职业教育、同等落实资助政策、规范收费审批程序、保障师生待遇权益、加强指导优化服务、完善绩效评价机制等十个方面提出支持社会力量办学的具体举措。

10月17日　省财政厅厅长罗建国率教科文处负责同志赴省社会主义学院开展会商工作。

10月21日　省财政厅下达量子信息国家实验室建设专项引导资金8亿元，与合肥市安排2亿元，统筹支持争创量子信息国家实验室建设。

12月15日　省财政厅、省教育厅、省扶贫开发领导小组办公室印发《安徽省高等学校毕业生到艰苦边远地区基层单位就业学费补偿暂行办法》(财教〔2016〕1770号)，对高校毕业生到本省艰苦边远地区基层单位就业，服务期满3年(含3年)，其在校期间缴纳的学费由财政实行补偿。

12月26日　省委办公厅、省政府办公厅印发《关于改革完善省级财政科研项目资金管理等政策的实施意见》(皖办发〔2016〕73号)，创新体制机制，改进完善科研项目资金管理制度，通过进一步推进简政放权、放管结合、优化服务，改革和创新科研项目资金使用管理，促进形成充满活力的科技管理和运行机制，更好激发广大科技人员积极性和创造性。

12月29日　省政府召开《关于改革完善省级财政科研项目资金管理等政策的实施意见》(以下简称《实施意见》)新闻发布会。省财政厅副厅长孟照红作为新闻发布人，全面介绍《实施意见》出台背景、总体考虑、总体框架和主要内容。

(教科文处供稿)

经济建设处工作大事记

2月2日　经省政府同意，会同省农委印发《安徽省渔业捕捞和养殖业油价补贴政策调整实施方案》，启动本省渔业油价补贴政策改革工作。

3月21日　财政部、环保部在福建龙岩联合召开全国部分省份上下游横向生态补偿机制建设工作推进会，省财政厅厅长罗建国参加会议，并介绍新安江流域生态补偿机制试点的经验和做法。

5月10日　参加财政部、交通运输部召开的全国农村客运、出租车、远洋渔业、林业等行业油价补贴政策调整视频会议，总结几大行业油补政策执行情况，安排部署相关行业油价补贴政策调整工作。

5月11日　会同省国土厅、省环保厅、省林业厅等部门组织召开评审会，对各市山水林田湖实施方案进行审查，并提出修改完善建议。

5月20日　参加国家2016年粮库智能化升级改造项目评审会，会议通过公开答辩、专家评审的方式确定项目重点支持省份。全国共22个省参与项目申报，安徽省以第二名的成绩顺利通过专家评审，成功入选2016年国家重点支持省份，并获中央财政专项资金支持。

5月28日　省财政厅厅长罗建国赴六安市专题调研大别山区水环境生态补偿机制的运行情况，召开六安市大别山区水环境生态补偿机制运行情况座谈会，研究推进大别山区水环境生态补偿各项工作。

5月31日　召开全省渔业油价补贴政策调整工作视频会议，认真贯彻落实财政部、农业部关于调整渔业油价补贴政策的重大决策部署，进一步推进全省渔业油价补贴政策调整工作。

6月1日　会同省交通厅、省林业厅《转发财政部 交通运输部 农业部 国家林业局关于调整农村客运 出租车 远洋渔业林业等行业油价补贴政策的通知》，从2016年起，对农村客运、出租车等行业油价补贴政策进行调整。

7月5日　紧急下达中央财政首批公路灾损抢修补助资金400万元，支持重灾区开展公路灾损抢修保通工作。

7月6日　省财政厅副厅长孟照红走访经建处，督查“一岗双责”落实情况，并就进一步落实好“一岗双责”提出要求。

7月6日　省政府法制办组织省交通厅、省财政厅、省发改委、省水利厅、省安监局等单位就修改安徽省水路运输条例事宜进行会商。

8月22日　会同省交通运输厅转发财政部，交通运输部关于做好专项建设基金投资公路建设项目还本付息工作预案指导意见的通知，就专项建设基金投资的公路建设项目还款工作提出要求。

9月13日　组织召开省直单位政府投资基建项目支出进度推进会，通报省直单位2010年以来基建项目权责发生制资金结余、使用和收回情况。

9月25日　省政府办公厅皖政办复〔2016〕374号批复，同意成立安徽省供销合作发展基金(含实施方案和基金管理办法)。

9月29日　财政部副部长刘昆率财政部经建司司长曾晓安、国库司巡视员娄洪，在省财政厅党组书记、厅长罗建国陪同下，赴铜陵市和池州市对财政支持节能减排和海绵城市建设工作进行考察。

10月21日　安徽省供销合作发展基金理事会第一次会议在合肥召开，省供销合作发展基金正式启动。

11月15日　会同省审计厅、省国土厅联合印发《关于进一步加强地质勘查单位财务及国有资产管理的通知》，就进一步做好地质勘查单位财务及国有资产管理工作提出明确要求。

11月29日　省粮食局、省财政厅组织公开竞价销售2016年临时收储小麦，32.5万吨小麦全部高于底价成交。

12月6日　省政府召开《中国碳谷·绿金淮北》发展报告会，省财政厅副巡视员陈传文参加会议。

(经建处供稿)

农业处工作大事记

1月22日　省财政厅、省林业厅联合印发《安徽省省级财政林业专项资金管理办法》，进一步加强和规范省级财政林业资金分配、使用和管理，提高资金使用效益。

1月27日　省财政厅副厅长陈军带领农业处赴泗县长沟镇汴河村开展扶贫调研，走访慰问贫困户，与长沟镇汴河村一道共谋发展，共建民生，全力打赢脱贫攻坚战。

1月28日　省财政厅副厅长陈军率农业处赴宿州、淮北督查农村土地确权登记颁证试点工作。

2月3日　省财政厅、省发改委、省林业厅、省国土厅、省农委、省水利厅、省环保厅、省扶贫办联合印发《关于做好扩大新一轮退耕还林还草规模工作的通知》，就做好扩大新一轮退耕还林还草工作提出要求。

2月28日　省财政厅召开全省财政系统视频会议，传达学习省“两会”精神，布置“十三五”及2016年财政支持脱贫攻坚和“三农”发展工作。

3月18日　省财政厅印发《2016年脱贫攻坚工作要点》，从“完善投入整合机制、创新财政支持方式、健全工作推进机制、严格资金监管机制”四个方面明确2016年财政支持脱贫攻坚重点工作。

4月14日　农业处召开省直农口部门2016年一季度预算执行分析会，通报省直农口各部门一季度预算执行情况，就如何进一步加快预算执行进度分项提出具体的针对性措施。

4月14日　省财政厅、省农委联合印发《关于做好粮食作物补充性商业保险工作的通知》，明确粮食作物补充性商业保险的支持范围、补助标准和工作要求。

4月19日　省财政厅、省农委、省林业厅、省水利厅联合印发《关于推进财政支持现代农业发展奖补资金规范化建设的实施意见》，加快建立与现代农业发展相适应的全面规范、公开透明的现代财政支农资金管理制度，切实提高财政支农资金使用绩效。

4月25日　农业处党支部召开“两学一做”学习教育专题学习会，省财政厅党组成员、副厅长陈军以一名普通党员的身份参会并作重要发言。

5月5日　省财政厅印发《安徽省新型农民培训民生工程奖补资金管理细则》《安徽省农产品安全民生工程奖补资金管理细则》，进一步加强民生工程奖补资金管理。

5月12日　农业部在北京召开一二三产业融合试点竞争立项会议，农业处派员参加会议。

5月18日　省财政厅、省水利厅联合印发《关于加强财政防汛抗旱资金管理的通知》，进一步加强防汛抗旱资金使用管理。

5月18日　省财政厅、省扶贫办、省发改委联合印发《安徽省财政扶贫资金管理办法》，进一步加强财政扶贫资金管理。

5月18日　省财政厅、省扶贫办联合印发《关于开展资产收益扶贫的指导意见》，积极推进资产收益扶贫试点。

5月20日　农业处召开财政支持脱贫攻坚暨农业“三项补贴”改革工作座谈会，省财政厅副厅长陈军到会并作重要讲话。

6月1日 省财政厅印发《关于建立财政支持脱贫攻坚工作督查制度的通知》,强化财政支持脱贫攻坚督查。

6月12日 省财政厅厅长罗建国走访农业处,看望慰问农业处全体干部职工,实地察看厅脱贫办“挂图作战”工作开展情况,督促农业处党支部以践行“两学一做”学习教育为牵引、进一步做好财政支农和脱贫攻坚工作。

6月13日 省财政厅、省农委联合印发《安徽省农业“三项补贴”改革实施方案》,积极推进农业“三项补贴”改革工作。

6月14日 省政协副主席童怀伟一行莅临省财政厅,调研财政支持脱贫攻坚工作,视察厅扶贫开发工作领导小组办公室,了解“挂图作战”情况,对财政支持脱贫攻坚工作给予充分肯定。

6月18日 农业处党支部深入裕安区新安镇枫庙村,督查财政支持脱贫攻坚落实情况,并结合“两学一做”学习教育,认真开展“党课进基层”活动。

6月20日 省财政厅副厅长陈军走访农业处,查看支部“两学一做”学习教育开展情况,督查督导农业处上半年“一岗双责”落实情况。

6月22日 省财政厅、省扶贫办、省发改委、省国土资源厅、人民银行合肥中心支行联合印发《关于安徽省易地扶贫搬迁融资管理的指导意见》,积极推进异地扶贫搬迁工作。

6月23日 省财政厅副厅长陈军率农业处到泗县长沟镇汴河村,为该村党总支全体党员上“两学一做”党课,并看望9户困难党员和群众,送去省财政厅党组对困难群众的亲切慰问。

6月28—29日 财政部在湖北大悟县召开涉农资金整合现场会议,省财政厅副厅长陈军率农业处参加会议。

7月11日 省财政厅厅长罗建国在农业处呈报的《关于财政保障和支持防汛抗洪救灾工作“回头看”情况的报告》上,作出重要批示:“有关数据要统一核实,与社保处的‘回头看’相衔接。对农业处近段工作应予表扬,希此列入党支部‘两学一做’内容和处室责任清单。”

7月11日 省财政厅、省农委、省信用担保集团联合印发《关于加快推进全省农业信贷担保工作的通知》,加快推进全省农业信贷担保工作。

7月中旬 省财政厅厅长罗建国在《省农业信贷担保公司情况汇报》上作出重要批示:“省农业信贷担保公司自去年成立以来,积极探索创立‘劝耕贷’模式,覆盖面广,推进快,有力地支持了种粮大户、家庭农场、合作社和农业企业发展,已取得初步成效,激活金融资源在农村的有效流动。与此同时,公司管理制度和与市县工作机制已初步搭建。对此,应予肯定。”

8月上旬 省领导在省财政厅呈报的《关于做好防汛救灾和灾后重建财政保障工作的汇报》上作重要批示,对近段时间省财政厅积极支持和保障防汛抗洪救灾工作所做努力予以充分肯定,对省财政厅进一步做好当前防汛救灾和灾后重建资金保障工作的总体思路批示:“很好,同意。”

8月2日 省财政厅副厅长孟照红走访厅扶贫开发工作领导小组办公室(农业处),听取上半年财政支持脱贫攻坚工作情况汇报,研究部署下半年财政支持脱贫攻坚重点工作。

8月12日 省财政厅印发《关于开展财政支持脱贫攻坚工作市级互查的通知》,组织开展财政支持脱贫攻坚市级互查。

10月14日 省财政厅、省水利厅召开部分市、县(区)农田水利综合改革试点工作座谈会,就开展农田水利综合改革试点工作听取意见和建议。

11月15日 省财政厅厅长罗建国赴省水利厅走访会商,听取对财政工作的意见、建议,会商进一步做好财政支持保障水利改革发展工作。省财政厅副厅长孟照红、农业处负责同志陪同走访会商。

11月17日 省财政厅、省扶贫办、省人社厅联合印发《安徽省技能脱贫资金使用管理暂行办法》,加强财政技能脱贫资金使用管理。

11月24日 省财政厅、省扶贫办联合印发《安徽省支持贫困县开展统筹整合使用财政涉农资金试点工作操作指南》,积极推进试点工作。

11月30日 财政部在北京召开扶贫工作座谈会,省财政厅副厅长孟照红率农业处参加会议。

(农业处供稿)

社会保障处工作大事记

1月6日 社保处党支部召开专题会议,学习传达厅党组中心组理论学习会议和全厅干部职工大会精神，学习省财政厅厅长罗建国推荐文章，开展专题研讨。

2月1日　省财政厅副厅长朱艾勇、副巡视员陈传文率社保处等处室负责同志赴小岗村开展走访慰问活动。

2月2日　社保处召开专题会议，学习传达贯彻全省财政反腐倡廉工作视频会议精神，学习并签订2016年党风廉政建设责任书。

4月26日　社保处党支部召开“两学一做”学习教育工作会议，开展动员部署和专题研讨，省财政厅党组成员、副厅长朱艾勇以普通党员身份参加会议并讲话。

5月11日　省财政厅在2015年全省计划生育工作目标管理考核中被评为履职先进单位。

5月15日　社保处圆满完成年度提案议案办理工作，共办理提案议案124件，其中主办8件，协办116件。

6月29日　省财政厅副厅长朱艾勇主持召开专题会议，督导社保处等分管处室单位“一岗双责”落实情况，并为分管处室单位上党课。

7月1日　安徽省在民政部、财政部组织的2015年全国最低生活保障工作绩效评价中获得优秀等次、总分第一。

7月13日　省财政厅厅长罗建国赴社保处结对共建村凤阳县小岗村走访调研。召开两委班子座谈会，共同谋划推进城乡基层党组织结对共建工作。

7月19日　省委书记李锦斌等省领导对安徽省2015年最低生活保障工作绩效评价结果报告作出重要批示。

7月27日　社保处组织召开财政社保联系部门财务处长座谈会，分析上半年部门预算执行情况，安排下一步财政社保重点工作。省财政厅副厅长朱艾勇亲临会议并讲话，对财政财务一体化提出明确要求。

8月1日　安徽省财政厅在2016年全国社会保险基金预决算评比中荣获一等奖。

8月8日　省财政厅厅长罗建国走访社保处，召开座谈会，查看工作台账，看望慰问干部，总结梳理推进全省医药卫生体制改革工作，研究谋划部署财政社保工作。

9月4日　省财政厅副厅长朱艾勇赴宿州市埇桥区朱仙庄镇财政分局，为乡镇财政党员干部作“两学一做”专题党课报告，并走访慰问家庭困难党员群众，看望基层财政干部职工。

9月19日　省长李国英在省财政厅呈报的《关于财政支持灾后重建工作有关情况的报告》上批示“很好。确保受灾群众11月30日前全部返回家园。目标已定，要形成合力，全力推进。”

10月8日　省财政厅获“十二五”期间扶残助残先进集体奖牌。

10月17日　省委宣传部、省直机关工委、省妇联、省文明办联合举办安徽省2016年“最美家庭”、“最美家庭成员”颁奖典礼。社保处项军宁同志获安徽省“最美家庭”荣誉称号。

12月15日　社保处等6个处室单位党支部赴小岗村开展结对共建活动，实地走访慰问特困群众，与村两委座谈，梳理总结2016年结对共建工作。

（社保处供稿）

企业处工作大事记

2月19日　工信部中小企业局和财政部经建司在合肥召开中小企业信用担保代偿补偿管理工作座谈会，了解“中央与地方财政担保风险补偿”政策试点情况。安徽、北京、福建、山东、河南和广东6个试点省市的中小企业主管部门、财政部门和省级再担保机构负责人参加了会议。

3月24日　推进省属“三煤一钢”企业化解过剩产能实现脱困转型发展调研座谈会在淮南市召开，会议由时任省长李锦斌主持，省财政厅厅长罗建国参会。

3月28日—4月1日　派员参加全省民营经济提升工程专题研讨班，省经信委、省发改委、省教育厅、省科技厅、省人社厅等省直有关部门参会。

4月14—16日　参加财政部在厦门会计学院举办的国有科技型企业股权和分红激励政策培训班，财政部资产管理司副司长宋国斌及干教中心副主任到会指导。

4月28—29日　中小企业发展基金政策暨2015年度国有企业决算验审培训班在合肥顺利召开。培训班邀请工信部中小企业政策规划处张海鹰处长前来授课，重点解读国家中小企业发展基金会议及政策情况。

5月10—13日　财政部在北京宝瑞酒店举行2015年全国地方国有企业决算验审会，全国各省(市)财政厅参会。

6月18—22日　派员赴黄山市、池州市、合肥市，配合省政府开展供给侧结构性改革工作落实情况督查。省政府督查室、省政研室、省发改委、省物价局、省住建厅、省审计厅、省金融办、省经信委、省国资委参加督查。

6月19—22日　派员赴海南省，参加省卫计委组织的安徽健康产业发展现状与对策建议课题调研。

6月20日　派员参加财政部在福建省福州市开展免除查验企业吊装、移位、仓储费用试点工作集中调研，福建、江西、浙江、黑龙江、海南财政厅参会。

6月21—22日　陪同省财政厅党组书记、厅长罗建国赴淮北市调研财政重点工作。

8月8—11日　按财政部统一要求，赴威海市参加解决国有企业历史遗留问题培训班。

9月6—8日　赴宿州市、淮北市调研煤炭行业去产能及国有企业"三供一业"情况。

9月13—14日　赴财政部参加地方国有企业决算、快报数据差异问题分析座谈会。

11月1—2日　全国地方国有企业财务会计决算布置培训会在陕西省西安市召开。

11月14—15日　赴马鞍山市马钢集团、郎溪县验收钢铁行业去产能情况。

12月20—23日　陪同厅领导赴马鞍山、铜陵、黄山开展调研工作。

12月26—27日　迎接国家开展国有企业办社会职能和解决历史遗留问题专项调研督查。

(企业处供稿)

金融处工作大事记

1月7日　参加邮储银行安徽省分行全省新型政银担经验交流及业务推介会。

1月27日　赴徽商银行走访省人大代表李宏鸣，并开展相关工作调研。

2月19日　参加财政部、工信部在本省召开的全国中小企业信用担保代偿补偿资金管理工作座谈会。

2月24日　调整皖北三市十县产粮大县三大主要粮食作物保险保费补贴政策，进一步提高中央财政保费补贴比例。

2月25日　制定《安徽省政策性农业保险绩效评价办法》。

2月29日　制定《2016年度政策性农业保险实施办法》，确定年度目标任务。

3月1—31日　开展县域金融机构涉农贷款增量奖励及新型农村金融机构定向费用补贴审核上报工作。

3月5—15日　研究开展全省政策性融资担保机构注资参股工作。

3月10—4月15日　布置开展全省政策性融资担保机构绩效评价工作。

3月21日　及时兑现新设和引进金融机构及农信社改制政策。

3月22日　会同省扶贫办、省保监局印发《关于特色农产品保险工作有关事项的通知》，探索开展保险扶贫工作。

3月27日　邀请财政部PPP中心副主任焦小平在市县政府领导干部培训班上做PPP改革专题培训。

4月8日　办理省信用担保集团领导班子综合考核工作。

4月19日　修订《安徽省信用担保集团负责人经营业绩考核评价暂行办法》，并下发2016年度目标任务。

4月22日　参加省政府召开的研究推进"4321"政银担和"税融通"等工作专题会议。

5月6日　合肥市新站区少荃湖北部红片区及高新区拓展区综合管廊PPP项目列入财政部、住建部试点范围。

5月26日　会同省政府金融办印发《关于建立小微企业续贷过桥资金调度管理制度的通知》。

6月16日　印发《安徽省政策性融资担保风险补偿专项基金管理办法》。

7月4日　参加省委宣传部召开的道德信贷推广座谈会。

7月8日　下发《关于进一步加强PPP综合信息平台管理的通知》。

7月7日　印发《关于切实做好汛期有关政策性保险服务工作的紧急通知》。

7月11日　省财政厅副厅长吴天宏参加上海浦东新区财政局一行赴本省调研融资担保体系建设情况座谈会。

7月22日　向中国政企合作投资基金推介本省有合作意向的10个PPP项目,总投资497亿元。

7月25日　申报财政部第三批示范项目50个,总投资1107亿元。

8月9日　湖南省财政厅一行来本省调研融资担保体系建设情况。

8月16日　省财政厅副厅长吴天宏参加新疆维吾尔自治区财政厅郭瑛总会计师一行来本省调研融资担保体系建设情况座谈会。

8月31日　印发《安徽省省级政府和社会资本合作奖补资金管理办法》。

9月7日　与中国政企合作投资基金召开项目对接会。

9月15日　池州及安庆两PPP项目入选财政部首批10个示范项目案例,编印成书,向全国推广项目实施经验。

9月19日　会同有关部门印发《关于加快推进道路交通事故社会救助基金工作的通知》。

9月19—24日　省财政厅副厅长吴天宏率队赴部分地市开展金融服务实体经济情况督查工作。

10月11日　本省32个项目入选财政部示范项目,计划总投资774亿元,项目申报成功率达64%(高出全国平均水平20个百分点),入选项目个数和总投资额均位居全国第三。

10月24日　印发《安徽省省属金融企业负责人履职待遇和业务支出管理暂行办法》。

10月25日　根据中央、省委省政府有关薪酬改革精神,出台《安徽省省属金融企业负责人薪酬管理暂行办法》。

10月26日　印发《关于开展政府和社会资本合作项目财政支出责任统计分析工作的通知》。

11月3日　与中国政企合作投资基金召开项目对接会。

11月15日　批复安徽省信用担保集团《薪酬总额预算管理办法》。

11月25日　赴合肥市兴泰担保公司调研担保机构信息化建设情况。

12月19日　批复省信用担保集团企业年金实施方案。

12月27日　印发《关于做好2016年度财政金融资金申报和审核工作的通知》,指导各地做好资金申报工作。

(金融处供稿)

国际债务管理处工作大事记

1月26日　中国清洁发展机制基金管理中心、中信银行股份有限公司总行营业部与安徽省财政厅签订马鞍山市公共交通集团有限责任公司环保公交工程项目清洁发展委托贷款合同,贷款金额6500万元人民币。

2月15日　国家发改委、财政部《关于印发我国利用国际金融组织贷款2016—2018年备选项目规划的通知》,将本省申报的安徽医疗卫生改革促进项目、安徽农村公路提升改造示范项目列入备选项目规划,拟利用世行贷款4.8亿美元。

3月8—9日　召开全省国际债务管理工作座谈会,进行国际金融组织和清洁基金贷款项目管理培训,谋划和部署下一阶段工作。

3月9日　中国清洁发展机制基金管理中心、中信银行股份有限公司总行营业部与安徽省财政厅签订安徽省萧县林平纸业有限公司清洁生产技术提升改造项目清洁发展委托贷款合同,贷款金额4100万元人民币。

3月21日　完成2015年结项的3个清洁发展委托贷款项目绩效评价工作,包括安徽蚌埠市宏发滤清器有限公司年产1500万只欧Ⅲ汽车滤清器生产线技改项目、安徽京奥制冷设备有限公司年产10000套地水源热泵机组生产项目和安徽明威照明器材有限公司新型节能照明项目。

3月24日　世行交付科学团队发来电子邮件确认函,本省组织编写的世行贷款安徽公路Ⅱ项目案例成功入选首批“世行·中国交付科学案例”,全国仅9个世行贷款项目入选该案例。

7月6日　中国清洁发展机制基金管理中心、中信银行股份有限公司总行营业部与安徽省财政厅签订了安徽明威照明器材有限公司岳西县城镇道路照明改造项目清洁发展委托贷款合同、蚌埠市宏发滤清器有限公司年产2000万只欧Ⅴ汽车滤清器生产线技改项目清洁发展委托贷款合同,总贷款金额

8500 万元人民币。

7 月 12 日 国家发改、委财政部《关于下达2016年外国政府贷款备选项目规划的通知》,将本省大别山安徽片生物多样性保护与近自然森林经营项目列入外国政府贷款备选项目规划,拟利用欧洲投资银行贷款4000 万欧元。

7 月 21 日 世行行长金墉率世行代表团来本省天长市考察安徽医疗卫生改革工作。时任省长李锦斌会见金墉一行并举行座谈。金墉对本省医改工作取得的成绩给予高度评价。

10 月 20—21 日 世行城市发展局局长夏明贤带队实地调研世行贷款安徽淮南采煤塌陷区综合治理项目、世行贷款黄山新农村项目。

11 月 6—7 日 世行中国代表处副首代阿洛乌阿带队调研世行贷款安徽黄山新农村建设示范项目。

11 月 8—10 日 世界银行贷款项目采购、财务管理与支付培训班在合肥举行,省财政厅副厅长朱长才、财政部国际财经合作司副巡视员刘伟华、世界银行中国局副局长阿洛乌阿出席培训开幕式并致辞。

12 月 16 日 财政部联合本省与世界银行在北京顺利完成利用世界银行贷款安徽公路养护创新示范项目的谈判,国际债务管理处派代表参与谈判,财政部与世行代表草签有关贷款协议,协议贷款额 1.5 亿美元。

(国际债务处供稿)

农村财政管理局工作大事记

1 月 14 日 省财政厅厅长罗建国在农村局呈报的《2015 年农村财政管理工作总结和 2016 年重点工作安排》上作出重要批示:“2015 年农村局围绕农民财政惠农补贴发放、“三农”财政政策落地以及乡镇涉农资金及项目监管工作,不断强化财政制度建设,在全国率先探索总结推广乡镇财政权力清单、责任清单和服务清单,进一步提升乡镇财政管理水平。对此,应予表扬!希望再接再厉,坚持问题导向,鼓励探索创新,注意总结,推广基层财政管理经验,健全基层管理制度,落实基层财政监管责任,夯实基础,激活基层活力,关心基层财政干部的培养,创新乡镇财政干部机制。加强处室党支部建设和作风建设,建设廉洁处室,不断提升农村财政管理水平。”

1—12 月 发放惠农补贴资金 275.1 亿元。支持农业补贴改革,打卡发放“农业支持保护补贴”73.7亿元;服务财政脱贫攻坚,实行“一卡通”贫困户信息与建档立卡数据同步更新,全年发放贫困补贴资金 49.8 亿元;做好基础数据管理,及时更新“一卡通”系统基础信息 13 项、79.2 万条;健全“一卡通”管理发放机制,增强农民群众获得感。2016 年,全省“一卡通”累计发放补贴资金 275.1 亿元,覆盖 30 大类 102 小项,惠及 3400 多万乡村人口。

3—6 月 修订完善绩效评价办法。印发《安徽省惠农补贴资金管理发放绩效评价办法(试行)》和《乡镇财政资金监管工作绩效评价暂行办法》。在县级自评和市级复核的基础上,省级通过材料审核、重点抽查,结合日常工作,对各地两项工作开展情况进行综合评价,并对取得优异成绩的单位通报表扬。

4 月 建立省级联系点工作制度。选择 24 个乡镇财政所作为省级联系点,采取“订单制”与“申报制”、定期报送与走访调研相结合等方式,及时了解掌握基层财政在落实政策、资金监管、服务民生、支持发展等方面情况,构建财政支农政策“落地效果、问题反馈”上下联动机制。2016 年,各联系点共报送监管信息及问题建议 122 条。

5—10 月 推进涉农资金信息公开。在开展专题调研基础上,制定印发《安徽省财政厅关于推进乡镇涉农资金信息公开的实施意见》,填补制度“空白”、补齐制度“短版”。建立“安徽财政三农”微信公众号,开辟政策制度、奖补结果、群众监督等专栏,开通运行半年,共发布支农政策等信息 90 多条。

8—11 月 开展村级财务监管现状课题研究。按照厅里要求和部署,选择部分市、县开展村级财务监管现状调研,并深入枞阳、潜山等县进行实际调研,在此基础上,完成“全省村级财务监管现状分析”课题报告。

12 月 在 2016 年度综合考核中,获省财政厅“先进单位”荣誉称号。

(农村局供稿 朱乐磊)

会计处工作大事记

1 月 23 日 经评委会评审和省人力资源和社会

保障厅《关于徐玮等309位同志具备高级会计师专业技术资格的函》(皖人社函〔2016〕112号)批复,徐玮等309位同志取得高级会计师专业技术资格。

3月10日　安徽省财政部门、安徽省监察厅、安徽省审计厅联合发文《安徽省财政厅 安徽省监察厅 安徽省审计厅关于全面推进行政事业单位内部控制建设实施意见》(财会〔2016〕212号),形成联动机制,协同推动本省行政事业单位内部控制工作。

3月16日　安徽省财政厅 安徽省档案局转发财政部 国家档案局关于印发《会计师事务所审计档案管理办法》(财会〔2016〕209号)

4月8日　安徽省财政厅 安徽省档案局转发财政部《关于新旧〈会计档案管理办法〉有关衔接规定的通知》(财会〔2016〕397号)

4月8日　印发《安徽省财政厅转发财政部关于开展2016年全国会计领军(后备)人才(企业类)选拔培训的通知》(财会〔2016〕403号)。

4月20日　省财政厅修订印发《安徽省会计从业资格管理实施办法》和《安徽省会计人员继续教育实施办法》。

4月28日　召开全省会计管理机构会计资格考试考务工作会,举办会计初级资格无纸化考试系统及代理记账机构信息管理系统软件培训班,表彰全省会计宣传工作先进单位。

4月28—29日　省财政厅会计处和省财政干部教育中心在合肥联合举办政府会计准则制度培训班,邀请财政部会计司副巡视员王鹏授课,省直相关部门财务负责人及各市财政局分管局长、会计管理机构负责人共150人参会。

5月14—18日　举行全国会计专业技术初级资格无纸化安徽考区考试,全省报名考生7.64万人,省财政厅副厅长朱长才赴合肥、滁州考区巡视,检查考试组织实施情况。

5月16日　印发《安徽省财政厅关于做好2016年度全省大中型企事业单位总会计师素质提升工程的通知》(财会〔2016〕676号),分两类五批,组织省市大中型企业和事业单位总会计师或会计骨干人才共240人参加培训。

5月19日　根据《国务院关于取消和下放一批行政审批项目的决定》(国发〔2014〕5号)精神,省级会计从业资格审批和服务项目下放至各地财政局办理。

5月25日　财政部会计司、中国会计报、中国会计学会和安徽亳州古井集团联合举办“管理会计走进企业”活动,省财政厅副巡视员陈传文代表安徽致辞。2016年,共征集17篇管理会计案例,经过认真筛选,上报11篇优秀案例至财政部。

6月17日　根据财政部80号令,出台《安徽省财政厅关于修订印发〈安徽省代理记账管理实施办法〉的通知》(财会〔2016〕886号)。

8月10日　新制定的《安徽省会计专业高级专业技术资格评审标准条件》(财会〔2016〕1203号)经省财政厅、省人力资源和社会保障厅联合发布执行。

9月10—12日　举行全国会计专业技术中(高)级资格安徽考区考试,全省报名考生3.72万人,其中:中级3.57万人、高级1485人。

9月22日　《中国财经报》授予本省2016年度会计新闻宣传工作先进单位。

10月19日　省财政厅成立省行政事业单位内部控制基础性评价工作领导小组,充分发挥各支出处室联系服务部门单位的优势,直接对口指导省直行政事业单位,全面推进内部控制建立实施工作,并完成省级一级预算单位内部控制基础性评价表格的收集工作。

12月17日　经评委会评审和省人社厅《关于李永卓等9位同志具备正高级会计师专业技术资格的函》(皖人社函〔2017〕89号)批复,李永卓等9位同志取得正高级会计师专业技术资格。

(会计处供稿)

行政事业国有资产管理处工作大事记

1月11日　资产处召开践行“三严三实”做到“四个自觉”专题学习研讨会,深入学习习近平总书记在中央政治局民主生活会上的重要讲话精神,深刻领悟“四个自觉”要求的内涵实质。

1月20日　财政部党组成员、部长助理许宏才签发《情况反映》(2016年第1期)刊登《坚持问题导向 规范资产管理——安徽省财政厅从严从实加强行政事业单位国有资产管理》,全面系统推介省财政厅资产管理典型经验。

2月2日　资产处召开反腐倡廉专题学习会,学习中纪委十八届六次全会、省纪委九届六次全会和全省财政反腐倡廉建设工作视频会议精神，并集中签订党风廉政建设责任书。

2月5日 省财政厅转发财政部《关于进一步规范和加强行政事业单位国有资产管理的指导意见》，要求省直各部门、单位，各市、县(区)财政局进一步健全资产管理体制，进一步明确资产管理目标，进一步落实资产管理职责、进一步完善资产管理制度体系，进一步加强资产管理队伍建设。

2月23日 省财政厅印发《关于开展2016年全省行政事业单位国有资产清查工作的通知》，决定组织开展2016年全省行政事业单位国有资产清查工作。

2月26日 省财政厅转发财政部关于印发《行政事业单位资产清查核实管理办法》的通知，要求省直各部门、单位，各市、县(区)财政局认真开展资产清查工作。

3月10—11日 省财政厅举办"全省行政事业单位资产清查工作培训班"，对市县(区)财政部门资产管理科(股)负责同志和经办人员、省直部门资产管理相关处室负责人和经办人员共500余人集中培训。

3月10日 资产处召开全省行政事业资产管理工作座谈会，交流讨论进一步做好新形势下全省行政事业国有资产管理工作。

4月21日 资产处会同资产管理中心召开资产管理工作协调会，厅15个有关处(局)、单位资产管理工作分管领导及联络员参加会议。会议明确资产处、资产中心牵头，各有关处(局)、单位协调配合、齐抓共管的工作机制，共同推动资产管理工作开展。

6月29日 财政部《资产管理工作动态》第3期刊登《安徽:强化"三个责任" 多措并举推进资产清查工作》，向全国财政系统推介本省强化落实牵头责任、主体责任、监督责任的资产清查典型做法。

7月8日 省财政厅副厅长朱艾勇走访资产处，听取资产处党建和业务工作汇报，督查"一岗双责"落实情况，并就进一步落实好"一岗双责"提出具体要求。

9月18—19日 财政部资产管理司在合肥召开《行政事业单位资产管理条例》专题调研座谈会，广泛征求与会各省市财政部门对《行政事业单位资产管理条例》的修改意见，财政部驻安徽专员办四处以及上海市、江苏省、江西省、湖北省、湖南省、安徽省财政厅(局)资产处负责人和工作人员共20余人参加会议。

11月15—16日 财政部资产管理司会同干教中心举办2016年行政事业单位国有资产管理培训班，省财政厅资产处派员参加培训。

12月26日 省财政厅印发《安徽省省直行政事业单位国有资产处置监督管理暂行办法》的通知，进一步规范省直行政事业单位国有资产处置行为，保障国有资产产权交易相关各方合法权益。

(行政事业国有资本管理处供稿)

国有资本经营预算处工作大事记

1月15日 省财政厅厅长罗建国对国有资本经营预算工作作出重要批示。

1月28日 省财政厅副厅长吴天宏在人教处、企业处主要负责人陪同下，走访国资预算处并指导工作。

3月4日 经省十二届人大六次会议审查批准，省财政厅批复2016年省级国有资本经营预算。

3月30日 国资预算处就国有资本经营预算支持省属企业"三供一业"分离移交及解决历史遗留问题，与省国资委相关处室进行专题会商。

4月20日 省财政厅印发《关于做好2016年省属企业国有资本收益申报工作的通知》，组织省属企业申报上交2015年度国有资本收益。

4月20日 省财政厅会同省国资委，赴国元集团听取省政协委员意见和建议，办理政协提案。

5月10日 省财政厅对2016年全省市级国有资本经营预算基本情况和编报工作进行通报。

5月18—19日 国资预算处赴省投资集团、华安证券等省属企业，重点就国有资本收益上缴进行调研会商。

6月22—28日 国资预算处会同省国资委相关处室，赴部分省属企业调研"538英才工程"实施情况。

7月4日 省财政厅下发通知，组织收缴省属企业2015年度国有资本收益。

7月14日 省财政厅印发《关于编制省级2017年国有资本经营预算和2017—2019年国有资本经营

三年收支规划的通知》,明确省级国有资本经营预算编制的指导思想、主要任务、编制内容及工作要求。

8月22日　国资预算处赴皖能集团、旅游集团等省属企业,督促指导企业做好审计问题整改。

9月6日　省政府领导批示同意省财政厅意见,暂缓执行皖政办〔2014〕34号文第十条规定。

9月9日　省财政厅将2015年度省级国有资本经营预算执行审计整改情况反馈省审计厅。

9月28日　省财政厅、省国资委就《加快剥离全省国有企业办社会职能和解决历史遗留问题工作方案》有关财政补助政策进行会商研究,并形成一致意见。

9月29日　省财政厅组织各市编报2017—2019年国有资本经营收支规划。

10月12日　省政府印发加快剥离全省国有企业办社会职能和解决历史遗留问题工作方案。

10月20日　2015年国有资本经营预算支出重点项目绩效评价工作开始启动。

10月20日　省财政厅就提高省属企业国有资本收益上交比例事项专文请示省政府。

11月5日　国资预算处赴阜阳市颍东区吴寨村开展定点帮扶工作。

12月6日　省政府常务会审议并同意省属重点文化企业免缴2017年度国有资本收益。

12月13日　省财政厅配合省国资委开展省属企业"538英才工程"评审。

12月20日　省财政厅布置2017年全省国有资本经营预算编报工作。

12月23日　省财政厅会同省国资委,联合印发《安徽省省属企业家属区"三供一业"分离移交财政补助资金管理办法》。

12月28日　国资预算处赴岳西县结对共建村,走访慰问农村困难党员群众。

(国有资本经营预算处供稿)

监督检查局工作大事记

2月29日　省财政厅厅长罗建国主持召开厅内控委2016年第一次会议,听取厅内控办关于2015年内控工作进展情况和2016年内控工作计划的汇报,研究并原则通过该计划,对贯彻落实作出安排部署。

2月—6月　开展农发局、非税局、支付中心等9家厅属单位和预算与会计研究会、财政学会等5家学会(协会)的内部监督检查工作。

2月—12月　开展厅预算处、农业处、采购监管办等处室单位5名交流轮岗处级干部和税政条法处、国库处、干教中心等处室单位4名退休离任干部的经济责任审计工作。

3月24日—7月4日　省财政厅厅长罗建国9次主持召开省"小金库"专项整治工作小组办公室会议,对专项治理工作进行部署安排。

4月8日　省财政厅厅长罗建国主持召开厅内控委2016年第二次会议,传达学习财政部2016年财政系统内控工作培训班精神,原则同意厅内控办关于培训班精神的贯彻意见;听取厅内控办关于各处室单位内控操作规程制定和审核情况的汇报,原则通过各处室单位内控操作规程,并对下一步内控工作进行部署安排。

4月12日　省委办公厅、省政府办公厅印发《关于在省直机关、省属事业单位进一步开展"小金库"专项整治工作的实施方案》(厅〔2016〕25号)。

4月18日　印发《关于"小金库"专项整治工作小组及办公室成员名单的通知》(财监〔2016〕560号)。

4月19日　省政府网站与省财政厅门户网站公布"小金库"专项整治举报电话。

4月20日　省财政厅门户网站发布《"小金库"专项整治工作政策制度解答》。

5月3日　省财政厅厅长罗建国主持召开厅内控委2016年第三次会议,传达学习习近平总书记视察安徽时的重要讲话精神,听取厅内控办关于处室单位内控操作规程修改完善与统一印制工作进展情况的汇报,并部署安排下一步内控工作。

5月27日　完成本省信用体系"双公示"建设工作中2015—2016年度财政监督行政处罚公示信息填报工作。

5月30日　组织全省非证券资格会计师事务所开展自查工作。

6月8日　印发《关于开展"小金库"专项整治工作的通知》(财明电〔2016〕18号),部署市县(区)同步开展"小金库"专项整治工作。

6月16日—7月8日　组织开展"小金库"重点检查现场检查。

6月19日 省财政厅厅长罗建国走访监督检查局,实地察看“小金库”整改办挂图作战工作情况,进一步部署巡视整改工作。

6月20日 组织市县财政部门对非证券资格会计师事务所自查工作进行抽查督导。

6月23日 组织支部党员赴巢湖市中庙社区组织开展“党课进基层”活动。

7月4日—9月9日 组织对50户会计师事务所开展执业质量检查。

7月22日—8月15日 对天健会计师事务所(特殊普通合伙)安徽分所进行检查。

8月16日—8月26日 对2户企业开展会计信息质量检查。

8月31日 印发《安徽省财政厅关于全省“小金库”专项整治工作的总结报告》(财监〔2016〕1359号)。

8月—12月 对举报安徽一凡会计师事务所等4户事务所违规问题进行调查。

9月27—28日 参加财政部组织召开的非税收入收缴情况业务培训视频会议,正式启动本省非税收入收缴情况检查工作。

9月27—29日 组织召开安徽省财政监督与内部控制培训班,全省各市、县(区)财政局监督机构负责人和业务骨干共139人参加本次培训会议。

10月8日—11月20日 组成4个检查组,对除财政部监督局专员办直接组织检查的合肥市、淮南市、芜湖市之外的各市本级及广德县、宿松县开展非税收入收缴情况现场检查工作。

10月18—22日 参加在杭州召开的天健会计师事务所(特殊普通合伙)联合检查审理会。

10月22日 中共安徽省委办公厅 安徽省人民政府办公厅印发《关于全面构建“小金库”防治长效机制的意见》的通知(皖办发〔2016〕60号)。

11月28日 召开厅党组中心组理论学习扩大会,就“财政内控与法治财政建设”开展专题学习研讨。

11月29日 下发检查通知,启动本省预决算公开情况专项检查。

12月1日 向省委巡视整改工作领导小组报送《全省“小金库”专项整治工作总结报告》。

12月5—31日 组成4个检查组,对除财政部监督局专员办直接组织检查的合肥市和蚌埠市之外的各市本级及广德县、宿松县共16个市县开展本省预决算公开情况专项检查现场检查。

12月6日 省财政厅厅长罗建国主持召开厅内控委2016年第四次会议,听取厅内控办关于全省财政系统内控工作开展情况的汇报,部署安排全省内控建设下一步工作。

12月13日 组织全省各市县参加财政部组织召开的地方预决算公开情况专项检查业务培训视频会议。

(监督检查局供稿)

政府采购处工作大事记

1月22日 经省政府授权,出台《安徽省财政厅关于印发省级2016—2017年政府集中采购目录及政府采购限额标准的通知》。

3月1日 印发《安徽省财政厅关于进一步做好政府采购信息公开工作的通知》,按照财政部要求,本省在全国率先完成省本级及16个市数据接口改造,全力推进政府采购信息公开工作。

3月7日 根据《中华人民共和国政府采购法》等法律法规,结合本省实际,制定印发《安徽省政府采购监督管理办法》。

6—10月 印发《安徽省财政厅关于开展全省政府采购代理机构监督检查工作的通知》,对全省采购代理机构开展监督检查。全省各级财政部门依法对存在问题的22家代理机构进行行政处理,责令进行整改。

8月 财政部对全国各省市2015年政府采购信息统计工作情况进行了通报,对包括安徽省财政厅在内的18个省市财政厅(局)进行了通报表扬。

12月 出台《安徽省财政厅关于简化优化省级预算单位变更政府采购方式和采购进口产品审批审核有关事宜的通知》《安徽省财政厅关于完善省级预算单位政府采购预算管理和省属高校科研院所科研仪器设备采购管理有关事项的通知》,进一步简化优化政府采购程序,提高审批审核工作效率。

12月 政府采购处获得中国政府采购奖“年度创新奖”。

1—12月 省本级共受理政府采购案件27起,下达15份投诉处理决定书,1份监督检查决定书,2

份行政处罚决定书，其中，1 起行政复议案件省政府法制办作出维持省财政厅投诉处理决定，1 起行政诉讼案件法院判决省财政厅一审胜诉。

（政府采购处供稿　侯洪玮）

农村综合改革处工作大事记

1 月 22 日　印发《安徽省财政厅关于加强农村综合改革信息工作的通知》（财农改办函〔2016〕28 号），进一步健全信息工作机制、规范信息报送方式、强化信息工作责任、完善信息考核机制等，切实加强农村综合改革信息报送工作。

2 月 5 日　印发《安徽省财政厅关于开展 2016 年国家美丽乡村建设和扶持村级集体经济发展试点申报工作的通知》（财农改办〔2016〕118 号），部署 2016 年国家美丽乡村建设和扶持村级集体经济发展试点申报工作。

2 月 14 日　印发《安徽省财政厅关于加强村级公益事业建设一事一议一财政奖补工作的通知》（财农改办〔2016〕127 号），进一步明确一事一议财政奖补政策，指导市、县（区）做好 2016 年工作。

3 月 8 日　印发《安徽省财政厅关于开展国家美丽乡村建设和扶持村级集体经济发展试点竞争立项评审工作的通知》（财农改办〔2016〕207 号），开展国家美丽乡村建设和扶持村级集体经济发展试点竞争立项、现场评审工作。全省 80 多个县（区）参加评审。

3 月 31 日　印发《安徽省财政厅关于开展 2016 年农村综合改革示范试点工作的通知》（财农改办〔2016〕370 号），明确试点总体要求、主要内容、目标任务和有关要求，并制定试点工作清单，指导市、县（区）做好 2016 年试点工作。

3 月 31 日　印发《安徽省财政厅关于做好 2016 年国家美丽乡村建设和扶持村级集体经济发展试点工作的通知》（财农改办〔2016〕371 号），明确在全省 74 个村开展国家美丽乡村建设试点和 300 个村开展扶持村级集体经济试点。

8 月—9 月中旬　综改处深入芜湖、铜陵、安庆、阜阳等市的部分县（区）开展调研，进一步了解基层工作情况，广泛听取基层干部群众的意见和建议，梳理各地在实践中形成的经验做法和存在的问题，并形成措施清单、问题清单和整改清单，督查各地进一步落实好各项改革政策

11 月 24 日　印发《安徽省财政厅关于开展 2017 年农村综合改革有关试点申报工作的通知》（财农改办〔2016〕1756 号），部署 2017 年国家美丽乡村建设和扶持村级集体经济发展试点申报工作。

12 月中下旬　综改处组织人员对全省 16 个市 2016 年农村综合改革工作开展情况进行绩效考评。

（农村综合改革处供稿）

民生工程办公室工作大事记

1 月 5 日　省财政厅副厅长陈军赴省人大就 2016 年民生工程项目安排情况进行专题汇报。

1 月 7 日　省财政厅厅长罗建国在民生办呈阅的《民生办 2015 年工作总结和 2016 年工作安排》上作出重要批示：“2015 年民生办紧盯民生工程政策落实、资金拨付、工程项目实施、管养机制等关键环节，锐意改革、压实责任、强化宣传，圆满地完成了全年工作任务。同时，也会同厅里机关处室和省直相关部门，在制度建设、机制完善等方面取得了积极成绩。对此，应予表扬！希望再接再厉，坚持问题导向，注重加强与市县联系，及时总结和推广市县民生工程的经验做法，按照‘人人参与、人人尽力、人人享有’要求，不断拓展创新民生工程的群众参与机制，充分发挥群众和基层对民生工程的积极作用，不断地提升民生工程的社会效应。强化处室党建和作风建设，推动财政民生工程工作再上新台阶。”

1 月 8 日　省财政厅副厅长陈军赴省政协就 2016 年民生工程项目安排情况进行专题汇报。

2 月 4 日　省财政厅厅长罗建国主持召开全省财政民生工作专题会议。

2 月 5 日　省政府印发《安徽省人民政府关于 2016 年实施 33 项民生工程的通知》（皖政〔2016〕25 号），明确 2016 年 33 项民生工程实施政策和工作要求。

2 月 5 日　省民生办印发《安徽省民生工程协调小组办公室关于 2016 年民生工程实施有关工作的通知》（民生办〔2016〕3 号），对省直有关部门做好 2016 年民生工程实施办法制定、目标任务分解、项目计划下达等工作提出具体要求。

2月5日　省民生办制定出台《民生办2016年工作要点》,要点分10个部分共27项内容。

2月15日　省财政厅出台《安徽省财政厅关于2016年民生工程资金筹措有关问题的通知》(财预〔2016〕129号)(以下简称《通知》)。

2月29日　省民生办出台《关于印发2016年33项民生工程实施办法的通知》(民生办〔2016〕1号),包括33项具体项目实施办法、资金筹措通知和审计监督意见,共35个办法文件。

3月1日　省政府与16个市政府和有直接实施任务的5个省直部门签订了2016年度民生工程目标责任书,推动目标到位、任务到位、责任到位、落实到位。

3月3日　省财政厅副厅长陈军主持召开全省民生工程工作布置会。

3月25日　省民生办印发《关于报送2016年民生工程项目资金拨付情况统计报表的通知》民生办〔2016〕5号,要求市、县(区)民生办自4月份开始,于每月5日前,按月及时填报民生工程资金拨付使用情况。

3月25日　省民生办印发《关于报送2016年民生工程进展情况的通知》民生办〔2016〕6号,要求省直各主管部门自4月份开始,于每月5日前,按月及时填报各项目进展报表,并提供文字分析材料。

4月6日　省民生办印发《关于开展义务教育经费保障机制、贫困残疾人救助与康复和农村危房改造绩效评价的通知》(民生办〔2016〕7号),科学评价三项民生工程实施工作和成效。

5月4—6日　省民生办联合省财政干部教育中心,在合肥举办全省财政民生工程管理人员业务培训班。

7月29日　省财政厅党组书记、厅长罗建国主持召开民生工程专题会议,研究分析有关问题,部署推进民生工程实施工作。

8月1日　省财政厅制定出台《关于科学精准调度做好灾后民生工程有关工作的通知》(财民生〔2016〕1161号),要求进一步科学精准调度,做好灾后民生工程有关工作,着力保障改善民生。

8月19日　省民生办印发《关于做好2016年民生工程基础数据库填报工作的通知》(民生办〔2016〕9号),就2016年民生工程基础数据库填报工作进行具体部署,进一步提升民生工程精准度。

8月25日　省财政厅召开省直单位民生工程协调推进会,省委组织部、省美丽办、省交通厅、省住建厅等17个省直单位参加会议。

8月29日　省民生办印发《关于开展2016年民生工程绩效奖补工作的通知》(民生办〔2016〕11号),对6个市、28个县(市、区)进行奖补,进一步强化民生工程绩效管理,推进民生工程提质增效。

10月27日　省民生办印发《关于扎实开展民生工程"回头看"的通知》(民生办〔2016〕14号),要求各市、直管县民生办开展民生工程"回头看"活动。

11月9日　省财政厅厅长罗建国率预算处、教科文处、经建处、农业处、社保处、金融处和民生办主要负责同志,参加省广播电台《政风行风热线》栏目现场直播活动,围绕"坚持为民情怀,做好民生工作"主题,与听众朋友们交流互动。

11月12—17日　省民生办在安徽省政府门户网站、安徽省财政厅网站和"安徽民生工程"网络信息平台,面向社会各界开展2017年民生工程项目网络公开征集活动,活动共4.7万人参与,累计收集民生工程项目建议102条。

11月16—18日　省人大常委会副主任花建慧率队赴淮北市、蚌埠市及相关县区,视察民生工程实施情况。省财政厅厅长罗建国,省财政厅副厅长朱长才、朱艾勇分别陪同视察。

11月21—24日　省政协副主席、省工商联主席李卫华率队赴池州市、铜陵市及东至县、枞阳县,巡视民生工程实施情况,省财政厅厅长罗建国,副厅长吴天宏,副巡视员陈传文分别陪同巡视。

(民生工程办公室供稿)

人事教育处工作大事记

1月　服务保障厅领导班子2015年度民主生活会顺利召开。

1月　根据省委组织部和厅党组统一部署,组织全厅155名处级干部完成2016年个人有关事项报告工作。

2月　完成2015年度全省财政人事报表、工资统计报表等统计汇总工作。

3月　根据省编办统一部署,针对省财政厅权力事项,会同有关处室单位制定12项监管细则。

3月26—27日　受省委组织部委托,举办“财政改革和财政政策培训班”,各市分管财政工作的负责同志、各县主要负责同志或分管财政工作的负责同志共计121人参加培训。

4月　省财政厅“两学一做”学习教育领导小组成立,领导小组办公室设在人教处,由人教处牵头开展全厅“两学一做”学习教育。

4月　根据省委组织部要求,制定2016年度重要岗位干部交流轮岗计划。

4月　拨付省级财政基层培训补助经费834万元。

4月　制定工作方案,成立领导小组,启动行业协会和学会不规范问题和干部人事管理突出问题两个专项整治工作。

4月　按照省委综合考核要求,牵头完成厅领导班子及其成员年度综合考核工作,省财政厅获得“好”等次。

4月　成立省财政厅人才(干训)工作领导小组,领导小组办公室设在人教处。

4月　厅党组印发《安徽省财政厅处级干部选拔任用工作实施细则》。

5月　举办习近平总书记视察安徽重要讲话精神集中培训,厅领导、各处室单位主要负责人和担保集团领导班子成员共计49人参加。

5月　省财政厅厅领导、各处室单位主要负责人和党员代表近110人赴金寨县开展革命传统教育,邀请党史专家上党课。

5月　开展“亮身份、作承诺、当先锋、树形象”活动

6月　开展“学习先进典型,争当先锋模范”“开门纳谏、转作风、提效能”等活动。

6月　组织全厅党员参加党章知识网上测试,通过率100%,举办厅“两学一做”网络管理培训班。

6月　获评省财政厅先进党支部。

7月　在全厅开展“学讲话、强党性、转作风、提能力”活动。

7月　深入开展行业协会和学会不规范问题专项整治,解散省财政学会,34名兼任1个以上社团常务理事、理事等非领导职务的干部和2名超龄兼职干部辞去兼任职务,清退所有兼职取酬。

8月　在分管厅领导的带领下,组织全厅46名转业退伍干部赴安徽陆军预备役师开展建军89周年纪念活动,聆听国防教育专题报告。

8月　组织全厅干部开展党规网上知识测试,通过率100%。

9月　组织开展习近平总书记系列重要讲话网上知识测试,通过率100%。

9月　开展“争创先进党支部、争当优秀共产党员”活动。

9月　完成迎接省直单位“两学一做”学习教育专项调研督导工作。

9月　根据省编办统一部署,确认省财政厅7项公共服务事项和3项中介服务事项,并按照要求在省财政厅门户网站公布。

10月　完成公务员招录各项工作,新录用公务员6人。

10月　组织全厅50名党员代表,赴凤阳县小岗村开展学习沈浩精神现场教育活动。

11月　组织开展“讲看齐、见行动”学习讨论。

12月　完成领导干部个人有关事项随机抽查核实工作,按10%的比例共抽查核实干部16人,提请厅党组对未如实填报的干部按规定进行处理。

12月　获评省直机关文明处室。

(人事教育处供稿)

机关党委工作大事记

1月8日　出台《中共安徽省财政厅党组关于印发〈厅党组中心组2016年度理论学习计划〉的通知》,确定8个专题学习研讨。

1月12—13日　省财政厅党组成员、副厅长、机关党委书记朱长才带队,赴颍东区开展脱贫攻坚工作督查。

1月20日　印发《中共安徽省财政厅党组关于深入推进城乡基层党组织结对共建工作的通知》,聚焦困难地区,优化结对方式,整合结对资源,提升共建水平。

1月20日　出台《中共安徽省财政厅党组关于贯彻落实〈党委(党组)意识形态工作责任制实施办法〉的实施意见》,进一步加强和改进意识形态工作,巩固财政干部职工团结奋斗的共同思想基础。

1月21日　举办高思杰同志事迹报告会,引导党员干部见贤思齐,对标补短。

2月29日 制定《党支部书记抓党建工作述职评议制度》,组织召开全厅党支部书记抓党建工作述职评议会议,贯彻落实全面从严治党责任,加强党的基础组织建设。

3月9日 印发《关于做好厅直机关党员组织关系集中排查工作的通知》,对全厅653名党员进行集中摸排党员组织关系工作。

4月5日 出台《关于印发〈开展"从严落实机关党建责任推进年"活动实施方案〉的通知》,进一步推动全厅各级党组织落实党建责任、强化党建担当。

4月21日 印发《关于进一步做好厅直机关中国共产党党员党费收缴的通知》,认真履行中央和省党费收缴有关规定。

5月16日 出台《中共安徽省财政厅党组关于深入推进全面从严治党的实施意见》,制定《省财政厅党组关于深入推进全面从严治党实施意见任务分解表》,扎实推进各项工作落实。

5月16日 制定《关于进一步健全完善"三会一课"制度的通知》,建立健全党小组工作机制,认真落实"三会一课"制度,进一步加强党员教育、管理和监督。

5月20日 出台《关于印发〈关于开展"抓思想政治建设,促机关效能提升,保中心工作完成"活动的实施方案〉的通知》,丰富支部活动形式,做实支部活动内容。

5月23日 印发《2016年发展党员工作计划》,规范党员发展,提高发展质量。

6月14—20日 组织职工参加2016年省直机关"春蕾计划"10元捐活动,帮助新疆少数民族贫困学生。

6月20日 印发《关于落实督查"一岗双责"的通知》,认真履行全面从严治党要求和"一岗双责",落实厅领导联系走访处室单位制度,促进财政发展和财政党建深度融合、齐头并进。

6月30日 印发《关于表彰先进党支部和优秀共产党员的通报》,表彰10个先进党支部和49名优秀共产党员。

7月1日 组织召开全厅党员大会,通报上半年机关党建工作情况,部署下半年工作。

7月29日 出台《中共安徽省财政厅党组关于充分发挥党的建设工作领导小组职能作用的意见》,充分发挥厅党组党的建设工作领导小组系统谋划、统筹协调、整体推进、督促落实的职能作用。

7月29日 印发《中共安徽省财政厅党组关于定点帮扶颍东区工作的实施意见》,履行省直定点帮扶单位帮扶颍东区责任,推进颍东区早日实现脱贫摘帽目标任务。

8月11日 印发《关于在全厅开展〈安徽省预算职务犯罪工作条例〉学习活动的通知》,推动党员干部深入学习《条例》,认真把握《条例》,自觉执行《条例》。

8月23日 印发《关于开展省文明单位、省直机关文明单位和省直机关文明处室评选申报工作的通知》,深入推进群众性文明创建活动,积极参加第十一届安徽省文明单位和省直机关"三位一体"文明单位评选工作,推荐2个单位参加第十一届省文明单位评选、6个单位获评省直机关文明单位、8个处室获评省直机关文明处室。

9月22日 省财政厅党组成员、副厅长、机关党委书记朱长才参加皖沪浙苏三省一市机关党建服务"十三五"长三角地区协调发展研讨会,财政厅机关党建工作进行交流。

10月中旬 组织开展"扶贫日"认领和认捐活动,支持吴寨村幸福家园配套项目、扶贫家禽养殖项目建设。

11月7日 出台《中共安徽省财政厅党组关于认真学习贯彻党的十八届六中全会精神的通知》,深化理论武装,推进财政全面从严治党向纵深发展。

11月22日 出台省财政厅党组《关于"管党治党宽松软问题"专项治理工作实施方案》,研究制定工作计划表,明确任务责任分工,制作工作推进图,实行挂图作战,不折不扣地抓好管党治党宽松软专项整改,确保专项治理工作有力有序推进。

12月17日 组织召开省财政厅直属机关党员代表大会,认真总结四年来的机关党建工作,换届选举新一届机关党委、选举成立机关纪委。

12月22日 组织召开省直单位定点帮扶颍东区扶贫开发工作座谈会,省人大常委会副主任梁卫国、省财政厅党组书记、厅长罗建国出席会议。

12月23日 组织召开全厅党员大会,通报2016年机关党建工作情况。

12月24日 印发《安徽省财政厅关于开展颍东区脱贫攻坚"查、看、评、建"工作的通知》,确保年度脱贫任务全面完成,推进定点帮扶颍东区工作,省财政厅党组成员、副厅长、机关党委书记朱长才带队，赴颍东区开展脱贫攻坚“查、看、评、建”工作。

12 月 29 日　出台《中共安徽省财政厅党组关于深入学习贯彻习近平总书记系列重要讲话精神的通知》，深化“两学一做”学习教育，确保讲话精神在财政部门落地见效。

（机关党委供稿）

驻省财政厅纪检组工作大事记

1 月 18 日　将省政府“十个严禁”和省财政厅“十二个严禁”制成提示卡，发至全厅每位干部职工。

1 月 28 日　组织参加全国财政反腐倡廉建设工作视频会议。

2 月 2 日　召开全省财政反腐倡廉建设工作视频会议，签订《省财政厅 2016 年党风廉政建设责任书》。

2 月 4 日　印发《省财政厅 2016 年纪检监察工作要点》。

2 月 17 日　参加对综合管理类处室、支出管理类处室和厅属单位主要负责同志分类进行的集体廉政谈话。

2 月 22 日　印发《2016 年省财政厅党风廉政建设和反腐败工作任务分解表》到各处室单位。

3 月 21 日　赴中国登记结算公司监督 2016 年省政府地方债券发行。

3 月 22—25 日　参加省纪委全省纪检监察干部监督工作业务培训班。

4 月 5 日　迎接省委综合考核组对财政厅领导班子党建和发展考核。

4 月 21 日　印发《安徽省财政厅关于进一步开展违规经商办企业专项整治工作的实施方案》。

4 月 22 日　印发《省财政厅落实省政府第四次廉政工作会议任务分解表》。

4 月 23 日　参加中纪委监察部“省级纪委机关及派驻纪检组（派出机构）纪律审查业务提高班（第二期）培训。

5 月 13 日　赴蚌埠参加会计资格考试督查。

6 月 20 日　印发“酒桌办公”专项整治方案，成立省财政厅“酒桌办公”专项整治工作领导小组。

7 月 8 日　印发违规经商办企业进一步核查通知，转发省纪委关于违规经商办企业的典型问题通报。

7 月 11 日　组织“酒桌办公”专项督查。

8 月 10—11 日　组织厅全体党员干部赴巢湖监狱接受警示教育。

8 月 27 日　省财政厅党组成员、纪检组长项中胜到临泉县调研指导财政工作情况。

9 月 23—29 日　参加中纪委举办的省级纪委机关及派驻纪检组（派出机构）纠正“四风”工作实务班。

10 月 17 日　组织厅全体党员干部观看财政部《防微杜渐 警钟长鸣》内部警示教育片。

10 月 25 日　省财政厅党组成员、纪检组长项中胜带队到省信用担保集团开展工作调研。

10 月 26 日　省财政厅党组成员、纪检组长项中胜赴阜阳、临泉调研基层财政全面从严治党和党风廉洁建设工作。

11 月 6—11 日　参加省纪委党风政风监督业务培训班。

11 月 9 日　组织参加省广播电台《政风行风热线》栏目现场直播活动。

11 月 9 日　省财政厅党组成员、纪检组长项中胜带队赴滁州市调研基层财政党风廉政建设、涉农资金管理及职务犯罪预防工作。

11 月 15—18 日　参加省纪委信访工作培训班。

11 月 22 日　召开省财政厅厅属单位全面从严治党主体责任履行情况交流座谈会。

11 月 28—2 日　赴北京参加中纪委驻财政部纪检组举办的纪检业务培训。

12 月 5 日　省纪委五室主任邢一玲带队来组调研。

12 月 9 日　召开 16 个市、31 个国家级省级扶贫重点县财政局主要负责人和涉农科室负责人参加的会议，专题部署加大查处财政扶贫领域腐败案件力度。

12 月 12 日　省财政厅党组成员、纪检组长项中胜带队赴黄山区、黟县、黄山市信托公司和黄山市财政局调研基层财政全面从严治党和党风廉政建设工作。

12 月 15—17 日　参加省纪委科级以下干部综合业务培训班。

12 月 20 日　省财政厅党组成员、纪检组长项中胜带队赴马鞍山、和县、当涂调研基层财政全面从严治党和党风廉政建设工作。

12月23日　开展全省秸秆禁烧和综合利用资金检查,督促整改发现的问题。

12月26日　省财政厅党组书记、厅长罗建国代表厅党组到驻厅纪检组走访会商,看望慰问驻厅纪检组干部,并征求做好财政工作的意见建议。

(驻厅纪检组供稿　章光辉)

农业综合开发局工作大事记

3月2日　印发《安徽省农业综合开发项目评审试行办法》。

3月7日　印发《安徽省财政厅关于进一步加强农业综合开发风险防控的通知》。

3月30日　印发《关于农业综合开发支持脱贫攻坚的实施意见》。

5月23—25日　全国农业综合开发工作会议在浙江湖州召开,本省在大会上作了《农业综合开发两类项目相结合推进农村一二三产业融合发展》典型经验交流,得到胡静林副部长充分肯定。

6月1日　省农发局局长王建培陪同省财政厅副厅长陈军赴霍邱县开展财政支持农业社会化服务体系建设及脱贫攻坚工作调研。

6月2—3日　在宣城市召开全省市级农发主任(局长)会议,传达全国农业综合开发工作会议精神,听取各市农发工作情况汇报,研究部署下一阶段主要工作。

6月29日　省农发局局长王建培陪同国家农发办王毅洪处长一行赴安庆、霍邱开展农业综合开发竣工验收工作调研。

8月29—9月2日　省农发局局长王建培带队赴颍东区吴寨村开展"双包"定点帮扶调研。

9月9日　财政部印发《2015年度农业综合开发资金决算编报情况的通报》,本省被评为先进单位。

9月12日　国家农业综合开发办公室印发《2015年度农业综合开发统计工作情况通报》,本省被评为先进单位。

11月8—30日　抽调28名业务骨干,组成7个检查组,对37个项目县的2015年度项目开展省级综合检查。

12月20日　省财政厅厅长罗建国到农发局走访调研,听取农发局2016年工作汇报,对下一步工作提出要求。

12月27—28日　在合肥市召开全省农业综合开发政策培训班,培训解读《国家农业综合开发资金和项目管理办法》(财政部令第84号),研究部署当前和今后一个时期农发工作。

(农发局供稿)

非税收入征收管理局工作大事记

2月5日　印发《安徽省财政厅关于加强非税收入预期管理的通知》(财非税〔2016〕119号),建立财税库银横向联动机制和财政系统内部上下左右沟通协调机制,加强非税收入预测和资金调度,建立联络员制度,实行全省各级非税征管机构非税收入旬报制度,持续开展全省非税收入预期管理工作。

2月24日　会同人行合肥中心支行印发《安徽省财政厅中国人民银行合肥中心支行关于表彰2015年度省级政府非税收入代理银行获奖单位和先进个人的通报》(财非税〔2016〕146号),对15家银行、54个网点及67位个人予以表彰。

3月8日　省财政厅在合肥召开全省非税收入管理工作座谈会,座谈交流2015年工作情况,研究部署2016年工作。省财政厅党组书记、厅长罗建国作重要书面讲话,厅副巡视员、省非税局局长李友兰出席会议并讲话。

3月10—21日　省人大预工委副主任张万方带队,会同省人大法工委、省政府法制办和省非税局赴阜阳市、马鞍山市、铜陵市、界首市开展本省非税收入条例立法调研。

3月22—25日　分别赴铁路公安处、合肥市海事局、安徽省个体民营企业协会上门销毁到期票据存根等工作,共销毁票据存根和空白票据116万份。

3月28日　印发《安徽省财政厅关于报送2016年非税收入预算表、收缴执行情况报表及分析的通知》(财非税〔2016〕334号),加强全省非税收入收缴执行情况分析工作,强化非税收入预算约束监督。

4—9月　开展非税收入征管年度监督检查。对省直40多个执收单位实施驻点检查,重点查处资产收益未上缴、票据管理不规范、会计核算不准确等问题，纠正违规行为20起，追缴非税收入2000万元。

4月10日　编印完成《安徽省非税收入统计手册(2015年度)》。

4月14日　召开省级非税收入征缴座谈会。厅综合处、预算处、国库处负责人、省直部分非税执收单位财务负责人和代理银行相关部门负责人参加会议，厅副巡视员、省非税局局长李友兰出席会议并讲话。通报2015年度省级非税收入代理银行代收工作考评结果，全面总结2015年省级非税收入征缴工作，分析当前非税管理改革形势，并对做好2016年省级非税收入征缴工作提出要求。

6月　根据省委办公厅、省政府办公厅《关于在省直机关和事业单位进一步开展行业协会和学会不规范问题专项整治工作的实施方案》要求，积极开展省直协(学)会财政票据专项整治活动。

6月1日　分别与5家省级非税收入收缴代理银行续签《安徽省省级政府非税收入收缴委托代理协议书》。

7月29日　印发《安徽省非税收入征收管理局关于清理省级政府非税收入待结算资金的通知》，共清理确认待查资金28.5万笔，金额73.7亿元。

9月23日　《安徽省非税收入电子化收缴平台项目方案》完成专家论证环节，正式启动本省非税收入电子化收缴平台开发工作。

10月18日　印发《安徽省财政厅 中国人民银行合肥中心支行关于全面实施非税收入电子化缴库的通知》(财非税〔2016〕1569号)，在全省全面实施非税收入电子化缴库改革工作。

10月25日　本省“互联网交通安全综合平台”道路交通违法罚款在线缴纳功能正式开通，实现交通违法行为处理和罚款缴纳全程在线办理。

10月28—29日　举办全省非税收入电子化缴库培训班，市、县两级非税部门及各代理银行省级分行共100余人参加培训。

10—11月　配合厅财政监督局开展全省非税收入专项检查。

11月1日　印发《安徽省财政厅关于进一步规范省级非税收入征缴管理的通知》(财非税〔2016〕1626号)，首次明确涉税非税收入收缴管理办法，深入推进非税收入征缴精细化管理。

11月23—25日　省政府法制办副主任胡孔胜带队，省人大预工委副主任张万方、省财政厅副巡视员、省非税局局长李友兰参加，赴马鞍山市、含山县开展本省非税收入条例立法调研，广泛征求并积极吸纳各方意见，修改完善《安徽省政府非税收入管理条例》，推进非税立法进入实施程序。

11月30日　印发《安徽省非税收入征收管理局关于对2016年度非税收入银行代收工作进行考评的通知》《安徽省非税收入征收管理局关于开展2016年度省级非税收入代理银行服务质量调查的函》。

12月16日　会同人民银行合肥中心支行，分别向省直各部门、单位和各非税代理银行印发《安徽省非税收入征收管理局关于2016年度省级非税收入收缴业务年终办理有关问题的通知》和《安徽省非税收入征收管理局关于2016年度省级非税收入收缴业务年终结算有关问题的通知》，做好省级非税收入2016年关账工作。

12月28日　印发《安徽省财政厅关于2016年度非税收入收缴执行情况分析工作考评结果的通报》(财非税〔2016〕2120号)。

12月31日　2016年全省非税收入突破“3000亿元”大关。

1—12月　2016年全年加强票据日常管理，严格按照“分次限量、核旧领新”原则，把好财政票据领购关、核销关，累计发放各类财政票据387万份，核销300万份，累计办理票据业务1228笔。

1—12月　2016年开展省级财政票据电子化管理改革“回头看”，全面梳理省级财政票据电子化管理改革工作，全年共有1087家省直单位实施票据电子化管理改革。票据种类覆盖非税票据、社团票据、往来结算票据和捐赠票据。

(非税局供稿)

国库支付中心工作大事记

1月1日　省级国库集中支付“1+15”制度体系正式实施。新制度体系全面构建“责任明确、管理规范、流程优化、效率提升、监管有力”的省级国库集中支付运行模式。

1月15日　支付中心内部印发《关于落实厅工作考勤负面清单制度的通知》，进一步加强中心内部效能建设，严肃工作纪律。

1月26日　组织召开2015年度省级国库集中支付执行情况会商会,通报省级国库集中支付2015年度预算执行情况,并就支出经济分类科目调整、用款计划管理等有关事项与厅各归口业务处议定相关措施。

1月　获2015年度厅效能建设“先进单位”称号。

2月1日　支付中心相关人员应邀对测绘局系统进行省级国库集中支付业务培训。全年,支付中心对省级各预算单位进行集中支付业务培训共10余次。

2月24日　对中心内部部分人员进行岗位调整。

2月　对5家商业银行代理国库集中支付业务开展2015年度综合考评工作。

3月24日　召开省级国库集中支付代理银行年度会议,通报2015年度代理银行考评情况,布置2016年度关于代理银行重点工作。

3月25日　支付中心内部印发《进一步抓好支付中心党支部党建工作的实施意见》及2016年度党建工作任务分解表,加强中心党建工作。

4月1日　支付中心实施预算执行中反映问题处理工作机制,全年问题及时处置率达100%。

4月5日　省委综合考核组莅临支付中心考核窗口服务。

4月6日　印发《安徽省省级预算执行动态监控通报暂行办法》(财库〔2016〕393号),加强财政监督管理,及时反映省级预算执行中的问题。

4月19日　支付中心部分党员走进杏花社区老年公寓,开展志愿服务。

4月　对工商银行等6家省级国库集中支付银行代理业务进行财政资金运行质量和安全检查。

4月　修订《财政国库管理制度汇编》,分上、下两篇收录近年中央和本省出台的35个制度办法,帮助财政财务工作人员熟悉掌握国库管理制度。

4月底　完成2015年度市、县(区)国库集中支付数据统计分析并形成《安徽省2015年度国库集中支付年度报告》。

5月　面向省级预算单位广泛开展征求意见活动,共收到省级174个基层预算单位回函,意见建议530余条。

5月　安徽省财政厅内部控制委员会办公室印发《国库支付中心内部控制操作规程》,规范省级国库集中支付工作程序,保障省级国库集中支付管理制度有效实施。

6月1日　非税资金电子清算系统上线运行,打通非税资金支付电子化“最后一公里”。

6月17日　支付中心党支部会同国库处等3个党支部,共同开展“缅怀革命历史,增强党性意识”新四军光辉历程讲座活动。

6月　获2015年度厅直机关“先进党支部”称号。

7月22日　组织召开2016年上半年省级国库集中支付银行代理业务工作会商。

8月3日　赴四川省财政厅学习考察第三方安全审计系统建设经验。

8月5日　组织召开省级国库集中业务会商,通报1—7月份省级国库集中支付执行、上半年省级国库集中支付动态监控等情况。

8月　在《预算管理与会计》第八期发表《部门决算管理中存在的问题及对策建议》,财政部国库司领导对文章作阅批。

8月　《中国财经报》刊登题为《安徽三举措落实部门预算执行主体责任》的文章,报道本省省级国库集中支付方式改革运行成果。

9月21日　印发《安徽省省级国库集中支付资金跨年度退回业务暂行规定》,规范资金跨年度退回电子化业务流程。

9月28日　青岛市国库支付局来支付中心学习交流。

9月　在《中国财经报》发表《安徽省省级非税资金支付全程纳入电子化管理》,并受到人民网—安徽频道报道。

10月10日　支付中心党支部赴农科院园艺所开展党建工作交流。

10月15日　落实精准扶贫结对帮扶工作要求,支付中心处以上干部张恒景、谷媛到阜阳颍东区吴寨村结对帮扶贫困户家中,了解脱贫有关情况。

10月25日　省级国库集中支付业务应急演练桌面推演取得成功,应急处置能力得到提升。

10月　在《中国财经报》发表《安徽强化预算执行动态监控建设》,并受到《中国政府采购网》转载。

11月9日　全省国库集中支付系统业务培训在合肥举办,全省16个市、105个县(区、市)国库支付中心主任和业务经办人员近240人参加培训。省财政厅副厅长孟照红到会,并对全省国库集中支付制度改革提出要求。

12月13日　印发《安徽省财政厅关于进一步加强省级财政国库集中支付银行代理业务的通知》,从六个方面进一步规范省级财政国库集中支付银行代理业务。

12月14—16日　会同国库处,分两组分别对淮北、蚌埠和芜湖、宣城4个市29个县(区)国库集中支付改革工作进行调研,整体推进市县国库集中支付改革。

12月　省级财政代管预算单位分账户的集中清理工作全面完成。

12月　获2014—2016年度"省直文明单位"称号。

(国库支付中心供稿　翟利超)

政府采购监督管理办公室工作大事记

1月　省财政厅党组书记、厅长罗建国在采购监管办报送的《2015年省级政府采购工作总结》作重要批示:"2015年采购监管办围绕省直采购预算监管,建立制度和业务流程,夯实工作基础,强化内部管理,加强与合肥市工作的全面衔接对接,全力推进采购工作转型,实现了预定的目标,各项工作都取得了较好的成绩。对此,应予表扬!希望再接再厉,进一步坚持问题导向,巩固成果,查找不足,强化制度约束和风险防控,强化工作会商和监管服务,加强单位党支部建设和作风建设,建设廉洁单位,不断提升财政政府采购监管工作水平。"

1月　省财政厅党组书记、厅长罗建国在采购监管办报送的《2015年省级政府采购执行情况》作重要批示:"从《2015年省级政府采购执行情况》看,对取得的成绩应予肯定和表扬!要注意总结好的做法,并不断'回头看',进一步巩固完善。同时,要继续坚持依法依规,进一步深化创新监管机制,厘清监管职责,明确阶段任务,压实工作责任,并做好社会和预算部门宣传工作,充分发挥省级政府采购监管对采购预算管理的积极作用。"

1月　加强与合肥公共资源交易中心支部共建,采购监管办党支部组织部分党员并邀请厅机关党委派人,共同参观合肥市轨道交通1号线建设情况。

1月　采购监管办举办廉政教育专题辅导报告会,邀请正处级纪检员苏照存同志作党风廉政建设和反腐败工作专题辅导报告,并对《准则》《条例》进行解读。

1月　采购监管办召开效能建设专题学习会议,通报全厅2015年度述职述廉及效能建设工作考评会情况,传达学习省财政厅厅长罗建国在考评会结束时的重要讲话精神。

2月　经省财政厅党组研究决定,采购监管办张霞同志到省政务中心财政窗口挂职。

2月　经省财政厅党组研究决定,厅农发局主任科员丁健调任省政府采购监管办副处级调研员。

2月　省财政厅收到财政部国库司寄来的感谢信,对安徽省政府采购监管办副主任张为中参加财政部组织的政府采购专项检查考核期间工作,给予充分肯定,并对省财政厅的支持表示感谢。

3月　省财政厅副厅长陈军到采购监管办进行调研。

3月　12家供应商分别签订安徽省省直预算单位批量集中采购合同,标志着2016年第一期通用办公设备批量集中采购项目招标工作顺利完成。

4月　根据《安徽省财政厅关于印发2016年安徽省财政干部教育培训计划的通知》(财人〔2016〕115号)安排,采购监管办联合厅干教中心举办省级政府采购业务培训班。

4月　采购监管办、采购处与合肥市公管局及安徽合肥公共资源交易中心就信息化建设和网上商城建设工作开展专题会商。

5月　采购监管办党支部与安徽合肥公共资源交易中心第三党支部联合开展"缅怀先烈,重温入党誓词;立足岗位,争做合格党员"主题党日活动。

5月　省级委托的首个全流程电子化政府采购项目"省水利科学研究院水下遥感软硬件设备采购"顺利完成,实现从政府采购预算编制、计划申报、任务书下达、供应商投标文件制作和网上报名投标、网上开评标、中标公告发布,以及履约验收合同上传、资金支付等各个环节的电子化操作,标志着省级政府采购信息化建设应用迈入新进程。

5月　省财政厅副厅长陈军到采购监管办开展工作调研。

6月　经省财政厅党组研究决定,王旭任省政府采购监督管理办公室主任。

7月　采购监管办党支部与厅债务办党支部联合开展党课进基层活动,组织部分党员到城隍庙社区党委与社区党员交流“两学一做”学习教育心得体会。

12月　采购监管办积极构建以“三网三平台”为一体的政府采购信息化监管服务体系,建立省级政府采购业务QQ工作群,全年省直预算单位入群人数893人,解答政府采购问题共计53098条。

(采购监管办供稿　李道兵)

财政科学研究所工作大事记

1月　编辑印刷《安徽财政调研工作手册》(2015),工作手册共吸纳45项全省财政重点调研课题,分送全省财政部门,供广大财政财务工作者学习参考。

1月6日　下发《关于明确科研所综合管理工作分工的通知》,对科研所综合管理工作进行细分,具体落实到每个工作岗位。

1月　按照招标课题评标办法,完成安徽财政学会2015年招标课题《安徽省省属国有企业分类改革研究》《地方自主发行政府债券管理》《农业补贴政策改革》《大别山水环境生态补偿》《地方基础设施建设PPP模式》评审工作。

2月　2015年财政专题片《践行发展新理念　实现财政新跨越——安徽财政2015年工作纪实》制作完成。

2月　通过在线平台填报系统,向省科技厅报送《科学研究与技术服务业事业单位调查表》,共填写14份调查表。

2月3日　根据省财政厅《关于开展2015年度考核和领导干部述职述廉述德工作的通知》要求,组织开展事业单位年度考核工作。

2月19日　下发《关于科研所研究工作分工的通知》,根据科研所科研人员实际情况,对研究工作进行分工。

3月7日　下发《关于科研所对口关注招投标课题单位人员分工的通知》,进一步推动科研所财政科研工作围绕中心工作。

3月30日　根据全省财政工作安排,经厅长办公会议议定,印发《安徽省财政厅关于布置2016年财政重点调研课题任务的通知》(财办函〔2016〕92号),确定27项财政重点调研课题。

4月　经《财政研究》编辑部和福建省邓子基教育基金会联合评审,科研所撰写的论文《资源税、房产税改革及对地方财政影响分析》,获2014年度“邓子基财经学术论文奖”三等奖。

4月20—22日　中国财政科学研究院副院长白景明赴皖开展“降低实体经济运营成本,推动供给侧结构性改革”调研活动,省财政厅副厅长朱长才出席调研座谈会。

5月　编辑出刊2015年度《安徽财政工作集锦》,工作集锦分为领导关怀、平稳运行、经济发展、民生事业、支持“三农”、财政扶贫、深化改革、强化管理、作风效能、精神文明十个版块,以图文并茂形式反映全省财政工作全景。

6月21日　省财政厅副厅长朱长才走访科研所,听取科研所“一岗双责”情况汇报,并就开展好“两学一做”学习教育提出明确要求。

7月　根据中国财政学会《关于开展第二届财税知识网络答题竞赛活动的通知》要求,组织全省财政系统干部职工参赛。

8月26日　下发《关于布置2016年重点课题研究任务的通知》,确定2016年科研所4项重点课题研究任务。

9月　《安徽财政年鉴》(2016卷)编辑出版,全书分财经文献、全省财政工作、市县(区)财政工作、财政大事、财经规章、财经调研、财经统计、财政机构人员等8个篇目。

9月5—7日　中国财政科学研究院副院长王朝才赴皖开展《财政支农资金代理拨付情况》调研,了解本省财政运行的基本情况、财政支农资金的规模与构成、金融机构的运行情况、涉农业务开展情况等,省财政厅副厅长朱长才出席调研座谈会。

11月　下发《关于认真做好中国财政科学研究院地方财政经济形势问卷调查的通知》,动员全省财政系统认真做好地方财政经济形势问卷调查工作,确保按时按量完成中国财政科学研究院布置给本省的问卷调查任务。

11月23日　安徽省社会科学界联合会下发《关于奖励2016年度“三项课题”研究优秀成果和先进单位的决定》,科研所报送的课题《推动安徽融入长江经济带战略的财税对策研究》和《构建户籍制度改革与社会保障建设统筹发展研究》分获2016年度全省“三项课题”研究成果一等奖和三等奖。

12月 编印出刊《媒体看财政》,搜集2015年各大媒体对全省财政工作的报道信息,挑选230篇稿件汇编成书,发至全省财政系统学习参考。

12月 征求各处室单位图书需求意见,采购图书近2000册,及时登记造册,完善借阅管理制度,供全厅干部职工借阅。

12月30日 安徽省直属机关精神文明建设指导委员会下发《关于表彰省直机关文明单位、文明处室的通报》,科研所获2014—2016年度省直机关文明单位。

1—12月 全年出刊12期《安徽财政》,开辟专题栏目32个,累计采编稿件811篇;全年设计制作更换财政橱窗展板151个。

(科研所供稿 汪文志)

注册会计师管理处(注册会计师协会)工作大事记

1月15日 省财政厅厅长罗建国在注册会计师管理处呈报的《省注册会计师管理处2015年工作总结和2016年工作计划》上作重要批示,在肯定工作的同时,对探索创新分类分层分级监管机制、强化行业基层党建工作、诚信文化建设、人才队伍建设、参与扶贫攻坚、改进工作作风等方面做出要求。

1月26日 召开安徽省注册会计师、资产评估协会第六届常务理事会第十四次(扩大)会议。

1月29日 经过初审、专家评审以及协会秘书长办公会复核,对5家做强做大、9家新业务拓展成效明显的执业机构,以及2名优秀人才进行奖励。

2月3日 省财政厅厅长罗建国出席全省注册会计师行业党建工作推进会,对进一步做好注册会计师行业党建工作提出要求。

3月29日 通报安徽省2015年度资产评估师年检结果,779人年检合格,8人暂缓通过,16人未通过。

3月 秘书长彭高俊先后赴阜阳、淮南、黄山、安庆等市调研,与52家执业机构负责人座谈做强做大、人才培养、内部治理、执业质量监管、新业务拓展、信息化建设等事关行业改革发展的重点问题。

4月15日 组织常务理事代表和部分职工走访定点帮联的阜阳市颍东区吴寨村。

4月18日 发布2016年资产评估机构综合评价前30家信息。

4月19日 发布2016年度注册会计师任职资格检查结果,合格2774人,暂缓通过84人,未通过57人。

5月19日 省注协、省行业党委发布《安徽省注册会计师行业“创新服务年”主题活动实施方案》,积极推进行业业务与制度创新。

6月22—23日 举办2016年全省会计师事务所执业质量检查人员培训班。联合厅监督检查局、会计处检查50家会计师事务所、单独检查5家。

6月22—30日 省资产评估协会联合行政事业国有资产管理处开展2016年资产评估机构执业质量实地检查工作。

7月5日 省财政厅副巡视员陈传文走访注协,听取今年以来“一岗双责”落实情况汇报,要求逐条对照,进一步提升党建与行业发展水平。

7月19—21日 组织送教基层活动,在六安市举办2016年度执业准则对标提升培训班。

8月16日 省评协举办2016年全省资产评估机构执业质量检查案例专题培训班。

8月17—19日 举办2016年度全省执业机构负责人政府与社会资本合作(PPP)模式专题培训班。

9月5日 省财政厅副巡视员、行业党委书记陈传文赴金寨县公信会计师事务所,为全体六安市会计师事务所党支部书记、公信所党员上党课。

10月15日 省注册会计师考试委员会主任、省财政厅副巡视员陈传文巡视安徽省2016年度专业阶段注册会计师全国统一考试合肥考区。全省共有29973人报名,计76341科次。

10月22—23日 首次承办资产评估师职业资格全国统一考试安徽考区组织工作。全省共340名考生报名参加,合计1030科次。

11月3—4日 组织130余人参加中国注册会计师行业党委举办的会计师事务所党组织书记能力提升远程培训班。

11月16日 发布安徽省2016年会计师事务所综合评价前50家信息。

11月23日 同时在合肥和淮南市,组织网络培训集中考试,对参加网络培训学习效果进行检验。

10月—12月　集中时间、集中力量开展全省注册会计师行业党的组织和工作覆盖专项行动。

(注册会计师管理处供稿)

行政事业单位资产管理中心工作大事记

1月27日　省财政厅召开年终总结大会,行政事业单位资产管理中心作为“效能建设先进单位”受到表彰。

3月3日　省直机关举行2016年学雷锋志愿服务活动启动仪式,中心作为省直机关“最佳志愿服务组织”单位参加仪式,并接受表彰。

4月7日　省财政厅分别批复同意将行政事业单位管理中心全资所有的安徽省财政厅印刷厂100%产权整体无偿划转给安徽出版集团,将安徽省金润置业有限责任公司无偿划转给省信用担保集团。

4月29日　省财政厅批复同意将行政事业单位管理中心全资所有的百花宾馆100%产权整体无偿划转给省信用担保集团。

4月29日　省财政厅厅办公楼外墙维修项目通过竣工验收。

5月11日　河南省直属行政事业单位国有资产管理中心一行到行政事业单位管理中心调研省级行政事业单位资产管理工作。

6月1日　行政事业单位管理中心一行分别到省产权交易中心、合肥市公共资源交易中心,会商省直单位资产处置项目在合肥公共资源交易平台进场交易相关事项。

7月1日　省财政厅召开庆祝中国共产党成立95周年大会,中心作为“先进党支部”受到表彰。

9月19日　财政部资产管理司在合肥召开《行政事业单位国有资产管理条例》专题调研座谈会,行政事业单位管理中心领导参加座谈。

11月4日　省财政厅党组成员、副厅长朱艾勇和厅人事教育处负责人送王定友主任到任,送许先才赴资产处任职。

12月30日　省直文明委通报表彰2014—2016年度“省直机关文明单位”,中心获此殊荣。

(行政事业单位管理中心供稿)

市县财政部门工作大事记

合肥市财政工作大事记

1月1日　启用新《财政总预算会计制度》。

1月—5月　开展全市财政资金安全检查。

1月14日　与人民银行合肥中心支行联合印发《合肥市市级财政国库支付电子化管理暂行办法》，规范市级财政国库支付电子化管理。

1月18日　合肥市第十五届人民代表大会第四次会议召开，审议《关于合肥市2015年预算执行情况和2016年预算草案的报告》。

1月20日　市政府出台《合肥市2016年政府向社会力量购买服务工作方案》(合政办秘〔2016〕9号)。

1月22日　合肥市第十五届人民代表大会第四次会议批准2016年市级预算。

1月26日　合肥市政府与财政部驻安徽专员办在市财政局召开工作情况通报会。

1月26日　市财政局开展2015年度全市津补贴发放情况及出国经费、考察费、会务费等财务管理情况专项清理检查。

1月27日　全市民生工程第一次推进会在市财政局召开。

2月6日　合肥市2016年度政府预算通过市政府信息公开网和市财政局外网对外公开。合肥市直单位通用办公设备项目发送至安徽合肥公共资源交易中心，预采购启动第一单。

2月10日　2016年合肥市市级部门专项资金管理清单通过市政府信息公开网公开。

2月16—19日　2016年全市财政系统干部春训活动顺利开展。

2月19日　《合肥市财政局重大事项合法性审查程序规定》出台。

2月23日　市直95家预算单位通过市政府信息公开网，集中向社会公开本部门2016年部门预算和“三公”经费预算。

2月23—26日　全市2015年度财政总决算和部门决算编审会议在市财政干部教育中心顺利召开，来自市本级和各县(市)区财政局的财政总决算和部门决算经办人员参加会议。

2月24日　市财政局举办全市乡镇资金监管软件升级培训会，各县(市)财政局农村局、相关科(股)室业务操作人员，各乡镇财政所(分局)业务操作人员参加培训。

3月1日　市财政局党组书记、局长吴利林主持召开市直单位2016年部门预算执行会商工作会议，市直一级预算单位、各驻肥单位分管负责人和财务负责人等参加会议。

3月2日　市财政局组织召开动员培训布置会，正式启动2015年度财务检查工作。

3月18日　市财政局印发《关于进一步加强市直单位授权支付管理的通知》(合财库〔2016〕185

号),进一步完善国库集中支付制度,强化各级预算单位的预算执行主体责任。

3月22日 省政府代发合肥市2016年首批地方政府债券40.5亿元,全年累计成功代发203.5亿元。

3月25日 合肥市召开营改增办公室会议,研究全面推开营改增试点工作。

3月31日 2016年合肥市市级预算安排政府购买服务实施目录通过市政府门户网站、市政府采购网、市财政局门户网站面向社会公告。市财政局协调徽商银行开发的"预算单位自助柜面业务系统",经省财政厅正式确认验收通过。

4月7日 合肥市民生工程第一次协调会在市政务中心召开,市委常委、常务副市长韩冰出席会议并讲话。

4月7—8日 市财政局举办2016年全市行政事业单位资产清查动员暨业务培训会,市直行政事业单位、各县(市)区财政局资产管理部门负责人及具体经办人员共计1000多人参加培训,

4月10日 组织完成合肥市重点企业税源调查快报的首次网上直报工作。

4月11日 市政府常务会议召开专题会议,研究部署全面推开营改增试点工作,市政府办公厅同日印发《关于做好全面推开营业税改征增值税试点工作的实施意见》(合政办秘〔2016〕57号)。经市政府批准,合肥市市直单位财务集中监管平台建设正式立项。

4月12日 市财政局开放2016年预算系统查询功能,预算单位可登录系统查询2016年部门预算以及相关基础资料。

4月22日 合肥市党政机关公车改革取消车辆第三批尝试实行网上竞价拍卖。

4月27日 市委常委会专题听取全面推开营改增试点工作情况,并对试点工作进行部署。市财政局会同市委宣传部,市国税局、市地税局联合召开全面推开营改增试点新闻通气会。

5月1日 建筑业、房地产业、金融业、生活服务业营改增试点上线,第一张试点行业增值税专用发票顺利开出,第一笔税款顺利入库。市政府发出通知,合肥政府采购网上商城正式启用。

5月3日 市政府下发通报,市财政局非税征缴窗口被评为合肥市政务服务先进窗口。

5月4日 市财政局召开以"读好书·勤思考·献良策"为主题的"五四"青年读书座谈会。

5月6日 6笔社保资金直接支付清算成功,实现由市金库到社保基金财政专户的直接支付,标志着合肥市市本级四大预算全部纳入集中支付范围,真正实现财政资金集中支付全覆盖。合肥市成功获批国家第二批地下综合管廊试点城市。

5月10日下午 全市民生工程推进会召开,各县(市)区民生办主任、市民生工程协调小组成员单位联络员和财政局相关业务处室负责同志参加。

5月11日 合肥市2015年权责发生制政府综合财务报告试编工作启动。

5月14—16日 会计初级专业技术资格无纸化考试在合肥市8个考点99个考场有序开考,考生人数29609人。

5月16日 市财政局联合市国税局、市地税局、人民银行合肥中心支行出台《关于全面推行营业税改征增值税试点有关问题的通知》。

5月19日 市财政局组织召开全市财政支持脱贫攻坚工作推进会。

5月20日 省委"两学一做"学习教育第一督导组莅临合肥市财政局开展调研督导工作。

5月20日 省财政厅副厅长孟照红一行来合肥市调研全面推开营改增试点工作情况。

5月23日 市财政局印发《关于营业税改征增值税试点过渡性财政扶持政策调整的通知》,对合肥市营改增财政扶持政策作出调整。

6月1日 全面推开营改增试点企业顺利纳税申报,合肥市营改增试点运转顺利。

6月6日 市财政局印发关于对部分政府采购项目实行预采购的通知,同时发布2017年政府采购预采购目录,缩短采购周期,提高采购效率,加快预算执行。

6月17日 政府采购项目全流程监控系统建成上线运行。

6月21日 市财政局印发《市本级部门决算管理暂行办法》(合财库〔2016〕625号),进一步加强部门决算管理。

6月23日 市政府召开营改增试点工作联席会议,市委常委、常务副市长韩冰带队深入试点企业、国税办税大厅调研。

6月24日 市财政局全面完成市直单位授权支

付电子化业务培训。

6月　市财政局和市地税局、国税局联合申报的"合肥市创新地税委托国税代征地方税费与健全综合治税机制工作"获得2015年市政府工作创新提名奖。

6月29—30日　市财政局《关于对部分政府采购项目实行预采购的规定》被评为2016年度"全国政府采购创新制度"。

7月1日　市财政局、金融办召开"七一"表彰暨党员党课报告会，纪念建党95周年，表彰先进，宣传典型。

7月5日　2016年合肥市市直单位财务负责人业务培训顺利开班。

7月7日　市政府办公厅印发《关于财政支持脱贫攻坚实施意见等三个脱贫攻坚配套文件的通知》（合政办〔2016〕28号），要求进一步加大财政精准扶贫工作力度，强化资金投入和监管，聚焦"六个精准"，提高资金绩效。

7月8日　2017年市本级部门预算编制工作会议召开。市直一级预算单位、各驻肥单位的分管负责人和财务负责人，各县（市）区、开发区财政局主要负责人参加会议。

7月14日　市政府印发《2016年度民生工程综合绩效管理考评办法》（合政办秘〔2016〕88号）。

7月19日　合肥市2015年度政府决算通过市政府信息公开网和市财政局外网对外公开。

7月20日　市委常委、常务副市长韩冰主持召开2016年市级政府投资公益性项目督查调度会。

7月29日　合肥市小微企业"双创示范"领导小组召开第二次全体会议。市委常委、副市长孔涛赴巢湖市实地查看公共文化场馆开放、美丽乡村、农村道路畅通工程、棚户区改造等民生工程实施情况。

8月　市财政局机关廉政文化长廊建设完成。

8月3日　市财政局牵头开展2015年市直部门决算公开工作。

8月5日　市财政局局长吴利林调研肥东县长临河建制镇示范试点工作。

8月中旬　财政部驻安徽专员办开展长临河镇建制镇试点资金中期政策评价。

8月16日　合肥市正式启动政府投资引导基金管理运营体制调整工作。

8月18日　合肥市成功获批2个安徽省第二批战略性新兴产业基地，分别为生物医药和高端医疗器械产业集聚发展基地、创意文化产业集聚发展基地。

8月20—22日　全市财政系统科级干部研修班在市财政干部教育中心成功举办，市局领导班子全体成员、县（市）区财政局部分班子成员和市局中层干部约60人参加培训。

8月23日　市财政局更新公布行政事业性收费目录清单。

8月24日　市财政局出台《关于做好外地来肥建筑安装企业税收征管工作的通知》，加强外地来肥建筑安装企业税费征管。

8月30日　合肥市第十五届人民代表大会常务委员会第二十七次会议审议《关于合肥市2016年上半年财政预算执行情况的报告》。

9月　组织开展2017年市直行政事业单位资产配置预算公开评审工作。

9月9日　市直财务集中管理试点单位座谈会召开，首批纳入财务集中管理平台管理的50家试点单位财务部门负责人及相关财务人员等参加会议。

9月10—12日　会计中级专业技术资格首次无纸化考试举行，15851人在市11个考点145个考场参考。

9月14日　合肥市首次进行小微企业续贷过桥资金调度，对于周转率低于续时进度的县（市、区、开发区）及市级平台，予以资金调回。市财政局与市水务局联合出台《合肥市市级防汛物资管理办法》，进一步加强和规范市级防汛物资管理。

9月20—23日　市财政局组织专家评审组对2017年单位申报的预算项目开展公开评审。

9月29日　省民生办印发通知，合肥市荣获全省民生工程绩效奖补第一名。市财政局组织召开全市财政支持脱贫攻坚工作推进会。

9月29—30日　市财政局举办财政干部综合能力提升班。

10月11日　高新区综合管廊建设一期工程PPP项目入选财政部第三批PPP示范项目。

10月12日　初级会计考试证书领取查询系统PC版和微信版同步上线。

10月17日　合肥市"预算单位电子凭证查询与打印系统"正式上线运行。

10月24日　市政府办公厅印发《市直单位财务集中管理平台推广应用方案》,正式推广应用财务集中管理平台。

10月27日　修订后的《合肥市市级政府公物仓管理办法》(合政办〔2016〕48号)正式印发施行。

10月28日　非税收入电子化缴库正式启动。

11月1日　市政府办公厅印发《关于进一步加强财政资金管理制度建设的实施意见》(合政办〔2016〕49号),进一步加强财政资金制度建设。

11月1日　市直预算单位财务集中管理平台上线试运行。

11月2日　财政部新疆专员办来合肥市开展非税收入专项检查。

11月21日　市财政局成功完成政府公物仓废旧物资定点有偿回收服务机构招标,在全省率先探索国有资产处置新模式。

11月29日　市委办公厅、市政府办公厅印发《关于进一步推进预算公开工作的实施意见》,健全预算公开制度建设。

11月30日　市政协主席杨思松率政协视察组视察合肥市民生工程实施情况。

12月　市财政局贯标管理工作成效显著,在全省2000多家认证单位中脱颖而出,荣获CQM(方圆标志认证集团)"最佳荣誉客户"奖。

12月14日　2016年度财政总决算和部门决算布置培训会召开。

12月16日　市财政局出台《市对县(市)区专项转移支付管理办法》。财政部第二批示范项目合肥市轨道交通2号线PPP项目合同正式签订。2016年度市直部门决算会议在市财政局召开。

12月28日　市财政局召开内控与内审结合首次贯标会议。

12月29日　市财政局组织开展所属党支部书记2016年度抓党建工作述职评议大会。

12月31日　全市财政收入完成1114.98亿元,同比增长11.35%。

(合肥市财政局供稿)

淮北市财政工作大事记

1月4日　邀请结对帮扶村——濉溪县刘桥镇任圩村"两委"班子成员及党员群众代表,到市财政局(国资局)机关座谈交流,共谋发展大计。

2月中旬至2月底　财政系统开展"小金库"专项治理工作。

2月26日　召开全市2016年反腐倡廉建设暨全市财政工作会议。

3月7日　省财政厅印发《关于2015年社会保险基金保值增值绩效评价情况的通报》,淮北市2015年社会保险基金保值增值绩效评价排名位列全省第一。

3月23日　市财政局网站再次入围"优秀政府网站",连续三年获得此荣誉。

4月1日　召开全市民生工程工作会议。

4月8日　召开全市行政事业单位国有资产清查工作部署暨培训会议,正式拉开淮北市2016年行政事业单位国有资产清查工作序幕。

4月13日　将淮北广播电视报社整体划入淮北建投控股集团有限公司。

4月27日　启动国有资产清查盘活工作。

4月29日　启动"两学一做"学习教育。

4月　淮北市续贷过桥资金规模增加至1.88亿元,分别由市同创融资担保集团有限公司和濉溪金盛产业投资管理有限公司运作。

5月1日　启动营改增扩围,试点行业由"3+7":交通运输业(含铁路运输)、邮政业、电信业和7个现代服务业(研发和技术服务、信息技术服务、文化创意服务、物流辅助服务、有形动产租赁服务、鉴证咨询服务、广播影视服务)扩围至建筑业、房地产业、金融业、生活服务业,并将所有企业新增不动产所含增值税纳入抵扣范围。

5月20日　启动淮北市市级国库集中支付电子化管理改革。

5月24日　全面启动农业"三项补贴"改革工作。

5月　印发《淮北市市本级"政银担"风险补偿基金管理办法(试行)》,设立不低于1500万元的市本级担保风险补偿基金,用于补偿市担保公司为企业担保代偿的部分损失。

5月　经市政府第56次常务会议、市委常委会第136次会议研究,同意将安徽临涣工业园循环经济发展有限公司、市水务投资发展有限公司划入市建投控股集团有限公司,作为集团公司的二级子公司进行管理，并由市审计局对划入两家公司的运营情况进行全面审计，核实其资产、债权和债务情况等；按照积极稳妥的原则，逐步将市建投集团公司改造为国有资本投资公司，进一步推动投融资平台公司转型改革。

5月 在2015年度全市落实党风廉政建设“两个责任”暨推进惩防体系建设考核中，被市委评为优秀等次单位。

5月 在2015年度民主评议考核中，被市委市政府评为优秀单位。

6月22日 省财政厅党组书记、厅长罗建国一行莅临淮北市调研财政工作。

6月22日下午 召开全市财政系统会议，迅速传达学习6月21日全市专项整治工作推进会议精神，对“四个专项整治”工作进行安排部署。

6月中旬开始 联合市纪委、市委组织部、市审计局等部门成立专项整治工作办公室，在全市范围内开展“小金库”专项整治工作。全市共841户行政事业单位全部进行自查，自查面100%；在自查自纠的基础上，选取134户单位组织开展重点检查。

6月 印发《开展规范“三公”经费专项整治工作实施方案》，组织财政供给的党政机关和事业单位开展自查自纠，并计划开展重点检查与整改落实工作，推进“三公”经费管理长期化、规范化和制度化，确保“三公”经费只减不增目标实现。

6月 淮北市、濉溪县财政局双双荣获全省惠农补贴管理发放绩效考评一等奖。

7月1日起 全面推进资源税改革，除已实施的煤炭、石油和天然气等资源外，推开至绝大部分矿产资源。

7月1日起 新增20项医疗康复项目纳入基本医疗保障支付范围，能够有效保障包括残疾人在内的广大参保人员的基本医疗康复需求，切实减轻参保家庭的医疗康复费用压力。

7月14日 印发《关于开展市属国有企业功能界定与分类工作的通知》，标志着市属国有企业功能界定与分类工作正式启动。

7月上旬 完成机关党委换届工作。

7月 在全市机关事业单位中开展滥发津贴补贴专项整治工作，对津贴补贴发放实施年度动态监督，实行责任追究，确保各项政策制度有效执行、全面落实。

7月 荣获全省2015年度惠农补贴管理发放绩效评价一等奖。

8月1日 启动全市行政事业单位国有资产清查盘活工作。

8月上旬开始 对2015年度财政支出项目绩效重点评价工作，重点对新增政府债券、美好乡村、秸秆禁烧、文明创建等四大类专项资金使用情况进行绩效评价。

8月 淮北市本级国库集中支付正式取消纸质直接支付申请书，标志着电子化第一阶段工作完成。289家预算单位全面实施国库集中支付电子化管理改革，实现了电子凭证在预算单位和财政部门间实现跨部门联网操作，取消了纸质凭证流转。

8月底 完成农业三项补贴改革工作。

9月13日 首次实施会计中级专业技术职称无纸化考试。

9月29日 启动市机关事业单位养老保险制度改革。

9月 获安徽省机关事务管理局、安徽省发展改革委、安徽省财政厅联合授予的“节约型公共机构示范单位”奖牌和证书。

10月中旬开始 市财政局组成专项检查组，对濉溪县、相山区、烈山区和杜集区2014—2015年新增建设用地土地有偿使用费收入、矿产资源专项收入、罚没收入和非经营性国有资产收入收缴情况进行现场检查，并延伸检查相关执收单位。

10月 “淮水北调淮北市配水工程”、“中湖地质环境治理”、“梧桐中路改造”3个PPP项目被财政部等20部委联合评审列为第三批政府和社会资本合作示范项目。

10月底 全面完成国库集中支付电子化管理改革工作。

10月底 获安徽省社保基金决算绩效评价一等奖。

11月10日 出台《中共淮北市委 淮北市人民政府关于深化国资国企改革的实施意见》，启动新一轮国资国企改革。

11月 开展乡镇财政涉农资金信息公开调研，以政府名义出台《淮北市关于全面推进乡镇涉农资金信息公开的实施意见》，打造阳光财政。

12月 支付中心正式启用自助柜面业务。

12月 市财政局组成检查组，对市辖县区230

个预算部门2016年预算公开情况、231个决算部门2015年度决算公开情况以及各县区政府2015年度决算情况和2016年预算情况进行全面检查,覆盖面100%。

12月 国家惠农政策全面落实,2016年全市通过“一卡通”累计打卡发放各类惠农补贴资金4.97亿元,增强人民群众获得感。

(淮北市财政局供稿)

亳州市财政工作大事记

1月13日 市政府印发《亳州市人民政府关于对市财政局进行表扬的通报》,对市财政局通报表扬。

1月16日 市委副书记、市长汪一光到市财政局调研,听取市财政局局长、党组书记张传宾关于2015年全市财政工作情况和2016年工作思路汇报。

1月18日 受市政府委托市财政局局长张传宾向市三届人大第七次会议提交《关于亳州市2015年预算执行情况和2016年预算草案的报告》,会议批准市本级预算。

1月22日 市财政局召开全市民生工程工作会议,总结2015年民生工程工作,部署和规范2016年各项民生工程工作,要求抓早、抓实、抓具体、促进工作创新。

2月4日 市财政局党组印发《关于开展争当“四个自觉”模范集中学习教育实施方案的通知》,组织开展集中学习教育。

2月6日 市财政局印发《亳州市本级预算公开工作方案》,细化预算公开要求。

2月20日 市财政局印发《亳州市财政局公务用车管理办法》,对严格执行公务用车制度改革作出具体规定。

2月25日 市政府召开全市财政和民生工作会议,总结2015年度财政和民生工程工作,研究部署2016年度财政和民生重点工作任务。

2月25日 市财政局下发《关于进一步加强“三公”经费管理的通知》(财公〔2016〕62号),加强“三公”经费常态化管理。

2月26日 市财政局印发《亳州市财政局机关财务管理办法》(财办〔2016〕64号),规范局机关财务管理。

3月 市财政局班子成员分别带队到三县一区开展财政工作调研,总结县区在经济发展和财政工作中的好做法,形成调研报告报市政府。

3月 市财政局组织开展银行账户财政资金安全检查工作。

3月25日 省财政厅党组成员、副厅长陈军率农业处负责人,来亳州市开展财政重点工作调研督查,征求部分省人大代表对财政工作的意见建议。

4月6日 市政府召开营改增试点工作专题会议。

4月14日 市财政局党组印发《亳州市财政局开展查处发生在群众身边的不正之风和腐败问题专项工作实施方案》(财党组〔2016〕113号),明确工作目标和重点任务。

5月10—11日 省财政厅副厅长朱长才率厅行政处负责同志来亳州市开展财政重点工作督查调研。

5月25日 “管理会计之中国实践”走进安徽·古井集团研讨会在亳州宾馆成功举办。

6月7日 市政府办公室印发《亳州市创业扶持专项资金使用管理暂行办法》(亳政办秘〔2016〕114号),规范创业专项扶持资金使用。

6月17日 市财政局下发《关于清理规范市本级部门项目支出预算的通知》(财预〔2016〕192号)、《亳州市本级2017年部门预算和2017—2019年部门三年滚动财政规划编制方案》(财预〔2016〕193号)、《关于编制三年中期财政规划的通知》(财预〔2016〕194号)、《亳州市本级2017年预算公开评审实施方案》(财预〔2016〕195号),规范部门预算编制管理工作。

6月21日 市委、市政府下发通报(亳〔2016〕78号),市财政局被授予“2015年度市直机关效能建设优秀单位”。

6月24日 市监察局、市财政局、市审计局、市扶贫办联合下发《关于对扶贫资金使用管理开展专项巡察工作的通知》(亳监〔2016〕8号),决定当年7月—11月在全市开展扶贫资金巡察。

6月29日 市财政局组织党员干部赴凤阳县小岗村开展现场教育,重温入党誓词,推进“两学一做”学习教育。

7月18日 市财政局印发《关于进一步规范社

会团体财政票据使用管理的通知》(财非税〔2016〕243号),规范社会团体财政票据使用管理工作。

7月28日 市财政局印发《2016年市财政局政务公开工作实施方案的通知》(财办〔2016〕259号),明确政务公开具体任务及要求。

8月5日 市财政局、市监察局、市委组织部、市人社局、市审计局联合下发《关于严格规范全市机关事业单位津贴补贴管理的通知》(财综〔2016〕272号),巩固巡视整改成果。

8月15日 市财政局印发《关于建立财政预算执行情况核对机制的通知》(财库〔2016〕279号),提高部门决算编制质量。

8月17日 市财政局结合"两学一做"学习教育,组织全体党员干部赴市反腐倡廉警示教育基地参观学习,接受廉政警示教育。

8月17日 市财政局印发《亳州市市级预决算信息公开工作实施方案》(财预〔2016〕282号),规范预决算信息公开工作。

8月24日 市财政局印发《亳州市财政局省内公务活动禁止饮酒规定的通知》(财办〔2016〕299号)、《严禁财政干部违规经商办企业规定的通知》(财办〔2016〕300号),规范巡视整改专项整治成果。

9月5日 市财政局印发《亳州市突发事件财政应急保障预案》(财预〔2016〕319号),强化财政应急保障。

9月30日 市政府办公室印发《亳州市药品技术转让和研发政府专项投资基金管理办法》(亳政办秘〔2016〕199号),促进药品品种在亳州注册生产。

10月8日 市政府办公室印发《亳州市市区工业企业城镇土地使用税财政扶持办法》(亳政办秘〔2016〕205号),促进企业节约集约用地。

10月31日 市政府办公室印发《亳州市财政资金管理实施办法》(亳政办秘〔2016〕218号),对规范财政资金管理、保障资金安全、提高资金绩效作出具体规定。

11月29日 市财政局、人民银行亳州市中心支行联合召开全市县区国库支付电子化管理试点工作启动会,标志着本市国库支付电子化管理试点工作全面推开。

12月5日 市财政局党组印发《关于在全局党员中开展"讲看齐、见行动"学习讨论实施方案的通知》(财党组〔2016〕446号),部署年内学习讨论工作。

12月13日 市公共资源交易监督管理局、市财政局印发《亳州市政府采购网上商城管理办法》(亳公管〔2016〕39号),以适应政府采购电子化发展。

12月19日 市委办、市政办下发通报(亳办〔2016〕93号),市财政局被授予"2011—2015年全市法治宣传教育先进集体"

12月24日 市政府印发《亳州市促进服务外包产业发展扶持政策的通知》(亳政秘〔2016〕320号),促进本市服务外包产业发展。

12月21日 市财政局、审计局联合下发《关于加强对乡镇使用财政专项资金监管的意见》(财农村〔2016〕499号),对加强乡镇使用财政专项资金监管问题提出明确要求。

12月21—22日 省财政厅副巡视员、省非税局局长李友兰率省非税局、政法处负责人,来亳州市开展财政重点工作调研,走访部分省人大代表,征求对2017年全省财政预算报告和财政工作的意见建议。

12月27日 市财政局召开党风廉政建设工作会议,总结2016年全市财政部门党风廉政建设和反腐败工作,研究部署2017年工作任务。

12月29日 市财政局、市民政局、市工商局联合印发《亳州市机关事业单位购买岗位服务管理办法》(财综〔2016〕517号),推广和规范政府购买服务工作。

12月 省、市档案局对亳州市华佗等26个乡镇财政所档案工作目标管理达标晋升进行考核验收,经综合评定全部为优秀等级,均达到省一级档案管理标准。

(亳州市财政局供稿 邓昊)

宿州市财政工作大事记

2月26日 宿州市财政局内部控制委员会成立。

3月5日 《宿州市财政局内部控制基本制度》《宿州市财政局内部控制委员会议事规则》经市财政局内部控制委员会第一次全体会议审议通过。

3月8日 全市严肃财经纪律和"小金库"专项治理工作电视电话会议在市政务中心多功能厅召开,全市严肃财经纪律和"小金库"专项治理工作正式启动。

4月11日上午　举行市直财政系统总结表彰暨党风廉政建设责任书签订仪式。

4月20日　市财政局召开“两学一做”学习教育工作会议。

4月25—28日　滁州市财政局来宿州市进行财政资金安全检查互查。

4月25日　按照市委、市政府“三集中,三到位”工作要求,行政审批科、会计科正式进驻市行政服务中心窗口办理业务。

5月1日　“营改增”试点工作全面推开。

5月12日　省财政厅副厅长朱艾勇来宿州市调研“营改增”试点工作。

5月　下发《授权办理政采审批业务的通知》,授权通过政务服务中心财政窗口实行“一站式”审批。

5月31日　完成全市事业单位及事业单位所办企业国有资产产权登记工作。

6月　四县一区全面推开农业补贴“三合一”改革,将原来农作物良种补贴、农资综合补贴和种粮直接补贴三项补贴合并为“农业支持保护补贴”,用于支持保护耕地地力。

6月17日下午　市财政局举行“博爱在江淮”公益募捐活动。

6月28日　市财政局举办全市行政事业单位内部控制制度培训班,各县、区财政局会计管理机构负责人及市直行政事业单位财务负责人240余人参加培训。

7月21日　市财政局组织全局干部职工到凤阳县小岗村开展向财政系统模范人物沈浩学习活动,推进“两学一做”学习教育。

8月3日　2017年市本级部门预算编制工作正式启动。

9月4日　按照“两学一做”学习计划,省财政厅副厅长朱艾勇来宿州市朱仙庄财政分局讲党课。

9月27日　市财政局与凤池社区开展结对共建志愿服务活动。

9月28日　市财政局举行工会会员卡发放仪式。

9月30日　实施并完成全市行政事业单位资产清查工作。

10月11日　市财政局召开新录用公务人员集体谈话会。

10月17日　全国第三个扶贫日,市财政局组织全体人员开展向帮扶贫困村募捐活动。

11月9—11日　组织专家对2017年市本级预算进行公开评审。

11月　宿州市首次实行市直行政事业单位房屋资产及出租出借情况单位内部和网上同时公示。

12月1日　市人大视察财政工作并进行评议。

12月21日　省财政厅党组成员、纪检组长项中胜一行到泗县调研财政重点工作,并到长沟镇汴河村开展帮联活动。

(宿州市财政局供稿)

蚌埠市财政工作大事记

1月27日　市财政局召开2016年财政工作务虚会,总结2015年工作开展情况,部署全年各项财政工作。

2月25日　蚌埠政府采购网上商城实现市县一体化。

3月21日　蚌埠市决定把2016年确定为全市村级公益事业建设一事一议财政奖补工作“管理提升年”。

3月24日　蚌埠市在全省率先实现非税收入电子化缴库。

3月25日　市财政局召开全市财政工作民生工程暨财政反腐倡廉建设工作会议。

3月29日　市财政局全面开展行政事业单位国有资产清查工作。

5月13日　省财政厅党组成员、副厅长朱艾勇一行来蚌调研。

6月13日　蚌埠市全面启动“小金库”专项整治工作。

7月5日　市财政局荣获蚌埠市2015年度政(行)风评议先进单位。

9月11日　市财政局党组书记、局长叶斌带领局领导班子成员,赴怀远县淝南乡淝河新村开展帮扶慰问活动。

9月13日　市人大常委会印发《蚌埠市市本级预算审查监督办法》,进一步规范预算追加和项目调整审批程序。

10月10日　市财政局在全市范围内开展非税

收入收缴情况专项检查。

10月11日　蚌埠市蚌埠至五河高速公路PPP项目获批财政部政府和社会资本合作(PPP)第三批示范项目。

10月21日　蚌埠市政协召开十三届四十九次主席会议,听取市财政局关于蚌埠市财政运行和民生工程开展情况汇报。

10月26—28日　市财政局、市美丽办、市监察局、市审计局四个部门联合对全市美丽乡村建设资金使用管理情况进行专项检查。

12月6日　市财政局召开在全局党员干部中开展“讲看齐、见行动”学习讨论动员大会。

12月25日,省财政厅副厅长朱艾勇一行来蚌埠市开展财政重点工作调研。

(蚌埠市财政局供稿)

阜阳市财政工作大事记

1月25—29日　阜阳市财政局专题宣传“十二五”民生工程实施成效及2016年民生工程工作安排。

2月1日　市财政局召开工作效能考评会。

2月4日　市财政局召开全局干部职工总结大会。

2月5日　市委副书记、市长李平,常务副市长卢仕仁一行到市财政局开展专题调研活动。

3月9日　阜阳市召开全市发展改革财政金融暨民生工程工作会议。市委常委、常务副市长卢仕仁出席会议并讲话

3月10日　省人大财经委副主任委员张万方、省财政厅非税局副局长张黎一行五人到阜阳市开展《安徽省政府非税收入管理条例》立法调研。

3月11日　市财政局召开反腐倡廉建设、落实全面从严治党专题报告会。

3月22日　市财政局召开全市非税收入管理工作。

4月1日　阜阳市召开全面推开营改增试点再动员大会

4月10日　省财政厅党组书记、厅长罗建国一行来阜开展扶贫调研。

4月25日　阜阳市财政局率先启动“读书月”活动。

5月1日零时　阜阳万达嘉华酒店和阜阳市白金汉宫大酒店有限公司成功开出了增值税专用发票和增值税普通发票,标志着本市全面推开营改增试点首战告捷。

5月5—6日,市财政局组织开展对临泉、颍泉两县区的“土地承包经营权确权登记颁证试点专项督察”活动。

5月11日　市财政局一行5人做客阜阳广播电台政风行风热线直播室与广大听众朋友和网友进行互动交流。

6月12日　市委任命段相霖同志担任市财政局党组书记,并提名为市财政局局长人选。

6月22日　市财政局党组书记段相霖一行到颍东区正午镇吴寨村调研扶贫工作。

6月28日上午　市财政局组织市农险办、市融资担保中心、金融科举办了金融政策宣传日活动。

7月5日　市财政局召开会议紧急部署全市防汛救灾保障工作。

7月14日　市财政局召开集体廉政谈话会议。

7月29日　市财政局到武警阜阳支队、市预备役团开展“八一建军节”慰问活动。

8月23日下午　2017年市直部门预算编制工作会议在市政府一楼会议室召开。

9月25日　市财政局、扶贫办联合印发《关于开展资产收益扶贫指导意见》。

10月21日　市财政局长段相霖带队上政风行风热线栏目。

10月29—30日　阜阳市财政系统专题培训在阜阳市委党校成功举办。

11月9日　阜阳市融资担保合作协会正式成立。

12月12日　市财政局召开“讲看齐、见行动”学习讨论动员大会。

12月21日　2016年度阜阳市财政支农政策培训和皖北四市乡镇财政干部培训在在阜阳工业经济学校圆满完成。

(阜阳市财政局供稿)

淮南市财政工作大事记

1月13日　省财政厅副厅长孟照红来淮南,走

访在淮的全国、省人大代表。

1月26日　市财政局召开全市县区财政局长座谈会,局党组书记、局长陈永多在会上传达学习全省市县财政局长座谈会精神,并就全市财政资金安全检查工作做出部署。

1月31日　省财政厅朱长才副厅长一行赴寿县堰口镇许寺民族村开展帮扶慰问活动。

2月15日　淮南市民生办与市广播电视台积极合作,在淮南市新闻网开设"淮南民生之窗" 专栏。

2月18日　市财政局纪检组长宋建军主持召开全体科室单位负责人会议,布置推进2016年市财政局制度规范全覆盖工作。

2月19日　市民生办出台《淮南市民生办2016年工作要点》。

2月24日　《中国财经报》2版刊载《淮南提升采购预算执行约束力》一文,宣传淮南市政府采购工作措施。

3月10日　市委宣传部、市文明办、团市委公布第二批淮南市学雷锋活动示范点和岗位学雷锋标兵名单,淮南市财政局学雷锋志愿者服务队获得十佳荣誉。

3月11日　市财政局举行经济形势报告会,局党组书记、局长陈永多为全体干部职工作题为《学习政府工作报告,做好财政工作》的经济形势报告。

3月23日　市采煤沉陷区综合治理考评组一行来市财政局就相关工作进行考评。

4月7日　为贯彻落实市扶贫开发领导小组工作会议精神,市财政局召开财政支持脱贫攻坚工作会议,有关县区(园区)财政局分管领导和经办人员参加会议。

4月9日　省财政厅党组书记、厅长罗建国来淮南寿县调研全面推开营改增试点准备工作。

4月14日　市财政局文明办组织召开学雷锋志愿服务工作会议。

4月16日　市财政局组织职工冒雨前往潘集区高皇镇开展"民生工程政策春风行"宣传活动。

4月21日　市财政局党组召开会议,传达学习省、市委"两学一做"学习教育工作会议精神。

4月22日上午　市财政局召开"两学一做"学习教育工作会议。

5月12日　市财政局党组成员赴孔店乡河沿村开展结对扶贫工作。

5月18日　省委"两学一做"学习教育协调小组办公室督导组副组长、省委组织部城市组织处副处长、调研员李欣等一行,来淮调研督导市财政局"两学一做"学习教育工作。

5月25日　省财政厅副巡视员、省非税局局长李友兰率省非税局相关负责同志,来淮开展重点工作帮联调研。

5月31日　市财政局召开"小金库"专项整治工作会议,局领导及各科室(局)负责人参加会议。

6月8日　市政府召开全市民生工程调度会,市直牵头部门主要领导,各县区(园区)分管领导、民生办主任参加会议,市委常委、常务副市长袁方到会并做重要讲话。

6月17日　市委书记沈强到市财政局督查调研"两学一做"学习教育工作。

6月21日　市本级国库集中支付电子化管理改革启动会召开,市财政局局长陈永多主持会议,人行淮南市中心支行及市本级6家代理银行分管行长、业务和技术部门负责人、软件科技公司技术人员及局相关科室负责人参加会议。

6月25日　市财政局机关党委换届选举大会顺利召开。局机关和会计师事务所95名党员参加大会。

7月1日　市财政局组织干部职工集中收看中共中央庆祝建党95周年大会电视直播,聆听习近平总书记在庆祝大会上的重要讲话。

7月4日　市财政局机关党委获市委"全市先进基层党组织"表彰。

7月6日　省财政厅副巡视员、省非税局局长李友兰率省非税局人员来淮督查调研财政工作。

8月2日　市财政局召开全市县区及市直行政事业单位内部控制专题培训会,推动各行政事业单位于2016年底前如期完成内部控制建立与实施工作。

8月10日　市财政局召开财政重点工作推进会,总结回顾1—7月份财政工作,调度推进财政重点工作。

8月12日　市级国库集中支付电子化管理培训会在市政府E楼会议室召开,市直预算单位财务负责人及经办人近500人参加培训。

9月29日　淮南市政策性农业保险工作9月份调度会在市财政局召开。

10月18日　市委宣传部副部长解厚成一行到市财政局检查指导学习型党组织建设工作，同时就市财政局申报全市首届学习型党组织示范点工作进行现场考核。

11月28日　市财政局召开“讲看齐、见行动”学习讨论动员大会。

12月12日　市财政局局长陈永多赴谢家集区开展走访会商，看望谢家集区财政局各股室工作人员。

12月15日　市财政局召开全市秸秆禁烧和综合利用奖补资金使用情况专项检查工作布置会。

12月20日　市财政局党组、驻局纪检组开展集体廉政谈话活动。局机关8名新提拔试用期满干部接受廉政谈话。

12月24—25日　省财政厅党组书记、厅长罗建国来淮南市调研财政重点工作，了解财政预期管理、2017年预算编制、积极财政政策落实、财税体制改革、财政民生工作、财政机关党建和作风建设等情况。

12月28日　市委任命张瑞昌同志为市财政局党组书记，并提名为局长人选。

（淮南市财政局供稿）

滁州市财政工作大事记

1月13日　省财政厅副厅长吴天宏到滁州召开座谈会，征求在滁省人大代表和省政协委员意见建议。

1月17日　市委书记李明深入市财政局调研指导工作。

1月20日　市长张祥安在市财政局调研财政工作。

2月19—21日　举办2016年全市财政干部春训活动。

3月5日　副市长金力深入市财政局选派干部帮扶村调研指导扶贫工作。

3月23日　省财政厅副巡视员、非税局局长李友兰来滁开展财政重点工作调研督查。

4月19日　市人大调研美丽乡村建设和发展村级集体经济试点工作。

4月26日　召开“两学一做”学习教育动员大会。

5月6日　省财政厅对滁州市开展财政资金安全检查。

5月15—17日　省财政厅组织开展2015年度乡镇财政资金监管和惠农补贴资金管理发放绩效评价工作。

5月24日　省财政厅副巡视员、非税局局长李友兰带队来滁调研督查财政重点工作。

5月26日　省人大代表督查天长市民生工程实施情况。

5月29日　省民生办来滁州市开展2015年度危桥加固改造民生工程绩效考评工作。

6月3日　召开全市乡镇财政工作座谈会。

6月16—18日　对全市农业支持保护补贴资金发放进展情况进行督查。

6月29日　举行纪念建党95周年专题党课报告会。

7月5日　省财政厅副巡视员、非税局局长李友兰带队来滁调研财政重点工作。

7月20日　召开2017年预算编制工作会议。

7月20日　召开2016年民生工程新闻发布会。

7月26—27日　组织开展 民生工程“三比三看”活动。

8月9日　召开市委第四巡察组巡察市财政局党组工作动员大会。

8月10日　市文明办蒋德武副主任一行到市财政局检查市直省级以上文明单位创建工作。

9月18日　召开市委第四巡察组专项巡察市财政局党组情况反馈会。

10月14日　市人大到市财政局调研市政府2015年度重点项目绩效管理工作情况。

10月20—26日　市人大、政协分别对县（市、区）民生工程实施情况进行巡视。

10月28日　市委“两学一做”学习教育第四督查组到市财政局督查“两学一做”学习教育开展情况。

11月1日　会同市扶贫办在来安县舜山镇六郎村召开全市资产收益扶贫现场会。

11月4日　召开党组中心组（扩大）理论学习会议，传达省第十次党代会精神及滁州市领导干部大会精神。

11月9—11日　省财政厅党组成员、驻厅纪检组组长项中胜一行来滁州市调研基层财政管理、财政党风廉政建设、农业财政管理、资产收益扶贫及预防职务犯罪等工作。

11月9日　召开2016年民生工程调度会。

11月18日　组织机关集中学习会学习贯彻十八届六中全会和省十次党代会精神。

12月7日　市委常委、宣传部长李树到市财政局督查“讲看齐、见行动”学习讨论。

12月23日　市财政局举办十八届六中全会精神报告会。

12月26日　省财政厅党组成员、副厅长孟照红来滁开展财政重点工作调研。

(滁州市财政局供稿)

六安市财政工作大事记

1月11日　市财政局走进《政风行风热线》直播间,就惠农补贴政策及打卡发放情况与广大听众朋友互动交流,并对听众提出的问题进行详细解答。

1月11日　市财政局(国资委)召开落实党风廉政建设“两个责任”自查工作动员会,部署开展党风廉政建设“两个责任”自查工作。

1月13日　省财政厅副巡视员陈传文赴六安市召开座谈会,征求驻皋省人大代表、政协委员对2016年省级预算报告的意见和建议。

1月14日　市财政局召开市直单位2015年度部门决算布置暨培训会,市直预算单位财务负责人及经办人员参加会议。

1月15日　市财政局举办乡镇财政资金监管系统软件操作业务培训会。

1月28日　市财政局(国资委)召开机关档案管理水平提升推进会,局全体干部职工参加会议。

2月14日　市财政局(国资委)召开全市财政系统反腐倡廉建设工作会,市财政局全体干部职工、各县区财政局党组书记(局长)和纪检组长参加会议。

3月3日　市政府召开全市整治滥发津贴补贴和公款私存专项行动工作会,市委常委、常委副市长付新安出席会议并讲话。

3月8日　市财政局(国资委)召开妇女委员会成立暨巾帼理财能手表彰大会,财政局领导班子成员和妇女同志参加会议,市妇联主席汪平到会指导。

3月15日　市财政局荣获“2015年度全国财政信息工作先进单位”称号。

4月11日　市本级国库支付与人民银行清算额度、退款、退票、实拨资金等业务数据全部实现无纸化传输,当日办理清算划款等业务47笔、资金10013万元。

4月13日　六安市召开全面推开“营改增”试点工作新闻发布会。

4月14日　省委综合考核组一行到市财政局检查工作,市委常委、常务副市长付新安陪同。

5月5日　市委常委、副市长王新祥赴市财政局调研财政工作,市财政局中层以上干部参加会议。

5月20日　市政府召开全市财税暨营改增试点工作调度会。

5月20日　中央宣传部、全国普法办等三部门印发《关于表彰2011—2015年全国法治宣传教育先进集体和先进个人的决定》(司法通〔2016〕49号),六安市财政局荣获“2011—2015年全国法治宣传教育先进单位”称号。

5月24日　市政府召开营改增工作专题会议,市长毕小彬听取六安市全面推开营改增试点工作情况汇报。

5月27日　市人大和市政府联合举办《安徽省预算审查监督条例》专题讲座,省人大常委会财经工委主任庄立权应邀主讲,市人大副主任李建民主持讲座。

5月27—28日　省财政厅党组书记、厅长罗建国赴六安市专题调研大别山区水环境生态补偿机制的运行情况。

6月14日　市财政局组织召开非税收入征管工作培训会,市直74家单位财务人员和财政局有关科室人员参加会议。

6月29日　市政府召开2017年预算编制暨民生工程工作会议,市委常委、常务副市长付新安出席会议并讲话。

7月1日　市直非税收入财政直接征收工作正式启动,对91家单位管理的非税收入实行财政直接征收。

7月5—7日　市财政局先后举办三期2017年预算编制工作培训班,204家市直单位的300余名预算编制经办人员参加培训。

8月4日　市财政局、扶贫办联合召开全市财政扶贫工作专题会,市财政下达各县区财政扶贫资金2亿元,重点用于社保兜底扶贫、易地扶贫搬迁、健康扶贫、产业扶贫等方面,会议要求各县区做好项目选择和资金监管等工作。

8月5日　市财政局召开专题会议研究资产管理及政府采购工作。

8月19日　市财政局召开抗洪抢险及灾后重建财政资金拨付和使用管理情况监督检查汇报会。

8月19日　六安市财政全面公开市四届人大常委会批准的市本级2015年度政府决算。

9月2日　六安市本级88个部门在六安市人民政府门户网站或部门门户网站公开2015年部门决算和“三公”经费决算数据(涉密信息除外)。

9月7日　市财政局牵头组织市交通局、市水利局、裕安区交通局等部门参加中国PPP基金项目对接会。

9月13日　市财政局组织人员督查安庆市开展财政PPP工作推进情况,内容包括PPP模式政策体系建设、工作机制建立、PPP项目管理、财政政策支持以及PPP基础性工作开展等情况。

9月19日　市财政局机关党委召开“两学一做”学习教育专题学习会,组织学习习近平总书记“严明政治纪律 自觉维护党的团结统一”讲话,部署做好下一步“两学一做”学习教育。

9月22日　市财政局(国资委)组织干部职工赴安徽蜀山监狱接受警示教育,现场听取服刑人员以身说法,并观看警示教育片和反腐倡廉图片展。

9月22日　六安市财政局出台《市级2016—2017年政府集中采购目录及政府采购限额标准》(财购〔2016〕632号)。

9月27日　市财政局召开县区财政局长座谈会,传达学习全省财政局长座谈会精神。

10月9日　市财政局(国资委)召开全市农发工作会议。

10月24日　财政部驻安徽专员办党组书记、监察专员黎昭一行到六安开展财政日常业务纪检监督调研,市委常委、副市长王新祥,市政协副主席、财政局局长孙学龙陪同调研。

11月2日　省财政厅授予六安市椿树镇财政所等19个财政所(分局)省级服务型乡镇财政所先进称号。

11月4日　全市农发廉政工作会议召开。

11月2—4日　全省企业国有产权管理业务培训会在六安召开。

11月12—13日　由市政协副主席、财政局局长孙学龙带领的70余名干部深入金寨县槐树湾乡码头村开展扶贫慰问走访活动。

11月28日　市财政局(国资委)召开“讲看齐、见行动”学习讨论动员会。

12月27日　省财政厅副厅长孟照红来六安开展财政重点工作调研。

12月30日　六安市召开2016年民生工程实施情况和下一步工作安排新闻发布会。

(六安市财政局供稿)

马鞍山市财政工作大事记

1月1日　全市2015年度财政收入完成210亿元,比上年增长3.59%。

1月6日　在市第十五届人大第五次会议上,局党组书记、局长张亚莉同志作《关于马鞍山市2015年财政预算执行情况和2016年预算草案的报告》。

1月9日　2016年市本级财政预算经十五届人大五次会议审议通过后,预算批复文件在1月份印发各部门执行。

1月12日　省财政厅副厅长陈军同志调研马鞍山市财政工作。

2月5日　市财政局出台工作责任清单制度,进一步推动责任落实。

2月19日　召开全体干部职工大会,通报2015年度工作完成情况及党风廉政和反腐败建设工作完成情况,部署2016年度重点工作。

2月26日　马鞍山市财政“十三五”发展规划正式印发实施。

2月29日　在市十五届人大常委会第二十次会议上,局党组书记、局长张亚莉同志作《关于批准马鞍山市本级2015年地方政府债务限额的决议(草案)》的汇报。

3月2日　召开2015年度市属企业安全生产工作表彰大会,总结和部署安全生产工作,通报表彰2015年度安全生产工作先进单位和先进个人。

3月11日　市财政局、市国税局、市地税局与市中级人民法院建立涉税案件协税护税四方联合工作机制,全方位开展协税护税合作。

3月15日　市财政局机关党委被市直机关推荐为党建“标准化示范点”。

3月24日　召开全市民生工程会议,市委常委、常务副市长方晓利主持会议并讲话。

3月24日　市财政局机关党委荣获市直机关2015年度党建工作创新品牌。

4月8日　举办全市市直行政事业单位会计人员业务培训班,市直各行政事业单位财务机构负责人、会计人员、资产管理人员300多人参加培训。

4月8日　召开全市行政事业单位国有资产清查工作培训会,全面启动全市资产清查工作。

4月11日　市财政局机关党委荣获市直机关2015年度“优秀党组织”称号。

4月25日　召开“两学一做”专题教育动员大会。

5月1日　全面推开营业税改征增值税试点,涉及本市建筑业、房地产业、金融业、生活服务业新增纳税人1.4万户。

5月4日　全面完成市级车改经费兑现工作。

5月7日　召开局党组中心组“两学一做”学习教育扩大会议。

5月10日　召开2015年度领导班子和领导干部综合考核述职会议。

5月12日　市委组织部、市财政局、建行马鞍山分行主要负责同志深入含山县林头镇毛滩村开展扶贫。

5月14日　在市委党校举办全市财政系统营改增专题业务培训班。

5月23日　省财政厅副厅长吴天宏同志调研马鞍山市财政工作。

5月30日　市财政局工会换届,选举新一届工会委员。

6月8日　启动市直机关、市属事业单位“小金库”暨津补贴专项整治工作。

6月20日　市财政局会同市委组织部、建设银行马鞍山分行组织100多名党员干部开展“坚定理想信念 重温入党誓词·扶贫济困共建 公益健步募捐”主题活动。

6月24日　市财政局召开学习贯彻落实习近平总书记视察调研安徽重要讲话精神暨“两学一做”专题党课集中宣讲报告会。

6月27日　市财政局机关党委荣获市直机关2014—2016年度先进基层党组织称号。

6月29日　在全市非公企业和社会组织党建工作指导员座谈会上工作交流发言。

7月1日　全体干部职工观看习近平总书记在建党95周年大会上的重要讲话并认真学习。

7月9日　市财政局成立党员志愿者服务队,加入博望镇新河村临时党支部,建立党员值班制度,紧急购置应急物资,局领导班子轮流带队入村,参与救灾工作。

7月12日　市财政局机关党委被市直机关命名为首批学习型党组织建设示范点称号。

8月10日　市财政局党组书记、局长张亚莉同志向各民主党派通报2016年民生工程有关工作。

8月15日　在“喜迎市第九次党代会”新闻发布会上,局党组书记、局长张亚莉同志向新闻媒体介绍“十二五”期间本市民生工作做法及成效。

8月17日　财政部驻安徽专员办在本市召开市县财政预算监管工作会议,市委常委、常务副市长周善武出席会议并致辞。

8月26日　全市资产清查工作顺利完成,清查资产307.33亿元。

8月30日　市财政局党组书记、局长张亚莉向市十五届人大常委会第二十四次会议报告《关于2016年马鞍山市本级预算调整方案(草案)的报告》,并经会议审议通过。

8月31日　市委常委、常务副市长周善武同志主持召开民生工程调度会。

8月31日　马鞍山市全面完成农业“三项补贴”改革任务,落实补贴资金2.11亿元。

9月15日　市财政局成立8个调研组,对全市11个重点行业的前60户税源企业开展调研。

9月18日　市政府批准同意马鞍山市兴马建设工程项目咨询有限公司产权划归市国资委管理。

10月14日　《马鞍山市投融资管理委员会议事规则》经市政府第105次常务会议审议通过并印发实施。

11月11日　修订出台《马鞍山市市直机关会议费管理办法》,进一步规范会议经费管理。

12月3日　召开“讲看齐、见行动”学习讨论动员大会。

12月8日　召开党的十八届六中全会精神宣讲

报告会。

12 月 9 日　市财政局党组书记、局长张亚莉同志向市人大常委会财经(预算)工委报告《关于全市融资及债务情况的汇报》。

12 月 22 日　省财政厅纪检组长项中胜调研马鞍山市财政工作。

12 月 27 日　全市党组书记抓基层党建述职评议大会上,市财政局党组书记、局长张亚莉报告市财政局(国资委)2016 年度党建工作情况。

12 月 31 日　市财政局荣获全国财政“六五”法治宣传教育先进集体,获财政部通报表彰。

12 月 31 日　根据财政年终结算,2016 年度全市财政收入完成 222.7 亿元,同比增长 6.07% 。

(马鞍山市财政局供稿)

芜湖市财政工作大事记

2 月 15 日　组织对全市财政系统“小金库”检查,涉及 73 个独立核算单位。

2 月 29 日　财政部专员办来芜开展新能源汽车推广应用补助资金专项检查。

3 月 1 日　市财政局在芜湖市第十五届人民代表大会第七次会议上书面作《关于芜湖市 2015 年预算执行情况和 2016 年预算草案的报告》。

3 月 15—16 日　财政部政策研究室项中新副主任一行来芜湖市调研医药卫生体制改革进展情况。

4 月 11 日　芜湖市本级 274 家预算单位全面实施国库支付电子化。

4 月 12 日　召开 2016 年民生工程动员会。

4 月 25—27 日　受财政部委派,四川省财政评审中心对芜湖市就业补助资金使用情况开展绩效评价工作。

4 月 26 日　财政部来芜开展中央转移支付经费绩效评价工作。

4 月 29 日　市财政局召开“两学一做”学习教育动员会议。

4 月　经过连续 6 次社保基金代理银行末位淘汰制考核,市本级圆满完成社保基金代理银行账户规范管理工作。

5 月 10 日　出台《芜湖市新能源汽车推广应用财政补助资金管理办法(2016—2020 年)》。

5 月 18 日　省财政厅来芜开展财政保障系统推进全面创新改革试验和建设合芜蚌自主创新试验区财政科技政策专题调研。

5 月 24 日　省财政厅副厅长吴天宏一行来芜湖市开展财政重点工作调研督查。

5 月 26 日　举行廉政教育专题报告会,邀请芜湖市委党校张勇教授作专题讲座。

5 月 26 日　出台《关于财政支持脱贫攻坚实施意见等两个脱贫攻坚配套文件的通知》。

5 月　组织对 23 户预算单位开展会计信息质量检查。

6 月 17 日　召开全市机关事业单位开展滥发津贴补贴专项整治工作动员布置会议。

6 月 21 日　出台《芜湖市财政扶贫资金管理办法》。

6 月 30 日　调整完善市区土地使用税财政奖励政策审核兑付流程。

6 月　市财政局、市纪委、市委组织部、市审计局联合开展“小金库”专项整治工作。

7 月 5 日　组织 40 名机关工作人员组成防汛志愿者队伍,火速上堤投身防汛抗洪救灾第一线。

7 月 18 日　出台《芜湖市抗洪救灾资金物资管理暂行办法》。

7 月 27 日　市民生办于每周三 17:00—18:00 在市广播电台新闻综合频率开通民生工程专题访谈栏目,邀请民生工程牵头部门或相关专家做客直播间,宣传民生工程政策,解读群众关心、关注的民生工程项目。

8 月 21 日　下发《关于规范政府性资金对外借款管理的通知》。

8 月 25 日　出台《芜湖市市直预算单位支出进度考核暂行办法》。

8 月　会同相关部门开展涉企收费清单制度落实情况专项检查。

9 月 2 日　出台《芜湖市机器人及智能装备产业集聚基地发展若干政策规定(2016—2018 年)》。

9 月 8 日　省财政厅副厅长孟照红一行来芜湖市开展财政重点工作调研督查。

9 月 11 日　出台《芜湖市市属公立医院院长薪酬管理暂行办法》。

9 月 14 日　市委常委、常务副市长冯克金来财政局调研。

9月18日　印发《全面推开营改增试点后调整市与县区增值税收入划分过渡方案》。

9月19日　前往芜湖县廉政教育基地参观学习,开展警示教育活动。

10月27日　市财政局局长李家贵向市第十五届人大常委会报告芜湖市2016年民生工程实施情况。

10月　财政部新疆专员办对芜湖市市本级和繁昌县、南陵县非税收入收缴情况开展专项检查。

11月4—5日　市财政局党委组织举办"坚持根本宗旨,发挥党员作用"主题辩论赛活动。

11月15日　市财政局党委书记、局长李家贵前往结对帮扶的贫困村——无为县洪巷乡龙泉村调研。

11月23日　中国财经报总编苗福生、通联部主任李继学一行,来芜湖市调研产业引导基金支持产业结构调整、转型升级和大众创业万众创新工作开展情况。

11月30日　建立完成以基本制度、专项内部控制办法和内部控制操作规程为框架的内部控制制度体系。

11月　省财政厅监督检查局对芜湖市本级预决算公开情况开展专项检查。

11月—12月　启动非税收入电子化缴库工作,将纳入一般公共预算非税收入与财政库银横向联网系统挂接,直接划解人行金库。

12月9日　市委副书记、市长潘朝晖主持召开芜湖市人民政府第47次常务会议,听取审议《关于芜湖市2016年预算执行情况和2017年预算草案的报告》的讨论稿以及2016年民生工程实施情况的报告。

12月21—22日　省财政厅副厅长朱艾勇一行来芜湖市开展财政重点工作调研。

12月21日　出台《芜湖市本级财政资金追加预算管理暂行办法》。

12月31日　出台《关于进一步加强财政资金管理制度建设的实施意见》。

(芜湖市财政局供稿)

宣城市财政工作大事记

1月11日　全市财政金融专题工作会议召开。

1月12日　省财政厅副巡视员、省非税局局长李友兰一行来宣城市召开省财政预算报告征求意见座谈会。

1月13日　受市政府委托,市财政局党组书记、局长王华向市三届人大七次会议书面作《关于宣城市2015年预算执行情况和2016年预算草案的报告》。

1月22日　宛陵东路工程PPP项目经过公开采购,济南城建集团有限公司成为第一中标候选人。

1月28日　全市民生工程工作务虚会召开。

2月5日　市长韩军到市财政局走访调研,看望财政干部。

2月19日　市财政局召开2016年党的建设暨党风廉政建设工作会议。

2月26日　全市农村财政管理工作会议召开。

3月16日　市财政局组织召开全市非税征缴管理工作座谈会。

3月22日　市委常委、常务副市长李明主持召开财政收入调度会。

3月31日　2016年度市政府民生实事新闻发布会召开。

4月6日　《宣城市城乡医疗救助实施办法》出台。

4月12日　池州市财政局与宣城市财政局开展财政资金安全互查。

4月22日　市财政局召开党员大会部署"两学一做"学习教育。

4月下旬　市财政局组织开展财政重点工作调研。

5月18日　省财政资金安全检查组到宣城市开展财政资金安全检查。

5月19—22日　省财政厅副巡视员陈传文一行赴宣城市调研财政重点工作推进情况。

5月19—23日　市财政局组织55名财政系统干部在上海复旦大学管理学院干部教育培训中心举办适应新常态培训班。

5月31日　召开全市农业财政工作座谈会。

6月3日　全省市级农业综合开发主任会议在宣城市召开。

6月8日　市政府办出台《关于印发市本级项目土地房屋征收补偿安置资金结算办法和核拨流程的通知》

6月16日　市财政局直属机关党委组织全体党员开展迎“七一”听党课活动。

6月21日　市财政局与市农委、民政、交通、卫计委、水务部门组成防汛抗灾工作组紧急奔赴广德县了解受灾情况。

6月22日　市财政局、市民政局联合下发文件，紧急下达市级紧急救灾资金340万元，积极支持受灾地区做好灾害救助工作。

7月1日　市财政局开展庆祝建党95周年纪念活动。

7月4日　市财政局组织干部职工捐款支持抗洪救灾。

7月6日　市财政局下发《关于迅速开展承保农作物灾情查勘理赔工作的通知》。

7月7日　省财政厅厅长罗建国随省委主要领导赴宣城市调研指导财政工作及防汛抗洪救灾工作。

7月8日　市财政局党组书记、局长王华主持防汛救灾暨灾后重建工作专题部署会。

7月11日　省财政厅长罗建国听取宣城市防汛救灾工作情况汇报。

7月13日　宣城市财政局关于印发《宣城市本级财政国库支付业务电子印章管理暂行办法》的通知。

7月15日　市本级国库集中支付电子化管理改革启动暨培训会召开。

7月16日　省财政厅来宣城市开展防汛抗洪救灾督导核灾工作。

7月20日　市财政局、司法局联合印发《宣城市法律援助经费管理办法》。

7月29日　市财政局（市民生办）在市政府召开全市33项民生工程及市政府10项民生实事新闻发布会。

8月1日　《宣城市本级项目支出预算编制管理办法》《宣城市本级基本支出预算编制管理办法》出台。

8月2日　2017年市直部门预算编制工作会议召开。

8月4日　市政府召开全市民生工程推进会。

8月25日　市民生办召开全市工程类民生工程推进会。

8月31日　省委组织部到市财政局督查《干部教育培训工作条例》和《安徽省贯彻〈干部教育培训工作条例〉实施办法》贯彻落实情况。

9月1日　《宣城市市直机关会议费管理办法》实施。

9月10—12日　宣城市考区2016年度全国会计专业技术中级资格考试在宣城职业技术学院举行。

9月18日　市委第一巡察组进驻市财政局开展为期半个月的巡察工作。

9月27日　市财政局组织召开全局思想作风纪律集中整顿动员会。

9月28日　宣城市召开市本级国库集中支付电子化改革培训会。

9月30日　市财政局召开专题会议学习贯彻市第四次党代会精神。

10月8日　市长张冬云到市财政局调研财政工作。

10月10日　《宣城市市级预算评审论证暂行办法》出台。

10月11日　市财政局局长王华实地考察宁国市现代农业综合开发示范区建设情况。

10月15—16日　宣城考区举行2016年度注册会计师全国统一考试。

10月18日　市财政局开展“谁执法谁普法谁开展法律服务”宣传活动。

10月17日　宣城市本级国库集中支付电子化系统正式上线。

10月27日　市政府召开全市民生工程及民生实事推进会，市委常委、常务副市长汪谦慎出席会议并讲话。

11月4日　市财政局党组书记、局长王华主持召开局党组中心组扩大会议，学习贯彻省第十次党代会精神。

11月7日　市非税局召开市本级非税收入电子化缴库工作布置会。

11月9日　市财政局召开“践行新发展理念、学习对接苏浙沪”暨观念更新学习讨论活动动员大会。

11月9日　市民生办召开全市民生工程调度会。

11月15日　市委第一巡察组巡察市财政局情况反馈会召开。

11月17日　市民生办召开市直民生工程会

商会。

11月10—14日　市财政局举办财政系统干部能力提升研修班,42名财政干部参加培训。

11月25日　市财政局召开“讲看齐、见行动”学习讨论动员部署会。

11月24日—12月1日　开展未完工民生工程项目专项督查。

11月29日　市政协副主席宦朝东到市财政局调研2013—2016政协提案办理工作。

12月14—15日　市人大开展民生工程专题视察活动。

12月16日　省财政国库支付中心来宣城市调研指导国库集中支付工作。

12月30日　《宣城市安全生产预防及应急专项资金管理实施细则》出台。

(宣城市财政局供稿)

铜陵市财政工作大事记

1月3日　市财政局赴枞阳县对接区划调整工作。

2月1日　市十五届人大六次会议听取《关于铜陵市2015年财政预算执行情况和2016年财政预算(草案)的报告》。

2月4日　国务院发布2015年大督查情况通报,对铜陵市节能减排创建工作通报表扬。

2月17—19日　市财政局(国资委)举办全市财政(国资)系统春训活动。

3月15日　市委副书记、市长倪玉平调研市财政局(国资委)工作。

3月29日　时任市委书记宋国权调研市财政局(国资委)工作。

4月上旬　市财政局启动国库集中支付电子化管理改革。

4月20—27日　财政部委派云南省财政厅投资评审中心,来本市开展节能减排财政政策综合示范市绩效考核。

5月10日　市财政局召开“3+5+X”财政专项资金新闻发布会。

5月29日　铜陵市出台《铜陵市属国有企业负责人履职待遇、业务支出管理暂行办法》。

7月份　铜陵市获得节能减排示范市绩效评价荣获全国优秀第一名。

8月1日　省财政厅党组书记、厅长罗建国督查调研铜陵市财政工作。

8月19日　市财政局(国资委)召开重大决策事项专家论证、法律听证会,邀请有关专家、高校学者和专业技术人员对财政(国资)重大决策事项进行论证听证。

9月29—30日　时任财政部党组成员、副部长刘昆一行来铜陵市调研节能减排工作。

10月18日　市国资委所属保安服务总公司二大队中队长张国红荣获第四届全国优秀保安员称号。

11月23—24日　省政协副主席、工商联主席李卫华率队巡视铜陵民生工程。

12月18日　市财政局(国资委)召开务虚会议,全面总结2016年财政(国资)工作,认真谋划2017年财政(国资)工作思路。

12月31日　全市财政收入完成153.8亿元,增长5%,全市财政支出完成151.1亿元,增长6%。

(铜陵市财政局供稿)

池州市财政工作大事记

1月24日　市委常委、常务副市长聂爱国调研指导财政工作。

1月28日　市财政局春节前走访慰问困难群众。

2月26日　召开全市财政暨民生工程工作会议。

2月26日　财政部PPP中心副主任焦小平来池州市举办PPP讲座。

3月23日　市长雍成瀚主持召开池州市政府和社会资本(PPP)模式推广运用工作领导小组第一次会议。

3月23日　省财政厅副厅长陈军来池调研财政重点工作。

4月19日　市财政局启动全市行政事业单位国有资产清查工作。

4月21日　市财政局召开“两学一做”学习教育工作会议。

4 月 26 日　市财政局召开全市营改增工作会议。

4 月　市财政局启动国库集中支付电子化改革工作。

5 月　市财政局开展“万堂党课进基层”活动。

6 月 18 日　市财政局部署开展滥发津贴补贴专项整治和“小金库”专项整治工作。

7 月　市财政局全力以赴投入抗洪抢险工作。

7 月 13 日　市财政局做客“政风行风之窗 981”热线。

7 月 25 日　市财政局召开“争当绿水青山和金山银山有机统一的排头兵”专题研讨会。

9 月 29 日　池州市海绵城市建设滨江区及天堂湖新区基础实施 PPP 项目正式签约。

9 月 30 日　时任财政部副部长刘昆调研池州 PPP 项目及海绵城市建设。

11 月 21 日　省政协副主席李卫华巡视池州民生工程。

12 月 2 日　市财政局召开“讲看齐、见行动”学习动员会。

12 月 22 日　省财政厅副厅长朱长才来池州市调研财政重点工作。

安庆市财政工作大事记

1 月　全面启动农业补贴“三合一”改革。

2 月 16 日　市政府印发《关于 2016 年实施 33 项民生工程的通知》(宜政发〔2016〕2 号),决定 2016 年实施 33 项民生工程。

2 月　市财政局荣获“2015 年度综治(平安建设)工作先进单位”称号。

3 月　市财政局出台新的《安庆市市直机关差旅费管理办法》。

3 月　市财政局荣获“2015 年度全国财政信息工作先进单位”称号。

3 月　市财政局荣获“第九届安庆市文明单位”称号。

3 月　出台《市财政局科室主要负责人离任审计暂行规定》。

4 月 12 日　国库集中支付与人行清算业务电子化系统正式上线。

4—5 月　开展财政资金安全检查,并按要求撤销部分市本级财政专户。

4—8 月　组织开展全市行政事业单位资产清查工作。

5 月 1 日　营业税改征增值税试点工作全面推开。

5 月 9 日　市民生工程协调领导小组办公室印发《关于建立民生工程清单管理制度的通知》,健全民生工程全过程管控机制。

5 月　省财政厅将安庆市新增债券绩效评价工作经验在全省推广。

5 月　全面推进行政事业单位内部控制建设工作。

5—9 月　在全市 856 家行政事业单位开展“小金库”专项整治,首次实现“小金库”专项检查全覆盖。

5—12 月　牵头组织开展全市金融环境专项整治行动。

6 月　安庆市在全省率先实行非税收入电子化缴库。

6 月 26 日—7 月 2 日　在浙江大学举办全市财政系统“三农”专题培训班。

7 月　出台《安庆市财政局关于落实降低企业税费负担的实施意见》,全面降低企业制度性交易成本。

7 月 21 日　市财政局、监察局、人力资源和社会保障局和审计局联合出台《关于进一步加强本市机关事业单位津贴补贴管理的意见》,强化规范津贴补贴发放管理。

7 月 22 日　市直预算单位国库集中支付自助柜面正式上线。

8 月　市委印发《关于深化市属国资国企改革的实施意见》,成功搭建国资国企改革“1 + 4”总体框架。

8 月　出台《安庆市财政监督检查结果利用暂行办法》和《安庆市财政局财政监督检查结果及审计报告跟踪落实暂行办法》。

8 月　由市财政局(投金办)牵头组建的安庆市首例股权投资基金——安庆安元投资基金正式设立。

8 月　市非税局荣获“安徽省青年文明号”荣誉称号。

8月21—27日　在上海财经大学举办全市财政系统能力提升培训班。

9月　市第十六届人民代表大会常务委员会第二十八次会议批准安庆市地方政府债务限额及2016年安庆市本级预算调整方案。

9月　安庆市同安产业招商基金注册成立,基金总规模50亿元,首期10亿元。

10月1日　安庆市政府采购网上商城正式上线运行。

10月　市财政局荣获"全省扶残助残先进集体"称号。

10月　财政部等20部委公布全国第三批PPP示范项目名单,安庆市入选项目6个,入选项目数全国排名第七,全省第一。

10月　《安庆市政府投融资主体整合重组方案》出台,对市政府投融资平台公司进行整合重组、市场化改造,形成三大国资运营机构。

10月　市政府办公室印发《关于进一步加强财政资金管理制度建设的实施意见》。

10月17日　中国证监会主席助理黄炜到安庆市太湖、潜山县调研资本市场扶贫工作。

10月26—27日　在上海交通大学举办全市金融供给侧改革助力实体经济发展专题培训班。

11月　市政府办公室印发《关于进一步加强城区建筑业税收管理有关问题的通知》。

11月12—13日　市委宣传部、市民生办联合举办"走进民生工程看发展"活动。

12月　市财政局结对帮扶单位潜山县塔畈乡体元村、杏花村和槎水镇中畈村三个村在全市率先脱贫,实现"村出列、人脱贫"的既定目标,并顺利通过省级评估验收。

12月　市财政局荣获全市"抗洪抢险救灾先进集体"和"防汛抗洪抢险救灾先进党组织"称号。

(安庆市财政局供稿)

黄山市财政工作大事记

1月18日　举办全市乡镇财政资金监管系统软件业务培训班。

1月19—22日　市政府督查室、市审计局、市财政局(民生办)组成联合督查组,分赴各区县开展2015年度民生工程年终联合督查。

1—2月　完成全市2015年度财政总决算和部门决算布置、培训及编审工作。

2月16日　制定印发《黄山市财政资金安全检查工作实施方案》。

2月24日　市财政局与黄山"网里挑一"信息技术公司签署黄山市第一笔"借转补"协议。

3月17日　召开全市非税收入管理工作座谈会。

3月20日　召集国税、地税等相关部门召开2016年营改增工作联席会议,全面推开本市2016年营改增试点扩围改革。

3月25日　省财政厅副巡视员陈传文一行来黄山市开展财政重点工作调研督查。

3月26日　编制并公布了2016年市级政府购买服务项目计划。

3月28日　召开全市民生工程协调领导组扩大会议。

3月31日　黄山市30个村入围2016年国家扶持村级集体经济试点,入围率占全省的10%。

4月11日　在去年首批15家试点单位运行稳定基础上,全面推开市级预算单位国库集中支付电子化改革。

4月13日　制定出台《关于严格执行差旅费管理制度的通知》,进一步加强和规范市直机关差旅费管理。

4月27日　印发《关于财政支持脱贫攻坚的实施方案》,建立各级财政专项脱贫资金逐年递增机制。

4月28　荣获省财政厅2015年度会计管理新闻宣传工作先进单位。

5月1日零时　黄山市生活服务业第一张单机版增值税专用发票在黄山国际大酒店率先成功开具,标志着营改增试点扩围工作全面推开。

5月3日　开展全市平台一体化信息管理系统数据灾备演练。

5月7日　财政部国库司政府购买服务调研组调研新安江生态补偿机制试点工作。

5月17—19日　蚌埠市财政局来黄山市开展2015年度乡镇财政资金监管和惠农补贴资金管理发放绩效评价检查。

5月20日　完成黄山市财政专户清理阶段性

工作。

5月20—22日　省财政厅党组书记、厅长罗建国率调研组赴黄山市调研财政重点工作推进情况。

5月24日　召开全市财政支持脱贫攻坚暨农业三项补贴改革工作会议，全面启动农业三项补贴“三合一”改革工作。

6月28—29日　开展全市民生工程督查工作。

7月30日　首次试编2015年度市级经济分类财政总决算，并完成2015年度市级权责发生制政府综合财务报告试编工作。

7月1日　全面启动会计从业资格换发新证工作，贯彻落实会计从业资格证书6年定期换证制度。

7月14日　印发《黄山市财政扶贫资金管理办法》。

7月15日　组织召开2016年全市农村财政管理工作会议。

7月15日　召开全市农村综合改革工作会议。

8月4日　省财政厅党组书记、厅长罗建国一行来黄山市督查习近平视察安徽重要讲话精神贯彻落实情况，并开展财政重点工作调研。

8月10日　全市通过一卡通发放农业三项补贴共计6098.6万元，占应发数100%。

8月17日　省财政厅党组书记、厅长罗建国深入黟县渔亭镇财政分局调研。

9月22日　开展全市农村金融机构营改增税负变化情况调研核查活动。

9月6日　开展全市会计信息质量检查工作。

9月19日　被省政府残工委评为“‘十二五’全省扶残助残先进集体”。

9月23日　联合市人行及省人行有关部门，在全省16个地市率先开展了国库集中支付电子化应急演练。

10月10日　出台《黄山市市本级土地储备资金管理暂行办法》。

10月24日　省财政厅、环保厅和黄山市政府赴杭州市与浙江省财政厅、环保厅会商二轮试点方案并召开座谈会。

10月27日　修订出台《黄山市市级国库集中支付动态监控管理办法》。

10月31日　黄山市提前完成573个一事一议财政奖补项目任务。

10月11日　印发《黄山市财政局关于中心城区非住宅类商品房购房补贴实施细则的通知》。

11月2日　市委常委、常务副市长刘孝华督查黄山区民生工程工作。

11月2日　徽州区西溪南镇财政分局，黄山区仙源镇财政所，歙县杞梓里镇财政所、雄村镇财政所，休宁县源芳乡财政所、白际乡财政所，黟县宏潭乡财政所、柯村镇财政分局、美溪乡财政所、渔亭镇财政分局，祁门县凫峰镇财政所等11个财政所荣获“省级服务型财政所”示范单位称号。

11月18日　出台《关于开展资产收益扶贫实施办法》。

12月2日　出台《黄山市文化旅游产业集聚发展基地建设专项引导资金管理办法》。

12月15—16日　召开全市内部控制建设和基础性评价工作培训会，完成全市(部门)单位内部控制基础性评价工作。

12月22日　出台《关于建立完善以改革和绩效为导向 服务地方经济发展的中等职业学校生均拨款制度的实施意见》。

12月22日　环保部规划财务司开展新安江流域水环境补偿中央资金项目检查。

12月28日　省财政厅副巡视员陈传文一行来黄山市开展财政重点工作帮联调研。

12月30日　黄山市委常委、市长孔晓宏、常务副市长刘孝华、秘书长刘英旺，来财政局调研财政工作。

12月30日　新安江绿色发展基金首笔3000万元的投放标志着全国首个跨省流域绿色基金—黄山市新安江绿色发展基金实现正式实施。

(黄山市财政局供稿)

广德县财政工作大事记

1月20日　在职党员走访慰问景贤社区生活困难的孤老户、高龄老人。

1月25日　组织9个乡镇及相关科室参加新中大软件培训会。

1月26日　走访慰问结对共建村困难群众。

1月29日　召开离退休老干部迎春座谈会。

2月17日　召开全县惠残民生工程培训会议。

3月9日　督查月湾高标准农田建设项目。

3月24日 召开2016年全县民生工程工作启动会议。

3月31日 县委常委,常务副县长李斌率县委组织部考核组一行到广德县财政局开展领导班子考核工作。

4月21日 深入结对共建村东亭乡颂祥村、沙坝村开展扶贫走访活动。

4月26日 组织全体机关干部职工召开“两学一做”动员部署会。

5月6日 深入共建村——东亭乡沙坝村开展“一对一”精准扶贫走访。

5月4日 省民生工程绩效评价组来广德县开展2015年度义务教育经费保障机制改革绩效考评。

5月16日 召开党组理论中心组学习会。

5月16日 深入东亭乡走访扶贫户。

5月20日 省财政厅副巡视员陈传文一行来广德县调研督查财政重点工作。

5月26日 召开全县民生工程调度会

6月14日 参加农业“三项补贴”改革工作会议。

6月16日 参加宣城市政策性农业保险工作会议。

7月7日 获全省惠农补贴资金绩效评价一等奖。

7月7日 召开政策性农业保险农作物灾情查勘定损理赔工作会议。

7月4—13日 开展年中行风巡查。

7月15日 深入桃州镇团山村、邱村镇视察灾情。

7月20日 深入誓节镇调研水毁受灾情况。

7月22日 深入东亭乡对该乡15户贫困户精准扶贫。

7月28日 县委常委、县纪委书记刘根水指导财政局前往江苏常州考察招商引资工作。

8月16日 召开2017年度部门预算编制工作会议。

9月9日 组织全体干部职工开展9月集中廉政“学习日”活动。

10月12日 宣城市委常委、广德县委书记吴爱国前往誓节镇、邱村镇督查农村道路畅通工程建设。

10月31日 县财政局、教体局、农委联合成立的农民负担检查小组来东亭乡开展农民负担督察。

11月2日 开展2015年新增债券资金绩效评价。

11月4日 召开广德县首次预算评审论证会。

11月17日 债务办前往四合乡开展政府债务情况核查。

11月29日 组织党员干部赴浙江省南湖监狱开展警示教育。

12月8日 召开“讲看齐、见行动”学习讨论动员会。

12月14—16日 组织农村综合改革调研组前往浙江省常山县、青田县、玉环县调研。

12月22日 省财政厅副巡视员陈传文一行来广德县开展重点财政工作调研,并实地走访县人大代表和基层财政所。

(广德县财政局供稿)

宿松县财政工作大事记

1月19日 县委副书记、县长王赵春调研指导财政工作。

3月18日 全县财税暨民生工程工作会议。

5月1日 全面推开“营改增”改革。

5月11日 深化预算管理改革,出台《宿松县部门预算编制管理办法》《宿松县部门预算执行流程》《宿松县预算支出指标管理流程》。

5月12日 全县财政系统“两学一做”学习教育暨党风廉政建设工作会议。

5月16日 出台《宿松县贫困户政策性农业保险、特色农产品保险工作方案》。

6月15日 启动农业补贴“三合一”改革。

6月16日 部署开展金融环境专项整治行动。

6月21日 举办县直机关财口文明单位庆祝建党95周年歌咏比赛。

7月1日 全面实施资源税从价计征改革。

7月1日 庆祝建党95周年暨“七一”表彰大会。

9月6日 临江产业园基础设施PPP项目签约,实现融资5.5亿元。

10月27日 出台《宿松县财政局机关内部控制操作规程》。

11月2日　出台《关于调整财政预算供给标准的通知》。

11月24日　学习贯彻党的十八届六中全会精神县委宣讲团报告会。

12月2日　开展“讲看齐、见行动”专题学习讨论。

12月22日　省财政厅党组成员、副厅长朱长才到宿松调研指导财政工作。

12月25日　出台《宿松县保险扶贫工作实施方案》。

12月　结对帮扶千岭乡竹墩村，完成脱贫村出列。

12月　完成全年一般预算收入107035万元，同比增长8.5%。

（宿松县财政局供稿　夏序平）

财经规章篇

规范性文件

安徽省财政厅 安徽省林业厅关于印发《安徽省省级财政林业专项资金管理办法》的通知

财农〔2016〕80号

各市、县(市、区)财政局、林业局:

为加强和规范财政资金分配、使用和管理,提高资金使用效益,根据《中华人民共和国预算法》《安徽省省级财政专项资金管理办法》等有关规定,结合我省实际,省财政厅会同省林业厅制定了《安徽省省级财政林业专项资金管理办法》。现印发给你们,请认真贯彻执行。

安徽省省级财政林业专项资金管理办法

第一章 总 则

第一条 为支持全省林业发展和资源保护,加强资金管理,提高资金使用绩效,根据《中华人民共和国预算法》《安徽省省级财政专项资金管理办法》等有关规定,结合我省林业发展实际,制定本办法。

第二条 本办法所指的省级财政林业专项资金(以下简称林业专项资金)是指省财政预算安排,专项用于现代林业发展、生态修复与保护、林业提质增效、森林防火与林业有害生物防治、林业资源管理等资金。

第三条 林业专项资金政策原则上以3年为周期,与中期财政规划相衔接。按照项目滚动化、支出标准化、论证科学化的要求合理确定资金规模,到期后进行综合评价,评价结果作为财政支持政策的依据。省委、省政府对林业政策周期有规定的,按规定执行。

第二章 支持原则和扶持对象

第四条 林业专项资金支持原则

(一)突出重点。按事权和支出责任划分,用于对全省林业发展起基础性、引领性和战略性作用的领域,保障落实省委、省政府确定的重点林业工作。

(二)引导示范。科学定位政府职能边界,合理组织公共资源,发挥财政资金的杠杆作用,引导金融资本和社会资本投入林业建设。

第五条 林业专项资金扶持对象

(一)省级以上林业自然保护区、湿地公园、森林公园;

(二)国有林场、国有苗圃及国有森工企业等林业基层生产单位;

(三)森林资源调查监测单位、科研推广机构、基层林业站(所)等;

(四)林业企业、农民合作经济组织、家庭林场及大户等新型林业经营主体。

第三章 分配原则、方式和使用范围

第六条 林业专项资金分配原则

(一)公开透明。按照透明预算要求,全面推进林业专项资金相关信息公开,增强透明度。

(二)注重绩效。资金分配以绩效为导向,强化资金使用绩效评价及结果应用,提高财政资金使用效益。

第七条 林业专项资金根据实际任务量,适当向贫困地区倾斜,采取因素法分配。因素主要包括林业工作任务量、森林(含湿地)面积、地区财力、绩效等。

第八条 林业工作任务量的确定:根据各地上报并经审核确定的造林、抚育、良种建设、林业科技推广示范与创新、林业产业、森林防火、林业有害生物防治以及林地、湿地、生物多样性资源保护与修复等任务量确定。

第九条 森林面积确定:以林业专业调查的面积为准。

第十条 绩效评价按专项绩效评价结论、专项稽查和检查评价、核查验收结果和审计报告确定。

第十一条 各因素权重确定:工作任务量权重占75%,森林面积权重占10%,地区财力权重占5%,绩效因素权重占10%。

第十二条 林业专项资金使用范围

(一)现代林业发展。主要用于建设省级现代林业示范区、发展林下经济所需相关支出。省级现代林业示范区主要包括整地、造林、抚育、林区生产作业道路维修(维护)、水土保持、营林管理及相关劳务支出等;林下经济主要包括整地、种苗、抚育、营林管理及相关劳务支出。

(二)生态修复与保护。主要用于退化湿地恢复、湿地物种救护、专项调查、规划编制、科普宣教等所需相关费用;保护区自然资源、社会经济本底和专项调查,以及自然保护区重点保护野生动植物资源及珍稀濒危野生动植物保护和救护及技术培训、科普宣教等所需的相关费用;森林公园林相改造、科普宣教以及技术培训等所需的相关费用;优质林木良种选育、良种基地建设、种质资源保护以及林木良种推广示范林的培育与营建等所需的相关费用。

(三)林业提质增效。主要用于扶持木本油料和竹等特色经济林产业发展、林业科技推广创新及抑螺防病林低效改造试点等支出,包括造林、整地、抚育、林区生产作业道路维修(维护)、水土保持、营林管理与技术培训等所需的相关费用。

(四)森林防火与林业有害生物防治。主要用于森林防火及跨区域生物防火林带建设、森林防火物资储备、森林火灾扑救、森林消防队伍建设和防火演练以及相关设备购置等所需的相关费用;林业有害生物防治设施设备、药械购置以及预测预报等所需的相关费用。

(五)林业资源管理。主要用于森林资源资产和林地保护、森林资源调查与动态监测、木材采伐运输和林地监督管理、森林资源基础数据库等信息化建设及技术应用与推广、退耕还林管理、林业生产典型调查等所需的相关费用。

第十三条 林业专项资金不得用于楼堂馆所建设、管理机构人员经费和日常办公设备购置等与林业专项资金使用范围不符的支出。

第四章 任务申报和资金下达

第十四条 省林业厅于每年4月30日前根据下一年度全省林业发展重点、支出方向以及支持环节下达申报通知。市、县(市、区)林业部门根据通知要求,结合本地区林业发展计划和重点,负责年度任务申报和审核,并于6月30日前将本地林业发展重点、工作任务量和绩效目标以正式文件报省林业厅。

第十五条 省林业厅负责汇总各地上报情况,进行合规性、合理性审核,根据全省林业发展规划统筹全省林业发展布局、重点,确定各地林业工作任务量和支持方向,于9月30日前以正式文件下达各市县,抄送省财政厅。

第十六条 省财政厅会同省林业厅按照省人代会批准的预算,在规定时间内下达林业专项资金。

第十七条 林业专项资金支付严格按照国库集中支付制度等有关规定执行。属于政府采购管理范围的,按照政府采购有关规定执行。

第十八条 省财政厅负责林业专项资金的设立审核、预算安排、审核拨付、绩效管理和监督检查;省林业厅负责林业专项资金的设立申请、资金分配、项目监管、绩效评价和监督检查。省财政厅、省林业厅应主动在门户网站公开林业专项资金政策、分配结果等情况。

第五章 监督管理和绩效评价

第十九条 市、县(市、区)财政、林业部门根据林业专项资金的扶持方向和重点,负责建立项目储备库,完善任务申报、审核、审批程序,从严把握支持项目的审核关。要建立健全监督检查制度,按照“谁用款、谁负责”的原则,落实检查、验收、绩效评价等全过程跟踪管理工作,加强林业专项资金使用和项目实施的监督检查。

第二十条　各地财政、林业主管部门要及时公开林业专项资金政策、分配结果情况等。基层财政、林业站所要公开公示林业专项资金分配方案、项目实施完成情况等。

第二十一条　省财政厅、省林业厅研究制定林业专项资金绩效评价等办法,通过定期和不定期检查,或委托具备资质的第三方中介机构开展检查和绩效评价。检查和绩效评价结果作为下一年度资金分配的重要依据。

第二十二条　对违反林业专项资金使用管理规定,虚报、冒领、截留、挪用、骗取林业专项资金的单位和个人,按照《财政违法行为处罚处分条例》等有关规定依法依纪追究责任。

第六章　附　则

第二十三条　本办法自印发之日起施行。各市、县(市、区)财政、林业部门根据本办法规定,结合当地实际情况,制定实施细则,报省财政厅和省林业厅备案。

第二十四条　省财政厅、省林业厅《安徽省优质林木良种培育推广专项资金管理暂行办法》(财农〔2008〕832 号)、《安徽省生物防火林带项目资金管理办法》(财农〔2010〕1461 号)、《安徽省油茶发展专项资金管理暂行办法》(财农〔2011〕1034 号)、《安徽省农民林业合作组织专项资金管理办法》(财农〔2013〕1249 号)同时废止。《安徽省财政林业补助资金管理办法》(财农〔2015〕49 号)与本文有抵触的,按本文执行。

安徽省财政厅关于印发《安徽省政策性农业保险绩效评价办法》的通知

财金〔2016〕154 号

各市、县财政局,国元农业保险股份有限公司,人保财险安徽省分公司:

根据《安徽省民生工程协调小组办公室关于进一步健全完善民生工程长效机制的通知》(民生办〔2013〕3 号)、《安徽省民生工程协调小组办公室关于进一步加强民生工程绩效评价的通知》(民生办〔2013〕4 号)和农业保险有关文件要求,结合我省工作实际,现对《安徽省政策性农业保险绩效评价办法》进行修订,请遵照执行。

安徽省政策性农业保险绩效评价办法

为全面实施政策性农业保险预算绩效管理,提高财政资金使用效益,扎实做好农业保险绩效评价工作,根据《安徽省民生工程协调小组办公室关于进一步加强民生工程绩效评价的通知》(民生办〔2013〕4 号)和《财政部关于印发〈财政支出绩效评价管理暂行办法〉的通知》(财预〔2011〕285 号)等文件要求,结合我省工作实际,特制定本办法。

一、指导思想

认真贯彻落实《农业保险条例》及我省农业保险工作方针、政策,主动适应发展新常态,坚持问题导向,紧紧围绕“政府引导、市场运作、自主自愿和协同推进”的基本原则,扎实开展农业保险绩效评价,不断总结经验,完善政策,进一步加强和规范农业保险管理,提高财政资金使用效益,促进农业保险健康可持续发展。

二、主要目标

建立健全分工合理、协作有力、运转高效的农业保险工作机制,提高综合投保率(自主自愿基础上)、政策到位率和理赔兑现率,努力提升政策知晓度和满意度,实现“尽可能减轻农民保费负担、尽可能减少农民因灾损失”的目标要求,推动我省政策性农业保险稳步发展。

三、评价原则

坚持日常管理与年终评价相结合原则,及时掌握项目实施动态和补贴政策落实情况;坚持共性与个性相结合原则,既有反映财政资金的共性指标,又有体现农业保险工作实际的个性指标;坚持突出重点与客观公正原则,精心选取评价指标,以数字说话,重点评价项目实施情况。

四、评价对象和指标

绩效评价的对象是 16 个市和 2 个省直管县的农业保险项目。进一步简化绩效评价指标体系,评价指标包括:综合投保率、资金到位率、资金拨付率、理赔兑现率和日常管理。

五、评价方式和时间

绩效评价由省财政厅金融处负责实施。年度终了后一个月内,根据评价指标体系,计算得出最终评价结果。

六、有关要求

各级、各部门和保险经办机构要高度重视政策性农业保险绩效评价,把准工作用力方向,提高工作时效,抓好政策落实。绩效评价结果,将作为各地年度评价的重要内容。

安徽省财政厅关于印发《安徽省新型农民培训民生工程奖补资金管理细则》《安徽省农产品安全民生工程奖补资金管理细则》的通知

财农〔2016〕609号

各市、县(区)财政局:

为规范新型农民培训民生工程奖补资金和农产品安全民生工程奖补资金管理,提高资金使用效益,现将《安徽省新型农民培训民生工程奖补资金管理细则》《安徽省农产品安全民生工程奖补资金管理管理细则》印发给你们,请遵照执行。

安徽省新型农民培训民生工程奖补资金管理细则

第一条　为规范和加强新型职业农民培训民生工程奖补资金管理,提高资金使用效益,根据财政专项资金管理和《新型农民培训工程实施方案》有关规定,制定本管理细则。

第二条　本细则所称新型职业农民培训民生工程奖补资金(以下简称"农民培训奖补资金"),是指省以上财政预算安排,专项用于支持生产经营型职业农民培训、专业技能型职业农民培训、专业服务型职业农民培训和新型农业经营主体农产品电商人才培训。

省以上农民培训奖补资金,不得用于工作经费等管理性支出。

第三条　奖补对象与标准。省级财政对按照《新型农民培训工程实施方案》实施新型农民培训的市、县(区)给予奖补,具体奖补标准为:生产经营型职业农民培训人均奖补3000元、专业技能型和专业服务型职业农民培训人均奖补1000元,电商人才培训人均奖补2000元。

第四条　省财政厅根据年度全省新型职业农民培训民生工程奖补资金预算、年度培训任务和实施绩效等,将省以上财政奖补资金切块下达市、县(区)。

第五条　市、县(区)财政部门根据省下达的培训任务和农业主管部门对本地区新型农民培训工作考核验收等情况,按照财政国库管理制度的有关规定,及时将省级奖补资金拨付到培训机构。省级奖补资金不足的,由市、县(区)自行安排解决;资金节余的,市、县(区)继续用于新型职业农民培训。

第六条　市、县(区)财政部门要积极协助农业主管部门按规定做好培训机构遴选、培训内容安排和培训质量评估等相关工作,提高新型职业农民培训绩效。

第七条　市、县(区)财政、农业主管部门要切实加强对新型职业农民培训民生工程奖补资金使用管理的监督检查,确保专款专用,发挥资金使用效益。农业主管部门要建立培训质量随机抽检机制和暗访机制,并将抽检和暗访结果作为对培训机构考核的重要内容,对违反规定的培训机构,严肃处理,收回补助资金直至取消培训资格。

第八条　市、县(区)财政、农业主管部门要自觉接受审计、监察等部门的监督检查。任何地方、单位和个人不得截留、挤占、挪用新型职业农民培训民生工程奖补资金。违反规定的,依照《财政违法行为处罚处分条例》(国务院令第427号)及有关规定,严肃处理。

第九条　市、县(区)可根据本细则,结合实际,制定具体操作细则。

安徽省农产品安全民生工程奖补资金管理细则

第一条　为规范和加强农产品安全民生工程专项资金管理,提高资金使用效益,根据财政专项资金管理和《农产品安全工程实施方案》有关规定要求,制定本管理细则。

第二条 本细则所称农产品安全民生工程专项资金(以下简称“农产品安全工程资金”),是指省级财政预算安排,专项用于全省乡镇农产品质量安全快速检测和质量安全认证体系建设的资金。

第三条 农产品安全工程资金使用范围。

(一)农产品安全快速检测体系建设:

1.乡镇站农残快速检测系统建设;

2.畜产品重点乡镇兽残和抗生素残留快检系统建设;

3.水产品重点乡镇水产品药残快速检测系统建设。

(二)农产品质量安全认证体系建设:

1.无公害农产品认证;

2.绿色食品认证;

3.有机农产品认证;

4.农产品地理标志登记。

第四条 奖补对象和奖补标准。

(一)奖补对象。省级财政对新建农产品安全快速检测体系且验收合格的县,以及获得相关农产品质量安全认证的企业给予奖补。

(二)奖补标准

1.农产品安全快速检测体系建设。对县乡建立快速检测体系,省财政按每套系统给予5万元奖补。对检测体系已健全的,省级补助资金通过政府购买服务方式按检测量用于支付检测费用。但不得用于一般性的工作管理经费支出。

2.农产品质量安全认证体系建设。(1)对无公害农产品认证获证企业(含复查换证),每个企业奖补3万元;(2)对绿色食品标志使用权获证企业(含续展),每个企业奖补4万元;(3)对有机农产品认证新获证企业,每个企业奖补4万元,再认证企业,每个企业奖补1万元;(4)对农产品地理标志获证企业,每个企业奖补10万元。(5)同一基地获得多项认证的,实行就高奖补原则,不重复奖补。

第五条 省财政厅根据年度全省农产品安全民生工程奖补资金预算、年度任务和实施绩效等,将省以上财政奖补资金切块下达市、县(区),其中:农产品认证体系专项资金采取先预拨到市,由市根据所辖县(市)、区企业获证情况,将资金下达县(市)、区,省财政根据各市获证情况,与市进行清算。

第六条 市、县(区)财政部门,根据省下达的农产品安全工程建设任务和农业主管部门对本地区农产品安全工程项目考核验收等情况,按照财政国库管理制度有关规定,及时拨付资金,其中:农产品认证体系专项资金,由市、县(区)根据企业获证情况和奖补标准,将资金直接拨付到有关企业。

第七条 鼓励市、县(区)通过市场化机制,引进符合检测资质和检测条件的检测企业,开展快速检验工作。

第八条 省财政厅会同省农委,加强对农产品安全民生工程专项资金的绩效考核,并将绩效考核结果作为以后年度项目实施安排和资金分配的重要因素。市、县(区)财政、农业主管部门要切实加强对农产品安全民生工程专项资金使用管理的监督检查,确保专款专用,发挥资金使用效益。

第九条 市、县(区)财政、农业主管部门要自觉接受审计、监察等部门的监督检查。任何地方、单位和个人不得截留、挤占、挪用农产品安全工程专项资金。违反规定的,依照《财政违法行为处罚处分条例》(国务院令第427号)及有关规定,严肃处理。

第十条 市、县(区)可根据本细则,结合实际,制定具体操作细则。

安徽省财政厅 安徽省科技厅 安徽省经济和信息化委 安徽省发展改革委 安徽省能源局关于印发《安徽省“十三五”新能源汽车充电基础设施奖补及加强新能源汽车推广应用办法》的通知

财建〔2016〕642号

各市财政局、科技局、经济和信息化委、发展改革委、能源局:

为加快推动新能源汽车充电基础设施建设,培育良好的新能源汽车应用环境,根据《财政部 科技部 工业和信息化部 发展改革委 国家能源局关于“十三五”新能源汽车充电基础设施奖补及加强新能源汽车推广应用的通知》(财建〔2016〕7号)等有关文件,我们制定了《安徽省“十三五”新能源汽车充电基础设施奖补及加强新能源汽车推广应用办法》,现印发给你们,请遵照执行。

安徽省“十三五”新能源汽车充电基础设施奖补及加强新能源汽车推广应用办法

根据《财政部 科技部 工业和信息化部 发展改革委 国家能源局关于“十三五”新能源汽车充电基础设施奖补及加强新能源汽车推广应用的通知》(财建〔2016〕7 号)等有关文件,2016—2020 年中央财政将继续安排资金对充电基础设施建设、运营给予奖补。为加快推动新能源汽车充电基础设施建设,培育良好的新能源汽车应用环境,特制定本办法。

一、奖补对象

中央财政充电基础设施建设运营奖补资金是对充电基础设施配套较为完善、新能源汽车推广应用规模较大的省(区、市)政府的综合奖补。省级将新能源汽车推广应用任务分解各市,并在中央补助资金额度内对各市新能源汽车充电基础设施给予综合奖补。

二、奖补条件

(一)各市应达到推广规模。各市新能源汽车推广要具备一定数量规模,应用状态良好。各市推广规模根据年度实际推广情况实行年度调整,未达到年度推广标准的地区将不安排奖补资金。各市新能源汽车推广量根据区域情况作如下规定:

2016—2020 年新能源汽车(标准车)推广数量及奖励资金测算基数详见附件 2,奖励基准标准为每标台 3000 元,并实行退坡;推广的新能源汽车数量占本地区新增及更新汽车总量比例不低于 1.5%、2%、3%、4%、5%。超出部分按每辆一定标准增加奖励,超出部分奖励资金不超过年度补助资金的 30%。

新能源标准车推广数量以纯电动乘用车为标准进行计算,其他类型新能源汽车按照相应比例进行折算(折算关系见附件 1)。驻肥以外省直单位推广量纳入属地统计。

(二)配套政策科学合理。各市要切实加强组织领导,建立新能源汽车推广应用工作推进机制。按照有关要求,结合本地实际,编制 2016—2020 年新能源汽车推广应用实施方案,切实履行政府应承担的职责,制定出台充电基础设施建设运用管理办法和地方管理政策,并向社会公布,加快形成适度超前、布局合理、科学高效的充电基础设施体系。

(三)市场公平开放。要严格执行国家统一的新能源汽车推广目录,不得设置或变相设置障碍限制采购外地品牌车辆;不得设置或变相设置障碍限制外地充电设施建设、运营企业进入本地市场;要严格执行全国统一的新能源汽车和充电设施国家标准和行业标准,不得自行制定地方标准;不得对新能源汽车进行重复检测、强制要求汽车生产企业在本地设厂、强制要求整车企业采购本地生产的电池、电机等零部件。

三、奖补方式和标准

奖补资金主要根据各市新能源汽车推广数量,分年度设定各市奖励资金基数,具体标准见附件 2。省财政每年按照中央奖补资金额度和附表 2 规定的奖励资金作为测算基数,同比例测算各市实际奖补资金额度。

四、奖补资金使用范围

奖补资金应当专门用于支持充电设施建设运营、改造升级、充换电服务网络运营监控系统建设等相关领域。各市应充分利用财政资金杠杆作用,调动包括政府机关、街道办事处和居委会、充电设施建设和运营企业、物业服务等在内的相关各方积极性,对率先开展充电设施建设运营、改造升级、解决充电难题的单位给予适当奖补,并优先用于支持《国务院办公厅关于加快电动汽车充电基础设施建设的指导意见》(国办发〔2015〕73 号)确定的相关重点任务。

奖补资金不得用于平衡地方财力,不得用于新能源汽车购置补贴和新能源汽车运营补贴。纳入奖补范围的充电设施应符合国家和行业相关标准。

中央和省有关单位及所属公共机构应同等享受各市政府对本地区公共机构的奖补标准。

五、资金申请和下达

(一)每年 1 月底前,各市财政、科技、经济和信息化、发展改革、能源等部门,编制奖补资金申请报告,联合上报至省财政厅、省科技厅、省经济和信息化委、省发展改革委、省能源局。申请报告应包括:各市上年度新增和更换的所有车辆数;上年度新能源汽车实际推广情况,并按要求折算成标准车;车辆推广相关证明材料,包括车辆销售发票、车辆注册登记信息、相关技术参数等。

(二)各市要确定新能源汽车推广应用和充电基础设施工作主管部门,加强对新能源汽车生产企业实际推广量和本地区新能源汽车实际推广量初审工作,并按规定组织申报工作。省财政厅会同省科技厅、省经济和信息化委、省发展改革委、省能源局根据各市上报情况,牵头向五部委申请奖励资金。

六、监督管理

(一)各市财政、科技、经济和信息化、发展改革、能源等部门要对本地区申报材料的真实性、准确性负责,并加强充电基础设施建设运营奖补资金使用的监督管理。对弄虚作假、违规使用资金的地区,将追缴扣回奖补资金。

(二)各市要建立新能源汽车充电基础设施统计监测体系,出台奖补资金分配细则,资金分配可考虑充电基础设施建设规模、实际充电量等因素。

(三)建立信息上报和公示制度。各市要建立车辆推广和充电基础设施建设情况上报制度,按月报送新能源汽车推广、充电设施数量情况等信息,并于月度结束后10个工作日内逐级上报至五部门。年度结束后15天内,各市应将上一年度车辆推广情况、基础设施建设情况及充电基础设施奖补资金使用情况自查报告上报至省有关部门。

本政策执行期限为2016—2020年。

附件(略)

安徽省财政厅 安徽省交通运输厅关于印发《安徽省公共交通示范城市专项资金管理暂行办法》的通知

财建〔2016〕682号

各市、县(区)财政局、交通运输局:

为贯彻落实《国务院关于城市优先发展公共交通的指导意见》(国发〔2012〕64号)、《安徽省人民政府办公厅关于大力倡导低碳绿色出行的指导意见》(皖政办〔2014〕第41号)等有关文件精神,从2016年起,省财政设立公共交通示范城市专项资金,用于引导城市政府优先发展公共交通,提高政府基本公共服务水平。为规范资金管理,省财政厅、省交通运输厅联合制定了《安徽省公共交通示范城市专项资金管理暂行办法》,现印发给你们,请遵照执行。

安徽省公共交通示范城市专项资金管理暂行办法

第一章 总 则

第一条 为规范公共交通示范城市专项资金管理,提高财政资金使用效益,根据《安徽省人民政府办公厅转发省财政厅关于规范财政资金管理若干意见的通知》(皖政办〔2009〕18号)和《安徽省人民政府办公厅关于印发安徽省财政厅一般性转移支付资金管理办法和安徽省省级财政专项资金管理办法的通知》(皖政办〔2014〕29号)的有关要求,制定本办法。

第二条 本办法所称公共交通示范城市专项资金(以下简称专项资金),是指省财政预算安排的,专项用于支持市、县(市、区)(以下统称"城市")创建"优先发展公共交通示范城市"的补助资金。

第三条 专项资金按照省级引导、市县为主,专家评审、公平公正、专款专用、注重绩效的原则进行管理。

第四条 城市人民政府是创建"优先发展公共交通示范城市"的投入主体,创建工作所需资金主要由城市人民政府负责筹集和管理,省财政给予适当补助。

第二章 项目申报和项目确定

第五条 专项资金补助对象为纳入省级"优先发展公共交通示范城市"创建工作的城市政府。

第六条 专项资金实行申报制。省交通运输厅、省财政厅根据城市人民政府申报情况,优先选择公共交通需求量大、公共交通发展水平较高、政府有明确扶持政策的城市作为支持对象。示范城市申报条件如下:

(一)编制了城市公共交通发展规划。

(二)有明确的扶持政策。城市政府出台了针对公共交通发展的政策性文件,或制定了促进公共交通发展的专项行动计划。城市人民政府对发展公共交通有明确、可靠的资金投入渠道和保障机制。

已经列入国家"公交都市"创建的城市,不再申报省级公共交通示范城市专项资金。

第七条 申报程序。

(一)城市申请。每年10月底前,申报城市组织编制"优先发展公共交通示范城市"创建实施方案,并经城市人民政府签署相关意见后报省交通运输厅。主要内容包括:城市公共交通发展现状、创建工作建设目标、建设重点、保障措施、投资预算、融资方案、进度安排、地方政府各有关部门的责任分工,以及需要省级协调、支持的事项等,要求重点工作突出,年度任务明确。

(二)择优选择。每年11月底前,省交通运输厅会同省财政厅组织专家,对各申报城市创建实施方案进行综合评审,并根据评审情况提出审查和指导意见。创建城市按照审查和指导意见对创建方案进行修改完善,经城市人民政府同意后报省交通运输厅、省财政厅审定。

(三)签署协议。省交通运输厅与创建城市人民政府签订《共建省级"优先发展公共交通示范城市"合作框架协议》,启动创建工作。协议中包括建设目标、建设重点、支持政策、保障措施和相关各方的责任分工等内容。

第三章　资金分配和使用管理

第八条　专项资金实行定额补助,原则上每个省辖市在创建期内补助不超过4000万元,每个县城在创建期内补助不超过1000万元。

第九条　专项资金使用范围:

(一)支持公共交通基础设施建设项目。主要是停保场、枢纽站、首末站等基础设施建设。

(二)支持公共交通车辆购置。优先支持新能源车辆的购置。

(三)支持公共交通信息化建设及升级。

不得用于人员工资福利和办公经费等其他支出。

第十条　每年11月份,省交通运输厅根据专家综合评审意见和省交通运输厅、省财政厅审定结果,提出下一年度专项资金分配方案建议,商省财政厅确定下一年度专项资金分配方案。

第十一条　省财政厅根据年度专项资金分配方案,通过专项转移支付将预算指标下达城市政府财政部门。

第十二条　创建城市所在地财政部门会同当地交通运输部门,根据专项资金支出范围、工程预算和建设进度等因素,按照国库集中支付等有关规定及时核拨资金。

第十三条　公共交通示范城市需跨年度建设的,专项资金可按规定结转下一年度继续使用。

第四章　监督检查

第十四条　纳入省级"优先发展公共交通示范城市"创建的市、县财政、交通运输部门,要切实加强专项资金管理,明确资金支出范围、审批程序、使用管理和监督检查等要求,确保专款专用。

第十五条　各有关城市财政、交通运输部门要加强内部管理制度建设,自觉接受审计、监察等部门对专项资金使用情况的监督检查,接受社会监督。

第十六条　创建城市应根据创建方案及省市、县共建协议,按期完成年度创建目标和工作任务,并于每年3月10日前将上一年度工作和专项资金绩效自评结果上报省交通运输厅和省财政厅(自评表格式详见附件)。省交通运输厅、省财政厅将对各创建城市实施考核和组织绩效评价,考核评价结果作为后续项目安排和资金分配的重要依据。

第十七条　对违反相关规定使用专项资金的单位和个人,将按照《财政违法行为处罚处分条例》严肃处理。

第五章　附　则

第十八条　本办法由省财政厅、省交通运输厅负责解释。

第十九条　本办法自印发之日起执行。

附表(略)

安徽省财政厅 安徽省交通运输厅 安徽省扶贫开发领导小组办公室 安徽省发展改革委员会关于印发《安徽省农村道路畅通工程专项资金管理办法》的通知

财建〔2016〕686号

各市、县(市、区)财政局、交通运输局、扶贫办、发展改革委:

省政府决定,从2016年起,用3年时间,在全省实施农村道路畅通工程。为规范和强化农村道路畅通工程专项资金管理,切实做好农村道路畅通工程建设资金筹集和保障工作,我们研究制定了《安徽省农村道路畅通工程专项资金管理办法》,现印发给你们,请遵照执行。

安徽省农村道路畅通工程专项资金管理办法

第一章 总 则

第一条 为规范农村道路畅通工程专项资金筹集、整合、分配、下达和使用管理，切实做好农村道路畅通工程建设资金保障工作，根据《安徽省人民政府关于实施农村道路畅通工程的意见》（皖政〔2015〕133号）、《安徽省人民政府办公厅转发省财政厅关于规范财政资金管理若干意见的通知》（皖政办〔2009〕18号）和《安徽省政府办公厅关于印发安徽省财政厅一般性转移支付资金管理办法和安徽省省级财政专项资金管理办法的通知》（皖政办〔2014〕29号）以及《国家以工代赈管理办法》（国家发展和改革委员会令第19号）等有关规定，制定本办法。

第二条 本办法所称农村道路畅通工程专项资金（以下简称专项资金），是指中央和省财政安排的用于农村道路畅通工程建设补助资金，包括中央和省财政安排的专项补助资金以及中央财政预算内以工代赈资金，省交通运输厅、省扶贫开发领导小组办公室整合安排用于农村道路畅通工程建设的专项资金。

第三条 专项资金按照下列原则进行管理：

（一）计划引领原则。省交通运输厅牵头制定农村道路畅通工程总体和分年度、分市县（区）建设资金需求方案，提出筹资规模为做好农村道路畅通工程资金保障工作提供依据。

（二）统筹整合原则。对中央和省财政专项补助资金、中央财政预算内以工代赈资金，以及省交通运输厅、省扶贫办从部门预算中整合安排的专项资金实行统筹安排、统一分配、分别下达，由市、县（市、区）统筹用于农村道路畅通工程建设。

（三）多元融资原则。中央和省补助资金分5年安排，市、县（市、区）在落实本级政府投入资金的基础上，要通过“一事一议”等渠道多元化筹措建设资金。对完成年度建设任务所需资金缺口部分，充分利用政策性融资贷款及其他银行贷款等渠道筹资，确保工程建设资金需要。

第四条 省交通运输厅牵头，会同省财政厅、省扶贫办、省发展改革委制定总体及分年度、分市县（市、区）项目建设计划和资金需求方案，指导督促各地做好农村道路畅通工程建设工作。

省财政厅牵头，会同省交通运输厅、省扶贫办、省发展改革委负责中央和省补助资金筹集、拨付工作，并指导市、县（区）财政等有关部门做好资金监管工作。省交通运输厅、省扶贫办、省发改委负责做好整合资金分配方案报送工作，确保省级补助资金及时落实到位。

第二章 补助范围和标准

第五条 补助范围。专项资金用于实施县级公路畅通工程，对现有公路进行升级改造或路面改善；实施乡级公路畅通工程，对现有公路进行路面改善；实施老村级道路加宽改造工程，完成交通运输部认定的建制村优先通达路线窄路面拓宽改造任务；实施撤并建制村路面硬化工程，完成交通运输部认定的撤并建制村路面硬化任务；实施贫困村内较大自然村道路硬化工程，每个较大自然村硬化一条从村口到既有农村公路的最短捷连通道路。

第六条 补助标准。

（一）县乡公路畅通工程。

县级公路畅通工程，中央和省补助资金合计按一般地区60万元/公里、省级贫困县70万元/公里、国家级贫困县80万元/公里予以定额补助，其余资金由市、县（市、区）政府负责筹集，市、县（市、区）政府出资比例由各市政府自行确定。

乡级公路畅通工程，中央和省补助资金合计按一般地区40万元/公里予以定额补助，省级贫困县、国家级贫困县补助标准分别提高15%和20%，其余资金由市、县（市、区）政府负责筹集，市、县（市、区）政府出资比例由各市政府自行确定。

（二）乡村道路畅通工程。

老村级道路加宽改造工程，中央和省补助合计按一般地区10万元/公里予以定额补助，省级贫困县、国家级贫困县补助标准分别提高15%和20%，其余资金由县级人民政府负责筹集。

撤并建制村路面硬化工程，中央和省补助合计按一般地区20万元/公里予以定额补助，省级贫困县、国家级贫困县补助标准分别提高15%和20%，其余资金由县级人民政府负责筹集。

贫困村内较大自然村道路硬化工程，中央和省补助资金合计按一般地区20万元/公里予以定额补助，省级贫困县、国家级贫困县补助标准分别提高15%和20%，其余资金由县级人民政府负责筹集。

第三章 资金拨付和使用要求

第七条 每年初,省交通运输厅会同省财政厅、省扶贫办、省发展改革委印发本年度中央和省补助资金安排方案,作为省有关部门下达补助资金和市、县(市、区)落实整合相关建设资金的依据。

第八条 省财政厅会同省交通运输厅、省扶贫办、省发展改革委,根据本年度中央和省补助资金安排方案将省以上安排的农村道路畅通工程补助资金下达市、县(市、区)财政部门。

第九条 每月初,市、县(市、区)交通运输部门根据农村道路畅通工程建设资金预算和施工进度,编制当月用款计划报同级财政部门。市、县(市、区)财政部门根据工程建设资金预算及实施进度,及时核拨资金。

第十条 市、县(市、区)政府有关部门对当年建设资金缺口部分,要充分利用农发行、国开行贷款和其他渠道筹集资金,确保建设资金需要。

第十一条 在农村道路畅通工程建设任务和资金需求方案范围内,“十三五”期间中央和省财政安排的专项补助资金,可以统筹用于农村公路畅通工程建设或归还实施该项工程所产生的借款。

第四章 资金管理和监督

第十二条 各市、县(市、区)要建立健全农村道路畅通工程建设专项资金管理制度,明确资金使用范围、核拨流程、财务公开、监督管理等具体要求,并自觉接受财政、审计部门的监督检查。

第十三条 中央和省级补助资金必须全额用于工程直接费用,严禁截留、挤占、挪用。擅自改变资金用途,违规行为一经查实,除收回全部资金外,将按照《财政违法行为处罚处分条例》(国务院令第427号)的规定严肃处理。

第十四条 省交通运输厅牵头,会同省财政厅、省扶贫办、省发展改革委共同开展农村道路畅通工程专项资金绩效评价工作,重点评估农村道路畅通工程的效益指标,形成年度绩效评价报告,按规定时限报省民生工程办公室。

第五章 附 则

第十五条 本办法由省财政厅、省交通运输厅、省扶贫办、省发展改革委负责解释。

第十六条 本办法自印发之日起施行。

安徽省财政厅 安徽省扶贫办 安徽省发展改革委关于印发《安徽省财政扶贫资金管理办法》的通知

财农〔2016〕716 号

各市、县(市、区)人民政府:

为进一步加强财政扶贫资金使用管理,提高财政扶贫资金使用效益,安徽省财政厅、安徽省扶贫办、安徽省发展改革委制定了《安徽省财政扶贫资金使用管理办法》,经省政府同意,现印发给你们,请严格遵照执行。

安徽省财政扶贫资金管理办法

第一章 总 则

第一条 为加强财政扶贫资金管理,提高资金使用效益,根据《中共安徽省委安徽省人民政府关于坚决打赢脱贫攻坚战的决定》(皖发〔2015〕26 号)、《财政部发展改革委国务院扶贫办关于印发〈财政专项扶贫资金管理办法〉的通知》(财农〔2011〕412 号)和《安徽省人民政府办公厅关于财政支持脱贫攻坚实施意见等两个脱贫攻坚配套文件的通知》(皖政办〔2016〕8 号)等精神,结合我省实际,制定本办法。

第二条 本办法所指扶贫对象是指根据中央和省扶贫标准识别认定的建档立卡贫困村和贫困户。

本办法所指财政扶贫资金,包括各级财政预算安排的专项扶贫资金,统筹整合用于脱贫攻坚的其他涉农专项资金、地方政府债券资金(不含置换债券资金)以及清理收回的财政存量资金。

第二章 资金预算与分配

第三条 省级财政专项扶贫资金由省财政列入年度预算,根据脱贫攻坚工作需要和当年地方财政收入情况逐年增加。

市、县级财政根据各地脱贫攻坚工作需要和当年地方财政收入情况,每年预算安排一定规模的财政专项扶贫资金,资金规模与脱贫攻坚任务相匹配。有关资金投入情况作为绩效评价的重要因素。

第四条 省以上财政专项扶贫资金主要投向国家和省确定的连片特困地区和扶贫开发工作重点

县、贫困村和贫困户，其中新增部分重点用于国家和省确定的连片特困地区和革命老区。

其他行业主管部门安排的涉农专项资金，在政策允许前提下，优先投向贫困地区和贫困对象，加大对贫困地区和贫困对象支持力度。

第五条 省以上财政扶贫资金主要按照因素法进行分配。资金分配因素主要包括贫困人口数、贫困村数、农村居民可支配收入、地方人均财力、贫困发生率等客观因素和政策性因素。客观因素指标取值主要采用统计、扶贫、财政等有关部门提供的数据。政策性因素主要参考国家和省扶贫开发政策、省对各地扶贫工作考核及财政扶贫资金使用管理绩效评价情况等。

第六条 财政扶贫资金由扶贫部门会财政部门统筹提出分配意见，报同级扶贫开发领导小组审定。在脱贫攻坚阶段，各行业主管部门安排涉农专项资金时，要主动商同级扶贫、财政部门提出分配意见。所有投向贫困地区、用于扶贫项目、落实到贫困人口的涉农资金，都要纳入扶贫资金严格管理。

第三章 资金使用与拨付

第七条 各地按照国家和省扶贫开发政策要求，结合当地脱贫攻坚工作实际，紧密围绕促进减贫的目标，因地制宜确定财政扶贫资金使用范围。各地确定的财政扶贫资金使用范围必须遵循如下基本方向：

（一）产业脱贫。支持开展特色种养业扶贫、光伏扶贫、乡村旅游扶贫、商贸流通扶贫、电商扶贫、资产收益扶贫等。

（二）就业脱贫。支持扶贫对象职业技能培训，支持对扶贫对象进行“工学一体”就业就学补助、劳务信息服务，实施“雨露计划”等。

（三）易地扶贫搬迁。为符合条件的搬迁户提供建房、生产、创业贴息贷款支持，支持搬迁集中安置区基础设施和公共服务设施建设等。

（四）生态保护脱贫。支持重点生态功能区生态保护修复，防灾减灾避灾，传统村落保护，农村人居环境改善等。

（五）智力扶贫。支持贫困地区落实教育资助政策，改善办学条件，支持农村贫困地区科技扶贫和公共文化服务体系建设等。

（六）社保兜底脱贫。支持扶贫线和低保线“两线合一”，留守儿童、妇女、老人和残疾人关爱服务体系建设，贫困户危房改造等。

（七）健康脱贫。支持贫困地区基本医疗卫生服务体系建设，公共卫生服务项目实施，对贫困人口参加新型农村合作医疗个人缴费部分予以财政补贴等。

（八）基础设施建设扶贫。支持贫困地区农村道路畅通工程、水利建设扶贫工程、农村电网改造升级工程和贫困地区农村信息化建设，革命老区和少数民族聚居地区基础设施建设和民生工程建设等。

（九）金融扶贫。支持开展扶贫小额贷款财政贴息，扶贫小额贷款保证保险补助，农民资金互助组织培育，设立扶贫融资担保机构或扶贫贷款风险补偿基金等。

（十）社会扶贫。支持“单位包村、干部包户”和驻村扶贫工作队定点帮扶，扶贫社会众筹网络平台建设等。

第八条 财政扶贫资金不得用于下列各项支出：

（一）行政事业单位基本支出。

（二）各种奖金、津贴和福利补助。

（三）弥补企业亏损。

（四）修建楼、堂、馆、所、服务大厅、镇（村）文化室、活动室等。

（五）弥补预算支出缺口和偿还债务。

（六）大中型基本建设项目。

（七）交通工具及通讯设备。

（八）城市基础设施建设和城市扶贫。

（九）企业担保金。

（十）其他与本办法第七条使用规定不相符的支出。

第九条 各县（市、区）要拓宽扶贫开发投入渠道，统筹各类涉及民生的专项转移支付资金，整合用于脱贫攻坚“十大工程”建设。对上级有关部门下达的项目资金，需要对项目规模或内容进行调整的，由县相关主管部门会同扶贫部门向当地人民政府提出申请，并报上级有关主管部门备案。

县级扶贫部门负责根据当地扶贫开发规划，制定扶贫资金整合方案，经同级扶贫开发领导小组审定后组织落实。各级扶贫、财政部门加强对资金统筹整合的督促指导、跟踪协调、统计报送和考核通报。各行业主管部门根据资金整合方案的要求落实项目资金，并送同级扶贫、财政部门备案。财政部门负责按照确定的资金整合方案和相关规定核拨下达资金。

第十条 省财政厅在省扶贫开发领导小组批准年度资金分配方案后,及时将中央和省财政专项扶贫资金下达到有关县(市、区),同时抄送市级财政部门。

第十一条 财政专项扶贫资金实行项目管理制度,有关项目主管部门要建立健全扶贫项目库,做到资金到项目、管理到项目、核算到项目。要简化操作流程,按照项目实施进度,及时办理资金支付手续。对事关民生或季节性强的重大扶贫项目,应当根据项目用款需要和相关主管部门审核意见预拨资金,确保项目顺利实施。

第十二条 财政扶贫资金拨付使用严格执行国库集中支付和政府采购等有关规定。

第四章 资金管理与监督

第十三条 各级财政、扶贫等部门要建立健全规范的扶贫资金分配、管理和使用制度体系,主动履行监管职责,加强协调配合和信息共享,对扶贫项目资金实行全程动态管理。

扶贫部门负责根据扶贫资金预算,制定资金统筹分配使用方案,指导监督扶贫项目实施,加强项目绩效管理。

发展改革部门、扶贫部门牵头负责制定易地扶贫搬迁资金分配方案。

相关行业主管部门按照项目资金管理权限,负责制定本单位统筹资金支持脱贫攻坚的具体方案,加强项目实施及资金使用管理,充分发挥资金使用效益。

财政部门负责根据本地脱贫攻坚工作需要,制定资金筹措方案,落实本级财政专项扶贫投入,严格财政资金监管。

审计部门负责牵头组织开展扶贫资金专项审计,及时向同级人民政府报告审计结果。

各级财政和相关部门要加强对财政扶贫资金和项目的监督检查,配合审计、纪检、监察部门做好资金和项目的审计、检查等工作。

第十四条 各级扶贫部门应及时向同级财政部门提交财政扶贫资金年度使用计划。财政扶贫资金年度使用计划、支持项目和资金额度要及时公告、公示,接受社会监督。对个人补贴类资金,实行乡村两级公开;对工程项目类资金,实行县、乡、村三级公开。

第十五条 财政扶贫资金使用管理实行绩效评价制度,具体方案由扶贫部门商财政等相关部门制定。绩效评价结果与扶贫资金安排相挂钩,实行奖优罚劣。各地扶贫资金使用管理情况的财政、审计检查结果等,作为绩效评价的重要参考依据。

第十六条 建立财政专项扶贫资金约谈机制,对未按规定比例安排专项扶贫资金、未按要求统筹整合扶贫资金的市县,省扶贫办会同省财政厅对有关市县政府负责人进行约谈。

第十七条 按照“六个精准”“五个一批”要求,确保扶贫资金使用效率。对市县滞留1年以上的省以上财政预算扶贫资金,由省扶贫办商财政厅收回另行安排。对当年财政扶贫资金结转结余率较大的市县,省财政在分配下一年度财政专项扶贫资金时按比例扣减预拨资金。

第十八条 对违反本办法规定,虚报、冒领、截留、挤占、挪用财政扶贫资金的单位和个人,按照《财政违法行为处罚处分条例(国务院令第427号)》有关规定处理、处罚、处分。

第五章 附 则

第十九条 各地根据本办法,结合本地实际制定具体实施办法。

第二十条 本办法由省财政厅会同省扶贫办、省发展改革委负责解释。

第二十一条 本办法自颁布之日起执行。

安徽省财政厅 安徽省经济和信息化委员会关于印发《安徽省云计算大数据产业发展专项资金使用管理暂行办法》的通知

财企〔2016〕862号

各市、县财政局、经信委:

为支持促进我省云计算产业发展,规范云计算大数据产业发展专项资金的管理和使用,切实保障资金使用科学合理和提高资金使用效益,省财政厅、省经济和信息化委员会制定了《安徽省云计算大数据产业发展专项资金使用管理暂行办法》,现印发给你们,请遵照执行。

安徽省云计算大数据产业发展专项资金使用管理暂行办法

第一章 总 则

第一条 根据《安徽省人民政府关于促进云计算创新发展培育信息产业新业态的实施意见》(皖政〔2015〕84 号)、《安徽省人民政府办公厅关于印发〈安徽省财政一般性转移支付资金管理办法〉和〈安徽省省级财政专项资金管理办法〉的通知》(皖政办〔2014〕29 号)等有关规定,为支持促进我省云计算产业发展,规范云计算大数据产业发展专项资金的管理和使用,切实保障资金使用科学合理和提高资金使用效益,制定本办法。

第二条 本办法所指安徽省云计算大数据产业发展专项资金(以下简称“专项资金”)是指省级财政预算安排的专项支持云计算大数据产业及相关新业态的培育,云计算数据收集、处理、分析等产品研发设计、应用开发及解决方案、服务平台建设,以及云计算大数据产业集聚及市场化推进的财政性资金。

第三条 专项资金由省财政厅、省经济和信息化委员会(以下简称“省经信委”)安排使用。资金使用遵循突出重点、支持创新、注重实效、公开、公平、公正的原则。

第四条 专项资金纳入安徽财政涉企项目资金管理信息系统管理。同一项目单位或同一法人代表企业同一年度只能申报一个云计算大数据产业发展类项目,对当年度已通过其他渠道获得中央财政或省财政资金支持的同类项目,不予重复支持。对涉企项目资金管理信息系统出现预警的项目,须分析排查原因,对预警的项目准予继续支持的,须注明核准理由。

第二章 支持范围、方式和标准

第五条 专项资金具体用于支持:

(一)培育市场主体,引进龙头企业,布局产业基地和区域研发中心;培育本土企业,支持有较强实力、有较大潜力的本省软件和信息技术服务企业加快发展。

(二)创新发展模式,支持企业面向金融、交通、医疗、电商、教育、工业等重点领域提供具有行业特点的云计算大数据服务,探索开展云计算大数据产业发展新模式的应用创新,构建云服务生态链。

(三)增强创新服务能力,促进云计算产品安全技术、核心硬件、云集成等重大关键核心技术研发及产业化。

(四)云计算大数据产业中心基地平台建设。

第六条 专项资金主要采取贷款贴息、投资补助和事后奖补等支持方式。

第七条 专项资金支持标准:

(一)对采取银行贷款实施的云计算大数据产业研发项目,贷款贴息的额度,根据项目落实贷款额度及人民银行公布的同期贷款利率、贴息期限不超过 2 年研究确定。

(二)对行业发展提供创新和公共服务的云计算大数据产业中心平台等重大载体项目建设,根据其实际投资额大小,一次性补助 50—200 万元。

(三)对首次进入中国软件业务收入前百家的我省企业、安徽省软件企业 20 强的企业给予一定额度奖励,奖励额度不超过 100 万元。

(四)对其他云计算大数据产业项目,按照项目实际投资额的 10% 进行项目补助,补助额度 50—100 万元。

第三章 资金申报、评审和拨付

第八条 申请专项资金支持的企业须纳入全省云计算大数据统计范畴。同时应具备以下条件:

(一)在安徽省境内注册,成立一周年以上,具有独立法人资格,法人治理结构规范;

(二)以云计算大数据业务及相关业态和服务为主营业务,具备高增长性,主营业务收入占企业营业总收入的比重原则上不低于 50%;

(三)具备一定的创新能力,拥有发明专利、著作权、版权等自主知识产权产品;

(四)产权明晰、管理规范、遵纪守法,内部财务管理制度健全,按国家及省有关规定要求上报企业年度统计报表;

(五)依法纳税,无不良信用记录;

(六)近年来有良好的经营业绩,申请专项资金企业上年末资产负债率不超过 70%;

(七)申请专项资金项目当年没有享受过国家及省有关项目资金支持;

(八)其他应具备的条件。

第九条 企业申请专项资金,需出具由法人代表签字并加盖申报企业公章的《项目申报材料真实性承诺书》(见附件 1),编制资金申请文件,填报专项资金申请表(见附件2)。项目申报需按申报指南要求进行网上申报,营业执照、税务登记证、承诺书由企业扫描上报,原件由企业所在市和直管县工业和信息化主管部门负责审核。附件1、2由省经信委在当年组织项目申报文件中明确。

第十条　专项资金项目申报由省经信委组织开展。凡符合资金申报条件的企业单位,由项目单位提出资金申请报告,按属地管理原则,报项目所在地工业和信息化主管部门。市、县工业和信息化主管部门审核后,逐级报送省经信委。

第十一条　省经信委按照项目申报的相关要求,对各地推荐上报的项目材料进行初审和项目筛查,符合条件的项目提交专家组进行评审。

第十二条　省经信委按照公开、公正、公平的原则,组织专家组对项目进行评审。省经信委纪检监察人员参与评审过程监督。

第十三条　依据专家组评审意见,并通过安徽财政涉企项目资金管理信息系统比对筛选符合要求的项目,按照择优原则,省经信委拟定扶持项目及扶持额度,报省政府同意后,通过门户网站进行公示。公示结束后,依据公示情况,确定最终扶持项目及资金支持额度,行文商请省财政厅拨付资金。

第十四条　省财政厅根据省政府批复意见及省经信委资金拨付申请,按规定及时下达资金。

第四章　职责分工

第十五条　省财政厅负责专项资金的预算安排、资金拨付,对资金使用情况开展监督检查。

第十六条　省经信委负责专项资金的项目申报、专家评审,确定专项资金年度支持重点、审定实施方案、提出资金安排意见,做好项目监管和绩效评价。

第十七条　市县有关部门对本部门资金项目申报文件及材料的真实性等负责,并督促项目申报单位按规定实施。

第十八条　项目申报单位对项目申报资料及项目实施、资金使用、资金绩效负责。

第五章　绩效管理

第十九条　遵循"投资要有效益、产品要有市场、企业要有利润、员工要有收入、政府要有税收"的原则,省经信委根据《安徽省省级财政涉企专项资金绩效管理暂行办法》(财绩〔2014〕1519号)建立专项资金绩效评价制度,明确评价原则、组织实施、评价标准、评价内容、评价方法、指标体系等内容。

第二十条　省经信委不定期对专项资金组织实施绩效评价;各市(直管县)经信委按照要求组织开展项目绩效自评,指导和督促项目申报单位配合开展第三方绩效评价工作。

第二十一条　绩效评价可根据需要通过政府购买服务方式委托第三方机构进行,评价结果作为项目承担单位参与以后年度和其他专项资金竞争性分配的重要参考因素以及专项资金扶持政策调整和预算安排的重要依据。

第六章　监督检查

第二十二条　项目申报单位按规定对项目资金的使用情况进行总结自查,并将总结自查报告报送省经信委。

第二十三条　对专项资金的使用管理实行责任追究制度。对弄虚作假骗取专项资金,截留、挪用、挤占专项资金等违反财经纪律行为,按照《财政违法行为处罚处分条例》(国务院令〔2005〕第427号),追究有关人员的责任,构成犯罪的,移交司法机关追究刑事责任。同时将截留、挪用的资金全部收回省财政。对违反规定的项目单位,列入财政涉企项目资金管理信息系统"黑名单",三年内不得享受财政政策资金扶持。

第二十四条　专项资金接受同级审计部门审计。

第七章　附　则

第二十五条　本办法由省财政厅会同省经信委负责解释。

第二十六条　本办法自2016年7月1日起施行。

附件(略)

安徽省财政厅关于印发《安徽省省级融资担保风险补偿专项基金管理暂行办法》的通知

财金〔2016〕874号

省信用担保集团,各市、县(市、区)财政局:

为进一步完善政策性融资担保风险补偿机制,促进政策性融资担保体系建设,支持小微企业和"三农”融资发展,根据《国务院关于促进融资担保行业加快发展的意见》(国发〔2015〕43 号)、《安徽省人民政府关于金融支持服务实体经济发展的意见》(皖政〔2015〕87 号)、《安徽省人民政府办公厅关于加快政策性融资担保体系建设的指导意见》(皖政办〔2015〕37 号)及《安徽省政策性融资担保风险分担和代偿补偿试点方案》(财金〔2014〕1980 号)等有关规定,我们制定了《安徽省省级融资担保风险补偿专项基金管理暂行办法》。现印发给你们,请遵照执行。

安徽省省级融资担保风险补偿专项基金管理暂行办法

第一章 总 则

第一条 为进一步完善政策性融资担保风险补偿机制,促进政策性融资担保体系建设,支持小微企业和“三农”融资发展,根据《国务院关于促进融资担保行业加快发展的意见》(国发〔2015〕43 号)、《安徽省人民政府关于金融支持服务实体经济发展的意见》(皖政〔2015〕87 号)、《安徽省人民政府办公厅关于加快政策性融资担保体系建设的指导意见》(皖政办〔2015〕37 号)及《安徽省政策性融资担保风险分担和代偿补偿试点方案》(财金〔2014〕1980 号)等有关文件规定,结合我省实际,制定本办法。

第二条 省级融资担保风险补偿专项基金(以下简称省风险补偿基金)主要用于省再担保机构按规定比例承担的本省范围内依法设立的政策性融资担保机构发生的政策性融资担保业务代偿补偿及损失补偿。“税融通”、道德信贷以及按规定批准的其他项目纳入省风险补偿基金支持范围。

第三条 省风险补偿基金遵循“政府监管、市场运作、公平公正、诚实守信”的原则,确保其使用管理规范、安全和高效。

第四条 省信用担保集团承担省再担保机构职能,具体承办省风险补偿基金运营管理工作,对省风险补偿基金实行专户存储、专款专用、封闭运行、单独核算。

第五条 政策性融资担保风险分担和代偿补偿按照《安徽省政策性融资担保风险分担和代偿补偿试点方案》(财金〔2014〕1980 号)、《安徽省中小企业信用担保代偿补偿资金使用管理实施细则》(财企〔2015〕2132 号)及本办法规定执行。

第二章 资金来源

第六条 省风险补偿基金包括省财政预算安排、省风险补偿基金收益、追偿回收款及省再担保机构划转的风险准备金等。省再担保机构收取的再担保费主要用于补充省风险补偿基金,具体划转比例待其恢复收取再担保费后另行制定。

第七条 省财政从政策性融资担保体系建设资金中按规定安排省级融资担保风险补偿专项基金。

第三章 使用管理

第八条 省风险补偿基金支持的政策性融资担保机构应同时具备下列条件:

(一)依法合规经营,加入省再担保体系,开展“4321”政银担合作试点。

(二)被担保企业经营地在本省范围,所担保项目符合国家及我省政策规定,担保方式为融资担保机构为企业融资而提供的担保。

(三)单户企业在保余额一般在 500 万元以下、最高不超过 2000 万元,年化担保费率不超过 1.5%。

(四)市级融资担保机构小微企业担保户数比重不低于 70%、县(市、区)级不低于 90%。

(五)具备较强的经营管理能力,对受保项目具有完善的事前评估、事中监控、事后追偿与处理机制,及时向财政部门及省再担保机构报送财务信息及业务信息。

第九条 符合条件的小微企业担保贷款业务发生代偿,由政策性融资担保机构先予代偿,省再担保机构按规定比例对政策性融资担保机构承担代偿后,省风险补偿基金及中小企业信用担保代偿补偿资金分别按相关规定予以补偿。

第十条 对于单户企业在保余额 500 万元(含)以下的风险补偿,省风险补偿基金按规定给予省再担保机构 20% 补偿,省中小企业信用担保代偿补偿资金按财企〔2015〕2132 号文件规定比例给予政策性融资担保机构补偿。

第十一条 对于单户企业在保余额 500 万元至 2000 万元(含)以下的风险补偿,省风险补偿基金按规定给予省再担保机构 30% 补偿。

第十二条 符合条件的政策性融资担保机构于每月度终了后 10 个工作日内将申报资料报送省再担保机构,申报资料包括但不限于:省风险补偿基金申请书、省风险补偿基金申请项目明细表、代偿企业营业执照、贷款合同、担保合同、银行催款通知、省再担保机构承担的代偿资金进账单(记账联)及其他资料等。其中:代偿企业营业执照、贷款合同、担保合同、银行催款通知等资料如在申请省再担保机构代偿环节已经报送的,由省再担保机构按档案管理相关规定留存备查。

第十三条　省再担保机构在收到政策性融资担保机构的申报资料后10个工作日内对相关资料进行审核,按不低于申报金额的20%比例抽查无误后,于5个工作日内由省风险补偿基金专户向省再担保机构拨付其承担的代偿补偿资金。

第十四条　“税融通”、道德信贷等其他项目风险补偿由相关经办机构参照本办法第十二条规定申报。省再担保机构按照“税融通”、道德信贷等其他项目管理办法及本办法第十三条规定予以补偿。

第十五条　政策性融资担保机构完成《安徽省政策性融资担保机构绩效考核评价暂行办法》(财金〔2015〕1193号)规定目标任务的,省风险补偿基金在同等条件下优先给予风险补偿。

第十六条　对企业确因经营困难无法及时还款发生的代偿,由政策性融资担保机构会同合作银行进行追偿,追偿所得按代偿分担比例分别缴回省风险补偿基金和省中小企业信用担保代偿补偿资金专户。

第十七条　鼓励政策性融资担保机构采取打包出售、公开拍卖、转让等市场化手段,加速代偿清收,及时充实风险补偿基金。

第十八条　省再担保机构可按年度提取省风险补偿基金委托管理费,主要用于弥补代偿补偿基金运营管理的业务经费支出,提取比例不超过当年托管风险补偿基金本金的0.5%。

第十九条　对符合《金融企业呆账核销管理办法(2015年修订版)》(财金〔2015〕60号)及《安徽省融资性担保公司代偿损失核销管理暂行办法》(财金〔2013〕2337号)规定认定条件的风险补偿基金代偿净损失,由政策性融资担保机构申报确认,并经省再担保机构审核后,报省财政厅按规定批准后予以核销。

第四章　监督检查

第二十条　省再担保机构会同合作银行、政策性融资担保机构对贷款企业进行日常跟踪管理及财务风险控制。贷款企业存在弄虚作假、恶意逃避债务等情形的,合作银行将贷款企业及责任人纳入人民银行征信系统,省财政厅将其列入省级涉企资金管理信息系统,5年内不予享受财政政策资金扶持。

第二十一条　省再担保机构每年度终了后3个月内向省财政厅报送上一年度省风险补偿基金管理与使用审计报告,并专题报告上一年度运营管理情况。

第二十二条　申请省风险补偿基金的政策性融资担保机构应对申报材料的真实性、完整性负责。政策性融资担保机构在获得代偿补偿后未继续采取有效的债务追偿措施及未按要求及时报送申报资料的,取消其补偿资格。

第二十三条　对政策性融资担保机构截留、挪用、骗取、套取省风险补偿基金的,追回已拨补偿资金,取消其补偿资格,并根据《财政违法行为处罚处分条例》等法律法规规定,追究有关单位和人员的责任。

第二十四条　省再担保机构不得将省风险补偿基金闲置资金用于股票、期货、房地产等高风险投资及捐赠、赞助等支出。

第二十五条　省财政厅负责对省风险补偿基金进行监督管理,必要时委托社会中介机构进行审计或评估。

第二十六条　省风险补偿基金运营管理中发现问题,省再担保机构需及时报告省财政厅,省财政厅视情调整完善相关政策。

第五章　附则

第二十七条　省再担保机构及各市县财政局根据本办法制定相关配套实施细则。

第二十八条　本办法由省财政厅负责解释。

第二十九条　本办法自印发之日起施行。

安徽省财政厅关于印发《安徽省工业企业结构调整专项奖补资金管理细则》的通知

财企〔2016〕898号

相关市财政局、省直有关部门、淮南矿业集团、淮北矿业集团、皖北煤电集团、马钢控股集团:

根据财政部《工业企业结构调整专项奖补资金管理办法》(财建〔2016〕253号)、《关于加强工业企业结构调整专项奖补资金使用管理的通知》(财建〔2016〕321号)和《安徽省人民政府关于在化解钢铁煤炭行业过剩产能中做好职工安置工作的实施意见》(皖政〔2016〕52号),我们制定了《安徽省工业企业结构调整专项奖补资金管理细则》,经省政府同意,现予印发,请遵照执行。

省级财政安排的化解产能专项奖补资金比照本《管理细则》执行。

安徽省工业企业结构调整专项奖补资金管理细则

按照国务院决策部署,根据人力资源社会保障部等七部委《关于在化解钢铁煤炭行业过剩产能实现脱困发展过程中做好职工安置工作的意见》(人社部发〔2016〕32号)精神,中央财政设立工业企业结构调整专项奖补资金,用于支持地方化解钢铁、煤炭行业过剩产能过程中的职工分流安置。为规范工业企业结构调整专项奖补资金管理使用,根据财政部《工业企业结构调整专项奖补资金管理办法》(财建〔2016〕253号)、《关于加强工业企业结构调整专项奖补资金使用管理的通知》(财建〔2016〕321号)和《安徽省人民政府关于在化解钢铁煤炭行业过剩产能中做好职工安置工作的实施意见》(皖政〔2016〕52号),现制定《安徽省工业企业结构调整专项奖补资金管理细则》,请遵照执行。

一、资金申报

企业申报。根据我省上报国务院钢铁、煤炭行业化解过剩产能实施方案,企业提出年度产能化解目标任务,包括退出产能任务数、分流安置职工任务数等,报省发展改革委、省经济和信息化委、省人力资源社会保障厅审定。

按省钢铁煤炭行业化解过剩产能工作领导小组与各市和企业签订的《目标责任书》,省发展改革委对煤炭行业化解过剩产能,分企业确定年度化解目标任务,包括退出产能任务数、分流安置职工任务数(分内退人员,解除、终止劳动合同人员),提交省财政厅、省人力资源社会保障厅。省经济和信息化委对钢铁行业化解过剩产能,分企业确定年度化解目标任务,包括退出产能任务数、分流安置职工任务数(分内退人员,解除、终止劳动合同人员),提交省财政厅、省人力资源社会保障厅。

省财政厅根据省发展改革委、省经济和信息化委、省人力资源社会保障厅提供的化解产能任务数和分流安置职工人数,按照财政部《工业企业结构调整专项奖补资金管理办法》和本《管理细则》,分地区分企业测算专项奖补资金分配数,报省政府审定。

二、资金分配

专项奖补资金分为基础奖补资金和梯级奖补资金。

(一)基础奖补资金分配原则。

1. 公平合理原则。钢铁、煤炭行业之间初次分配,以安置职工数为依据,按人均水平分配,体现钢铁、煤炭行业之间大体公平,重点解决化解产能过程中职工安置问题。

2. 因素分配原则。企业之间二次分配,以化解产能任务为依据,按产能、人数和困难程度5:3:2权重分配,严格执行《工业企业结构调整专项奖补资金管理办法》按因素法分配及因素权重的相关要求。

3. 目标责任原则。强化企业和市县政府责任,职工安置数、化解产能数以企业和市县政府与省钢铁煤炭行业化解过剩产能协调领导小组签订的《目标责任书》为准。

4. 属地管理原则。细化分配资金下达到企业所在市。

(二)基础奖补资金分配具体办法。

1. 钢铁、煤炭行业之间测算分配:

钢铁行业年度可分配总资金 = 中央下达数 ×(钢铁行业职工安置人数/钢铁煤炭行业职工安置总人数)

煤炭行业年度可分配总资金 = 中央下达数 ×(煤炭行业职工安置人数/钢铁煤炭行业职工安置总人数)

2. 行业内企业之间测算分配:

企业年度拟分配资金 = 按化解产能分配资金 + 按安置职工人数分配资金 + 按困难程度分配资金

企业按化解产能分配资金 = 本行业年度可分配总资金 × 本企业年度化解产能数/本行业年度化解产能总数 ×50%

企业按安置职工人数分配资金 = 本行业年度可分配总资金 × 本企业年度职工安置数/本行业年度职工安置总数 ×30%

企业按困难程度分配资金 =(企业按化解产能分配资金 + 企业按安置职工人数分配资金)/80%

×20%。

(三)梯级奖补资金和各市(企业)超额完成化解过剩产能任务挂钩。

三、资金使用

(一)严格使用范围。

专项奖补资金主要用于国有企业职工分流安置工作,也可统筹用于符合条件的非国有企业职工安置:

1. 企业为退养职工按规定需缴纳的职工养老和医疗保险费,以及需发放的基本生活费和内部退养工伤中的工伤保险费;

2. 解除、终止劳动合同按规定需支付的经济补偿金和符合《工伤保险条例》规定的工伤保险待遇;

3. 清偿拖欠职工的工资、社会保险等历史欠费;

4. 弥补行业企业自行管理社会保险收不抵支形成的基金亏空,以及欠付职工的社会保险待遇;

5. 其他符合国家现行的职工分流安置相关政策规定要求的职工安置。

(二)严禁违规使用。

各市不得以任何名义截留、挪用专项奖补资金,不得以任何名义从专项奖补资金中提取工作费、管理费或奖励费等各类费用,不得将专项奖补资金用于平衡地方财力。

(三)建立资金发放全流程档案。各相关市和企业应及时收集整理专项奖补资金使用、人员安置、化解产能、债务处理等文件和影像资料,特别是化解产能过程的照片和视频资料,为核查、审计等工作提供依据。各相关市应建立资金发放全流程档案,保存专项奖补资金发放流程的相关资料,每一环节发放责任人和接收人均需签字留档备查。

四、核查清算

专项奖补资金支付按照财政国库管理制度规定执行,如有结余,可按预算管理办法结转下年继续使用。

每年4月30日前,省发展改革委、省经济和信息化委、省人力资源社会保障厅、省国资委对相关市(企业)实施方案和《目标责任书》完成情况进行核查,并将核查结果函告省财政厅。根据财政部对我省奖补资金清算结果,对未完成化解产能任务的,按本《细则》规定的资金分配办法扣回资金;超额完成化解产能任务的,省财政测算拨付梯级奖补资金。

五、监督检查

公开透明信息接受社会监督。专项奖补资金分配结果在省政府网站上向全社会公示,公示时间不得少于1个月。

加强监督检查。相关市政府对财政资金使用和管理负总责。省发展改革委、省经济和信息化委、省人力资源社会保障厅、省国资委等部门要加强监督检查,堵塞漏洞,防止虚报冒领。相关市可负责牵头组织成立审计、财政、监察、人力资源社会保障等部门参与的审核小组,确保审核结果真实、有效。省财政厅将组织对资金使用情况进行专项检查,对存在虚报冒领等骗补行为的地区,将视情节轻重相应扣回该市的专项奖补资金。对虚报、冒领、截留、挤占、挪用专项奖补资金的单位和个人,按照《财政违法行为处罚处分条例》等规定进行处理。

安徽省财政厅关于印发《省对市县专项转移支付管理办法》的通知

财预〔2016〕1002号

省委有关部门,省政府各部门、各直属机构,省人大常委会办公厅,省政协办公厅,省高院,省检察院,各民主党派省委,有关人民团体,各市、县(区)财政局:

为进一步加强省对市县专项转移支付管理,提高财政资金使用的规范性、安全性和有效性,根据《中华人民共和国预算法》等法律法规、国务院和省政府相关规定,按照《中央对地方专项转移支付管理办法》要求,我厅制定了《省对市县专项转移支付管理办法》。现印发给你们,请遵照执行。

省对市县专项转移支付管理办法

第一章 总 则

第一条 为进一步加强省对市县专项转移支付管理,提高财政资金使用的规范性、安全性和有效性,促进经济社会协调发展,依据《中华人民共和国预算法》《中华人民共和国预算法实施条例》、国务院和省政府有关规定,按照《中央对地方专项转移支付管理办法》,制定本办法。

第二条　本办法所称省对市县专项转移支付，是指中央、省政府为实现特定的经济和社会发展目标无偿给予市县政府，由接受转移支付的政府按照中央、省政府规定的用途安排使用的预算资金，包括中央财政安排的专项转移支付（以下简称中央专项转移支付）和省级财政安排的专项转移支付（以下简称省级专项转移支付）。

专项转移支付预算资金来源包括一般公共预算、政府性基金预算和国有资本经营预算。

第三条　按照事权和支出责任划分，专项转移支付分为委托类、共担类、引导类、救济类、应急类等五类。

委托类专项是指属于中央、省事权，中央、省委托市县实施而相应设立的专项转移支付。

共担类专项是指属于中央、省与市县的共同事权，中央、省应分担部分委托市县实施而设立的专项转移支付。

引导类专项是指属于市县事权，中央、省为鼓励和引导市县按照中央、省的政策意图办理事务而设立的专项转移支付。

救济类专项是指属于市县事权，中央和省为帮助市县应对因自然灾害等发生的增支而设立的专项转移支付。

应急类专项是指属于市县事权，中央和省为帮助市县应对和处理影响区域大、影响面广的突发事件而设立的专项转移支付。

第四条　省财政厅是专项转移支付的归口管理部门，省级主管部门和市县政府按照职责分工共同做好专项转移支付管理工作。

省财政厅负责拟定专项转移支付总体管理规定，制定或会同省级主管部门制定具体专项转移支付的资金管理办法；审核专项转移支付设立、调整事项；会同省级主管部门组织实施专项转移支付预算编制及执行；组织开展专项转移支付绩效管理和监督检查等工作。

省级主管部门协同省财政厅制定具体专项转移支付的资金管理办法；协同省财政厅具体管理专项转移支付。

市县政府有关部门根据需要制定实施细则，并做好组织实施工作。

第五条　专项转移支付管理应当遵循规范、公平、公开、公正的原则。

第二章　设立和调整

第六条　设立省级专项转移支付应当同时符合以下条件：

（一）有明确的法律、行政法规、地方性法规或者国务院、财政部、省政府规定作为依据；

（二）有明确的绩效目标、资金需求、资金用途、主管部门和职责分工；

（三）有明确的实施期限，且实施期限原则上不超过3年，最长不超过5年，拟长期实施的委托类和共担类专项除外；

（四）不属于市场竞争机制能够有效调节的事项。

从严控制设立引导类、救济类、应急类专项。不得重复设立绩效目标相近或资金用途类似的专项转移支付。

第七条　设立省级专项转移支付，应当由省级主管部门或者市县政府向省财政厅提出申请，由省财政厅审核后报省政府批准；或者由省财政厅直接提出申请，报省政府批准。

第八条　省级财政安排的列入省本级支出的项目，执行中原则上不得改列为省级专项转移支付，确需改列的按规定程序报批。

第九条　省级专项转移支付到期后自动终止。确需延续的，应当按照本办法第七条规定的程序重新申请设立。

第十条　省级专项转移支付经批准设立后，省财政厅应当制定或者会同省级主管部门制定资金管理办法，做到每一个专项转移支付对应一个资金管理办法。省级基建投资专项应当根据具体项目制定资金管理办法。

资金管理办法应当明确规定政策目标，部门职责分工，资金用途，补助对象，分配方法，资金申报条件，资金申报、审批和下达程序，实施期限，绩效管理，监督检查等内容，做到政策目标明确、分配主体统一、分配办法一致、审批程序唯一、资金投向协调。需要发布申报指南或其他与资金申报有关文件的，应当在资金管理办法中予以明确。

除涉及国家秘密的内容外，资金管理办法、申报指南等文件应当及时公开。

未制定资金管理办法的专项转移支付，不得分配资金，并限期制定。逾期未制定的，对应项目予以取消。

第十一条　省级专项转移支付实行清单管理，建立健全专项资金管理清单制度，及时公布清单，建立动态管理机制。

第十二条　建立健全省级专项转移支付定期评估机制和退出机制，未完成政策目标、绩效低下或出现严重资金使用问题的应予取消或调整。

第三章　预算编制

第十三条　省财政厅于每年6月15日前部署编制下一年度省级专项转移支付预算的具体事项，规定具体要求和报送期限等。

第十四条　省级专项转移支付纳入部门三年滚动财政规划编制。

第十五条　省级专项转移支付预算应当分地区、分项目编制，并遵循统筹兼顾、量力而行、保障重点、讲求绩效的原则。

属于委托类专项的，省级应当足额安排预算，不得要求市县安排配套资金。

属于共担类专项的，应当根据公益性、外部性等因素明确分担标准或者比例，由中央、省、市县按各自应分担数额安排资金。根据各地财政状况，同一专项转移支付对不同地区可以采取有区别的分担比例，但不同专项转移支付对同一地区的分担比例应当逐步统一规范。

属于引导类、救济类、应急类专项的，应当严格控制资金规模。

第十六条　省对市县专项转移支付预算总体增长幅度原则上低于省对市县一般性转移支付预算总体增长幅度。

第十七条　省级基建投资安排的专项转移支付，应当主要用于省重点项目、跨市县项目以及外部性强的重点项目。

负责省级基建投资分配的部门应当将省级基建投资专项分地区、分项目安排情况按规定时间报省财政厅。

第十八条　省级专项转移支付预算一般不编列属于省本级的支出。需要由省级部门直接实施的项目，应当在年初编制预算时列入省本级支出。确需执行中调整的，按规定程序报批。

第十九条　中央专项转移支付预计数提前下达后，省财政厅应在收到中央专项资金预算指标后30日内下达市县政府财政部门，同时将下达文件报财政部备案，并抄送财政部驻安徽专员办。

省财政厅应当及时将下一年度省级专项转移支付预计数提前下达市县政府财政部门。县级以上地方各级政府财政部门应当将上级政府财政部门提前下达的专项转移支付预计数编入本级政府预算。

负责省级基建投资分配的部门应当于每年10月15日前，将下一年度省级基建投资专项转移支付预计数分地区、分项目安排情况报省财政厅。

第二十条　省财政厅应当在省人民代表大会批准年度预算草案后20日内向社会公开专项转移支付分地区、分项目情况，涉及国家秘密的内容除外。

第四章　资金申报、审核和分配

第二十一条　省财政厅会同省级主管部门按照规定组织专项转移支付资金申报、审核和分配工作。

需要发布申报指南或其他与资金申报有关文件的，应当及时发布，确保申报对象有充足的时间申报资金。

第二十二条　中央专项转移支付资金依照有关规定应当经地方政府有关部门审核上报的，应当逐级审核上报，并由省财政厅联合省级主管部门在规定时限内将有关申报材料报送财政部和中央主管部门，同时抄送财政部驻安徽专员办。省级专项转移支付资金依照有关规定应当经市县政府有关部门审核上报的，由市县政府财政部门联合当地主管部门在规定时限内将有关申报材料报送省财政厅和省级主管部门。

第二十三条　专项转移支付资金的申报单位和个人应当保证申报材料的真实性、准确性、完整性。

申报项目应当具备实施条件，短期内无法实施的项目不得申报。以同一项目申报多项专项转移支付资金的，应当在申报材料中明确说明已申报的其他专项转移支付资金或者专项资金情况。依托同一核心内容或同一关键技术编制的不同项目视为同一项目。

专项转移支付用于涉企项目要同步纳入安徽财政涉企项目资金管理信息系统统一管理。

第二十四条　各级政府财政部门和主管部门应当通过政府或部门、单位门户网站等渠道，加强项目申报环节的信息公开工作，加大申报材料审查力度。

基层政府有关部门应当公平对待申报单位和个人，实行竞争性分配的，应当明确筛选标准，公示筛选结果，并加强现场核查和评审结果实地核查。

第二十五条　专项转移支付资金分配可以采取

因素法、项目法、因素法和项目法相结合等方法。

因素法是指根据支出相关的因素并赋予相应的权重和标准，对专项转移支付资金进行分配的方法。

项目法是指根据相关规划、竞争性评审等方式将专项转移支付资金分配到特定项目的方法。

省向市县分配专项转移支付资金应当以因素法为主，涉及重大工程、跨地区跨流域的投资项目以及外部性强的重点项目除外。

第二十六条　省财政厅应当会同省级主管部门及时开展项目审核，按程序提出资金分配方案。严格资金分配主体，社会团体、行业协会、企事业单位等非行政机关不得负责资金分配。

第二十七条　专项转移支付资金分配采取因素法的，应当主要选取自然、经济、社会、绩效等客观因素，并在资金管理办法中明确相应的权重或标准。

第二十八条　专项转移支付资金分配采取项目法的，应当主要采取竞争性评审的方式，通过发布公告、第三方评审、集体决策等程序择优分配资金。

第二十九条　采取第三方评审的，要在资金管理办法中对第三方进行规范，明确第三方应当具备的资质、选择程序、评审内容等。

第三方应当遵循公正诚信原则，独立客观发表意见。

第三十条　除委托类专项有明确规定外，各地、各部门不得从专项转移支付资金中提取工作经费。

第三十一条　对分配到企业的专项转移支付资金，还应当遵循以下规定：

（一）各级政府财政部门应当在事前明确补助机制的前提下，事中或事后采取贴息、先建后补、以奖代补、保险保费补贴、担保补贴等补助方式。

（二）负责分配到企业的财政部门和主管部门应当在资金下达前将分配方案通过互联网等媒介向社会公示，公示期一般不少于7日，涉及国家秘密的内容除外。

（三）创新专项转移支付支持企业发展的方式，逐步减少无偿补助，采取投资基金管理等市场化运作模式，鼓励与金融资金相结合，发挥撬动社会资本的杠杆作用。

第五章　资金下达、拨付和使用

第三十二条　省财政厅应当在省人民代表大会审查批准省级预算后60日内印发下达省级专项转移支付预算文件，下达市县政府财政部门，同时抄送省级主管部门。

对自然灾害等突发事件处理的专项转移支付，应当及时下达预算。

对据实结算等特殊项目的专项转移支付，一般采取先预拨后清算的方式。当年难以清算的，可以下年清算，确需实行分期下达预算的，应当合理设定分期下达数。

第三十三条　省财政厅应当将专项转移支付资金分配结果在下达专项转移支付预算文件印发后20日内向社会公开，涉及国家秘密的内容除外。

第三十四条　省财政厅接到中央专项转移支付后，应当在30日内正式分解下达省级有关部门和市县政府财政部门，同时将资金分配结果报财政部备案并抄送财政部驻安徽专员办。

第三十五条　市县政府财政部门接到专项转移支付后，应当及时分解下达资金。

对上级政府有关部门分配时已明确具体补助对象及补助金额的，市县政府财政部门应当在7个工作日内下达本级有关部门。不必下达本级有关部门的，应当及时履行告知义务。

对上级政府有关部门分配时尚未明确具体补助对象或补助金额的，市县政府财政部门原则上应当在接到专项转移支付后30日内分解下达到位，同时将资金分配结果及时报送上级政府财政部门备案。

对于补助到企业的专项转移支付资金，市县政府财政部门应当按照具体企业进行统计归集。

第三十六条　专项转移支付应当按照下达预算的科目和项目执行，不得截留、挤占、挪用或擅自调整。

各级政府财政部门可以在不改变资金类级科目用途的基础上，结合本级资金安排情况，加大整合力度，将支持方向相同、扶持领域相关的专项转移支付整合使用，报同级政府批准。涉及中央专项转移支付的，整合情况要上报省财政厅和省级主管部门，由省财政厅会同省级主管部门及时上报财政部和中央主管部门备案，同时抄送财政部驻安徽专员办。

对使用专项转移支付资金实施的项目，各级政府财政部门在专项转移支付资金到位前先行垫付资金启动实施的，待专项转移支付资金到位后，允许其将有关资金用于归垫。涉及中央专项转移支付的，归垫情况要上报省财政厅和省级主管部门。由省财政厅会同省级主管部门上报财政部和中央主管部门备案。

第三十七条 专项转移支付应当通过本级政府财政部门下达。除本级政府财政部门外,各部门、各单位不得直接向下级政府部门和单位下达专项转移支付资金。

第三十八条 专项转移支付的资金支付按照国库集中支付制度有关规定执行。严禁违规将专项转移支付资金从国库转入财政专户,或将专项转移支付资金支付到预算单位实有资金银行账户。

第三十九条 预算单位应当加快项目实施,及时拨付资金。对因情况发生变化导致短期内无法继续实施的项目,预算单位应当及时向同级政府财政部门报告,由同级政府财政部门按规定收回统筹使用或者上交中央和省财政。

第四十条 各级政府财政部门应当加强专项转移支付的执行管理,逐步做到动态监控专项转移支付的分配下达和使用情况。对未按规定及时分配下达或者闲置沉淀的专项转移支付,可以采取调整用途、收回资金等方式,统筹用于经济社会发展亟需资金支持的领域。

第四十一条 各级政府财政部门应当及时清理盘活专项转移支付结转结余资金。

对结余资金和连续两年未用完的结转资金,预算尚未分配到部门(含企业)和下级政府财政部门的,由同级政府财政部门在办理上下级财政结算时向上级政府财政部门报告,上级政府财政部门在收到报告后30日内办理发文收回结转结余资金;已分配到部门(或企业)的,由该部门(或企业)同级政府财政部门在年度终了后90日内收回统筹使用。

对不足两年的结转资金,参照第三十九条、第四十条执行。其中,安排到省级部门单位的省级专项转移支付应当在当年使用完毕,当年未使用完毕的原则上全部收回预算。

第四十二条 专项转移支付项目依法应当实行政府采购的,原则上由项目实施单位组织采购。确因法律法规有明确规定或情况特殊需要上级主管部门集中采购的,应当按照有关规定履行报批手续。

第六章 预算绩效管理

第四十三条 各级政府财政部门和主管部门应当加强专项转移支付预算绩效管理,建立健全全过程预算绩效管理机制,提高财政资金使用效益。

第四十四条 各级政府财政部门和主管部门应当加强专项转移支付绩效目标管理,逐步推动绩效目标信息公开,接受社会公众监督。

有关部门、单位申请使用专项转移支付时,应当按要求提交明确、具体、一定时期可实现的绩效目标,并以细化、量化的绩效指标予以描述。

各级政府财政部门和主管部门应当加强对绩效目标的审核,将其作为预算编制和资金分配的重要依据,并将审核确认后的绩效目标予以下达,同时抄送财政部驻安徽专员办。

第四十五条 各级政府财政部门和主管部门应当加强专项转移支付预算执行中的绩效监控,重点监控是否符合既定的绩效目标。预算支出绩效运行与既定绩效目标发生偏离的,应当及时采取措施予以纠正;情况严重的,调整、暂缓或者停止该项目的执行。

第四十六条 各级政府财政部门和主管部门应当按照要求及时开展专项转移支付绩效评价工作,积极推进中期绩效评价,并加强对绩效评价过程和绩效评价结果的监督,客观公正地评价绩效目标的实现程度。

第四十七条 各级政府财政部门和主管部门应当加强对专项转移支付绩效评价结果的运用。及时将绩效评价结果反馈给被评价单位,对发现的问题督促整改;将绩效评价结果作为完善财政政策、预算安排和分配的参考因素;将重点绩效评价结果向本级政府报告;推进绩效评价结果信息公开,逐步建立绩效问责机制。

第七章 监督检查和责任追究

第四十八条 各级政府财政部门和主管部门应当加强对专项转移支付资金使用的监督检查,建立健全专项转移支付监督检查和信息共享机制。

第四十九条 分配管理专项转移支付资金的部门以及使用专项转移支付资金的部门、单位及个人,应当依法接受审计部门的监督,对审计部门审计发现的问题,应当及时制定整改措施并落实。

第五十条 各级政府财政部门和主管部门及其工作人员、申报使用专项转移支付资金的部门、单位及个人有下列行为之一的,依照预算法等有关法律法规予以处理、处罚,并视情况提请同级政府进行行政问责:

(一)专项转移支付分配方案制定和复核过程中,有关部门及其工作人员违反规定,擅自改变分配

方法、随意调整分配因素以及向不符合条件单位(或项目)分配资金的;

(二)以虚报冒领、重复申报、多头申报、报大建小等手段骗取专项转移支付资金的;

(三)滞留、截留、挤占、挪用专项转移支付资金的;

(四)擅自超出规定的范围或者标准分配或使用专项转移支付资金的;

(五)未履行管理和监督职责,致使专项转移支付资金被骗取、截留、挤占、挪用,或资金闲置沉淀的;

(六)拒绝、干扰或者不予配合有关专项转移支付的预算监管、绩效评价、监督检查等工作的;

(七)对提出意见建议的单位和个人、举报人、控告人打击报复的;

(八)其他违反专项转移支付管理的行为。

涉嫌犯罪的,移送司法机关处理。

第五十一条 对被骗取的专项转移支付资金,由地方政府有关部门自行查出的,由同级政府财政部门收回。由中央有关部门组织查出的,由省财政厅负责追回,涉及中央专项转移支付的及时上缴中央财政。

第五十二条 对未能独立客观地发表意见,在专项转移支付评审等有关工作中存在虚假、伪造行为的第三方,按照有关法律法规的规定进行处理。

第八章 附 则

第五十三条 本办法自印发之日起施行。

安徽省财政厅 安徽省经济和信息化委员会关于印发《安徽省企业技术改造和中小企业发展专项资金使用管理办法》的通知

财企〔2016〕1053 号

各市、县(区)财政局、工业和信息化主管部门:

为贯彻落实《中国制造 2025 安徽篇》《加快调结构转方式促升级行动计划》等决策部署,规范和加强省级企业技术改造和中小企业发展专项资金使用管理,提高资金使用效益,我们制定了《安徽省企业技术改造和中小企业发展专项资金使用管理办法》,现印发给你们,请遵照执行。执行中有什么问题,请及时向我们反馈。

安徽省企业技术改造和中小企业发展专项资金使用管理办法

第一章 总 则

第一条 为贯彻落实《中国制造 2025 安徽篇》《加快调结构转方式促升级行动计划》等决策部署,规范和加强省级企业技术改造和中小企业发展专项资金(以下简称专项资金)管理,提高资金使用效益效益。根据《安徽省人民政府办公厅关于印发〈安徽省财政一般性转移支付资金管理办法和安徽省省级财政专项资金管理办法〉的通知》(皖政办〔2014〕29 号)等有关规定,结合我省实际,制定本办法。

第二条 本办法所称专项资金是指省级财政预算安排的专项用于支持全省企业技术改造、促进全省中小企业和非公有制经济发展的财政性资金。

第三条 专项资金的使用和管理应坚持以下原则:

(一)突出重点。贯彻落实省委省政府的工作部署,围绕工业和信息化领域中心工作,聚焦重点产业和重点领域,突出导向作用。

(二)竞争择优。采取竞争性扶持方式,选择技术水平领先,经济和社会效益良好,真正符合产业转型升级要求的项目,择优支持。

(三)科学管理。对专项资金的使用公开透明、公正合理、定向使用、科学监管。强化对专项资金项目事前、事中、事后监督管理,确保专项资金专款专用。

(四)注重绩效。加强专项资金项目调度,推进专项资金项目实施,并对实施情况进行绩效评价,推动项目顺利投产达到预期效果。

第四条 本办法所称中型、小型、微型企业的划分标准,按照国家规定执行。

第二章 申报条件和支持重点

第五条 申报企业技术改造和中小企业发展专项资金的项目单位必须同时具备以下条件:

(一)在安徽省境内注册,具有独立法人资格,法人治理结构规范,成立一周年以上;

(二)财务管理制度健全,会计核算真实、完整,并按照《企业财务通则》等规定及时编报会计报表;

(三)近年来有良好的经营业绩,上一年资产负债率不超过70% ;

(四)申报的项目技术先进,节能降耗、符合环境保护要求;

(五)项目前期工作完备,资金落实到位;

(六)其他应具备的相关条件。

第六条 专项资金支持的重点是:

(一)围绕《中国制造2025》推进实施的五大工程以及《中国制造2025安徽篇》《传统产业改造提升工程实施方案》提出的重点领域,突出产业内涵发展、科技成果产业化、高端智能装备首台突破和示范应用等,引导企业实施新一轮技术改造,大力推广应用新技术、新工艺、新装备、新材料,开发新产品,提高企业生产技术水平和效益。重点支持新一代电子信息、智能装备、节能和新能源汽车等高端制造业发展和冶金、建材等优势传统产业改造提升。

(二)围绕实施"调转促4105行动计划"中民营经济提升工程,大力推进中小企业专精特新发展、集聚集约发展、创业创新发展,同时,加强中小企业服务机构或平台建设,促进中小企业转型升级。

1.培育专精特新。支持中小企业运用新技术、新工艺,开发新产品,形成新模式,重点培育专精特新中小企业和成长性小微企业,形成一批具有核心竞争力的全国"单打冠军"、"行业配套专家"和"科技小巨人企业"。

2.升级产业集群。支持产业集群专业镇龙头骨干企业增品种、提品质、创品牌,发挥龙头带动作用,推动产业集群专业镇提质创牌,形成一批国家级产业集群区域品牌示范镇和省级产业集群特色镇。

3.提升中小企业服务。支持中小企业服务机构和小微企业创业(创新)基地提升服务能力、创新服务方式、改善创业创新环境,为更多中小微企业提供更优质、更高效的服务,促进大众创业、万众创新。

(三)省人民政府研究确定的支持企业推广应用新能源汽车等相关技术改造和中小企业发展政策支出。

第七条 公平对待各类所有制企业。优先支持列入年度导向计划的主业突出、成长性好、主导产品市场前景好、发展有后劲的中小企业和民营企业。

第三章 支持方式

第八条 专项资金主要采取贷款贴息、事后奖补和投资补助等支持方式,具体包括以下几类。

(一)贷款贴息。对符合省经济和信息化委员会(以下简称"省经信委")最新发布的《技术改造投资导向目录》并已获得银行贷款的技术改造项目给予贴息。贴息资金实行先付后贴,项目单位凭贷款银行开具的利息支付清单申请贴息;对符合申报条件要求的"专精特新"中小微企业、产业集群专业镇龙头骨干企业、成长性小微企业固定资产投资类项目,采取贴息方式支持的,按企业项目建设落实的贷款额度及人民银行公布的同期贷款利率研究确定支持额度。

(二)设备补助。对符合本办法第二章所列支持重点的技术改造项目中采购的生产设备(不属于国家限制、淘汰类的设备、不含二手设备),给予设备购置金额5%的补助,其中,对单价20万元以上的数字化、智能化等设备按照购置金额的10%进行补助,对《中国制造2025安徽篇》确定重点发展的产业和产品适当提高补助标准。

(三)首台套补助。对经省级认定的首台(套)重大技术装备,按首台(套)售价的10%分别给予省内研制和使用单位补助,补助金额按有关规定执行。对同时研发并使用首台(套)重大技术装备的企业,不得重复享受补助。

(四)强基补助。对符合财政部《工业四基发展目录》的基础原材料、基础零部件(元器件)、基础工艺、产业技术基础等领域"四基"技术改造项目,按照项目固定资产投资额的10%—20%给予补助。

(五)对标诊断补助。支持企业瞄准国际同行业标杆进行技术改造。按照"政府购买服务—专业机构诊断—企业组织实施—对项目进行补助"的模式,通过对标诊断,找准企业在技术、装备、工艺等方面的短板,帮助制订改造方案(含智能化改造),并对改造项目进行适当补助。对单个改造项目按照投资额的10%进行补助。

(六)专精特新、产业集群项目补助。对专精特新和成长性小微企业项目、产业集群专业镇龙头骨干企业项目一般采取事后奖补方式,具体支持额度根据项目固定资产投资总额等研究确定。

(七)中小企业服务类项目奖励补助或购买服务。对中小企业服务机构、小微企业创业(创新)基地项目一般采取奖励补助或购买服务方式。奖励补助是指按照中小企业服务机构和小微企业创业(创新)基地为中小企业和非公有制企业服务发生的实际支出的一定比例给予奖励补助;购买服务是指根据特定工作任务通过公开招标形式遴选中小企业服务机构并签订购买服务合同,待验收合格后补偿实际支出。

第九条 单个技术改造项目贴息、事后奖补和项目补助金额,除另有规定外,原则上不超过200万元。

第四章 组织申报和审核

第十条 项目申报程序:

省经信委根据省人民政府年度重点工作和本《办法》的规定,组织当年专项资金项目申报工作。省级以下项目单位向所在市县工业和信息化主管部门提出申请。省级项目单位直接向省经信委提出申请。市县工业和信息化主管部门对申报的项目进行审核,初选后行文上报省经信委。

第十一条 项目申报需提供以下材料:

1. 专项资金项目申请报告;

2. 专项资金申请表(根据年度申报文件确定的要求填报);

3. 法人营业执照副本(复印件);

4. 项目审批、核准备案等项目前期工作文件;

5. 项目资金证明材料,包括自有资金有效凭证、银行贷款合同、已发生的银行贷款凭证及结息单(复印件)等资料,购置设备的发票(复印件);

6. 经会计师事务所审计的上一年度会计报表和审计报告,以及截至项目申报日上一月度的会计报表;

7. 企业提交的材料真实性声明;

8. 其它当年申报文件规定的需要提交的材料。

此外,申请中小企业服务类项目的单位应提供单位基本情况介绍材料以及为中小企业提供相应业务服务的情况,为中小企业提供服务的服务合同、收费依据、服务结果证明等相关服务证明材料(复印件),服务对象(中小微企业)对服务的满意程度进行的评价材料。

第十二条 省经信委按照项目申报的相关要求,对各地推荐上报的项目材料进行初审和项目筛查,符合条件的项目提交专家组进行评审。

第十三条 省经信委按照公开、公正、公平的原则,组织有关专家对项目进行评审。

第十四条 依据专家评审意见,并通过财政涉企项目资金管理信息系统比对筛选符合要求的项目,按照择优原则,省经信委拟定扶持项目。同一项目单位或同一法人代表企业同一年度只能申请一个项目,当年已通过其他渠道获取中央或省级财政资金支持的项目,专项资金不再重复支持。对涉企项目资金管理信息系统出现预警的项目,须分析排查原因,对预警的项目准予继续支持的,须注明核准理由。

第十五条 对拟扶持项目,省经信委报省人民政府同意后,通过门户网站进行公示。公示结束后,根据公示情况,确定最终扶持项目及资金支持额度,并行文商省财政厅拨付资金。

第十六条 省财政厅根据省人民政府批复意见和省经信委商请资金拨付文件拨付资金。省财政厅对省级以下项目下达预算指标,由市或县财政局根据预算管理规定,及时、足额将资助资金拨付到项目单位;对省级项目,根据国库集中支付的有关规定办理资金拨付手续。

第五章 责任划分

第十七条 省财政厅对专项资金的预算安排、资金拨付负责,并视情对资金使用情况开展监督检查。

第十八条 省经信委对专项资金的项目审查负责,确定专项资金年度支持重点、审定实施方案、提出资金安排意见,做好项目监管和绩效评价。

第十九条 市县有关部门对本部门申报项目资金文件及材料的真实性负责,并督促项目单位实施。

第二十条 项目申报单位对项目真实性及项目实施、资金使用及绩效负责。

第六章 绩效评价

第二十一条 项目承担单位在申报项目时,应同时提出项目绩效目标,内容包括项目预期达到的效益、项目产品是否有市场、环境是否改善、企业新增利润、税收、以及最终完成的工程量等主要工作成果。

第二十二条 省经信委制定项目绩效评价方案,科学制定绩效评价指标,委托项目所在地工业和信息化主管部门组织项目承担单位按要求在项目实施完成后开展项目绩效自我评价,并提供项目绩效自评报告。

第二十三条 在项目单位自评的基础上,根据实际情况委托项目所在地经信部门或评审机构开展绩效评价,必要时可采取现场勘察、询查、听取项目单位汇报等方式,对项目单位提交的自评报告进行核实论证。绩效评价结果将作为以后年度预算计划安排和项目单位再次申报专项项目的重要参考依据。

第二十四条 项目承担单位要保障绩效目标的实现，积极配合绩效评价工作的开展，按要求如实填写项目绩效评价评分表，编写自评报告，报送相关佐证材料，并按照绩效评价报告提出的整改措施组织整改。

第七章 监督管理

第二十五条 加强对专项项目实施的监督检查。省、市、县工业和信息化主管部门会同财政部门重点对下达计划项目的实施进度、专项资金使用情况、资金使用效益、竣工投产达产等方面进行跟踪监管。

第二十六条 对专项资金使用实行责任追究制度。对弄虚作假骗取技改专项资金，截留、挪用、挤占技改专项资金等违反财经纪律行为，按照《财政违法行为处罚处分条例》(国务院令〔2005〕第427号)的规定处理，构成犯罪的，移交司法机关追究刑事责任。

第二十七条 获得专项资金的单位要切实加强对专项资金的使用管理，自觉接受财政、审计、监察部门的监督检查，严格执行财务规章制度和会计核算办法。

第八章 附 则

第二十八条 本办法由省财政厅、省经信委负责解释。

第二十九条 本办法自印发之日起执行。《安徽省财政厅 安徽省经济和信息化委员会关于印发〈安徽省中小企业发展专项资金管理暂行办法〉的通知》(财企〔2014〕1525号)、《安徽省财政厅 安徽省经济和信息化委员会关于印发〈安徽省企业技术改造专项资金管理暂行办法〉的通知》(财企〔2014〕2145号)同时废止。

安徽省财政厅 中共安徽省委组织部关于印发《安徽省平台引进高层次人才奖补资金管理办法》的通知

财行〔2016〕1103号

各市、县(区)财政局、组织部，省直有关部门：

为进一步加强财政资金管理，提高资金使用绩效，根据《中华人民共和国预算法》等法律法规和省政府相关规定，省财政厅会同省委组织部制定了《安徽省平台引进高层次人才奖补资金管理办法》，现印发给你们，请遵照执行。

安徽省平台引进高层次人才奖补资金管理办法

第一章 总 则

第一条 为规范“安徽省平台引进高层次人才资助和奖补资金”管理(以下简称“奖补资金”)，提高资金使用绩效，根据《中华人民共和国预算法》、安徽省人民政府办公厅《关于印发安徽省财政一般性转移支付资金管理办法和安徽省省级财政专项资金管理办法的通知》(皖政办〔2014〕29号)，中共安徽省委组织部、安徽省教育厅、安徽省科技厅、安徽省经济和信息化委员会、安徽省财政厅、安徽省人力资源和社会保障厅、安徽省国有资产监督管理委员会联合印发的《关于支持各类平台引进高层次人才工作实施办法》(皖组通字〔2016〕37号)，制定本办法。

第二条 省财政设立平台引进高层次人才奖补资金，用于对各类平台引进高层次人才进行资助，对引才工作成效突出的平台进行奖补。

第三条 奖补资金使用坚持“突出重点、严格程序、专款专用、注重绩效”的原则。

第二章 奖补资金范围和对象

第四条 资助和奖补范围为在皖各类企事业单位。

第五条 重点支持引才育才平台，主要包括国家或省有关部门认定的实验室、研究中心、技术中心、院士工作站、博士后科研工作(流动)站、技能大师工作室等研发平台；政府或企业与高校、科研院所合作形成的创新联盟、新型研发机构、众创空间、科技企业孵化器、大学科技园、科创服务中心、留学人员创业园等产学研平台。

1. 引才资助。引才对象重点是省加快调转促“4105”行动计划提出的科技创新人才、企业经营管理人才和高技能人才，以及文化教育、医疗卫生、社会工作等领域的高层次人才。引进人才应与用人单位签订不少于3年的工作合同，每年工作时间累计不少于6个月。

2. 平台奖补。平台奖补对象确定主要根据引才的工作举措、引进人才数量质量、人才发挥作用及产生的效益、科研成果及转化情况等,重点看引进人才的动态指标和增量。

第三章 奖补资金拨付和使用

第六条 各市人才办、省直有关部门按照省委组织等7部门联合印发的《关于支持各类平台引进高层次人才工作实施办法》(皖组通字〔2016〕37号)规定,坚持标准、严格把关,做好引才资助和平台奖补申报工作。

第七条 省人才办根据省直牵头单位上报的引才资助、平台奖补对象的审核结果,组织专家集中评审,评审结果报省人才工作领导小组审议审定。审定结果由省人才办发文公布。

第八条 省财政厅根据省人才办发文公布的引才资助、平台奖补的评审结果,按照引才资助、平台奖补标准,将奖补资金下达到市、县财政部门,市、县财政部门按规定及时将奖补资金直接拨付至用人单位。中央驻皖单位和省属企事业单位,按照省级国库集中支付制度有关规定执行。奖补资金由用人单位负责管理和监督,用人单位要相应制定专项资金管理使用实施细则,保证专款专用,切实提高使用效益。

第九条 引才资助资金,主要由平台用于引才工作及人才引进后的培养、项目研发和管理服务等。人才引进后在合同期内离职或每年工作时间不足6个月的,资助资金全额退回或部分退回。平台奖补资金,主要用于平台引才工作及人才引进后的培养和团队建设、项目研发、科技成果转化、管理服务等。

第十条 奖补资金使用原则上要通过银行转账方式结算,一般不得采用现金方式结算。除涉密及法律法规规章另有规定外,用人单位应当在单位公开奖补资金使用情况,接受内部监督。

第十一条 对依法应当实行政府采购的,按照国家有关政府采购的规定执行。

第十二条 使用奖补资金购置的固定资产属于国有资产,应当纳入所在单位的固定资产账户进行核算与管理。

第四章 监督管理和绩效评价

第十三条 各地、各类企事业单位要充分发挥引才和用才主体责任,不断创新方式,加大引才力度,可结合实际,适当安排资助和奖补资金,加强引进人才管理服务,切实发挥其作用。

第十四条 奖补资金每年集中开展一次督查。在省人才工作领导小组领导下,由省委组织部会同省财政厅及省直有关部门共同组织实施。主要督查奖补资金使用的合理性、合规性、资金使用效益等,确保专款专用。

第十五条 对弄虚作假、截留、挪用和挤占奖补资金的单位和个人,一经查实,应立即责令整改,追回资金,并按照《财政违法行为处罚处分条例》《安徽省财政监督条例》等有关法律法规,追究有关单位和个人责任。

第十六条 省委组织部、省财政厅会同省直相关部门或委托第三方对奖补资金使用管理情况进行绩效评价,针对引才类型、资金使用、工作运行机制等情况进行综合分析,加强对绩效评价结果的运用,充分发挥财政资金使用效益。

第五章 附 则

第十七条 本办法自印发之日起执行。

第十八条 本办法由省财政厅、省委组织部负责解释。

安徽省财政厅关于印发《安徽省资源枯竭城市转移支付办法》的通知

财预〔2016〕1223号

淮北市财政局、铜陵市财政局、马鞍山市财政局:

为进一步完善资源枯竭城市转移支付制度,根据财政部《中央对地方资源枯竭城市转移支付办法》(财预〔2016〕97号),结合我省实际,我们研究制定了《安徽省资源枯竭城市转移支付办法》,现予印发,请认真贯彻执行。

安徽省资源枯竭城市转移支付办法

第一条 为促进资源枯竭城市和独立工矿区实现经济转型,进一步规范资源枯竭城市转移支付资金管理,根据财政部《中央对地方资源枯竭城市转移支付办法》(财预〔2016〕97号)等有关规定,结合我省实际,制定本办法。

第二条 资源枯竭城市转移支付为一般性转移支付资金。

第三条　补助范围。资源枯竭城市转移支付的补助对象为经国务院批准的资源枯竭城市和部分转型压力较大的独立工矿区。

第四条　补助期限。纳入资源枯竭城市转移支付范围的市第一轮补助期限为4年,第一轮期满后,根据国务院有关部门的评价结果,转型未成功的延续补助5年。补助政策到期后,按一定比例分年给予退坡补助。

纳入独立工矿区补助范围的地区,补助期限暂定为3年。到期后视转型情况和资金使用绩效确定后续补助政策。

第五条　分配原则。资源枯竭城市转移支付资金分配遵循以下原则:

(一)客观公正。选取影响资源枯竭城市财政运行的客观因素,采用统一规范的方式分配。

(二)公开透明。转移支付测算过程和分配结果公开透明。

(三)分类补助。体现资源枯竭市(县、区)的类别差异。

(四)激励约束。建立绩效考评机制,根据考核结果予以奖惩。

(五)注重实效。坚持办实事、重实效,提高资金使用效益。

第六条　分配办法。省对下资源枯竭城市转移支付分资源枯竭城市和独立工矿区两类,按以下方法分配:

(一)某市资源枯竭城市转移支付=因素法分配资金±奖惩资金

其中:因素法分配资金=全省因素法分配资金总额×该市市辖区非农业人口/全省资源枯竭城市非农业人口合计

奖惩资金根据财政部考核结果测算分配。

(二)独立工矿区的转移支付资金根据财政部分配结果下达。

第七条　资金使用。资源枯竭城市应将转移支付资金主要用于解决本地因资源开发产生社保欠账、环境保护、公共基础设施建设和棚户区改造等历史遗留问题。享受转移支付补助的独立工矿区应当将转移支付资金重点用于棚户区搬迁改造、塌陷区治理、化解民生政策欠账等方面。

资源枯竭城市转移支付中直接用于企业搬迁和支持企业技术改造等方面的支出不得超过总额的10%。

第八条　资金监管。享受资源枯竭城市转移支付的市和独立工矿区要进一步规范资金审批程序,规范资金运行程序,加强项目跟踪,强化监督检查,参照财政部《资源枯竭城市绩效评价暂行办法》(财预〔2011〕441号)等有关规定,加强资金使用绩效评价,提高转移支付使用效益。

具体享受转移支付的基层政府财政部门要会同相关部门制定资金使用方向及绩效目标方案,切实将资金用于本办法规定的领域和方向。

第九条　对资源枯竭城市转移支付资金管理使用中的违法行为,依照《财政违法行为处罚处分条例》(国务院令第427号)等有关规定追究法律责任。

第十条　本办法由省财政厅负责解释。

第十一条　本办法自印发之日起实行。

安徽省财政厅 安徽省科技厅 安徽省国资委关于印发《安徽省国有科技型企业股权和分红激励实施细则》的通知

财企〔2016〕1228号

省直有关单位,各市财政局、科技局、国资委,各省属企业:

根据《财政部 科技部 国资委关于印发〈国有科技型企业股权和分红激励暂行办法〉的通知》(财资〔2016〕4号),我们制定了《安徽省国有科技型企业股权和分红激励实施细则》。现予印发,请遵照执行。

安徽省国有科技型企业股权和分红激励实施细则

第一条　为进一步激发我省广大技术和管理人才的积极性和创造性,促进我省国有科技型企业健康可持续发展,推进国有科技型企业股权和分红激励政策全面贯彻落实,根据《财政部 科技部 国资委关于印发〈国有科技型企业股权和分红激励暂行办法〉的通知》(财资〔2016〕4号,以下简称《办法》)精神,结合我省实际,制定本实施细则。

第二条　本细则所指的国有科技型企业，是指在我省区域内具有公司法人资格的国有及国有控股未上市科技企业（含全国中小企业股份转让系统挂牌的国有企业），具体包括：

（一）转制院所企业、国家认定的高新技术企业。其中：国家认定的高新技术企业，按照《科技部、财政部、国家税务总局关于修订印发〈高新技术企业认定管理办法〉的通知》（国科发火〔2016〕32号）精神执行。

（二）高等院校和科研所投资的科技企业。

（三）国家和省级认定的科技服务机构。

第三条　本细则所称股权激励，是指国有科技型企业以本企业股权为标的，采取股权出售、股权奖励、股权期权等方式，对企业重要技术人员和经营管理人员实施激励的行为。

分红激励，是指国有科技型企业以科技成果转化收益为标的，采取项目收益分红方式；或者以企业经营收益为标的，采取岗位分红方式，对企业重要技术人员和经营管理人员实施激励的行为。

第四条　本细则所指企业重要技术人员和经营管理人员，是指与本企业签订劳动合同的重要技术人员和经营管理人员，具体包括：

（一）关键职务科技成果的主要完成人、重大开发项目的负责人，对主导产品或核心技术、工艺流程做出重大创新或改进的主要技术人员。

（二）主持企业全面生产经营工作的高级管理人员，负责企业主要产品（服务）生产经营的中、高级经营管理人员。

（三）通过省、部级及以上人才计划引进的重要技术人才和经营管理人才。

企业不得面向全体员工实施股权激励或者分红；企业监事、独立董事不得参与企业股权或分红激励。

第五条　我省各级各类国有科技型企业的股权和分红激励方案，由符合实施条件的企业负责拟订，具体由企业总经理班子或董事会（以下统称为企业内部决策机构）负责。拟订激励方案时，应当充分听取职工的意见和建议。

（一）对同一激励对象就同一职务科技成果或产业化项目，企业只能采取一种激励方式、给予一次激励；对已按照本细则实施股权激励的激励对象，企业在5年内不得再对其实施股权激励。

（二）激励方案涉及的财务数据和资产评估结果，应当经具有相关资质的会计师事务所审计和资产评估机构评估，并按有关规定办理核准或备案手续。

第六条　企业内部决策机构应当将拟订的激励方案，通过职工大会、职代会或其他形式充分听取职工意见和建议，并填写《安徽省国有科技型企业股权和分红激励申请书》，报履行国有资产监管职责的部门、机构（以下简称审核单位）审核批准。

第七条　按现行国有资产管理体制和隶属关系，审核单位负责对方案进行审批，并将审批文件抄送同级财政、科技部门。省级审核单位的权限如下：

省属企业报省级履行国有资产监管职责的部门或机构批准；

省直部门及事业单位所属企业，报省级主管部门批准，并报省级财政部门备案。

省以下审核单位可参照省级审批权限由各地自行确定。

第八条　审核单位要严格审核企业申报的激励方案，可要求企业法律事务机构或者外聘律师对激励方案的合法性、合规性以及可能引起的法律纠纷等相关问题出具法律意见书。

审核单位自受理企业股权和分红激励方案之日20个工作日内进行审定，并提出书面审定意见。

第九条　审核单位批准企业实施股权和分红激励后，企业内部决策机构应将批准的激励方案提请股东（大）会审议。在股东（大）会审议方案时，国有股东代表应当按照审批单位书面审定意见发表意见。

激励方案在股东（大）会审议后实施。未设立股东（大）会的企业，按照审核单位批准的方案实施。

第十条　企业实施激励导致注册资本规模、股权结构或者组织形式变动的，应当按照有关规定，根据相关批准文件、股东（大）会决议等，及时办理国有资产产权登记和工商变更手续。

第十一条　除国家另有规定外，企业应当在激励方案经股东（大）会审议通过后5个工作日内，将《安徽省国有科技型企业股权和分红激励申请书》（可用复印件）、经股东（大）会审议通过的激励方案、相关批准文件、股东（大）会决议等材料报送审核单位备案。

第十二条　为保障国有科技型企业股权和分红激励工作顺利实施，各部门间应加强协调配合，建立协同工作机制，不断完善推进措施，扩大政策效应。

同时要加强监督，规范管理，防止国有资产流失。

财政部门牵头负责，协调工作推进；

国有资产监管部门负责推进所属国有企业开展股权和分红激励工作；

有关主管部门按现行国有资产监管体制负责推进所属高校和科研院所投资的科技企业开展股权和分红激励工作。

第十三条　审核单位承担激励方案的监管责任，负责监管所属企业严格按照激励方案实施激励，对发现违规、损害国有资产权益的情况，要责令企业中止方案实施、追责。

第十四条　在激励方案实施期间内，企业应于每年1月底前向审核单位报告上一年度激励方案实施情况；审核单位每年2月15日前向同级财政、科技部门报送上一年度实施情况总结。

市级财政局、科技局负责对本市企业股权和分红激励实施情况进行总结，并于每年2月底前报省财政厅、科技厅。

第十五条　各地各部门要根据《办法》和本细则，制定具体的工作任务落实计划，切实推进政策实施。

第十六条　本细则自发布之日起施行。由省财政厅、省科技厅负责解释。

安徽省财政厅关于印发《安徽省省级政府和社会资本合作奖补资金管理办法》的通知

财金〔2016〕1373号

各市财政局：

为充分发挥财政资金的引导、撬动作用，调动各级开展政府和社会资本合作工作积极性，推进政府和社会资本合作(PPP)项目规范实施，我厅制定了《安徽省省级政府和社会资本合作奖补资金管理办法》，现印发给你们，请遵照执行。

安徽省省级政府和社会资本合作奖补资金管理办法

第一章　总　则

第一条　为充分发挥财政资金的引导、撬动作用，调动各级开展政府和社会资本合作工作积极性，推进政府和社会资本合作项目规范实施，根据《安徽省人民政府关于创新重点领域投融资机制鼓励社会投资的实施意见》(皖政〔2015〕123号)、《安徽省人民政府办公厅转发省财政厅 省发展改革委 人行合肥中心支行关于在公共服务领域推广政府和社会资本合作模式实施意见的通知》(皖政办〔2015〕51号)、《财政部关于实施政府和社会资本合作项目以奖代补政策的通知》(财金〔2015〕158号)和《财政部关于规范政府和社会资本合作(PPP)综合信息平台运行的通知》(财金〔2015〕166号)文件精神，结合我省实际，制定本办法。

第二条　本办法所指省级政府和社会资本合作奖补资金(以下简称奖补资金)，是指由省级财政设立的一般性转移支付资金，用于支持各地基础设施和公共服务领域的政府和社会资本合作工作开展。

第三条　省财政按照“突出重点、统筹兼顾、科学引导、注重实效”的原则，采取“后补助”的方法，安排分配奖补资金。

第四条　奖补资金的分配对象为全省16个省辖市，由财政部门统筹用于项目全生命周期过程中的各项财政支出，主要包括项目前期费用补助、运营补贴等。

第五条　各市要结合本辖区内政府和社会资本合作推进情况，科学分配、规范使用奖补资金，充分发挥资金使用效益。

第二章　申报条件及分配方法

第六条　申报奖补资金的项目必须同时满足以下基本条件：

(一)纳入国家部委、省有关部门项目储备库；

(二)完成项目实施方案编制，明确政府和社会资本投资占比，并通过物有所值评价和财政承受能力论证；

(三)纳入财政部PPP综合信息平台项目库，并按规定将项目信息录入平台。

第七条　奖补资金按因素法进行分配，综合考虑各地上年度PPP项目基本情况、PPP项目执行进展和利用PPP模式化解地方政府存量债务等情况，设置细化考核指标，按百分制，对每项指标进行评分。

$$\text{某市奖补资金}=\text{省级财政预算安排奖补资金数}\times\left(\frac{\text{某市考核得分}}{\text{各市考核得分和}}\right)$$

第八条　考核指标设置。

(一)PPP 项目基本情况(20 分)

1. 项目个数位次(10 分)。按照某市项目个数在全省的位次打分,位次在 1—5 位的,得 10 分;6—10 位的,得 8 分;11 位以下的,得 6 分。其中无项目的市此项不得分。

2. 项目总投资额位次(10 分)。按照某市项目总投资额在全省的位次打分,打分依据同上。

(二)PPP 项目执行进展(80 分)

1. 落地项目个数位次(20 分)。落地项目指已完成政府采购确定社会资本方并签订 PPP 项目合同的项目。按照某市落地项目个数在全省的位次打分,位次在 1—5 位的,得 20 分;6—10 位的,得 15 分;11 位以下的,得 10 分。其中无项目落地的,此项不得分。

2. 项目资金到位率(20 分)。项目资金指 PPP 项目总投资额。按照某市所有项目实际到位资金额与项目总投资额的比率打分,资金到位率在 90% 以上(含 90%)的,得 20 分;70—90%(不含 90%)的,得 15 分;50—70%(不含 70%)的,得 10 分;30—50%(不含 50%)的,得 5 分;30% 以下的(不含 30%)的,得 3 分。其中无实际到位资金的,此项不得分。

3. 社会资本实际出资额位次(20 分)。社会资本实际出资额指社会资本方实缴的项目资本金金额。按照某市所有项目社会资本实际出资额在全省的位次打分,位次在 1—5 位的,得 20 分;6—10 位的,得 15 分;11 位以下的,得 10 分。其中无社会资本出资额的,此项不得分。

4. 社会资本资金到位率(20 分)。按照某市所有项目社会资本实际出资额与应出资额的比率打分,资金到位率在 100% 的,得 20 分;70—100%(不含 100%)的,得 15 分;50—70%(不含 70%)的,得 10 分;低于 50%(不含 50%)的,此项不得分。

(三)利用 PPP 模式化解地方政府存量债务加分因素。利用 PPP 模式化解地方政府存量债务指利用 PPP 模式化解已纳入地方政府债务系统由地方政府负责偿还或担保责任的债务。化解存量债务额在 1 亿—5 亿元(含 1 亿元、5 亿元)的,加 5 分;化解存量债务额在 5 亿—10 亿元(含 10 亿元)的,加 8 分;化解存量债务额在 10 亿元以上的,加 10 分。

第三章　申报、审核和拨付

第九条　申报奖补资金需提供以下材料:

(一)奖补资金申请文件及申请表;

(二)项目资金到位证明及社会资本出资证明;

(三)化解地方政府存量债务的有关证明材料,包括化解地方政府存量债务项目为 2014 年底清理甄别锁定的地方政府存量债务证明、地方政府债务管理系统反映的该项目通过 PPP 转化实际减少存量债务余额等材料。

第十条　奖补资金以市为单位进行申报,各市财政部门应会同相关部门认真做好本辖区内政府和社会资本合作奖补资金申报工作,并于每年 1 月底前将申报材料报送省财政厅。

第十一条　省财政厅组织对申报材料进行审核,并根据审核结果,于每年 3 月底前下达奖补资金。

第四章　监督管理

第十二条　各市要对本地区奖补资金设置绩效目标,并根据绩效目标设置绩效指标,包括资金管理指标、产出指标和效果指标等,每年组织对本地区奖补资金进行绩效评价,并将评价报告报省财政厅备案。

第十三条　各市要规范实施 PPP 项目,对在省级以上财政部门督查检查中发现有通过保底承诺、回购安排、明股实债等方式进行变相融资的,扣回当年奖补资金,并责令其限期整改;对整改不到位的,取消其次年奖补资金申报资格。

第十四条　各市要严格按规定如实申报,确保相关材料真实、准确、完整;要加强对奖补资金的管理,加快拨付进度、切实做到专款专用,严禁截留、滞留、转移、挪用资金。

第十五条　省财政厅将定期或不定期组织对奖补资金申报、使用、管理情况进行监督检查,对奖补资金违规使用或者绩效较差的地方,建立退出机制,并扣回当年奖补资金。

第五章　附　则

第十六条　本办法由省财政厅负责解释。

第十七条　本办法自印发之日起执行,执行期限暂定 3 年。

安徽省财政厅 安徽省卫生和计划生育委员会 安徽省食品药品监督管理局关于印发《安徽省公共卫生服务补助资金管理暂行办法》的通知

财社〔2016〕1567号

各市、县(区)财政局、卫生计生委、食品药品监督管理局:

为加强和规范公共卫生服务补助资金管理,创新资金安排、分配、使用、监管等管理方式,压实资金管理责任,提高财政资金经济效益和社会效益,推进公共卫生服务均等化水平,省财政厅、省卫生计生委、省食品药品监督管理局联合制定了《安徽省公共卫生服务补助资金管理暂行办法》。现印发给你们,请遵照执行。执行中如发现问题,请及时反馈告知。

安徽省公共卫生服务补助资金管理暂行办法

第一章 总 则

第一条 为加强和规范公共卫生服务补助资金管理,创新资金安排、分配、使用、监管等管理方式,压实资金管理责任,提高财政资金经济效益和社会效益,推进公共卫生服务均等化水平,支持加快“健康安徽”建设步伐,制定本办法。

第二条 本办法依据《预算法》《财政部卫生计生委食药监管总局公共卫生服务补助资金管理暂行办法》(财社〔2015〕255号)、《安徽省深化医药卫生体制综合改革试点方案》(皖政〔2015〕16号)、《省政府办公厅关于进一步加强财政资金管理制度建设的指导意见》(皖政办〔2016〕29号)、《安徽省财政社会保障资金分配暂行办法》(财社〔2015〕1600号)等法律法规和政策规定制定。

第三条 本办法所称公共卫生服务补助资金,是指中央财政补助和省财政预算安排的、通过一般性转移支付和专项转移支付方式下达的、统筹支持各地实施基本公共卫生服务、重大公共卫生服务、突发事件卫生疫情应急处置与救治等项目的补助资金,主要用于公共卫生服务所需的需方补助、工作经费和能力建设等支出。

市、县(区)财政预算安排的公共卫生服务补助资金可参照本办法执行。

第四条 公共卫生服务补助项目的具体内容及补助标准,根据国家有关规定、经济社会发展水平、疾病发生、综合财力等情况,适时动态调整。

(一)基本公共卫生服务项目,主要指以儿童、孕产妇、老年人、慢性疾病患者为重点人群,政府通过购买服务方式,由基层医疗卫生机构承接,面向全体居民免费提供的最基本的公共卫生服务,现阶段主要包括城乡居民健康档案管理等12类45项服务内容。

(二)重大公共卫生项目,主要指实施国家免疫规划,艾滋病、结核病、血吸虫病、地方病、精神卫生、职业病、慢性非传染病等重大疾病防治,以及其他疾病预防控制、妇幼卫生健康、食品药品安全及水和环境卫生监测、中医药等公共项目和公共服务。

(三)突发卫生事件疫情应急处置及紧急医疗救援,主要指因发生自然灾害、事故灾难、突发疫情、公共安全事件等情况,导致需要采取应急处置及救治或紧急医疗救援措施予以应对突出公共卫生事件。

第五条 公共卫生服务补助资金管理应遵循如下原则:

(一)坚持人民健康优先发展战略地位。贯彻以人民为中心的卫生健康发展思想,发挥公共卫生补助资金在疾病预防控制、健康知识普及、健康理念树立、健康环境营造、健康福祉增进等方面的积极引导作用,走中国特色的卫生与健康发展之路。

(二)坚持财政事权与支出责任相适应。按照“谁的财政事权谁承担支出责任”的要求,在公共卫生服务项目制度设计、监管实施、资金安排、绩效评价等方面,明确各级、各部门应承担的主体责任和监管责任。

(三)坚持分类管理与多元分配相统一。公共卫生服务补助项目分为基本、重大、突发等三类公共卫生服务进行管理,统筹采取标准定额、因素系数、一事一议等多种方式分配;引导资金分配与医保支付方式改革相结合,更好地释放健康红利。

(四)坚持绩效评价与以奖代补相挂钩。树立绩效管理导向,加强资金绩效评价考核,优化考核指标体制,创新绩效评价手段,建立考核结果与资金分配挂钩机制,以奖代补、奖优罚劣。坚持公开透明、公平公正,主动接受监督。

第二章 资金筹集及责任分担

第六条 各级财政部门要按照规定的公共卫生服务项目和经费标准足额安排补助资金预算，建立健全公共卫生服务经费保障机制。

第七条 基本公共卫生服务补助资金标准，原则上按照国家规定执行。2016年按常住人口人均不低于45元标准筹集，以后年度按国家和省有关规定适时调整。

第八条 基本公共卫生服务补助资金，原则上按当年最低补助标准由中央、省、市县财政按6:2:2共同分担，其中：对长丰等30个比照西部开发政策县（区），由中央与省财政按8:2分担。

有条件的地区可适当提高基本公共卫生服务补助标准。

第九条 重大公共卫生服务补助资金标准，应根据疾病谱、项目内容、任务量、成本核定、经济社会发展和财政承受能力等因素合理确定和动态调整，所需资金由中央、省、市县财政共同分担。

其中：2016年主要项目资金筹集标准和分担比例如下，以后年度筹集标准按国家和省有关规定适时调整。

（一）重大传染病医疗救治补助资金中：对符合条件的艾滋病病人进行免费抗病毒治疗的药物补助，由中央财政给予补助；对进行抗机会感染治疗的，按照每人每年最高限额4800元标准给予补助，由省财政负担。对符合条件的肺结核病免费提供的抗结核药物经费，由中央财政给予补助；对现症贫困患者给予辅助诊断治疗和并发症治疗的，按每人每年最高限额900元标准给予补助，由省财政负担。对符合条件的现症晚期血吸虫病人，按每例每年5000元的标准进行医疗救治，由中央财政给予补助，不足部分由省财政负担。

（二）国家免疫规划补助资金中，一类疫苗及接种器材购置资金由中央财政给予补助，项目实行省级统一招标采购、市县适度集中付款、疫苗按任务统一配发的方式组织实施；一类疫苗接种工作补助、冷链系统建设及接种异常反应补偿资金由省财政承担，市县可结合实际适当给予补助。

（三）婚前健康检查补助资金按每对180元标准安排，由省与市县财政按1:1分担，据实清算。

（四）农村孕产妇住院分娩补助资金按活产数人均300元标准安排，由中央财政给予补助。同时，基本医保（新农合）基金按规定给予补偿。

（五）农村妇女增补叶酸、宫颈癌和乳腺癌筛查补助资金按人均24元、49元和79元标准安排，中央财政按60%给予补助、省财政按40%给予补助。

（六）贫困地区儿童营养改善和新生儿疾病筛查项目按人均365元、120元标准安排，由中央财政给予补助。

第十条 突发卫生事件疫情应急处置及紧急医疗救援补助资金标准，应根据突发事件应急响应等级、危及人群范围、疫情受害程度、疫情波及地域等因素综合确定，由当地承担主体支出责任；省财政对重大跨区域、疫情受害程度严重的疫情应急处置与救治工作统筹给予补助。

第三章 资金分配及管理使用

第十一条 根据公共卫生服务补助资金的性质类型、政策目标、预算安排、使用范围、补助标准、责任分担等情况，可采取标准定额、因素系数、一事一议等分配方式。

第十二条 对基本公共卫生服务补助资金、第九条规定的任务量及补助标准明确的重大公共卫生服务补助资金，采取标准定额分配办法。

第十三条 对资金安排总量控制、补助标准难以量化的重大公共卫生服务补助资金，采取因素系数分配办法。

现阶段，主要是将第九条规定的可标准定额分配以外的项目补助资金进行"打捆"（其他传染性疾病、地方病、精神卫生、妇幼卫生、职业病、慢性非传染病等重大疾病防治，以及食品药品安全及水和环境卫生监测、中医药、公共卫生考核等项目），结合实际选择地区健康水平、人均财力、人均医疗卫生支出、常住人口、监管对象等因素，设置合理权重进行分配，重点对皖北地区、大别山革命老区等贫困地区和任务较重地区给予倾斜。

第十四条 突发卫生事件疫情应急处置及紧急医疗救援补助资金，一般根据突发事件应急响应等级、危及人群范围、疫情受害程度、疫情波及地域等因素和"一事一议"的原则统筹分配。

第十五条 省财政公共卫生服务补助资金，应按照省对市县转移支付资金管理相关规定，主要通过一般性转移支付方式安排；对群体特定、用途专项、阶段性强的资金通过专项转移支付方式安排,并逐步减少专项个数、压缩专项资金规模。

中央财政公共卫生补助资金,依据中央财政下达我省的指标类型,通过专项转移支付或一般性转移支付方式安排。

第十六条　省财政公共卫生服务补助资金按照规定于每年10月底前将下一年度补助资金预计数指标提前下达(预拨)市县,并于省人大批准预算后60日内(专项转移支付)、30日内(一般性转移支付)正式清算下达补助资金,多扣少补。

中央财政公共卫生服务补助资金于收到财政部资金下达文件后30日内分配下达。

市县财政部门收到中央和省财政公共卫生服务补助资金后,应当在30日内细化分配至项目实施部门或单位。其中:对收到的具体补助对象及资金额度已经明确的补助资金,应当在7个工作日内细化分配;不必细化分配的,应当及时履行告知义务。

第十七条　按照《安徽省财政社会保障资金分配暂行办法》(财社〔2015〕1600号),建立公共卫生服务项目实施方案和资金分配文件同步印发工作机制。

(一)对于标准定量明确、政策延续执行、管理要求相近的公共卫生服务补助资金,按照"管长远"的要求印发项目实施方案。

(二)对于分配类型相同、资金性质相似、管理要求相近的公共卫生服务补助资金,应在积极整合归并项目资金的基础上,整合印发项目实施方案。

第十八条　公共卫生服务补助资金,应按照国库集中支付制度相关规定及时支付,严禁违规将资金从国库转入财政专户,或支付到预算单位实有资金银行账户。

(一)对项目实施周期较长、资金额度较大的公共卫生服务补助资金,可采取"先预拨、后清算"的方式加快资金支付,具体预拨比例、方式等事宜由当地财政部门会同卫生计生、食品药品监管部门按有关规定确定。

(二)中央或省级集中招标采购、市县分散付款的公共卫生服务补助资金,按照省财政厅财社〔2015〕1600号文件规定要求和程序,及时支付采购款。现阶段主要包括国家免疫规划一类疫苗购置及艾滋病、结核病、血吸虫病、地方病等治疗设备、药品、试剂采购等项目补助资金。

第十九条　各级财政部门应按预算管理、财政资金统筹使用等有关规定和各项目要求,将中央和省财政公共卫生服务补助资金,与本地预算安排的相关补助资金积极整合,统筹使用。

(一)在核定服务任务和补助标准、绩效评价补助的基础上,基层医疗卫生机构获得的基本公共卫生服务补助资金,可统筹用于经常性支出,按照《安徽省基层医疗卫生机构预算管理暂行办法》(财社〔2015〕933号)等规定执行。

(二)公共卫生服务补助资金原则上应在当年执行完毕,对结转资金符合存量资金管理规定的,可结合实际在规定期限内统筹使用。

第二十条　创新公共卫生服务补助资金管理使用,按照"应买尽买"的原则,建立健全政府购买公共卫生服务机制,做好各服务项目的成本测算,合理制定成本补偿参考标准,对承接机构予以合理补偿。

(一)支持社会办医疗机构平等参与公共卫生服务的承接供给。

(二)基层医疗卫生服务机构承接公共卫生服务,按照省财政厅财社〔2015〕933号文件规定执行。

第四章　资金绩效及监管责任

第二十一条　公共卫生服务补助资金实行目标绩效管理,建立健全全过程的预算绩效管理机制,提高财政资金使用效益。

第二十二条　按照定量为主、定量与定性相结合的原则,从综合管理、成本投入、效益产出、群众获得感等方面,科学设置公共卫生服务补助资金绩效评价考核指标,公开考核过程,量化考核结果。

第二十三条　建立卫生计生、食品药品监管、财政、实施单位及相关部门分工协作的公共卫生服务补助资金绩效评价考核工作机制。积极推动第三方考核机制,发挥第三方中介机构专业性、客观性、公正性的优势。

第二十四条　公共卫生服务补助资金绩效评价考核结果,应与项目资金拨付(清算)、以后年度预算安排、实施单位综合评价等方面直接挂钩。

对绩效评价考核中发现的问题,应及时反馈给被考核单位,并督促整改落实。

第二十五条　根据财政部《中央对地方专项转移支付绩效目标管理暂行办法》(财预〔2015〕163号)规定,各级卫生计生、食品药品监管、财政部门应按时做好中央财政公共卫生服务补助资金绩效目标的设定、审核、录入等工作。

第二十六条 建立健全责任清晰、主次分明、分级分类、分工负责的公共卫生服务补助资金监督管理责任体系,明确各级、各部门、各单位监管责任。

(一)省级财政部门对公共卫生服务补助资金的安排、分配、绩效管理等制度建设工作承担主体责任。

(二)省级卫生计生、食品药品监管部门对公共卫生服务项目设立及资金申请、总体部署推进、绩效考核评价、业务协调指导等工作承担主体责任。

(三)市县财政、卫生计生、食品药品监管部门对公共卫生服务项目执行落实、资金监管使用、绩效考核评价及本地相关资金安排等工作承担主体责任。

第二十七条 严格落实政务信息和财政信息公开规定,按照"不公开是例外"的要求,除涉及保密事项外,公共卫生服务补助资金涉及的安排、分配、使用、监管、实施等相关信息,应按规定予以公开。

第二十八条 加强公共卫生服务补助资金的监督检查,主动接受人大监督、审计监督、财政监督、监察监督、社会监督,提高财政资金管理的透明度和知晓度。

第五章 附 则

第二十九条 各地应根据本办法,结合实际,制定本地公共卫生服务补助资金管理实施细则。

第三十条 本办法由省财政厅会同省卫生计生委、省食品药品监督管理局负责解释。

第三十一条 本办法自印发之日起开始施行,《省财政厅、省卫生厅关于印发中央补助安徽省公共卫生专项资金项目防治补助经费管理办法等三项资金管理办法及项目实施规程的通知》(财社〔2006〕481号)、《省财政厅、省卫生厅关于印发安徽省基本公共卫生服务项目资金管理暂行办法的通知》(财社〔2010〕1168号)同时废止。本办法印发前已出台政策文件中涉及公共卫生服务补助资金管理的相关规定与本办法不一致的,依据本办法执行。

安徽省财政厅 安徽省卫生和计划生育委员会关于印发《安徽省公立医院补助资金管理暂行办法》的通知

财社〔2016〕1568号

各市、县(区)财政局、卫生计生委:

为加强和规范公立医院补助资金管理,创新资金安排、分配、使用、监管等管理方式,压实资金管理责任,提高财政资金经济效益和社会效益,深化公立医院体制机制综合性改革,省财政厅、省卫生计生委联合制定了《安徽省公立医院补助资金管理暂行办法》。现印发给你们,请遵照执行。执行中如发现问题,请及时反馈告知。

安徽省公立医院补助资金管理暂行办法

第一章 总 则

第一条 为加强和规范公立医院补助资金管理,创新资金安排、分配、使用、监管等管理方式,压实资金管理责任,提高财政资金经济效益和社会效益,深化公立医院体制机制综合性改革,支持加快"健康安徽"建设步伐,制定本办法。

第二条 本办法依据《预算法》《财政部卫生计生委公立医院补助资金管理暂行办法》(财社〔2015〕256号)、《安徽省深化医药卫生体制综合改革试点方案》(皖政〔2015〕16号)、《省政府办公厅关于进一步加强财政资金管理制度建设的指导意见》(皖政办〔2016〕29号)、《安徽省财政社会保障资金分配暂行办法》(财社〔2015〕1600号)等法律法规和政策规定制定。

第三条 本办法所称公立医院补助资金,是指中央财政补助和省财政预算安排的、通过一般性转移支付和专项转移支付方式下达的、统筹用于公立医院改革和发展方面的项目补助资金。

市、县(区)财政预算安排的公立医院补助资金可参照本办法执行。

第四条 公立医院补助资金的具体项目及内容根据国家有关规定、经济社会发展水平、改革任务、综合财力等情况合理确定,适时动态调整。

现阶段,公立医院补助资金主要包括公立医院改革补助、省级重点专科建设、省级重点医院事业发展、引导优质医疗资源下沉、疾病应急救助、中医院发展等项目。

第五条 公立医院补助资金管理应遵循如下原则:

(一)坚持以人民健康为中心,强化公立医院公益性。按照以人民为中心的卫生健康发展新理念,围绕增强公立医院公益性,发挥公立医院补助资金的针对性、有效性、可及性,缓解群众看病难、看病贵问题。

(二)坚持以分级负责为前提,强化投入责任属地性。按照事权与支出责任相适应的原则,公立医院改革发展依据其主办主体层级,相应由各级政府承担主体责任和监管责任,强化分级负担、属地投入责任。

(三)坚持以综合改革为突破,强化体制机制创新性。根据公立医院政府投入政策,围绕"医疗、医药、医保"联动,创新补助资金管理使用方式,突出关键领域和重点环节,支持深化公立医院体制机制性综合改革。

(四)坚持以资金绩效为导向,强化资金使用有效性。加强绩效评价考核,建立考核结果与资金分配挂钩机制,强化绩效导向。统筹运用标准定额、因素系数、竞争评审等分配方式,提高资金绩效。坚持公平公开公正,主动接受监督。

第二章 资金筹集及责任分担

第六条 公立医院改革补助资金,主要用于符合规定的公立医院政策性亏损补助、院长薪酬等方面。

(一)政策性亏损。对公立医院取消药品和医用耗材加成形成的政策性亏损,通过建立健全调整医疗服务价格、增加政府补助、改革医保支付方式以及医院加强核算、节约运行成本等多方共担的补偿机制予以弥补。其中:

县级公立医院,省财政对其药品零差率给予补助,以改革前2011年各地取消药品加成减少的合理收入的25%部分为补助基数,每年通过一般性转移支付补助,县级财政部门根据当地实际和省财政补助资金统筹安排。

城市公立医院,对精神类、传染类等专科医院,由同级财政适当安排补助资金。

(二)院长年薪。对同级医院管理委员会按规定选聘、依法独立负责公立医院经营管理的院长年薪,由同级财政保障,并根据院长考核结果据实安排。

(三)总会计师薪酬。对公立医院按规定选聘的总会计师或财务主管,按照"谁委派、谁负责、谁买单"的原则,合理安排薪酬,经考核后据实兑付。

第七条 重点学科建设补助资金,根据公立医院政府投入政策、当地重点学科建设现状等因素统筹安排,形成国家、省级、市县等多层次发展、中西医并重、特色较为明显、辐射牵引性强的重点学科建设体系。

(一)医疗卫生机构应承担重点学科发展投入责任,结合机构业务收支等资金情况,合理安排本单位重点学科发展资金。

(二)中央财政安排临床重点专科建设专项补助资金,按照500万元/个(中医类350万/个)标准,支持包括民营医院在内的三级医院开展国家临床重点专科建设。

(三)省财政安排省级重点专科建设补助资金,支持包括社会办医疗机构在内全省各级医疗卫生机构开展临床、公共卫生等省级重点专科建设。

(四)市县财政应统筹安排补助资金,支持本地医疗卫生重点学科建设。

第八条 引导优质医疗资源下沉补助资金,省财政统筹安排补助资金,通过市场调节和利益机制以奖代补,引导省属公立医院优质的人才、技术、设备、服务等医疗资源下沉至基层薄弱和贫困地区,支持提升基层医疗卫生服务能力和水平。

第九条 省级重点医院事业发展补助资金,由省财政统筹安排、重点支持省属公立医院改革和发展。

第十条 省、市两级应分别设立疾病应急救助基金,根据《安徽省疾病应急救助基金管理暂行办法》(财社〔2014〕1865号)规定,通过财政投入、社会各界捐助等渠道筹集,对为省境内发生急重危伤病、需要急救但身份不明确或者无力支付相应费用的患者垫付的医疗费用给予补助。

(一)省级疾病应急救助基金主要通过中央财政补助、省财政预算安排、社会各界捐助等渠道筹集。

（二）市级疾病应急救助基金主要通过省级疾病应急救助基金补助、市级财政预算安排、县级财政预算安排、社会各界捐助等渠道筹集。

（三）资金规模原则上参照当地人口规模、应急救助发生人数及医疗费用等因素综合确定。

第十一条　省财政统筹安排中医公立医院发展补助资金，支持中医药“重点医院、专科、中医馆”建设、“基层能力提升工程”等中医药事业改革和发展。

市县财政也要统筹安排补助资金，支持本地中医公立医院改革和发展。

第三章　资金分配及管理使用

第十二条　根据公立医院补助资金的性质类型、政策目标、预算安排、使用范围、补助标准、责任分担等情况，采取标准定额、因素系数、竞争评审、一事一议等分配方式。

第十三条　对县级公立医院药品零差率补助资金，省财政采取标准定额分配法，以改革初一次性核定的补助基数，每年定额给予补助，由县级财政部门按规定统筹安排使用。

第十四条　对省级重点医院事业发展、省级引导优质医疗资源下沉、疾病应急救助等资金总量控制、标准难以量化的补助资金，采取因素系数分配法，结合实际选择相应的因素和一定比例的系数权重进行分配。

（一）省级重点医院事业发展补助资金，一般采取省属公立医院床位数（编制床位、平均开放床位等）、服务数量及质量、预算执行进度、医改任务落实等因素进行分配。

（二）省级引导优质医疗资源下沉补助资金，一般采取下沉工作任务量、接受支持地区转诊率及医疗费用控制、综合管理、群众满意度等因素进行分配。

（三）省级疾病应急救助基金，一般选择当地新增欠费数、人均医疗卫生支出、人均可用财力、常住人口等因素进行分配。

第十五条　对省财政中医药发展、重点科学建设等支持对象覆盖面较广、实施周期较长、竞争性较强的补助资金，采取竞争评审等分配办法，按照公开透明、第三方评审、择优选择、分期实施、绩效导向、考核结算的原则遴选补助对象，并根据补助标准分配补助资金，具体实施管理要求另行规定。

第十六条　对公立医院院长年薪、总会计师或财务主管薪酬等所需资金，根据人事薪酬等公立医院改革政策和“一事一议”方式进行核定和分配。

第十七条　省财政公立医院补助资金，应按照省对市县转移支付资金管理相关规定，主要通过一般性转移支付方式安排；对群体特定、用途专项、阶段性强的资金通过专项转移支付方式安排，并逐步减少专项个数、压缩专项资金规模。

中央财政公立医院补助资金，依据中央财政下达我省的指标类型，通过专项转移支付或一般性转移支付方式安排。

第十八条　省财政公立医院补助资金按照规定于每年10月底前将下一年度补助资金预计数指标提前下达（预拨）市县，并于省人大批准预算后60日内（专项转移支付）、30日内（一般性转移支付）正式清算下达补助资金，多扣少补。

中央财政公立医院补助资金于收到财政部资金下达文件后30日内分配下达。

市县财政收到中央和省财政公立医院补助资金后，应当在30日内细化分配至项目实施部门或单位。其中：对收到的具体补助对象及资金额度已经明确的补助资金，应当在7个工作日内细化分配；不必细化分配的，应当及时履行告知义务。

第十九条　按照《安徽省财政社会保障资金分配暂行办法》（财社〔2015〕1600号），建立公立医院补助项目实施方案和资金分配文件同步印发工作机制。

第二十条　公立医院补助资金，应按照国库集中支付制度相关规定及时支付，严禁违规将资金从国库转入财政专户，或支付到预算单位实有资金银行账户。

（一）对项目实施周期较长、资金额度较大的公立医院补助资金，可采取“先预拨、后清算”的方式加快资金支付，具体预拨比例、方式等事宜由当地财政部门会同卫生计生部门按有关规定确定。

（二）中央或省级集中招标采购、分散付款的公立医院补助资金，按照省财政厅财社〔2015〕1600号文件规定要求和程序，及时支付采购款。

第二十一条　各级财政部门应按预算管理、财政资金统筹使用等有关规定和各项目要求，将中央和省财政公立医院补助资金，与本地预算安排的相关补助资金积极整合,统筹使用。

补助资金原则上应在当年执行完毕,对结转资金符合存量资金管理规定的,可结合实际在规定期限内统筹使用。

第二十二条 创新公立医院补助资金管理使用,按照"应买尽买"的原则,建立健全政府购买公立医院服务机制,做好各购买项目的成本测算,合理制定成本补偿参考标准,对承接机构予以合理补偿。

鼓励和引导社会资本通过多种方式参与公立医院改革。

第四章 资金绩效及监管责任

第二十三条 公立医院补助资金实行目标绩效管理,建立健全全过程的预算绩效管理机制,提高财政资金使用效益。

第二十四条 按照定量为主、定量与定性相结合的原则,从综合管理、成本投入、效益产出、群众获得感等方面,科学设置公立医院补助资金绩效评价考核指标,公开考核过程,量化考核结果。

第二十五条 建立卫生计生、财政、实施单位及相关部门分工协作的公立医院补助资金绩效评价考核工作机制。积极推动第三方考核机制,发挥第三方中介机构专业性、客观性、公正性的优势。

第二十六条 公立医院补助资金绩效评价考核结果,应与项目资金拨付(清算)、以后年度预算安排、实施单位综合评价、院长年薪及医院工资总额核定等方面直接挂钩。

对绩效评价考核中发现的问题,应及时反馈给被考核单位,并督促整改落实。

第二十七条 根据财政部《中央对地方专项转移支付绩效目标管理暂行办法》(财预〔2015〕163号)规定,各级卫生计生、财政部门应按时做好中央财政公立医院补助资金绩效目标的设定、审核、录入等工作。

第二十八条 建立健全责任清晰、主次分明、分级分类、分工负责的公立医院补助资金监督管理责任体系,明确各级、各部门、各单位监管责任。

(一)省级财政部门对省属公立医院政府投入政策落实及相关公立医院补助资金安排、分配、监管等制度建设工作承担主体责任。

(二)省级卫生计生部门对公立医院改革发展政策制定、项目设立及资金申请、总体部署推进、绩效考核评价、业务协调指导等工作承担主体责任。

(三)市县对本级公立医院改革发展政策制定及政府投入政策落实、相关项目资金安排及执行落实、绩效考核评价及资金监管使用等工作承担主体责任。

第二十九条 严格落实政务信息和财政信息公开规定,按照"不公开是例外"的要求,除涉及保密事项外,公立医院补助资金涉及的安排、分配、使用、监管、实施等相关信息,应按规定予以公开。

第三十条 加强公立医院补助资金的监督检查,主动接受人大监督、审计监督、财政监督、监察监督、社会监督,提高财政资金管理的透明度和知晓度。

第五章 附 则

第三十一条 各地应根据本办法,结合实际,制定本地公立医院补助资金管理实施细则。

第三十二条 本办法由省财政厅会同省卫生计生委负责解释。

第三十三条 本办法自印发之日起开始施行,《安徽省"十二五"时期医学重点专科建设资金竞争性分配及管理暂行办法》(财社〔2013〕2069号)同时废止。本办法印发前已出台政策文件中涉及公立医院补助资金管理的相关规定与本办法不一致的,依据本办法执行。

安徽省财政厅 安徽省文化厅关于印发《安徽省公共文化服务体系建设专项资金管理办法》的通知

财教〔2016〕1578号

各市、县(区)财政局、文广新局(文化委):

为规范和加强省级公共文化服务体系建设专项资金管理,提高资金使用效益,支持完善我省公共文化服务体系,促进基本公共文化服务标准化、均等化,根据《中共安徽省委办公厅 安徽省人民政府办公厅印发〈关于加快构建现代公共文化服务体系的实施意见〉的通知》(皖办发〔2016〕4号)、《安徽省人民政府办公厅关于进一步加强财政资金管理制度建设的指导意见》(皖政办〔2016〕29号)和国家有关财政资金管理规定，省财政厅、省文化厅研究制定了《安徽省公共文化服务体系建设专项资金管理办法》，现予印发，请遵照执行。

安徽省公共文化服务体系建设专项资金管理办法

第一章 总 则

第一条 为了规范和加强省级公共文化服务体系建设专项资金（以下简称“专项资金”）的管理，提高资金使用效益，根据《中共安徽省委办公厅 安徽省人民政府办公厅印发〈关于加快构建现代公共文化服务体系的实施意见〉的通知》（皖办发〔2016〕4号），以及国家有关财政资金管理规定，结合我省公共文化服务体系建设工作实际，制定本办法。

第二条 专项资金由省级财政安排，用于完善我省公共文化服务体系，丰富公共文化服务内容，促进基本公共文化服务标准化、均等化，保障群众基本文化权益。

第三条 专项资金分为一般性转移支付资金和专项转移支付资金。一般性转移支付资金，主要用于公共文化设施建设维修和设备购置。专项转移支付资金，主要用于基本公共文化服务项目和公共文化服务人才队伍建设。

第四条 专项资金的管理和使用坚持“统筹安排、保障重点、注重绩效、公开透明、专款专用”的原则。

第五条 专项资金的管理和使用严格执行国家有关法律法规和财务规章制度，并接受财政、审计和文化等相关部门的监督检查。

第二章 支出范围

第六条 专项资金重点用于落实《安徽省基本公共文化服务实施标准（2015—2020年）》。具体支持范围包括公共文化设施建设维修和设备购置、提供基本公共文化服务项目、公共文化服务人才队伍建设以及基本公共文化服务其他项目。

（一）公共文化设施建设维修和设备购置支出范围：

公共图书馆、文化馆（中心）、乡镇和村（社区）综合文化服务中心示范点（中心村农民文化乐园）等设施维修、设备购置（含配备图书、报刊和电子书刊、流动文化车）、流动服务能力提升及数字化建设、运行维护管理等。

（二）基本公共文化服务项目支出范围：

1. 代表性和影响性的特色群众文化品牌活动、项目；城乡居民依托县、乡、村（社区）综合文化服务中心示范点（中心村农民文化乐园）、文化广场等公共设施就近方便开展的各类文化活动；

2. 全省图书馆阅读推广、文化馆活动、画院联盟活动；

3. “送戏进万村”、“三下乡”、群众文化辅导（文化志愿者）、春雨工程、区域联动等文化活动示范项目创建以及文化艺术知识普及、培训等；

4. 流动文化、数字文化服务活动等；

5. 文化惠民消费季——“好戏大家看”系列活动；

6. 基层优秀传统文艺创作的生产、展演、展示、对外文化交流和优秀剧（节）目、特色民间艺术之乡创建等；

7. 全省民营院团创作、展演、展示和专题培训；百佳院团奖励补助及走出去。

（三）公共文化服务人才队伍建设支出范围：

1. 直接从事公共文化服务的人才培养、基层公共文化设施管理人员培训等；

2. 基层公益性文化岗位政府购买，县（区）、乡镇、街道和村（社区）文化管理员、文化辅导员每年集中培训等。

（四）其他公共文化服务体系建设所需扶持项目。

第七条 专项资金不得用于支付各种罚款、捐款、赞助、投资等支出，不得用于编制内在职人员工资性支出和离退休人员离退休费，不得用于偿还债务，不得用于国家规定禁止列支的其他支出。

第三章 申报与补助方式

第八条 一般性转移支付资金，实行因素法分配。由省文化厅会同省财政厅确定专项资金补助方案，在省人民代表大会批准省级预算后三十日内下达到各市、县（区）。

第九条 专项转移支付资金，由省文化厅会同省财政厅确定专项资金补助方案，在省人民代表大会批准省级预算后六十日内下达到各市、县（区）。

（一）基本公共文化服务项目补助费用，采取绩效后补助方式。省文化厅于每年1月31日前,公开发布当年专项资金基本公共文化服务项目的绩效目标和申报要求。由符合条件的项目单位提出申请,经市、县(区)文化和财政部门逐级申报。各市文化和财政部门统一对本市报送项目审核汇总,于每年2月28日前向省文化厅报送当年专项资金申报材料。省文化厅对申报项目进行审核,提出专项资金补助建议方案报省财政厅。省财政厅根据当年财政预算安排,会同省文化厅对符合条件并审核通过的项目择优补助。

(二)公共文化服务人才队伍建设补助费用,重点用于政府购买基层公益性文化岗位。各地可结合基层文化人才实际需要,发布当年政府购买村(社区)公共文化服务中心公益文化岗位的数量和补助标准。县(区)级文化部门统筹资金,按照政府购买服务有关规定,组织实行政府采购。

第四章 管理与使用

第十条 市、县(区)财政和文化部门接到省级预算后,三十日内将预算下达到项目单位。

第十一条 项目实施单位应建立专项资金内部管理制度,规范资金支出使用。

第十二条 专项资金的支付应当按照国库集中支付制度有关规定执行,专项资金的结转和结余应当按照财政结转结余资金管理的有关规定进行处理。

第十三条 专项资金项目涉及政府采购的,要严格按照政府采购有关制度规定执行。形成的固定资产要及时入账并加强日常管理。

第五章 资金监管与绩效评价

第十四条 各级财政部门应当会同同级文化部门建立健全专项资金监管和绩效评价机制。省财政厅会同省文化厅对专项资金实施监管,对专项资金管理使用情况开展绩效评价,监管和评价结果作为以后年度分配专项资金的重要参考依据,并择机向社会公开。

第十五条 对专项资金管理使用中的违规违法行为,将按照《财政违法行为处罚处分条例》(国务院令第427号)等有关规定严肃处理。

第六章 附 则

第十六条 本办法由省财政厅、省文化厅负责解释。

第十七条 本办法自印发之日起执行,有效期三年。2006年8月30日《安徽省财政厅 安徽省文化厅关于印发〈农村文化建设专项资金管理暂行办法〉的通知》(财教〔2006〕1010号)同时废止。

安徽省财政厅 安徽省民政厅 安徽省人力资源和社会保障厅 安徽省卫生和计划生育委员会 安徽省扶贫开发领导小组办公室关于印发《安徽省农村贫困人口综合医保资金保障和监督管理暂行办法》的通知

财社〔2016〕1653号

各市、县(市、区)财政局、民政局、人力资源和社会保障局、卫生计生委、扶贫办:

根据《安徽省人民政府关于健康脱贫工程的实施意见》(皖政〔2016〕68号)精神,为进一步规范农村建档立卡贫困人口综合医保资金使用管理,压实资金管理责任,提高资金使用效益,省财政厅、省民政厅、省人力资源和社会保障厅、省卫生计生委、省扶贫办联合制定了《安徽省农村贫困人口综合医保资金保障和监督管理暂行办法》。现印发给你们,请遵照执行。执行中如发现问题,请及时反馈告知。

安徽省农村贫困人口综合医保资金保障和监督管理暂行办法

第一章 总 则

第一条 为深入贯彻党中央、国务院关于健康脱贫的决策部署,认真落实《中共安徽省委安徽省人民政府关于坚决打赢脱贫攻坚战的决定》(皖发〔2015〕26号),根据《安徽省人民政府关于健康脱贫工程的实施意见》(皖政〔2016〕68号)制定本暂行办法。

第二条 本办法所称农村建档立卡贫困人口(以下简称农村贫困人口)综合医保资金,主要来源于城乡居民基本医疗保险基金、城乡居民大病保险资金、城乡医疗救助基金、健康脱贫医疗专项补助资金。

第三条 农村贫困人口综合医保资金坚持统筹使用、精准保障、简化流程、严格监管原则，着力解决农村贫困人口因病致贫、因病返贫问题。

第二章 资金筹集

第四条 城乡居民基本医疗保险基金，由个人和财政补贴组成。各级财政部门按照年度筹资标准，及时足额将财政补助资金拨付到城乡居民基本医疗保险基金财政专户。

第五条 城乡居民大病保险资金，各地可通过与商业保险公司采取竞争性谈判等方式确定具体筹资标准，及时从当地城乡居民基本医疗保险基金中划转。

第六条 城乡医疗救助基金，由各地科学测算，通过公共财政预算、彩票公益金和社会各界捐助等渠道合理安排。

第七条 健康脱贫医疗专项补助资金由各县（市、区）政府从预算资金和统筹整合的各类专项资金中安排，承担兜底保障责任。省财政根据各地贫困人口等因素给予补助。

第八条 城乡居民基本医疗保险基金、城乡医疗救助基金、健康脱贫医疗专项补助资金运行中凡出现缺口的，由同级财政及时弥补。

第三章 拨付管理

第九条 各地要建立健全农村贫困人口健康脱贫城乡居民基本医疗保险、城乡居民大病保险、城乡医疗救助和健康脱贫医疗兜底保障综合医疗保障体系，对贫困人口通过城乡居民基本医疗保险、城乡居民大病保险、城乡医疗救助等综合补偿后，在县域内就诊个人年度自付费用不超过0.3万元，在市级医疗机构就诊个人年度自付费用不超过0.5万元，在省级医疗机构就诊个人年度自付费用不超过1万元，剩余部分合规医药费用通过健康脱贫医疗专项补助资金实行政府兜底保障。

第十条 城乡居民基本医疗保险、城乡居民大病保险和城乡医疗救助按照各自相关基金（资金）管理办法规定的拨付程序执行，在此基础上，各地要做好与健康脱贫医疗专项补助资金拨付的顺利衔接，完善资金拨付流程，缩短报销手续，确保农村贫困人口医疗费用及时报销。

第十一条 健康脱贫医疗专项补助资金按照以下方式拨付。

（一）实行直接支付。健康脱贫医疗专项补助资金原则上实行财政直接支付。民政部门向同级财政部门提交拨款申请，财政部门按规定程序将资金直接支付到定点医疗机构或医保管理经办机构。

（二）开展医疗救助"一站式"即时结算的市、县（区、市），由定点医疗机构在结算时先扣除城乡居民基本医疗保险报销、城乡居民大病保险报销、城乡医疗救助补助和健康脱贫医疗专项补助费用，贫困人口个人只需支付不超过年度自付合规费用封顶额度部分，其他费用由医疗机构垫付。

定点医疗机构或医保管理经办机构按协议所垫付的健康脱贫医疗兜底补助费用，报民政部门审核后，由民政部门向同级财政部门提出支付申请，同级财政部门按规定直接支付给医疗机构或医保管理经办机构。

第十二条 建立定期对账制度，每季度末和年终，各县（市、区）财政、民政部门认真做好健康脱贫医疗专项补助资金清理和对账工作，逐级报送健康脱贫医疗专项补助资金执行情况和相关说明。

第四章 监督管理

第十三条 城乡居民基本医疗保险基金、城乡医疗救助基金、健康脱贫医疗专项补助资金单独列账，专款专用，不得从中提取管理费或列支其他与基金（资金）使用无关的任何费用。

第十四条 各地要围绕"全程留痕、全程公示、全程监督"要求，做到资金使用全程透明、预期明确、责任可追。

（一）健全审核责任机制。扶贫部门负责农村贫困人口申报审核审批；卫生计生、人力资源社会保障、民政部门负责农村贫困人口居民医保、医疗救助和兜底保障相关费用申报审核审批；财政部门负责补助资金审核拨付。加快推进综合医保资金智能审核和实时监控建设，利用信息化手段提高监管水平。

（二）健全公开公示机制。坚持"公开为常态，不公开为例外"。各地应对经综合医保资金补偿的农村贫困人口姓名、年龄、性别、住址、治疗费用、补偿费用等重要信息实行县乡村三级公示制度，并在县级部门和政府网站公开，广泛接受社会公众监督。

（三）健全台账管理机制。各地要按照"全程留痕"的要求，健全农村贫困人口医保台账管理制度，清晰记录农村贫困人口从建档立卡、医院就诊、诊疗过程、费用结算、报销补偿等全过程,建立信息准确、数据完善的台账花名册。

(四)健全控费监管机制。推进贫困地区医保支付方式改革,推行临床路径管理与按病种付费;规范医疗机构诊疗行为及费用管理,因患者及其家属个人行为导致过度医疗而发生的医药费用由患者自付;因医疗机构不合理检查、施治、用药等导致过度医疗而发生的医药费用,由医疗机构承担,健康脱贫医疗专项补助资金不予支付。

(五)健全信息共享机制。加快城乡居民基本医疗保险、城乡居民大病保险、城乡医疗救助、健康脱贫等信息管理平台互联互通、信息共享,相关部门及时准确提供相关数据,实现"一站式"信息交换和即时结算。

第十五条　卫生计生、人力资源社会保障、民政、扶贫、财政等部门要定期对农村贫困人口综合医疗保障资金管理使用情况监督检查,并自觉接受审计、监察等部门的监督。对虚报冒领、挤占挪用、骗取套取资金等违纪违法行为的单位和个人,按规定追究有关单位和人员的责任,并按照有关法律法规严肃处理。

第十六条　卫生计生、人力资源社会保障、民政等部门要对医疗机构诊疗行为、基本医保及综合医保资金经办行为开展专项检查,对违规经办、过度医疗、骗取套取资金等行为依规依纪依法严肃追究经办机构、医疗机构负责人和直接责任人,以及当事患者的责任。

第五章　附　则

第十七条　各市、县(市、区)财政、民政、人力资源社会保障、卫生计生、扶贫等部门应结合当地实际,制定具体实施细则。

第十八条　本办法由省财政厅、省民政厅、省人力资源社会保障厅、省卫生计生委、省扶贫办按职责负责解释。

第十九条　本办法自印发之日起执行。

安徽省财政厅 安徽省经济和信息化委员会关于印发《安徽省工业转型升级(中国制造2025安徽篇)专项资金使用管理暂行办法》的通知

财企〔2016〕2002号

各市、县(市、区)财政局、工业和信息化主管部门:

为贯彻落实《中国制造2025安徽篇》《加快调结构转方式促升级行动计划》等决策部署,省级财政整合设立安徽省工业转型升级(中国制造2025安徽篇)专项资金。为规范资金使用管理,提高资金使用效益,省财政厅、省经济和信息化委员会制定了《安徽省工业转型升级(中国制造2025安徽篇)专项资金使用管理暂行办法》,现予印发,请遵照执行。执行中有何问题,请及时反馈我们。

安徽省工业转型升级(中国制造2025安徽篇)专项资金使用管理暂行办法

第一条　为规范安徽省工业转型升级(中国制造2025安徽篇)专项资金使用管理,提高财政资金使用效益,根据《中华人民共和国预算法》《安徽省预算审查监督条例》《安徽省人民政府办公厅关于进一步加强财政资金管理制度建设的指导意见》(皖政办〔2016〕29号)等有关规定,结合我省实际,制定本办法。

第二条　本办法所称安徽省工业转型升级(中国制造2025安徽篇)专项资金(以下简称"专项资金")是指省级财政预算安排的专项用于促进全省工业和信息化领域转变发展方式、促进结构优化提升的资金。

第三条　专项资金由省财政厅、省经济和信息化委员会(以下简称"省经济和信息化委")按职责分工,遵循公开透明、公平公正、突出重点、加强监督、强化绩效的原则共同管理。

第四条　专项资金纳入安徽财政涉企项目资金管理信息系统管理。当年度已通过其他渠道获得中央财政或省财政资金支持的同一项目,不予重复支持。对涉企项目资金管理信息系统出现预警的项目，省经济和信息化委须分析排查原因，对预警的项目准予继续支持的，须注明核准理由。

第五条　专项资金重点支持《中国制造2025安徽篇》《加快调结构转方式促升级行动计划》确定的战略任务和重点领域，以及全省工业和信息化领域急需开展的重点工作。主要包括：

（一）传统产业提升改造（工业强基）工程：主要支持工业强基及矿山安全、绿色、信息化建设等。

（二）民营经济提升（专精特新）工程：主要支持专精特新中小企业发展、中小企业公共服务平台建设和成长性小微企业发展等。

（三）智能制造工程：主要支持智能工厂和数字化车间建设、自动化智能化生产线改造、首台（套）重大技术装备、高端装备发展等。

（四）绿色制造工程：主要支持绿色制造推广应用、新能源汽车推广应用、节能环保产业“五个一百”、电器电子生产责任延伸试点等。

（五）服务型制造工程：主要支持“互联网+制造”平台、工业设计、新型工业化基地公共服务平台、产融合作等。

（六）精品制造工程：主要支持安徽工业精品、企业创新能力和质量品牌提升、创新平台建设、标准化提升、消费品工业“三品”以及共性关键技术攻关等。

（七）电子信息和大数据产业发展工程：主要支持云计算大数据产业、电子关键元器件、智能终端、软件产业化等。

（八）省委省政府提出的其他需要支持的重点领域。

第六条　省经济和信息化委通过发布工作指南，明确并组织开展专项资金项目申报、评审、公示等工作。

第七条　省经济和信息化委每年应于省人代会批准部门预算后45日内，行文商省财政厅拨付专项资金。

第八条　专项资金主要采用投资补助、贷款贴息和事后奖补等支持方式。

第九条　根据专项资金支持领域特点和实际工作需要，省经济和信息化委建立项目库、定期评价和退出机制，组织开展绩效评价，并加强绩效评价结果的应用。

第十条　省财政厅、省经济和信息化委视情对专项资金使用情况开展监督检查。

第十一条　省财政厅对专项资金的预算安排、资金下达负责，适时对资金使用情况开展监督检查。

第十二条　省经济和信息化委对专项资金的项目审查负责，确定专项资金年度支持重点、提出资金安排意见，做好项目监管和绩效评价。

第十三条　市县有关部门及企业对本单位出具的专项资金项目申报材料的真实性等负责，并督促项目单位按规定实施。项目实施单位对项目具体实施、资金使用绩效负责。

第十四条　对弄虚作假骗取专项资金，截留、挪用、挤占专项资金等违反财经纪律行为，按照《财政违法行为处罚处分条例》（国务院令第427号）的规定处理，构成犯罪的，移交司法机关追究刑事责任。

第十五条　专项资金接受审计、监察、财政等部门的监督检查。项目单位要严格遵守国家有关财务会计制度，严格执行项目合同，确保项目资金专款专用。

第十六条　本办法由省财政厅、省经济和信息化委负责解释。

第十七条　本办法自印发之日起施行。安徽省财政厅、安徽省经济和信息化委员会《安徽省企业技术改造和中小企业发展专项资金使用管理办法》（财企〔2016〕1053号）、《安徽省云计算大数据产业发展专项资金使用管理办法》（财企〔2016〕862号）、《安徽省节能与资源综合利用专项资金使用管理办法》（财企〔2014〕2164号）、《安徽省煤矿和非煤矿山安全技改专项资金使用管理办法》（财企〔2014〕2144号）、《安徽省企业技术创新专项资金使用管理办法》（财企〔2014〕2142号）、《安徽省工业化和信息化融合专项资金使用管理暂行办法》（财企〔2014〕540号）同时废止。

安徽省财政厅 安徽省科学技术厅关于印发《安徽省重点研究与开发计划资金管理办法》的通知

财教〔2016〕2150号

各市、县（区）财政局、科技局，省直有关部门：

为规范省重点研究与开发计划资金使用支出和项目管理,提高财政资金使用效益,根据《中华人民共和国预算法》《国务院关于改进加强中央财政科研项目和资金管理的若干意见》《中共安徽省委办公厅 安徽省人民政府办公厅关于改革完善省级财政科研项目资金管理等政策的实施意见》等法律法规及相关规定,结合实际,省财政厅、省科学技术厅研究制定了《安徽省重点研究与开发计划资金管理办法》,现印发给你们,请遵照执行。

安徽省重点研究与开发计划资金管理办法

第一章 总 则

第一条 为规范省重点研究与开发计划资金(以下简称"重点研发资金")使用支出和项目管理,提高财政资金使用效益,根据《中华人民共和国预算法》《国务院关于改进加强中央财政科研项目和资金管理的若干意见》《中共安徽省委办公厅 安徽省人民政府办公厅关于改革完善省级财政科研项目资金管理等政策的实施意见》《安徽省省级财政科技专项资金分配管理办法》等国家和省财政财务有关法律法规,制定本办法。

第二条 重点研发资金支持全省经济和社会发展中共性、关键性、公益性技术研发活动;自主知识产权的新产品、新技术、新工艺研究开发。通过凝练重点研发领域和方向,组织每年度科技项目攻关,为经济和社会发展提供持续性科技支撑。

第三条 资金来源于省级财政预算拨款,省财政厅根据省级科技发展规划和计划任务,将重点研发资金列入省级财政预算。

第四条 重点研发资金补助对象是在安徽省范围内注册,具有独立法人资格的企事业单位,优先支持具有较强自主研发能力,具备较好科研基础条件的企业、高校院所、公益科研机构和新型研发机构。

第五条 重点研发资金使用管理,坚持聚焦创新、突出重点、科学合理、公开透明、绩效导向的原则。

第二章 资金管理职责

第六条 按照职责明晰、权责匹配、全程监督、责任追究的原则,明确重点研发资金管理职责。

(一)省财政厅根据科技计划总体布局与设置,统筹安排重点研发计划年度预算,负责项目资金审核拨付、绩效监管和监督检查等。

(二)省科技厅对项目实施具体管理,负责预算申请、发布指南、立项确定、项目验收、项目绩效、监督检查等。

(三)市、县科技局或中央驻皖单位、省有关部门及单位等归口管理部门负责项目日常监管,按项目实施进度,监督落实项目经费使用及其他配套条件的落实或承担省科技厅委托的管理相关事宜。

(四)项目承担单位是重点研发资金管理的责任主体,负责建立"统一领导、分级管理、责任到人"的项目资金管理体制和制度,完善内部控制和监督约束机制,合理确定科研、财务、人事、资产等部门的责任和权限,加强对项目资金的管理和监督。严格项目预算管理,落实项目承诺的自筹资金及其他配套条件,对项目组织实施提供条件保障。按时提出项目验收申请,配合做好财务审计、财务验收等工作,及时按规定办理财务结账手续。

(五)项目负责人是重点研发资金使用的直接责任人,对资金使用的合规性、合理性、真实性承担法律责任。负责依法据实组织编制项目预算和决算,并按照项目批复预算、计划合同书(或任务书,下同)和相关管理制度使用资金。

(六)项目合作单位对财政资金和自筹资金单独核算,自觉接受有关监督检查。

第三章 资金开支范围

第七条 重点研发资金支出是指在项目组织实施过程中与研究活动相关的、由重点研发资金支付的各项费用支出。重点研发资金分为直接费用和间接费用。

第八条 直接费用是指在项目研究过程中发生的与之直接相关的费用,具体包括:

(一)设备费:指在项目研究过程中购置或试制专用仪器设备,对现有仪器设备进行升级改造,以及租赁外单位仪器设备而发生的费用。应当严格控制设备购置,鼓励共享、试制、租赁专用仪器设备以及对现有仪器设备进行升级改造,避免重复购置。

(二)材料费:指在项目研究过程中消耗的各种原材料、辅助材料、低值易耗品等的采购及运输、装卸、整理等费用。

（三）测试化验加工费：指在项目研究过程中支付给外单位（包括项目承担单位内部独立经济核算单位）的检验、测试、化验及加工等费用。

（四）燃料动力费：指在项目研究开发过程中直接使用的相关仪器设备、科学装置等运行发生的水、电、气、燃料消耗费用等。

（五）会议/差旅/国际合作交流费：是指在项目研究开发过程中发生的差旅费、会议费和国际合作交流费。在编制预算时，本科目支出预算不超过直接费用预算10%的，不需要编制测算依据。承担单位和科研人员应当按照实事求是、精简高效、厉行节约的原则，严格执行国家和单位的有关规定，统筹安排使用。

（六）出版/文献/信息传播/知识产权事务费：指在项目研究过程中，需要支付的出版费、资料费、专用软件购买费、文献检索费、专业通信费、专利申请及其他知识产权事务等费用。

（七）劳务费：指在项目研究过程中支付给参与项目研究的研究生、博士后、访问学者以及项目聘用的研究人员、科研辅助人员等的劳务费用。项目聘用人员的劳务费开支标准，参照当地科学研究和技术服务业人员平均工资水平以及在项目研究中承担的工作任务确定，其社会保险补助费用纳入劳务费科目列支。劳务费预算应据实编制，不设比例限制。

（八）专家咨询费：指在项目研究过程中支付给临时聘请的咨询专家的费用。专家咨询费不得支付给参与项目、课题研究和管理的相关工作人员。专家咨询费标准按照国家有关规定执行。

（九）其他支出：指在项目研究开发过程中除上述支出范围之外的其他相关支出。其他支出应当在申请预算时详细说明。

第九条　间接费用是指项目承担单位在组织实施项目过程中发生的无法在直接费用中列支的相关费用。主要包括：承担单位为项目研究提供的房屋占用，日常水、电、气、暖消耗，有关管理费用的补助支出，以及激励科研人员的绩效支出等。

第十条　间接费用一般不超过直接费用扣除设备购置费后的一定比例，结合承担单位信用情况，实行总额控制，具体比例如下：

（一）100万元以下的部分为30%；

（二）100万元（含100万元）至300万元的部分为25%；

（三）300万元（含300万元）至500万元的部分为20%；

（四）500万元（含500万元）以上的部分为15%。

第十一条　间接费用由项目承担单位统一管理使用。项目承担单位应当制定间接费用管理办法，处理好合理分摊间接成本和对科研人员激励的关系，建立项目法人单位间接费用动态管理机制，根据科研人员在项目工作中的实际贡献，结合项目研究进度和完成质量，在核定的间接费用范围内，公开公正安排绩效支出，充分发挥绩效支出的激励作用。项目中有多个单位的，间接费用在总额范围内由课题牵头单位与参与单位协商分配。项目承担单位不得在核定的间接费用以外以任何名义在重点研发资金中重复提取、列支相关费用。

第四章　预算编制与审批

第十二条　省科技厅每年按照省财政厅关于部门预算编制要求，在编制部门预算时，编制并及时发布项目申报指南（通知），提前细化下年度重点研发资金预算。

第十三条　项目负责人根据目标相关性、政策相符性和经济合理性原则，编制项目预算。支出预算按照重点研发资金支出范围编列，并对直接费用支出的主要用途和测算理由作出说明。对仪器设备鼓励共享、试制、租赁，以及对现有仪器设备进行升级改造，确有必要购置的，应当对拟购置设备的理由及开放共享进行必要说明。合作研究经费应当对项目合作单位资质及拟外拨重点研发资金进行说明。

第十四条　项目承担单位在申请项目时，应当组织其科研和财务部门对项目预算进行审核。有多个单位共同承担一个项目的，项目承担单位的项目负责人和项目合作单位参与者应当根据各自承担的研究任务编报资金预算，经所在单位科研、财务部门审核，由项目负责人汇总编制，经项目承担单位审签后，逐级申报至省科技厅。

第十五条　省科技厅建立科技计划项目管理信息平台，加强对重点研发资金信息化管理。项目申报必须进入科技计划项目管理系统和省财政涉企项目资金管理信息系统运行审核。

第十六条　项目承担单位应当组织项目负责人根据批准的项目资助额度,与项目合同书或任务书一同报省科技厅核准。

第十七条　省科技厅将核准后的预算细化方案提交省财政涉企项目资金管理信息系统,由归口业务处室对预警项目复核确认。对确认通过的项目,由省科技厅将预算细化方案提交省财政厅,省财政厅按规定程序批复下达资金。

第五章　预算执行与决算

第十八条　重点研发资金可实行分年度拨付,项目实施期间,年度剩余资金可结转下一年度继续使用。

第十九条　项目预算总额一般不予调整,项目实施过程中,由于研究内容或者研究计划做出重大调整等原因需要对预算总额进行调整的,应当由项目承担单位提出申请,经项目归口管理部门同意,省科技厅审核后,报省财政厅审批。

第二十条　项目预算总额不变的情况下,材料费、测试化验加工费、燃料动力费、出版/文献/信息传播/知识产权事务费、其他支出等项目直接费用预算需调整的,由项目负责人提出申请,报项目承担单位审批。设备费、差旅/会议/国际合作交流费、劳务费、专家咨询费的预算一般不予调增,需调减用于课题其他直接支出的,可按上述程序办理调剂审批手续;如有特殊情况确需调增的,由项目负责人提出申请,经项目承担单位同意后,报省科技厅批准。

第二十一条　项目承担单位变更、项目合作单位之间预算调整,应当按照原程序报省科技厅批准。

第二十二条　项目间接费用预算不得调增,经项目承担单位与项目负责人协商一致后,可以调减用于直接费用。

第二十三条　项目承担单位应当执行国家有关科研资金支出管理制度,按支出范围和标准办理支出。科研院所、高等学校等事业单位承担项目所发生的会议费、差旅费、小额材料费和测试化验加工费等,要按规定实行公务卡结算;企业承担的项目,上述支出也应当采用非现金方式结算。项目承担单位对设备费、大宗材料费和测试化验加工费、劳务费、专家咨询费等,原则上应当通过银行转账方式结算。对野外考察、心理测试等科研活动中无法取得发票或者财政性票据的,在确保真实性的前提下,可按实际发生额予以报销。

第二十四条　项目完成后,按照要求进行项目验收。项目承担单位和项目合作单位除提供必备的技术验收材料外,按要求提供经费使用情况审计报告或决算报告。省财政资助30万元(含30万元)以上的项目,需提供会计师事务所出具的审计报告。

第二十五条　项目完成任务目标并通过验收后,结余资金按规定留归项目承担单位使用,在2年内由项目承担单位统筹安排用于科研活动的直接支出;2年后未使用完的,按规定收回。未通过验收、整改后通过验收、项目承担单位信用评价差的项目,结余资金应当在验收结论下达后30个工作日内按规定收回。

第二十六条　项目实施过程中,因故终止执行的项目,其结余资金退回省财政。因故被依法撤销的项目,已拨付的资金应当全部退回省财政。

第二十七条　项目承担单位应当将项目资金纳入单位财务统一管理,对省财政资金和自筹资金分别单独核算,确保专款专用。按照承诺保证自筹资金及时足额到位。

第二十八条　项目承担单位应当严格执行国家有关政府采购、资产管理等规定。行政事业单位使用重点研发资金形成的固定资产属于国有资产,一般由项目承担单位进行使用和管理,国家有权进行调配。企业使用资金形成的固定资产,按照《企业财务通则》等相关规章制度执行。对外科技合作项目中需明确外方投入的主要用途、使用方案,以及双方合作研发成果、知识产权分享关系。重点研发资金形成的知识产权等无形资产的管理,按照国家有关规定执行。

第六章　监督检查

第二十九条　项目承担单位应制定重点研发资金内部管理办法,明确审批程序、管理要求和报销规定,落实项目预算调剂、间接费用统筹使用、劳务费分配管理、结余资金使用等管理权限;加强项目预算审核把关,规范财务支出行为,完善内部风险控制机制,强化资金使用绩效评价,保障资金使用安全规范有效。并接受省审计厅、省财政厅、省科技厅等部门的检查与监督。

项目承担单位应当建立健全科研财务助理制度,为科研人员在项目预算编制和调剂、经费支出、项目资金决算和验收等方面提供专业化服务。项目承担单位应当充分利用信息化手段，建立健全单位内部科研、财务、项目负责人共享的信息平台，提高科研管理效率和便利化程序。

第三十条 省科技厅应建立重点研发资金绩效管理和督查制度，组织或委托开展重点研发资金管理使用效益绩效评价和监督检查，评价和检查结果作为对项目承担单位和项目负责人绩效考评以及连续资助的依据。

第三十一条 建立专项经费管理承诺机制。项目承担单位法定代表人、项目负责人在编报预算时应共同签署承诺书，保证所提供信息的真实性，并对信息虚假导致的后果承担责任。

第三十二条 建立覆盖指南编制、项目申请、评估评审、立项、执行、验收全过程的科研信用记录制度，由省科技厅或委托专业机构对项目承担单位和科研人员、评估评审专家、中介机构等参与主体进行信用记录。省科技厅建立"黑名单"制度，将严重不良信用记录记入"黑名单"。

第三十三条 重点研发资金管理建立信息公开机制，省科技厅及时公开非涉密项目安排情况，接受社会监督。项目承担单位和项目负责人应当在单位内部公开项目预算、预算调剂、决算、项目组人员构成、设备购置、外拨资金、劳务费发放以及间接费用和结余资金使用等情况，自觉接受监督。

第三十四条 对违反财经纪律，弄虚作假、截留、挪用、挤占重点研发资金的行为，按照《预算法》《财政违法行为处罚处分条例》等法律法规处理。涉嫌犯罪的，移送司法机关处理。

第七章 附 则

第三十五条 本办法由省财政厅、省科学技术厅负责解释。

第三十六条 本办法自印发之日起施行。2004年颁布的《安徽省应用技术研究与开发资金管理暂行办法》(财教〔2004〕247号)同时废止。

安徽省财政厅 安徽省科学技术厅关于印发《安徽省自然科学基金资助项目资金管理办法》的通知

财教〔2016〕2151号

各市、县(区)财政局、科技局，省直有关部门：

为规范省自然科学基金资助项目资金的支出和项目管理，提高财政资金使用效益，根据《中华人民共和国预算法》《国务院关于改进加强中央财政科研项目和资金管理的若干意见》《中共安徽省委办公厅安徽省人民政府办公厅关于改革完善省级财政科研项目资金管理等政策的实施意见》等法律法规及相关规定，结合实际，省财政厅、省科学技术厅研究制定了《安徽省自然科学基金资助项目资金管理办法》，现印发给你们，请遵照执行。

安徽省自然科学基金资助项目资金管理办法

第一章 总 则

第一条 为规范省自然科学基金资助项目资金(以下简称"项目资金")的支出和项目管理，提高财政资金使用效益，根据《中华人民共和国预算法》《国务院关于改进加强中央财政科研项目和资金管理的若干意见》《中共安徽省委办公厅 安徽省人民政府办公厅关于改革完善省级财政科研项目资金管理等政策的实施意见》《安徽省省级财政科技专项资金分配管理办法》等国家和省财政财务有关法律法规，制定本办法。

第二条 本办法所称项目资金，是指用于资助科学技术人员开展基础研究和科学前沿探索，支持人才和团队建设的专项资金。

第三条 资金来源于省级财政预算拨款，省财政厅根据省级科技发展规划和计划任务，将项目资金列入省级财政预算。同时依法接受国内外社会团体、机构和个人的捐赠。

第四条 省科技厅依法负责项目的立项、审批和管理，建立符合科研规律的绩效管理、评价机制，发挥引导和监督作用。

第五条　项目承担单位是项目资金管理的责任主体,应当建立健全“统一领导、分级管理、责任到人”的项目资金管理体制和制度,依规审批项目负责人对于特定预算的调整申请,并统筹安排规定期限内的项目结余资金,用于基础研究的直接投入。

项目承担单位应当落实项目承诺的自筹资金及其他配套条件,对项目组织实施提供条件保障。

第六条　项目负责人是项目资金使用的直接责任人,对资金使用的合规性、合理性、真实性和相关性承担法律责任。

项目负责人应当依法据实编制项目预算和决算,并按照项目批复预算、计划书和相关管理制度使用资金,接受上级和本级相关部门的监督检查。

第七条　项目资金主要包括面上项目、青年科学基金项目和杰出青年科学基金项目资金。项目资金实行定额补助资助方式。

第二章　资金开支范围

第八条　项目资金支出是指在项目组织实施过程中与研究活动相关的、由项目资金支付的各项费用支出。项目资金分为直接费用和间接费用。

第九条　直接费用是指在项目研究过程中发生的与之直接相关的费用,具体包括:

(一)设备费:指在项目研究过程中购置或试制专用仪器设备,对现有仪器设备进行升级改造,以及租赁外单位仪器设备而发生的费用。应当严格控制设备购置,鼓励共享、试制、租赁专用仪器设备以及对现有仪器设备进行升级改造,避免重复购置。

(二)材料费:指在项目研究过程中消耗的各种原材料、辅助材料、低值易耗品等的采购及运输、装卸、整理等费用。

(三)测试化验加工费:指在项目研究过程中支付给外单位(包括项目承担单位内部独立经济核算单位)的检验、测试、化验及加工等费用。

(四)燃料动力费:指在项目研究开发过程中直接使用的相关仪器设备、科学装置等运行发生的水、电、气、燃料消耗费用等。

(五)会议/差旅/国际合作交流费:是指在项目研究开发过程中发生的差旅费、会议费和国际合作交流费。在编制预算时,本科目支出预算不超过直接费用预算10%的,不需要编制测算依据。承担单位和科研人员应当按照实事求是、精简高效、厉行节约的原则,严格执行国家和单位的有关规定,统筹安排使用。

(六)出版/文献/信息传播/知识产权事务费:指在项目研究过程中,需要支付的出版费、资料费、专用软件购买费、文献检索费、专业通信费、专利申请及其他知识产权事务等费用。

(七)劳务费:指在项目研究过程中支付给参与项目研究的研究生、博士后、访问学者以及项目聘用的研究人员、科研辅助人员等的劳务费用。项目聘用人员的劳务费开支标准,参照当地科学研究和技术服务业人员平均工资水平以及在项目研究中承担的工作任务确定,其社会保险补助费用纳入劳务费科目列支。劳务费预算应据实编制,不设比例限制。

(八)专家咨询费:指在项目研究过程中支付给临时聘请的咨询专家的费用。专家咨询费不得支付给参与项目、课题研究和管理的相关工作人员。专家咨询费标准按照国家有关规定执行。

(九)其他支出:指在项目研究开发过程中除上述支出范围之外的其他相关支出。其他支出应当在申请预算时详细说明。

第十条　间接费用是指项目承担单位在组织实施项目过程中发生的无法在直接费用中列支的相关费用。主要包括:承担单位为项目研究提供的房屋占用,日常水、电、气、暖消耗,有关管理费用的补助支出,以及激励科研人员的绩效支出等。

第十一条　间接费用一般不超过直接费用扣除设备购置费后的一定比例,结合承担单位信用情况,实行总额控制,具体比例如下:

(一)100万元以下的部分为30%;

(二)100万元(含100万元)至300万元的部分为25%;

(三)300万元(含300万元)至500万元的部分为20%;

(四)500万元(含500万元)以上的部分为15%。

第十二条　间接费用由项目承担单位统一管理使用。项目承担单位应当制定间接费用管理办法,处理好合理分摊间接成本和对科研人员激励的关系,建立项目法人单位间接费用动态管理机制,根据科研人员在项目工作中的实际贡献,结合项目研究进度和完成质量,在核定的间接费用范围内,公开公正安排绩效支出，充分发挥绩效支出的激励作用。项目中有多个单位的，间接费用在总额范围内由课题牵头单位与参与单位协商分配。项目承担单位不得在核定的间接费用以外以任何名义在项目资金中重复提取、列支相关费用。

第三章 预算编制与审批

第十三条 省科技厅每年按照省财政厅关于部门预算编制要求，在编制部门预算时，编制并及时发布项目申报指南（通知），提前细化下年度项目资金预算。

第十四条 项目负责人根据目标相关性、政策相符性和经济合理性原则，编制项目预算。支出预算按照项目资金支出范围编列，并对直接费用支出的主要用途和测算理由作出说明。对仪器设备鼓励共享、试制、租赁，以及对现有仪器设备进行升级改造，确有必要购置的，应当对拟购置设备的理由及开放共享进行必要说明。合作研究经费应当对项目合作单位资质及拟外拨项目资金进行说明。

第十五条 项目承担单位在申请项目时，应当组织其科研和财务部门对项目预算进行审核。有多个单位共同承担一个项目的，项目承担单位的项目负责人和项目合作单位参与者应当根据各自承担的研究任务编报资金预算，经所在单位科研、财务部门审核，由项目负责人汇总编制，经项目承担单位审签后，逐级申报至省科技厅。

第十六条 省科技厅建立科技计划项目管理信息平台，加强对项目资金信息化管理。项目申报必须进入科技计划项目管理系统和省财政涉企项目资金管理信息系统运行。省科技厅组织专家或遴选科技中介机构，对组织申报的项目和资金预算进行评审，按定额标准给予资助。

第十七条 项目承担单位应当组织项目负责人根据批准的项目资助额度，按程序确定或调整项目预算，与项目合同书或任务书一同报省科技厅核准。

第十八条 省科技厅将核准后的预算细化方案提交省财政涉企项目资金管理信息系统，对预警项目复核确认。对确认通过的项目，由省科技厅将预算细化方案提交省财政厅，省财政厅按规定程序批复下达资金。

第四章 预算执行与决算

第十九条 跨年度实施的项目，项目实施期间，年度剩余资金可结转下一年度继续使用。

第二十条 项目预算总额一般不予调整，由于研究内容或者研究计划做出重大调整等原因需要对预算总额进行调整的，应当经项目承担单位申请，经省科技厅审核后，报省财政厅审批。

第二十一条 项目预算总额不变的情况下，材料费、测试化验加工费、燃料动力费、出版/文献/信息传播/知识产权事务费、其他支出等项目直接费用预算需调整的，由项目负责人提出申请，报项目承担单位审批。设备费、差旅/会议/国际合作交流费、劳务费、专家咨询费的预算一般不予调增，需调减用于课题其他直接支出的，可按上述程序办理调剂审批手续；如有特殊情况确需调增的，由项目负责人提出申请，经项目承担单位同意后，报省科技厅批准。

第二十二条 项目承担单位变更、项目合作单位之间预算调整，应当按照原程序报省科技厅批准。

第二十三条 项目间接费用预算不得调增，经项目承担单位与项目负责人协商一致后，可以调减用于直接费用。

第二十四条 项目承担单位应当执行国家有关科研资金支出管理制度，按支出范围和标准办理支出。科研院所、高等学校等事业单位承担项目所发生的会议费、差旅费、小额材料费和测试化验加工费等，要按规定实行公务卡结算；企业承担的项目，上述支出也应当采用非现金方式结算。项目承担单位对设备费、大宗材料费和测试化验加工费、劳务费、专家咨询费等，原则上应当通过银行转账方式结算。对野外考察、心理测试等科研活动中无法取得发票或者财政性票据的，在确保真实性的前提下，可按实际发生额予以报销。

第二十五条 项目完成后，按照要求进行项目验收。项目承担单位和项目合作单位除提供必备的技术验收材料外，按要求提供经费使用决算报告。

第二十六条 项目完成任务目标并通过验收后，结余资金按规定留归项目承担单位使用，在 2 年内由项目承担单位统筹安排用于科研活动的直接支出；2 年后未使用完的，按规定收回。未通过验收、整改后通过验收、项目承担单位信用评价差的项目，结余资金应当在验收结论下达后 30 个工作日内按规定收回。

第二十七条 项目实施过程中，因故终止执行的项目,其结余资金退回省财政。因故被依法撤销的项目,已拨付的资金应当全部退回省财政。

第二十八条 项目承担单位应当将项目资金纳入单位财务统一管理,对省财政资金和自筹资金分别单独核算,确保专款专用。按照承诺保证自筹资金及时足额到位。

第二十九条 项目承担单位应当严格执行国家有关政府采购、资产管理等规定。行政事业单位使用项目资金形成的固定资产属于国有资产,一般由项目承担单位进行使用和管理,国家有权进行调配。企业使用资金形成的固定资产,按照《企业财务通则》等相关规章制度执行。项目资金形成的知识产权等无形资产的管理,按照国家有关规定执行。

第五章 监督检查

第三十条 项目承担单位应制定项目资金内部管理办法,明确审批程序、管理要求和报销规定,落实项目预算调剂、间接费用统筹使用、劳务费分配管理、结余资金使用等管理权限;加强项目预算审核把关,规范财务支出行为,完善内部风险控制机制,强化资金使用绩效评价,保障资金使用安全规范有效。并接受省审计厅、省财政厅、省科技厅等部门的检查与监督。

项目承担单位应当建立健全科研财务助理制度,为科研人员在项目预算编制和调剂、经费支出、项目资金决算和验收等方面提供专业化服务。项目承担单位应当充分利用信息化手段,建立健全单位内部科研、财务、项目负责人共享的信息平台,提高科研管理效率和便利化程序。

第三十一条 省科技厅应建立项目资金绩效管理和督查制度,组织或委托开展项目资金管理使用效益绩效评价和监督检查,评价和检查结果作为对项目承担单位和项目负责人绩效考评以及连续资助的依据。

第三十二条 建立项目资金管理承诺机制。项目承担单位法定代表人、项目负责人在编报预算时应共同签署承诺书,保证所提供信息的真实性,并对信息虚假导致的后果承担责任。

第三十三条 建立覆盖指南编制、项目申请、评估评审、立项、执行、验收全过程的科研信用记录制度,由省科技厅或委托专业机构对项目承担单位和科研人员、评估评审专家、中介机构等参与主体进行信用管理。省科技厅建立"黑名单"制度,将严重不良信用记录记入"黑名单"。

第三十四条 项目资金管理建立信息公开机制,省科技厅及时公开非涉密项目安排情况,接受社会监督。项目承担单位和项目负责人应当在单位内部公开项目预算、预算调剂、决算、项目组人员构成、设备购置、外拨资金、劳务费发放以及间接费用和结余资金使用等情况,自觉接受监督。

第三十五条 对于预算执行过程中,不按规定管理和使用项目资金、不按时报送年度收支报告、不按时编报项目决算、不按规定进行会计核算,截留、挪用、侵占项目资金的项目承担单位和项目负责人,按照《预算法》《财政违法行为处罚处分条例》等法律法规处理。涉嫌犯罪的,移送司法机关处理。项目负责人严禁以下行为:

1. 不得擅自调整外拨资金;

2. 不得利用虚假票据套取资金;

3. 不得通过编造虚假劳务合同、虚构人员名单等方式虚报冒领劳务费和专家咨询费;

4. 不得通过虚构测试化验内容、提高测试化验支出标准等方式违规开支测试化验加工费,

5. 严禁使用项目资金支付各种罚款、捐款、赞助、投资等。

第六章 附 则

第三十六条 本办法由省财政厅、省科学技术厅负责解释。

第三十七条 本办法自印发之日起施行。2010年8月11日颁布的《安徽省自然科学基金项目资助经费管理办法》(财教〔2010〕1158号)同时废止。

安徽省财政厅 安徽省科学技术厅关于印发《安徽省科技重大专项资金管理办法》的通知

财教〔2016〕2152号

各市、县(区)财政局、科技局,省直有关部门:

为规范省科技重大专项资金使用支出和项目管理,提高财政资金使用效益,根据《中华人民共和国预算法》《国务院关于改进加强中央财政科研项目和

资金管理的若干意见》《中共安徽省委办公厅 安徽省人民政府办公厅关于改革完善省级财政科研项目资金管理等政策的实施意见》等法律法规及相关规定,结合实际,省财政厅、省科学技术厅研究制定了《安徽省科技重大专项资金管理办法》,现印发给你们,请遵照执行。

安徽省科技重大专项资金管理办法

第一章 总 则

第一条 为规范省科技重大专项资金使用支出和项目管理(以下简称"重大专项资金"),提高财政资金使用效益,根据《中华人民共和国预算法》《国务院关于改进加强中央财政科研项目和资金管理的若干意见》《中共安徽省委办公厅 安徽省人民政府办公厅关于改革完善省级财政科研项目资金管理等政策的实施意见》《安徽省省级财政科技专项资金分配管理办法》等国家和省财政财务有关法律法规,制定本办法。

第二条 重大专项资金聚焦全省战略性新兴产业、各市首位产业和高新技术产业,凝练支持重点领域和方向,集中优势科技资源,进行集成协同攻关,推进科技成果转化产业化,开展科技应用示范服务,增加科技供给,为构建创新型现代产业体系提供科技支撑,推动全省经济结构调整升级和社会发展科技进步。

第三条 重大专项资金来源于省级财政预算拨款,省财政厅根据省级科技发展规划和计划任务,将重大专项资金列入省级财政预算。

第四条 重大专项资金支持对象是在安徽省内注册、具有独立法人资格的企事业单位,注册时间一年以上,有较强的研发能力和基础条件,运行管理规范。

第五条 重大专项资金使用管理,坚持聚焦创新、突出重点、科学合理、公开透明、绩效导向的原则。

第二章 资金管理职责

第六条 按照职责明晰、权责匹配、全程监督、责任追究的原则,明确省科技重大专项资金管理职责。

(一)省财政厅根据省科技计划总体布局与设置,统筹安排重大专项资金年度预算,负责项目资金审核拨付、绩效监管和监督检查等。

(二)省科技厅对专项项目实施具体管理,负责预算申请、发布指南、立项确定、项目验收、资金绩效、监督检查等。

(三)市、县科技局和中央驻皖单位、省有关部门及单位等归口管理部门负责落实重大专项资金项目先行补助,加强项目日常监管,按项目实施进度,监督落实项目资金使用及其他配套条件的落实或承担省科技厅委托的管理相关事宜。

(四)项目承担单位是重大专项资金管理的责任主体,负责建立"统一领导、分级管理、责任到人"的项目资金管理体制和制度,完善内部控制和监督约束机制,合理确定科研、财务、人事、资产等部门的责任和权限,加强对项目资金的管理和监督。严格项目预算调整审批程序,落实项目承诺的自筹资金及其他配套条件,对项目组织实施提供条件保障。按时提出项目验收申请,配合做好财务审计和验收等工作,及时按规定办理财务结账手续。

(五)项目负责人(或主持人,下同)是省科技重大专项资金使用的直接责任人,对资金使用的合规性、合理性、真实性承担法律责任。负责依法据实组织编制项目预算和决算,并按照项目批复预算、计划合同书(或任务书,下同)和相关管理制度使用资金。

(六)项目经费单独核算,专款专用,纳入单位研发统计,自觉接受有关监督检查。

第三章 资金支出范围

第七条 重大专项资金支出是指在项目组织实施过程中与研究开发活动相关的、由重大专项资金支付的各项费用支出。重大专项资金分为直接费用和间接费用。

第八条 直接费用是指在项目研究过程中发生的与之直接相关的费用,具体包括:

(一)设备费:指在项目研究过程中购置或试制专用仪器设备,对现有仪器设备进行升级改造,以及租赁外单位仪器设备而发生的费用。应当严格控制设备购置,鼓励共享、试制、租赁专用仪器设备以及对现有仪器设备进行升级改造,避免重复购置。

(二)材料费:指在项目研究过程中消耗的各种原材料、辅助材料、低值易耗品等的采购及运输、装卸、整理等费用。

(三)测试化验加工费:指在项目研究过程中支付给外单位(包括项目承担单位内部独立经济核算单位)的检验、测试、化验及加工等费用。

(四)燃料动力费:指在项目研究开发过程中直接使用的相关仪器设备、科学装置等运行发生的水、电、气、燃料消耗费用等。

(五)会议/差旅/国际合作交流费:是指在项目研究开发过程中发生的差旅费、会议费和国际合作交流费。在编制预算时,本科目支出预算不超过直接费用预算10%的,不需要编制测算依据。承担单位和科研人员应当按照实事求是、精简高效、厉行节约的原则,严格执行国家和单位的有关规定,统筹安排使用。

(六)出版/文献/信息传播/知识产权事务费:指在项目研究过程中,需要支付的出版费、资料费、专用软件购买费、文献检索费、专业通信费、专利申请及其他知识产权事务等费用。

(七)劳务费:指在项目研究过程中支付给参与项目研究的研究生、博士后、访问学者以及项目聘用的研究人员、科研辅助人员等的劳务费用。项目聘用人员的劳务费开支标准,参照当地科学研究和技术服务业人员平均工资水平以及在项目研究中承担的工作任务确定,其社会保险补助费用纳入劳务费科目列支。劳务费预算应据实编制,不设比例限制。

(八)专家咨询费:指在项目研究过程中支付给临时聘请的咨询专家的费用。专家咨询费不得支付给参与项目、课题研究和管理的相关工作人员。专家咨询费标准按照国家有关规定执行。

(九)其他支出:指在项目研究开发过程中除上述支出范围之外的其他相关支出。其他支出应当在申请预算时详细说明。

第九条　间接费用是指项目承担单位在组织实施项目过程中发生的无法在直接费用中列支的相关费用。主要包括:承担单位为项目研究提供的房屋占用,日常水、电、气、暖消耗,有关管理费用的补助支出,以及激励科研人员的绩效支出等。

第十条　间接费用一般不超过直接费用扣除设备购置费后的一定比例,结合承担单位信用情况,实行总额控制,具体比例如下:

(一)100万元以下的部分为30%;

(二)100万元(含100万元)至300万元的部分为25%;

(三)300万元(含300万元)至500万元的部分为20%;

(四)500万元(含500万元)以上的部分为15%。

第十一条　间接费用由项目承担单位统一管理使用。项目承担单位应当制定间接费用管理办法,处理好合理分摊间接成本和对科研人员激励的关系,建立项目法人单位间接费用动态管理机制,根据科研人员在项目工作中的实际贡献,结合项目研究进度和完成质量,在核定的间接费用范围内,公开公正安排绩效支出,充分发挥绩效支出的激励作用。项目中有多个单位的,间接费用在总额范围内由课题牵头单位与参与单位协商分配。项目承担单位不得在核定的间接费用以外以任何名义在重大专项资金中重复提取、列支相关费用。

第四章　预算编制与审批

第十二条　省科技厅每年按照省财政厅关于部门预算编制要求,编制并及时发布重大专项资金项目申报指南(通知),细化项目资金预算。

第十三条　项目负责人根据目标相关性、政策相符性和经济合理性原则,编制项目预算。支出预算按照重大专项资金支出范围编列,并对直接费用支出的主要用途和测算理由作出说明。对仪器设备鼓励共享、试制、租赁,以及对现有仪器设备进行升级改造,确有必要购置的,应当对拟购置设备的理由及开放共享进行必要说明。合作研究经费应当对项目合作单位资质及拟外拨重大专项资金进行说明。

第十四条　项目承担单位在申请项目时,应当组织其科研和财务部门对项目预算进行审核。有多个单位共同承担一个项目的,项目承担单位的项目负责人和项目合作单位参与者应当根据各自承担的研究任务编报资金预算,经所在单位科研、财务部门审核,由项目负责人汇总编制,经项目归口管理部门审核同意后,报至省科技厅。

第十五条　建立省科技计划项目管理信息平台,加强对重大专项资金信息化管理。项目申报必须进入省科技计划项目管理系统和省财政涉企项目资金管理信息系统运行审核。

第十六条　项目归口管理部门应当组织项目负责人根据批准的项目资助额度,与项目合同书或任务书一同报省科技厅核准。申报项目预算总额原则上不予变动，财政资助不足部分由承担单位自筹解决。

第十七条 省科技厅将核准后的预算细化方案提交省财政涉企项目资金管理信息系统，由归口业务处室对预警项目复核确认。对确认通过的项目，由省科技厅将预算细化方案提交省财政厅，省财政厅按规定程序批复下达资金。第五章 预算执行与决算

第十八条 重大专项资金可实行分年度拨付，项目实施期间，年度剩余资金可以结转下一年度继续使用。

第十九条 项目预算总额一般不予调整，由于研究开发内容做出重大调整等原因需要对预算总额进行调整的，应当由项目承担单位提出申请，经项目归口管理部门同意，省科技厅审核后，报省财政厅审批。

第二十条 项目预算总额不变的情况下，材料费、测试化验加工费、燃料动力费、出版/文献/信息传播/知识产权事务费、其他支出项目直接费用预算需调整的，由项目负责人提出申请，报项目承担单位审批。设备费、差旅/会议/国际合作交流费、劳务费、专家咨询费的预算一般不予调增，需调减用于课题其他直接支出的，可按上述程序办理调剂审批手续；如有特殊情况确需调增的，由项目负责人提出申请，经项目承担单位同意后，报省科技厅批准。

第二十一条 项目承担单位变更、项目合作单位之间预算调整，应当按照原程序报省科技厅批准。

第二十二条 项目间接费用预算不得调增，经项目承担单位与项目负责人协商一致后，可以调减用于直接费用。

第二十三条 项目承担单位应当执行国家有关科研资金支出管理制度，按支出范围和标准办理支出。科研院所、高等学校等事业单位承担项目所发生的会议费、差旅费、小额材料费和测试化验加工费等，要按规定实行公务卡结算；企业承担的项目，上述支出也应当采用非现金方式结算。项目承担单位对设备费、大宗材料费和测试化验加工费、劳务费、专家咨询费等，原则上应当通过银行转账方式结算。对野外考察、心理测试等科研活动中无法取得发票或者财政性票据的，在确保真实性的前提下，可按实际发生额予以报销。

第二十四条 项目完成后，按照要求进行项目验收。项目承担单位和项目合作单位除提供要求的相关技术材料外，按要求提供经费使用情况报告和经具有资质的会计师事务所出具的审计报告。

第二十五条 项目完成任务目标并通过验收后，结余资金按规定留归项目承担单位使用，在2年内由项目承担单位统筹安排用于科研活动的直接支出；2年后未使用完的，按规定收回。未通过验收、整改后通过验收、项目承担单位信用评价差的项目，结余资金应当在验收结论下达后30个工作日内按规定收回。

第二十六条 项目实施过程中，因故终止执行的项目，其结余资金由省科技厅和归口管理部门及时督促办理退回省财政。因故被依法撤销的项目，已拨付的资金应当全部退回省财政。

第二十七条 项目承担单位应当将项目资金纳入单位财务统一管理，对省财政资金和自筹资金分别单独核算，确保专款专用。按照承诺保证自筹资金及时足额到位。

第二十八条 项目承担单位应当严格执行国家有关政府采购、资产管理等规定。行政事业单位使用重大专项资金形成的固定资产属于国有资产，一般由项目承担单位进行使用和管理，国家有权进行调配。企业使用资金形成的固定资产，按照《企业财务通则》等相关规章制度执行。重大专项资金形成的知识产权等无形资产的管理，按照国家有关规定执行。第六章 监督检查

第二十九条 项目承担单位应制定专项资金资金内部管理办法，明确审批程序、管理要求和报销规定，落实项目预算调剂、间接费用统筹使用、劳务费分配管理、结余资金使用等管理权限；加强项目预算审核把关，规范财务支出行为，完善内部风险控制机制，强化资金使用绩效评价，保障资金使用安全规范有效。并接受省审计厅、省财政厅、省科技厅等部门的检查与监督。

项目承担单位应当建立健全科研财务助理制度，为科研人员在项目预算编制和调剂、经费支出、项目资金决算和验收等方面提供专业化服务。项目承担单位应当充分利用信息化手段，建立健全单位内部科研、财务、项目负责人共享的信息平台，提高

科研管理效率和便利化程序。

第三十条　省科技厅应建立重大专项资金绩效管理和督查制度,组织或委托开展重大专项资金管理使用效益绩效评价和监督检查,评价和检查结果作为对项目承担单位和项目负责人绩效考评以及连续资助的依据。

第三十一条　建立专项经费管理承诺机制。项目承担单位法定代表人、项目负责人在申报项目预算时应共同签署承诺书,保证所提供信息的真实性,并对信息虚假导致的后果承担责任。

第三十二条　建立覆盖指南编制、项目申请、评估评审、立项、执行、验收全过程的科研信用记录制度,由省科技厅或委托专业机构对项目承担单位和科研人员、评估评审专家、中介机构等参与主体进行信用管理。省科技厅建立"黑名单"制度,将严重不良信用记录记入"黑名单"。

第三十三条　重大专项资金管理建立信息公开机制,省科技厅及时公开非涉密项目安排情况,接受社会监督。项目承担单位和项目负责人应当在单位内部公开项目预算、预算调剂、决算、项目组人员构成、设备购置、外拨资金、劳务费发放以及间接费用和结余资金使用等情况,自觉接受监督。

第三十四条　对违反财经纪律,弄虚作假、截留、挪用、挤占重大专项资金的行为,按照《预算法》《财政违法行为处罚处分条例》等法律法规处理。涉嫌犯罪的,移送司法机关处理。

第七章　附　则

第三十五条　本办法由省财政厅、省科学技术厅负责解释。

第三十六条　本办法自印发之日起施行。

财政调研篇

财政论文及调研报告

财政支持供给侧结构性改革研究

推进供给侧结构性改革，是贯彻落实五大发展理念的重要举措，是适应和引领经济发展新常态的重大创新，是跨越“中等收入陷阱”、解决中长期经济问题的必然选择。中央经济工作会议强调，要牢固树立五大发展理念，实施五大政策，着力加强结构性改革，在适度扩大总需求的同时，去产能、去库存、去杠杆、降成本、补短板，提高供给体系质量和效率，推动经济持续健康发展。习近平总书记视察安徽时提出“五个扎实”的任务要求，“扎实推进供给侧结构性改革”摆在首位，强调“牢固树立五大发展理念、全面落实五大任务、协调实施五大政策、切实推进五大创新、高度重视生态环境保护”等五个重点。省第十次党代会强调，要推进供给侧结构性改革，深入实施调结构转方式促升级行动计划，着力打造创新型现代产业体系，全面提高供给体系质量和效率，推动发展迈向中高端水平。这些为财政支持供给侧结构性改革指明了方向。本课题立足财政职能和我省财政经济发展实际，研究提出财政支持供给侧结构性改革的思路和路径。

一、财政支持供给侧结构性改革的职责和作用

支持供给侧结构性改革，是财政部门贯彻十八届五中全会精神、践行五大发展理念、主动适应和引领新常态的必然要求，是充分发挥财政职能、积极破解“三期叠加”阶段发展不足不优及发展瓶颈等难题、培育发展新动能、增强增长新动力、厚植发展新优势的现实需要，是进一步深化财政改革、优化财政支出结构、提升财政质量的主攻方向。

（一）财政政策是供给侧结构性改革的重要内容。供给侧结构性改革是从供给侧入手，针对经济结构性、长期性问题（非经济周期性、阶段性问题，比如：产业结构不合理、区域结构不合理、要素投入不合理、经济增长动力结构不合理、收入分配结构不合理等）背后存在的制度性矛盾和政策性缺陷而推进的改革。健全完善行政、财政、税收、预算、价格、货币、金融、外汇等制度及政策安排是供给侧结构性改革的重要方面。中央经济工作会议强调，当前和今后一个时期，要在适度扩大总需求的同时，着力加强供给侧结构性改革，实施相互配合的五大政策支柱，其中，宏观政策要稳，首先强调“积极的财政政策要加大力度，实行减税政策，阶段性提高财政赤字率，在适当增加必要的财政支出和政府投资的同时，主要用于弥补降税带来的财政减收，保障政府应该承担的支出责任”。同时，财政政策与产业政策、微观政策、改革政策和社会政策都紧密相关。因此，必须认真贯彻落实宏观政策要稳、产业政策要准、微观政策要活、改革政策要实、社会政策要托底的总体思路，进一步健全现代财政制度，完善财政各项政策，

为推进供给侧结构性改革营造更好的制度环境和政策条件。

(二)财政投入是供给侧结构性改革的重要支撑。推进供给侧结构性改革必然会带来一定的社会冲击,而且冲击可能会从经济领域延伸到社会领域。财政必须回归公共财政本质,守住民生底线,最大程度减少阵痛,维护社会和谐稳定。中央经济工作会议强调,供给侧结构性改革在战略上要坚持稳中求进、把握好节奏和力度,战术上要抓住关键点,主要是抓好去产能、去库存、去杠杆、降成本、补短板的五大任务。补短板需要财政支出做加法,加大对脱贫攻坚、产业升级、创新驱动、民生保障、现代农业等方面的政府投入;化解过剩产能、处置"僵尸企业",既需要财税支持及专项奖补资金的引导,更需要对企业职工安置等工作做好财政资金准备和保障;降成本首要的是减少企业税费负担,直接导致财政收入阶段性的减少,去库存、去杠杆也需要财政资金的引导和撬动,将使新常态下的财政收支矛盾更加突出。因此,必须进一步牢固树立过紧日子的思想,紧扣"三去一降一补"五大任务,积极盘活存量、用好增量,有效化解地方政府债务风险,支撑供给侧结构性改革有力平稳推进。

(三)财政改革是供给侧结构性改革的重要推动。财政是国家治理的基础和重要支柱,科学的财税体制是优化资源配置、维护市场统一、促进社会公平、实现国家长久治安的制度保障。实践证明,财税改革历来是改革的突破口。中央经济工作会议指出,推进供给侧结构性改革,必须依靠全面深化改革,要加大重要领域和关键环节改革力度,推动一批具有重大牵引作用的改革举措,要加快财税体制改革,抓住划分中央和地方事权和支出责任、完善地方税体系、增强地方发展能力、减轻企业负担等关键性问题加快推进。因此,必须坚持社会主义市场经济改革方向,全面深化财税体制改革,完善中央与地方、政府与企业、政府与居民等之间的收入关系,充分调动中央和地方、企业家与居民的积极性,推动市场在资源配置中真正起决定性作用,积极培育和激发促进经济持续健康发展的新主体、新要素、新产业、新动力。

(四)财政绩效是供给侧结构性改革的重要保障。财政收入质量反映着经济发展质量,财政支出绩效影响着经济发展效益。在适度扩大总需求的同时,推动供给侧结构性改革,目的就是提高供给体系质量和效率,提高供给结构适应性和灵活性,实现更高层次的供给与需求的平衡。中央经济工作会议强调,推动经济发展,要更加注重提高发展质量和效益。财政资源是重要的稀缺资源,尤其面对支持供给侧结构性改革的新任务和新要求,财政工作必须适应、服从和服务政府职能转变的需要,坚持财政质量和绩效不动摇,优化财政管理方式,提高资源配置效率,以尽可能少的资源投入获得尽可能大的经济效益、社会效益和公共效益。必须把质量和绩效作为财政工作的生命线,对支持供给侧结构性改革的财政政策、项目、资金,建立分级分层分类的绩效管理要求,精准投入、精细管理,使有限的财政资金花出最大的效益。

二、财政支持供给侧结构性改革的探索和实践

今年以来,围绕按照供给侧结构性改革总体要求,大力支持"调转促""全创改"和"去降补",深化财税体制改革,保障改善民生,财政支持供给侧结构性改革初显成效。

(一)支持实施调转促行动计划。紧扣"调转促"行动计划2016年工作要点,围绕加快推进"三重一创"建设,在去年安排20亿元基础上,今年省级预算安排40亿元,在一般政府债券中切块安排7亿元,全力支持战略性新兴产业集聚发展基地建设。安排企业技改和中小企业发展资金5亿元,扶持工业机器人、节能环保、电子信息等领域创新发展。继续安排省统筹服务业发展引导资金1亿元,重点支持研发设计、现代物流、检验检测、电子商务、服务外包等现代服务业领域。争取财政部对新安江流域生态补偿的第二批支持力度不减,拨付5.2亿元继续支持新安江流域生态补偿机制,省财政安排1.2亿元推进大别山水环境生态补偿。统筹安排12.47亿元继续实施秸秆禁烧和综合利用奖补,下达2亿元支持铜陵节能减排财政政策综合示范,下达4亿元继续实施池州市海绵城市建设试点,成功争取合肥市列为国家第二批地下综合管廊试点城市,可获中央财政补助12亿元。

(二)系统推进全面创新改革试验。国务院批复我省系统推进全面创新改革试验实施方案后,争取财政部授权我省在科技成果转化股权激励个人所得税递延,投向种子期、初创期等创新活动的投资纳税及众创空间等新型孵化机构税收支持政策等进行先行先试。积极争取财政部支持我省建设合芜蚌国家

级自主创新示范区。省财政安排专项资金10.5亿元，全面落实创新型省份建设“1+6+2”政策体系。安排8亿元与合肥市共同出资设立重大科技专项引导资金10亿元，支持量子信息国家实验室建设。从2016年开始，连续5年省财政每年给予中国科技大学1亿元专项经费，支持中国科技大学加强“双一流”建设。全面推开国有科技型企业股权和分红激励政策，积极整合优化省级财政科技项目和资金管理，深化高校科研成果及经费改革，加快推动科技成果转化。

（三）助力实体经济健康发展。出台《省财政厅关于贯彻落实〈安徽省人民政府关于降成本减轻实体经济企业负担的实施意见〉的实施办法》，下达21.8亿元支持钢铁煤炭行业化解过剩产能。省财政安排3亿元贴息资金引导建立600亿元续贷过桥资金。拨付20亿元支持政策性融资担保体系、安排11亿元省级民营经济发展专项扶持资金和10亿元续贷过桥资金，大力支持“4321”政银担，着力解决小微企业融资难、融资贵问题。扎实推进结构性减税和普遍性降费政策，全面推开营改增试点，推进资源税从价计征改革，严格落实基金免征停征和固定资产加速折旧等减负政策，清理规范省级行政事业性收费，阶段性降低社保费率。健全财政转移支付同农业转移人口市民化挂钩机制，切块安排5亿元支持新型城镇化建设，全面落实去库存财税支持政策，提高棚户区改造货币化安置比例，拓宽棚户区改造融资渠道。

（四）着力保障改善民生和脱贫攻坚。全省民生支出占全省财政支出总量达83%以上。切实履行民生工程牵头职责，加快拨付民生工程资金，33项民生工程进展顺利。建立并落实专项扶贫资金预算与地方财力增量挂钩机制，省级、贫困县及所在省辖市按照当年地方财政收入增量的20%以上，其他有脱贫任务的市、县按照10%以上增列专项扶贫资金，2016年省以上财政投入扶贫资金39.5亿元，集中财力支持脱贫攻坚“十大工程”建设。支持“资源变资产、资金变股金、农民变股东”试点，投入9.8亿元在300个村开展国家扶持村级集体经济发展试点。拨付71.6亿元，在全省全面推开农业补贴“三合一”改革。安排25.5亿元，开展一事一议财政奖补。继续安排省农担公司注册资本金10亿元，推广“劝耕贷”担保模式，为1112家种粮大户提供6.6亿元担保贷款。统筹近80亿元实施农村义务教育“全面改薄”等政策，统筹17.5亿元健全学生资助体系。提高城乡居民医保财政补助标准，推动城乡基本医保制度整合。统筹20.7亿元推动大众创业、万众创新和就业扶持工程。统筹资金155亿元，完善全省救助体系。

（五）稳步推进财政重点改革。深化预算管理改革，连续五年提前启动编制预算，深化“开门办预算”；除涉密部门外，省级所有使用财政资金的预算部门公开部门预算；建立收入征管分析制度、限时执行制度、预算执行动态监控机制，强化预算收支预期管理；推进预算绩效评价由重点项目评价逐步拓展到部门整体支出等方面，省本级涉及财政资金2008亿元；全面清理2015年结转结余资金，对超过规定年限的资金收回统筹；继续清理规范省对下专项转移支付，省级专项资金由160项压减到133项。创新财政资金管理改革，以省政府名义出台《关于进一步加强财政资金管理制度建设的指导意见》；深化财政涉企资金系统应用，预警比例85%左右，项目通过率80%左右；大力实施政府购买服务、政府和社会资本合作（PPP）项目。营改增试点全面推开、全年减税约150亿元。深入推进政府性债务管理改革，着力节约政府融资成本。发挥财政保障作用，统筹支持推进国资国企、金融、行政、医药卫生等其他重点领域改革。

三、财政支持供给侧结构性改革的思路

认真践行五大发展理念，落实五大政策要求，立足财政职能和安徽财政实际，坚持稳中求进、把握好节奏和力度，把握规律、因势而谋、顺势而为，着力提高财政供给政策体系质量和效率，服务经济持续健康较快发展。

（一）在落实积极财政政策中支持供给侧结构性改革。认真实施积极财政政策，吃透把准政策的重点和力度，紧密结合安徽实际用足用好政策，全面落实结构性减税和普遍性降费政策，着力减轻企业税费负担，最大限度地减少和克服对市场干扰，用财政的“减法”换取市场和企业发展的“乘法”。完善财政支持企业发展政策，发挥财政和金融综合叠加效应，有效缓解中小微企业融资难问题，不断激发企业发展活力。充分发挥财政资金撬动作用，全面推动产业转型升级，实现经济转型升级和厚植培育财源有机统一、良性互动。

（二）在优化财政支出结构中支持供给侧结构性改革。正确处理政府、企业、市场的关系，坚持集中

财力办大事,大力支持实施创新驱动战略,在调整优化财政支出结构中扩大市场有效供给,引导改善供给品质。坚持有加有减促升级,支持有创新、有市场、有效益、可持续的产业和企业加快发展,坚持分类施策、精准有效,完善财政专项奖补等政策,积极引导市场出清,减少无效供给。坚持有进有退补短板,创新财政支持方式、支持软硬件基础设施建设,调整完善财政涉农政策、大力支持农业供给侧结构性改革,支持生态资源综合利用和生态环境保护,增强可持续发展能力。

(三)在深化财政改革管理中支持供给侧结构性改革。把建立健全完善的现代财政制度作为主要目标,进一步深化财税体制改革,调整完善省以下事权和支出责任划分,落实税收制度改革,建立健全财政转移支付同农业人口市民化挂钩机制,完善全面规范、公开透明的现代预算制度,深入推进法治财政建设,不断强化预算管理、资产管理、采购管理、监督管理、绩效管理,积极创新财政支出方式,探索采取贴息、后补助、参股、入股等方式支持实体经济发展,着力减少和杜绝约束有效供给、滋生无效供给的制度性、政策性障碍,提高全要素生产率,助力发展动力顺利转换。

(四)在促进公共服务均等化中支持供给侧结构性改革。坚持财政资金取之于民、用之于民,按照“人人参与、人人尽力、人人享有”的共享发展理念,加大基本民生投入,大力支持脱贫攻坚,深入实施民生工程,加快完善教育、社会保障、医疗卫生、公共安全、文化等基本公共服务体系,着力解决基本公共服务欠账问题、贫困人口脱贫问题、区域发展不平衡问题和城乡发展不协调问题,做到坚守底线、突出重点、完善制度、引导预期,既积极作为,又量力而行,多做保基本、兜底线、打基础、利长远、建机制、可持续的事情,切实提高财政民生投入的效益,不断增强人民群众在推进供给侧结构性改革中的获得感。

(五)在强化财政风险防控中支持供给侧结构性改革。坚持居安思危,强化财政预期管理,加强收入科学研判,保障财政平稳运行,为供给侧结构性改革平稳推进提供财力保障。完善全口径政府债务管理,建立健全以政府债券为主体的地方政府举债融资机制,充分发挥政府债券在筹措建设资金、降低融资成本、防控债务风险等方面的积极作用。支持金融体制改革和国企改革,加强国有资产监管和国有资本经营预算管理,增强国有经济活力、控制力、影响力和抗风险能力。强化财政收支精算平衡,算好政治民生账、经济效益账、社会稳定账,统筹好重点和一般、当前和长远,防止出现大的欠账和兑现不了的承诺造成的社会风险。

四、财政支持供给侧结构性改革的路径

习近平总书记在中央政治局会议上强调“要针对当前经济发展新常态特征更加明显的实际,继续坚持适度扩大总需求,以推进供给侧结构性改革为主线,注重预期引导,深化、细化、具体化政策组合”。李锦斌书记在省第十次党代会上强调“要着力推进供给侧结构性改革,全面落实‘去奖补’五大任务,加快建设制造强省,大力发展现代服务业,全力提升现代农业发展水平”。李国英省长在省长例会上谋划明年工作时提出“发展为上、民生为本、脱贫为先、平安为基”的四点要求。财政部门必须认真贯彻中央和省委、省政府关于供给侧结构性改革的部署要求,着力支持去产能、去库存、去杠杆、降成本、补短板,不断增强新动能、厚植新优势,为坚定不移闯出新路、决战决胜全面小康、加快建设创新协调绿色开放共享的美好安徽提供坚实财政保障。

(一)支持去产能促进产业调整升级。一是积极筹措去产能相关专项资金。按照“市场倒逼、企业主体、地方组织、中央支持、突出重点、依法依规”的原则,加大与财政部的对接衔接,积极争取中央财政工业企业结构调整、“三供一业”分离移交等专项奖补资金。足额落实省级专项奖补资金,统筹全省社保资金,确保中央和省级财政专项奖补资金占去产能职工分流安置费用的50%。统筹省级国有资本经营预算收入推进省属企业“三供一业”分离移交工作。严格落实市县的具体责任,推动企业所在地政府加大投入,统筹产能退出后的划拨用地,依法转让或先行收储、依规变现,收回原划拨土地的出让收入,首先用于职工分流安置。同时,推动企业落实主体责任,对去产能职工分流安置资金进行最后兜底。二是完善职工分流安置奖补资金政策。停止对“僵尸企业”的财政补贴,坚持“补人不补企业”的政策导向,认真落实财税支持政策,用于解除、终止劳动合同、内部退养等职工分流安置费用。按照公平合理、因素分配、目标责任、属地管理的原则,制定完善职工分流专项奖补资金管理细则,中央和省级奖补资金按照淘汰产能任务、分流职工人数和地方财政困难程度三种因素，科学确定权数进行合理分配，积极引导市场出清，减少无效供给。三是推动国企国资改革。把化解过剩产能与支持国企改革紧密结合，稳妥推动具备条件的国有企业发展混合所有制经济、完善现代企业制度，进一步完善国有资本经营预算制度，逐步提高国有资本收益收缴比例，支持国有企业加快剥离企业办社会职能和解决历史遗留问题，不断加强国有资产监管和国有资本经营预算管理，支持探索建设省属国有企业金融资本运营公司，提高国有资本的配置和运营效率。四是促进传统行业改造升级。把淘汰过剩产能与优化存量产能相结合，认真落实促进对外经贸的政策和资金，积极鼓励有条件的企业抢抓“一带一路”建设战略，加快走出去步伐，通过开展国际产能合作，转移一部分过剩产能。同时，完善企业技术改造、技术创新、节能与资源综合利用等财政奖补政策，推进技术、产品和商业模式创新，整合有关电商专项资金支持“电商安徽”建设，加强新产品开发和产业智能化、绿色化改造，支持发展高端制造、智能制造、绿色制造、精品制造、服务型制造，大力支持“专精特新”中小企业培育计划，不断提升传统企业核心竞争力和产业层次，加快建设制造强省。

（二）支持去库存加快推进新型城镇化。按照加快提高户籍人口城镇化率和深化住房制度改革的要求，从供需两端发力，促进房地产市场健康发展，推进新型城镇化建设。一是完善财政投入引导机制。健全财政转移支付同农业转移人口市民化挂钩机制，建立健全财政性建设资金对城市基础设施补贴数额与城市吸纳农业转移人口落户数量挂钩机制，构建合理的成本分担机制和财政转移支付制度，适度加大人口净流入地区的均衡性转移支付，在新增对下均衡性转移支付中逐步增加切块安排的额度。健全科学的补助激励政策，将有稳定就业的进城务工人员纳入住房公积金缴存范围，把已退出宅基地且在城镇无住房的进城落户农民纳入城镇公共租赁住房保障范围，引导农民进城购房落户，推动创新购房信贷产品，建立银行与担保机构之间的贷款风险分担机制。二是持续推进棚户区改造。继续争取中央预算内投资和保障性安居工程专项补助资金，积极拓宽棚户区改造融资渠道，争取政策性金融机构支持，足额安排省级棚改专项补助资金，加大对皖北地区、大别山地区和资源枯竭型城市的倾斜力度。支持开展公共租赁住房建设运营管理试点，推动实施政府购买棚户区改造服务，对于商品住房库存量较大、市场房源充足的地区，鼓励采取棚户区改造货币化安置，消化存量商品住房。积极开展城镇保障性安居工程财政资金绩效评价，督促市县严格资金使用监管，保证财政资金安全、规范、高效使用。三是大力推进棚改货币化安置。逐步提高棚改货币化安置比例，对在售商品住房去化周期超过 2 年的，原则上不再安排新建棚改安置项目，对符合公租房保障条件的家庭利用已建公租房和发放住房租赁补贴方式进行保障。省财政安排的棚改专项补助资金，对棚户区改造货币化安置比例高的市、县倾斜。引导市、县政府对选择货币化安置并在规定时限内购买商品房的棚改居民，给予适当奖励，着力实现城镇中低收入住房困难家庭“住有所居”目标。

（三）支持去杠杆防范财政金融风险。一是防范地方债务风险。完善以政府债券为主体的举债融资机制，健全政府债务管理配套制度，建立地方政府债务限额及债务收支情况随同预算公开常态化机制，充分利用市场机制，积极做好地方政府债券发行工作，降低融资成本，继续实行政府债务规模控制、限额管理和风险预警，加快推进融资平台公司市场化转型和融资，妥善处置存量债务，加强政府性债务管理考核，着力化解地方债务风险。二是防范财政风险。财力上更加注重收入预期管理、提高收入质量、优化支出结构，坚持突出重点、统筹兼顾，保证当年收支平稳运行，并强化中期财政观念，实现跨年度预算平衡。创新财政投入方式，积极通过政府购买服务、PPP 等方式支持经济社会发展，探索建立公办民营、民办公助等模式，支持社会力量兴办教育、医疗、养老等事业，拓宽社会资金投入渠道，发挥财政资金的撬动作用，降低地方财政风险。三是防范金融风险。发挥政策综合叠加效应，推动加快金融体制改革，深化银行业、资本市场和保险业发展与监管，推进国有金融机构改革，大力支持发展普惠金融和绿色金融，支持发展天使投资基金、创业投资基金、股权投资基金，进一步扩大直接融资，降低杠杆率，打好财政投融资政策、财政金融政策、财政产业基金政策组合拳，着力防范金融风险。四是防范担保风险。系统总结近年来财政支持全省信用担保体系建设的好做法、好经验，正视政策性担保体系中出现的不平衡问题、局部风险逐渐显现的问题，积极承担担保有限责任,控制担保的无限责任,切实增强监管意识、风险意识、兜底意识,对存在的潜在风险、可能出现的负面影响,提前做预案、做预警,研究设立担保风险补偿准备基金,建立健全动态监控机制,提高政策性融资担保机构风险防范能力。

(四)支持降成本提升经济质量效益。一是加快财税体制改革消减制度成本。落实中央关于事权与支出责任划分改革,建立省与市县事权与支出责任相适应的制度,全面完成营业税改增值税改革,逐步扩大资源税从价计征范围,认真做好环境保护税开征准备工作,积极争取税制改革中有利因素,加快推进非税收入管理改革,同步理顺省以下各级收入划分和财力分配机制,进一步完善转移支付制度,建立科学的省以下财力格局,增强市县发展财力保障水平,同时,推动省直部门积极下放省级财政资金及项目审批权,为减轻企业税费负担、降低宏观税费提供内在动力。二是全面落实税费政策降低税费成本。全面落实结构性减税和普遍性降费政策,动态跟踪并及时解决全面推开"营改增"过程中的问题,全面落实固定资产加速折旧政策,积极落实小微企业免征教育费附加、地方教育附加、水利建设基金、文化事业建设费和免征残疾人就业保障金等结构性减税政策,完善工业企业节约集约用地土地使用税激励政策,降低企业用地成本。进一步规范行政事业性收费和政府性基金,建立涉企收费清单动态调整机制,坚决遏制各种乱收费,进一步减少行政事业性收费,制定并落实阶段性降低企业缴纳的社保费用政策,着力帮助企业降低税费负担。三是完善信用担保体系减少融资成本。完善财政支持民营经济和中小微企业发展政策,继续盘活存量资金统筹安排省级民营经济发展专项扶持资金,充实县域国有融资担保机构的国有资本金,加强财政融资担保体系建设,筹划创建担保银行,积极探索多层次中小微企业融资模式,调整完善融资支持方向,在有效缓解中小微企业融资难、融资贵问题的基础上,促进优势成长性企业发展,提高企业端有效高质的产品供给。

(五)支持补短板增强发展持久动力。一是全面补齐产业发展短板。全面落实"调转促"行动计划,围绕推进"三重一创"建设,足额安排专项资金,加强资金绩效评价,全力支持战略性新兴产业集聚发展基地建设。大力支持全面创新改革试验和合芜蚌国家自主创新示范区建设,全面落实创新型省份建设"1+6+2"政策体系,聚力打造创新创业人才高地,大力支持中国科技大学加强"双一流"建设,支持综合性国家科学中心、产业创新中心和量子信息国家实验室建设。认真落实国家出台的医疗保健、文化、教育等新型消费产业税收优惠政策,大力发展现代服务业尤其是生产性服务业,加大对大金融、大旅游、大物流、大数据、大健康等服务业的支持力度。大力实施"资源变资产、资金变股金、农民变股东"试点,深入推进农业补贴"三合一"改革,全面推广"劝耕贷"担保模式,统筹整合资金重点支持现代种养业、品牌粮食、特色农业产业发展,着力提升现代农业发展水平。二是深入推进脱贫攻坚和改善民生。将支持脱贫攻坚、改善民生与扩大有效供给有机结合,坚持精准扶贫、精准脱贫,健全省市县三级财政扶贫资金稳定增长机制,完善资金分配竞争机制和统筹整合机制,围绕"五个一批"建立扶贫资金统筹整合清单,着力加强资金监管,提高扶贫资金绩效。坚持尽力而为、量力而行,深入实施民生工程,集中力量做好普惠性、基础性、兜底性民生建设,压紧压实各方面责任,推进建后管养和共建共享,提高民生工程的绩效。深化机关事业单位养老保险制度改革,深化医药卫生体制改革。优先支持发展教育,大力提升职业教育和职业技能培训水平。全面推进青年创业引导资金试点,切实抓好高校毕业生等重点群体就业,确保就业形势稳定。三是统筹城乡和区域发展。严格预算内基建投资的使用范围,坚持从一般竞争性领域退出,加快新一代信息、新能源汽车、城市地下管网、城际交通、生态环保等基础设施建设,提高有效投资供给。统筹整合重叠分散的涉农项目和资金,深入推进现代农业发展,着力保障农产品有效供给和质量安全。完善财政支持外贸发展政策,推动外贸发展方式加快转变,切实提高全省开放型经济发展质量。四是推进生态文明建设。大力支持秸秆禁烧和综合利用,完善新安江流域水环境生态补偿机制,推进大别山区水环境生态补偿,支持黄山市和巢湖流域国家生态文明先行示范区建设和淮河振兴计划的实施,建立健全排污权、碳排放权、用能权、用水权交易制度,增强可持续发展能力。

课题组组长:罗建国
课题组成员:左自智
尹立祥　蔡功伙　贾振东

全省财政干部教育培训工作问题与对策研究(2016—2020年)

财政干部教育培训是建设高素质财政干部队伍的先导性、基础性、战略性工程,在推进全省财政改革发展中具有不可替代的重要作用。面对新形势、新任务,特别是面对服务打造创新型“三个强省”,建设美好安徽新要求,要顾当前、想长远,放眼界、打基础,财政干部必须要提升理念、更新知识、提高技能,财政干部教育培训工作必须要结合形势、有的放矢、常抓不懈。本文拟就贯彻落实省委组织部、财政部有关要求,坚持问题导向,通过对2011—2015年全省财政干部教育培训工作开展情况的总结回顾,分析我省财政干部教育培训工作的特点和问题,对2016—2020年财政干部教育培训工作提出规划性意见。

一、2011—2015年全省财政干部教育培训情况总结回顾

2011—2015年全省各级财政部门认真落实省委组织部、财政部关于干部教育培训工作的各项要求,不断推进改革创新,增强培训的统筹性、针对性、实效性,初步形成了全方位、宽领域、立体式、开放性的财政干部教育培训体系,为建设高素质财政干部队伍、推动财政事业科学发展提供了有力支持。

(一)全省财政干部教育培训基本情况

2011—2015年,全省财政系统共举办初任培训、业务培训、任职培训和其他培训班2784个,各级财政干部累计参训225353人次。

1. 培训班数量

2011—2015年,全省财政系统共举办各类培训班2784个,其中:省厅和合肥、蚌埠、宿州、宣城等4市在5年内组织培训班个数均超过200个(见表1)。

表1 2011—2015年全省财政干部培训班次情况表

年度 地区	2011年	2012年	2013年	2014年	2015年	合计
省厅	84	46	22	45	46	243
合肥	57	80	79	75	79	370
芜湖	24	22	20	23	21	110
蚌埠	52	55	57	56	53	273
淮南	11	11	11	12	12	57
马鞍山	22	26	32	37	21	138
淮北	15	20	18	21	28	102
铜陵	4	7	7	6	7	31
安庆	17	24	19	30	35	125
宿州	42	48	50	52	54	246
滁州	17	20	19	24	24	104
六安	33	36	36	34	35	174
宣城	36	43	51	62	79	271
池州	26	28	29	26	28	137
阜阳	34	33	31	33	32	163
黄山	24	25	26	28	27	130
亳州	21	24	22	22	21	110
合计	519	548	529	586	602	2784

续表

2. 培训干部数量

2011—2015年,全省各级财政干部共参加培训225353人次,年人均2.1次,参训人数和年人均培训次数逐年上升。其中,省厅和合肥、蚌埠、铜陵、六安、池州、黄山等6市财政干部年人均参加培训次数均超过2次(见表2)。

表2 2011—2015年各级财政干部培训数量情况表

地区	2011年		2012年		2013年		2014年		2015年		2011—2015年	
	人次	人均	人次	人均	人次	人均	人次	人均	人次	人均	人次	人均
省厅	906	1.5	2720	4.6	2077	3.3	4438	7	4474	7	14615	4.6
合肥	5059	2.8	5035	2.8	6968	3.1	7823	3.4	8155	3.6	33040	3.0
芜湖	1133	1.4	1289	1.5	1396	1.6	2091	1.9	2423	2.1	8332	1.9
蚌埠	2593	2.8	2595	2.8	9166	4.6	9861	4.7	10193	4.9	34408	3.4
淮南	527	1.1	361	0.8	647	1.4	1342	2.7	1674	2.9	4551	1.9
马鞍山	415	0.7	440	0.7	739	1.1	1434	2.1	1766	2.4	4794	1.4
淮北	302	0.6	316	0.7	616	1.3	1311	2.5	1643	2.7	4188	1.7
铜陵	366	1.2	345	1.2	494	1.3	1189	2.7	1521	2.9	3915	2.0
安庆	2930	1.5	3027	1.5	3218	1.6	3913	1.9	4245	2.1	17333	1.7
宿州	419	0.2	864	0.5	1814	1.1	2509	1.4	2841	1.7	8447	1.0
滁州	1585	1.3	1497	1.2	1774	1.4	2469	1.7	2801	1.9	10126	1.5
六安	3452	1.9	3438	2	3441	1.9	4136	2.2	4468	2.4	18935	2.0
宣城	1056	0.9	954	0.8	1834	1.8	2529	1.9	2861	2.2	9234	1.83
池州	1404	2.1	3043	4	3386	4.1	4081	4.2	4413	4.4	16327	4.0
阜阳	2864	1.5	2879	1.5	3761	1.3	2456	1.2	2788	1.5	14748	1.4
黄山	2110	2.4	2295	2.6	2051	2.3	2543	2.8	2867	3.1	11866	2.6
亳州	1361	1.2	1667	1.5	1912	1.7	2607	2.1	2947	2.3	10494	1.8
合计	28482	1.5	32765	1.8	45294	2.2	56732	3	62080	3.4	225353	2.1

3. 培训种类

全省财政干部教育培训种类主要包括初任培训、业务培训、任职培训和其他培训。2011—2015年,全省财政干部参加初任培训991人次,占培训财政干部总人次的0.44%;参加任职培训5700人次,占

2.53%；参加专门业务培训151276人次，占67.13%；参加其他培训67386人次，占29.9%（见图1）。

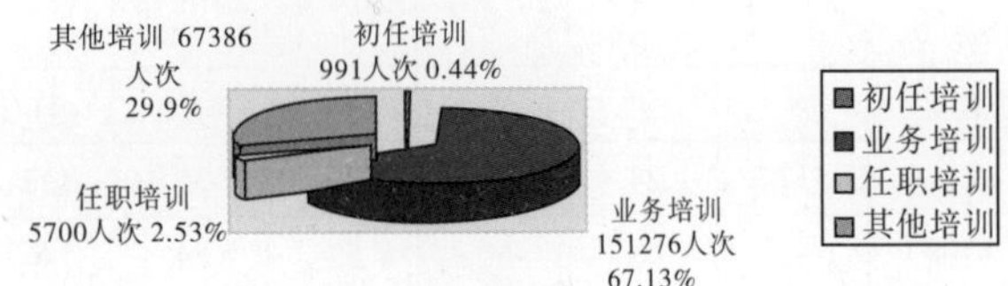

图1　2011—2015年全省财政干部培训种类情况图

4. 培训方式

各地主要采取传统面授式和新型体验式、情景式、案例式、研讨式等相结合的教学方式，实现了教学相长、学学相长。省厅创新培训方式，组织学员赴小岗村、泾县新四军军部等实地学习，合肥市组织学员到大圩都市农业园区体验学习，促进理论与实践相结合；黄山市在教学前开展诵读中华传统文化等活动，提高干部综合素养；各地在开展廉政教育时，授课老师多结合全国，特别是我省或者财政系统内的贪污腐败案例进行讲解，教育效果好；乡镇财政所长培训普遍采用研讨式教学方式，提高了学员分析问题、解决问题的能力。

5. 干部调学和网络培训情况

2011—2015年，全省各级财政干部参加财政部培训719人次，各市县财政干部参加省厅培训6391人次，全省各级财政干部参加各级组织部门培训7956人次，各市选调县（市、区）、乡镇财政干部培训14141人次，平均参训率达到97.1%，调学情况良好（见表3）。

表3　2011—2015年全省财政干部调学情况表

地区	参加财政部培训（人次）	参加省厅培训（人次）	参加各级组织部培训（人次）	市调县（市、区）、乡镇财政部门人员参学（人次）	参训率（实际参学人员数/应参学人数）
省厅	406	–	127	–	100%
合肥	2	188	919	5720	99%
芜湖	0	215	549	948	95%
蚌埠	7	58	98	120	100%
淮南	11	63	122	1847	98.75%
马鞍山	68	326	528	451	100%
淮北	1	295	47	560	100%
铜陵	95	190	103	140	100%
安庆	2	380	2224	117	83.4%
宿州	46	678	396	340	91.6%
滁州	0	160	51	370	100%

续表

地区	参加财政部培训（人次）	参加省厅培训（人次）	参加各级组织部培训（人次）	市调县（市、区）、乡镇财政部门人员参学（人次）	参训率（实际参学人员数/应参学人数）
六安	10	1523	186	1369	100%
宣城	15	463	910	949	91%
池州	1	284	107	96	97.5%
阜阳	4	759	338	189	100%
黄山	3	424	860	728	100%
亳州	48	385	391	197	94.4%
合计/全省平均	719	6391	7956	14141	97.1%

安徽省各级财政部门严格按照组织部门要求，利用安徽干部教育在线平台，积极开展干部在线学习，按规定申报学分。2011—2015年，全省财政干部参学率均在95%以上，各年通过率和学分申报率均超过99%（见表4）。

表4　2011—2015年全省财政干部网络培训情况表

地区	参学率(%)					通过率(%)					学分申报率(%)				
	2011	2012	2013	2014	2015	2011	2012	2013	2014	2015	2011	2012	2013	2014	2015
省厅	100	100	100	100	100	100	100	100	100	100	100	100	100	100	100
合肥	100	100	100	100	100	100	100	100	100	100	100	100	100	100	100
芜湖	100	100	100	100	100	100	100	100	100	100	100	100	100	100	100
蚌埠	100	100	100	100	100	100	100	100	100	100	100	100	100	100	100
淮南	99.4	99.5	99.7	99.7	99.7	100	100	100	100	100	99.4	99.4	99.4	99.8	99.8
马鞍山	90.1	98.7	99.4	99.4	99.4	100	100	100	100	100	100	100	100	100	100
淮北	100	100	100	100	100	100	100	100	100	100	100	100	100	100	100
铜陵	100	100	100	100	100	100	100	100	100	100	100	100	100	100	100
安庆	93.3	93.7	92.5	94.7	96	100	100	100	100	100	100	100	100	100	100
宿州	83.8	83.8	83.8	83.8	83.8	100	100	100	100	100	100	100	100	100	100
滁州	100	100	100	100	100	100	100	100	100	100	100	100	100	100	100
六安	98.7	98.8	99.1	99.3	99.5	100	100	100	100	100	100	100	100	100	100
宣城	87.1	87.9	87.6	93.3	93.1	98.6	100	100	100	100	100	97.1	97.8	100	100
池州	100	100	100	100	100	100	100	100	100	100	100	100	100	100	100
阜阳	97.3	97.3	96.9	96.9	96.9	100	100	100	100	100	100	100	100	100	100
黄山	99.1	99.4	99.2	99.5	99.5	100	100	100	100	100	100	100	100	100	100
亳州	84	84.8	85.2	85.6	86	100	100	100	100	100	100	100	100	100	100
全省平均	95	95.8	95.8	96.4	96.5	99.9	100	100	100	100	100	99.7	99.8	100	100

6. 财政基层培训情况

2011—2015年，根据财政部要求，我省扎实组织开展财政基层培训，以各市县为主体开展财政支农政策培训，实现每年每个行政村培训一人，五年来共计培训村干部、村财务人员、村民理财小组成员等55396人次（见表5）。以合肥、阜阳、黄山三个财政基层培训基地为主体开展乡镇财政干部培训，保证全省乡镇财政干部每三年轮训一遍，五年来共计培训乡镇财政干部18593人次（见表6），培训人数总体呈逐年递增趋势，其中合肥、宿州、六安参加培训人次较高。

表5　2011—2015年各市财政支农政策培训情况表

年份 地区	2011年	2012年	2013年	2014年	2015年	合计
合肥	1164	1121	1108	812	1615	5820
芜湖	195	314	810	651	714	2684
蚌埠	918	853	852	945	536	4104
淮南	90	90	300	300	300	1080
马鞍山	105	231	210	200	200	736
淮北	368	312	384	379	392	1835
铜陵	109	114	159	159	159	700
安庆	97	1576	1062	1048	1195	4978
宿州	209	968	1334	1505	1426	5442
滁州	506	503	1116	1048	1008	4181
六安	556	800	2083	802	800	5041
宣城	757	882	803	996	1105	4543
池州	563	547	661	661	600	3032
阜阳	841	689	826	762	712	3830
黄山	126	358	743	757	697	2681
亳州	480	878	1467	918	966	4709
合计	7084	10236	13918	11943	12425	55396

表6　2011—2015年各市乡镇财政干部培训情况表

年份 地区	2011年	2012年	2013年	2014年	2015年	合计
合肥	269	279	257	300	283	1388
芜湖	168	178	187	191	107	653
蚌埠	142	99	140	309	297	987
淮南	76	53	47	20	25	168
马鞍山	60	49	252	252	240	853
淮北	50	70	420	78	292	910
铜陵	73	62	145	15	74	307
安庆	284	341	267	345	306	1543
宿州	300	299	53	1692	336	2680
滁州	201	125	199	220	285	1030
六安	328	300	375	331	261	1595
宣城	96	232	110	148	463	1049
池州	98	92	163	133	97	583
阜阳	438	269	331	318	268	1624
黄山	115	103	154	118	866	1356
亳州	184	313	198	656	516	1867
合计	2882	2864	3298	5126	4716	18593

（二）全省财政干部教育培训组织领导情况

1. 省厅组织领导情况

为推进全省财政系统人才队伍建设及干部教育培训工作，省厅先后成立了全省财政系统基层培训工作领导小组和省财政厅人才（干训）工作领导小组，厅主要负责人亲自担任领导小组组长，分管负责人担任领导小组副组长，明确由厅人事教育处牵头负责全厅以及全省财政系统干部教育培训工作，并配备6名工作人员。2011年3月，省厅又专门成立了省财政干部教育中心，具体组织实施全省财政干部教育培训工作，配备了工作人员18名。每年，厅主要负责同志亲自主持召开党组会议审定全省财政干部教育培训计划，亲自审定省厅直接举办的市县政府负责人、市县财政局“一把手”培训班和财政改革、预算管理等业务培训班方案，亲自审定参加省委组织部、省直工委、财政部等各调训班次的学员名单，亲自督查我厅干部在线学习开展情况，为开展好财政干部教育培训工作提供了强大的组织和领导保障。

2. 市县组织领导情况

全省各级财政部门中共有86家成立了教育培训领导小组，88家明确了具体承担干部教育培训工作机构，配备了直接从事干部教育培训工作的干部241人，占市县财政干部总数的2.2%（见表7）。

表7　2015年市县财政系统培训组织领导情况表

所属层次	成立教育培训领导小组的单位		有专门机构负责教育培训工作的单位		直接从事干部教育培训工作的干部情况	
	个数	占比	个数	占比	人数	占本级财政干部比例
市级	16	100%	16	100%	45	1.5%
县(市、区)级	70	66.7%	72	68.6%	196	2.4%
合计	86	71.1%	88	72.7%	241	2.2%

（三）全省财政干部教育培训管理情况

1. 制度建设

2011—2015年，省厅共制定干部教育培训相关制度9个，制定《2011—2015年省财政厅干部教育培训规划》等培训计划6个。市县财政部门中有70家制定了干部教育培训相关制度共计186个，69家制定了中长期培训规划，91家制订了年度培训计划（见表8）。

表8 市县财政系统培训制度和计划制定情况表

所属层次	教育培训制度制定情况		教育培训计划制定情况	
	制定教育培训制度的单位数	印发教育培训制度文件数	制定中长期培训规划单位数	制定年度培训计划单位数
市级	13	55	14	16
县(市、区)级	57	131	55	75
合计	70	186	69	91

2. 需求调研和质量评估

2011—2015年,省财政厅人事教育处、干部教育中心会同有关处室单位,针对安徽省财政干部教育培训工作开展调研11次,撰写调研报告、评估报告13篇。其中,承担财政部调研课题3次,组织开展质量评估10次。各市县财政部门也都开展了需求调研和质量评估,培训班结束后,向学员发放调查问卷,了解学员的培训需求,对授课情况、课程设置和培训管理等情况进行评价,形成分析评估报告,指导后续培训工作开展。

3. 培训档案管理

(1)培训班次档案管理

各级财政部门认真收集各培训班资料,并归纳整理装册,包括培训通知、培训日程、培训课程、培训讲义、学员名单、培训班宣传报道等内容,建立了完备的培训档案,制定了严格的管理制度,并指定专人负责。

(2)干部个人培训档案管理

按照省财政厅学分制管理办法和学习培训档案管理办法,建立了完整的财政干部教育培训电子档案,归档范围主要包括《年度干部教育培训学分考核登记申报表》《安徽省干部教育培训周期学分考核登记表》及取得学分的相关证明材料,全面、准确、客观地反映财政干部参加学习培训、实践锻炼等情况,为财政干部教育培养、考核奖励、选拔使用等提供了重要的参考依据。

(四)全省财政干部教育培训保障情况

1. 培训经费

2011—2015年,全省各级财政部门共计安排培训经费6443.23万元,呈逐年递增态势,年增幅约7%。其中,省级预算安排培训经费2741.2万元,占全省财政培训经费的42.5%,各市财政部门安排培训经费3702.03万元,占全省财政干部培训经费总量的57.5%。各市中铜陵年人均安排培训经费最高,为2039元,淮北最低,为161元,仅为全省平均水平的24%(见表9)。另外,2011—2015年,省厅共安排财政基层培训经费3145万元,年均629万元,年增幅约为25%。

表9 2011—2015年全省财政干部培训经费安排情况(单位:万元)

年度 地区	2011年	2012年	2013年	2014年	2015年	合计
省本级	553	580	720	419.2	469	2741.2
合肥	92.66	134.81	152.13	134.28	141.95	655.83
芜湖	32.65	35.55	31.05	30.25	27.5	157
蚌埠	20	20	20	20	20	100
淮南	14.3	23	19.3	23.7	26.1	106.4
马鞍山	24.64	45.35	10.16	25.13	44.25	149.53
淮北	5	9	7	9	10.5	40.5
铜陵	60	60	61	65	65	311
安庆	29.2	36.9	37.78	43.31	45.89	193.08
宿州	30	30	30	66.5	50	206.5
滁州	30	44	28.5	48	81	231.5
六安	46.1	60.3	61.8	86	96.2	350.4
宣城	44	46	51	55	165	361
池州	19.73	22.18	24.25	27.73	47	140.89
阜阳	9	9	12.2	19.6	18.8	68.6
黄山	24	23.5	23	23.3	23	116.8
亳州	90	97	98	110	118	513
合计	1124.28	1276.59	1387.17	1206	1449.19	6443.23

2. 师资建设

健全了师资管理机制,面向各级党校、行政学院、高等院校、科研机构、社会培训机构及全省各级财政部门的领导和专家学者,分政治理论类、政策法规类、财政业务知识类、文化素养类、实用技能类和其他类等6大类建立了安徽省财政干部教育培训师资库,并实现了动态管理。目前师资库中共有教师295人,其中专职教师149人,占50%,兼职教师70人,占24%,领导干部76名,占26%(见图2)。各级财政部门也都建立了师资库,为全省大规模培训干部提供了坚实的师资保障。

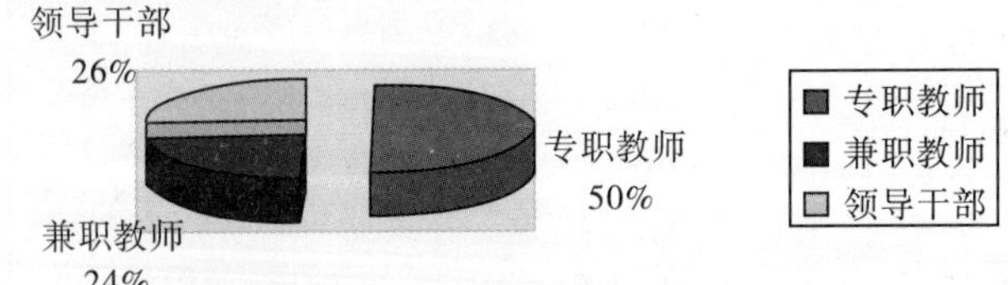

图2 省级财政干部教育培训师资库结构图

3. 教材选编

2011—2015 年，全省各级财政部门共使用财政部指定教材 16 种，省级财政部门自编教材 10 种，各市县财政部门自编教材讲义 200 多种。指定教材与自编教材相结合，既保证了全省财政干部教育培训的统一性和连续性，又充分结合了地方特色和实际工作需要，保证了财政干部教育培训的针对性和实用性。

4. 基地建设

重点建设了合肥财政干部教育中心、阜阳工业经济学校、黄山财政干部教育中心等 3 个财政基层教育培训基地，分片区承担全省乡镇财政干部培训、部分农村财会人员财政支农政策培训和会计人员继续教育等培训任务。目前 3 个培训基地基础设施齐备，师资力量雄厚，共有教师 188 名，其中专职教师 149 名，兼职教师 39 名；拥有研究生学历的 10 人，本科学历的 89 人；具备高级职称的 22 人，中级职称的 28 人，初级职称的 17 人。拥有各类教室、会议室 55 间，住宿床位 2744 个，电脑 1468 台，可同时培训学员 3500 多人。

二、全省财政干部教育培训工作面临的形势与存在的问题

在省委组织部、财政部的指导下，在厅党组的坚强领导下，我省财政干部教育培训工作平稳开展，圆满完成各项任务，连续五年被财政部评为财政干部教育培训工作先进单位，多次被评为全国乡镇财政干部和农村财会人员支农政策培训先进单位。在看到成绩的同时，我们也要清醒地认识到，我省财政干部教育培训工作还存在一定差距和不足，在新形势下面临的挑战还很大，任务还很艰巨。

(一) 全省财政干部教育培训工作面临的形势

我国经济正值从高速增长转为中高速增长的新阶段，经济稳定增长压力巨大，财政收支、预算管理、资金监管难度加大，如何更好地贯彻落实习近平总书记系列重要讲话和视察安徽重要讲话精神，发挥财政国家治理基础和重要支柱作用，认真贯彻“创新、协调、绿色、开放、共享”五大发展理念，服务打造创新型“三个强省”，建设美好安徽，是财政干部教育培训工作面临的新形势。

1. 中央对加强干部教育培训工作做出新部署。党的十八大提出，要加强和改进干部教育培训，提高干部素质和能力。十八届三中、四中、五中全会强调，要完善干部教育培训和实践锻炼制度，不断提高领导班子和领导干部推动改革能力，提高党员干部法治思维和依法办事能力。“四个全面”战略布局确立了新形势下党和国家各项工作的战略方向、重点领域、主攻目标，对党的干部提出了新的要求，同时也为干部教育培训工作明确了新的目标。习近平总书记在中央党校建校 80 周年庆祝大会上强调，我们的干部要上进，我们的党要上进，我们的国家要上进，我们的民族要上进，就必须大兴学习之风，坚持学习、学习、再学习，坚持实践、实践、再实践。2015 年，习近平总书记专门为第四批全国干部学习培训教材作了序言，要求各级领导干部要勤于学、敏于思，坚持博学之、审问之、慎思之、明辨之、笃行之，以学益智，以学修身，以学增才。2010 年和 2015 年中共中央分别印发了《2010—2020 年干部教育培训改革纲要》和《干部教育培训工作条例》，要求加大干部教育培训力度，建立更加开放、更具活力、更有实效的干部教育培训体系。

2. “国家治理”对财政干部教育培训工作提出新引领。党的十八届三中全会提出，全面深化改革的总目标是推进国家治理体系和治理能力的现代化，强调财政是国家治理的基础和重要支柱。从国家治理的高度来定位财政职能，在新中国历史上尚属首次，把财政从以往作为经济范畴、经济领域要素之一提升到国家治理层面，放在国家治理的总棋局中定位，使其功能和作用得到全面提升和拓展，从根本上摆正了财政的位置。要切实履行好财政国家治理基础和重要支柱职能，需要财政干部树立“国家治理”理念，将以往的工作思路由管理转变成治理，由权力观念转向服务观念；需要财政干部讲大局，始终站在社会经济运行大局，站在财政改革发展大局，培养良好的宏观思维能力；需要财政干部懂经济，具备专业水平，熟悉国家财政政策，熟悉社会经济运行规律；需要财政干部有思路，时刻保持清晰的头脑，在坚持原则的基础上，具有创新解决实际问题的能力；需要财政干部干实事，不要空谈要实干，要扎根财政工作，钻研财政业务，不做表面工作，不搞样子工程；需要财政干部勇担当，要有拼劲有闯劲，主动承担复杂工作，勇于攻坚克难，在急难险重中锻炼提升，这都为我们如何开展财政干部教育培训工作提出了新的引领。

3. 深化财税体制改革对财政干部教育培训工作

提出新要求。深化财税体制改革,主要任务是改进预算制度、完善税收制度、建立事权与支出责任相适应的制度,目标是建立现代财政制度,作为全面深化改革的突破口和先行军,它直接影响到全面深化改革总目标的顺利实现。从时间节点来看,2016 年基本完成财税体制改革的重点工作和任务,2020 年基本建立现代财政制度,今后五年,财税体制改革将进入关键时期,步入攻坚阶段。我省在前期持续深化财税体制改革的基础上,将继续推进预算信息公开,政府债务分类纳入预算管理,"营改增"试点以及资源税、消费税等税制改革,建立健全财政转移支付同农业人口市民化挂钩机制等重点改革事项,改革任务艰巨,面临的挑战巨大。财政干部教育培训承担着深化财税体制改革的人才保障和智力支持任务,要通过教育培训,使广大财政干部深刻认识深化财税体制改革的重要性和紧迫性,保证财政干部迅速熟悉和运用各项财税改革政策,积极适应深化财政体制改革对财政干部的新要求。

4. 建设高素质财政干部队伍为财政干部教育培训工作树立新标准。当前财政在推进国家治理体系和治理能力现代化中的作用前所未有,财税体制改革任务的艰巨性、复杂性、系统性前所未有,财政部门肩负的责任之重大、任务之艰巨、工作之繁重前所未有,所有这些对财政干部队伍素质能力提出的全面挑战,也是前所未有。从建立现代财政制度方面上看,我们的财政干部队伍还存在习总书记指出的"本领恐慌、本领不足、本领落后"的风险。同时,随着社会经济发展和信息技术在培训中的应用,广大财政干部对培训的需求也越来越多样化。如对培训内容需求的差异化,对培训方式需求的多样化,对培训渠道需求的多元化,对培训资源配置需求的开放化,对培训载体需求的信息化。当前,多媒体系统、微博、微信、慕课等互联网学习载体的兴起,也必将会对财政干部教育培训产生重要影响。

(二)全省财政干部教育培训工作存在的问题

近年来,全省财政干部教育培训工作在取得成绩的同时也暴露出一些问题和不足,难以适应财政工作发展的新形势、新要求,需要引起我们足够的重视。

1. 全省财政系统干部教育培训工作发展不均衡。我省财政干部教育培训工作整体平稳有序,各项指标均达到了省委组织部和财政部的要求,但各市之间差距较大,我省财政干部教育培训工作发展还不太均衡。从办班数量上看,2011—2015 年,合肥、蚌埠、宿州、宣城举办培训班个数均超过 200 个,淮南、铜陵则不足 100 个,其中办班数量最多的合肥为 370 个,最少的铜陵仅为 31 个,相差 339 个。从年人均培训经费上看,各市超过 1000 元的只有铜陵、黄山,不足 200 元的有淮北、安庆、宿州、阜阳,其中最少的淮北年人均培训经费仅为最多的铜陵的 0.9%。全省财政干部教育培训工作发展不均衡的原因,主要是因为有的市县财政部门对干部教育培训工作重视程度不够,还存在认为培训无关紧要的思想。目前,全省还有 28.9% 的财政部门没有成立教育培训领导机构,还有 27.3% 的财政部门没有成立专门的干部教育培训管理机构,全省各级财政部门配备的干部教育培训专职人员只占全省财政干部总数的 2.2%。

2. 教育培训的方式比较单一。近年来,我们在教育培训中尝试使用研讨式、案例式、模拟式、体验式等新型教学方法,不断丰富培训方式,提升培训效果,但传统的讲授式教学方式仍占有较高比重,教师与学员之间、学员与学员之间的互动较少,课堂学习氛围不足,影响了学员参训的积极性,客观上制约了培训效果的提升。2013 年,我们组织对 170 名学员进行了专项问卷调查,受访学员普遍对我省财政干部教育培训工作反映良好,但有 45.96% 的学员认为教学方式还比较单一,在被问及最受欢迎的教学方式时,69.57%、66.46%、59.63% 的学员分别选择了现场观摩、交流研讨和案例教学(见图 3)。

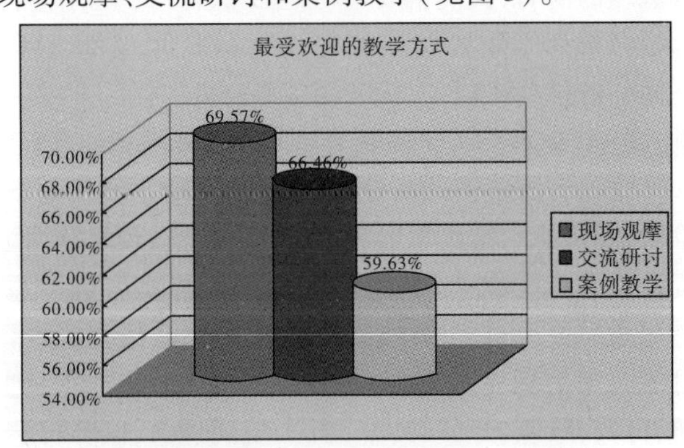

图 3　最受财政干部欢迎的教学方式调查图

3. 教育培训内容不够科学。在培训课程设置方面,偏重于财政业务知识,对领导艺术、财政文化、财会、社会经济等方面的培训较少,特别是在干部心理疏导和调适等方面还存在空白,没有系统、长远的考虑财政干部的个人素质和能力培养，没有形成完善的常规培训课程菜单；在培训针对性方面，通过对部分教材的抽样分析，可以看出财政干部教育培训内容存在“三多”和“三少”的问题。主要表现为：一是追求“共性”的内容多，体现“个性”的内容少，难以适应财政不同职能部门、不同工作岗位多样化、差别化、个性化需求。二是侧重于理论性和知识性内容较多，实用性、操作性内容相对较少，缺乏财政实务培训内容，对实际工作能力的提升帮助有限，与广大财政干部的岗位需求差距较大。三是“老面孔”课程多，新内容课程少，对财政政策的宣传、讲授不及时，对财政改革发展热点难点的关注度不高。有些课程内容长期不变，存在重复培训的现象，阻碍了财政干部知识的及时更新。

4. 培训效果评价不够精准。目前，根据财政部相关规定，我省财政干部教育培训效果评价体系初步建立，制定了《全省财政系统干部教育培训工作评估办法》《安徽省财政基层培训工作评估办法》，并分别确定了量化评分标准，为我省财政干部教育培训效果评价提供了依据。但是具体到各个地方和各个培训班的培训效果评价还不够精准，评价问卷中定性的内容多，定量的内容少，指标设置科学性不够，关联性不强，学员在进行课程评估时趋于表象化、公式化、程式化，未能充分发挥培训效果评价对财政干部教育培训工作的指导作用。

5. 师资队伍建设还有待提高。在师资组成方面，我省财政干部教育师资力量主要来自于本系统培养的专职教师和各级财政领导干部以及业务骨干，决定了我省财政干部教育培训实务性、操作性、针对性强，但理论性、前瞻性、系统性水平还不够高，各级财政干部教育培训缺乏业内大家、知名学者、专家教授的参与，培训几乎全部在省内举行，对省外甚至海外的先进经验学习认识不够；在师资管理方面，通过了解全国其他省市财政部门在干部教育培训师资管理方面的情况，我们看到，许多省市的财政部门建立了师资库动态管理机制，加强对兼职教师的管理和评估，比如：宁波市财政局制定了《兼职教师管理与培养方案》；北京市财政局制定了《聘请专家学者授课审核管理制度》等。目前，我省在师资队伍管理制度建设方面有待进一步加强，缺乏兼职教师的考核评估量化指标体系和相应的筛选机制，部分市县存在兼职教师授课水平良莠不齐的现象。

6. 工学矛盾依然突出。一方面，为了更好地适应纷繁复杂的财政工作需要，财政干部要不断更新知识储备，熟悉财政实务操作，不断提升业务能力和水平；另一方面，日益繁重的工作和严重不足的人手使得单位无法派出业务骨干参加培训，财政干部本身也没有更多时间和精力去参加培训。工学矛盾的存在形成了一个恶性循环，因为工作繁忙所以需要培训，同样又因为工作繁忙而无法参加培训，影响了财政业务骨干的成长，一些工作相对不太繁忙的干部则常年参加培训，成为培训“专业户”。

三、2016—2020 年全省财政干部教育培训工作的指导思想与目标任务

（一）指导思想

高举中国特色社会主义伟大旗帜，以邓小平理论、“三个代表”重要思想和科学发展观为指导，深入贯彻党的十八大及十八届三中、四中、五中、六中全会和习近平总书记系列重要讲话精神，认真落实省委省政府和财政部决策部署，紧紧围绕全面建成小康社会、全面深化改革、全面依法治国、全面从严治党战略布局，以提升全省财政干部教育培训水平为目标，以坚定理想信念、增强依法理财与为民理财意识、提高科学理财能力为重点，以提高培训质量为主线，努力培养造就一支“政治强、懂业务、善治理、敢担当、作风正”的高素质财政干部队伍，为全省财政“十三五”发展提供坚强的人才保障和智力支持。

（二）基本原则

1. 坚持围绕中心，按需施教。适应十三五期间社会经济发展形势，围绕中央、省委省政府战略部署及我省财政中心工作，主动服务深化财税体制改革的目标任务，积极适应财政干部队伍建设发展的新要求，强化培训需求导向，做到财政改革发展需要什么就培训什么，财政干部缺什么就补什么，确保财政干部教育培训工作围绕中心、服务大局、有效对接、按需施教，不断提高财政干部整体能力和素质。

2. 坚持分级分类，全员培训。在做好培训需求调研的基础上，针对不同培训对象，不同培训内容，深刻分析财政干部的学历与知识结构现状，研究财政干部的学习特点，深入开展分岗位、分层次、分专题的分级分类培训，创新丰富培训形式，科学设置培训课程，增强培训针对性，确保培训全员覆盖。

3. 坚持学以致用，注重实效。围绕财政改革发展中的重点难点工作，以解决财政干部实际工作中

遇到的棘手问题为导向开展财政干部教育培训工作,以能否解决实际问题作为评判培训成效的重要依据,提高财政干部运用所学理论和知识指导实践、解决问题、推动工作的能力,提升财政干部教育培训的实效性。

4. 坚持改革创新,打造特色。遵循财政干部成长规律和财政干部教育培训规律,在继承我省财政干部教育培训优良传统和成功经验的基础上,充分发挥我省特有人文资源优势,拓展体验式教学,打造我省财政干部教育培训鲜明特色和品牌项目,推动培训理念、内容、方式、管理创新,不断提升财政干部教育培训科学化水平。

5. 坚持依法治教,从严管理。建立健全与我省实际情况相适应的财政干部教育培训制度体系,依法依规开展财政干部教育培训,从严治教、从严治学,保持良好的教学秩序和学习风气。

(三)工作目标

通过有计划、大规模、高质量的财政干部教育培训,到2020年力争实现全省财政系统应训人员全覆盖,全面完成干部脱产培训和网络培训各项指标任务,建立健全与马克思主义学习型政党要求相符合,与财政改革发展相适应,与财政干部教育培训科学化相匹配,更加有效、更加全面、更加有力的财政干部教育培训新格局,实现培训水平显著提高、培训质量显著增强的工作目标。

进一步提升财政干部政治素质。通过培训,使全省财政干部政治理论素养、党性修养切实加强、工作作风明显改进,引导财政干部坚定对马克思主义的信仰、对共产主义和社会主义的信念,牢固树立正确的世界观、人生观、价值观,增强政治意识、大局意识、核心意识、看齐意识。

进一步提高财政干部业务素质。通过培训,使各岗位财政干部认识、理解、掌握履行岗位职责所必备的各种知识技能,及时适应新形势要求,更新思想、理论、知识、技能,进一步提升财政干部德才素质和履职能力。

进一步完善财政干部教育培训组织管理机制。建立完善"统一领导、宏观部署、分类指导、统筹规划、协调配合"的财政干部教育培训组织管理体制,切实推动全省财政系统干部教育培训工作有力有序、均衡发展。

进一步健全财政干部教育培训运行保障体系。进一步加强财政干部教育培训基地建设,不断提高办学水平,合理配置和有效利用培训资源;进一步加强财政干部教育培训师资、课程、教材和管理队伍建设,提高组织管理水平;保障培训经费,进一步提升培训经费的使用效益。

进一步提高财政干部教育培训规范化水平。认真贯彻落实《干部教育培训工作条例》,健全财政干部教育培训制度体系,进一步完善调学管理、考核评估和监督检查机制,提高财政干部教育培训规范化水平。

(四)主要指标

加强脱产培训,保证不同类别财政干部每年达到一定的调训率、参训率和人均年脱产培训学时数。其中,各单位处级及以上财政干部年脱产培训调训率不低于30%,参训率不低于50%,人均年脱产学时数不低于110学时;各单位科级及以下财政干部年脱产培训调训率不低于25%,参训率不低于40%,人均年脱产学时数不低于90学时;各单位专业技术人员年脱产培训调训率不低于20%,参训率不低于50%,人均年脱产学时数不低于90学时。

保证全省财政系统网络培训实现全覆盖。处级及以上财政干部每年学时数不低于50个学时,科级及以下财政干部每年学时数不低于80个学时。

(五)重点培训内容

1. 深入开展政治理论培训。组织广大财政干部深入学习邓小平理论、"三个代表"重要思想、科学发展观和习近平总书记系列重要讲话精神,引导干部深刻领会中国特色社会主义的科学内涵,准确把握夺取中国特色社会主义新胜利的基本要求,增强中国特色社会主义道路自信、理论自信、制度自信和文化自信。特别是要组织广大财政干部认真学习习近平总书记视察安徽重要讲话和"七一"重要讲话精神,以及关于中国梦、中国特色社会主义、科学发展、改革开放、依法治国、强军目标、外交战略、党的建设、严明政治纪律等方面的重要论述,切实用系列讲话精神武装头脑、指导实践、推动财政工作。

2. 持续加强党风廉政培训。组织广大财政干部加强对党章的学习,引导财政干部自觉加强党性修养,自觉遵守、贯彻、维护党章。加强党史国史和世情国情党情教育,帮助财政干部了解党和国家事业的发展历程,深刻认识党的历史经验教训,进一步提高党性修养。加强党规党纪特别是政治纪律教育,引导财政干部坚持党的基本理论、基本路线、基本纲领、基本经验、基本要求，在思想上政治上行动上始终同以习近平同志为总书记的党中央保持高度一致，坚决维护党中央权威，确保中央政令畅通。加强作风培训，引导财政干部牢记“两个务必”，认真落实中央八项规定和省委三十条规定，坚决反对形式主义、官僚主义、享乐主义和奢靡之风，切实做到求真务实、艰苦奋斗、勤俭节约。加强反腐倡廉培训，引导财政干部保持廉洁操守，筑牢拒腐防变思想防线，提高抵御腐败侵蚀的能力。

3. 重点加强法律法规培训。围绕依法治国的基本方略，不断深化财政干部学法、用法培训，强化财政干部法治意识和依法理财能力。加强对《党章》《纪律处分条例》《廉洁自律准则》等党内法规的培训，教育财政干部严守党规党纪，遵守组织原则；加强对《行政诉讼法》《行政处罚法》《刑法》等国家法律的培训，使财政干部明底线、知敬畏，增强法治观念，坚持依法办事；加强对《预算法》《政府采购法》《安徽省财政监督条例》的培训，不断提高财政干部法律素质和依法理财意识，综合运用法律、经济和行政手段做好各项财政工作。

4. 扎实开展政策业务培训。紧紧围绕财税体制改革和财政中心工作，按照厅党组确定的“十三五”财政工作思路，及时跟踪把握财政改革发展动态，扎实开展地方税体系建设、预算管理、财政支持农业发展和扶贫、PPP 政策等财政政策业务培训，通过专题培训、专家授课、交流讨论、撰写心得体会等多种形式，帮助财政干部掌握、理解、执行新政策，促进各项财政政策更好地贯彻落实。

5. 广泛组织综合素质培训。努力提升干部学历层次，鼓励财政干部参加在职学历学位教育。努力提高财政干部履职能力，结合财政干部实际需要，广泛组织经济、政治、文化、社会、生态和哲学、历史、科技特别是应急管理、新媒体时代社会沟通和网络问政等方面新知识新技能的培训，帮助财政干部优化知识结构、加快知识更新、拓宽眼界思路、提高综合素养。

四、2016—2020 年全省财政干部教育培训工作对策建议

为认真贯彻落实《干部教育培训条例》，有针对性地解决我省财政干部教育培训工作中存在的问题，切实推进财政干部教育培训工作科学化、制度化、规范化，更好地开展 2016—2020 年全省财政干部教育培训工作，切实把培养、造就高素质财政干部队伍任务落到实处。现提出以下几点建议：

（一）强化组织领导，推动财政干部教育培训工作持续发展

强有力的组织领导，是开展好财政干部教育培训工作的重要前提，只有领导高度重视，督促指导有力，财政干部教育培训任务才能落到实处。

1. 提高重视程度，强化党组领导。全省各级财政部门要持续深化对财政干部教育培训工作的认识，切实将教育培训作为一项系统性、战略性工程。各级党组要高度重视，将财政干部教育培训工作纳入党组会议事清单，与财政业务工作同谋划、同部署、同推动，要审议本单位干部教育培训工作中长期规划和年度培训计划，审议重点培训班实施方案、培训经费安排等具体工作。单位主要负责人每年要至少两次听取财政干部教育培训工作汇报，及时掌握情况，要经常性深入财政干部教育培训职能部门走访督查，协调解决财政干部教育培训工作存在的困难和问题。单位分管负责人和其他负责人要紧密结合财政工作热点难点和自身分工，指导分管部门开展财政业务培训，保证培训的时效性，提升培训效果。财政干部教育培训职能单位要认真落实党组决策部署，结合自身职能，不断拓展财政干部教育培训范围和内容，丰富教育培训方式方法。

2. 健全工作机构，加强执行力度。要在全省各级财政部门中设置干部教育培训机构，负责本单位干部教育培训工作的组织实施，并至少配备 1—2 名专职工作人员，具体承担干部教育培训的各项工作任务。要建立健全教育培训工作机制，完善工作流程，制定严格的培训管理制度。要打造一支专业化的财政干部教育培训管理者队伍，加强对培训工作人员的管理，不断强化他们的大局意识、组织意识、纪律意识、效能意识等，提升培训管理人员的执行力度，保证各项部署要求快速落实。加强对培训管理人员的培训，加速理念更新、知识更新、业务更新，提升培训管理人员综合素养，保障各项培训任务执行到位。

3. 分类分级指导，加强系统联动。要加强宏观指导，结合全省财政工作会议、市县财政局长座谈会等，及时传达中央、省委省政府、省委组织部、财政部关于干部教育培训工作的决策部署，分析教育培训

面临的形势和任务,使各级财政部门对财政干部教育培训工作的现状和发展有准确的认识和理解。要建立培训情况报送制,各市县定期报送培训规划计划、培训制度建设等情况。要加强全省财政干部教育培训情况的统筹分析,结合各地自身实际,有针对性地提出指导意见,推进全省财政干部教育培训均衡发展。要建立教育培训交流制,注意选取各地特色做法,认真梳理总结,形成可复制可推广的教育培训经验,适时向全省财政系统推广。要定期组织全省各级财政部门交流座谈,互帮互助、互学共进,提升全省财政干部教育培训工作整体水平。

(二)创新培训理念,提升教育培训工作科学化、规范化水平

社会经济的发展,文化科技的进步,带来了巨大的思想转变和工作方式转变,给财政干部教育培训工作提出了新的挑战。财政干部教育培训工作必须适应发展潮流,更新培训理念。

1.放眼长远,树立系统性培训理念。突破传统的碎片化培训模式,立足长远,站在一个中长期的时间跨度,站在财政干部个人成长的角度,树立系统性培训理念,对财政干部教育培训进行分级分层规划。针对不同级别、不同层次、不同年龄、不同岗位的财政干部分别制定系统性的教育培训个人规划,可以借鉴现代大学的教学管理方式,将教育培训周期设置为三年、五年甚至更长,在这个周期内根据干部特点,设置一系列课程,内容涵盖思想政治、政策法规、财政业务、廉洁从政等等各个方面,实行学分制管理,系统全面培养高素质财政干部。

2.推陈出新,树立新型化培训理念。持续创新培训方式,将案例式、研讨式、体验式、模拟式等多种方式引入培训之中,不断提高学员的参学积极性,激发学员的学习热情,提升学习效果和培训质量。持续创新培训手段,将网络科技与现代教育培训方式高度融合,运用创新型手段使干部教育培训便捷化、大众化。可探索采用微信公众推送、短信教育平台、网站论坛、微课堂等多种科技手段,增加干部自学时间和自学密度,大大降低培训成本,使财政干部可以随时随地接受培训,真正实现教育培训经常化。

3.放管结合,树立市场化培训理念。政府购买服务是今后发展的一大趋势,财政干部教育培训应当成为政府购买服务的积极响应者和践行者。充分引进市场力量,推行项目管理模式,采取直接委托、招投标等方式,通过公平参与、适度竞争,择优确定培训项目承担者,把社会化办学的活力带入到财政系统中来,降低财政干部教育培训成本,提升实效。在放手给市场的同时,仍要继续加强管理,做到放管结合,防止不良社会风气进入财政干部教育培训课堂。要做好跟班管理等,让广大学员时刻保持优良的培训纪律和学风。

(三)做好统筹推进,确保全省财政教育培训工作同频共振

加大统筹推进力度,明确统一方向,畅通沟通渠道,做好工作衔接,统筹调配资源,系统推进全省财政干部教育培训工作,做到同频共振。

1.抓谋划,统筹做好教育培训规划计划。要根据省委组织部和财政部五年干部教育培训规划,从“四个全面”战略布局高度、“国家治理”视角、“财税体制改革”要求、“打造创新型三个强省”部署出发,紧密结合我省财政实际,统筹谋划全省财政干部教育培训五年规划,要根据省委省政府重点工作任务和财政部要求,统筹制定年度财政干部教育培训计划。各市县财政部门要根据省厅规划、计划,制定本地区财政干部教育培训规划、计划,既要贯彻落实省厅要求,又要结合地方实际,确保全省财政干部教育培训工作目标统一、要求统一、标准统一。

2.抓督查,统筹做好教育培训工作落实。要强化对市县财政干部教育培训工作的评价,根据财政部统一部署,按照《全省财政系统干部教育培训工作评估办法》和《安徽省财政基层培训工作评估办法》,每年定期对全省各市财政局干部教育培训工作开展情况进行评估。要结合基层调研、市县帮扶等,不定期对市县财政部门进行督查,着力解决各地干部教育培训工作开展不均衡的问题。通过检查工作、座谈交流等,深度挖掘各地在财政干部教育培训工作中的亮点经验,及时发现市县在工作开展中遇到的困难问题,把经验推广到全省,把问题解决在基层。

3.抓整合,统筹调配教育培训资源。进一步整合财政干部教育培训资源,按照全省北、中、南三个片区,进一步重点打造合肥、阜阳、黄山三个培训基地,将分散在各市的财政干部教育培训资源整合起来,既要着力提升三个培训基地的层次,使其具备承担如全省乡镇财政干部培训这类大型培训的能力,也要努力发挥集中办学的规模效应,进一步降低培训成本,提升培训效果。

（四）健全保障机制，夯实财政干部教育培训工作根基

健全财政干部教育培训保障长效机制，更好地契合财政干部需求，强化教育培训管理者队伍，规范教育培训行为，提升教育培训实效。

1. 注重财政干部教育培训需求调研。坚持以需求为导向，深入开展培训需求调研，切实做到"为财政改革发展服务，为财政干部健康成长服务"。随着财税体制改革不断深入，主动与各级财政部门对接，了解财政部门对干部教育培训的要求，准确把握改革的重点、热点、难点问题，及时更新培训内容，适应组织需求。主动与各级财政干部沟通，通过发放调查问卷等方式开展需求调研，了解干部最关心、最希望学习的知识是什么，在培训工作中及时给予安排，力争通过需求调研做到有的放矢。

2. 加强财政干部教育培训理论研究。通过承担财政部调研课题等方式，加强对财政干部教育培训工作战略性、前瞻性、创新性等问题的研究，结合对以往工作经验的总结，和对财政干部教育培训发展趋势的认识，加强对财政干部教育培训工作的理论研究。要加强与高等学校、科研院所的联系与合作，加强与其他省份财政部门和省内兄弟单位的沟通交流，不断强化理论研究力度。要做好成果运用，充分发挥理论对实践的指导作用，保障教育培训始终沿着正确的方向前进。

3. 强化财政干部教育培训师资队伍建设。努力提升专职教师水平，加强优秀教学人才引进，做好教师在职教育和职称评定工作，根据安排推荐业务骨干参加财政部举办的师资培训班。择优扩充兼职教师队伍，推动领导干部、学术名家、先进典型和优秀基层干部上讲台，引导各行各业优秀师资积极参与财政干部教育培训，形成理论型、实践型、管理型和专家型相结合的兼职教师队伍。

4. 保障财政干部教育培训经费投入。各级财政部门要将干部教育培训经费纳入年度财政预算，统一作出安排，对重点培训项目所需资金，要优先给予保障。要加强财政干部教育培训经费使用、管理的监督检查，进一步加快培训资金拨付速度，禁止将培训经费挪作他用。积极开展培训资金使用情况绩效评价，确保培训资金安全、规范、有效。

5. 健全财政干部教育培训规章制度。严格贯彻落实《干部教育培训工作条例》，不断健全完善财政干部教育培训工作制度体系，建立健全长效机制，保障财政干部教育培训工作平稳运行。要健全质量评估制度，进一步细化实化评估指标体系，根据省委组织部和财政部要求，结合财政干部教育培训工作实际，不断进行调整。要健全调学管理制度，完善参训学员选派程序，对参训学员在校言行、学习态度、学风学纪等方面进一步进行规范。对无故不参加调学，违反学习纪律，或不注意言行举止，造成不良后果等行为要给予批评教育和处理。要健全干部培训通报制度，财政干部教育培训职能部门要经常向单位主要负责人或分管负责人汇报工作。要加强与培训机构的联系，将财政干部参加培训的考试成绩、在校表现等情况及时通报给学员所在单位负责人。要定期汇总财政干部参加在线学习以及学分申报情况，对未达要求的干部依规进行相应处理。

课题组组长：罗建国
课题组副组长：朱长才　陈传文
课题组成员：朱士昂　张忠文　张文超
孙春美　孙玮玮　李　杰
陈天然　金　沙　张　宇

严格落实党建责任制
提升机关党建工作水平

党的十八大以来，以习近平同志为总书记的党中央高度重视党的建设，身体力行、率先垂范，坚定推进全面从严治党，加强党的建设，坚持思想建党和制度治党紧密结合，集中整饬党风，严厉惩治腐败，净化党内政治生态，党内政治生活展现新气象。特别是党的十八届六中全会召开，聚焦全面从严治党，围绕加强和规范党内政治生活、加强党内监督，出台规范性文件，为全面从严治党、深入推进党的建设新的伟大工程提供了行动指南。会议强调："加强和规范党内政治生活、加强党内监督是全党的共同任务，必须全党一起动手。各级党委（党组）要全面履行领导责任，着力解决突出问题，把加强和规范党内生活、加强党内监督各项任务落到实处。"李锦斌书记在省第十次党代会报告中明确指出：要认真履行管党治党政治责任，综合施策，标本兼治，推动管党治党真正走向严实硬。深入学习习近平总书记重要讲

话精神,贯彻落实省第十次党代会精神,进一步落实党建工作责任制,是强化管党治党、从严治党,确保基层党建工作常抓不懈的重要保证。

近年来,按照中央部署和省委要求,省财政厅党组认真执行和落实党建工作责任制,从制度机制等方面进行了积极探索,取得了一些成效,同时在分析存在的问题及原因基础上,对全面落实基层党建工作责任制进行思考并提出意见建议。

一、财政厅党组落实党建工作责任制的主要做法及成效

省财政厅党建工作在省委的坚强领导下,在省直工委的指导帮助下,围绕深入推进全面从严治党,深入推动"两学一做"学习教育,落实工作责任,找准工作载体,积极作为,务实扎实,为推进财政改革发展提供坚强的政治组织保证。

(一)落实思想建党责任,在理论武装强素质上实现新提升

1. 注重系统学习。学习贯彻习近平总书记在省部级主要领导干部专题研讨班上重要讲话、在中央政治局专题民主生活会上重要讲话、视察安徽重要讲话、纪念红军长征胜利80周年大会讲话以及十八届六中全会的重要讲话,采取厅党组集体学习、专题研讨、辅导宣讲、党课教育、集中培训、在线学习、撰写心得体会和主题征文等方式,引导党员干部增强学习贯彻讲话精神的思想自觉和行动自觉。建立日常政策文件学习解读制度,通过厅党组会、厅长办公会、干部职工大会等形式,第一时间全面学习贯彻党中央国务院、省委省政府和财政部的方针政策和决策部署,为推进财政事业改革发展提供基本遵循、指明努力方向。

2. 注重示范引领。认真落实党组中心组理论学习制度,带头学习省委省政府重要文件会议精神,第一时间学习省第十次党代会、省委十届二次全会精神特别是李锦斌书记、李国英省长的重要讲话精神,严格学习考勤、个人自学、集体研讨、学习交流、专题调研、学习档案等制度。突出学习质量效果,将厅党组中心组学习扩大到所有处室单位主要负责同志,将厅党组中心组有关专题的学习延伸到全厅干部职工,做到减少层级、广泛覆盖、扁平管理,形成上行下效、整体联动的综合效应。开展"党组书记推荐阅读"活动,常态化向干部职工推荐阅读经典书籍和主流媒体文章,撰写阅读感言。

3. 注重研学结合。组织开展"研讨式"学习,研讨学习范围覆盖全厅干部,厅党组书记作主题讲话,相关厅领导作中心发言,处室单位代表作重点发言,邀请领导专家作专题辅导。围绕贯彻落实党的十八届五中全会精神和省委九届十六次全会精神,结合财政工作实际,谋划10个专题理论学习,每个专题研讨交流材料汇编成册,供全厅党员干部深入学习。深入开展"两学一做"学习教育,研究制定学习教育实施方案和厅党组、党员领导干部、全体党员学习教育行动计划、督查计划"1+4"方案体系,制作学习教育工作推进图,实行挂图作战。组织党员赴金寨县进行革命传统教育、赴巢湖监狱开展警示教育。贯彻落实中央和省委巡视整改部署要求,查摆出39项具体问题,制定76项整改措施。深入开展"五查五看",从理想信念、党的意识、宗旨观念、精神状态、道德行为等方面,找准存在突出问题,制定整改措施,不断整改提高。

(二)落实组织建设责任,在强化责任担当中构建新格局

1. 压实工作责任。出台《省财政厅党组关于深入推进全面从严治党的实施意见》,制定《省财政厅党组关于深入推进全面从严治党实施意见任务分解表》和《关于开展"从严落实机关党建责任推进年"活动的实施意见》,深入推进全面从严治党。认真履行全面从严治党和"一岗双责"要求,印发《关于督查落实"一岗双责"的通知》,集中开展厅领导巡查督查走访分管处室单位党支部活动,督查督导党建工作开展和落实情况。

2. 加强党支部工作。制定《关于开展"抓思想政治建设,促机关效能提升,保中心工作完成"活动实施方案》,丰富支部活动形式,做实支部活动内容。制定《关于进一步健全完善"三会一课"制度的通知》,建立健全党小组工作机制,认真落实"三会一课"制度,落实领导干部双重组织生活,用好批评和自我批评武器,进一步加强党员教育、管理和监督。制定《党支部书记抓党建工作述职评议制度》,召开党支部书记抓党建工作述职评议会,落实支部书记"一岗双责"。落实走访党支部制度,实地了解各党支部工作开展情况,征求意见建议。2016年6月份,厅机关党委获评省直机关"先进机关党委"。

3. 强化党员队伍管理。认真开展党员组织关系集中排查,对党员基本信息、入党材料、组织关系转

接、参加组织生活等情况,进行逐一排查,同步更新维护《中国共产党党务信息管理系统》平台基础数据,规范组织关系管理。根据省直工委通知要求,对党费收缴、使用和管理情况开展自查,各处室单位党支部认真核实每名党员交纳党费情况,及时组织党员按照规定的基数和比例足额补缴党费。开展纪念建党95周年活动,评选表彰10个先进党支部,49名优秀共产党员。组织全体党员参加党章党规测试,制作"党员岗位廉政工作牌",发放佩戴党徽,强化纪律意识、党员意识。

(三)落实为民服务责任,在加强"双联系"中凸显新要求

1.结对共建务实有效。深入开展机关联系基层、干部联系群众"双联系"工作,印发《关于深入推进城乡基层党组织结对共建工作的通知》,聚焦困难地区,优化结对方式,整合结对资源,提升共建水平。聚焦皖北和大别山等贫困地区,采取一个处室单位党支部牵头,相关处室单位党支部协同,多个处室单位联合结对共建一个村级党组织,全厅共结对共建7个村级基层党组织和1个社区党组织。深入开展调查研究、慰问帮扶、志愿服务、政策宣传等活动,实地查看帮扶项目进展情况,帮助共建村加快经济社会发展和加强基层党组织建设。结合开展纪念建党95周年活动,组织党员干部慰问困难党员群众,为共建村党支部讲党课,开展便民利民服务活动。

2.精准扶贫有序推进。召开厅党组会议和定点扶贫工作领导小组专题会议,深入学习贯彻习近平总书记关于坚决打赢脱贫攻坚战的重要指示精神,进一步学习贯彻省委省政府对全省脱贫攻坚工作调度督查座谈会的部署要求,听取厅对口帮扶凤阳县小岗村、颍东区吴寨村和寿县许寺民族村经济社会发展和脱贫攻坚工作情况汇报,加强谋划指导。厅主要负责同志带头赴颍东区调研财政扶贫工作,实地查看指导吴寨村脱贫攻坚工作进展和经济社会发展情况,召开座谈会,传达学习全省脱贫攻坚工作调度督查座谈会精神,研究谋划部署"双包"工作。

3.会商帮联成效明显。完善与省直预算单位会商机制,积极开展与省直预算单位的工作会商。全厅干部职工主动到预算单位上门会商1709次,厅领导带头,为预算部门和单位解决问题,真正把财政的政策制度送到部门、把财政的管理监督送到部门、把财政的支持服务送到部门。健全市县(区)财政帮联制度,开展财政系统帮联工作。厅领导和18个处室单位集中对口帮联市县财政局,对财政重要和疑难问题进行联系指导,一体化推进全省财政工作,提高全省财政系统工作效能。

(四)落实作风效能责任,在建设清廉机关中取得新成效

1.有序推进效能建设。出台《省财政厅进一步加强机关效能建设的意见》《省财政厅工作人员违反效能建设制度处罚暂行规定的通知》,强化制度执行,不断巩固扩大机关效能建设成效。严格执行效能建设"八项制度",常态化开展"四零"服务竞赛活动,优化办事流程,规范办公秩序,提高服务质量。强化厅领导、驻厅纪检组、监督局、人教处、机关党委"五位一体"的走访巡查机制,了解处室单位情况,听取干部群众心声。我厅连续多年在省直机关效能建设考核中位居前列。

2.不断强化作风建设。出台《关于进一步加强公车管理的补充通知》《省财政厅关于建立工作考勤负面清单制度的通知》等多个作风纪律文件,制作省政府"十个严禁"和省财政厅"十二个严禁"廉政提示小卡片发到全厅每位干部职工。认真抓好作风建设监督检查,持续开展常态化的明察暗访,每月至少组织一次明察暗访,通过作风督查,进一步夯实财政干部作风建设。

3.大力加强党风廉政建设。召开全省财政系统反腐倡廉建设工作视频会议,部署反腐倡廉建设工作。厅领导班子成员与38个处室单位签订党风廉政建设责任书,印发《省财政厅党风廉政建设和反腐败工作任务分解表》,分解35项处室单位具体任务,抓好贯彻落实。制定《省财政厅内部控制基本制度(试行)》和8个专项风险内部控制办法,加强内部控制和监督制约。印发《省财政厅关于建立乡镇财政权力清单、责任清单和服务清单制度的指导意见》,率先在全国建立乡镇财政"三个清单"制度。

二、全面落实机关党建工作责任制的思考及建议

从严治党究竟该治什么怎么治,尽管实践中不断探索总结出一些制度规范和工作办法,但从严治党涉及面广、内涵丰富,严格对照中央和省委赋予机关党建工作目标任务和具体内容,还存在差距,主要表现在:一是责任意识有待进一步加强。部分党支部对管党治党的重要性和必要性尚未入脑入心,存

在重业务轻党建思想，党建工作说起来重要、做起来次要、忙起来不要的现象偶有发生。二是责任内容有待进一步明确。有的即便思想上高度重视，但对各自应当履行的责任、工作任务和具体要求并不是很清楚。三是责任监督有待进一步强化。通常情况下由单位自我检查、内部监督，在履责过程中存在着同级监督太软等尴尬局面，督一下抓一下，严一阵松一阵，监督效果不好。四是责任追究有待进一步严格。有的认为处理太严会影响到工作和关系，在实践中还存在软虚的问题。

为此，我们认为，全面落实基层党建工作责任制，关键在于增强责任意识，明确责任任务，强化责任担当，严肃责任追究，始终按照提高党的建设科学化水平要求，研究新情况解决新问题总结新经验，进一步健全完善各项配套制度，努力实现由要我抓向我要抓的思想和行动自觉转变。现提出以下几点对策建议。

（一）注重思想建党，强化责任意识，筑牢落实党建工作责任制的思想基础，着力解决“不愿抓”的问题

1. 增强政治自觉。结合“两学一做”学习教育，深入学习贯彻习近平总书记关于党要管党从严治党的重要战略思想，通过多种形式学习教育和组织引导，不断提高落实党建工作责任制的思想认识，既以新的思想认识推动责任落实，又以责任落实深化思想意识，用思想自觉引领行动自觉，从内心深处把抓党建工作贯穿于一切工作全过程，把落实党建工作责任制作为各级党组织及主要负责人义不容辞的政治责任。

2. 树立强烈的主业主责主动意识。牢记抓好党建是本职、不抓党建是失职、抓不好党建是不称职的责任担当，自觉做到知责、明责、履责、尽责，真正把基层党建工作责任记在心上、扛在肩上、抓在手上，切实改变“口头重视、实际忽视”的问题。

3. 树立正确的政绩观。紧紧围绕业务抓党建，抓好党建促业务，坚决克服把党的建设与业务工作机械割裂甚至对立起来的错误思想，在各项工作具体安排上，坚持党建工作和中心工作一起谋划一起部署一起考核，引导各级党组织书记牢固树立抓好经济发展是政绩，抓好党建是最大政绩的正确政绩观。

（二）明确职责任务，健全责任体系，以敢于担当负责的精神落实主体责任，着力解决“谁来抓”的问题

1. 明确集体责任。紧扣习近平总书记提出“抓党建必须抓责任制，抓责任制必须抓责任人，抓责任人必须抓书记”要求，建立健全各级党组织对本单位党建工作负总责的责任制，必须明确界定各自工作职责，然后再建立责任清单，细化到人量化到岗，用责任层层传导压力。

2. 明确第一责任。党组书记为机关党建工作第一责任人，对机关党建工作负总责，带头参与制定党建专题会议计划，带头部署建立党建工作制度，带头执行并督促指导班子成员履行好分管领域的党建工作职责。

3. 明确具体责任。机关党委书记为机关党建工作的具体负责人，依靠机关党委的集体领导，按照机关党员大会和机关党委的决议，负责主持机关党委的全面工作。机关党委专职副书记协助机关党委书记负责机关党委的日常工作，牵头落实基层党建工作计划，并组织实施，做好过程督促和总结检查。

4. 明确直接责任。各党支部书记为抓基层党建工作的直接责任人，紧扣各自任务分工，切实履行自身职责，统筹抓好基层党建日常业务工作。

5. 明确共同责任。在厅党组的统一领导下，党组成员按照分工负责分管处室和单位的党建工作，党建领导小组成员单位肩负起共同责任人的职责，按照领导小组赋予不同单位党建工作的目标任务，积极配合，通力协作，确定各自职责任务要求和完成标准，以共同负责担当的实际行动保证责任制分工落实。

（三）立足基层实际，突出重点难点，在正视现状中找准关键突破点，着力解决“抓什么”的问题

1. 准确把握基层党建工作的目标任务。十八大提出“全面提高党的建设科学化水平”，是当前和今后一个时期抓党建工作的总体目标要求。十八届六中全会对加强和规范党内政治生活、加强党内监督作了规定，既立足当前又着眼长远，既注重治标又强调治本，是新形势下抓机关党建工作的根本遵循。落实机关党建工作责任制，紧紧围绕中央赋予基层党建工作的目标任务，引导党员干部准确把握基层党建工作责任制具体内容，科学定责明责，从宏观上找准抓党建工作的目标方向，确保履行责任不跑偏不走样。

2. 破解机关党建工作重点难点。贯彻落实十八届六中全会精神，要认真梳理机关党建的重点难点问题。重点是紧紧抓住机关党的思想建设这个核心，着力提升理论素养坚守政治定力；紧紧抓住机关党的组织建设这个基础，着力保持党的先进性纯洁性；紧紧抓住机关党的作风建设这个关键，着力践行“三严三实”；紧紧抓住机关党的廉政建设这个重点，着力增强遵章守纪严于律己意识，严格全面从严管党治党要求。

3. 强化基层党员干部教育。落实基层党建工作责任制，最终还是要通过落实基层党员干部责任来检验和体现，只有抓住最基层的党员干部这个关键的神经末梢，基层党建工作责任制才能真正落地生根。对此，开展以党支部书记、支部委员为重点的学习培训活动，健全专兼职党务干部经常性培训机制，增强党务干部抓党建、带队伍、促发展的责任意识和工作能力。组织评选表彰党员先锋岗、优秀党员，组织在职党员到社区报到为群众服务，开展党员承诺践诺、志愿服务等活动，推动党员发挥先锋模范作用。建立健全党内激励关怀帮扶机制，坚持以人为本，注重人文关怀和心理疏导，加强思想政治工作，及时了解党员需求，帮助解决党员学习、工作和生活中的问题和困难。

（四）明确考核内容，完善考核办法，构建科学考核评价体系，着力解决“抓不实”的问题

1. 明确考核内容。要紧密结合工作实际，根据党建工作的目标任务和细化量化的要求，科学设置考核指标及分值，围绕党的基层组织战斗堡垒作用和党员先锋模范作用发挥的情况，细化年终考核的内容。把涉及党建责任制落实的一些关键性实效指标提炼出来，量化纳入总体考核范畴，将软任务变成硬指标。可以把工作台账作为考核重要依据，以便更直观地评价活动开展效果，促使被考核对象更加重视活动的数量与质量，实现质和量的统一，量化考核。

2. 完善考核办法。坚持把党的建设与业务考核同步安排，“捆绑”式考核，实行双百分制。党建工作责任制考核划分为先进、达标、不达标三个档次；对责任人的考核与之相对应的划分为优秀、称职、不称职三个档次。坚持“形式”和“效果”相统一，既看做了哪些工作，开展了哪些活动；又看工作创新的手段与力度，看这些工作和活动取得的实际效果，尤其是对促进发展所起的作用。注重日常考核与年终考核相结合，平时考核可以结合走访党支部等活动按照当年度党建工作目标考核项目及评分标准组织实施。年终考核结合领导干部述职述廉活动，把落实党建工作责任的情况作为述职的一项重点内容，每年年终向全体党员干部进行述职述廉。

3. 科学运用考核结果。要将考核结果作为对领导班子及其成员工作实绩评定的重要内容，加大党建工作在领导班子和干部综合考核中的权重，作为领导干部选拔任用、培养教育和奖励惩戒的重要依据，作为评选推荐基层党建工作先进单位及考察评价党组织书记素质能力的重要依据，切实做到述职述党建、评议评党建、考核考党建、任用干部看党建。

4. 从严从实追责问责。对抓基层党建工作业绩突出的，予以表彰；对抓基层党建工作不力，党员和群众测评结果较差的，予以通报批评，限期整改；对不认真履行职责，造成不良影响和严重后果的，依据有关规定追究领导班子和相关责任人责任。使“想干事的有舞台，干成事的有地位，干不好的有压力”，形成良好的激励竞争机制。

课题组组长：罗建国
课题组副组长：朱长才
课题组成员：鲍习生　花传泉　曹自云　赵一村
执笔：花传泉

财政支持“三去一降一补”研究

——基于我省去产能和降成本的视角

随着国际国内形势的重大变化，中国以往依靠低劳动成本、低土地成本、低资金成本等要素投入的低水平数量型规模扩张助推经济快速增长的“要素红利”时代已经不再存在。中国经济进入新常态，左右经济运行的不仅来自于需求侧，更来自于供给侧；经济增速回落不仅是周期性因素作用，更多是结构性因素。供给侧结构性改革的根本目的是提高供给质量满足需求，主攻方向是减少无效供给，扩大有效供给。供给侧结构性改革是今后一个重要任务，主要是三个方面：一是化解过剩产能，二是传统产业的转型升级，三是新兴产业的支持和培育。2015 年中央经济工作会议明确提出，2016 年供给侧结构性改

革五大任务是抓好去产能、去库存、去杠杆、降成本、补短板,即“三去一降一补”。

一、去产能是“三去一降一补”的首要任务

(一)去产能是当前经济发展的现实要求

去产能位列“三去一降一补”五大任务首位,凸显其重要性和紧迫性。近年来,在经济周期和投资冲动等多重因素影响下,我国投资率不断提高,各行业产能持续快速扩张。但自2011年下半年以来,国内生产总值和全社会固定资产投资增速逐渐下降(见图1),经济增长速度明显下滑。各种产品的市场需求增长放缓,新一轮产能过剩矛盾凸显。

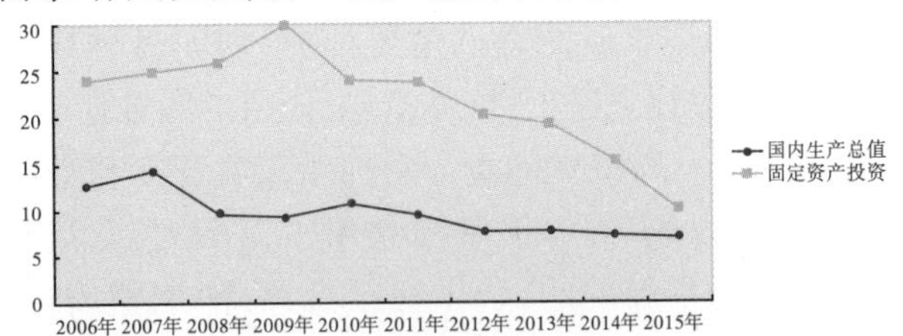

图1:2006—2015年国内生产总值、固定资产投资增长情况(%)①

本轮产能过剩涉及行业广、持续时间长、影响程度深、化解难度大,已经成为当前经济发展中面临的突出问题和主要风险之一。从全国看,据不完全统计,2015年我国钢铁产能已接近12亿吨,但国内粗钢消费量只有7.04亿吨,出口1.12亿吨,产能利用率只有七成。2015年,全国钢铁工业利润总额同比下降60%,钢企主营业务亏损严重。煤炭行业产能超过实际需求量30%,严重过剩②。2015年末,秦皇岛港5500大卡市场动力煤平仓均价370元/吨,已跌至2004年水平,煤炭行业亏损面超过90%③。钢铁行业是国民经济的重要基础性原材料产业,投资拉动作用大、吸纳就业能力强、产业关联度高;煤炭作为我国主体能源,煤炭行业是国民经济基础产业,涉及面广、从业人员多,钢铁和煤炭行业直接关系经济发展和社会稳定大局,在我国经济社会发展中占有特殊的地位。在众多产能过剩行业中,如钢铁、煤炭、有色、建材(含水泥和玻璃等)行业,新一轮去产能工作首先从钢铁煤炭两个行业攻坚。今年2月份出台的《国务院关于钢铁行业化解过剩产能实现脱困发展的意见》(国发〔2016〕6号)和《国务院关于煤炭行业化解过剩产能实现脱困发展的意见》(国发〔2016〕7号)文件,成为未来几年我国推动钢铁煤炭行业脱困升级的行动指南。

(二)我省去产能工作情况

1. 我省钢铁煤炭企业生产经营情况

从2011—2015年我省钢铁煤炭产量与“三煤一钢”企业产量情况可以看出,我省钢铁煤炭产量主要集中于“三煤一钢”四户省属企业(见图2)。

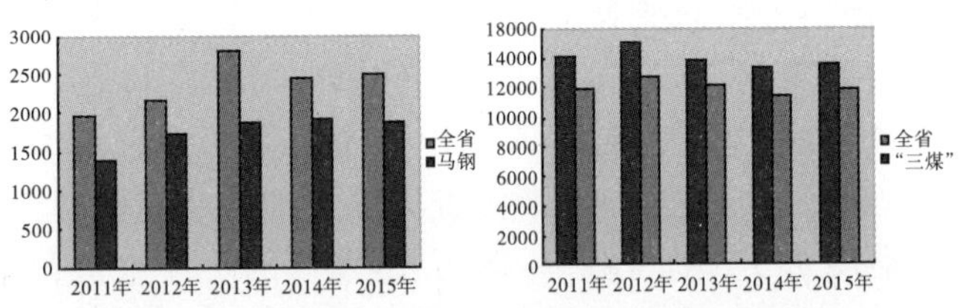

图2:2011—2015年我省粗钢、煤炭产量(万吨)④

在国内投资放缓,国际市场需求疲软的整体背景下,受产能过剩、产品价格断崖式下降、要素成本上升等多重因素的影响,近年来我省钢铁煤炭行业企业经营面临严重困境。据报道,2015年安徽省煤炭行业主营业务收入1111.4亿元,比上年下降11.7%;亏损总额94.4亿元,下降22.7%⑤。根据2011—2015年企业财务会计决算报表数据,2013年煤炭行业结束了“黄金十年”,进入寒冬时期,省属三户煤炭企业在2013后整体上持续亏损;马钢集团在2012年和2015年也经历了巨额亏损,“三煤一钢”四户企业的经营状况趋于艰难(见图3)。

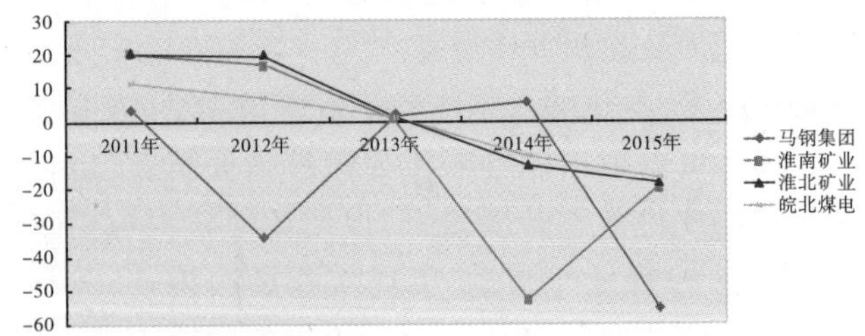

图3:2011—2015年“三煤一钢”四户企业利润变化情况(亿元)

---

①数据来源:来自国家统计局官网。

②数据来源:《钢铁煤炭打响去产能攻坚战》,2016年6月4日《湖北日报》,第2版。

③数据来源:《煤炭去产能打出“组合拳”——解读〈关于煤炭行业化解过剩产能实现脱困发展的意见〉三大看点》,中央政府门户网站,2016年2月5日

④数据来源:全省数据来自安徽省统计局网站,马钢、“三煤”企业数据来自企业快报。

⑤数据来源:安徽省统计局数据。

2. 我省钢铁煤炭去产能政策措施

2016 年 5 月，省委、省政府印发《安徽省扎实推进供给侧结构性改革实施方案》（皖发〔2016〕21 号），提出要围绕调结构，推进去产能，一是处置“僵尸企业”，二是化解过剩产能实现脱困发展，三是深化国资国企改革，四是优化国有资本布局结构，剥离企业办社会功能。6 月，省政府出台《关于在化解钢铁煤炭行业过剩产能中做好职工安置工作的实施意见》（皖政〔2016〕52 号），提出通过鼓励企业挖潜消化一批、落实岗位补贴稳定一批、实施内部退养分流一批、组织岗位对接就业一批、落实扶持政策创业一批、提供援助服务托底一批，稳妥做好职工安置工作。7 月，省政府出台《关于煤炭行业化解过剩产能实现脱困发展的实施意见》（皖政〔2016〕76 号）和《关于钢铁行业化解过剩产能实现脱困发展的实施意见》（皖政〔2016〕77 号），从严控新增产能、化解过剩产能、深化企业改革、推动转型升级等方面指导全省钢铁煤炭行业去产能工作。

3. 我省钢铁煤炭去产能任务目标

2016 年 7 月，省政府出台的钢铁、煤炭行业化解过剩产能实施意见中，明确提出我省去产能任务目标：2016—2020 年，全省压减生铁产能 384 万吨、粗钢产能 506 万吨；分流安置职工约 2.9 万人，力争 2018 年底前完成。2016—2020 年，省属和地方煤炭企业关闭煤矿 21 对，退出煤炭行业过剩产能 3183 万吨/年，分流安置员工 7 万余人。到 2020 年，全省煤矿数量减至 37 对，生产能力控制在 1.1 亿吨/年左右。

表 1　我省去产能任务目标

时间、任务 / 行业	2016—2020 年		2016 年度	
	压减产能	分流安置职工	压减产能	分流安置职工
钢铁行业	压减生铁产能 384 万吨、粗钢产能 506 万吨	分流安置职工约 2.9 万人	化解生铁产能 222 万吨、粗钢产能 314 万吨	分流安置职工 13029 人
煤炭行业	关闭煤矿 21 对，退出煤炭行业过剩产能 3183 万吨/年	分流安置员工 7 万余人	退出煤炭行业过剩产能 967 万吨/年	分流安置员工 23144 人

二、降成本是“三去一降一补”的重要任务

当前交易成本、税费、人工、土地、资金、能源、物流和汇率等企业生产成本的“八高”使得中国以比较优势和后发优势为主的“投资拉动型”和“出口导向型”发展模式难以为继。成本高、利润下降、流动资金紧张等问题严重制约着企业的发展，使得企业增产不增收、增收不增利，企业能力逐年下降，经营压力上升，降低了企业扩大再生产的内生动力，甚至会造成企业入不敷出、经营亏损，甚至破产倒闭。国家统计局发布的数据显示，规模以上工业企业每百元主营业务收入中的成本，2012 年以来一直维持在 85 元左右的高位，2015 年 1—11 月为 85.97 元，同期企业利润率仅为 5.57%。降低生产成本，扩宽盈利空间，是企业的内在需求；减轻企业负担，激发市场活力，是当前经济工作的重要内容。

（一）我省企业生产成本现状

2015 年，我省工业企业百元主营业务收入成本达 87.6 元，比全国高 2 元，比 2011 年末上升 1 元（2015 年在全国百元主营业务收入成本仅上升 0.1 元，而我省上升达 0.5 元）；主营业务收入增速低于主营业务成本增速 0.1 个百分点。在企业营业成本不断上升的影响下，2015 年我省规模以上工业主营业务利润率仅为 4.8%，比中部平均利润率低 0.5%，比全国平均水平低 1%①。

我省企业生产成本高主要受以下五方面影响：一是能源资源消耗大推高成本。我省能源资源消耗性的传统产业占比较大，企业技术水平总体不高，产品附件值较低，能源资源消耗大。二是生产要素价格上升推高成本。当前土地、资金、能源、人工等生产要素价格处于较高水平，助推企业成本上升。三是制度性设置推高成本。市场准入严格、行政审批程序复杂、依附于行政审批的中介服务繁多、公共资源交易成本高，这些都推高了企业成本。四是垄断性经营推高成本。主要是公路、铁路、港口、机场等基础设施服务和水、电、气等垄断性行业产品价格刚性，提高企业成本。五是企业经营管理因素推高成本。部分企业管理不科学、管理创新不足，内部挖潜不够，提高了管理成本和物耗、能耗等成本。企业负债额较大，杠杆率较大，提高了财务成本。

（二）我省降成本政策措施

我省近几年出台了一系列稳增长调结构促升级的政策措施，其中有些内容涉及降成本方面，如建立实施“涉企收费进清单，清单之外无收费”制度，全面推开商事制度改革，开展“三证合一”和“先照后证”登记工作，开展公共资源交易制度改革，建立规则统

①数据来源：省经信委《调研与参考》，2016 年第 2 期。

一、过程透明、程序科学的集中交易平台,实行公共资源集中交易等。

2016年6月,省政府印发《关于降成本减轻实体经济企业负担的实施意见》(皖政〔2016〕54号),从降低制度性交易成本、降低企业人工成本、降低企业税费负担、降低企业财务成本、降低企业用能用地成本、降低企业物流成本等六个方面提出具体要求,切实降低企业生产经营成本。

三、我省财政支持去产能和降成本情况

(一)支持去产能

去产能工作启动以来,省级财政部门认真贯彻落实中央和省委省政府关于去产能工作的重大决策部署,积极配合有关部门,支持钢铁、煤炭行业完成去产能目标任务,稳妥推进职工分流安置,加强去产能职工分流安置资金使用管理的监督检查。

1.财政资金筹措和投入情况

根据我省钢铁、煤炭去产能实施方案,"十三五"期间,我省钢铁煤炭行业共需职工分流安置费用154亿元。财政部门全力支持去产能工作,积极筹措资金,及时拨付资金。第一,财政资金支持力度大。我省去产能职工分流安置资金由中央和省分担50%、市(县)和企业分担50%,主要筹措渠道包括中央财政工业企业结构调整专项奖补资金、省级安排专项奖补资金、统筹全省社保资金、市(县)和企业应承担资金。第二,确保资金及时足额拨付。2016年,省财政已下达中央专项奖补资金109749万元,安排拨付省级奖补资金108774万元,专项用于钢铁煤炭行业化解过剩产能职工分流安置。

2.财政支持去产能措施

第一,完善资金管理制度。省财政先后制定了《专项奖补资金管理细则》《资金共管账户管理暂行办法》《资金管理风险防控预案》《加强资金使用管理的通知》《去产能工作月报》等5项制度。《管理细则》对资金的申请、分配、使用、监督考核等内容进行了规定。中央奖补资金按公平合理、因素分配、目标责任、属地管理原则分配下达。同时明确省级财政安排的化解产能专项奖补资金,比照执行。为有效防控奖补资金使用管理风险,省财政研究制定《安徽省钢铁煤炭行业化解过剩产能职工分流安置资金管理风险防控预案》(财企〔2016〕1303号),确保奖补资金安全、规范和高效使用。此外,省财政厅还制定了《关于建立化解过剩产能工作月报制度的通知》(财企函〔2016〕247号),建立化解产能工作月报制度,及时掌握去产能资金使用情况,并实地督查调研各地资金使用管理工作。

第二,创新管理方式。2016年8月,省财政联合省发改委、经信委、人社厅、国资委等部门共同制定了《安徽省钢铁煤炭行业化解过剩产能职工分流安置资金共管账户管理办法》(财企〔2016〕1180号),要求企业依规自主申请设立化解过剩产能职工分流安置资金共管账户,并会同市(县)发展改革(经济和信息化)、人力资源社会保障、财政部门共同与开户行签订共管账户管理协议,预留共管印鉴,实行专户管理、专账核算、专款专用。目前,"三煤一钢"企业共管账户均已开立,中央、省级奖补资金已拨入到账,相关企业正在确定职工安置方案,编制申报资金用款计划。

第三,注重信息公开。及时向社会公布资金管理细则和资金分配方案,《安徽省工业企业结构调整专项奖补资金管理细则》(财企〔2016〕898号)已在省财政厅网站公布,中央下达和省级配套的专项奖补资金分配结果在省人民政府网站上向全社会进行公示,公示期为30天。

3.去产能取得的成效

2016年度我省钢铁煤炭行业去产能工作取得阶段性成效,具体表现为煤炭和钢铁产量持续下降,省属"三煤一钢"企业生产经营状况逐渐好转。

截至2016年8月底,全省已关停生铁产能222万吨、粗钢产能314万吨,完成进度100%;分流安置职工10659人(其中马钢集团正式职工9090人、劳务派遣工1328人,民营企业241人),完成进度82%。已化解煤炭行业过剩产能548万吨/年,完成年度目标计划的56.7%;分流安置员工16789人,完成年度目标计划的72.5%。

受益于去产能工作的积极推进,在钢铁煤炭产品价格持续小幅回升以及钢铁煤炭企业大力推进降本增效措施等因素的影响下,"三煤一钢"四户企业生产经营情况也趋于好转,减亏成效明显。马钢股份于2016年5月份实现盈利。2016年上半年,淮南矿业集团扭亏为盈,集团实现利润总额1.73亿元,净利润168万元,自2013年以来首次实现营业利润与净利润为正。淮北矿业自5月份实现单月盈利后,8

月份单月实现利润1.1亿元，煤炭主业结束33个月亏损，首次整体扭亏为盈。皖北煤电也于9月份实现单月盈利①。

（二）支持降成本

1. 财政支持降成本措施

省级财政充分发挥财政职能，积极落实国家和省政府一系列降成本的政策措施。根据皖政〔2016〕54号文件精神，结合财政职能，制定《安徽省财政厅关于贯彻落实〈安徽省人民政府关于降成本减轻实体经济企业负担的实施意见〉的通知》，全力支持降成本工作。

一是降低企业税费负担。5月1日后全面推开营改增试点，将建筑业、房地产业、金融业和生活服务业纳入营改增试点范围。2015—2017年，对符合条件的小微企业，免征教育费附加、地方教育附加、水利建设基金和文化事业建设费。对皖北地区上一年度亩均缴纳税收5万元，其他地区缴纳8万元以上的工业企业，按当地最低标准征收土地使用税，市、县原定奖励等政策继续执行。二是降低企业融资成本。省财政自2013年连续4年，每年安排11亿元资金，用于充实县（市、区）符合条件的政策性融资担保机构国有资本金。自2016年每年安排3亿元，建立省级融资担保风险补偿专项基金。推进“4321政银担风险分担机制”和“税融通”业务，要求国有融资担保机构2016—2018年在办理贷款担保时，贷款担保费率不超过1.2%。省担保集团暂免收市县融资担保机构的中小微企业再担保费。三是降低企业社会保障性支出。2016年5月，省人社厅、财政厅联合发布《关于阶段性降低社会保险费率的通知》，规定自2016年5月1日至2018年4月30日止，企业职工基本养老保险单位缴费比例从20%降至19%；失业保险总费率由现行的2%降至1.5%，其中单位费率由1.5%降至1%。

2. 降成本取得的成效

我省全面落实降低企业成本各项措施，成效显著。年降低企业成本900亿元左右，可降低企业成本2.7%左右。1—9月份，全省通过减、免、缓、抵落实各项税费优惠政策，共计约减轻企业负担699亿元，其中减轻企业流动资金负担24亿元。截至9月底，全省实施援企稳岗政策，发放就业岗位、技能培训、职业介绍等补贴4.48亿元；累计缓缴社会保险24.14亿元。降低养老和失业两项保险费率，预计当年可减轻企业负担16亿元左右。目前，省级涉企收费项目已减至154项（行政事业性收费56项、政府性基金18项、行政审批前置服务收费71项。政府性保证金9项），省级项目只剩一项，每年进一步减轻企业负担约19亿元②。

四、去产能和降成本需要关注的问题

（一）企业债务高，财务风险大

产能过剩行业的债务处理有着盈利能力差（平均资产净收益率为1.9%）和负债率高（负债率平均达到67%）的两大劣势。在去产能过程中，需要特别注意企业的债务风险，债务问题的处置直接关系到企业正常经营以及脱困发展的成效。

我省钢铁煤炭行业企业资产负债率相对偏高，尤其是煤炭企业资产负债率普遍超过70%（见表2）。2015年企业财务会计决算报表数据显示，截至2015年末，“三煤一钢”四户企业共存在长期借款527.16亿元、应付债券373.88亿元。据初步测算，省属钢铁煤炭企业退出产能涉及的负债总额约198.3亿元③。

表2 截至2015年末“三煤一钢”企业资产负债率

企业名称	马钢集团	淮南矿业	淮北矿业	皖北煤电
资产负债率	67%	83%	76%	73%

（二）劳动生产率低，企业竞争力弱

随着企业大力推行降本增效措施，我省“三煤一钢”企业实物劳动生产率明显提高（见图4），但仍普遍低于全国同行业平均水平。据2014年钢铁协会统计的107家钢铁企业数据，2014年共生产粗钢5.64亿吨，年平均在岗职工163.62万人，人均年产钢约344.7吨④，而马钢集团2014年人均产钢约306吨。

①数据来源：来自企业快报系统数据。

②数据来源：省减轻企业负担政策宣传周新闻发布会材料，2016年10月24日。

③数据来源：省国资委《省属钢铁煤炭企业围绕去产能》，2016年3月。

④数据来源：《钢铁：劳动生产率是钢企保生存的关键》，2016年1月7日《中国冶金报》。

如果按照2015年中国煤炭产量37.5亿吨,煤炭行业从业人员600万来计算的话,中国煤炭行业人均年产量为630吨①。我省除淮南矿业外,其余两户煤炭企业人均年产量均低于行业平均水平。

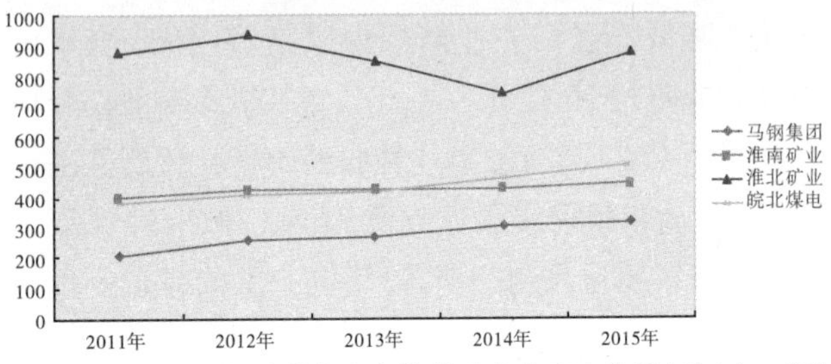

图4:近5年"三煤一钢"企业实物劳动生产率变化图(吨/人·年)

(三)人员安置难度大,存在社会风险

钢铁煤炭行业是传统的就业大户,以我省省属四户钢铁煤炭企业来看,截至2015末,马钢集团共有从业人员56374人,淮南矿业共有从业人员11.07万人,淮北矿业共有从业人员8.2万人,皖北煤电共有从业人员4.35万人②。随着去产能的启动,这些行业的隐形失业人口将显性化,职工安置难度大。

去产能工作可能引发以下间接性失业风险及下岗转岗所引起的社会风险,需要加以关注:第一,考虑产能过剩行业的上下游关联行业由此受到的影响与冲击,造成的间接性失业规模还可能进一步扩大;第二,从职工安置年龄结构上看,此轮安置的钢铁煤炭行业从业者年龄偏大,重新转岗和接受再就业培训的难度相对较大。

(四)企业生产方式落后,转型升级难

省内中小企业主要集中在传统产业,如建材、初级农产品加工业等,是典型的高投入、低产出的生产模式,万元工业增加值二氧化硫排放量、万元工业增加值废水排放量均高出全国平均水平。根据省国税局调研,2015年全省重点税源备案登记高新技术企业492户,占比仅18%。研发费用支出40亿元,占企业总成本比重仅0.2%,有研发费用支出的企业241户,覆盖率仅8.9%。低附加值生产方式仅依靠降成本为企业生产经营带来的效益有限,需要加大技术创新,加快企业转型升级速度。

五、下一步政策建议

推进去产能和降成本工作,要坚持政府推动、充分发挥企业的主体作用,降低企业生产经营成本和资产负债率,提高全员劳动生产率和企业盈利能力,进一步增强企业的市场竞争力和抗风险能力。

(一)谨慎实施债转股,降低去产能企业负债率

2016年10月10日,国务院发布了《关于积极稳妥降低企业杠杆率的意见》(国发〔2016〕54号),提出有序开展市场化银行债券转股权,为去产能企业实施债权股提供了政策依据。

现行的不良资产处置政策是允许债券银行打包转让不良债券,现在新的政策进一步允许以债转股为目的转让单笔债权,提高债权转让的便捷度,促进通过债转股降低企业杠杆率。要落实金融机构呆账核销的财税政策,以及金融机构加大抵债资产处置力度的财税支持政策,在实施过程中特别注意防范隔离风险,防止非金融企业风险向金融企业转移。

(二)引导企业提质增效,提高盈利水平

鼓励企业加强技术改造,增强企业创新能力。引导企业加强技术改造与升级,支持企业采用新技术、新工艺、新设备提高生产效率,将技术改造项目纳入税收、贷款等优惠范围。加快落实"三供一业"分离移交,推进厂办大集体改革,促进企业减轻负担、轻装上阵、集中资源做强主业,公平参与市场竞争。引导企业完善现代企业制度,形成科学高效的企业治理体系,加强内部管理、深挖内潜,降低生产经营成本,提高劳动生产率。

(三)鼓励企业直接融资,降低融资成本

鼓励符合条件的企业在主板、中小板、创业板、"新三板"、以及省区域性股权交易市场上市(挂牌),继续实施奖补政策,拓宽企业直接融资渠道。鼓励符合条件的企业通过发行债券进行融资,优化资金结构,降低融资成本。进 ·步推进"4321政银担风险分担机制"和"税融通"业务,落实相关优惠政策。

(四)强化创新引领作用,加快产业技术升级

一是政府层面要做好体制机制建设,着重强调创新战略的重要性,从实施路径角度尽快制定和完善有利于科技发展的各项政策制度。二是以市场需

①数据来源:《彭博:中国煤炭工人人均煤炭产量不到美国6%》,中国煤炭新闻网,2016年3月23日。

②数据来源:省国资委《省属钢铁煤炭企业围绕去产能》,2016年3月。

求为导向、以社会力量为基础,降低企业创新成本,鼓励企业集中力量进行高端研发创新。三是鼓励各类社会资本入资政府投资基金或设立天使、创业投资等股权投资基金,支持创新企业成长。

(五)加大省属企业兼并重组力度,提升竞争力

2015年3月,省政府印发《关于进一步优化企业兼并重组市场环境的实施意见》,提出体制机制进一步完善、市场环境不断优化、产业组织结构进一步优化的主要目标。优化国有资本配置,加快从缺乏竞争优势的非主业领域及一般产业的低端环节退出。加快推进企业兼并重组,有助于加快淘汰落后产能,提高产业集中度,优化产业布局,进一步提高行业地位,提高核心竞争力。

当前和今后一个时期,财政部门将继续按照中央和省委、省政府的部署要求,坚定不移地支持供给侧结构性改革,突出去产能和降成本两项重点任务,加大资金保障和管理力度,积极配合有关部门和地区,统筹推进各项工作,全力支持打好"三去一降一补"攻坚战。

课题组组长:吴天宏

课题组成员:汪代启　解亚平　宋先贵　谢文革　关　勇　郭茜茹

支持精准脱贫的财政政策、资金使用研究

脱贫攻坚是当前党和政府的一项中心工作,中央《关于打赢脱贫攻坚战的决定》中明确指出,发挥政府投入在扶贫开发中的主体和主导作用,积极开辟扶贫开发新的资金渠道,确保政府扶贫投入力度与脱贫攻坚任务相适应。为深入贯彻中央脱贫攻坚决策部署,推进财政扶贫政策、资金更加精准高效,本文以我省"十二五"财政扶贫工作情况为基础,结合脱贫攻坚新形势、新任务,对支持精准脱贫的财政政策、资金使用进行专题研究,提出今后时期加强和改进财政扶贫工作的对策建议。

一、投入情况

据统计,"十二五"期间,安徽省共投入财政专项扶贫资金89.5亿元,其中中央资金67.4亿元,省级10亿元,市县12.1亿元。具体如下(见图1)。

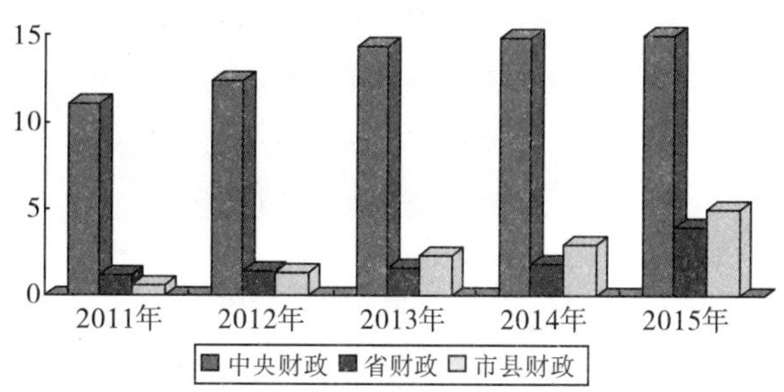

图1　2011—2015年全省财政专项扶贫资金投入统计表　单位:亿元

表1　2011—2015年全省财政专项扶贫资金投入统计表　(单位:亿元)

级次	2011年	2012年	2013年	2014年	2015年	合计
合计	12.8	15.1	18.2	19.5	23.9	89.5
中央	11	12.4	14.3	14.8	14.9	67.4
省级	1.2	1.4	1.6	1.8	4	10
市县	0.6	1.3	2.3	2.9	5	12.1

——从投入增速来看,2011—2015年,全省财政扶贫专项资金年均增加2.84亿元,年均增长16.3%;比近五年全省财政总收入年均增速15.3%,高出1个百分点,扶贫资金投入呈现总量持续增加,增幅逐步提高的特点(见图2)。

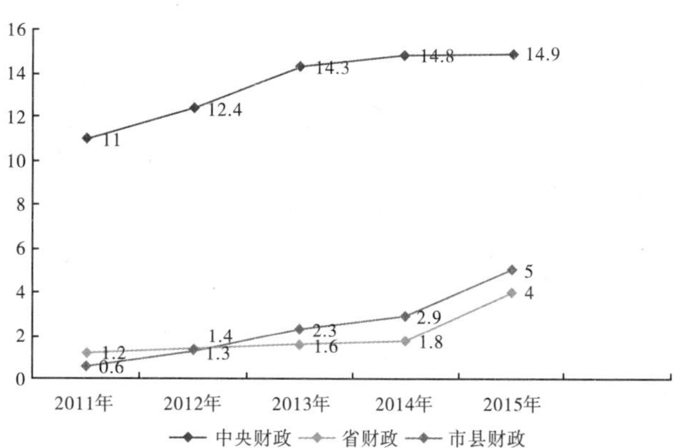

图2　2011—2015年全省财政专项扶贫资金增幅统计表(%)

——从投入来源来看,中央财政投入67.4亿元,占75%;省级财政投入10亿元,占11%;市县财政投入12.1亿元,占比14%,中央、省、市县财政投入占比大体为7.5:1:1.4。表明"十二五"期间省以上扶贫投入是我省扶贫资金最主要来源,市县扶贫投入仍有潜力可挖。(见图3)

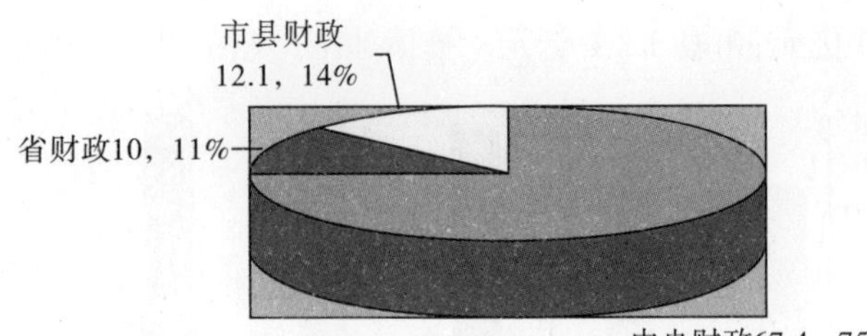

图3 2011—2015年全省财政专项扶贫资金统计表(分级次) 单位:亿元

二、主要做法及取得成效

(一)主要做法

"十二五"时期是实施《中国农村扶贫开发纲要(2011—2020年)》的关键时期。在中央和省委、省政府的领导下,全省各级财政部门全面贯彻省委、省政府抓金寨促全省扶贫开发的决策部署,以加大投入为基础,以改革创新为主线,以严格管理为保障,大力推进财政扶贫工作。

——坚持加大投入,财政扶贫资金稳定增长。"十二五"期间,全省共投入财政扶贫资金129.5亿元,年均增长26.9%。从2011年起,省财政每年安排8亿元,专项支持皖北和大别山集中连片地区发展。财政扶贫投入持续大幅增加,逐步形成了财政扶贫资金稳定增长机制,为扶贫开发事业的顺利推进提供了坚实的财力保障。

——坚持突出重点,财政投入结构更加优化。一是突出重点区域,坚持将大别山片区和皖北地区作为财政扶贫的主战场,在政策和资金上给予重点支持,加快两区脱贫致富步伐。二是突出重点对象,扶贫重点县将资金的80%以上用于建档立卡贫困村,非重点县要全部用于建档立卡贫困村。三是突出重点项目,重点实施千村整推工程、光伏扶贫、扶贫贴息贷款和信贷扶贫、"雨露计划"、贫困村互助资金试点等重点工程,增强"造血"功能,多渠道增加贫困村集体和贫困户经营性和财产性收入。

——坚持改革创新,资金分配使用更加科学。落实简政放权、放管结合要求,全面推进资金分配机制改革,由过去省级直接确定项目,向市县自主立项分配资金转变。省级原则上只负责合规性审核,将扶贫资金项目审批权限全部下放到县,由县级按照"群众参与、村级申报、乡(镇)审查、县级审批"的程序,自主确定扶贫项目,自主安排使用资金,并报省级备案,赋予贫困县充分自主权,激发贫困县积极性。创新资金使用方式,由过去的单纯直接补助向先建后补、以奖代补、PPP等多元化补助方式转变,发挥资金引导撬动作用。

——坚持绩效管理,财政监管水平不断提升。从源头加强和规范财政专项扶贫资金科学化、精细化管理,实行扶贫资金专户(专账)管理和报账制度,做到专款专用。将扶贫资金作为财政监督检查的重点,自2010年起,每年至少部署开展一次扶贫资金专项检查,及时发现和纠正扶贫资金使用管理中违规违纪问题,堵塞管理漏洞,健全体制机制。在全国率先探索开展乡镇包村干部监管支农资金工作,将扶贫资金作为包村干部监管的重要内容,充分发挥基层一线就地就近监管作用。坚持激励与约束并重,对财政扶贫资金绩效考评的先进县给予扶贫项目资金奖励,进一步促进扶贫任务和责任落实。

(二)取得成效

2011年以来,全省各级财政部门坚决贯彻落实国家和省扶贫开发方针政策,充分发挥财政扶贫资金主导作用,加大资金投入,完善政策措施,有力地促进了贫困地区经济社会发展,为我省扶贫开发事业的持续有效推进发挥了积极作用。

——贫困人口、贫困发生率大幅下降。全省贫困人口由2011年的790.2万人下降到2015年的308.8万人,减少481.4万人,下降60.9%。贫困发生率由14.7%下降到5.72%,减少8.98个百分点(见图4、图5)。

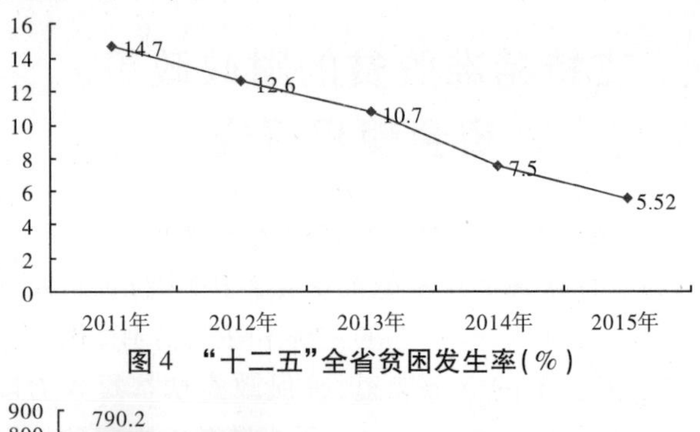

图4 "十二五"全省贫困发生率(%)

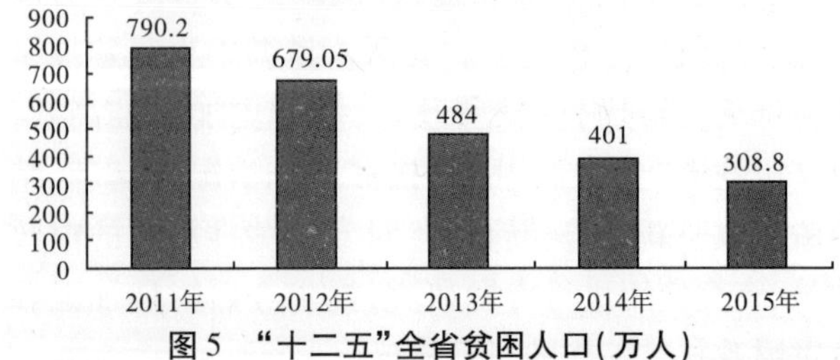

图5 "十二五"全省贫困人口(万人)

——农民收入持续较快增长。通过重点扶贫项目的连续实施,增加了农民的经营性和财产性收入,有力促进了贫困地区群众增收致富。2015年,全省

20个国家扶贫开发工作重点县和连片特困地区县(以下简称国家级贫困县)农民人均可支配收入达8951.6元,比2011年的5196元增加3755.6元,增长72.3%,年均增幅达14.9%,高于全省平均水平1.5个百分点(见图6)。

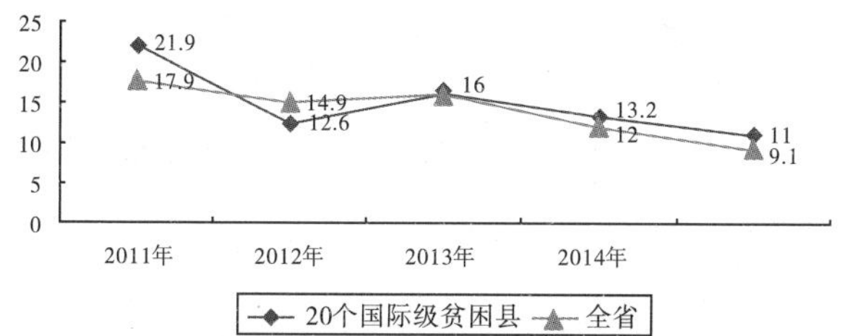

图6 "十二五"农民人均可支配收入变化表

——生产生活条件明显改善。贫困地区通公路的自然村比重从2010年的76.97%提高到2015年的90.7%,饮水困难比例由30.24%下降到4.6%,通生产用电的自然村比重由98.5%提高到100%,通电话的自然村比重由93.6%提高到100%。

——发展后劲不断增强。通过扶贫资金持续投入和带动,激发了贫困地区内生发展动力,贫困地区产业发展水平明显提高,培育出一批农业龙头企业和新型经营主体,特色种养业、乡村旅游业等农业产业发展壮大,在带动贫困群众增收致富方面发挥了重要的作用,贫困地区发展后劲不断增强。

三、存在不足

总体来看,"十二五"期间,财政扶贫资金使用管理取得良好成效,为全省扶贫开发事业提供了有力支持。但面对脱贫攻坚新形势、新任务,仍存在一些薄弱环节和不足,与"大扶贫"的格局还不完全适应。

一是绩效约束体系不完善,资金使用绩效偏低。2016年以来,我省财政专项扶贫投入实现大幅增长,但与我省脱贫任务相比,资金有限仍是制约精准扶贫的重要因素。在当前经济下行、财政收支矛盾趋紧压力下,如何发挥现有扶贫资金最大绩效,解决贫困户最迫切的需求,直接决定精准扶贫的效果。而当前财政改革仍处于攻坚期,财政预算仍处于投入型预算阶段,未实现绩效型预算,不能有效约束资金使用对象。同时,扶贫资金财政评审体系尚未建立,没有形成客观、科学的扶贫资金评审机制,制约资金使用绩效。地方扶贫部门尚未建立统一的扶贫项目库,导致项目错误申报、多头申报、重复申报现象时有发生,造成资金浪费或闲置。部分项目被列入计划后,却又无法实施,只能重新组织项目申报,造成"资金等项目"现象普遍存在,制约资金绩效。基层在安排使用扶贫资金时,"撒胡椒面"、"大水漫灌"的现象仍然存在,对项目科学性和可行性审核把关不够,部分项目形式内容落后陈旧,不符合当前市场环境和贫困户实际需求,也影响了资金使用实效。

二是投融资机制不健全,资金筹集渠道单一。财政资金在精准扶贫、精准脱贫中发挥主导作用,但精准扶贫、精准仅仅靠财政扶贫资金是远不够的,必须充分发挥财政资金的杠杆撬动作用,引导更多金融、社会资本投入脱贫攻坚。为此,财政部创新易地扶贫搬迁融资机制,采取政府购买服务方式,支持各省成立省级投融资主体,通过调整地方政府债务结构、设立专项建设基金、增加中央基建投资申请长期低成本贷款和鼓励、引导群众自筹资金协同融资,较好解决了易地扶贫搬迁筹资难题。然而,对其他脱贫攻坚工程,仍主要依赖财政资金单纯投入,投融资机制仍不健全,引导撬动金融和社会资金的效果不甚理想,制约了精准扶贫政策落实。此外,贫困地区的金融体系相对薄弱,贫困人口信用体系建设缺失,政策性、商业性金融机构出于规避信贷违约的风险目的,在落实金融扶贫政策时,不仅需要财政提取较高风险保障金,且贷款对象、资金规模较小,难以满足贫困户发展生产脱贫需要,扶贫资金的筹集面临压力。

三是支出结构不合理,脱贫效果难以持续。近年来,虽地方扶贫支出规模不断扩大,但主要投向基础设施建设扶贫支出和产业扶贫支出,在实际帮扶工作中存在突击式短期行为,重"输血"轻"造血"现象较为普遍,脱贫效果难以持续。对能解决脱贫成效可持续问题的教育、科技、就业扶贫投入不足,贫困对象更关注的学业、就业创业、技术培训等扶贫支出规模较小,没有做到因户施策、因人施策,精准帮扶缺乏针对性、差异性、灵活性。一些地方资金使用和项目安排虽然瞄准了贫困村、贫困户,但仍停留在政府简单给钱给物,缺乏统一规划和科学谋划,项目安排不合理,创新举措不足,脱贫效果可持续性不强。

四是民生公共服务供给不足,难以满足脱贫需求。我省民生工程实施十年来,民生领域公共服务水平得到大幅提升,但相对于经济较发达地区,我省贫困地区教育、医疗、社保等公共服务水平仍然较低,难以满足贫困户脱贫需求。解决贫困问题的关键在于健康脱贫,阻断"贫困代际传递"的关键在于教育脱贫,解决"空巢"老人、留守儿童、残疾人等无所依靠群体的关键在于社保兜底脱贫。受制于贫困地区公共服务水平低下,医疗卫生、教育、养老、公共文化、法律等公共服务领域的供给水平较低、供给能力不足缺乏,制约精准扶贫、精准脱贫政策落实。

四、政策建议

"十三五"时期,脱贫攻坚进入决战决胜期,也是进入啃硬骨头、攻坚拔寨的冲刺期。党中央、国务院和省委、省政府对脱贫攻坚高度重视,确定了精准扶贫、精准脱贫基本方略,制定出台了系列政策措施,为打赢脱贫攻坚战提供了坚强的政治保障和制度保障。全省财政部门应以习近平总书记扶贫开发系列讲话和视察安徽讲话为指导,深入学习中央十八届六中全会精神和省委第十次党代会精神,坚持精准扶贫、精准脱贫基本方略,全面贯彻落实省委、省政府决策部署,进一步深化财政改革,创新扶贫资金政策机制,完善扶贫资金绩效管理,为打赢脱贫攻坚战提供坚实保障。

(一)构建财政支持脱贫攻坚资金保障机制

要围绕脱贫攻坚"1+20"政策体系,将脱贫攻坚作为今后一段时期财政的中心工作之一,构建财政支持脱贫攻坚综合投入体系,全力支持保障"十大工程"建设。建立专项扶贫资金投入与地方财力增长挂钩机制,大幅提高专项扶贫投入,压实市县投入责任。统筹债务资金、存量资金等各类资金,加大财政投入脱贫攻坚力度,发挥政府专项投入在扶贫开发中的主导和主体作用。落实中央开展贫困县统筹整合使用财政涉农资金试点工作要求,加大财政涉农资金统筹整合力度,将资金和项目审批权限完全下放到贫困县,赋予贫困县统筹整合使用财政涉农资金的自主权,力求扶贫资金投入更加精准高效。完善资金管理机制,建立健全覆盖预算编制、执行、监督、绩效等各环节的管理制度体系,加强资金审核管理,严格资金监管,确保资金公开透明、规范使用。

(二)构建科学高效的产业扶贫支持机制

产业扶贫作为开发式扶贫的核心内容,是实现稳定持续脱贫的重要途径。要处理好政府与市场、发展与扶贫、整体与重点、短期与长期的关系,坚持走集约化、专业化、规模化道路,打造有效益、可持续的农业产业链。政府要减少对微观生产经营环节的过度干预,重点在体制机制、科技研发、基础设施、信贷金融等方面提供支持。要推进财政资金定额化、标准化建设,着力支持农村土地确权登记、农村"两权"抵押贷款、农田水利综合改革、美丽乡村建设、国有林场改革等重点任务,改善农业农村生产生活条件,激活农村闲置资源,激发贫困户脱贫致富的内生动力,通过土地流转、发展生产、劳务就业、创造公益性岗位等,多渠道带动贫困户增收。

(三)建立扶贫资金绩效评估约束机制

财政扶贫资金必须实行到户到人帮扶,坚持特惠政策用于特定对象、资金直接帮扶到户、农户直接受益的要求,从根本上变"大水漫灌"为"精准滴灌"。为此,要健全扶贫资金绩效约束机制,开展事前、事中、事后全过程绩效监督,防止扶贫资金"跑冒滴漏",确保每一笔扶贫资金都落到贫困群众身上。要建立健全监测评估机制,把监测评估作为推进脱贫进程、提高资金实效的重要方法,对所有建档立卡贫困户脱贫现状,特别是政策、项目、资金的落实情况进行逐一评估,实现全覆盖。要引入竞争机制,对形式陈旧、效率较低、成效不明显的扶贫项目减少安排资金,对创新性较强、撬动带动作用明显的扶贫项目予以重点支持。

(四)创新扶贫资金财政投融资机制

要以财政性资金为引导,创新财政投融资体制机制,积极探索股权投资、产业基金等新模式,带动工商和社会资本投向贫困地区。学习借鉴贵州做法,整合扶持贫困地区发展的各项专项资金、基金,成立统一运作管理的脱贫攻坚投资基金,以企业为载体,以市场化运作为主要方式,采取PPP、股权投资等方式,充分释放贫困地区的人力和资源优势,支持贫困地区基础设施建设和产业发展。深入推进金融保险扶贫,支持贫困地区优先建立完善农业信贷担保机构,为贫困地区农业产业发展提供融资担保支持。学习借鉴甘肃经验,完善扶贫小额信贷政策,降低贫困户贷款成本,简化贷款流程。完善农业保险制度,扩大政策性保险覆盖品种,推广补充性商业保险,提高防风险能力。

(五)落实精准可持续的防范返贫机制

防范返贫是扶真贫、真扶贫的重要内容,是精准扶贫的重要组成。要进一步加大教育扶贫工作力度,切实阻断贫困"代际传递",公共教育支出要继续增大向贫困地区的倾斜力度,改善贫困地区学校办学条件,推进远程教育、网络教育,扩大优质教育资源覆盖面,提高贫困地区学前教育、基础教育质量。落实免除贫困家庭学生普通高中、中等职业教育的学杂费政策,支持贫困地区中等职业学校发展完善职业教育专业设置,提升职业教育的吸引力、针对性。提高贫困地区教师待遇政策,解决师资外流和师资短缺状况。统筹整合各类社会助学捐款,设立教育扶贫基金,为贫困学生提供必要而稳定的学业保障。实施好科技和就业脱贫工程,加强与科研院所、高等院校合作,支持各类高校科研人员、技术人员参与到贫困地区发展中来,送理念下乡、送科技下乡,支持贫困地区就业培训基地建设、技能培训、新品种及新技术推广,增强贫困户创业能力与致富本领。建立贫困户脱贫脱贫跟踪回访制度,对效果定期开展“回头看”,确保脱贫成效经得住时间检验。

(六)探索财政投入直接脱贫增收机制

采取运用市场办法,积极探索大户、合作社、龙头企业带动贫困户的利益联结机制。总结推广光伏扶贫经验,改变分户建立小型光伏电站扶贫模式,积极推行集中建设、收入到户的光伏扶贫模式。将扶贫资金投入设施农业、养殖、光伏、水电、乡村旅游等项目形成的资产,具备条件的可折股量化给贫困村集体和贫困户,明确资产运营方对财政资金形成资产的保值增值责任,建立健全收益分配机制,确保资产收益及时回馈持股贫困村集体和贫困户。积极探索资源变资产、资金变股金、农民变股东的新路径,打破制度藩篱,激活闲置的农村资源,使资产入股、资金入股、土地入股成为农村经济发展常态,增加贫困对象补贴性收入、经营性收入、财产性收入、工资性收入。为贫困户特别是无劳动能力的贫困户实现稳定收入提供保障。

(七)完善政府向社会力量购买公共服务机制

大力推广贫困地区政府向社会力量购买文化、科技、医疗、养老、救助等公共服务,完善政府向社会组织购买扶贫服务的制度体系建设,降低贫困地区公共服务成本,提高公共服务质量,加快健全社会保障体系,兜住兜牢贫困地区居民的生活底线,缓解扶贫地区公共服务供给水平与贫困人口需求之间的矛盾。要落实好健康脱贫有关政策,在新型农村合作医疗、大病保险制度、医疗救助向贫困人口倾斜的基础上,通过政府购买服务,引导鼓励医疗资源向贫困地区倾斜,提高贫困地区医疗卫生公共服务供给,保障贫困人口看病就医需求。大力推广政府购买养老、救助服务,健全贫困地区老人、留守儿童、妇女等的关爱服务体系,扩大养老保险覆盖范围,对贫困地区特殊困难群体参保予以补助,促进贫困地区养老服务、救助服务与贫困户之间的无缝对接。

(八)健全贫困地区财税政策倾斜机制

在脱贫攻坚期内,探索对贫困地区采取特殊财税优惠政策,适当降低(调整)上级政府与贫困县政府之间的财力分成比例,将各类财税政策、资金向贫困地区倾斜。对贫困地区初创企业、劳动密集型产业、特色优势产业等,在财政政策上加大扶持,税费政策上予以倾斜,带动其经济发展。对创造就业岗位较多、雇用贫困人口达到相当数量的企业,适当减免部分税种征收,激发企业扶贫积极性。充分发挥政策性担保机构功能,降低担保费率,提高担保额度,加大对贫困地区中小企业创业初期的融资支持。进一步放宽贫困地区小微企业税收标准,降低贫困地区涉农、民生类小微企业优惠享受门槛,延长税收优惠期限;大力鼓励贫困地区大众创业、万众创新,对种子期、初创期科技型中小企业予以税收减免,实现贫困地区区域发展与扶贫开发协调推进。

课题组组长:孟照红
课题组副组长:陈维光　左磊明　王知国
课题组成员:刘建军　祁　帅

省内跨区域流域上下游横向生态补偿机制试点研究

党的十八届三中全会提出:要实行资源有偿使用制度和生态补偿制度。坚持谁受益、谁补偿原则,完善对重点生态功能区的生态补偿机制,推动地区间建立横向生态补偿制度。2016 年,国务院印发《关于健全生态保护补偿机制的意见》(国办发〔2016〕31号)中进一步明确:鼓励受益地区与保护生态地区、流域下游与上游通过资金补偿、对口协作、产业转移、人才培训、共建园区等方式建立横向补偿关系。为落实国家建立横向生态补偿机制要求,省财政在继续推进新安江流域上下游横向生态补偿,巩固完善大别山区水环境生态补偿的基础上,积极研究探索省内跨区域上下游横向生态补偿试点,通过水质考核和资金补偿,进一步加快推进生态文明建设,促进各地树立绿色发展理念。

一、我省生态补偿机制建设情况

近几年来,国家以及一些省、直辖市(自治区)陆续开展了流域上下游横向生态补偿的探索和试点。

皖浙两省在全国首创新安江流域上下游横向补偿试点，汀江—韩江流域、九洲江流域也在国家支持下建立了跨省界水环境生态补偿机制。同时，浙江、江苏、江西、福建、山东、河南等20多个省(直辖市、自治区)出台了辖区内跨市(县、区)界断面水质考核及生态补偿的实施办法以及相关配套政策措施。我省在新安江流域生态补偿试点的基础上，于2014年实施了大别山区水环境生态补偿，进一步落实了地方政府对本行政区域水环境质量负责的职责，有力地促进了水环境质量的改善，取得一定的成效。

(一)新安江流域上下游横向生态补偿实施情况

在财政部、环保部的推动下，2012年新安江生态补偿机制试点正式实施。试点以来，中央及皖浙两省财政累计投入补偿资金29.3亿元，带动试点项目投资90.4亿元，全流域综合治理投入达501.1亿元，补偿资金“种子效应”得到充分发挥，生态补偿政策效益显著。一是狠抓项目治理。围绕生态保护、污染防治等12个方面，突出重要区域和关键节点，加大综合治理力度。在推进农村面源污染防治方面，全面建立“组收集、村集中、乡镇处置”的垃圾处理体系，实施79个规模养殖场污染整治，完成流域网箱退养6379只，完成农村改水改厕23万户。在推进城镇垃圾和污水治理方面，实施15个城镇生活污水和垃圾处理工程，对新安江102个入河排放口进行截污改造，常态化开展禁磷专项执法检查。在推进工业点源污染防治方面，加快黄山循环经济园区建设，实现供热、脱盐、治污“三集中”，建成污水处理管网128公里。在推进重点河道综合治理和生态修复方面，推进新安江上游16条主要河道59个项目综合整治，整治河道94.1公里，对125个河道采砂场进行规范清理，建成生态公益林531.2万亩。二是严格环保准入。黄山市在经济发展中坚持“三个围绕、一个不上”，即围绕旅游商品开发、山区资源开发、高新技术开发办工业，污染环境项目不上一个，严把项目“准入关”。近年来，否定环境污染外来投资项目180个，投资规模达180亿元；累计关停淘汰污染企业170多家，整体搬迁工业企业90多家。三是加强规划控制和联防联控。编制《安徽省新安江流域水资源与生态环境保护综合规划》，修订完善新一轮补偿实施方案，对重要地段、关键节点和生态敏感区域实行单元控制，精准治理。建立完善皖浙两省联合监测、汛期联合打捞、联合执法、应急联动等横向联动工作机制，加强两地交流与合作。截至2015年底，皖浙两省共开展48次联合监测，监测结果得到双方认可。四是强化立体保护和全民保护。2011年起，对黄山市不再以GDP为主要考核指标，同时，加快推进新安江流域重点生态功能区建设。加大宣传力度，提高人民群众对生态保护的知晓度。社会民意调查显示，生态补偿试点政策知晓率为95.69%，政策满意度为86.65%。五是创新生态补偿投融资机制。按照“政府引导、市场推进、社会参与”的原则，多渠道解决资金投入问题，将补偿资金主要投入黄山市投融资平台，提高补偿资金放大效应，与国开行签订200亿元新安江综合治理融资战略协议。同时，积极与中节能等公司合作，探索采取PPP模式支持水污染防治。

(二)大别山区水环境生态补偿机制实施情况

为支持大别山区水环境生态保护，省委省政府于2014年启动大别山区跨市流域水环境生态补偿。每年设立补偿资金2亿元，以淠河总干渠罗管闸为跨市界考核断面，以断面监测水质情况确定流域上下游补偿责任主体及补偿对象，补偿资金专项用于涵养水源、水环境综合整治等水环境保护和水污染防治方面支出。大别山生态补偿制度启动实施以来，六安市高度重视补偿机制建设运行，项目实施平稳有序，取得良好生态效益。一是领导重视，整体谋划。根据生态补偿工作要求，六安市成立了大别山区水环境生态补偿工作领导小组，市政府主要领导任组长，分管市长任副组长，市财政、环保、水利、发改、淠史杭管理总局等部门及相关县区为成员。办公室设在市环保局，负责具体协调、指导、项目管理等工作。先后出台了《六安市大别山区水环境生态补偿实施方案》《六安市大别山区水环境生态补偿资金管理暂行办法》。对淠河总干渠六安沿线及其上游进行实际踏勘、调研，初步建立了生态补偿资金项目库，共118个项目，计划投资15.72亿元，涉及农村面源污染防治、点源污染治理、生态修复、园区及城乡污水治理、环保能力建设等多个方面。同时，委托国家环科院编制了《淠河总干渠饮用水源地环境保护方案》。二是分类实施，稳中求进。结合项目实施特点和成效，采取分类申报、分类实施的原则，将项目库内项目按照能力建设与管理措施类、鼓励县区政府和企业投资类以及政府和社会资本合作类三大类别，依据生态目标任务轻重缓急和前期生态补偿工作开展情况,制定实施方案。经市政府批准,分类实施第一批大别山区水环境生态补偿补助资金项目37个,下达县区财政补助资金17554万元,谋划筛选第二批大别山区水环境生态补偿45个项目(总投资2.05亿元)。同时,启动了第三批大别山区水环境生态补偿资金项目谋划工作。截至目前,第一批37个项目中有6个项目建成运行,27个项目在建,4个项目完成招投标工作。三是加强监测,严格考核。六安市设置东淠河霍山县出境、西淠河金寨县出境、裕安区进入主城区一水厂处和杭淠干渠金安区出境处,分别作为霍山、金寨、裕安和金安的出水水质考核断面,对4个断面开展水质每月一监测,考核结果一月一通报。同时,将生态补偿考核断面水质考核结果纳入2016年度环境保护目标责任考核。2016年1—5月份,罗管闸省级考核断面四项考核因子监测平均浓度分别为:高锰酸盐指数2.62mg/L、氨氮0.167mg/L、总氮1.055mg/L、总磷0.022mg/L,累计平均生态补偿指数为0.869,达到年度考评要求。与去年同期相比,氨氮下降21.8%,总氮下降1.1%,累计平均生态补偿指数下降6.4%。与2015年相比,罗管闸水质进一步改善,生态补偿工作取得了一定成效。四是强化调度,注重成效。六安市每月对项目进度进行调度分析,把握生态补偿工作总体进度,推动项目早日发挥效益。2016年3月,召开了六安市大别山区水环境生态补偿实施工作调度会,通报了大别山水环境生态补偿实施工作总体开展情况,分析了该项工作存在的主要问题,对下一步工作进行了统筹安排和布置。同时,市政府主要领导查看了裕安区青山乡马堰河区域环境综合整治项目、金安区杭淠干渠截污渠下涵工程等生态补偿项目实施情况,要求各县区将影响水质的因素梳理出来,科学安排项目,建立长效机制,保证实施效果。

二、省内跨区域上下游横向生态补偿机制研究

在实施新安江流域、大别山区域生态补偿基础上,为进一步落实地方各级人民政府对本行政区域水环境治理的管理职责,依法强化水环境目标管理,保持和改善我省水环境质量,省财政厅会同省环保厅本着明确责任、双向补偿、简单易操作的原则,以保护水质为目的,探索研究在全省建立以市县补偿为主、省级财政给予支持的水环境横向生态保护补偿机制。具体政策设计为:

(一)补偿范围

省内区域水环境生态补偿范围为跨市界断面、出省界断面及国家考核断面。其中补偿断面水质目标根据《安徽省水污染防治目标责任书》确定,未列入《安徽省水污染防治目标责任书》的断面,水质目标根据《全国重要江河湖泊水功能区划(2011—2030)》确定。对现状水质不达标的断面,根据达标年限,按逐年等比提高的原则,确定年度目标。

(二)补偿原则

按照“谁超标、谁赔付、谁受益、谁补偿”的原则,实施双向补偿,即在扣除入境断面水质影响后,当出境水质污染赔付因子(选取主要污染物高锰酸盐指数、氨氮、总磷)达不到水质目标时,支付污染赔付金。当断面水质类别(水质常规监测21项指标)优于水质目标类别一个级别或以上时,得到补偿金。

(三)补偿方式

生态补偿断面按月监测,并根据监测结果每月计算污染赔付、生态补偿金额。跨市界水质断面由上、下游市之间进行污染赔付和生态补偿,出省境水质断面和国家考核水质断面由责任市与省财政之间进行污染赔付和生态补偿。

(四)补偿标准

主要根据水质情况进行补偿,一是污染赔付补偿资金,由该断面总磷、氨氮、高锰酸盐指数情况进行多因子加和计算,并与水质目标值(参照国家与我省签订的目标责任书确定,其他断面赔付因子目标值按照水功能区确定的目标值进确定。对现状水质不达标的断面,根据达标年限,按逐年等比提高的原则,确定年度目标)进行比对。污染赔付金上缴标准暂定为:断面水质某个因子指标值超过水质目标标准限值0.5倍及以下,上游城市赔付固定金额,超标倍数每递增0.5倍以内(含0.5倍),污染赔付金相应增加一倍,单因子指标污染赔付金每月设置缴纳上限。二是补偿金,对上游出境断面水质优于目标水质一个类别的,下游市每次补偿上游市固定金额;优于目标水质两个类别及以上的,下游市每次补偿上游市固定金额。对发生跨界污染事件造成渔业损失的,除渔业损失赔偿外,另向下游市或省财政赔付;若当年产生补偿资金的,下游市不予支付。

(五)补偿资金拨付方式

省环保厅每月计算生态补偿断面当月污染赔付和生态补偿金额,省财政厅根据省环保厅测算的补

偿资金,通过年终结算方式对上下游城市进行横向转移支付、收缴或支付出省境水质断面、国家考核水质断面有关市的生态补偿金。

(六)补偿资金用途

各地收到的污染赔付金、生态补偿金专项用于水污染综合整治、水生态环境保护、监测能力建设等水污染防治相关方面的工作。

三、推进上下游横向生态补偿机制的政策建议

进一步做好上下游横向生态补偿工作,要坚持以“打造生态文明建设安徽样板”为战略目标,坚持绿水青山与金山银山的有机统一,强化上下游“一体化”保护和发展思维,加强协同立法,健全经常性的工作联动机制,建立有利于全流域环境同治、产业共谋、责权明确的共建共享长效机制,基本形成“流域水质保持优良,生态环境全面提升,生态经济高效发展,人与自然和谐共处”的生态文明新局面。

(一)探索实施断面水质横向生态补偿机制。按照“超标赔付、受益补偿”、“横向为主、纵向为辅”的原则,以保护水质为目的,继续推进新安江流域上下游横向生态补偿试点,巩固和完善大别山区水环境生态补偿,探索在全省建立以市县补偿为主、省级财政给予支持的水环境横向生态保护补偿机制。

(二)健全生态补偿长效机制。鼓励上下游进一步强化责任、同向发力、加大投入,创新合作方式和内容,加强在产业、人才、文化、旅游等多方面合作,实现共建共享、互利共赢,建立有利于全流域环境同治、产业共谋、责任共担的共建共享长效机制。同时,积极争取中央财政逐步加大对重点生态功能区的转移支付力度。

(三)完善流域水质保障机制。流域上游地区,要做好水污染防治工作,确保流域水质“稳中趋好”,为下游地区提供优质水资源。进一步推进乡村和河道清洁社会化管理,健全完善常态化运行机制;进一步推进农村面源污染防治,加强农村生活污水治理、规模化畜禽养殖整治、农药化肥集中配送体系建设;进一步推进工业点源污染防治,加大工业园区环保基础设施投入;进一步推进江河源头生态修复,加强流域源头控制和系统治理。

(四)创新补偿资金投入机制。按照“积极创新、市场主导、政府推动”的原则,进一步放大试点资金效应,通过设立绿色发展投资基金、引入PPP模式,吸引社会资本加大对流域生态保护和生态产业项目的投入,逐步完善投融资机制。

课题组组长:孟照红

课题组成员:王召远　张行宇　江　腾

PPP项目实施中的难点与对策研究

一、PPP模式的内涵及特征

我国从上世纪80年代开始引进PPP,国内学术界一直没有准确的、公认的定义,直到财政部下发《关于推广运用政府和社会资本合作模式有关问题的通知》,PPP才有了官方认可的基本定义。财政部将PPP定义为政府部门和社会资本在基础设施及公共服务领域建立的一种长期合作关系。这个定义将私人资本范围放大到社会资本,包括了除本级政府所属的融资平台公司及其他控股国有企业以外的国有企业,而不再是原来的纯私有资本。

从PPP的发展和实践看,PPP模式最早由英国政府于1992年提出,根据英国的相关项目成果,PPP模式下的项目可节省17%的资金;80%的工程项目按期完成,20%未按期完成的,拖延时间最长不超过4个月;80%的工程耗资均在预算之内,20%超预算的是由政府提出调整方案所致。PPP模式在国际上得到了广泛运用,有着丰富的实践案例和经验,良好的PPP具有法律体系健全、管理体系有效、项目评估体系完善、风险分担机制合理、利益分配机制动态等必备要素,项目成功取决于利益分配、风险分担、监督管理、项目融资等核心环节。

PPP形式多样性——基于不同的合作方式

类型	含义	开发风险	经营风险	融资风险	合同期限	风险
服务协议	采购服务		小		1-2年	小
O&M	运营和维护协议		小		3-5年	
DB	设计-建设	小			3-5年	
DBMM	设计-建设-维护	小	小		8-15年	
LDO	租赁-开发-经营	大	大	小	8-15年	
LOM	租赁-经营维护		大		8-15年	
LUOT	租赁-更新=经营-转让		大	小	8-15年	
BLOT	建设-租赁-经营=转让	小	大	小	8-15年	
BTO	建设-转让=运营	小	大	小	20-30年	
PUOT	购买-更新-经营-转让		大	大	20-30年	
BOOT	建设-运营-拥有-经营	大	大	大	20-30年	
DBFM(PF12)	设计-建设-融资-维护	大	大	大	20-30年	
DBFOM	设计-建设-融资-运营维护	大	大	大	20-30年	
BBO	购买-建设-经营	大	大	大	20-30年	
BOO	建设-拥有-经营	大	大	大	20-30年	
PUO	购买-更新-永久经营		大	大	永久	
BOO永久	建设-拥有-永久经营	大	大	大	永久	大

资料来源:世界银行,联合国培训院,王灏,中金公司研究

综合国内外的观点，PPP 模式主要包括以下三方面：一是，PPP 是一种新型的项目融资模式。PPP 融资是以项目为主体的融资活动，是项目融资的一种实现形式，主要根据项目的预期收益、资产以及政府扶持的力度而不是项目投资人或发起人的资信来安排融资。项目经营的直接收益和通过政府扶持所转化的效益是偿还贷款的资金来源，项目公司的资产和政府给予的有限承诺是贷款的安全保障。二是，PPP 融资模式可以使更多的民营资本参与到项目中，以提高效率，降低风险。这也正是现行项目融资模式所鼓励的。政府的公共部门与民营企业以特许权协议为基础进行全程合作，双方共同对项目运行的整个周期负责。三是，PPP 模式可以在一定程度上保证民营资本“有利可图”。私营部门的投资目标是寻求既能够还贷又有投资回报的项目，无利可图的基础设施项目是吸引不到民营资本的投入的。而采取 PPP 模式，政府可以给予私人投资者相应的政策扶持作为补偿，如税收优惠、贷款担保、给予民营企业沿线土地优先开发权等，通过实施这些政策可提高民营资本投资城市轨道交通项目的积极性。

PPP 项目操作流程图

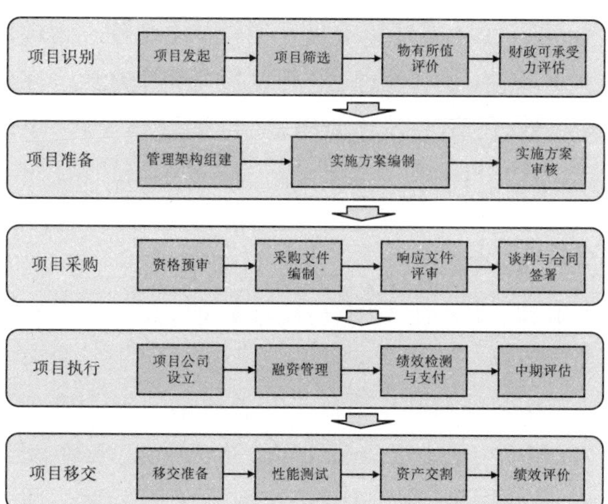

二、目前 PPP 项目发展情况

（一）出台政策方面

自 2014 年以来，PPP 政策密集出台，中央和地方支持政策不断加码。2015 年 5 月 22 日，国务院办公厅发布《关于在公共服务领域推广政府和社会资本合作模式的指导意见》（简称 42 号文），提出：鼓励在能源、交通运输、水利、环境保护等公共服务领域，采用 PPP 模式，吸引社会资本参与，并将推广 PPP 与大众创业、万众创新列为“双引擎”。同年 6 月 1 日起正式施行六个部委发布的《基础设施和公用事业特许经营管理办法》，特许经营/PPP 拥有了目前最高规格的规则。国家陆续制定和出台了许多关于指导和规范 PPP 项目实施的文件和政策，同时正在加大完善政策力度，全力推动 PPP 的发展。

国家出台的部分 PPP 政策文件

年份	文件名称
2014 年	《关于推广运用政府和社会资本合作模式有关问题的通知》
	《国务院关于加强地方政府性债务管理的意见》
	《关于创新重点领域投融资机制鼓励社会资本的指导意见》
	《关于推广运用政府和社会资本合作模式有关问题的通知》
	《关于创新重点领域投融资机制鼓励社会投资的指导意见》
	《关于印发政府和社会资本合作模式操作指南（试行）的通知》
	《关于政府和社会资本合作示范项目实施有关问题的通知》
2015 年	《转发财政部、人民银行、银监会关于妥善解决地方政府融资平台公司在建项目后续融资问题意见的通知》
	《转发财政部、发展改革委、人民银行关于在公共服务领域推广政府和社会资本合作模式指导意见的通知》
	《关于印发推进财政资金统筹使用方案的通知》
	《关于进一步做好城镇棚户区和城乡危房改造及配套基础设施建设有关工作的意见》
	《关于进一步鼓励和扩大社会资本投资建设铁路的实施意见》
	《关于推进城市地下综合管廊建设的指导意见》
	《关于印发〈政府投资基金暂行管理办法〉的通知》
2016 年	《关于促进和规范健康医疗大数据应用发展的指导意见》
	《关于进一步做好民间投资有关工作的通知》
	《关于印发〈政府和社会资本合作项目财政管理暂行办法〉》
	《关于在公共服务领域深入推进政府和社会资本合作工作的通知》
	《关于进一步共同做好政府和社会资本合作（PPP）有关工作的通知》

（二）项目实施方面

1. 全国实施情况

2014 年，财政部公布首批 30 个政府和社会资本合作模式（PPP）示范项目，总投资规模约 1800 亿元。入选的项目涉及轨道交通、供水供暖、污水处理和垃圾处理等多个方面。入围省份中，江苏省以 9 个项目居首；安徽 4 个入围项目排第二；河北、吉林、浙江等省份也有项目入围。

2015 年，财政部发布第二批 PPP 名单 206 个示范项目，总投资 6589 亿元，数量为首批示范项目的近 7 倍，投资金额为首批的近 3.7 倍。项目覆盖范围更广,包括交通、水务、市政、教育、养老、医疗、科技、文化、旅游等多个领域。其中,交通运输行业的单个投资体量最大,如北京市轨道交通十六号线的投资规模高达495亿元。示范项目省级分布不均匀,如河南省共计有41个项目入选,云南有18个项目,其他省份多是个位数,青海、宁夏、新疆等省则只有1个项目。

2016年,财政部等20个部委联合发布第三批PPP示范项目。第三批PPP示范项目共516个,总投资额11708亿元。与前两批相比,项目数量翻倍,投资额增加逾八成。从投资规模看,河北(1704亿元)、云南(1702亿元)、安徽(774亿元)、贵州(529亿元)、山东(495亿元),五省的投资规模占项目总投资额的44.4%。区别于前两批PPP示范项目是由财政部组织的,这批示范项目由财政部联合其他19个行业主管部门共同推进。目前,从第一批和第二批示范项目运行效果分析,主要有以下特点。

(1)项目落地呈加速趋势。PPP项目全生命周期管理包括识别、准备、采购、执行和移交5个阶段。已进入执行阶段的示范项目,2016年一季度后两个月比1月末新增7个签约落地,增长10.6%,二季度比一季度末新增32个,增长43.8%,增速大幅提高,表明示范项目落地呈加速趋势。

(2)项目落地率显著提高。项目落地率,指执行和移交两个阶段项目数之和与准备、采购、执行、移交4个阶段项目数总和的比值。因目前尚无项目进入移交阶段,此次统计口径的调整并不影响与之前公布数据的一致性。处于识别阶段的项目没有纳入落地率计算,主要考虑在这个阶段的项目尚未完成物有所值评价和财政可承受能力论证,只能作为PPP备选项目。按此口径计算,2016年6月末两批示范项目落地率48.4%,比3月末的35.1%增长13.3个百分点。

(3)项目平均落地周期为13.5个月。项目落地周期,指从项目发起到签署PPP项目合同实际花费的时间。目前,105个落地示范项目中,53个项目已录入落地周期信息,落地周期在6个月到43个月之间,平均13.5个月。53个示范项目中,26个市政工程类项目的平均落地周期为12.8个月,5个生态建设类项目平均10.6个月,5个水利类项目平均13.2个月,3个交通运输类项目平均24个月。

(4)非国企参与率超四成。目前,105个落地示范项目中,82个已录入签约社会资本信息,包括54个单家社会资本参与项目和28个联合体(多家社会资本联合参与)项目,签约社会资本共119家,其中民企43家、混合所有制8家、外企3家、国企(国有独资和控股企业,含海外上市国企)65家,民企占比36%,前三类非国企合计占比45%。其中,第一批示范项目13个,社会资本共16家,包括国企8家、民企7家、外企1家;第二批示范项目69个,社会资本共103家,包括国企57家、民企36家、混合所有制8家、外企2家。

(5)市政工程类项目落地独占鳌头。105个落地示范项目中,市政工程类项目54个,占51%;生态建设和环境保护9个,占9%;交通运输8个,占8%;水利建设8个,占8%;其他26个,占24%。各行业示范项目总数与6月末落地数。

2. 我省实施情况

2014年,我省公布了全省第一批42个城市基础设施类PPP项目,项目总投资709亿元,涉及供水、污水、垃圾、城市交通和生态环境这五类。首批PPP项目包括17个城镇生活污水处理设施,3个城镇生活垃圾处理设施,4个城镇供水设施,12个城市交通设施,和6个生态环境项目。项目基本集中在市政公用事业,包括污水处理、生活垃圾处理、供水这三大类。另外,还有生态环境项目,包括森林公园、生态公园、市内公园、湿地公园等。2015年,我省发布了第二批城市基础设施PPP项目清单,项目总数共67个,总投资424.46亿元,涉及城镇地下综合管廊、城镇供水、城镇交通、污水和垃圾处理、城镇生态园林和水环境等。2016年我省向社会推出第三批政府和社会资本合作(PPP)项目。安徽省第三批PPP项目库共234个、总投资2662亿元,涵盖农业、水利、交通设施、公共服务、生态环境、市政设施等领域。项目涉及污水处理等环保项目。

2014年以来,我省在基础设施和公共服务领域积极推广PPP模式,成立PPP工作领导小组,明确职责分工,构建组织体系;印发一系列关于PPP模式的操作指南、指导意见、合同指南等,完善制度体系;对市县政府分管负责人,市、县(区)财政局长,经办人员和中央在皖及省属金融机构负责人,省市部分平台公司负责人进行PPP业务培训,强化能力建设;统筹安排资金,采取"以奖代补"方式对已经确定实施的PPP项目给予补助，加大政策支持；积极申报财政部示范项目，公开向社会发布安徽省第一批示范项目，精心谋划并积极推进项目落地。

省政府先后出台了《关于推行环境污染第三方治理的实施意见》和《关于进一步加快铁路建设的若干意见》，分别在环境公用设施、企业污染治理和铁路等领域引导社会资本参与建设。针对不同类型项目，分类施策。先后总结并编印了《池州市污水处理设施厂网一体模式实施方案》《安庆市城市外环北路PPP项目实施方案》，在全省初步形成了池州市污水处理传统经营项目收费权质押和安庆外环北路纯公益性市政路网政府购买服务等PPP模式。同时，为保障地方政府履约，增强社会资本信心，我省率先在普通国省道干线公路PPP项目上实行财政扣款机制。

根据财政部政府和社会资本合作(PPP)综合信息平台统计，截至9月末，我省纳入财政部PPP综合信息平台管理并对外公开发布的项目155个，入库项目金额1881.01亿元，其中处于执行阶段的项目42个，投资额417.57亿元，落地率为27.10%，高于全国落地率1.10个百分点。项目主要集中在市政工程、交通运输、城镇综合开发、生态建设和环境保护等行业，分别为68个、23个、13个、12个，投资额分别为625.96亿元、473.54亿元、159.98亿元和250.95亿元。从数量上看，靠前的有安庆市29个，阜阳市27个，六安市16个，宣城市14个；投资额前三位的是阜阳市、安庆市、芜湖市，分别为355.26亿元、296.35亿元、285.56亿元。

我省PPP项目入库情况

数据来源：全国PPP综合信息平台项目库

PPP项目的推进和实施为我省及部分地市带来显著的社会效益与经济效益。比如，马鞍山污水项目启动后，当地金融机构给出了优惠的贷款条件，经过公开竞标，最终项目利率比基准利率还低10%。在当前融资难、融资贵问题突出的情况下，这充分显示了示范项目的增信作用。

对于政府而言，通过项目实施，使政府从既当“裁判员”又当“运动员”转变为“监督管理员”。对于企业而言，能够顺利进入到在传统方式下很难进入的领域，拓展了发展空间，激发市场主体活力和发展潜力，盘活了存量资本，增强了社会经济活力。从财政资源配置方面看，从以往单一年度的预算收支管理，逐步转向跨年度、中长期预算平衡管理，符有利于减轻当期财政支出压力，平滑年度间财政支出波动，防范和化解政府性债务风险。

三、PPP项目实施中的难点分析

推广运用PPP模式，是一项长期性工作，涉及面广、情况复杂，不可能一蹴而就，需要反复实践，不断总结反思，才能实现可持续。从目前PPP项目实施情况来看，在取得阶段性成效的同时，也存在一些难点和问题，突出表现在PPP法律制定、政府管理决策能力、企业契约意识和咨询机构专业化等方面。

(一)PPP法律规范层级亟待提升

我国目前制定和实施了一系列有关PPP的政策和文件，但大多数为部门或省级规范性文件，缺少针对PPP的立法。这些调整PPP法律关系的规范性文件往往因为层级低，存在未来发生争议时被否定和推翻的风险。目前我国对PPP模式进行制度规范的主要有国务院有关部门、省级人大和政府发布的部门规章与行政法规。这些规定由于“政出多门”，客观上造成了相关标准不一和规定混乱。如关于特许经营的范围、政府审核的权限、政府和社会资本收益比例等方面各个地方差异很大，直接影响民间资本对于PPP项目的参与热情。如果从PPP协议签订来看，PPP协议一方面反映的是政府部门和社会资本之间平等的民事合同买卖关系，另一方面体现了政府部门对于社会资本参与公共服务监督管理的行政关系，这种包含行政和民事法律关系的合同，理论上争议颇多，在实践中也存在界定不清的现象。

(二)政府部门合作决策能力亟待加强

PPP项目需要提高政府在合作、项目招标、谈判、合同监管和规制及财力等各方面的能力。一是多部门合作的能力。PPP项目中,社会资本通常会和多个政府部门之间建立长期复杂的合同关系,目前PPP项目涉及财政、发改、住建、交通、环保等主管部门,由于在部分领域各自职责分工不清晰,在出台的政策文件中,存在不一致甚至相冲突的地方。如今年财政部和国家发展改革委各自出台了PPP公共服务领域和传统基础设施领域操作细则,如果不明确界定和划分"公共服务"和"基础设施"的界限,会给实际操作带来困难。因为很多基础设施就是提供公共服务,如提供教育和医疗的教学楼和医院大楼,有的基础设施可以跟使用者收费,但很多基础设施不能跟使用者收费。二是政府财政能力。PPP项目运营期间,政府具有足够的财政资金是保障项目成功合作的重要条件,政府对于付费模式以及可行性缺口补助模式必须明确,并要计算出在运营期间每年的付费数额,确保财政支付到位。如英国Fazakeley监狱和Brid-gend监狱PPP项目中,政府曾承诺,在私人部门不能投保商业险的情况下,政府充当承保人。然而,项目在运营过程中,因发生犯人骚乱和暴动,致使商业保险公司不愿为其续保时,政府却无财力兑现承诺,致使私方无法承担大幅提高的监狱运营成本,最终导致了该项目的被迫终止。三是政府的公共管理和决策能力。在PPP项目管理中,政府必须明确职能边界,包括资产的边界及监管的边界,如市场准入监管、价格监管、运营监管等,以效率监管作为有效监管的前提和保证,提高决策能力。决策程序不规范、官僚作风、缺乏PPP项目的运作经验和能力和信息不对称等,容易造成PPP项目决策失误和过程冗长。

(三)合作企业的能力及利益目标亟待明确

在PPP项目的建设过程中,主要的参与合作主体包括政府、社会资本、金融机构和最终用户等,但核心的合作主体是地方政府和合作企业,合作企业的能力及利益目标直接决定着项目的实施效率。一是合作企业诚信履约能力。PPP项目实施中基础设施多为公共物品,要求合作企业具有很强的社会责任感,才能保证社会利益的最大化。因为PPP项目是政府和企业的长期合作,如果合作企业没有较强的社会责任感,就很容易在项目的设计、建造、运营和维护阶段恶意降低成本,导致公共产品(服务)质量的下降,或者需要事后契约的再谈判,这很可能导致PPP项目的中断,影响项目的持续发展。二是合作企业的资金实力及融资能力。基础设施建设投入巨大,只有具备雄厚的财务实力和投资人市场,才能比较容易获得金融支持,满足基础设施PPP项目开工建设的资金需求。例如池州选择污水处理PPP项目,正是因为水务投资人市场已经培育发展起来,这些投资人不仅拥有雄厚的资金实力,而且很多企业已经拥有污水处理厂网一体化的丰富经验。三是合作企业的技术与管理经验。PPP项目核心的特征是体现"专业人做专业事"的市场分工思想,以提高项目的合作效率,而效率的提高来源于社会资本的技术与管理能力,尤其是运营技术与管理能力。因此,合作的企业必须拥有该行业较为先进的技术以及与之相关的管理经验。如池州市污水处理及市政排水设施购买服务PPP项目,中标企业为深圳水务集团,该集团承担着深圳全市的供水业务及原深圳特区内所有污水处理业务,并在全国七个省成功投资运作了十九个水务项目,为全国1800多万人口提供优质、高效的水务服务,在水务管理上丰富的经验成为池州政府与该企业合作的前提。

(四)项目风险的公平分担机制亟待完善

PPP项目的风险关系是关系到项目运行是否成功的关键因素。尽管目前财政部、国家发改委、国开行等都在发力PPP,各地也都在积极推动,但PPP项目的实际落地情况并不乐观。究其原因,项目风险公平分担机制需要进一步完善是重要原因。一是PPP项目多是公益性质较强、持续时间较长的项目,从立项签约到投资取得回报存在一定时滞,社会资本大多不愿意承担时间成本。同时,相较于高企的融资成本,投资收益不具备吸引力。二是政府与社会资本方的风险分担机制不完善。政府方主要诉求是,在政府财政支出最小的前提下,提高公共服务的质量和安全性;社会资本的主要诉求是,在利用自身建设、运营经验的基础上,在尽可能短的年限内收回相应的成本并获得合理回报。政府和企业均希望对方承担更多风险。尤其是政府方面,不少地方政府认为PPP就是政府少花钱,或者不花钱,尽可能多地降低政府风险或财政风险,应尽可能多地将风险转嫁给社会资本方。而PPP之所以是政府与社会资本合作,就是要让风险和收益匹配起来,这样才会有企业愿意承担风险。一味让企业承担风险,收益却没有给予相应考虑,结果企业只能是敬而远之。政企双方责权分配是PPP的核心内容,需要深入研究。三是由于信息不对称,社会资本对PPP存在的众多不确定性及政府信用心存戒备,尤其担心“新官不理旧账”的政府换届风险,进而持观望态度。四是价格管理机制和监管机制不完善。由于价格改革还不到位,在PPP运作过程中不少项目需要政府补贴,而这种价格补贴如测算不到位,对PPP后续推进将带来不利影响。监管机制方面,一方面由于缺乏专业人才、监管经验和信息不对称等原因,对PPP模式下的财务、项目质量等监管不到位;另一方面,政府在PPP推进中的政府采购、招标等行为缺乏必要的监管。

(五)咨询机构的发展亟待规范

在PPP项目中,政府部门和社会资本是两个基本角色,两者力量是不均等的,社会资本参与PPP项目的经验往往很丰富,而国内多数城市政府则缺少这方面的经验,有的还可能是第一次,因此聘请专业的咨询机构可以弥补政府部门在经验和专业知识上的欠缺。但就PPP咨询服务门类而言在我国尚处于初步发展阶段,目前还没有国家相关部门的归口管理,也没有形成统一的行业自律组织,还存在着咨询业务超范围、收费不透明、缺乏政策约束等问题。国家有关部门虽然要求积极引进专业中介提供技术服务,以完善项目设计、优化项目方案,但尚没有给PPP咨询机构资质制定明确的要求,从地方的情况来看,目前各地都在紧锣密鼓地组建地方PPP咨询机构库,但各地划定的“入库门槛”也不尽相同。另外,有些咨询机构出具的PPP实施方案专业性不强,不少是可研报告的再包装;财政承受能力论证及物有所值论证报告更是流于形式,不管一个项目是否适宜做PPP,最后经过测算包装,都能够通过论证,咨询机构的专业性和独立性问题令人担忧。

(六)项目合作契约的完备性亟待深入

PPP项目是一种基于契约的合作,必须通过缔约来建立基本的合作框架,但由于项目合作关系的长期性及经济与政治环境的不确定性,PPP项目契约具有天然的不完全性。而契约不完全会留下毁约隐患,进而会造成投资效率的损失。因此PPP项目的缔约过程在PPP项目实施的整个过程中尤为重要,在缔约过程中出现的各种因素的不确定性对PPP项目效率的影响也是非常重要的。包括缔约前寻找合作伙伴,契约中的权利和机制设计及制度安排、第三方仲裁等。其核心的影响因素有:一是政府寻找合作伙伴的方式。通常政府寻找合作伙伴方式有:公开招标、邀请招标、竞争性磋商等方式。由于PPP项目契约的不完全性,可能导致社会资本的合谋行为和机会主义行为,例如企业会发生策略性竞标行为,造成政府部门支出成本的提高。二是股权结构比例。如果政府部门投资比例过大,会造成社会资本责任弱化,给政府留下风险隐患;反之,如果政府部门不参股,那么可能会导致政府失去对整个项目的主导力量,偏离目标。因此合理的股权结构及明确的剩余控制权分配是契约的最重要的内容。目前,理论界认为公私部门之间的控制权分配是影响合作效率的关键。三是利益分配机制。PPP项目建立的同时,也就意味着一个利益分配格局的形成。由于PPP项目缔约双方的目标不一致,因此必须要建立一个合理的利益分配方案,确保PPP项目合作过程的顺利进行。影响利益分配的主要因素是投入比例,风险分配,努力程度以及政府的监管力度及奖惩机制。由此,明确的PPP项目合同结构和利益分配方式,建立第三方契约监督机构保证契约系统内外责任的有效监督尤为重要。四是双方再协商机制。尽管PPP项目模式较传统模式有很多优点,但是由于PPP项目持续的时间长,双方签订的契约不完全,很难解决项目建设与运营期间内所发生的所有问题。因此PPP项目参与双方进行再协商就显得必然。此外,PPP项目中政府与社会资本的合作不仅仅是经济合作,也是一种社会合作,在PPP项目持续过程中,双方会形成一系列契约之外的行为规范,包括正式的和非正式的,这种由关系的社会化产生的行为规范会对PPP项目最终效率也会产生影响。

四、国外先进经验借鉴

“他山之石可以攻玉”,本课题对我国与英、美、日三国的PPP模式及政府管理方法进行比较研究,试图根据比较结果,结合我国国情,就我国 PPP 政府管理的不足提出一些改进建议。

(一)国外先进经验做法

1. 英国。1979 年,英国保守党撒切尔夫人的政权为了公共支出的减小开始探索 PFI(PrivateFinanceInitiative,私营主导融资)制度,并率先推动吸引私营资本的一系列措施,成为世界上其他国家研究和应用 PPP 模式的典范。英国目前主管 PPP 的代表机构是财政部(HMTreasury),并采用财政部与财政部专设 TaskForce(任务小组)的共同负责和指导 PPP 模式的实施。在法规方面,英国并未出台专门针对 PPP 的法律,指导 PPP 实施的一般是政府的相关政策和指南,但比较细致,例如,在项目模式决策方面,英国采用 PSC(PublicSectorComparators,公共部门比较基准)和 VfM(ValueforMoney,物有所值)的原则选择和评估 PPP 项目。目前,基于 PPP 模式的投资项目已经贯穿英国政府活动的各个领域,包括:交通(公路、铁路、机场、港口)、卫生(医院)、公共安全(监狱)、国防、教育(学校)、公共不动产管理等。如此划分对于 PPP 模式在世界范围内的应用起到了指导作用。

2. 美国。PPP 模式在美国的起步较早,据统计,从 1985 年到 2011 年,美国政府一共资助了 377 个基础设施 PPP 项目的建设,这些项目大多数为 DB 项目,占总数的 67%。他们将建设城市公共设施的项目通过合同承包给私人部门进行,由私人部门进行生产与经营,其产品由政府购买。合同贯穿 PPP 模式施行的整个过程,通过合同来确定利益相关方的权责划分及利益分配,将各方的诉求以清晰的合同条款加以明确,可以减少纷争、简化流程,具有法律保障效力。

3. 日本。日本 PPP 项目起源于 20 世纪末,1999 年,日本政府在基础设施建设领域引入英国 PFI 模式,并出台了 PFI 推进法,选择政府大楼、学校和医院等项目进行试点,以分析制度、管理等方面存在的问题,为此后全面推广积累经验。2001 年日本政府对 PFI 推进法进行了修订,在政府的推动下,从 2000 年开始,日本 PPP 项目的数量和投资规模高速增长,尤其在政府设施、教育、健康医疗和娱乐休闲等方面,PPP 模式得到了较好的发展。日本在实施 PPP 项目中积极发展第三方部门,引入了市场竞争,提高建设城市公共设施的效率,对如何完善发展中介组织有很好的指导意义。同时,其 PFI 法案中的事前风险评价,以及公共部门与私人部门的权则划分,均极大促进了 PPP 模式的成功运用。

(二)经验借鉴

PPP 模式在国外的发展经验为我国基础公共设施等领域的发展提供了清晰的思路,对于公共部门与私人部门合作,供应准公共产品具有重要的借鉴意义。对比这些国家的政府管理,我国应在以下几个方面考虑改进:一是设立专门的 PPP 管理部门,打破多部门混合管理的复杂局面;二是规范化 PPP 项目实施流程,建立以 VfM 为基础的项目评估机制,减少项目决策的盲目性和不科学性;三是法律法规政策的标准化和统一化,加强地方政府规定与中央政策、中央各部委之间的协调一致,包括减少价格、税收、补贴和监管等方面各地不同做法的问题;四是通过建立完善的风险评价体系以及通过合同明确 PPP 项目风险分担比例完善 PPP 风险分担机制;通过创新投资和金融市场工具吸引多方投资者参与 PPP。五是根据发达国家和地区对 PPP 模式应用到公共服务供给中的成功经验来看,政府应制定完善的宣传推广方案,强化 PPP 模式的宣传推广,逐步增强政府的契约意识、实体企业的团结意识和金融机构的创新意识。

五、PPP 项目实施的政策建议

为有效促进 PPP 项目实施,需要从国家行政、法律、财税体制等体制改革的根本层面来改革和创新,充分发挥 PPP 项目实施效果的杠杆作用,支持和引导社会资本增加对相关领域的投资。

(一)建立健全 PPP 法律规范系统

健全的法律制度环境是 PPP 模式赖以生存的基础,也是增强投资者信心、降低项目风险的有效措施。PPP 模式涉及担保、税收、外汇、合同、特许权等诸多方面。要认真清理相关法律法规,系统梳理《政府采购法》《招投标法》《合同法》《公司法》《仲裁法》等法律与 PPP 有关的内容,根据需要进行清理和修改,避免政策出现冲突。要加快 PPP 立法研究与立法工作,由于 PPP 法律规范在 PPP 项目的立项、招投标、签约、运营、收益、政府监管等方面包含复杂的社会法律关系,所以应当运用新的调整方法,这既包括民法中诚信、自愿和平等,也包括行政法中的审批、管理和监督,做到与其他法律规范系统相互依赖,相互作用,构成一个合理有序的中国特色社会主义法律规范体系。另外,在清理现有法律和构建新法律体系之外,还要积极制定和构建一套完整的PPP政策体系,覆盖PPP涉及的财政、税收、投资、融资、价格、市场准入、服务质量监管等多个方面与环节。

(二)改革完善PPP组织管理体系建设

一要加强多部门统筹协调合作。涉及PPP项目实施的多部门要进一步加强部门间的协调配合,形成政策合力,积极推动政府和社会资本合作顺利实施。对于涉及多部门职能的政策,要联合发文;对于仅涉及本部门的政策,出台前要充分征求其他部门意见,确保政令统一、政策协同、组织高效、精准发力。二要创新政府投资机制。政府从经济发展和社会民生出发形成重大项目建设清单,委托第三方对项目进行可研分析,并提出融资方案建议,适用于PPP模式融资的,通过公开公平规范的市场化招标、谈判,选择合适的供应商,并签订PPP协议。政府不再直接把资金拨给企业,而是通过和社会主体签订市场化契约,按约定付费。政府的财政资金运作方式更加规范透明,财力一次性支出压力变小,规范的长期付费机制将逐步形成。三要创新政府监管机制。政府要从公共产品的直接提供者转变为社会资本的合作者和PPP项目的监管者,需要建立新的监管机制。包括通过项目准入监管提高质量方案、选择合格的供应商,通过项目运营监管确保PPP项目的顺利实施,确保双方按契约办事,提高项目的运作效率。尤其要加强对公权力的监管,坚决防止因PPP项目运作得好就眼红、擅改规则和政策的做法。

(三)加大项目政策资金支持力度

一是大力统筹各类财政专项资金,优先支持PPP项目建设。充分发挥财经对外交流平台作用,在利用国际金融组织和外国政府贷款时,优先推荐PPP项目。继续细化项目管理流程,重点研究制定有效的物有所值评价标准,形成更加科学的定性和定量评价方法,探索建立统一的财政承受能力指标监测体系,实行项目报批备案和分级风险预警制度。探索制定项目绩效评价管理办法,并将绩效评价结果作为安排奖补资金、支持运营补贴等重要依据。二是认真落实国家支持公共服务事业的税收优惠政策,对于现阶段PPP发展给予成长发展期过渡性税收政策支持,积极调整完善与PPP项目相关的企业所得税政策、增值税(营业税)政策、城镇土地使用税、房产税政策、印花税等相关税收政策;同时,在不影响税收公平统一的基础上,不影响市场机制资源配置决定性作用的前提下,针对PPP项目资产移交、转让环节实施差异化税收支持政策,根据PPP实施中企业增值税进项税留抵税额规模大小和留抵时间,采取差别化的税收政策等。三是积极对接银行、保险、担保、信托等金融机构,发挥金融机构参与PPP项目的优势,积极为PPP项目提供全流程综合性金融服务。在立项阶段,金融机构可以当好财务顾问帮助筛选项目,在项目公司设立和运营阶段,提供融资方案设计和增信服务,在项目移交阶段,通过并购贷款等促进项目有序移交。同时,要运用好PPP发展基金,主动为PPP项目牵线搭台、提供后续融资支持。

(四)建立健全风险公平分担机制

建立风险公平分担是PPP模式的核心环节。风险公平分担机制包括风险公平分担建议和风险分担调整机制。在项目所处的不同阶段会遇到不同的风险,包括政策风险、汇率风险、技术风险、财务风险、营运风险等。双方对于风险分担主要是通过权利义务的界定和付款机制的确定来实现,也就是说,风险分担是通过合同条款来定义的。在合同组织阶段,政府和项目公司首先就特许权协议进行合同谈判,确定双方的权利和义务、服务定价和调整机制,在签订特许权协议之后,项目公司再与其他专业分包商、保险方进行合同谈判,将自己掌控不了的风险转移给对该风险更有控制力的第三方。原则上,风险应由最能控制风险发生的一方承担,属于经营活动自身产生的,由投资者承担,而超出投资者控制范围的风险,如法律风险、利率风险等,则应由公共部门独立承担,或由公私双方通过平等协商共同分担。同时,在风险分担调整中,要积极建立动态调整的定价机制。在特许权协议中应明确调价原则和公式,但是对于国内许多公共事业而言,价格调整往往需要通过公开的价格听证程序,因此建议特许权协议中明确说明当价格无法调整时,政府部门可以通过补贴等方式对社会资本作出合理的补偿,从而对社会资本产生吸引力。

(五)培育、规范和引导咨询机构执业能力建设

专业咨询机构可以使项目结构设计更加严谨和符合国际惯例,充分反映政府意志和资本市场的特点要求,易于被政府部门和社会资本接受,要着力培育、规范和引导PPP咨询机构,使其逐步规范、专业。一是建立PPP咨询服务机构库,择优确定真正具有专业实力的咨询机构入库,为PPP项目提供智力支持。二是出台PPP咨询服务价格与执业行为规范的指导意见,让咨询机构专心开展专业研究,以专业实力与服务品质争取客户。三是对综合实力强、品牌形象佳的咨询机构给予支持,为其学习借鉴著名PPP咨询机构经验、与国内外专家交流研究PPP等建立平台,支持其在专业研究中提升专业实力;为其与著名PPP咨询机构在不同细分市场竞争打通渠道,支持其在项目执行中积累专业经验,充分发挥专业咨询机构作用。

课题组成员:叶翠青　朱克俊　汪文志
张深友　余卫民
课题执笔:汪文志

完善政府购买养老服务研究
——以安徽省为例

“十二五”以来,随着我国人口老龄化进程的加速,养老问题受到全社会越来越多的关注,并已成为当前各级政府所要解决的重大民生问题之一。政府购买养老服务作为一种引入市场机制的公共服务供给方式创新,近年来得到了国家层面的高度重视和积极推广,各地结合自身实际开展了大量实践探索,并逐步掀起一股热潮。由于政府购买养老服务总体上仍处于起步阶段,受制于法律法规、政策制度、社会环境、思想认识等多种因素的影响,各地在购买的过程中还面临着诸多障碍,一定程度上影响了实施效果,成为各级政府迫切需要解决的问题。基于此,本文通过对安徽省政府购买养老服务的实践研究,提出完善政府购买养老服务的相关对策建议。

一、安徽省政府购买养老服务现状

近年来,按照国务院关于开展政府向社会力量购买服务的统一部署和财政部、民政部等中央部委的相关工作要求,安徽省稳步推进政府向社会力量购买养老服务工作,不断加大政策资金支持力度,加快推进制度体系建设,积极培育壮大社会组织,开展了形式多样、内容广泛、多种层次的购买养老服务实践。特别是合肥、铜陵作为安徽省确定的两个政府购买服务试点市,在政府购买养老服务领域起步较早,实施面较宽,积累了大量经验,并取得了较为明显的成效,为全省全面推广政府购买养老服务起到了示范作用。

(一)政府购买养老服务的制度体系初步建立。在省级层面,贯彻落实国务院和财政部、民政部等部门文件要求,省政府办公厅出台了《关于政府向社会力量购买服务的指导意见》,在全省范围全面推开政府购买服务工作;省财政厅印发了《安徽省政府向社会力量购买服务指导目录》《安徽省政府向社会力量购买服务流程规范(暂行)》《关于进一步规范省级政府购买服务流程的通知》《关于发挥财政职能支持社会力量参与养老服务事业发展的指导意见》等,将基本养老服务等纳入购买范围,并制定了政府购买的规范流程,提出了财税扶持的具体措施;省民政厅、省财政厅下发了《关于开展政府购买养老等服务的通知》,联合制定了《政府购买养老服务实施办法》《政府购买养老评估服务实施办法》,进一步明确具体操作事项。在市县层面,各地按照国家和省相关要求,结合自身实际,出台了相应配套政策,进一步细化举措,增强可操作性。如合肥市相继出台《合肥市政府购买居家养老服务实施办法》《合肥市政府购买居家养老服务资金结算管理办法》《合肥市居家养老服务规范》《关于进一步做好政府购买居家养老服务工作的指导意见》《合肥市政府向社会力量购买服务审计监督管理办法》《合肥市政府向社会力量购买服务项目监理实施办法》《合肥市政府购买服务项目采购管理暂行办法》等十多份规范性文件,有效推动了政府购买养老服务健康快速发展。

(二)政府购买养老服务的规模迅速扩大。自政府购买服务机制引入以来,全省多地把养老作为重点购买领域之一,开展了不同程度的试点实践,并积极拓宽广度和深度。目前,政府购买养老服务在全省范围多点开花,并逐步由点及面向县区延伸,购买

养老服务的领域范围和享受服务的对象人群日益广泛。如铜陵市自2007年起,在省内率先实施政府为困难老年人购买居家养老服务项目,服务对象的界定由80周岁以上、低保、空巢独居的老年人、残疾人,后逐步放宽到70周岁以上,并由低保放宽到低收入对象,由残疾放宽到普通老人;支付购买服务费用从16万元逐年增加到400余万元;服务人数由最初的不足100人发展到1000余人。合肥市2013年正式启动政府购买居家养老服务项目,为具有合肥市市区户籍的70周岁以上低保老人、70周岁以上空巢老人(无子女)、90周岁以上高龄老人等群体近1万多人,购买每月价值600元的居家养老服务,服务内容已涵盖到生活照料、医疗保健、家政服务、紧急救助、精神慰藉等方面,截至2015年底,全市累计提供服务599.43万人次,结算资金1.42亿元。

(三)政府购买养老服务的操作程序逐步完善。推进政府购买养老服务是一项复杂的系统工程,涉及面广、环节多、影响大。各地按照国家及省统一的规范要求,紧密结合实际,着力建立健全政府购买养老服务机制,在规范项目选择、项目申报、预算编报、组织采购、项目监管、绩效评价等一体化流程上都取得了积极进展。如合肥市将政府购买居家养老服务纳入年度预算编制,在全市7个区(开发区)发放400多份服务需求调查问卷,结合养老服务市场实际供给能力,确定初始服务项目内容;采取公开招标方式确定5家社会组织为首批服务机构,由购买主体市民政局与中标承接主体签订购买服务合同,明确购买内容、资金结算方式、双方的权利义务事项和违约责任等;建立评估评价体系,引入独立的第三方服务评估机构,综合评价政府购买居家养老服务项目社会经济效益、总体服务能力及存在不足、服务对象服务需求,为项目完善提供支持;建立市、区、街道、社区居家养老服务项目四级监督体系,采取巡查、调度会、约谈等方式,加强对服务机构的监督管理;完善信息公开工作,对政府购买养老服务的预算批复、招标中标公告以及购买服务执行情况、合同履约情况、绩效评价结果等在相关网站予以公开。

(四)政府购买养老服务的价值效应不断显现。自推行政府向社会力量购买养老服务以来,受到了社会各界的广泛关注和欢迎,并取得了显著的社会效益和经济效益。一是满足了公共服务需求。通过政府购买养老服务形式,积极发挥社会组织便捷性、社会性和专业性优势,满足了特定老年人群日常的送餐、保洁、护理、精神慰藉等基本养老服务需求,促进了社会和谐。二是促进了政府职能转变。通过政府购买养老服务,强化了政府的社会管理和公共服务职能,将很多传统上管不了、管不好和不便管的服务交由社会力量承接提供,推动了从单纯政府包办向政府生产与政府购买并重方向转变,为"政府养老"向"社会养老"转型创造了良好条件。三是提高了财政投入效益。以政府公开采购或定向委托等方式,择优选择专门机构购买养老服务,降低了以往单纯依靠政府直接提供养老服务的行政成本,在一定程度上减轻了财政支出负担,提高了财政资金使用效益。四是加快了社会组织发展。政府向社会力量购买养老服务以公益项目方式运作,促进了养老服务类社会组织的发展,提升了社会组织的养老服务能力。如合肥市5家养老服务中心通过承接服务迅速发展壮大,截至2015年底建有5个信息服务平台和236个街道、社区服务站(点),拥有2926名服务队伍,提供就业岗位2731人。

二、安徽省政府购买养老服务存在的问题

尽管安徽省在积极探索政府购买养老服务上取得了不少成绩,但总体上仍处于起步阶段,受制于各种因素的影响,在发展的过程中仍存在着不少问题,主要表现在以下几个方面。

(一)各地对政府购买养老服务的认识不统一。政府购买养老服务是一项制度创新,也是一项纷繁复杂的工作,在实施之初需要政府部门的大力推动。但少数单位和部门对政府购买养老服务的认识不足,有的习惯于原有的工作思路和方式,在编制政府购买服务预算时明确表示没有购买服务需求;有的认为政府购买养老服务预算经费总体不提高,还增加很多工作环节和程序;有的认为实施政府购买养老服务后会打破原有利益格局,不愿把项目交给社会组织机构承办。思想认识的不到位导致了少数地方对政府购买养老服务工作积极性和主动性不高,存在等待观望的思想,工作落实力度不够,影响了全省政府购买养老服务工作的整体进展。

(二)政府购买养老服务的总体质量水平不高。一是资金投入不足。目前,各地安排政府购买养老服务的资金量偏小,没有形成稳定的、制度化的预算安排,服务的标准不高,难以满足日益增长的养老服务需求。二是服务的对象群体较窄。在服务对象的选择上,多数以生活困难的高龄老年人为主,尚没有覆盖大部分老年人群体。如合肥市目前享受政府购买服务的对象占全市60周岁以上老人群体不到1%,仅占60周岁以上低保群体的1/7左右。三是服务水平的地区差异化较明显。囿于各地财力水平、工作推进力度、社会组织服务水平等不同,各地在提供服务的数量和质量上存在较大差异,有的甚至相差数倍,不利于公共服务水平的均等化发展。四是服务的差异化不够。各地在服务内容的选择上多实行"一刀切",并主要偏向于传统的家政服务,未能很好地体现老年人个性化、多样化的养老服务需求。

(三)政府购买养老服务的实际操作不尽规范。一是制度规定不完善。养老服务作为一种特殊商品,具有无形、成本不确定、周期长、专业性较强等特点,政府向社会力量购买服务时不仅要考虑服务项目本身的管理和操作特点,还要涉及社会评价、社会效益,复杂程度较高,需要专门配套政策制度及时跟进,但目前中央和地方出台的大多为原则性、指导性意见,在具体项目的购买上缺乏针对性和可操作性的制度规定。二是购买服务需求的定位不精准。政府购买养老服务在启动之初由于缺少可参照经验,在具体购买服务内容、购买标准、实施范围制订上缺乏细致评估,导致需求定位不足,精准性不够。三是购买程序履行不严格。如有的没有严格按照政府采购程序来确定承接主体,有的在价格核定上科学性、严谨性不够,有的没有按照合同管理要求对承接方的义务进行有效约束,有的没有进行项目公示或者公示内容不具体、不及时等等。

(四)承接养老服务的社会组织发育不充分。政府购买养老服务需要通过服务实施主体来承担具体工作,达到设定目的。但由于历史、体制等原因,安徽省社会组织发育尚不充分,能够独立承担公共养老服务的社会组织极少,有不少社会组织还寄生于政府部门内,承接政府购买养老服务项目的能力严重不足,从目前各地承接机构来看,很大一部分社会组织不具备完全意义上的承接能力,"向谁买"的问题较为突出。另一方面,现有的社会组织大部分水平层次较低,高素质的专业人才严重缺乏,存在着管理不规范、趋利思想浓、服务意识差等缺陷,导致在服务能力、服务保障、服务水平、服务效率等方面,与服务对象存在需求和预期脱节,难以得到社会和服务对象的广泛认可,很大程度上制约了政府购买养老服务工作的健康持续开展。

(五)政府购买养老服务的监督评价机制不完善。一是统一的绩效评价指标体系尚未建立。由于政府购买养老服务形式多样,各承接主体的绩效评价内容、对象、目的均不同,决定了每次绩效评价有不同的特征,而目前各地开展的绩效评价还较为泛化和粗疏,需要尽快建立一套量化具体和科学的评价指标体系。二是专业的第三方独立评价机构较为缺乏。在政府购买养老服务的监管上仍然依赖政府部门为主,现有的第三方评价机构主要以审计、会计类中介机构为主,缺乏专业化的养老服务评估机构。三是监管环节上存在滞后性。主要表现为事后监管多,事中监管弱,事前监管缺失,难以对社会组织的服务质量和服务效果进行实时监管。

三、完善安徽省政府购买养老服务的对策建议

政府购买养老服务是加强社会养老服务体系建设,积极应对人口老龄化、推动供给侧结构性改革的重要内容,也是适应传统养老模式转变、满足人民群众日益增长的养老服务需求的必由之路。作为一种在世界范围通行的模式,政府购买养老服务有着广阔的发展前景。面对实施过程中遇到的一些困难和问题,需要各级政府进一步加大推进引导力度,创新工作举措,推动政府购买养老服务向着科学化、系统化、规范化的方向发展。

(一)完善政府购买养老服务制度化建设。一是完善政府购买养老服务法律法规。国家层面可考虑制定出台政府购买服务的相关法律法规,确保政府作为养老服务购买主体的合法性。同时,应尽快修订《政府采购法》和《政府采购法实施条例》,对政府购买包括养老服务在内的公共服务进行明确定义,使政府购买养老服务做到有法可依、有章可循。二是加快建立政府购买养老服务制度体系。结合各地政府购买养老服务的实践开展情况,可研究出台《政府购买养老服务管理办法》，对省级现有《政府购买养老服务实施办法》《政府购买养老评估服务实施办法》等制度规定进行整合，就政府购买养老服务的项目范围确定及动态调整、政府购买养老服务的标准、资金预算安排、监管机制、绩效评价等作出进一步细化和具体的规定。各县区要依据国家和省相关政策，进一步加快制定政府购买养老服务的配套政策和具体实施办法，推动建立上下统一、明确具体、操作便利的政策制度体系，为政府购买养老服务工作的顺利开展奠定良好的制度基础。

（二）逐步提升政府购买养老服务的质量和水平。一是加大政府购买养老服务的资金投入。推动各地严格按照要求将政府购买养老服务纳入预算编制，并严格预算执行。统筹使用一般预算资金、福利彩票公益金、服务业发展专项资金，继续加大对政府购买养老服务的财政投入力度，力争做到逐年有所增长。坚持多元投入，发挥财政政策杠杆作用，通过政策性奖补，引导鼓励更多的社会资本投入养老服务事业中来。二是科学合理确定政府购买养老服务的内容范围。全面加强摸底调查，建立老年人群体对养老服务需求的数据信息库。制定政府购买养老服务的指导性目录，建立完善动态调整机制，根据养老服务的性质、对象、特点和各地实际情况，科学合理确定政府购买养老服务的内容项目。扩展政府购买养老服务的范围，逐步从目前购买居家养老服务为主扩展到包括购买社区养老服务、机构养老服务、养老服务人员培养、养老评估等各个方面的服务。三是逐步扩大政府购买养老服务的覆盖面。结合各地财力增长状况，逐步降低目前服务对象的年龄门槛，稳步扩大政策受益面。进一步增强政策的普惠性，将政府购买养老服务政策向农村延伸，促进城乡基本公共养老服务一体化发展，使农村老年人也能享受到经济发展的成果。

（三）加快培育壮大养老服务型社会组织。一是加大对社会组织的政策扶持力度。要积极推行“负面清单”制度，清理和废除妨碍公平准入和竞争的规定和做法，在市场准入、资质评定、税收优惠、人才培养等方面，积极研究出台相应的扶持政策。加大社会组织的孵化培育力度，支持企业、机构等社会力量参与公共服务领域相关设施的投资、建设、运营、维护和管理，通过政府采购、委托经营、委托管理或政府特许经营等多种形式，让更广泛的社会力量平等参与，催生社会组织的规模不断壮大。二是积极引导社会组织有序参与承接养老服务。规范社会力量的准入、退出机制，制定政府购买养老服务的中长期规划，为承接养老服务的社会组织制定合理的建设标准，通过资源的合理分配，引导社会组织结合自身发展目标来明确定位，以做好长期承接准备，并推动形成高、中、低相结合的养老服务层次，避免资源浪费和恶性竞争。三是推动社会组织提升专业化水平。加强对社会组织的指导和培训，帮助社会组织不断健全内部治理结构，规范财务管理，降低运行成本，提升民主科学决策水平和项目运作能力，夯实扩大承接养老服务的基础。同时，积极推动社会组织加强自律，赢得政府和社会的信任，把握更多的承接养老服务机会。

（四）建立健全政府购买养老服务的监管机制。一是建立健全公开透明的操作机制。在政府购买养老服务的途径上要严格履行政府采购的相关程序，广泛发布招标信息，保障信息公开透明，让有资质有能力的社会组织都能参与到招标过程中，形成良性竞争的局面。二是建立健全有效的合同约束机制。要按照合同管理要求，签订养老服务购买合同，明确购买承接双方的权责，确保提供服务的数量、质量等达到预期目标。三是建立健全科学的评估机制。探索购买服务项目监理，将服务绩效与购买主体职责挂钩，科学建立购买服务评价指标体系，引入多元化评估，有重点的扶持专业社会组织参与到购买项目前期需求评估和末期绩效评估中来，全面建立第三方评估机制，将资金分配与综合评价相联系，评估结果作为履约保证金处置及项目余款支付的依据。同时，探索建立购买养老服务项目绩效评估管理办法，防止购买方将监管责任向第三方评估转移。四是建立健全严格的责任追究机制。政府购买养老服务实施单位以及财政、监察、审计等部门要加强对购买养老服务全过程的监督检查，对弄虚作假、冒领财政资金以及有其他违法违规行为的承接主体，要列入黑名单，并严肃依法依规处理。

（五）积极营造利于政府购买养老服务发展的良好环境。一是统一各级政府部门的思想认识。加大政府购买养老服务的工作推进力度,统一各级政府和部门的思想认识,使其正确认识政府购买养老服务的重要意义,克服畏难思想,转变自身角色定位,明确自身在购买养老服务中购买者、监督者的角色,积极向服务型政府转变。二是加强部门之间的协调配合。要建立"政府统一领导、财政部门牵头、行业主管部门协同、职能部门履责、监督部门保障"的工作协调机制,并明确分工,落实责任,形成推进政府购买养老服务的强大合力。三是加强舆论宣传。要充分利用广播、电视、网络、报刊等媒体,广泛宣传实施政府购买养老服务的意义、内容,加强对服务对象的回访,通过老年人的真实感受来获得全社会对政府购买养老服务的信任和支持。同时,要针对购买过程中出现的一些问题及时做好解释工作,防止公众出现误解,影响政府购买养老服务工作的顺利推进。

课题组成员:鲍文前　朱克俊　万　勇
　　　　　　余卫民　汪文志

课题执笔:万　勇

财经统计篇

全省财经统计资料

安徽省 2016 年国民经济和社会发展统计公报

2016 年,面对错综复杂的国内外经济环境,全省人民在省委、省政府的坚强领导下,认真学习贯彻习近平总书记系列重要讲话特别是视察安徽重要讲话精神,坚持稳中求进工作总基调,牢固树立和践行新发展理念,以推进供给侧结构性改革为主线,启动实施五大发展行动计划,攻坚克难,开拓奋进,保持了经济平稳健康较快发展和社会和谐稳定。

一、综合

年末全省户籍人口 7027 万人,比上年增加 77.9 万人;常住人口 6195.5 万人,增加 51.9 万人。城镇化率 52%,比上年提高 1.5 个百分点。全年人口出生率 13.02‰,比上年上升 0.1 个千分点;死亡率 5.96‰,上升 0.02 个千分点;自然增长率 7.06‰,上升 0.08 个千分点。

初步核算,全年生产总值(GDP)24117.9 亿元,按可比价格计算,比上年增长 8.7%。分产业看,第一产业增加值 2567.7 亿元,增长 2.7%;第二产业增加值 11666.6 亿元,增长 8.3%;第三产业增加值 9883.6 亿元,增长 10.9%。三次产业结构由上年的 11.2:49.7:39.1 调整为 10.6:48.4:41,其中工业增加值占 GDP 比重为 41.1%。全员劳动生产率 55420 元/人,比上年增加 4558 元/人。人均 GDP39092 元(折合 5885 美元),比上年增加 3095 元。

年末全省就业人员 4361.6 万人,比上年增加 19.5 万人。其中,第一产业 1383.5 万人,减少 12.7 万人;第二产业 1245.5 万人,增加 13.4 万人;第三产业 1732.6 万人,增加 18.8 万人。城乡私营企业就业人员和个体劳动者 1056.2 万人,增加 136.8 万人。全年城镇实名制新增就业 66.9 万人,下岗失业人员再就业 21.1 万人。年末城镇登记失业率 3.2%,比上年上升 0.06 个百分点。全省农民工总量 1878.4 万人,其中外出农民工 1380.1 万人。

全年居民消费价格比上年上涨 1.8%,其中食品烟酒价格上涨 3.7%。商品零售价格上涨 0.8%。工业生产者出厂价格下降 1.5%,工业生产者购进价格下降 1.6%。固定资产投资价格下降 0.8%。农业生产资料价格下降 0.6%。

二、农业

全年粮食作物种植面积 6644.6 千公顷,比上年扩大 11.7 千公顷。油料种植面积 731.1 千公顷,减少 41 千公顷。棉花种植面积 183.4 千公顷,减少 49.1 千公顷。蔬菜种植面积 920.2 千公顷,扩大 20.4千公顷。

全年粮食产量 3417.5 万吨,比上年减产 120.6 万吨,下降 3.4%。其中,夏粮 1387.7 万吨,减产 27 万吨,下降 1.9%;秋粮 1932.1 万吨,减产 82.1 万吨,下降 4.1%。油料产量 214.8 万吨,下降 5.7%。

棉花产量18.5万吨,下降20.9%。

年末全省生猪存栏1468.6万头,比上年下降4.6%;全年生猪出栏2874.9万头,下降3.5%。肉类总产量411.4万吨,下降1.9%,其中猪牛羊肉产量278.7万吨,下降4.5%。禽蛋产量139.5万吨,增长3.6%。牛奶产量32.7万吨,增长6.7%。水产品产量235.8万吨,增长2.3%。

年末全省农业机械总动力6867.5万千瓦,比上年增长4.4%。农用拖拉机234.1万台,减少1.1%;农用运输车66.1万辆,减少0.4%。全年化肥施用量(折纯)327万吨,下降3.4%。农村用电量161.6亿千瓦时,增长3.1%。有效灌溉面积4463.7千公顷,新增63.3千公顷;新增节水灌溉面积48.9千公顷。

三、工业和建筑业

年末全省规模以上工业企业19382户,比上年净增1413户。全年规模以上工业增加值比上年增长8.8%,其中国有及国有控股企业增长4.3%,股份制企业增长8.8%,外商及港澳台商投资企业增长6.4%。分门类看,采矿业增长4.2%,制造业增长9%,电力、热力、燃气及水生产和供应业增长10.2%。

规模以上工业中,40个工业大类行业有36个增加值保持增长。其中,计算机、通信和其他电子设备制造业增长21.6%,有色金属冶炼和压延加工业增长20.8%,汽车制造业增长18%,医药制造业增长13.6%,化学原料和化学制品制造业增长12%,橡胶和塑料制品业增长11.2%,电力、热力生产和供应业增长10.3%,金属制品业增长10%,电气机械和器材制造业增长9.1%,通用设备制造业增长8.2%,食品制造业增长8.1%,纺织服装、服饰业增长7.2%,农副食品加工业增长5.8%,非金属矿物制品业增长5.8%,煤炭开采和洗选业增长0.9%,黑色金属冶炼和压延加工业下降4.1%。六大工业主导产业增加值增长9.6%,装备制造业增加值增长12.9%,高技术产业增加值增长19.7%。战略性新兴产业产值增长16.4%,首批14个战略性新兴产业集聚发展基地工业总产值增长18%。

规模以上工业统计的主要产品产量中,原煤下降8.7%,发电量增长7.7%,粗钢增长1.4%,钢材下降3.8%,水泥增长2%,彩色电视机、家用洗衣机、家用电冰箱分别增长9.1%、16.3%和5.8%,房间空调器下降0.3%,汽车增长25.9%。随着"调转促"步伐加快,新产品加速涌现。新能源汽车增长38.6%,运动型多用途乘用车(SUV)增长19%,锂电池增长3.5倍,工业机器人增长56.5%,智能手机增长9.1倍,光纤增长66%。

全年规模以上工业企业实现利润2078.9亿元,增长12.3%,39个工业大类行业中有21个利润增长。电气机械和器材制造业、非金属矿物制品业、化学原料和化学制品制造业、计算机通信和其他电子设备制造业、汽车制造业、农副食品加工业、电力热力生产和供应业、通用设备制造业、橡胶和塑料制品业、专用设备制造业、酒饮料和精制茶制造业、金属制品业、黑色金属冶炼和压延加工业、医药制造业等14个利润超50亿元的行业,合计实现利润1636.8亿元,占全部工业的78.7%。企业亏损面由上年的8.5%下降到7.3%,亏损企业亏损额由上年增长28.7%转为下降62.5%。

全年具有资质等级的总承包和专业承包建筑业企业实现利润197.7亿元,增长5.5%。房屋建筑施工面积40126.4万平方米,比上年减少1353.4万平方米;房屋竣工面积14590.7万平方米,减少963万平方米。

四、固定资产投资

全年固定资产投资26758.1亿元,比上年增长11.7%。其中,工业及信息化产业技术改造投资6363.2亿元,增长10.5%;基础设施投资5285.9亿元,增长26%;民间投资18375.4亿元,增长6.5%。分区域看,皖江示范区投资18438.4亿元,增长11.7%;皖北六市投资7017.8亿元,增长13%。分产业看,第一产业投资增长6.6%,第二产业增长9.7%,第三产业增长13.6%。分行业看,工业投资增长9.6%,其中制造业增长9.4%,制造业中装备制造业增长16.8%。六大高耗能行业投资增长8.1%。

全年房地产开发投资4603.6亿元,比上年增长4%。商品房销售面积8499.7万平方米,增长37.7%;商品房销售额5035.5亿元,增长49.4%。年末商品房待售面积2401.4万平方米,下降4.3%。建成各类保障性安居工程住房30.2万套。

全年共安排亿元以上重点项目4796个,当年完成投资13025.3亿元。开工建设引江济淮工程、江巷水库、合安高铁、郑阜高铁、合肥康宁10.5代玻璃基板等2205个项目,建成投产投运郑徐客专、望东长江公路大桥、青弋江分洪道、合肥轨道1号线、马鞍山圆融LED芯片、池州普洛康裕制药、芜湖奇瑞1.0L发动机、六安大别山旅游扶贫快速通道等1529个项目。

年末煤炭产能15061万吨;发电装机容量5732.7

万千瓦，其中燃煤火电4668.5万千瓦，新能源和可再生能源912万千瓦。

五、国内贸易

全年社会消费品零售总额10000.2亿元，比上年增长12.3%，扣除价格因素，实际增长11.4%。按经营地统计，城镇消费品零售额8064.7亿元，增长12.2%；乡村消费品零售额1935.5亿元，增长12.6%。按消费类型统计，商品零售额8914.2亿元，增长12.2%；餐饮收入1086.1亿元，增长12.4%。全省纳入统计的352家开展网络零售业务的限额以上批发零售企业实现网上商品零售额220.2亿元，增长68.4%。

限额以上企业商品零售额中，吃、穿、用类商品零售额分别比上年增长17.6%、4.8%和10.9%，粮油类增长9.6%，肉禽蛋类增长18%，服装类增长7.6%，日用品类增长18.8%，中西药品类增长8.3%，家用电器和音像器材类增长11.9%，家具类增长20.3%，通讯器材类增长1.8%，建筑及装潢材料类增长13.4%，汽车类增长15.2%，石油及制品类增长6.6%。

六、对外经济

全年进出口总额443.8亿美元，比上年下降7.2%。其中，出口284.8亿美元，下降11.7%；进口159亿美元，增长2.1%。从出口经营主体看，生产型企业出口下降11.3%，贸易型企业出口下降15.4%。从出口商品看，机电产品、高新技术产品出口分别下降9.6%和10.4%。

全省亿元以上在建省外投资项目5454个，当年实际到位资金9903.3亿元，比上年增长10.4%。全年新批外商投资项目267个，下降7.6%；合同利用外资41.1亿美元，增长4.5%；实际利用外商直接投资147.7亿美元，增长8.4%。到2016年底，来皖投资的境外世界500强企业增加到73家，其中当年新引进1家。

全年对外承包工程新签合同金额30.8亿美元，比上年增长0.2%；完成营业额30.9亿美元，增长14.9%。当年外派劳务人员10044人，下降4.3%。全年新批境外企业(机构)121个，实际对外投资12.4亿美元，增长28%，其中对“一带一路”沿线国家和地区投资0.7亿美元。

七、交通、邮电和旅游

全年旅客运输量8.1亿人，比上年下降6.5%；货物运输量36.5亿吨，增长5.5%。旅客运输周转量1231.4亿人公里，下降2%；货物运输周转量10883.2亿吨公里，增长4.8%。全年港口货物吞吐量5.1亿吨，增长8.1%，其中外贸货物吞吐量1616.7万吨，下降2%。全省民航机场旅客吞吐量912.9万人次，增长12%，其中合肥新桥机场旅客吞吐量739.2万人次，增长11.8%。

年末全省民用汽车拥有量598.1万辆，比上年增长16.7%，其中私人汽车507.6万辆、增长20%。民用轿车拥有量341万辆，增长23%，其中私人轿车318.3万辆，增长25%。

全年新增高速公路294公里、一级公路667公里、铁路营业里程62.3公里。到2016年末，全省高速公路达4543公里、一级公路达3833公里、铁路营业里程达4124.4公里，其中高速铁路营业里程1354公里。

全年邮电业务总量1274.1亿元，比上年增长56.3%。其中，电信业务总量1099.2亿元，增长55.7%；邮政业务总量174.9亿元，增长50.5%。快递业务量6.9亿件，快递业务收入70.6亿元，比上年分别增长72.3%和53%。年末本地固定电话用户613.9万户，减少125.5万户；移动电话用户4426.5万户，增加154.4万户。每百人拥有电话(含移动)82部，增加0.3部。年末基础电信运营企业计算机互联网宽带接入用户1075万户，增加187.1万户。

全年入境旅游人数485.4万人次，比上年增长9.2%，其中外国人282.9万人次、增长9.2%，港澳台同胞202.5万人次、增长9.2%。国内游客5.22亿人次，增长17.7%。旅游总收入4932.4亿元，增长19.7%。其中，旅游外汇收入25.4亿美元，增长12.4%；国内旅游收入4763.6亿元，增长19.7%。年末全省有A级及以上旅游景点(区)556处。皖南国际旅游文化示范区旅游收入2594亿元，增长18.8%。

八、财政和金融

全年全省财政收入4373亿元，比上年增长9%，其中地方财政收入2673亿元，增长8.9%。全部财政收入中，税收收入3498亿元，增长5.6%，其中增值税和营业税增长6.6%、企业所得税下降1.1%。财政支出5530亿元，增长5.6%，其中民生支出4626亿元、占财政支出的83.7%。从重点支出项目看，社会保障与就业支出增长9.1%，城乡社区事务支出增长11%，科学技术支出增长73%，教育支出增长6%。全年33项民生工程累计投入825.5亿元，惠及6000多万城乡居民。

全年社会融资规模6283.5亿元，比上年增加

2708.9 亿元,增长 75.8%。年末全省金融机构人民币各项存款余额 40856.2 亿元,比上年增加 6373.3 亿元,增长 18.5%。其中,非金融企业存款余额 12923.5 亿元,增长 25.9%;住户存款余额 18857.6 亿元,增长 10.8%。金融机构人民币各项贷款余额 30180.7 亿元,比上年增加 4691.7 亿元,增长 18.4%。其中,境内短期贷款 9160 亿元,增长9.7%;境内中长期贷款 18469.9 亿元,增长 21.9%,中长期贷款中住户贷款 8334.6 亿元,增长 32.8%。

全年上市公司通过境内市场累计筹资 1035.7 亿元,比上年增加 759.6 亿元。其中,首次公开发行 A 股 5 只,筹资 62.2 亿元;A 股再筹资(包括配股、公开增发、非公开增发、认股权证)934.8 亿元;上市公司通过发行可转债、可分离债、公司债筹资 38.7 亿元。到 2016 年底,全省有上市公司 93 家,上市公司市价总值 10896.7 亿元,比上年减少 3%。全年企业发行短期融资券 580.1 亿元。

全年全省境内证券经营机构代理成交额50474.6 亿元,期货经营机构代理成交额 160627.1 亿元。

全年保险业原保险保费收入 876.1 亿元,比上年增长 25.4%,其中,财产险业务原保险保费收入 312.8亿元,增长 14.4%;人身险业务原保险保费收入 563.3 亿元,增长 32.4%。赔款和给付 357.5 亿元,增长 29.1%。其中,财产险业务赔款支出 175.1 亿元,增长 24.9%;人身险业务赔款和给付支出 182.4亿元,增长 33.4%。

九、人民生活和社会保障

全年全省常住居民人均可支配收入 19998 元,比上年增长8.9%,扣除价格因素,实际增长7%。城镇常住居民人均可支配收入 29156 元,增长 8.2%,扣除价格因素,实际增长6.3%;人均消费性支出 19606 元,增长 13.8%,其中食品烟酒支出增长 10%、衣着增长6.2%、居住增长 13.6%、生活用品及服务增长 20.7%、交通和通信增长 21.3%、教育文化娱乐服务增长 16.7%、医疗保健增长 18.3%。城镇常住居民恩格尔系数为 32.5%,比上年下降 1.2 个百分点。年末城镇常住居民人均住房建筑面积 36.9 平方米,比上年增加 2.2 平方米。

全年农村常住居民人均可支配收入 11720 元,比上年增长 8.3%,扣除价格因素,实际增长 6.6%。人均生活消费支出 10287 元,增长 14.6%。其中,食品烟酒支出增长 9.7%、衣着增长 7%、居住增长 18.3%、生活用品及服务增长 29%、交通和通信增长 20.8%、教育文化娱乐增长 13.7%、医疗保健增长 15.3%。农村常住居民恩格尔系数为 34.2%,比上年下降 1.6 个百分点。

年末农村常住居民人均住房建筑面积 49.4 平方米,比上年增加 2.6 平方米。年末全省参加城镇基本养老、基本医疗保险人数分别为 892.2 万人和1621.4 万人。参加失业保险人数为 448.5 万人,全年累计为 16.9 万名失业人员发放了不同期限的失业保险金。全省参加工伤、生育保险人数分别为 546.3 万人和 517.6 万人。城乡居民养老保险参保人数 3431.9 万人。参加新型农村合作医疗的农业人口 5121.2 万人,参合率为 102.5%。

年末 54.4 万人享受城市居民最低生活保障,149.8 万人享受农村居民最低生活保障,农村五保供养 41.3 万人。全年民政部门直接救助 87.6 万人次,资助参加基本医疗保险 395.7 万人。

十、教育、科学技术和文化

年末全省有研究生培养单位 21 个,在学研究生 51738 人。普通高校 109 所,普通本专科在校生 114.5万人。高等教育毛入学率 46.9%,比上年上升 6.3 个百分点。各类中等职业教育(不含技工学校) 374 所,在校生 78.2 万人。普通高中 672 所,在校生 110.7 万人。高中阶段毛入学率 90%,比上年降低 2 个百分点。初中 2800 所,在校生 194.2 万人,初中阶段适龄人口入学率 99.68%。小学 8284 所,在校生 430.4 万人,小学学龄儿童入学率 99.97%。各级各类成人学校毕业生 44.9 万人。

年末全省有各类专业技术人员 224.6 万人,比上年增长 1.9%。科研机构 4817 个,其中大中型工业企业办机构 1224 个。从事研发活动人员 21.3 万人。全年用于研究与试验发展(R&D)经费支出 475 亿元,增长 9.9%;相当于全省生产总值的 1.97%,比上年提高 0.01 个百分点。

全省有国家大科学工程 5 个;有国家重点(工程)实验室 23 个,省级(含重点)实验室 106 个,部属(含院属)实验室 51 个;有省级以上工程(技术)研究中心 690 家,其中国家级 34 家。有高新技术产业开发区 18 个,其中国家级 4 个。有高新技术企业 3863 家,其中当年新认定 964 家。

全年取得省部级以上科技成果 560 项。主要科技成果有:安徽省农作物病虫监测预警平台的构建和应用、淮北矿区深部软岩特性和软岩巷道支护技术研究、钢铁企业电能质量控制与综合节电运行关键技术研究与应用、大数据驱动的中小河流洪水精细化预报预警技术等。受理申请专利172552件，授权专利60982件，比上年分别增长35.1%和3.3%。

年末全省有效发明专利39104件。全年共签订各类技术合同12969项；成交金额217.7亿元，比上年增长14.3%。年末全省有县以上产品质量检验机构1569个，其中系统内205个，国家质量监督检验中心24个；有产品质量、体系认证机构18个，当年完成强制性产品认证的企业1572个；法定计量技术机构90个，全年强制检定计量器具549.7万台(件)。当年制定国际标准5项、国家标准120项，制定修订地方标准170项。有国家地理标志产品70个、安徽名牌产品1445个。

全年省测绘档案资料馆为社会各界提供各种比例尺地形图22612幅、测绘基准成果2299点(次)，航空航天遥感891760平方千米、数据量6060GB；完成国家基本比例尺地形图生产与更新31614幅、地理国情动态监测140000平方千米、"天地图·安徽"地图网站数据更新43.8GB。年末全省拥有文化馆122个，公共图书馆122个，博物馆171个(含民营博物馆)，乡镇街道综合文化站1437个。全国重点文物保护单位130处、合并国保项目2处，省级重点文物保护单位708处。国家级非物质文化遗产名录72项，省级名录343项。

年末市级以上广播电视台4座、广播电台14座、电视台14座。中波发射台和转播台23座。广播节目综合人口覆盖率98.89%，电视节目综合人口覆盖率99.03%，有线电视用户878.1万户。全年出版报纸98种，总印数9.57亿份；期刊(杂志)180种，总印数0.52亿册；图书9829种，总印数2.51亿册。有各级国家档案馆139个，馆藏档案资料2663.2万卷(件、册)，库馆总建筑面积35.3万平方米。

十一、卫生、体育和社会服务

年末全省有医疗卫生机构24386个，其中医院1039个、基层医疗卫生机构22271个、专业公共卫生机构984个，其他卫生机构92个。基层医疗卫生机构中，卫生院1372个，社区卫生服务中心(站)1908个，村卫生室15276个；专业公共卫生机构中，疾病预防控制中心121个，专科疾病防治院(所、站)47个，妇幼保健院(所、站)120个，卫生监督所(中心)113个。全省卫生技术人员29.1万人，其中执业(助理)医师11.2万人，注册护士12.6万人。乡村医生和卫生员4.3万人。医疗卫生机构床位28.2万张，其中医院、卫生院床位26.7万张。全年医疗卫生机构共诊疗2.72亿人次。

全年在国际国内重大比赛中，我省运动健儿共获得32枚金牌、34枚银牌、42枚铜牌。其中，在里约奥运会获1金2铜，创造了我省历史上境外奥运会的最佳战绩。"全民健身、健康安徽"系列主题活动蓬勃开展，全年共举办百人以上的群众体育健身活动2246次，参加活动总人数299.9万人次。

全年销售体育彩票52.1亿元。年末全省有各类提供住宿的社会服务机构1296个，床位16.3万张，收养各类人员8.7万人。不提供住宿的社会服务机构8559个，其中社区服务中心1276个，社区服务站3091个。全年销售社会福利彩票68.2亿元，筹集社会福利资金19.3亿元。

十二、资源、环境和安全生产

全省已发现的矿种为128种(计算到亚矿种为160种)。查明资源储量的矿种124种(含亚矿种)，其中能源矿种6种，金属矿种22种，非金属矿种94种，水气矿种2种。全年地质勘查部门开展各类地质(科研)项目(省级)158项。新增查明资源储量的大中型矿产地10处，新增探明储量矿种1种(镍矿)。

年末全省有省、市、县级环境监测站87个。全年16个省辖市空气质量平均优良天数比例为74.3%，比上年下降3.6个百分点；有1个市空气质量达到二级标准。全省PM10年均浓度为77微克/立方米，比上年下降3.8%。已建成县级以上自然保护区104个，其中国家级8个、省级30个、市级2个、县级64个。当年人工造林面积94.5千公顷。年末森林面积3958.5千公顷，活立木总蓄积量26145.1万立方米，森林蓄积量22186.6万立方米。

全年能源消费量12695万吨标准煤，比上年增长2.9%。电力消费量增长9.5%。单位GDP能耗下降5.3%。

淮河干流安徽段水质以Ⅲ类为主，总体水质优，主要支流总体水质轻度污染。长江干流安徽段以Ⅱ类水质为主，总体水质优，主要支流总体水质良好。巢湖湖区整体水质轻度污染，9条主要环湖支流整体水质中度污染。新安江干、支流水质优。全省城市集中式饮用水水源地水质达标率为97%。

全年亿元GDP生产安全事故死亡人数为0.077人，比上年下降12.5%；工矿商贸企业就业人员十万人生产安全事故死亡人数为0.987人，下降3.4%；煤矿百万吨死亡人数为0.073人，下降45.5%。全年发生道路交通事故12795起,发生火灾事故10181起。

2016年度安徽省一般公共预算收支决算总表

单位:万元

预算科目	预算数	调整预算数	决算数	预算科目	预算数	调整预算数	决算数
一、税收收入	19626854	19539650	18575281	一、一般公共服务支出	4017668	4193587	4040967
增值税	3208423	3475596	5303404	二、外交支出			
营业税	6219211	5832696	3099903	三、国防支出	67182	64380	60843
企业所得税	2592049	2576164	2332401	四、公共安全支出	1919601	2242859	2211694
企业所得税退税				五、教育支出	7808499	9232182	9108725
个人所得税	581987	578799	592815	六、科学技术支出	1438387	2607608	2594987
资源税	233414	228868	178188	七、文化体育与传媒支出	718614	868859	842323
城市维护建设税	1155550	1168476	1133857	八、社会保障和就业支出	6541789	7679825	7615864
房产税	512237	512594	515793	九、医疗卫生与计划生育支出	4058321	4836784	4801237
印花税	241457	240528	232184	十、节能环保支出	737870	1379055	1336378
城镇土地使用税	1465699	1486605	1418690	十一、城乡社区支出	4857697	6729550	6690603
土地增值税	980727	964115	1048289	十二、农林水支出	4231426	6367132	6248330
车船税	164728	165777	168328	十三、交通运输支出	2241039	3456637	3413714
耕地占用税	458447	500222	683823	十四、资源勘探信息等支出	1943680	1648631	1573605
契税	1799310	1795605	1854037	十五、商业服务业等支出	449858	614952	594703
烟叶税	13615	13605	13569	十六、金融支出	321138	332134	330415
其他税收收入				十七、援助其他地区支出	45380	45876	44180
二、非税收入	6653458	6855766	8152639	十八、国土海洋气象等支出	405128	422988	403578
专项收入	2054123	2022238	2090979	十九、住房保障支出	1311093	2304459	2292909
行政事业性收费收入	1414439	1465828	1601608	二十、粮油物资储备支出	205936	327118	315588
罚没收入	510060	534417	527463	二十一、预备费	642123		
国有资本经营收入	247722	281718	413980	二十二、其他支出	1497541	178457	134166
国有资源(资产)有偿使用收入	2015775	2137845	3002862	二十三、债务付息支出	447471	570435	565333
其他收入	411339	413720	515747	二十四、债务发行费用支出	3887	9500	9359
本年收入合计	26280312	26395416	26727920	本年支出合计	45911328	56113008	55229501

各市县(区)财经统计资料

2016年度合肥市一般公共预算收支决算总表

单位:万元

预算科目	预算数	调整预算数	决算数	预算科目	预算数	调整预算数	决算数
一、税收收入	5115361	5115361	5019220	一、一般公共服务支出	528893	543338	542108
增值税	712809	712809	1429495	二、外交支出			
营业税	1926529	1926529	1029446	三、国防支出	5056	5949	5754
企业所得税	553715	553715	546235	四、公共安全支出	275081	304116	303137
企业所得税退税				五、教育支出	1218672	1198735	1190748
个人所得税	156794	156794	161872	六、科学技术支出	365979	1017018	1016998
资源税	8728	8728	7179	七、文化体育与传媒支出	67723	89755	87921
城市维护建设税	306376	306376	310003	八、社会保障和就业支出	724324	800501	797788
房产税	170325	170325	169779	九、医疗卫生与计划生育支出	459675	522300	521837
印花税	80204	80204	82683	十、节能环保支出	116053	226290	223958
城镇土地使用税	198929	198929	174642	十一、城乡社区支出	1715406	1938952	1935980
土地增值税	345059	345059	399730	十二、农林水支出	460877	607762	600625
车船税	40545	40545	39769	十三、交通运输支出	182008	334891	334700
耕地占用税	39979	39979	35548	十四、资源勘探信息等支出	601280	563651	563599
契税	575369	575369	632839	十五、商业服务业等支出	64844	92767	92345
烟叶税				十六、金融支出	19167	21490	21244
其他税收收入				十七、援助其他地区支出			
二、非税收入	1067691	1067691	1129273	十八、国土海洋气象等支出	35476	38036	38028
专项收入	415397	415397	534483	十九、住房保障支出	116953	191453	191435
行政事业性收费收入	202893	202893	221798	二十、粮油物资储备支出	15314	23293	23123
罚没收入	52364	52364	69870	二十一、预备费	133574		
国有资本经营收入	1780	1780	8352	二十二、其他支出	355840	55794	55643
国有资源(资产)有偿使用收入	249457	249457	185622	二十三、债务付息支出	33640	50643	50643
其他收入	145800	145800	109148	二十四、债务发行费用支出	200	889	889
本年收入合计	6183052	6183052	6148493	本年支出合计	7496035	8627623	8598503

2016年度淮北市一般公共预算收支决算总表

单位:万元

预算科目	预算数	调整预算数	决算数	预算科目	预算数	调整预算数	决算数
一、税收收入	453360	419401	396866	一、一般公共服务支出	140825	128810	126929
增值税	98680	99514	140613	二、外交支出			
营业税	139748	108265	66877	三、国防支出	3609	3740	3304
企业所得税	24550	23668	23033	四、公共安全支出	55149	67946	67811
企业所得税退税				五、教育支出	241328	258919	256519
个人所得税	7543	7025	7615	六、科学技术支出	5813	10336	9646
资源税	16140	15885	13189	七、文化体育与传媒支出	15981	23059	22914
城市维护建设税	31020	30244	30374	八、社会保障和就业支出	131269	155322	154124
房产税	13070	11715	13362	九、医疗卫生与计划生育支出	92784	126240	125693
印花税	6570	5978	5544	十、节能环保支出	16188	66864	66546
城镇土地使用税	66610	64289	49856	十一、城乡社区支出	108262	146528	144933
土地增值税	13819	13163	13311	十二、农林水支出	83564	127156	126030
车船税	5140	5140	6247	十三、交通运输支出	23478	116458	116458
耕地占用税	10970	11441	9912	十四、资源勘探信息等支出	86828	42215	41897
契税	19500	23074	16933	十五、商业服务业等支出	2457	21699	21674
烟叶税				十六、金融支出	553	1086	1086
其他税收收入				十七、援助其他地区支出			
二、非税收入	245250	247809	194896	十八、国土海洋气象等支出	10755	12511	12194
专项收入	38300	38504	33280	十九、住房保障支出	79800	109988	108245
行政事业性收费收入	86150	86586	81497	二十、粮油物资储备支出	3596	5185	4472
罚没收入	51955	52094	24621	二十一、预备费	11095		
国有资本经营收入	22600	22600	-1032	二十二、其他支出	71663	3318	2175
国有资源(资产)有偿使用收入	43915	43807	22136	二十三、债务付息支出	1102	13625	13625
其他收入	2330	4218	34394	二十四、债务发行费用支出		279	279
本年收入合计	698610	667210	591762	本年支出合计	1186099	1441284	1426554

2016年度亳州市一般公共预算收支决算总表

单位:万元

预算科目	预算数	调整预算数	决算数	预算科目	预算数	调整预算数	决算数
一、税收收入	696590	696590	674573	一、一般公共服务支出	131516	199027	187610
增值税	152495	152495	229374	二、外交支出			
营业税	217840	217840	108744	三、国防支出	6987	2015	2015
企业所得税	49598	49598	42022	四、公共安全支出	101503	106781	104004
企业所得税退税				五、教育支出	395435	519409	511230
个人所得税	8070	8070	9665	六、科学技术支出	5300	26969	26729
资源税	3717	3717	3348	七、文化体育与传媒支出	13038	20684	19456
城市维护建设税	40260	40260	42408	八、社会保障和就业支出	335505	401322	397854
房产税	11880	11880	12076	九、医疗卫生与计划生育支出	321773	349418	342866
印花税	8550	8550	8748	十、节能环保支出	15477	113948	109505
城镇土地使用税	41600	41600	46641	十一、城乡社区支出	139528	191320	187247
土地增值税	27750	27750	28111	十二、农林水支出	259659	450799	417317
车船税	10780	10780	11109	十三、交通运输支出	46274	161036	159322
耕地占用税	12850	12850	27690	十四、资源勘探信息等支出	44434	34226	34141
契税	111200	111200	104637	十五、商业服务业等支出	35169	51385	50947
烟叶税				十六、金融支出	3498	3551	3412
其他税收收入				十七、援助其他地区支出			
二、非税收入	185164	185164	195666	十八、国土海洋气象等支出	7171	10096	9950
专项收入	66576	66576	65254	十九、住房保障支出	93585	193140	186278
行政事业性收费收入	52407	52407	55649	二十、粮油物资储备支出	4687	6567	6494
罚没收入	36086	36086	18960	二十一、预备费	27068		
国有资本经营收入	780	780		二十二、其他支出	64563	220	220
国有资源(资产)有偿使用收入	24735	24735	43889	二十三、债务付息支出	6158	28657	28657
其他收入	4580	4580	11914	二十四、债务发行费用支出		527	527
本年收入合计	881754	881754	870239	本年支出合计	2058328	2871097	2785781

2016年度宿州市一般公共预算收支决算总表

单位:万元

预算科目	预算数	调整预算数	决算数	预算科目	预算数	调整预算数	决算数
一、税收收入	653383	653383	593842	一、一般公共服务支出	186221	228972	224581
增值税	83109	83109	151564	二、外交支出			
营业税	246519	246519	134687	三、国防支出	1879	5582	5581
企业所得税	49867	49867	38018	四、公共安全支出	114123	134509	134257
企业所得税退税				五、教育支出	510710	628241	621019
个人所得税	9762	9762	7971	六、科学技术支出	33894	72030	72030
资源税	10324	10324	7803	七、文化体育与传媒支出	27059	27553	27549
城市维护建设税	31224	31224	30492	八、社会保障和就业支出	214912	287526	286377
房产税	10322	10322	9643	九、医疗卫生与计划生育支出	339886	378204	377840
印花税	6629	6629	6114	十、节能环保支出	26547	83521	81951
城镇土地使用税	89286	89286	63571	十一、城乡社区支出	222500	297959	292551
土地增值税	31106	31106	37575	十二、农林水支出	312886	488949	487536
车船税	9017	9017	9981	十三、交通运输支出	50118	211011	210421
耕地占用税	23754	23754	35042	十四、资源勘探信息等支出	71169	52678	47632
契税	52464	52464	61381	十五、商业服务业等支出	6550	13542	13542
烟叶税				十六、金融支出	49	1393	1393
其他税收收入				十七、援助其他地区支出			
二、非税收入	247578	247578	362406	十八、国土海洋气象等支出	10331	29543	29462
专项收入	50943	50943	48228	十九、住房保障支出	68834	151958	150902
行政事业性收费收入	77071	77071	95646	二十、粮油物资储备支出	5975	11675	11675
罚没收入	48307	48307	53381	二十一、预备费	23100		
国有资本经营收入	14010	14010	19547	二十二、其他支出	134366	14985	2130
国有资源(资产)有偿使用收入	50599	50599	107803	二十三、债务付息支出	21072	34960	34960
其他收入	6648	6648	37801	二十四、债务发行费用支出		504	504
本年收入合计	900961	900961	956248	本年支出合计	2382181	3155295	3113893

2016年度蚌埠市一般公共预算收支决算总表

单位:万元

预算科目	预算数	调整预算数	决算数	预算科目	预算数	调整预算数	决算数
一、税收收入	996654	958345	939649	一、一般公共服务支出	167001	177922	174181
增值税	208656	230839	311085	二、外交支出			
营业税	356895	310372	205662	三、国防支出	2652	2301	2301
企业所得税	60030	62463	51666	四、公共安全支出	84747	109317	107253
企业所得税退税				五、教育支出	357983	499471	495467
个人所得税	10898	10746	11536	六、科学技术支出	89006	134438	133824
资源税	764	699	583	七、文化体育与传媒支出	21852	24167	23048
城市维护建设税	94619	95221	94328	八、社会保障和就业支出	266368	305820	299211
房产税	24924	24544	22437	九、医疗卫生与计划生育支出	211358	243723	238954
印花税	12956	12917	10210	十、节能环保支出	27958	60274	54556
城镇土地使用税	69574	66368	56223	十一、城乡社区支出	260175	483379	471382
土地增值税	54863	45410	57672	十二、农林水支出	190584	297831	294821
车船税	9375	10236	9433	十三、交通运输支出	27376	166142	165871
耕地占用税	24148	24282	14839	十四、资源勘探信息等支出	7323	8239	6387
契税	68952	64248	93975	十五、商业服务业等支出	15666	20776	16248
烟叶税				十六、金融支出	2375	3703	3456
其他税收收入				十七、援助其他地区支出			
二、非税收入	325562	340458	399142	十八、国土海洋气象等支出	8694	13206	11829
专项收入	101271	98737	101507	十九、住房保障支出	58889	154526	154357
行政事业性收费收入	69954	67044	56141	二十、粮油物资储备支出	2387	8358	7411
罚没收入	36954	32249	33271	二十一、预备费	26505		
国有资本经营收入	36200	70196	91104	二十二、其他支出	121419	22276	828
国有资源(资产)有偿使用收入	70994	61791	101503	二十三、债务付息支出	7647	18873	18873
其他收入	10189	10441	15616	二十四、债务发行费用支出		285	285
本年收入合计	1322216	1298803	1338791	本年支出合计	1957965	2755027	2680543

2016年度阜阳市一般公共预算收支决算总表

单位:万元

预算科目	预算数	调整预算数	决算数	预算科目	预算数	调整预算数	决算数
一、税收收入	1017520	1007920	979027	一、一般公共服务支出	260692	314851	301513
增值税	171741	220241	317150	二、外交支出			
营业税	352609	298609	169071	三、国防支出	1603	3195	3128
企业所得税	61351	57351	60927	四、公共安全支出	137336	171514	165956
企业所得税退税				五、教育支出	652021	929508	924879
个人所得税	13254	12654	12783	六、科学技术支出	16686	50948	49722
资源税	9605	10805	9945	七、文化体育与传媒支出	19476	30759	29817
城市维护建设税	72615	73415	69927	八、社会保障和就业支出	616645	682364	671588
房产税	16291	16291	14124	九、医疗卫生与计划生育支出	381495	499282	494586
印花税	10517	10517	11525	十、节能环保支出	26616	95049	90182
城镇土地使用税	46523	46523	39994	十一、城乡社区支出	196927	305240	302163
土地增值税	67276	69276	79482	十二、农林水支出	369564	678544	664149
车船税	15477	15377	15924	十三、交通运输支出	81708	213395	209412
耕地占用税	29953	29053	22391	十四、资源勘探信息等支出	86458	93697	91001
契税	150308	147808	155784	十五、商业服务业等支出	15466	15936	15005
烟叶税				十六、金融支出	7639	5617	5063
其他税收收入				十七、援助其他地区支出			
二、非税收入	304571	326821	355414	十八、国土海洋气象等支出	15769	24867	23905
专项收入	117177	116677	109734	十九、住房保障支出	145014	239213	239097
行政事业性收费收入	88650	99150	93198	二十、粮油物资储备支出	5311	19533	16011
罚没收入	39338	43338	40904	二十一、预备费	63604		
国有资本经营收入	1400	1400	8507	二十二、其他支出	120265	12301	10038
国有资源(资产)有偿使用收入	49144	51894	89316	二十三、债务付息支出	43938	50247	50247
其他收入	8862	14362	13755	二十四、债务发行费用支出	217	728	587
本年收入合计	1322091	1334741	1334441	本年支出合计	3264450	4436788	4358049

2016 年度淮南市一般公共预算收支决算总表

单位:万元

预算科目	预算数	调整预算数	决算数	预算科目	预算数	调整预算数	决算数
一、税收收入	649987	659823	634846	一、一般公共服务支出	209523	166583	162844
增值税	136890	142990	239448	二、外交支出			
营业税	220066	216272	101683	三、国防支出	3222	3834	2677
企业所得税	56076	56126	43488	四、公共安全支出	90717	121169	116276
企业所得税退税				五、教育支出	317281	377283	373112
个人所得税	12653	12653	12120	六、科学技术支出	8768	29203	29203
资源税	23683	23683	22368	七、文化体育与传媒支出	19303	21310	20690
城市维护建设税	43461	43461	40029	八、社会保障和就业支出	234060	402107	401714
房产税	20252	20752	21810	九、医疗卫生与计划生育支出	197379	226091	225994
印花税	8311	8461	7280	十、节能环保支出	17243	51660	51102
城镇土地使用税	40436	42436	45741	十一、城乡社区支出	86902	176796	174604
土地增值税	20948	21348	22752	十二、农林水支出	184561	249934	247571
车船税	6794	6794	7299	十三、交通运输支出	27676	108325	107987
耕地占用税	10929	14429	16085	十四、资源勘探信息等支出	46265	58602	58594
契税	49488	50418	54743	十五、商业服务业等支出	13496	14229	14222
烟叶税				十六、金融支出		569	569
其他税收收入				十七、援助其他地区支出			
二、非税收入	219418	223678	339609	十八、国土海洋气象等支出	15376	11856	11578
专项收入	61282	61782	44760	十九、住房保障支出	54694	154166	154085
行政事业性收费收入	36924	37184	68015	二十、粮油物资储备支出	4813	6696	5653
罚没收入	17897	17897	23755	二十一、预备费	21950		
国有资本经营收入	38412	38412	10263	二十二、其他支出	82655	2119	1833
国有资源(资产)有偿使用收入	40812	41312	146763	二十三、债务付息支出	7415	19445	19445
其他收入	24091	27091	46053	二十四、债务发行费用支出		263	263
本年收入合计	869405	883501	974455	本年支出合计	1643299	2202240	2180016

2016 年度滁州市一般公共预算收支决算总表

单位:万元

预算科目	预算数	调整预算数	决算数	预算科目	预算数	调整预算数	决算数
一、税收收入	1144208	1139126	1107165	一、一般公共服务支出	221630	204679	200500
增值税	185940	228350	287000	二、外交支出			
营业税	374837	310314	161984	三、国防支出	4512	4116	3251
企业所得税	89353	81292	68165	四、公共安全支出	117918	138532	135342
企业所得税退税				五、教育支出	447160	565134	563668
个人所得税	19420	19217	15491	六、科学技术支出	35696	77622	77474
资源税	20370	20443	10648	七、文化体育与传媒支出	31993	46064	45641
城市维护建设税	72520	72609	64193	八、社会保障和就业支出	365957	389517	386940
房产税	30733	31157	30077	九、医疗卫生与计划生育支出	295671	366230	366006
印花税	12207	11743	10400	十、节能环保支出	36398	74722	68142
城镇土地使用税	116390	114439	114181	十一、城乡社区支出	226283	428304	426819
土地增值税	73419	74517	62805	十二、农林水支出	408439	600700	591260
车船税	8600	8613	9233	十三、交通运输支出	67059	197075	193605
耕地占用税	37160	69482	177809	十四、资源勘探信息等支出	99516	69890	69301
契税	103259	96950	95179	十五、商业服务业等支出	15693	23611	22614
烟叶税				十六、金融支出	3263	1786	1706
其他税收收入				十七、援助其他地区支出	100	100	100
二、非税收入	428712	447784	565897	十八、国土海洋气象等支出	19853	30302	30253
专项收入	98902	89703	82002	十九、住房保障支出	81834	114601	113634
行政事业性收费收入	83900	93572	84802	二十、粮油物资储备支出	10720	22446	20887
罚没收入	47400	46037	40550	二十一、预备费	37000		
国有资本经营收入			10220	二十二、其他支出	93812	2250	1098
国有资源(资产)有偿使用收入	189270	209327	305741	二十三、债务付息支出	29016	31339	31339
其他收入	9240	9145	42582	二十四、债务发行费用支出		883	883
本年收入合计	1572920	1586910	1673062	本年支出合计	2649523	3389903	3350463

2016年度六安市一般公共预算收支决算总表

单位:万元

预算科目	预算数	调整预算数	决算数	预算科目	预算数	调整预算数	决算数
一、税收收入	725347	717347	708368	一、一般公共服务支出	260999	347447	347391
增值税	72796	72796	176899	二、外交支出			
营业税	325964	317787	158764	三、国防支出	1418	2562	2562
企业所得税	47562	47562	42665	四、公共安全支出	101405	136864	136864
企业所得税退税				五、教育支出	528530	652781	652781
个人所得税	12060	12060	14046	六、科学技术支出	21702	45563	45563
资源税	13614	13791	8378	七、文化体育与传媒支出	27582	60904	60904
城市维护建设税	34845	34845	39752	八、社会保障和就业支出	233091	317857	317765
房产税	16784	16784	15607	九、医疗卫生与计划生育支出	317580	405657	405657
印花税	7677	7677	8187	十、节能环保支出	34985	86682	86276
城镇土地使用税	49767	49767	43872	十一、城乡社区支出	229454	151376	151076
土地增值税	40119	40119	47396	十二、农林水支出	360154	599161	596282
车船税	8287	8287	8856	十三、交通运输支出	83610	244651	244632
耕地占用税	17074	17074	18586	十四、资源勘探信息等支出	114403	83370	83370
契税	78798	78798	125360	十五、商业服务业等支出	13155	22190	22145
烟叶税				十六、金融支出	33770	33250	33201
其他税收收入				十七、援助其他地区支出			
二、非税收入	266280	273780	274245	十八、国土海洋气象等支出	17469	25212	25204
专项收入	67382	74882	64473	十九、住房保障支出	55988	131021	131021
行政事业性收费收入	128973	128973	109034	二十、粮油物资储备支出	10620	12295	12295
罚没收入	28854	28854	19241	二十一、预备费	38974		
国有资本经营收入				二十二、其他支出	119356	23785	23785
国有资源(资产)有偿使用收入	35071	35071	59741	二十三、债务付息支出	34052	40373	40373
其他收入	6000	6000	21756	二十四、债务发行费用支出	220	509	509
本年收入合计	991627	991127	982613	本年支出合计	2638517	3423510	3419656

2016年度马鞍山市一般公共预算收支决算总表

单位:万元

预算科目	预算数	调整预算数	决算数	预算科目	预算数	调整预算数	决算数
一、税收收入	1036695	1036695	941159	一、一般公共服务支出	188710	167692	167692
增值税	210926	210926	314919	二、外交支出			
营业税	345435	345435	145043	三、国防支出	979	1006	1006
企业所得税	71370	71370	56587	四、公共安全支出	99850	103461	103461
企业所得税退税				五、教育支出	256090	311144	311122
个人所得税	18174	18174	18320	六、科学技术支出	43307	103015	103014
资源税	22893	22893	14366	七、文化体育与传媒支出	32044	32474	32297
城市维护建设税	61194	61194	58785	八、社会保障和就业支出	204581	212087	212087
房产税	37457	37457	42579	九、医疗卫生与计划生育支出	156587	179175	179175
印花税	15405	15405	13227	十、节能环保支出	29044	55130	54491
城镇土地使用税	114781	114781	118389	十一、城乡社区支出	215589	352090	351678
土地增值税	46675	46675	41680	十二、农林水支出	145263	205255	203089
车船税	7090	7090	7399	十三、交通运输支出	48764	119162	119007
耕地占用税	13336	13336	25481	十四、资源勘探信息等支出	54666	54478	54478
契税	71959	71959	84384	十五、商业服务业等支出	42911	65929	65929
烟叶税				十六、金融支出	2404	662	662
其他税收收入				十七、援助其他地区支出			
二、非税收入	292179	292179	462033	十八、国土海洋气象等支出	22569	27232	27232
专项收入	79064	79064	73380	十九、住房保障支出	70652	113348	113348
行政事业性收费收入	78034	78034	102203	二十、粮油物资储备支出	7511	8796	8796
罚没收入	23021	23021	19997	二十一、预备费	24384		
国有资本经营收入	6950	6950	28514	二十二、其他支出	49719	2368	2368
国有资源(资产)有偿使用收入	61420	61420	219494	二十三、债务付息支出	19363	25690	25690
其他收入	43690	43690	18445	二十四、债务发行费用支出	17	338	338
本年收入合计	1328874	1328874	1403192	本年支出合计	1715004	2140532	2136960

2016 年度芜湖市一般公共预算收支决算总表

单位:万元

预算科目	预算数	调整预算数	决算数	预算科目	预算数	调整预算数	决算数
一、税收收入	2178795	2169566	2037303	一、一般公共服务支出	262820	267404	267060
增值税	541305	546689	740338	二、外交支出			
营业税	581950	558948	246027	三、国防支出	4251	4350	4350
企业所得税	202077	197064	172391	四、公共安全支出	116659	133219	133219
企业所得税退税				五、教育支出	532547	585646	585118
个人所得税	38135	38138	41829	六、科学技术支出	405761	517841	517841
资源税	35016	29255	29892	七、文化体育与传媒支出	30249	35325	34984
城市维护建设税	164640	166773	153221	八、社会保障和就业支出	384200	427400	427100
房产税	68436	68610	70146	九、医疗卫生与计划生育支出	294294	325069	324767
印花税	29874	30118	32134	十、节能环保支出	41302	77205	74256
城镇土地使用税	245855	264802	273822	十一、城乡社区支出	556169	747212	746912
土地增值税	65863	62061	67114	十二、农林水支出	192964	280056	276172
车船税	11497	11542	11933	十三、交通运输支出	44109	178117	176450
耕地占用税	36125	39285	52327	十四、资源勘探信息等支出	127715	137249	137111
契税	154822	153081	144065	十五、商业服务业等支出	60328	79369	79301
烟叶税	3200	3200	2064	十六、金融支出	12045	14980	14944
其他税收收入				十七、援助其他地区支出			
二、非税收入	664606	676417	949864	十八、国土海洋气象等支出	50368	17198	17172
专项收入	178127	176436	180745	十九、住房保障支出	135051	199807	199807
行政事业性收费收入	101007	99634	133601	二十、粮油物资储备支出	5090	7954	7954
罚没收入	26517	25735	25177	二十一、预备费	54235		
国有资本经营收入	112100	112100	223252	二十二、其他支出	41450	22231	22161
国有资源(资产)有偿使用收入	202729	217664	330168	二十三、债务付息支出	44031	47039	47039
其他收入	44126	44848	56921	二十四、债务发行费用支出	735	687	687
本年收入合计	2843401	2845983	2987167	本年支出合计	3396373	4105358	4094405

2016年度宣城市一般公共预算收支决算总表

单位:万元

预算科目	预算数	调整预算数	决算数	预算科目	预算数	调整预算数	决算数
一、税收收入	966016	966016	873385	一、一般公共服务支出	258916	216117	210615
增值税	190504	190504	306928	二、外交支出			
营业税	286936	286936	115765	三、国防支出	1324	2120	2120
企业所得税	59731	59731	50709	四、公共安全支出	103501	78078	77404
企业所得税退税				五、教育支出	312885	382233	381003
个人所得税	15907	15907	15403	六、科学技术支出	58443	90577	90305
资源税	23193	23193	13551	七、文化体育与传媒支出	28430	38854	37925
城市维护建设税	50871	50871	49034	八、社会保障和就业支出	221488	264982	259562
房产税	19680	19680	20078	九、医疗卫生与计划生育支出	209637	260626	257591
印花税	12673	12673	9289	十、节能环保支出	38232	69184	68117
城镇土地使用税	107043	107043	130800	十一、城乡社区支出	290739	403722	400073
土地增值税	60703	60703	44434	十二、农林水支出	232786	348385	341208
车船税	9702	9702	8478	十三、交通运输支出	76339	206405	205415
耕地占用税	8623	8623	16126	十四、资源勘探信息等支出	67829	15521	15432
契税	111172	111172	82304	十五、商业服务业等支出	9985	37793	35922
烟叶税	9278	9278	10486	十六、金融支出	860	2059	2059
其他税收收入				十七、援助其他地区支出			
二、非税收入	469096	469096	519852	十八、国土海洋气象等支出	9224	17060	16345
专项收入	90889	90889	62763	十九、住房保障支出	53809	105701	105643
行政事业性收费收入	51185	51185	47704	二十、粮油物资储备支出	4212	9396	9129
罚没收入	31726	31726	32496	二十一、预备费	29169		
国有资本经营收入	3000	3000	5767	二十二、其他支出	33649	2947	2490
国有资源(资产)有偿使用收入	286361	286361	354492	二十三、债务付息支出	11395	28859	28789
其他收入	5935	5935	16630	二十四、债务发行费用支出	68	580	580
本年收入合计	1435112	1435112	1393237	本年支出合计	2052920	2581199	2547727

2016 年度铜陵市一般公共预算收支决算总表

单位:万元

预算科目	预算数	调整预算数	决算数	预算科目	预算数	调整预算数	决算数
一、税收收入	539843	539843	473886	一、一般公共服务支出	112123	113012	112817
增值税	132179	132179	150427	二、外交支出			
营业税	106047	106047	72848	三、国防支出	564	821	821
企业所得税	39360	39360	28377	四、公共安全支出	53527	72235	72054
企业所得税退税				五、教育支出	164018	234922	234571
个人所得税	8655	8655	9251	六、科学技术支出	51511	83135	83119
资源税	22180	22180	18731	七、文化体育与传媒支出	11540	20110	19731
城市维护建设税	34130	34130	27465	八、社会保障和就业支出	143855	180084	176472
房产税	19950	19950	20429	九、医疗卫生与计划生育支出	101182	132257	131951
印花税	8630	8630	7860	十、节能环保支出	54408	48810	47705
城镇土地使用税	81920	81920	75634	十一、城乡社区支出	137772	255013	254982
土地增值税	17860	17860	19761	十二、农林水支出	67983	140920	139550
车船税	4052	4052	4134	十三、交通运输支出	52538	71852	71852
耕地占用税	3250	3250	5066	十四、资源勘探信息等支出	54931	25921	25916
契税	61630	61630	33903	十五、商业服务业等支出	26360	56494	56187
烟叶税				十六、金融支出	1161	445	445
其他税收收入				十七、援助其他地区支出			
二、非税收入	263208	263208	333325	十八、国土海洋气象等支出	8772	11354	11353
专项收入	49645	49645	40655	十九、住房保障支出	37747	47178	47178
行政事业性收费收入	63070	63070	73483	二十、粮油物资储备支出	2296	3399	3364
罚没收入	11813	11813	16622	二十一、预备费	11450		
国有资本经营收入	8990	8990	814	二十二、其他支出	15391	5410	5410
国有资源(资产)有偿使用收入	119290	119290	191584	二十三、债务付息支出	2401	15208	15208
其他收入	10400	10400	10167	二十四、债务发行费用支出		255	255
本年收入合计	803051	803051	807211	本年支出合计	1111530	1518835	1510941

2016年度池州市一般公共预算收支决算总表

单位:万元

预算科目	预算数	调整预算数	决算数	预算科目	预算数	调整预算数	决算数
一、税收收入	479801	439960	390586	一、一般公共服务支出	159784	121426	121096
增值税	74037	95334	95901	二、外交支出			
营业税	142004	81983	80784	三、国防支出	3098	3208	3208
企业所得税	24989	21667	16631	四、公共安全支出	41766	44608	44536
企业所得税退税				五、教育支出	165634	197653	197653
个人所得税	4805	4855	5206	六、科学技术支出	13715	17851	17851
资源税	14620	15320	12355	七、文化体育与传媒支出	16576	17410	17385
城市维护建设税	20881	19613	17712	八、社会保障和就业支出	125121	165243	164678
房产税	10497	12247	13262	九、医疗卫生与计划生育支出	72554	129222	129183
印花税	5647	5280	4303	十、节能环保支出	52124	76645	75743
城镇土地使用税	92531	103781	91401	十一、城乡社区支出	144597	300109	299415
土地增值税	18230	14230	13313	十二、农林水支出	103824	182003	180995
车船税	3201	3201	3564	十三、交通运输支出	42020	102943	102289
耕地占用税	9684	8784	6239	十四、资源勘探信息等支出	33594	12997	12997
契税	57957	52957	29173	十五、商业服务业等支出	17234	16279	16199
烟叶税	718	708	742	十六、金融支出	395	276	276
其他税收收入				十七、援助其他地区支出		496	
二、非税收入	274219	290358	323944	十八、国土海洋气象等支出	4997	11745	11738
专项收入	79830	53510	27847	十九、住房保障支出	36881	70754	70754
行政事业性收费收入	109640	114640	127852	二十、粮油物资储备支出	1411	3935	3394
罚没收入	12230	12130	15274	二十一、预备费	12125		
国有资本经营收入	900	900	1747	二十二、其他支出	58833	1368	1158
国有资源(资产)有偿使用收入	70925	108484	146482	二十三、债务付息支出	54562	18954	18954
其他收入	694	694	4742	二十四、债务发行费用支出		483	483
本年收入合计	754020	730318	714530	本年支出合计	1160845	1495608	1489985

2016年度安庆市一般公共预算收支决算总表

单位:万元

预算科目	预算数	调整预算数	决算数	预算科目	预算数	调整预算数	决算数
一、税收收入	772810	835905	812723	一、一般公共服务支出	270394	268490	263120
增值税	120198	236758	277641	二、外交支出			
营业税	274047	201075	134268	三、国防支出	1838	2776	2776
企业所得税	50034	52944	56617	四、公共安全支出	106432	133333	132805
企业所得税退税				五、教育支出	493058	636958	634842
个人所得税	16695	14927	14560	六、科学技术支出	39152	78793	78775
资源税	6935	6320	4729	七、文化体育与传媒支出	40188	58257	57639
城市维护建设税	63039	74385	75551	八、社会保障和就业支出	330512	405824	404734
房产税	21536	20780	19826	九、医疗卫生与计划生育支出	303073	371503	370848
印花税	9546	9685	9263	十、节能环保支出	23898	70874	69692
城镇土地使用税	52638	48825	42172	十一、城乡社区支出	133208	312485	312354
土地增值税	55935	53736	52544	十二、农林水支出	276318	540253	535921
车船税	10726	10956	10641	十三、交通运输支出	93131	263395	263157
耕地占用税	22680	26668	25436	十四、资源勘探信息等支出	43230	28621	28482
契税	68801	78846	89475	十五、商业服务业等支出	31263	28951	28461
烟叶税				十六、金融支出	1910	7924	7612
其他税收收入				十七、援助其他地区支出			
二、非税收入	342652	434263	467222	十八、国土海洋气象等支出	16730	20697	20584
专项收入	89913	90068	100998	十九、住房保障支出	42867	115693	115680
行政事业性收费收入	66931	96735	100907	二十、粮油物资储备支出	6918	9729	9687
罚没收入	25998	53166	57219	二十一、预备费	35467		
国有资本经营收入				二十二、其他支出	54280	788	785
国有资源(资产)有偿使用收入	135450	178820	178235	二十三、债务付息支出	24920	32749	32749
其他收入	24360	15474	29863	二十四、债务发行费用支出	302	809	809
本年收入合计	1115462	1270168	1279945	本年支出合计	2369089	3388902	3371512

2016年度黄山市一般公共预算收支决算总表

单位:万元

预算科目	预算数	调整预算数	决算数	预算科目	预算数	调整预算数	决算数
一、税收收入	462884	446769	399588	一、一般公共服务支出	143390	179398	178447
增值税	62158	66063	89833	二、外交支出			
营业税	161785	139765	73184	三、国防支出	1632	1078	996
企业所得税	22386	22386	19506	四、公共安全支出	67425	91105	91077
企业所得税退税				五、教育支出	142290	176557	175953
个人所得税	8162	8162	8389	六、科学技术支出	30130	39937	39754
资源税	1632	1632	1123	七、文化体育与传媒支出	18159	47609	47534
城市维护建设税	18055	18055	16662	八、社会保障和就业支出	171296	203916	202839
房产税	18100	18100	18729	九、医疗卫生与计划生育支出	108009	138453	138434
印花税	5261	5261	4836	十、节能环保支出	35412	80552	80064
城镇土地使用税	47816	47816	49034	十一、城乡社区支出	126428	228536	228468
土地增值税	41102	41102	57966	十二、农林水支出	139379	263907	262344
车船税	4445	4445	4328	十三、交通运输支出	32122	104326	103874
耕地占用税	7932	7932	5819	十四、资源勘探信息等支出	28398	33020	33020
契税	63631	65631	49902	十五、商业服务业等支出	34639	25411	25163
烟叶税	419	419	277	十六、金融支出	66	792	792
其他税收收入				十七、援助其他地区支出			
二、非税收入	288843	301053	358360	十八、国土海洋气象等支出	4447	7735	7710
专项收入	28117	28117	27532	十九、住房保障支出	39145	69815	69594
行政事业性收费收入	23181	23181	27273	二十、粮油物资储备支出	3057	4588	4576
罚没收入	12749	12749	11820	二十一、预备费	12423		
国有资本经营收入	600	600	2216	二十二、其他支出	69534	3457	1280
国有资源(资产)有偿使用收入	182718	194928	267411	二十三、债务付息支出	20387	18036	18036
其他收入	41478	41478	22108	二十四、债务发行费用支出	128	308	308
本年收入合计	751727	747822	757948	本年支出合计	1227896	1718536	1710263

2016 年度各市县(区)一般公共预算收入情况表

单位:万元

地区	收入合计	税收收入										非税收入					
		小计	增值税	营业税	企业所得税	个人所得税	城市维护建设税	房产税	城镇土地使用税	土地增值税	契税	小计	专项收入	行政事业性收费收入	罚没收入	国有资本经营收入	国有资源(资产)有偿使用收入
安徽省	26727920	18575281	5303404	3099903	2332401	592815	1133857	515793	1418690	1048289	1854037	8152639	2090979	1601608	527463	413980	3002862
安徽省本级	2514586	1593095	44789	95066	1015364	226758	13921	1829	2717	2643	0	921491	493338	122805	24305	4709	252482
安徽省地市合计	24213334	16982186	5258615	3004837	1317037	366057	1119936	513964	1415973	1045646	1854037	7231148	1597641	1478803	503158	409271	2750380
宣城市	1393237	873385	306928	115765	50709	15403	49034	20078	130800	44434	82304	519852	62763	47704	32496	5767	354492
宣城市本级	203476	131816	25336	24829	8965	3366	9948	3306	30940	8957	12331	71660	11518	12860	9806	5722	25776
宣城市区县合计	1189761	741569	281592	90936	41744	12037	39086	16772	99860	35477	69973	448192	51245	34844	22690	45	328716
宣州区	255227	162662	57854	18527	4357	1388	8770	2692	16121	6649	24881	92565	10090	2759	2716	0	77000
郎溪县	178554	99579	35585	14136	3019	1302	4473	2322	24868	3439	6562	78975	6055	3888	2244	0	65976
广德县	234446	147344	56639	22151	7701	2624	6839	4527	18112	4459	8895	87102	10848	9845	6019	0	57736
宁国市	273239	175183	63278	17548	21025	4665	10735	4455	26797	9173	11730	98056	11573	9421	5377	0	70201
泾县	121017	83729	42518	8943	2495	970	5018	992	6052	6311	5965	37288	7156	6337	3243	45	18861
旌德县	53582	33116	12068	4607	1398	401	1327	479	2539	2719	6150	20466	2806	1423	1080	0	13048
绩溪县	73696	39956	13650	5024	1749	687	1924	1305	5371	2727	5790	33740	2717	1171	2011	0	25894
宿州市	956248	593842	151564	134687	38018	7971	30492	9643	63571	37575	61381	362406	48228	95646	53381	19547	107803
宿州市本级	348317	238813	46467	56247	22158	2798	12539	4217	37069	15022	29075	109504	23553	34027	14539	19547	11586
宿州市区县合计	607931	355029	105097	78440	15860	5173	17953	5426	26502	22553	32306	252902	24675	61619	38842	0	96217
埇桥区	217412	137447	49065	23037	3827	2930	9971	3279	16189	4526	2887	79965	9618	19027	9375	0	14071
砀山县	79040	52788	13876	15068	2452	527	2041	627	2813	5181	5836	26252	3396	11450	6097	0	4780
萧县	157123	60482	17947	15782	3805	562	2368	580	2694	3604	6851	96641	5187	13069	13062	0	62852
灵璧县	73922	49009	11431	12864	1884	602	1843	484	2467	4827	6579	24913	3292	4016	6386	0	10768
泗县	80434	55303	12778	11689	3892	552	1730	456	2339	4415	10153	25131	3182	14057	3922	0	3746
滁州市	1673062	1107165	287000	161984	68165	15491	64193	30077	114181	62805	95179	565897	82002	84802	40550	10220	305741
滁州市本级	439712	312853	87854	51197	27817	4439	32601	9409	22577	14974	39705	126859	32544	21933	8342	9566	19396
滁州市区县合计	1233350	794312	199146	110787	40348	11052	31592	20668	91604	47831	55474	439038	49458	62869	32208	654	286345
琅琊区	81987	52942	18648	10193	2993	880	3163	2265	3359	3037	3091	29045	2555	919	2213	0	23148
南谯区	134698	80311	18072	10401	3373	1827	2699	1865	7478	3985	5104	54387	3003	12138	1960	0	36627
天长市	281031	178319	52320	19479	10678	1806	8520	4153	26913	11332	5881	102712	12670	26082	6206	654	56261
来安县	132642	97767	30788	15886	5126	1720	4430	2429	8071	6613	7687	34875	7598	3634	4077	0	19170
全椒县	163363	99173	24184	13550	5802	1251	3521	3022	10236	6049	11026	64190	6688	2858	2176	0	52079
定远县	144901	96003	13680	11598	3726	952	2009	2323	10155	3004	6763	48898	4242	7274	5391	0	31688
凤阳县	187223	117374	25718	14053	4410	1544	3553	2944	16794	8713	8776	69849	8707	4823	6019	0	47544
明光市	107505	72423	15736	15627	4240	1072	3697	1667	8598	5098	7146	35082	3995	5141	4166	0	19828
池州市	714530	390586	95901	80784	16631	5206	17712	13262	91401	13313	29173	323944	27847	127852	15274	1747	146482
池州市本级	300907	139857	19851	35502	6831	1898	8432	7069	35227	5724	14333	161050	9466	106357	8758	1747	30468
池州市区县合计	413623	250729	76050	45282	9800	3308	9280	6193	56174	7589	14840	162894	18381	21495	6516	0	116014
贵池区	191068	102628	30221	14438	4806	1153	3308	3819	28239	3271	2207	88440	5107	14213	1357	0	67763
石台县	17256	11812	3340	2013	544	451	395	204	632	645	921	5444	835	709	729	0	3138
青阳县	108424	70956	21125	14140	2421	792	2786	1140	16071	3018	5593	37468	5933	5183	2275	0	23622

2016年度各市县(区)一般公共预算收入情况表

续表 单位:万元

地区	收入合计	税收收入										非税收入					
		小计	增值税	营业税	企业所得税	个人所得税	城市维护建设税	房产税	城镇土地使用税	土地增值税	契税	小计	专项收入	行政事业性收费收入	罚没收入	国有资本经营收入	国有资源(资产)有偿使用收入
东至县	96875	65333	21364	14691	2029	912	2791	1030	11232	655	6119	31542	6506	1390	2155	0	21491
阜阳市	1334441	979027	317150	169071	60927	12783	69927	14124	39994	79482	155784	355414	109734	93198	40904	8507	89316
阜阳市本级	274684	180369	46688	29007	6598	4870	25890	3231	9708	9290	25198	94315	34297	24079	10358	5347	19087
阜阳市区县合计	1059757	798658	270462	140064	54329	7913	44037	10893	30286	70192	130586	261099	75437	69119	30546	3160	70229
颍州区	181371	167901	43958	26919	18215	1288	6971	3138	3617	26614	34643	13470	6087	3231	2466	851	670
颍泉区	98453	66981	19600	12492	9015	888	3571	1676	2569	8606	6664	31472	3263	828	1634	863	21205
颍东区	75245	61386	17341	14109	3689	517	3027	835	2817	3935	10838	13859	2925	3001	841	666	5870
临泉县	99614	68539	19309	14096	4497	1446	2847	654	3096	6294	11714	31075	8417	8310	5804	0	8259
太和县	204000	148130	60896	24315	5088	1022	7917	1395	5985	10067	25480	55870	18308	23192	6354	0	2715
颍上县	167770	125559	42407	23021	5409	908	6534	1846	5865	6739	19538	42211	15780	4440	3718	0	18023
阜南县	82105	54936	16225	11546	3806	760	2182	458	1690	2568	12197	27169	3831	7293	5045	0	9470
界首市	151199	105226	50726	13566	4610	1084	10988	891	4647	5369	9512	45973	16826	18824	4684	780	4017
六安市	982613	708368	176899	158764	42665	14046	39752	15607	43872	47396	125360	274245	64473	109034	19241	0	59741
六安市本级	346190	233665	37281	49940	11822	4980	18294	6037	15738	25473	56052	112525	28777	48579	6137	0	19377
六安市区县合计	636423	474703	139618	108824	30843	9066	21458	9570	28134	21923	69308	161720	35696	60455	13104	0	40364
金安区	104597	86966	27326	24966	4875	1523	3718	1546	4553	2101	8989	17631	5239	6426	1429	0	4537
裕安区	109475	81785	25239	22682	4724	1674	3173	819	5080	5033	10518	27690	6182	9353	2734	0	9421
霍邱县	116629	75548	24007	14196	3740	1459	3088	1943	5311	4158	7948	41081	5470	14843	3627	0	15979
舒城县	112494	82859	22600	15453	5595	1074	3052	1552	3140	4315	21762	29635	4056	13674	1668	0	1918
金寨县	83027	64735	12669	18988	4177	1536	2676	720	2942	2044	10959	18292	4599	3795	1253	0	6670
霍山县	84495	63547	22106	9171	6524	1348	4864	2761	5336	3087	5752	20948	7217	10090	1460	0	1604
叶集区	25706	19263	5671	3368	1208	452	887	229	1772	1185	3380	6443	2933	2274	933	0	235
合肥市	6148493	5019220	1429495	1029446	546235	161872	310003	169779	174642	399730	632839	1129273	534483	221798	69870	8352	185622
合肥市本级	3869162	3132437	920122	657955	373952	109348	219590	56637	104462	92135	518328	736725	407495	104795	41714	7979	114303
合肥市区县合计	2279331	1886783	509373	371491	172283	52524	90413	113142	70180	307595	114511	392548	126988	117003	28156	373	71319
瑶海区	136376	110953	23212	16007	8900	2367	4489	9011	0	40552	0	25423	936	5995	1888	0	8845
庐阳区	202294	173212	31203	23782	33155	8795	6555	23059	0	36421	0	29082	1487	8959	2841	0	7124
蜀山区	195271	167356	38447	28871	17555	8853	9820	23308	0	31946	0	27915	2915	3943	1477	373	8385
包河区	320390	290550	71036	45331	26332	8773	13947	25762	0	84527	0	29840	2088	8066	4398	0	10507
肥东县	316559	247536	90991	49055	11285	3677	11633	5808	16035	17799	30659	69023	29392	21165	3802	0	14300
长丰县	333302	262534	66346	73057	19852	5163	11520	5608	16016	36271	23516	70768	35364	14277	3791	0	3577
肥西县	421228	378592	112385	75802	35524	8420	19427	12726	27413	44051	31941	42636	29074	7197	2313	0	2491
庐江县	175483	122689	32831	29586	10081	3303	5718	2421	5338	11259	13989	52794	12875	26371	3572	0	9976
巢湖市	178428	133361	42922	30000	9599	3173	7304	5439	5378	4769	14406	45067	12857	21030	4074	0	6114
蚌埠市	1338791	939649	311085	205662	51666	11536	94328	22437	56223	57672	93975	399142	101507	56141	33271	91104	101503
蚌埠市本级	576651	387741	114782	65951	22319	5769	62907	8186	17737	18826	64611	188910	61184	27140	10981	44711	34766
蚌埠市区县合计	762140	551908	196303	139711	29347	5767	31421	14251	38486	38846	29364	210232	40323	29001	22290	46393	66737
龙子湖区	65626	52118	15372	10799	3768	1587	3395	1701	3867	4423	0	13508	2291	0	9589	0	1585

2016 年度各市县(区)一般公共预算收入情况表

续表 单位:万元

地区	收入合计	税收收入										非税收入					
		小计	增值税	营业税	企业所得税	个人所得税	城市维护建设税	房产税	城镇土地使用税	土地增值税	契税	小计	专项收入	行政事业性收费收入	罚没收入	国有资本经营收入	国有资源(资产)有偿使用收入
蚌山区	88565	63948	13317	22049	4869	827	3762	4119	3971	9550	0	24617	2210	965	1831	9480	10097
禹会区	106062	76410	25955	22448	6427	1061	5890	2354	6285	3659	0	29652	3187	1318	1953	21100	2046
淮上区	90413	74027	15330	29008	5518	190	4360	2708	6830	6036	0	16386	3029	3254	1088	9000	15
怀远县	182649	130761	57879	24735	3593	849	6876	1624	8899	8026	13158	51888	19670	10674	3575	0	17765
固镇县	107456	71903	30207	15527	2749	469	3635	863	5718	3394	6596	35553	4995	5004	2361	6813	12401
五河县	121369	82741	38243	15145	2423	784	3503	882	2916	3758	9610	38628	4941	7786	1893	0	22828
淮南市	974455	634846	239448	101683	43488	12120	40029	21810	45741	22752	54743	339609	44760	68015	23755	10263	146763
淮南市本级	424668	208483	53697	25758	20608	5521	12956	8756	24561	5523	30495	216185	25873	32462	11127	9858	98333
淮南市区县合计	549787	426363	185751	75925	22880	6599	27073	13054	21180	17229	24248	123424	18887	35553	12628	405	48430
田家庵区	77608	71024	27065	15201	8973	2482	4145	2621	2239	5018	0	6584	0	4095	1646	25	817
大通区	29762	25909	17475	1254	2079	209	2900	499	1105	130	0	3853	0	512	1098	0	1651
谢家集区	52273	46156	11284	15881	1480	401	2730	847	3595	4571	4721	6117	66	740	1004	0	4036
八公山区	9881	8768	4075	848	2907	64	353	201	199	8	0	1113	15	304	751	0	43
潘集区	52696	41827	18195	3863	961	579	4656	2503	3849	940	124	10869	2598	2260	829	0	1512
凤台县	237940	166915	91888	20477	3994	1690	9729	5838	7540	1611	5330	71025	12229	17146	3957	330	34844
寿县	89627	65764	15769	18401	2486	1174	2560	545	2653	4951	14073	23863	3979	10496	3343	50	5527
铜陵市	807211	473886	150427	72848	28377	9251	27465	20429	75634	19761	33903	333325	40655	73483	16622	814	191584
铜陵市本级	412680	212340	49664	20932	16037	3763	11485	6999	54657	13858	20759	200340	28722	39506	8083	0	116767
铜陵市区县合计	394531	261546	100763	51916	12340	5488	15980	13430	20977	5903	13144	132985	11933	33977	8539	814	74817
郊区	65166	40722	17677	8865	1508	585	3692	7263	0	0	0	24444	0	0	0	120	24324
铜官区	86855	56944	26295	14559	2575	3234	4667	2970	0	0	0	29911	0	1669	367	694	26768
义安区	159023	107999	40181	20599	4255	1107	5381	2673	16449	2341	4787	51024	7242	26054	2924	0	14693
枞阳县	83487	55881	16610	7893	4002	562	2240	524	4528	3562	8357	27606	4691	6254	5248	0	9032
马鞍山市	1403192	941159	314919	145043	56587	18320	58785	42579	118389	41680	84384	462033	73380	102203	19997	28514	219494
马鞍山市本级	538321	347801	127985	32765	25645	8125	27537	19941	47681	3959	34113	190520	39379	50242	6989	28465	51405
马鞍山市区县合计	864871	593358	186934	112278	30942	10195	31248	22638	70708	37721	50271	271513	34001	51961	13008	49	168089
花山区	132665	103496	36264	28044	6619	2049	7942	5418	6612	8493	0	29169	3314	2181	206	0	22762
雨山区	107845	71548	24485	18049	3129	1857	4958	3234	6074	8345	0	36297	2106	1510	831	0	31774
当涂县	303474	182251	66197	22591	8202	1497	8760	8872	33739	6179	17782	121223	15372	11497	3536	0	90760
含山县	107848	76544	23603	17771	3779	801	3520	1847	5177	3793	8390	31304	5280	17240	2582	49	3584
和县	163793	122226	23603	21815	8178	3788	3801	2674	11914	9650	21509	41567	6117	18324	4157	0	11973
博望区	49246	37293	12782	4008	1035	203	2267	593	7192	1261	2590	11953	1812	1209	1696	0	7236
淮北市	591762	396866	140613	66877	23033	7615	30374	13362	49856	13311	16933	194896	33280	81497	24621	-1032	22136
淮北市本级	326090	207587	68612	37275	11764	4683	18413	7047	29923	1925	8915	118503	21972	50266	14030	-8121	9674
淮北市区县合计	265672	189279	72001	29602	11269	2932	11961	6315	19933	11386	8018	76393	11308	31231	10591	7089	12462
相山区	46223	42901	10645	9233	1738	443	2209	1938	4296	7588	3074	3322	1112	1340	184	0	686
杜集区	29363	22386	7162	3287	205	314	1125	1057	5083	806	0	6977	842	756	705	0	1156
烈山区	28683	18503	9184	2886	227	62	787	389	1794	258	428	10180	441	783	1735	0	7150
濉溪县	161403	105489	45010	14196	9099	2113	7840	2931	8760	2734	4516	55914	8913	28352	7967	7089	3470
芜湖市	2987167	2037303	740338	246027	172391	41829	153221	70146	273822	67114	144065	949864	180745	133601	25177	223252	330168

2016年度各市县(区)一般公共预算收入情况表

续表 单位:万元

地区	收入合计	税收收入										非税收入					
		小计	增值税	营业税	企业所得税	个人所得税	城市维护建设税	房产税	城镇土地使用税	土地增值税	契税	小计	专项收入	行政事业性收费收入	罚没收入	国有资本经营收入	国有资源(资产)有偿使用收入
芜湖市本级	1063273	654365	287732	53928	93027	18849	86409	20699	60051	2686	10034	408908	117875	102987	15119	108245	25761
芜湖市区县合计	1923894	1382938	452606	192099	79364	22980	66812	49447	213771	64428	134031	540956	62870	30614	10058	115007	304407
镜湖区	292392	224289	60211	43312	17625	7413	11878	15925	20259	11125	23479	68103	7983	3086	498	5000	48502
弋江区	191360	154302	49884	33842	9358	2798	9571	4507	12977	8222	20851	37058	6474	1437	695	23520	4932
鸠江区	271501	220562	61284	35175	12216	5386	11781	9282	40937	16455	23214	50939	9113	1956	367	4700	34803
三山区	110190	80849	17684	17533	5714	1221	4040	3452	19876	3062	5452	29341	2974	256	335	24700	181
繁昌县	336637	231181	85133	11844	9077	1020	10279	3483	56203	9340	10188	105456	11607	4743	1857	6000	81138
南陵县	193542	123414	45008	12798	5221	1143	4301	1736	15622	3909	5463	70128	5361	4113	1603	51087	2834
芜湖县	280181	185979	78611	11323	12296	1041	8310	4507	33785	3283	25816	94202	10625	3572	1950	0	77405
无为县	248091	162362	54791	26272	7857	2958	6652	6555	14112	9032	19568	85729	8733	11451	2753	0	54612
安庆市	1279945	812723	277641	134268	56617	14560	75551	19826	42172	52544	89475	467222	100998	100907	57219	0	178235
安庆市本级	521723	288762	123780	20598	17239	4744	48799	6822	10089	4740	37769	232961	53445	51917	29775	0	83910
安庆市区县合计	758222	523961	153861	113670	39378	9816	26752	13004	32083	47804	51706	234261	47553	48990	27444	0	94325
迎江区	82630	64806	18260	18980	4700	1131	3553	1986	3078	12400	0	17824	2496	506	517	0	14253
大观区	45809	36207	12728	8737	3514	684	2599	1609	2257	3224	0	9602	2052	4857	2018	0	528
宜秀区	57925	51838	12460	17303	5894	568	3850	1668	2718	6578	0	6087	2689	1317	1771	0	293
怀宁县	125378	83203	22267	15089	4480	1585	3235	1184	4729	7519	13184	42175	7547	8154	2837	0	21157
桐城市	157471	97410	30173	16108	8633	1440	5355	3112	10245	6335	8348	60061	5971	8337	5182	0	39771
潜山县	72763	47556	13184	8952	3068	1034	2015	845	3074	3424	6749	25207	14601	1948	2717	0	2883
太湖县	49435	36826	10060	6875	2280	1226	1451	625	1871	1357	8521	12609	1910	1328	3232	0	5782
宿松县	71145	39470	12851	7821	3076	1136	1563	469	829	2275	7457	31675	3465	14023	4928	0	1852
望江县	50006	34138	9446	7249	1729	492	1577	705	1669	2553	5251	15868	3744	6007	2055	0	3737
岳西县	45660	32507	12432	6556	2004	520	1554	801	1613	2139	2196	13153	3078	2513	2187	0	4069
黄山市	757948	399588	89833	73184	19506	8389	16662	18729	49034	57966	49902	358360	27532	27273	11820	2216	267411
黄山市本级	200597	106881	19984	16372	6410	2844	4988	6099	13662	11506	18661	93716	6529	13606	4402	0	63601
黄山市区县合计	557351	292707	69849	56812	13096	5545	11674	12630	35372	46460	31241	264644	21003	13667	7418	2216	203810
屯溪区	88924	38239	9551	12092	1901	1185	2276	1991	5030	3388	0	50685	1928	3877	781	0	43727
黄山区	95092	48477	9349	9704	1354	1003	1521	2426	9939	5608	5527	46615	2784	1774	1275	1156	38642
徽州区	80911	40206	11579	6780	2293	538	2115	1423	6269	5108	2786	40705	3180	1429	1264	775	29832
祁门县	56763	32199	6795	4952	1077	461	1097	745	2058	9194	4942	24564	2398	645	775	0	17251
黟县	35627	17175	3719	3383	878	395	555	1206	1580	3573	1229	18452	976	800	683	0	11004
休宁县	81439	42562	11361	5663	2233	901	1641	1589	3376	9890	3862	38877	5408	1172	1057	285	30717
歙县	118595	73849	17495	14238	3360	1062	2469	3250	7120	9699	12895	44746	4329	3970	1583	0	32637
亳州市	870239	674573	229374	108744	42022	9665	42408	12076	46641	28111	104637	195666	65254	55649	18960	0	43889
亳州市本级	282559	227128	65760	29971	16876	3988	17481	5463	17690	8777	36201	55431	18815	19764	6674	0	5923
亳州市区县合计	587680	447445	163614	78773	25146	5677	24927	6613	28951	19334	68436	140235	46439	35885	12286	0	37966
谯城区	197059	153092	60589	23679	11228	3137	10127	2153	8734	5623	18797	43967	10249	6079	2183	0	23014
涡阳县	119176	83909	26661	15679	4381	944	3970	2097	6236	4498	14270	35267	5690	16551	6943	0	3226
蒙城县	154927	121708	42148	19254	5683	988	6406	1912	11659	5507	20711	33219	15500	7955	1554	0	7840
利辛县	116518	88736	34216	20161	3854	608	4424	451	2322	3706	14658	27782	15000	5300	1606	0	3886

2016 年度各市县(区)一般公共预算支出情况表

单位:万元

地 区	支出合计	一般公共服务支出	公共安全支出	教育支出	科学技术支出	文化体育与传媒支出	社会保障和就业支出	医疗卫生与计划生育支出	节能环保支出	城乡社区支出	农林水支出	交通运输支出	资源勘探信息等支出	商业服务业等支出	国土海洋气象等支出	住房保障支出	粮油物资储备支出	债务付息支出
安徽省	55229501	4040967	2211694	9108725	2594987	842323	7615864	4801237	1336378	6690603	6248330	3413714	1573605	594703	403578	2292909	315588	565333
安徽省本级	6454250	452463	286238	999040	203139	256888	2055031	169855	34092	9966	283460	629262	270247	18799	99041	141851	160667	90706
安徽省地市合计	48775251	3588504	1925456	8109685	2391848	585435	5560833	4631382	1302286	6680637	5964870	2784452	1303358	575904	304537	2151058	154921	474627
宣城市	2547727	210615	77404	381003	90305	37925	259562	257591	68117	400073	341208	205415	15432	35922	16345	105643	9129	28789
宣城市本级	448038	39550	18664	19044	15724	8988	25720	18394	21084	118280	28792	90961	1123	14537	3201	8507	2136	11090
宣城市区县合计	2099689	171065	58740	361959	74581	28937	233842	239197	47033	281793	312416	114454	14309	21385	13144	97136	6993	17699
宣州区	446421	37998	7114	70879	8633	2923	71514	49935	4745	63548	76297	14155	1538	729	1220	31096	649	3154
郎溪县	308686	28332	3107	56758	21907	3137	20238	31763	1409	59832	42470	11162	617	5297	1531	17892	788	2344
广德县	411394	39414	13233	71040	15896	7665	32233	51059	14825	28990	58417	44812	2496	5888	1002	13302	3846	4743
宁国市	380460	19881	14179	69036	13505	3068	36747	51394	9773	54824	48454	21253	5411	2851	6134	18602	633	3540
泾县	261682	14668	10406	51493	4060	5630	43750	28269	6220	33639	38711	7688	2660	1904	1724	8970	360	1056
旌德县	130002	12702	6523	16038	5711	2473	17787	11762	1577	16315	22865	7028	1112	839	977	4277	145	1652
绩溪县	161044	18070	4178	26715	4869	4041	11573	15015	8484	24645	25202	8356	475	3877	556	2997	572	1210
宿州市	3113893	224581	134257	621019	72030	27549	286377	377840	81951	292551	487536	210421	47632	13542	29462	150902	11675	34960
宿州市本级	830159	53657	56096	49447	60470	9673	20327	23288	56407	183135	63589	151988	30401	4441	2894	42680	3898	12082
宿州市区县合计	2283734	170924	78161	571572	11560	17876	266050	354552	25544	109416	423947	58433	17231	9101	26568	108222	7777	22878
埇桥区	607074	52207	8207	174708	4806	3008	70853	95887	7522	39653	114809	6976	3648	900	4152	13808	1137	3940
砀山县	345522	25387	16951	89583	1674	3217	39885	58709	2507	12346	62833	7983	2254	858	2143	13855	420	3417
萧县	495119	31967	24378	122912	3153	4410	60607	70938	8685	16884	83913	13595	6060	3215	11274	25674	1096	5094
灵璧县	420050	27255	11573	104149	1085	3286	49798	76616	5275	9400	78555	16385	1798	1244	6815	16196	2491	8027
泗县	415969	34108	17052	80220	842	3955	44907	52402	1555	31133	83837	13494	3471	2884	2184	38689	2633	2400
滁州市	3350463	200500	135342	563668	77474	45641	386940	366006	68142	426819	591260	193605	69301	22614	30253	113634	20887	31339
滁州市本级	657990	47316	48840	47185	30474	14808	45188	27484	7501	143191	48253	96865	62024	4980	3320	15723	3262	8512
滁州市区县合计	2692473	153184	86502	516483	47000	30833	341752	338522	60641	283628	543007	96740	7277	17634	26933	97911	17625	22827
琅琊区	138023	11952	5642	47244	2217	869	18497	11009	1236	21846	8279	129	1060	3189	14	3686	49	975
南谯区	228629	11585	5971	54966	6634	1756	22840	20477	2695	27110	53799	3900	357	1136	5087	4865	2405	2343
天长市	479875	16898	13758	84326	14658	11369	55941	86289	11716	60397	70266	14275	2419	2449	6763	19228	4687	3649
来安县	287146	15283	10347	42950	2828	1994	43985	31597	6957	31625	66285	10143	1515	2234	1181	12942	2920	2101
全椒县	319519	13869	10894	55342	5936	3751	33975	36157	6561	58245	63499	12872	282	3691	2303	7662	882	3247
定远县	500058	33658	16010	89840	4688	2659	70172	56342	12922	27362	132629	26212	296	692	1437	19255	1577	3222
凤阳县	390341	33992	15602	90652	5412	5753	43491	44660	10962	16322	82041	14310	910	1915	5770	11103	2732	4403
明光市	348882	15947	8278	51163	4627	2682	52851	51991	7592	40721	66209	14899	438	2328	4378	19170	2373	2887
池州市	1489985	121096	44536	197653	17851	17385	164678	129183	75743	299415	180995	102289	12997	16199	11738	70754	3394	18954
池州市本级	529347	32167	19413	24452	5118	6417	29772	18555	61103	201000	28448	66472	7548	5492	2237	8045	405	8652
池州市区县合计	960638	88929	25123	173201	12733	10968	134906	110628	14640	98415	152547	35817	5449	10707	9501	62709	2989	10302
贵池区	362996	37808	3737	63699	3598	2018	46137	41006	5188	52487	46675	15300	3640	637	2773	32861	1183	3535
石台县	111288	8962	4618	13951	1133	3433	17258	10007	2034	2992	24930	6574	307	6971	1776	4917	177	1192
青阳县	195409	16158	7745	26372	5100	3440	29906	28881	1522	32100	25240	5712	347	1012	2691	6211	689	2113
东至县	290945	26001	9023	69179	2902	2077	41605	30734	5896	10836	55702	8231	1155	2087	2261	18720	940	3462
阜阳市	4358049	301513	165956	924879	49722	29817	671588	494586	90182	302163	664149	209412	91001	15005	23905	239097	16011	50247
阜阳市本级	703916	57726	53031	55557	16709	5986	52069	17919	35571	158999	73531	110002	14113	4864	4689	26490	1942	7706

2016年度各市县(区)一般公共预算支出情况表

续表 单位:万元

地区	支出合计	一般公共服务支出	公共安全支出	教育支出	科学技术支出	文化体育与传媒支出	社会保障和就业支出	医疗卫生与计划生育支出	节能环保支出	城乡社区支出	农林水支出	交通运输支出	资源勘探信息等支出	商业服务业等支出	国土海洋气象等支出	住房保障支出	粮油物资储备支出	债务付息支出
阜阳市区县合计	3654133	243787	112925	869322	33013	23831	619519	476667	54611	143164	590618	99410	76888	10141	19216	212607	14069	42541
颍州区	332529	26087	8534	69661	280	1256	57481	40692	723	18289	53630	3729	15086	148	319	27568	1410	5464
颍泉区	268643	18861	5990	57302	3105	970	46869	31608	1212	10096	60441	2432	5833	115	69	10605	622	8141
颍东区	251804	18821	5814	79043	486	1400	43526	38150	444	5790	41458	2612	2752	152	241	7614	1206	1914
临泉县	626822	46356	22595	144284	1019	3904	124161	85309	3798	6327	104397	40441	2679	648	2052	30955	3676	4129
太和县	679046	32939	20463	206089	2099	5715	98270	89135	11257	17562	109532	13979	18029	2694	9134	33185	2308	3831
颍上县	550600	46534	17705	120983	2989	4464	80223	82819	1909	37464	58501	15455	21069	4325	5031	37360	2281	10886
阜南县	557283	23991	15679	122155	3874	4141	94251	72017	11410	24954	107117	13157	6584	1860	1148	44741	1613	7355
界首市	387406	30198	16145	69805	19161	1981	74738	36937	23858	22682	55542	7605	4856	199	1222	20579	953	821
六安市	3419656	347391	136864	652781	45563	60904	317765	405657	86276	151076	596282	244632	83370	22145	25204	131021	12295	40373
六安市本级	862534	87939	54188	55353	29501	27135	19188	65772	39392	68340	81750	157752	59186	5489	2147	27129	2913	25464
六安市区县合计	2557122	259452	82676	597428	16062	33769	298577	339885	46884	82736	514532	86880	24184	16656	23057	103892	9382	14909
金安区	369683	39953	7318	115465	1151	3200	45749	42233	5573	10399	65395	6614	3386	4085	4619	11590	1264	1333
裕安区	413988	40872	7788	83241	4726	2849	56792	67812	6338	9771	79682	19390	4969	2309	4468	16020	2796	1270
霍邱县	541932	52709	20521	134803	1456	10800	59984	76024	3508	13812	120942	20688	4810	3383	2236	12481	411	3137
舒城县	427418	39069	18316	103706	3355	4731	47829	56404	3170	11367	79086	20719	6030	2491	3173	24568	725	2262
金寨县	430774	50622	14672	86722	1685	7880	51998	49415	6061	15539	99002	9368	1654	2926	4221	23274	2458	3004
霍山县	274932	27393	10636	49730	3369	3264	26987	34736	19910	18345	49723	5321	1924	1381	3839	11473	1389	3599
叶集区	98395	8834	3425	23761	320	1045	9238	13261	2324	3503	20702	4780	1411	81	501	4486	339	304
合肥市	8598503	542108	303137	1190748	1016998	87921	797788	521837	223958	1935980	600625	334700	563599	92345	38028	191435	23123	50643
合肥市本级	4624248	130231	173381	368458	929064	36800	299167	147187	133449	1356297	91575	278573	444345	79460	7711	60119	7515	25239
合肥市区县合计	3974255	411877	129756	822290	87934	51121	498621	374650	90509	579683	509050	56127	119254	12885	30317	131316	15608	25404
瑶海区	279047	27549	7056	70062	590	2831	31300	16028	3228	70833	1017	30	6384	6	5	41607	0	186
庐阳区	246637	37824	6107	70840	2700	1163	25237	14321	8366	53356	17145	609	547	1335	5	5390	0	824
蜀山区	301100	34542	3051	68643	1428	1998	35251	12402	2313	107355	16898	33	8265	1551	0	2625	0	1275
包河区	464480	59273	9725	87421	20665	22378	34272	17908	11833	121550	22481	336	34299	2350	0	7408	30	278
肥东县	570779	55148	21781	115856	25255	6023	71229	58353	15558	29170	92904	9602	30558	635	4272	25092	4086	4264
长丰县	543990	40880	24140	88650	3733	4078	62662	73605	9589	63674	88092	7543	29120	1149	19022	17252	4058	3101
肥西县	643069	71036	23263	110871	27808	6529	63669	64900	29415	97566	97452	22054	2071	2544	2822	12864	3536	3756
庐江县	517552	45446	12724	126018	4135	3696	86421	74326	3712	16490	107270	9231	3494	1438	2099	8364	2437	9468
巢湖市	407601	40179	21909	83929	1620	2425	88580	42807	6495	19689	65791	6689	4516	1877	2092	10714	1461	2252
蚌埠市	2680543	174181	107253	495467	133824	23048	299211	238954	54556	471382	294821	165871	6387	16248	11829	154357	7411	18873
蚌埠市本级	1054081	62117	64998	99241	64896	14879	114544	67880	19039	221914	51467	132298	2767	7331	5114	109390	612	12106
蚌埠市区县合计	1626462	112064	42255	396226	68928	8169	184667	171074	35517	249468	243354	33573	3620	8917	6715	44967	6799	6767
龙子湖区	62826	5041	2083	20080	249	687	7394	2514	3578	19355	1134	65	120	234	0	102	0	0
蚌山区	95350	8120	2972	17849	1281	430	6240	5065	284	42405	2577	0	66	1732	5	5578	0	534
禹会区	106103	7797	4207	24422	1449	389	9954	5861	4731	32133	5591	1413	167	1465	2	5951	15	275
淮上区	118507	9421	361	21187	839	316	13566	7313	2264	43659	13285	1624	803	2708	13	456	0	602
怀远县	573130	35729	11716	181673	32287	3066	63041	76470	11282	21630	100936	12941	375	1294	1384	12570	2720	2915
固镇县	334560	15073	9422	70675	619	1423	40396	34951	4652	76476	49250	8827	1798	187	4362	11151	3213	1093
五河县	335986	30883	11494	60340	32204	1858	44076	38900	8726	13810	70581	8703	291	1297	949	9159	851	1348

2016年度各市县(区)一般公共预算支出情况表

续表 单位:万元

地 区	支出合计	一般公共服务支出	公共安全支出	教育支出	科学技术支出	文化体育与传媒支出	社会保障和就业支出	医疗卫生与计划生育支出	节能环保支出	城乡社区支出	农林水支出	交通运输支出	资源勘探信息等支出	商业服务业等支出	国土海洋气象等支出	住房保障支出	粮油物资储备支出	债务付息支出
淮南市	2180016	162844	116276	373112	29203	20690	401714	225994	51102	174604	247571	107987	58594	14222	11578	154085	5653	19445
淮南市本级	821814	52139	65447	72036	8580	9780	229015	63875	29763	64099	49115	62621	43830	12581	7061	41186	2240	5730
淮南市区县合计	1358202	110705	50829	301076	20623	10910	172699	162119	21339	110505	198456	45366	14764	1641	4517	112899	3413	13715
田家庵区	90330	6852	4677	34586	1067	530	14037	6672	549	10777	3671	10	917	95	0	5633	0	116
大通区	51312	4825	2606	5263	565	136	5546	3090	1402	5258	5844	2880	84	0	31	13755	0	26
谢家集区	140276	8970	4699	23821	10088	426	11475	5009	1166	31067	8219	0	1894	306	1950	28179	0	3004
八公山区	40286	3684	3285	6941	293	160	8821	2891	413	3497	2574	100	89	53	300	6761	0	324
潘集区	126343	12823	2899	27740	1079	643	12135	16746	2642	12158	17632	1261	2882	10	0	13768	0	890
凤台县	398206	28556	13921	75290	6229	3151	55643	47001	10159	35529	58758	26738	2150	455	1185	27905	1072	3776
寿县	511449	44995	18742	127435	1302	5864	65042	80710	5008	12219	101758	14377	6748	722	1051	16898	2341	5579
铜陵市	1510941	112817	72054	234571	83119	19731	176472	131951	47705	254982	139550	71852	25916	56187	11353	47178	3364	15208
铜陵市本级	662914	46480	35735	88282	62667	9885	59479	46776	30167	159644	19482	41493	18454	4486	1771	19881	1880	11482
铜陵市区县合计	848027	66337	36319	146289	20452	9846	116993	85175	17538	95338	120068	30359	7462	51701	9582	27297	1484	3726
郊区	73635	6944	2585	7879	666	602	4507	2516	580	30632	2693	428	2027	9226	427	1666	0	23
铜官区	124060	10986	6538	21304	1794	1268	23211	7504	266	17864	4067	5462	195	15853	772	6351	0	127
义安区	284115	24470	12356	47848	13007	4736	20930	18567	10992	35454	46192	7798	3436	25758	6407	2553	942	1915
枞阳县	366217	23937	14840	69258	4985	3240	68345	56588	5700	11388	67116	16671	1804	864	1976	16727	542	1661
马鞍山市	2136960	167692	103461	311122	103014	32297	212087	179175	54491	351678	203089	119007	54478	65929	27232	113348	8796	25690
马鞍山市本级	738866	44785	40292	58030	59555	17276	67778	40216	29434	154563	34595	70335	44270	36813	4056	20549	2597	10692
马鞍山市区县合计	1398094	122907	63169	253092	43459	15021	144309	138959	25057	197115	168494	48672	10208	29116	23176	92799	6199	14998
花山区	132942	9276	10223	30766	2662	645	17780	10009	2483	17713	2109	426	76	3973	868	21597	0	2141
雨山区	121017	9157	11158	18818	541	1088	14617	8411	6447	25520	3324	1429	331	3207	5295	10522	0	987
当涂县	462638	38063	15966	67481	12424	6021	48414	47148	7556	106624	44993	15773	8132	4199	2138	32357	802	4403
含山县	246902	22069	6957	60815	5794	2968	23995	29003	5165	12146	47458	10898	636	2892	4601	7517	1186	2490
和县	353011	35178	14509	61263	15639	3996	30746	38156	2842	28108	59537	18333	598	7937	9915	17910	4211	4012
博望区	81584	9164	4356	13949	6399	303	8757	6232	564	7004	11073	1813	435	6908	359	2896	0	965
淮北市	1426554	126929	67811	256519	9646	22914	154124	125693	66546	144933	126030	116458	41897	21674	12194	108245	4472	13625
淮北市本级	623400	54110	39739	78566	3499	18375	48694	50236	39938	89218	17967	100071	23508	1048	2278	40621	2144	9186
淮北市区县合计	803154	72819	28072	177953	6147	4539	105430	75457	26608	55715	108063	16387	18389	20626	9916	67624	2328	4439
相山区	96675	15599	2835	18407	1593	343	19341	7351	1099	12661	3931	390	5816	100	0	6612	124	285
杜集区	99461	9855	2969	25010	2110	425	16887	7462	1077	5038	11679	987	1650	135	0	12873	0	296
烈山区	102271	10949	3619	18565	884	308	17200	7321	3703	7151	11656	926	4127	834	4523	10069	0	238
濉溪县	504747	36416	18649	115971	1560	3463	52002	53323	20729	30865	80797	14084	6796	19557	5393	38070	2204	3620
芜湖市	4094405	267060	133219	585118	517841	34984	427100	324767	74256	746912	276172	176450	137111	79301	17172	199807	7954	47039
芜湖市本级	1550629	79811	65417	151764	448057	16986	135529	100281	24174	155280	36391	122200	67063	20183	4453	68388	3336	22588
芜湖市区县合计	2543776	187249	67802	433354	69784	17998	291571	224486	50082	591632	239781	54250	70048	59118	12719	131419	4618	24451
镜湖区	265942	11116	4411	56342	3052	995	38021	8493	423	57523	8475	637	5375	37377	24	30156	0	1901
弋江区	168088	23154	6316	17136	29654	500	19085	9153	391	32655	9098	1608	490	206	19	14233	0	1834
鸠江区	259764	17866	4780	52854	6788	3425	26550	12700	3042	60872	21774	1929	10153	16118	49	15525	0	2669
三山区	123303	11247	3332	15706	7468	267	8614	6856	3779	18434	10700	8487	6404	106	350	17330	0	943
繁昌县	432106	39518	12595	50213	7983	4368	37895	33781	13846	158955	28778	12073	5622	462	7183	12879	431	4451

2016年度各市县(区)一般公共预算支出情况表

续表 单位:万元

地　区	支出合计	一般公共服务支出	公共安全支出	教育支出	科学技术支出	文化体育与传媒支出	社会保障和就业支出	医疗卫生与计划生育支出	节能环保支出	城乡社区支出	农林水支出	交通运输支出	资源勘探信息等支出	商业服务业等支出	国土海洋气象等支出	住房保障支出	粮油物资储备支出	债务付息支出
南陵县	342960	30895	12782	67904	4774	2451	42352	35331	13000	53700	50035	5992	838	953	1987	14201	951	3859
芜湖县	403022	19868	11386	37544	4015	2372	36923	22836	4547	151367	41691	14286	34532	1546	397	15303	196	3567
无为县	548591	33585	12200	135655	6050	3620	82131	95336	11054	58126	69230	9238	6634	2350	2710	11792	3040	5227
安庆市	3371512	263120	132805	634842	78775	57639	404734	370848	69692	312354	535921	263157	28482	28461	20584	115680	9687	32749
安庆市本级	841269	35275	42576	69600	31652	24451	82960	57608	16814	186252	56514	138410	10635	7394	3880	53811	2801	12365
安庆市区县合计	2530243	227845	90229	565242	47123	33188	321774	313240	52878	126102	479407	124747	17847	21067	16704	61869	6886	20384
迎江区	76231	12009	1823	13591	557	1134	7510	4559	254	19677	6675	95	329	7851	106	0	0	58
大观区	60326	6942	3952	15862	897	308	9637	7022	444	3751	8882	904	206	606	170	625	22	88
宜秀区	79943	11473	4585	15735	1055	1664	5840	9463	1247	6130	17825	570	1496	634	384	0	0	1176
怀宁县	301057	26635	10511	76935	5793	4303	42255	44006	7409	10594	50999	6115	1580	1149	3013	4399	1901	2617
桐城市	385700	29365	8254	87693	16483	5689	44063	46424	5692	30438	60850	16823	6157	1030	2150	18482	625	5231
潜山县	328799	29595	12575	60649	6325	3284	47151	43415	7008	11848	77510	13636	788	1334	1676	9330	672	1709
太湖县	320517	21107	14750	83527	1529	4372	34344	36004	6525	2846	73190	19023	2354	1681	1970	13558	1070	2461
宿松县	417960	39670	15104	96966	5583	3631	49706	55503	15059	26472	53655	38925	2521	1694	3204	4084	1653	3234
望江县	285462	26540	10751	60102	4697	4521	42898	34787	3594	6477	72120	9511	1059	987	1537	3760	376	1678
岳西县	274248	24509	7924	54182	4204	4282	38370	32057	5646	7869	57701	19145	1357	4101	2494	7631	567	2132
黄山市	1710263	178447	91077	175953	39754	47534	202839	138434	80064	228468	262344	103874	33020	25163	7710	69594	4576	18036
黄山市本级	451099	49505	38169	26695	9282	9079	31695	15100	48115	52834	58633	70160	4195	6772	1808	18777	1387	7660
黄山市区县合计	1259164	128942	52908	149258	30472	38455	171144	123334	31949	175634	203711	33714	28825	18391	5902	50817	3189	10376
屯溪区	145958	12118	4329	7460	3653	1562	21394	9874	832	64472	10062	1195	1623	505	58	5039	306	824
黄山区	187506	33455	8110	21617	3503	3052	21887	15990	9428	11117	36200	4696	4094	2487	1511	7899	885	1158
徽州区	129422	11143	6485	13520	2417	7606	11943	7375	4358	17773	20598	4202	1677	5629	661	12469	256	1055
祁门县	166810	19152	6772	19599	4491	2915	23083	15162	3542	23691	28089	6528	3469	587	728	7350	339	1010
黟县	110118	13766	5775	8614	339	10120	14084	8053	3210	9714	22377	1731	1071	6631	598	2526	739	622
休宁县	202754	19976	9640	26668	5394	4895	27393	27646	3928	23780	37496	4493	3376	1189	796	4414	238	1298
歙县	316596	19332	11797	51780	10675	8305	51360	39234	6651	25087	48889	10869	13515	1363	1550	11120	426	4409
亳州市	2785781	187610	104004	511230	26729	19456	397854	342866	109505	187247	417317	159322	34141	50947	9950	186278	6494	28657
亳州市本级	538451	38074	44585	67821	8295	2969	18478	16330	59807	98208	41029	89372	8275	16004	2465	15410	2006	5956
亳州市区县合计	2247330	149536	59419	443409	18434	16487	379376	326536	49698	89039	376288	69950	25866	34943	7485	170868	4488	22701
谯城区	625568	42308	8775	122906	7845	3513	89521	85182	18180	18047	105185	16790	2479	33609	830	62907	957	5758
涡阳县	551977	29166	15687	103097	851	3271	91877	85689	13668	39431	78564	30030	11084	575	1727	38320	272	7319
蒙城县	524990	42780	16097	104256	6617	6131	93054	69645	14627	19943	82643	13072	1759	204	1530	45679	2049	4661
利辛县	544795	35282	18860	113150	3121	3572	104924	86020	3223	11618	109896	10058	10544	555	3398	23962	1210	4963

财政机构人员篇

省财政厅机构人员

省财政厅机关及厅属单位处级及以上干部名单

(2016年12月31日)

财政厅机关

厅领导

厅长、党组书记:罗建国
副厅长、党组成员:吴天宏　朱长才
驻厅纪检组组长、党组成员:项中胜
副厅长、党组成员:孟照红　朱艾勇
副巡视员:李友兰　陈传文

办公室(行政审批办公室)

主　任:左自智
副主任:姚先飞
行政审批办公室副主任:徐　韬
副主任:尹立祥

综合处

处　长:江永泓
副处长:袁　圆　金嘉岳
副调研员:陈　蕙　杨　兵

税政条法处

处　长:方山恩
副处长:陈　欢
调研员:杨玉林
副调研员:高　峰

预算处(省直预算编制办公室)

处　长:方习利
副处长:汪公发
省直预算编制办公室副主任(副处长):万卫国
副处长:张白平　田　丰
副调研员:段焕松　唐　兵

国库处

处　长:廖晓虹
副处长:余　禹　宋葛民
副调研员:王韵妮　刘　翔

政府债务管理办公室(预算绩效管理处)

主　任:孟照红(兼)
常务副主任:尹祥领(正处级)
副主任:王　坤
副调研员:杜志明

行政处

处　长:管立新
副处长:李　霞　李　斌
副调研员:张惠敏

政法处

处　长:张　力
副处长:徐玉明
副调研员:姚　伟

教科文处

处　长:孔少林

副处长:孙荣春　吴祎明
调研员:何　义

经济建设处

处　长:王召远
副处长:张行宇　邵俊峰
调研员:侯宇翔　朱玉琴　汪小俊
副调研员:吴建辉　汪跃建

农业处

处　长:陈维光
副处长:左磊明　王知国
副调研员:洪　军　汪　辉　姚　瑶

社会保障处

处　长:徐光耀
副处长:杨前炉　韩剑辉　孙玫玫

企业处

处　长:汪代启
副处长:解亚平　宋先贵
调研员:宋　频
副调研员:谢文革　程荣明

金融处

处　长:姜　毅
副处长:张先虹
调研员:张克敬

国际债务管理处

处　长:刘　华
副处长:张　玲
副调研员:王永力

农村财政管理局

局　长:季必英
副局长:徐向前　周　远
调研员:徐中洋
副调研员:耿　鹏

会计处

处　长:杨　春
副处长:郭安明
副调研员:童　兵

行政事业单位资产管理处

处　长:许先才
副处长:连发玉

国有资本经营预算处

处　长:焦玲仪
调研员:殷鹭滨　周晓丽

监督检查局

局　长:汪学越(副厅级)
副局长:胡德林(正处级)
张　进　陈　军　张克和
处长(副处级):高维国　徐　明　胡继龙
调研员:杨　刚

政府采购处

处　长:杨延彬
副处长:刘志毅
副调研员:陈东川　方诗庆

农村综合改革处

处　长:丁　俊
调研员:胥慰庆
副调研员:魏祥瑾

民生工程工作办公室

主　任:黎学东
副主任:孙友三
副调研员:李　燕

人事教育处

处　长:朱士昂
副处长:张忠文

机关党委

书　记:朱长才(兼)
专职副书记:鲍习生(正处级)
调研员:李　云

驻厅纪检组

副组长:王　梵
正处级纪检监察员:苏照存

离退休工作处

处　长:缪　青

厅属单位

省社会保障资金管理中心

副主任:孟　骞

省农业综合开发局

局　长:王建培(副厅级)
副局长:王茂胜(正处级)　陈文权　程巍东
处长(副处级):马传喜　傅应军　李志斌
副调研员:潘安明　胡晓宁　刘　群

省非税收入征收管理局

局　长:李友兰(兼)

副局长:张黎(正处级) 刘明刚 王 冶

省财政厅国库支付中心

主 任:张恒景

副主任:朱正余 谷 媛

副调研员:金 琦

省财政投资评审中心

主 任:方旭华

副主任:邓建成 徐延俊 吴小林

省政府采购中心

主 任:王 旭

副主任:马再兴 董永权 张为中 方虹慧 彭学勇

副调研员:宋 杰 张晓兰 丁 健

省财政信息中心

主 任:达小敏

副主任:傅 依 曾志娟

省财政科学研究所

所 长:叶翠青

副所长:鲍文前 朱克俊

省注册会计师管理处(省注册会计师协会)

处 长(秘书长):彭高俊

专职党委副书记:李运孝(正处级)

副处长:张顺建 胡正中

省财政干部教育中心

副主任:张文超(主持工作) 李 军

省行政事业单位国有资产管理中心

副主任:王定友(主持工作) 周 涛 周启安

省信用担保集团

总经理、党委书记:钱 力

副总经理、党委委员:姜 娅 邓寿安 范 强 叶 斌

纪委书记、党委委员:董建平

工会主席:丁守模

风控总监:李 真

总经济师:潘家宝

集团总助、党委委员:刘小兵 李家川 秦俊峰(挂职)

(厅人事教育处供稿)

各市财政系统机构人员

(2016年12月31日)

合肥市财政系统领导名单

合肥市财政局

党组书记、局长、市投融资办主任:吴利林
党组成员、副局长:陈　刚　姚　琳
黄永强　孔天华
党组成员、市投融资办专职副主任:程世琴
党组成员、纪检组长:王　军
总会计师:王成双

庐阳区财政局

党组书记、局长:沈项林
党组成员、副局长:周　莹　邢志刚

蜀山区财政局

党组书记:陈　丽
党组副书记、局长:董士权
党组成员、国资办主任:梁　波
党组成员、副局长:吕贤武
党组成员:郭　彬

包河区财政局

党组书记、局长:岳　华
党组副书记:龚　林
党组成员:陈爱群
副局长:高光胜　汪　云　霍锦秀
区采购中心主任:罗艳丽
区会计核算中心主任:蔡善俊
区税源中心主任(办公室主任):沈　安

瑶海区财政局

局长:王　峰
副局长:许　辉　高　捷

经济技术开发区财政局

局长、国资办主任:刘　岸
副局长:石　华　费红英
国资办副主任:郭华荣
财务中心副主任:黄全进

高新技术产业开发区财政局

局长:王　强
副局长:许　永　邵代志
财务管理中心(国库支付中心)主任:王安东
公共资源交易中心主任:程连环

新站高新技术开发区财政局

局长:杨培红
副局长:张高峰　袁　莉

肥东县财政局

党组书记、局长:何长卫
党组副书记、副局长:张东兵
党组成员、副局长:王　磊　吴晓东　孙维荣
党组成员:王　远　许先翠　方荣怀
党组成员、国资办金融办副主任:曹绍华
党组成员、综改办主任:孟　志

肥西县财政局

党组书记、局长:胡昌勇
党组副书记、国资办主任:颜德树
金融办主任:徐建生
副局长:夏智新 吴善彬
纪检组长:袁家民
总会计师:何友才
财政监督局局长:陈先锋

长丰县财政局

党组书记、局长:郑志明
党组副书记、副局长:叶良传
党组成员、副局长、县金融办主任:荣 之
党组成员、副局长:杨华峰 李咏梅
总会计师:许忠农
党组成员、办公室主任:孙青松

庐江县财政局

党组书记、局长:陈永久
党组成员:王丙生 袁建民
党组成员、副局长:陶学顺 钱 俊 汪歆明 王文宏
党组成员、财政监督局局长:周光法
党组成员(兼)、县金融办专职副主任:张永兵
党组成员、县投融资办专职副主任:何海波

巢湖市财政局

党组书记、局长:陈永铸
党组副书记:程庭浪
党组成员、副局长:毕早来 李 政 翟长水
党组成员:朱立平 张 华

巢湖经济开发区财政局

局长:郝晓东
副局长:黄丽虹 李宏健 孙业兵

庐阳区

三十岗乡财政所 所长:李春林
大杨镇财政所 所长:钱志军

蜀山区

井岗镇财政所 所长:邓晓华
南岗镇财政所 所长:王道安
小庙镇财政所 所长:杨伟明

包河区

常青街道财政所 所长:彭大金
望湖街道财政所 所长:沈业泉
大圩镇财政所 所长:陆在林
义城街道财政所 所长:吴志力
包公街道财政所 所长:陈 阵
芜湖路街道财政所 所长:孙家财
烟墩街道财政所 所长:许爱武
淝河镇财政所 所长:郑善祥
包河经济开发区财政所 所长:黄建树

瑶海区

龙岗开发区财政分局 副局长:白 波
大兴镇财政所 副所长:李 红 胡正银

肥东县

肥东经开区财政分局 局长:黄 磊
循环园财政分局 局长:罗守斌
东部新城财政办事处 主任:梁英江
陈集镇财政所 所长:杨 奎
古城镇财政分局 局长:万兴平
马湖乡财政所 所长:陈正邦
八斗镇财政分局 局长:胡长明
响导乡财政所 所长:陈兆金
杨店乡财政所 所长:魏华祥
白龙镇财政分局 局长:陈长胜
元疃镇财政所 所长:宋海涛
张集乡财政所 所长:王 川
梁园镇财政分局 局长:童道洲
包公镇财政所 所长:周康应
石塘镇财政分局 局长:丁腾渊
店埠镇财政分局 局长:王 建
牌坊乡财政所 所长:张贤文
众兴乡财政所 所长:何长亚
桥头集镇财政分局 局长:叶顺龙
撮镇镇财政分局 局长:姚卫东
长临河镇财政分局 局长:杨盛林

肥西县

上派镇财政分局 局长:李 祥
三河镇财政分局 局长:余 刚
桃花镇财政所 所长:王 超
紫蓬镇财政所 所长:汤 杰
丰乐镇财政所 所长:蔡丹元
严店乡财政所 所长:张 波
花岗镇财政所 所长:魏宏文
山南镇财政所 所长:董光武
柿树岗乡财政所 所长:郭少奇
官亭镇财政所 所长:潘学军

铭传乡财政所　所长:邵正年
高店乡财政所　所长:丁雪松
桃花工业园财政分局　局长:王恒传
紫蓬山管委会财政分局　局长:张永安

长丰县

水湖镇财政分局　局长:郑永昌
罗塘乡财政所　所长:孟凡富
朱巷镇财政所　所长:高恒霞
左店乡财政所　所长:孔凡国
造甲乡财政所　所长:杨良基
杜集乡财政所　所长:许金忠
下塘镇财政分局　局长:张恩奎
陶楼乡财政所　所长:俞　林
双墩镇财政分局　局长:王华桥
岗集镇财政分局　局长:杨德丰
杨庙镇财政所　所长:董　梅
吴山镇财政分局　局长:祝泽选
义井乡财政所　所长:刘　刚
庄墓镇财政所　所长:闫媛媛
双凤开发区财政分局　局长:陈　斌

庐江县

庐城镇财政所　所长:卢华东
冶父山镇财政所　所长:龙力保
汤池镇财政所　副所长(主持工作):杨玉著
万山镇财政所　所长:钱明华
金牛镇财政所　所长:韩　松
郭河镇财政所　所长:束晓明
石头镇财政所　所长:王言胜
同大镇财政所　所长:张立华
白山镇财政所　所长:张安稳
盛桥镇财政所　所长:伍明能
白湖镇财政所　所长:钱金龙
龙桥镇财政所　所长:刘胜利
矾山镇财政所　所长:刘保才
泥河镇财政所　所长:苏建醒
罗河镇财政所　所长:万玉柱
乐桥镇财政所　副所长(主持工作):董富贵
柯坦镇财政所　所长:吴启超
开发区财政局　局长:庞正荣

巢湖市

中庙街道财政所　所长:张更生
黄麓镇财政分局　局长:花业金
烔炀镇财政分局　局长:朱永胜
中垾镇财政所　所长:周光斌
柘皋镇财政分局　局长:方先春
槐林镇财政分局　局长:钱泽民
栏杆集镇财政所　所长:赵俊峰
庙岗乡财政所　所长:王　涛
苏湾镇财政所　所长:王诗松
夏阁镇财政所　所长:方泽芒
卧牛山街道财政所　所长:张华锋
天河街道财政所　所长:王莉萍
凤凰山街道财政所　所长:程天舜
亚父街道财政所　所长:刁杰富
银屏街道财政所　所长:黄德华
散兵街道财政所　所长:高树宏
坝镇财政所　所长:孙群东

巢湖经济开发区

半汤街道财政所　所长:童新生

淮北市财政系统领导名单

淮北市财政局

党组书记、局长:姜　颖
副局长:仲　杰　项　珺　焦福生
纪检组长:田跃全

濉溪县财政局

党组书记、局长:程振华
党组成员、副局长:蔡晓春　营劲松
党组成员、纪检组长:张　坤
党组成员、副局长:汪炳臣

相山区财政局

局长:王之成
副局长:张　玲

杜集区财政局

局长:杨登俊
副局长:张俊影
副局长:王海洋

烈山区财政局

局长:张应中
副局长:潘秀柱　朱　梅

新型煤化工合成材料基地管委会财政局

局长:吴振禹

濉溪县

濉溪经济开发区财政局 局长:尤　毅
濉芜现代产业园财政局 副局长:周海峰
濉溪镇财政所 所长:蔡　奇
刘桥镇财政所 所长:李怀红
铁佛镇财政所 所长:张　震
百善镇财政所 所长:毕跃华
临涣镇财政所 所长:谢士忠
韩村镇财政所 所长:杨学森
五沟镇财政所 所长:张　锰
四铺镇财政所 所长:马洪元
孙疃镇财政所 所长:周　杰
南坪镇财政所 所长:刘洪斌
双堆集镇财政所 所长:李从祥

相山区

渠沟镇财政所 所长:丁　杰
任圩街道办事处财政所 所长:张　丽
凤凰山经济开发区财政分局 局长:刘　伟

杜集区

高岳街道办事处财政所 所长:丁　敏
矿山集街道办事处财政所 所长:朱成华
朔里镇财政所 所长:徐敬卓
石台镇财政所 所长:许　生
段园镇财政所 所长:王建民

烈山区

杨庄办事处财政所 所长:高　峰
烈山镇财政所 所长:刘　庆
宋疃镇财政所 所长:张世民
古饶镇财政所 所长:费佳音
园区管委会财税办 主任:张　伟

亳州市财政系统领导名单

亳州市财政局

党组书记、局长:张传宾
党组成员、副局长:周金钟　宋保众　王振喜

谯城区财政局

局党组书记、局长:方平红
局党组成员、副局长:陈胜志　孙玉光　张　平

涡阳县财政局

党组书记、局长:赵　良
党组成员、副局长:徐化飞　吕秀成
党组成员、办公室主任:付自民

蒙城县财政局

党组书记、局长:王旭东
党组成员、副局长:熊景夏
党组成员、农发办主任:徐宏伟
党组成员、副局长:杨晓保　王继生
党组成员、财监局局长:吕桂芹

利辛县财政局

党组书记、局长:张贺武
党组成员、副局长:刘富修　都蔚来　邢　伟
党组成员、财监局局长:刘寒松
党组成员、农发办主任:孙文忠

经济开发区财政局

局长:白　全
副局长:杜灿宏

亳芜产业园区财政局

副局长:潘向前　屈云山　张　昭　芮道宏

谯城区

十八里镇财政所 所长:支效林
十河镇财政所 所长:韩朝民
赵桥乡财政所 所长:李　鹤
双沟镇财政所 所长:李先林
淝河镇财政所 所长:南子富
古城镇财政所 所长:刘　芳
立德镇财政所 所长:曹　凯
龙杨镇财政所 所长:李　刚
大杨镇财政所 所长:刘继周
城父镇财政所 所长:聂启伟
十九里镇财政所 所长:陈广志
谯东镇财政所 所长:孙　琦
观堂镇财政所 所长:张玉兰
沙土镇财政所 所长:马德龙
五马镇财政所 所长:张玉琦
张店乡财政所 所长:张　峰
颜集镇财政所 所长:赵乐会
芦庙镇财政所 所长:刘景林
华佗镇财政所 所长:黄　涛
魏岗镇财政所 所长:怀济田
牛集镇财政所 所长:王自强
古井镇财政所 所长:冯　莉
汤陵街道财政所 所长:慕朝新

花戏楼街道财政所 所长:周　丽
薛阁街道财政所 所长:杜丽娟

涡阳县

城关街道财政所 所长:马　坤
城西街道财政所 所长:侯景超
涡北街道财政所 所长:席光华
城东街道财政所 所长:袁　辉
西阳镇财政所 所长:邵彦伟
涡南镇财政所 所长:张体影
楚店镇财政所 所长:宋兴明
高公镇财政所 所长:张　杰
龙山镇财政所 所长:王贵云
青疃镇财政所 所长:刘　敏
石弓镇财政所 所长:董　超
曹市镇财政所 所长:郑显峰
高炉镇财政所 所长:徐连元
公吉寺镇财政所 所长:吕文坤
店集镇财政所 所长:王全成
陈大镇财政所 所长:穆成坤
牌坊镇财政所 所长:张本云
马店集镇财政所 所长:葛友峰
丹城镇财政所 所长:徐凤海
义门镇财政所 所长:程　莉
标里镇财政所 所长:孟献启
花沟镇财政所 所长:郑　超
新兴镇财政所 所长:王　喆
临湖镇财政所 所长:李良晨
经开区财政局 局长:张茂林

蒙城县

城关镇财政所 所长:郑　武
漆园办事处财政所 所长:徐恒华
庄周办事处财政所 所长:丁佩跃
双涧镇财政所 所长:李二朴
王集乡财政所 所长:郭　莉
板桥集镇财政所 所长:丁新社
坛城镇财政所 所长:唐殿军
许疃镇财政所 所长:葛铁军
岳坊镇财政所 所长:杨振良
马集镇财政所 所长:吕保真
三义镇财政所 所长:杨海涛
篱笆镇财政所 所长:王丙良
楚村镇财政所 所长:耿云灵
立仓镇财政所 所长:陈　铮
乐土镇财政所 所长:刘　芳
白杨林场财政所 所长:方兴旺
范集工业园区财政所 所长:李保金
小辛集乡财政所 所长:李　凯

利辛县

城关镇财政所 所长:李　涛
江集镇财政所 所长:刘应宏
旧城镇财政所 所长:聂　奎
西潘楼镇财政所 所长:苏永光
城北镇财政所 所长:关　军
孙集镇财政所 所长:关　键
纪王场乡财政所 所长:孙东风
张村镇财政所 所长:何鹏飞
汝集镇财政所 所长:程　斌
王人镇财政所 所长:韩　敏
巩店镇财政所 所长:王继中
王市镇财政所 所长:邵拥军
孙庙乡财政所 所长:秦　伟
马店孜镇财政所 所长:高　翔
永兴镇财政所 所长:宫　琦
胡集镇财政所 所长:安学龙
大李集镇财政所 所长:姜之安
展沟镇财政所 所长:张　林
新张集乡财政所 所长:王　建
阚疃镇财政所 所长:姜　勇
程家集乡财政所 所长:聂　红
望疃镇财政所 所长:戴　利
中疃镇财政所 所长:武玉良

宿州市财政系统领导名单

宿州市财政局

党组书记、局长:韩维礼
调研员:欧亚东
党组成员、副局长:张　民　潘相明
副局长:谢　安
党组成员、副局长:王　鹏
党组成员、纪检组长:陈　玮
总会计师:陈尚业

埇桥区财政局

党组书记、局长:曹鹏程

党组成员、副局长:苏　航　李景民
党组成员、农发局局长:王　军
党组成员、纪检组长:周　俊
总会计师:丁　红
党组成员:李东坡
党组成员、财监局局长:张亚东

灵璧县财政局

党组书记、局长:王　咏
党组成员、农业综合开发局局长:皮殿飞
党组成员、纪检组长:程跃武
党组成员、副局长:陶双洁　张　梅
党组成员、工会主任:冷亚飞
党组成员、民生办主任:司桂林
党组成员:赵　卡

泗县财政局

党组书记、局长:刘立春
党组成员、副局长:蔡晨光　赵献谋　赵大廷　余红良
党组成员、纪检组长:张　凯
党组成员、农发办主任:赵明科
党组成员、总会计师:沈　辉

萧县财政局

党组成员、副局长(主持工作):李天真
党组成员、副局长、农业综合开发局局长:李　冰
党组成员、副局长:王中华、何玉良
党组成员、纪检组长:杭　磊
党组成员、国库支付中心主任:刘振东
党组成员、政府采购中心主任:蒋　杰

砀山县财政局

党组书记、局长:汪亚光
党组副书记、副局长:周咸东
党组成员、副局长:王美玲、王行干
党组成员:崔吉芳
党组成员、纪检组长:马　强
党组成员、财监局局长:王　莉
党组成员、农村局局长:夏文浩
党组成员、农发局局长(挂):崔玉平

经济开发区财政局

局长:王淑云

宿州马鞍山现代产业园区财政局

局长:张　静

高新技术产业开发区财政局

局长:张争平

埇桥区

时村镇财政分局　局长:藤光亚
苻离镇财政分局　局长:刘　勇
朱仙庄镇财政分局　局长:张　勇
芦岭镇分局　局长:陈　超
北杨寨乡财政分局　局长:王建军
祁县镇财政分局　局长:孙　勇
夹沟镇财政所　所长:李如山
大店镇财政所　所长:梁太旺
城东街道财政所　所长:耿　勇
三八街道财政所　所长:任启峰
二铺乡财政所　所长:金正宇
三里街道财政所　所长:魏　强
北关街道财政所　所长:李　勇
道东街道财政所　所长:王成宏
东关街道财政所　所长:马跃武
南关街道财政所　所长:丁效亭
西关街道财政所　所长:靳怀启
沱河街道财政所　所长:郭晓龙
褚兰镇财政所　所长:王成龙
杨庄乡财政所　所长:刘　军
曹村镇财政所　所长:李　伦
支河乡财政所　所长:李祥林
栏杆镇财政所　所长:潘　超
解集乡财政所　所长:韩世玉
桃沟乡财政所　所长:李　林
永安镇财政所　所长:林广森
灰古镇财政所　所长:孙礼会
顺河乡财政所　所长:李　勇
汴河街道财政所　所长:滕团结
蒿沟乡财政所　所长:尹　松
苗安乡财政所　所长:李　昊
西寺坡镇财政所　所长:李　侠
桃园镇财政所　所长:郭朝辉
大营镇财政所　所长:刘　伟
永镇乡财政所　所长:韩军峰
埇桥街道财政所　所长:王申球
金海办事处财政所　所长:刘开成
城东财政办公室　主任:尹传杰
循环经济示范园区财政所　所长:张　峰

经济开发区财政所　所长:涂俊永

灵璧县

韦集镇财政所　副所长(主持工作):袁　野
向阳乡财政所　所长:鲁作战
黄湾镇财政所　所长:王现理
娄庄镇财政所　所长:李　冰
灵城镇财政所　所长:张　曦
杨疃镇财政所　所长:闫兴跃
尹集镇财政所　所长:侯　君
浍沟镇财政所　所长:高存玖
朱集乡财政所　所长:许　岩
尤集镇财政所　所长:王会理
下楼镇财政所　所长:谢业慧
朝阳镇财政所　所长:陈益尚
渔沟镇财政所　所长:程仲超
大路乡财政所　所长:赵　跃
高楼镇财政所　所长:李玉白
大庙乡财政所　所长:朱　杰
冯庙镇财政所　所长:张　超
禅堂乡财政所　副所长:赵　成
虞姬乡财政所　所长:陈　浮
开发区财政所　所长:王宗迎

泗　县

泗城镇财政分局　局长:余红良(兼)
大路口乡财政所　所长:张万里
墩集镇财政所　所长:高　磊
草庙镇财政所　所长:于庆标
瓦坊乡财政所　所长:许正华
黑塔镇财政所　所长:于贤宝
刘圩镇财政所　所长:李晓军
山头镇财政所　所长:计　兵
黄圩镇财政所　所长:李庆春
大庄镇财政所　所长:刘道胜
屏山镇财政所　所长:周长波
大杨乡财政所　所长:韩昌清
长沟镇财政所　所长:张艳艳
草沟镇财政所　所长:张　建
丁湖镇财政所　所长:郝　猛
开发区财政所　所长:尤墩跃

萧　县

龙城镇财政所　所长:吴信瑞
黄口镇财政所　所长:高全军
杨楼镇财政所　所长:王信权
新庄镇财政所　所长:何　静
赵庄镇财政所　所长:杨兴民
张庄寨镇财政所　所长:马　健
大屯镇财政所　所长:梁　杰
青龙镇财政所　所长:沈红军
石林乡财政所　所长:纵兆学
孙圩孜乡财政所　所长:朱孝民
祖楼镇财政所　所长:邵长彬
酒店乡财政所　所长:郝振超
丁里镇财政所　所长:许　磊
马井镇财政所　所长:郝允峰
阎集镇财政所　所长:萧春雷
圣泉乡财政所　所长:张颂荣
刘套镇财政所　副所长:罗献伦
白土镇财政所　所长:安孝民
庄里乡财政所　所长:袁龙连
官桥镇财政所　所长:王永干
永固镇财政所　所长:张朝阳
杜楼镇财政所　所长:黄继明
开发区财政所　所长:盛　凯
王寨镇财政所　所长:吴志强

砀山县

城关镇财政所　所长:王　峰
赵屯镇财政所　所长:付　浩
曹庄镇财政所　所长:陈晓宇
官庄镇财政所　所长:张玉阁
玄庙镇财政所　所长:薛继秋
周寨镇财政所　所长:唐怀堂
良梨镇财政所　所长:周衍波
葛集镇财政所　所长:张春立
唐寨镇财政所　所长:刘火箭
程庄镇财政所　所长:邵延强
关帝庙镇财政所　所长:戚冠学
朱楼镇财政所　所长:卞　卡
李庄镇财政所　所长:郭进良
高铁新区财政所　所长:汪　鹏
经济开发区财政所　所长:王安鲁
薛楼板材加工园财政所　所长:邵　丽

蚌埠市财政系统领导名单

蚌埠市财政局

党组书记、局长(国资委主任):叶　斌
纪检组长:翁美君
副局长(国资委副主任):马　飙
副局长:唐忠利　周　波　胡　云

龙子湖区财政局

局长:翁　畅
副局长:张利军
财政支付中心主任:黄金凤

蚌山区财政局

副局长、金融办副主任(主持工作):李金凤
副局长:冯双全　丁忠胜　路冬梅

禹会区财政局

局长:周传奇
副局长:沈明德

淮上区财政局

局长:徐　杰
副局长:刘闽莉　邱　峰

经济开发区财政局

局长:朱大光
副局长:陈　迅

高新区财政局

局长:张广际
副局长:刘富国

怀远县财政局

局长:李绪林
副局长:石富勤　张　明
纪检组长:孙林安
副局长:史桂芳
总会计师:陈　顺

五河县财政局

局长:杨晓武
副局长:陈尚标　陈非非　陈四玲
监督局局长:凌德宏
纪检组长:梁　杉
总会计师:王尊昌

固镇县财政局

局长(国资委主任):周继星
副局长:崔怀贵　郁　青　党献文
纪检组长:刘金霖
党组成员:徐其军　仲　谋　陈福柱
　　　　　陶廷春　陈　敏
总会计师:张店全

龙子湖区

李楼乡财政所　所长:王志全

蚌山区

雪华乡(宏业村街道)财政所　所长:高　婷
燕山乡财政所　所长:杨文涛
天桥街道财税服务所　所长:赵　莉
青年街道财税服务所　所长:谢晓来
纬二街道财税服务所　所长:牛丽娟
黄庄街道财税服务所　所长:胡胜明

禹会区

长青乡财政所　所长:胡守陆
马城镇财政分局　局长:纪学春
涂山风景区财政所　所长:沈晓玲

淮上区

小蚌埠镇财政所　所长:刘　梧
吴小街镇财政所　所长:黄　娟
曹老集镇财政所　所长:张　成
梅桥镇财政所　所长:史正春

高新区

秦集镇财政所　所长:陈志广

怀远县

荆山镇财政分局　副局长(主持):宋士乐
经开区财政分局　副局长(主持):陆　恒
龙亢经开区财政分局　副局长(主持):韩利清
白莲坡镇财政所　所长:常　飞
榴城镇财政所　所长:孙敦忠
包集镇财政所　所长:崔云峰
龙亢镇财政所　所长:张根祥
河溜镇财政所　所长:姚荣平
常坟镇财政所　所长:魏守航
双桥集镇财政所　所长:赵　勇
魏庄镇财政所　所长:张立柱
万福镇财政所　所长:邹德国
唐集镇财政所　所长:张　毅
淝河乡财政所　所长:年福启
褚集镇财政所　所长:荣克轩
陈集乡财政所　所长:张绍兴
古城镇财政所　所长:赵　彬

徐圩乡财政所　所长:姚玉春
淝南乡财政所　所长:葛红斌
兰桥乡财政所　所长:姚　昊

五河县

城关镇财政分局　局长:陈全意
朱顶镇财政所　所长:朱全松
小溪镇财政所　所长:王培福
头铺镇财政所　所长:吴明海
新集镇财政所　所长:黄保举
大新镇财政所　所长:张　军
临北回族乡财政所　所长:邓　超
浍南镇财政所　所长:彭思洋
东刘集镇财政所　所长:蒋光胜
申集镇财政所　所长:李正义
小圩镇财政所　所长:张贤明
沱湖乡财政所　所长:陈先桥
武桥镇财政所　所长:孙立群
双忠庙镇财政所　所长:蒋友虎
经济开发区财政分局　主持工作:王　超

固镇县

仲兴乡财政所　所长:徐　亮
任桥镇财政所　所长:王道永
湖沟镇财政所　所长:谢　进
杨庙乡财政所　所长:李晓清
连城镇财政所　所长:强恒银
新马桥镇财政所　所长:崔怀军
王庄镇财政所　所长:孙玉胜
石湖乡财政所　所长:欧阳瑞
濠城镇财政所　所长:杨　鹏
刘集镇财政所　所长:王业鹏
城关财政分局　局长:华　侨
开发区财政分局　局长:徐艳光
全民创业园财政分局　副局长:任广廷

阜阳市财政系统领导名单

阜阳市财政局

党组书记、局长:段相霖
党组成员、纪检组长:高玉臻
调研员:杨海涛
党组成员、副局长:侯永贵　笪乘胜
党组成员、总会计师:夏全胜
副调研员:夏　河

颍东区财政局

党组书记、局长:任俊喜
党组成员、副局长:邵爱华　仇　伟
党组成员:王继刚
党组成员、主任科员:蒋祥翠

颍泉区财政局

党组书记、局长:刘金明
党组副书记、民生办主任:张　炜
党组成员、副局长:韩　亚　高　辉
党组成员、总会计师:郝海云

界首市财政局

党组书记、局长:申慧亮
党组副书记、农业综合开发局局长:田学军
党组成员、副局长:卢　萍　田　飞
党组成员、总会计师:于华兰

阜南县财政局

党组书记、局长:刘贺体
党组成员、副局长:冷大海　倪洪林　熊东田
党组成员、主任科员:张开雷
党组成员、副主任科员:崔　林
党组成员、国资委主任:孙存龙

太和县财政局

副县长、局长:刘翔飞
副局长:邢　峻　于　海
党组成员:李　岩　于　冰

颍上县财政局

党组书记、局长:陈德刚
党组成员、副局长:王　跃　唐瑞坤
党组成员、纪检组长:江禄保
主任科员:张振亚

临泉县财政局

党组书记、局长:尚虎林
党组成员、副局长:李成名　高　飞　孟　俊

开发区财政局

副局长(主持工作):张文学
副局长:郭景诚

颍东区

河东街道办事处财政所　所长:董强龙
向阳街道办事处财政所　所长:闫俊启
新华街道办事处财政所　所长:李泽祥

冉庙乡财政所 所长:徐月林
插花镇财政所 所长:高 伟
正午镇财政所 所长:高兰义
枣庄镇财政所 所长:陈庆文
老庙镇财政所 所长:张 涛
新乌江镇财政所 所长:白怀玉
杨楼孜镇财政所 所长:宋振东
口孜镇财政所 所长:闫 雷
袁寨镇财政所 所长:武学成

颍泉区

中市办事处财政所 所长:汪 涛
宁老庄镇财政所 副所长(主持工作):王 涛
行流镇财政所 所长:曹 军
闻集镇财政所 副所长(主持工作):王亚洲
周棚办事处财政所 所长:李永飞
伍明镇财政所 所长:齐 伟
统筹试验区管委会 财政负责人:邵 海
循环经济园区管委会 财政负责人:胡九云

界首市

西城街道财政所 所长:夏永丽
东城街道财政所 所长:岳 雷
颍南街道财政所 所长:朱爱敏
光武镇财政所 所长:张 强
靳寨乡财政所 所长:彭新华
大黄镇财政所 所长:胡光宇
邴集乡财政所 所长:程立新
芦村镇财政所 所长:申云剑
新马集镇财政所 所长:徐 翔
陶庙镇财政所 所长:齐 影
田营镇财政所 所长:陈俊荣
王集镇财政所 所长:李保强
任寨乡财政所 负责人:段兆辉
舒庄镇财政所 所长:王永华
泉阳镇财政所 所长:任 磊
顾集镇财政所 所长:陈志华
代桥镇财政所 负责人:王传士
砖集镇财政所 所长:程 伟

阜南县

经济开发区财政分局 负责人:韩少山
鹿城镇财政所 所长:翟 韧
田集镇财政所 所长:李淑君
公桥乡财政所 所长:耿朝程
方集镇财政所 所长:乔恩成
段郢乡财政所 所长:刘祥彬
王堰镇财政所 所长:赵建涛
洪河桥镇财政所 所长:杜士保
地城镇财政所 所长:王玉林
于集乡财政所 所长:张子芳
龙王乡财政所 所长:庞建辉
王化镇财政所 所长:卢 峰
王家坝镇财政所 所长:郎士元
老观乡财政所 所长:徐 刚
曹集镇财政所 所长:杨大国
郜台乡财政所 所长:刘维建
中岗镇财政所 所长:张要礼
苗集镇财政所 所长:戎泽峰
柳沟乡财政所 所长:王灼庆
黄岗镇财政所 所长:马永群
张寨镇财政所 所长:乔龙军
焦坡镇财政所 所长:李华焰
朱寨镇财政所 所长:朱新启
许堂乡财政所 所长:赵复林
柴集镇财政所 所长:刘成立
新村镇财政所 所长:韩坤峰
王店孜乡财政所 所长:王 辉
赵集镇财政所 所长:王道侠
会龙乡财政所 所长:李 刚

太和县

城关镇财政所 所长:陈文杰
旧县镇财政所 所长:徐之坤
大新镇财政所 所长:李新聚
肖口镇财政所 所长:王秀燕
胡总乡财政所 所长:王丙玺
赵集乡财政所 所长:余鸿鸣
关集镇财政所 副所长:刘书强
三塔镇财政所 所长:韩纯东
郭庙乡财政所 所长:李效宗
原墙镇财政所 所长:张 鹏
三堂镇财政所 所长:李 旭
苗老集镇财政所 所长:张 冲
宫集镇财政所 所长:刘业任
二郎乡财政所 所长:杨继华
阮桥乡财政所 所长:刘朝峰
坟台镇财政所 所长:张 华

双浮镇财政所 所长:付金生
马集乡财政所 所长:桑传法
五星镇财政所 所长:李俊峰
倪邱镇财政所 所长:刘维洗
洪山镇财政所 所长:康 伟
桑营镇财政所 所长:刘 磊
赵庙镇财政所 所长:范兴建
李兴镇财政所 所长:朱井宇
清浅镇财政所 所长:韩宝玉
双庙镇财政所 所长:王 伟
税镇镇财政所 副所长:吴 标
皮条孙镇财政所 副所长:刘剑锋
大庙镇财政所 所长:池 鹏
蔡庙镇财政所 所长:石凤杰
高庙镇财政所 所长:张丙如
水上财政所 所长:孙亚东

颍上县

西三十铺镇财政所 所长:王 峰
建颍乡财政所 所长:韩 俊
六十铺镇财政所 所长:李少义
五十铺财政所 所长:刘树俭
耿棚镇财政所 所长:吴均业
润河镇财政所 所长:刘 涛
盛堂乡财政所 所长:姜之友
半岗镇财政所 所长:兰洪波
关屯乡财政所 所长:许传胜
王岗镇财政所 所长:李树刚
赛涧回族乡财政所 所长:唐 坤
垂岗乡财政所 所长:汪喜春
八里河镇财政所 所长:祁 坦
南照镇财政所 所长:高 勇
红星镇财政所 所长:程永红
杨湖镇财政所 所长:刘保方
鲁口镇财政所 所长:尚立川
刘集乡财政所 所长:余 琴
江店孜镇财政所 所长:王 干
黄坝乡财政所 所长:王 颖
夏桥镇财政所 所长:官喜良
黄桥镇财政所 所长:姜庆莲
江口镇财政所 所长:夏广良
古城镇财政所 所长:顾广桥
陈桥镇财政所 所长:侯学成
迪沟镇财政所 所长:毕兰付
谢桥镇财政所 所长:董凤军

临泉县

城关街道办事处财政所 副所长:陈 锐
城南街道办事处财政所 负责人:曾兰英
城东街道办事处财政所 所长:陈 玲
邢塘街道办事处财政所 副所长:张 雷
田桥街道办事处财政所 所长:王建军
杨桥镇财政所 副所长:王 健
谭棚镇财政所 所长:曹建民
高塘镇财政所 负责人:吴春堂
老集镇财政所 所长:梁有生
滑集镇财政所 所长:高 峰
土陂乡财政所 负责人:姜永明
吕寨镇财政所 副所长:王世周
单桥镇财政所 负责人:曾 健
长官镇财政所 所长:刘 伟
宋集镇财政所 副所长:刘成年
张新镇财政所 副所长:闫成章
陈集镇财政所 所长:陶维红
艾亭镇财政所 所长:李仰德
陶老乡财政所 所长:陶守恒
韦寨镇财政所 所长:常登科
迎仙镇财政所 副所长:魏 峰
瓦店镇财政所 所长:洪庆中
庙岔镇财政所 负责人:范绍栋
姜寨镇财政所 所长:张大飞
黄岭镇财政所 所长:王俊平
鲖城镇财政所 负责人:周建军
白庙镇财政所 所长:赵 磊
关庙镇财政所 副所长:刘相春

开发区

京九路街道办事处财政所 所长:杜 梅

淮南市财政系统领导名单

淮南市财政局

党组书记、局长:张瑞昌
党组成员、副局长:杨勋敏 金四鑫 管迎新
党组成员、纪检组长:宋建军
党组成员、副局长:张琳娜

党组成员、总会计师:黄仕兴
副调研员:戴冰

寿县财政局

党组书记、局长:张国祥
党组成员、副局长、县国资委主任:江洪
党组成员、副局长:赵成凤　孙　宏　李家坤
党组成员:裴久成、张世超
党组成员、总会计师:王磊

凤台县财政局

党组书记、局长:陈贵刚
党组副书记:王允虎
党组成员、副局长:周浍芳　田　辉　张志凯
党组成员、纪检组长:蒋亚鹏
党组成员、总会计师:陈　永

大通区财政局

局长:王　捷
副局长:蒋振辉

田家庵区财政局

局长:陈灯海
副局长:秦祥全　顾　玮

谢家集区财政局

局长:宫　玲
副局长:张广忠

八公山区财政局

局长:王桂芝

潘集区财政局

局长:吴成进
党支部书记:段德昌
副局长:赵允龙、李传平

毛集实验区财政局

局长:王　成
副局长:许士传、陈鸿
纪检组长:王玉杰

经济开发区财政局

局长:郭庆东
副局长:柏　云

高新区(山南新区)财政局

局长:翟　明

寿　县

寿春镇财政分局	局长:吴承明
八公山乡财政所	副所长:汪新彬
双桥镇财政分局	所长:祝　斌
涧沟镇财政分局	所长:赵　奎
丰庄镇财政所	副所长:把中新
正阳关镇财政分局	局长:李福成
迎河镇财政分局	局长:黄兴林
张李乡财政分局	所长:孙应时
板桥镇财政分局	局长:孙自启
安丰塘镇财政所	所长:丁传格
窑口乡财政所	所长:袁绪江
堰口镇财政分局	局长:王守前
陶店乡财政所	所长:李永葆
保义镇财政所	所长:常传灿
安丰镇财政分局	副局长:李国胜
众兴镇财政分局	局长:许光开
隐贤镇财政所	副所长:孙　杰
茶庵镇财政所	所长:刘庆友
三觉镇财政所	所长:李正明
炎刘镇财政分局	局长:宋　瑾
刘岗镇财政所	所长:王运辉
双庙集镇财政所	所长:李厚保
小甸镇财政分局	所长:洪　申
瓦埠镇财政所	所长:张子好
大顺镇财政所	所长:马道龙
新桥国际产业园财政所	所长:王业树

凤台县

城关镇财政分局	局长:谢家亮
经济开发区财政所	所长:邱金阔
朱马店镇财政所	所长:孟献全
新集镇财政所	所长:胡　云
岳张集镇财政所	所长:高明东
顾桥镇财政所	所长:张　琴
桂集镇财政所	所长:樊春良
凤凰镇财政所	所长:吕文林
杨村镇财政所	所长:高勤贵
丁集镇财政所	所长:曹清联
尚塘乡财政所	所长:蒋克友
刘集镇财政所	所长:陈佩辉
古店乡财政所	所长:刘广雷
钱庙乡财政所	所长:王业昶
李冲回族乡财政所	所长:陈　良
关店乡财政所	副所长:张　翔
大兴集镇财政所	副所长:刘　锐

大通区

上窑镇财政所	所长:马凤琳
洛河镇财政所	所长:宗升贵
九龙岗镇财政所	所长:宫　军
孔店乡财政所	所长:宋相勇

田家庵区

安成镇财政所	所长:刘晓菊
舜耕镇财政所	所长:吴传玲
曹庵镇财政所	所长:雷振雨
史院乡财政所	所长:杨吉生

谢家集区

唐山镇财政所	所长:应　娟
李郢孜镇财政所	所长:周　伟
孙庙乡财政所	所长:杨修旭
杨公镇财政所	所长:王晓梅
望峰岗镇财政所	所长:邱文士
孤堆回族乡财政所	所长:王　霞

八公山区

山王镇财政所	所长:孔德野
八公山镇财政所	所长:王守伦

潘集区

田集街道财政所	所长:曹多军
贺疃乡财政所	所长:石秀传
架河乡财政所	所长:孔　玲
祁集乡财政所	所长:许瑞武
泥河镇财政所	所长:刘　斌
平圩镇财政分局	局长:胡开国
潘集镇财政所	所长:陈传厚
古沟回族乡财政所	所长:许瑞昌
高皇镇财政所	所长:赵云四
夹沟乡财政所	所长:李家俊
芦集镇财政所	所长:任印清

毛集实验区

毛集镇财政分局	局长:徐家秀
焦岗湖镇财政所	所长:沈建联
夏集镇财政所	副所长:刘文艳

滁州市财政系统领导名单

滁州市财政局

党组书记、局长:杨文萍
党组成员、纪检组长:李正刚
党组成员、副局长:王承云、李德标、王兴德
党组成员、非税局局长:胡　宁

琅琊区财政局

党组书记、局长:聂　丽
党组成员、副局长:谢永国　杨玉荣　杨文浩
党组成员、债务办主任、预算科长:杨华军

南谯区财政局

局长:孙宝林
副局长:徐玉彬　陈　芳
党组成员、纪检组长:刘　罡

来安县财政局

党组书记、局长:秦　陶
党组成员、副局长:王本传
党组成员、监督局局长:易志友
党组成员、非税局局长:陶　宏
党组成员、副局长:宋长城
副局长:李泽海

全椒县财政局

党组书记、局长:姜志山
党组成员、副局长:张　雷
党组成员:赵和平
党组成员、副局长:袁长海
党组成员、纪检组长、监察室主任:郭再传

天长市财政局

党组书记、局长:潘中勇
党组成员、副局长:赵建中　欣金石　管　林
党组成员、农发办主任:潘桂来
党组成员、纪检组长:纪福海
党组成员、民生办主任:王德徐
党组成员、非税局局长:姜序忠

定远县财政局

党组书记、局长:疏信保
党组成员、副局长:杜　峰　丁发成

凤阳县财政局

党组书记、局长:赵宏江
党组成员、副局长:李锦柱
党组成员、纪检组长:张劲松

明光市财政局

党组书记、局长:李仁标
党组成员、副局长:阚　斌
党组成员、副局长、财政监督局局长:巴　霖

党组成员、副局长:杜玉山
党组成员、国库支付中心主任:孙传芳
党组成员、园区财政局局长:季　敏

琅琊区

清流街道财政所　所长:汤立志
扬子街道财政所　所长:李　壮
琅琊街道财政所　所长:陈　召
东门街道财政所　所长:贡　伟
南门街道财政所　所长:蒋秋文
西门街道财政所　所长:徐　庆
北门街道财政所　所长:高　巍
西涧街道财政所　所长:孙雪梅

南谯区

乌衣镇财政所　副所长:袁　珑
沙河镇财政所　所长:任道军
章广镇财政所　所长:赵应枝
龙蟠办财政所　所长:江厚英
黄泥岗镇财政所　所长:鄢　毅
珠龙镇财政所　副所长:汪光源
施集镇财政所　副所长:李春燕
大柳镇财政所　所长:张　伟
腰铺镇财政所　所长:翟光明

来安县

经济开发区财政分局　局长:吕思亮
汊河经济开发区财政分局　局长:赵宝林
新安镇财政所　所长:章宏斌
舜山镇财政所　所长:时永前
三城乡财政所　所长:梁端林
汊河镇财政所　所长:许玉伟
独山乡财政所　所长:唐世文
施官镇财政所　所长:王玉春
半塔镇财政所　所长:王金良
张山乡财政所　所长:朱　贵
雷官镇财政所　所长:罗龙海
杨郢乡财政所　所长:孙承忠
水口镇财政所　所长:罗章铭
大英镇财政所　所长:王爱峰

全椒县

襄河镇财政所　所长:杨义明
古河镇财政所　所长:黄开维
马厂镇财政所　所长:许　敏
二郎口镇财政所　所长:刘树来
六镇镇财政所　所长:李义龙
石沛镇财政所　所长:郑华平
武岗镇财政所　所长:蔡兴明
十字镇财政所　所长:蔡传先
西王镇财政所　所长:徐本春
大墅镇财政所　所长:彭守立
开发区财政分局　副局长(主持工作):李广玉

定远县

界牌集镇财政所　所长:雍广生
藕塘镇财政所　所长:范铭和
仓镇财政所　所长:谢从辉
大桥镇财政所　所长:曹士跃
池河镇财政所　所长:范祥平
桑涧镇财政所　所长:赵顶升
拂晓乡财政所　副所长:柏传伍
三和集镇财政所　所长:杨　刚
定城镇财政所　副所长(主持工作):倪　刚
西州店镇财政所　所长:许茂玉
严桥乡财政所　所长:潘　超
范岗乡财政所　所长:桑文如
永康镇财政所　所长:张本群
炉桥镇财政所　所长:陆凤海
能仁乡财政所　所长:陈学六
七里塘乡财政所　所长:汪玉聪
张桥镇财政所　所长:李如秀
连江镇财政所　所长:唐开刚
二龙回族乡财政所　所长:高恒龙
吴圩镇财政所　所长:周恒民
蒋集乡财政所　副所长(主持工作):王　振
朱湾镇财政所　所长:杨　诚

凤阳县

经济开发区财政分局　局长:朱道哲
府城镇财政所　所长:刘　璋
临淮镇财政所　所长:赵传胜
武店镇财政所　所长:代之兰
西泉镇财政所　所长:王保勤
官塘镇财政所　所长:张家胜
刘府镇财政所　所长:王　琨
大庙镇财政所　所长:孙世礼
总铺镇财政所　所长:高新山
殷涧镇财政所　所长:詹绍军
红心镇财政所　所长:王新芳

板桥镇财政所　所长:徐　军
黄湾乡财政所　所长:鲁善飞
大溪河镇财政所　所长:叶　俊
枣巷镇财政所　所长:吴在建

明光市

柳巷镇财政所　所长:蒋盛民
明西街办财政所　所长:申维西
泊岗乡财政所　所长:李长金
桥头镇财政所　所长:吴　超
三界镇财政所　所长:蒋道勇
明南街办财政所　所长:彭　兵
苏巷镇财政所　所长:吴兆林
古沛镇财政所　所长:李继革
涧溪镇财政所　所长:赵光友
女山湖镇财政所　所长:何善明
管店镇财政所　所长:周继学
张八岭镇财政所　所长:丁良春
明东街办财政所　所长:赵祥贤
石坝镇财政所　所长:郁从高
明光街办财政所　所长:田　猛
自来桥镇财政所　所长:丁　隆
潘村镇财政所　所长:石泽卫

天长市

天长街道办事处财政所　所长:金有武
永丰镇财政所　所长:王德华
杨村镇财政所　所长:姚宪平
冶山镇财政所　所长:唐传月
郑集镇财政所　所长:周相杰
大通镇财政所　副所长(主持工作):瞿文云
秦栏镇财政分局　局长:李晔
仁和镇财政所　所长:胡明余
万寿镇财政所　所长:武世勇
金集镇财政所　副所长(主持工作):程长葆
汊涧镇财政所　所长:王国林
新街镇财政所　所长:翁延悦
石梁镇财政所　所长:张殿卿
铜城镇财政所　所长:沈学官
张铺镇财政所　副所长(主持工作):张书田
开发区财政分局　副局长(主持工作):李华庭

六安市财政系统领导名单

六安市财政局

市政协副主席、财政局局长:孙学龙
党组书记、国资委主任:黄汇东
党组成员、副局长:汪英来、刘玉飞、费小松
党组成员、国资委副主任:杜家如
党组成员、纪检组长:曹文武

金安区财政局

区政协副主席、局党组书记、局长:司家祥
党组副书记:丁剑
党组成员、示范园区财金局局长:杨刚
副局长:余永生
工会主任:陈章
副局长:高乾俊、叶开文
纪检组长、监察室主任:方堃
总会计师、民生办主任:刘岩松

裕安区财政局

党组书记、局长:孙乃发
党组副书记、副局长:杜成发
党组成员、主任科员、副局长:王利超
党组成员、副局长:潘明础、韩杨
党组成员、农开办主任:郝小山
党组成员:黄学东
党组成员、担保公司总经理:罗行武

叶集区财政局

党组副书记、副局长:付启胜
党组成员、副局长:台德炜、汪立刚
党组成员、国库支付中心主任:吴奇

经济技术开发区财政局

党组书记、局长:李欣
党组成员、副局长:郝宗刚、曹开芳

霍山县财政局

党组书记、局长、国资委主任:刘朝东
财金系统党委书记、局党组成员、副局长:程晓明
党组成员、副局长:刘传保、高宗敏
党组成员、农村财政管理局局长:谢家富
党组成员、纪检组长:郑子峰
副局长(挂)、国库支付中心主任:汪德国
党组成员、总会计师:李运成
工会主席:魏明友

霍邱县财政局

党委书记、局长:王懿
党委委员、副局长、国资委主任:王树平
党委委员、副局长:陈遵坤、李宝
党委委员:陈天才
党委委员、工会主席:刘维成
党委委员、纪检组长:王祖刚

金寨县财政局

现代产业园区管委会副主任、局党组书记、局长、国资委主任:胡　浩
党组成员、纪检组长:廖荣军
党组成员、副局长:漆学坤
党组成员、国资委副主任:唐　宁
党组成员、副局长:李述庆
副局长:吴功安
党组成员、总会计师、副局长(挂):王　龙
党组成员、农业综合开发局局长:冯　俊
党组成员、农村综合改革领导小组办公室专职副主任:汪德全

舒城县财政局

党组书记、局长:肖　波
党组成员、主任科员:韦　征
党组成员、副局长:王大方
党组成员、总会计师:张　旺
党组成员、副局长:程华平
党组成员、纪检组长:张舒平
党组成员(挂)、副局长(挂)、农发办主任:卫秀林

金安区

东市街道财政所	所长:彭能传
中市街道财政所	所长:张涛元
三里桥街道财政所	所长:梁德圣
清水河街道财政所	所长:蔡　磊
望城街道财政分局	局长:孙　超
城北乡财政分局	局长:张修勤
椿树镇财政所	所长:何宏应
东河口镇财政所	所长:邓齐全
东桥镇财政所	所长:唐兆刚
横塘岗乡财政所	所长:董德胜
马头镇财政所	所长:张　懿
毛坦厂镇财政分局	局长:潘　忠
木厂镇财政分局	局长:夏立峻
淠东乡财政所	所长:周　山
三十铺镇财政分局	局长:杨瑞鹏
施桥镇财政所	所长:陈新和
双河镇财政所	所长:金宗林
孙岗镇财政分局	局长:吴昌东
翁墩乡财政所	所长:刘金阳
先生店乡财政所	所长:高大宇
张店镇财政分局	局长:谢　应
中店乡财政所	所长:史　彬
经济开发区财金管理局	局长:胡云业

裕安区

小华山街道财政所	所长:朱家中
鼓楼街道财政所	所长:熊祖虎
西市街道财政所	所长:杨克平
平桥乡财政分局	局长:刘家刚
城南镇财政分局	局长:李敦品
青山乡财政所	所长:周希胜
石板冲乡财政所	所长:徐祖胜
韩摆渡镇财政所	所长:刘华斌
丁集镇财政所	所长:许友收
罗集乡财政所	所长:丁瑞东
固镇镇财政所	所长:刘富生
徐集镇财政所	所长:金家吾
江家店镇财政所	所长:汤　玲
分路口镇财政分局	局长:开　煊
独山镇财政分局	局长:赵本雨
狮子岗乡财政所	所长:李茂洲
石婆店镇财政所	所长:蒲全村
西河口乡财政所	所长:姚曙光
新安镇财政分局	局长:罗明圣
顺河镇财政所	所长:田兴胜
单王乡财政所	所长:张　晖
苏埠镇财政分局	局长:林元华
开发区财政分局	局长:陈　兵

霍山县

衡山镇财政分局	局长:唐家胜
诸佛庵镇财政分局	主持工作:罗来成
与儿街镇财政分局	局长:叶发玉
黑石渡镇财政所	主持工作:吴中胜
佛子岭镇财政所	所长:彭　均
但家庙镇财政所	主持工作:叶祥恕
下符桥镇财政所	主持工作:杨义浩

单龙寺镇财政所 所长:刘作贞
磨子潭镇财政所 所长:刘玉石
东西溪乡财政所 主持工作:徐家文
大化坪镇财政所 所长:刘祖才
落儿岭镇财政分局 主持工作:张 军
漫水河镇财政所 所长:汪辉群
上土市镇财政所 所长:何祥田
太平畈乡财政所 所长:方红兵
太阳乡财政所 主持工作:杨延龄

霍邱县

城关镇财政分局 局长:周金荣
河口镇财政所 所长:程 宏
长集镇财政分局 局长:曾凡城
户胡镇财政所 所长:李传炎
石店镇财政所 所长:马良锡
马店镇财政分局 局长:雷家杰
周集镇财政分局 局长:李立成
临水镇财政分局 负责人:李祖堂
孟集镇财政分局 负责人:王贤贵
新店镇财政分局 局长:张玉和
花园镇财政所 所长:吴永江
乌龙镇财政所 所长:黄应旭
高塘镇财政分局 局长:李友军
曹庙镇财政所 所长:李传斌
众兴镇财政所 所长:冯浩然
夏店镇财政所 所长:许 磊
岔路镇财政所 所长:沈明乐
龙潭镇财政所 所长:谢 亮
白莲乡财政所 所长:程学云
邵岗乡财政所 所长:王 宏
冯井镇财政分局 局长:张习芝
范桥镇财政分局 局长:李绍明
王截流乡财政所 所长:郭凤云
城西湖乡财政分局 局长:牛金合
临淮岗乡财政分局 局长:董西保
宋店乡财政所 所长:任 宏
三流乡财政所 所长:王兆强
潘集镇财政所 所长:李 骥
冯瓴乡财政所 所长:臧德龙
彭塔乡财政所 所长:刘彭丽

金寨县

梅山镇财政分局 局长:吴为中
双河镇财政所 所长:姜兴云
桃岭乡财政所 所长:胡少友
白塔畈镇财政分局 副局长:徐俊峰 孟祥明
张冲乡财政所 副所长:简祖江
全军乡财政所 所长:张福海
天堂寨镇财政分局 副局长:刘从彬、兰中义
南溪镇财政分局 副局长:余玉林 曾 瑜
汤家汇镇财政分局 副局长:陶兴华 钟文学
青山镇财政所 所长:张经奎
斑竹园镇财政分局 副局长:吴德清、余维丽
吴家店镇财政所 所长:田家礼
油坊店乡财政所 副所长:周 兵
铁冲乡财政所 副所长:陶 然 张利民
沙河乡财政所 副所长:吴以飞
槐树湾乡财政所 所长:袁文刚
古碑镇财政分局 局长:余正良
关庙乡财政所 副所长:赵立山
燕子河镇财政所 所长:张家勇
长岭乡财政所 副所长:熊裕文
麻埠镇财政所 副所长:汪文智
花石乡财政所 所长:张经楼
果子园乡财政所 所长:陈克忠

舒城县

城关镇财政分局 局长:傅世昀
桃溪镇财政分局 局长:肖 健
杭埠镇财政分局 局长:胡海平
千人桥镇财政分局 局长:毛德琼
棠树乡财政分局 局长:盛吉富
干汊河镇财政分局 局长:许礼荣
开发区财政所 所长:华兴圣
南港镇财政所 所长:张功稳
舒茶镇财政所 所长:黄玉宝
春秋乡财政所 所长:程从越
百神庙镇财政所 所长:孔令其
柏林乡财政所 所长:宋 飞
张母桥镇财政所 所长:谈儒文
万佛湖镇财政所 所长:曹孝平
五显镇财政所 所长:李新明
阙店乡财政所 所长:许令松
晓天镇财政所 所长:储德元
山七镇财政所 所长:胡显月
高峰乡财政所 所长:汪家春

河棚镇财政所 所长:谭永红
汤池镇财政所 所长:王金林
庐镇乡财政所 所长:陈少俊

马鞍山市财政系统领导名单

马鞍山市财政局

党组书记、局长:张亚莉
副局长:吴斌(挂职) 张道祥(挂职)
党组成员、国资委专职副主任:陈陆林
党组成员、纪检组长:吴 彪
党组成员、副局长:董清华 胡振华
党组成员、总会计师:吴长明
党组成员、副局长:曹明云
副调研员:齐道友

花山区财政局

局长:钱德俭
副局长:许 珉
国库集中支付中心主任:滕 慧
非税收入管理局局长:华 杨

雨山区财政局

局长:张 锋
副局长:王美华 牛 萍
国库集中支付中心主任:王秋红
非税收入管理局局长:夏冬梅

博望区财政局

局长:徐业标
副局长:程秋平
国库支付中心主任:梁启松

经济技术开发区财政局

局长:杨庆新
副局长:牛翊华
民生办主任:郭学平

慈湖高新区财政局

局长:汤翠芳
副局长:王良平 张倩倩

承接产业转移示范园区财政局

副局长(主持工作):唐晓娣
副局长:陈 令 王婷婷

郑蒲港新区财政局

局长:秦传明

含山县财政局

局长:吴必友
投融资办常务副主任:裴小勇
副局长、主任科员:杨永州
县第四纪检组组长:宫尚峰
副局长:乔能彬 马 伟
党组成员:贾庆竺

和县财政局

党组书记、局长:夏尤金
党组成员、副局长:李 莉 倪宇江
党组成员、总会计师:王传标
党组成员:童文胜

当涂县财政局

党组书记、局长:刘目军
党组成员、副局长:程立浦 苏 琴
党组成员、纪检组长:王华国
党组成员、工会主席:李齐花

花山区

霍里街道财政所 所长:王 飞

雨山区

向山镇财政所 所长:王 青
佳山乡财政所 所长:王金枝

博望区

博望镇财政分局 局长:张传梅
丹阳镇财政所 所长:刘明忠
新市镇财政所 所长:成之华

郑蒲港新区

姥桥镇财政所 所长:孙有泉
白桥镇财政所 所长:张吉茂

含山县

开发区财政分局 局长:贺 明
褒禅山经济园区财政分局 局长:童如成
环峰镇财政分局 局长:贾斯文
林头镇财政分局 局长:郭佩献
运漕镇财政分局 副局长:尹其二
仙踪镇财政分局 局长:李 娟
铜闸镇财政所 所长:曹玉军
陶厂镇财政所 所长:李伏森
清溪镇财政所 所长:黄荣宗
昭关镇财政所 所长:李天清

和 县

历阳镇财政分局 副局长(主持工作):张悠树

香泉镇财政分局 党支部书记:吴祚明
香泉镇财政分局 局长:姜业和
乌江镇财政分局 局长:沈守彪
石杨镇财政分局 副局长:余忠发
西埠镇财政所 所长:张孟金
功桥镇财政所 所长:何龙俊
善厚镇财政所 所长:黄义龙

当涂县

姑孰镇财政分局 副局长:钟燕华
太白镇财政分局 局长:吴开义
黄池镇财政分局 局长:汤小芳
石桥镇财政分局 副局长:朱 翔
乌溪镇财政所 所长:诸金刚
塘南镇财政所 所长:汤复金
大陇乡财政所 所长:尹成鑫
护河镇财政所 副所长:徐为红
湖阳镇财政所 所长:魏元刚
江心乡财政所 所长:江家文

芜湖市财政系统领导名单

芜湖市财政局

党委书记、局长:李家贵
党委委员、副局长:周庆华
党委委员、纪委书记:赵 刚
党委委员、副局长:韩永强
党委委员、副主任:汤高继
副调研员:朱 毅 凌国栋

镜湖区财政局

局长:沈怀宝
副局长、党组书记:邵忠发
副局长、国资办主任:严兆清
副局长:宋兰兰

鸠江区财政局

局长:焦朝凤
副局长:邹忠贵
核算中心主任:孙传槐

弋江区财政局

局长、国资办主任:胡 艳
副局长:龚树海 孟令富
国资办副主任:郭玉峰
国库支付中心主任:吴 操

三山区财政局

局长:冯 中
副局长:郭炳生 洪桂莹 卜俊杰

经济技术开发区财政局

局长:陈效水
国资办副主任:王兴根
副局长:丁慧群 李 琦

长江大桥开发区财政局

局长:吴祖满
科长:李留喜

江北产业集中区财金部

部长:黄先龙
总会计师:崔世庆
科长:邢 兴

芜湖县财政局

党组书记、局长:顾玉才
党组成员、副局长:王艳梅 范家仁 宋 文

繁昌县财政局

党组书记、局长:张尚斌
党组成员、纪检组长:鲁守智
党组成员、副局长:王爱民 张武宝
国资办副主任:陈 萍

南陵县财政局

党组书记、局长:朱 华
党组成员、副局长、国资办主任:王卫东
党组成员、副局长:李立新
党组成员、纪检组长:徐 文
党组成员、副局长:张幼平
党组成员、民生办副主任:洪 奇

无为县财政局

党组书记、局长:李作果
党组成员、副局长、农发办主任:陈先荣
党组成员、副局长:丁如涛 杨金玉
党组成员、纪检组长:潘谭渊
副局长:罗前英
党组成员、总会计师:王雄军

鸠江区

沈巷镇财政分局 局长:张春耕
二坝镇财政分局 局长:杨 俊
白茆镇财政分局 局长:杨宏祥
汤沟镇财政所 所长:吴严山

官陡街道财政所 所长:何 华
清水街道财政所 所长:崔永贵
湾里街道财政所 所长:凌茜萍
四褐山街道财政所 所长:陈 琦
裕溪口街道财政所 所长:徐 燕

三山区

峨桥镇财政所 所长:夏治平

芜湖县

湾沚镇财政所 所长:陈其宣
六郎镇财政所 所长:郭振兰
陶辛镇财政所 所长:周赟三
红杨镇财政所 所长:董思标
花桥镇财政所 所长:王万田

繁昌县

繁阳镇财政分局 副局长:王 刚
荻港镇财政分局 副局长:鲍金伟
孙村镇财政分局 局长:尚显龙
新港镇财政分局 局长:万帮斌
开发区财政分局 副局长:水从贵
平铺镇财政所 所长:龚建国
峨山镇财政所 所长:陈益胜

南陵县

籍山镇财政所 所长:许联合
弋江镇财政所 所长:陈忠兵
许镇镇财政所 所长:丁文全
三里镇财政所 所长:陶征成
何湾镇财政所 所长:何鸿生
工山镇财政所 所长:王宏鑫
家发镇财政所 所长:廖必学
烟墩镇财政所 所长:俞中明

无为县

福渡镇财政所 局长:夏绿松
陡沟镇财政所 局长:叶正亮
泥汊镇财政所 局长:伍纪年
高沟镇财政分局 局长:肖俊生
姚沟镇财政所 所长:倪受平
刘渡镇财政所 所长:夏业俊
襄安镇财政分局 局长:汪红兵
十里墩镇财政所 所长:王荣平
泉塘镇财政所 所长:焦 衡
蜀山镇财政所 所长:何尧舜
洪巷乡财政所 所长:乐 意
牛埠镇财政所 所长:张志生
昆山乡财政所 所长:杨宣华
鹤毛镇财政所 所长:徐源明
石涧镇财政分局 局长:叶 勇

宣城市财政系统领导名单

宣城市财政局

党组书记、局长:王华
党组成员、副局长:罗少彬、刘先锋
党组成员、纪检组长:陈斌
党组成员:肖锋、胡铁群
总会计师:刘成

宣州区财政局

党组书记、局长:沈明清
党组成员、副局长:翟德平
党组成员、纪检组长:徐群
党组成员、副局长:潘红旗、裴发根
党组成员、工会主席:章小红
总会计师:刘进

经济技术开发区财政局

局长:凌俊

郎溪县财政局

党委书记、局长:周道平
党委副书记:谢爱民
党委委员、副局长:孙宝昌
副局长:夏玉芳
党委委员、副局长:罗新满
党委委员、总会计师:杨茂喜
党委委员、采购监管办主任:刘德梅
党委委员、民生办主任:吕攀峰

宁国市财政局

党组书记、局长、国资委主任:谭浩
党组副书记、纪检组长:谢洪文
党组成员、副局长、国有资产运营中心主任、总会计师:彭兴军
党组成员、副局长:吕 波、陈新爱
党组成员、主任科员、国资委副主任:徐东晖
党组成员、办公室主任:肖汉武

泾县财政局

党组书记、局长:王 勇

党组副书记、副局长:刘　辉
党组成员、副局长:翟永清、王富明
党组成员、纪检组长:张先俊
班子成员、副科级总会计师:丁　珉
党组成员、民生办主任:章　宏

旌德县财政局

党组副书记、局长:方保松
党组副书记、副局长:程建华
党组成员、副局长、金融办主任:周小健
党组成员、总会计师:汪锦生
党组成员、副局长:张　萍
党组成员、纪检组长:夏为政
党组成员、担保公司总经理:方家喜

绩溪县财政局

党组书记、局长:汪有红
党组成员、副局长:洪华春、方拥军
党组成员、纪检组长:胡映晓
党组成员、副局长:汪宇辉
党组成员、总会计师:汪宝红

宣州区

水阳镇财政分局　局长:王兴良
狸桥镇财政分局　局长:张小松
孙埠镇财政分局　局长:汪　超
水东镇财政分局　局长:肖清霞
洪林镇财政所　所长:方　虎
寒亭镇财政所　所长:石小牛
文昌镇财政所　所长:江灵龙
沈村镇财政所　所长:葛　静
杨柳镇财政所　所长:赵玉明
古泉镇财政所　所长:冯昌贵
新田镇财政所　所长:童青松
周王镇财政所　所长:吴天明
溪口镇财政所　副所长(主持工作):孙远
朱桥乡财政所　所长:唐　勇
养贤乡财政所　所长:胡先根
五星乡财政所　副所长(主持工作):刘国强
黄渡乡财政所　所长:王乾忠
双桥街道办事处财政所　所长:胡青松
向阳街道办事处财政所　所长:杨建东
济川街道办事处财政所　所长:邢　飞
澄江街道办事处财政所　所长:任晓辉
鳌峰街道办事处财政所　所长:葛有志
西林街道办事处财政所　所长:高文喜
敬亭山街道办事处财政所　所长:杨小三

郎溪县

建平镇财政分局　局长:赵慧兰
十字镇财政分局　局长:李官林
涛城镇财政分局　局长:赵　婷
梅渚镇财政分局　局长:张宏书
新发镇财政分局　局长:陈　萍
飞鲤乡财政分局　局长:王海兵
毕桥乡财政分局　局长:任玲芝
凌笪乡财政分局　局长:潘学斌
姚村乡财政分局　局长:罗兴传
县开发区财政分局　局长:黄大勇
十字开发区财政分局　局长:岑国庆

宁国市

港口生态园区财政分局　局长:汪　辉
中溪镇财政分局　局长:刘以宁
河沥街道办事处财政所　所长:刘国华
西津街道办事处财政所　所长:欧阳美文
南山街道办事处财政所　所长:何　平
汪溪街道办事处财政所　所长:程　林
竹峰街道办事处财政所　所长:周雷震
云梯乡财政所　副所长:欧阳慧君
仙霞镇财政　所长:汪　虹
宁墩镇财政所　所长:吴建军
南极镇财政所　所长:周保权
万家乡财政所　所长:余国斌
梅林镇财政所　所长:王荣林
霞西镇财政所　所长:黄兰兰
甲路镇财政所　所长:冯银海
胡乐镇财政所　所长:吕　钊
青龙乡财政所　所长:陈　闽
方塘乡财政所　所长:鲍金水

泾　县

泾川镇财政所　所长:卫三荣
云岭镇财政分局　局长:徐志林
茂林镇财政所　所长:曹新成
榔桥镇财政所　所长:董先敏
桃花潭镇财政所　所长:熊志明
丁家桥镇财政所　所长:汪　瑨
黄村镇财政所　所长:叶建平
蔡村镇财政所　所长:汤正虎

琴溪镇财政所 所长:江荣福
昌桥乡财政所 所长:卫幸梅
汀溪乡财政所 所长:胡道胜

旌德县

旌阳镇财政分局 局长:吕有水
版书乡财政所 所长:吴国清
俞村镇财政分局 局长:胡志建
蔡家桥镇财政分局 局长:陶太宏
云乐乡财政所 所长:董根发
三溪镇财政分局 局长:冯铜友
兴隆镇财政所 所长:王家学
孙村镇财政所 所长:李秀椿
庙首镇财政分局 局长:张成林
白地镇财政分局 局长:陶如宝

绩溪县

华阳镇财政分局 局长:曹向明
临溪镇财政分局 局长:陈卫国
瀛洲镇财政所 所长:程新光
长安镇财政所 所长:黄梦利
上庄镇财政所 所长:胡建兵
扬溪镇财政所 所长:汪满鹏
金沙镇财政所 所长:王小永
板桥头乡财政所 所长:汪国庆
伏岭镇财政所 所长:叶正光
家朋乡财政所 所长:张孝辉
荆州乡财政所 所长:胡　斌

铜陵市财政系统领导名单

铜陵市财政局

党组书记、局长:黄宝林
党组成员、纪检组长:姚从斌
党组成员、副局长兼机关党委书记:鲁宜海
党组成员、副局长:刘　宏　金　芬
党组成员、总会计师:储跃然
副调研员:张凌宇、王安丽

铜官区财政局

党组书记、局长:沈　斌
党组成员、副局长:郑　婷　张诚斌　苏华丽

义安区财政局

党组书记、局长:梅柏林
党组成员:何跃进
党组成员、副局长(主任科员):陈志双
党组成员、总会计师:周桃福
党组成员、纪检组长:王昌银
党组成员、副局长:刘朝晖
党组成员、城投公司总经理:马　斌

郊区财政局

局长:黄　海
副局长:陈良兵

经济技术开发区

局长:岳　霆
副局长:程敏敏

枞阳县财政局

党组书记、局长:马满华
党组成员、副局长:钱文泽　陈旭升　何嗣进
党组成员、纪检组长:胡四新
党组成员、总会计师:张甫志

铜官区

东郊办事处财经管理所 所长:王卫平
西湖镇财经管理所 所长:赵　蔚

义安区

五松镇财政分局 局长:朱　萍
钟鸣镇财政分局 局长:阮成俊
顺安镇财政分局 局长:陈正富
天门镇财政分局 局长:戴恒友
东联乡财政分局 局长:曹利斌
西联乡财政分局 负责人:胡春红
胥坝乡财政分局 负责人:宋　辉
老洲乡财政分局 局长:李玉娥

郊　区

桥南办财政所 所长:郎　君
安铜办财政所 所长:黄陆润
大通镇财政所 所长:周固元
灰河乡财政所 所长:吴　滨
铜山镇财政所 副所长:李元龙

枞阳县

枞阳镇财政分局 副局长:杨晓林
铁铜乡财政所 所长:周笑天
藕山镇财政分局 局长:杨长根
凤仪乡财政所 所长:王况生
汤沟镇财政分局 局长:王　平
长沙乡财政所 所长:方习中

老洲镇财政分局　局长:刘东苟
周谭镇财政所　所长:王叙德
陈瑶湖镇财政分局　局长:周雄飞
横埠镇财政分局　局长:姚信华
钱铺乡财政所　所长:周志学
项铺镇财政所　所长:吴小发
白梅乡财政所　所长:慈龙宝
白湖乡财政所　所长:周柯云
金社乡财政所　所长:吴福祥
钱桥镇财政分局　局长:吴其龙
其林镇财政所　所长:吴福胜
义津镇财政分局　局长:姚大中
浮山镇财政所　所长:姚佐平
会宫乡财政所　所长:董松美
官埠桥镇财政所　所长:吴亚松
雨坛乡财政所　所长:胡正村
经开区财政局　局长:何嗣进(兼)

池州市财政系统领导名单

池州市财政局

党组书记、局长:徐树生
党组成员、副局长、纪检组长:吴庆华
党组成员、副局长:杨庆安　尹加旺
党组成员、副调研员:唐曙明
党组成员、农发办主任:唐海洋
党组成员、民生办主任:程保东
党组成员、国资委副主任:金绪友
副调研员:章丹心、汪民主
国库支付中心主任:刘包进
非税局局长:汪申成

江南集中区财金部

副部长:吴振亚

贵池区财政局

党组书记、局长:刘贵阳
党组副书记:许孝怀
副局长:李国强
纪检组长:王新友
工会主席:张　雯
党组成员:胡同斌

东至县财政局

党组书记、局长:周运开
党组副书记、副局长、纪检组长、主任科员:汪正长
党组成员、副局长:王炳华　朱开明
党组成员、总会计师:陈坤芳
党组成员、主任科员:周胜良　汪　洋

石台县财政局

党组书记、局长:邬开政
党组成员、副局长:王诗祥　汪庆五　舒晓斌
党组成员、纪检组长:曹念峥
党组成员、监督局局长:江龙云
党组成员、金融办主任:舒志华
党组成员、总会计师:吴卫平

青阳县财政局

党组书记、局长:张益平
党组成员、副局长、主任科员:刘来胜
党组成员、副局长:光　明　丁学军
党组成员、纪检组长:陈　镘
党组成员、总会计师、国资委专职副主任:丁军辉
党组成员、副主任科员:陈　谷

九华山风景区财政局

局长:赵良贵
副局长:鲍玉生、刘卫胜
党组成员:张玉平、余旭光

开发区财政局

局长:盛文台
副局长:吴佩银　王　彬

平天湖财政局

局长:王双应

贵池区

池阳街道财政分局　局长:包启友
秋浦街道财政分局　局长:周桃四
杏花村街道财政分局　局长:汪　利
清风街道财政分局　局长:钱跃文
江口街道财政分局　局长:胡孔璋
里山街道财政分局　局长:方　涛
涓桥街道财政分局　局长:汪曙华
秋江街道财政分局　局长:方继安
乌沙镇财政分局　局长:陈　敏
殷汇镇财政分局　局长:胡秀青

牛头山镇财政分局 局长:卢志刚
唐田镇财政分局 局长:周　盾
牌楼镇财政分局 局长:王来宝
梅街镇财政分局 局长:杨颜国
棠溪镇财政分局 局长:邱　毅
梅村镇财政分局 局长:何腾飞
马衙街道财政分局 局长:杨韶红
墩上街道财政分局 局长:周迎义
梅龙街道财政分局 局长:喻　松

东至县

大渡口镇财政分局 局长:王志松
东流镇财政分局 局长:朱国平
尧渡镇财政分局 局长:王亦斌
经济开发区财政局 局长:王洪权
胜利镇财政分局 局长:许成顺
张溪镇财政分局 局长:刘国清
洋湖镇财政分局 局长:吴维军
葛公镇财政分局 局长:许继祥
香隅镇财政分局 局长:方胜昔
官港镇财政分局 局长:汪根旺
花园乡财政分局 局长:程建春
泥溪镇财政分局 局长:刘仁民
木塔乡财政分局 局长:孔双乐
龙泉镇财政分局 局长:刘仁贵
昭潭镇财政分局 局长:左根水
青山乡财政分局 局长:徐国进

石台县

仁里镇财政分局 局长:徐华海
七都镇财政分局 局长:李贵高
横渡镇财政分局 局长:彭先果
大演乡财政分局 局长:姚小明
仙寓镇财政分局 局长:陈发根
矶滩乡财政分局 局长:查朝平
丁香镇财政分局 局长:张圣德
小河镇财政分局 局长:徐华久

青阳县

蓉城镇财政分局 局长:张　洁
杨田镇财政分局 局长:李强富
朱备镇财政分局 局长:胡满璋
新河镇财政分局 局长:周　征
木镇镇财政分局 局长:杨大宏
丁桥镇财政分局 局长:王　频
乔木乡财政分局 局长:邓继涛
酉华乡财政分局 局长:吴玉才
庙前镇财政分局 局长:吴胜娟
杜村乡财政分局 局长:洪尚平
陵阳镇财政分局 局长:熊晔宏

九华山风景区

九华乡财政所 所长:孙华峰
九华镇财政所 所长:陈　云

安庆市财政系统领导名单

安庆市财政局

局长、投金办主任、国资办主任:何家虎
副局长:王思丰
纪检组长:邵显桥
副局长、投金办副主任:华鹏飞
总经济师:曹凌云
副局长:开　敏
副局长、国资办副主任:许正劲

迎江区财政局

局长:黄雪莲
副局长:吴　军　张海莉
纪检组长:王旭东

大观区财政局

局长:周文文
纪检组长:杨远明
副局长:吴自龙　李　琦

宜秀区财政局

党组书记、局长:陈启讲
党组副书记、大桥开发区财政局局长:鲁　燕
副局长:谢宏杰　杨宏生
纪检组长:陈　莉

开发区财政局

副局长:马　加　程皖生

怀宁县财政局

局长:郝金龙
副局长:柴绍来　杜可诚
总会计师:余世红
纪检组长:丁士敏
党组成员:程晓明
党组成员、投金办副主任:刘　刚

潜山县财政局

局长、投金办主任:汪为民
国资办主任:王生海
副局长:郑茯苓
财政监督检查局局长:王奇凌
纪检组长:汪　萍
副局长:张义华、江达明

太湖县财政局

党组书记、局长:汪大普
党组成员、副局长:吴立新
党组成员、副局长、开发区财政分局局长:潘建华
党组成员、纪检组长:吴先桃
党组成员、副局长:刘周宝　黄　磊
党组成员、总会计师:范焱峰

望江县财政局

局长:汪华良
党组书记:张松林
党组成员、民生办主任:徐苑生
党组成员、副局长:吴学明
党组成员、纪检组长:徐俊欣
党组成员、总会计师:蒋五毛

桐城市财政局

局长、国资中心主任:张早林
副局长:王忠生
副局长、投金办副主任:都宜建
副局长:张　伟　吴曙红
纪检组长:余宜庆
总会计师:张仲平
党组成员:严　平

岳西县财政局

局长:李爱群
副局长:王文森　储福枝
党组成员:孟宪忠

迎江区

龙狮乡财政所　所长:方亚力
新洲乡财政所　所长:江海芬
长风乡财政所　所长:严　利

大观区

十里铺乡财政分局　局长:方真胜
海口镇财政分局　局长:朱长忠
山口乡财政所　所长:谢江娅

宜秀区

杨桥镇财政所　所长:张　莉
白泽湖乡财政所　所长:江代娣
大龙山镇财政分局　局长:方轶宏
罗岭镇财政所　所长:周琳琳
五横乡财政所　所长:王建军

开发区

老峰镇财政所　所长:方　亚
菱北财政所　副所长:汪　清

怀宁县

石牌镇财政分局　局长:何宏亮
黄墩镇财政分局　副局长:丁士彬
高河镇财政分局　副局长:夏明和
马庙镇财政分局　副局长:张红斌
茶岭镇财政分局　副局长:李志阳
月山镇财政分局　局长:王黄送
石镜乡财政分局　副局长:雍红卫
腊树镇财政所　所长:程　琦
雷埠乡财政所　所长:王六春
黄龙镇财政所　所长:郭　梅
平山镇财政所　所长:潘结和
清河乡财政所　所长:汪明求
小市镇财政所　所长:夏效全
三桥镇财政所　所长:杨爱平
秀山镇财政所　所长:陈夏节
公岭镇财政所　所长:洪　志
金拱镇财政所　所长:何　侃
凉亭乡财政所　所长:朱　云
江镇镇财政所　所长:刘红兵
洪铺镇财政所　所长:汪名海

潜山县

王河镇财政所　所长:余本江
黄泥镇财政所　所长:方希泉
黄铺镇财政分局　负责人:凌江来
痘姆乡财政所　所长:徐立林
梅城镇财政分局　局长:林满立
油坝乡财政所　副所长:潘晓应
余井镇财政所　所长:金旺庚
龙潭乡财政所　所长:张柏生
塔畈乡财政所　所长:杨艳根
官庄镇财政所　副所长:华德扩
槎水镇财政所　所长:郝其林

黄柏镇财政所 所长:徐潜峰
水吼镇财政所 所长:葛彭旺
五庙乡财政所 所长:陈　洪
天柱山镇财政所 所长:涂铁群
源潭镇财政分局 副局长:徐　斌
开发区财政分局 局长:贾华旭
旅游度假区财政分局 局长:彭阳生

太湖县

经济开发区财政分局 副局长:张达良
晋熙镇财政分局 局长:周三应
徐桥镇财政分局 局长:何小平
大石乡财政所 所长:朱曙光
城西乡财政所 所长:潘礼革
江塘乡财政所 所长:王永华
新仓镇财政分局 局长:胡龙江
小池镇财政分局 局长:查德红
寺前镇财政分局 局长:吴武林
天华镇财政所 所长:潘先祺
牛镇镇财政所 所长:祝　勤
汤泉乡财政所 所长:汪银堂
刘畈乡财政所 所长:周宗明
弥陀镇财政分局 局长:王治宇
北中镇财政所 所长:王再华
百里镇财政所 所长:李树民

望江县

经济开发区财政分局 局长:赵红霞
华阳镇财政分局 局长:王胜中
高士镇财政分局 局长:龙　彬
鸦滩镇财政分局 局长:丁仁贵
长岭镇财政分局 局长:汪精明
杨湾镇财政分局 局长:王东阳
漳湖镇财政分局 局长:胡小兵
太慈镇财政分局 局长:王学明
雷池乡财政分局 局长:周　龙
凉泉乡财政分局 局长:赵家武
赛口镇财政分局 副局长:郝结南

桐城市

新渡镇财政分局 局长:张卫东
青草镇财政分局 局长:倪胜旺
孔城镇财政分局 局长:陈五九
文昌街道财政分局 局长:倪晋流
龙眠街道财政分局 局长:胡家旺

大关镇财政分局 局长:汤传龙
金神镇财政分局 局长:吕张根
吕亭镇财政分局 局长:许建国
范岗镇财政分局 局长:江元苗
双港镇财政分局 局长:张小四
唐湾镇财政所 所长:钱　诚
黄甲镇财政所 所长:李红星
嬉子湖镇财政所 所长:高进生
鲟鱼镇财政所 所长:姚成标

岳西县

开发区财政分局 局长:储文胜
天堂镇财政分局 局长:谢宏岳
温泉镇财政分局 局长:王　萍
响肠镇财政所 所长:陈增益
莲云乡财政所 所长:徐建华
来榜镇财政所 所长:朱为民
青天乡财政所 所长:黄德国
和平乡财政所 所长:柳金焰
包家乡财政所 所长:王国庆
白帽镇财政所 所长:刘文高
河图镇财政所 所长:徐自安
古坊乡财政所 所长:刘和炳
店前镇财政所 所长:李敬东
冶溪镇财政所 所长:殷书齐
五河镇财政所 所长:徐声林
中关乡财政所 所长:蒋东贵
菖蒲镇财政所 所长:朱诗咏
田头乡财政所 所长:汪时宇
石关乡财政所 所长:程诗义
头陀镇财政所 所长:刘同春
主簿镇财政所 所长:胡端阳
黄尾镇财政所 所长:宛敏春
姚河乡财政所 所长:余凤云
巍岭乡财政所 所长:余禄生
毛尖山乡财政所 所长:朱灿东

黄山市财政系统领导名单

黄山市财政局

党组书记、局长:汪德宝
党组成员、国资委主任:王克飞

党组成员、副局长:洪绍球　汪建明　冯家成
党组成员、纪检组长:张　英
党组成员、新安江流域生态建设保护局局长:聂伟平
总会计师:鲍英奎

屯溪区财政局

区政协副主席、区财政局党组书记、局长、区民生办主任:高木火
党组成员、副局长:韩玲明
主任科员:程敏行
党组成员、纪检组长:周建钢
党组成员、副局长:周艳
党组成员、农村局局长:邱桂

黄山区财政局

党组书记、局长:张志武
党组成员、纪检组长:袁俊杰
党组成员、国资办主任:夏拥军
党组成员、副局长:徐祥、俞四清

徽州区财政局

党组书记、局长:周国兵
党组成员、副局长:洪钟、吴义红
党组成员、纪检组长:张秀丽
党组成员、区国投、城投公司总经理(挂职):金强军

歙县财政局

党组书记、局长:程根银
党组成员、副局长:汪义元　王德跃　黄利华
纪检组长:胡惠斌
党组成员、办公室主任:方亮

休宁县财政局

党组书记、局长:汪　川
党组成员、副局长:余　平
党组成员、农发办主任:孙新万
党组成员、纪检组长:金建强
党组成员、财政监督局局长:汪顺九
党组成员、副局长:汪　沁

黟县财政局

党组书记、局长:余国富
党组成员、国资办主任、副局长:汪建锋
党组成员、副局长:田先贵　程　瑾
党组成员、会计中心主任:王曙光
党组成员、民生办主任:汪　文
党组成员、监督检查局局长:胡朝阳

祁门县财政局

党组书记、局长:李超群
党组成员、扶贫办主任:廖国进
党组成员、副局长:郑　忠　胡丽青
纪检组长:汪文济
党组成员:汪跃武　黄群飞　陈建奎

屯溪区

屯光镇财政分局	局长:胡建民
黎阳镇财政分局	局长:胡娟兰
阳湖镇财政分局	局长:钱红霞
奕棋镇财政分局	局长:余海跃

黄山区

甘棠镇财政分局	局长:黄文德
耿城镇财政分局	局长:徐　冬
太平湖镇财政分局	局长:王　斌
汤口镇财政分局	局长:杨　剑
园区财政分局	负责人:陈启龙
谭家桥镇财政所	副所长:郭彩虹
三口镇财政所	副所长:邵莹婧
仙源镇财政所	所长:金丽琴
新明乡财政所	所长:胡　颖
龙门乡财政所	所长:汪　剑
焦村镇财政所	所长:王士哲
乌石镇财政所	副所长:曹　洁
新华乡财政所	所长:方洪苑
新丰乡财政所	所长:严鹤鸣
永丰乡财政所	副所长:吴立新

徽州区

岩寺镇财政分局	负责人:章　华
西溪南镇财政分局	局长:唐淑英
潜口镇财政分局	局长:郑　婕
呈坎镇财政分局	局长:吴林宝
洽舍乡财政所	所长:汪志新
杨村乡财政所	负责人:李小林
富溪乡财政所	负责人:汪雪松

歙　县

徽城镇财政分局	局长:范学斌
桂林镇财政所	所长:叶尚忠
郑村镇财政所	所长:郑毅华
北岸镇财政分局	局长:江利伟
富堨镇财政所	所长:张伟正

深渡镇财政分局 局长:凌　晨
杞梓里镇财政所 所长:方润日
王村镇财政所 所长:姚兰芬
三阳镇财政所 所长:洪绍发
霞坑镇财政所 所长:吴红蓉
溪头镇财政所 所长:徐有辉
武阳乡财政所 所长:严建军
岔口镇财政所 所长:张　斌
许村镇财政所 所长:梅广良
坑口乡财政所 所长:汪惠来
小川乡财政所 所长:潘利群
昌溪乡财政所 所长:郑　春
雄村镇财政所 所长:程月英
上丰乡财政所 所长:潘四清
街口镇财政所 所长:汪鹤年
璜田乡财政所 所长:江岳年
森村乡财政所 所长:曹雪英
长陔乡财政所 所长:毕灶寿
新溪口乡财政所 所长:张春海
绍濂乡财政所 所长:毕正利
金川乡财政所 所长:潘政兆
石门乡财政所 所长:项厚海
狮石乡财政所 所长:鲍永忠

休宁县

海阳镇财政所 所长:詹光辉
万安镇财政所 所长:宋夏福
齐云山镇财政所 所长:查显才
东临溪镇财政所 所长:卢建国
五城镇财政所 所长:洪艳中
蓝田镇财政所 所长:胡秋生
溪口镇财政所 所长:张荣贵
流口镇财政所 所长:汪爱萍
汪村镇财政所 所长:方林平
商山镇财政所 所长:王玉明
岭南乡财政所 所长:张思良
龙田乡财政所 所长:程年生
璜尖乡财政所 所长:项振声
白际乡财政所 所长:汪社文
榆村乡财政所 所长:范欣端
渭桥乡财政所 所长:陈建军
陈霞乡财政所 所长:程伟平
板桥乡财政所 所长:汪有义
山斗乡财政所 所长:宁文广
鹤城乡财政所 所长:方金根
源芳乡财政所 所长:杨银铃

黟　县

碧阳镇财政分局 局长:谢中平
宏村镇财政分局 局长:程春辉
西递镇财政分局 局长:柯峙峰
渔亭镇财政分局 局长:柯光明
柯村镇财政分局 所长:王立祥
宏潭乡财政所 所长:胡建平
美溪乡财政所 副所长(主持工作):洪骏川
洪星乡财政所 所长:胡小青

祁门县

祁山镇财政所 所长:胡养兰
大坦乡财政所 所长:张接军
小路口镇财政所 所长:李祁安
金字牌镇财政所 所长:陈松开
柏溪乡财政所 所长:詹长贵
凫峰镇财政所 所长:汪俊杰
平里镇财政所 所长:胡伯进
溶口乡财政所 所长:苏智敏
芦溪乡财政所 所长:汪伟健
祁红乡财政所 所长:谢飞腾
塔坊镇财政所 所长:林征红
历口镇财政所 所长:汪新锋
渚口乡财政所 所长:倪浩均
古溪乡财政所 所长:谢民兴
闪里镇财政所 所长:汪敏政
新安乡财政所 所长:倪国振
箬坑乡财政所 所长:许跃飞
安凌镇财政所 所长:陈秋富

广德县财政系统领导名单

广德县财政局

党组书记、局长:陈智勇
党组成员、副局长:陆广文
党组成员:李忠宝
党组成员、副局长:田宝奎
副局长:周燕燕
党组成员、纪检组长、监察室主任:杨世武

党组成员、总会计师:朱赟

广德县

桃州镇财政分局 局长:王庆福
新杭镇财政分局 局长:李光义
邱村镇财政分局 局长:郑　兴
誓节镇财政分局 局长:欧阳忠禄
柏垫镇财政分局 局长:石传宏
东亭乡财政所 所长:蒋　伟
卢村乡财政所 所长:陈　林
四合乡财政所 所长:甘恢立
杨滩镇财政所 所长:陈　晖

宿松县财政系统领导名单

宿松县财政局

局长:李金星
党组书记:张火南
党组副书记、副局长、纪检组长:李朝阳
党组成员、副局长:桂松寿、张华国
党组成员、总会计师:何　泽

宿松县

孚玉镇财政分局 局长:张晚元
复兴镇财政分局 局长:徐文明
洲头乡财政所 所长:杨　卫
汇口镇财政所 所长:杨庆丰
千岭乡财政所 所长:石先武
九姑乡财政所 所长:江荣亮
许岭镇财政所 所长:张琴军
下仓镇财政所 所长:高　志
五里乡财政所 所长:黎成林
长铺镇财政所 所长:尹　睿
程岭乡财政所 所长:段益民
高岭乡财政所 所长:黎德新
佐坝乡财政所 所长:邓志海
破凉镇财政所 所长:梅兴祥
凉亭镇财政所 所长:齐长贵
河塌乡财政所 所长:虞旺国
二郎镇财政所 所长:方瑞华
隘口乡财政所 所长:齐泽皓
北浴乡财政所 所长:吴祺臻
陈汉乡财政所 所长:张青松
趾凤乡财政所 所长:吴溢波
柳坪乡财政所 所长:黄义群
经开区财政局 局长:高福荣
东北新城财政所 所长:贺行槐

全省财政系统职工统计

2016年全省财政系统职工统计表

（2016年12月31日）

编制单位:厅人事教育处

单位:人

项目		总计	性别		民族		政治面貌				学历					
														中专及以下学历		
			男	女	汉	其他	中共党员	共青团员	民主党派	其他	研究生	大学本科	大学专科	人数	其中35岁以下	其中36岁至45岁
总计	合计	18415	12049	6366	18259	156	13737	728	143	3807	570	9325	6901	1619	49	291
	厅(局)级	10	9	1	10		10				3	7				
	地市局(处)级	373	289	84	366	7	350		12	11	103	246	24			
	县局(科)级	2763	2010	753	2739	24	2380		77	306	285	1821	612	45		7
	一般干部	14298	8983	5315	14192	106	10398	722	53	3125	175	7057	5829	1237	37	221
	工勤人员	971	758	213	952	19	599	6	1	365	4	194	436	337	12	63
省(区、市)厅局	合计	448	324	124	442	6	376	3	13	56	139	268	33	8		1
	厅(局)级及以上	10	9	1	10		10				3	7				
	处(局)级	153	110	43	152	1	140		6	7	64	78	11			
	科级	207	148	59	204	3	184		6	17	61	136	10			
	一般干部	60	42	18	58	2	31	3	1	25	10	42	7	1		
	工勤人员	18	15	3	18		11			7	1	5	5	7		1
市(地、州)局	合计	2091	1277	814	2059	32	1438	59	71	523	222	1503	271	95	2	11
	局(处)级及以上	220	179	41	214	6	210		6	4	39	168	13			
	科级	1064	654	410	1052	12	808		53	203	140	781	129	14		1
	一般干部	653	323	330	643	10	336	59	12	246	43	519	71	20		2
	工勤人员	154	121	33	150	4	84			70		35	58	61	2	8
县(市、区)局	合计	7053	4369	2684	6988	65	5214	312	52	1475	161	4062	2397	433	18	98
	局(科)级及以上	1492	1208	284	1483	9	1388		18	86	84	904	473	31		6
	股级	1652	1144	508	1634	18	1356	11	14	271	11	960	628	53		7
	一般干部	3511	1724	1787	3478	33	2234	298	19	960	65	2111	1132	203	12	51
	工勤人员	398	293	105	393	5	236	3	1	158	1	87	164	146	6	34
乡(镇)所	合计	8823	6079	2744	8770	53	6709	354	7	1753	48	3492	4200	1083	29	181
	所(股)级及以上	2420	2031	389	2407	13	2209	9	4	198	23	893	1293	211	1	33
	一般干部	6002	3719	2283	5972	30	4232	342	3	1425	23	2532	2698	749	24	128
	工勤人员	401	329	72	391	10	268	3		130	2	67	209	123	4	20